이치우, 北嶋千鶴子 공저

다락원

머리말

JLPT(일본어능력시험)는 일본어를 모국어로 하지 않는 학습자들의 일본어 능력을 측정하고 인정하는 것을 목적으로 하는 시험으로, 국제교류기금 및 일본국제교육지원협회가 1984년부터 실시하고 있습니다. JLPT는 일본 정부가 공인하는 세계 유일의 일본어 시험인 만큼 그 결과는 일본의 대학, 전문학교, 국내 대학의 일본어과 등의 특차 전형과 기업 인사 및 공무원 선발에서 일본어 능력을 평가하는 자료로도 활용되고 있습니다.

JLPT의 응시자는 1984년 총 15개 국가와 지역에서 7,998명(일본 국내 2,849명, 해외 5,149명)으로 시작해서, 2019년에는 46개 국가와 147개 지역에서 1,362,167명(일본 국내 479,879명, 해외 882,288명)이 응시하게 되었습니다. 참고로 2020년은 코로나로 인해 7월 시험이 중지되었으며, 12월 시험만이 제한된 지역에서 실시되었습니다.

JLPT의 수험자층은 초등학생에서 일반인으로 그 폭이 넓어지고 있고, 수험의 목적도 실력 측정이나 취직 및 승진을 위해서, 대학이나 대학원 등의 진학을 위해서 등등 다양해지고 있습니다. 이와 같은 변화에 대응하여 국제교류기금과 일본국제교육지원협회는 시험 개시로부터 20년 넘게 발전해 온 일본어 교육학이나 테스트 이론의 연구 성과와 지금까지 축적해 온 시험 결과의 데이터 등을 활용하여 JLPT의 내용을 개정하여 2010년부터 새로운 JLPT를 실시하고 있습니다.

『JLPT 한권으로 끝내기 N1』은 2015년에 발행된 『일본어 능력시험 한권으로 끝내기 N1』의 개정판으로, 실제 시험 문제와 같은 형식인 1교시 언어지식(문자 · 어휘 · 문법) · 독해, 2교시 청해 순으로 구성되어 있습니다. 이번 개정판에서는 JLPT N1에서 고득점을 받을 수 있도록 문자 · 어휘, 문법, 독해, 청해의 각 파트별 총정리는 물론, 예상문제와 실전모의테스트까지 준비하였습니다. 또한 2010년부터 현재까지 출제된 어휘와 문법을 연도별로 정리하였고, 새롭게 출제된 문제 유형을 철저히 분석 · 반영하여, JLPT N1의 모든 파트를 종합적으로 마스터할 수 있도록 하였습니다.

이 책을 이용하는 독자 여러분 모두에게 아무쪼록 좋은 결과가 있기를 바랍니다. 끝으로 이 책의 출판에 도움을 주신 (주)다락원의 정규도 사장님과 일본어 편집부 직원분들께 이 자리를 빌어 감사 드립니다.

저자 이치우 · 北嶋千鶴子

JLPT (일본어능력시험)에 대하여

❶ JLPT의 레벨

시험은 N1, N2, N3, N4, N5로 나뉘어져 있어 수험자가 자신에게 맞는 레벨을 선택한다. 각 레벨에 따라 N1~N2는 언어지식(문자·어휘·문법)·독해, 청해의 2섹션으로, N3~N5는 언어지식(문자·어휘), 언어지식(문법)·독해, 청해의 3섹션으로 나뉘어져 있다.

시험과목과 시험시간 및 인정기준은 다음과 같으며, 인정기준을 「읽기」,「듣기」의 언어 행동으로 나타낸다. 각 레벨에는 이들 언어행동을 실현하기 위한 언어지식이 필요하다.

레벨	과목별 시간		인정기준
	유형별	시간	
N1	언어지식(문자·어휘·문법) 독해	110분	**폭넓은 장면에서 사용되는 일본어를 이해할 수 있다.** 【읽기】 신문의 논설, 논평 등 논리적으로 약간 복잡한 문장이나 추상도가 높은 문장 등을 읽고, 문장의 구성과 내용을 이해할 수 있으며, 다양한 화제의 글을 읽고 이야기의 흐름이나 상세한 표현의도를 이해할 수 있다. 【듣기】 자연스러운 속도의 체계적 내용의 회화나 뉴스, 강의를 듣고, 내용의 흐름 및 등장인물의 관계나 내용의 논리구성 등을 상세히 이해하거나 요지를 파악할 수 있다.
	청해	55분	
	계	165분	
N2	언어지식(문자·어휘·문법) 독해	105분	**일상적인 장면에서 사용되는 일본어의 이해에 더해, 보다 폭넓은 장면에서 사용되는 일본어를 어느 정도 이해할 수 있다.** 【읽기】 신문이나 잡지의 기사나 해설, 평이한 평론 등, 논지가 명쾌한 문장을 읽고 문장의 내용을 이해할 수 있으며, 일반적인 화제에 관한 글을 읽고 이야기의 흐름이나 표현의도를 이해할 수 있다. 【듣기】 자연스러운 속도의 체계적 내용의 회화나 뉴스를 듣고, 내용의 흐름 및 등장인물의 관계를 이해하거나 요지를 파악할 수 있다.
	청해	50분	
	계	155분	
N3	언어지식(문자·어휘)	30분	**일상적인 장면에서 사용되는 일본어를 어느 정도 이해할 수 있다.** 【읽기】 일상적인 화제에 구체적인 내용을 나타내는 문장을 읽고 이해할 수 있으며, 신문기사 제목 등에서 정보의 개요를 파악할 수 있다. 일상적인 장면에서 난이도가 약간 높은 문장은 대체 표현이 주어지면 요지를 이해할 수 있다. 【듣기】 자연스러운 속도의 체계적 내용의 회화를 듣고, 이야기의 구체적인 내용을 등장인물의 관계 등과 함께 거의 이해할 수 있다.
	언어지식(문법)·독해	70분	
	청해	40분	
	계	140분	
N4	언어지식(문자·어휘)	25분	**기본적인 일본어를 이해할 수 있다.** 【읽기】 기본적인 어휘나 한자로 쓰여진, 일상생활에서 흔하게 일어나는 화제의 문장을 읽고 이해할 수 있다. 【듣기】 일상적인 장면에서 다소 느린 속도의 회화라면 내용을 거의 이해할 수 있다.
	언어지식(문법)·독해	55분	
	청해	35분	
	계	115분	
N5	언어지식(문자·어휘)	20분	**기본적인 일본어를 어느 정도 이해할 수 있다.** 【읽기】 히라가나나 가타카나, 일상생활에서 사용되는 기본적인 한자로 쓰여진 정형화된 어구나 문장을 읽고 이해할 수 있다. 【듣기】 일상생활에서 자주 접하는 장면에서 느리고 짧은 회화라면 필요한 정보를 얻어낼 수 있다.
	언어지식(문법)·독해	40분	
	청해	30분	
	계	90분	

※N3 – N5 의 경우, 1교시에 언어지식(문자·어휘)과 언어지식(문법)·독해가 연결실시됩니다.

❷ 시험결과의 표시

레벨	득점 구분	득점 범위
N1	언어지식(문자·어휘·문법)	0 ~ 60
	독해	0 ~ 60
	청해	0 ~ 60
	종합득점	0 ~ 180
N2	언어지식(문자·어휘·문법)	0 ~ 60
	독해	0 ~ 60
	청해	0 ~ 60
	종합득점	0 ~ 180
N3	언어지식(문자·어휘·문법)	0 ~ 60
	독해	0 ~ 60
	청해	0 ~ 60
	종합득점	0 ~ 180
N4	언어지식(문자·어휘·문법)·독해	0 ~ 120
	청해	0 ~ 60
	종합득점	0 ~ 180
N5	언어지식(문자·어휘·문법)·독해	0 ~ 120
	청해	0 ~ 60
	종합득점	0 ~ 180

N1, N2, N3의 득점 구분은 '언어지식(문자·어휘·문법)', '독해', '청해'의 3구분이다.
N4, N5의 득점 구분은 '언어지식(문자·어휘·문법)·독해'와 '청해'의 2구분이다.

❸ 시험결과 통지의 예

다음 예와 같이 ① '득점 구분 별 득점'과 득점 구분 별 득점을 합계한 ② '종합득점', 앞으로의 일본어 학습을 위한 ③ '참고정보'를 통지한다. ③ '참고정보'는 합격/불합격 판정 대상이 아니다.

*예 : N3을 수험한 Y씨의 '합격/불합격 통지서'의 일부성적정보 (실제 서식은 변경될 수 있다.)

① 득점 구분 별 득점			② 종합득점
언어지식 (문자·어휘·문법)	독해	청해	
50 / 60	30 / 60	40 / 60	120 / 180

③ 참고 정보	
문자·어휘	문법
A	C

A 매우 잘했음 (정답률 67% 이상)
B 잘했음 (정답률 34%이상 67% 미만)
C 그다지 잘하지 못했음 (정답률 34% 미만)

이 책의 구성과 활용

이 책은 2010년부터 시행된 JLPT N1을 완벽하게 대응할 수 있도록 출제 경향 및 문제 유형을 철저히 분석·정리하여 종합적으로 대비할 수 있도록 한 학습서이다. 이번 개정판에서는 2000년부터 출제된 기출 어휘, 문법과 함께 새 문제 경향에 대비한 문제도 함께 추가하였다. 전체 구성은 본책 〈1교시 끝내기 – 언어지식(문자·어휘·문법) / 독해〉 〈2교시 끝내기 – 청해〉와 별책부록 〈실전모의테스트〉 〈해석 및 해설집〉 〈스피드 체크북〉으로 이루어져 있다.

1교시 끝내기 언어지식(문자·어휘·문법) / 독해

제1~2장 언어지식 – 문자·어휘 기출 공략편/예상 공략편

제1장은 문자·어휘 기출 공략편으로 JLPT N1에 출제된 기출어휘를 현재~2016, 2015~2010, 2009~2000으로 각각 나누어 정리하고 확인문제를 실었다. 제2장에서는 출제 가능성이 높은 문자와 어휘를 품사별로 나누어 정리하고 문제별 예상문제를 통해 학습한 내용을 다시 한 번 확인할 수 있도록 하였다.

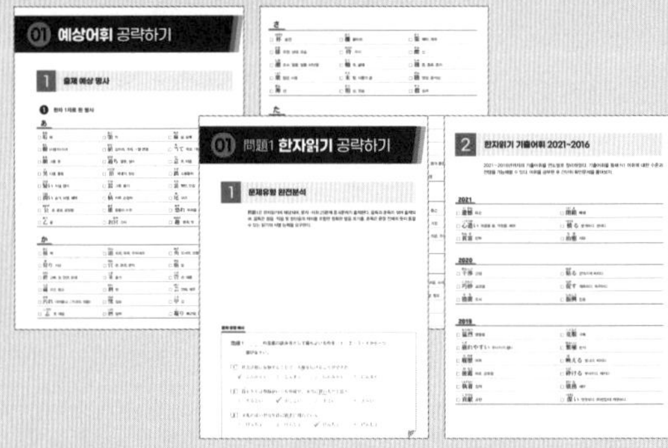

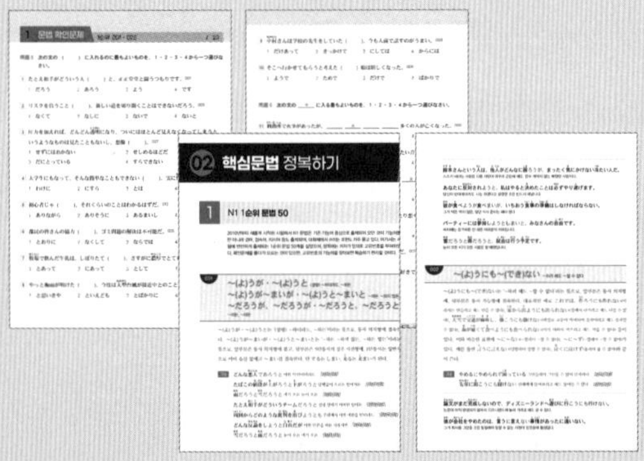

제3장 언어지식 – 문법 공략편

JLPT N1 대비용으로 선정한 기능어를 1순위 50, 2순위 100으로 나누어 총 150개를 수록하고, 매년 출제되고 있는 경어, 사역·수동·사역수동, 접속어와 지시어 등을 정리하였다. 또한 문제 유형에 맞추어 제시한 문법 확인문제로 기능어가 가진 역할과 함께 새로운 문제 패턴을 충분히 이해하고 연습할 수 있도록 하였다.

제4장 독해 공략편

JLPT N1 독해 문제의 유형 분석과 함께 독해를 푸는 요령을 정리하였다. 각 문제 유형별로 예제를 통해 실전 감각을 익히고, 다양한 연습문제를 통해 실전에 대비할 수 있도록 하였다.

2교시 끝내기　청해

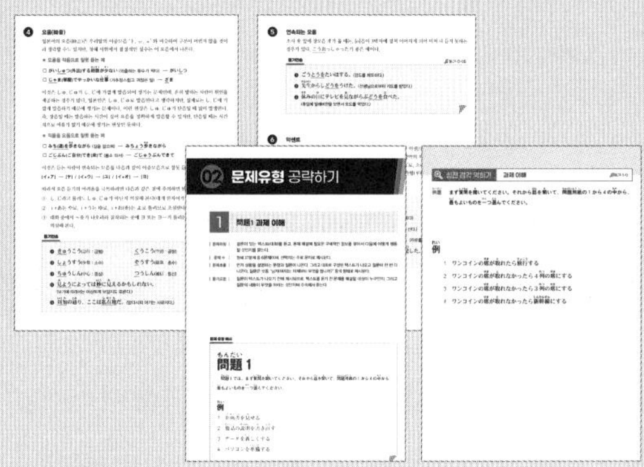

제5장 청해 공략편

우리나라 사람들이 알아 듣기 힘든 발음을 항목별로 정리하고 MP3 음성을 통해 요령을 터득할 수 있도록 하였다. 또한 각 문제 유형별로 예제를 통해 실전 감각을 익히고, 다양한 연습문제를 통해 실전에 대비할 수 있도록 하였다.

별책부록

해석 및 해설집

학습의 이해도와 능률을 높이기 위해, 각 단원별로 확인문제의 해석 및 독해 지문의 해석 및 정답·해설, 청해 스크립트 및 정답·해설을 실었다.

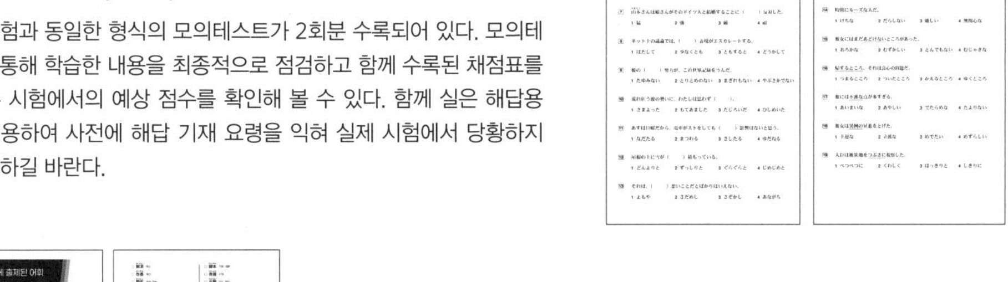

실전모의테스트 (2회분)

실제 시험과 동일한 형식의 모의테스트가 2회분 수록되어 있다. 모의테스트를 통해 학습한 내용을 최종적으로 점검하고 함께 수록된 채점표를 통해 본 시험에서의 예상 점수를 확인해 볼 수 있다. 함께 실은 해답용지를 이용하여 사전에 해답 기재 요령을 익혀 실제 시험에서 당황하지 않도록 하길 바란다.

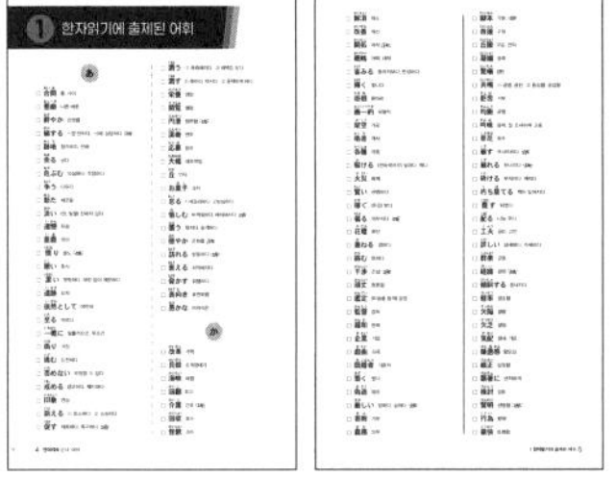

스피드 체크북

1990~현재까지 문자·어휘 파트에서 출제된 어휘를 각 문제 유형별로 나누고 아이우에오 순으로 정리하였다. 반복되어 출제된 어휘에는 횟수를 표시하였다. 문법에서는 필수문법 100을 실어 평소 자투리 시간을 이용하여 공부할 수 있으며, 시험 당일 최종 점검용으로도 활용할 수 있다.

목차

2교시 끝내기 청해

1교시 끝내기

언어지식(문자 · 어휘 · 문법) / 독해

N1

제 1 장

문자·어휘 기출 공략편

問題 1 한자읽기 공략하기
問題 2 문맥규정 공략하기
問題 3 유의표현 공략하기
問題 4 용법 공략하기

01 問題1 한자읽기 공략하기

1 문제유형 완전분석

問題1은 한자읽기에 해당되며, 문자·어휘 25문제 중 6문제가 출제된다. 음독과 훈독이 섞여 출제되며, 음독은 청음·탁음 및 장단음의 차이를 포함한 정확한 발음 표기를, 훈독은 문장 전체의 뜻이 통할 수 있는 읽기의 식별 능력을 요구한다.

문제 유형 예시

問題 1　＿＿＿の言葉の読み方として最もよいものを、1・2・3・4から一つ選びなさい。

1 社会活動に参加することで、人脈を広げることができた。

1 じんみゃく　2 じんまく　3 にんみゃく　4 にんまく

2 鈴木(すずき)さんは指摘がいつも的確で、本当に賢い人だと思う。

1 するどい　2 かしこい　3 すごい　4 えらい

3 文化の違いが食生活に顕著に現れている。

1 げんちょ　2 けんしょ　3 けんちょ　4 げんしょ

2 한자읽기 기출어휘 2023~2016

2023~2016년까지의 기출어휘를 연도별로 정리하였다. 기출어휘를 통해 N1 어휘에 대한 수준과 전망을 가늠해볼 수 있다. 어휘를 공부한 후 간단히 확인문제를 풀어보자.

2023

- □ 騒然(そうぜん)とする 시끄럽다
- □ 秩序(ちつじょ) 질서
- □ 朗(ほが)らかな 명랑한
- □ 軌跡(きせき) 궤적
- □ 矛盾(むじゅん) 모순
- □ 賄(まかな)う 식사를 제공하다, 꾸려 나가다
- □ 諭(さと)す 잘 타이르다
- □ 潜伏(せんぷく) 잠복
- □ 振興(しんこう) 진흥
- □ 偏(かたよ)り 편견, 치우침
- □ 誇張(こちょう) 과장
- □ 軽率(けいそつ)な 경솔한

2022

- □ 勇敢(ゆうかん)に 용감하게
- □ 慕(した)う 경모하다, 깊이 존경하다
- □ 沈下(ちんか) 침하, 물속에 가라앉음
- □ 監督(かんとく) 감독
- □ 透(す)ける 비쳐 보이다, 들여다 보이다
- □ 臨(のぞ)む 임하다
- □ 忠告(ちゅうこく) 충고
- □ 施錠(せじょう) 자물쇠를 채움
- □ 阻(はば)まれる 가로막히다
- □ 派生(はせい) 파생
- □ 恩恵(おんけい) 은혜
- □ 如実(にょじつ)に 여실히, 있는 그대로

2021

- □ 錯覚(さっかく) 착각
- □ 枯渇(こかつ) 고갈
- □ 克明(こくめい)に 극명하게
- □ 尊(とうと)い 소중하다, 귀중하다
- □ 慰(なぐさ)める 달래다, 위로하다
- □ 緊迫(きんぱく)した 긴박한

□ 遺憾(いかん) 유감

□ 閉鎖(へいさ) 폐쇄

□ 心遣い(こころづかい) 마음을 씀, 걱정함, 배려

□ 憤る(いきどおる) 분개하다, 성내다

□ 貧富(ひんぷ) 빈부

□ 治癒(ちゆ) 치유

2020

□ 干渉(かんしょう) 간섭

□ 粘る(ねばる) 끈덕지게 버티다

□ 巧妙(こうみょう) 교묘함

□ 促す(うながす) 재촉하다, 촉구하다

□ 措置(そち) 조치

□ 振興(しんこう) 진흥

2019

□ 猛烈(もうれつ) 맹렬함

□ 克服(こくふく) 극복

□ 崩れやすい(くずれやすい) 무너지기 쉽다

□ 繁殖(はんしょく) 번식

□ 履歴(りれき) 이력

□ 映える(はえる) 빛나다, 비치다

□ 披露(ひろう) 피로, 공표함

□ 砕ける(くだける) 부서지다, 깨지다

□ 執着(しゅうちゃく) 집착

□ 債務(さいむ) 채무

□ 貢献(こうけん) 공헌

□ 潔い(いさぎよい) 떳떳하다, (미련없이) 깨끗하다

2018

□ 回顧(かいこ) 회고, 회상

□ 偽り(いつわり) 거짓

□ 嫌悪感(けんおかん) 혐오감

□ 自粛(じしゅく) 자숙, 자제

□ 戒める(いましめる) 훈계하다, 제지하다, 징계하다

□ 丘陵(きゅうりょう) 구릉, 언덕

□ 豪快(ごうかい) 호쾌함

□ 忍耐(にんたい) 인내

□ 募る(つのる) ① 모집하다, 모으다 ② 점점 심해지다

□ 膨大(ぼうだい) 방대함

□ 滞る(とどこおる) 정체되다, 막히다, 밀리다

□ 驚嘆(きょうたん) 경탄(놀라며 감탄함)

2017

□ 潤す（うるおす） ① 축이다 ② 윤택하게 하다
□ 託される（たくされる） 맡겨지다
□ 阻まれる（はばまれる） 저지되다, 막히다
□ 開拓（かいたく） 개척
□ 怠る（おこたる） 게을리하다
□ 指図（さしず） 지시, 지휘
□ 殺菌（さっきん） 살균
□ 傾斜する（けいしゃする） 경사지다
□ 暴露（ばくろ） 폭로
□ 復興（ふっこう） 부흥
□ 了承（りょうしょう） 승낙, 납득, 양해
□ 巡り（めぐり） 한바퀴 돎, 여기 저기 들름

2016

□ 樹木（じゅもく） 수목
□ 陳列（ちんれつ） 진열
□ 鑑定（かんてい） (미술품 등의) 감정
□ 人脈（じんみゃく） 인맥
□ 顕著に（けんちょに） 현저하게
□ 廃れる（すたれる） 쇠퇴하다, 유행하지 않게 되다
□ 蓄える（たくわえる） 대비해 두다, 저장하다
□ 華やか（はなやか） 화려함
□ 偏る（かたよる） 치우치다, 기울다
□ 賢い（かしこい） 현명하다
□ 多岐(にわたる)（たき） 여러 갈래(에 걸치다)
□ 相場（そうば） 시세

memo

1 기출어휘 확인문제 한자읽기 / 10

問題1 ＿＿＿の言葉の読み方として最もよいものを、1・2・3・4から一つ選びなさい。

1 僕らのことに干渉するのはやめて、そっとしておいてほしい。

1 がんしょう　2 かんしょう　3 がんぼ　4 かんぼ

2 公務員の犯罪が増加していることは遺憾である。

1 いがい　2 いかん　3 いかく　4 いかり

3 多文化社会での暮らしはしばしば忍耐が必要になる。

1 にんてい　2 にんたい　3 じんたい　4 じんてい

4 彼は農業をするため砂漠の開拓に力を注いだ。

1 かいだく　2 かいぜき　3 かいたく　4 かいせき

5 この氷河には地球温暖化の影響が顕著に現れている。

1 けんちょ　2 げんちょ　3 けんしょ　4 げんしょ

6 彼女は引っ込み思案な性格を徐々に克服していった。

1 こうふく　2 かくふく　3 かいふく　4 こくふく

7 ポケットの中でビスケットが砕けていた。

1 くだけて　2 かけて　3 はじけて　4 さけて

8 日本語スピーチコンテストの参加者を募っています。

1 しぼって　2 ねって　3 つのって　4 さぐって

9 私は日記をつけることを２、３日怠った。

1 ためらった　2 おこたった　3 いつわった　4 あやまった

10 彼女の趣味は多岐にわたっている。

1 たき　2 たじ　3 たぎ　4 たし

답 1② 2② 3② 4③ 5① 6④ 7① 8③ 9② 10①

2 기출어휘 확인문제 한자읽기 / 10

問題１ ＿＿＿の言葉の読み方として最もよいものを、１・２・３・４から一つ選びなさい。

1 みんなが途中であきらめてしまうのに、彼女は最後まで粘った。

1 ねばった　2 あらそった　3 きそった　4 ふんばった

2 その会社は約100億円の債務超過に陥っている。

1 さいむ　2 ざいむ　3 せきむ　4 ぜきむ

3 その事件の解明に膨大な時間がかかった。

1 はくだい　2 ほうだい　3 ばくだい　4 ぼうだい

4 予約は承っておりませんので、ご了承ください。

1 りょうしょう　2 りょうしゅう　3 ろうしょう　4 ろうしゅう

5 近くに新しい店がオープンしてからその店は急に廃れてしまった。

1 くずれて　2 かすれて　3 つぶれて　4 すたれて

6 彼の随筆は現役時代の回顧に終始している。

1 かいこう　2 かいこ　3 かいそう　4 かいそ

7 山田(やまだ)さんは最後まで潔い態度を貫いた。

1 きよい　2 とうとい　3 いさぎよい　4 こころよい

8 彼はローンの支払いが２か月滞っている。

1 とどこおって　2 つまって　3 てこずって　4 たまって

9 私の指図どおりにやればうまくいくよ。

1 しす　2 さしず　3 しじ　4 さしじ

10 もしものときのためにお金は多少蓄えておいたほうがいいよ。

1 たずさえて　2 そなえて　3 かかえて　4 たくわえて

답 1① 2① 3④ 4① 5④ 6② 7③ 8① 9② 10④

3 기출어휘 확인문제 한자읽기 / 10

問題１ ＿＿＿の言葉の読み方として最もよいものを、１・２・３・４から一つ選びなさい。

1 青少年の犯罪に対して必要な措置を取った。

1 そち　2 そうち　3 しょち　4 しょうち

2 この池で珍しいカエルが繁殖している。

1 ばんしょく　2 ばんちょく　3 はんしょく　4 はんちょく

3 銀行業界は政治献金を自粛することを決めた。

1 じしゅう　2 じしゅく　3 じせい　4 じせき

4 デモ隊は機動隊に阻まれて前へ進むことができなかった。

1 にらまれて　2 はばまれて　3 こばまれて　4 からまれて

5 博物館には先史時代の土器が陳列してあった。

1 ちんれつ　2 しんれつ　3 しんれい　4 ちんれい

6 この絵は本物のピカソだと鑑定された。

1 かんじょう　2 かんてい　3 けんじょう　4 けんてい

7 彼女は上司の性差別発言に憤っていた。

1 どなって　2 ののしって　3 いきどおって　4 うなって

8 教師は生徒たちのいたずらを戒めた。

1 あらためた　2 なぐさめた　3 きわめた　4 いましめた

9 工場のずさんな安全管理の実態が暴露された。

1 ばくろう　2 ぼうろう　3 ばくろ　4 ぼうろ

10 荷物がどちらかに偏るとボートが傾いてしまう。

1 こだわる　2 あやまる　3 いつわる　4 かたよる

답 1① 2③ 3② 4② 5① 6② 7③ 8④ 9③ 10④

2 한자읽기 기출어휘 2015~2010

2015~2010년까지의 기출어휘를 연도별로 정리하였다. 어휘를 공부한 후 간단히 확인문제를 풀어 보자.

2015

□ 興奮(こうふん) 흥분	□ 唱える(となえる) 외치다, 주장하다	□ 変遷(へんせん) 변천
□ 値する(あたいする) 가치가 있다, ~할 만하다	□ 随時(ずいじ) 수시, 그때그때	□ 励む(はげむ) 힘쓰다, 노력하다
□ 添付(てんぷ) 첨부	□ 慕われる(したわれる) 존경받다, 사랑받다	□ 破損(はそん) 파손
□ 承諾(しょうだく) 승낙	□ 淡い(あわい) (맛, 빛깔) 진하지 않다	□ 画一的(かくいつてき) 획일적

2014

□ 概略(がいりゃく) 개략, 대략	□ 臨む(のぞむ) 임하다	□ 督促(とくそく) 독촉
□ 漂う(ただよう) 떠돌다, 표류하다	□ 厳正(げんせい) 엄정함	□ 拒む(こばむ) 거부하다
□ 躍進(やくしん) 약진(눈부시게 진출함)	□ 遂行(すいこう) (계획·책임 등) 수행	□ 凝縮(ぎょうしゅく) 응축, 응결
□ 健やか(すこやか) 튼튼함, 건강함	□ 中枢(ちゅうすう) 중추	□ 否めない(いなめない) 부정할 수 없다

2013

□ 把握(はあく) 파악	□ 憤り(いきどおり) 분노	□ 趣旨(しゅし) 취지
□ 日夜(にちや) ① 밤낮 ② 언제나, 늘	□ 貫く(つらぬく) 관철하다, 관통하다	□ 貧富(ひんぷ) 빈부
□ 愚かな(おろかな) 어리석은	□ 巧妙な(こうみょうな) 교묘한	□ 憩い(いこい) 휴식
□ 需要(じゅよう) 수요	□ 緩和(かんわ) 완화	□ 跡地(あとち) 철거부지, 잔해

2012

□ 枠(わく) 테두리
□ 網羅(もうら) 망라
□ 名誉(めいよ) 명예
□ 費やす(つい) 소비하다
□ 由緒(ゆいしょ) 유서
□ 手際(てぎわ) 솜씨, 수완
□ 群衆(ぐんしゅう) 군중
□ 覆す(くつがえ) 뒤엎다
□ 心地よい(ここち) 기분이 좋다, 상쾌하다
□ 改革(かいかく) 개혁
□ 克明(こくめい) ① 자세하고 꼼꼼함 ② 성실하고 정직함
□ 踏襲する(とうしゅう) 답습하다, 전철을 밟다

2011

□ 鈍る(にぶ) 둔해지다
□ 漠然と(ばくぜん) 막연히
□ 閲覧(えつらん) 열람
□ 釈明(しゃくめい) 변명, 해명
□ 兆し(きざ) 조짐, 징조
□ 合併(がっぺい) 합병
□ 利益(りえき) 이익
□ 逃れる(のが) 벗어나다, 면하다
□ 考慮(こうりょ) 고려
□ 遮る(さえぎ) 가로막다, 차단하다
□ 根拠(こんきょ) 근거
□ 肝心(かんじん) 중요함

2010

□ 本筋(ほんすじ) 본론
□ 伴奏(ばんそう) 반주
□ 推理(すいり) 추리
□ 極める(きわ) 더없이 ~하다, 다하다
□ 練る(ね) ① 반죽하다 ② (계획, 구상) 짜다 ③ (초안) 가다듬다
□ 締める(し) ① (끈 등으로) 매다 ② 죄다, 잠그다
□ 繁盛(はんじょう) 번성, 번창
□ 契約(けいやく) 계약
□ 潤う(うるお) ① 축축해지다 ② 혜택을 받다
□ 手薄な(てうす) 허술한, 불충분한
□ 壊す(こわ) 부수다, 고장내다
□ 華々しい(はなばな) 화려하다

4 기출어휘 확인문제

한자읽기 / 10

問題１　＿＿＿の言葉の読み方として最もよいものを、１・２・３・４から一つ選びなさい。

1 被疑者はかたくなに供述を拒んでいる。

1 いとなんで　2 こばんで　3 あゆんで　4 つつしんで

2 スタジアムは興奮した観客でいっぱいだった。

1 こうふん　2 きょうふん　3 こうぶん　4 きょうぶん

3 我々の活動は貧困撲滅(ぼくめつ)がその趣旨です。

1 しゅうじ　2 しゅうし　3 しゅじ　4 しゅし

4 私たちは予定どおりに計画を遂行した。

1 すいこう　2 すいごう　3 ついこう　4 ついごう

5 老いの孤独から逃れるすべはない。

1 それる　2 はなれる　3 のがれる　4 まぬかれる

6 警察は宝石の窃盗(せっとう)はプロの仕業と推理した。

1 すいじ　2 すいり　3 ついじ　4 ついり

7 彼は前任者のやり方を踏襲しようとはしなかった。

1 とうしゅ　2 とうしゅう　3 どうしゅ　4 どうしゅう

8 舌の感覚がどんどん鈍ってきました。

1 にぶって　2 になって　3 つぶって　4 おどって

9 住宅の需要と供給のバランスが取れている。

1 しゅうよう　2 しゅよう　3 じゅうよう　4 じゅよう

10 この街は由緒ある建築が魅力だ。

1 ゆしょ　2 ゆそ　3 ゆいしょ　4 ゆいそ

답 1② 2① 3④ 4① 5③ 6② 7② 8① 9④ 10③

5 기출어휘 확인문제 한자읽기 / 10

問題１ ＿＿＿の言葉の読み方として最もよいものを、１・２・３・４から一つ選びなさい。

1 週末に憩いのひとときをもつ。

1 いこい　2 つどい　3 うるおい　4 にぎわい

2 厳正な抽選の結果20名が選ばれました。

1 けんせい　2 けんしょう　3 げんせい　4 げんしょう

3 丸１日費やして資料に目を通した。

1 はやして　2 ひやして　3 かいやして　4 ついやして

4 憤りを隠して、表面は丁寧に接した。

1 いかり　2 あせり　3 いきどおり　4 とどこおり

5 団地のおかげで周辺の商店街も潤っている。

1 うるおって　2 あきなって　3 まかなって　4 もうかって

6 君の報告書はいつも肝心な点が抜けている。

1 たんじん　2 たんしん　3 かんじん　4 かんしん

7 年金制度は幾多の変遷を経て今日に至っている。

1 へんさん　2 へんさい　3 へんせん　4 へんせい

8 赤ん坊は心地よさそうに眠っている。

1 ここじ　2 ここち　3 ごこじ　4 ごこち

9 A氏が果たしてノーベル賞に値するだろうか。

1 ちする　2 ねする　3 ちょくする　4 あたいする

10 今年はわが社にとって躍進の年であった。

1 やくじん　2 やくしん　3 りゃくじん　4 りゃくしん

답 1① 2③ 3④ 4③ 5① 6③ 7③ 8② 9④ 10②

6 기출어휘 확인문제　한자읽기　/ 10

問題１ ＿＿＿の言葉の読み方として最もよいものを、１・２・３・４から一つ選びなさい。

1 借金の返済を督促されている。

1 とくそく　2 とくぞく　3 とっそく　4 とっぞく

2 視線を遮る木が除かれた。

1 せばめる　2 へだてる　3 さえぎる　4 さまたげる

3 経営構造を改革しようという動きがある。

1 がいかつ　2 かいかつ　3 がいかく　4 かいかく

4 話が本筋からはずれてしまった。

1 ほんすじ　2 ほんずじ　3 ほんきん　4 ほんぎん

5 工場跡地に超豪華マンションが建った。

1 せきじ　2 せきち　3 あとじ　4 あとち

6 心身ともに健やかな生活を送っています。

1 さわやかな　2 しとやかな　3 すこやかな　4 おだやかな

7 あの幼稚園の先生は園児から慕われている。

1 したわれて　2 したがわれて　3 うやまわれて　4 ともなわれて

8 あんなことをしてしまって愚かだった。

1 すみやか　2 したたか　3 おろか　4 ひそか

9 一筋の光が闇を貫いて走った。

1 みちびいて　2 つらぬいて　3 おもむいて　4 あざむいて

10 資料の閲覧はこの室内でお願いします。

1 えつなん　2 えつらん　3 えいなん　4 えいらん

답 1① 2③ 3④ 4① 5④ 6③ 7① 8③ 9② 10②

3 한자읽기 기출어휘 2009~2000

2009년에서 2000년까지의 어휘를 '아이우에오순'으로 실었다. 중요한 어휘는 반복해서 출제되기도 하므로 지난 10년간의 기출어휘를 한 번씩 눈여겨 보는 것도 좋은 공부가 된다. 어휘를 공부한 후 간단히 확인문제를 풀어보자.

あ

□ 危(あや)ぶむ 의심하다, 걱정하다	□ 意義(いぎ) 의의	□ 至(いた)る 이르다, 닥치다
□ 挑(いど)む 도전하다	□ 促(うなが)す 재촉하다, 촉구하다	□ 円滑(えんかつ) 원활함
□ 演奏(えんそう) 연주	□ 大幅(おおはば) 대폭(적임)	□ 丘(おか) 언덕
□ 惜(お)しむ 아끼다, 아쉬워하다	□ 襲(おそ)う 덮치다, 습격하다	□ 穏(おだ)やか 온화함
□ 訪(おとず)れ 방문, 소식		

か

□ 貝殻(かいがら) 조개껍데기	□ 海峡(かいきょう) 해협	□ 介護(かいご) 간호
□ 怪獣(かいじゅう) 괴수	□ 開拓(かいたく) 개척	□ 輝(かがや)く 빛나다
□ 垣根(かきね) 울타리, (비유적으로) 장벽	□ 架空(かくう) 가공	□ 各種(かくしゅ) 각종
□ 駆(か)ける 달리다, 뛰다	□ 火災(かさい) 화재	□ 稼(かせ)ぐ (돈을) 벌다
□ 花壇(かだん) 화단	□ 頑丈(がんじょう) 튼튼함	□ 監督(かんとく) 감독
□ 企業(きぎょう) 기업	□ 戯曲(ぎきょく) 희곡	□ 既婚者(きこんしゃ) 기혼자
□ 厳(きび)しい 엄하다, 심하다	□ 寄附(きふ) 기부	□ 脚本(きゃくほん) 각본, 대본
□ 拒否(きょひ) 거부	□ 吟味(ぎんみ) 음미, 검토, 잘 조사하여 고름	□ 崩(くず)す 무너뜨리다, 흩뜨리다
□ 工夫(くふう) 궁리, 고안	□ 詳(くわ)しい 상세하다, 자세하다	□ 経緯(けいい) 경위
□ 欠陥(けっかん) 결함	□ 賢明(けんめい) 현명함	□ 行為(こうい) 행위
□ 香辛料(こうしんりょう) 향신료	□ 強盗(ごうとう) 강도	□ 考慮(こうりょ) 고려
□ 快(こころよ)い 기분이 좋다, 상쾌하다	□ 小銭(こぜに) 잔돈	□ 献立(こんだて) 식단, 메뉴

さ

- □ 遮(さえぎ)る 가로막다, 차단하다
- □ 裂(さ)く 찢다, 가르다
- □ 削減(さくげん) 삭감
- □ 避(さ)ける 피하다
- □ 寂(さび)しい 쓸쓸하다
- □ 色彩(しきさい) ① 색채 ② 특색, 경향
- □ 自己(じこ) 자기
- □ 姿勢(しせい) 자세
- □ 施設(しせつ) 시설
- □ 慕(した)う 그리워하다, 연모하다
- □ 実費(じっぴ) 실비
- □ 執筆(しっぴつ) 집필
- □ 芝居(しばい) 연극, 연기
- □ 斜面(しゃめん) 경사면
- □ 収益(しゅうえき) 수익
- □ 終始(しゅうし) 시종, 줄곧, 내내
- □ 柔軟(じゅうなん) 유연함
- □ 祝賀会(しゅくがかい) 축하 모임
- □ 修行(しゅぎょう) 수행, 불도를 닦음
- □ 首相(しゅしょう) 수상
- □ 奨励(しょうれい) 장려
- □ 人材(じんざい) 인재
- □ 真珠(しんじゅ) 진주
- □ 迅速(じんそく) 신속함
- □ 慎重(しんちょう) 신중함
- □ 辛抱(しんぼう) 참음, 인내
- □ 勧(すす)める 권하다
- □ 澄(す)む 맑다, 맑아지다
- □ 盛大(せいだい) 성대함
- □ 是正(ぜせい) 시정
- □ 折衷(せっちゅう) 절충
- □ 迫(せま)る ① (시각) 다가오다 ② (상태) 직면하다
- □ 添(そ)える 첨부하다, 곁들이다
- □ 素材(そざい) 소재
- □ 阻止(そし) 저지
- □ 訴訟(そしょう) 소송
- □ 措置(そち) 조치, 조처
- □ 率先(そっせん) 솔선

た

- □ 妥協(だきょう) 타협
- □ 漂(ただよ)う 떠돌다, 감돌다
- □ 脱(だっ)する 벗어나다
- □ 中旬(ちゅうじゅん) 중순
- □ 彫刻(ちょうこく) 조각
- □ 徴収(ちょうしゅう) 징수
- □ 沈黙(ちんもく) 침묵
- □ 尽(つ)くす 다하다, 애쓰다
- □ 償(つぐな)い 보상, 속죄
- □ 努(つと)めて 애써, 되도록
- □ 募(つの)る ① 모집하다 ② 점점 심해지다
- □ 邸宅(ていたく) 저택
- □ 徹夜(てつや) 철야
- □ 転換(てんかん) 전환
- □ 典型(てんけい) 전형
- □ 陶器(とうき) 도기, 도자기
- □ 隣(となり) 이웃
- □ 問屋(とんや) 도매상

な

□ 苗(なえ) 모종
□ 眺(なが)める 바라보다, 멀리보다
□ 嘆(なげ)く 탄식하다
□ 倣(なら)う 모방하다, 따르다
□ 認識(にんしき) 인식
□ 縫(ぬ)う 꿰매다
□ 臨(のぞ)む 임하다, 당면하다

は

□ 把握(はあく) 파악
□ 端(はし) 끝, 가장자리
□ 鉢(はち) 화분, 사발
□ 華(はな)やか 화려함
□ 浜辺(はまべ) 바닷가
□ 反射(はんしゃ) 반사
□ 悲惨(ひさん) 비참함
□ 人影(ひとかげ) 사람의 그림자, 인적
□ 人柄(ひとがら) 인품
□ 人質(ひとじち) 인질
□ 侮辱(ぶじょく) 모욕
□ 再(ふたた)び 재차, 다시
□ 復興(ふっこう) 부흥
□ 赴任(ふにん) 부임
□ 腐敗(ふはい) 부패
□ 不平等(ふびょうどう) 불평등
□ 踏(ふ)み場(ば) 발 디딜 곳
□ 閉鎖(へいさ) 폐쇄
□ 別荘(べっそう) 별장
□ 返済(へんさい) 반제, (빚을) 갚음
□ 奉仕(ほうし) 봉사
□ 飽和(ほうわ) 포화
□ 朗(ほが)らか 명랑함
□ 墓地(ぼち) 묘지
□ 滅(ほろ)ぶ 멸망하다, 쇠퇴하다
□ 本場(ほんば) 본고장

ま・や

□ 賄(まかな)う 조달하다, 마련하다
□ 紛(まぎ)らわしい 헷갈리기 쉽다
□ 無言(むごん) 무언, 말이 없음
□ 巡(めぐ)る 둘러싸다, 돌다, 돌아다니다
□ 催(もよお)す 개최하다, 열다
□ 融通(ゆうずう) ① (돈의) 융통 ② 융통성
□ 夕闇(ゆうやみ) 땅거미, 황혼
□ 幽霊(ゆうれい) 유령

ら・わ

□ 寮(りょう) 기숙사
□ 類似(るいじ) 유사, 비슷함
□ 連日(れんじつ) 연일, 매일
□ 廊下(ろうか) 복도
□ 老衰(ろうすい) 노쇠
□ 枠内(わくない) 테두리 안, 범위 내

7 기출어휘 확인문제 한자읽기 / 10

問題1 ＿＿＿の言葉の読み方として最もよいものを、1・2・3・4から一つ選びなさい。

1 出発が目前に迫っているのに準備はまだだ。

1 とまって　2 せまって　3 たまって　4 そまって

2 彼は何をやっても世間知らずのお坊ちゃんの域を脱していない。

1 さっして　2 ぜっして　3 だっして　4 いっして

3 うちの娘の服装ときたら色彩感覚を疑いたくなる。

1 しきさい　2 しきざい　3 しょくさい　4 しょくざい

4 東京の道路は飽和状態だ。

1 しょくあ　2 しょくわ　3 ほうあ　4 ほうわ

5 夜中、寝ている時にマンションに強盗が入ったことがある。

1 きょうとう　2 きょうどう　3 ごうとう　4 ごうどう

6 インフルエンザの蔓延(まんえん)に対して緊急措置がとられた。

1 しょち　2 そち　3 さくち　4 しゃくち

7 祭りの費用は全額町会費で賄っている。

1 うるおって　2 まかなって　3 やしなって　4 おぎなって

8 人生はなかなか自分の描いた脚本どおりにはいかないものだ。

1 きょくぼん　2 きょくほん　3 きゃくぼん　4 きゃくほん

9 梅雨時(つゆどき)は食べ物の腐敗が早く進む。

1 ふうはい　2 ふうばい　3 ふはい　4 ふばい

10 同じ姿勢のままあまり長時間座っていると腰にくる。

1 じせい　2 しせい　3 じぜい　4 しぜい

답 1② 2③ 3① 4④ 5③ 6② 7② 8④ 9③ 10②

8 기출어휘 확인문제

한자읽기 / 10

問題１　＿＿＿の言葉の読み方として最もよいものを、１・２・３・４から一つ選びなさい。

1　警察はテロ容疑者が住んでいる家を襲った。

1　おそった　2　うばった　3　しばった　4　なぐった

2　太陽はあっという間に沈んで夕闇が迫ってきた。

1　ゆうやみ　2　ゆやみ　3　ゆうぐれ　4　ゆぐれ

3　明日をもって当工場は閉鎖されます。

1　かんさ　2　へいさ　3　かんさく　4　へいさく

4　徹夜の復旧作業でようやく中央線は運転を再開した。

1　ていや　2　ていよ　3　てつや　4　てつよ

5　機動隊はデモ行進の行く手を阻止した。

1　そうし　2　そし　3　そっし　4　そんし

6　子供たちは澄んだ目で私を見つめた。

1　くんだ　2　すんだ　3　しずんだ　4　とんだ

7　銀行強盗が人質をとって店内に立てこもっている。

1　にんしち　2　にんじち　3　ひとしち　4　ひとじち

8　この町は瀬戸（せと）内海に面していて気候が穏やかだ。

1　ゆるやか　2　おだやか　3　すこやか　4　さわやか

9　こうなったら訴訟に持ち込むしかない。

1　そしょう　2　せっしょう　3　そこう　4　せっこう

10　起業に向けてスポンサーを募っている。

1　やとって　2　たよって　3　つのって　4　したって

답 1① 2① 3② 4③ 5② 6② 7④ 8② 9① 10③

9 기출어휘 확인문제

한자읽기 / 10

問題１ ＿＿＿の言葉の読み方として最もよいものを、１・２・３・４から一つ選びなさい。

1 貿易の不均衡を是正するための措置をとる。

1 ぜいしょう　2 ぜしょう　3 ぜいせい　4 ぜせい

2 全体の意見を円滑にまとめるのは司会の役目だ。

1 えんかつ　2 えんこつ　3 えんがつ　4 えんごつ

3 私たちは組織変更に対して柔軟な対応が必要です。

1 しゅうけつ　2 じゅうけつ　3 しゅうなん　4 じゅうなん

4 これは先例に倣って処理させていただきます。

1 ならって　2 たよって　3 したがって　4 ともなって

5 長い沈黙の後、彼女は重い口を開いた。

1 ちんぼく　2 しんぼく　3 ちんもく　4 しんもく

6 できる限りの償いはするつもりです。

1 つきあい　2 つぐない　3 あつかい　4 あらそい

7 試合に臨む前はいつも緊張する。

1 いどむ　2 からむ　3 のぞむ　4 はげむ

8 メールで送り届けられた架空の請求書にだまされてはいけない。

1 かくう　2 かこう　3 きょくう　4 きょこう

9 美術館の職員はカメラを使用しないよう注意を促した。

1 すました　2 ほどこした　3 せかした　4 うながした

10 警官は私に道路の端に寄って止まるよう合図した。

1 すみ　2 おく　3 かど　4 はし

답 1④ 2① 3④ 4① 5③ 6② 7③ 8① 9④ 10④

02 問題2 문맥규정 공략하기

1 문제유형 완전분석

문맥규정은 주어진 단문의 괄호 안에 들어갈 알맞은 어휘를 고르는 문제로, 문자・어휘 25문제중 7문제가 출제된다. 명사・동사・い형용사・な형용사・부사・외래어・접속사・접두어・접미어・관용 표현 등 폭넓은 어휘를 요구한다.

문제 유형 예시

問題 2 （　　　）に入れるのに最もよいものを、1・2・3・4から一つ選びなさい。

7 私はこの土地で定職に就き、生活の（　　　）を築いた。

1 根拠　　2 基盤　　3 根源　　4 基地

8 議論は難航すると思ったが、すぐに意見がまとまり、（　　　）結論が出た。

1 すんなり　　2 うっとり　　3 ふんわり　　4 こっそり

9 さっき駅前で佐藤（さとう）さんを（　　　）んですが、今、海外にいるはずなのに変ですね。

1 見合わせた　　2 見過ごした　　3 見かけた　　4 見違えた

10 市長の責任ある行動が住民の不安を（　　　）し、行政に対する期待が一気に高まった。

1 一掃　　2 追放　　3 削除　　4 排出

2 문맥규정 기출어휘 2023~2016

2023~2016년까지의 기출어휘를 연도별로 정리하였다. 어휘를 공부한 후 확인문제를 풀어보자.

2023

- □ (家を出て)自立 (집을 나와) 자립
- □ (利益を)還元 (이익을) 환원
- □ どんよりと(曇る) 잔뜩 (흐리다)
- □ ネック(になる) 걸림돌(이 되다)
- □ (ストレスの)発散 (스트레스의) 발산
- □ (よく似ていて)まぎらわしい (아주 비슷해서) 혼동하기 쉽다
- □ (掃除が)行き届いている (청소가) 잘 되어 있다
- □ (優勝という)快挙 (우승이라는) 쾌거
- □ (混乱を)助長する (혼란을) 조장하다
- □ 見返り(を求める) 대가, 보상(을 바라다)
- □ (代表チームが)結成される (대표팀이) 결성되다
- □ (出張の)手配 (출장) 준비
- □ つくづく(感じる) 절실히 (느끼다)
- □ (緊張が)ほぐれる (긴장이) 풀리다

2022

- □ 軽快な(リズムに合わせ) 경쾌한 (리듬에 맞춰)
- □ サイクル(を繰り返す) 사이클 (을 반복하다)
- □ (第三者が)仲裁 (제3자가) 중재
- □ (息子の)しわざ (아들의) 짓, 소행
- □ (欠陥が)発覚 (결함이) 발각
- □ (肌が)すべすべ (피부가) 매끈매끈
- □ (議論が)かみ合わない (의론이) 서로 맞지 않다
- □ (プライバシーを)保護 (프라이버시를) 보호
- □ 忠実に(再現した) 충실히 (재현했다)
- □ (水を両手で)すくう (물을 양손으로) 떠내다, 건져 올리다
- □ 念願(のマイホーム) 염원(하던 내 집)
- □ (カメラの)ピント (카메라의) 핀트, 초점
- □ (上位に)食い込む (상위권으로) 파고들다, (상위권을) 차지하다
- □ てっきり(地元の人かと思ったら) 틀림없이 (그 고장 사람인 줄 알았더니)

2021

□ (会社を)存続させる (회사를) 존속시키다

□ (賛成)派(が多数を占めた) (찬성)파(가 다수를 차지했다)

□ (餅を食べる)風習 (떡을 먹는) 풍습

□ (仕組みを)熟知する (구조를) 숙지하다

□ (何もできず)もどかしかった (아무것도 할 수 없어) 애가 탔다 → もどかしい 애가 타다, 안타깝다

□ めきめき(上達する) 눈에 띄게 (향상되다)

□ (話が)こじれる (이야기가) 복잡해지다, 뒤틀리다

□ (私の提案を)却下した (내 제안을) 각하했다 → 却下 각하, 기각

□ (好奇心が)旺盛 (호기심이) 왕성

□ 目先(の利益) 눈앞, 현재, 당장(의 이익)

□ (美しい彫刻が)施されている (아름다운 조각이) 장식되어 있다 → 施す 행하다, 가공(장식)하다

□ (その)余波(が世界中に) (그) 여파(가 전세계에)

□ (会社の将来を)になう (회사의 장래를) 짊어지다

□ (友達との関係が)ぎくしゃくしている (친구와의 관계가) 껄끄럽다, 어색하다

2020

□ (お客さんから)クレーム(が来た) (손님에게서) 불만, 클레임(이 왔다)

□ (地球の歴史を描いた)壮大な (지구의 역사를 그린) 장대한

□ (導入することになった)経緯 (도입하게 된) 경위

□ (朝から晩まで)みっちり (아침부터 밤까지) 착실히

□ (ごみの)撤去 (쓰레기의) 철거

□ (開催が)危ぶまれる (개최가) 의심스럽다

□ (早く遊びたくて)うずうずしている (빨리 놀고 싶어서) 몸이 근질근질하다, 좀이 쑤시다

2019

□ センサー(が感知して) 센서(가 감지해서)

□ 壮大な(夢を実現した) 장대한 (꿈을 실현했다)

□ (耳に)ここちよく(響き) (귀에) 기분 좋게 (울려)

□ (遺伝子の研究に)従事 (유전자 연구에) 종사

□ (雨でインクが少し)にじむ (비때문에 잉크가 조금) 번지다

□ (過度の期待をするのは)禁物 (지나친 기대를 하는 것은) 금물

□ ひしひしと(感じる) 절실히 (느끼다)

□ 表明した 표명했다

□ 精力的に 정력적으로

□ 気掛かり 걱정, 마음에 걸림

□ (人口[じんこう]の)推移[すいい] (인구의) 추이

□ 危[あや]ぶまれて 걱정되어서, 위태로워져서

□ ずっしりと(重[おも]い) 묵직하다

□ (違[ちが]いが)歴然[れきぜん]としている (차이가) 뚜렷하다

2018

□ (どこの店[みせ]にも)在庫[ざいこ](がない) (어느 가게나) 재고(가 없다)

□ リスク(を伴[ともな]う) 위험(을 동반하다)

□ 堅実[けんじつ]な(経営[けいえい]) 견실한 (경영)

□ (光[ひかり]を)遮断[しゃだん]する (빛을) 차단하다

□ がらりと(変[か]わる) 싹 (변하다) →갑자기 변하는 모양

□ (友人[ゆうじん]に)なだめられる 친구가 달래주다

□ (開始時期[かいしじき]には)言及[げんきゅう]しなかった (개시 시기는) 언급하지 않았다

□ (交通規制[こうつうきせい]が)解除[かいじょ] (교통규제가) 해제

□ レイアウト(を工夫[くふう]すれば) 레이아웃(을 궁리하면)

□ (アナウンサーを)起用[きよう] (아나운서를) 기용

□ (現場[げんば]に)駆[か]けつけた (현장에) 급히 달려갔다

□ 多角的[たかくてき]な(経営[けいえい]) 다각적인 (경영)

□ 盛大[せいだい]に(行[おこな]われる) 성대하게 (거행되다)

□ せかせかと(忙[いそが]しそうに) 부산하게 (바쁜 듯이) → 성급하여 침착하지 못한 모양

2017

□ (教育[きょういく]の)一環[いっかん] (교육의) 일환

□ コンスタントに(売[う]れる) 꾸준히 (팔리다)

□ (記憶[きおく]が)よみがえる (기억이) 되살아나다

□ 念願[ねんがん](の金[きん]メダル) 염원(하던 금메달)

□ (成績[せいせき]を)たたえる (성적을) 칭찬하다, 기리다

□ 非[ひ](はない) 잘못(은 없다)

□ もっぱら(推理小説[すいりしょうせつ]ばかり) 오로지 (추리소설만)

□ シェア(を占[し]める) 점유율(을 차지하다)

□ (それとなく)打診[だしん]された (넌지시) 타진받았다

□ (元警察官[もとけいさつかん]という)経歴[けいれき] (전 경찰관이라는) 경력

□ (水[みず]を)はじく (물을) 튕기다

□ (設立目的[せつりつもくてき]から)逸脱[いつだつ]する (설립목적에서) 벗어나다

□ いとも(簡単[かんたん]に) 아주 (간단히)

□ (大[おお]きさも)まちまち (크기도) 제각각, 가지각색

2016

- □ 教訓(をもとに) 교훈(을 토대로)
- □ センス(が抜群で) 센스(가 뛰어나서)
- □ (技術が)流出 (기술이) 유출
- □ (最善を)尽くす (최선을) 다하다
- □ (バスが)頻繁に (버스가) 빈번하게
- □ (話を)切り出す (이야기를) 꺼내다, 시작하다
- □ へとへとに(疲れた) 몹시 (지쳤다) → 지쳐서 힘이 없는 모양
- □ 基盤(を築いた) 기반(을 구축했다)
- □ (佐藤さんを)見かける (사토 씨를) 언뜻 보다, 만나다
- □ すんなり(結論が出た) 쉽게 (결론이 나왔다) → 일이 저항 없이 잘 되는 모양
- □ (不安を)一掃する (불안을) 일소하다
- □ (味が)染みる (맛이) 배다
- □ 愛着(があって捨てられない) 애착(이 있어서 버릴 수 없다)
- □ (経営の)ノウハウ (경영의) 노하우

memo

10 기출어휘 확인문제 문맥규정 / 10

問題２（　　　）に入れるのに最もよいものを、１・２・３・４から一つ選びなさい。

1 証拠不十分で訴えは（　　　）された。

1 脱却　2 却下　3 駆除　4 除去

2 彼は次の大統領選には出馬しないと（　　　）した。

1 証言　2 開示　3 供述　4 表明

3 確かにプロとアマチュアには（　　　）した実力差がある。

1 歴然と　2 整然と　3 続々と　4 堂々と

4 将来私はボランティア活動に（　　　）するつもりです。

1 従事　2 勤務　3 在籍　4 就労

5 母は一日中（　　　）家の中を動き回っている。

1 のろのろと　2 すいすいと　3 せかせかと　4 ふらふらと

6 今日は日本一周をすることになった（　　　）について書いてみたいと思います。

1 軌道　2 経緯　3 経路　4 軌跡

7 彼の行為は社会常識をいちじるしく（　　　）している。

1 脱退　2 逸脱　3 分解　4 拡散

8 父は長年の（　　　）だったアメリカ旅行に行きました。

1 意欲　2 志願　3 欲求　4 念願

9 閉店してシャッターを閉めた店舗は商店街でよく（　　　）光景だ。

1 見合わせる　2 見過ごす　3 見かける　4 見違える

10 彼女は服の（　　　）が抜群で、いつも素敵な服装をしている。

1 センス　2 タイミング　3 ステップ　4 ニュアンス

답 1② 2④ 3① 4① 5③ 6② 7② 8④ 9③ 10①

問題２（　　　）に入れるのに最もよいものを、１・２・３・４から一つ選びなさい。

1 高橋（たかはし）さんは昇進したことをみんなに言いたくて（　　　）している。

1 うずうず　2 はらはら　3 おどおど　4 びくびく

2 小林（こばやし）さんのいちばんの（　　　）は病気の母のことだった。

1 手つかず　2 臆病　3 気がかり　4 迷惑

3 住民はその建物の（　　　）を求めた。

1 消去　2 駆除　3 撤去　4 消除

4 経営陣は営業部長に若手を（　　　）することに難色を示した。

1 採取　2 引用　3 採択　4 起用

5 新社長は会社再建という十字架（じゅうじか）を（　　　）ことになる。

1 になう　2 いたわる　3 かなう　4 かかげる

6 わが社は日本のデジタルカメラ市場で20パーセントの（　　　）を占めている。

1 レート　2 レベル　3 ランク　4 シェア

7 一口にワインといっても、高級な物から料理用まで（　　　）だ。

1 ごろごろ　2 まちまち　3 ぐらぐら　4 ぬるぬる

8 彼は頑（がん）として自分の（　　　）を認めようとしなかった。

1 悪　2 非　3 苦　4 没

9 何らかのストーリーをもったものは、（　　　）があってなかなか捨てられないものだ。

1 心情　2 好感　3 熱意　4 愛着

10 我々は最善を（　　　）その仕事をしなければならない。

1 遂げて　2 尽くして　3 果たして　4 極めて

답 1① 2③ 3③ 4④ 5① 6④ 7② 8② 9④ 10②

12 기출어휘 확인문제 문맥규정 / 10

問題２（　　）に入れるのに最もよいものを、１・２・３・４から一つ選びなさい。

1 雨で試合が流れるのではないかと（　　）野球ファンも多かった。

1 損なう　2 恐れる　3 崩れる　4 危ぶむ

2 その土器(どき)には美しい装飾が（　　）いた。

1 設けられて　2 装われて　3 据えられて　4 施されて

3 東京地方に出ていた大雨警報が（　　）されました。

1 解除　2 解禁　3 廃止　4 停止

4 （　　）視点からエネルギー問題について話し合いましょう。

1 建設的な　2 盲目的な　3 圧倒的な　4 多角的な

5 大地震発生の際は、迅速なガス供給の（　　）が求められる。

1 拒絶　2 駆除　3 遮断　4 隔離

6 鈴木(すずき)さんはテレビディレクターとしての長い（　　）をもっている。

1 由来　2 経路　3 経歴　4 従来

7 彼女は英語のテストで（　　）80点以上を取っている。

1 クリアに　2 ストレートに　3 シンプルに　4 コンスタントに

8 多くの人が震災で生活の（　　）を失った。

1 根拠　2 基盤　3 源　4 基地

9 彼はペンション経営の基本的（　　）を知りたがっている。

1 データベース　2 ベテラン　3 ライフワーク　4 ノウハウ

10 小林(こばやし)さんは長いこと歩いた後なので（　　）疲れきっていた。

1 すっきり　2 からからに　3 へとへとに　4 ぎっしり

답 1④ 2④ 3① 4④ 5③ 6③ 7④ 8② 9④ 10③

3 문맥규정 기출어휘 2015~2010

2015~2010년까지의 기출어휘를 연도별로 정리하였다. 어휘를 공부한 후 확인문제를 풀어보자.

2015

□ (機械を)稼働 (기계를) 가동

□ すさまじい(勢いで) 굉장한 (기세로)

□ (困難に)直面した (어려움에) 직면했다

□ しいて(選ぶなら) 굳이 (고른다면)

□ くよくよ(していないで) 끙끙(대지 말고) → 사소한 일을 늘 걱정하는 모양

□ (条件に)該当する (조건에) 해당하다

□ (書類や資料に)紛れる (서류나 자료에) 뒤섞이다

□ (両社は)合意して (두 회사는) 합의해서

□ メディア(で紹介された) 미디어, 매체(에서 소개되었다)

□ (参加は)強制しない (참가는) 강요하지 않는다

□ (明るくて)おおらかだ (밝고) 대범하다

□ 幅広い(年齢層) 폭넓은 (연령층)

□ 起伏(が激しい) 기복(이 심하다)

□ (冷静さを)取り戻す (냉정함을) 되찾다

2014

□ 支障(を来す) 지장(을 초래하다)

□ おびただしい(量のゴミ) 엄청난 (양의 쓰레기)

□ 絶大な(人気) 절대적인 (인기)

□ (平行線を)たどる (평행선을) 걷다, 의견일치를 못보다

□ てきぱきと(仕事を進める) 척척 (일을 진행하다) → 일을 척척 해내는 모양

□ ウエイト(を置く) 무게, 중점(을 두다) =ウエート

□ 予断(を許さない) 예측(을 불허하다) → 예측하기 어렵다

□ (賛成多数で)可決される (찬성 다수로) 가결되다

□ 心細い(気持ち) 불안한 (마음)

□ (経営の悪化を)食い止める (경영 악화를) 저지하다

□ ノルマ(が課される) 할당량(이 부과되다)

□ 異色(の組み合わせ) 이색(적인 조합)

□ (信頼が)揺らぎはじめた (신뢰가) 흔들리기 시작했다

□ (最新技術を)駆使する (최신기술을) 구사하다, 능숙하게 다루다

2013

- □ (コピー代を)立て替える (복사비를) 대신 치르다
- □ (社長に)一任する (사장에게) 일임하다
- □ むしょうに(食べたくなる) 몹시 (먹고 싶어진다)
- □ 強硬に(主張した) 강경하게 (주장했다)
- □ 荷(が重い) 짐, 책임(이 무겁다)
- □ (お気に)障る (비위에) 거슬리다
- □ (部屋が)じめじめする (방이) 눅눅하다 → 습기가 많은 모양
- □ (対策を)練る (대책을) 짜다
- □ 念頭(になかった) 염두(에 없었다)
- □ とりわけ(サッカーが大好きだ) 특히 (축구를 아주 좋아한다)
- □ そわそわして(落ち着かない) 안절부절못하고 (침착하지 못하다) → 침착하지 못한 기분이나 태도를 나타내는 모양
- □ (将来を)になう (장래를) 짊어지다
- □ 腕前(を披露する) 솜씨(를 보이다)
- □ (発言するのを)ためらう (발언하기를) 주저하다

2012

- □ ハードル(が高い) 기준(이 높다)
- □ (プランの)大筋 (계획의) 대강, 대략, 요점
- □ (本書の改訂)版 (본서의 개정)판
- □ (原因を)究明する (원인을) 규명하다
- □ (「ソ」と「リ」は)紛らわしい (「ソ」와 「リ」는) 헷갈리기 쉽다, 혼동하기 쉽다
- □ (缶詰に)加工する (통조림으로) 가공하다
- □ (写真展が)催される (사진전이) 개최되다, 열리다
- □ 急遽(私が代理で) 갑작스럽게 (내가 대리로)
- □ (まだ)言い張っている (아직도) 우기고 있다
- □ (互いに)妥協する (서로) 타협하다
- □ (医学の発展に)寄与する (의학 발전에) 기여하다
- □ (30万人を超える)人出 (30만 명을 넘는) 인파
- □ (痛みが)和らぐ (통증이) 누그러지다
- □ (必要な作業を)リストアップした (필요한 작업을) 열거했다

2011

- □ (ほこり)まみれ (먼지)투성이
- □ 実情《じつじょう》(に合《あ》ったシステム) 실정(에 맞는 시스템)
- □ (書類《しょるい》に)不備《ふび》がある (서류가) 다 갖추어지지 않았다
- □ (彼《かれ》の)強《つよ》み (그의) 강점, 장점
- □ 無謀《むぼう》だ 무모하다
- □ (批判的《ひはんてき》な)ニュアンス (비판적인) 뉘앙스
- □ (新聞記事《しんぶんきじ》からの)抜粋《ばっすい》 (신문기사에서) 발췌
- □ (会話《かいわ》が)弾《はず》む (대화가) 활기를 띠다
- □ (十人《じゅうにん》の一人《ひとり》の)逸材《いつざい》 (10명 중 1명의) 인재
- □ (絵画《かいが》の)修復《しゅうふく》 (그림의) 복원
- □ 猛《もう》(反対《はんたい》) 맹(반대)
- □ 会心《かいしん》の(出来《でき》) 회심의, 마음에 드는 (완성품)
- □ 並行《へいこう》して(走《はし》る) 나란히 (달리다)
- □ (コピー用紙《ようし》の)ストック (복사용지의) 재고

2010

- □ (全《ぜん》12話《わ》で)完結《かんけつ》する (전 12화로) 완결되다
- □ 念願《ねんがん》(のマイホーム) 염원(하던 내집)
- □ やんわり(断《ことわ》られる) 완곡하게 (거절당하다)
- □ 綿密《めんみつ》な(計画《けいかく》を立《た》てる) 면밀한 (계획을 세우다)
- □ (環境《かんきょう》に)及《およ》ぼす(影響《えいきょう》) (환경에) 미치는 (영향)
- □ (歴史《れきし》)上《じょう》 (역사)상
- □ 結束《けっそく》(を強《つよ》める) 결속(을 강화하다)
- □ (課長《かちょう》が)フォローする (과장님이) 지원하다
- □ 本音《ほんね》(を言《い》えば) 본심(을 말하면)
- □ 当《とう》(ホテル) 당, 저희 (호텔)
- □ (ニュースを)報《ほう》じる (뉴스를) 보도하다
- □ (20年《ねん》もの)キャリア (20년이나 되는) 경력
- □ 円滑《えんかつ》に(進《すす》む) 원활하게 (진행되다)
- □ (巨大《きょだい》な資本《しほん》を)背景《はいけい》に (거대한 자본을) 배경으로

memo

問題２（　　　）に入れるのに最もよいものを、１・２・３・４から一つ選びなさい。

1 我々はテレビや新聞などの（　　　）を通じて世の中の出来事を知る。

1 データベース　2 スクリーン　3 メディア　4 コミュニケーション

2 彼女は病気で仕事に（　　　）を来した。

1 苦境　2 支障　3 不況　4 停滞

3 その本から一節を（　　　）して朗読した。

1 発掘　2 発足　3 抜群　4 抜粋

4 彼女は語学に堪能(たんのう)だが、（　　　）韓国語が得意だ。

1 とりわけ　2 ことごとく　3 ずばりと　4 ひとまず

5 会社での人間関係が（　　　）行くように祈っています。

1 円滑に　2 綿密に　3 丹念に　4 敏感に

6 チーム再建の期待を（　　　）彼は監督に就任した。

1 いたわって　2 になって　3 やしなって　4 かばって

7 彼女は（　　　）ことなくいちばん高いワインを注文した。

1 遠ざける　2 案じる　3 かかげる　4 ためらう

8 人気の連続テレビドラマが今晩で（　　　）する。

1 完結　2 終息　3 静止　4 成就

9 彼は英語に（　　　）を置いて受験勉強をしている。

1 パワー　2 メイン　3 ウエイト　4 トップ

10（　　　）ホテルでは部屋の３種類の選択肢を提供しています。

1 実　2 主　3 当　4 自

답 1③ 2② 3④ 4① 5① 6② 7④ 8① 9③ 10③

14 기출어휘 확인문제 문맥규정 / 10

問題２（　　　）に入れるのに最もよいものを、１・２・３・４から一つ選びなさい。

1 壁画の（　　　）をしようとした時、色々な準備や難しい問題がたくさんあることを聞いてすごくびっくりした。

1 修復　2 回復　3 復興　4 復旧

2 （　　　）数の群衆が広場を埋めつくした。

1 限りない　2 極まりない　3 おびただしい　4 めまぐるしい

3 危機が社員の（　　　）を強める。

1 結晶　2 結合　3 結成　4 結束

4 道路の拡張により、車２台が（　　　）して走れるようになった。

1 並列　2 並行　3 同伴　4 同盟

5 彼が辞退することはまるで（　　　）になかった。

1 専念　2 専用　3 念頭　4 念願

6 工場にはエアコンがなく、社員は毎日汗（　　　）になって働いている。

1 がらみ　2 ずくめ　3 ぐるみ　4 まみれ

7 今月は数日休んだが、何とか保険契約の（　　　）ははたせそうだ。

1 サポート　2 ブランク　3 ノルマ　4 メカニズム

8 その運動は貧困地域の福祉に大いに（　　　）した。

1 関与　2 寄与　3 波及　4 普及

9 連休期間中の遊園地はどこも相当な（　　　）が見込まれている。

1 人影　2 人出　3 人通り　4 人並み

10 （　　　）な人とは、人柄や心がゆったりとして、細かいことを気にしない人のことです。

1 あざやか　2 おおらか　3 すみやか　4 ささやか

답 1① 2③ 3④ 4② 5③ 6④ 7③ 8② 9② 10②

15 기출어휘 확인문제 문맥규정 / 10

問題２（　　　）に入れるのに最もよいものを、１・２・３・４から一つ選びなさい。

1 昨日のパーティーでは楽しい話題で話が（　　　）。

1 舞った　2 転がった　3 弾んだ　4 跳ねた

2 彼は監督やチームメートから（　　　）信頼を得ている。

1 強大な　2 偉大な　3 膨大な　4 絶大な

3 どんな風習もその文化的（　　　）を離れては理解できない。

1 発端　2 背景　3 根源　4 系統

4 彼女は（　　　）の演技で最後のステージを飾った。

1 会心　2 肝心　3 心地　4 心境

5（　　　）と建前という概念は、外国人にとってはどうもよくわからないと言われる。

1 弱音　2 弱気　3 本音　4 本気

6 料理の（　　　）を競う大会が開かれた。

1 腕前　2 内心　3 素振り　4 口出し

7 これは最新のCG技術を（　　　）して作られた映像です。

1 勃発(ぼっぱつ)　2 勃興(ぼっこう)　3 駆除(くじょ)　4 駆使(くし)

8 このドラマの鈴木(すずき)さんは、非常に感情の（　　　）が激しい人だと思います。

1 高低　2 出没　3 明暗　4 起伏

9 母はおじの会社の経理を（　　　）している。

1 訃告　2 訃報　3 一括　4 一任

10 今夜は10年に１度の（　　　）とされるバンドのライブがある。

1 玄人(くろうと)　2 逸材(いつざい)　3 大家(たいか)　4 巨匠(きょしょう)

답 1③ 2④ 3② 4① 5③ 6① 7④ 8④ 9④ 10②

3 문맥규정 기출어휘 2009~2000

2009년에서 2000년까지의 어휘를 '아이우에오순'으로 실었다. 어휘를 공부한 후 확인문제를 풀어보자.

あ

□ 愛想(あいそ) 붙임성
□ あえて 감히, 굳이
□ 明(あ)かす 밝히다, 털어놓다
□ あっさり 간단히, 깨끗이
□ 圧迫(あっぱく) 압박
□ あやふや 불확실함, 모호함
□ 誤(あやま)る 실수하다, 잘못하다
□ あらかじめ 미리, 사전에
□ ありのままに 있는 그대로
□ 安静(あんせい) 안정
□ いじる 만지작거리다
□ 一連(いちれん) ① 일련 ② 일행
□ 一挙(いっきょ)に 일거에, 단숨에
□ 意図(いと) 의도
□ いやらしい 불쾌하다
□ 意欲(いよく) 의욕
□ ウイルス 바이러스
□ うぬぼれる 자만하다
□ うっとうしい ① (기분·날씨) 울적하고 답답하다 ② 귀찮다
□ 閲覧室(えつらんしつ) 열람실
□ 負(お)う 짊어지다, 혜택을 입다
□ 大(おお)げさ 과장됨, 야단스러움
□ おどおど 쭈뼛쭈뼛, 벌벌
□ オーバー 오버, 초과
□ おろか 어리석음
□ おろそか 소홀함

か

□ 回収(かいしゅう) 회수
□ 改修(かいしゅう) 개수, 수리
□ 概説(がいせつ) 개설
□ 介入(かいにゅう) 개입
□ 革新(かくしん) 혁신
□ 過疎(かそ) 과소, 지나치게 드묾
□ かつ 동시에, 한편
□ 頑固(がんこ) 완고함
□ 肝心(かんじん) 중요함, 요긴함
□ カンニング 커닝
□ 危害(きがい) 위해
□ 規格(きかく) 규격
□ きっちり 꼭 맞는 모양
□ きっぱり(と) 딱 잘라, 단호하게
□ 規範(きはん) 규범
□ 気品(きひん) 기품
□ 起伏(きふく) 기복
□ 教訓(きょうくん) 교훈
□ 興(きょう)じる 즐기다, 흥겨워하다
□ 覆(くつがえ)す 뒤엎다
□ 形勢(けいせい) 형세
□ けなす 혹평하다, 헐뜯다
□ 煙(けむ)たい 맵고 싸하다, (대하기) 어렵다
□ ～圏(けん) ~권
□ 権威(けんい) 권위
□ 健全(けんぜん) 건전함
□ 厳密(げんみつ) 엄밀함

□ 向上(こうじょう) 향상
□ 心得(こころえ) 소양, 이해
□ 心強い(こころづよい) 마음 든든하다
□ こじれる 꼬이다, (병이) 악화되다
□ 誇張(こちょう) 과장
□ こつ 요령
□ ことごとく 모조리, 죄다
□ ことによると 어쩌면, 경우에 따라서는
□ 孤立(こりつ) 고립
□ ごろごろ(と) 데굴데굴

さ

□ サイズ 사이즈
□ 再発(さいはつ) 재발
□ さえる (머리가) 맑아지다
□ 察する(さっする) 헤아리다, 살피다
□ さも 자못, 아주, 정말로
□ しいて 굳이, 억지로
□ 自覚(じかく) 자각
□ しかけ 장치, 속임수
□ 辞退(じたい) 사퇴
□ シック 멋진 모양, 세련된 모양
□ しぶとい 고집이 세다, 강인하다
□ 視野(しや) 시야
□ ジャンル 장르
□ 収容(しゅうよう) 수용
□ 主導権(しゅどうけん) 주도권
□ 処置(しょち) 처치, 조치
□ 進呈(しんてい) 진정, 드림
□ すがすがしい 상쾌하다
□ すばしこい 민첩하다
□ スペース 공간
□ 切実(せつじつ) 절실함
□ 摂取(せっしゅ) 섭취
□ せつない 애달프다, 괴롭다
□ 設立(せつりつ) 설립
□ セレモニー 세레모니, 의식
□ 選考(せんこう) 선고, 전형
□ 壮大(そうだい) 장대함
□ 備わる(そなわる) 갖추어지다
□ そっけない 무정하다, 냉담하다

た

□ 台無し(だいなし) 엉망이 됨
□ 打開(だかい) 타개
□ だるい 나른하다
□ 断言(だんげん) 단언
□ 忠告(ちゅうこく) 충고
□ 直感的に(ちょっかんてきに) 직감적으로
□ つじつま 사리, 이치
□ 貫く(つらぬく) 관철하다
□ 手遅れ(ておくれ) 때늦음, 시기를 놓침
□ デザート 디저트, 후식
□ 手順(てじゅん) 순서, 절차
□ データ 데이터
□ 同意(どうい) 동의
□ 同感(どうかん) 동감
□ 統合(とうごう) 통합
□ 到底(とうてい) 도저히
□ どうにか 그럭저럭, 겨우
□ 特技(とくぎ) 특기
□ とぼける 시치미를 떼다
□ 取り締まり(とりしまり) 단속
□ 取り締まる(とりしまる) 단속하다
□ 取り次ぐ(とりつぐ) 전하다, (전화를) 연결하다

な

□ 何(なに)とぞ 부디, 아무쪼록
□ なれなれしい 지나치게 친한 척하다, 허물없다
□ ナンセンス 넌센스
□ のぞましい 바람직하다

は

□ ばかばかしい 몹시 어리석다
□ 破棄(はき) 파기
□ はじく 튀기다, 튕겨 내다
□ 生(は)やす (수염·초목 등) 기르다
□ ひいては (더) 나아가서는
□ 一息(ひといき) 한숨 돌림
□ 貧弱(ひんじゃく) 빈약함
□ 頻繁(ひんぱん) 빈번함
□ ファイト 투지
□ フォーム 폼, 모양
□ 深(ふか)まる 깊어지다
□ ふらふら 휘청휘청, 비틀비틀
□ ぶらぶら ① 대롱대롱 ② 어슬렁어슬렁 ③ 빈둥빈둥
□ 振(ふ)り出(だ)し 출발점, 처음 상태
□ 付録(ふろく) 부록
□ 便宜(べんぎ) 편의
□ 返却(へんきゃく) 반납, 반환
□ 補充(ほじゅう) 보충
□ 募集(ぼしゅう) 모집
□ ぼやける 흐려지다

ま

□ 見苦(みぐる)しい 보기 흉하다
□ 密接(みっせつ) 밀접함
□ 見積(みつ)もる 어림잡다, 견적·평가하다
□ 身(み)なり 옷차림
□ 身(み)の回(まわ)り 신변
□ 未練(みれん) 미련
□ 明白(めいはく) 명백함
□ 名誉(めいよ) 명예
□ 目覚(めざま)しい 눈부시다
□ 面倒(めんどう)を見(み)る 돌봐 주다
□ (情報(じょうほう))網(もう) (정보)망
□ 模型(もけい) 모형
□ 目下(もっか) 목하, 현재
□ もてなす 대접하다, 환대하다
□ もろに 정면으로, 직접

や～わ

□ 野心(やしん) 야심
□ ややこしい 복잡하다, 까다롭다
□ 誘惑(ゆうわく) 유혹
□ ゆとり 여유
□ 抑制(よくせい) 억제
□ よみがえる 되살아나다
□ リード 리드
□ 連帯(れんたい) 연대
□ ロマンチック 로맨틱함, 낭만적임
□ 論理(ろんり) 논리
□ 割(わ)り込(こ)む 끼어들다

16 기출어휘 확인문제 문맥규정 / 10

問題２（　　　）に入れるのに最もよいものを、１・２・３・４から一つ選びなさい。

1 目下失業中なので毎日（　　　）しています。

1 ずるずる　2 くるくる　3 ちらちら　4 ぶらぶら

2 生きるのがつらいといって麻薬に走るなんて（　　　）なことだ。

1 おろか　2 かすか　3 のどか　4 はるか

3 母は私の気持ちを敏感に（　　　）何も言わなかった。

1 制して　2 称して　3 察して　4 即して

4 この夏は、むし暑く（　　　）日が続いた。

1 うっとうしい　2 気味悪い　3 あつかましい　4 生ぬるい

5 ゴキブリは（　　　）なかなか捕(つか)まらない。

1 ひさしくて　2 とうとくて　3 なまぐさくて　4 すばしこくて

6 講演者の話は長いわりには中身が（　　　）だった。

1 貧弱　2 陰湿　3 貧令　4 陰気

7 彼が責任を取って辞職するつもりであることが（　　　）になった。

1 正規　2 明白　3 詳細　4 素朴

8 彼らは見ず知らずの私たちを温かく（　　　）くれた。

1 もらして　2 もがいて　3 もたらして　4 もてなして

9 （　　　）言わせてもらうが、君の意見にはかなり偏見がある。

1 以って　2 あえて　3 まして　4 せめて

10 もしそれが必要なら（　　　）ご連絡ください。

1 あしからず　2 あいにく　3 あらかじめ　4 あいかわらず

답 1④ 2① 3③ 4① 5④ 6① 7② 8④ 9② 10③

問題2 (　　　)に入れるのに最もよいものを、1・2・3・4から一つ選びなさい。

1 巨大な津波でその地域の家は（　　　）破壊された。
1 とかく　2 つくづく　3 ようやく　4 ことごとく

2 アポロ計画は人類の夢を乗せた（　　　）な計画だった。
1 多大　2 潜入　3 壮大　4 盛大

3 民族闘争に第三国が（　　　）してきて大きな戦争に発展した。
1 侵入　2 潜入　3 加入　4 介入

4 メールをしながら歩いていたら、電柱に（　　　）ぶつかってしまった。
1 いやに　2 かりに　3 もろに　4 ふい

5 彼は医学研究の分野で（　　　）業績をあげた。
1 やかましい　2 なやましい　3 かしましい　4 めざましい

6 彼はいつも奥さんのことを人前で（　　　）。
1 けなす　2 くるしむ　3 おいこむ　4 おびやかす

7 彼は秀才で（　　　）非常な努力家だ。
1 かつ　2 それでも　3 ゆえに　4 しかしながら

8 彼女は（　　　）の多い人生を送った。
1 凹凸　2 明暗　3 高低　4 起伏

9 （　　　）ご許可くださいますよう、お願い申し上げます。
1 何だか　2 何でも　3 何とぞ　4 何より

10 彼の証言には（　　　）の合わないところがあった。
1 あべこべ　2 よしあし　3 つじつま　4 まとまり

답 1④ 2③ 3④ 4③ 5④ 6① 7① 8④ 9③ 10③

18 기출어휘 확인문제 문맥규정 / 10

問題２（　　　）に入れるのに最もよいものを、１・２・３・４から一つ選びなさい。

1 これは政権を（　　　）ようなスキャンダルだ。

1 反る　2 繕う　3 断つ　4 覆す

2 子供と離れて暮らしている母親はさぞ（　　　）ことだろう。

1 たやすい　2 あくどい　3 せつない　4 いやしい

3 問題と答案用紙は後ほどすべて（　　　）します。

1 没収　2 領収　3 徴収　4 回収

4 最新の技術の（　　　）は実にめざましい。

1 革新　2 革命　3 改修　4 改定

5 彼の不注意でせっかくの計画が（　　　）になった。

1 不合理　2 うつろ　3 台無し　4 不適切

6 結婚式の時には、きちんとした（　　　）で出席しなければならない。

1 身なり　2 身の上　3 身の回り　4 身ぶり

7 朝の空気は何とも言えず（　　　）。

1 わかわかしい　2 すがすがしい　3 めざましい　4 たくましい

8 頼まれても無理なことなら（　　　）断ったほうがいい。

1 じっくり　2 げっそり　3 きっぱり　4 くっきり

9 このコートは雨は（　　　）が汗は通す。

1 なげく　2 もがく　3 はじく　4 つつく

10 就職に際しては、昔の級友に（　　　）をはかってもらった。

1 適宜　2 便利　3 有利　4 便宜

답 1④ 2③ 3④ 4① 5③ 6① 7② 8③ 9③ 10④

03 問題3 유의표현 공략하기

1 문제유형 완전분석

유의표현은 밑줄 친 단어나 표현과 의미적으로 가까운 것을 고르는 문제이다. 가장 빈도가 높은 품사는 부사이며, 그 외 비슷한 의미를 가진 동사나 형용사, 명사, 외래어 등을 묻고 있다. 문자·어휘 25문제 중 6문제가 출제된다.

문제 유형 예시

問題 3 ＿＿＿の言葉に意味が最も近いものを、1・2・3・4から一つ選びなさい。

14 高橋(たかはし)さんにはかねがねお会いしたいと思っていました。

1 直接　2 ぜひ　3 早く　4 以前から

15 林(はやし)さんはそれを故意に捨てたらしい。

1 わざと　2 うっかり　3 いやいや　4 さっさと

16 昨日、鈴木(すずき)さんにおわびした。

1 文句を言った　2 お礼を言った　3 断った　4 謝った

2 유의표현 기출어휘 2023~2016

2023～2016년까지의 기출어휘를 연도별로 정리하였다. 어휘를 공부한 후 확인문제를 풀어보자.

2023

- □ 懸念される 염려되다, 우려되다 ≒ 心配される 걱정되다
- □ (何だか)やつれている (왠지) 야위어 있다 ≒ やせ衰えている 바짝 말라 있다, 수척해져 있다
- □ 奮闘する 분투하다 ≒ 必死に頑張る 필사적으로 힘내다
- □ 不慮(の事故) 뜻밖(의 사고) ≒ 思いがけない 뜻밖이다, 의외이다
- □ 根こそぎ(持っていく) 전부, 몽땅 (가지고 가다) ≒ すべて 모두, 전부
- □ (仕事に)没頭する (일에) 몰두하다 ≒ 熱中する 열중하다
- □ (自分の)尺度 (자신의) 척도 ≒ 基準 기준
- □ わずらわしい(仕事) 성가신, 까다로운 (일) ≒ 面倒な 귀찮은
- □ 肝心な(話) 중요한 (이야기) ≒ 重要な 중요한
- □ (仕事が)はかどる (일이) 진척되다 ≒ 順調に進む 순조롭게 진행되다
- □ 辛抱 참음, 참고 견딤 ≒ 我慢 참음
- □ (この地方の)しきたり (이 지방의) 관습, 관례 ≒ 慣習 관습

2022

- □ (友人に)触発される (친구에게) 촉발되다, 자극되다 ≒ 刺激される 자극되다
- □ (彼の言動に)閉口した (그의 언동에) 질렸다, 곤란했다 ≒ 困った 곤란했다
- □ 気ままな(生活) 제멋대로의, 자유로운 (생활) ≒ 自由な 자유로운
- □ 若干(空席がある) 약간 (공석이 있다) ≒ いくつか 약간
- □ 手分け 분담 ≒ 分担 분담
- □ てきぱきと(処理する) 척척 (처리하다) ≒ 早く正確に 빠르고 정확하게

□ (必要な資金を)調達した (필요한 자금을) 조달했다 ≒ 用意した 준비했다

□ 温和な(性格) 온화한 (성격) ≒ 穏やかな 온화한, 평온한

□ (おすすめの)スポット (추천하는) 장소 ≒ 場所 장소

□ (実力は)拮抗する (실력은) 팽팽하다 ≒ 差がない 차이가 없다

□ あどけない(表情) 천진난만한 (표정) ≒ 無邪気な 천진난만한

2021

□ リスク(が伴う) 위험(이 따른다) ≒ 危険 위험

□ (アイディアを)絶賛する (아이디어를) 극찬하다 ≒ 非常に素晴らしいとほめる 매우 훌륭하다고 칭찬하다

□ くつろいで 편안히 쉬고 ≒ ゆっくりして 편안히 하고

□ (その件は)うやむやに (그 건은) 흐지부지 ≒ あいまいに 애매하게, 두루뭉술하게

□ 出馬する 출마하다 ≒ 選挙に出る 선거에 나가다

□ お手上げだ 속수무책이다 ≒ どうしようもない 어찌할 도리가 없다

□ 寡黙な(人) 과묵한 (사람) ≒ 口数が少ない 말수가 적은

□ (会議が)紛糾した (회의가) 시끄러워졌다 ≒ 混乱した 혼란스러웠다

□ (発売は)ずれ込みそうだ (발매는) 늦어질 것 같다 ≒ 遅くなりそうだ 늦어질 것 같다

□ ろくに(説明されなかった) 제대로 (설명되지 않았다) ≒ たいして 그다지, 별로

□ スケール(が違う) 스케일, 규모(가 다르다) ≒ 規模 규모

□ 寄与(によるところが大きい) 기여(에 의한 바가 크다) ≒ 貢献 공헌

2020

□ エキスパート 엑스퍼트, 전문가 ≒ 専門家 전문가

□ (新聞の記事を)凝視した (신문기사를) 응시했다 ≒ じっと見た 지그시 봤다

□ 架空の(人物) 가공의 (인물) ≒ 想像の 상상의

□ かねがね(お目にかかりたいと) 전부터, 진작부터 (만나뵙고 싶다고) ≒ 以前から 이전부터

□ 当面(ない) 당분간 (없다) ≒ しばらくは 당분간은

□ ぼやいている 투덜거리고 있다 ≒ 愚痴を言っている 투덜거리고 있다

2019

□ コンパクトな(車) 소형의 (차) ≒ 小型の 소형의

□ 極力(減らそう) 극력, 힘껏, 최대한 (줄이자) ≒ できるだけ 가능한 한

□ つぶやく 중얼거리다, 투덜대다 ≒ 小さな声で言う 작은 목소리로 말하다

□ 不審な(点) 수상한, 의심스러운 (점) ≒ 怪しい 수상한

□ ばててしまった 지쳐 버렸다 ≒ 疲れてしまった 지쳐 버렸다

□ (任務を)まっとうする (임무를) 완수하다, 다하다 ≒ 完了する 완료하다

□ 異例の 이례적인 ≒ 珍しい 드문, 희귀한

□ (実験に)打ち込んだ (실험에) 몰두했다 ≒ 熱中した 열중했다

□ (お金に関して)ルーズな(人) (돈에 관해) 허술한 (사람) ≒ だらしない 야무지지 못한, 허술한

□ 脈絡(がない) 맥락(이 없다) ≒ つながり 연계, 연관

□ つぶさに 자세히, 구체적으로 ≒ 詳細に 상세하게

□ (プロジェクトについて)吟味する (프로젝트에 대해서) 음미하다, 검토하다 ≒ 検討する 검토하다

2018

□ すみやかに(片づける) 빨리, 신속히 (치우다) ≒ できるだけ早く 가능한 한 빨리

□ (主張は)漠然としていた (주장은) 막연했다 ≒ ぼんやりしていた 어렴풋했다

□ 妨害する(つもりはない) 방해할 (생각은 없다) ≒ じゃまする 방해할

□ エレガントな(服) 우아한 (옷) ≒ 上品な 고상한, 품위 있는

□ つかの間の(休息) 잠깐 동안의 (휴식) ≒ 短い 짧은

- □ しくじる 망치다, 실패하다 ≒ 失敗する 실패하다
- □ (ハムを)スライスして (햄을) 슬라이스 해서 ≒ 薄く切って 얇게 잘라서
- □ めいめいに(配る) 각각에게 (나눠주다) ≒ 一人一人に 한 사람 한 사람에게
- □ 克明に(記される) 극명하게, 자세하고 꼼꼼하게 (기록되다) ≒ 詳しく丁寧に 자세하게 정성들여
- □ (改善する)手立て (개선할) 방법, 방도 ≒ 方法 방법
- □ ありありと(浮ぶ) 뚜렷이, 똑똑히 (떠오르다) ≒ はっきり 분명히, 확실히
- □ 返事をしぶっていた 대답을 주저하고 있었다 ≒ なかなか返事をしようとしなかった 좀처럼 대답을 하려고 하지 않았다

2017

- □ 粘り強く(交渉した) 끈기 있게 (협상했다) ≒ あきらめずに 포기하지 않고
- □ 入念に(調査を行う) 공들여, 꼼꼼히 (조사하다) ≒ 細かく丁寧に 세심하게 공들여
- □ うすうす(気づく) 어렴풋이 (깨닫다) ≒ なんとなく 왠지 모르게, 그냥
- □ 難点 난점, 곤란한 점 ≒ 不安なところ 불안한 부분
- □ むっとしたようだった 화가 치민 듯했다 ≒ 怒ったような顔をしていた 화가 난 듯한 표정을 짓고 있었다
- □ 照会した 조회했다, 문의했다 ≒ 問い合わせた 문의했다
- □ 抱負(を述べる) 포부(를 기술하다) ≒ 決意 결의
- □ (暮らしに)ゆとり(がある) (생활에) 여유(가 있다) ≒ 余裕 여유
- □ 若干(伸びている) 약간 (늘고 있다) ≒ わずか 조금, 약간
- □ (発言を)撤回した (발언을) 철회했다 ≒ とりけした 취소했다
- □ 張り合っている 경쟁하고 있다 ≒ 競い合っている 경쟁하고 있다, 겨루고 있다
- □ かたくなな(態度) 완고한, 고집이 센 (태도) ≒ 頑固な 완고한

2016

- □ 端的に(表している) 단적으로 (표현하고 있다) ≒ 明白に 명백하게
- □ わずらわしい(作業) 번거로운, 귀찮은 (작업) ≒ 面倒な 귀찮은
- □ かろうじて(思い出した) 겨우, 간신히 (생각해냈다) ≒ 何とか 그럭저럭, 간신히
- □ 自尊心(を取り戻した) 자존심(을 되찾았다) ≒ プライド 프라이드, 자존심
- □ ささいな(問題) 사소한 (문제) ≒ 小さな 작은
- □ とまどって 당황해 ≒ 困って 곤란해, 난처해
- □ かねがね(お会いしたいと) 전부터 (만나고 싶다고) ≒ 以前から 전부터
- □ 故意に(捨てた) 고의로 (버렸다) ≒ わざと 일부러
- □ (鈴木さんに)おわびした (스즈키 씨에게) 사죄했다 ≒ 謝った 사과했다
- □ (強い)意気込み (강한) 의욕, 기세, 패기 ≒ 意欲 의욕
- □ おびえて 무서워하고, 겁내고 ≒ 怖がって 무서워하고
- □ (その一言に)安堵した (그 한마디에) 안도했다 ≒ ほっとした 안심했다

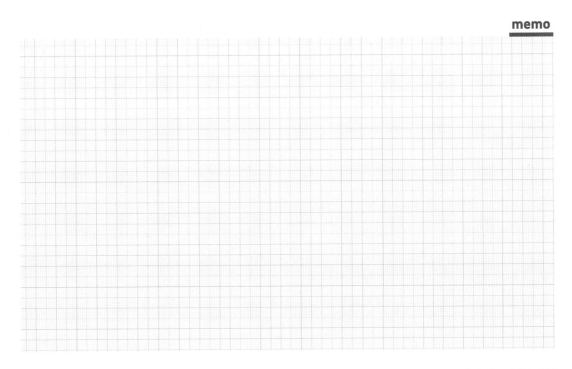

memo

問題3 ＿＿＿の言葉に意味が最も近いものを、1・2・3・4から一つ選びなさい。

1 30歳で社長になるとは異例の昇進だ。

1 めずらしい　2 めでたい　3 立派な　4 幸運な

2 彼女はよく脈絡のない話をする。

1 うそ　2 面白み　3 つながり　4 終わり

3 昨日、コンパクトなカメラを購入した。

1 新型の　2 小型の　3 家族向きの　4 若者向きの

4 不審なことがあればすぐ知らせてください。

1 でたらめな　2 頼りない　3 怪しい　4 あいまいな

5 レモンをスライスした。

1 細かく切った　2 薄く切った　3 よく焼いた　4 軽く焼いた

6 すみやかに掃除してください。

1 元の通りに　2 できるだけきれいに
3 できるだけ早く　4 決めた通りに

7 新社長は就任の抱負を語った。

1 見解　2 感謝　3 反省　4 決意

8 粘り強く努力した。

1 覚悟して　2 油断せずに　3 思い切って　4 あきらめずに

9 このことはかねがね両親から言われていた。

1 できれば　2 以前から　3 ぜひ　4 早いうちに

10 その事件は荒廃した世相を端的に物語っている。

1 明白に　2 部分的に　3 大げさに　4 主に

답 1① 2③ 3② 4③ 5② 6③ 7④ 8④ 9② 10①

20 기출어휘 확인문제 유의표현 / 10

問題３　＿＿＿の言葉に意味が最も近いものを、１・２・３・４から一つ選びなさい。

1 彼女は遺伝の研究に打ち込んだ。
1 熱中した　2 失敗した　3 協力した　4 苦労した

2 彼は調査結果を上司につぶさに報告した。
1 のんびりと　2 繰り返して　3 詳細に　4 懐かしそうに

3 極力出費を減らそう。
1 できるだけ　2 大幅に　3 一気に　4 思い切って

4 私はこの意外な言葉を聞いて、思わず彼の顔を凝視した。
1 ざっと見た　2 じっと見た　3 ちらっと見た　4 ぼうっと見た

5 研究経過を克明に記録した。
1 簡潔にまとめて　2 生き生きと　3 客観的に　4 詳しく丁寧に

6 妨害するつもりはなかった。
1 だます　2 いたずらする　3 からかう　4 じゃまする

7 日本の失業率は若干減少している。
1 いまだ　2 わずか　3 つねに　4 さらに

8 友人もうすうす気づいていたと思います。
1 おそらく　2 さすがに　3 なんとなく　4 とっくに

9 ３月に予定されていた新製品の発表はずれ込みそうだ。
1 早くなりそうだ　2 多くなりそうだ　3 遅くなりそうだ　4 少なくなりそうだ

10 かろうじて最終バスに間に合った。
1 なぜか　2 何とか　3 すぐに　4 たまたま

답 1① 2③ 3① 4② 5④ 6④ 7② 8③ 9③ 10②

21 기출어휘 확인문제 유의표현 / 10

問題３ ＿＿＿の言葉に意味が最も近いものを、１・２・３・４から一つ選びなさい。

1 あの先生は幼児教育のエキスパートだ。

1 発明家　2 協力者　3 責任者　4 専門家

2 契約するとき内容をよく吟味しましたか。

1 報告　2 提案　3 検討　4 決定

3 彼はぶつぶつつぶやいていた。

1 ゆっくり言って　2 大きな声で言って
3 早口で言って　4 小さな声で言って

4 彼女は与えられた任務をまっとうして帰国した。

1 継続して　2 完了して　3 実行して　4 担当して

5 その光景はまだありありと記憶に残っている。

1 次々と　2 ぼんやり　3 はっきり　4 ふと

6 つかの間の幸せだった。

1 短い　2 久しぶりの　3 充実した　4 十分な

7 ２人の社長はお互いに張り合った。

1 見つめ合った　2 助け合った　3 競い合った　4 傷つけ合った

8 彼女はむっとしたようだった。

1 驚いたような顔をしていた　2 怒ったような顔をしていた
3 疲れたような顔をしていた　4 飽きたような顔をしていた

9 彼女はおびえているようだった。

1 焦って　2 怖がって　3 悩んで　4 悔やんで

10 犬が一晩中ほえていたのでろくに眠れなかった。

1 全く　2 なかなか　3 たいして　4 事前に

답 1④ 2③ 3④ 4② 5③ 6① 7③ 8② 9② 10③

3 유의표현 기출어휘 2015~2010

2015~2010년까지의 기출어휘를 연도별로 정리하였다. 어휘를 공부한 후 확인문제를 풀어보자.

2015

	≒	
□ (作品[さくひん]が)仕上[しあ]がる (작품이) 완성되다	≒	完成[かんせい]する 완성되다
□ (両[りょう]チームの力[ちから]は)互角[ごかく]だ (양팀의 실력은) 막상막하다	≒	大体同[だいたいおな]じだ 대체로 같다
□ (お客様[きゃくさま]からの)クレーム (손님에게서 온) 클레임, 불만	≒	苦情[くじょう] 불평, 불만
□ 助言[じょげん](を求[もと]められる) 조언(을 요청받다)	≒	アドバイス 어드바이스, 충고
□ 錯覚[さっかく]する(のもしかたがない) 착각하는 (것도 어쩔 수 없다)	≒	勘違[かんちが]いする 착각하는
□ (観光客[かんこうきゃく]が)殺到[さっとう]した (관광객이) 쇄도했다	≒	一度[いちど]に大勢[おおぜい]来[き]た 한꺼번에 많이 왔다
□ (必死[ひっし]に)弁解[べんかい]する (필사적으로) 변명하다	≒	言[い]い訳[わけ]する 변명하다
□ ありふれた(もの) 어디에나 있는, 흔해빠진 (것)	≒	平凡[へいぼん]な 평범한
□ うろたえずに(対処[たいしょ]した) 당황하지 않고 (대처했다)	≒	慌[あわ]てずに 허둥대지 않고
□ (問題解決[もんだいかいけつ]の)糸口[いとぐち] (문제해결의) 실마리, 단서	≒	ヒント 힌트
□ ふいに(訪[たず]ねてきた) 느닷없이 (찾아왔다)	≒	突然[とつぜん] 갑자기
□ 誇張[こちょう]して(話[はな]す) 과장하여 (말하다)	≒	大[おお]げさに 과장되게

2014

	≒	
□ 無償[むしょう]で(受[う]けられる) 무상으로 (받을 수 있다)	≒	ただで 무료로
□ (仕事[しごと]に)打[う]ち込[こ]んでいる (일에) 몰두하고 있다	≒	熱心[ねっしん]に取[と]り組[く]んでいる 열심히 몰두하고 있다
□ ストレートに(言[い]う) 단도직입적으로, 솔직하게 (말하다)	≒	率直[そっちょく]に 솔직하게
□ お手上[てあ]げだ 두 손 두 발 다 들었다, 속수무책이다	≒	どうしようもない 어쩔 도리가 없다

□ 格段に(増えている) 현격히 (늘고 있다) ≒ 大幅に 큰폭으로

□ いたって(簡単だ) 지극히, 대단히 (간단하다) ≒ 非常に 매우, 상당히

□ 気掛かり 걱정, 근심 ≒ 心配 걱정

□ 案の定 아니나다를까, 예측대로 ≒ やはり 역시

□ 不用意な(発言) 조심성이 없는 (발언) ≒ 不注意な 부주의한

□ 厄介な(問題) 귀찮은, 번거로운 (문제) ≒ 面倒な 귀찮은

□ (当時のことを)回想する (당시의 일을) 회상하다 ≒ 思い返す (지난 일, 결정한 일을) 다시 생각하다

□ 手分け 분담 ≒ 分担 분담

2013

□ 従来の(経営戦略) 종래의 (경영전략) ≒ これまでの 지금까지의

□ あらかじめ(お送りします) 미리 (보내드립니다) ≒ 事前に 사전에, 미리

□ (成績が)抜群だった (성적이) 뛰어났다 ≒ ほかと比べて特に良かった 다른 것과 비교해서 특히 좋았다

□ バックアップ(を受ける) 백업, 지원(을 받다) ≒ 支援 지원

□ 仰天した 깜짝 놀랐다 ≒ とても驚いた 아주 놀랐다

□ おおむね(理解できた) 대체로, 대강 (이해되었다) ≒ だいたい 대개

□ ことごとく(外れた) 모두, 모조리 (빗나갔다) ≒ すべて 전부

□ 雑踏(を抜けた) 혼잡한 곳(을 빠져나갔다) ≒ 人込み 붐빔, 북적임, 북적이는 곳

□ (台風発生の)メカニズム (태풍 발생의) 메커니즘, 구조 ≒ しくみ 구조

□ 裏づけ 뒷받침, 확증 ≒ 証拠 증거

□ (伝える)すべがない (전할) 방법이 없다 ≒ 方法がない 방법이 없다

□ せかす 재촉하다 ≒ 急がせる 재촉하다(=急がす)

2012

□ (山田先生に)触発される (야마다 선생님에게) 자극받다 ≒ 刺激を受ける 자극을 받다

□ すがすがしい(表情) 상쾌한, 시원한 (표정) ≒ さわやかな 상쾌한

□ 簡素な(デザイン) 간소한 (디자인) ≒ シンプルな 단순한

□ ひそかに(進める) 살짝, 몰래 (진행하다) ≒ こっそり 몰래

□ (参加を)断念する (참가를) 단념하다 ≒ あきらめる 포기하다

□ おのずと(表れてくる) 저절로, 자연히 (나타난다) ≒ 自然に 자연스럽게

□ 当面(ない) 당분간 (없다) ≒ しばらくは 얼마 동안은, 한동안

□ スケール(が違う) 스케일, 규모(가 다르다) ≒ 規模 규모

□ しきりに(うなずく) 자주, 몇 번씩이나 (고개를 끄덕이다) ≒ 何度も 몇 번이고

□ 先方(に確認する) 상대편(에게 확인하다) ≒ 相手 상대

□ けなされる 깎아내려지다, 욕을 먹다 ≒ 悪く言われる 나쁜 말을 듣다

□ おっくうだ 귀찮다, 번거롭다 ≒ 面倒だ 귀찮다

2011

□ 画期的な(手法) 획기적인 (수법 · 기교) ≒ 今までになく新しい 지금까지 없는 새로운

□ (~への進出を)もくろむ (~로의 진출을) 계획하다 ≒ 計画する 계획하다

□ 手がかり(が欲しい) 단서(가 필요하다) ≒ ヒント 힌트

□ にわかには(信じられない) 당장에는 (믿을 수 없다) ≒ すぐには 바로는, 당장은

□ (この鍋は)重宝している (이 냄비는) 쓸모가 있어 편리하다 ≒ 便利で役に立っている 편리해서 도움이 된다

□ (仕事に対して)シビアだ (일에 대해) 엄격하다, 혹독하다, 심하다 ≒ 厳しい 엄(격)하다, 지독하다

□ ありきたりの(もの) 흔한, 평범한 (것) ≒ 平凡な 평범한

□ (実力の差は)歴然としている (실력차는) 뚜렷하다 ≒ はっきりしている 분명하다

□ 極力(減らそう) 극력, 힘껏, 최대한 (줄이자)	≒	できる限り 가능한 한
□ (結果を聞いて)落胆する (결과를 듣고) 낙담하다	≒	がっかりする 실망하다
□ (小説の結末は)あっけない (소설의 결말은) 어이없다, 싱겁다	≒	意外につまらない 의외로 재미없다
□ (色の)コントラスト (색의) 대비	≒	対比 대비

2010

□ ルーズな(ところ) 칠칠치 못한, 허술한 (면)	≒	だらしない 칠칠치 못한
□ (この職場にも)なじむ (이 직장에도) 익숙해지다	≒	慣れる 익숙해지다
□ (お互いに)張り合う (서로) 경쟁하다	≒	競争する 경쟁하다
□ 朗報(が届く) 낭보, 기쁜 소식(이 도착하다)	≒	うれしい知らせ 기쁜 소식
□ わずらわしい(作業) 귀찮은 (작업)	≒	面倒な 귀찮은, 번거로운
□ いやみ(を言われた) 빈정거림, 비아냥(을 들었다)	≒	皮肉 비꼼, 야유
□ (出席者が)まばらだ (참석자가) 드문드문하다	≒	少ない 적다
□ どんよりした天気だ 날씨가 잔뜩 흐리다	≒	曇っていて暗い 흐려서 어둡다
□ 丹念に(新聞に目を通す) 정성들여, 꼼꼼히 (신문을 훑어본다)	≒	じっくりと 꼼꼼히
□ (仕事が)はかどっている (일이) 진척되고 있다	≒	順調に進んでいる 순조롭게 진행되고 있다
□ (計画を)見合わせる (계획을) 미루다, 보류하다	≒	中止する 중지하다
□ やむをえず 어쩔 수 없이	≒	しかたなく 어쩔 수 없이

問題3 ＿＿＿の言葉に意味が最も近いものを、１・２・３・４から一つ選びなさい。

1 現代社会のメカニズムは複雑だ。

1 しくみ　2 きっかけ　3 可能性　4 危険性

2 彼女は必死に弁解していた。

1 考えて　2 反論して　3 謝って　4 言い訳して

3 天気が悪いから、今夜の出発は見合わせるしかない。

1 変更する　2 承認する　3 中止する　4 実施する

4 まず先方の言い分を聞こう。

1 専門家　2 相手　3 全員　4 手相

5 すべてのガンに効く画期的な新薬の登場が待たれる。

1 広く知られている　2 最近ではめずらしい

3 非常に時間がかかる　4 今までになく新しい

6 爆発の音に村人たちは仰天した。

1 深く感動した　2 深く同情した　3 とても驚いた　4 とても喜んだ

7 早く食べろと子をせかす。

1 驚かせる　2 待たせる　3 急がせる　4 困らせる

8 彼はベートーベンの音楽に触発されて作曲家を志した。

1 誘発を受けて　2 衝撃を受けて　3 感銘を受けて　4 刺激を受けて

9 彼女はその知らせを聞いてひどく落胆した。

1 がっかりした　2 びっくりした　3 動揺した　4 暴動した

10 やっと厄介な作業から解放された。

1 退屈な　2 苦手な　3 地味な　4 面倒な

답 1① 2④ 3③ 4② 5④ 6③ 7③ 8④ 9① 10④

23 기출어휘 확인문제 유의표현 / 10

問題３ ＿＿＿の言葉に意味が最も近いものを、１・２・３・４から一つ選びなさい。

1 私は黙るよりほかになすすべがなかった。

1 方向　　2 方法　　3 理由　　4 事由

2 彼はどんな事態にも、うろたえずに冷静に対処した。

1 嫌がらずに　　2 慌てずに　　3 怒らずに　　4 あきらめずに

3 彼のぎこちない演技に拍手もまばらだった。

1 まじめだった　　2 ふまじめだった　　3 少なかった　　4 多かった

4 あの子はいつもすがすがしい笑顔であいさつする。

1 ほっとした　　2 はっとした　　3 さわやかな　　4 真剣な

5 彼女の新作はくそみそにけなされた。

1 反対された　　2 賛成された　　3 悪く言われた　　4 高く評価された

6 この壺(つぼ)は重宝している。

1 評価が高まっている　　2 形が気に入っている

3 以前より値上がりしている　　4 便利で役に立っている

7 式典はおおむね予定どおりに進行している。

1 やっと　　2 だいたい　　3 すこし　　4 すぐに

8 努力すればおのずと道は開けてくる。

1 別途に　　2 満足に　　3 自然に　　4 不意に

9 新しいパソコンのプログラムを無償で提供する。

1 いつでも　　2 ただで　　3 優先的に　　4 予約しなくても

10 自分史の執筆をもくろんでいる。

1 開始して　　2 計画して　　3 果たして　　4 あきらめて

답 1② 2② 3③ 4③ 5③ 6④ 7② 8③ 9② 10②

24 기출어휘 확인문제 유의표현 / 10

問題３ ＿＿＿の言葉に意味が最も近いものを、１・２・３・４から一つ選びなさい。

1 なんだか今日はどんよりした天気だった。

1 晴れていて明るかった　2 風が吹いて涼しかった
3 曇っていて暗かった　4 雨が降って蒸し暑かった

2 危険なことは極力避けるようにしなさい。

1 少しずつ　2 できる限り　3 真っ先に　4 先だって

3 ルーズな人に仕事は任せられない。

1 よわい　2 うるさい　3 ずうずうしい　4 だらしない

4 映画はあっけない幕切れだった。

1 意外につまらない　2 本当におもしろい
3 意外につまらなくない　4 本当におもしろくない

5 彼の立てた企画はことごとく失敗した。

1 だいたい　2 すべて　3 ほとんど　4 おおむね

6 雨の日に外出するのはおっくうだ。

1 面倒だ　2 平気だ　3 愉快だ　4 困難だ

7 謙虚であることはいいことだが、度が過ぎるといやみに聞こえる。

1 皮肉　2 愚痴　3 冗談　4 不平

8 昨夜、ふいに友達が訪ねてきた。

1 わざわざ　2 久しぶりに　3 再び　4 突然

9 今年の夏の水不足はとてもシビアだった。

1 厳しかった　2 弱気だった　3 注意深かった　4 柔軟だった

10 国民投票を実施する計画は当面ない。

1 直接は　2 大して　3 まさか　4 しばらくは

답 1③ 2② 3④ 4① 5② 6① 7① 8④ 9① 10④

04 問題4 용법 공략하기

1 문제유형 완전분석

용법 문제는 주어진 어휘의 올바른 사용법을 묻는 문제로, 단어의 정확한 의미 파악이 관건이다. 문자·어휘 25문제 중 6문제가 출제된다.

문제 유형 예시

問題 4　次の言葉の使い方として最もよいものを、1・2・3・4 から一つ選びなさい。

20　閑静

1　そのレストランは繁華街から外れた閑静な場所にある。
2　今日は朝から具合が悪かったので、会社を休んで家で閑静にしていた。
3　用事が早く済み、閑静な時間ができたので、映画を見に行くことにした。
4　日中はにぎやかな公園だが、夜になると急に閑静になる。

21　たやすい

1　弟は寝坊したらしく、たやすい物だけ食べて、慌てて出かけていった。
2　伊藤(いとう)氏とは大学時代からの親友で、本音(ほんね)が言えるたやすい関係だ。
3　せっかくの日曜日だから、ゆっくり休んでたやすく過ごそうと思う。
4　この問題は想像以上に複雑で、たやすく解決できるものではなかった。

2 용법 기출어휘 2023~2016

2023~2016년까지의 어휘를 연도별로 실었다. 어휘를 공부한 후 확인문제를 풀어보자.

2023

- □ (よくなる)兆(きざ)し (좋아질) 조짐, 징조
- □ (観客(かんきゃく)を)収容(しゅうよう)する (관객을) 수용하다
- □ 目(め)がさえる 잠이 안 오다, 눈이 말똥말똥하다
- □ 痛烈(つうれつ)な(批判(ひはん)) 통렬한 (비판)
- □ (次回(じかい)で)完結(かんけつ)する (다음 회로) 완결되다
- □ (壁(かべ)が)もろくなる (벽이) 약해지다, 무너지기 쉽다
- □ (保険(ほけん)を)解約(かいやく)する (보험을) 해약하다
- □ (村(むら)の)特産(とくさん) (마을의) 특산
- □ (友人(ゆうじん)たちから)問(と)い詰(つ)められる (친구들에게) 추궁당하다
- □ (橋(はし)を)改修(かいしゅう)する (다리를) 개수하다, 수리하다
- □ 手厚(てあつ)く(もてなす) 극진히 (대접하다)
- □ デマ(を流(なが)す) 헛소문, 유언비어(를 퍼뜨리다)

2022

- □ (物語(ものがたり)の)結末(けつまつ) (이야기의) 결말
- □ (食欲(しょくよく)を)そそる (식욕을) 돋우다
- □ (外部(がいぶ)の音(おと)を)遮断(しゃだん)する (외부 소리를) 차단하다
- □ (被災地(ひさいち)からの)要請(ようせい) (피해지에서 온) 요청
- □ (緊張(きんちょう)して動作(どうさ)が)ぎこちない (긴장해서 동작이) 어색하다, 딱딱하다
- □ 断(だん)じて(許(ゆる)されない) 결코 (용서받을 수 없다)
- □ (商品(しょうひん)の)出荷(しゅっか) (상품의) 출하
- □ (友人(ゆうじん)に)譲(ゆず)る (친구에게) 넘겨주다, 양도하다
- □ (大事(だいじ)な場面(ばめん)での)底力(そこぢから) (중요한 상황에서의) 저력
- □ 絶大(ぜつだい)な(人気(にんき)) 절대적인 (인기)
- □ 手痛(ていた)い(ミス) 뼈아픈, 심한 (실수)
- □ (工場(こうじょう)を)誘致(ゆうち)する (공장을) 유치하다

2021

- □ 均等(きんとう)に(割(わ)り振(ふ)る) 균등하게 (할당하다)
- □ (凶器(きょうき)を)押収(おうしゅう)した (흉기를) 압수했다
- □ (マラソン大会(たいかい)では途中(とちゅう)で)リタイアした (마라톤 대회에서는 도중에) 기권했다

□ (経験があることが)望ましい (경험이 있는 것이) 바람직하다

□ (ジャズの)本場 (재즈의) 본고장

□ (恐竜は)絶滅した (공룡은) 멸종되었다

□ 露骨に(嫌な顔) 노골적으로 (싫은 표정)

□ (情熱を内に)秘める (정열을 마음 속에) 간직하다

□ 素早い(対応) 재빠른 (대응)

□ (証明書の)交付 (증명서의) 교부

□ かたくなに(自分の考えを押し通した) 완고하게, 막무가내로 (자신의 생각을 끝까지 밀고 나갔다)

□ (うちの犬は私の友人に)なついている (우리집 개는 내 친구를) 따른다

2020

□ もはや(通用しない) 이제는 (통용되지 않는다)

□ (注意を)怠る (주의를) 게을리하다

□ (観客を)収容する (관객을) 수용하다

□ 円滑に(運営する) 원활하게 (운영하다)

□ (汚職事件で)失脚する (비리사건으로) 실각하다

□ 実に(よく書けている) 실로 (잘 쓰여 있다)

2019

□ (手続きは)簡素になる (절차는) 간소해진다

□ (見ていて)ほほえましい (보고 있으면) 흐뭇하다

□ (社会の)様相 (사회의) 양상, 모양, 모습

□ (市民の)要望 (시민의) 요망

□ (スーパーが)繁盛する (슈퍼마켓이) 번창하다

□ ひたむきな(姿) 한결같은 (모습)

□ (がんの仕組みを)解明する (암의 구조를) 풀어내다

□ (一日に6キロを)目安に (하루 6킬로미터를) 목표로

□ (冗談を)交える (농담을) 섞다

□ (定説を) 覆す (정설을) 뒤집어 엎다, 뒤엎다

□ (失敗して)くじける (실패해서) 좌절하다

□ (実力は)互角 (실력은) 호각, 막상막하

2018

□ 巧みな(技術) 정교한 (기술)

□ (調査に)乗り出す (조사에) 착수하다

□ (一部分を)抜粋 (일부분을) 발췌

□ (安全装置が)作動 (안전장치가) 작동

□ (白を)基調に (흰색을) 기조로, 바탕으로

□ (希望の部署に)配属される (희망 부서에) 배속되다

□ 面識(はない) 면식, 안면(은 없다)

□ 心当たり(がない) 짐작 가는 곳(이 없다)

□ しぶとい(ところ) 고집이 센, 완고한 (면)

□ (荷物が)かさばる (짐이) 부피가 커지다

□ (パソコンが)備(そな)え付(つ)けてある (컴퓨터가) 비치되어 있다

□ (様々(さまざま)な思(おも)いが)交錯(こうさく)する (여러 생각이) 이리 저리 뒤섞이다

2017

□ (部長(ぶちょう)に)昇進(しょうしん) (부장으로) 승진

□ (無料(むりょう)で)配布(はいふ) (무료로) 배포

□ (大災害(だいさいがい)によって)滅(ほろ)びる (큰 재해로 인해) 멸망하다, 쇠퇴하다

□ (この団体(だんたい)は)発足(ほっそく)した (이 단체는) 발족했다

□ (問題(もんだい)を)提起(ていき) (문제를) 제기

□ (ゼロを一(ひと)つ)見落(みお)とす (0을 하나) 빠뜨리다

□ (データの)重複(じゅうふく) (데이터의) 중복

□ (京都(きょうと)を)拠点(きょてん)に (교토를) 거점으로

□ 真(ま)っ先(さき)に(頭(あたま)に浮(う)かぶ) 맨 먼저 (머리에 떠오르다)

□ 緊密(きんみつ)に(協力(きょうりょく)する) 긴밀히 (협력하다)

□ (変化(へんか)を)遂(と)げる (변화를) 이루다

□ うなだれて(顔(かお)を上(あ)げなかった) 고개를 숙이고 (얼굴을 들지 않았다)

2016

□ (交通(こうつう)が)規制(きせい)される (교통이) 규제되다

□ (情報(じょうほう)を)入手(にゅうしゅ) (정보를) 입수

□ 素早(すばや)い(対応(たいおう)) 재빠른 (대응)

□ (解決(かいけつ)に至(いた)った)経緯(けいい) (해결에 이른) 경위

□ (地位(ちい)を)退(しりぞ)く (지위에서) 물러나다

□ (社会(しゃかい)に)還元(かんげん)する (사회에) 환원하다

□ 閑静(かんせい)な(場所(ばしょ)) 조용한 (장소)

□ たやすく(解決(かいけつ)できる) 쉽게 (해결할 수 있다)

□ (気持(きも)ちを)察(さっ)する (기분을) 헤아리다, 살피다

□ (出張費(しゅっちょうひ)の)内訳(うちわけ) (출장비의) 내역, 명세

□ (話(はなし)が)食(く)い違(ちが)う (말이) 어긋나다, 엇갈리다

□ 過密(かみつ)な(スケジュール) 빽빽한 (스케줄)

問題４ 次の言葉の使い方として最もよいものを、１・２・３・４から一つ選びなさい。

1 もはや

1 その硬貨は日本ではもはや通用していない。
2 テストは予想していたよりもはややさしかった。
3 彼はもはやにもまして勉学に励むようになった。
4 その後もはやして雨が降り出した。

2 様相

1 その家には人の住んでいる様相がなかった。
2 今のチームの様相では優勝は難しそうだ。
3 台風に見舞われ、町の様相が一変した。
4 その知らせを聞いてうろたえている様相が彼女の顔に出ていた。

3 乗り出す

1 彼は割り箸を使うのをやめようとみんなに乗り出した。
2 彼女はぎりぎりにならないと宿題に乗り出さない。
3 警察はようやくその事件の捜査に乗り出した。
4 進路を変え、新たな道を乗り出すには大きな決断と覚悟が必要だった。

4 うなだれる

1 彼の言い訳を聞いていて思わずうなだれた。
2 彼女の言い訳は私たちにはうなだれないところがあった。
3 彼はショックのあまりうなだれて何も言わず部屋から出ていった。
4 つり橋がちょっとうなだれただけで彼女は大声をあげた。

5 内訳

1 全体の栄養を考えて内訳の良い食事を心がけましょう。
2 合計は10万円で内訳は次の通りです。
3 本日は６月１日に行われた入学式の内訳を紹介します。
4 一度、来週の内訳を確認した上で、改めてご連絡さし上げます。

답 1① 2③ 3③ 4③ 5②

問題4 次の言葉の使い方として最もよいものを、1・2・3・4から一つ選びなさい。

1 繁盛

1 山本(やまもと)さんはアメリカに出発する前に繁盛した見送りを受けた。
2 ネット上で宣伝し始めたら、商売が繁盛するようになった。
3 庭の少し上の繁盛しているところが愛犬の墓です。
4 火事発生から5時間たったが、火はまだ繁盛していた。

2 しぶとい

1 それは熱にしぶとくて、さらに加工もしやすい素材だった。
2 梅雨から夏の時期は湿気がしぶとく、じめじめとした天気が続きますよね。
3 あいつはなかなか自分の負けを認めないしぶといやつだ。
4 今日は朝から微熱があって体がしぶとい。

3 失脚

1 その政治家はかなりの実力者だったが今度の政変で失脚したらしい。
2 その役者は初舞台でやじられてすっかり自信を失脚してしまった。
3 あの教授は高名な学者であるが、人格的には失脚だ。
4 目撃者は「飛行機は墜落前に突然失脚した」と語った。

4 滅びる

1 資金が滅びて彼の店は閉店に追い込まれた。
2 彼女は最愛の息子に先立たれて生きる望みを滅びた。
3 その災難の知らせを聞いて滅びるほどびっくりした。
4 核戦争が起こったら人類は滅びるだろう。

5 かたくな

1 硬貨のようなかたくななものでこすって銀をはがしてください。
2 この犬に予防注射するときは手足や頭をかたくなに押さえないと暴れる。
3 彼女はかたくななまでの一途さでダム反対を叫び続けた。
4 この種の熱帯魚はきわめてかたくなだから飼いやすい。

답 1② 2③ 3① 4④ 5③

27 기출어휘 확인문제 용법 / 5

問題4　次の言葉の使い方として最もよいものを、１・２・３・４から一つ選びなさい。

1 ひたむきに

1　田中(たなか)さんがひたむきに生きるその姿は実にけなげだ。

2　日が暮れたと思ったらひたむきに風が冷たくなった。

3　鈴木(すずき)さんはひたむきに医者に診てもらうことを拒んでいる。

4　選挙に勝てたのはひたむきに皆様のおかげです。

2 基調

1　今度の日本代表チームは主将の中村(なかむら)選手を基調によくまとまっている。

2　人々に衝撃を与えたこのニュースを基調に書かれた小説がこの映画の原作だ。

3　当院ではご予約・急病の方を基調にして診察させていただいております。

4　黒を基調としたシンプルかつ落ち着いた雰囲気の寝室だ。

3 拠点

1　その人が殺害されたと信じる十分な拠点がある。

2　その本は哲学と宗教の拠点を考案したものだ。

3　このポールを拠点にして距離を測ってください。

4　彼らはその高台を半島探検の拠点にした。

4 なつく

1　子どもたちは新しい環境にすぐなついた。

2　電車での長距離通勤にはもうなついている。

3　彼はいまだに生活費を両親になついている。

4　生徒たちは新しい先生にすぐになついた。

5 素早い

1　週末にもかかわらず、素早い対応に感謝しております。

2　彼女が入ってくると素早い香水のにおいが鼻を突いた。

3　山田(やまだ)先生は話し方が素早いので、授業の内容が聞き取れません。

4　その車は人気があって販売が開始されると素早く売り切れてしまう。

답 1① 2④ 3④ 4④ 5①

28 기출어휘 확인문제 용법 / 5

問題4 次の言葉の使い方として最もよいものを、１・２・３・４から一つ選びなさい。

1 ほほえましい

1 ガーデニングはどの世代の人にとってもほほえましいものだ。
2 子供たちの遊んでいる様子はほほえましかった。
3 その研究チームは科学上のほほえましい業績を挙げた。
4 男の子が生まれたとほほえましい知らせが姉から届いた。

2 交錯

1 石原(いしはら)さんの話には真実と虚構とが交錯していた。
2 すきま風が吹き込んで書類が交錯してしまった。
3 その大学は、大きな道路を交錯した反対側の道沿いにある。
4 いろいろな人々と交錯することで考え方や視野が広がる。

3 緊密

1 夏休み中にアサガオの緊密な観察記録を書いた。
2 緊密な準備をしたのでこの会の成功はまちがいない。
3 仕事の都合で大阪への滞在期間を緊密になった。
4 この町では医療と福祉が緊密に連携している。

4 円滑

1 この法律は改正を繰り返した結果ますます円滑になった。
2 会議の円滑な運営を図るため、議事運営委員会を設ける。
3 変更があった場合には円滑にお知らせください。
4 これからは仕事を充実させ、円滑な家庭を築いていきます。

5 退く

1 緊急でもないのに夜遅く電話をするのは退いてください。
2 その選手は体力の衰えから現役を退いた。
3 この仕事を退かないと家に帰れない。
4 その歌手は薬物中毒更生プログラムへの参加を約束して起訴を退いた。

답 1② 2① 3④ 4② 5②

2 용법 기출어휘 2015~2010

2015~2010년까지의 어휘를 연도별로 실었다. 어휘를 공부한 후 확인문제를 풀어보자.

2015

- □ (研究に)没頭 (연구에) 몰두
- □ 人手(が要る) 일손(이 필요하다)
- □ 今更(変えるように) 이제와서 (바꾸도록)
- □ くまなく(探す) 빠짐없이 (찾다)
- □ (無理をしないで)安静 (무리하지 말고) 안정
- □ (関連部門を)統合 (관련부문을) 통합
- □ (責任をとって)辞任 (책임을 지고) 사임
- □ 軌道(を修正する) 궤도(를 수정하다)
- □ (現実味を)帯びる (현실미를) 띠다 → (어떤 성질 · 성분 · 경향) 띠다
- □ 思い詰めた(表情) 골똘히 생각하는 (표정)
- □ もはや(通用しない) 이제는 (통용되지 않는다)
- □ (破損が)はなはだしい (파손이) 매우 심하다

2014

- □ 一律に(削減する) 일률적으로 (삭감하다)
- □ (値段のシールを)はがす (가격택을) 떼다, 벗기다
- □ 心構え(が決まらない) 마음가짐, 각오(가 서지 않는다)
- □ (母の足に)しがみつく (엄마 다리에) 매달리다
- □ (信頼関係を)損なう (신뢰관계를) 해치다 → ① 파손하다 ② (건강 · 기분) 상하게 하다, 해치다
- □ (資金を)工面する (자금을) 변통하다
- □ (薬品の開発に)携わる (약품 개발에) 종사하다
- □ (前向きな言葉とは)裏腹に (긍정적인 말과는) 달리, 정반대로
- □ (一人で)抱え込む (혼자서) 떠맡다 → ① (양팔로) 껴안다 ② (많은 것을) 떠맡다
- □ 耐えがたい(暑さ) 견디기 힘든 (더위) → (괴로움, 외부의 자극을) 견디기 힘들다
- □ 人一倍(努力する) 갑절로 (노력하다) → 두 배, 갑절
- □ (停電が)復旧した (정전이) 복구되었다

2013

- □ 円滑に(進む) 원활하게 (진행되다)
- □ (母が)かばってくれた (엄마가) 감싸 주었다
- □ (他社より)優位 (타사보다) 우위 → 다른 것보다 유리한 입장
- □ (誰も来る)気配がない (아무도 올) 낌새가 없다
- □ (予測に)合致する (예측에) 일치하다
- □ (勤務態度も)加味する (근무태도도) 더하다 → 맛, 다른 요소를 더하다, 가미하다
- □ (適切な)処置 (적절한) 처치, 조치
- □ (私生活にまで)口出しする (사생활까지) 참견하다
- □ (持ち上げた)拍子に (들어올린) 순간에 → ~한 순간에, ~한 찰나에
- □ (手続きが)煩雑だ (절차가) 번거롭고 복잡하다
- □ (危機的状況を)打開 (위기적 상황을) 타개
- □ (社会全体に)当てはめる (사회 전체에) 적용시키다 → 꼭 들어 맞추다, 적용시키다

2012

- □ (入学金が)免除 (입학금이) 면제
- □ (2年の)ブランク (2년의) 공백 기간
- □ (努力を)怠る (노력을) 게을리하다
- □ (退院の)見込み (퇴원할) 예정, 전망
- □ (人口500人に)満たない (인구 500명에) 차지 않다, 미달이다
- □ (世界でも)有数の (세계에서도) 유수의, 손꼽히는
- □ 広大な(キャンパス) 광대한 (캠퍼스)
- □ (情熱を)秘める (정열을) 숨기다, 속에 간직하다
- □ (熱を)発散する (열을) 발산하다
- □ (子供の)仕業 (아이의) 짓, 소행
- □ 総じて(伸びている) 대체로 (증가하고 있다) → 대체로, 일반적으로, 원래
- □ (髪も)無造作に(束ねる) (머리도) 아무렇게나 (묶다) → 손쉽게 하는 모양, 대수롭지 않게 여기는 모양

2011

☐ (地域と)連携する (지역과) 제휴하다

☐ 不服(を唱える) 불복, 불만(을 제기하다)

☐ (夢が)かなう (꿈이) 이루어지다

☐ 目覚ましい(成長) 눈부신 (성장)

☐ (靴のひもが)ほどける (신발 끈이) 풀어지다

☐ (海外の支社に)赴任 (해외 지사로) 부임

☐ とっくに(帰った) 벌써, 훨씬 전에 (돌아갔다)

☐ (時間が)まちまちだ (시간이) 각기 다르다

☐ (経済的に)ゆとりが (경제적으로) 여유가

☐ (無料サンプルを)配布 (무료샘플을) 배포

☐ (友達を)見失う (친구를) 놓치다 → 보던 것을 (시야에서) 놓치다

☐ 質素な(生活) 검소한 (생활)

2010

☐ (古い住宅が)密集 (낡은 주택이) 밀집

☐ 潔く(謝る) 깨끗이 (사과하다)

☐ (団体の)発足 (단체의) 발족

☐ ひとまず(これで) 일단 (이것으로)

☐ (どこのレストランも)にぎわう (어느 레스토랑이나) 붐빈다

☐ (休暇を)満喫 (휴가를) 만끽

☐ (資金を)調達 (자금을) 조달

☐ 細心(の注意) 세심(한 주의)

☐ 意地(を張る) 고집(을 부리다)

☐ めきめき(上達した) 눈에 띄게 (향상되었다)

☐ 目先(の利益を追う) 눈앞(의 이익을 쫓다)

☐ (重要な連絡を)見落とす (중요한 연락을) 빠뜨리다

問題４ 次の言葉の使い方として最もよいものを、１・２・３・４から一つ選びなさい。

1 帯びる

1 最近の塗料には様々な機能を帯びたものがある。
2 この事件は政治的性格を帯びてきた。
3 資格の取得に力を入れてきたので、複数の資格を帯びている。
4 小林(こばやし)社長は部下を帯びて海外視察に行った。

2 軌道

1 もう９月だというのに私はまだ卒業後の軌道が決まらない。
2 駅なら次の交差点を右へ行くのが軌道です。
3 私たちの研究も軌道に乗ってきたようだ。
4 万里の長城がどんな軌道で築かれたのか知りたいものだ。

3 発足

1 シャトルバスは西口ターミナルから発足する。
2 首相は強権を発足して改革を断行した。
3 その航空会社は旅客機を18機アメリカの会社に発足した。
4 その団体は発足してまだまもない。

4 ほどける

1 歩いているうちに靴のひもがほどけてきた。
2 大根の皮をするすると器用に包丁でほどけていく。
3 年月がたつとペンキがほどけて汚くなる。
4 貝を塩水に漬けておいたら砂がほどけた。

5 不服

1 サービスに対して不服に高い代金を請求された。
2 うちのチームはどうも今年は不服のままだ。
3 彼は私のやり方に不服を唱えた。
4 彼女の不服を晴らすには時間がかかるだろう。

답 1② 2③ 3④ 4① 5③

問題４ 次の言葉の使い方として最もよいものを、１・２・３・４から一つ選びなさい。

1 思い詰める

1 鈴木(すずき)さんはいつも先生たちにほめられているので思い詰めている。
2 池田(いけだ)さんは何事に関しても思い詰める性格だ。
3 石原(いしはら)さんは思い詰めて新しい事業に乗り出した。
4 中村(なかむら)さんは就職するつもりだったが、思い詰めて進学することにした。

2 復旧

1 山手線は数時間後に復旧の見込みだ。
2 山本(やまもと)さんは壁画の復旧の専門家だ。
3 このバイクは復旧すればまだ使えるよ。
4 山本(やまもと)さんは体力があるので復旧は早いだろう。

3 意地

1 選手間の意地の疎通を欠いたことが敗因だ。
2 ジェットコースターが急降下した時は生きた意地がしなかった。
3 そんなつまらないことであまり意地を張るなよ。
4 生きようという意地を失っては病気に勝てない。

4 ブランク

1 彼の経歴には２年間のブランクがある。
2 日本チームはブランクが弱いのが欠点だ。
3 勇気を出して彼女に愛をブランクした。
4 関東ブランクからは２チームが代表に選ばれる。

5 目覚ましい

1 あの留学生の日本語の上達ぶりは目覚ましい。
2 あの男は金もうけにしか興味のない目覚ましい人間だ。
3 先生は目覚ましい形相で教室に入ってきた。
4 その子供は傷口から目覚ましい血を流していた。

답 1② 2① 3③ 4① 5①

31 기출어휘 확인문제 용법 / 5

問題4　次の言葉の使い方として最もよいものを、１・２・３・４から一つ選びなさい。

1 もはや

1 社会に出てから不勉強を悔やんでも、もはや手遅れだ。
2 あなたのお母さんのことはずっともはやから存じ上げていますよ。
3 起こりうるもはやの場合に備えて対策を錬っている。
4 もはや運用状況を検証し、改善に取り組み続けていくことが重要だ。

2 煩雑

1 農家にとっては今が一年中でいちばんの煩雑期だ。
2 税金の煩雑な仕組みはなかなか理解するのは難しい。
3 我が国はアジアの煩雑と発展に貢献すべきだ。
4 この機械は構造が煩雑で素人には直せない。

3 心構え

1 その時彼女に何もしてやれなかったことが心構えだ。
2 彼女はきつい物言いをするが、心構えの優しい人だ。
3 支援してくれる皆さんの心構えに大変感謝しています。
4 彼の責任者としての心構えを問う声があがった。

4 まちまち

1 その企画はまちまち僕のものだ。
2 この女性との出会いがまちまちの始まりだった。
3 学生たちはまちまちの服装をしていた。
4 事態はまちまち悪くなりそうだ。

5 にぎわう

1 皆疲れて黙っていたが、彼が一人でにぎわっていた。
2 連休の人出で観光地はどこもにぎわっている。
3 倒産のうわさがにぎわって従業員が動揺している。
4 上司には言えない不満をぶつぶつとにぎわっている。

답 1① 2② 3④ 4③ 5②

32 기출어휘 확인문제 용법 / 5

問題4　次の言葉の使い方として最もよいものを、1・2・3・4から一つ選びなさい。

1 はなはだしい

1 最近の彼女の英語の上達ぶりにははなはだしいものがある。
2 回復期間中は、暑い環境での運動やはなはだしい運動は厳禁です。
3 彼のはなはだしい所は毎日野球の練習で忙しいはずなのに、定期試験の成績がいい所だ。
4 ボルト、ナットの腐食のはなはだしい場合は新品と交換してください。

2 工面

1 授業料100万円を何とか工面した。
2 技術を工面してこの機械を造り上げました。
3 そのトンネルの工面は困難を極めた。
4 このところ体の工面がとても良い。

3 打開

1 物語は意外な方向に打開した。
2 事態の打開をはかる対策が必要だ。
3 すべての国民に情報の打開は必要だ。
4 その火災は彼の事業には大きな打開であった。

4 とっくに

1 宿題はとっくにやってしまった。
2 東京に着いたらとっくに電話をください。
3 山本(やまもと)さんはとっくに戻って来るはずだ。
4 とっくに真相が明らかになるだろう。

5 調達

1 国連は関係各国の調達に乗り出した。
2 裁判所から出廷するようにと調達があった。
3 洋風の家具がこの和室によく調達している。
4 被災地に食糧を調達することが急務だ。

답 1④　2①　3②　4①　5④

3 용법 기출어휘 2009~2000

2009년에서 2000년까지의 어휘를 '아이우에오순'으로 실었다. 어휘를 공부한 후 확인문제를 풀어보자.

あ

□ あざやか 선명함
□ 案の定(あんのじょう) 예상대로, 아니나다를까
□ 一括(いっかつ) 일괄, 한데 묶음
□ 一見(いっけん) 언뜻 보기에
□ いやに 이상하게, 묘하게
□ おごる 한턱내다
□ (〜は)おろか (〜은) 고사하고, (〜은) 물론

か

□ 仮に(かりに) 가령, 임시로
□ かんぺき 완벽함
□ きざ 불쾌함, 아니꼬움
□ 極端(きょくたん) 극단적임
□ 禁物(きんもつ) 금물
□ 軽率(けいそつ) 경솔함
□ 欠如(けつじょ) 결여
□ 交付(こうふ) 교부(나라나 시청에서 금전이나 서류를 건넴)
□ 高尚(こうしょう) 고상함
□ 巧妙(こうみょう) 교묘함

さ

□ 指図(さしず) 지시, 지휘
□ しなやか 탄력이 있고 부드러운 모양, 유연함
□ 終日(しゅうじつ) 종일
□ 執着(しゅうちゃく) 집착
□ 照合(しょうごう) 대조
□ 昇進(しょうしん) 승진
□ 親善(しんぜん) 친선
□ ショック 쇼크, 충격
□ ずらっと 늘어선 모양, 주욱
□ 相応(そうおう) 상응, 어울림
□ そらす (딴 데로) 돌리다, 빗나가게 하다

た～な

□ 単一(たんいつ) 단일	□ 忠実(ちゅうじつ) 충실함	□ 中毒(ちゅうどく) 중독
□ つぶやく 중얼거리다, 투덜거리다	□ 手際(てぎわ) 솜씨, 수완	□ どうやら 어쩐지, 아무래도
□ とぐ 갈다	□ とっさに 순간적으로	□ 突如(とつじょ) 갑자기, 별안간
□ なんとか 어떻게든, 그럭저럭	□ にじむ 번지다, 스며들다	□ ののしる 욕을 퍼붓다, 매도하다

は

□ はかどる 진척되다	□ 腹(はら)が立(た)つ 화가 나다	□ 品種(ひんしゅ) 품종
□ ぶかぶか 헐렁헐렁	□ 不順(ふじゅん) 불순, 순탄치 못함	□ 不満(ふまん) 불만
□ ぺこぺこ 굽실굽실	□ へりくだる 겸손하다	□ ボイコット 보이콧, 불매 동맹
□ ぼつぼつ 슬슬, 조금씩		

ま～わ

□ まるまる 전부, 완전히	□ よほど 훨씬, 상당히	□ 両立(りょうりつ) 양립, 병행
□ 露骨(ろこつ) 노골적임	□ わざわざ 일부러	

memo

33 기출어휘 확인문제 용법 / 5

問題4 次の言葉の使い方として最もよいものを、１・２・３・４から一つ選びなさい。

1 手際

1 何をするにも彼は相変わらず手際がいい。
2 彼はその犯人をつかまえるという手際をあげた。
3 この資料は大切なので、いつも手際に置いておく。
4 ここまで来るのにずいぶん手際がかかったね。

2 おごる

1 ここにある本は私が父におごったものです。
2 昼ご飯をおごるからこの書類にざっと目を通してくれよ。
3 手作りのケーキをおごっていただいて恐縮です。
4 卒業祝いに気持ちばかりのプレゼントをおごった。

3 ずらっと

1 私はカタログにずらっと目を通した。
2 北海道は、明日はずらっと晴れるようですよ。
3 息子は１年間でずらっと背が伸びた。
4 沿路には、選手を応援する人々がずらっと並んでいた。

4 はかどる

1 その会社の社長は年々はかどっている。
2 この病院は地区最高の設備をはかどっている。
3 路線工事は着々とはかどっている。
4 彼女の考え方は10年はかどっている。

5 へりくだる

1 候補者のへりくだった態度が有権者の心をつかんだ。
2 子供のころ、登った木からへりくだれなくて困ったことがある。
3 小川の流れをへりくだる山道を歩いて行った。
4 父は私に頭をへりくだって、家業を継いでくれと言った。

답 1① 2② 3④ 4③ 5①

問題4　次の言葉の使い方として最もよいものを、１・２・３・４から一つ選びなさい。

1 指図

1　私は彼女に誤りを指図してやった。
2　彼は遠くの看板を指図して「あの店だ」と言った。
3　お前の指図なんか受けるもんか。
4　ペンがなかったので、わからない字を指図して教えてもらった。

2 つぶやく

1　子どもたちがつぶやきあいながら元気に遊んでいた。
2　キリギリスは夏じゅう楽しそうにつぶやいていた。
3　あの老人はいつもぶつぶつ何かつぶやいている。
4　よく聞き取れませんから、もっと大声でつぶやいてください。

3 執着

1　彼は明日の夜執着する予定です。
2　彼は自分の意見に執着して他人に耳を貸さない。
3　お気に入りのコートを毎日執着しています。
4　容疑者の靴には泥が執着していた。

4 交付

1　補助金が交付されるまでには時間がかかります。
2　ご注文の品は５日以内に交付するように致します。
3　給与のほかに交通費が別途交付されます。
4　隣の人にハワイ旅行のおみやげを交付した。

5 巧妙

1　われわれは彼の巧妙な手口にだまされた。
2　巧妙な腕になるには何も考えずに練習するだけではだめだ。
3　車を手入れしたので、以前に比べて巧妙になった。
4　うちのペットは顔がとても巧妙でかわいらしい。

답 1③ 2③ 3② 4① 5①

35 기출어휘 확인문제 용법 / 5

問題 4　次の言葉の使い方として最もよいものを、1・2・3・4から一つ選びなさい。

1 とっさに

1　とっさに用事ができてしまい、パーティーに出席できなかった。

2　爆弾が爆発したとき、彼はとっさに地面に伏せた。

3　彼の病状は、とっさによくなっている。

4　ゆうべは約束があったので、仕事が終わるととっさに帰った。

2 不順

1　天候不順のため、プールの入場客は去年より減った。

2　店にはたくさんの商品が、不順に並んでいた。

3　あなたなら、不順に練習すれば発音もよくなるよ。

4　このところ、会社の成長が不順で心配です。

3 突如

1　突如で新しい考えが浮かんだ。

2　私の頭に突如良い考えがひらめいた。

3　突如な地震だったが、幸いけが人は出なかった。

4　前の車が突如に車線変更した。

4 にじむ

1　この布は水につけると色がにじむ。

2　今日は風邪で鼻がにじんでいます。

3　あまり大声を出して声がにじんでしまった。

4　煮物は一晩おくと味がにじんで一層おいしくなる。

5 まるまる

1　来ている人たちまるまるにプレゼントを用意してあります。

2　その新製品はとても好評でまるまるだったそうだね。

3　その点で君と意見がまるまる一致しているわけではない。

4　テーブルの下でまるまる寝ているのが私のネコです。

답 1② 2① 3② 4① 5③

問題4　次の言葉の使い方として最もよいものを、1・2・3・4から一つ選びなさい。

1 なんとか

1　一生懸命走って終電になんとか間に合った。
2　このごろの食べ物はなんとかまずくなったような気がする。
3　彼女はなんとか僕を避けているらしい。
4　このごろなんとか疲れやすい。

2 両立

1　昨日は仕事と家庭を両立した。
2　勉強と部活動を両立させるのはむずかしい。
3　何とかして姉の願いも妹の願いも両立したい。
4　駅の北口と南口に二つのマンションが両立している。

3 仮に

1　仮に頑張って、りっぱな成績をおさめることができた。
2　仮には勉強すれば、大学に入れるかもしれない。
3　仮に自分が事故にあったことを一度は考えるべきだ。
4　仮に１ドルを110円として費用を計算してみよう。

4 どうやら

1　どうやらあしたは雨らしい。
2　私はこの言葉の意味がどうやらわからない。
3　彼女のことは心配しなくても、どうやらなるだろう。
4　どうやらしてあの大学に合格したいと思っている。

5 一括

1　参加者は一括して50名だった。
2　今日の午後娘と一括して買い物に行くつもりだ。
3　彼はジョッキ一杯のビールを一括して飲み干した。
4　これらの問題は一括して処理できる。

답 1① 2② 3④ 4① 5④

제2장

문자·어휘 예상 공략편

예상어휘 공략하기
예상어휘 확인문제

01 예상어휘 공략하기

1 출제 예상 명사

❶ 한자 1자로 된 명사

あ

□ 垢(あか) 때	□ 顎(あご) 턱	□ 麻(あさ) 삼, 삼베
□ 脚(あし) (사람의) 다리	□ 値(あたい) 값어치, 가치, ~할 만함	□ 当(あ)て 목표, 기대, 전망
□ 網(あみ) 그물, 망	□ 過(あやま)ち 잘못, 실수	□ 意(い) 뜻, 마음
□ 異(い) 다름, 틀림	□ 頂(いただき) 꼭대기, 정상	□ 渦(うず) 소용돌이
□ 疑(うたが)い 의심, 혐의	□ 器(うつわ) 그릇, 용기	□ 裏(うら) 뒷면, 안감
□ 潤(うるお)い 습기, 보탬, 혜택	□ 柄(え) 자루, 손잡이	□ 尾(お) 꼬리
□ 公(おおやけ) 공, 공공, 공정함	□ 雄(おす) 동물의 수컷	□ 恐(おそ)れ 두려움
□ 乙(おつ) 을	□ お宮(みや) 신사	□ 趣(おもむき) 풍취, 멋

か

□ 核(かく) 핵	□ 頭(かしら) 머리, 두목, 우두머리	□ 角(かど) 모서리, 모퉁이
□ 狩(か)り 사냥	□ 官(かん) 관, 관리, 관직	□ 癌(がん) 암
□ 絆(きずな) 고삐, 정, 인연, 유대	□ 茎(くき) 줄기	□ 管(くだ) 관, 대롱
□ 蔵(くら) 곳간, 창고	□ 刑(けい) 형	□ 芸(げい) 연예, 재주
□ 汚(けが)れ 더러움(よごれ로도 읽음)	□ 獣(けもの) 짐승	□ 甲(こう) 갑
□ 志(こころざし) 뜻, 마음	□ 暦(こよみ) 달력	□ 凝(こ)り 뻐근함, 결림

さ

□ 杯(さかずき) 술잔
□ 柵(さく) 울타리
□ 策(さく) 책략, 계략
□ 様(さま) 모양, 상태, 모습
□ 侍(さむらい) 무사
□ 酸(さん) 산
□ 潮(しお) 조수, 밀물, 썰물, 바닷물
□ 軸(じく) 축, 굴대
□ 種(しゅ) 종, 종류, 종자
□ 衆(しゅう) 많은 사람
□ 末(すえ) 말, 사물의 끝
□ 膳(ぜん) 밥상, 음식상
□ 禅(ぜん) 선
□ 相(そう) 상, 모습
□ 僧(そう) 승려

た

□ 隊(たい) 부대
□ 丈(たけ) 키, 기장, 길이
□ 盾(たて) 방패
□ 魂(たましい) 영혼, 정신
□ 宙(ちゅう) 공중, 하늘
□ 腸(ちょう) 창자
□ 対(つい) 쌍
□ 筒(つつ) 통, 속이 비고 긴 관
□ 角(つの) 뿔
□ 露(つゆ) 이슬
□ 棟(とう) 동, 집의 수를 세는 말
□ 胴(どう) 몸통, 몸의 중앙부
□ 隣(となり) 옆, 이웃
□ 扉(とびら) 문
□ 供(とも) 수행원

な

□ 情け(なさ) 정, 인정
□ 鉛(なまり) 납
□ 並(なみ) 보통, 중간
□ 賑わい(にぎ) 흥청거림, 번화함
□ 尿(にょう) 오줌, 소변
□ 主(ぬし) 주인, 가장
□ 沼(ぬま) 늪
□ 音(ね) 소리
□ 念(ねん) 생각, 마음, 주의함
□ 延(のべ) 연, 총계
□ 呪い(のろ) 저주

は

□ 刃(は) (칼 따위의) 날
□ 肺(はい) 폐
□ 恥(はじ) 부끄러움, 수치, 치욕, 창피
□ 旗(はた) 깃발
□ 罰(ばつ) 벌
□ 果て(は) 끝, 말로
□ 浜(はま) 호숫가, 바닷가
□ 班(はん) 반, 조
□ 判(はん) 도장
□ 碑(ひ) 비, 비석, 비문
□ 票(ひょう) 표, 명찰, 쪽지
□ 封(ふう) 봉함
□ 房(ふさ) ① (여러 가닥의 실로 만든) 술 ② (포도 등의) 송이
□ 節(ふし) 마디, 관절

□ 札(ふだ) 표찰, 표
□ 穂(ほ) 이삭
□ 蛍(ほたる) 개똥벌레, 반디
□ 堀(ほり) 수로, (성 둘레에 판) 해자

ま

□ 膜(まく) 막
□ 誠(まこと) 진실, 사실, 진심
□ 招き(まねき) 초대, 초빙, 초청
□ 眉(まゆ) 눈썹
□ 幹(みき) 나무의 줄기
□ 源(みなもと) 수원, 기원, 근원
□ 峰(みね) 봉우리
□ 脈(みゃく) 맥, 맥박
□ 婿(むこ) 사위
□ 群れ(むれ) 떼, 무리
□ 雌(めす) 동물의 암컷
□ 喪(も) 상, 상중

や～わ

□ 矢(や) 화살
□ 闇(やみ) 어둠
□ 優(ゆう) 남보다 뛰어남, (성적) 우
□ 弓(ゆみ) 활
□ 世(よ) 세상
□ 欲(よく) 욕심

2 한자 2자로 된 명사

あ

□ 愛嬌(あいきょう) 애교
□ 愛顧(あいこ) 애고(아끼고 돌보아 줌)
□ 愛惜(あいせき) 애석, 아쉬워함
□ 合席(あいせき) 합석, 동석
□ 愛想(あいそう) 붙임성, 정나미(あいそ로도 읽음)
□ 間柄(あいだがら) 관계, 사이
□ 合間(あいま) 틈, 짬
□ 悪事(あくじ) 나쁜 짓, 악행
□ 悪化(あっか) 악화
□ 斡旋(あっせん) 알선, 주선
□ 圧倒(あっとう) 압도
□ 圧力(あつりょく) 압력
□ 油絵(あぶらえ) 유화
□ 雨具(あまぐ) 우비(우산·비옷 등)
□ 有様(ありさま) 꼴, 모양, 상태
□ 暗殺(あんさつ) 암살
□ 暗算(あんざん) 암산
□ 暗示(あんじ) 암시
□ 安静(あんせい) 안정
□ 暗黙(あんもく) 암묵
□ 家柄(いえがら) 집안, 가문
□ 家路(いえじ) (집으로의) 귀로, 귀가
□ 家出(いえで) 가출
□ 異議(いぎ) 이의
□ 依拠(いきょ) 의거
□ 育成(いくせい) 육성
□ 幾多(いくた) 많음, 다수
□ 異見(いけん) 이견
□ 威厳(いげん) 위엄
□ 意向(いこう) 의향
□ 委細(いさい) 자세한 사정(내용)
□ 異彩(いさい) 이채
□ 遺産(いさん) 유산

- □ 意地(いじ) 고집
- □ 移住(いじゅう) 이주
- □ 萎縮(いしゅく) 위축
- □ 衣装(いしょう) 의상
- □ 異常(いじょう) 이상(함)
- □ 依存(いそん) 의존(いぞん으로도 읽음)
- □ 委託(いたく) 위탁
- □ 一時(いちじ) 한동안, 한때, 잠시
- □ 一途(いちず) 외곬, 한결같음
- □ 一抹(いちまつ) 일말, 아주 약간
- □ 一目(いちもく) 한번 봄, 슬쩍 봄
- □ 一躍(いちやく) 일약
- □ 一様(いちよう) 똑같음, 한결같음
- □ 一括(いっかつ) 일괄
- □ 一気(いっき) 한 번의 호흡, 단숨
- □ 一挙(いっきょ) 일거, 한 번의 행동
- □ 一色(いっしょく) 일색, ~뿐임
- □ 一斉(いっせい) 일제, 동시
- □ 一掃(いっそう) 일소, 한꺼번에 없앰
- □ 一帯(いったい) 일대
- □ 逸品(いっぴん) 일품, 걸작품
- □ 一変(いっぺん) 일변, 완전히 달라짐
- □ 逸話(いつわ) 일화
- □ 稲光(いなびかり) 번개(=稲妻(いなずま))
- □ 威力(いりょく) 위력
- □ 衣類(いるい) 의류
- □ 違和感(いわかん) 위화감
- □ 印鑑(いんかん) 인감
- □ 隠居(いんきょ) 은거
- □ 咽喉(いんこう) 인후, 목, 목구멍
- □ 印象(いんしょう) 인상
- □ 引率(いんそつ) 인솔
- □ 隠蔽(いんぺい) 은폐
- □ 陰謀(いんぼう) 음모
- □ 有無(うむ) 유무
- □ 浮気(うわき) 바람기
- □ 運営(うんえい) 운영
- □ 運賃(うんちん) 운임
- □ 云々(うんぬん) 운운
- □ 運搬(うんぱん) 운반
- □ 運輸(うんゆ) 운수
- □ 運用(うんよう) 운용
- □ 衛星(えいせい) 위성
- □ 衛生(えいせい) 위생
- □ 英断(えいだん) 영단(지혜롭게 결단함)
- □ 英知(えいち) 예지, 뛰어난 지혜
- □ 鋭敏(えいびん) 예민(함)
- □ 英雄(えいゆう) 영웅
- □ 栄養(えいよう) 영양
- □ 笑顔(えがお) 웃는 얼굴
- □ 疫病(えきびょう) 역병, 돌림병
- □ 会釈(えしゃく) 가볍게 인사함
- □ 会得(えとく) 터득
- □ 獲物(えもの) 어획물, 사냥감
- □ 縁側(えんがわ) 툇마루
- □ 沿岸(えんがん) 연안
- □ 演劇(えんげき) 연극
- □ 遠征(えんせい) 원정
- □ 沿線(えんせん) 연선, (버스·지하철의) 노선 주변
- □ 縁談(えんだん) 혼담
- □ 応急(おうきゅう) 응급
- □ 横行(おうこう) 횡행, 활개침, 난무함
- □ 黄金(おうごん) 황금
- □ 往診(おうしん) 왕진
- □ 大口(おおぐち) 큰 입, 큰소리, 거액
- □ 大損(おおぞん) 큰 손해
- □ お菓子(かし) 과자
- □ 汚職(おしょく) 독직, 공직자의 비리
- □ 汚辱(おじょく) 오욕, 수치
- □ 恩恵(おんけい) 은혜
- □ 温暖(おんだん) 온난
- □ 穏便(おんびん) 온당하고 원만함, 모나지 않음

か

□ 改悪(かいあく) 개악(고쳐서 도리어 나빠지게 함)	□ 海運(かいうん) 해운	□ 外貨(がいか) 외화
□ 外観(がいかん) 외관	□ 階級(かいきゅう) 계급	□ 快挙(かいきょ) 쾌거
□ 介護(かいご) 간호	□ 悔恨(かいこん) 회한, 뉘우침	□ 開墾(かいこん) 개간
□ 解釈(かいしゃく) 해석	□ 回収(かいしゅう) 회수	□ 懐柔(かいじゅう) 회유
□ 解消(かいしょう) 해소	□ 改善(かいぜん) 개선	□ 階層(かいそう) 계층
□ 慨嘆(がいたん) 개탄	□ 改築(かいちく) 개축	□ 海中(かいちゅう) 바다 속
□ 懐中(かいちゅう) 회중, 주머니 속	□ 回虫(かいちゅう) 회충	□ 害虫(がいちゅう) 해충
□ 改訂(かいてい) 개정	□ 街頭(がいとう) 가두, 길거리	□ 概念(がいねん) 개념
□ 外泊(がいはく) 외박	□ 海抜(かいばつ) 해발	□ 開放(かいほう) 개방
□ 介抱(かいほう) 간호, 병구완	□ 快方(かいほう) (병의) 차도	□ 解剖(かいぼう) 해부
□ 開幕(かいまく) 개막	□ 皆無(かいむ) 전무, 전혀 없음	□ 概要(がいよう) 개요
□ 外来(がいらい) 외래	□ 回覧(かいらん) 회람	□ 海流(かいりゅう) 해류
□ 課外(かがい) 과외(정해진 학과·과정 이외)	□ 学芸(がくげい) 학예	□ 格差(かくさ) 격차
□ 拡散(かくさん) 확산	□ 隔週(かくしゅう) 격주	□ 拡充(かくじゅう) 확충
□ 確信(かくしん) 확신	□ 覚醒(かくせい) 각성	□ 学説(がくせつ) 학설
□ 確定(かくてい) 확정	□ 獲得(かくとく) 획득	□ 楽譜(がくふ) 악보
□ 格別(かくべつ) 각별함	□ 確保(かくほ) 확보	□ 革命(かくめい) 혁명
□ 隔離(かくり) 격리	□ 確率(かくりつ) 확률	□ 確立(かくりつ) 확립
□ 家計(かけい) 가계, 생계	□ 加減(かげん) 가감, 조절	□ 仮説(かせつ) 가설
□ 河川(かせん) 하천	□ 化繊(かせん) 화학섬유	□ 課題(かだい) 과제
□ 片言(かたこと) 한마디의 말, 서투른 말씨	□ 家畜(かちく) 가축	□ 割愛(かつあい) 할애
□ 喝采(かっさい) 갈채	□ 合唱(がっしょう) 합창	□ 合奏(がっそう) 합주
□ 合点(がってん) 납득, 수긍	□ 過度(かど) 과도(정도에 지나침)	□ 過渡(期)(かとき) 과도(기)
□ 株価(かぶか) 주가	□ 株式(かぶしき) 주식	□ 貨幣(かへい) 화폐

□ 過労(かろう) 과로
□ 含意(がんい) 함의(어떤 말에 특별한 뜻을 가지게 함)
□ 眼科(がんか) 안과
□ 眼球(がんきゅう) 안구, 눈알
□ 感激(かんげき) 감격
□ 看護(かんご) 간호
□ 刊行(かんこう) 간행
□ 慣行(かんこう) 관행
□ 勧告(かんこく) 권고
□ 監査(かんさ) 감사
□ 換算(かんさん) 환산
□ 監視(かんし) 감시
□ 慣習(かんしゅう) 관습
□ 観衆(かんしゅう) 관중
□ 完熟(かんじゅく) 완숙, 완전히 익음
□ 願書(がんしょ) 원서
□ 干渉(かんしょう) 간섭
□ 勘定(かんじょう) 계산, 셈
□ 歓声(かんせい) 환성
□ 関税(かんぜい) 관세
□ 岩石(がんせき) 암석
□ 感染(かんせん) 감염
□ 観測(かんそく) 관측
□ 観点(かんてん) 관점
□ 感度(かんど) 감도
□ 勘当(かんどう) 의절
□ 元年(がんねん) 원년
□ 看板(かんばん) 간판
□ 完備(かんび) 완비
□ 幹部(かんぶ) 간부
□ 勘弁(かんべん) 용서함
□ 感銘(かんめい) 감명
□ 慣用(かんよう) 관용(습관적으로 자주 씀)
□ 寛容(かんよう) 관용(너그러움)
□ 観覧(かんらん) 관람
□ 官吏(かんり) 관리
□ 官僚(かんりょう) 관료
□ 慣例(かんれい) 관례
□ 還暦(かんれき) 환갑
□ 議案(ぎあん) 의안
□ 気概(きがい) 기개
□ 企画(きかく) 기획
□ 季刊(きかん) 계간
□ 器官(きかん) (호흡·소화 등의) 기관
□ 棄却(ききゃく) 기각
□ 帰京(ききょう) 귀경
□ 基金(ききん) 기금
□ 喜劇(きげき) 희극
□ 議決(ぎけつ) 의결
□ 危険(きけん) 위험
□ 棄権(きけん) 기권
□ 起源(きげん) 기원
□ 機構(きこう) (조직의) 기구
□ 気心(きごころ) 본래의 성질이나 생각
□ 記載(きさい) 기재(적어 넣음)
□ 機材(きざい) 기재(기계와 자재)
□ 器材(きざい) 기재(기구와 재료)
□ 気質(きしつ) 기질, 성향
□ 期日(きじつ) 기일
□ 記述(きじゅつ) 기술
□ 気象(きしょう) 기상
□ 気性(きしょう) 천성, 기질
□ 偽証(ぎしょう) 위증
□ 傷跡(きずあと) 상처 자국, 흉
□ 帰省(きせい) 귀성
□ 既成(きせい) 기성
□ 規制(きせい) 규제
□ 犠牲(ぎせい) 희생
□ 奇跡(きせき) 기적
□ 軌跡(きせき) 궤적
□ 寄贈(きぞう) 기증(きそう로도 읽음)
□ 偽造(ぎぞう) 위조
□ 規則(きそく) 규칙
□ 貴族(きぞく) 귀족

- □ 議題(ぎだい) 의제
- □ 喫煙(きつえん) 흡연
- □ 詰問(きつもん) 힐문(나무라고 따짐)
- □ 規定(きてい) 규정
- □ 起点(きてん) 기점
- □ 危篤(きとく) 위독, 중태
- □ 技能(ぎのう) 기능(기술적인 재능)
- □ 気迫(きはく) 기백
- □ 気風(きふう) 기풍
- □ 期末(きまつ) 기말
- □ 義務(ぎむ) 의무
- □ 規約(きやく) 규약
- □ 脚色(きゃくしょく) 각색
- □ 逆接(ぎゃくせつ) 역접
- □ 逆転(ぎゃくてん) 역전
- □ 逆流(ぎゃくりゅう) 역류
- □ 客観(きゃっかん) 객관
- □ 逆境(ぎゃっきょう) 역경
- □ 救援(きゅうえん) 구원
- □ 究極(きゅうきょく) 궁극
- □ 球根(きゅうこん) 구근, 알뿌리
- □ 救済(きゅうさい) 구제
- □ 給仕(きゅうじ) 급사, 사환
- □ 吸収(きゅうしゅう) 흡수
- □ 給食(きゅうしょく) 급식
- □ 休戦(きゅうせん) 휴전
- □ 宮殿(きゅうでん) 궁전
- □ 旧弊(きゅうへい) 구습에서 오는 폐단, 생각이 고루함
- □ 急変(きゅうへん) 급변
- □ 窮乏(きゅうぼう) 궁핍
- □ 急務(きゅうむ) 급선무, 급한 일
- □ 究明(きゅうめい) 구명, 규명
- □ 休養(きゅうよう) 휴양
- □ 驚異(きょうい) 경이
- □ 脅威(きょうい) 위협
- □ 教科(きょうか) 교과
- □ 協会(きょうかい) 협회
- □ 共感(きょうかん) 공감
- □ 協議(きょうぎ) 협의
- □ 供給(きょうきゅう) 공급
- □ 境遇(きょうぐう) 경우, 처지, 형편
- □ 強行(きょうこう) 강행
- □ 凶作(きょうさく) 흉작
- □ 業者(ぎょうしゃ) 업자
- □ 享受(きょうじゅ) 향수, 누림
- □ 業種(ぎょうしゅ) 업종
- □ 教習(きょうしゅう) 교습
- □ 郷愁(きょうしゅう) 향수(고향을 그리는 마음)
- □ 恐縮(きょうしゅく) 죄송스럽게 여김
- □ 供述(きょうじゅつ) 공술, 진술
- □ 教職(きょうしょく) 교직
- □ 強制(きょうせい) 강제
- □ 行政(ぎょうせい) 행정
- □ 共存(きょうそん) 공존(きょうぞん으로도 읽음)
- □ 境地(きょうち) 경지
- □ 協調(きょうちょう) 협조
- □ 協定(きょうてい) 협정
- □ 郷土(きょうど) 향토
- □ 脅迫(きょうはく) 협박
- □ 業務(ぎょうむ) 업무
- □ 共鳴(きょうめい) ① 공명, 공진 ② 공감함
- □ 供与(きょうよ) 공여, 제공
- □ 郷里(きょうり) 향리, 고향
- □ 局限(きょくげん) 국한
- □ 極限(きょくげん) 극한
- □ 局面(きょくめん) 국면, 형세
- □ 挙行(きょこう) 거행
- □ 挙式(きょしき) 거식, 결혼식을 올림
- □ 居住(きょじゅう) 거주
- □ 拒絶(きょぜつ) 거절
- □ 漁船(ぎょせん) 어선
- □ 漁村(ぎょそん) 어촌
- □ 許容(きょよう) 허용
- □ 巨利(きょり) 큰 이익

□ 義理(ぎり) 의리	□ 気流(きりゅう) 기류	□ 疑惑(ぎわく) 의혹
□ 近眼(きんがん) 근시	□ 禁忌(きんき) 금기	□ 緊急(きんきゅう) 긴급
□ 近郊(きんこう) 근교	□ 均衡(きんこう) 균형	□ 筋骨(きんこつ) 근골, 체격
□ 僅差(きんさ) 근소한 차이	□ 緊縮(きんしゅく) 긴축	□ 筋肉(きんにく) 근육
□ 近年(きんねん) 근년, 근래	□ 勤勉(きんべん) 근면	□ 勤労(きんろう) 근로
□ 偶然(ぐうぜん) 우연	□ 空腹(くうふく) 공복	□ 寓話(ぐうわ) 우화
□ 草花(くさばな) 화초	□ 駆除(くじょ) 구제(몰아내 없앰)	□ 苦戦(くせん) 고전
□ 屈折(くっせつ) 굴절	□ 苦杯(くはい) 고배, 쓴 잔, 쓰라린 경험	□ 暗闇(くらやみ) 어둠, 어두운 곳
□ 軍艦(ぐんかん) 군함	□ 群集(ぐんしゅう) 군집	□ 軍縮(ぐんしゅく) 군축, 군비 축소
□ 経緯(けいい) 경위	□ 経験(けいけん) 경험	□ 軽減(けいげん) 경감
□ 警護(けいご) 경호	□ 携行(けいこう) 가지고 다님, 휴대	□ 迎合(げいごう) 영합(남의 마음에 들도록 힘씀)
□ 警告(けいこく) 경고	□ 警察(けいさつ) 경찰	□ 軽視(けいし) 경시
□ 形成(けいせい) 형성	□ 形跡(けいせき) 흔적, 자취	□ 軽装(けいそう) 경장, 간편한 옷차림
□ 形態(けいたい) 형태	□ 境内(けいだい) (신사 · 절의) 경내	□ 啓発(けいはつ) 계발
□ 刑罰(けいばつ) 형벌	□ 警部(けいぶ) 경부(우리 나라의 경장에 상당)	□ 計略(けいりゃく) 계략
□ 激減(げきげん) 격감, 급감	□ 劇団(げきだん) 극단	□ 撃墜(げきつい) 격추
□ 激怒(げきど) 격노	□ 決意(けつい) 결의	□ 結核(けっかく) 결핵
□ 血管(けっかん) 혈관	□ 決議(けつぎ) 결의	□ 欠勤(けっきん) 결근
□ 決行(けっこう) 결행	□ 結合(けつごう) 결합	□ 月謝(げっしゃ) 월사(금), 사례금
□ 決勝(けっしょう) 결승	□ 結晶(けっしょう) (눈이나 땀의) 결정	□ 結成(けっせい) 결성
□ 潔白(けっぱく) 결백	□ 月賦(げっぷ) 월부	□ 欠乏(けつぼう) 결핍
□ 結末(けつまつ) 결말	□ 気配(けはい) 낌새, 기운	□ 仮病(けびょう) 꾀병
□ 家来(けらい) 가신, 하인, 부하	□ 下痢(げり) 설사	□ 険悪(けんあく) 험악
□ 検挙(けんきょ) 검거	□ 兼業(けんぎょう) 겸업	□ 厳禁(げんきん) 엄금
□ 権限(けんげん) 권한	□ 現行(げんこう) 현행	□ 健在(けんざい) 건재

□ 検索(けんさく) 검색
□ 原作(げんさく) 원작
□ 検察(けんさつ) 검찰
□ 検事(けんじ) 검사
□ 厳守(げんしゅ) 엄수
□ 元首(げんしゅ) (국가) 원수
□ 健勝(けんしょう) 건승
□ 懸賞(けんしょう) 현상(상금이나 상품을 내걸음)
□ 厳選(げんせん) 엄선
□ 源泉(げんせん) 원천
□ 元素(げんそ) 원소
□ 幻想(げんそう) 환상
□ 現像(げんぞう) (필름 등) 현상
□ 減速(げんそく) 감속
□ 原則(げんそく) 원칙
□ 減退(げんたい) 감퇴
□ 見地(けんち) 견지
□ 減点(げんてん) 감점
□ 原典(げんてん) 원전(기준이 되는 본래의 책)
□ 原点(げんてん) 원점
□ 検討(けんとう) 검토
□ 健闘(けんとう) 건투
□ 原爆(げんばく) 원폭, 원자폭탄
□ 原文(げんぶん) 원문
□ 倹約(けんやく) 검약, 절약
□ 原油(げんゆ) 원유
□ 兼用(けんよう) 겸용
□ 権力(けんりょく) 권력
□ 言論(げんろん) 언론
□ 行為(こうい) 행위
□ 交易(こうえき) 교역
□ 航海(こうかい) 항해
□ 後悔(こうかい) 후회
□ 公開(こうかい) 공개
□ 抗議(こうぎ) 항의
□ 合議(ごうぎ) 합의
□ 恒久(こうきゅう) 항구, 영구
□ 号泣(ごうきゅう) 소리를 높여서 욺, 통곡
□ 皇居(こうきょ) 황거(천황의 거처)
□ 好況(こうきょう) 호황, 호경기
□ 鉱業(こうぎょう) 광업
□ 興業(こうぎょう) 흥업(새로이 사업을 일으킴)
□ 貢献(こうけん) 공헌
□ 高原(こうげん) 고원
□ 耕作(こうさく) 경작
□ 工作(こうさく) 공작, 만듦
□ 講習(こうしゅう) 강습
□ 口述(こうじゅつ) 구술
□ 控除(こうじょ) 공제
□ 交渉(こうしょう) 교섭
□ 更新(こうしん) 갱신
□ 行進(こうしん) 행진
□ 攻勢(こうせい) 공세
□ 合成(ごうせい) 합성
□ 公然(こうぜん) 공공연함
□ 構想(こうそう) 구상
□ 抗争(こうそう) 항쟁
□ 拘束(こうそく) 구속
□ 後退(こうたい) 후퇴
□ 光沢(こうたく) 광택
□ 豪邸(ごうてい) 호화저택
□ 口頭(こうとう) 구두, 입으로 말함
□ 講読(こうどく) 강독
□ 購読(こうどく) 구독
□ 荒廃(こうはい) 황폐
□ 購買(こうばい) 구매
□ 好評(こうひょう) 호평
□ 降伏(こうふく) 항복
□ 候補(こうほ) 후보
□ 公募(こうぼ) 공모
□ 傲慢(ごうまん) 오만함, 거만함
□ 行楽(こうらく) 행락
□ 効率(こうりつ) 효율
□ 考慮(こうりょ) 고려
□ 護衛(ごえい) 호위

- □ 互角(ごかく) 호각, 막상막하
- □ 顧客(こきゃく) 고객
- □ 極意(ごくい) 비법, (예도·무술의) 가장 심오한 경지
- □ 告訴(こくそ) 고소
- □ 告知(こくち) 고지, 알림, 통지
- □ 酷評(こくひょう) 혹평
- □ 国防(こくぼう) 국방
- □ 国有(こくゆう) 국유, 국가 소유
- □ 極楽(ごくらく) 극락
- □ 国連(こくれん) 국제연합, 유엔
- □ 心地(ここち) 기분, 마음
- □ 誤差(ごさ) 오차
- □ 孤児(こじ) 고아
- □ 固辞(こじ) 고사(굳이 사양함)
- □ 誇示(こじ) 과시
- □ 固執(こしつ) 고집
- □ 故障(こしょう) 고장
- □ 戸籍(こせき) 호적
- □ 骨子(こっし) 골자, 요점
- □ 事柄(ことがら) 사항, 일, 사물의 형편, 사정
- □ 孤独(こどく) 고독
- □ 粉々(こなごな) 산산이 부서짐, 산산조각
- □ 小幅(こはば) 소폭
- □ 碁盤(ごばん) 바둑판
- □ 古墳(こふん) 고분
- □ 雇用(こよう) 고용
- □ 古来(こらい) 고래, 예로부터
- □ 根幹(こんかん) 근간
- □ 懇願(こんがん) 간원(간절히 원함)
- □ 混血(こんけつ) 혼혈
- □ 根源(こんげん) 근원
- □ 混雑(こんざつ) 혼잡
- □ 昏睡(こんすい) 혼수(상태)
- □ 昆虫(こんちゅう) 곤충
- □ 根底(こんてい) 근저, 밑바탕, 기초
- □ 混同(こんどう) 혼동
- □ 根本(こんぽん) 근본
- □ 混迷(こんめい) 혼미
- □ 混乱(こんらん) 혼란

さ

- □ 災害(さいがい) 재해
- □ 才覚(さいかく) 재치, 기지
- □ 細菌(さいきん) 세균
- □ 細工(さいく) 세공
- □ 採掘(さいくつ) 채굴
- □ 採決(さいけつ) 채결
- □ 歳月(さいげつ) 세월
- □ 再建(さいけん) 재건
- □ 再現(さいげん) 재현
- □ 財源(ざいげん) 재원
- □ 採算(さいさん) 채산
- □ 財産(ざいさん) 재산
- □ 採取(さいしゅ) 채취
- □ 採集(さいしゅう) 채집
- □ 在職(ざいしょく) 재직
- □ 財政(ざいせい) 재정
- □ 在籍(ざいせき) 재적, 재학
- □ 採択(さいたく) 채택
- □ 栽培(さいばい) 재배
- □ 財布(さいふ) 지갑
- □ 細胞(さいぼう) 세포
- □ 催眠(さいみん) 최면
- □ 最良(さいりょう) 최선, 가장 좋음
- □ 裁量(さいりょう) 재량
- □ 差額(さがく) 차액
- □ 詐欺(さぎ) 사기
- □ 錯誤(さくご) 착오
- □ 作戦(さくせん) 작전
- □ 策略(さくりゃく) 책략
- □ 挫折(ざせつ) 좌절

□ 雑貨(ざっか) 잡화	□ 昨今(さっこん) 작금, 요즘	□ 冊子(さっし) 책자
□ 雑誌(ざっし) 잡지	□ 刷新(さっしん) 쇄신	□ 殺人(さつじん) 살인
□ 殺到(さっとう) 쇄도, 밀려듦	□ 座標(ざひょう) 좌표	□ 作用(さよう) 작용
□ 酸化(さんか) 산화	□ 参画(さんかく) 참획(계획에 참여함)	□ 山岳(さんがく) 산악
□ 参観(さんかん) 참관	□ 残金(ざんきん) 잔금	□ 惨事(さんじ) 참사
□ 産出(さんしゅつ) 산출	□ 参照(さんしょう) 참조	□ 残高(ざんだか) 잔고, 잔액
□ 惨敗(ざんぱい) 참패(さんぱい라고도 함)	□ 桟橋(さんばし) 선창, 부두	□ 産物(さんぶつ) 산물
□ 山脈(さんみゃく) 산맥	□ 飼育(しいく) 사육	□ 自営(じえい) 자영
□ 歯科(しか) 치과	□ 自我(じが) 자아	□ 視覚(しかく) 시각
□ 時期(じき) 시기	□ 磁器(じき) 자기(도자기)	□ 磁気(じき) 자기(자석이 갖는 작용・성질)
□ 色彩(しきさい) ① 색채 ② 특색, 경향	□ 資金(しきん) 자금	□ 資源(しげん) 자원
□ 思考(しこう) 사고, 생각	□ 施工(しこう) 시공(せこう라고도 함)	□ 施行(しこう) 시행, 실시
□ 試行(しこう) 시행(시험삼아 행함)	□ 志向(しこう) 지향	□ 嗜好(しこう) 기호
□ 時効(じこう) (공소)시효	□ 至極(しごく) 지극, 더없음, 극히	□ 地獄(じごく) 지옥
□ 示唆(しさ) 시사	□ 時差(じさ) 시차	□ 思索(しさく) 사색
□ 資産(しさん) 자산	□ 自首(じしゅ) 자수	□ 自主(じしゅ) 자주
□ 死傷(ししょう) 사상(자)	□ 師匠(ししょう) 선생, 스승	□ 辞職(じしょく) 사직
□ 姿勢(しせい) 자세	□ 視線(しせん) 시선	□ 子息(しそく) 자식
□ 持続(じぞく) 지속	□ 子孫(しそん) 자손	□ 事態(じたい) 사태
□ 辞退(じたい) 사퇴	□ 下心(したごころ) 본심, 저의, 속셈, 음모	□ 下地(したじ) 준비, 기초, 소질
□ 下火(したび) 불기운이 약해짐, 한고비 지남	□ 実家(じっか) 생가, 친정	□ 失格(しっかく) 실격
□ 疾患(しっかん) 질환	□ 質疑(しつぎ) 질의	□ 失脚(しっきゃく) 실각
□ 実況(じっきょう) 실황	□ 実刑(じっけい) 실형	□ 失言(しつげん) 실언
□ 実権(じっけん) 실권	□ 執行(しっこう) 집행	□ 実在(じつざい) 실재
□ 実質(じっしつ) 실질	□ 叱責(しっせき) 질책	□ 実践(じっせん) 실천

□ 実態(じったい) 실태	□ 失調(しっちょう) 조화를 잃음	□ 師弟(してい) 사제
□ 指摘(してき) 지적	□ 老舗(しにせ) 노포, 오래된 점포	□ 自腹(じばら) 자기 배, 자기 돈
□ 自負(じふ) 자부	□ 司法(しほう) 사법	□ 志望(しぼう) 지망
□ 脂肪(しぼう) 지방	□ 始末(しまつ) 전말, 끝, 모양	□ 使命(しめい) 사명
□ 指紋(しもん) 지문	□ 釈然(しゃくぜん) 석연(의혹이나 꺼림칙한 마음이 없음)	
□ 視野(しや) 시야	□ 社交(しゃこう) 사교	□ 謝罪(しゃざい) 사죄
□ 射殺(しゃさつ) 사살	□ 謝辞(しゃじ) 감사(사과)의 말	□ 謝絶(しゃぜつ) 사절
□ 若干(じゃっかん) 약간, 어느 정도	□ 邪魔(じゃま) 방해	□ 砂利(じゃり) 자갈
□ 車両(しゃりょう) 차량	□ 収穫(しゅうかく) 수확	□ 修学(しゅうがく) 수학
□ 周期(しゅうき) 주기	□ 就業(しゅうぎょう) 취업	□ 襲撃(しゅうげき) 습격
□ 秀作(しゅうさく) 수작, 걸작	□ 修士(しゅうし) 석사	□ 収支(しゅうし) 수지
□ 重視(じゅうし) 중시	□ 収縮(しゅうしゅく) 수축	□ 重傷(じゅうしょう) 중상
□ 就職(しゅうしょく) 취직	□ 修飾(しゅうしょく) 수식	□ 十全(じゅうぜん) 만전(아주 완전함)
□ 終息(しゅうそく) 종식	□ 従属(じゅうぞく) 종속	□ 拾得(しゅうとく) 습득
□ 就任(しゅうにん) 취임	□ 従来(じゅうらい) 종래	□ 修了(しゅうりょう) 수료
□ 収録(しゅうろく) 수록	□ 守衛(しゅえい) 수위	□ 受給(じゅきゅう) 수급(급여나 배급을 받음)
□ 需給(じゅきゅう) 수급(수요와 공급)	□ 祝賀(しゅくが) 축하	□ 淑女(しゅくじょ) 숙녀
□ 縮小(しゅくしょう) 축소	□ 宿命(しゅくめい) 숙명	□ 熟慮(じゅくりょ) 숙려, 숙고
□ 熟練(じゅくれん) 숙련	□ 手芸(しゅげい) 수예	□ 主権(しゅけん) 주권
□ 主催(しゅさい) 주최	□ 種子(しゅし) 종자	□ 主軸(しゅじく) 주축
□ 主唱(しゅしょう) 주창	□ 首相(しゅしょう) 수상	□ 守勢(しゅせい) 수세
□ 出帆(しゅっぱん) 출범	□ 守備(しゅび) 수비	□ 手法(しゅほう) 수법, 기교
□ 授与(じゅよ) 수여	□ 需要(じゅよう) 수요	□ 受理(じゅり) 수리(문서를 받아서 처리)
□ 樹立(じゅりつ) 수립	□ 順境(じゅんきょう) 순조로운 환경	□ 生涯(しょうがい) 생애, 평생
□ 消去(しょうきょ) 소거	□ 証言(しょうげん) 증언	□ 小康(しょうこう) 소강, 조금 안정됨

□ 照合(しょうごう) 대조(하여 확인함)
□ 賞賛(しょうさん) 칭찬
□ 焼死(しょうし) 소사, 타 죽음
□ 上質(じょうしつ) 상질, 질이 좋음
□ 成就(じょうじゅ) 성취
□ 詳述(しょうじゅつ) 상술, 자세하게 진술함
□ 症状(しょうじょう) 증상
□ 精進(しょうじん) 정진, 전념
□ 焦燥(しょうそう) 초조
□ 消息(しょうそく) 소식
□ 正体(しょうたい) 정체
□ 証人(しょうにん) 증인
□ 商売(しょうばい) 장사
□ 譲歩(じょうほ) 양보
□ 照明(しょうめい) 조명
□ 消滅(しょうめつ) 소멸
□ 上陸(じょうりく) 상륙
□ 蒸留(じょうりゅう) 증류
□ 除外(じょがい) 제외
□ 所行(しょぎょう) (나쁜) 소행(所業라고도 씀)
□ 職務(しょくむ) 직무
□ 徐行(じょこう) 서행
□ 所作(しょさ) 행위, 소행, 태도
□ 所持(しょじ) 소지
□ 触覚(しょっかく) 촉각
□ 所定(しょてい) 소정(정한 바)
□ 処罰(しょばつ) 처벌
□ 書評(しょひょう) 서평
□ 処分(しょぶん) 처분
□ 庶民(しょみん) 서민
□ 庶務(しょむ) 서무
□ 書面(しょめん) 서면
□ 時流(じりゅう) 시류, 그 시대의 경향
□ 飼料(しりょう) 사료
□ 視力(しりょく) 시력
□ 指令(しれい) 지령
□ 素人(しろうと) 풋내기, 아마추어
□ 師走(しわす) 섣달, 음력 12월
□ 進化(しんか) 진화
□ 侵害(しんがい) 침해
□ 新規(しんき) 신규
□ 審議(しんぎ) 심의
□ 心境(しんきょう) 심경
□ 辛苦(しんく) 쓰라린 고생
□ 神経(しんけい) 신경
□ 進撃(しんげき) 진격
□ 進行(しんこう) 진행
□ 信仰(しんこう) 신앙
□ 新興(しんこう) 신흥
□ 進攻(しんこう) 진공, 진격
□ 振興(しんこう) 진흥
□ 親交(しんこう) 친교
□ 侵攻(しんこう) 침공
□ 新婚(しんこん) 신혼
□ 審査(しんさ) 심사
□ 震災(しんさい) 진재, 지진으로 인한 재해
□ 紳士(しんし) 신사
□ 真実(しんじつ) 진실
□ 心中(しんじゅう) 동반 자살
□ 伸縮(しんしゅく) 신축(늘이고 줄임)
□ 心情(しんじょう) 심정
□ 浸食(しんしょく) 침식
□ 申請(しんせい) 신청
□ 神聖(しんせい) 신성
□ 真相(しんそう) 진상
□ 陣地(じんち) 진지
□ 新築(しんちく) 신축(새로 지음)
□ 進展(しんてん) 진전
□ 神殿(しんでん) 신전, 신사의 본전
□ 振動(しんどう) 진동
□ 信任(しんにん) 신임
□ 信念(しんねん) 신념
□ 神秘(しんぴ) 신비
□ 新薬(しんやく) 신약
□ 真理(しんり) 진리

□ 侵略(しんりゃく) 침략	□ 診療(しんりょう) 진료	□ 進路(しんろ) 진로
□ 素足(すあし) 맨발	□ 水準(すいじゅん) 수준	□ 随所(ずいしょ) 도처, 여기저기, 곳곳
□ 推奨(すいしょう) 추장, 권함	□ 推進(すいしん) 추진	□ 水洗(すいせん) 수세
□ 吹奏(すいそう) 취주(입으로 불어서 연주함)	□ 衰退(すいたい) 쇠퇴	□ 水田(すいでん) 수전, 논
□ 出納(すいとう) 출납	□ 水泡(すいほう) 수포, 물거품	□ 崇拝(すうはい) 숭배
□ 素手(すで) 맨손, 빈손	□ 生育(せいいく) (식물의) 생육, 자라서 커짐	□ 成育(せいいく) (동물의) 성육, 자람
□ 精鋭(せいえい) 정예	□ 西欧(せいおう) 서구	□ 正規(せいき) 정규
□ 正義(せいぎ) 정의	□ 政局(せいきょく) 정국	□ 政権(せいけん) 정권
□ 制限(せいげん) 제한	□ 制裁(せいさい) 제재	□ 精算(せいさん) 정산
□ 静止(せいし) 정지(멈추어 움직이지 않음)	□ 静寂(せいじゃく) 정적	□ 整然(せいぜん) 정연(가지런하게 정돈되어 있음)
□ 盛装(せいそう) 성장(옷을 화려하게 차려 입음)	□ 清濁(せいだく) 청탁(맑음과 흐림)	□ 制定(せいてい) 제정
□ 静的(せいてき) 정적	□ 製鉄(せいてつ) 제철	□ 精度(せいど) 정도, 정밀도
□ 整頓(せいとん) 정돈	□ 征服(せいふく) 정복	□ 精密(せいみつ) 정밀
□ 税務(ぜいむ) 세무	□ 整列(せいれつ) 정렬	□ 責務(せきむ) 책무
□ 赤面(せきめん) 얼굴을 붉힘	□ 施工(せこう) 시공(しこう로도 읽음)	□ 是正(ぜせい) 시정(그릇된 것을 바로잡음)
□ 絶賛(ぜっさん) 절찬, 극찬	□ 設置(せっち) 설치	□ 折衷(せっちゅう) 절충
□ 窃盗(せっとう) 절도	□ 折半(せっぱん) 절반, 반분함	□ 絶版(ぜっぱん) 절판
□ 絶望(ぜつぼう) 절망	□ 是非(ぜひ) 시비, 옳고 그름	□ 世論(せろん) 여론(よろん으로도 읽음)
□ 繊維(せんい) 섬유	□ 全快(ぜんかい) 전쾌, 완쾌	□ 旋回(せんかい) 선회
□ 宣教(せんきょう) 선교	□ 宣言(せんげん) 선언	□ 戦災(せんさい) 전재(전쟁으로 인한 재해)
□ 専修(せんしゅう) 전수, 전공	□ 戦術(せんじゅつ) 전술	□ 善処(ぜんしょ) 선처
□ 潜水(せんすい) 잠수	□ 宣誓(せんせい) 선서	□ 全盛(ぜんせい) 전성(기)
□ 前提(ぜんてい) 전제	□ 前途(ぜんと) 전도, 앞길	□ 銭湯(せんとう) 공중 목욕탕
□ 戦闘(せんとう) 전투	□ 先導(せんどう) 선도	□ 潜入(せんにゅう) 잠입
□ 専念(せんねん) 전념	□ 船舶(せんぱく) 선박	□ 羨望(せんぼう) 선망

□ 全滅(ぜんめつ) 전멸	□ 専用(せんよう) 전용	□ 旋律(せんりつ) 선율
□ 占領(せんりょう) 점령	□ 善良(ぜんりょう) 선량	□ 先例(せんれい) 선례, 전례
□ 前例(ぜんれい) 전례	□ 洗練(せんれん) 세련	□ 総会(そうかい) 총회
□ 創刊(そうかん) 창간	□ 臓器(ぞうき) 장기	□ 雑木(ぞうき) 잡목
□ 増強(ぞうきょう) 증강	□ 創建(そうけん) 창건	□ 相互(そうご) 상호
□ 総合(そうごう) 종합	□ 捜査(そうさ) 수사	□ 捜索(そうさく) 수색
□ 喪失(そうしつ) 상실	□ 操縦(そうじゅう) 조종	□ 痩身(そうしん) 수신, 야윈 몸
□ 増進(ぞうしん) 증진	□ 創造(そうぞう) 창조	□ 相対(そうたい) 상대
□ 争奪(そうだつ) 쟁탈	□ 装着(そうちゃく) 장착	□ 想定(そうてい) 상정
□ 贈呈(ぞうてい) 증정	□ 騒動(そうどう) 소동	□ 遭難(そうなん) 조난
□ 装備(そうび) 장비	□ 双璧(そうへき) 쌍벽	□ 創立(そうりつ) 창립
□ 阻害(そがい) 저해	□ 即死(そくし) 즉사	□ 促進(そくしん) 촉진
□ 即席(そくせき) 즉석	□ 測定(そくてい) 측정	□ 束縛(そくばく) 속박
□ 狙撃(そげき) 저격	□ 組織(そしき) 조직	□ 素質(そしつ) 소질
□ 蘇生(そせい) 소생, 되살아남	□ 疎通(そつう) 소통	□ 即刻(そっこく) 즉각, 곧
□ 率先(そっせん) 솔선	□ 尊厳(そんげん) 존엄	□ 存続(そんぞく) 존속

た

□ 退化(たいか) 퇴화	□ 退却(たいきゃく) 퇴각, 후퇴	□ 耐久(たいきゅう) 내구, 오래 견딤
□ 体現(たいげん) 체현, 구현	□ 退治(たいじ) 퇴치	□ 大衆(たいしゅう) 대중
□ 対処(たいしょ) 대처	□ 態勢(たいせい) 태세	□ 大勢(たいせい) 대세
□ 対戦(たいせん) 대전	□ 対談(たいだん) 대담(서로 이야기를 주고 받음)	□ 台帳(だいちょう) 대장, 장부
□ 台頭(たいとう) 대두(세력을 뻗음)	□ 滞納(たいのう) 체납	□ 代弁(だいべん) 대변
□ 待望(たいぼう) 대망	□ 怠慢(たいまん) 태만	□ 貸与(たいよ) 대여
□ 楕円(だえん) 타원	□ 達筆(たっぴつ) 달필(글씨나 문장을 잘 씀)	□ 打撃(だげき) 타격

□ 妥結(だけつ) 타결	□ 駄作(ださく) 졸작	□ 打診(だしん) 타진, (상대방을) 떠봄, 알아봄
□ 脱出(だっしゅつ) 탈출	□ 達人(たつじん) 달인	□ 脱税(だつぜい) 탈세
□ 多発(たはつ) 다발, 많이 발생함	□ 担架(たんか) 들것	□ 段階(だんかい) 단계
□ 嘆願(たんがん) 탄원	□ 弾丸(だんがん) 탄환	□ 探求(たんきゅう) 탐구
□ 団結(だんけつ) 단결	□ 探検(たんけん) 탐험	□ 短縮(たんしゅく) 단축
□ 断絶(だんぜつ) 단절	□ 炭素(たんそ) 탄소	□ 探知(たんち) 탐지
□ 断念(だんねん) 단념	□ 短波(たんぱ) 단파	□ 談判(だんぱん) 담판
□ 断面(だんめん) 단면	□ 弾力(だんりょく) 탄력	□ 鍛錬(たんれん) 단련, 연마
□ 談話(だんわ) 담화	□ 知己(ちき) 지기, 지인	□ 畜産(ちくさん) 축산
□ 蓄積(ちくせき) 축적	□ 秩序(ちつじょ) 질서	□ 窒息(ちっそく) 질식
□ 着実(ちゃくじつ) 착실	□ 着手(ちゃくしゅ) 착수	□ 着色(ちゃくしょく) 착색
□ 着目(ちゃくもく) 착목, 주목, 착안	□ 着工(ちゃっこう) 착공	□ 仲裁(ちゅうさい) 중재
□ 抽出(ちゅうしゅつ) 추출	□ 中傷(ちゅうしょう) 중상	□ 中和(ちゅうわ) 중화
□ 調印(ちょういん) 조인	□ 聴覚(ちょうかく) 청각	□ 兆候(ちょうこう) 징후, 조짐
□ 聴講(ちょうこう) 청강	□ 彫刻(ちょうこく) 조각	□ 調停(ちょうてい) 조정, 중재
□ 重複(ちょうふく) 중복(じゅうふく로도 읽음)	□ 貯金(ちょきん) 저금	□ 著述(ちょじゅつ) 저술
□ 著書(ちょしょ) 저서	□ 貯蓄(ちょちく) 저축	□ 賃金(ちんぎん) 임금
□ 沈殿(ちんでん) 침전(밑바닥에 가라앉음)	□ 沈没(ちんぼつ) 침몰	□ 追憶(ついおく) 추억
□ 追求(ついきゅう) 추구	□ 追跡(ついせき) 추적	□ 追放(ついほう) 추방
□ 墜落(ついらく) 추락	□ 痛感(つうかん) 통감	□ 津波(つなみ) 해일
□ 提案(ていあん) 제안	□ 定義(ていぎ) 정의	□ 提供(ていきょう) 제공
□ 提携(ていけい) 제휴	□ 体裁(ていさい) ① 외관, 겉모양 ② 체면	□ 停止(ていし) 정지(하던 일을 중도에 멈춤)
□ 呈示(ていじ) 꺼내 보임, 제시	□ 提示(ていじ) 제시	□ 提唱(ていしょう) 제창
□ 停滞(ていたい) (자금·경기·업무 등의) 정체	□ 低調(ていちょう) 저조	□ 堤防(ていぼう) 제방, 둑
□ 定理(ていり) (수학·공식 등의) 정리	□ 適応(てきおう) 적응	□ 適宜(てきぎ) 적당함

□ 摘出(てきしゅつ) 적출, 집어냄, 들추어 냄
□ 適性(てきせい) 적성
□ 摘発(てきはつ) 적발
□ 手際(てぎわ) 솜씨, 수완
□ 手口(てぐち) (범죄) 수법
□ 手錠(てじょう) 수갑
□ 手数(てすう) 수고
□ 撤回(てっかい) 철회
□ 撤去(てっきょ) 철거
□ 鉄鋼(てっこう) 철강
□ 撤収(てっしゅう) 철수
□ 鉄則(てっそく) 철칙
□ 撤退(てったい) 철퇴, 철수
□ 鉄棒(てつぼう) 철봉
□ 転嫁(てんか) 전가, 떠넘김
□ 転換(てんかん) 전환
□ 伝言(でんごん) 전언
□ 添削(てんさく) 첨삭
□ 伝説(でんせつ) 전설
□ 伝達(でんたつ) 전달
□ 転任(てんにん) 전임
□ 天罰(てんばつ) 천벌
□ 転覆(てんぷく) 전복
□ 店舗(てんぽ) 점포
□ 展望(てんぼう) 전망
□ 伝来(でんらい) 전래
□ 転落(てんらく) 전락
□ 投機(とうき) 투기
□ 討議(とうぎ) 토의
□ 動機(どうき) 동기
□ 同居(どうきょ) 동거
□ 陶芸(とうげい) 도자기 공예
□ 投稿(とうこう) 투고
□ 投合(とうごう) 투합, (마음 따위가) 서로 딱 맞음
□ 動向(どうこう) 동향
□ 投資(とうし) 투자
□ 同士(どうし) 한패, ～끼리
□ 同志(どうし) 동지
□ 同情(どうじょう) 동정
□ 統制(とうせい) 통제
□ 銅像(どうぞう) 동상
□ 統率(とうそつ) 통솔
□ 到達(とうたつ) 도달
□ 統治(とうち) 통치
□ 登頂(とうちょう) 등정(산 꼭대기에 올라감)
□ 同調(どうちょう) 동조
□ 同等(どうとう) 동등
□ 投入(とうにゅう) 투입
□ 同封(どうふう) 동봉
□ 答弁(とうべん) 답변
□ 動揺(どうよう) 동요
□ 登録(とうろく) 등록
□ 度胸(どきょう) 담력, 배짱
□ 得策(とくさく) 상책
□ 特集(とくしゅう) 특집
□ 独奏(どくそう) 독주
□ 独創(どくそう) 독창
□ 独断(どくだん) 독단
□ 特派(とくは) 특파
□ 匿名(とくめい) 익명
□ 途上(とじょう) 도상, 도중
□ 特許(とっきょ) 특허
□ 特権(とっけん) 특권
□ 突端(とったん) 쑥 내민 끝
□ 突破(とっぱ) 돌파
□ 土手(どて) 둑, 제방
□ 殿様(とのさま) 나리, 영주님
□ 土俵(どひょう) 씨름판
□ 途方(とほう) ① 수단, 방도 ② 조리, 도리
□ 渡来(とらい) 도래
□ 鳥肌(とりはだ) 소름
□ 取引(とりひき) 거래
□ 奴隷(どれい) 노예
□ 徒労(とろう) 헛수고
□ 泥沼(どろぬま) 수렁, 진창

な

□ 内蔵(ないぞう) 내장(내부에 가지고 있음)	□ 内乱(ないらん) 내란	□ 仲人(なこうど) 중매(인)
□ 名残(なごり) 여운, 흔적	□ 雪崩(なだれ) 눈사태	□ 生身(なまみ) 날고기, 생고기
□ 奈落(ならく) 나락, 밑바닥	□ 任意(にんい) 임의	□ 認識(にんしき) 인식
□ 人情(にんじょう) 인정	□ 妊娠(にんしん) 임신	□ 任務(にんむ) 임무
□ 音色(ねいろ) 음색	□ 熱意(ねつい) 열의	□ 熱湯(ねっとう) 열탕, 뜨거운 물
□ 熱量(ねつりょう) 열량	□ 粘液(ねんえき) 점액	□ 年賀(ねんが) 연하, 신년 축하
□ 年鑑(ねんかん) 연감	□ 捻出(ねんしゅつ) 염출, 각출	□ 燃焼(ねんしょう) 연소
□ 年配(ねんぱい) ① 연배, 나이 또래 ② 중년	□ 念仏(ねんぶつ) 염불	□ 燃料(ねんりょう) 연료
□ 年輪(ねんりん) 연륜	□ 農耕(のうこう) 농경	□ 濃縮(のうしゅく) 농축

は

□ 把握(はあく) 파악	□ 排気(はいき) 배기	□ 廃棄(はいき) 폐기
□ 配給(はいきゅう) 배급	□ 背景(はいけい) 배경	□ 背後(はいご) 배후
□ 拝借(はいしゃく) 삼가 빌려 씀	□ 排出(はいしゅつ) 배출, 배설	□ 輩出(はいしゅつ) 배출(인재가 연달아 많이 나옴)
□ 排除(はいじょ) 배제	□ 賠償(ばいしょう) 배상(손해를 물어줌)	□ 配信(はいしん) (정보·데이터 등의) 전송
□ 排水(はいすい) 배수	□ 廃水(はいすい) 폐수	□ 排斥(はいせき) 배척
□ 敗戦(はいせん) 패전	□ 背任(はいにん) 배임(임무를 저버림)	□ 敗北(はいぼく) 패배
□ 培養(ばいよう) 배양	□ 倍率(ばいりつ) 배율	□ 配慮(はいりょ) 배려
□ 破壊(はかい) 파괴	□ 波及(はきゅう) 파급	□ 迫害(はくがい) 박해
□ 爆撃(ばくげき) 폭격	□ 薄弱(はくじゃく) 박약, 빈약	□ 白状(はくじょう) 자백
□ 剥奪(はくだつ) 박탈	□ 爆弾(ばくだん) 폭탄	□ 爆破(ばくは) 폭파
□ 派遣(はけん) 파견	□ 破綻(はたん) 파탄	□ 蜂蜜(はちみつ) 봉밀, 벌꿀, 꿀
□ 発育(はついく) 발육	□ 発芽(はつが) 발아	□ 発覚(はっかく) 발각
□ 発掘(はっくつ) 발굴	□ 発現(はつげん) 발현	□ 伐採(ばっさい) 벌채

□ 発注(はっちゅう) 발주
□ 発熱(はつねつ) 발열
□ 発病(はつびょう) 발병
□ 発泡(はっぽう) 발포(거품이 일어남)
□ 発砲(はっぽう) 발포(총포를 쏨)
□ 破裂(はれつ) 파열
□ 繁栄(はんえい) 번영
□ 反感(はんかん) 반감
□ 反響(はんきょう) 반향
□ 反撃(はんげき) 반격
□ 判決(はんけつ) 판결
□ 犯罪(はんざい) 범죄
□ 反射(はんしゃ) 반사
□ 万障(ばんしょう) 만사
□ 判然(はんぜん) 판연, 명백함
□ 万端(ばんたん) 만반, 모든 사항이나 수단
□ 範疇(はんちゅう) 범주, 카테고리
□ 判定(はんてい) 판정
□ 万人(ばんにん) 만인
□ 晩年(ばんねん) 만년, 노년
□ 反応(はんのう) 반응
□ 万能(ばんのう) 만능
□ 反乱(はんらん) 반란
□ 氾濫(はんらん) 범람
□ 被害(ひがい) 피해
□ 日陰(ひかげ) 응달, 그늘
□ 悲観(ひかん) 비관
□ 否決(ひけつ) 부결
□ 秘訣(ひけつ) 비결
□ 非行(ひこう) 비행(도덕에 어긋난 행위)
□ 比重(ひじゅう) 비중
□ 微笑(びしょう) 미소
□ 皮相(ひそう) 피상, 거죽, 표면
□ 秘蔵(ひぞう) 비장
□ 備蓄(びちく) 비축
□ 必修(ひっす) 필수(ひっしゅう로도 읽음)
□ 必然(ひつぜん) 필연
□ 匹敵(ひってき) 필적
□ 一頃(ひところ) 한때, 한동안, 왕년
□ 一筋(ひとすじ) 한줄기, 외곬, 일편 단심
□ 人波(ひとなみ) 인파, 사람의 물결
□ 人目(ひとめ) 남의 눈
□ 一目(ひとめ) 한 번(만) 봄, 한눈(에 들어오는 모양)
□ 皮肉(ひにく) 빈정거림, 비꼼, 야유
□ 火花(ひばな) 불꽃, 불똥, 불티
□ 美貌(びぼう) 미모
□ 悲鳴(ひめい) 비명
□ 罷免(ひめん) 파면
□ 飛躍(ひやく) 비약
□ 描写(びょうしゃ) 묘사
□ 表彰(ひょうしょう) 표창
□ 病状(びょうじょう) 병상, 병세
□ 評判(ひょうばん) 평판, 인기가 있음
□ 肥沃(ひよく) 비옥함
□ 比率(ひりつ) 비율
□ 肥料(ひりょう) 비료
□ 微量(びりょう) 미량, 극소량
□ 秘話(ひわ) 비화
□ 貧血(ひんけつ) 빈혈
□ 貧困(ひんこん) 빈곤
□ 便乗(びんじょう) 편승
□ 頻度(ひんど) 빈도
□ 貧乏(びんぼう) 빈곤, 가난
□ 封鎖(ふうさ) 봉쇄
□ 風俗(ふうぞく) 풍속
□ 負荷(ふか) 부하, 짐을(임무를) 짐
□ 不吉(ふきつ) 불길
□ 普及(ふきゅう) 보급
□ 不朽(ふきゅう) 불후, 불멸
□ 布教(ふきょう) 포교, 전도
□ 複合(ふくごう) 복합
□ 複写(ふくしゃ) 복사
□ 服従(ふくじゅう) 복종
□ 服装(ふくそう) 복장
□ 覆面(ふくめん) 복면

□ 福利(ふくり) 복리, 복지
□ 富豪(ふごう) 부호, 갑부
□ 布告(ふこく) (전쟁의 선전)포고
□ 負債(ふさい) 부채
□ 腐食(ふしょく) 부식
□ 不振(ふしん) 부진
□ 武装(ぶそう) 무장
□ 不遜(ふそん) 불손, 무례
□ 負担(ふたん) 부담
□ 不断(ふだん) 부단함, 끊임없음
□ 復活(ふっかつ) 부활
□ 物議(ぶつぎ) 물의
□ 物資(ぶっし) 물자
□ 払拭(ふっしょく) 불식
□ 物色(ぶっしょく) 물색
□ 仏像(ぶつぞう) 불상
□ 物体(ぶったい) 물체
□ 沸騰(ふっとう) 비등, 끓어오름
□ 腐敗(ふはい) 부패
□ 不評(ふひょう) 불평
□ 訃報(ふほう) 부고
□ 扶養(ふよう) 부양
□ 不慮(ふりょ) 의외, 뜻밖
□ 浮力(ふりょく) 부력
□ 武力(ぶりょく) 무력
□ 噴火(ふんか) 분화
□ 憤慨(ふんがい) 분개
□ 奮起(ふんき) 분기, 분발
□ 分業(ぶんぎょう) 분업
□ 憤激(ふんげき) 격분
□ 粉砕(ふんさい) 분쇄
□ 分際(ぶんざい) 분수, 주제
□ 分散(ぶんさん) 분산
□ 紛失(ふんしつ) 분실
□ 噴射(ふんしゃ) 분사
□ 噴出(ふんしゅつ) 분출
□ 紛争(ふんそう) 분쟁
□ 分担(ぶんたん) 분담
□ 文通(ぶんつう) 편지 왕래
□ 奮闘(ふんとう) 분투
□ 粉末(ふんまつ) 분말
□ 分離(ぶんり) 분리
□ 分裂(ぶんれつ) 분열
□ 兵器(へいき) 병기, 무기
□ 閉業(へいぎょう) 폐업
□ 並行(へいこう) 병행
□ 閉口(へいこう) 질림, 손듦, 질색, 항복함
□ 米穀(べいこく) 미곡, 곡물
□ 平常(へいじょう) 평상, 평소, 보통
□ 閉幕(へいまく) 폐막
□ 並列(へいれつ) 병렬, 줄을 지음
□ 別途(べっと) 별도(로)
□ 変革(へんかく) 변혁
□ 返還(へんかん) 반환
□ 偏見(へんけん) 편견
□ 弁護(べんご) 변호
□ 弁償(べんしょう) 변상
□ 弁舌(べんぜつ) 변설, 언변
□ 変遷(へんせん) 변천
□ 変動(へんどう) 변동
□ 変貌(へんぼう) 변모
□ 変容(へんよう) 변용
□ 弁論(べんろん) 변론
□ 保育(ほいく) 보육
□ 方案(ほうあん) 방안
□ 法案(ほうあん) 법안
□ 防衛(ぼうえい) 방위
□ 貿易(ぼうえき) 무역
□ 崩壊(ほうかい) 붕괴
□ 望外(ぼうがい) 망외, 기대한 이상임
□ 放棄(ほうき) 포기
□ 防御(ぼうぎょ) 방어
□ 封建(ほうけん) 봉건
□ 冒険(ぼうけん) 모험
□ 方策(ほうさく) 방책

□ 豊作(ほうさく) 풍작
□ 報酬(ほうしゅう) 보수
□ 放出(ほうしゅつ) 방출
□ 紡績(ぼうせき) 방적
□ 放置(ほうち) 방치
□ 傍聴(ぼうちょう) 방청
□ 膨張(ぼうちょう) 팽창
□ 法廷(ほうてい) 법정
□ 報道(ほうどう) 보도
□ 冒頭(ぼうとう) 모두, 서두
□ 暴動(ぼうどう) 폭동
□ 冒涜(ぼうとく) 모독
□ 放任(ほうにん) 방임
□ 褒美(ほうび) 포상
□ 抱負(ほうふ) 포부
□ 暴風(ぼうふう) 폭풍
□ 暴落(ぼうらく) 폭락
□ 暴力(ぼうりょく) 폭력
□ 保温(ほおん) 보온
□ 捕獲(ほかく) 포획
□ 保管(ほかん) 보관
□ 補給(ほきゅう) 보급
□ 補強(ほきょう) 보강
□ 募金(ぼきん) 모금
□ 撲滅(ぼくめつ) 박멸
□ 捕鯨(ほげい) 포경, 고래잡이
□ 保持(ほじ) 유지
□ 保障(ほしょう) 보장
□ 補償(ほしょう) 보상
□ 舗装(ほそう) 포장
□ 勃起(ぼっき) 발기, 갑자기 일어남
□ 勃興(ぼっこう) 발흥, 진흥
□ 発作(ほっさ) 발작
□ 没収(ぼっしゅう) 몰수
□ 発足(ほっそく) 발족
□ 発端(ほったん) 발단, 시초
□ 勃発(ぼっぱつ) 발발
□ 没落(ぼつらく) 몰락
□ 保養(ほよう) 보양
□ 捕虜(ほりょ) 포로
□ 本能(ほんのう) 본능
□ 本末(ほんまつ) 본말
□ 本望(ほんもう) 본망, 숙원
□ 翻弄(ほんろう) 번롱, 농락
□ 本論(ほんろん) 본론

ま

□ 埋設(まいせつ) 매설
□ 埋蔵(まいぞう) 매장
□ 埋没(まいぼつ) 매몰
□ 真上(まうえ) 바로 위
□ 真心(まごころ) 진심, 정성
□ 真下(ました) 바로 밑, 바로 아래
□ 麻酔(ますい) 마취
□ 街角(まちかど) 길모퉁이
□ 抹消(まっしょう) 말소
□ 末梢(まっしょう) 말초, 맨끝
□ 末端(まったん) 말단
□ 麻痺(まひ) 마비
□ 満場(まんじょう) 만장
□ 慢性(まんせい) 만성
□ 身内(みうち) 온 몸, 전신, 집안
□ 味覚(みかく) 미각
□ 身柄(みがら) 신분, 신병
□ 水気(みずけ) 수분, 물기
□ 未然(みぜん) 미연
□ 道端(みちばた) 길의 주변, 길가
□ 密度(みつど) 밀도
□ 妙案(みょうあん) 묘안
□ 民衆(みんしゅう) 민중
□ 無縁(むえん) 무연고, 관계가 없음

- □ 無効(むこう) 무효
- □ 無断(むだん) 무단
- □ 無念(むねん) 무념
- □ 迷信(めいしん) 미신
- □ 命中(めいちゅう) 명중
- □ 名簿(めいぼ) 명부
- □ 目方(めかた) 무게, 중량
- □ 目線(めせん) 눈길, 시선
- □ 滅亡(めつぼう) 멸망
- □ 免疫(めんえき) 면역
- □ 免職(めんしょく) 면직
- □ 免責(めんせき) 면책
- □ 面倒(めんどう) ① 귀찮음 ② 돌봄, 보살핌
- □ 面目(めんぼく) 면목, 체면(めんもく로도 읽음)
- □ 猛暑(もうしょ) 혹서, 심한 더위
- □ 妄想(もうそう) 망상
- □ 盲点(もうてん) 맹점
- □ 目撃(もくげき) 목격
- □ 黙認(もくにん) 묵인
- □ 模索(もさく) 모색
- □ 物事(ものごと) 세상사, 매사
- □ 喪服(もふく) 상복
- □ 模倣(もほう) 모방
- □ 模様(もよう) 모양, 무늬

や

- □ 役柄(やくがら) 직무의 성질, 직책이 있는 신분
- □ 役職(やくしょく) 직무, 관리직
- □ 躍進(やくしん) 약진
- □ 役場(やくば) 지방 공무원이 사무를 보는 곳, (공증인·법무사의) 사무소
- □ 役割(やくわり) 역할
- □ 屋敷(やしき) 대지, 집의 부지, 저택
- □ 遺言(ゆいごん) 유언
- □ 優越(ゆうえつ) 우월
- □ 誘拐(ゆうかい) 유괴
- □ 有機(ゆうき) 유기
- □ 融合(ゆうごう) 융합
- □ 融資(ゆうし) 융자
- □ 有終(ゆうしゅう) 유종, 끝을 잘 맺음
- □ 優勢(ゆうせい) 우세
- □ 優先(ゆうせん) 우선
- □ 悠然(ゆうぜん) 유연(침착하고 여유가 있는 모양)
- □ 誘致(ゆうち) 유치, 불러들임
- □ 誘導(ゆうどう) 유도
- □ 誘発(ゆうはつ) 유발
- □ 優美(ゆうび) 우아하고 아름다움
- □ 郵便(ゆうびん) 우편
- □ 雄弁(ゆうべん) 웅변
- □ 遊牧(ゆうぼく) 유목
- □ 夕闇(ゆうやみ) 땅거미, 황혼
- □ 憂慮(ゆうりょ) 우려
- □ 融和(ゆうわ) 융화
- □ 夢路(ゆめじ) 꿈길
- □ 余韻(よいん) 여운
- □ 要因(よういん) 요인
- □ 溶液(ようえき) 용액
- □ 妖怪(ようかい) 요괴, 도깨비
- □ 養護(ようご) 양호
- □ 様式(ようしき) 양식
- □ 容赦(ようしゃ) 용서
- □ 養生(ようじょう) 보양, (건축) 파손 방지의 손질
- □ 養殖(ようしょく) 양식
- □ 要人(ようじん) 요인
- □ 要請(ようせい) 요청
- □ 養成(ようせい) 양성
- □ 様相(ようそう) 양상
- □ 洋風(ようふう) 서양풍, 서양식
- □ 要約(ようやく) 요약
- □ 余暇(よか) 여가
- □ 予感(よかん) 예감

□ 余興(よきょう) 여흥
□ 抑圧(よくあつ) 억압
□ 欲望(よくぼう) 욕망
□ 抑揚(よくよう) 억양
□ 抑留(よくりゅう) 억류
□ 予言(よげん) 예언
□ 予告(よこく) 예고
□ 横綱(よこづな) 씨름꾼의 최고위, 제1인자
□ 予想(よそう) 예상
□ 予測(よそく) 예측
□ 余談(よだん) 여담
□ 予兆(よちょう) 예조, 전조, 징조
□ 欲求(よっきゅう) 욕구
□ 輿論(よろん) 여론
□ 弱音(よわね) 약한 말, 나약한 말

ら・わ

□ 落胆(らくたん) 낙담
□ 酪農(らくのう) 낙농
□ 拉致(らち) 납치(らっち라고도 함)
□ 濫用(らんよう) 남용
□ 理屈(りくつ) 도리, 이치
□ 利子(りし) 이자
□ 利潤(りじゅん) 이윤
□ 理性(りせい) 이성
□ 利息(りそく) 이자
□ 立脚(りっきゃく) 입각
□ 利便(りべん) 편리, 편의
□ 略奪(りゃくだつ) 약탈
□ 留保(りゅうほ) 유보, 보류
□ 領域(りょういき) 영역
□ 領海(りょうかい) 영해
□ 両極(りょうきょく) 양극
□ 良質(りょうしつ) 양질
□ 良識(りょうしき) 양식
□ 領地(りょうち) 영지
□ 領土(りょうど) 영토
□ 旅券(りょけん) 여권
□ 理論(りろん) 이론
□ 輪郭(りんかく) 윤곽
□ 林業(りんぎょう) 임업
□ 臨終(りんじゅう) 임종
□ 倫理(りんり) 윤리
□ 類推(るいすい) 유추
□ 冷蔵(れいぞう) 냉장
□ 列挙(れっきょ) 열거
□ 連係(れんけい) 연계
□ 連結(れんけつ) 연결
□ 連行(れんこう) 연행
□ 連中(れんちゅう) 한 패, 동아리, 일당, 그 패들
□ 連邦(れんぽう) 연방
□ 連盟(れんめい) 연맹
□ 朗読(ろうどく) 낭독
□ 狼狽(ろうばい) 당황함, 허둥지둥함
□ 浪費(ろうひ) 낭비
□ 朗報(ろうほう) 좋은 소식
□ 労務(ろうむ) 노무
□ 労力(ろうりょく) 노력, 수고
□ 録画(ろくが) 녹화
□ 露出(ろしゅつ) 노출
□ 露店(ろてん) 노점
□ 論議(ろんぎ) 논의
□ 論陣(ろんじん) 논진
□ 惑星(わくせい) 혹성
□ 枠内(わくない) 테두리 안, 범위 내
□ 湾曲(わんきょく) 활 모양으로 굽음
□ 腕力(わんりょく) 완력, (팔의) 힘

❸ 그밖의 명사

あ

- □ 上(あ)がり 끝남, (근무·일) 마침
- □ 頭打(あたまう)ち 한계점에 이름
- □ 跡継(あとつ)ぎ 대를 이음, 후계자
- □ あられ 싸락눈
- □ いびき 코고는 소리
- □ いんちき 부정, 사기, 엉터리임
- □ うたたね 선잠, 얕은 잠
- □ 有頂天(うちょうてん) 기뻐서 어쩔 줄 모름, 기고만장
- □ うなぎのぼり 빠르게 올라감
- □ うぬぼれ 자부(심)
- □ 裏返(うらがえ)し 뒤집음
- □ 奥(おく)の手(て) 오의, 비법
- □ おすそ分(わ)け 얻은 것의 일부를 남에게 나누어 줌
- □ おまけ 값을 깍음, 덤, 경품
- □ 表向(おもてむ)き 공공연함, 표면상

か

- □ かかと 발뒤꿈치
- □ 駆(か)け足(あし) 뛰어감, 구보
- □ かすみ 안개(특히 봄안개를 이름)
- □ かたわら 옆, 곁
- □ 画期的(かっきてき) 획기적임
- □ 金(かな)づち 쇠망치, 수영을 못하는 사람
- □ 花粉症(かふんしょう) 꽃가루 알레르기
- □ 体付(からだつ)き 몸매, 체격
- □ かんがい 관개
- □ 感無量(かんむりょう) 감개 무량
- □ 貫(かん)ろく 관록
- □ 気兼(きが)ね 어렵게 여김, 스스럼
- □ 気(き)まぐれ 변덕
- □ きまじめ 고지식함
- □ くじ 제비, 추첨
- □ くちばし 부리, 주둥이
- □ けだもの 짐승
- □ 研(けん)さん 연찬, (학문 등을) 깊이 연구함
- □ 向学心(こうがくしん) 향학열
- □ 高齢化(こうれいか) 고령화
- □ 言(こと)づて 의탁, 전갈, 전언

さ

- □ 差(さ)し引(ひ)き 공제, 정산 결과
- □ さなか 한창 ~인 때
- □ 仕打(しう)ち (남에 대한) 처사
- □ 仕掛(しか)け 장치, 속임수
- □ 仕組(しく)み 구조(=メカニズム)
- □ 刺(し)しゅう 자수
- □ しずく 물방울
- □ 下調(したしら)べ 예비 조사, 예습
- □ しつけ 예의 범절을 가르침
- □ 下取(したど)り 신품의 대금 일부로 중고품을 판매자가 인수하는 일
- □ しにょう 대소변
- □ 従業員(じゅうぎょういん) 종업원
- □ 終始一貫(しゅうしいっかん) 시종일관
- □ 正念場(しょうねんば) 중요한 고비
- □ 植民地(しょくみんち) 식민지
- □ 所持品(しょじひん) 소지품
- □ ずぶぬれ 흠뻑 젖음

□ 擦(す)れ違(ちが)い 마주 스쳐 지나감, 엇갈림
□ 政府筋(せいふすじ) 정부 소식통
□ 税務署(ぜいむしょ) 세무서
□ 精力的(せいりょくてき) 정력적임
□ せがれ (자신의) 아들놈, 자식
□ そっぽ 다른 쪽, 딴 쪽
□ そり 썰매
□ そろい (빠짐없이) 모두 갖추어짐

た

□ たきび 모닥불
□ たるみ 느슨함
□ 断(だん)トツ 단연 톱
□ 蛋白質(たんぱくしつ) 단백질
□ 宙返(ちゅうがえ)り 공중제비, 공중회전
□ 継(つ)ぎ目(め) 이음매, 이은 자리
□ つば 침
□ つぼ 단지, 항아리
□ つぼみ 꽃봉우리
□ 釣(つ)り鐘(がね) 조종, 범종
□ 手(て)がかり 단서, 실마리
□ できもの 부스럼, 종기
□ 手(て)さばき 손놀림
□ 手(て)つかず 아직 손을 안 댐, 한 번도 쓰지 않음
□ 手(て)付(つ)き 솜씨, 손놀림
□ 手直(てなお)し 불완전한 곳을 고침
□ 出直(でなお)し 다시 함
□ 手(て)の平(ひら) 손바닥
□ 伝統的(でんとうてき) 전통적
□ 戸(と)締(じ)まり 문단속
□ 戸惑(とまど)い 당황함, 허둥댐, 당혹함
□ 共働(ともばたら)き 맞벌이(＝共稼(ともかせ)ぎ)
□ 虎(とら)の巻(まき) 병법의 비전서, 자습서
□ 取(と)り柄(え) 취할 점, 쓸모, 장점
□ 取(と)り返(かえ)し 되찾음, 만회, 복원
□ 取替(とりか)えっこ 서로 바꿈
□ 取(と)り崩(くず)し 허는 일, 철거
□ とりこ 사로잡힌 사람, 포로
□ 取(と)り調(しら)べ 조사, 수사, 문초, 신문
□ 取(と)り所(どころ) 취할 점, 장점
□ 度忘(どわす)れ 깜빡 잊어버림

な

□ なぎさ 물가, 둔치
□ 何(なに)より 최상, 제일
□ 並大抵(なみたいてい) 이만저만함
□ にきび 여드름
□ 値打(ねう)ち 가치, 값어치
□ ねばり 찰기, 끈기
□ 根回(ねまわ)し 사전 교섭
□ 念入(ねんい)り 조심스러움, 공들임

は

□ 廃棄物(はいきぶつ) 폐기물
□ ばい菌(きん) 세균
□ 配偶者(はいぐうしゃ) 배우자
□ 排(はい)せつ 배설
□ 橋渡(はしわた)し 다리를 놓음, 가설, 중개, 중매
□ 裸足(はだし) 맨발
□ 発起人(ほっきにん) 발기인
□ 抜(ばっ)てき 발탁
□ 花(はな)びら 꽃잎

□ 繁華街(はんかがい) 번화가
□ 被害者(ひがいしゃ) 피해자
□ 被疑者(ひぎしゃ) 피의자, 용의자
□ 一角(ひとかど) 한 사람 몫, 제구실, 어엿함
□ 人並み(ひとなみ) 보통 정도, 남과 같음
□ 日取り(ひどり) 날짜를 정함, 기일, 일정
□ ひなた 양지, 양달
□ 披露宴(ひろうえん) 피로연
□ ピンはね 삥땅 침
□ 不可解(ふかかい) 불가해, 이해할 수 없음
□ 不可欠(ふかけつ) 불가결
□ 不祥事(ふしょうじ) 불상사
□ 不条理(ふじょうり) 부조리
□ 平行線(へいこうせん) 평행선
□ ほとり 근처, 부근

ま

□ 前売り(まえうり) 예매
□ 真っ二つ(まぷたつ) 두 동강, 딱 절반
□ まばたき 깜박임, 깜작임
□ 丸ごと(まるごと) 통째(로), 온통
□ まり 공, 볼
□ まんえん 만연
□ 真ん前(まんまえ) 바로 앞, 정면
□ 見込み(みこみ) 전망, 예정
□ 微じん(みじん) 미진, 작은 먼지
□ 見積もり(みつもり) 어림, 견적
□ 見通し(みとおし) 전망, 장래의 예측
□ 身の上(みのうえ) 신상, 일신의 처지, 운명
□ 見晴らし(みはらし) 전망
□ 身振り(みぶり) 몸짓
□ 無計画(むけいかく) 무계획
□ 無条件(むじょうけん) 무조건
□ 結び付き(むすびつき) 연결, 결합, 결속
□ 無駄遣い(むだづかい) 낭비, 헛되이 씀
□ むら 얼룩
□ 目付き(めつき) 눈의 표정, 눈초리
□ めど 목표, 전망
□ 目盛り(めもり) (계량기의) 눈금
□ もくろみ 계획, 의도, 목적
□ 持ち切り(もちきり) 그 상태나 화제가 계속됨, 자자함

や~わ

□ やぶさか 인색함
□ 夕暮れ(ゆうぐれ) 황혼, 해질녘
□ 夕焼け(ゆうやけ) 저녁놀
□ 行き違い(ゆきちがい) 오해, 착오
□ ゆとり 여유
□ 容疑者(ようぎしゃ) 용의자
□ よしあし 좋고 나쁨, 선악
□ よそみ 한눈팖, 곁눈질
□ よだれ (흘리는) 침, 군침
□ 夜更かし(よふかし) 밤 늦게까지 안 잠, 밤샘
□ 夜更け(よふけ) 야밤, 심야
□ 楽観的(らっかんてき) 낙관적
□ 理性的(りせいてき) 이성적
□ 臨機応変(りんきおうへん) 임기 응변
□ 倫理的(りんりてき) 윤리적
□ ろく 사물의 상태가 정당함, 본격적임
□ 渡り鳥(わたりどり) 철새
□ 割り当て(わりあて) 할당, 배당
□ わんぱく 장난꾸러기, 개구쟁이

2 출제 예상 동사

あ

- □ 仰(あお)ぐ 쳐다보다, 우러러보다
- □ 赤(あか)らむ 붉어지다, 불그레해지다
- □ 商(あきな)う 장사하다
- □ 飽(あ)きる 질리다
- □ 欺(あざむ)く 속이다
- □ あざわらう 조소하다, 비웃다
- □ あせる 바래다
- □ 値(あたい)する ~할 만하다, ~에 상당하다
- □ あつらえる 주문하다, 맞추다
- □ 暴(あば)く 폭로하다, 파헤치다
- □ 甘(あま)える 응석부리다, 어리광부리다
- □ 余(あま)る 남다
- □ 操(あやつ)る 조종하다, 다루다
- □ あまりある 남음이 있다, ~하는 데 충분하다
- □ 謝(あやま)る 사과하다
- □ 荒(あ)らす 망치다, 휩쓸다
- □ 争(あらそ)う 다투다
- □ 改(あらた)まる 새로워지다, 격식을 차리다
- □ 改(あらた)める 고치다, 개선하다
- □ 著(あらわ)す 저술하다
- □ 合(あ)わす 합치다
- □ 案(あん)じる・案(あん)ずる 걱정하다, 염려하다
- □ 言(い)い渡(わた)す (결정·명령 등) 알리다, 선고하다
- □ 生(い)かす 살리다
- □ 意(い)気(き)込(ご)む 힘을 내다, 분발하다
- □ 生(い)ける (꽃 등을) 꽂다
- □ 炒(いた)める 기름에 볶다, 지지다
- □ 痛(いた)める 다치다, 손상하다
- □ 傷(いた)める 망가뜨리다, 상하게 하다
- □ 慈(いつく)しむ 불쌍히 여기다, 사랑하다
- □ 営(いとな)む 영위하다, 경영하다
- □ 否(いな)む 거절하다, 사절하다
- □ いやす (상처·병 따위를) 고치다
- □ いらだてる 초조하게 하다, 애태우다
- □ 射(い)る (활을) 쏘다
- □ 浮(う)かび上(あ)がる 떠오르다
- □ 受(う)け入(い)れる 받아들이다
- □ 受(う)け継(つ)ぐ 이어받다, 계승하다
- □ 受(う)け止(と)める 받다, 받아들이다
- □ 薄(うす)まる 엷어지다
- □ 埋(うず)める 묻다, 매장하다
- □ 打(う)ち切(き)る 자르다, 중단하다
- □ 訴(うった)える 호소하다, 소송하다
- □ 疎(うと)んじる 싫어하다, 멀리하다
- □ 潤(うる)む (습기로) 부예지다, 울먹이다
- □ 植(う)わる 심어지다(=植(う)えられる)
- □ 演(えん)じる・演(えん)ずる ① (무대에서) 연기하다 ② (어떤 역할을) 맡다, 완수하다
- □ 老(お)いる 늙다
- □ 負(お)う (힘)입다, 지다
- □ 侵(おか)す 침범하다, 침해하다
- □ 冒(おか)す 무릅쓰다
- □ 興(おこ)る 흥하다, 일어나다
- □ 抑(おさ)える 억제하다, 막다
- □ 治(おさ)まる 고요해지다, 가라앉다
- □ 納(おさ)まる 걷히다, 들어오다
- □ 修(おさ)める 닦다, 수양하다
- □ 押(お)し切(き)る 강행하다, 무릅쓰다
- □ 惜(お)しむ 아끼다, 애석해하다
- □ 押(お)し寄(よ)せる 밀려 들다, 밀어 닥치다

- □ 推(お)す 밀다, 추진시키다
- □ 恐(おそ)れ入(い)る 황송해하다
- □ おだてる 치켜세우다
- □ 落(お)ち合(あ)う 만나다, 합류하다
- □ 陥(おちい)る 빠지다, 헤어나지 못하게 되다
- □ おどす 으르다, 위협하다
- □ 訪(おとず)れる 방문하다, (계절이) 찾아오다
- □ 衰(おとろ)える 약해지다, 쇠퇴하다
- □ 驚(おどろ)く 놀라다
- □ 脅(おびや)かす 위협하다, 위태롭게 하다
- □ 赴(おもむ)く 향하여 가다, 즉시 향하다
- □ 折(お)れる 부러지다, 꺾이다
- □ 重(おも)んじる・重(おも)んずる 중요시하다, 존중하다
- □ 下(お)ろす 내리다, (돈을) 찾다

か

- □ 害(がい)する 해치다, 상하게 하다
- □ 回想(かいそう)する 회상하다
- □ 顧(かえり)みる 돌아보다, 회고하다
- □ 省(かえり)みる 돌이켜보다, 반성하다
- □ 掲(かか)げる 내걸다
- □ かき回(まわ)す 휘젓다
- □ かく (창피를) 당하다
- □ 欠(か)く 빠지다, 결여하다
- □ 駆(か)けつける 달려가다(오다)
- □ かける 걸다, 내기를 하다
- □ かさばる 부피가 커지다
- □ かさむ 부피가 커지다
- □ かすむ 안개가 끼다, 희미하게 보이다
- □ かする 스치다
- □ 傾(かたむ)ける 기울이다
- □ 固(かた)める 굳히다, 다지다
- □ 偏(かたよ)る 치우치다
- □ 奏(かな)でる 연주하다
- □ 適(かな)える ① 들어맞추다 ② 충족시키다 ③ 성취시키다
- □ 兼(か)ねる 겸하다
- □ かばう 감싸다, 비호하다
- □ かぶれる (옻 등을) 타다, 피부염을 일으키다
- □ 構(かま)える 갖추다, 자세를 취하다
- □ かまける 얽매이다
- □ かみ切(き)る 물어 끊다
- □ 絡(から)む 얽히다, 얽매이다
- □ 枯(か)れる (초목이) 마르다, 시들다
- □ 渇(かわ)く 목이 마르다, 물이 마르다
- □ 交(か)わす 주고받다, 교환하다
- □ 着飾(きかざ)る 몸치장을 하다, 성장하다
- □ 兆(きざ)す 싹트다, 징조가 보이다
- □ 利(き)く ① 잘 움직이다, 기능을 발휘하다 ② 가능하다
- □ きしみ合(あ)う 서로 다투다
- □ きしむ 삐걱거리다
- □ 帰(き)す・帰(き)する 돌아가다, ~에게 돌리다
- □ 期(き)す・期(き)する 기약하다
- □ 築(きず)く 쌓다
- □ 傷付(きずつ)く 상처를 입다
- □ 競(きそ)う 다투다, 경쟁하다
- □ 来(きた)る 오다, 다가오다
- □ 喫(きっ)する 마시다, 피우다, 당하다
- □ 興(きょう)じる・興(きょう)ずる 흥겨워하다
- □ 切(き)り出(だ)す 말을 꺼내다
- □ 極(きわ)まる 극히 ~하다, ~하기 짝이 없다
- □ 禁(きん)じる 금하다
- □ 食(く)い込(こ)む 파고들다, 박히다
- □ くぐる ① 빠져 나가다 ② 잠수하다
- □ 崩(くず)す 무너뜨리다
- □ ぐずつく ① (하늘이) 끄무레하다 ② (아이가) 칭얼거리다

- □ 崩(くず)れる 무너지다
- □ くだす ①(지위) 낮추다 ②(명령) 내리다
- □ 口(くち)ずさむ 읊조리다, 흥얼거리다
- □ 朽(く)ち果(は)てる 썩어 없어지다
- □ 配(くば)る 나눠 주다
- □ 組(く)み合(あ)わせる 짜 맞추다, 편성하다
- □ 組(く)み込(こ)む 짜넣다, 편성하다
- □ 暮(く)らす 살아가다, 지내다
- □ 繰(く)り上(あ)げる (예정보다) 앞당기다
- □ 繰(く)り下(さ)げる 뒤로 돌리다(물리다)
- □ 企(くわだ)てる 계획하다, 꾀하다
- □ 汚(けが)す 더럽히다, (명예를) 훼손시키다
- □ 汚(けが)れる 더러워지다
- □ 蹴(け)飛(と)ばす 걷어 차다, 냅다 차다
- □ 煙(けむ)る 연기가 나다, 부예지다
- □ 心(こころ)掛(が)ける 항상 주의하다, 명심하다
- □ 試(こころ)みる 시도해 보다, 시험해 보다
- □ こす 거르다, 여과하다
- □ こだわる 구애되다, 연연하다
- □ こぼす ① 흘리다 ② 불평하다, 푸념하다
- □ こみあげる 치밀어 오르다
- □ 込(こ)める 넣다, 담다
- □ こもる 자욱하다, 가득 차다
- □ 凝(こ)らす (눈, 귀 등을) 한곳에 집중시키다
- □ 懲(こ)りる 넌더리나다, 데다
- □ 凝(こ)る ① 엉기다, 응고하다 ② 열중하다

さ

- □ さえずる (새가) 지저귀다
- □ 探(さぐ)る 탐색하다
- □ 裂(さ)ける 찢어지다, 갈라지다
- □ 避(さ)ける 피하다
- □ 支(ささ)える 떠받치다, 지탱하다
- □ 捧(ささ)げる 바치다
- □ 差(さ)し出(だ)す 내밀다, 제출하다, 발송하다
- □ 差(さ)し支(つか)える 지장이 있다
- □ 授(さず)ける 수여하다, 하사하다
- □ さする 문지르다
- □ 定(さだ)まる 정해지다
- □ 定(さだ)める 정하다
- □ 悟(さと)る 깨닫다
- □ 裁(さば)く 시비를 가리다, 심판하다
- □ さまよう 방황하다, 헤매다
- □ 覚(さ)める 깨다, 눈이 뜨이다
- □ 冷(さ)める 식다
- □ さらう 채다, 채가다
- □ 仕(し)上(あ)げる 완성하다
- □ 強(し)いる 강요하다, 강제하다
- □ 仕(し)入(い)れる 사들이다, 매입하다
- □ しがみつく 달라붙다, (꼭) 매달리다
- □ 敷(し)く 깔다, 밑에 펴다
- □ しける 습기가 차다
- □ 沈(しず)む ① 가라앉다 ② (해·달) 지다
- □ 沈(しず)める 가라앉히다, 잠그다
- □ 親(した)しむ 친하게 지내다
- □ 仕(し)立(た)てる 만들다, 양성하다
- □ しつける 예의 범절을 가르치다
- □ しなびる 시들다
- □ しのぐ 참고 견디다
- □ しぶる 주저하다, 꺼리다
- □ 搾(しぼ)る 짜(내)다
- □ 仕(し)向(む)ける ① (어떤 태도로) 대하다 ② 발송하다
- □ 称(しょう)する 칭하다
- □ しゃれる 세련되다, 멋지다
- □ 据(す)え付(つ)ける 설치하다
- □ 据(す)える (물건을) 놓다, 설치하다
- □ すく (종이·김 따위를) 뜨다
- □ すくう 떠내다, 뜨다, 물을 뜨다

□ すくむ 움츠러지다 □ すくめる 움츠리다 □ 透(す)ける 들여다 보이다, 비쳐 보이다

□ すすぐ 씻다, 헹구다 □ すすぐ 가시다, 양치질하다 □ 薦(すす)める 추천하다, 천거하다

□ 滑(すべ)る 미끄러지다 □ 澄(す)ます ① 맑게 하다 ② (귀를) 기울이다 □ 擦(す)る 문지르다, 갈다

□ 擦(す)れる 스치다 □ 制(せい)する 제지하다, 억제하다 □ 切望(せつぼう)する 간절히 바라다

□ 狭(せば)める 좁히다 □ 迫(せま)る ① (시각) 다가오다 ② (상태) 직면하다

□ 即(そく)する 입각하다 □ 損(そこ)なう・損(そこ)ねる ① 파손하다 ② (건강·기분 등을) 상하게 하다, 해치다

□ 唆(そそのか)す 꼬드기다, 부추기다 □ そそる 돋우다, 자아내다 □ 備(そな)え付(つ)ける 설치하다, 비치하다

□ そびえる 우뚝 솟다, 치솟다 □ 染(そ)まる 물들다 □ 背(そむ)く 등지다, 어기다, 거역하다

□ 染(そ)める 물들이다, 염색하다 □ そらす (방향을) 딴 데로 돌리다 □ 反(そ)る (활 모양으로) 휘다, 젖혀지다

た

□ 耐(た)える・堪(た)える 견디다, 참다 □ 託(たく)す 맡기다, 부탁하다 □ 巧(たく)む 꾸미다, 기교를 부리다

□ たじろぐ ① 질리다 ② 주춤하다 □ 訪(たず)ねる 방문하다 □ 漂(ただよ)う 떠돌다, 감돌다

□ 立(た)ち込(こ)める (안개·연기·구름 등이) 자욱하게 끼다 □ 断(た)つ 끊다, 자르다

□ 奉(たてまつ)る 바치다 □ たどり着(つ)く 겨우 다다르다 □ 束(たば)ねる 묶다, 한 뭉치로 하다

□ 度重(たびかさ)なる 거듭되다, 되풀이되다 □ たまう 주시다, 내리시다 □ 賜(たまわ)る 받다, 내려주시다

□ 保(たも)つ 유지하다 □ 絶(た)やす ① 끊어지게 하다 ② 끊다, 없애다

□ 足(た)る 만족하다 □ たるむ 느슨해지다, 해이해지다 □ 垂(た)れる 드리워지다

□ 違(ちが)える ① 달리하다 ② 틀리다, 어기다 □ 縮(ちぢ)まる ① 줄다, 감소하다 ② 움츠러들다 □ 縮(ちぢ)む 주름이 지다, 줄어들다

□ 使(つか)いこなす 잘 다루다, 구사하다 □ つかえる 막히다, 메다, 밀리다 □ 仕(つか)える 시중들다, 섬기다

□ 司(つかさど)る 맡다, 담당하다 □ 継(つ)ぐ 잇다, 계승하다 □ 接(つ)ぐ 접목하다

□ 償(つぐな)う 갚다, 보상하다, 변상하다 □ 付(つ)け加(くわ)える 덧붙이다, 첨가하다 □ 告(つ)げる 알리다

□ 伝(つた)う (어떤 것을 따라서) 이동하다 □ 培(つちか)う 가꾸다, 기르다, 배양하다 □ 謹(つつし)む 황공해 하다, 경의를 표하다

□ 慎(つつし)む 삼가다, 조심하다 □ つ(っ)つく 쿡쿡 찌르다, 들추어 내다 □ 突(つ)っ張(ぱ)る 버티다, 떠받치다

□ 勤(つと)まる 근무할 수 있다, 감당해 내다 □ 努(つと)める 힘쓰다, 노력하다 □ つねる 꼬집다

□ つぶる (눈을) 감다
□ つまむ 집다, 집어 먹다
□ 積(つ)む 쌓다, 싣다

□ 摘(つ)む 뜯다, 따다
□ 詰(つ)めかける 몰려들다, 밀려들다
□ 連(つら)ねる ① 늘어놓다 ② 동반하다

□ 連(つら)なる ① 나란히 줄지어 있다 ② 참석하다
□ 手(て)掛(が)ける 손수 다루다

□ 出(で)くわす (우연히) 만나다
□ 徹(てっ)する 철저하다, 투철하다
□ 出(で)直(なお)す 다시 하다

□ 転(てん)じる・転(てん)ずる 전환하다
□ 投(とう)じる・投(とう)ずる ① 편승하다 ② 참여하다 ③ 항복하다 ④ 던지다

□ 動(どう)じる・動(どう)ずる 동요하다
□ 同(どう)じる・同(どう)ずる 동의하다
□ 尊(とうと)ぶ・貴(とうと)ぶ 숭상하다, 존경하다

□ 遠(とお)ざかる 멀어지다
□ 遠(とお)ざける 멀리하다
□ とがめる 책망하다

□ 説(と)く 설득하다
□ 途(と)切(ぎ)れる 중단되다, 도중에 끊어지다
□ とじる 철하다

□ 途(と)絶(だ)える 두절되다, 끊어지다
□ 整(ととの)う・調(ととの)う ① 구비되다, 갖추어지다 ② 성립되다, 마련되다

□ 整(ととの)える・調(ととの)える ① 조정하다, 조절하다 ② 갖추다, 준비하다
□ 届(とど)ける ① 보내어 주다 ② 신고하다

□ とどめる ① 멈추다, 세우다 ② 말리다 ③ 그치다, 한정시키다
□ 唱(とな)える 외치다, 주장하다, 제기하다

□ どなりこむ 격한 소리로 항의하다, 큰 소리로 따지다
□ どなりつける 호통치다

□ 跳(と)び上(あ)がる 뛰어오르다, (놀람・기쁨으로) 펄쩍 뛰다
□ 飛(と)び歩(ある)く 뛰어다니다

□ 飛(と)び交(か)う 어지럽게 날다
□ 飛(と)び掛(か)かる 대들다, 덤벼들다
□ 飛(と)び越(こ)す 뛰어넘다, 앞지르다

□ 飛(と)び散(ち)る 사방에 흩날리다, 비상하다
□ 飛(と)び抜(ぬ)ける 크게 차이나다, 뛰어나다
□ 飛(と)び離(はな)れる 큰 차이가 나다

□ とぼける 얼빠지다, 시치미를 떼다
□ 止(と)まる 멈추다, 그치다
□ 富(と)む 재산이 많다, ~이 풍부하다

□ 取(と)り合(あ)わせる (적절히) 배합하다
□ 取(と)り入(い)る 환심사다, 아첨하다
□ 取(と)り押(お)さえる 억누르다, 붙잡다

□ 取(と)り崩(くず)す 헐다, 무너뜨리다
□ 取(と)り越(こ)す 앞당겨서 하다, 앞당기다
□ 取(と)り下(さ)げる 취하하다, 철회하다

□ 取(と)り仕(し)切(き)る 혼자 도맡아 하다
□ 取(と)り締(し)まる 다잡다, 단속하다
□ 取(と)り調(しら)べる 조사하다, 문초하다

□ 取(と)り揃(そろ)える 골고루 갖추다, 한데 모으다
□ 取(と)り立(た)てる ① 징수하다 ② 발탁하다

□ 取(と)り付(つ)く ① 매달리다 ② 착수하다
□ 取(と)り付(つ)ける 달다, 장치하다
□ 取(と)りとめる ① 멈추다 ② 명확히 하다

□ 取(と)り成(な)す 잘 꾸리다, 수습하다
□ 取(と)り除(のぞ)く 제거하다
□ 取(と)り外(はず)す 떼다, 빼다, 해체하다

□ 取(と)り巻(ま)く 둘러싸다, 에워싸다
□ 取(と)り混(ま)ぜる 한데 섞다, 뒤섞다
□ 取(と)り持(も)つ ① 손에 쥐다 ② 주선하다

□ 取(と)り寄(よ)せる (주문해서) 가져오게 하다(시키다)
□ とろける 녹다

な

☐ 萎(な)える 힘이 풀리다, 쇠약해지다
☐ なじる 힐책하다, 따지다
☐ なぞる (글씨·그림 위에) 덧쓰다, 본뜨다

☐ なめる ① 핥다 ② (쓰라림을) 겪다 ③ 깔보다
☐ 慣(な)らす 길들이다

☐ 似通(にかよ)う 서로 잘 닮다, 서로 비슷하다
☐ 似(に)る 닮다
☐ 抜(ぬ)かす 빠뜨리다

☐ ねじれる 비뚤어지다, 꼬이다
☐ ねたむ 시기하다, 질투하다
☐ ねだる 조르다, 졸라대다

☐ 粘(ねば)る ① 잘 달라붙다 ②끈덕지게 버티다
☐ 粘(ねば)り着(つ)く 끈적끈적 달라붙다
☐ 狙(ねら)う 노리다

☐ 練(ね)る ① 반죽하다 ② (계획·문장 등) 다듬다, 짜다
☐ 逃(のが)す 놓치다

☐ のっとる(則る) 따르다, 본받다
☐ 乗(の)っ取(と)る ① 빼앗다 ② 납치하다
☐ ののしる 욕을 퍼붓다, 매도하다

☐ 飲(の)み込(こ)む ① 삼키다 ② 이해하다, 납득하다 ③ 수용하다
☐ 載(の)る (신문, 잡지에) 실리다

は

☐ 計(はか)らう 상의하다, 봐주다
☐ 図(はか)る 꾀하다, 도모하다
☐ 謀(はか)る 꾀하다, 꾸미다

☐ 諮(はか)る 의견을 묻다, 상의하다
☐ はぐ ① (껍질 등을) 벗기다 ② 박탈하다
☐ 育(はぐく)む 기르다, 새끼를 품어 기르다

☐ 博(はく)す・博(はく)する ① (명성 등을) 떨치다 ② (이익을) 독차지하다
☐ はげる (칠 등이) 벗겨지다

☐ はげる (머리가) 벗어지다
☐ ばける 둔갑하다, 가장하다
☐ はじく 튀기다, 튕겨 내다

☐ 恥(は)じらう 부끄러워하다, 수줍어하다
☐ 恥(は)じる 부끄러워하다

☐ 走(はし)り抜(ぬ)ける ① 빠져나가다 ② 끝까지 뛰다
☐ はたく 치다, 때리다

☐ 発(はっ)する ① 발하다, 출발하다 ② 시작하다
☐ 果(は)てる 끝나다

☐ 跳(は)ね上(あ)がる 뛰어오르다, 날뛰다
☐ 跳(は)ね返(かえ)る 튀어서 되돌아오다
☐ はねつける 무정하게 거절하다

☐ はねる 받아서 나가떨어지게 하다
☐ はばかる 꺼리다, 삼가다, 주저하다
☐ はまる 꼭 맞다, 채워지다

☐ 晴(は)らす (불쾌감·의심 등) 해소시키다
☐ ばらす 분해하다, 해체하다
☐ ばらまく 흩뿌리다

☐ 張(は)り裂(さ)ける (가슴이) 미어 터지다
☐ 張(は)り出(だ)す・貼(は)り出(だ)す 게시하다, 내어 붙이다

☐ はれる 붓다
☐ ばれる 탄로나다, 발각되다, 들키다
☐ 秀(ひい)でる 뛰어나다

☐ 控(ひか)える ① 삼가다 ② 앞두다
☐ 引(ひ)き上(あ)げる 끌어올리다
☐ 率(ひき)いる 거느리다, 인솔하다

☐ 引(ひ)き起(お)こす 일으키다
☐ 引(ひ)き落(お)とす ① 자동이체하다 ② 감산하다

□ 引き下げる 내리다, 인하하다
□ 引きずる 질질 끌다
□ ひしめく 북적거리다
□ 引き取る ① 물러나다 ② 숨을 거두다 ③ 떠맡다
□ ひずむ 일그러지다, 비뚤어지다
□ ひそむ 숨다
□ ひそめる 찌푸리다, 찡그리다
□ 浸す 담그다
□ 引っ掻く 할퀴다
□ 冷やかす ① 놀리다 ② (살 생각도 없이) 물건을 보거나 값만 물어 보다
□ ひらめく (생각이) 번쩍 떠오르다
□ 広まる 넓어지다, 번지다, 퍼지다
□ 深める 깊게 하다
□ 膨れる 부풀다
□ ふける 열중하다
□ 老ける 늙다
□ 踏まえる 입각하다
□ 踏み込む 발을 들여 놓다
□ 震わせる 떨다, 떨게 하다
□ 隔たる (거리가) 떨어지다, 멀어지다
□ 報じる・報ずる ① 보답하다 ② 보도하다
□ 葬る 매장하다
□ 放り込む (아무렇게나) 넣다
□ ぼける 둔해지다, 흐려지다
□ 誇る 자랑하다
□ ほころびる 터지다, 풀리다
□ ぼやく 투덜거리다
□ ぼやける 희미해지다
□ 滅ぼす 멸망시키다

ま

□ 舞う 춤추다, 흩날리다
□ 負かす 지게 하다, 이기다
□ 任す 맡기다
□ 紛れる ① 헷갈리다, (비슷해서) 분간 못하다 ② 틈타다
□ まく 뿌리다
□ まごつく 당황하다, 망설이다
□ 勝る 낫다, 뛰어나다
□ 交わる ① 교차하다 ② 뒤섞이다
□ またがる 걸치다, 올라타다
□ 待ち望む 기다리고 기다리다
□ まつわる 달라붙다, 얽히다
□ まとう 감다, (몸에) 걸치다, 입다
□ 惑う 갈팡거리다, 망설이다
□ 惑わす 혼란시키다, 유혹하다
□ 免れる 모면하다, 벗어나다(まぬがれる로도 읽음)
□ 見合わせる 보류하다, 미루다
□ 見入る 열심히 보다
□ 見落とす 간과하다, 빠뜨리다
□ 磨く 닦다, 연마하다
□ 見せ付ける 과시하다
□ 見せびらかす 과시하다
□ 乱す 어지럽히다, 흩트리다
□ 見とれる 넋을 잃고 보다
□ みなす 간주하다
□ 見習う 본받다, 견습하다
□ 見抜く 간파하다, 꿰뚫어보다
□ 見逃す 놓치다, 못 보다
□ 見計らう 가늠보다, 적당히 고르다
□ 見守る 지켜보다
□ 診る 진찰하다
□ 見渡す 멀리 바라다보다, 전망하다
□ 報いる 보답하다, 갚다
□ 貪る 탐하다
□ むしる 쥐어뜯다, 잡아뽑다, 떼어 내다

- □ 結(むす)び付(つ)く 결부되다, 이어지다
- □ 結(むす)び付(つ)ける 결합시키다
- □ 群(むら)がる 군집하다
- □ めくる 넘기다, 젖히다
- □ 召(め)す '먹다·마시다·입다' 등의 높임말
- □ 免(めん)じる・免(めん)ずる 면제하다
- □ 申(もう)し入(い)れる 제의하다, 제기하다
- □ 申(もう)し出(で)る 자청하다, 신청하다
- □ 燃(も)える 타다
- □ もがく 발버둥치다
- □ もたらす 가져오다, 초래하다
- □ もてあます 힘에 겨워하다, 주체 못하다
- □ 戻(もど)す 되돌리다
- □ 基(もと)づく 기초를 두다, 의거하다
- □ もめる 분규가 일어나다, 옥신각신하다
- □ 漏(も)らす 새게 하다, 누설하다
- □ 漏(も)る (물 등이) 새다
- □ 漏(も)れる 새다, 누설되다

や

- □ 安(やす)らぐ (마음이) 편안해지다
- □ 破(やぶ)る 깨다, 어기다
- □ 病(や)む 병들다, 앓다
- □ 辞(や)める 그만두다, 사직하다
- □ やり遂(と)げる 완수하다, 끝까지 해내다
- □ やり通(とお)す 끝까지 하다
- □ 和(やわ)らぐ 누그러지다, (마음이) 풀리다
- □ 和(やわ)らげる 완화시키다
- □ 有(ゆう)する 가지다, 소유하다
- □ ゆがむ 비뚤어지다, 일그러지다
- □ ゆすぐ 헹구다, (입을) 가시다
- □ 揺(ゆ)する 흔들다
- □ 委(ゆだ)ねる 맡기다, 위임하다
- □ 揺(ゆ)る 흔들다
- □ 緩(ゆる)む 헐렁해지다, 누그러지다
- □ 緩(ゆる)める 늦추다, 완화하다
- □ 結(ゆ)わえる 매다, 묶다
- □ 要(よう)する 요하다, 필요로 하다
- □ よける 피하다, 옆으로 비키다
- □ 寄(よ)せる ① 밀려오다 ② 바싹 대다
- □ 装(よそお)う ① 치장하다 ② 가장하다
- □ よみがえる 되살아나다
- □ 寄(よ)り掛(か)かる 기대다, 의존하다

3 출제 예상 い형용사

あ

- □ あくどい 악랄하다, 악착같다
- □ あっけない 어이없다, 싱겁다
- □ あどけない 천진난만하다
- □ 怪(あや)しい 수상하다, 괴상하다
- □ 荒(あら)っぽい 거칠다, 난폭하다
- □ いじらしい 애처롭다, 안쓰럽다
- □ 意地悪(いじわる)い 심술궂다, 짓궂다
- □ いたわしい 가엾다, 애처롭다
- □ 著(いちじる)しい 현저하다
- □ 卑(いや)しい 천하다, 치사하다
- □ 疎(うと)い (사이가) 멀다, 소원하다
- □ うるさい ① 시끄럽다 ② 까다롭다
- □ 奥床(おくゆか)しい 은근하다, 그윽하다
- □ おびただしい (수·양이) 엄청나다
- □ 重々(おもおも)しい 엄숙하고 무게가 있다

か

- □ かいがいしい 바지런하다
- □ 限(かぎ)りない 무한하다, 한없다
- □ かなわない 견딜 수 없다
- □ ぎこちない 딱딱하다, 어색하다
- □ 厳(きび)しい 엄격하다
- □ 決(き)まり悪(わる)い 쑥스럽다, 창피하다
- □ 極(きわ)まりない 한이 없다
- □ くすぐったい 간지럽다, 낯간지럽다
- □ けがらわしい 더럽다, 추잡스럽다
- □ けばけばしい 요란하다, 현란하다
- □ 心細(こころぼそ)い 불안하다
- □ 快(こころよ)い 기분이 좋다
- □ 好(この)ましい 마음에 들다, 호감이 가다

さ・た

- □ 渋(しぶ)い 떫다
- □ すがすがしい 상쾌하다
- □ せこい 교활하다, 믿을 수 없다
- □ せつない 애달프다
- □ そっけない 무정하다, 쌀쌀맞다
- □ 耐(た)えがたい 견딜 수 없다
- □ たくましい 늠름하다
- □ たどたどしい 더듬거리다, 비틀거리다
- □ たゆみない 게으름 피우지 않다, 한결같다
- □ 手厚(てあつ)い 극진하다, 융숭하다
- □ 手荒(てあら)い 난폭하다, 거칠다
- □ 手厳(てきび)しい 매우 엄하다
- □ 手(て)ぬるい 미온적이다
- □ 尊(とうと)い・貴(とうと)い 소중하다, 귀중하다
- □ 乏(とぼ)しい 부족하다, 가난하다

な・は

- □ 情(なさ)けない 한심하다
- □ 情(なさ)け深(ぶか)い 인정이 많다
- □ 何気(なにげ)ない 아무렇지도 않다
- □ 生臭(なまぐさ)い 비린내가 나다
- □ 悩(なや)ましい 괴롭다, 고통스럽다
- □ 粘(ねば)り強(づよ)い 끈기 있다
- □ はかない 덧없다, 무상하다
- □ 甚(はなは)だしい 심하다, 대단하다
- □ ふさわしい 어울리다

ま～わ

- □ 待(ま)ち遠(どお)しい 몹시 기다려지다
- □ 真(ま)ん丸(まる)い 아주 둥글다
- □ みすぼらしい 초라하다
- □ 蒸(む)し暑(あつ)い 무덥다
- □ むつまじい 사이가 좋다, 정답다
- □ 空(むな)しい 공허하다, 허무하다
- □ 目(め)まぐるしい 어지럽다
- □ 物々(ものもの)しい 어마어마하다
- □ もろい 약하다, 여리다
- □ 余儀(よぎ)ない 어쩔(하는) 수 없다
- □ 欲深(よくぶか)い 욕심이 많다
- □ よそよそしい 서먹서먹하다
- □ わずらわしい 귀찮다, 성가시다

4 출제 예상 な형용사

あ

□ 哀切(あいせつ) 애절함
□ 浅はか(あさ) 생각이 얕음, 어리석음
□ 鮮やか(あざ) 또렷함, 선명함
□ 艶やか(あで) 아리따움, 요염함
□ あやふや 불확실함, 모호함
□ 新た(あら) 새로움
□ 安穏(あんのん) 안온함
□ いい加減(かげん) 무책임함, 엉터리
□ 意外(いがい) 의외임
□ 粋(いき) 멋짐, 세련됨
□ 嫌味(いやみ) 불쾌함, 아니꼬움
□ 陰気(いんき) 음울함, 음침함
□ 淫乱(いんらん) 음란함
□ 鋭利(えいり) 예리함
□ 円滑(えんかつ) 원활함
□ 婉曲(えんきょく) 완곡함
□ 円満(えんまん) 원만함
□ 旺盛(おうせい) 왕성함
□ おおまか 대범함, 대충
□ 臆病(おくびょう) 겁이 많음
□ 厳か(おごそ) 엄숙함
□ 穏やか(おだ) 온화함
□ 穏和(おんわ) 온화함

か

□ 果敢(かかん) 과감함
□ 確実(かくじつ) 확실함
□ 過激(かげき) 과격함
□ 苛酷(かこく) 가혹함
□ 過酷(かこく) 지나치게 가혹함
□ 過敏(かびん) 과민함
□ 過密(かみつ) 과밀(함), 빽빽함
□ 華麗(かれい) 화려함
□ 簡潔(かんけつ) 간결함
□ 肝心(かんじん) 긴요함, 중요함
□ 寛大(かんだい) 관대함
□ 気軽(きがる) 소탈함, 선선함
□ 気さく(き) 싹싹함
□ きちょうめん 규칙적이며 꼼꼼함
□ 希薄(きはく) 희박함
□ きゃしゃ 가냘픔
□ 窮屈(きゅうくつ) 거북함, 답답함, 비좁음
□ 強固(きょうこ) 공고함, 강경함
□ 狭小(きょうしょう) 협소함, 비좁음
□ 強大(きょうだい) 강대함, 강력함
□ 強烈(きょうれつ) 강렬함
□ 清らか(きよ) 맑음, 깨끗함
□ きらびやか 눈부시게 화려함
□ 軽易(けいい) 간단함, 손쉬움
□ 軽快(けいかい) 경쾌함
□ 軽率(けいそつ) 경솔함
□ 軽薄(けいはく) 경박함
□ 厳重(げんじゅう) 엄중함
□ 厳粛(げんしゅく) 엄숙함
□ 賢明(けんめい) 현명함
□ 豪華(ごうか) 호화로움
□ 高潔(こうけつ) 고결함
□ 高尚(こうしょう) 고상함

□ 高慢(こうまん) 거만함, 건방짐
□ 傲慢(ごうまん) 오만함, 거만함
□ 酷烈(こくれつ) 혹렬함, 혹독하고 심함
□ 滑(こっ)けい 우스움, 우스꽝스러움
□ こまやか 자상함, 세밀함

さ

□ 残酷(ざんこく) 잔혹함, 참혹함
□ 散漫(さんまん) 산만함
□ したたか 여간 아님, 만만치 않음
□ 失敬(しっけい) 버릇없음, 무례함, 실례
□ 質素(しっそ) 검소함
□ 淑(しと)やか 정숙함, 우아함
□ 充実(じゅうじつ) 충실함
□ 従順(じゅうじゅん) 온순함, 다소곳함
□ 周到(しゅうとう) 주도, 빈틈없음
□ 柔軟(じゅうなん) 유연함
□ 深厚(しんこう) 깊고 두터움
□ 迅速(じんそく) 신속함
□ 親密(しんみつ) 친밀함, 친함
□ 粋(すい) 풍류를 즐김
□ 健(すこ)やか 튼튼함, 건강함
□ 素直(すなお) 순진함, 솔직함
□ 速(すみ)やか 빠름, 신속함, 조속함
□ 精巧(せいこう) 정교함
□ 誠実(せいじつ) 성실함
□ 静粛(せいしゅく) 정숙함
□ 成熟(せいじゅく) 성숙함
□ 清純(せいじゅん) 청순함
□ 鮮烈(せんれつ) 선명하고 강함
□ 疎遠(そえん) 소원함
□ 早急(そうきゅう) 조급, (매우) 급함(さっきゅう로도 읽음)
□ 素朴(そぼく) 소박함
□ ぞんざい 일을 소홀히 함, 겉날림

た・な

□ 大胆(だいたん) 대담함
□ 堪能(たんのう) (그 길에) 뛰어남
□ 淡泊(たんぱく) 담백함, 산뜻함
□ 稚拙(ちせつ) 치졸함, 서투름
□ 緻密(ちみつ) 치밀함
□ 著名(ちょめい) 저명함
□ 陳腐(ちんぷ) 진부함
□ 痛快(つうかい) 통쾌함
□ 痛切(つうせつ) 통절함, 절실함
□ つぶら 동그랗고 귀여움
□ 強気(つよき) (성미가) 강함, 강경함
□ 強腰(つよごし) 태도가 강경함, 고자세
□ 丁重(ていちょう) 정중함, 극진함
□ 丁寧(ていねい) ① 친절함, 공손함 ② 꼼꼼함
□ 手近(てぢか) 가까이 있음
□ 徹底(てってい) 철저함
□ 唐突(とうとつ) 당돌함
□ 特異(とくい) 특이함
□ 突飛(とっぴ) 엉뚱함, 별남
□ 鈍感(どんかん) 둔감함
□ 和(なご)やか 부드러움, 온화함
□ 苦手(にがて) 잘 못함, 서투름
□ 柔和(にゅうわ) 온유함, 온화함
□ 懇(ねんご)ろ 친절하고 공손함
□ 濃厚(のうこう) 농후함
□ 濃密(のうみつ) 농밀함, 진함
□ のどか ① 한가로움 ② 날씨가 화창함

は

□ 博識(はくしき) 박식함	□ 抜本的(ばっぽんてき) 발본적	□ 華(はな)やか 화려함
□ はるか (거리가) 아득함	□ 繁雑(はんざつ) 번잡함, 일이 많고 복잡함	□ 半端(はんぱ) 불완전함, 어중간함
□ ひそか 은밀함	□ 微妙(びみょう) 미묘함	□ 不穏(ふおん) 불온함
□ 不確(ふたし)か 불확실함, 애매함	□ 不調(ふちょう) 상태가 나쁨, 부진함	□ 不当(ふとう) 부당함, 정당하지 않음
□ 無難(ぶなん) 무난함	□ 豊富(ほうふ) 풍부함	□ 凡庸(ぼんよう) 범용, 평범함

ま～ら

□ まどか 원만함, 평온함	□ まとも 착실함	□ 未熟(みじゅく) 미숙함
□ 淫(みだ)ら 음란함, 난잡함	□ 身近(みぢか) ① 자기 몸에 가까운 곳, 신변 ② 긴밀함	
□ 無邪気(むじゃき) 천진함, 순진함, 악의 없음	□ 無尽蔵(むじんぞう) 무진장, 무궁무진	□ 無茶(むちゃ) 터무니 없음, 당치 않음
□ むちゃくちゃ 엉망진창, 터무니 없음	□ 夢中(むちゅう) 열중함, 몰두함	□ 無能(むのう) 무능함
□ 明朗(めいろう) 명랑함	□ 猛烈(もうれつ) 맹렬함	□ 憂鬱(ゆううつ) 우울함
□ 有益(ゆうえき) 유익함	□ 勇敢(ゆうかん) 용감함	□ 雄大(ゆうだい) 웅대함
□ 有望(ゆうぼう) 유망함	□ 緩(ゆる)やか 완만함, 느릿함, 느슨함	□ 容易(ようい) 용이함
□ 妖艶(ようえん) 요염함	□ 律儀(りちぎ)・律義(りちぎ) 의리가 두터움, 성실하고 정직함	
□ 理不尽(りふじん) 불합리함, 무리함	□ 冷厳(れいげん) 냉엄함	□ 冷酷(れいこく) 냉혹함
□ 零細(れいさい) 영세함	□ 冷淡(れいたん) 냉담함	□ 歴然(れきぜん) 분명함, 또렷함
□ 老練(ろうれん) 노련함	□ ろく 변변함, 제대로임	

5 출제 예상 부사

あ

□ あっさり 담박하게, 산뜻하게, 시원스럽게	□ あながち ① 반드시 ② 억지로
□ あまりにも 너무나도, 지나치게	□ あらかじめ 미리

- □ あらわに 노골적으로, 공공연히
- □ ありのままに 있는 그대로, 사실대로
- □ 案外(あんがい) 의외로
- □ いかにも 정말, 매우
- □ いざ 자, 막상, 남을 권유할 때
- □ 依然(いぜん)として 여전히
- □ 一概(いちがい)に 일률적으로, 무조건
- □ いちいち 일일이, 하나하나
- □ 一応(いちおう) 우선, 일단
- □ 一面(いちめん) ① 일면 ② 온통
- □ いつかしら 어느 결에, 모르는 사이에, 언젠가는
- □ 一見(いっけん) 언뜻 보기에
- □ いっそ 차라리
- □ いったん ① 일단 ② 잠시, 잠깐
- □ 未(いま)だ 아직
- □ 未(いま)だに 아직껏, 아직까지도, 현재까지도
- □ 今(いま)や 지금이야말로, 바야흐로, 지금은
- □ 嫌々(いやいや) 싫으나 할 수 없이, 마지못해서
- □ いやに ① 대단히, 몹시 ② 묘하게, 이상하게
- □ うっかり 깜빡
- □ うっとり 넋을 잃고
- □ えてして 자칫하면, 까딱하면
- □ おおかた 거의, 대강
- □ おどおど 쭈뼛쭈뼛
- □ おろおろ 허둥거림(어찌할 바를 몰라 당황하는 모양)

か

- □ がっくり(と) 푹, 덜컥, 맥없이
- □ がっしり (체격이나 짜임새가) 실팍한, 딱 벌어진, 야무지게
- □ がっちり 단단히, 꽉, 야무진, 빈틈없이
- □ かねて 미리, 전부터
- □ 兼(か)ねて 겸하여, 또
- □ かろうじて 겨우, 간신히
- □ きちっと・きちんと 깔끔히, 규칙적으로
- □ きっかり 꼭, 딱(꼭 들어맞아서 우수리가 없는 모양)
- □ ぎっしり 가득, 잔뜩
- □ きっちり 꼭 맞는 모양
- □ きっぱり(と) 단호히, 딱 잘라
- □ 急遽(きゅうきょ) 갑작스럽게
- □ くそみそに 호되게, 마구
- □ 口酸(くちす)っぱく 입이 닳도록
- □ くっきり 뚜렷하게, 선명하게
- □ ぐっすり 푹(깊은 잠을 자는 모양)
- □ ぐっと 꿀꺽, 홱, 힘껏, 훨씬
- □ くまなく 구석구석까지, 샅샅이, 빠짐없이
- □ くれぐれも 부디, 아무쪼록
- □ くよくよ 끙끙(사소한 일을 걱정하여 고민하는 모양)

□ げっそり 홀쭉(갑자기 여위는 모양)

□ ごっそり 모두, 몽땅

□ ごぼごぼ 콸콸

□ こうこうと 휘황찬란하게(번쩍번쩍 빛나는 모양)

□ 殊(こと)に 각별히, 특히

さ

□ さしたる 이렇다 할, 별반의

□ さっぱり(と) 산뜻한 모양, (맛 등) 담백함, 남김없이

□ さも 자못, 아주, 정말로

□ さらさら 졸졸, 보슬보슬, 사각사각

□ しなしな (몸매 등이) 나긋나긋, 하늘하늘

□ じめじめ 축축, 질퍽질퍽

□ 瞬時(しゅんじ) 순식간, 잠시

□ じりじりする 바작바작 속을 태우다

□ しんなり 나긋나긋

□ ずばりと ① (칼로) 썩둑 ② 정확히, 딱 (잘라)

□ すらりと・すらっと 술술, 쑥(막힘이 없는 모양)

□ すんなり ① 매끈함 ② (일이) 척척, 순조롭게

□ せいぜい 기껏, 겨우, 고작

□ 漸次(ぜんじ) 점차, 차차, 점점

□ さだめし 틀림없이, 아마

□ さまで 그렇게(까지) 〈부정 수반〉

□ さらさら 결코, 조금도

□ 散々(さんざん) 몹시, 실컷, 단단히, 호되게

□ 暫(しばら)く ① 잠깐 ② 당분간

□ 主(しゅ)として 주로(=主(おも)に)

□ じりじりと 쨍쨍(태양 따위가 내리쬐는 모양)

□ じわじわ 서서히, 조금씩

□ 少(すく)なからず 적지않이, 많이

□ ずらっと 죽, 여럿이 늘어선 모양

□ ずるずる 질질(질질 끌거나 끌리는 모양)

□ 精一杯(せいいっぱい) ① 힘껏, 최대한으로 ② 고작

□ ぜひとも 꼭, 무슨 일이 있어도

□ そわそわ 마음이 불안정함, 불안한 표정임

た

□ 互(たが)いに 서로, 다 함께

□ だらだら 질질, 완만하게, 지루하게

□ ちょくちょく 이따금, 가끔

□ ちらっと・ちらりと 흘끗, 언뜻

□ つくづく 정말, 아주, 절실히

□ だぶだぶ 헐렁헐렁

□ ちやほや 얼러주는 모양

□ ちょっぴり 조금, 약간

□ 遂(つい)に 드디어, 마침내, 결국

□ つと・つっと 척, 쑥, 불쑥, 우뚝, 쭉

□ 努めて(つと) 가능한 한, 될 수 있는 대로, 애써

□ 手軽に(てがる) 간편하게, 손쉽게

□ てきぱきと 척척(일을 척척 잘 해내는 모양)

□ てっきり 틀림없이, 영락없이

□ とうてい 도저히

□ 堂々と(どうどう) 당당히, 버젓이

□ どうにか 그럭저럭, 겨우

□ どうやら 아무래도, 아마, 그럭저럭

□ どうりで 그 때문에, 어쩐지, 과연

□ とかく 이것저것, 어쨌든

□ 時折(ときおり) 때때로, 이따금

□ どことなく 어딘지 (모르게)

□ どたばた 우당탕, 요란스럽게

□ とりあえず 부랴부랴, 즉각, 우선

□ 取り急ぎ(と いそ) 급히

□ とりたてて 각별히

□ とりわけ 특히, 그 중에서도

□ とろとろ 눅진눅진, 끈적끈적

□ どろどろ 질척질척, 흐물흐물

□ どんより(と) 날씨가 잔뜩 흐린 모양

な・は

□ 尚更(なおさら) 더더욱, 더한층

□ 長々(ながなが) 오랫동안, 길게, 장황하게

□ なるたけ 되도록, 될 수 있는 대로

□ なんだかんだ 이것저것, 이러니저러니

□ なんと 얼마나, 대단히, 참

□ なんという ① 어쩌면 ② 이렇다 할

□ なんなりと 무엇이든(지), 무엇이건

□ ねちねち 끈적끈적, 치근치근

□ のきなみ 일제히, 다 함께

□ はっと 문득, 언뜻

□ はらはら 조마조마

□ はるかに 훨씬, 매우

□ はるばる 멀리

□ ひいては (한층 더) 나아가서는

□ ひそひそ 소곤소곤

□ ひたすら 오로지, 오직, 한결같이

□ ひょっと 뜻밖에, 불쑥

□ ぴんぴん 펄떡펄떡, 팔팔

□ ひんやり 썰렁, 선뜩(찬 기운을 느끼는 모양)

□ ふいに 갑자기, 느닷없이

□ 再び(ふたた) 다시, 재차

□ ふらふらと 비틀거리며

□ べとべと 끈적끈적

□ ぼうぜんと 멍하니

ま～わ

- □ まして 하물며, 더구나
- □ まるっきり 도무지, 전혀
- □ 丸々(まるまる) 전부, 완전히
- □ まんざら 반드시 (~한 것만은 아니다)
- □ 漫然(まんぜん)と 산만하게, 멍하게
- □ 自(みずか)ら 스스로
- □ みすみす 빤히, 보고도, 눈뜨고
- □ みるみるうちに 순식간에, 삽시간에
- □ むげに 함부로, 딱 잘라
- □ 無性(むしょう)に 몹시, 공연히, 까닭없이
- □ めきめき 눈에 띄게, 두드러지게, 무럭무럭
- □ めそめそ 훌쩍훌쩍
- □ もはや 이제는, 벌써
- □ もろもろ 여러 가지, 가지가지
- □ やけに 몹시, 지독히, 매우
- □ やんわりと 부드럽게, 온화하게, 살며시
- □ ゆるゆる 천천히, 느릿느릿
- □ よくも 잘도, (반어적으로) 어쩌면
- □ よほど 훨씬, 상당히
- □ よもや 설마
- □ ろくに 변변히, 제대로
- □ わざわざ 일부러
- □ わりに 비교적, 생각한 것보다는

6 출제 예상 외래어

あ

- □ アクセル 액셀, 가속 장치
- □ アピール 어필, 호소, 공감, 항의
- □ アンコール 앙코르, 재청
- □ インターチェンジ 인터체인지
- □ インターン 인턴, 실습생
- □ インテリ 인텔리, 지식인
- □ インテリア 인테리어, 실내 장식
- □ インフルエンザ 독감
- □ インフレ 인플레이션
- □ ウエット 정에 무름
- □ ウェブ 웹
- □ エース 에이스, 제1인자
- □ エピローグ 에필로그
- □ エレガント 우아함
- □ エントリー 엔트리, 참가 신청
- □ オプション 옵션
- □ オリエンテーション 오리엔테이션

か

□ ガード (도로·선로 위의) 철교, 육교	□ ガードレール 가드레일	□ カーペット 카펫, 융단
□ カウンター 카운터, 계산대	□ カウント 카운트, 셈, 계산	□ カテゴリー 카테고리, 범주
□ カルテ 카르테, 진료 기록 카드	□ ガレージ 차고	□ キープ 자기 수중에 가짐, 확보함
□ ギブアップ 기브 업, 단념함	□ キャスター 캐스터, 해설자	□ キャスト 캐스트, 배역
□ キャッチ 캐치	□ キャップ 캡, 뚜껑	□ キャラクター 캐릭터, 성격, 성질
□ キャリア 커리어, 경력	□ クリア 장애물을 뛰어넘음, 난관을 헤쳐나감	
□ クレーム 클레임, 불평, 불만	□ クローズアップ 클로즈업	□ グローバル 글로벌, 세계적임
□ コーディネーター 코디네이터	□ コネクション・コネ 연고, 연줄	
□ コマーシャル 커머셜, 방송 광고	□ コミュニケーション 커뮤니케이션	

さ

□ サイクル 사이클	□ サポーター 서포터, 후원자, 지지자	□ シート 시트
□ シェア 셰어, 시장 점유율	□ シック 멋짐, 세련됨	□ ジャズ 재즈
□ シャトル 셔틀, 정기 왕복편	□ ジャンプ 점프, 뜀, 도약	□ ジャンボ 점보, 거대함
□ スクラップ 스크랩, 고철	□ スタイル 스타일	□ スタジオ 스튜디오, 촬영실
□ ステーション 역, 정거장	□ ステータス 사회적 지위, 신분	□ ストライキ・スト 동맹 파업
□ ストロー 스트로우, 빨대	□ ストロボ 스트로보, 섬광 장치	□ スポンサー 스폰서, 광고주, 후원자
□ スリル 스릴	□ スローガン 슬로건	□ ソックス 양말

た・な

□ ダース 다스(12개로 한 조)	□ タイムリー 시의적절함	□ タッチ 터치, 감촉
□ タレント 탤런트, 재능이 있는 사람	□ チャイム 차임(벨)	□ チャージ 차지, 충전
□ チャンネル 채널	□ ティッシュ(ペーパー) 화장지	□ データベース 데이터베이스
□ デザイン 디자인	□ デッサン 데생, 소묘	□ テナント 테넌트, 세입자

□ デビュー 데뷔
□ デフレ 디플레이션
□ ドライ 드라이, 매몰참
□ トリック 트릭, 책략, 속임수
□ ドリル 드릴, 반복 연습
□ ナンセンス 넌센스, 무의미함
□ ニュアンス 뉘앙스
□ ノイローゼ 노이로제

は・ま

□ バッジ 배지, 휘장
□ バッテリー 배터리
□ バット 배트
□ パトカー 패트롤카, 순찰차
□ パロディー 패러디
□ ファイル 파일, 서류철
□ フィルター 필터
□ フェリー 페리
□ フォーム 폼, 모양
□ ブザー 버저, 초인종
□ フラッシュ 플래시
□ ブランド 브랜드, 상표
□ ブロック 블록
□ プロローグ 프롤로그, 서막
□ フロント 정면, (호텔의) 접수계
□ ペア 페어, 한 쌍, 짝
□ ベース 베이스, 토대, 기초
□ ボイコット 보이콧, 불매 동맹
□ ポジション (직무상의) 지위, 수비 위치
□ マージン 마진, 이문
□ マスコミ 매스컴
□ マスメディア 매스 미디어
□ マッサージ 마사지
□ ムード 무드, 분위기
□ メディア 미디어, 매체
□ メロディー 멜로디, 선율

や・ら

□ ユニフォーム 유니폼, 제복
□ ユーモア 유머
□ ランク 랭크, 순위를 정함
□ リアリティー 리얼리티, 현실(성)
□ リストアップ 리스트 업, 열거
□ ルーズ 단정치 못함, 허술함
□ レッテル 상표지, 라벨
□ レギュラー 레귤러, 정규멤버
□ レバー 레버, 지렛대
□ レベル 레벨, 수준
□ レントゲン 뢴트겐, 엑스레이
□ ロケーション・ロケ 로케이션, 현지 촬영
□ ロック 자물쇠를 채움
□ ロマンチック 로맨틱, 낭만적
□ ワット 와트

7 출제 예상 파생어

접두어

□ 悪(あく)~ 악~	悪影響(あくえいきょう) 악영향	悪平等(あくびょうどう) 악평등, 잘못된 평등	
□ 来(きた)る~ 오는~	来(きた)る十日(とおか) 오는 10일		
□ 誤(ご)~ 오~	誤作動(ごさどう) 오작동	誤操作(ごそうさ) 오조작	誤動作(ごどうさ) 오동작
□ 去(さ)る~ 지난~	去(さ)る五日(いつか)の朝(あさ) 지난 닷샛날 아침		
□ 超(ちょう)~ 초~	超高速(ちょうこうそく) 초고속	超能力(ちょうのうりょく) 초능력	超満員(ちょうまんいん) 초만원
□ 当(とう)~ 당~	当(とう)ホテル 저희 호텔	当研究所(とうけんきゅうじょ) 당연구소	
□ 被(ひ)~ 피~	被保険者(ひほけんしゃ) 피보험자	被任命者(ひにんめいしゃ) 임명받은 사람	被選挙権(ひせんきょけん) 피선거권
□ 副(ふく)~ 부~	副作用(ふくさよう) 부작용	副社長(ふくしゃちょう) 부사장	
□ 猛(もう)~ 맹~	猛練習(もうれんしゅう) 맹연습	猛反対(もうはんたい) 맹반대	猛非難(もうひなん) 맹비난

접미어

□ ~額(がく) ~액	支出額(ししゅつがく) 지출액	生産額(せいさんがく) 생산액	評価額(ひょうかがく) 평가액
□ ~がらみ ~에 관련됨, ~가량	仕事(しごと)がらみ 일에 관련됨	汚職(おしょく)がらみ 비리에 관련됨	50がらみ 50(세) 가량
□ ~観(かん) ~관	価値観(かちかん) 가치관	人生観(じんせいかん) 인생관	歴史観(れきしかん) 역사관
□ ~ぐるみ ~까지 몽땅	家族(かぞく)ぐるみ 온 가족이 몽땅		
□ ~圏(けん) ~권	英語圏(えいごけん) 영어권	合格圏(ごうかくけん) 합격권	首都圏(しゅとけん) 수도권
□ ~源(げん) ~원	供給源(きょうきゅうげん) 공급원	収入源(しゅうにゅうげん) 수입원	情報源(じょうほうげん) 정보원
□ ~心地(ごこち) ~한 기분, ~했을 때의 기분	乗(の)り心地(ごこち) 승차감	住(す)み心地(ごこち) 거주했을 때의 기분	
□ ~先(さき) ~처	取引先(とりひきさき) 거래처	発送先(はっそうさき) 발송처	連絡先(れんらくさき) 연락처
□ ~陣(じん) ~진	講師陣(こうしじん) 강사진	経営陣(けいえいじん) 경영진	報道陣(ほうどうじん) 보도진

□ ～戦(せん) ～전	延長戦(えんちょうせん) 연장전	空中戦(くうちゅうせん) 공중전	決勝戦(けっしょうせん) 결승전
□ ～隊(たい) ～대	音楽隊(おんがくたい) 음악대	捜索隊(そうさくたい) 수색대	探検隊(たんけんたい) 탐험대
□ ～難(なん) ～난	経営難(けいえいなん) 경영난	資金難(しきんなん) 자금난	生活難(せいかつなん) 생활난
□ ～味(み) ～미	現実味(げんじつみ) 현실미	新鮮味(しんせんみ) 신선미	人間味(にんげんみ) 인간미
□ ～網(もう) ～망	情報網(じょうほうもう) 정보망	通信網(つうしんもう) 통신망	放送網(ほうそうもう) 방송망
□ ～欄(らん) ～란	家庭欄(かていらん) (신문·잡지의) 가정란	広告欄(こうこくらん) 광고란	国籍欄(こくせきらん) 국적란
□ ～率(りつ) ～률	進学率(しんがくりつ) 진학률	合格率(ごうかくりつ) 합격률	死亡率(しぼうりつ) 사망률
□ ～裏(り) ～리	盛況裏(せいきょうり) 성황리	成功裏(せいこうり) 성공리	秘密裏(ひみつり) 비밀리

복합어

□ ～こなす 잘 ~하다	着(き)こなす 맵시 있게 입다	使(つか)いこなす 잘 다루다	弾(ひ)きこなす 잘 연주하다
□ ～込(こ)む ~하다	思(おも)い込(こ)む 믿어버리다	飛(と)び込(こ)む 뛰어들다	割(わ)り込(こ)む 끼어들다
□ ～損(そこ)ねる ~놓치다	受(う)け損(そこ)ねる 받을 기회를 놓치다 乗(の)り損(そこ)ねる (탈것을) 놓치다	聞(き)き損(そこ)ねる 잘못 듣다, 못 듣다	
□ ～そびれる ~할 기회를 놓치다	行(い)きそびれる 갈 기회를 놓치다	言(い)いそびれる 말할 기회를 놓치다	

8 출제 예상 유의어

あ

□ あえて ① 감히, 굳이 ② 그다지, 별로	≒	しいて 굳이／別(べつ)に 별로, 딱히 無理(むり)に進(すす)んで 무리하게 자진해서
□ 証(あかし) 증거, 증명	≒	証拠(しょうこ) 증거
□ 暁(あかつき) 새벽, 새벽녘	≒	夜明(よあ)け 새벽녘
□ 商(あきな)い 장사	≒	商売(しょうばい) 장사

□ 諦(あきら)める 체념하다, 단념하다 ≒ 断念(だんねん)する 단념하다／諦念(ていねん)する 체념하다

□ 憧(あこが)れ 동경 ≒ 憧憬(どうけい) 동경(しょうけい로도 읽음)

□ あさましい 비열하다, 치사하다 ≒ 卑劣(ひれつ)だ 비열하다

□ 欺(あざむ)く 속이다 ≒ だます 속이다

□ アシスタント 어시스턴트, 조수, 보조역 ≒ 助手(じょしゅ) 조수

□ あたかも 마치, 흡사 ≒ まるで 마치

□ アタック 어택, 공격, 도전 ≒ 攻撃(こうげき) 공격／挑戦(ちょうせん) 도전

□ 頭打(あたまう)ちになる 한계점에 이르다 ≒ ピークに達(たっ)する 절정에 달하다

□ アチーブメント 어치브먼트, 학습 성과, 학습 성적 ≒ 達成(たっせい) 달성／成就(じょうじゅ) 성취／業績(ぎょうせき) 업적／功績(こうせき) 공적

□ あっけない 싱겁다, 어이없다 ≒ 意外(いがい)につまらない 의외로 재미없다

□ アドバイス 어드바이스, 충고, 조언 ≒ 助言(じょげん) 조언

□ あべこべ 뒤바뀜, 반대 ≒ さかさま・逆(ぎゃく)・裏腹(うらはら)・あちこち 거꾸로 됨

□ アマチュア 아마추어 ≒ 素人(しろうと) 비전문가, 아마추어

□ あまねく 널리, 골고루 ≒ 広(ひろ)く 널리

□ あやふや 불확실함, 애매함, 모호함 ≒ あいまい 애매함

□ あらまし 개요, 대강, 대충 ≒ 大筋(おおすじ)・おおよそ・おおむね 대개, 대략

□ ありありと 뚜렷이, 선명히, 역력히 ≒ はっきりと 확실히／歴然(れきぜん)と 분명하게

□ ありきたりの 평범한, 흔해빠진, 평범한 ≒ 平凡(へいぼん)な 평범한／ありふれた 흔해빠진

□ 合(あ)わせて・併(あわ)せて 합해서, 아울러, 함께 ≒ 一緒(いっしょ)に 함께

□ 安直(あんちょく) 손쉬움, 간편함 ≒ 手軽(てがる) 손쉬움／簡易(かんい) 간이

□ 案(あん)の定(じょう) 아니나다를까, 생각한 대로 ≒ やはり 역시／思(おも)ったとおり 생각한 대로

□ 言(い)い合(あ)い 말다툼, 언쟁 ≒ 口論(こうろん)・口(くち)げんか 언쟁

□ いいかげん 무책임함, 엉터리임 ≒ でたらめ 엉터리／ぞんざい 아무렇게나 함

□ いかに ① 어떻게 ② 아무리 ③ 얼마나 ≒ どのように 어떻게／どんなに 아무리／どれほど 얼마나

□ いきさつ 경위, (얽힌) 사정 ≒ 経緯(けいい) 경위

□ 憤る(いきどおる) 분개하다, 성내다, 노하다 ≒ いかる 분개하다

□ 息抜き(いきぬき) 잠시 쉼, 한숨 돌림 ≒ ひと休み(やすみ) 잠깐 쉼

□ 憩い(いこい) 푹 쉼, 휴식 ≒ 休息(きゅうそく) 휴식

□ いじくる 만지작거리다 ≒ いじる 만지다

□ いじける 위축되다, 주눅이 들다 ≒ すくむ 움츠러지다

□ 頂(いただき) (산 따위의) 꼭대기, 정상 ≒ 山頂(さんちょう) 산꼭대기／頂上(ちょうじょう) 정상

□ いたって (지)극히, 매우, 대단히 ≒ 非常に(ひじょうに) 매우

□ 一向に(いっこうに) 전혀 ≒ 少しも(すこしも) 조금도

□ 一切(いっさい) 일체, 모두 ≒ 全部(ぜんぶ) 전부

□ 一切(いっさい) 일절, 전혀, 전연 ≒ 全然(ぜんぜん)・まるで 전연, 전혀

□ いっそ 도리어, 차라리 ≒ むしろ 차라리／かえって 오히려

□ 偽り(いつわり) 거짓, 허위 ≒ うそ 거짓말

□ いつわりなく 거짓 없이 ≒ 正直(しょうじき) 사실, 솔직히

□ 偽る(いつわる) 거짓말하다, 속이다 ≒ ごまかす 속이다

□ 糸口(いとぐち) 실마리, 단서 ≒ ヒント 힌트／手がかり(てがかり)・手づる(てづる) 실마리, 단서

□ 挑む(いどむ) (싸움 등을) 걸다, 도전하다 ≒ しかける (싸움 등을) 걸다／
挑戦する(ちょうせんする)・チャレンジする 도전하다

□ いとも 매우, 아주 ≒ 非常に(ひじょうに) 상당히

□ 今さら(いまさら) 이제 와서, 새삼스럽게 ≒ 今となっては(いまとなっては) 이제 와서

□ 今ひとつ(いまひとつ) 좀, 조금 ≒ 少々(しょうしょう) 조금

□ いやみ 빈정댐, 불쾌감 ≒ 皮肉(ひにく) 빈정거림／きざ 아니꼬움

□ いらだつ 초조하다, 애가 타다 ≒ あせる 초조하게 굴다／じりじりする 초조하다

□ 色合い(いろあい) 색조 ≒ トーン・色調(しきちょう) 색조

□ 因業(いんごう) 완고함, 매정함, 냉혹함 ≒ 頑固(がんこ) 완고함／無情(むじょう) 매정함／残酷(ざんこく) 잔혹함

□ インサート 인서트, 삽입 ≒ 挿入(そうにゅう) 삽입

□ インサイド 인사이드, 안쪽, 내부 ≒ 内側(うちがわ) 안쪽

□ インスピレーション 인스피레이션, 영감 ≒ ひらめき 번쩍 떠오름, 재치

□ インターナショナル 인터내셔널, 국제적 ≒ 国際的(こくさいてき) 국제적

□ インフォ(ー)メーション 인포메이션, 접수처 ≒ 受付(うけつけ) 접수처

□ ウエート・ウエイト 무게, 중점 ≒ 重点(じゅうてん) 중점

□ うかがう 엿보다, 살피다, 노리다 ≒ のぞく 엿보다／ねらう 노리다

□ 受(う)かる 붙다, 합격하다 ≒ 合格(ごうかく)する 합격하다

□ 受(う)け持(も)ち 담임, 담당 ≒ 担任(たんにん) 담임／担当(たんとう) 담당

□ 打(う)ち明(あ)ける 털어놓다, 고백하다 ≒ 告白(こくはく)する 고백하다

□ 打(う)ち込(こ)む 열중하다 ≒ 熱心(ねっしん)に取(と)り組(く)む 열심히 몰두하다
熱中(ねっちゅう)する・没頭(ぼっとう)する 열중하다, 몰두하다

□ うつろ (속이) 텅 빔 ≒ から 텅 빔

□ 疎(うと)ましい 싫다, 역겹다 ≒ いやだ 싫다

□ うぬぼれる 자만하다, 자부하다 ≒ 思(おも)い上(あ)がる 우쭐하다

□ 裏付(うらづ)け 확실한 증거, 뒷증명 ≒ 証拠(しょうこ) 증거

□ うろたえずに 당황하지 않고 ≒ 慌(あわ)てずに 허둥대지 않고

□ うんざりする 지긋지긋하다 ≒ まいる 질리다

□ エプロン 앞치마 ≒ 前(まえ)かけ 앞치마

□ エレガント 우아함, 고상함 ≒ 優雅(ゆうが) 우아함／高尚(こうしょう) 고상함／上品(じょうひん) 고상함

□ 円滑(えんかつ)に 원활하게 ≒ 順調(じゅんちょう)に・滑(なめ)らかに・スムーズに
순조롭게, 원활하게

□ 縁起(えんぎ) (길흉의) 조짐, 재수 ≒ ジンクス 징크스 / 先触(さきぶ)れ 조짐, 징조

□ 縁故(えんこ) 관계, 연줄 ≒ 手(て)づる・コネ・つて 연줄, 연고

□ 怨恨(えんこん) 원한 ≒ 恨(うら)み 원한

□ エンターテインメント 엔터테인먼트, 오락, 연예 ≒ 娯楽(ごらく) 오락／芸能(げいのう) 예능

□ 殴打(おうだ)する 구타하다 ≒ なぐる 때리다

□ 大方(おおかた) 거의, 대강 ≒ ほぼ 거의

□ オートマチック 오토매틱 ≒ 自動的(じどうてき) 자동적

□ 往来(おうらい) 왕래, 길(거리) ≒ 行(ゆ)き来(き) 왕래／道路(どうろ) 도로, 길

□ おおまかに 대략, 대충 ≒ おおざっぱに 대충

□ 幼(おさな)い 어리다, 유치하다 ≒ 幼稚(ようち)だ 유치하다

□ 収(おさ)まる 수습되다 ≒ 片(かた)づく・解決(かいけつ)する 해결되다

□ おさらい 복습 ≒ 復習(ふくしゅう) 복습

□ おっかない 무섭다, 두렵다 ≒ 怖(こわ)い・恐(おそ)ろしい 무섭다, 두렵다

□ おっくうだ 귀찮다 ≒ 面倒(めんどう)だ 귀찮다

□ お手上(てあ)げだ 어찌할 도리가 없다 ≒ どうしようもない 어찌할 도리가 없다

□ 乙女(おとめ) 소녀, 처녀 ≒ 少女(しょうじょ) 소녀／処女(しょじょ) 처녀

□ 自(おの)ずから 저절로, 자연히 ≒ おのずと・ひとりでに・自然(しぜん)に 저절로

□ 思(おも)う存分(ぞんぶん) 마음껏, 힘껏 ≒ 精一杯(せいいっぱい) 힘껏

□ 思(おも)うまま 마음껏 ≒ 思(おも)い切(き)り 마음껏

□ 趣(おもむき) ① 재미, 정취, 멋 ② 느낌, 모습, 분위기 ≒ 味(あじ)わい 정취／感(かん)じ 느낌／様子(ようす) 모습

□ 面持(おもも)ち 표정, 안색 ≒ 表情(ひょうじょう)・顔(かお)つき 표정, 안색

□ 思惑(おもわく) 생각, 의도 ≒ 意図(いと) 의도

□ おろそかに 소홀히 ≒ ぞんざいに 아무렇게나／いいかげんに 무책임하게

□ 怨念(おんねん) 원념, 원한 ≒ 恨(うら)み 원한

か

□ ガードマン 가드 맨, 경비원 ≒ 警備員(けいびいん) 경비원

□ 解雇(かいこ)される 해고당하다 ≒ 首(くび)になる 해고당하다

□ 回顧(かいこ)する 회고하다 ≒ 振(ふ)り返(かえ)る 회고하다

□ 概(がい)して 대체로 ≒ だいたい・総(そう)じて 대체로

□ 回想(かいそう)する 회상하다 ≒ 思(おも)いかえす 회상하다

□ 介抱(かいほう) 병구완, 간호 ≒ 看護(かんご) 간호／看病(かんびょう) 간병

□ カウンセラー 카운셀러, 상담원 ≒ 相談係(そうだんがかり) 상담원

□ 顔付(かおつ)き 얼굴 생김새, 표정 ≒ 面相(めんそう) 용모

□ 抱(かか)え込(こ)む 끌어안다, 떠맡다 ≒ しょい込(こ)む 떠맡다

□ 抱(かか)える 고용하다, 두다 ≒ 雇(やと)う 고용하다

□ 愕然(がくぜん)とする 깜짝 놀라다 ≒ びっくりする 깜짝 놀라다

□ 格段(かくだん)に 현격히 ≒ 大幅(おおはば)に 대폭적으로

□ 格別(かくべつ)に 각별히, 특별히 ≒ とりわけ 특히

□ かたくな 완고함, 고집스러움 ≒ 頑固(がんこ) 완고함／強情(ごうじょう) 고집이 셈

□ 傍(かたわ)ら 옆, 가 ≒ わき・そば 옆

□ 画期的(かっきてき)な 획기적인 ≒ 今(いま)までになく新(あたら)しい 지금까지 없는 새로운

□ 勝手(かって) 부엌 ≒ 台所(だいどころ)・キッチン 부엌

□ かつて ① 일찍이, 전에 ② 전혀, 한 번도 ≒ 以前(いぜん) 이전에／一度(いちど)も 한 번도

□ 葛藤(かっとう) 갈등, 분쟁 ≒ もめごと 분쟁

□ かなた 저쪽, 저편 ≒ 向(む)こうの方(ほう)・あちら 저쪽

□ 奏(かな)でる 켜다, 연주하다 ≒ 演奏(えんそう)する 연주하다

□ 構(かま)え (건물의) 외관, 구조, 태세, 준비 ≒ 構造(こうぞう) 구조／用意(ようい) 준비

□ ガレージ 차고 ≒ 車庫(しゃこ) 차고

□ かろうじて 겨우, 간신히 ≒ やっと 겨우

□ 代(か)わる代(が)わる 번갈아, 교대로 ≒ 交互(こうご)に 번갈아

□ 玩具(がんぐ) 완구, 장난감 ≒ おもちゃ 장난감

□ 感触(かんしょく) 감촉 ≒ 手(て)ざわり 감촉

□ 肝心(かんじん) (가장) 중요함 ≒ 重要(じゅうよう) 중요함

□ 簡素(かんそ)な 간소한 ≒ シンプルな 심플한／簡単(かんたん)な 간단한／単純(たんじゅん)な 단순한

□ 元来(がんらい) 원래 ≒ もともと 원래

□ 気掛(きが)かり 걱정, 근심, 염려 ≒ 心配(しんぱい)・懸念(けねん) 걱정, 염려

□ 気兼(きが)ね 사양, 스스러움 ≒ 遠慮(えんりょ) 사양

□ 危機(きき) 위기 ≒ ピンチ 핀치, 위기

□ 兆(きざ)し 조짐, 징조, 전조 ≒ 兆候(ちょうこう) 징후

□ きざな (언어·동작 등이) 같잖은, 아니꼬운 ≒ いやみな 불쾌한

□ 気丈夫(きじょうぶ)だ 마음이 든든하다 ≒ 心強(こころづよ)い 마음 든든하다

□ 帰(き)するところ 결국 ≒ つまるところ・つまり 결국

□ 毀損(きそん) 훼손, 파손 ≒ 破損(はそん) 파손

□ 鍛(きた)える 단련하다, 맹렬히 훈련하다 ≒ 熱心(ねっしん)に訓練(くんれん)する 열심히 훈련하다

□ 気立(きだ)て 심지, 마음씨 ≒ 気前(きまえ) 기질／性質(せいしつ) 성질

□ 脚本(きゃくほん) 각본, 대본 ≒ シナリオ 각본／台本(だいほん) 대본

□ 脚光(きゃっこう) 각광 ≒ フットライト 푸트라이트, 각광

□ ギャップ 갭, 틈새, 간격, 차이 ≒ 溝(みぞ) (의견, 감정 등의) 틈, 장벽

□ キャリア 캐리어, 경력 ≒ 経歴(けいれき) 경력

□ 恐慌(きょうこう) 공황, 두려워 당황함 ≒ パニック 패닉

□ 競走(きょうそう) 경주 ≒ レース 레이스, 경주

□ 仰天(ぎょうてん)する 깜짝 놀라다 ≒ とても驚(おどろ)く 몹시 놀라다

□ 極力(きょくりょく) 극력, 힘껏 ≒ できる限(かぎ)り・できるだけ 가능한 한

□ 巨匠(きょしょう) 거장, (예술가의) 대가 ≒ 大家(たいか) 대가

□ 切(き)り捨(す)てる 잘라 버리다 ≒ 削減(さくげん)する 삭감하다

□ 亀裂(きれつ) 균열, 금 ≒ ひび (잔)금

□ 極(きわ)めて 극히, 매우, 더없이 ≒ 非常(ひじょう)に 대단히

□ 食(く)い足(た)りない 만족하지 못하다 ≒ 物足(ものた)りない 어딘가 부족하다

□ クール 쿨함, 냉정함 ≒ 冷静(れいせい) 냉정함

□ くじける (기세가) 꺾이다, 좌절하다 ≒ ひるむ (기세가) 꺾이다

□ くじ引(び)き 제비뽑기, 추첨 ≒ 抽選(ちゅうせん) 추첨

□ 朽(く)ちる 썩다, 쇠퇴하다 ≒ くさる 썩다／衰(おとろ)える 쇠퇴하다

□ 屈指(くっし) 굴지 ≒ 有数(ゆうすう)・指折(ゆびお)り 손꼽힘

□ くつろぐ 편히 쉬다, 휴식하다 ≒ のんびりと楽(らく)にする 한가로이 편하게 있다

□ 首飾(くびかざ)り 목걸이 ≒ ネックレス 목걸이

□ 工面(くめん) 주머니 사정 ≒ 金回(かねまわ)り 돈의 유통, 주머니 사정

□ 玄人(くろうと) 전문가, 숙련자 ≒ プロ・専門家(せんもんか) 전문가

□ 企(くわだ)て 계획, 기도 ≒ 計画(けいかく) 계획

□ ケア 돌봄, 간호 ≒ 看護(かんご)・介護(かいご) 간호

□ 経過(けいか) 경과 ≒ 成行(なりゆ)き 경과

□ 警戒(けいかい) 경계 ≒ 用心(ようじん) 경계, 조심

□ 軽率(けいそつ) 경솔함 ≒ 不注意(ふちゅうい) 부주의함

□ 恵沢(けいたく) 혜택, 은혜 ≒ 恵(めぐ)み・恩恵(おんけい) 은혜

□ 軽蔑(けいべつ)する 경멸하다 ≒ さげすむ 깔보다

□ 経路(けいろ) 경로 ≒ ルート 루트, 경로

□ 激励(げきれい)する 격려하다 ≒ 励(はげ)ます 격려하다

□ 欠乏(けつぼう) 결핍 ≒ 不足(ふそく) 부족

□ けなされる 헐뜯기다, 욕을 먹다 ≒ 悪(わる)く言(い)われる 나쁜 말을 듣다

□ 懸念(けねん) 걱정, 근심, 불안 ≒ 心配(しんぱい)・気(き)がかり 걱정／不安(ふあん) 불안

□ 堅実(けんじつ)な 견실한 ≒ しっかりした 야무진

□ 故意(こい)に 고의로 ≒ わざと 일부러

□ 厚顔(こうがん)だ 낯두껍다 ≒ 鉄面皮(てつめんぴ)だ 철면피다／ずうずうしい 뻔뻔스럽다

□ 口論(こうろん) 말다툼, 언쟁 ≒ 言(い)い合(あ)い・口(くち)げんか 언쟁

□ 告白(こくはく)する 고백하다 ≒ 打(う)ち明(あ)ける 고백하다

□ 克明(こくめい)に 극명하게, 자세하고 꼼꼼하게 ≒ 丹念(たんねん)に 세밀히／まめに 꼼꼼히

□ 心地(ここち)よい 기분 좋다, 상쾌하다 ≒ 爽(さわ)やかだ・すがすがしい 상쾌하다

□ 心得(こころえ) 마음 가짐, 소양 ≒ 心(こころ)がけ 마음 가짐

□ 心構(こころがま)え 마음의 준비, 각오 ≒ 覚悟(かくご) 각오

□ 心細(こころぼそ)い 어쩐지 마음이 불안하다, 허전하다 ≒ 不安(ふあん)だ 불안하다

□ 試(こころ)み 시도(해 봄), 시험 ≒ 試(ため)し 시도

□ 誤植(ごしょく) 오식 ≒ ミスプリント 미스 프린트

□ こずえ 나뭇가지 끝, 우듬지 ≒ 枝(えだ)の先(さき) 가지 끝

□ 誇張(こちょう)して 과장해서 ≒ 大(おお)げさに 과장되게

□ ことごとく 전부, 모두, 모조리 ≒ すべて 전부／こぞって 빠짐없이

□ ことのほか 대단히, 특별히, 유달리 ≒ とても 대단히／とりわけ・特別(とくべつ)に 특별히

□ 拒(こば)む 거부하다, 응하지 않다 ≒ ことわる 거절하다

□ こまやかに 자세히 ≒ 詳(くわ)しく・詳細(しょうさい)に 자세히

□ コミッション 커미션, 수수료 ≒ 手数料(てすうりょう) 수수료

□ コメディー 코미디 ≒ 喜劇(きげき) 희극

□ 暦(こよみ) 달력 ≒ カレンダー 달력

□ コンディション 컨디션 ≒ 体調(たいちょう)・調子(ちょうし)・体(からだ)の具合(ぐあい) 몸의 상태, 컨디션

□ コンテスト 콘테스트, 경연 대회 ≒ 競演会(きょうえんかい)・コンクール 경연 대회

□ コントラスト 콘트라스트, 대조 ≒ 対比(たいひ) 대비／対照(たいしょう) 대조

さ

□ 遮る(さえぎ) 가리다, 막다, 차단하다 ≒ 遮断(しゃだん)する 차단하다

□ 栄える(さか) 성해지다, 번영하다 ≒ 繁盛(はんじょう)する 번창하다

□ さしあたって 지금, 당장, 당분간 ≒ さしあたり・当面(とうめん) 당분간

□ 指図(さしず) 지시, 지휘 ≒ 指示(しじ) 지시／指揮(しき) 지휘

□ さぞ 틀림없이, 필시, 아마 ≒ きっと・さぞや・さぞかし 틀림없이

□ 定か(さだ) 확실함 ≒ たしか 확실함

□ 錯覚(さっかく) 착각 ≒ 勘違(かんちが)い 착각

□ ざっくばらんに 솔직히, 탁 까놓고 ≒ 率直(そっちょく)に 솔직히

□ さっと (비·바람이) 싹, 휙, 활짝 ≒ すばやく 재빠르게

□ 殺到(さっとう)した 쇄도했다 ≒ 一度(いちど)におおぜい来(き)た 한꺼번에 많이 왔다

□ 雑踏(ざっとう) 혼잡, 붐빔 ≒ 人込(ひとご)み 붐빔

□ サポート 서포트, 지지함, 원조함 ≒ バックアップ 백업(후원)／支持(しじ) 지지／援助(えんじょ) 원조

□ 障る(さわ) 지장이 있다, 방해가 되다 ≒ さしつかえる 지장이 있다

□ 参上(さんじょう)いたす 찾아뵙다 ≒ うかがう 찾아뵙다

□ シークレット 시크릿, 기밀, 비밀 ≒ 秘密(ひみつ) 비밀

□ 仕返(しかえ)し 보복, 복수 ≒ 報復(ほうふく) 보복／復讐(ふくしゅう)・リベンジ 복수

□ 仕掛(しか)ける ① (싸움 등을) 걸다 ② 장치하다 ≒ いどむ (싸움을) 걸다／セットする 설치하다

□ しかるに 그런데, 그럼에도 불구하고 ≒ ところが 그런데／にもかかわらず 그럼에도 불구하고

□ しきたり 관례, 선례 ≒ ならわし 관례／先例(せんれい) 선례

□ 仕切(しき)る 칸막이하다, 구획하다, 결산하다 ≒ 決算(けっさん)をする 결산을 하다

□ 仕草(しぐさ) 하는 짓, 태도, 몸짓 ≒ 身(み)ぶり 몸짓

□ しくじる 실패하다, 실수하다 ≒ 失敗(しっぱい)する 실패하다

□ 仕組(しく)み ① 구조, 기구, 짜임새 ② 방법, 계획 ≒ メカニズム・構造(こうぞう) 구조／くわだて 계획

□ 仕組(しく)む (몰래) 계획하다 ≒ たくらむ・計画(けいかく)する 계획하다

□ したたか 세게, 호되게 ≒ しぶとく 세게

□ しなやかに 유연하게 ≒ 柔軟(じゅうなん)に 유연하게

□ シビアだ 엄격하다 ≒ 厳(きび)しい 엄격하다

□ 仕向(しむ)ける ① 대우하다 ② 발송하다 ≒ 待遇(たいぐう)する 대우하다／発送(はっそう)する 발송하다

□ 釈明(しゃくめい) 해명, 변명 ≒ 弁明(べんめい)・弁解(べんかい)・言(い)い訳(わけ) 변명

□ 若干(じゃっかん) 약간, 얼마간 ≒ いくらか 얼마간／わずか 조금

□ 終始(しゅうし) 시종, 내내, 줄곧 ≒ ずっと 쭉

□ 終生(しゅうせい) 종생, 일생 동안 ≒ 死(し)ぬときまで 죽을 때까지

□ 従来(じゅうらい) 종래 ≒ これまで 지금까지

□ 種々(しゅじゅ) 갖가지, 여러 가지 ≒ いろいろ・さまざま・もろもろ 여러 가지

□ 主将(しゅしょう) 주장 ≒ キャプテン 캡틴／統率者(とうそつしゃ) 통솔자

□ 巡回(じゅんかい) 순회, 순찰 ≒ パトロール 패트롤, 순찰

□ しょい込(こ)む (힘에 부치는 일을) 떠맡다 ≒ 引(ひ)き受(う)ける 떠맡다

□ 照会(しょうかい)する 조회하다 ≒ 問(と)い合(あ)わせる 문의하다

□ 条理(じょうり) 조리, 도리 ≒ すじみち 사리, 조리

□ 触発(しょくはつ)される 자극받다 ≒ 刺激(しげき)を受(う)ける 자극을 받다

□ 所詮(しょせん) 어차피 ≒ どうせ 어차피

□ 所存(しょぞん) 생각 ≒ 考(かんが)え 생각／つもり 작정

□ しょっちゅう 늘, 언제나, 부단히 ≒ いつも 언제나

□ 序論(じょろん) 서론 ≒ 前置(まえお)き 서론

□ 退(しりぞ)く (장소・지위에서) 물러나다, 물러서다, 후퇴하다 ≒ 後退(こうたい)する 후퇴하다／引退(いんたい)する 은퇴하다

□ 仕分(しわ)ける 분류하다 ≒ 分類(ぶんるい)する 분류하다

□ 真摯(しんし) 진지함 ≒ 真面目(まじめ) 성실함／真剣(しんけん) 진지함

□ 迅速(じんそく)に 신속하게	≒	すみやかに 신속하게
□ 進捗(しんちょく)する 진척되다	≒	はかどる 진척되다／順調(じゅんちょう)に進(すす)む 순조롭게 진행되다
□ 衰退(すいたい)する 쇠퇴하다	≒	衰(おとろ)える・朽(く)ちる 쇠퇴하다
□ スケール 규모, 도량	≒	規模(きぼ) 규모／度量(どりょう) 도량
□ すこぶる 매우, 대단히	≒	とても・はなはだ 매우
□ 健(すこ)やか 건강함, 튼튼함	≒	達者(たっしゃ) 건강함／健全(けんぜん) 건전함
□ 筋道(すじみち) ① 사리, 조리 ② 절차, 순서	≒	筋合(すじあ)い・条理(じょうり) 조리／手続(てつづ)き 절차
□ 素性(すじょう) 가문, 태생	≒	生(う)まれ 태생
□ スチーム 스팀, 증기	≒	蒸気(じょうき) 증기
□ ステップアップ 스텝 업	≒	進歩(しんぽ) 진보／向上(こうじょう) 향상
□ ストーリー 스토리, 이야기	≒	話(はなし)・物語(ものがたり) 이야기
□ ストック 재고	≒	在庫(ざいこ) 재고
□ ストレートに 솔직하게	≒	率直(そっちょく)に 솔직하게
□ すばしこい 민첩하다, 잽싸다	≒	素早(すばや)い 재빠르다
□ スプリング 스프링, 용수철	≒	ぜんまい 태엽, 용수철
□ すべ 방법, 수단, 도리	≒	方法(ほうほう) 방법
□ スラックス 슬랙스, 바지	≒	ズボン 바지
□ せかす・せかせる 재촉하다, 서두르게 하다	≒	急(いそ)がせる 재촉하다
□ セキュリティー 시큐리티, 안전, 보안, 방범	≒	安全(あんぜん) 안전／保安(ほあん) 보안／防犯(ぼうはん) 방범
□ セクション 섹션, 분할	≒	部門(ぶもん) 부문
□ せっかち 성급함	≒	性急(せいきゅう) 성급함
□ 接近(せっきん) 접근	≒	アプローチ 접근
□ 折衝(せっしょう) 절충(외교적 담판)	≒	交渉(こうしょう) 교섭, 협상／話(はな)し合(あ)い 의논, 교섭
□ 絶頂(ぜっちょう) 절정	≒	ピーク 절정

□ セレモニー 세레모니, 의식 ≒ 儀式(ぎしき) 의식

□ 忙(せわ)しい 바쁘다, 다망하다 ≒ 忙(いそが)しい・多忙(たぼう)だ 바쁘다, 다망하다／慌(あわ)ただしい 분주하다

□ 繊細(せんさい) 섬세함 ≒ デリケート 섬세함

□ センス 센스, 감각 ≒ 感覚(かんかく) 감각

□ 先(せん)だって 앞서, 얼마전에, 요전에 ≒ このあいだ 요전에

□ 先方(せんぽう) 상대방, 상대편, 저쪽 ≒ 相手(あいて) 상대

□ 旋律(せんりつ) 선율 ≒ メロディー 멜로디

□ 総(そう)じて 대체로, 일반적으로 ≒ 概(がい)して・おおよそ 대체로

□ 装飾(そうしょく) 장식 ≒ デコレーション 장식

□ 即日(そくじつ) 바로 그 날, 당일 ≒ 当日(とうじつ) 당일

□ 素描(そびょう) 소묘, 데생 ≒ デッサン 데생

□ 素振(そぶ)り 거동, 기색 ≒ 気配(けはい) 기색

た

□ 大家(たいか) 대가 ≒ 巨匠(きょしょう) 거장

□ 大概(たいがい) 대개, 대강, 대체로 ≒ だいたい・たいてい 대개, 대체로

□ 対抗(たいこう)する 대항하다 ≒ 立(た)ち向(む)かう 대항하다

□ ターゲット 타깃, 표적 ≒ 的(まと) 표적

□ ダウンする 떨어지다, 고장나서 작동하지 않다 ≒ 故障(こしょう)する 고장나다

□ 蛇足(だそく) 사족, 군더더기, 쓸데없는 것 ≒ よけいなもの 쓸데없는 것

□ 立(た)ち寄(よ)る 다가서다, 들르다 ≒ 近寄(ちかよ)る 다가가다／訪(おとず)れる 방문하다

□ 達者(たっしゃ) 능숙함, 건강함 ≒ 上手(じょうず) 능숙함／すこやか 건강함

□ 建前(たてまえ) 원칙, 방침 ≒ 原則(げんそく) 원칙

□ だぶだぶ (옷이) 헐렁헐렁 ≒ ぶかぶか 헐렁헐렁

□ ダメージ 데미지, 손해, 타격 ≒ 損害(そんがい) 손해／打撃(だげき) 타격

□ 便(たよ)り 소식, 편지 ≒ 手紙(てがみ) 편지

□ 断(だん)じて ① 반드시, 꼭 ② 절대로 ≒ 必(かなら)ず 반드시／決(けっ)して 결코

□ 丹念(たんねん)に 세밀히, 정성들여 ≒ じっくりと 곰곰히／克明(こくめい)に 극명하게, 꼼꼼하게

□ 段落(だんらく) 단락 ≒ 区切(くぎ)り 단락

□ 胆力(たんりょく) 담력 ≒ 度胸(どきょう) 담력

□ チャンピオン 챔피언, 제1인자 ≒ 第一人者(だいいちにんしゃ) 제1인자

□ 治癒(ちゆ) 치유, 회복 ≒ 回復(かいふく) 회복

□ 注意深(ちゅういぶか)い 매우 조심스럽다, 신중하다 ≒ 慎重(しんちょう)だ 신중하다

□ 中途半端(ちゅうとはんぱ) 흐지부지함, 어중간함 ≒ 未完成(みかんせい) 미완성

□ 中腹(ちゅうふく) 산 중턱 ≒ 山腹(さんぷく) 산의 중턱

□ 重宝(ちょうほう)する 쓸모가 있어 편리하다 ≒ 便利(べんり)で役(やく)に立(た)つ 편리해서 도움이 된다

□ 調和(ちょうわ) 조화 ≒ ハーモニー 조화

□ 賃貸(ちんたい) 임대 ≒ レンタル 렌탈

□ ついては 따라서, 그래서 ≒ したがって 따라서

□ ついて(い)る 재수가 있다 ≒ 運(うん)がいい 운이 좋다

□ 月並(つきな)み 평범함, 진부함 ≒ 平凡(へいぼん)・ありきたり 평범함

□ 償(つぐな)い 속죄, 보상 ≒ 補償(ほしょう) 보상

□ 繕(つくろ)う 고치다, 수선하다 ≒ 修繕(しゅうぜん)する 수선하다

□ 告(つ)げる 고하다, 알리다 ≒ 知(し)らせる 알리다

□ つつましい 조심스럽다 ≒ 控(ひか)えめだ 조심스럽다

□ 集(つど)い 모임, 회합 ≒ 集(あつ)まり・会合(かいごう) 모임, 회합

□ 集(つど)う 모이다, 회합하다, 집회하다 ≒ 集(あつ)まる 모이다

□ 募(つの)る 모집하다 ≒ 広(ひろ)く呼(よ)びかけて集(あつ)める 널리 호소하여 모으다

□ つぶさに 자세히, 구체적으로 ≒ 詳細(しょうさい)に・詳(くわ)しく 상세하게

□ 手(て) 방법, 수단 ≒ 方法(ほうほう)・手段(しゅだん) 방법, 수단

□ 手薄(てうす) 허술함, 적음, 불충분함 ≒ 不十分(ふじゅうぶん) 불충분

□ 手頃(てごろ) 알맞음, 적당함 ≒ 適当(てきとう)・適度(てきど)・適切(てきせつ) 적당함

□ てっぺん 꼭대기, 정상 ≒ 頂上(ちょうじょう) 정상／頂点(ちょうてん) 정점

□ 手(て)はず 준비, 계획 ≒ 準備(じゅんび) 준비／計画(けいかく) 계획

□ 手引(てび)き (손을 잡고) 인도함, 안내함, 첫걸음(책), 연줄 ≒ マニュアル 매뉴얼／手(て)づる・つて 연줄

□ デリケート 섬세함, 민감함, 미묘함 ≒ 繊細(せんさい) 섬세함／敏感(びんかん) 민감함／微妙(びみょう) 미묘함

□ 手分(てわ)け 분담 ≒ 分担(ぶんたん) 분담

□ てんで ① 전혀, 아예, 도무지 ② 대단히, 매우 ≒ まるっきり・まったく 전혀／非常(ひじょう)に 상당히

□ と 얼핏, 언뜻, 잠깐 ≒ ふと 얼핏

□ 闘志(とうし) 투지 ≒ ファイト 투지／意気込(いきご)み 패기, 의욕

□ 当面(とうめん)ない 당분간 없다 ≒ しばらくはない 당분간 없다

□ 道理(どうり)だ 당연하다, 그럴 법하다 ≒ 当然(とうぜん)だ・当(あ)たり前(まえ)だ 당연하다

□ 独裁的(どくさいてき) 독재적 ≒ ワンマン 원맨, 독재적인 사람

□ 督促(とくそく) 독촉, 재촉 ≒ 催促(さいそく) 재촉

□ 土壇場(どたんば) 막판, 마지막 순간, 막다른 곳 ≒ 最後(さいご)の瞬間(しゅんかん) 마지막 순간／窮地(きゅうち) 궁지

□ とっさに 순식간에 ≒ 瞬間的(しゅんかんてき)に 순간적으로

□ どっさり 듬뿍, 많이, 잔뜩 ≒ たくさん 많이

□ 突如(とつじょ) 갑자기, 별안간 ≒ にわかに・突然(とつぜん) 돌연, 갑자기

□ 唱(とな)える 주창하다, 주장하다 ≒ 主唱(しゅしょう)する 주창하다／主張(しゅちょう)する 주장하다

□ 途方(とほう)もない 터무니없다 ≒ とんでもない 당치도 않다

□ 戸惑(とまど)う 망설이다, 당황하다 ≒ 迷(まよ)う 망설이다

□ 捉(とら)える 포착하다, 파악하다 ≒ 把握(はあく)する 파악하다

□ 取(と)り去(さ)る 없애다, 제거하다 ≒ 取(と)り除(のぞ)く 제거하다

□ 取(と)りも直(なお)さず 곧, 결국 ≒ すなわち 곧／結局(けっきょく) 결국

- □ 頓着(とんちゃく)せずに 신경쓰지 말고 ≒ おかまいなく 개의치 말고
- □ 貪欲(どんよく) 탐욕 ≒ 欲深(よくふか) 욕심이 많음, 과욕
- □ どんよりした天気(てんき)だ 어두침침한 날씨이다 ≒ 曇(くも)っていて暗(くら)い 흐려서 어둡다

な

- □ なじむ 익숙해지다, 친숙해지다 ≒ 慣(な)れる 익숙해지다
- □ 名(な)だたる 유명한, 이름난 ≒ 名高(なだか)い・有名(ゆうめい)な 유명한
- □ 懐(なつ)く 따르다, 친해지다 ≒ なじむ・馴(な)れる 따르다, 친숙해지다
- □ なにかと 이것저것, 여러 가지로 ≒ あれこれ 이것저것／いろいろ 여러 가지로
- □ 何卒(なにとぞ) 제발, 부디, 아무쪼록 ≒ どうぞ・どうか 부디, 아무쪼록
- □ 生温(なまぬる)い 미적지근하다, 미온적이다 ≒ てぬるい 미온적이다／中途半端(ちゅうとはんぱ)だ 어중간하다
- □ 波(なみ)に乗(の)る 시류에 편승하다 ≒ 時流(じりゅう)に便乗(びんじょう)する 시류에 편승하다
- □ 並(なら)びに 및, 또 ≒ および・かつ・また 및, 또
- □ ならわし 관습, 관례 ≒ しきたり 관례／習慣(しゅうかん) 습관
- □ 軟弱(なんじゃく) 연약함 ≒ 弱気(よわき)・弱腰(よわごし) 연약함
- □ なんだか 왜 그런지, 어쩐지 ≒ なんとなく 왠지 모르게
- □ 賑(にぎ)わう 활기차다, 번창하다 ≒ 繁盛(はんじょう)する 번창하다
- □ ネガ 네거티브, 소극적, 부정적 ≒ 消極的(しょうきょくてき) 소극적／否定的(ひていてき) 부정적
- □ ネック 넥, 애로, 지장 ≒ 支障(ししょう) 지장／障害(しょうがい) 장애
- □ 粘(ねば)り 찰기, 끈기 ≒ 根気(こんき) 끈기
- □ 乗(の)り越(こ)える 뛰어넘다, 극복하다 ≒ 克服(こくふく)する 극복하다

は

- □ はかどる 일이 순조롭게 되어가다 ≒ 順調(じゅんちょう)に進(すす)む 순조롭게 진행되다
- □ はかばかしい 진척되다, 병이 호전되다 ≒ 順調(じゅんちょう)だ 순조롭다
- □ バック 백, 배경, 후퇴, 후원자 ≒ 背景(はいけい) 배경／サポート・後援者(こうえんしゃ) 후원자

□ 抜群(ばつぐん)だ 발군이다, 뛰어나다 ≒ ほかと比(くら)べてとくによい
다른 것과 비교해서 특히 좋다

□ ばったり 뜻밖에 마주치는 모양, 딱 ≒ 偶然(ぐうぜん) 우연히

□ ばてる 지치다, 기진하다 ≒ 疲(つか)れる 지치다, 피곤하다

□ バトル 배틀, 싸움 ≒ 戦(たたか)い 싸움

□ 甚(はなは)だ 매우, 몹시, 심히 ≒ 非常(ひじょう)に・たいそう 대단히, 매우

□ 張(は)り合(あ)う 경쟁하다 ≒ 競争(きょうそう)する・競(きそ)い合(あ)う 경쟁하다

□ バロメーター 지표 ≒ 指標(しひょう) 지표

□ パワー 파워, 힘, 능력 ≒ 力(ちから) 힘／能力(のうりょく) 능력／実力(じつりょく) 실력

□ 判(はん)じる・判(はん)ずる 판단하다 ≒ 見分(みわ)ける 판별하다／判断(はんだん)する 판단하다

□ 判明(はんめい)する 판명되다, 밝혀지다 ≒ 確認(かくにん)される 확인되다

□ ひしと 강렬하게, 매섭게 ≒ 厳(きび)しく 엄격하게

□ 批評(ひひょう) 비평 ≒ コメント 코멘트

□ 百姓(ひゃくしょう) 농민 ≒ 農民(のうみん) 농민

□ 比喩(ひゆ) 비유 ≒ 例(たと)え 비유

□ 日和(ひより) 일기, (좋은) 날씨 ≒ 天気(てんき) 날씨／晴天(せいてん) 좋은 날씨

□ びら 전단지 ≒ ちらし 전단지

□ 翻(ひるがえ)す 뒤집다, 바꾸다 ≒ 裏(うら)がえす 뒤집다／変(か)える 바꾸다

□ 不意(ふい)に 돌연히, 갑자기, 느닷없이 ≒ 突然(とつぜん)・いきなり・急(きゅう)に 갑자기

□ フォロー 폴로, 보조 ≒ 補助(ほじょ) 보조／援助(えんじょ) 원조

□ 不器用(ぶきよう) 서투름, 손재주가 없음 ≒ へた 서투름

□ 不思議(ふしぎ)に 이상하게, 신기하게 ≒ 奇妙(きみょう)に 기묘하게, 이상하게

□ 不精(ぶしょう)・無精(ぶしょう) 귀찮아 함 ≒ 面倒(めんどう)くさがり 귀찮아 함

□ 不振(ふしん)だ 부진하다 ≒ はかばかしくない 부진하다

□ 附随(ふずい)・付随(ふずい) 부수, 연관 ≒ 連関(れんかん) 연관

□ 不注意(ふちゅうい) 부주의함	≒	不用意(ふようい) 부주의함／軽率(けいそつ) 경솔함
□ ぶつかる 부딪히다, 맞닥뜨리다, 마주치다	≒	突(つ)き当(あ)たる 부딪히다／ 巻(ま)き込(こ)まれる 말려들다
□ 復帰(ふっき) 복귀	≒	カムバック 복귀
□ ふに落(お)ちない 납득이 가지 않다	≒	納得(なっとく)できない 납득할 수 없다
□ ふにゃふにゃ 부드러워 팽팽한 맛이 없는 모양	≒	やわらかい感触(かんしょく) 부드러운 감촉
□ フランク 프랭크, 솔직함	≒	率直(そっちょく) 솔직함
□ ブランク 블랭크, 여백, 공백	≒	空白(くうはく) 공백
□ 振(ふ)り返(かえ)る 뒤돌아보다, 회고하다	≒	回顧(かいこ)する 회고하다
□ 振(ふ)り出(だ)し 출발점, 처음 상태	≒	出発点(しゅっぱつてん) 출발점
□ 振(ふ)る舞(ま)い 행동	≒	行動(こうどう) 행동
□ 無礼(ぶれい) 무례, 실례	≒	不遜(ふそん) 무례／失礼(しつれい) 실례
□ プロセス 프로세스, 절차, 경과, 과정	≒	手続(てつづき) 절차／経過(けいか) 경과／過程(かてい) 과정
□ プロフィール 프로필	≒	横顔(よこがお) 프로필／略歴(りゃくれき) 약력
□ ふんだんに 많이, 넉넉히	≒	大量(たいりょう)に 대량으로
□ 並行(へいこう) 병행	≒	両立(りょうりつ) 양립／同時進行(どうじしんこう) 동시진행
□ 平生(へいぜい) 평소	≒	ふだん・平常(へいじょう)・平素(へいそ) 보통, 평소
□ へきえき 손듦, 질림	≒	閉口(へいこう) 질림
□ へま 실수	≒	失敗(しっぱい) 실수, 실패
□ ポーズ 포즈, 자세	≒	姿勢(しせい) 자세
□ 保留(ほりゅう)する 보류하다	≒	見合(みあ)わせる 보류하다／中止(ちゅうし)する 중지하다
□ 本腰(ほんごし) 진지함, 본격적으로 임함	≒	本気(ほんき) 진지함／まじめ 성실함

ま

□ 参(まい)る 지치다, 질리다	≒	うんざりする 지긋지긋하다
□ 前向(まえむ)き 적극적, 진취적	≒	積極的(せっきょくてき) 적극적

□ 前(まえ)もって 미리, 사전에 ≒ あらかじめ・事前(じぜん)に 미리, 사전에

□ まさしく 틀림없이 ≒ 確(たし)かに 확실히

□ まちまち 갖가지, 각기 다름 ≒ さまざま 여러 가지

□ マッチ 매치, 어울림, 일치 ≒ 調和(ちょうわ) 조화／一致(いっち) 일치

□ まなざし 눈길, 시선 ≒ 視線(しせん) 시선

□ 間々(まま) 가끔, 때때로 ≒ ときどき 때때로

□ まばらだ 드문드문하다 ≒ 少(すく)ない 적다

□ 満遍(まんべん)なく 구석구석, 빠짐없이, 골고루 ≒ もれなく 빠짐없이／あまねく 골고루

□ 見上(みあ)げる 감탄하다 ≒ 感心(かんしん)する 감탄하다, 감동하다

□ ムード 무드, 분위기, 기분 ≒ 雰囲気(ふんいき) 분위기／気分(きぶん) 기분

□ 無性(むしょう)に 몹시, 공연히, 무턱대고 ≒ むやみに・やたらに 함부로

□ 無条件(むじょうけん) 무조건 ≒ 文句(もんく)なし 완전히, 무조건

□ 無造作(むぞうさ)に 손쉽게, 아무렇게나 ≒ 簡単(かんたん)に 간단하게／深(ふか)い考(かんが)えもなく 깊이 생각하지도 않고

□ 無謀(むぼう) 무모함 ≒ 無鉄砲(むてっぽう) 무모함

□ 無論(むろん) 물론 ≒ もちろん 물론

□ 目当(めあ)て 목적, 목표 ≒ めど 목표

□ 明瞭(めいりょう)だ 명료하다 ≒ はっきりする 확실하다

□ メンテナンス (건물·기계 등의) 관리, 유지 ≒ 管理(かんり) 관리／維持(いじ) 유지

□ 設(もう)ける 마련하다, 베풀다, 설치하다 ≒ 用意(ようい)する 준비하다

□ 申(もう)し分(ぶん) 변명, 해명 ≒ 言(い)い訳(わけ)・弁解(べんかい) 변명

□ 毛頭(もうとう) 털 끝만큼도, 조금도, 전혀 ≒ 少(すこ)しも 조금도

□ 目下(もっか) 현재 ≒ 現在(げんざい) 현재

□ 専(もっぱ)ら 오로지, 한결같이 ≒ ひたすら 한결같이

□ 弄(もてあそ)ぶ 가지고 놀다, 만지작거리다 ≒ いじくる 만지작거리다

□ もてる 인기가 있다	≒	人気(にんき)がある 인기가 있다
□ 物好(ものず)き 유별난 것을 좋아함, 호기심	≒	好奇心(こうきしん) 호기심
□ もめごと 다툼, 분규, 갈등	≒	争(あらそ)い 다툼, 분쟁／葛藤(かっとう) 갈등
□ 盛(も)り上(あ)げる 분위기를 고조시키다	≒	活気(かっき)づける 활기를 북돋우다
□ もろに 직접, 정면으로	≒	まともに・じかに 직접적으로

や

□ やきもち 질투, 시기	≒	ねたみ・嫉妬(しっと) 시기, 질투
□ やきもちをやく 질투하다	≒	ねたむ・嫉妬(しっと)する 시기하다, 질투하다
□ やんちゃな 떼를 쓰는	≒	わがままな 제멋대로의
□ 誘因(ゆういん) 어떤 상태를 야기하는 원인	≒	きっかけ 계기
□ 優雅(ゆうが) 우아함, 고상함	≒	エレガント 우아함／高尚(こうしょう) 고상함
□ 優(ゆう)に 족히, 충분히	≒	十分(じゅうぶん)に 충분히
□ ゆさぶる (뒤)흔들다	≒	ゆるがす (뒤)흔들다
□ ユニーク 유니크, 특이, 독특	≒	独特(どくとく) 독특함
□ 用心深(ようじんぶか)い 신중하다, 조심성이 많다	≒	慎重(しんちょう)だ 신중하다
□ 用心棒(ようじんぼう) 경호원, 보디가드	≒	ボディーガード 보디가드
□ 余地(よち) 여지	≒	ゆとり 여유, 여지
□ 弱腰(よわごし) 소극적임, 저자세	≒	消極的(しょうきょくてき) 소극적
□ 弱虫(よわむし) 겁쟁이	≒	いくじなし 겁쟁이
□ 弱(よわ)る 약해지다, 곤란해지다	≒	衰(おとろ)える 쇠약해지다／困(こま)る 곤란하다

ら～わ

□ ライバル 라이벌 ≒ 敵(てき) 적

□ 落胆(らくたん)する 낙담하다 ≒ がっかりする 실망하다

□ 立腹(りっぷく)する 역정내다 ≒ 怒(おこ)る・腹(はら)が立(た)つ 화가 나다

□ リハーサル 리허설, 예행연습 ≒ 予行練習(よこうれんしゅう) 예행연습

□ リベート 리베이트, 수수료 ≒ 手数料(てすうりょう) 수수료

□ 流暢(りゅうちょう) 유창함 ≒ ぺらぺら 유창함

□ 了解(りょうかい) 양해 ≒ オーケー・了承(りょうしょう) 오케이, 양해

□ 歴然(れきぜん)としている 분명하다 ≒ はっきりしている 확실하다

□ 劣等感(れっとうかん) 열등감 ≒ コンプレックス 콤플렉스

□ 朗報(ろうほう) 낭보 ≒ うれしい知(し)らせ 기쁜 소식

□ 浪漫的(ろうまんてき) 낭만적 ≒ ロマンチック 로맨틱

□ 和解(わかい) 화해 ≒ 仲直(なかなお)り 화해

□ 煩(わずら)わしい 귀찮다, 성가시다 ≒ 面倒(めんどう)だ 성가시다

9 그 밖의 표현

□ あごを出(だ)す 몹시 지치다

□ 足(あし)が出(で)る 적자가 나다, 예산을 초과하다

□ 肩(かた)を持(も)つ 편을 들다

□ 肩(かた)を並(なら)べる 어깨를 나란히 하다, 필적하다

□ 気(き)が済(す)む 마음이 후련하다

□ 気(き)に障(さわ)る 비위에 거슬리다

□ 気(き)を晴(は)らす 우울한 기분을 풀다

□ 気(き)をもむ 마음을 졸이다, 애태우다

□ ぐっと来(く)る 강한 감동을 느끼다

□ さじを投(な)げる 가망이 없어 포기하다

□ しのぎを削(けず)る 맹렬히 싸우다

□ そっぽを向(む)く 외면하다, 불응하다

□ 手(て)が出(で)ない 어떻게 손을 쓸 수가 없다, 엄두가 안 난다

□ 手(て)を焼(や)く 애먹다, 처치 곤란해하다

□ 途方(とほう)に暮(く)れる 어찌할 바를 모르다

□ 長(なが)い目(め)で見(み)る 긴 안목으로 보다

□ 念(ねん)のため 만약을 위해, 혹시 몰라서	□ はっとする 깜짝 놀라다
□ 鼻(はな)にかける 뽐내다, 자랑하다	□ 腹(はら)が立(た)つ 화가 나다
□ 腹(はら)を決(き)める 결심하다, 마음을 정하다	□ ほどがある 한도가 있다, 유분수다
□ 骨(ほね)が折(お)れる 힘들다, 고생이 되다	□ 目(め)にみえる 눈에 띄다
□ 目安(めやす)をつける 대중을 잡다, 어림잡다	□ 目(め)を通(とお)す 대강 훑어 보다, 대충 보다
□ 平行線(へいこうせん)をたどる 평행선을 걷다	□ まぎれもない 틀림없다
□ もってのほか 당치도 않음	□ 焼(や)け石(いし)に水(みず) 언 발에 오줌 누기, 임시방편
□ 躍起(やっき)になる 기를 쓰다	□ 指(ゆび)を折(お)る 손꼽아 헤아리다
□ よしとする 좋다고 치다, 잘된 것으로 인정하다	

1 예상어휘 확인문제 한자읽기 / 10

問題１ ＿＿＿の言葉の読み方として最もよいものを、１・２・３・４から一つ選びなさい。

1 絹(きぬ)の柔らかい感触が好きです。

1 かんじょく　2 かんがく　3 かんしょく　4 かんかく

2 我が校の野球部は甲子園(こうしえん)で１回戦を突破した。

1 とっぴ　2 とくひ　3 とっぱ　4 とくは

3 このオートバイは欠陥だらけだ。

1 けっかん　2 げっかん　3 けっがん　4 げっがん

4 その作家は今度初めて長編小説を著した。

1 もたらした　2 あらわした　3 おびやかした　4 もてあました

5 あの人から受けた恩は、終生忘れることはできない。

1 しゅうじょう　2 しゅうぜい　3 しゅうしょう　4 しゅうせい

6 情報技術が著しい進歩を見せている。

1 たくましい　2 いちじるしい　3 けがらわしい　4 おびただしい

7 ゴルフのこつを会得するには時間がかかる。

1 かいたく　2 えたく　3 かいとく　4 えとく

8 父は毎年仕事で何回かベトナムを訪れる。

1 おとずれる　2 まぬがれる　3 まぎれる　4 たずれる

9 彼らは自分たちのチームが点を入れるたびに歓声を上げた。

1 がんせい　2 がんしょう　3 かんせい　4 かんしょう

10 人々は競って福袋(ふくぶくろ)を買った。

1 きそって　2 ねらって　3 まかなって　4 あきなって

답 1③ 2③ 3① 4② 5④ 6② 7④ 8① 9③ 10①

問題１ ＿＿＿の言葉の読み方として最もよいものを、１・２・３・４から一つ選びなさい。

1 お寺の境内にはたくさんの屋台が出ていた。

1 けいない　2 きょうない　3 けいだい　4 きょうだい

2 彼は強情だから、一度決めたらなかなか変えない。

1 こうぞう　2 ごうぞう　3 こうじょう　4 ごうじょう

3 彼は父親から商売の秘訣(ひけつ)を授けられた。

1 さずけられた　2 もうけられた　3 ぼやけられた　4 とろけられた

4 親は子供が健やかに育つことを心から願っている。

1 あざやか　2 すこやか　3 あでやか　4 おだやか

5 海外に出かけるときは旅行傷害保険に入ることを勧めるよ。

1 もとめる　2 ゆるめる　3 ひそめる　4 すすめる

6 父は肝臓(かんぞう)を悪くして酒を断った。

1 きった　2 とった　3 たった　4 かった

7 その家に容疑者が立ち寄った形跡がある。

1 けいぜい　2 けいぜき　3 けいせい　4 けいせき

8 私がいくら釈明しても先生に納得してもらうことができなかった。

1 なっとく　2 のうとく　3 なつえ　4 のうえ

9 ６年間、サッカーに精進した選手に敬意を表します。

1 しょうしん　2 しょうじん　3 せいしん　4 せいじん

10 知事は新空港の建設を図っている。

1 はかって　2 ねらって　3 すくって　4 さらって

답 1③ 2④ 3① 4② 5④ 6③ 7④ 8① 9② 10①

3 예상어휘 확인문제 한자읽기 / 10

問題１ ＿＿＿の言葉の読み方として最もよいものを、１・２・３・４から一つ選びなさい。

1 注射してもらったら背中の痛みが和らいだ。

1 かずらいだ　2 なごらいだ　3 やわらいだ　4 やすらいだ

2 30人の生徒を引率して筑波山（つくば）へキャンプに行った。

1 いんせん　2 いんそつ　3 いんぜん　4 いんぞつ

3 ちょっといい点を取ったくらいで有頂天になるんじゃないよ。

1 うちょうてん　2 ゆうちょうてん　3 うていてん　4 ゆうていてん

4 器がいいと料理もおいしい。

1 おもむき　2 たましい　3 なまり　4 うつわ

5 X社にプリンターの在庫の有無をメールで問い合わせた。

1 うぶ　2 うむ　3 ゆうぶ　4 ゆうむ

6 その国に新しい産業が興った。

1 さとった　2 たもった　3 しぼった　4 おこった

7 私たちは池田（いけだ）さんを生徒会長に推した。

1 おした　2 たくした　3 そそのかした　4 おびやかした

8 彼はピカソの絵について独自の解釈をした。

1 がいせき　2 がいしゃく　3 かいせき　4 かいしゃく

9 私は寝る前に一日の行いを省みることにしている。

1 かえりみる　2 こころみる　3 しょうみる　4 ほころみる

10 そこでは７日夜から未明にかけて猛烈（もうれつ）な雨となり、河川の氾濫（はんらん）が相次いだ。

1 こせん　2 かせん　3 こそん　4 かそん

답 1③ 2② 3① 4④ 5② 6④ 7① 8④ 9① 10②

問題１ ＿＿＿の言葉の読み方として最もよいものを、１・２・３・４から一つ選びなさい。

1 彼女は素足にスニーカーを履いていた。

1 すあし　2 すそく　3 そあし　4 そそく

2 多くの企業がオイルショックで経営不振に陥った。

1 ぶしん　2 ぶじん　3 ふしん　4 ふじん

3 あの女優は気性が激しい。

1 きしょう　2 きせい　3 けしょう　4 けせい

4 彼女は頭が痛いと言って早退したけど、あれは仮病だよ。

1 かみょう　2 かびょう　3 けみょう　4 けびょう

5 あちこちのポケットを探ったが、かぎは見つからなかった。

1 むさぼった　2 さぐった　3 すべった　4 もぐった

6 財布を拾得して交番に届けた。

1 しゅうどく　2 しゅどく　3 しゅうとく　4 しゅとく

7 彼は師匠(ししょう)から修行が足りないと言われた。

1 しゅきょう　2 しゅぎょう　3 しゅきょ　4 しゅぎょ

8 現在のイギリスの首相は誰ですか。

1 じゅしょう　2 じゅしょ　3 しゅしょう　4 しゅしょ

9 その国では日本車の需要が減っている。

1 じゅよう　2 じゅうよう　3 じゅうよ　4 じゅよ

10 彼は多彩なアプローチと巧妙なテクニックでその音楽を表現している。

1 こうびょう　2 こびょう　3 こうみょう　4 こみょう

답 1① 2③ 3① 4④ 5② 6③ 7② 8③ 9① 10③

問題１　＿＿＿の言葉の読み方として最もよいものを、１・２・３・４から一つ選びなさい。

1 この加湿器(かしつき)は空気清浄機を兼ねている。

1 かねて　2 つねて　3 たばねて　4 かさねて

2 本会の経理は予算に基づいて出納し、諸帳簿を整理して監査を受ける。

1 すいのう　2 すいとう　3 でとう　4 でのう

3 外野手は素手でボールをつかんで３塁へ矢のような送球をした。

1 そで　2 そしゅ　3 すで　4 すしゅ

4 この絵には作者の思いが素直に表現されている。

1 すなお　2 そじき　3 すっちょく　4 そっちょく

5 今は事の是非を争っている場合ではない。

1 ぞうぴ　2 しょうひ　3 せいぴ　4 ぜひ

6 我が社はヨーロッパ市場から撤退することを決定した。

1 てってい　2 てっぱい　3 てったい　4 てっきょ

7 池田(いけだ)さんとは20年来の知己だ。

1 じき　2 ちき　3 じこ　4 ちこ

8 ネクタイをしていないのは私だけだったので体裁が悪かった。

1 ていさい　2 ていざい　3 たいさい　4 たいざい

9 ガス給湯器の不完全燃焼で一酸化炭素が発生した。

1 ねんしょ　2 ねんそ　3 ねんしょう　4 ねんそう

10 この新人は無限の可能性を秘めている。

1 ひめて　2 はめて　3 しめて　4 もめて

답 1① 2② 3③ 4① 5④ 6③ 7② 8① 9③ 10①

6 예상어휘 확인문제 한자읽기 / 10

問題１　＿＿＿の言葉の読み方として最もよいものを、１・２・３・４から一つ選びなさい。

1 この国は貧富の差が激しい。

1 ひんふ　2 ひんぷ　3 びんふ　4 びんぷ

2 どの国にもそれぞれ風俗習慣がある。

1 ふうぞく　2 ふうじょく　3 ふぞく　4 ふじょく

3 私は学校創立100周年記念募金の発起人になった。

1 ほっきにん　2 はっきにん　3 ほつぎにん　4 はつぎにん

4 ときどきぜんそくの発作が起こる。

1 ほうさ　2 はっさく　3 ほっさ　4 ほうさく

5 彼はエベレストに登頂し、本望を遂げた。

1 もとぼう　2 もともう　3 ほんぼう　4 ほんもう

6 この話は史実に基づいて書かれたものだ。

1 いたづいて　2 たばづいて　3 もとづいて　4 ちかづいて

7 教授の遺言により、蔵書はすべて大学に寄付された。

1 ゆうごん　2 ゆいごん　3 ゆうげん　4 ゆいげん

8 ２つの絵は構図がよく類似している。

1 るいじ　2 るいに　3 りゅうじ　4 りゅうに

9 老練な投資家にも最近の相場は読みにくいという。

1 のうれん　2 のうねん　3 ろうれん　4 ろうねん

10 手伝ってほしいと言ったら露骨にいやな顔をした。

1 つゆほね　2 つゆこつ　3 ろほね　4 ろこつ

답 1② 2① 3① 4③ 5④ 6③ 7② 8① 9③ 10④

7 예상어휘 확인문제

한자읽기　　/ 10

問題１　＿＿＿＿の言葉の読み方として最もよいものを、１・２・３・４から一つ選びなさい。

1 外出中に先生に会い、会釈をして通り過ぎた。

1 かいしゃく　2 かいせき　3 えしゃく　4 えせき

2 退学したいと言うと、父は猛烈に反対した。

1 もれつ　2 きょれつ　3 もうれつ　4 きょうれつ

3 パーティーは終始和やかな雰囲気で進められた。

1 あざやかな　2 なごやかな　3 ゆるやかな　4 はなやかな

4 私は彼のピアニストとしてのすぐれた才能に驚嘆した。

1 きょたん　2 きょうたん　3 きょだん　4 きょうだん

5 父親は娘が医学部へ進学するのを切望していた。

1 せつぼう　2 せつもう　3 ぜつぼう　4 ぜつもう

6 彼女の献身的な奉仕(ほうし)活動は多くの人に感銘を与えた。

1 はんきょう　2 はんめい　3 かんみょう　4 かんめい

7 この試みは大成功し、この伝染病の終息宣言に至った。

1 しゅういき　2 しゅうそく　3 じゅういき　4 じゅうそく

8 蛇足ながら新婦は私の妻の高校時代の友人でもあります。

1 たそく　2 たぞく　3 だそく　4 だぞく

9 彼女は国防費を削減するように唱えた。

1 たたえた　2 となえた　3 かなえた　4 うったえた

10 ついにミュージカル俳優になる夢が成就した。

1 じょうじゅう　2 じょうじゅ　3 せいしゅう　4 せいしゅ

답 1③ 2③ 3② 4② 5① 6④ 7② 8③ 9② 10②

8 예상어휘 확인문제 한자읽기 / 10

問題１ ＿＿＿の言葉の読み方として最もよいものを、１・２・３・４から一つ選びなさい。

1 トラックの積み荷が崩れて道路に散乱した。

1 つぶれて　2 くずれて　3 はがれて　4 こぼれて

2 警察は、違法駐車を容赦なく取りしまってほしい。

1 ようしゃ　2 ようじゃ　3 ようしゃく　4 ようじゃく

3 この団体は世界平和に貢献することを目的に設立された。

1 こうかん　2 こうけん　3 こかん　4 こけん

4 野生鳥獣(ちょうじゅう)を許可なく捕獲することはできない。

1 ほえ　2 ほかく　3 ほうえ　4 ほうかく

5 わが家には管理を託された土地があります。

1 くだされた　2 まかされた　3 たくされた　4 かされた

6 裁判所は個人情報保護法の厳正な施行を命じた。

1 しこう　2 しごう　3 せきょう　4 せぎょう

7 彼女の提案を前提として議論を進めよう。

1 ぜんてい　2 ぜんでい　3 ぜんせい　4 ぜんぜい

8 多くの少年少女が芸能界の華やかな生活にあこがれる。

1 なごやかな　2 あざやかな　3 はなやかな　4 かろやかな

9 彼女のブローチには繊細(せんさい)な細工が施されていた。

1 さいこう　2 さいこ　3 さいくう　4 さいく

10 その講演は示唆に富(と)み、得るところが多かった。

1 じさ　2 じざ　3 しさ　4 しざ

답 1② 2① 3② 4② 5③ 6① 7① 8③ 9④ 10③

9 예상어휘 확인문제 한자읽기 / 10

問題１ ＿＿＿の言葉の読み方として最もよいものを、１・２・３・４から一つ選びなさい。

1 思いがけず敵の計略に陥る。
1 おちいる　2 むさぼる　3 まぎれる　4 ほうむる

2 彼女は子供にも恵まれて幸せな生涯を送った。
1 せいあい　2 せいがい　3 しょうあい　4 しょうがい

3 集めた部費を有益に使う道を考えよう。
1 ゆえき　2 ゆうえき　3 うえき　4 ありえき

4 むやみに森林を伐採することは、重大な環境破壊につながる。
1 はっさい　2 はつざい　3 ばっさい　4 ばつざい

5 農家は冷夏による凶作に苦しんだ。
1 きょさ　2 きょうさ　3 きょさく　4 きょうさく

6 万障お繰り合わせの上ご出席ください。
1 はんじょう　2 ばんしょう　3 まんじょう　4 まんしょう

7 彼女は手術後すぐに麻酔からさめた。
1 ますい　2 まずい　3 まつい　4 まづい

8 組合は会社に対して釈明を求めた。
1 たくめい　2 しゃくめい　3 やくめい　4 しゅくめい

9 この作品集は彼のこれまでの小説を網羅している。
1 もうら　2 もうろう　3 ぼうら　4 ぼうろう

10 申し訳ありませんが、父は面会謝絶となっております。
1 しゃぜつ　2 しゃせつ　3 さぜつ　4 させつ

답 1① 2④ 3② 4③ 5④ 6② 7① 8② 9① 10①

10 예상어휘 확인문제

문맥규정　　　/ 10

問題２（　　　）に入れるのに最もよいものを、１・２・３・４から一つ選びなさい。

1 山田(やまだ)さんは自然保護のため、（　　　）活動している。

1　圧倒的に　　2　精力的に　　3　急迫的に　　4　普遍的に

2 このあたりは（　　　）海だったそうで、貝の化石がたくさん見られる。

1　すでに　　2　もはや　　3　いつか　　4　かつて

3 旅行に出る前の晩にはしっかり準備を（　　　）から寝る。

1　そなえて　　2　とどめて　　3　ふけて　　4　ととのえて

4 写真を見ているうちに、あのときの苦い思い出が（　　　）きた。

1　さかのぼって　　2　よみがえって　　3　引き返して　　4　立ち直って

5 私はその経験から貴重な（　　　）を得ました。

1　触発　　2　啓発　　3　教養　　4　教訓

6 その島の自然は（　　　）のまま残されている。

1　手つかず　　2　臆病　　3　気がかり　　4　迷惑

7 彼女の口座に預金がないので、銀行は小切手の支払いを（　　　）した。

1　解禁　　2　廃止　　3　解除　　4　停止

8 値段については僕には決めかねたので、マネージャーの判断に（　　　）。

1　新しんだ　　2　なだめた　　3　勧めた　　4　ゆだねた

9 先生が怖い顔で呼ぶので（　　　）怒られるかと思ったら、ほめられたのでびっくりした。

1　きっちり　　2　てっきり　　3　きっかり　　4　じっくり

10 この端末は本社の顧客（　　　）とつながっています。

1　データベース　　2　ノウハウ　　3　ライフワーク　　4　ベテラン

답 1② 2④ 3④ 4② 5④ 6① 7④ 8④ 9② 10①

11 예상어휘 확인문제 문맥규정 / 10

問題２（　　）に入れるのに最もよいものを、１・２・３・４から一つ選びなさい。

1 （　　）疲れていたとみえて、弟は会社から帰ると、夕ご飯も食べずにそのまま寝てしまった。

1 さほど　2 あれほど　3 よほど　4 どれほど

2 彼はピアノの才能があると（　　）いたが、コンクールの予選で落ちてしまった。

1 うぬぼれて　2 ひやかして　3 おもむいて　4 あつらえて

3 その記者会見で刑事は容疑者についての具体的な（　　）を避けた。

1 供述　2 言及　3 告白　4 通話

4 経済不況の中、企業は業績回復に向けてさまざまな工夫を（　　）いる。

1 かためて　2 ねんじて　3 たちあげて　4 こらして

5 英語では、彼と（　　）を並べるほどの力のある生徒は、今のところいない。

1 目　2 肩　3 顔　4 手

6 この物質は人の健康を（　　）おそれがある。

1 損なう　2 危ぶむ　3 恐れる　4 崩れる

7 この教科書を（　　）した理由を説明します。

1 起用　2 引用　3 採択　4 採取

8 瓶には「子供の手の届かないところに保管すること」という（　　）がはってあった。

1 シェア　2 レッテル　3 レート　4 ランク

9 車が（　　）するガスによって、大気はかなり汚染されている。

1 消除　2 追放　3 一掃　4 排出

10 そう怒るなよ。彼は自分の気持ちを（　　）言えないだけなんだ。

1 コンスタントに　2 ストレートに　3 クリアに　4 ストックに

답 1③ 2① 3② 4④ 5② 6① 7③ 8② 9④ 10②

12 예상어휘 확인문제

문맥규정 / 10

問題２（　　　）に入れるのに最もよいものを、１・２・３・４から一つ選びなさい。

1 この防水工事は（　　　）業者が手を抜いた可能性が高い。

1 どうやら　2 むやみに　3 ひたすら　4 はるかに

2 何かあったら言ってください、いつでも（　　　）から。

1 寄りかかります　2 駆けつけます　3 結びつきます　4 突っ込みます

3 その問題について上司の意向を（　　　）する必要がある。

1 自問　2 打診　3 試行　4 探索

4 新しい商店街ができれば地元は大いに（　　　）だろう。

1 やしなう　2 うるおう　3 まかなう　4 うやまう

5 新婚のお二人には（　　　）家庭を築いていただきたい。

1 綿密な　2 精巧な　3 寛容な　4 円満な

6 体育館にはたくさんのいすが（　　　）並べられていた。

1 堂々と　2 整然と　3 続々と　4 歴然と

7 そのチームは（　　　）強さを見せつけて優勝した。

1 普遍的な　2 多角的な　3 圧倒的な　4 建設的な

8 これらの野菜はどのような（　　　）をたどって消費者の手元に届くのだろうか。

1 従来　2 経路　3 由来　4 経歴

9 家の手伝いをしない妹と同じ額のお小遣(こづか)いだなんて（　　　）平等だよ。

1 悪　2 没　3 非　4 苦

10 その地域に大きな地震が起きて地盤(じばん)が約30センチ（　　　）。

1 潤った　2 染みた　3 溶けた　4 沈んだ

답 1① 2② 3② 4② 5④ 6② 7③ 8② 9① 10④

13 예상어휘 확인문제 문맥규정 / 10

問題２（　　　）に入れるのに最もよいものを、１・２・３・４から一つ選びなさい。

1 町中が昨日起こった不思議な出来事のうわさで（　　　）だった。

1 申し出　　2 もちきり　　3 出直し　　4 すれ違い

2 景気が（　　　）し、失業率が５％を超えた。

1 休止　　2 停止　　3 渋滞　　4 停滞

3 撥水（はっすい）機能とは、生地表面を水が転がり落ちるような作用で水を（　　　）機能です。

1 はじく　　2 そらす　　3 さける　　4 こばむ

4 留学したいと言ったら父は（　　　）承知してくれた。

1 すんなり　　2 うっとり　　3 ふんわり　　4 ぎっしり

5 上司に話を（　　　）には、アポイントを取る必要があります。

1 押し込む　　2 切り出す　　3 割り当てる　　4 持ち上げる

6 ヒマラヤの（　　　）眺めに私はただただ圧倒された。

1 巨大な　　2 盛大な　　3 雄大な　　4 絶大な

7 レフリーがカウントを始めると、ボクサーは（　　　）立ち上がった。

1 すいすいと　　2 せかせかと　　3 ひしひしと　　4 ふらふらと

8 あまり働いたので、あごを（　　　）。

1 さげた　　2 落とした　　3 出した　　4 あげた

9 新聞記者は、見てきた戦争の（　　　）をくわしく話した。

1 ありさま　　2 ありかた　　3 ありあり　　4 ありきたり

10 翻訳では微妙な（　　　）が失われることがあります。

1 タイミング　　2 ステップ　　3 センス　　4 ニュアンス

답 1② 2④ 3① 4① 5② 6③ 7④ 8③ 9① 10④

問題２（　　　）に入れるのに最もよいものを、１・２・３・４から一つ選びなさい。

1 一度耳にすれば忘れられないほど（　　　）響き、聴く人をみな楽園へ導く。
1 ここちよく　2 いさぎよく　3 喜ばしく　4 輝かしく

2 このタイプのコンピューターは（　　　）が少ないのです。
1 設置　2 残留　3 所持　4 在庫

3 その子供は（　　　）簡単に九九を覚えてしまった。
1 あえて　2 いっそ　3 せめて　4 いとも

4 当協会に所属する問題解決のプロがいち早く問題を解決し、会員様の不安を（　　　）します。
1 一掃　2 追放　3 削除　4 排出

5 彼は警察にこの人がホテルから出て来るのを見たと（　　　）しました。
1 表明　2 認証　3 供述　4 開示

6 その高校には約1,200人の生徒が（　　　）している。
1 就労　2 従事　3 在籍　4 勤務

7 彼女はイギリスでシェイクスピアを（　　　）研究した。
1 みっちり　2 ぐっすり　3 べったり　4 めっきり

8 地震で家が（　　　）揺れるのがわかった。
1 ぬるぬる　2 ごろごろ　3 ぐらぐら　4 とんとん

9 雨のため、計40の国内便が運航を（　　　）。
1 見合わせた　2 見違えた　3 見かけた　4 見過ごした

10 作家になるという望みは、ついに（　　　）ことはできなかった。
1 遂げる　2 極める　3 掲げる　4 秘める

답 1① 2④ 3④ 4① 5③ 6③ 7① 8③ 9① 10①

15 예상어휘 확인문제

문맥규정 / 10

問題2 （　　）に入れるのに最も良いものを、１・２・３・４から一つ選びなさい。

1 服のタグにペンで名前を書いたら、（　　）読めなくなった。

1 暴れて　2 にじんで　3 震えて　4 ゆがんで

2 私たちの担任の先生は（　　）指導で定評がある。

1 切実な　2 堅実な　3 安泰な　4 安易な

3 文化祭の（　　）として模擬店(もぎてん)を出すことになった。

1 一環　2 一体　3 内部　4 部門

4 料理によっては、下味をつけて冷凍するとより味が（　　）おいしくなりますよ。

1 溶けて　2 染みて　3 潤って　4 沈んで

5 わが社は貸しビル・貸し部屋経営からホテル経営への（　　）を図っている。

1 容姿　2 過程　3 転換　4 推移

6 女性の社会進出に対して（　　）をもつ人がいる。

1 無効　2 禁物　3 不当　4 偏見

7 伝染病にかかっていた帰国者たちは１か月間（　　）された。

1 駆除　2 遮断　3 拒絶　4 隔離

8 高橋(たかはし)さんは高跳びで180センチを（　　）しました。

1 クリア　2 コンスタント　3 シンプル　4 ストレート

9 足にけがをしてから佐藤(さとう)さんはマラソンへの（　　）を失った。

1 同感　2 心情　3 熱意　4 好感

10 私はスーツケースに衣類を（　　）詰め込んだ。

1 へとへとに　2 からからに　3 すっきり　4 ぎっしり

답 1② 2② 3① 4② 5③ 6④ 7④ 8① 9③ 10④

16 예상어휘 확인문제 문맥규정 / 10

問題２（　　　）に入れるのに最もよいものを、１・２・３・４から一つ選びなさい。

1 そのころ彼は職業を転々と変えた。よくがまんしても（　　　）４か月で、半年続いたことはなかった。

1 せいぜい　　2 ほどよく　　3 すっかり　　4 せめて

2 彼女と目があったが、すぐに目を（　　　）。

1 かけられた　　2 はなされた　　3 そらされた　　4 つけられた

3 （　　　）話ばかりするので、もう誰も耳を貸そうとしない。

1 ぞんざいな　　2 うつろな　　3 いいかげんな　　4 ろくな

4 悩みがあるときには信頼できる友だちに相談するのが（　　　）だ。

1 よほど　　2 もとより　　3 まだしも　　4 なにより

5 その映画はたくさんの人々の（　　　）を得た。

1 強調　　2 感心　　3 協調　　4 共感

6 商品管理部長は毎日寄せられる苦情を（　　　）と思ったことはなかった。

1 めざましい　　2 わずらわしい　　3 ほこらしい　　4 そうぞうしい

7 あの人のおかしな言動には、みんなまゆを（　　　）いるけれど、本人はぜんぜんわかっていないようだ。

1 ぬいて　　2 ういて　　3 ひそめて　　4 たって

8 あまりに（　　　）勝利で感動しなかった。

1 そっけない　　2 あっけない　　3 はかない　　4 ものたりない

9 勉強で忙しくなりますね。風邪を引かないように（　　　）気をつけてください。

1 ことによると　　2 ことごとく　　3 もしかして　　4 くれぐれも

10 最近の医療技術の（　　　）進歩のおかげで、平均寿命は毎年長くなっている。

1 めざましい　　2 はなばなしい　　3 わずらわしい　　4 いさぎよい

답 1① 2③ 3③ 4④ 5④ 6② 7③ 8② 9④ 10①

17 예상어휘 확인문제 문맥규정 / 10

問題２（　　）に入れるのに最もよいものを、１・２・３・４から一つ選びなさい。

1 （　　）あつかましい男でもデパートで値切ることはできまい。

1 どうにか　2 さも　3 いかに　4 もっぱら

2 そんなに（　　）なよ。慎重にやらないと失敗するんだ。

1 せかす　2 あかす　3 おかす　4 わかす

3 交渉は（　　）終わり、契約を交わすことができなかった。

1 不振に　2 不順に　3 不当に　4 不調に

4 災害対策の品はそろえたが、（　　）という時、本当に役に立つのかな。

1 さぞ　2 いざ　3 さも　4 いまだ

5 弟は受験勉強のせいで（　　）やせてしまった。

1 がっくり　2 じっくり　3 くっきり　4 げっそり

6 結論が出ないので、夜遅くまで（　　）した。

1 協調　2 協力　3 協同　4 協議

7 最近の情報技術の進歩は想像を（　　）越えたものだ。

1 はるかに　2 さすがに　3 とっくに　4 ひそかに

8 リストラがささやかれているが、皆の前では無関心を（　　）。

1 とった　2 よそおった　3 着た　4 出した

9 台風19号は東海地方に大きな被害を（　　）。

1 もってまわった　2 もてなした　3 もたれた　4 もたらした

10 相手は新人だから（　　）説明しなければならない。

1 いちいち　2 ぺらぺら　3 たまたま　4 のろのろ

답 1③ 2① 3④ 4② 5④ 6④ 7① 8② 9④ 10①

問題２（　　　）に入れるのに最もよいものを、１・２・３・４から一つ選びなさい。

1 応援している野球チームが負けるのではないかと（　　　）しながら観戦した。

１ ぼつぼつ　２ はらはら　３ しみじみ　４ おどおど

2 あの会社が倒産するのは（　　　）時間の問題だ。

１ もうすぐ　２ はやばやと　３ もはや　４ はやくても

3 この料理は（　　　）していておいしい。

１ とっぷり　２ さっぱり　３ どっぷり　４ きっぱり

4 夏の（　　　）、狭い部屋に閉じ込められる苦しさは、冷房でもしない限り、耐えることができない。

１ めつき　２ なぎさ　３ さなか　４ はだし

5 外国での一人暮らしは、頼れる人がいなくて（　　　）。

１ うっとうしい　２ なさけない　３ ものたりない　４ こころぼそい

6 失敗を重ねても、いっこうに気にする様子はない。あいつは実に（　　　）男だ。

１ だるい　２ でかい　３ しぶとい　４ たやすい

7 東京の夏はかなり暑いが、今年は（　　　）厳しい暑さだ。

１ かえって　２ すくなくとも　３ すこしは　４ とりわけ

8 時間に（　　　）友人は、私が５分遅れても、待ってくれない。

１ うるさい　２ あさましい　３ あくどい　４ しぶとい

9 そんなに（　　　）を張るな。気まずくなるぞ。

１ 熱意　２ 意志　３ 決意　４ 意地

10 今後５年間で失業者をゼロにするなんて、（　　　）無理な話だ。

１ とうてい　２ まさか　３ すっかり　４ たしか

답 1② 2③ 3② 4③ 5④ 6③ 7④ 8① 9④ 10①

19 예상어휘 확인문제

문맥규정 / 10

問題２（　　）に入れるのに最もよいものを、１・２・３・４から一つ選びなさい。

1 考えてみると、私たちの生活には（　　）多くのむだがある。

1 思いがけない　2 はるばる　3 あまりにも　4 むやみに

2 コーヒーを（　　）ため、コンピューターがこわれてしまった。

1 こもった　2 こぼした　3 ごまかした　4 おごった

3 （　　）人の話を信じるものではない。

1 ひそかに　2 かならず　3 むやみに　4 とくに

4 登山途中、道に迷ったが、やっとのことで山小屋（やまごや）に（　　）ついた。

1 こぎ　2 おい　3 たずね　4 たどり

5 彼にも意外な（　　）がある。

1 一見　2 一目　3 一面　4 一部

6 日本人の人口は、もうすぐ１億３千万人を（　　）する。

1 突出　2 突進　3 突入　4 突破

7 会社の新入社員採用の面接ではたいてい志望の（　　）をたずねられる。

1 動機　2 原因　3 要素　4 由来

8 ここ数年、日本のＩＴ産業の基礎体力と国際競争力の低下は（　　）。

1 わずらわしい　2 はなばなしい　3 めざましい　4 いちじるしい

9 何十年もの（　　）体験をもとにして小説を書く。

1 とうとい　2 いやしい　3 しぶとい　4 いちじるしい

10 テレビでは雨は降らないと言っていたが、（　　）傘を持って行くことにした。

1 あんのじょう　2 まえもって　3 ねんのため　4 あらかじめ

답 1③ 2② 3③ 4④ 5③ 6④ 7① 8④ 9① 10③

20 예상어휘 확인문제

문맥규정 / 10

問題２（　　　）に入れるのに最もよいものを、１・２・３・４から一つ選びなさい。

1 おじいさんの手紙は、難しくて判読するのに骨が（　　　）。

1 こおる　　2 こわれる　　3 いたむ　　4 おれる

2 この方面の技術の発達は、アメリカに（　　　）ところが少なくない。

1 負う　　2 おかす　　3 借りる　　4 おどす

3 あの人が私にだけ親切にするのは、何か（　　　）があるからなのかしら。

1 かたこと　　2 したごころ　　3 たてまえ　　4 こころえ

4 わからない単語や間違いは先生が（　　　）してくれた。

1 キープ　　2 アピール　　3 フォロー　　4 マッチ

5 彼女はわたしと会う約束を（　　　）とうとう来なかった。

1 かくして　　2 やぶって　　3 あきらめて　　4 ことわって

6 上からの（　　　）がなければ、彼女はその仕事を引き受けなかっただろう。

1 圧縮　　2 圧勝　　3 圧力　　4 圧迫

7 決まりきった毎日の仕事に（　　　）している。

1 あっさり　　2 げっそり　　3 じっくり　　4 うんざり

8 次から次へと買い物をしていたら、とうとう足が（　　　）しまった。

1 運んで　　2 すべって　　3 出て　　4 おれて

9 銀行のキャッシュカードでお金を（　　　）。

1 さげた　　2 くだした　　3 くずした　　4 おろした

10 係員の（　　　）調査によって妥当な結論を得た。

1 零細な　　2 綿密な　　3 繊細な　　4 親密な

답 1④ 2① 3② 4③ 5② 6③ 7④ 8③ 9④ 10②

21 예상어휘 확인문제

문맥규정 / 10

問題２（　　　）に入れるのに最もよいものを、１・２・３・４から一つ選びなさい。

1 車はあっという間にトンネルを走り（　　　）。

1 なれた　　2 うけた　　3 こえた　　4 ぬけた

2 野球の試合が延長（　　　）に入った。

1 戦　　2 末　　3 流　　4 線

3 彼の作品には何ら新鮮（　　　）がなかった。

1 類　　2 味　　3 製　　4 状

4 複数の発送（　　　）がある場合はこの用紙をお使いください。

1 街　　2 帯　　3 先　　4 器

5 （　　　）ホテルでは、全室無料にてインターネットをお使いいただけます。

1 副　　2 当　　3 被　　4 主

6 その企画は資金（　　　）で実現しなかった。

1 術　　2 税　　3 難　　4 層

7 このつぼの評価（　　　）はせいぜい２万円ですね。

1 案　　2 団　　3 額　　4 面

8 非常に興味深く有意義な内容で、盛況（　　　）に終了しました。

1 裏　　2 内　　3 表　　4 外

9 動物実験の結果、その薬は（　　　）作用が少ないことがわかった。

1 副　　2 助　　3 準　　4 補

10 本校における大学進学（　　　）は高い。

1 費　　2 帯　　3 陣　　4 率

답 1④ 2① 3② 4③ 5② 6③ 7③ 8① 9① 10④

22 예상어휘 확인문제 유의표현 / 10

問題３ ＿＿＿の言葉に意味が最も近いものを、１・２・３・４から一つ選びなさい。

1 彼の無事を聞いて安堵(あんど)した。

1 すっとした　2 はっとした　3 ほっとした　4 かっとした

2 この薬の難点は人によって副作用があることだ。

1 不安なところ　2 無駄なところ　3 惜しいところ　4 悪いところ

3 もうダブルベッドを置くゆとりはない。

1 隔離　2 空間　3 間隔　4 時間

4 彼女は返事をしぶっていた。

1 なかなか返事をしようとしなかった　2 返事するのをすっかり忘れていた
3 返事が来るのをいつまでも待っていた　4 早く返事が欲しいと何度も要求した

5 彼らは新しい仕事に乗り出すそうですね。

1 着手する　2 従事する　3 満足する　4 就任する

6 あの３人の関係はややこしい。

1 奇妙だ　2 明確だ　3 簡潔だ　4 複雑だ

7 この家は１階がガレージになっている。

1 倉庫　2 車庫　3 金庫　4 書庫

8 今度の夏休みは思う存分遊びたい。

1 土壇場　2 精一杯　3 道理で　4 無闇に

9 彼女はいまひとつ社交性に欠ける。

1 次々　2 少々　3 段々　4 続々

10 ウィルスの侵入でパソコンがダウンした。

1 上昇した　2 終了した　3 転落した　4 故障した

답 1③ 2④ 3② 4① 5① 6④ 7② 8② 9② 10④

23 예상어휘 확인문제 유의표현 / 10

問題３　＿＿＿の言葉に意味が最も近いものを、１・２・３・４から一つ選びなさい。

1 入会に際してわずらわしい手続きはありません。
1 苦手な　2 膨大な　3 単調な　4 面倒な

2 本社に直接照会してください。
1 申し込んで　2 訪れて　3 問い合わせて　4 知らせて

3 委員長は辞意を撤回した。
1 くりかえした　2 とりけした　3 省略した　4 訂正した

4 彼の主張は漠然としていた。
1 あっさりして　2 ぼんやりして　3 はっきりして　4 ごちゃごちゃして

5 彼は実に見上げた男だ。
1 感心した　2 出世した　3 躍進した　4 失敗した

6 ２晩徹夜続きですっかりばててしまった。
1 飽きて　2 疲れて　3 のどが渇いて　4 おなかがすいて

7 悪天候のため、本日の式典の挙行は見合わせます。
1 実施します　2 参観します　3 見学します　4 延期します

8 アリの生態をつぶさに観察している。
1 なつかしそうに　2 詳細に　3 のんびりと　4 繰り返して

9 あの人の言い訳には、ふに落ちないところがある。
1 落ち着かない　2 納得できない　3 許されない　4 うまくいかない

10 君の忠告はひしと受け止めた。
1 きびしく　2 くわしく　3 やさしく　4 したしく

답 1④ 2③ 3② 4② 5① 6② 7④ 8② 9② 10①

24 예상어휘 확인문제 유의표현 / 10

問題3 ＿＿＿＿の言葉に意味が最も近いものを、1・2・3・4から一つ選びなさい。

1 自分の容姿に劣等感を持っている。

1 コンプレックス　2 イメージ　3 プライド　4 コントロール

2 彼は故意に私たちの邪魔をした。

1 わざと　2 さっさと　3 うっかり　4 いやいや

3 彼のかたくなな態度は変わらなかった。

1 真剣な　2 強引な　3 冷静な　4 頑固な

4 彼女は、いつもエレガントな服を着ている。

1 個性的な　2 上品な　3 活動的な　4 地味な

5 卒業証書は学生たちめいめいに授与された。

1 順々に　2 一斉に　3 一人一人に　4 グループごとに

6 彼は任務をまっとうするために全力を尽くした。

1 完了する　2 実行する　3 継続する　4 承認する

7 極力締め切りに間に合うようにします。

1 思い切って　2 あらためて　3 できるだけ　4 必ずしも

8 吟味した食材を使った。

1 皆に推薦された　2 一度食べてみた　3 安く仕入れた　4 慎重に選ばれた

9 彼は政界からしりぞくことを決心した。

1 出席する　2 進出する　3 入門する　4 引退する

10 赤ちゃんの足はふにゃふにゃしている。

1 とても丈夫な感じだ　2 やわらかい感触だ

3 今にも倒れそうな感じだ　4 か弱い状態だ

답 1① 2① 3④ 4② 5③ 6① 7③ 8④ 9④ 10②

25 예상어휘 확인문제 유의표현 / 10

問題３ ＿＿＿の言葉に意味が最も近いものを、１・２・３・４から一つ選びなさい。

1 彼女は少しとまどっているようだった。

1 怖がって　2 迷って　3 悔やんで　4 驚いて

2 彼は新しい事業を立ち上げたいという意気込みを見せた。

1 意欲　2 信頼　3 自信　4 敬意

3 商品の安全性を入念にチェックした。

1 責任を持って　2 細かく丁寧に　3 厳しく公平に　4 興味を持って

4 またしくじってしまったんです。

1 失敗して　2 遅刻して　3 誤解して　4 緊張して

5 いろいろ考えたけれど、ほかにいい手立てがない。

1 場所　2 道具　3 素材　4 方法

6 彼がそう言うのも道理だ。

1 真理だ　2 本当だ　3 当然だ　4 迷惑だ

7 交通渋滞にぶつかった。

1 落ち込まなかった　2 差し支えなかった　3 取り締まられた　4 巻き込まれた

8 脂っぽい食べ物は禁物だ。

1 大嫌いだ　2 大好きだ　3 避けるべきだ　4 捨てるべきだ

9 彼は「さようなら」と言って人ごみの中にさっと姿を消した。

1 ゆったり　2 すばやく　3 どたばた　4 すらすら

10 彼は手品を披露して会を盛り上げた。

1 動機付けた　2 元気づけた　3 活気づけた　4 義務付けた

답 1② 2① 3② 4① 5④ 6③ 7④ 8③ 9② 10③

26 예상어휘 확인문제 유의표현 / 10

問題3 ＿＿＿の言葉に意味が最も近いものを、1・2・3・4から一つ選びなさい。

1 彼はあたかもその家の主人のような振る舞いをする。
1 やっと　2 まるで　3 てんで　4 ほっと

2 あの人の考え方はおさない。
1 頑固だ　2 膨大だ　3 綿密だ　4 幼稚だ

3 上達するためには毎日練習することが肝心だ。
1 格別だ　2 安易だ　3 重要だ　4 簡易だ

4 コンピューターの仕組みがわかる人はほとんどいない。
1 改造　2 偽造　3 構想　4 構造

5 そんな卑劣なことをするような男ではない。
1 めざましい　2 ややこしい　3 あさましい　4 うっとうしい

6 その医師のつつましい態度に誰もが尊敬を抱いた。
1 ひかえめな　2 ざっくばらんな　3 でたらめな　4 いじわるな

7 この本はストックがあります。
1 制限　2 禁止　3 在庫　4 油断

8 大好きな彼に別れを告げるのはとても辛かった。
1 求める　2 承る　3 整える　4 知らせる

9 今日までに判明した犠牲者は50人に上る。
1 確認された　2 変更された　3 実施された　4 依頼された

10 彼はホテルを経営して多くの従業員をかかえている。
1 謹んで　2 仕えて　3 雇って　4 勤まって

답 1② 2④ 3③ 4④ 5③ 6① 7③ 8④ 9① 10③

問題３ ＿＿＿の言葉に意味が最も近いものを、１・２・３・４から一つ選びなさい。

1 ひとまずニューヨークへ行って、それからボストンへ行くつもりです。

1 一応　2 一見　3 単一　4 唯一

2 兄が大学入試に合格したという朗報が届いた。

1 うれしい知らせ　2 めずらしい知らせ　3 意外な知らせ　4 大切な知らせ

3 しょせんかなわぬ夢とあきらめた。

1 どうか　2 どうせ　3 なにか　4 なにも

4 彼女はあれやこれやとあわただしい毎日を送っている。

1 せわしい　2 たのしい　3 だるい　4 きつい

5 彼はファイトを燃やしていた。

1 業績　2 感激　3 闘志　4 改革

6 生徒たちは代わる代わる部屋に入っては出て行った。

1 即座に　2 即時に　3 交番に　4 交互に

7 ざっくばらんに言えば、私はこの案が気に入らない。

1 率直に　2 厳密に　3 大柄に　4 手近に

8 この暑さにはもうお手上げだ。

1 驚きだ　2 ぜひ働きたい　3 大歓迎だ　4 どうしようもない

9 彼女は新しい職場にもなじんできた。

1 飽きて　2 逆らって　3 慣れて　4 恵まれて

10 いやみを言ったつもりだったが、彼女にはわからなかったらしい。

1 愚痴　2 不平　3 冗談　4 皮肉

답 1① 2① 3② 4① 5③ 6④ 7① 8④ 9③ 10④

28 예상어휘 확인문제 유의표현 / 10

問題３　＿＿＿の言葉に意味が最も近いものを、１・２・３・４から一つ選びなさい。

1 交渉はなめらかに進んだ。

1 円滑に　2 巧妙に　3 敏感に　4 切実に

2 ひとつだけ気掛かりなことがある。

1 微妙な　2 異常な　3 格別な　4 心配な

3 その事故に対しては十分なつぐないがなされた。

1 選考　2 補償　3 評価　4 分担

4 このピンチをどうやったら乗り越えられるだろうか。

1 没落　2 頂点　3 補足　4 危機

5 昨日ばったり高校時代の友人に会った。

1 偶然　2 突然　3 未然　4 自然

6 私は不注意にもドアにかぎをかけるのを忘れた。

1 軽率　2 残酷　3 露骨　4 質素

7 父の思わくでは商売を弟に継がせるらしい。

1 意味　2 意外　3 意図　4 意義

8 彼はそれについて何の批評もしなかった。

1 コメント　2 カット　3 シナリオ　4 モニター

9 彼女の口うるさいのには参るね。

1 やんわりする　2 うんざりする　3 ひんやりする　4 ぼんやりする

10 バターや砂糖をふんだんに使ったケーキが並んでいた。

1 微量に　2 大量に　3 前向きに　4 控え目に

답 1① 2④ 3② 4④ 5① 6① 7③ 8① 9② 10②

29 예상어휘 확인문제 유의표현 / 10

問題３ ＿＿＿の言葉に意味が最も近いものを、１・２・３・４から一つ選びなさい。

1 一点差で、かろうじて逃げ切った。

1 楽々と　2 一応　3 しっかりと　4 やっと

2 ベルの音とともにレースは始まった。

1 闘志　2 競走　3 規則　4 姿勢

3 彼は文学に対する繊細な感覚を持っている。

1 ダンス　2 ボイコット　3 センス　4 コントロール

4 わが社にとって強力なライバルが出現した。

1 的　2 敵　3 翼　4 魂

5 彼の不作法な態度は見るのもうとましい。

1 いやだ　2 まれだ　3 ずるい　4 かゆい

6 何とぞご迷惑をかけたことをお許しください。

1 どうも　2 何だか　3 どうか　4 何となく

7 翌朝は案の定晴天になった。

1 やはり　2 どうりで　3 まるで　4 どうやら

8 長いすに寄りかかる姿勢をとってください。

1 インタビュー　2 ポーズ　3 ストップ　4 セット

9 彼はその老人をあざむいて財産を取り上げた。

1 だまして　2 くるしませて　3 きずつけて　4 まよわせて

10 事はなめらかに運んだ。

1 微妙に　2 退屈に　3 慎重に　4 順調に

답 1④ 2② 3③ 4② 5① 6③ 7① 8② 9① 10④

30 예상어휘 확인문제 용법 / 5

問題４ 次の言葉の使い方として最もよいものを、１・２・３・４から一つ選びなさい。

1 互角

1 スキーで山田(やまだ)さんと互角の勝負をするのは無理だ。
2 この新薬は既存の鎮痛剤と互角の効き目がある。
3 Ａ教授の論文ではＢ教授と互角の事例を扱っている。
4 イギリスの失業率はこのところ高比率だが、ほかの多くの国でも互角だ。

2 交える

1 みんなの力を交えれば、この困難は乗り越えられる。
2 心を交えて、娘の遠足の弁当を作った。
3 父へのプレゼントにはバースデーカードが交えられていた。
4 社員と冗談を交えながら、和かな雰囲気で座談会は行われた。

3 面識

1 約束をドタキャンするなんて面識のないやつだ。
2 カナダは世界で２番目に面識が広い国だ。
3 実は君のお父さんとはちょっと面識があるんだ。
4 この土地は面識がないので、地図がないとどこにも行けない。

4 昇進

1 新学年に昇進してからあっという間に１週間が過ぎてしまった。
2 １つのミスを犯して昇進の機会を失った。
3 私は塾へ通い出してから成績が昇進した。
4 遺伝子工学はここ30年の間に急速に昇進した。

5 察する

1 住宅街の真ん中におしゃれなフレンチの店を察したよ。
2 あのお笑い芸人はうまく若者の感覚を察している。
3 息子の遊んでいる姿を見て自分の子供時代を察した。
4 あの口ぶりから察すると、彼は会社をやめるかもしれないね。

답 1① 2④ 3③ 4② 5④

31 예상어휘 확인문제 용법 / 5

問題４　次の言葉の使い方として最もよいものを、１・２・３・４から一つ選びなさい。

1 くじける

1　その壁画は発見されたとき、ほぼ原形をくじけていた。

2　長時間歩いて山本（やまもと）さんはひどくくじけているようだ。

3　森田（もりた）さんのオリンピック出場の決意は決してくじけなかった。

4　ケーキの形がくじけないように気をつけてください。

2 備え付ける

1　このマンションには家具一式が備え付けられている。

2　自宅の車庫に備え付けてあった車が燃えてしまった。

3　何から何まで節約してずいぶんお金が備え付けられたでしょう。

4　夕食はホテルでとりますが、昼食は各自備え付けてきてください。

3 心当たり

1　夫が何時ごろ帰るか心当たりがないから洗濯ができない。

2　心当たりをすべて探したが、財布は見つからなかった。

3　池田（いけだ）さんは日頃の心当たりがいいからお金に困ることはないだろう。

4　いくらで買ったか心当たりがないけど、送料がもったいないと思った。

4 発足

1　大雨のために試合の発足がかなり遅れた。

2　君たちには高校生としての自覚を発足して学生時代を過ごしてほしい。

3　政府はその問題を検討するために専門チームを発足させた。

4　鈴木（すずき）さんはその長編小説を３年かけて発足した。

5 食い違う

1　住所録に載っている私の住所は食い違っている。

2　Ａチーズをよく食べているのですが、いつもと味が食い違うように感じます。

3　食い違う文化の中で暮らしていくことは思ったより難しかった。

4　佐藤（さとう）さんの話は報告書の内容と食い違っている。

답 1③ 2① 3② 4③ 5④

32 예상어휘 확인문제 용법 / 5

問題４　次の言葉の使い方として最もよいものを、１・２・３・４から一つ選びなさい。

1 解明

1 有効な地震対策を早速に解明する必要がある。
2 技師は機械の故障の原因を解明した。
3 ほかの車が来ていないかバックミラーで解明しなさい。
4 彼はいつも物事を自分の都合のいいように解明する傾向がある。

2 かさばる

1 リビングでのテレビの音がかさばって勉強に集中できません。
2 たくさんマヨネーズがかさばっていないと野菜は食べられません。
3 ゴルフバッグや土産品などかさばる荷物は宅配便を使いましょう。
4 その国へ近づくにつれ、不幸が待ってはいないかという不安がかさばった。

3 真っ先

1 数学の成績では彼女がいつもクラスで真っ先だ。
2 真っ先は先生の言っていることの半分もわからなかった。
3 我が家の真っ先に５階建ての分譲マンションが建った。
4 彼女は真っ先に電車に乗り込んで、４人分の席をとった。

4 見落とす

1 その事故は運転士が停止信号を見落としたのが原因だった。
2 この部屋から公園を見落とすことができる。
3 森下(もりした)さんは彼の才能を早くから見落としていた一人だ。
4 協会は次のワールドカップを見落とした選手育成をしている。

5 経緯

1 日記と考えずに毎日の経緯をメモする習慣と考えたら良い。
2 この委員会はどういう経緯で作られたのですか。
3 その一つ一つの商品が製造される経緯では、実に様々な原材料が使用されている。
4 概して男性より女性の方が決定を求める経緯が強い。

답 1② 2③ 3④ 4① 5②

33 예상어휘 확인문제 용법 / 5

問題4 次の言葉の使い方として最もよいものを、1・2・3・4から一つ選びなさい。

1 目安

1 欄外の注を目安にしながらその詩を読んだ。
2 池田（いけだ）さんは辞書を目安に英語で手紙を書いた。
3 過疎の村を目安にして、地方の将来が不安になった。
4 目的地までの時間の目安をつけて家を出た。

2 巧み

1 算数が巧みな子は、自分がしている計算が本当に必要かどうか考える傾向にある。
2 私たちは、熟練の職人さんによって作られた巧みな弁当箱を販売している。
3 この映画で彼女は巧みな演技で主人公の心の葛藤を表現している。
4 岡本（おかもと）さんは観察力が巧みで、直感的に物事の本質をぴしっと捉えるところがある。

3 遂げる

1 その企業はここ数年で目覚ましい成長を遂げた。
2 双方が合意に達して初めて契約が遂げられる。
3 末の娘も成人し、親としての責任は遂げた。
4 男たちは1日の仕事を遂げて家路を急いでいた。

4 閑静

1 閑静のために中村（なかむら）さんはしばらく軽井沢（かるいざわ）に滞在した。
2 駅前から少し離れると、閑静な住宅街が広がっている。
3 日中はにぎやかな公園だが、夜になると突然の閑静に包まれる。
4 社会人が仕事中に閑静な時間ができた時の過ごし方について解説します。

5 還元

1 専門家は蓄積された知識と経験を社会に還元する義務がある。
2 ごみ箱から削除したファイルを還元するのは不可能ではない。
3 0～14歳の年少人口の割合は徐々に減少し、65歳以上の高齢者層の割合が還元してきた。
4 納入された受講料は一切還元いたしませんので、ご注意ください。

답 1④ 2③ 3① 4② 5①

問題４　次の言葉の使い方として最もよいものを、１・２・３・４から一つ選びなさい。

1 かえって

1 中学入試の問題はかえってやさしくない。
2 しつけが厳しすぎるとかえって子どもによくない。
3 重役の汚職がかえって事実なら、これは大問題だ。
4 その本はおもしろいというよりかえってためになる。

2 なんとなく

1 言われたことはなんとなくいたします。
2 彼はなんとなく外出したかもしれない。
3 なんとなくわかりやすく説明してください。
4 虫の声を聞いているとなんとなく寂しくなってくる。

3 いちじ

1 君もいちじは外国を見てきたほうがいいよ。
2 めんどうだから、いちじにやってしまおう。
3 いちじは私も夏が来るたびに山登りに出かけたものだった。
4 どうぞいちじお休みください。

4 とどける

1 私は、友人を駅まで車でとどけていった。
2 彼女はその財布を警察にとどけた。
3 ちょっと郵便局まで小包をとどけます。
4 見積書は、ファックスでとどけます。

5 ひじょう

1 今度の彼の絵はたいへんひじょうだ。
2 そんな名前、ひじょうに聞いたこともないよ。
3 この事件のなぞはひじょうに解けない。
4 この仕事にはひじょうに忍耐力が必要だ。

답 1② 2④ 3③ 4② 5④

問題４　次の言葉の使い方として最もよいものを、１・２・３・４から一つ選びなさい。

1 わりに

1　冬にくらべ夏はわりに気温が高い。
2　りんごはみかんとわりにあまい。
3　この家は建築費のわりによくできている。
4　試験の前のわりに風邪をひかないように気をつけてください。

2 ぼつぼつ

1　ぼつぼつ仕事を始めよう。
2　そんなところにぼつぼつしていないで早く入りなさい。
3　春に失職してから家でぼつぼつしている。
4　ぼつぼつ授業が終わった。

3 ぜひ

1　ぜひ彼を説得することはできなかった。
2　今度の試験には、この問題がぜひ出ると思う。
3　われわれはぜひともこの計画を実行に移さなければならない。
4　このままでいくと、失業率はぜひ５％はあがるだろう。

4 いちがいに

1　彼女は貧しい家庭に育ったが、いちがいに不幸だった。
2　みんないちがいに黒いスーツを着ていた。
3　あの子はいちがいにどこへ行ったのだろう。
4　彼女だけが悪いとはいちがいには言えませんよ。

5 いちおう

1　ノックもせずにいちおうドアを開けないでください。
2　お話はいちおうおうかがいしておきます。
3　その事故でいちおう500人もの死者が出た。
4　１年にいちおう日本へ行きます。

답 1③ 2① 3③ 4④ 5②

36 예상어휘 확인문제 용법 / 5

問題４ 次の言葉の使い方として最もよいものを、１・２・３・４から一つ選びなさい。

1 要望

1 私の最大の要望は司法試験に合格することです。
2 要望がかなって私は第一志望の大学に合格した。
3 たび重なる要望にもかかわらず、彼は会社に顔を見せなかった。
4 バスの本数を増やしてほしいという要望が多い。

2 かたむける

1 少しは私の話にも耳をかたむけてください。
2 仕事はもっと熱をかたむけてやりなさい。
3 汽車のまどから顔をかたむけるとあぶない。
4 体を仕事にかたむけようとしたが、うまくいかなかった。

3 けっして

1 あの人はけっして帰ってきます。
2 私はあなたの考えにはけっして反対です。
3 その建物はもうけっしてできている。
4 そのような行為はけっして許されるべきではない。

4 いったん

1 彼はいったん忠告に耳を貸そうとしない。
2 いったん提案を承知した以上変えるべきではない。
3 私もいったん大学生です。
4 今年はいつもよりいったん寒さがきびしい。

5 わざわざ

1 子どもの飲酒をわざわざ騒いでも仕方がない。
2 その力士はよわい相手にわざわざ勝った。
3 課長は彼の責任をわざわざ追及しなかった。
4 わざわざお越しいただきありがとうございます。

답 1④ 2① 3④ 4② 5④

37 예상어휘 확인문제 용법 / 5

問題４　次の言葉の使い方として最もよいものを、１・２・３・４から一つ選びなさい。

1 人一倍

1　祭りの終わった境内には人一倍いなかった。

2　この町の商店街はどこも人一倍が減ってきた。

3　彼は人一倍はいいが、なんとなく信用できない。

4　彼女は国体に出るため人一倍努力した。

2 気配

1　家の前で気配の悪い人物を見かけた。

2　祖母は病気をしてから気配になっている。

3　神社の境内に人の気配はなかった。

4　彼らがまた言い争うのを見て、いやな気配になった。

3 かばう

1　僕が入っていくと、彼女はさっと何かを引き出しにかばった。

2　少年は妹をかばって自分が悪いと言い張った。

3　主人は部屋がいくら散らかっていてもかばわない人だ。

4　雪が降り出したのでコートをすっぽり頭からかばった。

4 円滑

1　事件の全貌が円滑に明らかになった。

2　９月になって、円滑に涼しくなってきた。

3　管理職と社員の関係は円滑である。

4　老人の人口は円滑に増加する傾向にある。

5 総じて

1　僕は総じて来年から酒をやめる。

2　日本の人口は約一億人が総じている。

3　総じて国民の生活は向上している。

4　彼女は総じて普通の女の子だ。

답 1④ 2③ 3② 4③ 5③

問題4 次の言葉の使い方として最もよいものを、1・2・3・4から一つ選びなさい。

1 携わる

1 介護に携わる人を対象にしたセミナーに参加した。
2 彼はついに政界の権力を手中に携わった。
3 薬を飲んだら痛みが携わって楽になった。
4 これだけの客の相手を一人で携わるのは無理だ。

2 優位

1 学位を持っていたので、待遇の面で優位された。
2 うちの会社は優位が上がっても給料はあまり変わらない。
3 猛勉強のおかげで、成績の優位が上がった。
4 全国合唱コンテストでは我が校が優位を保っている。

3 抜粋

1 厳正に抜粋した結果、次の結果のとおりとなりましたのでお知らせします。
2 アンケート調査で抜粋した顧客データを今後のサービスの改善に生かしたい。
3 このシャンプーは、植物から抜粋された天然成分だけで作られている。
4 このホームページで映画のセリフの抜粋を読むことができる。

4 発散

1 古墳の発散にボランティアとして参加した。
2 ストレスの発散にはカラオケが一番いい。
3 彼女は教育問題についてよく発散している。
4 事業の発散のために海外に支店を出すことにした。

5 めきめき

1 子供は先生の質問にめきめき答えた。
2 相次いでかかってくる電話にめきめき応対する。
3 彼の英語はめきめき上達した。
4 ゆうべは伯母(おば)に夜遅くまでめきめき説教された。

답 1① 2④ 3④ 4② 5③

39 예상어휘 확인문제 용법 / 5

問題4　次の言葉の使い方として最もよいものを、１・２・３・４から一つ選びなさい。

1 抱え込む

1 抱え込んで長年勤めていた会社をやめることにした。

2 さまざまな要素を抱え込んで、あなたを採用することにしました。

3 あんなたくさんの仕事を一人で抱え込んで彼はかわいそうだ。

4 男は彼女をだまして独身だと抱え込ませた。

2 処置

1 校則の違反者には断固たる処置をとる。

2 今あの店では在庫処置セールをしている。

3 医者は鎮痛剤を処置してくれた。

4 自分の気持ちをどう処置していいかわからない。

3 合致

1 今度の年金制度改革はどうも合致がいかない。

2 ２つの組織が合致して全国規模の党が結成された。

3 このところ銀行の大型合致が相次いでいる。

4 自分の希望に合致する職業につく。

4 収容

1 このDVDはワールドカップの全試合を収容している。

2 今現在その品物は会社の裏にある倉庫に収容されている。

3 このドームは５万人の観客を収容することができる。

4 大切なデーターは、パソコン本体と別のメディアに収容しておくといい。

5 免除

1 彼は会社に対する背任行為で免除になった。

2 彼は健康上の理由から兵役の免除を願い出た。

3 このタイプの保険では、自然災害による破損は免除になる。

4 彼はスピード違反で30日の免除停止を受けた。

답 1③ 2① 3④ 4③ 5②

40 예상어휘 확인문제 용법 / 5

問題4 次の言葉の使い方として最もよいものを、1・2・3・4から一つ選びなさい。

1 目先

1 保険金目先の殺人で被害者の妻が逮捕された。
2 この商品が売れるかどうかは目先の宣伝効果による。
3 目先の利益にとらわれずに長期的展望をもつことが大事だ。
4 今年の新人たちは全然目先がないようだ。

2 質素

1 機械の操作に質素で作業がなかなか進まない。
2 ぺこぺこ頭を下げている自分が質素だ。
3 悩みごとが多く質素になる種が尽きない。
4 贅沢に慣れた身には山村の質素な暮らしはつらい。

3 怠る

1 機械はメンテナンスを怠ると故障する。
2 このところ風邪で休む者が多くて、事務が怠っている。
3 彼は子供たちが自分の思い通りにならないのに怠った。
4 また失敗して自己嫌悪に怠った。

4 有数

1 銀河では有数の星が常に生まれては死んでいく。
2 彼女は役者として有数の可能性を秘めている。
3 彼女は日本で有数の科学者である。
4 桜は日本人にとって他の花とは違う一種有数の花だ。

5 秘める

1 そんなことをするのは、自分の首を秘めるようなものだ。
2 結局、僕は彼女への思いを胸に秘めたまま卒業した。
3 彼は健康のため50歳でたばこを秘めた。
4 本当はやりたくなかったが、秘めて仕事を引き受けることにした。

답 1③ 2④ 3① 4③ 5②

제 3 장

문법 공략편

1 문제유형 공략하기

2 핵심문법 정복하기

❶ 1순위 문법 50

❷ 2순위 문법 100

❸ 경어

❹ 사역 · 수동 · 사역수동

❺ 접속어와 지시어

01 문제유형 공략하기

1 問題5 문법형식

| 문제유형&경향분석 |

問題 5 는 문법형식(기능어 넣기)으로, (　　) 안에 알맞은 표현을 넣어 문장을 완성하는 문제이다. 주로 실생활에서 자주 쓰는 표현이 문제로 출제되고 있으며, 문법 20문제중 10문제가 출제된다.

문제 유형 예시

問題 5　次の文の（　　　）に入れるのに最もよいものを、1・2・3・4から一つ選びなさい。

26　朝の満員電車。車内の混雑を（　　　）、私の目の前に座っている学生風の男は、平然とノートパソコンを広げて、作業に没頭していた。

1　含めて　　2　もとに　　3　除いて　　4　よそに

27　私の父は、（　　　）もしないで漫画を批判するから、本当に嫌になる。

1　読まない　　2　読み　　3　読もう　　4　読んで

28　（卒業生へのインタビューで）

聞き手「学生時代にやったことで、今の仕事に役立っていることは何でしょうか。」

田中（たなか）「ラグビー部での経験ですね。チームワークの大切さを痛感しました。（　　　）、それは去年企画チームのリーダーになって初めて気づいたことですが。」

1　要するに　　2　あるいは　　3　もっとも　　4　ついては

2 問題6 문장만들기

| 문제유형&경향분석 |

問題 6 은 문장만들기(문장의 배열) 문제로, 4개의 빈칸에 들어가는 말을 순서에 맞게 배열하여 문장을 만드는 문제이다. 기능어의 조합뿐 아니라 문장의 구성까지 신경써야 한다. 주로 3번째에 들어가는 표현(★표시)을 물으며, 문법 20문제 중 5문제가 출제된다.

문제 유형 예시

問題6　次の文の ＿★＿ に入る最もよいものを、1・2・3・4から一つ選びなさい。

（問題例）

あそこで ＿＿＿ ＿＿＿ ＿★＿ ＿＿＿ は山田(やまだ)さんです。

1　テレビ　　2　見ている　　3　を　　4　人

（解答のしかた）

1．正しい文はこうです。

あそこで ＿＿＿ ＿＿＿ ＿★＿ ＿＿＿ は山田(やまだ)さんです。
1 テレビ　3 を　2 見ている　4 人

2．＿★＿ に入る番号を解答用紙にマークします。

（解答用紙）

（例）	① ● ③ ④

36　「アセビ」という、白い花を咲かせる樹木を漢字で「馬酔木」と書くのは、アセビには ＿★＿ ＿＿＿ ＿＿＿ ＿＿＿ そうです。

1　由来する　　2　有毒成分があり

3　状態になることに　　4　馬が食べると酔ったような

3 問題7 글의 문법

| 문제유형&경향분석 |

問題 7 은 글의 문법(공란 채우기) 문제로 문법 20문제중 5문제가 출제되는데, 4문제가 출제되는 경우도 있다. 제시된 글 안의 공란에 들어갈 가장 좋은 표현을 고르는 문제로, 공란에는 문맥상 알맞은 어휘, 접속사, 부사, 기능어 등이 출제된다. 단순히 문법 자체가 아닌 글의 흐름을 파악하는 것으로 종합적인 독해력이 요구된다. 問題 7 에서는 반드시 N1 기능어만 사용되는 것은 아니며, 글의 흐름에 맞는 문법 요소나 어휘 등이 많이 나온다.

문제 유형 예시

問題 7　次の文章を読んで、文章全体の趣旨を踏まえて、41 から 45 の中に入る最もよいものを、1・2・3・4から一つ選びなさい。

以下は、小説家が書いたエッセイである。

十人十色

マニュアルというものが、この世には存在する。機械を買った場合には、これを読む。書かれてある通りに動かないと困る。ビデオの再生ボタンを押したのに、録画が始まってはたまらない。ところが、生き物はそうはいかない。あちらに通用したことが、 41 。

うちで、ねこを飼い始めた当座は、何も分からなかった。吐いたりすると、それだけでびっくりしてしまった。あわてて、ねこを飼っている人に電話した。一番にかけたところが留守だと、ますます、動揺する。結局、関西の知り合いにまでかけて、

「心配ありませんよ。ねこは吐くものですよ」

という言葉をいただき、やっと安心。こんな具合だった。

さて、 42 時に、当然のことながら「ねこの飼い方」の本も読んだ。マニュアルである。なるほど――と思えることが書いてある。中でも納得したのが、 43 。

――「動物にとって、用足し(注1)している時は、最も無防備(注2)な状態です。襲われたら大ピンチ。その最中、人に近づかれることを、ねこはとても嫌います。飼い主は、離れるようにし、のびのびとした気分でさせてやりましょう」

これは頷(うなず)ける。そこで、ゆずが——うちのねこの名前はゆずという——そうする時は遠慮していた。

44 。朝、ねこトイレ(注3)の砂をかきまわし、汚れ物を取り始めると、「ご苦労」というように、ゆずがやって来る。そして、まだトイレに手を入れているのに、「どけどけ」というように中に入ってくる。そして、足を踏ん張り、——行うのだ。これ見よがしに(注4)。

あの説得力のあるマニュアルは、一体全体、何だったのか。なるほど、生きている物には個性があると、あらためて 45 。

(北村薫『書かずにはいられない—北村薫のエッセイ』新潮社による)

(注1) 用足ししている：大便や小便をしている
(注2) 無防備な状態：危険に備えていない様子
(注3) ねこトイレ：箱の底に砂などを敷いた、ねこ用のトイレ
(注4) これ見よがしに：自慢げに見せつけるように

41

1 こちらにはいえないこともない
2 こちらにいえるとは限らない
3 こちらにもいえるとは思わなかった
4 こちらにはいえないと思うのか

42

1 そういう　2 する　3 あの　4 やろうという

43

1 トイレのことだ　2 トイレのことであるに違いない
3 トイレだからである　4 トイレだと聞いている

44

1 もっともである　2 当然である
3 ところがである　4 例えばである

45

1 認識させられたことがある　2 認識させられたおかげだ
3 認識させられる話があった　4 認識させられる出来事だった

02 핵심문법 정복하기

1 N1 1순위 문법 50

2010년부터 새롭게 시작된 시험에서 N1 문법은 기존 기능어 중심으로 출제되어 오던 것이 기능어뿐만 아니라 경어, 접속어, 지시어 등도 출제되며, 대화체에서 쓰이는 표현도 자주 묻고 있다. 여기서는 시험에 빈번하게 출제되는 1순위 문법 50개를 실었으며, 항목에는 저자가 임의로 고유번호를 부여하였다. 확인 문제를 풀다가 모르는 것이 있으면, 고유번호의 기능어를 찾아보면 복습하기 편리할 것이다.

001

~(よ)うが・~(よ)うと (설령) ~하더라도, ~하든
~(よ)うが~まいが・~(よ)うと~まいと ~하든 ~하지 않든
~だろうが、~だろうが・~だろうと、~だろうと
~이든, ~이든

~(よ)うが・~(よ)うと는 '(설령) ~하더라도, ~하든'이라는 뜻으로, 동사 의지형에 접속한다. ~(よ)うが~まいが・~(よ)うと~まいと는 '~하든 ~하지 않든, ~하든 말든'이라는 뜻으로, 앞부분은 동사 의지형에 붙고, 뒷부분은 5단동사의 경우 사전형에, 1단동사는 일반적으로 어미 る를 없애고 ~まい를 접속한다. 단 する는 しまい, 来(く)る는 来(こ)まい가 된다.

기출 どんな悪人(あくにん)であろうと 어떤 악인이더라도 2012-1회
たばこの値段(ねだん)が上(あ)がろうと下(さ)がろうと 담뱃값이 오르든 떨어지든 2012-1회
雨(あめ)だろうと雪(ゆき)だろうと 비가 오든 눈이 오든 2012-2회
たとえ相手(あいて)がどういうチームだろうと 설령 상대가 어떠한 팀이든 2013-2회
周囲(しゅうい)からどのような批判(ひはん)を浴(あ)びようとも 주위에서 어떤 비판을 받더라도 2014-1회
どんな反論(はんろん)をしようと自由(じゆう)だが 어떤 반론을 하든 자유지만 2016-1회
雪(ゆき)だろうと雨(あめ)だろうと 눈이 오든 비가 오든 2021-1회

鈴木さんという人は、他人がどんなに困ろうが、まったく気にかけない冷たい人だ。
스즈키 씨라는 사람은 다른 사람이 아무리 곤란해 해도, 전혀 개의치 않는 매정한 사람이다.

あなたに反対されようと、私はやると決めたことは必ずやり遂げます。
당신이 반대하더라도, 나는 하겠다고 결정한 것은 반드시 해냅니다.

彼が食べようが食べまいが、いちおう食事の準備はしなければならない。
그가 먹든 먹지 않든, 일단 식사 준비는 해야 한다.

パーティーには参加しようとしまいと、みなさんの自由です。
파티에는 참가하든 안 하든 여러분의 자유입니다.

雪だろうと雨だろうと、試合は行う予定です。
눈이 오든 비가 오든 시합은 할 예정입니다.

002 ~(よ)うにも~(でき)ない ~하려 해도 ~할 수 없다

~(よ)うにも~(でき)ない는 '~하려 해도 ~할 수 없다'라는 뜻으로, 앞부분은 동사 의지형에, 뒷부분은 동사 가능형에 접속한다. 대표적인 예로 これでは、作ろうにも作れない(이래서는 만들려고 해도 만들 수 없다), 家から出ようにも出られない(집에서 나가려고 해도 나갈 수 없다), 大雪で交通が麻痺し、動こうにも動けない(대설로 교통이 마비되어 움직이려고 해도 움직일 수 없다), 歯が痛くて食べようにも食べられない(이가 아파서 먹으려고 해도 먹을 수 없다) 등이 있다. 이와 비슷한 표현에 ~に~ない(~할래야 ~할 수 없다), ~に~ず(~할래야 ~할 수 없어)가 있다. 예를 들면 言うに言えない(말할래야 말할 수 없다), 泣くに泣けず(울래야 울 수 없어)와 같이 쓴다.

기출 やめるにやめられず困っている 그만둘래야 그만둘 수 없어 난처하다 2012-2회
先輩に聞こうにも聞けない 선배에게 물어보려고 해도 물어볼 수 없다 2018-2회

論文がまだ完成しないので、ディズニーランドへ遊びに行こうにも行けない。
논문이 아직 완성되지 않아서, 디즈니랜드에 놀러 가려고 해도 갈 수 없다.

彼が会社をやめたのは、言うに言えない事情があったに違いない。
그가 회사를 그만둔 것은 말할래야 말할 수 없는 사정이 있었음에 틀림없다.

003 〜極まりない・〜極まる 〜하기 짝이 없다, 극히(너무) ~하다

〜極まりない・〜極まる는 '~하기 짝이 없다, 극히(너무) ~하다'라는 뜻으로, 명사나 な형용사 어간에 접속한다. 대표적인 예로 信号がないのは危険極まりない(신호등이 없는 것은 위험하기 짝이 없다), 彼の失礼極まりない態度(그의 무례하기 짝이 없는 태도), 私には退屈極まるものだった(나에게는 너무 지루했다) 등이 있다.

기출 失礼極まりない 무례하기 짝이 없다 2010-1회
危険極まりない行為だ 위험하기 짝이 없는 행위이다 2013-2회/2021-1회

私は、店員の失礼きわまりない態度に我慢がならなかった。
나는 점원의 무례하기 짝이 없는 태도에 참을 수 없었다.

田中太郎さん以外誰も知らない私は「パーティーに行っても退屈極まるだろう」と思った。
다나카 다로 씨 외에 아무도 모르는 나는 '파티에 가도 너무 지루할거야'라고 생각했다.

004 〜ごとき/〜ごとく 〜와 같은 / 〜와 같이, 〜처럼

〜ごとき/〜ごとく는 '~와 같은/~와 같이, ~처럼'이라는 뜻으로, 명사에 직접 접속하는 형태와 「명사+の」에 붙는 형태, 그리고 「동사의 기본형·과거형+かの/が」의 형태도 시험에 자주 나온다. 대표적인 예로 彼ごとき青二才(그와 같은 풋내기), 私のごとき未熟者に(저 같은 미숙한 자에게), 事件には関係していないかのごとく(사건에는 관계하고 있지 않은 것처럼), 飛ぶがごとく売れる(날개 돋힌 듯이 팔리다), 予想したごとく(예상한 것처럼) 등이 있다.

기출 あたかも他人を眺めるがごとく 마치 타인을 바라보는 것처럼 2011-2회
私ごとき新人に務まるのかと 나같은 신입이 감당해낼 수 있을까 하고 2018-1회

君ごとき人間には、僕の気持ちは分からないだろう。
너 같은 인간은, 내 기분은 모를 거야.

降る雪は、花が散るかのごとく見えた。
내리는 눈은 꽃이 떨어지는 것처럼 보였다.

005 ～ことなしに(は)・～ことなく ～하지 않고(는)

～ことなしに(は)・～ことなく는 '~하지 않고(는)'이라는 뜻으로, 주로 동사 사전형·사역형 등에 접속한다. 대표적인 예로 自然への影響を考えることなしには(자연에 대한 영향을 고려하지 않고는), 他人を犠牲にすることなしに(타인을 희생시키지 않고), 友を見捨てることなく(친구를 버리지 않고), 信念をまげることなく(신념을 굽히지 않고) 등이 있다.

기출 どんな困難に遭ってもそれに負けることなく
어떤 어려움을 당하더라도 그것에 지지 않고 2015-2회

住民の同意を得ることなしに 주민의 동의를 얻지 않고 2018-1회

患者を待たせることなく 환자를 기다리게 하지 않고 2019-1회

事実関係を確認することなしに、**うわさだけで彼を犯人だと決めつけるのはおかしい。**
사실 관계를 확인하지 않고, 소문만으로 그를 범인이라고 단정짓는 것은 이상하다.

失敗をおそれることなく**行動してほしい。**
실패를 두려워하지 않고 행동해 주었으면 한다.

006 ～しまつ(始末)だ ～형편이다, ~꼴이다, ~모양이다

～しまつ(始末)だ는 '~형편이다, ~꼴이다, ~모양이다'라는 뜻으로, 동사 사전형과 この・あの에 접속한다. 대표적인 예로 ついには居眠り運転で事故を起こすしまつだ(결국에는 졸음 운전으로 사고를 일으키는 꼴이다), ついには家出までするしまつだ(결국에는 가출까지 하는 꼴이다), ああでもない、こうでもないと迷惑をかけたあげく、あのしまつだ(이것도 아니고 저것도 아니라면서 폐를 끼친 끝에 저 모양이다) 등이 있다.

階段で転んで足を痛めてしまい、病院に通う始末だ。
계단에서 굴러서 발을 다쳐, 병원에 다니는 형편이다.

ああした方がいい、こうした方がいいと大騒ぎしたあげく、このしまつだ。
이렇게 하는 게 낫다, 저렇게 하는 게 낫다며 큰 소란을 피운 끝에 이 모양이다.

007 ～すら・～(で)さえ ～조차, ～도

～すら는 '~조차, ~도'라는 뜻으로, 명사에 직접 접속한다. 그 밖에 で・へ 등의 조사에도 접속하는 경우가 많다. ～さえ도 같은 뜻으로, 명사 이외에 조사 で・に에도 붙는다(단, ~でさえ는 명사에만 접속). 대표적인 예로 スイッチの入れ方すら知らない人(스위치를 켜는 방법도 모르는 사람), 一人では食事すらできない(혼자서는 식사조차 할 수 없다), 温厚なあの人でさえ(온후한 그 사람조차), 大学生の僕にさえ難しい(대학생인 나도 어렵다) 등이 있다.

기출 言語感覚すら変えてしまう 언어감각조차 바꿔버린다 2022-2회
経験を積んだ昆虫学者でさえも 경험을 쌓은 곤충학자조차도 2023-1회

40度も熱があって、起きあがることすらできない。
열이 40도나 되어서 일어날 수조차 없다.

今の調子では、予選に出ることさえむずかしい。
지금 상태로는 예선에 나가는 것도 어렵다.

008 ～だけあって・～だけに/～だけのことはある

(과연) ~인 만큼 / ~라 할 만하다, ~라 할 만한 가치가 있다

～だけあって・～だけに는 '(과연) ~인 만큼, ~이므로 그에 걸맞게'라는 뜻으로, '그 재능이나 신분에 걸맞게 ~하다'라는 의미이다. 주로 チームのキャプテンだけあって(팀의 주장인 만큼), さすが学生時代にやっていただけあって(과연 학생시절에 했었던 만큼), 長い間楽しみに待っていただけに(오랫동안 기대하며 기다리고 있었던 만큼), 苦労して作った本だけに(고생해서 만든 책인 만큼)와 같이 사용한다. 또한 ～が～だけに(~가 ~인 만큼)의 형태로도 자주 쓰이는데, 年が年だけに(나이가 나이인 만큼), 値段が値段だけに(가격이 가격인 만큼)와 같이 사용된다.

～だけのことはある는 '~라 할 만하다, ~라 할 만한 가치가 있다'라는 뜻으로, ~이기 때문에 그만한 값어치를 한다고 할 때 쓴다. 주로 さすがに元アナウンサーだっただけのことはあるね(과연 전 아나운서라 할 만하네), チャンピオンだけのことはある(챔피언이라 할 만한 값어치를 하다)와 같은 형태로 많이 쓰인다.

기출 魚屋も経営しているだけあって 생선 가게도 경영하고 있는 만큼 2010-1회
時期が時期だけに混雑していた 시기가 시기인 만큼 혼잡했다 2013-2회
絶対に勝ちたい相手だっただけに 꼭 이기고 싶은 상대였던 만큼 2014-2회
幼稚園の先生をしていただけあって 유치원 선생님을 했었던 만큼 2015-2회

日本有数の水量を誇るだけあって 일본 굴지의 수량을 자랑하는 만큼 2018-2회

野菜不足になりがちなだけに 채소가 부족해지기 쉬운 만큼 2019-1회

文句のつけようがないだけに 트집을 잡을 수 없을 만큼 2019-2회

料理が上手な森さんが勧めるだけあって
요리를 잘하는 모리 씨가 추천하는 만큼 2023-2회

日本一のすし屋の娘だけあって、彼女はさすがに魚の種類に詳しい。
일본 제일의 초밥집 딸인 만큼, 그녀는 과연 생선의 종류를 잘 안다.

大きな事故にもつながりかねないだけに、より安全で丈夫に製造してほしいです。
큰 사고로 이어질지도 모르는 만큼, 보다 안전하고 튼튼하게 제조하길 바랍니다.

この松茸は最高品だけど、産地直売だけのことはあってめちゃくちゃ安い。
이 송이버섯은 최상품이지만, 산지 직매라 할 만하게 굉장히 싸다.

009 ～だけで/～だけでは/～だけのことだ

~하기만 해도 / ~만으로는 / ~일 뿐이다

～だけで는 명사 뒤에서는 '①~만으로, ~만에', 동사 뒤에서는 '②~하기만 해도(~한다)'라는 뜻으로 쓰인다. 5分だけで一人分の料理ができる(5분 만에 1인분 요리가 나온다), 1日1文字ずつ書くだけで(하루 한 글자씩 쓰기만 해도)와 같이 쓴다. ～だけでは는 '~만으로는'이라는 뜻으로 뒤에는 부정 표현이 오며, ～だけのことだ는 '~일 뿐이다'라는 뜻으로 대수롭지 않은 일을 나타낸다. 見た目だけでは分からない(겉보기만으로는 알 수 없다), 無理だったら断るだけのことだ(무리라면 거절할 뿐이다)와 같이 쓴다.

기출 この書類を預けてくれればいいだけのことだから
이 서류를 맡아주면 될 뿐이니까 2011-2회

見ているだけでほっとする 보고 있기만 해도 안심이 된다 2012-2회

ブラウス1枚選ぶだけのことなのに 블라우스 한 장 고를 뿐인데 2014-1회

資格を取っただけで希望の職につけるほど
자격을 취득하기만 해도 희망하는 직업을 갖게 될 만큼 2016-2회

レシピに沿って料理するだけで 레시피에 따라 요리하기만 해도 2023-2회

旅行に行くことを考えるだけで楽しくなってくる。
여행가는 것을 생각하기만 해도 즐거워진다.

テクニックの向上だけでは試合で勝つことはできません。
테크닉의 향상만으로는 시합에서 이길 수 없습니다.

ちょっと熱が出たというだけのことで、医者を呼ぶのは大げさすぎる。
열이 좀 났을 뿐으로, 의사선생님을 부르는 것은 너무나도 야단스럽다.

010 ～たら～で/～は～で ～하면 ～하는 대로 / ～는 ～대로

～たら～で는 '~하면 ~하는 대로'의 뜻을 나타내며, ~에는 같은 단어를 넣어 '~의 경우는 필연적으로 ~한다는 결과가 된다', '~의 경우는 당연히 ~해야 한다'는 뉘앙스를 품고 있다. 문맥에 따라 부정적인 측면과 긍정적인 측면 모두 사용된다. 비슷한 표현인 ～は～で는 '~는 ~대로'의 뜻을 나타낸다. 대표적인 예로 やったらやったで(하면 하는 대로), 片づけたら片づけたで(치우면 치우는 대로), 夏は夏で暑いし(여름은 여름대로 덥고) 등이 있다.

기출 あったらあったで、きっと遊んでしまうのだろう
있으면 있는 대로 분명 놀아버릴 것이다 2014-1회
大人は大人で大変なことがある 어른은 어른대로 힘든 일이 있다 2015-2회
自分が決めたことならそれはそれで 자신이 정한 일이라면 그건 그거대로 2018-2회

息子には大学に受かってほしいが、受かったら受かったでお金が要って大変だ。
아들이 대학에 합격하기를 바라지만, 합격하면 합격하는 대로 돈이 들어서 큰일이다.

始末書を出したのなら、それはそれでいい。今度からは気をつけるように。
시말서를 제출했다면 그건 그거대로 됐어. 다음부터는 조심하도록.

011 ～つつ(も)/～つつある ～하면서(도) / ～하고 있다

～つつ(も)는 '~하면서(도)'라는 뜻으로, 앞 문장의 동작이나 상태에 모순되는 일이 뒤 문장에서 일어남을 나타낸다. 주로 말하는 사람이 반성, 후회, 고백 등을 하는 경우에 쓰인다. ～つつある는 '(지금 마침) ~하고 있다'라는 뜻으로, 어떤 동작이나 작용이 진행 과정에 있음을 나타낸다. 모두 동사의 ます형에 접속한다. 대표적인 예로 階段を使ったほうがいいと思いつつ(계단을 사용하는 게 좋다고 생각하면서), 体に悪いと知りつつも(몸에 나쁜 줄 알면서도), 勢力はおとろえつつある(세력은 쇠퇴하고 있다) 등이 있다.

기출 優良企業の条件の一つとなりつつある 우량기업의 조건 중 하나가 되고 있다 2010-2회
大学に通いつつ仕事をしていた 대학에 다니면서 일을 하고 있었다 2017-1회
急激に高まりつつある 급격하게 고조되고 있다 2017-2회
今まで欲しいと思いつつ 지금까지 갖고 싶다고 생각하면서 2018-1회

母親は口では子供を叱りつつも、心の中では子供がかわいくてたまらないのです。
어머니는 말로는 아이를 야단치면서도, 마음속으로는 아이가 귀여워서 견딜 수가 없습니다.

失われつつある自然を守ろうと、市民たちは運動を始めた。
상실되고 있는 자연을 지키려고 시민들은 운동을 시작했다.

012 ～では(でも)あるまいし/～では(でも)あるまい

～도 아니고, ～도 아닐 테고 / ～하지 않을 것이다, ～도 아닐 것이다

이 문법은 ～ではある(~이기는 하다)와 ～まい(~않을 것이다)가 결합해서 만들어진 문법이다. 주로 ～では(じゃ)あるまいし나 ～でもあるまいし의 형태로 사용되지만, 간혹 ～では(でも)あるまい(~하지 않을 것이다, ~도 아닐 것이다)의 형태로도 사용된다. 대표적인 예로 子どもじゃあるまいし(어린애도 아니고), 役者でもあるまいし(배우도 아니고), 元気ではあるまいと思った(건강하지 않을 거라고 생각했다) 등이 있다.

기출 何週間も海外に行くわけじゃあるまいし 몇 주나 해외에 가는 것도 아니고 2011-2회
夫婦二人で遊園地でもあるまいし 부부 둘이서 유원지(에 가는 것)도 좀 아닐테고 2019-2회
たいそうな小説でもあるまい 대단한 소설도 아닐 것이다 2023-1회

君ではあるまいし、そんな話にはだまされないよ。
(내가) 너도 아닌데, 그런 말에는 안 속아.

「どうせ大したものが入っているわけではあるまい」と思ったものの、結局買ってしまった。
'어차피 대단한 게 들어 있는 것도 아닐 거야'라고 생각했지만, 결국 사고 말았다.

013 ～とあって/～とあっては・～とあれば

～이라서 / ～이라면

～とあって는 '~이라서'라는 뜻으로, 명사에는 직접 접속하고 그 외 동사 등에서는 다양하게 접속한다. 대표적인 예로 人前で演技するのは初めての経験とあって(다른 사람 앞에서 연기를 하는 건 처음하는 경험이라서), 待ちに待った夏休みがやっと始まったとあって(기다리고 기다리던 여름방학이 드디어 시작되어서) 등이 있다. 그리고 ～とあっては・～とあれば는 '~이라면'이라는 뜻으로, ～とあっては 뒤에는 부정표현이 많이 오며, ～とあれば는 주로 「～のため+とあれば(~을 위해서라면)」의 형태로 많이 쓰인다.

대표적인 예로 親友の頼みとあっては、断るわけにはいかない(친한 친구의 부탁이라면 거절할 수는 없다), 自分の恋人の悪口を言われたとあっては(자기 연인의 험담을 들었다면), 社長の命令とあれば(사장님의 명령이라면), 彼はお金のためとあれば(그는 돈을 위해서라면) 등이 있다.

기출 A氏の講演会が無料とあって A씨의 강연회가 무료라서 2011-1회
初めて一般に公開されるとあっては 처음으로 일반에게 공개된다면 2013-2회

10年に一度のお祭りとあって、村は見物客でにぎわった。
10년에 한 번 있는 축제라서, 마을은 구경꾼으로 북적였다.

君がうそをついたとあっては許すわけにはいかない。
자네가 거짓말을 한 거라면 용서할 수는 없어.

最近の親は、子どものためとあれば出費を惜しまない。
요즘 부모는 자녀를 위해서라면 지출을 아끼지 않는다.

014 ～というところだ・～といったところだ

잘해야(기껏해야) ～이다, ～정도다

～というところだ・～といったところだ는 '잘해야(기껏해야) ~이다, ~정도다'라는 뜻으로, 명사에 직접 접속한다. 간혹「まあまあ+といったところだ(그저 그런 정도이다)」의 형태로도 사용된다. 참고로 ～というところだ보다는 ～といったところだ가 더 자주 쓰인다. 대표적인 예로 彼女にとっては単なる遊びというところだ(그녀에게는 단순한 놀이 정도다), 山田さんにとってはちょうどいい散歩といったところだ(야마다 씨에게는 딱 좋은 산책 정도이다), 時給は700円から1000円といったところだ(시급은 기껏해야 700엔에서 1000엔이다), 今年の米のできは、まあまあといったところだ(올해 쌀 작황은 그저 그런 정도이다) 등이 있다.

기출 2時間半といったところでしたから 기껏해야 2시간 반이었으니까 2011-2회
中古は高くても4、5万円といったところだ
중고는 비싸도 잘해야 4, 5만 엔이다 2016-1회

家の建築費は少なめに見積もっても2千万円というところだろう。
집 건축비는 적게 어림잡아도 2천만 엔 정도일 것이다.

店はだいぶ軌道に乗ってきたが、それでもまだ収支トントンといったところだ。
가게는 상당히 궤도에 올랐지만, 그래도 아직 수지가 엇비슷한 정도다.

015 ～といったらない・～といったらありゃしない

정말이지 ~하다, ~하기 짝이 없다

～といったらない・～といったらありゃしない는 '정말이지 ~하다, ~하기 짝이 없다, ~하기 이를 데 없다'라는 뜻으로, 형용사 사전형이나 명사형에 접속하며「～よう+といったらなかった」의 형태로 자주 쓰인다. 대표적인 예로 彼(かれ)の喜(よろこ)びようといったらなかった(그의 기뻐하는 모습은 말로 표현할 수 없었다), 弟(おとうと)のあわてようといったらなかった(남동생의 당황하는 모습은 말로 표현할 수가 없었다), 腹立(はらだ)たしいといったらありゃしない(정말이지 너무 화가 난다) 등이 있다.

기출 自分(じぶん)の案(あん)が採用(さいよう)されたときのうれしさといったらない
내 구성안이 채용되었을 때는 기쁘기 이를 데 없다 2013-2회

毎日遅刻(まいにちちこく)せずに会社(かいしゃ)に来(く)るとはいえ、その仕事(しごと)ぶりはひどいといったらない。
매일 지각하지 않고 회사에 온다고는 해도, 그 근무태도는 심하기 이를 데 없다.

８時間必死(じかんひっし)で働(はたら)いて、たったの２千円(せんえん)。ばかばかしいといったらありゃしない。
8시간 필사적으로 일하고 겨우 2천 엔. 정말이지 어처구니가 없다.

016 ～と思(おも)いきや ~라고 생각했는데

～と思(おも)いきや는 '~라고 생각했는데 (뜻밖에도 그렇지 않다)'라는 뜻으로, 예를 들어 さぞや明(あか)るい男(おとこ)だと思(おも)いきや(필시 명랑한 남자라고 생각했는데), もうとても追(お)いつけないだろうと思(おも)いきや(이제 도저히 따라잡을 수 없을 거라고 생각했는데), さぞかし泳(およ)ぎがうまいだろうと思(おも)いきや(필시 수영을 잘할 거라고 생각했는데) 등이 있다.

기출 役作(やくづく)りに悩(なや)んでいるのかと思(おも)いきやそうでもない
배역에 대한 연구로 고민하고 있는가 생각했는데 그렇지도 않다 2011-1회
たくさん人(ひと)が並(なら)んでいたので待(ま)たされるかと思(おも)いきや
사람들이 많이 줄서 있어서 기다리게 되나 생각했는데 2013-2회·2021-2회

てっきり二人(ふたり)は結婚(けっこん)すると思(おも)いきや、実(じつ)はただの飲(の)み友(とも)だった。
틀림없이 두 사람은 결혼할 거라고 생각했는데, 실은 그냥 술친구였다.

017 ～ときたら・～ったら ~로 말할 것 같으면, ~은

～ときたら는 '~로 말할 것 같으면, ~은'이라는 뜻으로, 명사에 직접 접속한다. ～ったら는 ～ときたら의 회화체이다. 대표적인 예로 うちの会社の部長ときたら(우리 회사 부장으로 말할 것 같으면), 最近、父ときたら(요즘 아버지는), この時計ったら(이 시계는) 등이 있다.

山田君ときたら、ゲーム好きでせっかく働いたアルバイト代もすべて使ってしまうらしい。 야마다 군으로 말할 것 같으면 게임을 좋아해서 모처럼 일한 아르바이트비도 전부 써 버리는 모양이다.

あら、いやだ。私ったら、てっきり男の方だとばかり思ってました。
어머, 이런~. 나 좀 봐, 틀림없이 남성분인 줄만 알았어요.

018 ～ところを ~인 중에, ~인데도, ~한데

～ところを는 '~인 중에, ~인데도, ~한데'라는 뜻으로, 형용사는 사전형에 접속하고 그 외는 다양하게 접속한다. 대표적인 예로 本日はお忙しいところを(오늘은 바쁘신 중에), 犯人は買い物をしていたところを(범인은 쇼핑을 하던 중에), 危ないところを(위험한데도), 昼寝していたところを(낮잠을 자던 중에), もう少しで完成するところを(조금만 더하면 완성하는데) 등이 있다.

기출 わなにかかって苦しんでいるところを 덫에 걸려 괴로워하고 있는 중에 2018-2회
「御社で」と言うべきところを 「귀사에서」라고 말해야 되는데 2019-2회

先日はお忙しいところをおいでくださいまして、本当にありがとうございました。
일전에는 바쁘신 중에 와 주셔서 정말로 감사했습니다.

本来は「政府が」と言うべきところを「国が」と言っていることがあります。
본래는 '정부가'라고 말해야 되는데 '나라가'라고 말하는 경우가 있습니다.

019 ～とは ~하다니, ~라고는

～とは는 '~하다니, ~라고는'이라는 뜻으로, ～라는 사실을 보거나 듣고 그것이 뜻밖임을 강조하는 표현이다. 대표적인 예로 そんな簡単なこともできないとは(그런 간단한 것도 못하다니), 部下からそんなことを言われるとは(부하에게 그런 말을 들으리라고는), そこまで言うとは、彼も相当なものだ(그렇게까지 말하다니 그 사람도 보통은 아니다) 등이 있다.

기출 間違い電話をかけてきて謝りもしないとは 전화를 잘못 걸고 사과도 하지 않다니 2010-1회

ブラウス１枚選ぶだけのことなのに４時間もかかるとは

블라우스 한 장 고를 뿐인데 4시간이나 걸리다니 2014-1회

あの強いチームが初出場チームに敗れるとは、全く予想外だった。

그 강한 팀이 첫 출전 팀에게 패하다니 전혀 예상 밖이었다.

020 ～とはいえ ~라고는 해도

～とはいえ는 '~라고는 해도'라는 뜻으로, 명사는 직접 접속하고 동사는 다양하게 접속한다. 대표적인 예로 任務とはいえ(임무라고는 해도), C社に対抗するためとはいえ(C사에 대항하기 위해서라고는 해도), 昔に比べて体力が衰えたとはいえ(옛날에 비해 체력이 떨어졌다고는 해도), そうなることは初めからわかっていたとはいえ(그렇게 될 것은 처음부터 알고 있었다고는 해도) 등이 있다. 참고로 접속사 とはいえ(그렇다고는 해도)도 같이 익혀 두자.

기출 とはいえ、コミュニケーション能力をめぐる過当な競争は

그렇다고는 해도 커뮤니케이션 능력을 둘러싼 지나친 경쟁은 2010-2회

男女平等とはいえ、女性が社会に出て働くうえでまだまだ不合理な制度が多い。

남녀평등이라고는 해도 여성이 사회에 나가 일하는 데 있어서 아직도 불합리한 제도가 많다.

021 ～ともなしに・～ともなく 무심코 ~, 문득 ~

～ともなしに・～ともなく는 '무심코 ~, 문득 ~'이라는 뜻으로, 특별히 무언가를 하려는 생각없이 행동한다는 의미를 나타낸다. 동사 사전형에 접속하며, 보통 문형의 앞뒤에 같은 동사가 반복되어 나온다. 대표적인 예로 テレビを見るともなしに見ていた(텔레비전을 무심코 보고 있었다), 日本の民謡を聞くともなしに聞いていると(일본 민요를 무심코 듣고 있자니), となりの席の話を聞くともなく聞いていたら(옆 자리의 이야기를 무심코 듣고 있었더니), 電車の窓から外を見るともなく見ていたら(전철 창문으로 밖을 무심코 보고 있었더니) 등이 있다.

反対のホームを見るともなしに見ていたら、昔別れた恋人の姿が見えた。

반대편 승강장을 무심코 보고 있었더니, 옛날에 헤어진 애인의 모습이 보였다.

電車の中で、聞くともなく隣に座った高校生たちの話を聞いていた。

전철 안에서 무심코 옆자리에 앉은 고등학생들의 이야기를 듣고 있었다.

022 ～と(も)なると・～と(も)なれば ~이라도 되면, ~쯤 되면

～と(も)なると・～と(も)なれば는 '~이라도 되면, ~쯤 되면'이라는 뜻으로, 보통 명사에 직접 접속한다. 대표적인 예로 休日ともなると(휴일이라도 되면), さすが一流の選手となると(역시 일류 선수쯤 되면), 世界的な俳優ともなれば(세계적인 배우쯤 되면), 日本での生活も10年となれば(일본에서의 생활도 10년쯤 되면) 등이 있다.

기출 家庭を犠牲にしてまでとなると 가정을 희생하면서까지쯤 되면 2011-1회
週末ともなれば家族連れでいっぱいだ
주말이라도 되면 가족동반으로 가득하다 2016-1회

一国の首相ともなると、忙しくてゆっくり家族旅行などしてはいられないだろう。
한 나라의 수상쯤 되면, 바빠서 여유롭게 가족 여행 같은 것은 하고 있을 수 없을 것이다.

動物の世界ではボスともなれば、縄張りを守るために命をかけて戦わねばならない。
동물의 세계에서는 보스쯤 되면, 자기 영역을 지키기 위해서 목숨을 걸고 싸워야 한다.

023 ～ないまでも ~까지는 않더라도

～ないまでも는 '~까지는 않더라도, ~하지 않을지언정'이라는 뜻으로, 동사 ない형에 접속한다. 대표적인 예로 国は計画を中止するとは言わないまでも(국가는 계획을 중지한다고까지는 말하지 않더라도), 天才とは言わないまでも(천재라고까지는 하지 않더라도), 徹夜はしないまでも(철야까지는 하지 않더라도), 見舞いに来ないまでも(병문안까지는 오지 않더라도) 등이 있다.

기출 解決には至らないまでも 해결까지는 이르지 않더라도 2017-2회

手品のプロにはならないまでも、これを使って人を喜ばせることができたらいい。
프로 마술사까지는 되지 않더라도, 이것을 이용해 남을 기쁘게 할 수 있으면 된다.

024 ～ながらも ～이지만, ～이면서도

～ながらも는 '～이지만, ～인데도, ～이면서도'라는 뜻으로, 형용사 사전형, 동사 ます형, 명사 등에 다양하게 접속한다. 대표적인 예로 子どもながらも(어리지만, 어린데도), 貧しいながらも(가난하지만), 休養に徹すると言いながらも(철저히 쉬겠다고 말하면서도), 様々な苦難にあいながらも(여러 고난을 겪으면서도) 등이 있다.

기출 なんだか使いにくいと言いながらも 왠지 사용하기 어렵다고 말하면서도 2013-1회

苦労の末に手に入れた2DKの部屋は、狭いながらも楽しいわが家だ。
고생 끝에 구입한 2DK의 방은 좁지만 즐거운 우리 집이다.

025 ～なくして(は)・～なしに(は) ～없이(는)

～なくして(は)・～なしに(は)는 '～없이(는)'이라는 뜻으로, 명사에 직접 접속한다. 대표적인 예로 涙なくしては語れない(눈물 없이는 말할 수 없다), 市民の皆さんの協力なくして(시민 여러분의 협력 없이), 先生方のご指導や友人の助けなしには(선생님의 지도와 친구의 도움 없이는), 事前の連絡なしに会社を休んだ(사전 연락 없이 회사를 쉬었다) 등이 있다.

기출 それなくして会社の成長など望みようもない
그것 없이 회사의 성장 따위 바랄 수도 없다 2014-2회
労働条件の改善なくして 근로조건의 개선없이 2017-1회

皆様のご協力なくしては、とてもこの事業は達成できなかったであろう。
여러분의 협력 없이는, 도저히 이 사업은 달성할 수 없었을 것이다.

先生方のご指導や先輩の助けなしには、卒論は書き上げられなかっただろう。
선생님의 지도와 선배의 도움 없이는, 졸업 논문은 완성할 수 없었을 것이다.

1 문법 확인문제 1순위 001 ~ 025 / 20

問題５ 次の文の（　　　）に入れるのに最もよいものを、１・２・３・４から一つ選びなさい。

1 たとえ相手がどういう人（　　　）と、正正堂堂と闘うつもりです。001

1 だろう　2 あろう　3 よう　4 です

2 リスクを負うこと（　　　）、新しい道を切り開くことはできないだろう。005

1 なくて　2 なしに　3 ないで　4 ないと

3 圧力を加えれば、どんどん透明（とうめい）になり、ついにはほとんど見えなくなってしまうというようなものは見たこともないし、想像（　　　）。007

1 せずにはおかない　2 せしめるほどだ

3 だにとっている　4 すらできない

4 大学生にもなって、そんな簡単なこともできない（　　　）、実に情（なさ）けないことだ。019

1 わけに　2 にすら　3 とは　4 ものの

5 初心者じゃ（　　　）、それくらいのことはわかるはずだ。012

1 ありながら　2 ありそうに　3 あるまいし　4 あるほどに

6 都民の皆さんの協力（　　　）、ゴミ問題の解決は不可能だ。025

1 とおりに　2 なくして　3 ならでは　4 に限らず

7 牧場（ぼくじょう）で飲んだ牛乳は、しぼりたて（　　　）、さすがに濃厚（のうこう）でとてもおいしかった。013

1 とあって　2 にあって　3 として　4 にして

8 やっと梅雨が明けた（　　　）、今度は大型（おおがた）台風が接近中とのことだ。016

1 と思いきや　2 といえども　3 とばかりに　4 というもので

답 1① 2② 3④ 4③ 5③ 6② 7① 8①

9 中村(なかむら)さんは学校の先生をしていた（　　　）、今も人前で話すのがうまい。008

1　だけあって　　2　きっかけで　　3　にしては　　4　からには

10 そこへ行かせてもらうと考えた（　　　）娘は嬉しくなった。009

1　ようで　　2　ためで　　3　だけで　　4　ばかりで

問題 6　次の文の ＿★＿ に入る最もよいものを、1・2・3・4から一つ選びなさい。

11 刑務所(けいむしょ)で火事があったが、＿＿ ＿★＿ ＿＿ ＿＿ 多くの人が亡くなった。002

1　にも　　2　逃げられず　　3　逃げよう　　4　受刑者たちは

12 レコードが ＿＿ ＿＿ ＿★＿ ＿＿ 彼は自分の作りたい音楽を作り続けた。001

1　売れ　　2　まいが　　3　売れようが　　4　関係なく

13 仕事優先で家庭を顧(かえり)みなかった彼は、子供 ＿＿ ＿＿ ＿★＿ ＿＿ 始末だった。006

1　には　　2　妻にも　　3　去(さ)られる　　4　無視され

14 ＿＿ ＿＿ ＿★＿ ＿＿ うつ病(びょう)の状態が良くなったり悪くなったりを繰り返しながら少しずつ回復していきます。011

1　治療によって　　2　段階で　　3　回復に向かい　　4　つつある

15 田中(たなか)さん ＿＿ ＿＿ ＿★＿ ＿＿ しまう人だそうだ。017

1　3日で使って　　2　ときたら

3　1か月の給料を　　4　ギャンブルが好きで

답 9 ①　10 ③　11 ③(4312)　12 ②(3124)　13 ②(1423)　14 ④(1342)　15 ③(2431)

問題７　次の文章を読んで、文章全体の趣旨を踏まえて、[16] から [20] の中に入る最もよいものを、１・２・３・４から一つ選びなさい。

学生、[16] 教育という行為そのものに絶望的になることは多々あります。それは東大だろうが何だろうが変わりません。つくづく思うのは、若い人をまともに教育するのなら、まず人のことがわかるようにしなさいと、当たり前のことから [17] ということです。

別に道徳教育を強化しろということではなく、それが学問の本質にかかわるからです。普通に人間がやっていることぐらい一応全部やってこないと、わかるようにはならないことが [18] 。

「結婚したらどうなるんですか」ということに疑問が湧くのも無理はない。けれども、そんなこと説明しても意味がない。一度してみなさいよという話でしかない。それをしないで耳で聞いても駄目なのは [19] 。

おそらく、きっかけは教育へのある種の閉塞感だったのでしょう。近年、学校での「ゆとり教育」とか「自然学習」といったものが盛んに唱えられるようになりました。こうした動きは、一見、これまで述べてきた「身体」なり「無意識」なり「自然」なりを意識させることに繋がるように思えるかもしれません。

が、実際にはまったく意味がない。頭でっかちになっている。小学校で、必ず自然学習なんて言って申し訳程度に田舎に連れて行くけれども、ある種の骨抜きでしかない。

私がかかわっている保育園が、毎年一回、契約している芋畑に芋掘りに行く。ある日、そこに行ったら、隣りに同じような芋畑があって、全部、葉っぱがしおれている。そこのお百姓さんに、「あれ、何ですか」と聞いたら、

「お宅と同じで、幼稚園の芋掘り用の畑ですよ。」

「だけど、全部、しおれているじゃないですか。どうしてですか。」

「あそこの幼稚園用の芋は、子どもが引っ張ったらすぐに抜けるように最初から掘ってある。一遍、掘って埋め直してあるからしおれているんだよ。」

[20] 。そこにあるのは自然ではなくて、人為的に用意された環境のみ。これではディズニーランドやテーマパークと同じことですから。

(養老孟司『バカの壁』による)

16

1 ひいては　　2 あるいは　　3 さほどは　　4 もしくは

17

1 教えずにおくものか　　2 教えずにはおかない
3 教えていくべきだ　　4 教えていくべきではない

18

1 物を知らないにもほどがあります　　2 山は多ければ多いほどいいです
3 物の数にも入りません　　4 山ほどあります

19

1 言うくらいです　　2 言うまでもありません
3 言うきらいがあります　　4 言うものがあります

20

1 これでは違反です　　2 それでは迷惑です
3 これでは詐欺(さぎ)です　　4 それではお伺いします

핵심문법 다시보기

~だろうが~だろうが N1 001 ~이든, ~이든	それは東大(とうだい)だろうが何(なん)だろうが 그것은 도쿄대이든 어디든(02行)
~べきだ N3 ~해야 한다	教(おし)えていくべきだ 가르쳐나가야 한다(04行)
~までもない N1 039 ~할 것까지도 없다	駄目(だめ)なのは言(い)うまでもありません 소용없는 것은 말할 필요도 없습니다(10行)
~ようになる N4 ~하게 되다	唱(とな)えられるようになりました 주장되게 되었습니다(12行)
~かもしれない N4 ~지도 모른다	繋(つな)がるように思(おも)えるかもしれません 이어지는 듯 생각될지도 모릅니다(14行)

답 16 ① 17 ③ 18 ④ 19 ② 20 ③

2 문법 확인문제 1순위 001 ~ 025 / 20

問題5 次の文の（　　）に入れるのに最もよいものを、1・2・3・4から一つ選びなさい。

1 仕入れた商品はなんとか売りつくしたが、原価に近いたたき売りだったので、損益なし（　　）。014

1 といえばこそだ　2 といったかもしれない
3 といったところだ　4 というにはあたらない

2 法律上、男女平等に（　　）、現実には根強い差別が残っている。020

1 なるように　2 なったとはいえ
3 なってからというもの　4 なったからこそ

3 今日はお寒い（　　）いらしてくださり、ありがとうございました。018

1 ところを　2 ことを　3 ほうを　4 わけを

4 彼の失礼（　　）態度にはものすごく腹がたった。003

1 極まって　2 極めて　3 極める　4 極まりない

5 絶対とは言えない（　　）、成功する確率はかなり高いと思います。023

1 からに　2 までに　3 からも　4 までも

6 とうとう彼は、100万円もする会社の機械をこわしてしまった。手順通りに操作しないと、トラブルが起こるとさんざん注意した結果が、この（　　）。006

1 しまつだ　2 しまいだ　3 かぎりだ　4 おわりだ

7 テレビを見る（　　）見ていると、故郷の様子が画面に映った。021

1 ばかりか　2 のみならず　3 ともなしに　4 どころではなく

8 一流の体操選手（　　）、さすがに実力が違うようだ。022

1 ともすると　2 ともなると　3 となれども　4 とあれども

답 1③ 2② 3① 4④ 5④ 6① 7③ 8②

9 やめようと思い（　　）、タバコはやめられない。024

1 ながらに　2 かたがた　3 ながらも　4 ついでに

10 結婚式はお金もかかるし面倒だ。でも（　　）それに見合った、また、それ以上の感動と思い出がもらえる。010

1 やるとやらないとでは　2 やったりやらなかったで

3 やるにはやるが　4 やったらやったで

問題6　次の文の ＿★＿ に入る最もよいものを、1・2・3・4から一つ選びなさい。

11 この土地の繁栄（はんえい）はますます盛んになり、今日の ＿＿ ＿＿ ＿★＿ ＿＿。004

1 に至った　2 半永久的な　3 ごとき　4 状況を呈（てい）する

12 その掃除機は今までの物よりもずっと性能がいいのですが、＿＿ ＿★＿ ＿＿ ＿＿ たくさんは売れないでしょう。008

1 値段　2 だけに　3 値段が　4 そう

13 よく僕のことを見て「太郎（たろう）さん、変わらないよね」と言われるのは、＿＿ ＿★＿ ＿＿ ＿＿ 心の中では「僕が一番変わっている人です」と思っている。010

1 うれしいですけど　2 それで　3 実は　4 それは

14 いつも大人しい石原（いしはら）さんが ＿＿ ＿＿ ＿★＿ ＿＿。みんなおなかを抱えて笑ってしまった。015

1 といったらありゃ　2 ダンスを踊るから　3 おかしい　4 しない

15 戦争の ＿＿ ＿＿ ＿★＿ ＿＿ 語れないことがたくさんある。これをいかに子供たちに伝えていけばいいのか。025

1 なくしては　2 話　3 になれば　4 涙

답 9 ③　10 ④　11 ④(3241)　12 ①(3124)　13 ②(4213)　14 ①(2314)　15 ④(2341)

問題７　次の文章を読んで、文章全体の趣旨を踏まえて、［16］から［20］の中に入る最もよいものを、１・２・３・４から一つ選びなさい。

人はよく若い時の失敗を［16］。しかし［17］というものは、一般に一種の微笑を持って回想されるものである。自分の力量や才能を省みることなしに、あとから考えるとその無謀にあきれかえるような仕事に手を出したことを、［18］周囲の人々の思惑をまったく無視して、さだめし人々に心配やら迷惑をかけたであろうようなことを強行したことを、半ばざんげの気持ちで、しかし一方では純真でひたむきであった若い日の自分の姿に半ば誇らしい気持ちを感じながら、「まったく若気のあやまちでした。」と人々は告白するのである。

このような、告白することにむしろ一種の快感を覚えるような思い出は、［19-a］それが失敗や過失の追憶であっても、そのような思い出を多く持つことは青春時代の充実ぶりを示すものであって、これを悔恨という言葉をもって呼ぶのは［20］であろう。

若い人々を戒める言葉として、「少年老いやすく学成りがたし」という忠告を私たちは昔からくり返し聞かされてきた。これは幾度くりかえされても十分とはいえない程、正しい忠告である。人間が持って生まれた才能などというものは結局大した差はないのであって、当人の終始変わらぬ努力と勉強が最後にものをいうのである。他人のやることを眺めて、あれぐらいのことはいつでも自分にやれる自信があると思っているうちに、実践によって本当に学ぶことができ、自分の仕事を［19-b］少しずつでも確実に積み重ねていった相手から、いつのまにか遠く引き離されてしまうのである。

(河盛好蔵『愛・自由・幸福』による)

16

1　口にする　　2　手にする　　3　口にしない　　4　手にしない

17

1　貧しさゆえの成功　　2　若さゆえの成功

3　貧しさゆえの失敗　　4　若さゆえの失敗

18

1　あらためて　　2　すなわち　　3　あるいは　　4　ところが

19

1　a 再び　/　b 再び　　2　a それほど　/　b それほど

3　a たとえ　/　b たとえ　　4　a なるほど　/　b なるほど

20

1　あたりまえのこと　　2　ふさわしくない

3　はずかしくない　　4　とてもふさわしい

핵심문법 다시보기

～ことなしに N1 005 ～하지 않고	力量や才能を省みることなしに 역량이나 재능을 돌이켜보지 않고(02行)
～ゆえの N1 045 ～때문에	若さゆえの失敗というものは 젊기 때문에 저지르는 실수란(01行)
～をもって N1 048 ～으로, ～로써	これを悔恨という言葉をもって呼ぶのは 이것을 회한이라는 말로 부르는 것은(10行)
～として N1 106 ～로서	若い人々を戒める言葉として 젊은 사람들을 훈계하는 표현으로서(12行)
～うちに N2 ～동안에	やれる自信があると思っているうちに 해낼 자신이 있다고 생각하는 동안에(16行)
～によって N1 128 ～에 의해	実践によって 실천에 의해(17行)

답 16 ①　17 ④　18 ③　19 ③　20 ②

026 ～ならではの ～만의, ～특유의, ～이 아니고는 할 수 없는

～ならではの는 '～만의, ～특유의, ～이 아니고는 할 수 없는'이라는 뜻으로, 명사에 직접 접속한다. 대표적인 예로 一流ホテルならではの豪華な雰囲気(일류 호텔만의 호화로운 분위기), ベテラン技師ならではの素晴らしいアイディア(베테랑 기사만의 훌륭한 아이디어), その地方ならではの名産がある(그 지방 특유의 명산품이 있다), 店の装飾やサービスに一流の店ならではの品(가게 장식이나 서비스에 일류 상점만의 품격) 등이 있다.

기출 **同世代ならではの話で** 같은 연령층끼리 통하는 이야기로 2010-1회
老舗旅館ならではの細やかな心遣い
대대로 이어온 여관만의 세심한 배려 2011-2회·2020
海の町ならではの新鮮な魚料理 바다 마을만의 신선한 생선 요리 2018-2회

今度の学園祭にはわがクラスならではの展示をしたいものだが、何かいい企画はないか。 이번 학교 축제에는 우리 반 특유의 전시를 하고 싶은데, 뭔가 좋은 기획은 없을까?

027 ～なりに/～なりの ～나름대로 / ～나름(대로)의

～なりに/～なりの는 '～나름대로/～나름(대로)의'라는 뜻으로, 명사에 직접 접속한다. 대표적인 예로 わたしなりに(제 나름대로), その人なりの生き方や生きがい(그 사람 나름의 생활방식이나 보람), あなたなりのお考えがおありでしょうが(당신 나름대로의 생각이 있으시겠지만) 등이 있다. 또 それ에 접속하여 それなりに(그런대로, 그 나름대로), それなりの(그런대로의)의 형태로도 쓰인다.

기출 **それなりに効率よく走れるものができたと思う**
그런대로 효율적으로 달릴 수 있는 것이 생겼다고 생각한다 2017-1회

私が有名な大学に入れたのは、自分なりに一生懸命勉強したからだと思います。
제가 유명한 대학에 들어갈 수 있었던 것은, 제 나름대로 열심히 공부했기 때문이라고 생각합니다.

若い人には若い人なりの考えがあるだろう。
젊은 사람에게는 젊은 사람 나름의 생각이 있을 것이다.

028 ~にあって(は) ~에서(는)

~にあって(は)는 '~에서(는), ~의 상태에서(는), ~의 상황에서(는)'이라는 뜻으로, 명사에 직접 접속한다. 대표적인 예로 父は責任者という立場にあって(아버지는 책임자라는 입장에서), 水も食糧もない状況にあっては(물도 식량도 없는 상황에서는), 就職難の時代にあって(취직난의 시대에서), この非常時にあっていかにすべきか(이 비상시에 어떻게 해야 할 것인가?) 등이 있다.

기출 交流が活発化した現代にあっては 교류가 활발해진 현대에서는 2012-2회
成果が重視されがちな時代にあって 성과가 중시되기 쉬운 시대에서 2018-2회

彼女はクラス担任という立場にあって、内申管理および進学指導などを公平にしなければならない。
그녀는 학급 담임이라는 입장에서, 내신 관리 및 진학 지도 등을 공평하게 해야 한다.

029 ~に至って(は)/~に至るまで ~에 이르러서(는) / ~에 이르기까지

~に至って(は)/~に至るまでは '~에 이르러서(는)/~에 이르기까지'라는 뜻으로, 동사 사전형, 명사 그리고 ことここ에 접속한다. 대표적인 예로 実際に事故が起こるに至って(실제로 사고가 일어나기에 이르러서), 死亡事件が発生するに至って(사망 사건이 발생하기에 이르러서), 家具はもちろん、皿やスプーンにいたるまで(가구는 물론 접시나 스푼에 이르기까지), ことここにいたってはどうしようもない(일이 이 지경에 이르러서는 어찌할 도리가 없다) 등이 있다. 이외에 ~に至る(~에 이르다, ~에 이르는)・~に至った(~에 이르렀다, ~에 이른)・~に至っても(~에 이르러서도)・~に至らず(~에 이르지 않고) 등도 쓰인다.

기출 単に決定に至るプロセスの問題点 단지 결정에 이르는 과정의 문제점 2011-1회
路線を廃止するに至った経緯 노선을 폐지하기에 이른 경위 2014-1회
実感できるまでに至らない企業もまだ多い
실감할 수 있기 까지에 이르지 않은 기업도 아직 많다 2016-1회

ことここにいたっては、未経験の僕にはどうすることもできない。
일이 이 지경에 이르러서는, 경험이 없는 나로서는 어떻게 할 수도 없다.

最近の店は、食料品から雑貨・化粧品にいたるまで、手広く扱っているところが多い。
요즘의 가게는 식료품에서 잡화·화장품에 이르기까지 폭넓게 취급하고 있는 곳이 많다.

030 ～にして ①~라도, ~이 되어 ②~로써, ~에

～にして는 '①~라도, ~이 되어, ②~로써, ~에'라는 뜻으로, 명사에 직접 접속한다. 대표적인 예로 あの人にしてそうなのだから(그 사람이라도 그러하니까), あの優秀な田中さんにして(그 우수한 다나카 씨라도), 一日にしてはできない(하루에는 불가능하다) 등이 있다.

기출 6枚目にして最後となるCD 6장째로 마지막이 되는 CD 2014-2회
専門家にして初めて書ける 전문가가 되어서야 비로소 쓸 수 있다 2018-2회

ベテランの彼にしてこんな失敗をするのだから、素人の山田君が失敗するのも仕方がない。
베테랑인 그 사람이라도 이런 실수를 하니까, 초보인 야마다 군이 실수하는 것도 어쩔 수 없다.

田中さんは40歳にしてようやく結婚相手を見つけた。
다나카 씨는 40세에 겨우 결혼 상대를 찾았다.

031 ～にたえない/～にたえる

① (차마) ~할 수 없다 ② ~해 마지않다, 너무나도 ~하다 / ~할 만한

～にたえない는 동사 사전형에 접속하면 '(차마) ~할 수 없다'라는 뜻으로, 너무나도 괴로운 상황을 견디기 힘들다는 의미를 나타낸다. 또한 명사에 접속하면 '~해 마지않다, 너무나도 ~하다'라는 뜻으로, 그 의미를 강조하는 역할을 하며 공식적인 발언이나 연설, 인사 등에 자주 사용된다. 긍정형 ～にたえる는 '~에 견디다'란 뜻 이외에, '~할 만한'이라는 의미로 말하는 사람 자신의 주관적 평가나 심정을 전하기도 한다. 대표적인 예로 聞くにたえない言葉(차마 들을 수 없는 말), ご配慮をたまわり感謝にたえません(배려를 해 주셔서 너무나도 감사합니다), 鑑賞にたえる作品(감상할 만한 작품) 등이 있다.

기출 大人の鑑賞にたえるようなアニメ映画 어른이 감상할 만한 애니메이션 영화 2015-2회

有名な作家の講演会に行ったところ、あまりに聞くにたえない内容でがっかりした。
유명한 작가의 강연회에 갔다가, 너무나도 차마 들을 수 없는 내용이라 실망했다.

彼女の演奏は、アマチュアながら鑑賞にたえるようなものだった。
그녀의 연주는 아마추어이면서도 감상할 만한 연주였다.

032 ~にひきかえ/~とひきかえに ~와는 달리 / ~와 바꿔, ~와 교환으로

~にひきかえ는 '~와는 달리, ~와는 반대로', ~とひきかえに는 '~와 바꿔, ~와 교환으로'라는 뜻으로, 명사에 직접 접속한다. 대표적인 예로 弟が社交的なタイプなのにひきかえ(남동생이 사교적인 타입인 것과는 반대로), いつも冷静でしっかり者の兄にひきかえ(항상 냉정하고 야무진 형과는 달리), 品物とひきかえに(물건과 바꿔), 人質の生命とひきかえに(인질의 생명과 교환으로) 등이 있다.

기출 便利さとひきかえに失ったものも 편리함과 바꿔 잃어버린 것도 2018-1회

優秀な成績で大学を卒業した兄にひきかえ、弟は遊んでばかりだ。
우수한 성적으로 대학을 졸업한 형과는 달리 남동생은 놀기만 한다.

男は人質とひきかえに3000万円を要求した。
남자는 인질과 교환으로 3000만 엔을 요구했다.

033 ~ばいい/~ばきりがない ~하면 된다 / ~하면 한이 없다

~ばいい는 '~하면 된다', ~ばきりがない는 '~하면 한이 없다, ~하면 끝이 없다'라는 뜻으로, 모두 동사 가정형(ば형)에 접속한다. 대표적인 예로 君のいいようにすればいい(자네가 좋을 대로 하면 돼), いちいち取り上げればきりがない(하나하나 거론하면 끝이 없다) 등이 있다.

기출 適当に答えておけばいいんだよ 적당히 대답해 두면 되는 거야 2018-2회
洗剤をたくさん入れればいい 세제를 많이 넣으면 된다 2019-1회
ただ長く眠ればいい 그냥 오래 자면 된다 2022-1회

A「夜中に騒いじゃいけないという法律はないよ。」
한밤중에 소란을 피워서는 안 된다는 법은 없어.

B「あのね、法律違反でなければいいってもんじゃないだろ。」
저기 말야, 법률위반이 아니면 괜찮다는 말이 아니잖아.

彼はいつも仕事が雑だ。間違いをあげればきりがない。
그는 항상 일이 엉성하다. 실수를 열거하면 끝이 없다.

034 ～ばこそ ～이기에, ～때문에

～ばこそ는 '~이기에, ~때문에'라는 뜻이다. '~이기 때문에 ~이다, 다른 이유는 없다'라고 말하고 싶을 때 쓰며, 동사 가정형(ば형)에 접속한다. 대표적인 예로 子どものためを思えばこそ(자식을 위하는 마음이기 때문에), 君の将来を考えればこそなんだよ(네 장래를 생각하기에 그런거야), 貴社のご協力があればこそです(귀사의 협력이 있기 때문입니다) 등이 있다.

기출 好きだという気持ちがあればこそ強くなれるのだ
좋아한다는 마음이 있기에 강해질 수 있는 것이다 2012-2회

私のことを思えばこそだった 나를 생각하기에 그런 것이었다 2022-1회

私が仕事を続けられるのも、近くに子どもの世話をしてくれる人がいればこそだ。
내가 일을 계속할 수 있는 것도 근처에 아이를 돌봐 주는 사람이 있기 때문이다.

035 ～べく ～하기 위해, ～하고자

～べく는 '~하기 위해, ~하고자'라는 뜻으로, 어떤 목적을 가지고 그렇게 했다고 말하고 싶을 때 쓴다. 동사 사전형에 붙으며, 단 する는 すべく(하기 위해)가 된다. 대표적인 예로 ウイルスの感染経路を明らかにすべく(바이러스의 감염 경로를 밝히기 위해), 締め切りに間に合わせるべく(마감에 맞추기 위해), 友人を見舞うべく(친구를 병문안하기 위해), 美術を学ぶべく(미술을 배우고자) 등이 있다.

기출 急いで帰るべく業務をこなしていても 서둘러 돌아가기 위해 업무를 처리해도 2012-2회
地球環境を守るべく 지구환경을 지키기 위해 2018-1회

山田さんは、借金を返すべく昼となく夜となく働いている。
야마다 씨는 빚을 갚기 위해 밤낮없이 일하고 있다.

036 ～まじき ~해서는 안 될, ~할 수 없는

～まじき는 '~해서는 안 될, ~할 수 없는'이라는 뜻으로, 동사 사전형에 접속한다. 대부분 ある(있다)라는 동사에 접속한다. 대표적인 예로 人としてあるまじき残酷な行為だ(사람으로서 있을 수 없는 잔혹한 행위다), 医者としてあるまじきことだ(의사로서 있어서는 안 될 일이다), 学生として取るまじき態度(학생으로서 취해서는 안 될 태도) 등이 있다.

기출 教育現場の長としてあるまじき行為 교육 현장의 수장으로서 있을 수 없는 행위 2017-2회

幼い小学生を何人も殺すとは、人間にあるまじき行為だ。
어린 초등학생을 몇 명이나 죽이다니, 인간에게 있을 수 없는 행위다.

037 ～まで(に)/～までになった ~까지, ~할 정도(로) / ~할 정도가 되었다

～まで(に)는 '~까지, ~할 정도(로)'라는 뜻으로 접속이 다양하지만 주로 형용사에 접속한다. ～までになった는 ～まで(~까지)와 ～になった(~이 되었다)가 결합한 문법으로, '~할 정도가 되었다'라는 뜻이다. 대표적인 예로 見事なまでに色づいた紅葉(멋질 정도로 (멋지게) 물든 단풍), 簡単な作文は読めるまでになった(간단한 작문은 읽을 수 있을 정도가 되었다)와 같은 형태로 쓴다.

기출 その確かな表現力で見事なまでに演じきった
그 명확한 표현력으로 훌륭하게 연기했다 2014-2회·2021-2회
支店長を任されるまでになったが 지점장을 맡을 정도가 되었지만 2018-2회

我が社が取り扱っている革製品は、完璧なまでに魅力的なデザインを備えている。
우리 회사가 취급하고 있는 가죽제품은, 완벽할 정도로 매력적인 디자인을 갖추고 있다.

10年ほど経ってようやく現場監督を任されるまでになった矢先に、家庭の事情で退職せざるを得なかった。
10년 정도 지나서 겨우 현장감독을 맡을 정도가 되었는데, 가정 형편상 퇴직하지 않을 수 없었다.

038 ～までして/～てまで ～까지 해서 / ～하면서까지

～までして는 '~까지 해서'라는 뜻으로 명사에 접속하며, ～てまで는 '~하면서까지'라는 뜻으로 동사의 て형에 접속한다. 대표적인 예로 担当者は休日出勤までして(담당자는 휴일 출근까지 해서), 環境破壊までして(환경 파괴까지 해서), 景観を犠牲にしてまで(경관을 희생하면서까지), 借金してまで遊びに行く(빚을 지면서까지 놀러 가다) 등이 있다.

기출 家庭を犠牲にしてまでとなると 가정을 희생하면서까지가 되면 2011-1회
子供の遊ぶ時間を奪ってまで 아이가 놀 시간을 빼앗으면서까지 2020

いずれにせよ、盗作までして賞を取ろうとする神経は理解できない。
어쨌든, 표절까지 해서 상을 받으려고 하는 마음은 이해할 수 없다.

環境破壊をしてまで工業化をおし進めていくのには疑問がある。
환경을 파괴하면서까지 공업화를 밀고 나가는 것에는 의문이 있다.

039 ～までもない/～とまでは言わないが
～할 것까지도 없다, ~할 필요도 없다 / ~라고까지는 할 수 없지만

～までもない는 '~할 것까지도 없다, ~할 필요도 없다'라는 뜻으로, 동사 사전형에 접속한다. 특히 言う(말하다)・言われる(말을 듣다)에 자주 접속한다. 대표적인 예로 わざわざあなたに説明してもらうまでもない(굳이 당신에게 설명을 들을 것까지도 없다), 彼が喜んだのは言うまでもない(그가 기뻐한 것은 말할 필요도 없다) 등이 있다. ～とまでは言わないが는 '~라고까지는 할 수 없지만'이라는 뜻으로, 동사의 명령형, い형용사의 사전형, な형용사의 어간, 명사에 접속한다. 대표적인 예로 会社を辞めろとまでは言わないが(회사를 그만두라고까지는 할 수 없지만), 最悪とまでは言わないが(최악이라고까지는 할 수 없지만) 등이 있다.

기출 わざわざあなたに説明してもらうまでもない
일부러 당신에게 설명을 들을 필요도 없다 2021-1회

戦争がどんなに恐ろしい結果をもたらすか、今さら言うまでもない。
전쟁이 얼마나 무서운 결과를 초래하는지, 새삼스레 말할 필요도 없다.

最高にうまいとまでは言わないが、値段を考えれば大満足だ。
최고로 맛있다고까지는 할 수 없지만, 가격을 생각하면 대만족이다.

040 ～まみれ ～투성이

～まみれ는 '～투성이'라는 뜻으로, 액체나 작은 부스러기 따위가 몸에 묻어 전체적으로 더럽혀져 있는 모양을 나타낸다. 명사에 직접 접속하며, 대표적인 예로 血まみれ(피투성이), 汗まみれ(땀투성이), どろまみれになって働いても(흙투성이가 되어 일해도) 등이 있다. 비슷한 표현에 ～ずくめ, ～だらけ가 있는데, ～ずくめ는 '～일색, ～뿐'으로, いいことずくめ(좋은 일뿐)와 같이 주로 추상적인 단어가 온다. ～だらけ는 '～투성이'로, ほこりだらけ(먼지투성이), あざだらけ(멍투성이) 등과 같이 부정적인 표현에 자주 쓴다.

기출 ほこりまみれになっている古い人形 먼지투성이가 되어 있는 낡은 인형 2011-1회

うちの弟は、自動車整備工場で毎日油まみれになって、働いている。
우리 남동생은 자동차 정비 공장에서 매일 기름투성이가 되어 일하고 있다.

041 ～ものか ①～할까 보냐, ～하나 봐라 ②～할 것인지, ～할 것인가

～ものか는 '①～할까 보냐, ～하나 봐라'라는 뜻으로, 상대방의 말이나 생각 등을 강하게 반대·부정하거나, 어떤 동작·행위를 결코 하지 않겠다는 의미를 나타낸다. 좀더 정중한 표현으로 ～ものですか가 있으며, 회화체에서는 ～もんか, ～もんですか와 같이 쓴다. 또 ～ものか에는 '②～할 것인지, ～할 것인가'라는 뜻도 있는데, 이 상황에서는 어떻게 하는 것이 가장 좋은가 궁리할 때 사용된다. 대표적인 예로 もう二度と行くものか(이제 두 번 다시 가나 봐라), どうしたものかと迷っている(어떻게 할 것인지 망설이고 있다) 등이 있다.

기출 もう二度と恋などするものか 이제 두 번 다시 사랑 같은 거 하나 봐라 2010-1회
どうしたものかと悩んでいる 어떻게 할 것인지 고민하고 있다 2013-2회
謝ってきても許してやるもんか 사과해도 용서해 줄까 보냐 2015-2회
もう少し良いものを使えないものかと思う
좀더 좋은 것을 사용할 수 없는 것인가 생각한다 2019-1회

こんなところであきらめるものか、絶対にやり遂げてやる。
이런 곳에서 포기할까 보냐, 꼭 해내겠다.

そんな大事なことを誰がおまえなんかに頼むもんか。
그런 중요한 일을 누가 너 같은 애한테 부탁할까 보냐.

彼は「私が病気でもなったらどうしたものか。」と珍しく弱音を吐いた。
그는 '내가 병이라도 나면 어떻게 한다지?'라고 왠일로 무기력한 소리를 했다.

佐藤さんがどんなに足が速いからって、自動車より速く走れるものですか。
사토 씨가 아무리 발이 빠르다고 해도, 자동차보다 빨리 달릴 수 있겠습니까.

042 ～ものなら ①~할 수 있으면 ②~했다가는

～ものなら는 두 가지 용법으로 쓰인다. 첫 번째는 '~할 수 있으면'의 뜻으로 동사 가능형에 접속하여, 실현되기 힘든 일이 실현되기를 바라거나 기대할 때 사용한다. 따라서 뒷부분에는 ～たい(~하고 싶다)가 오는 경우가 많다. 주로 少年時代に戻れるものなら戻ってみたい(어린 시절로 돌아갈 수 있다면 돌아가 보고 싶다), 国に帰れるものなら帰りたい(고국에 돌아갈 수 있다면 돌아가고 싶다)와 같이 쓴다. 두 번째는 '~했다가는, ~할 것 같으면'이라는 뜻으로, ～부분이 실현된다면 일의 형편상 큰일이 난다고 말하고 싶을 때 사용된다. 동사 의지형에 접속하며, 대표적인 예로 ちょっとでも間違いをしようものなら(조금이라도 잘못을 했다가는), 昔は親に反抗しようものなら(옛날에는 부모님에게 반항했다가는) 등이 있다. 회화체에서는 ～もんなら라고도 쓴다.

기출 できるもんなら捕まえてごらん 할 수 있으면 잡아 봐라 2013-1회
抜かずに済むものならそうしたい 빼지 않아도 된다면 그렇게 하고 싶다 2015-2회

一緒に行けるものなら行ってあげたいが、仕事の都合上、そうもいかない。
같이 갈 수 있다면 가 주고 싶지만, 일의 형편상 그렇게도 안 된다.

掃除をさぼろうものなら、先生にしかられる。
청소를 땡땡이 쳤다가는 선생님에게 야단맞는다.

043 ～ものの ~하기는 했지만

～もののは '~하기는 했지만'의 뜻이다. 주로 동사 과거형(た형)+た에 접속하며, 앞의 내용과 상반·모순되는 일이 뒤에 전개됨을 나타낸다. あの映画は一度見たものの(저 영화는 한 번 보기는 했지만), 行くと答えたものの(간다고 대답하긴 했지만), 就職はしたものの(취직은 하긴 했지만)와 같은 형태로 쓴다.

기출 能力は疑いようがないものの 능력은 의심할 수가 없기는 하지만 2012-2회
市民の心をつかもうとしたものの 시민의 마음을 사로잡으려고 하기는 했지만 2016-1회

すぐ退院はできたものの、不幸にも後遺症が残り、思うように仕事をすることができなくなった。
금방 퇴원은 할 수 있기는 했지만, 불행히도 후유증이 남아 생각대로 일을 할 수 없게 되었다.

軽い怪我だったからいいようなものの、大事故になっていたらと思うとこわい。
가벼운 부상이었기에 다행이긴 하지만, 큰 사고가 났다면 하고 생각하니 무섭다.

044 ～ものを ~인데, ~일 텐데, ~일 것을

～ものをは '~인데, ~일 텐데, ~일 것을'이라는 뜻으로, 일반적으로 형용사나 동사 과거형(た형)+た에 접속한다. 대표적인 예로 ここへ来る前に電話をしておけばよかったものを(여기에 오기 전에 전화를 해두었더라면 좋았을 텐데), だれかに相談すれば簡単に解決できたものを(누군가와 의논했더라면 간단하게 해결되었을 것을), もう少し早く病院に行けば助かったものを(좀 더 빨리 병원에 갔더라면 살았을 텐데), 電話をくだされば車でお迎えにまいりましたものを(전화를 주셨더라면 차로 마중 나갔을 텐데) 등이 있다.

기출 素直に「ごめん」と謝ればいいものを 솔직하게 '미안해'라고 사과하면 될 텐데 2014-2회
すぐに治療しておけばよかったものを 바로 치료해두었으면 좋았을 텐데. 2021-2회

対応がもっと早ければよかったものを、救助が遅れて被害が広がった。
대응이 좀 더 빨랐더라면 좋았을 텐데, 구조가 늦어져 피해가 커졌다.

045 ～ゆえ(に) ～때문(에), ～탓(에)

～ゆえ(に)는 '～때문(에), ～탓(에)'라는 뜻으로, 명사에는 직접 접속하고 형용사나 동사는 「사전형+が+ゆえ(に)」의 형태로 쓰이는 경우가 많다. 응용표현에 ～ゆえの(~때문에 하는)가 있다. 대표적인 예로 日本は島国ゆえに(일본은 섬나라인 탓에), 貧しいがゆえに＝貧しさゆえに(가난 때문에), 若きゆえの失敗(젊기 때문에 저지르는 실수), 有名人ゆえの悩み(유명인이기에 하는 고민), それゆえに(그 때문에) 등이 있다.

기출 その手軽さゆえに人気を集めている 그 간편함 때문에 인기를 모으고 있다 2011-2회
天才であるがゆえの苦悩 천재이기 때문에 겪는 고뇌 2016-1회
父親が有名な水泳選手であるがゆえに 아버지가 유명한 수영선수이기 때문에 2017-2회

女性であるがゆえにこんな差別を受けなければならないなんて、不公平だ。
여성이기 때문에 이런 차별을 받아야 하다니 불공평하다.

これもみな私の未熟さゆえのことです。
이것도 모두 저의 미숙함 때문에 일어난 일입니다.

046 ～ようがない/～ようもない ～할 수가 없다 / ～할 수도 없다

～ようがない는 '～할 수가 없다'라는 뜻으로, 그렇게 하고 싶지만 수단·방법이 없어서 불가능하다는 의미를 나타낸다. 명사를 수식할 때는 ～ようのない(~할 수 없는)의 형태가 되며, 강조할 때는 ～ようもない(~할 수도 없다)를 쓴다. 대표적인 예로 部品がなくては修理しようがない(부품이 없어서는 수리할 수가 없다), 一人で全部集めようもない(혼자서 전부 모을 수도 없다), 何とも言いようのない空気(뭐라고 말할 수 없는 분위기) 등이 있다.

기출 増税は避けようのないもの 증세는 피할 수 없는 것 2011-2회
まさに奇跡としか言いようがない 정말로 기적이라고밖에 말할 수 없다 2014-1회
会社の成長など望みようもない 회사의 성장 같은 것은 바랄 수도 없다 2014-2회
これ以上きれいにしようがないくらい 더이상 깨끗하게 할 수 없을 정도로 2016-1회
文句のつけようがないだけに 트집을 잡을 수 없을 만큼 2019-2회

誰もがうらやむキャリアを持っているような人でも、言いようのない不安で苦しんでいることがある。
누구나 부러워하는 경력을 가지고 있는 사람이라도, 말할 수 없는 불안감으로 괴로워할 때가 있다.

もっと早くから受験の対策を立てるべきだったのに、ことここに至ってはどうしようもない。
좀더 일찍부터 수험에 대한 대책을 세워야 했는데, 일이 이 지경에 이르러서는 어떻게 할 수도 없다.

047 ～わけにはいかない ～할 수는 없다

～わけにはいかない는 '(그렇게 간단히) ~할 수는 없다'라는 뜻으로, '~하고 싶지만, 사회적·법률적·도덕적·심리적 이유 등으로 할 수 없음'을 나타낸다. 겸양 표현으로 쓸 때는 ～わけにはまいりません(~할 수는 없습니다), 강조할 때는 ～わけにもいかない(~할 수도 없다), ～わけにもいかず(~할 수도 없어서) 등의 표현을 쓴다. 부정표현은 ～ないわけにはいかない(~하지 않을 수는 없다)이다. 대표적인 예로 私が遅れて行くわけにはいかない(내가 늦게 갈 수는 없다), あなた様にお見せするわけにはまいりません(당신에게 보여드릴 수는 없습니다), 会社を辞めるわけにもいかない(회사를 그만둘 수도 없다), 社長の命令とあっては、従わないわけにはいかない(사장님의 명령이라면 따르지 않을 수는 없다) 등이 있다.

기출 待っていただくわけにはいきませんか 기다려주실 수는 없습니까? 2011-1회

私としては見に行かないわけにはいかない
나로서는 보러 가지 않을 수는 없다 2013-2회

途中でやめるわけにはいかない 도중에 그만 둘 수는 없다 2017-2회

今更組織図から外すわけにもいかない 이제와서 조직도에서 뺄 수도 없다 2018-1회

ほうっておくわけにもいかず 내버려둘 수도 없어서 2018-2회

A「山田先生、今から原稿をいただきにあがってもよろしいでしょうか。」
야마다 선생님, 지금부터 원고를 받으러 방문해도 괜찮겠습니까?

B「すみません、まだなんです。あと１週間待っていただくわけにはいきませんか。」
죄송합니다, 아직이에요. 앞으로 1주일 기다려주실 수는 없으세요?

あまり付き合いのない親戚でも病気だと知らされれば、病院へお見舞いに行かないわけにはいきません(＝行かないわけにはまいりません)。
그다지 만난 적이 없는 친척이라도 아프다는 소식을 들으면, 병원에 병문안을 가지 않을 수는 없습니다.

048 ～をもって/～をもってすれば ~으로, ~로써 / ~(으로)라면

～をもって는 '~으로, ~로써'라는 뜻이고, ～をもってすれば는 '~(으로)라면'이라는 뜻이다. 모두 명사에 직접 접속한다. 대표적인 예로 世界中に衝撃をもって伝えられた(전 세계에 충격으로 전해졌다), 本日をもって終了する(오늘로써 종료한다), 君の能力をもってすれば(자네의 능력이라면), 博士の頭脳と実力をもってすれば(박사의 두뇌와 실력이라면) 등이 있다.

기출 今年の３月31日をもって廃止された 올해 3월 31일로 폐지되었다 2013-1회

来年２月のコンサートをもって解散するバンド
내년 2월 콘서트로 해산하는 밴드 2014-2회

そもそも何をもって幸せとするのだろうか
애당초 무엇으로 행복이라고 하는 걸까 2015-1회

私のノウハウをもってすれば 내 노하우로 한다면 2020

本年３月15日をもって閉館しました 올해 3월 15일로 폐관했습니다 2022-2회

これをもってパーティーを終了させていただきます。 이것으로 파티를 끝내겠습니다.

あなたの実力をもってすれば、どんなことでもやれると思うよ。
당신 실력이라면 어떤 일이든 할 수 있을 거라 생각해.

049 ～を余儀なくされる/～を余儀なくさせる

어쩔 수 없이 ~하게 되다 / 어쩔 수 없이 ~하게 하다

～を余儀なくされる는 '어쩔 수 없이 ~하게 되다'라는 뜻으로, 명사에 직접 접속한다. 대표적인 예로 予算不足のため、変更を余儀なくされた(예산 부족으로 인해 어쩔 수 없이 변경하게 되었다), 多くの人が職場を離れることを余儀なくされている(많은 사람들이 어쩔 수 없이 직장을 떠나게 되고 있다) 등이 있다. 사역표현인 ～を余儀なくさせる는 '어쩔 수 없이 ~하게 하다'라는 뜻으로, 敵に撤退を余儀なくさせた(적을 어쩔 수 없이 물러나게 했다)와 같이 쓴다.

기출 さらには事業からの撤回を余儀なくされる
게다가 어쩔 수 없이 사업을 철수하게 되다 2019-2회

楽しみにしていた文化祭であるが、雨のため、中止を余儀なくされた。
기대하고 있었던 문화제지만, 비 때문에 어쩔 수 없이 중지하게 되었다.

干ばつは野菜の値上げを余儀なくさせた。
가뭄은 어쩔 수 없이 채소 가격을 인상하게 했다.

050 ～をよそに ～을 아랑곳하지 않고

～をよそに는 '～을 아랑곳하지 않고, ～을 무시하고'라는 뜻으로, 비난의 뜻을 포함하는 문장에 자주 쓰인다. 명사에 직접 접속하며, 대표적인 예로 ひかりは親の心配をよそに(히카리는 부모의 걱정을 아랑곳하지 않고), あの子は教師の忠告をよそに(저 아이는 교사의 충고를 무시하고) 등이 있다.

기출 車内混雑をよそに作業に没頭していた
차내 혼잡을 아랑곳하지 않고 작업에 몰두하고 있었다 2016-2회

住民の不安をよそに、原子力発電所の建設はどんどん進められた。
주민의 불안을 아랑곳하지 않고, 원자력 발전소의 건설은 착착 진행되었다.

3 문법 확인문제 1순위 026 ~ 050 　/ 20

問題5　次の文の（　　）に入れるのに最もよいものを、1・2・3・4から一つ選びなさい。

1 自然主義全盛期(ぜんせいき)（　　）、時流を越えた高踏(こうとう)的な立場から個人主義に徹(てっ)したのは鴎外(おうがい)・漱石(そうせき)である。028

1 だけしか　　2 にとって　　3 にあって　　4 ばかりか

2 こんなおいしいフランス料理が食べられるのは、やはり本場に（　　）だね。034

1 いたらこそ　　2 いればこそ　　3 いるならこそ　　4 いたならこそ

3 にわか雨(あめ)で野球の試合は中止を（　　）。049

1 余儀なくした　　2 余儀なくさせた　　3 余儀なくされた　　4 余儀なくなった

4 志望校(しぼうこう)に合格（　　）今日から毎日５時間勉強するぞ。035

1 すまじと　　2 すべく　　3 するはおろか　　4 すべからず

5 幼いころ、よく泥（　　）になって弟とけんかをしたものだ。040

1 ずくめ　　2 ばかり　　3 まみれ　　4 みずく

6 ５分早く起きればいい（　　）、ベッドの中でぐずぐずしているから、遅刻するのだ。044

1 ものを　　2 はずを　　3 もので　　4 はずで

7 親に反対（　　）、あえて彼と結婚しようとは思わない。038

1 されるにせよ　　2 されただけで　　3 されればこそ　　4 されてまで

8 彼らには彼ら（　　）思いがあり、恐怖があり、教訓(きょうくん)があった。027

1 向きの　　2 なみの　　3 次第の　　4 なりの

답 1③ 2② 3③ 4② 5③ 6① 7④ 8④

9 神戸(こうべ)は港町(みなとまち)（　　　）異国情緒(じょうちょ)あふれる町だ。026

1　ならではの　　2　とすれども　　3　にかけての　　4　となれども

10 買い物には来た（　　　）、あまり高いものばかりなので、買うのがいやになってしまった。043

1　ものの　　2　ものか　　3　ものなら　　4　とたん

問題６　次の文の ＿★＿ に入る最もよいものを、１・２・３・４から一つ選びなさい。

11 都市部では野党(やとう)支持が ＿＿＿ ＿★＿ ＿＿＿ ＿＿＿ 与党(よとう)寄(よ)りという結果が出た。032

1　多かった　　2　ひきかえ　　3　のに　　4　地方では

12 私の祖父の世代は戦争の ＿＿＿ ＿＿＿ ＿★＿ ＿＿＿ 世代です。048

1　もって　　2　悲惨(ひさん)さを　　3　味わった　　4　身を

13 職務上、知り得た情報は ＿＿＿ ＿＿＿ ＿★＿ ＿＿＿ ことだ。036

1　口にする　　2　まじき　　3　家族であっても　　4　たとえ

14 鈴木花子(すずきはなこ)さんとは ＿＿＿ ＿＿＿ ＿★＿ ＿＿＿ 話をしています。026

1　ならではの　　2　こともあって　　3　年が近い　　4　同世代

15 近所の店でも売っているものだから、わざわざデパートへ ＿＿＿ ＿＿＿ ＿★＿ ＿＿＿。039

1　行く　　2　買いに　　3　までも　　4　ない

답 9 ①　10 ①　11 ③(1324)　12 ①(2413)　13 ①(4312)　14 ④(3241)　15 ③(2134)

問題7　次の文章を読んで、文章全体の趣旨を踏まえて、［16］から［20］の中に入る最もよいものを、1・2・3・4から一つ選びなさい。

博物館の裏道(うらみち)を通ってJRの駅へいそぐ。途中には寛永寺(かんえいじ)があって、江戸(えど)の面影をとどめていて、僕の好きな風景の一つである。駅についた。別に珍しいことではないが、大きなポスターがたくさん［16-a］。何気なく犯人さがしの一枚に目をやると“アッ、この顔だ”と6字の短文が［16-b］。

日本語はおかしなもので、そのときどきの状況がわかってそれを前提にすると、ごく短文でも意味が通る。たとえば、二人で食堂に入り“君、なに”“おれ、ウナギ”といえば意味伝達としてはじゅうぶんなのだが、その［17］、それをそのまま英語にでも訳そうものなら、“私はウナギである”となって、まるで童話の世界になる。

それと、先ほどの6字だが、“アッ”は片仮名“この・だ”が平仮名“顔”が漢字と3種類の文字が併用(へいよう)されている。いうまでもなく、漢字にたいして、片仮名も平仮名も日本で工夫され、創出された文字である。［18］ごく短い文章での意志伝達には、数種類の文字の併用、混用(こんよう)がたいへん効果的なのだ。

駅の伝言板に目をやる。“ジュン子、いつものParkで待つ。3時”。これは特定の二人のあいだでの意志伝達だから、わからない点もあるが、それよりも、漢字、片仮名、平仮名、アルファベット、アラビア数字と、これだけの短文に［19］が併用されている。このことは商品広告のポスターや少女雑誌のペンフレンドを求める手紙などにもごくありふれた表現としてみることができる。

英語や中国語、［20］お隣りの朝鮮半島での雑誌や新聞をみても、多種類の文字併用は稀(まれ)なことである。とくに朝鮮民主主義人民共和国のものは、漢字は一切使わず、ハングルだけが使われていて、その国の人にも、どの部分が地名や人名なのか、それを区別し判読するのにかなりの時間がかかっている。

(森浩一『上野の散策』による)

16

1　a 貼ってある　/　b 印刷してある　　2　a 貼ってある　/　b 印刷している
3　a 貼っている　/　b 印刷している　　4　a 貼っている　/　b 印刷してある

17

1　状況をぬいても　　2　状況をぬきながら
3　状況をぬきにして　　4　状況をぬきつつ

18

1　ただし　　2　つまり　　3　例えば　　4　もちろん

19

1　４種類の文字や記号　　2　４種類の漢字や外来語
3　５種類の文字や記号　　4　５種類の漢字や外来語

20

1　すでに　　2　すると　　3　まるで　　4　あるいは

핵심문법 다시보기

～ものなら N1 042 ~했다가는, ~할 것 같으면	そのまま英語(えいご)にでも訳(やく)そうものなら 그대로 영어로라도 번역했다가는(07行)
～として(は) N1 106 ~로서(는)	意味伝達(いみでんたつ)としては 의미 전달로서는(07行) /
	ごくありふれた表現(ひょうげん)として 아주 흔한 표현으로서(18行)
～をぬきにして N2 ~을 빼고	その状況(じょうきょう)をぬきにして 그 상황을 빼고(07行)
～までもなく N1 039 ~할 필요도 없이	いうまでもなく 말할 필요도 없이(11行)
～に対(たい)して N3 ~에 대해(서), ~에 비해(서)	漢字(かんじ)にたいして 한자에 비해(11行)

답 16 ① 17 ③ 18 ② 19 ③ 20 ④

4 문법 확인문제 1순위 026 ~ 050 / 20

問題5 次の文の（　　）に入れるのに最もよいものを、1・2・3・4から一つ選びなさい。

1 一か月前から話し合ってきた問題はことここに（　　）まだ解決されない。029

1 いたりで　2 いたっても　3 いたるには　4 いたるから

2 姉が静かな性格なの（　　）、妹は社交的なタイプの子だ。032

1 にひきかえ　2 はもとより　3 とはいえ　4 とともに

3 先輩の忠告（　　）遊びまわっていたら落第（らくだい）してしまった。050

1 をもとに　2 をよそに　3 をもって　4 をこめて

4 旧家（きゅうか）の長男と結婚した（　　）、彼女は人には言えない苦労をした。045

1 ほどには　2 上には　3 とばかりに　4 がゆえに

5 こんな簡単な教科書、わざわざ時間をかけて勉強する（　　）よ。039

1 までもない　2 ものではない　3 わけでもない　4 ところではない

6 私の美貌（びぼう）と才能（　　）すれば、どんな男性も夢中（むちゅう）になるだろう。048

1 になって　2 をとって　3 にとって　4 をもって

7 人はだれでも欠点を数え（　　）。033

1 あげがたい　2 あげればきりがない
3 あげてもしれている　4 あげるわけがない

8 彼女はその会社にパート従業員として働き始めて、4年後に正社員になり、ひとつの部門を（　　）。037

1 任されるはずだ　2 任されたまでだ
3 任されたばかりだ　4 任されるまでになった

답 1② 2① 3② 4④ 5① 6④ 7② 8④

9 会社の命令に背(そむ)こう（　　　）、首にされかねない。042

1 ものを　2 ものなら　3 もので　4 ものだから

10 多数の、しかも確かな目撃者が厳然(げんぜん)として存在するのであるから（　　　）。046

1 ごまかすわけがない　2 ごまかしようがない

3 ごまかしそうもない　4 こまがすほかはない

問題6 次の文の ___★___ に入る最もよいものを、1・2・3・4から一つ選びなさい。

11 みんなの視線を ___ ___ _★_ ___ 雰囲気だった。031

1 座っている　2 浴びて　3 にたえない　4 黙(だま)って

12 問題 ___ ___ _★_ ___ 、こんなに長く研究を続けてこられたのだ。034

1 深ければ　2 関心が　3 に対する　4 こそ

13 この音楽祭もコロナの ___ ___ _★_ ___ 演奏会が開催できなくなりました。030

1 して　2 70年目に　3 影響で　4 初めて

14 その行為が人として人の道に合っているか、お客さまや世間に知られても恥じる ___ ___ _★_ ___ 判断基準にしてください。041

1 どうかを　2 いられるものか　3 胸を張って　4 ことなしに

15 「物事を始めてしまった ___ ___ _★_ ___ こと」を表すことわざとして、「乗り掛かった船」があります。047

1 からには　2 やめる　3 途中で　4 わけにはいかない

답 9 ② 10 ② 11 ①(2413) 12 ①(3214) 13 ①(3214) 14 ②(4321) 15 ②(1324)

問題7　次の文章を読んで、文章全体の趣旨を踏まえて、[16]から[20]の中に入る最もよいものを、1・2・3・4から一つ選びなさい。

わが国では最近むやみに敬語がはやっている感じなのである。どうもそんな気がする。[16]動向を彼らはいち早く感知して、どうも敬語否定論ははやらないらしいなんて考えて、商売を手びかえているのではなかろうか。

たとえば「駅で待ってますと○○さんが来られまして……」などと言う。これなんかはやはり、「お見えになって……」とか「いらっしゃって……」とか言ってもらいたい。またたとえば、「○○さんがこう言われました」なんて言う。これも、「おっしゃいました」だろう。どうも最近の敬語は、あれはサラリーマン敬語というのだそうだけれど、万事「れる」「られる」ですます傾向があって、耳に快くなく、風情がない。しかし[17]、耳に快くて風情があるということこそ敬語本来の目的なので、何も目上目下というような人間関係をむきだしにして見せるのが敬語のねらいではないのである。

これを歴史的に考えれば、「れる」「られる」でいっさいすますという最近の傾向は、戦後、敬語というものが評判が悪くなって、それこそ絶滅しかけていたのが、また息を吹き返して[18]、本式のところがわからなくなって、やむを得ず間に合わせに発明したものかもしれない。もちろん敬語の助動詞「れる」「られる」は昔からあるけれど、昔はたとえば「ご覧になる」と言ったところを、今は「見られる」などと、まるで受け身か可能の助動詞みたいに用いるのが大流行なのである。「おでかけになる」が「ゆかれる」、「めしあがる」が「食べられる」、「おっしゃる」が「話される」という調子で、事務的、能率的にひょいとくっつける。便利と言えばたしかに便利だが、どうもあれはほんとうの日本語ではなくて、何となく欧文直訳体という趣があるね。わたしは[19]けれど、あのサラリーマン敬語よりはむしろ敬語ぬきのほうをよしとしたくなるくらい、あれがどうも気にくわない。あんなに「れる」「られる」ばかりやっていると、舌の具合が変にならないものかなんて余計な心配をする[20]。

(丸谷才一『日本語のために』による)

16

1 どうして　　2 そういう　　3 当時　　4 現在

17

1 そうはいっても　　2 他人にいわせれば
3 そうはいうものの　　4 わたしにいわせれば

18

1 みたものの　　2 しまおうが　　3 おいたなら　　4 いたとしても

19

1 敬語尊重論者ではある　　2 商売尊重論者ではない
3 敬語否定論者ではある　　4 商売否定論者ではない

20

1 ものなのか　　2 ことなのか　　3 ほどである　　4 こそである

핵심문법 다시보기

~ものの N1 043 ~이기는 하지만	また息を吹き返してみたものの 다시 되살아났기는 했지만(14行)
~ものか N1 041 ~할 것인가	舌の具合が変にならないものか 혀의 상태가 이상해지지 않나(않는 것인가) (23行)
~かける N3 ~하기 시작하다	絶滅しかけていた 멸종되기 시작했다(13行)
~かもしれない N4 ~일지도 모른다	間に合わせに発明したものかもしれない 급한 대로 발명한 것일지도 모른다(14行)
~みたいに N3 ~처럼, ~같이	まるで受け身か可能の助動詞みたいに 마치 수동이나 가능의 조동사처럼(17行)
~ではある N1 092 ~이기는 하다	敬語尊重論者ではあるけれど 경어존중론자이기는 하지만(21行)
~くらい N1 074 ~할 정도로	敬語ぬきのほうをよしとしたくなるくらい 경어를 뺀 쪽이 낫다고 하고 싶어질 정도로(22行)

답 16 ② 17 ④ 18 ① 19 ① 20 ③

2 N1 2순위 문법 100

1순위에서 다루지 않은 100개 항목을 2순위 문법으로 선정하였다. 기능어 앞의 숫자는 학습 편의상 임의로 부여한 고유번호로, 확인 문제 풀이시 이해하기 어려운 부분은 해당번호의 내용을 참조하길 바란다.

051 ～あげく ～한 끝에

～あげく는 '~한 끝에'라는 뜻으로, 「동사 과거형(た형)+た」「명사+の」에 접속한다. さんざん(몹시)과 호응하는 경우가 많으며, 悩んだあげく(고심한 끝에), さんざん迷ったあげく(몹시 헤맨 끝에), 口論のあげく(언쟁 끝에), 2年の浪人のあげく(2년의 재수 끝에) 등의 형태로 사용된다.

기출 あれこれ質問に答えさせられたあげく 이런저런 질문에 억지로 대답한 끝에 2011-1회

2時間も待たされたあげく、翌日来てくれと言われた。
2시간이나 (억지로) 기다린 끝에, 다음 날 와달라는 말을 들었다.

052 ～一方(で)/～一方だ ～하는 한편(으로) / (오로지) ~할 뿐이다, ~하기만 한다

～一方(で)는 '~하는 한편(으로)'라는 뜻으로, 동사 사전형에 접속한다. 어떤 사항에 대해 두 가지 면을 대비시켜 나타낼 때 사용된다. 주로 収入が減る一方で(수입이 줄어드는 한편으로), 子供を厳しくしかる一方で(자식을 엄하게 꾸짖는 한편으로)와 같이 쓴다. ～一方だ는 '(오로지) ~할 뿐이다, ~하기만 한다'라는 뜻으로, 동사 사전형에 접속한다. 주로 失業率はあがる一方だ(실업률은 오르기만 한다), 借金は増える一方だ(빚은 늘어나기만 한다)와 같은 형태로 사용된다.

기출 周囲の期待は高まる一方だ 주위의 기대는 높아지기만 한다 2010-1회

オンラインで売り上げが上がる一方で、店舗での売り上げは下がっている。
온라인에서 매상이 오르는 한편으로, 점포에서의 매상은 떨어지고 있다.

政府の施策もむなしく、失業者の数は増加する一方だ。
정부의 시책도 허무하게, 실업자의 수는 계속 늘기만 한다.

053 ～うる・～える/～えない ～할 수 있다 / ～할 수 없다

동사 ます형에 ～うる・～える가 접속하면 '~할 수 있다'라는 가능 표현이 되고, ～えない가 접속하면 '~할 수 없다'라는 불가능 표현이 된다. ～得る・～得ない로 한자 표기를 하는 경우도 있다. 주로 十分理解しうる(える)ものだった(충분히 이해할 수 있는 것이었다), 努力せずに成功することはありえない(노력하지 않고 성공하는 일은 있을 수 없다), 判定し得ない状況(판정할 수 없는 상황)와 같은 형태로 쓰인다.

기출 正しい日本語になりえないのだと思う
올바른 일본어가 될 수 없는 것이라고 생각한다 2019-2회

君の今の成績なら、第一志望の大学に合格しうる(える)だろう。
자네의 지금 성적이라면, 제1지망 대학에 합격할 수 있을 거야.

新型コロナウイルス感染が否定し得ない場合は、駐車場での車中待合をお勧めします。
신형 코로나바이러스 감염을 부정할 수 없는 경우에는, 주차장에서의 차내대기를 권장합니다.

054 ～おかげで/～おかげだ ～덕분에 / ～덕분이다

～おかげで/～おかげだ는 '~덕분에/~덕분이다'라는 뜻으로, '~의 도움이 있었기에 좋은 결과가 되었다'라는 감사의 뉘앙스를 나타낸다. 이에 반해 부정적인 결과는 ～せいで/～せいだ(~탓에/~탓이다)로 나타낸다. 대표적인 예로 手伝ってくれたおかげで(도와준 덕분에), 雑誌に店の名前が出たおかげで(잡지에 가게 이름이 나온 덕분에), 助けてくれたおかげだ(구해 준 덕분이다), 応援してくれたみんなのおかげだ(응원해 준 모두의 덕분이다) 등이 있다.

기출 先輩方の厳しくも暖かいサポートのおかげで
선배님들의 엄하면서도 따뜻한 지원 덕분에 2018-1회

うちの祖父は体が丈夫なおかげで、年を取っても医者の世話にならずに済んでいる。
우리 할아버지는 몸이 튼튼한 덕분에, 나이가 들어도 의사의 도움을 받지 않아도 된다.

私たちが幸福に暮らせるのも、みんなあの方のおかげです。
우리가 행복하게 살 수 있는 것도 모두 그분 덕분입니다.

055 ～おそれがある ～할 우려가 있다, ～할 위험이 있다

～おそれがある는 '～할 우려가 있다, ～할 위험이 있다'라는 뜻으로, おそれ가 명사에 해당되므로 그에 준하는 접속을 하며, 주로 동사 사전형 또는 「명사+の」에 접속한다. 大事故(だいじこ)につながるおそれがある(대형 사고로 이어질 우려가 있다), 事故(じこ)を起(お)こすおそれがある(사고를 일으킬 우려가 있다), 倒産(とうさん)のおそれがある(도산의 위험이 있다)와 같은 형태로 쓰인다.

기출 やる気(き)を失(うしな)わせてしまうおそれがある 의욕을 잃게 할 위험이 있다 2018-2회

親鳥(おやどり)に気(き)づかれるおそれがあることから、撮影(さつえい)チームはそれ以上(いじょう)近(ちか)づくことを諦(あきら)めた。
어미새가 눈치챌 우려가 있어서, 촬영팀은 더 이상 다가가는 것을 포기했다.

056 ～思(おも)いをする・～思(おも)いだ ～한 기분이 되다, ～한 심정이다

～思(おも)い는 '～한 마음'이라는 뜻으로, 동사, い형용사의 사전형, な형용사의 연체형에 접속한다. 주로 감정을 나타내는 い형용사, 예를 들어 恥(は)ずかしい(부끄럽다)・危(あぶ)ない(위험하다)・こわい(무섭다)・つらい(괴롭다)・うらやましい(부럽다) 등에 붙는다. N1문법에서는 ～思(おも)いをする・～思(おも)いだ(～한 기분이 되다, ～한 심정이다) 등의 형태로 출제된다. 대표적인 예로 心臓(しんぞう)がとまる思(おも)いをした(심장이 멎는 기분이었다), 毎日(まいにち)いじめられていやな思(おも)いをした(매일 괴롭힘당해 싫은 마음이었다), 背筋(せすじ)が凍(こお)る思(おも)いだ(등골이 오싹해지는 느낌이다), 人(ひと)とかかわる仕事(しごと)がしたいという思(おも)いで(사람과 관련된 일을 하고 싶다는 심정으로)와 같이 사용된다.

기출 その責任(せきにん)の重(おも)さに身(み)が引(ひ)き締(し)まる思(おも)いです
그 책임의 무게에 몸이 긴장되는 느낌입니다 2010-2회
店員(てんいん)の失礼(しつれい)な態度(たいど)に大変不快(たいへんふかい)な思(おも)いをした
점원의 무례한 태도에 몹시 불쾌한 기분이 들었다 2023-2회

ぼくは手術(しゅじゅつ)の前(まえ)には水(みず)が飲(の)めなくて、大変(たいへん)つらい思(おも)いをした。
나는 수술 전에는 물을 마실 수 없어서, 아주 괴로운 심정이었다.

もう夫(おっと)に会(あ)えないかと思(おも)うと、胸(むね)が詰(つ)まる思(おも)いです。
이제 남편을 만날 수 없나 하고 생각하니, 가슴이 메이는 느낌입니다.

057 ～限り/～限りでは/～ない限り

～하는 한 / ～한 바로는 / ～하지 않는 한

～限り는 '～하는 한', ～限りでは는 '～한 바로는'이라는 뜻으로, 판단의 근거가 되는 범위를 한정할 때 쓴다. 주로 できるかぎり(가능한 한), 見渡すかぎり(눈이 미치는 한, 눈에 들어오는 것 모두), ストライキが続く限り(파업이 계속되는 한), 私が調べた限りでは(내가 조사한 바로는), 私の見るかぎりでは(내가 보는 바로는)와 같은 형태로 사용된다. 응용 표현에 「～限り+の+명사(～하는 한의~)」가 있다. ～ない限り는 '～하지 않는 한'이라는 뜻으로, '앞 문장의 내용이 성립되어야 뒤 문장의 내용도 실현될 수 있다'고 할 때 쓴다. 뒤에는 주로 부정적이거나 곤란하다는 의미를 나타내는 문장이 온다. 何か対策を立てない限り(뭔가 대책을 세우지 않는 한), 夜遅く一人で歩かないかぎりは(밤 늦게 혼자서 걷지 않는 한은)와 같은 형태로 사용된다.

기출
- 定年後も働けるかぎりは働きたい 정년 후에도 일할 수 있는 한은 일하고 싶다 2014-1회
- 応援してくれるファンが一人でもいる限り
  응원해주는 팬이 한 명이라도 있는 한 2017-1회
- 応援してくれるファンの皆さんがいる限り 응원해주는 팬 여러분이 있는 한 2022-1회
- 私が知る限りではこれまでにない 내가 아는 바로는 지금까지 없다 2023-2회

私の知る限り、石原社長は絶対そんなことをするような人ではありません。
내가 아는 한, 이시하라 사장은 절대 그런 일을 할 만한 사람이 아닙니다.

朝早くから営業している店は、私の調べた限りではここしかなかった。
아침 일찍부터 영업하고 있는 가게는, 내가 조사한 바로는 여기밖에 없었다.

この契約は、2年後にどちらかが契約の取り消しを申し出ない限り、自動的に継続になります。
이 계약은, 2년 후에 어느 한 쪽이 계약 취소를 신청하지 않는 한, 자동적으로 계속됩니다.

058 ～がちだ 자주 ～하다, ～하기 쉽다

～がちだ는 '자주 ~하다, ~하기 쉽다'라는 뜻으로, 동사 ます형과 명사에 직접 접속한다. 응용표현에 ～がちになる(자주 ~하게 되다), ～がちの・～がちな(자주 ~하는, ~하기 쉬운)가 있다. 주로 休みがちだ(자주 쉰다), 忘れがちになる(자주 잊게 된다), 曇りがちの天気(자주 흐린 날씨), 子どもにありがちな病気(어린이에게 흔히 있는 병)와 같은 형태로 쓰인다.

기출 短期的な成果が重視されがちな時代 단기적인 성과가 중시되기 쉬운 시대 2018-2회
野菜不足になりがちなだけに 채소가 부족해지기 쉬운 만큼 2019-1회

若い人は経験に乏しいので、とかく現実離れにした考えをいだきがちだ。
젊은 사람은 경험이 부족하기 때문에, 자칫 현실과 동떨어진 생각을 품기 쉽다.

このところ、曇りがちの天気で洗濯物が干せなくて困る。
요즘 날씨가 흐린 날이 많아서, 빨래를 말릴 수 없어서 곤란하다.

059 ～かというと・～かといえば ～하는가 하면, ～하냐 하면

～かというと・～かといえば는 '～하는가 하면, ～하냐 하면'이라는 뜻으로, 동사 사전형, 「동사 과거형(た형)＋た」, い형용사 종지형, なに 등에 접속한다. 주로 一人暮らしの老人の自殺率が高いかというと(독거 노인의 자살률이 높은가 하면), 困ったかといえばそれほどでもなかった(곤란했냐 하면 그 정도는 아니었다)와 같이 활용한다. 관용적으로 쓰이는 何かというと・何かといえば(툭하면, 입만 벙긋하면,기회만 있으면), どちらかというと・どちらかといえば(어느 쪽이냐 하면)도 잘 익혀 두자. ～かというと의 회화체인 ～かっていうと의 형태도 출제되고 있다.

기출 母親でなくてはならないかというと 어머니가 아니면 안 되는가 하면 2010-1회
初めから宇宙飛行士になるつもりだったかっていうと
처음부터 우주비행사가 될 생각이었냐 하면 2011-1회
多くとったからといって、より丈夫になるかというと
많이 섭취했다고 해서, 더 튼튼해지는가 하면 2014-2회
洗剤をたくさん入れればいいかといえば 세제를 많이 넣으면 좋은가 하면 2019-1회
ただ長く眠ればいいかというとそうではない
그냥 오래 자면 되는가 하면 그렇지는 않다 2022-1회

ドラマに出た名所だからといってみんなが見に行くかっていうと、そうでもない。
드라마에 나온 명소라고 해서 모두가 보러 가는가 하면, 그렇지도 않다.

計算結果から2100年の地球がどんな世界になるかといえば、海よりも陸上で気温が上がる。
계산 결과로부터 2100년의 지구가 어떤 세계가 되는가 하면, 바다보다 육상에서 기온이 올라간다.

060 ～(か)と思(おも)ったら・～(か)と思(おも)うと ～인가 했더니, ～하자마자

～(か)と思(おも)ったら・～(か)と思(おも)うと는 '～인가 했더니, ～하자마자'라는 뜻으로, 예상과 반대의 일이 일어났을 때 사용한다. 앞에는 보통형이 오며, 같은 표현에 ～(か)と思(おも)えば가 있다. 주로 駅(えき)の近(ちか)くだから便利(べんり)だろうと思(おも)ったら(역 근처라서 편리할 거라 생각했더니), 空(そら)が暗(くら)くなったと思(おも)うと(하늘이 어두워지자마자), 出(で)かけたかと思(おも)えば(외출했나 했더니)와 같은 형태로 사용된다.

기출 突然甘(とつぜんあま)えてきたり、そうかと思(おも)えば、呼(よ)んでも無視(むし)して
갑자기 어리광을 부리거나, 그런가 했더니 불러도 무시하고 2018-1회

やっと仕事(しごと)が終(お)わったかと思(おも)ったら、またすぐ次(つぎ)の仕事が入(はい)ってきた。
겨우 일이 끝났나 했더니, 또 바로 다음 일이 들어왔다.

息子(むすこ)は学校(がっこう)から帰(かえ)ってきたかと思(おも)うと、すぐに友(とも)だちの家(いえ)に遊(あそ)びに行(い)った。
아들은 학교에서 돌아오자마자, 바로 친구 집에 놀러 갔다.

061 ～か ～ないかのうちに ～하자마자

～か～ないかのうちに는 '～하자마자'라는 뜻이다. ～か는 동사 사전형에 접속하고(동사 과거형(た형)+た에 붙는 경우도 간혹 있음), ～ないか는 동사 ない형에 접속한다. 응용표현에 ～か～ないかのころ(막 ～했을 즈음)가 있다. 주로 家(いえ)に着(つ)くか着かないかのうちに(집에 도착하자마자), 先生(せんせい)の講義(こうぎ)が終(お)わるか終わらないかのうちに(선생님의 강의가 끝나자마자), 幼稚園(ようちえん)に入(はい)るか入らないかのころ(유치원에 막 들어갔을 즈음), 私が３歳(さい)になったかならなかったかのころ(내가 막 3살이 되었을 즈음)의 형태로 사용된다.

기출 小学校(しょうがっこう)に入(はい)るか入らないかのころ 초등학교에 막 들어갔을 즈음 2014-2회

東京駅(とうきょうえき)のホームに着(つ)くか着かないかのうちに新幹線(しんかんせん)は出発(しゅっぱつ)してしまった。
도쿄역 승강장에 도착하자마자 신칸센은 출발하고 말았다.

初(はじ)めて料理(りょうり)をしたのは、小学校(しょうがっこう)に入(はい)るか入らないかのころだったと思(おも)います。
처음으로 요리를 한 것은 초등학교에 막 들어갔을 즈음이었다고 생각합니다.

062 ～かねる/～かねない ～하기 어렵다 / ~할지도 모른다

～かねる는 '~하기 어렵다, ~할 수 없다'라는 뜻으로, 동사 ます형에 접속한다. 심정적인 거부감이나 서비스업 등에서 손님의 희망에 응할 수 없음을 완곡하게 말할 때 자주 쓴다. 주로 私はどうも納得しかねる(나는 도무지 납득할 수 없다), 私の一存では決めかねる(나 혼자만의 생각으로는 결정하기 어렵다)와 같이 쓴다. 관용 표현인 待ちかねる(더 기다릴 수 없다, 학수고대하다), 見るに見かねて(보다 못해) 등도 외워 두자. ～かねない는 '~할지도 모른다, ~할 법도 하다'라는 뜻으로, '~라는 나쁜 결과가 될 가능성이나 위험성이 있다'고 말하고 싶을 때 쓴다. '~하기 어렵지 않다'로 해석하지 않도록 주의해야 한다. 주로 事故を起こしかねない(사고를 일으킬지도 모른다), 体をこわしかねない(건강을 해칠지도 모른다)와 같이 쓴다.

기출 ご使用後の返品対応はいたしかねます
사용하신 후의 반품은 해드릴 수 없습니다 2012-1회

せっかくの伝統技術が失われかねない
모처럼의 전통기술을 잃어버릴지도 모른다 2018-2회

「こんなはずではなかった」と言うことになりかねない
'이렇게 되는 게 아니었어'라고 말하게 될지도 모른다 2021-1회

うちの娘は大学に進学するか就職するか決めかねているらしい。
우리 딸은 대학에 진학할지 취직할지 결정하기 어려운 것 같다.

誤解を招きかねない表現を使わないように気をつけてください。
오해를 살지도 모르는 표현을 쓰지 않도록 주의하세요.

063 ～かのようだ (마치) ~인 듯하다, ~인 것 같다

～かのようだ는 '(마치)~인 듯하다, ~인 것 같다'라는 뜻으로, 「동사 과거형(た형)+た」와 현재 진행형(ている형) 등에 접속한다. 응용표현에 ～かのような+명사(~인 듯한), ～かのように(~인 듯이, ~인 양), ～かのようで(~인 듯해서) 등이 있다. まるで夏になったかのようだ(마치 여름이 된 것 같다), 生きているかのようだ(마치 살아 있는 것 같다), 私が犯人であるかのような目で(마치 내가 범인인 듯한 눈으로), 全部分かっているかのように(전부 알고 있는 듯이)와 같이 쓴다.

기출 どこか知らない町に来たかのような 어딘지 모르는 동네에 온 듯한 2015-2회
真夏に戻ったかのような日 한여름으로 돌아간 듯한 날 2022-2회

日に焼けた黒い腕が競技会で優勝した勝利の印であるかのようだった。
햇볕에 그을린 까만 팔이 경기대회에서 우승한 승리의 징표인 듯했다.

山田さんはまるで自分の家を建てるかのように親身になって対応してくれた。
야마다 씨는 마치 자기 집을 짓는 듯이 친절하게 응대해주었다.

064 ～から～にかけて ～부터 ～에 걸쳐

～から～にかけて는 '~부터 ~에 걸쳐'라는 뜻으로, 뒤에 명사가 이어질 때에는 ～から～にかけての(~부터 ~에 걸친)의 형태가 된다. 주로 おとといから今日にかけて(그저께부터 오늘에 걸쳐), 1丁目から3丁目にかけて(1가부터 3가에 걸쳐), 9月から10月にかけての時期(9월부터 10월에 걸친 시기)와 같은 형태로 사용된다.

東京を訪れるなら、3月末から4月中ばにかけての時期をお勧めします。
도쿄를 방문한다면, 3월말부터 4월 중반에 걸친 시기를 추천합니다.

065 ～からいって・～からいうと ～으로 보아, ～에서 보건대

～からいって・～からいうと는 '~으로 보아, ~에서 보건대'라는 뜻으로, 명사에 직접 접속한다. 한자 표기인 ～から言って・～から言うと, 가정형인 ～から言えば, 겸양표현인 ～から言わせてもらえば의 형태도 출제되고 있다. 주로 役柄から言って(직무로 보아), うちの経済状況から言って(우리의 경제 상황에서 보건대), 私の経験から言うと(내 경험으로 보건대), 私の立場から言わせてもらえば(제 입장에서 보건대)의 형태로 쓰인다.

기출 営業の立場から言わせてもらえば 영업의 입장에서 보건대 2012-2회

この成績からいうと、東大はかなり無理だと思う。
이 성적으로 보건대, 도쿄대는 상당히 무리라고 생각한다.

A「京都に行くんだけど、金閣寺と銀閣寺、どっちに行くか迷ってるんだ。」
교토에 갈 건데, 금각사와 은각사 중 어느 쪽으로 갈지 망설이고 있어.

B「どっちにも行ったことがある自分から言わせてもらえば、まず金閣寺は見逃せないですね。」
두 곳 모두 가본 적이 있는 제 입장에서 보건대, 우선 금각사는 놓칠 수 없죠.

066 ～からこそ/～てこそ/～こそ～が

(바로)～이기 때문에 / ～해서야 비로소 / ～는(만은) ～지만

～こそ는 어떤 말에 붙어 특히 그 말을 강조할 경우에 사용한다. 한국어의 '~야말로'에 해당하는 경우가 많다. こちらこそ(저야말로), 今度こそ(이번에야말로), 今でこそ((과거는 어떻든) 지금은)와 같이 사용된다. ～からこそ는 '(바로) ~이기 때문에'라는 뜻으로, ～가 단 하나의 이유이며 중요하다는 것을 강조할 때, 또는 상식에서 벗어나는 이유지만 그 이유를 특별히 말하고 싶을 때 사용한다. 私は映画が好きだからこそ(나는 영화를 좋아하기 때문에), 正直に話してくれたからこそ(솔직하게 말해주었기 때문에)와 같이 쓴다. ～てこそ는 '~해서야 비로소, ~해서야말로'라는 뜻으로, 동사의 て형에 붙어 어떤 좋은 결과를 초래한 이유를 나타낸다. 危機に臨んでこそ(위기에 직면해서야 비로소), ご両親の支えがあってこそだ(부모님의 뒷받침이 있기 때문이다)와 같이 쓴다. ～こそ～が는 '~는(만은) ~지만'이라는 뜻으로, 앞뒤 문장이 상반되는 경우에 사용한다. この服はデザインこそ古いが(이 옷은 디자인은 구식이지만), レポートは作成こそしたが(리포트는 작성은 했지만)와 같이 쓴다.

기출 優勝を経験させたいと願うからこそだ
우승을 경험하게 하고 싶다고 바라기 때문이다 2010-2회

今でこそ一流企業と言われる我が社だが
지금은 일류기업이라 불리는 우리 회사지만 2011-1회

優勝こそ逃したが 우승은 놓쳤지만 2019-1회

今でこそ、こうやって笑って話せるが、あの時は本当にどうしようかと思ったよ。
지금은 이렇게 웃으면서 말할 수 있지만, 그 때는 정말로 어떻게 할까 생각했어.

親というものは、子供が心配だからこそいろいろなことを聞いてしまうのだ。
부모라는 존재는, 자식이 걱정되기 때문에 이런저런 일을 묻는 것이다.

生活費を自分で稼いでこそ、自立していると言えるだろう。
생활비를 스스로 벌어야 비로소 자립한다고 말할 수 있을 것이다.

佐藤君は年こそ若いが、与えられた仕事を効率よく時間通りにこなしている。
사토 군은 나이는 어리지만, 주어진 일을 효율적으로 제시간에 해내고 있다.

067 ～からして ①～부터가 ②～으로 보아

～からして는 '①～부터가, ～에서부터'라는 뜻이다. 보통은 그다지 문제시되지 않는 것을 굳이 지적하여 '그것부터가 (그렇고 나머지도)'라는 의미로, 부정적인 기분을 강조할 때 많이 쓴다. 그리고 '②～으로 보아'라는 뜻으로 판단의 실마리, 즉 근거를 나타내는 경우에도 쓰인다. 주로 彼の言い方からして気に入らない(그의 말투부터가 맘에 들지 않는다), その発想からして独特だ(그 발상부터가 독특하다), 母は症状からして(어머니는 증상으로 보아), この手紙は筆跡からして(이 편지는 필적으로 보아)의 형태로 사용된다.

기출 彼に伝わっていないことからしておかしい
그에게 전해지지 않은 것부터가 이상하다 2010-1회
彼の性格からして最後までやり通すに違いない
그의 성격으로 보아 끝까지 해낼 것임에 틀림없다 2010-2회

部長からして事態を把握していないのだから、平社員によくわからないのも無理はない。
부장부터가 사태를 파악하고 있지 않으니까, 평사원이 잘 모르는 것도 무리는 아니다.

この手紙は筆跡からして彼が書いたに違いない。
이 편지는 필적으로 보아 그가 쓴 것임에 틀림없다.

068 ～からすると・～からすれば ～으로 보아, ～으로 보면

～からすると・～からすれば는 '～으로 보아, ～으로 보면'이라는 뜻이다. 그 입장에 서서, 또는 그것에 주목해서 생각하면 어떠한지를 말할 때 쓴다. 주로 話し方からすると(말투로 보아), さっきの態度からすると(조금 전의 태도로 보아), 科学の観点からすれば(과학의 관점으로 보면)와 같은 형태로 쓰인다.

기출 私みたいな人間からすれば 나같은 사람이 보면 2013-1회

あの態度からすると、鈴木さんは引き下がる気はまったくないようだ。
저 태도로 보아, 스즈키 씨는 물러날 생각이 전혀 없는 것 같다.

あの選手の実力からすれば、２メートル30というのは不可能な数字ではない。
그 선수의 실력으로 보아, 2미터 30이라는 것은 불가능한 숫자가 아니다.

069 ～からといって・～からって ～라고 해서

～からといって는 '~라고 해서'라는 뜻이며, ～からって는 회화체이다. 이 표현은 아무리 그렇더라도 ~해서는 곤란하다, 단지 그렇다고 해서 ~할 것은 없다는 뉘앙스의 문장에 주로 사용된다. 뒤에는 주로 ～(という)わけではない((~라는) 것은 아니다), ～とは限らない(~라고는 할 수 없다), ～とはいえない(~라고는 말할 수 없다)와 같은 부분부정 표현이 온다. 대표적인 예로 しばらく連絡がないからといって(얼마간 연락이 없다고 해서), 説明を聞いたからといって(설명을 들었다고 해서), 試験に落ちたからって(시험에 떨어졌다고 해서) 등이 있다.

기출 雑誌で紹介されたからといって 잡지에서 소개되었다고 해서 2011-2회
多くとったからといって 많이 섭취했다고 해서 2014-2회
見学したからって 견학했다고 해서 2019-1회

日本に住んでいるからといって、日本語が話せるとは限らない。
일본에 살고 있다고 해서, 일본어를 할 수 있다고는 할 수 없다.

寂しいと言ったからって、旅の寂しさとか、ホームシックなんかとはまるで違う。
외롭다고 말했다고 해서, 여행의 외로움이라든가 향수 따위와는 전혀 다르다.

070 ～からには・～以上は・～上は ～할 바에는, ~한 이상에는

～からには는 주로「동사 과거형(た형)+た」와 동사 사전형에 접속하며, 비슷한 표현에 ～以上は, ～上は가 있다. この仕事を引き受けるからには(이 일을 맡을 바에는), 約束したからには(약속한 이상에는), お世話になった先生に頼まれた以上は(신세진 선생님께 부탁받은 이상에는), 事態がこうなった上は(사태가 이렇게 된 바에는)와 같은 형태로 많이 쓰인다.

기출 いったん仕事を引き受けたからには 일단 일을 맡은 이상에는 2010-2회
物事を始めてしまった以上 일을 시작해버린 이상 2017-2회
それを知ったからには 그것을 안 이상에는 2019-1회
先生においでいただくからには 선생님이 와주시는 이상에는 2021-2회

複数の人間が共同生活を営むからには、そこには秩序が必要である。
다수의 인간이 공동생활을 영위하는 이상에는, 거기에는 질서가 필요하다.

夏目漱石の名言に『山が来てくれない以上は、自分が行くよりほかにしかたがあるまい』がある。 나츠메 소세키의 명언에「산이 와주지 않는 이상에는, 자신이 갈 수밖에 없을 것이다」가 있다.

071 ～きり/～きりだ ～한 채 / ～한 채이다, ～했을 뿐이다

～きり/～きりだ는 '~한 채/~한 채이다, ~했을 뿐이다'라는 뜻으로, 기대했던 일이 일어나지 않고 예상 외의 상태가 계속되고 있음을 나타낸다. 주로 ～(た)きり～ない, ～(た)きりだ의 꼴로 사용된다. 10年前(ねんまえ)に会(あ)ったきり、一度(いちど)も会っていない(10년 전에 만난 채, 한번도 만나지 않았다), 電話(でんわ)が1回(かい)かかってきたきりだ(전화가 한 번 걸려 왔을 뿐이다)와 같이 쓴다. 한편 ～きり는 それ나 あれ에 붙어 '이후, 그 후'의 의미를 나타내기도 하는데, 예를 들어 あれっきり会(あ)わない(그 후로 만나지 않는다), それっきり何(なん)の連絡(れんらく)もない(그 후 아무 연락도 없다)와 같이 쓴다.

기출 一度(いちど)会(あ)ってそれっきりだ 한 번 만나고 그것으로 끝이다 2013-2회

娘(むすめ)は私の言葉(ことば)に怒(おこ)って出(で)て行(い)ったきり帰(かえ)ってこない。
딸은 내 말에 화가 나서 나간 채 돌아오지 않는다.

たまった夏休(なつやす)みの宿題(しゅくだい)を済(す)ませるため、息子(むすこ)はここ数日(すうじつ)部屋(へや)にこもったきりです。
밀린 여름방학 숙제를 끝마치기 위해, 아들은 요 며칠 방에 틀어박혀 있을 뿐입니다.

072 ～きる/～きれる/～きれない

다(완전히) ~하다 / 다(완전히) ~할 수 있다 / 다(완전히) ~할 수 없다

～きる는 동사의 ます형에 접속하여 '다(완전히) ~하다'라는 의미를 나타낸다. 따라서 가능형인 ～きれる는 '다(완전히) ~할 수 있다', 그것의 부정형인 ～きれない는 '다(완전히) ~할 수 없다'라는 뜻이 된다. ～切(き)る/～切(き)れる/～切(き)れない와 같이 한자로 쓰기도 한다. 대표적인 예로 一日(いちにち)で読(よ)みきった(하루 만에 다 읽었다), 二人(ふたり)で全部(ぜんぶ)食(た)べきれる(둘이서 전부 다 먹을 수 있다), 今日中(きょうじゅう)には読(よ)みきれそうもない(오늘 안으로는 다 못 읽을 것 같다) 등이 있다.

기출 絶対(ぜったい)、読(よ)みきれっこない 절대로 다 읽을 수 있을 리가 없다 2017-1회
逆(ぎゃく)にすすぎ切(き)れなかったりして 반대로 완전히 헹굴 수 없거나 해서 2019-1회
どんなに感謝(かんしゃ)してもしきれない 아무리 감사드려도 다 할 수 없다 2021-2회
それまでの教室数(きょうしつすう)では対応(たいおう)しきれない
지금까지의 교실수로는 다 대응할 수 없다 2022-1회

バッテリーは充電前(じゅうでんまえ)に使(つか)い切(き)った方(ほう)がいいって本当(ほんとう)ですか。
배터리는 충전 전에 완전히 쓰는 게 좋다는 게 사실입니까?

私の長所はどんな困難にもくじけず、与えられたことは最後までやり切れることです。
저의 장점은 어떤 어려움에도 좌절하지 않고, 주어진 일은 끝까지 해낼 수 있는 것입니다.

山本さんは押しが強いから、君には断り切れないかもしれないよ。
야마모토 씨는 억지가 세니까, 자네는 끝까지 거절할 수 없을지도 몰라.

073 ～くせに ~인 주제에, ~이면서도

～くせに는 '~인 주제에, ~이면서도'라는 뜻으로, 앞 문장의 주체에 대한 비난, 경멸, 반발의 뉘앙스가 포함되어 있다. 대표적인 예로 息子は目が悪いくせに(아들은 눈이 나쁜 주제에), あまり食べられないくせに(별로 먹지도 못하면서도) 등이 있다. 참고로 そのくせ는 '그런데도, 그럼에도 불구하고'라는 뜻으로 それなのに와 거의 같다.

기출 私を見るとすぐに逃げるくせに 나를 보면 바로 도망치는 주제에 2013-1회
本当は読んでみたくてしかたがないくせに
사실은 읽어보고 싶어서 어쩔 수 없는 주제에 2020

姉は食事のことで文句ばかり言っているくせに、自分では何も作らない。
누나는 식사에 대해 불평만 하고 있으면서도, 자기는 아무것도 만들지 않는다.

ご本人がいちばん飲むのが好きなくせに、いつも人の逃げ口上を言う。
본인이 가장 (술) 마시는 것을 좋아하는 주제에, 항상 남의 핑계를 댄다.

074 ～くらいなら/～ぐらいでないと ~할 거라면 / ~할 정도가 아니면

～くらい(ぐらい)는 '~할 정도로'라는 뜻으로, 응용표현인 ～くらいなら는 '~할 거라면'이라는 의미이다. 동사 사전형에 접속하며, ～부분에 대해서 화자가 상당히 싫어하고 있는 기분을 나타낼 때 사용한다. 대표적인 예로 そのパソコン、捨てるくらいなら(그 컴퓨터, 버릴 거라면), お金を借りてするくらいなら(돈을 빌려서 할 거라면) 등이 있다. ～ぐらいでないと는 '~할 정도가 아니면'이라는 뜻으로, 앞의 상황이나 역경 등을 충족시키거나 참아내지 않으면 뒤의 것이 실현될 수 없다는 것을 나타낸다. 동사의 사전형, ない형, 명사 등에 접속하며, 대표적인 예로 コンビニのバイトは18歳ぐらいでないと(편의점 아르바이트는 18세 정도가 아니면), ニュースがわかるぐらいでないと授業についていけない(뉴스를 이해할 정도가 아니면 수업을 따라갈 수 없다) 등이 있다.

기출 食事をするのも時間が惜しいくらい 식사를 하는 것도 시간이 아까울 정도로 2019-2회

せいぜい正しい持ち方ができるようになるぐらいだ
고작 올바르게 쥘 수 있게 될 정도이다 2021-2회

一度断られたぐらいであきらめたりしないで
한 번 거절당한 정도로 포기하거나 하지 말고 2021-2회

昨日のパーティーには50人から60人ぐらいが出席していた。
어제 파티에는 50명에서 60명 정도가 참석했었다.

あいつに議長を頼むくらいなら会議を中止した方がましだ。
그 녀석에게 의장직을 부탁할 정도라면 회의를 그만두는 게 더 낫다.

営業職などでは、『お客さんと雑談の一つもできるぐらいでないと1人前でない』というぐらいだ。
영업직 등에서는 "손님과 잡담 하나 할 수 있을 정도가 아니면 제 몫을 하는 게 아니다"라고 할 정도이다.

075 ～ことか (얼마나) ~했던가

～ことか는 '(얼마나) ~했던가'라는 뜻으로, '반문, 반어, 힐난, 감탄' 등을 나타낸다. 말하는 사람의 기분을 나타내는 표현이기 때문에 どんなに・どれほど・なんと・何度 등과 호응하는 경우가 많다. 대표적인 예로 どんなに寂しいことか(얼마나 쓸쓸했던가), 何度注意したことか(몇 번이나 주의를 줬던가) 등이 있다. 참고로 きれいな景色だこと(멋진 경치야)와 같이 こと가 여성어로 쓰이기도 한다.

기출 富士山の山頂から見た景色のなんと美しかったことか
후지산의 정상에서 본 경치는 얼마나 아름다웠던가 2018-1회

君には何度だまされ、裏切られたことか、もう許せない。
너한테는 몇 번이나 속고, 배신당했는지, 이제 용서할 수 없다.

15年も一緒に暮らした犬に死なれて、どんなに悲しかったことか。
15년이나 같이 살았던 개가 죽어서, 얼마나 슬펐던가!

問題5 次の文の（　　）に入れるのに最もよいものを、1・2・3・4から一つ選びなさい。

1 今で（　　）当たり前になったが、戦前は大学へ行く人はめったにいなかった。066

1 さえ　　2 こそ　　3 ほど　　4 ばかり

2 さんざん文句を（　　）、その客は何も買わずに出て行った。051

1 言うついでに　　2 言うあげく　　3 言ったついでに　　4 言ったあげく

3 人間の生活に直接かかわりあいのある自然はもはや無限大とは（　　）きた。053

1 見なしぬいて　　2 見なしかねなくなって
3 見なしえなくなって　　4 見なさせていただいて

4 始める際のハードルが高過ぎてユーザーの意欲を（　　）ならば、そのハードルをだんだんと上げていけばいいですね。055

1 失わせてしまうおそれがある　　2 失わせてしまいつつある
3 失わせてしまってはならない　　4 失わせてしまうところである

5 個人的に最近は「（　　）限りは働いた方がよい」と感じます。057

1 働けず　　2 働いた　　3 働こう　　4 働ける

6 赤ちゃんの最初の愛着（あいちゃく）要求の対象は絶対に母親で（　　）、必ずしもそうではないと思います。059

1 なくてはならないからといって　　2 なくてはならないかというと
3 あるわけにはいかないからといって　　4 あるわけにはいかないかというと

7 待ちに待ったゴールデンウィークがやってきた。それを祝うように、今日の最高気温は29度。ところが私はといえば、先日からの風邪が長引いてしまい、このままではせっかくのゴールデンウィークが（　　）。062

1 台無しになりかねない　　2 台無しになったようだ
3 台無しになってはならない　　4 台無しになりかけている

답 1② 2④ 3③ 4① 5④ 6② 7①

8 本という物は、いつまた読み返したくなるかわからない。改めて読みたい本、引用しなければならない論文の一部など、場があれば置いておきたい物である。それで集めた本が1,000冊以上。死ぬまでにはとうてい（　　　）分量だ。072

1　読みかけなのか　　2　読みっぱなしだろう
3　読みきれっこない　　4　読んでもいないくせに

9 兄は自分の物を貸すのは（　　　）、僕の物は、いかにも当たり前のような顔をして使うんだから。073

1　いやがるだけあって　　2　いやがるくせに
3　いやがるおかげで　　4　いやがるせいで

10 オリンピック。各国の選手が集まって力と技を競う。なんとすばらしい（　　　）。075

1　のか　　2　ことか　　3　わけだ　　4　ものだ

問題6　次の文の ＿★＿ に入る最もよいものを、1・2・3・4から一つ選びなさい。

11 A「おとといは大雨、昨日は何回も音が出なくなったりするというトラブルが発生して嫌になるよね。」
B「本当だよ。最終日の ＿＿ ＿＿ ＿★＿ ＿＿ 。」066

1　何も　　2　今日こそ　　3　ように　　4　起こりません

12 一つの目的に対して複数の目標は存在し得るが、＿＿ ＿＿ ＿★＿ ＿＿ ことだ。053

1　対して　　2　存在し得ない　　3　複数の目的が　　4　一つの目標に

13 お巡(まわ)りさんで ＿＿ ＿＿ ＿★＿ ＿＿ 見ず知らずの人に行き先を尋ねたりはしないものだ。057

1　ことがない　　2　かぎり　　3　さえも　　4　よほどの

답 8 ③　9 ②　10 ②　11 ④(2143)　12 ③(4132)　13 ①(3412)

14 高い所から見下ろすパリの景色は最高です。数々の映画の ＿＿＿ ＿＿＿ ＿★＿ ＿＿＿ 一枚を撮ってみてはいかがでしょうか。063

1 舞台ともなった　　2 主人公になりきったかの
3 場所で映画の　　4 ような

15 「乗り掛かった船」ということわざは、乗って岸を離れた船からは下船できない ＿＿＿ ＿＿＿ ＿★＿ ＿＿＿ ことのたとえである。070

1 物事を始めてしまった　　2 以上
3 途中でやめるわけにはいかない　　4 ところから

問題 7 次の文章を読んで、文章全体の趣旨を踏まえて、[16] から [20] の中に入る最もよいものを、1・2・3・4から一つ選びなさい。

私は不謹慎なこともよくいう。[16] 、一年遅れたからといって人生にどれほどのマイナスがあるのか聞いてみたい。合格技術を磨くより、じっくり学力を身につけてゆっくり進学した方が入ってから伸びる、と。

能の構成をよく序・破・急という。これは中国の雑劇の構成とも似ているという説があるほど、[17] 、緩急いろいろでなければならない。

全体ただただ速いだけでは構成など [18] 。人生というドラマも、緩急自在な構成があってしかるべきだろう。

そんなことを考えている私の許へ、最近歌人の野村清さんが『緩なるべし』という散文集を [19] 。一風変わった書名は中国の囲碁十訣の一つ「界に入っては宜しく緩なるべし」から採用したとあとがきに [20] 。

もちろん、そうした人生観をもっておられるから、書名にされたのである。野村さんは私同様東京育ちだと思うが、やはり電車では京都派にちがいない。

緩なるべし、そのとおりである。緩やかであることがもっともこころよいのは、上等な懐石料理が目をよろこばせ、舌つづみを打たせながら、ほどよい間合いをおいて運ばれてくることだといえば、氏に叱られるであろうか。

(中西進『父の手』による)

답 14 ②(1324) 15 ②(4123)

16

1 受験生にあたって
2 受験生にあって
3 受験生にむかって
4 受験生にのって

17

1 劇的構成については
2 劇的構成につれては
3 劇的構成にとっては
4 劇的構成にたいしては

18

1 ありえない
2 ありえなくはない
3 あるにきまっている
4 あるものだ

19

1 送ってやった
2 送ってくれた
3 送ってあげた
4 送ってさしあげた

20

1 書いただけである
2 書いている
3 書きつつある
4 書いてある

핵심문법 다시보기

~からといって N1 069 ~라고 해서	一年遅れたからといって 1년 늦었다고 해서(01行)
~えない N1 053 ~할 수 없다	ただただ速いだけでは構成などありえない 그저 빠르기만 해서는 구성 같은 건 있을 수 없다(06行)
~にとっては N1 123 ~에게 있어서는, ~에서는	劇的構成にとっては 극적 구성에 있어서는(05行)
~なければならない N1 112 ~해야 한다	緩急いろいろでなければならない 완급이 여러 가지여야 한다(05行)
~てしかるべきだ ~해야 마땅하다	構成があってしかるべきだろう 구성이 있어야 마땅할 것이다(07行)
~てある N4 ~해져 있다	あとがきに書いてある 후기에 쓰여져 있다(10行)

답 16 ③ 17 ③ 18 ① 19 ② 20 ④

問題5 次の文の（　　）に入れるのに最もよいものを、１・２・３・４から一つ選びなさい。

1 リーダー（　　）やる気があまりにもないのだから、ほかの人たちがやるはずがない。067

1 までしても　2 とともに　3 にしては　4 からして

2 多くの医者にかかったのだが、何のかいもないばかりか、ますます悪くなる（　　）。052

1 一方だ　2 気味だ　3 以上だ　4 次第だ

3 今年は夏が涼しかった（　　）冷房はほとんど使わずにすんだ。054

1 うえで　2 ためで　3 おかげで　4 くせに

4 明日の初出勤日のことを思うと身の引き締まる（　　）がします。056

1 始末　2 思い　3 見込み　4 考え

5 静かだった水面が急に（　　）、不気味な怪獣(かいじゅう)がその姿を現した。060

1 盛り上げた末に　2 盛り上がるのをかわきりに
3 盛り上げたかたわら　4 盛り上がったと思うと

6 僕が小学校に（　　）の頃に祖父が脳溢血(のういっけつ)で寝たきりになりました。061

1 入るか入らないか　2 入っていてもいなくても
3 入ろうが入るまいが　4 入るにしても入らないにしても

7 A「『働く』を楽しむために必要なことは何だと思いますか。」
B「今は僕らの頃より一人当たりの仕事の量が広い時代。なので、経営者という立場（　　）、楽しむ余裕よりも、しっかりと仕事をやりぬくことの方が大切に思えたりします。」065

1 に言わせていれば　2 から言わせてもらえば
3 に言わせてあげれば　4 から言わせてやれば

8 彼女のとげとげしい口ぶり（　　）どうやら私に腹を立てているらしい。068

1 からには　2 にしては　3 からといって　4 からすると

답 1④ 2① 3③ 4② 5④ 6① 7② 8④

9 上から紙を貼って（　　　）、もう一度はじめから書きなおした方がいいと思うよ。074

1 訂正するくらいなら　　2 訂正するだけに

3 訂正するばかりか　　4 訂正するまでもないと

10 山本（やまもと）選手は、優勝（　　　）逃したが、最終日をベストスコアでよく頑張った。来シーズンへの期待と夢を叶えてくれそうだ。066

1 さえ　　2 こそ　　3 ほど　　4 ばかり

問題6 次の文の ＿★＿ に入る最もよいものを、１・２・３・４から一つ選びなさい。

11 体 ＿＿ ＿＿ ＿★＿ ＿＿ 君には俳優としての素質があると思う。067

1 あふれる表現力　　2 からして　　3 から　　4 じゅう

12 ある母親は、「子供たちが洗濯や買物などの家事を ＿＿ ＿＿ ＿★＿ ＿＿ 仕事に打ちこめるのです。」と語っている。054

1 くれる　　2 手伝って　　3 おかげで　　4 安心して

13 効率化やコストダウンばかり ＿＿ ＿＿ ＿★＿ ＿＿ 社会との接点とするという考え方はこれからの地域企業の新しいスタイルとなるでしょう。058

1 企業が「学び」を重んじ　　2 それを

3 時代において　　4 重視されがちな

14 駅から離れた場所にスーパーや病院、そして金融（きんゆう）機関が揃っていて、駅近は居酒屋などの飲食店はたくさんありますが、日常的な施設は皆無の ＿＿ ＿＿ ＿★＿ ＿＿ どうでもいいことです。068

1 駅近かどうかは　　2 すれば　　3 環境に住んでいる　　4 私から

15 お昼ご飯を食べる ＿＿ ＿＿ ＿★＿ ＿＿ ときって、たまにありますよね。074

1 時間も　　2 惜しい　　3 忙しい　　4 くらい

답 9 ① 10 ② 11 ①(4312) 12 ③(2134) 13 ①(4312) 14 ②(3421) 15 ④(1243)

問題 7　**次の文章を読んで、文章全体の趣旨を踏まえて、[16] から [20] の中に入る最もよいものを、1・2・3・4から一つ選びなさい。**

人間が集まって作りあげている世の中、さまざまな社会、そのまた中にあるいろいろな集まりというのがあります。

しかし、[16]、個人は社会よりも先に、社会から離れて生まれてきたものではありません。学者の研究によれば、人間は歴史をどこまでさかのぼってみても、いつも人間どうしの集まりの中で暮らしていたということです。いや、人間どうしの集まりや結びつきの中でこそ、人間は野獣(やじゅう)に近い状態から始まって次第に [17]、ついに文明を生みだして、はっきりと他の動物たちと違った存在になることもできたのです。私たちの着物、食べ物、使っている道具、そのどの一つをとってみても、みんな数知れない人間の結びつきのおかげでできあがり、私たちの手に届いたものばかりです。たしかに人間が人間であることと、人間が人間どうしのつながりによって生きていることとは、切りはなして考えることができません。学問的な言葉で言えば、人間は本来社会的な存在なのです。

[18]、人間が社会的な存在だということを一番よく証拠(しょうこ)だてているのは人間の言葉です。人間はほかの動物と違って道具というものを使い、自然そのままの生活を抜け出して衣食住(いしょくじゅう)を自分たちの手で作りだし、それをぐんぐんと改良して文明の生活に入りました。このような進歩は人間がばらばらに生活せず、いつも集まりを作って力を合わせてきたおかげですが、しかし、それができたということは人間が言葉というものを持っていたからだといっても言い過ぎではありません。

[19]、言葉とは、人間と人間とが思っていること、望んでいること、感じていることを、お互いに通わせるための道具なのです。それは、人間と人間の結びつきの中から生まれてきて、その結びつきを細(こま)やかにし、その協力をとどこおりのないものにしている不思議な接着剤だと言えましょう。こういう不思議な接着剤なしには人間が生きていけないということは、どういう意味を持ったことなのでしょうか。[20]。人間が本来社会的な存在であって、社会的な生活が人間本来の生活だということです。

16

1 だからといって　2 それに反して　3 というと　4 すると

17

1 人間であればあるほど
2 動物になってきたし
3 人間らしい人間となり
4 動物という動物は

18

1 とはいえ
2 とはいうものの
3 にもかかわらず
4 ところで

19

1 ことここに至っては
2 言うまでもなく
3 それにつけても
4 それからというもの

20

1 ほかに仕方がありません
2 なんともありません
3 ほかでもありません
4 なんでもありません

핵심문법 다시보기

~からといって N1 069 ~라고 해서	だからといって 그렇다고 해서〈접속사〉(03行)
~おかげで/おかげだ N1 054 ~덕분에 / ~덕분이다	人間(にんげん)の結(むす)びつきのおかげで 인간의 결속 덕분에(09行) / 力(ちから)を合(あ)わせてきたおかげですが 힘을 합쳐온 덕분이지만(17行)
~によれば N3 ~에 따르면	学者(がくしゃ)の研究(けんきゅう)によれば 학자의 연구에 따르면(04行)
~ということだ N3 ~라고 한다	暮(く)らしていたということです 생활하고 있었다고 합니다(05行)
~らしい N4 ~답다	人間(にんげん)らしい人間となり 인간다운 인간이 되고(07行)
~までもなく N1 039 ~할 필요도 없이	言(い)うまでもなく 말할 필요도 없이(20行)
~なしに(は) N1 025 ~없이(는)	こういう不思議(ふしぎ)な接着剤(せっちゃくざい)なしには 이런 신기한 접착제 없이는(23行)

답 16 ① 17 ③ 18 ④ 19 ② 20 ③

076 ～ことから・～ところから ～로 인해, ~때문에

～ことから・～ところから는 '~로 인해, ~때문에, ~이 원인이 되어'라는 뜻으로, 근거나 유래 등을 나타낼 때 자주 쓰며 다양한 형태로 접속한다. 주로 子供が少なくなってきていることから(어린이가 줄어들고 있기 때문에), 昔から木が多かったところから(옛날부터 나무가 많았기 때문에)와 같은 형태로 사용된다.

기출 途中で降りることができないことから 도중에 내릴 수가 없기 때문에 2017-2회
高齢者が著しく増加することから 고령자가 현저하게 증가하기 때문에 2020
腰の曲がった老人に似ているところから 허리가 굽은 노인을 닮아서 N2 2020
対応しきれなくなったことから 다 대응할 수 없게 되었기 때문에 2022-1회

奈良公園は特に重要な歴史遺産が多いことから「歴史公園」とも言われている。
나라공원은 특히 중요한 역사 유산이 많아서 '역사공원'이라고도 불리고 있다.

この球場は、大きな卵の形をしているところから、「ビッグ・エッグ」と呼ばれている。
이 구장은 커다란 달걀 모양을 하고 있기 때문에 '빅 에그'라 불리고 있다.

077 ～ことだから/～ことだし ~이니까 / ~하고 하니까

～ことだから는 '~이니까'라는 뜻으로, 화자의 주관적인 이유를 나타낼 때 주로 쓰인다. 「명사+の+ことだから」의 형태를 취하며, 주로 そんな彼女のことだから(그런 그녀니까), まじめなあの人のことだから(성실한 그 사람이니까)와 같이 사용한다. 비슷한 표현인 ～ことだし는 '~하고 하니까'라는 뜻으로, 어떤 판단·결정·희망의 이유·근거가 되는 사정이나 상황을 말할 때 사용한다. 예를 들어 まだ年も若いことだし(아직 나이도 어리고 하니까), 梅雨も明けたことだし(장마도 끝났고 하니까)와 같이 쓴다.

実力充分の彼女のことだから十中八九、合格するであろう。
실력이 충분한 그녀니까 십중팔구 합격할 것이다.

天気もよいことだし、たまには童心に帰って魚でも捕まえに行こうかと思っています。
날씨도 좋고 하니까, 가끔은 동심으로 돌아가 물고기라도 잡으러 갈까 하고 생각하고 있습니다.

078

～ことにする/～ことになる/～ことにはならない

①~하기로 하다 ②~한 것으로 하다 / ~하게 되다 / ~한 것이 되지는 않는다

～ことにする는 '①~하기로 하다'라는 뜻으로, 자신의 의지로 결정할 때 사용한다. 또한 '②~한 것으로 하다'라는 뜻도 있다. ～こととする로 쓸 수도 있으며, 겸양표현인 ～ことに致す・～ことと致す도 함께 알아두자. 대표적인 예로 酒をやめることにした(술을 끊기로 했다), 一応やったこととする(일단 한 것으로 하다), これで終わることと致します(이것으로 마치기로 하겠습니다) 등이 있다. ～ことになる는 '~하게 되다'라는 뜻으로, 자신의 의지와는 관계없이 집단이나 조직의 결정 또는 자연의 섭리로 그렇게 되는 것을 의미한다. あとで後悔することになる(나중에 후회하게 된다)와 같이 쓴다. ～ことにはならない는 '~한 것이 되지는 않는다'라는 뜻으로, 「동사의 과거형(た형)＋た」에 접속한다. 충족 요건을 채우지 못해 실현되지 않았거나 부족하다는 것을 나타낼 때 사용하므로, 앞에 ～だけでは(~만으로는)와 같은 말과 호응하는 경우가 많다. 条件をクリアしたことにはならない(조건을 충족한 것이 되지는 않는다)와 같이 활용한다.

기출 次回、改めて検討することと致します 다음에 다시 검토하기로 하겠습니다 2011-2회

ソファーを買うことにしたそうだ 소파를 사기로 했다고 한다 2018-1회

起こして注意することにした 깨워서 주의를 주기로 했다 2018-2회

見なかったことにしてほうっておく 못 본 것으로 하고 내버려두다 2018-2회

今日のうちに戻すことにしていこう 오늘 안에 되돌리는 것으로 해보자 2021-2회

高校生になったんだから、もう漫画は読まないことにしようと思います。

고등학생이 되었으니까, 이제 만화책은 안 보려고 합니다.

会社には病気になったことにして、友だちと旅行に行った。

회사에는 병이 난 것으로 하고 친구와 여행을 갔다.

山田さんの家族は来月福岡に引っ越すことになった。

야마다 씨의 가족은 다음달 후쿠오카로 이사하게 되었다.

5分本を読んだだけでは読書したことにはならない。

5분 책을 읽은 것만으로는 독서한 것이 되지는 않는다.

079 ～ことは～が ～하기는 ～지만

～ことは～が는 '~하기는 ~지만'이라는 뜻으로, AことはBが의 형태로 앞뒤에 같거나 비슷한 뜻을 가진 명사+だ, い형용사, な형용사, 동사를 써서 의미를 강조하는 용법이다. 주로 医者(いしゃ)であることは医者なのですが(의사이기는 의사입니다만), 難(むずか)しいことは難しいが(어렵기는 어렵지만)과 같이 활용한다.

기출 ひと通(とお)り読(よ)むことは読んだが 대강 읽기는 읽었지만 2019-2회

宿題(しゅくだい)で出(だ)された作文(さくぶん)を書(か)いたことは書いたが、まだ足(た)りない所(ところ)がある。
숙제로 내준 작문을 쓰긴 썼지만, 아직 부족한 점이 있다.

ピアノはひけることはひけますが、あまり上手(じょうず)ではありません。
피아노는 칠 수 있기는 칠 수 있지만, 그다지 잘하지는 못합니다.

080 ～さえ～ば ～만 ～하면

～さえ～ば는 '~만 ~하면'이라는 뜻으로, '다른 것과 상관없이 그 조건만 맞으면 된다'는 가정 조건을 나타낸다. ～だけ・～ばかり・～のみ 등과 뜻은 비슷하지만 바꿔 쓸 수는 없다. 동사에 접속할 때는「동사의 연용형(ます형)+さえすれば」,「동사의 음편형(て형)+てさえいれば」, 명사에 접속할 때는「명사+さえ～ば」, い형용사에 접속할 때는「い형용사의 어간+くさえあれば」, な형용사에 접속할 때는「な형용사의 어간+でさえあれば」의 형태를 취한다. 대표적인 예로 雨(あめ)がやみさえすれば(비가 그치기만 하면), だまってさえいれば(잠자코만 있으면), 天気(てんき)さえよければ(날씨만 좋으면), 安(やす)くさえあれば(싸기만 하면), 衣類(いるい)は丈夫(じょうぶ)でさえあれば(옷은 질기기만 하면) 등이 있다.

기출 水(みず)やりを忘(わす)れさえしなければ 물주는 것을 잊지만 않으면 2010-2회

生(い)きて帰(かえ)ってきてくれさえすれば、それだけでいい。
살아서 돌아와 주기만 하면, 그것만으로 좋아.

あなたが幸(しあわ)せでさえあれば、私はほかのことなどどうでもいい。
당신이 행복하기만 하다면, 나는 다른 건 아무래도 좋아.

081 ～次第で(は)/～次第だ ～에 따라서(는) / ～나름이다, ～하는 것이다

～次第で(は)는 '～에 따라서(는)'이라는 뜻으로, 명사에 직접 접속하며 한자 표기로 출제되는 경향이 많다. 先生のご都合次第では(선생님의 사정에 따라서는), 頼み方次第では(어떻게 부탁하느냐에 따라서는), 検査の結果次第では(검사 결과에 따라서는)와 같은 형태로 사용된다. ～次第だ는 '～나름이다, ～하는 것이다'라는 뜻으로, 다양한 형태로 접속한다. 주로 あとは本人次第だ(나머지는 본인이 하기 나름이다), 私が代わりに来た次第です(제가 대신 온 것입니다)와 같은 형태로 사용된다.

기출 使う人の使い方次第で 쓰는 사람이 어떻게 쓰느냐에 따라서 2012-1회
復旧状況次第では 복구상황에 따라서는 2016-2회
ご連絡した次第です 연락드린 것입니다 2021-1회

文明の利器である車も、運転次第でいくらでも走る凶器となりうる。
문명의 이기인 자동차도, 운전하기에 따라서 얼마든지 달리는 흉기가 될 수 있다.

現在、生活費と学費は全てアルバイトで賄っていて、奨学金を申請する次第です。
현재 생활비와 학비는 전부 아르바이트로 충당하고 있어, 장학금을 신청하는 것입니다.

082 ～じゃない(か) ～하지 않은가, ～잖아 〈놀람〉

～じゃない(か)는 '～하지 않은가, ～잖아'라는 뜻으로, 예상 외의 일에 놀란 기분을 나타낸다. 여성의 경우는 주로 ～じゃない(の)의 형태를 사용하는 경우가 많다. 주로 ちょっと狭い(ん)じゃない(좀 좁잖아), 外車が買えるじゃないか(외제차를 살 수 있지 않은가)와 같이 쓴다.

기출 君、困るじゃないか！ 자네, 곤란하지 않은가! 2010-2회
デザートがただっていうだけじゃないか 디저트가 공짜라는 것뿐이잖아 2012-1회
けっこうよく書けてるじゃない 제법 잘 썼네 2019-1회

アイスクリームが食べたいのに、もうスーパーは閉まっているじゃないか。
아이스크림을 먹고 싶은데, 벌써 슈퍼마켓은 문을 닫았잖아.

その革のベルト、あなたのロングスカートにとても似合ってるじゃない。
그 가죽벨트, 너의 롱 스커트에 너무 잘 어울리네.

083 ～ずに/～ずに済む ～하지 않고 / ～하지 않고 끝나다, ～하지 않아도 된다

～ずに는 '~하지 않고'라는 뜻으로, 동사 ない형에 접속된다. する에 접속할 경우에는 せずに(하지 않고)가 된다. ～ずに는 ～ないで와 바꿔 쓸 수 있다. ～ずに済む는 '~하지 않고 끝나다, ~하지 않아도 된다'라는 뜻이다. 이것은 예측되는 상황을 피할 수 있다, 그것을 하지 않고 끝난다는 의미를 나타낸다. 주로 お金を払わずに済んだ(돈을 지불하지 않아도 되었다), 暑さにやられずにすんだ(더위를 먹지 않고 끝났다)와 같이 활용한다.

기출 抜かずに済むものならそうしたい 빼지 않아도 된다면 그렇게 하고 싶다 2015-2회
買えずにいたソファー 사지 못하고 있었던 소파 2018-1회
その洋館を見ずに 그 양옥집을 보지 않고 2019-1회
引っ越しの荷造りができずにいたところ(に) 이삿짐을 못 싸고 있던 참에 2023-1회

体調が悪い時は無理せずに家でゆっくり休んでください。
컨디션이 안 좋을 때는 무리하지 말고 집에서 푹 쉬세요.

今年の夏は涼しかったので、エアコンを使わずにすんだ。
올 여름은 시원했기 때문에, 에어컨을 사용하지 않아도 되었다.

084 ～そうにない・～そう(に)もない ～할 것 같지도 않다, ～못 할 것 같다

～そうにない・～そう(に)もない는 ～そうだ(~할 것 같다)의 부정형으로, '~할 것 같지도 않다, ~못 할 것 같다'라는 뜻이다. 동사의 ます형에 접속하며, 주로 時間に間に合いそうにない(시간에 맞추지 못할 것 같다), 達成できそうもない(달성할 수 없을 것 같다), とてもできそうにもない(도저히 못 할 것 같다)와 같이 활용한다.

기출 間に合いそうになかったら 시간에 맞추지 못 할 것 같으면 2012-2회
一度座ったら、立ち上がれそうにないぐらい
한 번 앉으면 못 일어날 것 같을 정도로 2022-1회

全然勉強していなくて合格できそうにないから、今回の試験は受けないことにした。
공부를 하나도 안 해 합격할 수 없을 것 같아서, 이번 시험은 보지 않기로 했다.

時間がぎりぎりで間に合いそうにもないので、先に行ってください。
시간이 빠듯해서 시간에 맞추지 못할 것 같으니, 먼저 가세요.

085 ～だけ/～だけだ ① ~만, ~뿐 ② ~만큼 / ① ~할 뿐이다 ② ~하기만 하면 된다

～だけ는 정도나 범위의 한계를 나타내는 말로, ①'~만, ~뿐', ②'~만큼'의 뜻이다. 단독으로 쓰이기도 하고 ～だけは(~만은, ~만큼은), ～だけでも(~만이라도, ~만 해도), ～だけだ(~할 뿐이다, ~하기만 하면 된다), ～だけにする(~만으로 정하다) 등 다양하게 활용된다. 대표적인 예로 体に気をつけてとだけ伝えておいて(몸조심하라고만 전해줘), 材料をまぜて焼くだけだから(재료를 섞어서 굽기만 하면 되니까) 등이 있다.

기출 精一杯やるだけです 힘껏 할 뿐입니다 2013-2회
母は黙って聞くだけだった 엄마는 묵묵히 들을 뿐이었다 2015-2회

ここのパンフレットは欲しいだけ持って行ってもかまいません。
이곳의 팸플릿은 원하는 만큼 가져가도 상관없습니다.

優勝は夢としてもせめて一回戦だけは勝ちたいと思う。
우승은 꿈이라고 해도 적어도 1차전만은 이기고 싶다고 생각한다.

別に用事じゃないんだ。ちょっと声が聞きたかっただけだよ。
딱히 볼일이 있는 게 아니야. 목소리를 좀 듣고 싶었을 뿐이야.

086 ～たって/～だって

① ~하더라도 ② ~해 보았자 / ① ~도, ~라도, ~조차도 ② ~도 또한 ③ ~래
④ (아무리) ~해도, ~하더라도

～たって에는 '①~해도, ~하더라도'라는 뜻과 '②~하려고 해도, ~해 보았자'라는 뜻이 있다. 즉, ～ても, ～たとしても, ～としても, ～といっても 등의 회화체로, 앞에 촉음이 붙은 ～ったって의 형태로도 많이 쓰인다. 대표적인 예로 泣いたって無駄だ(울어도 소용없다), 今さら言ったってもう遅い(이제 와서 말해보았자 이미 늦다), いくら親しくたって(아무리 친하더라도), 高いったって5万円はしないよ(비싸봤자 5만 엔은 안 할거야), 逃げようたってだめだぞ(도망가려고 해도 소용없어), 買うったって近くに店はないよ(산다고 해도 근처에 가게는 없어) 등이 있다. ～だって는 '①~도, ~라도, ~조차도'라는 뜻으로, ～でも의 회화체이다. 1日だって休んだことはない(하루도 쉰 적은 없다)와 같이 쓴다. 또 '②~도 또한'이라는 뜻으로, 僕だって困るよ(나도 또한 곤란해)와 같이 쓴다. 세 번째는 '③~래'라는 뜻으로, 다른 사람으로부터 들은 것을 말하거나 확인할 때 쓴다. 彼女、結婚したんだって(그 여자, 결혼했대)와 같이 쓴다. 마지막으로 '④(아무리) ~해도, ~하더라도'라는 뜻으로, いくら飲んだって大丈夫だ(아무리 마셔도 괜찮다)와 같이 쓴다.

기출 そんなこと、どうだってかまわない 그런 건 어찌되든 상관없다 2016-1회
探(さが)すったって、どうやって探すの？ 찾는다고 해도 어떻게 찾아? 2018-1회
去年優勝(きょねんゆうしょう)してるんだって 작년에 우승했대 2018-2회

あなたが来(き)たって来(こ)なくたって、かまいやしないよ。
당신이 오든 안 오든 상관하지 않아.

A「このキーホルダーはいくらでしょうか。」
이 키홀더는 얼마일까요?

B「値段(ねだん)が高(たか)いったってせいぜい1,000円(えん)でしょう。」
가격이 비싸다고 해도 기껏해야 천 엔이겠죠.

彼(かれ)の家(いえ)の庭(にわ)にはプールだってあります。
그의 집 정원에는 수영장도 있습니다.

先生(せんせい)は昼過(ひるす)ぎに来(く)るんだって。
선생님은 점심 시간 지나서 온대.

087 ～たところで・～にしたところで ~해 보았자, ~라고 한들

～たところで・～にしたところで는 '~해 보았자, ~라고 한들, ~한다 해도'라는 뜻이다. ～たところで는 동사 과거형(た형)에, ～にしたところで는 명사에 직접 접속한다. ～たところで는 いくら～たところで(아무리 ~해 보았자)의 형태로 많이 쓰인다. 대표적인 예로 いくら急(いそ)いだところで(아무리 서둘러 봤자), いくら後悔(こうかい)したところで(아무리 후회한들), どちらにしたところで(어느 쪽이라고 한들), 大金持(おおがねも)ちにしたところで(대부호라고 한들) 등이 있다. 이 외에 ～としたところで・～としたって・～にしたって 등의 형태로도 사용된다. 대표적인 예로 全員(ぜんいん)が参加(さんか)するとしたところで(전원이 참가해 봤자), 旅行(りょこう)に行(い)くとしたって(여행을 간다고 한들), この問題(もんだい)にしたって(이 문제라고 한들) 등이 있다.

いくら働(はたら)いたところで、こう物価(ぶっか)が高(たか)くては生活(せいかつ)は楽(らく)にならない。
아무리 일해 봤자, 이렇게 물가가 비싸서는 생활은 편해지지 않는다.

いつまでも先輩(せんぱい)ばかり頼(たよ)るわけにはいかない。田中(たなか)先輩にしたところで、この先(さき)ずっと日本(にほん)にいるわけではないのだから。
언제까지나 선배만 의지할 수는 없다. 다나카 선배라고 한들 앞으로 쭉 일본에 있는 것은 아니니까.

088 ～たとたん(に) ～한 순간(에), ～하자마자

～たとたん(に)는 '~한 순간(에), ~하자마자'라는 뜻으로, 동사 과거형(た형)에 접속한다. 주로 手紙を見たとたん(편지를 본 순간), 暑くなったとたん(더워지자마자), 窓を開けたとたんに(창문을 연 순간에), 家を出たとたんに(집을 나서자마자)와 같은 형태로 사용된다.

기출 車から出ようとしたとたんに 차에서 나오려고 한 순간에 2019-2회
小学校に入学したとたん 초등학교에 입학하자마자 2022-1회

家を出ようとしたとたんに、雨が激しく降り出した。
집을 나서려는 순간, 비가 세차게 내리기 시작했다.

089 ～たりで・～たりして ～하거나 해서

～たり는 '~하거나'라는 뜻으로, N1문법에서는 ～たりで・～たりして(~하거나 해서), ～たり～たりと(~하거나 ~해서), ～たり～なかったりだ(~하거나 ~하지 않거나 한다) 등의 형태로 출제되고 있다. 주로 アルバイトをしたり勉強をしたりで(아르바이트를 하거나 공부를 하거나 해서), CDを聴いたり本を読んだりして(CD를 듣거나 책을 읽거나 하면서), 車が故障したり財布を落としたりと(차가 고장나거나 지갑을 잃어버리거나 해서), 雨が降ったり降らなかったりだった(비가 오락가락했다)와 같은 형태로 사용된다.

기출 逆にすすぎ切れなかったりして 반대로 잘 헹굴 수 없거나 해서 2019-1회
来るって言ってても、来たり来なかったりだから
온다고 말해도 왔다 안왔다 하니까 2019-1회
残っていてもサイズが合うのがなかったりで
남아 있어도 사이즈가 맞는 게 없거나 해서 2019-2회

気温が高かったり低かったりで安定しない。
기온이 높거나 낮거나 해서 안정되지 않는다.

車が故障したり財布を落としたりと、さんざんの旅だった。
차가 고장나기도 하고 지갑을 잃어버리기도 해서, 몹시 힘든 여행이었다.

090 ～っこない ~할 리 없다

～っこない는 '~할 리 없다'라는 뜻으로, 동사 ます형에 접속한다. 주로 ほかの人は知りっこない(다른 사람은 알 리 없다), いくら買ってもあたりっこない(아무리 사도 당첨될 리 없다), 恋人なんか出来っこない(애인따위 생길 리 없다)와 같은 형태로 쓰인다.

기출 読みきれっこないと思ったが 다 읽을 수 있을 리가 없다고 생각했는데 2017-1회

どうせ当選しっこないから、後で問題になることもないと思っていた。
어차피 당선될 리 없으니, 나중에 문제가 될 일도 없다고 생각했었다.

60巻の漫画を一晩じゃとうてい読み切れっこないからあきらめた。
60권의 만화책을 하룻밤에 도저히 다 읽을 수 있을 리가 없어서 포기했다.

091 ～つもりが/～つもりで ~하려던 생각이 / ~한 셈치고

～つもり는 '~할 생각, 작정, 의도'라는 뜻으로, N1문법에서는 ～つもりだ(~할 생각이다), ～つもりが(~하려던 생각이), ～つもりの(~라고 생각한, ~할 양의), ～つもりでも(~하다고 생각해도), ～つもりはない(~할 생각은 없다) 등 여러 형태로 쓰인다. 대표적인 예로 試供品だけを注文したつもりが(견본만 주문하려던 생각이), 虫が平気なつもりの父でも(벌레가 아무렇지도 않다고 생각한 아버지도), 自分では正しいつもりでも(본인은 옳다고 생각해도), 自分では傷つけたつもりはないけれど(자기는 상처 줄 생각은 없지만) 등이 있다. ～つもりで는 '~한 셈치고'란 뜻으로, 응용표현에 ～つもりでいる(~한 셈으로 있다, ~한 줄 알고 있다)가 있다. 대표적인 예로 だまされたつもりで飲んでみる(속은 셈치고 마셔 보다), まだ若いつもりでいる(아직 젊은 줄 알고 있다)와 같은 형태로 사용된다.

기출 初めから宇宙飛行士になるつもりだった 처음부터 우주비행사가 될 생각이었다 2011-1회
人よりも詳しく知っているつもりの私でも
다른 사람보다도 자세하게 알고 있다고 생각한 나도 2012-2회
新入生が話しやすいようにしたつもりが、逆に…
신입생이 말하기 편하도록 하려던 생각이, 반대로… 2017-1회
きちんと手を洗ったつもりでも 깨끗이 손을 씻었다고 생각해도 2017-2회
私としては泣かせるつもりはなかった 나로서는 울릴 생각은 없었다 2022-1회
海外を旅行したつもりになれる 해외를 여행했다는 생각이 들 수 있다 2023-1회

いつものように買い物したつもりが、予定よりも食費がかさんでしまった。
평소처럼 쇼핑했다는 생각이, 예정보다도 식비가 불어나 버렸다.

洗ったつもりのその手、本当にきれいだと思いますか。
씻었다고 생각하는 그 손, 정말로 깨끗하다고 생각합니까?

志望する大学に向けて死んだつもりで勉強します。
지망하는 대학을 목표로 죽은 셈치고 공부하겠습니다.

明日行くから、そのつもりでいてくれ。
내일 갈 테니까 그런 줄 알고 있어 주게.

092 ～である/～で(は)ない ~이다, ~하다 / ~이 아니다, ~하지 않다

～である는 '~이다, ~하다'의 뜻으로, 품사에 따라 ～のである・～なのである(~인 것이다)와 같은 형태로 사용된다. 가정형은 ～であれば(~이라면)이다. ～で(は)ない(회화체 ～じゃない)는 '~이 아니다, ~하지 않다', ～でもない는 '~도 아니다'가 된다. 대표적인 예로 かつては緑であった田園(예전에는 초록이었던 논밭), よほどひどいものでなければ(어지간히 심한 것이 아니면), 日本を代表する作曲家でもない(일본을 대표하는 작곡가도 아니다)와 같이 쓴다. 그리고 강조 용법인 ～ではある(~이기는 하다)와 ～でもある(~이기도 하다)도 같이 알아 두자.

기출 天才であるがゆえの苦悩 천재이기 때문에 겪는 고뇌 2016-1회
ところがである 그런데 말이다 2016-2회
石川さんでないとすれば 이시카와 씨가 아니라고 한다면 2017-1회
自然に囲まれたのどかな所であるといえば
자연에 둘러싸인 한가로운 곳이라고 한다면 2018-1회
見当たらないようであるが 발견되지 않는 것 같은데 2020
～にふさわしい女性になりたいと思ったのである
~에 어울리는 여성이 되고 싶다고 생각했다 2021-1회
遠い未来からの使者のようでもある 먼 미래에서 온 사신 같기도 하다 2022-2회
雪が降るんじゃないかというぐらい 눈이 오지 않을까 싶을 정도로 2023-1회

論文というものは言葉で書くものである。当たり前のことだが、これは肝心なことである。
논문이라는 것은 언어로 쓰는 것이다. 당연한 말이지만 이건 중요한 것이다.

よい文を書くためには単語の選択に慎重でなければならないという。
좋은 글을 쓰기 위해서는 단어 선택에 신중하지 않으면 안 된다고 한다.

093 ～てからというもの/～というもの

～하고 나서 (계속) / 최근 ～동안

～てからというもの는 '~하고 나서 (계속)'이라는 뜻으로, 뭔가가 계기가 되어 나중에 변화된 현상이 계속되고 있다는, 말하는 사람의 심정이 담겨 있는 표현이다. 동사 て형에 접속하며, 대표적인 예로 奥さんが亡くなってからというもの(부인이 죽고 나서 계속), 不景気になってからというもの(불경기가 되고 나서 계속) 등이 있다. ～というもの는 '최근 ~동안'이라는 뜻으로, 기간·시간을 나타내는 명사에 접속하여 그것이 길다는 감정을 실어 말할 때 사용한다. 대표적인 예로 ここ３日というものろくに食べていない(요 3일 동안 제대로 먹지 않고 있다), この１週間というもの、仕事どころではない(최근 일주일 동안 일할 상황이 아니다) 등이 있다.

기출 社会人になってからというもの 사회인이 되고 나서 계속 2022-2회

車を手に入れてからというもの、彼は毎週友だちを誘ってはドライブに出かけている。
차를 구입하고 나서 계속, 그는 매주 친구를 불러서는 드라이브를 가고 있다.

彼女はここ１か月というもの授業を休んでいる。
그녀는 요 한 달 동안 수업을 쉬고 있다.

094 ～でしかない・～にすぎない ～에 불과하다, ～에 지나지 않다

～でしかない・～にすぎない는 '~에 불과하다, ~에 지나지 않다'라는 뜻으로, '그 이상은 아니다, 단지 그 정도이다'라고 정도가 낮음을 강조한다. ～부분에는 一部分(일부분)・たんなる口実(단지 구실)・ほんの１割程度(그저 10% 정도)・氷山の一角(빙산의 일각)・一介の会社員(일개 회사원) 등이 주로 온다. ～にすぎない는 문장체에서는 ～にすぎず로 쓰이기도 한다.

기출 問題点を指摘しようとしたにすぎず 문제점을 지적하려고 했던 것에 지나지 않으며 2010-1회
世界のほんの小さな一部分でしかない 세계의 그저 작은 일부분에 불과하다 2011-1회
話題の本だから読んでみようかぐらいの気持ちでしかなかった
화제의 책이라 읽어볼까 정도의 기분에 지나지 않았다 2013-2회
正当化するための口実にすぎまい 정당화하기 위한 구실에 지나지 않을 것이다 2021-1회

池田さんとは会えば言葉を交わす程度の付き合いでしかない。
이케다 씨와는 만나면 말을 주고받는 정도의 교제에 불과하다.

人の一生は一瞬の夢にすぎないという人もいるが、私は短くも長くもないと思う。
사람의 일생은 한순간의 꿈에 지나지 않는다는 사람도 있지만, 나는 짧지도 길지도 않다고 생각한다.

095 ～てたまらない・～てならない ～해서 견딜 수 없다, 너무 ~하다

～てたまらない・～てならない는 '~해서 견딜 수 없다, 너무 ~하다'라는 뜻이다. ～てならない는 동사나 い형용사의 て형 이외에도 残念でならない(너무 유감스럽다)와 같이 な형용사에도 접속한다. 주로 恥ずかしくてたまらない(부끄러워서 견딜 수 없다), うれしくてたまらない(너무 기쁘다), 両親に会いたくてならない(부모님을 너무 만나고 싶다), 心配でならない(너무 걱정스럽다)와 같이 사용된다. 같은 표현에 ～てしょうがない, ～てしかたがない가 있다.

기출 大事な場面でのミスが悔やまれてならない
중요한 상황에서의 실수가 후회되어 견딜 수 없다 2014-2회
本当は読んでみたくてしかたがない 사실은 읽어보고 싶어서 견딜 수 없다 2020

鈴木さんは、嬉しくてたまらないかのような顔をしてみせた。
스즈키 씨는 기뻐서 견딜 수 없다는 듯한 표정을 지어 보였다.

中村さんは、試験の結果が気になってならないくせに、平然とした顔をしていた。
나카무라 씨는, 시험 결과가 신경쓰여 견딜 수 없는 주제에, 태연한 얼굴을 하고 있었다.

096 ～ては/～ては～ては ①~하고는 ②~해서는 / ~하고 ~하고

～ては는 '①~하고는, ②~해서는'이라는 두 가지 뜻으로 쓰이며, 동사 て형에 접속한다. 息子からの手紙を見ては泣く毎日だった(아들에게서 온 편지를 보고는 우는 하루하루였다), あの子と一緒でなくては(저 아이와 함께가 아니면)와 같이 쓴다. ～ては～ては는 '~하고 ~하고'라는 뜻으로, 동사 て형에 접속한다. 두 개의 동사를 반복해서 동작이나 현상이 반복되어 일어남을 나타낸다. ちぎっては投げ、ちぎっては投げて(따서 던지고, 따서 던지고), 書いては消し、書いては消し(쓰고 지우고, 쓰고 지우고)와 같이 쓴다.

기출 他人に知られては困る情報は 타인에게 알려져서는 곤란한 정보는 2016-2회
デザイン画を描いては直すを繰り返す
디자인 스케치를 그리고는 고치기를 반복하다 2017-1회
人の手のみに頼っていては 사람의 손에만 의지하고 있어서는 2021-2회
つらいときに読み返しては 괴로울 때 다시 읽고는 2023-2회

うちの庭にあるこの木はこのまま育ってもらっては困るので、悩んでいる。
우리 정원에 있는 이 나무는 이대로 자라게 해서는 곤란하기 때문에, 고민하고 있다.

食っては寝、食っては寝で、夏の間に３キロも太った。
먹고 자고 먹고 자고 해서, 여름 동안에 3킬로나 쪘다.

097 ～てみせる ～해 보이겠다

～てみせる는 '~해 보이겠다'라는 뜻으로, 동사 て형에 접속한다. 대표적인 예로 今年はもっと練習して、きっと優勝してみせよう(올해엔 더 연습해서 반드시 우승해 보이겠어), この手術には絶対成功してみせる(이 수술은 반드시 성공해 보이겠다), どうせ試合に出るからには、必ず優勝してみせる(어차피 시합에 나가는 이상, 반드시 우승해 보이겠다) 등이 있다.

기출 今度はおいしく作ってみせる 이번에는 맛있게 만들어 보이겠다 2016-1회

私はあのハンサムな男の人ときっと結婚してみせよう。
나는 저 잘생긴 남자하고 반드시 결혼해 보이겠어.

098 ～てばかりいる/～てばかりはいられない
～하고만 있다 / ～하고만 있을 수는 없다

～てばかりいる는 '~하고만 있다', ～てばかりはいられない는 '~하고만 있을 수는 없다'라는 뜻으로, 모두 동사의 て형에 접속한다. 주로 悩んでばかりいると(고민만 하고 있으면), ぜんぜん勉強しないで遊んでばかりいる(공부는 전혀 안 하고 놀고만 있다), 悲しんでばかりはいられません(슬퍼하고만 있을 수는 없습니다), 待ってばかりはいられない(기다리고만 있을 수는 없다)와 같이 활용한다.

기출 落ち込んでばかりいても始まらない 우울해하고만 있어도 소용없다 2015-2회
連休中どこにも出かけず、寝てばかりいたせいか
연휴 내내 아무 데도 나가지 않고 잠만 잤던 탓인지 2023-2회

そんなずっと食べてばかりいると太るよ。
그렇게 계속 먹고만 있으면 살쪄.

もう親に甘えてばかりはいられないので自立することにした。
이제 부모님께 어리광만 부릴 수는 없어서 독립하기로 했다.

099 ～ても仕方がない・～ても始まらない

～해도 하는(어쩔) 수 없다, ～해도 소용없다

～ても仕方がない・～ても始まらない는 '～해도 하는(어쩔) 수 없다, ～해도 소용없다'라는 뜻으로, 동사의 て형에 접속한다. ～ても 대신 ～たって를 쓰면 회화체가 된다. ここで見栄を張っても仕方がない(여기서 허세를 부려도 소용없다), 泣いたって仕方がない(울어도 소용없다), そんなことを悔やんでも始まらない(그런 것을 후회해도 어쩔 수 없다), 今さらじたばたしたって始まらない(이제 와서 발버둥쳐도 소용없다)와 같이 활용한다.

기출 落ち込んでばかりいても始まらない 우울해하고만 있어도 소용없다 2015-2회
あきれ果てたり、褒めたりしても仕方ない
어이가 없거나 칭찬해도 소용없다 2023-1회

全然勉強していないんだから、試験に落ちてもしかたがない。
전혀 공부를 안하니까, 시험에 떨어져도 어쩔 수 없다.

後になって悔しがっても始まらない。後悔とはそういう言葉だ。
나중에 분하게 여겨도 소용없다. 후회란 그런 말이다.

100 ～とあいまって ～와 더불어, ～와 함께

～とあいまって는 '～와 더불어, ～와 함께, ～와 어울려'라는 뜻으로, 명사에 직접 접속한다. 이 표현은 ～もあいまって(～도 어우러져), ～と～(と)があいまって(～과 ～이 어울려) 등의 형태로도 사용된다. 대표적인 예로 子どものころの思い出とあいまって(어릴 적 추억과 더불어), 人一倍の努力とあいまって(남보다 배의 노력과 더불어), 厳しい経済状況もあいまって(심각한 경제상황도 겹쳐), 温暖な気候と適度な雨量とがあいまって(온난한 기후와 적당한 강우량이 어우러져) 등이 있다. ～と相まって로 한자 표기를 하는 경우도 있다.

기출 澄んだ青空と相まって 맑고 푸른 하늘과 어우러져 2022-1회

監督の熱意と出演者の努力とがあいまって、素晴らしい番組ができ上がった。
감독의 열의와 출연자의 노력이 어우러져 멋진 프로그램이 완성되었다.

7 문법 확인문제　2순위 076 ~ 100　/ 20

問題 5　次の文の（　　）に入れるのに最もよいものを、１・２・３・４から一つ選びなさい。

1　この小説は、作家独特のユーモアがリズミカルな文体と（　　）、読む者をあきさせない。100

1　あれば　　2　いったら　　3　するなら　　4　あいまって

2　彼は（　　）消し、（　　）消し、やっと手紙を書き上げた。096

1　書いては / 書いては　　2　書いても / 書いても

3　書くのが / 書くのが　　4　書くなら / 書くなら

3　「成功率は低いが、この手術には絶対成功（　　）」と彼は力強く(ちからづよ)言った。097

1　するようだ　　2　してみる　　3　しておる　　4　してみせる

4　たばこ屋のおやじは、人の顔（　　）見れば「学のある人は違うねえ。」と言う。080

1　しか　　2　すら　　3　こそ　　4　さえ

5　山下(やました)「ねえ、今日の盆踊りの練習に池田(いけだ)さんも来るんだよね？」

石原(いしはら)「さあ。あの人、来るって言っても、（　　）だからね。」089

1　来ても来なくても　　2　来るか来ないか

3　来たり来なかったり　　4　来るのも来ないのも

6　英語のCDを（　　）のが、英会話塾に通い始めてからは英語を自分から話す時間を持てるようになりました。085

1　聞くだけだった　　2　聞きたそうだった　　3　聞くようになった　　4　聞いたかと思った

7　先月、野球の試合で、自分のミスで負けてからというもの、落ち込んで練習に集中できなかった。だが、（　　）と思って、また練習に励むことにした。098

1　落ち込みもしない　　2　落ち込むわけではない

3　落ち込んでいたことは否めない　　4　落ち込んでばかりいても始まらない

답 1④ 2① 3④ 4④ 5③ 6① 7④

8 仕事で新人さんに（　　　）逆に教えられてしまってとてもはずかしい思いをしたよ。091

1 教えたあげく　　2 教えるつもりが
3 教えるようになったものを　　4 教えるようになったばかりか

9 最近、電話機も小さくなり、性能もよくなった（　　　）スマホの利用者は増える一方だ。076

1 ものを　　2 とともに　　3 うえで　　4 ところから

10 （インタビューで）

A「2年前に初めて執筆された小説はアイドルを目指す女の子の物語ですね。読みごたえがあって最後にぐっときました。」

B「ありがとうございます。この小説は完成までに2年以上かかりました。自分の思いを書き留めたメモを見たり学生時代の出来事を思い出しながら書いていたんです。それで書き終えて読み返してみたら、文化祭の描写とかけっこうよく（　　　）と思ったんですね。」082

1 書けてなきゃ　　2 書けてたらいいね
3 書けてるじゃない　　4 書けてるかどうかだね

問題6 次の文の ＿★＿ に入る最もよいものを、1・2・3・4から一つ選びなさい。

11 子供が ＿＿ ＿＿ ＿★＿ ＿＿ 自分の時間がなかなかとれない。093

1 生まれて　　2 もの　　3 から　　4 という

12 今年のクリスマスイブは ＿＿ ＿＿ ＿★＿ ＿＿ ににぎわっている。100

1 と相まって　　2 土曜日　　3 例年以上　　4 街は

13 ほめてさえ ＿＿ ＿＿ ＿★＿ ＿＿ 不機嫌（ふきげん）になってしまう。080

1 最後　　2 いれば　　3 機嫌がいいが　　4 文句を言ったが

답 8 ② 9 ④ 10 ③ 11 ④(1342) 12 ④(2143) 13 ④(2341)

14 今年は寒暖の差が厳しい冬ですね。______ __★__ ______ ______ います。096

1 離れを　　2 近づいては　　3 流氷が　　4 繰り返して

15 かぶせ茶は数年前までは、熱湯玉露という名が使われていましたが、この名は ______ ______ __★__ ______ 業界では使うのが禁止されました。076

1 という　　2 まぎらわしい　　3 玉露と　　4 ことから

問題 7 次の文章を読んで、文章全体の趣旨を踏まえて、[16] から [20] の中に入る最もよいものを、1・2・3・4から一つ選びなさい。

障害者の多くは障害を肯定的な特徴(個性)とはみていないことがうかがわれる。

この中間が乙武洋匡で、「障害は個性」という言い方はくすぐったくしっくりこない、という。かつて障害をプラスとみたが、今はプラスでもマイナスでもなく、幸・不幸とも関係ない「単なる身体的特徴」だという。

樋口は、「障害」も含めて自分の体のどんな部分も、[16]「すべて私を構成する大切な要素で、この個性豊かな私がリーダーシップをとって、私の人生をここまでひっぱってきたのです」と述べている。「障害＝個性」の前提に、自分の人生が価値あるものと肯定でき、自分が好きなことがあり、[17]、その人生が「障害」によって可能になったという確信がみられる。「[18]、自分の人生を幼いときから考え、常によりよい道を選ぼうと、一生懸命 [19] 生きてきた」し、自他にがんばりを強要しない生き方を身につけたという。

活発な社会参加が可能となり(参加制約の克服)、[20] 肯定的自己評価が可能になり(主観的障害の克服)、それを可能にした「障害」(機能障害と活動制限)を肯定できたのであろう。乙武の場合には社会参加と自己評価は同じでも、それは「障害」と無関係なので、「障害＝単なる身体的特徴」とみている。

(佐藤久夫『福祉の論点』による)

답 14 ②(3214)　15 ①(3214)

16

1 音だけも 2 声だけも 3 音さえも 4 声さえも

17

1 かつ 2 それでも 3 ゆえに 4 しかしながら

18

1 障害者であるからには 2 障害者であったからこそ
3 障害者であるにもかかわらず 4 障害者であったとはいえ

19

1 前払いに 2 表向きに 3 南向きに 4 前向きに

20

1 それにつけても 2 それからというもの
3 それとあいまって 4 それにもかかわらず

핵심문법 다시보기

~と相(あい)まって N1 100 ~와 더불어	それとあいまって 그와 더불어(12行)
~でも~でもない N3 ~도 ~도 아니다	プラスでもマイナスでもなく 플러스도 마이너스도 아닌(03行)
~さえ N1 007 ~조차, ~도	体(からだ)のどんな部分(ぶぶん)も、声(こえ)さえも 몸의 어떤 부분도, 목소리조차도(05行)
~によって N1 128 ~에 의해	その人生(じんせい)が「障害(しょうがい)」によって 그 인생이 '장애'에 의해(08行)
~からこそ N1 066 (바로) ~이기 때문에	障害者(しょうがいしゃ)であったからこそ 장애인이었기 때문에(09行)

답 16 ④ 17 ① 18 ② 19 ④ 20 ③

問題5　次の文の（　　　）に入れるのに最もよいものを、1・2・3・4から一つ選びなさい。

1　今夜は留学している娘も帰ってくる（　　　）、早めに帰宅して、おいしい料理でも作ろうかと思っています。077

1　ことだが　　2　ことでも　　3　ことだから　　4　こととはいえ

2　税金は国民の義務とはいえ、（　　　）少しでも節税したいのは、誰しもが思うところだ。083

1　払わずにいると　　2　払わずにいることで
3　払わずに済むのだから　　4　払わずに済むものなら

3　先週、娘が図書館で分厚(ぶあつ)い本を5冊も借りてきた。「1週間しか借りられないんだから、そんなに絶対（　　　）」と思ったが、全部読んで返したみたいだ。090

1　読みかけなのか　　2　読みっぱなしだろう
3　読みきれっこない　　4　読んでもいないくせに

4　政府といたしましては、多数の方が集まるような全国的なスポーツ、文化イベント等については、今後2週間は中止または延期等の対応を要請すること（　　　）致します。078

1　で　　2　の　　3　が　　4　と

5　花子(はなこ)「あれ、指輪がない。どこで落としたんだろう。太郎(たろう)君、一緒に探して。」
太郎(たろう)「（　　　）、こんな広い砂浜(すなはま)でどうやって探すの？」086

1　探すったって　　2　探すのかどうか　　3　探すわりには　　4　探すっていうより

6　たばこをやめてからと（　　　）、食欲が出てきて調子がいい。093

1　いうもの　　2　いっては　　3　いえず　　4　いうのに

7　胃(い)がん検査の結果は来週の土曜日以降にわかるとのことなので、検査の結果（　　　）、現在やっているアルバイトをやめようと思っています。081

1　次第には　　2　次第に　　3　次第では　　4　次第

답 1③ 2④ 3③ 4④ 5① 6① 7③

8 今さら（　　　）、もうみんな知っているんだから、この場できちんと結婚発表したらどうなの？ 087

1　隠してみたかぎりで　　2　隠しているかぎりで
3　隠してみたところで　　4　隠しているところで

9 （電話で）
山田（やまだ）「もしもし、石原（いしはら）さん？ ごめん、道路が混んでて。」
石原（いしはら）「え、そうなの？ コンサートは6時からだよ。」
山田（やまだ）「うん。（　　　）、また電話するね。」 084

1　間に合いそうになかったら　　2　間に合いそうになかったから
3　間に合っていなかったのだから　　4　間に合っていなかったのだったら

10 家から（　　　）、ザーッと大粒（おおつぶ）の雨が降ってきて、途中では空が赤くなるような雷が光ってゴロゴロしてたよ。 088

1　出ようとするにつれて　　2　出ようとしたとたんに
3　出るようにするにつれて　　4　出るようにしたとたんに

問題6　次の文の ＿★＿ に入る最もよいものを、1・2・3・4から一つ選びなさい。

11 誰でも嫌（いや）な ＿＿ ＿＿ ＿★＿ ＿＿ もの。「飲んで忘れよう」「運動で汗を流して忘れよう」などと、さまざまな方法で嫌なことを忘れようとする人は多いでしょう。 078

1　ことは　　2　しまいたい　　3　ことにして　　4　なかった

12 授業で出てきた論文を読んでみようとして、ひと通り ＿＿ ＿＿ ＿★＿ ＿＿ 何を書いているのか全然わかりませんでした。 079

1　が　　2　読んだ　　3　ことは　　4　読む

13 文明の利器である自動車も運転 ＿＿ ＿＿ ＿★＿ ＿＿ なり得る。 081

1　凶器と　　2　次第で　　3　いくらでも　　4　走る

답 8 ③　9 ①　10 ②　11 ③(1432)　12 ②(4321)　13 ④(2341)

14 われわれが ______ ______ ___★___ ______ 本当にそのまま思っている通りの過去であるのでしょうか。091

1 つもりの　　2 果たして　　3 知っている　　4 過去は

15 この植物はけっこう丈夫だから１日１回水を ______ ______ ___★___ ______ 枯れることはないよ。080

1 すれば　　2 かけて　　3 やり　　4 さえ

問題７ 次の文章を読んで、文章全体の趣旨を踏まえて、[16] から [20] の中に入る最もよいものを、１・２・３・４から一つ選びなさい。

アルバムを開くと、一枚の遠い日の大切な写真がある。オランダの小学校６年生の遠足(えんそく)の記念写真である。場所はロッテルダムの南にあるZeelandという海岸で、女の子たちも男の子たちと同じように、ラフに足を組んで砂の上に座っている。金髪や茶色や亜麻色(あまいろ)の髪の子どもたちのなかで、ひとりだけ黒い髪の私は、くったくのない [16] を見せている。

明朗でのびやかに写っている私だが、かつて、日本の小学校１年生のときの通知表には、私の性格に触(ふ)れて「ひっこみじあん」と書かれてあった。

(中略)

オランダ語の [17] 、私はオランダ人のコミュニケーションの基本的なあり方を先生やクラスメートのさまざまな状況でのやりとりから [18] 。日本では友だちの家でおやつや食事をすすめられたり、どこかへ一緒に遊びに [19] と言われてもまずは遠慮するのが無難であるが、オランダでは [20-a] 素直に感謝を表すこと。また、うれしいことやいやなことがあったとき、日本では [20-b] 目立たぬよう周囲に配慮して本音(ほんね)を隠した無表情がいちばんあたりさわりがないが、オランダでは喜びや悲しみ、時には怒りの感情を率直に出してもよいこと。さらに日本の小学校では高学年ともなると先生に直接質問する子どもはあまりいないが、オランダではよくわからないことがあれば授業中活発に質問をしたり、先生の指示や学校のきまりの理由についても臆(おく)せずにたずねてもよいことなど。

これは、自己抑制(よくせい)的な日本人とは対照的に、子どもの自己主張の発達に価値をおくオランダ人の対人行動のあり方である。

(佐藤淑子『イギリスのいい子 日本のいい子』による)

답 14 ④(3142) 15 ④(2341)

16

1 不幸そうな苦笑　　2 明朗でなさそうな苦笑
3 幸福そうな笑顔　　4 幸福でなさそうな笑顔

17

1 習得とともに　　2 習得とあいまって
3 習得がてら　　4 習得にもかかわらず

18

1 学ばずにすんだ　　2 学んでいった
3 学びつつあった　　4 学んできた

19

1 連れてきてくれる　　2 連れてきてあげる
3 連れていってくれる　　4 連れていってあげる

20

1 a むしろ / b とにかく　　2 a いわゆる / b あらゆる
3 a もとより / b もちろん　　4 a たしかに / b なぜなら

핵심문법 다시보기

～ずに N1 083 ～하지 않고	臆せずにたずねてもよい 겁내지 않고 질문해도 된다(18行)
～そうだ N4 ～듯하다	くったくのない幸福そうな笑顔 티없이 행복해 보이는 미소(05行)
～てある N4 ～져 있다	「ひっこみじあん」と書かれてあった '매사에 소극적임'이라고 적혀 있었다(07行)
～とともに N3 ～와 함께	オランダ語の習得とともに 네덜란드어 습득과 함께(09行)
～ともなると N1 022 ～쯤 되면	日本の小学校では高学年ともなると 일본 초등학교에서는 고학년쯤 되면(15行)
～についても N3 ～에 대해서도	学校のきまりの理由についても 학교 규칙의 이유에 대해서도(18行)

답 16 ③ 17 ① 18 ② 19 ④ 20 ①

101 ～という/～というより/～というか

～라는 / ～라기보다 / ～라고 할까

～という는 '~라는'의 뜻으로, 회화체에서는 ～って로 줄여서 말한다. N1문법에서는 ～ということ(~라는 것), ～というより(~라기보다), ～というか(~라고 할까), ～というか ～というか(~라고 할까 ~라고 할까) 등의 형태로 출제된다. 대표적인 예로 「ヨーロッパの鉄道旅行(てつどうりょこう)」というテレビ番組(ばんぐみ)('유럽의 철도여행'이라는 TV프로그램), 慎重(しんちょう)というより無能(むのう)に近(ちか)い(신중하다기보다 무능에 가깝다), 単純(たんじゅん)というか素朴(そぼく)な感(かん)じだ(단순하다고 할까 소박한 느낌이다), 大胆(だいたん)というか無謀(むぼう)というか(대담하다고 할까 무모하다고 할까) 등이 있다.

기출
- 能力(のうりょく)というより人気(にんき)と知名度(ちめいど)による 능력이라기보다 인기와 지명도에 의한 2010-2회
- 赤(あか)ちゃんを一見見(いっけんみ)ようという多(おお)くの人(ひと)で 새끼를 한 번 보려는 많은 사람들로 2017-1회
- 存続(そんぞく)は難(むずか)しいのではという危機感(ききかん) 존속은 어렵지 않을까 라는 위기감 2017-2회
- これだけは譲(ゆず)れないというこだわり 이것만은 양보할 수 없다는 고집 2019-2회
- どう考(かんが)えてもさすがに無理(むり)ってもんだ 어떻게 생각해도 역시 무리다 2020
- 冗談(じょうだん)だってことくらい 농담이라는 것정도 2021-1회

今日(きょう)、鈴木(すずき)さんという方(かた)が見(み)えました。
오늘, 스즈키 씨라는 분이 오셨습니다.

姉(あね)と年(とし)が離(はな)れているので、兄弟(きょうだい)というより親子(おやこ)のようだ。
누나(언니)와 나이 차이가 나서, 형제라기보다 부모자식 같다.

一人(ひとり)であんな危険(きけん)な場所(ばしょ)へ行(い)くとは、無茶(むちゃ)というか、無知(むち)というか、とにかく私には理解(りかい)できない。
혼자서 그런 위험한 장소에 가다니, 당치도 않다고 할까 무지라고 할까, 아무튼 나는 이해가 가지 않는다.

102 ～というと・～といえば/～といったら

～라고 하면 / ～은 (정말), ~로 말할 것 같으면

～というと・～といえば는 '~라고 하면'의 뜻이다. 이것은 보통 ～를 화제로 삼았을 때나 바로 연상되는 것을 말할 때, 또는 상대방이 한 말이 자신이 생각하고 있는 것과 같은지 어떤지를 물을 때 쓴다. 旅行(りょこう)というと(여행이라고 하면), 日本(にほん)と言(い)えば(일본이라고 하면) 등과 같이 쓴다.

～といったら는 '~은 (정말), ~로 말할 것 같으면'이라는 뜻으로 놀람·감탄 등의 감정을 가지고 어떤 사실을 화제로 삼을 때 사용한다. その心細(こころぼそ)さといったら(그 불안함으로 말할 것 같으면), あの娘(むすめ)の美(うつく)しさといったら(그 아가씨의 아름다움은 (정말)) 등과 같이 쓴다.

기출 外出といったら近所のスーパーに行く程度
외출로 말할 것 같으면 근처 슈퍼마켓에 가는 정도 2014-1회
自然に囲まれたのどかな所であると言えば
자연에 둘러싸인 한가로운 곳이라고 하면 2018-1회
少しも不安がなかったといえば 조금도 불안감이 없었다고 하면 2023-1회

日本の代表的な都市というと、東京や大阪があげられます。
일본의 대표적인 도시라고 하면, 도쿄나 오사카를 들 수 있습니다.

病気といえば、子供の時はしかにかかったぐらいでいたって健康です。
병이라고 하면, 어릴 때 홍역에 걸린 정도로 매우 건강합니다.

あの時の恥ずかしかったことといったら、本当に穴があったら入りたい思いだった。
그때의 부끄러웠던 일로 말할 것 같으면, 정말로 구멍이 있다면 들어가고 싶은 심정이었다.

103 ～とか/～とかで ~라(고 하)던데 / ~라(고 하)면서

～とか는 '~라(고 하)던데'라는 뜻으로 전문을 나타내지만, ～そうだ(~라고 한다)나 ～ということだ(~라는 것이다)보다 불확실한 느낌을 준다. 주로 長野はきのう大雪だったとか(나가노는 어제 큰 눈이 내렸다던데), また公共料金が上がるとか(또 공공요금이 오른다던데)와 같이 쓴다. 또 뒤에 조사 で를 붙여 ～とかで라고 하면 '~라(고 하)면서'라는 뜻이 된다. 結婚式に行くとかで(결혼식에 간다고 하면서), 急用ができたとかで(급한 용무가 생겼다면서)와 같이 쓰인다.

기출 どうだってかまわないとか 어떻든 상관없다던데 2016-1회
最近テレビで紹介されたとかで 요즘에 TV에서 소개되었다고 하면서 2019-1회

病院での４年間はＯＬ時代には感じることのできなかった楽しさだったとか。
병원에서의 4년간은 회사를 다닐 때에는 느끼지 못했던 즐거움이 있었다던데.

A「山本君は？」
야마모토 군은?

B「急用ができたとかで、今帰りました。」
급한 용무가 생겼다면서 방금 돌아갔어요.

104 ～ところだった (하마터면) ～할 뻔했다

～ところだった는 '(하마터면) ~할 뻔했다'라는 뜻으로, 동사의 사전형이나 사역·수동형 등에 접속한다. '하마터면'의 뜻을 나타내는 부사 もう少しで・危うく・あわや와 호응하는 경우가 많다. 대표적인 예로 締め切りに間に合わなくなるところだった(마감에 맞출 수 없게 될 뻔했다), もう少しで忘れるところだった(하마터면 잊어버릴 뻔했다), 危うく大変なことになるところだった(하마터면 큰일날 뻔했다) 등이 있다.

기출 教えてもらわなかったら、見逃すところでした
가르쳐주지 않았다면 놓칠 뻔 했습니다 2018-2회
危うく入会させられるところだった 하마터면 가입할 뻔했다 2019-2회

ちゃんと前を見て運転してよ。今となりの車にぶつかるところだったよ。
앞을 제대로 보고 운전해. 지금 옆 차에 부딪힐 뻔했어.

105 ～ところに(へ)/～ところを見ると ~하는 참에 / ~하는 것을 보면

～ところに(へ)는 '~하는 참에'라는 뜻으로, 주로 最終のバスに間に合わなくて困っていたところに(막차를 놓쳐서 난처해 하고 있던 참에), ちょうど顔を洗っていたところへ(마침 세수를 하고 있던 참에)와 같은 형태로 사용된다. ～ところをみると는 '~하는 것을 보면'이라는 뜻으로, 여러 가지 형태로 접속하므로 예문을 통해 익혀두는 게 좋다. 대표적인 예로 あんなに喜んでいるところをみると(그토록 기뻐하고 있는 것을 보면), 笑顔だったところをみると(웃는 얼굴이었던 것을 보면) 등이 있다.

기출 毎日使っているところを見ると 매일 사용하고 있는 것을 보면 2013-1회
表情が明るいところを見ると 표정이 밝은 것을 보면 2019-1회
引っ越しの荷造りができずにいたところ(に) 이삿짐을 못 싸고 있던 참에 2023-1회

ちょうど出かけようとしていたところへ、国の母から小包が届いた。
마침 나가려던 참에, 고향에 있는 어머니로부터 소포가 도착했다.

店の前に長い行列ができているところを見ると、大変人気のあるラーメン屋のようだ。
가게 앞에 긴 줄이 생긴 것을 보면, 매우 인기 있는 라면집인 것 같다.

106 ～として/～としても/～とすれば

①~로서 ②~라고 해서 / ~라고 해도 / ~라고 하면

～として는 '①~로서'라는 뜻으로, 자격이나 입장, 명목, 부류를 나타내며 명사에 접속한다. 또 활용어의 종지형에 붙어(간혹 だ가 생략되는 경우가 있음) '②~라고 해서'라는 뜻도 나타낸다. N1문법에서는 ～としては(~로서는), ～としても(~라고 해도), 그리고 응용된 형태인 ～とすれば・～としたら(~라고 하면) 등의 형태도 출제되고 있다. 주로 近代建築に興味がある私としては(근대건축에 흥미가 있는 나로서는), 自分の責任だとして(자기 책임이라고 해서), さまざまな障害に出会ったとしても(여러 장애를 만났다고 해도), 行くとすれば明日だ(간다고 하면 내일이다), ここに100万円あるとしたら(여기에 100만 엔 있다고 하면)와 같은 형태로 사용된다.

기출 突然の解雇を不当(だ)として 갑작스런 해고를 부당하다고 하여 2010-1회

目が多少かゆくなるくらいはいいとしても
눈이 약간 가려워지는 정도는 괜찮다고 해도 2011-2회

著者としてこれ以上の喜びはない 저자로서 더 이상의 기쁨은 없다 2015-1회

石川さんでないとすれば 이시카와 씨가 아니라고 하면 2017-1회

欠かせないイベントとして有名だ 빠뜨릴 수 없는 이벤트로서 유명하다 2020

私としては石原さんの考えに賛成しかねます。
저로서는 이시하라 씨의 생각에 찬성할 수 없습니다.

どれだけ頑張ったとしても、村上選手にはかなわない。
아무리 노력했다 해도 무라카미 선수는 못 이긴다.

これだけ大量の農薬が使用され続けるとすれば、人畜に与える害は計り知れない。
이만큼 대량의 농약이 계속 사용된다고 하면, 사람과 가축에게 주는 피해는 헤아릴 수 없다.

107 ～との・～といった/～といっても ~라는 / ~라고 해도

～との는 '~라는'이라는 뜻으로, 동사 사전형·과거형(た형)+た·ない형, い형용사의 연체형 등에 접속한다. 보통 「～との+명사(체언)」의 형태로 사용되는데, 명사는 手紙(편지)・返事(답장)・依頼(의뢰)・提案(제안)・報告(보고)・命令(명령) 등 언어활동이나, 意見(의견)・見解(견해)・考え(생각)・希望(희망) 등 사고활동에 관계된 것이 사용된다. 회화에서 자주 쓰이는 ～といった는 주로 명사에 직접 접속한다. 대표적인 예로 出席できないとの返事(참석할 수 없다는 답장), 異常があったとの連絡(이상이 있었다는 연락), タオルや洗剤といった(타올이나 세제라는), 環境への配慮といった(환경에 대한 배려라는) 등이 있다.

～といっても는 '~라고 해도'라는 뜻으로, 주로 借金といっても(빚이라고 해도), 酒が飲めないといっても(술을 못 마신다고 해도)의 형태로 사용된다.

기출 インターネットの功罪といった議論 인터넷의 공죄(공로와 죄과)라는 논의 2012-1회
日本一といっても過言ではない 일본 제일이라고 해도 과언이 아니다 2014-1회
詳細な調査をする必要があるとの報告 상세한 조사를 할 필요가 있다는 보고 2015-2회
シャツにジーンズといったカジュアルな格好
티셔츠에 청바지라는 캐주얼한 모습 2018-2회
印刷の設定ができないとの問い合わせ 인쇄 설정을 할 수 없다는 문의 2023-2회

社長が辞任すべきだとの考えに変わりはありません。
사장이 사임해야 한다는 생각에 변함은 없습니다.

この夏は赤や黄色といった派手な色が流行らしい。
이번 여름은 빨강이나 노랑이라는 화려한 색이 유행인 것 같다.

果物といってもいろいろあるが、私はいちごが好きだ。
과일이라고 해도 여러 가지가 있지만, 나는 딸기를 좋아한다.

108 ～とは限らない ~하다고는 할 수 없다

～とは限らない는 '~하다고는 할 수 없다'라는 뜻으로 부분부정을 나타낸다. 동사의 사전형, い형용사의 종지형, な형용사의 어간, 명사(체언) 등에 접속한다. 응용표현에 ～とも限らない(~하다고도 할 수 없다), ～ないとも限らない((어쩌면) ~할지도 모른다) 등이 있다. 대표적인 예로 同一の結果が得られるとは限らない(동일한 결과를 얻을 수 있다고는 할 수 없다), 音楽のセンスがいいとも限らない(음악 센스가 좋다고도 할 수 없다), 雨が降らないともかぎらないから(비가 올지도 모르니까) 등이 있다.

기출 すべて欠航にならないともかぎらない 모두 결항이 될지도 모른다 2019-2회

太っているからといって大食いとは限らない。
뚱뚱하다고 해서 대식가라고는 할 수 없다.

準備体操をしないと、首の骨を折るような事故を起こさないともかぎらない。
준비 체조를 하지 않으면, 목뼈가 부러지는 사고를 낼지도 모른다.

109 ～とも・～ても ～하더라도

～ともは '~하더라도'라는 뜻으로, 동사의 의지형, い형용사의 연용형 등에 접속한다. 같은 표현에 ～ても가 있다. 주로 いくら高くとも(아무리 비싸도), 何をしようとも(무엇을 하더라도), つらくとも・つらくても(괴롭더라도)의 형태로 쓰인다.

기출 どのような批判を浴びようとも 어떤 비판을 받더라도 2014-1회
一人で行っても誰かしら友達に会うので 혼자 가더라도 누군가 친구를 만나기 때문에 2016-1회
誰に何と言われようとも 누구한테 무슨 말을 듣더라도 2022-2회

独りのときは誰が来ようとも玄関の戸を開けてはいけないよ。
혼자일 때는 누가 오더라도, 현관문을 열어서는 안 돼.

いくら頭がよくても、他人に対する思いやりがなければ人間として失格だ。
아무리 머리가 좋아도, 타인에 대한 배려가 없으면 인간으로서 실격이다.

110 ～ないでもない・～なくもない ～하지 않는 것도 아니다

～ないでもない・～なくもない는 '~하지 않는 것도 아니다'라는 뜻으로, '~라는 가능성이 있다, ~라 할 수 있는 면도 있다'라는 의미를 나타낸다. 대표적인 예로 あなたの気持ちは、わからないでもないが(당신의 기분은 모르는 것도 아니지만), 一人で行けなくもないが(혼자 못 가는 것도 아니지만) 등이 있다. ～なくもない의 응용표현에 ～なくはない(~하지 않는 것은 아니다)가 있으며, 理解できなくはない(이해할 수 없는 것은 아니다)와 같이 쓴다.

기출 まだ少し問題がある気がしないでもないが
아직 조금 문제가 있는 기분이 들지 않는 것도 아니지만 2011-2회
Mサイズも着られなくはなかった M사이즈도 입지 못하는 것은 아니었다 2014-2회
歩こうとして歩けなくもない 걸으려고 하면 못 걷는 것도 아니다 2023-1회

今回の計画について、部長が反対する理由もわからないでもない。
이번 계획에 대해 부장님이 반대하는 이유도 모르는 것도 아니다.

A「お酒は飲まないんですか。」 술은 안 마셔요?
B「飲まなくもないんですが、あまり強くはありません。」
안 마시는 것도 아닌데요, 별로 세지는 않아요.

赤ちゃんのことを考えると、「早めに結婚したい」という気持ちもわからなくはない。
아기를 생각하면, '일찍 결혼하고 싶다'는 기분도 모르는 것은 아니다.

111 ～中を/～中で/～中では ～속을 / ～하는 중에 / ～한 것 중에서는

～中는 '～중, ～속, ～도중'이라는 뜻이다. 이 표현은 여러 가지로 쓰이는데, 그 중 ～中を는 '～속을, ～함을 받으면서'라는 뜻으로 '어떤 상태나 현상이 진행되는 도중에'라는 의미를 나타낸다. ～中で는 '～하는 중에'라는 뜻으로, 어떤 일을 하는 도중을 나타낸다. ～中では는 동사의 과거형(た형)을 받아 '～한 것 중에서는'이라는 뜻을 나타낸다. 대표적인 예로 拍手の中を(박수를 받으면서), これまで生きてきた中で(이제까지 살아온 중에), 私の聞いた中では(내가 들은 것 중에서는) 등과 같이 쓴다.

기출 被害者の方の話を聞かせていただく中で 피해자 분들의 말씀을 듣는 중에 2018-1회
人手不足が深刻している中で 일손부족이 심각해지고 있는 중에 2021-2회

この嵐の中を出かけるなんて、彼らもどうかしているよ。
이 폭풍우 속을 나가다니, 그들도 어떻게 됐어.

対談する中で気になった情報を積極的に聞き出すことがポイントです。
대담하는 중에 궁금했던 정보를 적극적으로 알아내는 것이 포인트입니다.

私の聞いた中では、今までで最高の演奏だった。
내가 들은 것 중에서는 지금까지 최고의 연주였다.

112 ～なければならない・～なくてはならない

～하지 않으면 안 된다, ～해야 한다

～なければ(＝なきゃ)ならない・～なくては(＝なくちゃ)ならない는 '～하지 않으면 안 된다, ～해야 한다'라는 뜻으로, 동사의 ない형에 접속한다. 그렇게 할 의무나 책임이 있다, 그렇게 하는 것이 당연하다, 당연히 그렇게 될 것이다 등의 의미를 나타낸다. 같은 표현에 ～なければ(＝なきゃ)いけない, ～ねばならない, ～ないとならない 등이 있다. 주로 マスターしなければならない(마스터해야 한다), 料金を払わなくてはならない(요금을 지불하지 않으면 안 된다), どうせやらなきゃいけない(어차피 해야 한다), 遅いからもう行かなくちゃ(늦었으니까 이제 가야 돼)의 형태로 쓰인다.

기출 母親でなくてはならないかというと 엄마가 아니면 안되는가 하면 2010-1회
そんなの、やってみなきゃわかんないよ 그런 거 해보지 않으면 몰라 2018-2회

入らなきゃいけないってわけじゃないし 들어가야 한다는 것은 아니고 2019-1회

面白いものを選ばなければならない 재미있는 것을 골라야 한다 2023-2회

君は一刻も早く医者に診てもらわなくてはならない。
너는 한시라도 빨리 의사에게 진찰을 받지 않으면 안 된다.

20歳以上のすべての国民は、国民年金に入らねばならない。
20세 이상의 모든 국민은 국민연금에 가입해야 한다.

やらなきゃいけないことだって、いっぱいあるよ。
하지 않으면 안 될 일도 엄청 있어.

明日までにどうしてもこれを終わらせないとならないんです。
내일까지 어떻게든 이걸 끝내야 합니다.

113 ～ならいざしらず・～ならともかく ～라면 몰라도

～なら는 '~라면'이라는 뜻이다. N1문법에서는 ～ならいざしらず・～ならともかく・～ならまだしも(~라면 몰라도) 등의 형태로 출제된다. 대표적인 예로 新入社員ならいざしらず(신입사원이라면 몰라도), 急用があるんならともかく(급한 일이 있다면 몰라도), 単なる冗談ならまだしも(단순한 농담이라면 몰라도) 등이 있다.

기출 自分のことについてならともかく 자기에 관해서라면 몰라도 2019-2회

プロの写真家ならまだしも 프로 사진가라면 몰라도 2021-1회

専門家ならいざしらず、素人ではこの機械を修理することはできない。
전문가라면 몰라도, 초보가 이 기계를 수리할 수는 없다.

10年前ならともかく、今はそんな服は着られないよ。
10년 전이라면 몰라도, 지금은 그런 옷은 못 입어.

114 ～において/～における ～에서 / ～에서의

～において/～における는 '~에서/~에서의'라는 뜻으로, 어떤 일이 행해지는 때나 장소, 장면, 상황 등을 나타낸다. 응용 표현으로 ～においては(~에서는), ～においても(~에서도), ～においてさえ(~에서조차) 등이 있다. 주로 安全性において(안전성에서), 日本における学校給食(일본에서의 학교급식), 物理学においては(물리학에서는), 自然現象においても(자연현상에서도), この経済不況下においてさえ(이 경제 불황 하에서조차) 등과 같이 쓰인다.

기출 脳科学の研究が進んだと言われる現代においてさえ
뇌과학 연구가 진척되었다고 하는 현대에서조차 2017-1회
現在における15歳未満の人口 현재에서의 15세 미만의 인구 2018-1회

卒業式は体育館において9時より開催いたします。
졸업식은 체육관에서 9시부터 개최합니다.

現代の科学の時代においても多くの迷信が残っている。
오늘날의 과학 시대에서도 많은 미신이 남아 있다.

世界におけるその国の役割はますます重要になってきている。
세계에서의 그 나라의 역할은 더욱더 중요해지고 있다.

115 ～にかけては ～에서는, ～에 있어서는

～にかけては는 '～에서는, ～에 있어서는'이라는 뜻으로, '～의 소질·능력에 있어서는 자신 있다'고 할 때 쓴다. 응용 표현에 ～にかけても(～에 있어서도)가 있다. 대표적인 예로 味の良さにかけては(맛이 좋은 것에 있어서는), 歌うことにかけても(노래 부르는 것에 있어서도) 등이 있다.

기출 音楽を作る才能にかけては 음악을 만드는 재능에 있어서는 2017-1회

アメリカ研究にかけてはスミス博士は最も権威ある学者である。
미국 연구에 있어서는 스미스 박사는 가장 권위 있는 학자이다.

116 ～にかこつけて・～(の)をいいことに ～을 구실로, ～을 핑계 삼아

～にかこつけて・～(の)をいいことに는 '～을 구실로, ～을 핑계 삼아'라는 뜻이다. 대표적인 예로 父の病気にかこつけて(아버지의 병환을 구실로), いつも何かにかこつけて(항상 뭔가를 핑계 삼아), 頭痛をいいことに(두통을 핑계 삼아), 何も言わないのをいいことに(아무 말도 안 하는 것을 구실로) 등이 있다.

기출 誰にも何も言われないのをいいことに
누구한테도 아무 말도 듣지 않는 것을 핑계 삼아 2018-1회

彼は、母親の病気にかこつけて会に出席しなかった。
그는 어머니의 병환을 구실로 모임에 참석하지 않았다.

上司の留守をいいことに、彼は万事を思いどおりにした。
상사의 부재를 핑계 삼아, 그는 만사를 마음대로 했다.

117 ～に加え(て)/～に先立ち ～에 더하여, ～에다 / ～에 앞서

～に加え(て)는 '～에 더하여, ～에다'라는 뜻으로, 어떤 내용을 추가하거나 첨가하는 표현이다. 명사에 직접 접속하며, 예를 들어 夏の低温にくわえ(여름의 저온에다), 人件費の高騰に加えて(인건비의 급등에 더하여)와 같이 쓴다. ～に先立ち는 '～에 앞서'라는 뜻으로, 뒤에 ～ておく(～해두다)와 호응하는 경우가 많다. 一般公開に先立ち(일반 공개에 앞서), 競技に先立ち(경기에 앞서)와 같이 많이 쓴다.

기출 同美術館ではこれに先立ち 동미술관에서는 이에 앞서 2017-2회

人手不足に加えて地価の高騰が追い討ちをかけてとうとう倒産した。
일손부족에다 지가 급등이 연타를 가해 결국 도산했다.

ビルの建設に先立ち、市の職員によって地盤の調査が行われた。
빌딩 건설에 앞서, 시의 직원에 의해 지반 조사가 이루어졌다.

118 ～にこしたことはない ～보다 나은 것은 없다, ～가 제일이다

～にこしたことはない는 '～보다 나은 것은 없다, ～가 제일이다'라는 뜻으로, 그것이 최고의 선택이라는 뉘앙스를 주고 싶을 때 사용한다. 명사에 직접 붙고, 형용사나 동사 사전형, それ 등에 접속한다. ～に越したことはない로 한자로 표기하기도 한다. 대표적인 예로 ドアの鍵を二つつけるなど用心するにこしたことはない(문 열쇠를 두 개 다는 등 조심하는 것보다 나은 것은 없다), 勉強したいなら、早くうちに帰るにこしたことはない(공부하고 싶다면 빨리 집에 가는 게 제일이다), 品質が同じなら、安いにこしたことはない(품질이 같다면 싼 게 제일이다) 등이 있다.

기출 知識はあるに越したことはありませんが 지식은 있는 게 제일이지만 2016-2회

入学願書の締め切りは月末だけれど、早めに出せるならそれにこしたことはない。
입학 원서 마감은 월말이지만, 일찌감치 제출할 수 있으면 그것보다 나은 것은 없다.

119 ～にしたら・～にすれば/～にしても ~로서는 / ~라고 해도

～にしたら・～にすれば는 '~로서는, ~의 입장에서는'의 뜻으로, 비슷한 표현에 ～にしてみれば가 있다. 대표적인 예로 あの人の身にしたら(그 사람의 입장으로서는), 姉にすれば(언니로서는), 日本人にしてみれば(일본인의 입장에서 보면) 등이 있다. ～にしても는 '~라고 해도, ~라고 가정해도'라는 뜻으로, ～라는 사실을 일단 인정하고 그와는 상반·모순된 문장이 뒤에 전개됨을 나타낸다. 회화체에서는 ～にしたって의 형태로도 쓰인다. 대표적인 예로 両親にしても(부모님이라고 해도), その話が本当であるにしても(그 이야기가 사실이라고 해도), この料理は初めてにしたって(이 요리는 처음이라고 해도) 등이 있다.

기출 完全に失われることはないにしても 완전히 잃어버리는 일은 없다고 해도 2010-1회
メールの書き方ひとつにしても 메일 쓰는 법 하나라고 해도 2015-1회
地元の人にしてみれば 현지인의 입장에서 보면 2015-2회

あの人の立場にしたら、そんなことはできなかっただろう。
그 사람의 입장에서는, 그런 일은 할 수 없었을 것이다.

中学生のピアスや化粧がいいとは、私には思えない。しかし彼らにしてみれば、あれも自己表現の手段なのだ。
중학생의 귀걸이나 화장이 좋다고는, 나는 생각되지 않는다. 그러나 그들 입장에서는 그것도 자기표현의 수단인 것이다.

部屋の飾りつけ一つにしても、その家に住んでいる人の細やかな心遣いが表されている。
방의 장식 하나만 해도, 그 집에 살고 있는 사람의 세심한 배려가 나타나 있다.

120 ～にしては ~치고는

～にしては는 '~치고는'이라는 뜻으로, 접속은 명사 또는 동사의 경우 여러 가지 형태이다. 주로 小学生にしては(초등학생치고는), タクシーの運転手にしては(택시 기사치고는), 初めてケーキを作ったにしては(처음 케이크를 만든 것치고는), それにしては(그것치고는)와 같이 쓴다.

기출 山道に走るバスに揺られながらにしては
산길을 달리는 버스에 흔들리면서 한 것치고는 2014-2회

この店のカレーライスはこの値段にしてはおいしい。
이 가게의 카레라이스는 이 가격치고는 맛있다.

121 ～にしろ～にしろ/～にしろ・～にせよ

～든 ～든 / ～라 하더라도

～にしろ～にしろ는 '~든 ~든', ～にしろ・～にせよ는 '~라 하더라도'라는 뜻이다. 명사에는 직접 접속하고, 동사나 형용사의 경우에는 여러 가지 형태로 접속하므로 예문을 통해 다양한 접속방법을 익혀두는 게 좋다. 대표적인 예로 引き受けるにしろ引き受けないにしろ(떠맡든 떠맡지 않든), 与党にしろ野党にしろ(여당이든 야당이든), たった二日の旅行にしろ(겨우 이틀의 여행이라 하더라도), 部長に指示されてやったことであるにせよ(부장님에게 지시를 받아 한 일이라 하더라도) 등이 있다. 접속사로 쓰이는 いずれにしろ・いずれにせよ(어차피, 결국)도 함께 알아두자.

기출 A社が開発したものには遠く及ばないにしろ
A사가 개발한 것에는 훨씬 못 미친다 하더라도 2017-1회

本当にしろうそにしろ大したことじゃない。
정말이든 거짓이든 별일 아냐.

どんな理由にしろ、暴力をふるうのはよくない。
어떤 이유라 해도 폭력을 휘두르는 것은 좋지 않다.

無礼とまでは言わないにせよ、彼はぶっきらぼうに話した。
무례하다고까지는 말하지 않더라도, 그는 퉁명스럽게 말했다.

122 ～につけ(て)/～につけ～につけ/～につけても

～때마다, ～에 따라 / ～든 ～든 / ～와 관련하여 (항상)

～につけ(て)는 '~때마다, ~에 따라'라는 뜻으로, '같은 상황에 놓이면 언제나 어떤 기분이 되어 그렇게 한다'라고 말하고 싶을 때 사용한다. 彼の作品を見るにつけ(그의 작품을 볼 때마다)와 같이 사용한다. 관용적인 표현인 何かにつけて(무슨 일이 있을 때마다, 걸핏하면)도 함께 알아두자. ～につけ～につけ는 '~든 ~든'이라는 뜻인데, ~부분에 대립되는 의미의 단어를 나열하여 '언제나'라는 뜻을 나타낸다. 대부분 형용사에 접속하는 경우가 많지만 명사에 붙는 경우도 있다. 주로 いいにつけ悪いにつけ(좋든 싫든), 雨につけ風につけ(비가 오나 바람이 부나)의 형태로 쓰인다. ～につけても는 '~와 관련하여 (항상)'이라는 뜻으로, それにつけても(그것과 관련하여)와 같이 주로 관용적으로 쓰인다.

기출 都会から田舎に移り住んだ人の話を聞くにつけ
도시에서 시골로 이주한 사람의 이야기를 들을 때마다 2011-1회

美しい海を見るにつけ 아름다운 바다를 볼 때마다 2022-1회

彼は何かにつけてその話を持ち出す。
그는 걸핏하면 그 얘기를 꺼낸다.

電子辞典の登場は良きにつけ悪きにつけ出版界に多大な影響を与えた。
전자사전의 등장은 좋든 나쁘든 출판계에 지대한 영향을 끼쳤다.

それにつけても人は見かけによらないものだ。
그것과 관련하여 사람은 겉보기와는 다른 법이다.

123 ～にとって(は) ～에게(는), ～에게 있어서(는)

～にとって(は)는 '~에게(는), ~에게 있어서(는)'이라는 뜻으로, 판단하거나 평가하는 입장·시점을 나타낼 때 사용한다. 그 밖에 ～にとっても(~에게도, ~에게 있어서도), ～にとっての+명사(~에게 있어서의 ~)의 형태로도 많이 쓰인다. 대표적인 예로 ほとんどの国民にとって(대부분의 국민에게), 外国人にとっても(외국인에게 있어서도), 娘にとっての父親(딸에게 있어서의 아버지) 등과 같이 쓰인다.

기출 私にとってはどうでもいい 나에게는 아무 상관없다 2012-1회

子供の教育にとっていちばん大切なものは何だと思いますか。
자녀교육에 있어서 가장 중요한 것은 무엇이라고 생각합니까?

その本は初心者にとっては難しすぎる。
그 책은 초보자에게는 너무 어렵다.

ドイツ人にとってのジャガイモは日本人にとってのお米みたいなものだ。
독일인에게 있어서의 감자는 일본인에게 있어서의 쌀과 같은 것이다.

124 ～にともなって・～にともない ~(함)에 따라

～にともなって・～にともない는 '~(함)에 따라'라는 뜻으로, 한 쪽의 동작·작용·변화가 진행됨에 따라 다른 한 쪽의 동작·작용·변화도 진행됨을 나타낸다. 그리고 ～にともなう+명사(~에 따른 ~)의 형태로도 출제될 수 있다. 森林(しんりん)の減少(げんしょう)にともなって(삼림의 감소에 따라), 景気(けいき)が回復(かいふく)するにともない(경기가 회복함에 따라), 都心(としん)の人口増加(じんこうぞうか)にともなう住宅問題(じゅうたくもんだい)(도심의 인구 증가에 따른 주택 문제) 등과 같이 쓰인다. 동사 伴(ともな)う(따르다, 수반하다)가 문법화된 표현이다.

기출 急激(きゅうげき)な経済成長(けいざいせいちょう)にともない 급격한 경제 성장에 따라 2012-2회

航空料金(こうくうりょうきん)の変更(へんこう)に伴(ともな)ってツアー代金(だいきん)も変更になります。
항공요금의 변경에 따라 투어대금도 변경됩니다.

そのスキャンダルの発覚(はっかく)にともない、彼(かれ)は辞職(じしょく)に追(お)い込(こ)まれた。
그 스캔들의 발각에 따라, 그는 사직에 내몰렸다.

125 ～には ~하려면

～には는 '~하려면'이라는 뜻이다. 동사의 기본형에 접속해 '그렇게 하기 위해서는, 그렇게 하고 싶다고 생각한다면'이라는 의미를 나타낸다. 이와 비슷한 표현으로 ～ためには가 있다. 그리고 명사에 붙으면 夏(なつ)には(여름에는)처럼 때를, 私にはわからない(나는 모르겠다)처럼 평가의 기준을 나타내기도 한다.

기출 洗濯物(せんたくもの)をきれいに洗(あら)うには 빨래를 깨끗하게 빨려면 2019-1회

大型犬(おおがたけん)を飼(か)うにはある程度(ていど)の広(ひろ)さの家(いえ)が必要(ひつよう)だ。
대형견을 기르려면 어느 정도 넓이의 집이 필요하다.

君(きみ)が何(なに)を言(い)おうと私には問題(もんだい)ではない。
네가 무슨 말을 하든 나에게는 문제가 아니야.

問題5 次の文の（　　）に入れるのに最もよいものを、1・2・3・4から一つ選びなさい。

1 先生「普通に大学で授業を受けていた時と比べてオンライン授業はどうなの？」
学生「やっぱり、大学で受けるのと家で学ぶのとは全然違って、頭に入らない（　　）、集中できないですね。」101

1 といい　　2 といわず　　3 というか　　4 といって

2 強風(きょうふう)で電車が遅れて、あやうく遅刻する（　　）。104

1 ところだろう　　2 ところだった　　3 ところではない　　4 ところではなかった

3 自分にも悪い点があったことは認めない（　　）。110

1 とばかりだ　　2 にかたくない　　3 にいたる　　4 でもない

4 しっかりかぎをかけないと、泥棒(どろぼう)に（　　）。108

1 入られることはない　　2 入れるとはかぎらない
3 入られないともかぎらない　　4 入れなくもない

5 パパったら傘だけ（　　）かばんまで電車の中に忘れてきたのよ。113

1 ならまだしも　　2 ともなると　　3 にあって　　4 ほどでなくても

6 彼女はいつも何かに（　　）、いやな仕事を他人に押しつける。116

1 かけて　　2 かんして　　3 かぎって　　4 かこつけて

7 旅行するときには、体調を崩さないように（　　）と思いますね。118

1 用心するにこしたことはない　　2 用心するにたりない
3 用心したくてならない　　4 用心しようがない

8 A「この本は山本(やまもと)さんから借りたんです。」
B「ああ、山本(やまもと)さん（　　）、あの方のお父さんのご病気はどうなのでしょう？」102

1 といえば　　2 といっても　　3 としたって　　4 としたら

답 1③ 2② 3④ 4③ 5① 6④ 7① 8①

9 母親が受験に熱心でいる（　　　）息子はあまりに無関心すぎる。120

1　につけても　　2　とみえて　　3　にしては　　4　にすると

10 家庭電気製品の普及（　　　）、主婦たちは次第に家事労働から解放された。124

1　にこたえて　　2　に沿って　　3　に基づき　　4　にともなって

問題6　次の文の ＿★＿ に入る最もよいものを、１・２・３・４から一つ選びなさい。

11 私は海外旅行に行った ＿＿ ＿★＿ ＿＿ ＿＿ のだ。101

1　行こうとも　　2　ことがない　　3　というか　　4　思わない

12 ＿＿ ＿★＿ ＿＿ ＿＿ いま男が台所に立つのを笑う人はいないだろう。113

1　いざ　　2　なら　　3　知らず　　4　昔

13 自転車屋で店の看板が右から左に ＿＿ ＿＿ ＿★＿ ＿＿ 戦前の看板だろうか。105

1　と　　2　ところを見る　　3　昭和20年代か　　4　貼られている

14 戦後70年を経て日本はもとより ＿＿ ＿★＿ ＿＿ ＿＿ 解体という視点も厭（いと）わずさまざまな批評の眼をもって歴史を再考する作業に取り掛かることが必要だろう。114

1　置き去りにされていきそうな　　2　版画が現代美術の動向から

3　世界各地においてさえも　　4　兆候さえある今日ゆえに

15 去年は台風、地震など ＿＿ ＿＿ ＿★＿ ＿＿ により景気回復の流れが維持される格好であった。117

1　消費の底堅さや投資の高まり、雇用・所得環境の改善など

2　自然災害による悪影響に加えて

3　企業収益を押し下げる要因が多く見られる中

4　原油価格の上昇や人件費の高騰など

답 9 ③　10 ④　11 ③(2314)　12 ②(4213)　13 ①(4213)　14 ②(3214)　15 ③(2431)

問題７　次の文章を読んで、文章全体の趣旨を踏まえて、[16] から [20] の中に入る最もよいものを、１・２・３・４から一つ選びなさい。

このごろよくわたしは、その昔教えこまれた徳目のいくつが今や失われていることに気づいて、これはなんだろうと思う。いつ失われたのかわからないが、いつかまわりからそれが失われていたのである。

[16] 挙げてみても、我慢、辛抱、克己、自制、忍耐、倹約などという徳目は、かつては親や先生や社会全体から人間に不可欠の徳目と教えられたものだったが、今それらは徳目どころかマイナスのイメージでしか見られていないらしい。

それを具体的に痛感するのは、街に捨てられているおびただしい空き缶を見る時だ。私の住む町は駅の周辺に数多くの自動販売機が置かれていて、駅から人が吐き出されるたびに必ずかなりの人が買い、歩きながら飲む。家へ帰ってから [17] 、それまでの５分とか10分とかが我慢できないのである。そして飲み終わるとところかまわず捨ててゆく。うちは駅からちょうど３、４分の距離にあるので、どの家でも庭先にそれが [18] 日はない。

それが子供たちだけならまだしも、若者はむろん大のおとなまでがやっているのだから、この国はどうなっちゃったんだろうと思わずにいられないのである。

(中略)

[19] いつの時代にも見境のないものだから、欲望を覚えればすぐそれを口に出す。が、昔は貧しかったし、物も乏しかったから、欲望がただちにかなえられるなんてことはめったになかった。

「我慢しなさい」「辛抱しなさい」という戒めの言葉が与えられ、子供はそれによって欲望を抑えることを学んだのだった。

が、いまの若い母親は子供がジュースが欲しいといえばそれを買い与え、何か食べたいといえばファーストフードの店に入ってそれを与える。玩具などせいぜい１週間で飽きてしまうとわかっているのに、次から次へ欲するまま買い与える。これでは我慢とか辛抱というような心の訓練は [20] 。

(中野孝次『我慢の思想』による)

16

1 思いついたあげくに　　2 思いついたとたんに
3 思いつくままに　　4 思いつくものの

17

1 飲めばいいものだから　　2 飲めばいいばかりに
3 飲めばいいものでも　　4 飲めばいいものを

18

1 捨てられない　　2 捨てがたい　　3 お捨てになる　　4 お捨てする

19

1 子供といっても　　2 子供というのは　　3 大人といっても　　4 大人というのは

20

1 行われるべきなのである　　2 行われるべきではないのだ
3 行われるべくもないわけである　　4 行われるべからざるものである

핵심문법 다시보기

～ならまだしも N1 113 ~라면 몰라도	それが子供(こども)たちだけならまだしも 그것이 애들만이라면 몰라도(14行)
～どころか N3 ~은커녕	徳目(とくもく)どころか 덕목은 커녕(06行)
～たびに N3 ~할 때마다	駅(えき)から人(ひと)が吐(は)き出(だ)されるたびに 역에서 사람이 쏟아져 나올 때마다(10行)
～ものを N1 044 ~일 텐데	家(うち)へ帰(かえ)ってから飲(の)めばいいものを 집에 돌아간 후에 마시면 될 텐데(10行)
～ずにいられない N3 ~하지 않을 수 없다	思(おも)わずにいられないのである 생각하지 않을 수 없는 것이다(15行)
～ものだから N2 ~이기 때문에	いつの時代(じだい)にも見境(みさかい)のないものだから 어느 시대에나 분별력이 없기 때문에(17行)
～べくもない ~할 수도 없다	心(こころ)の訓練(くんれん)は行(おこな)われるべくもないわけである 심적 훈련은 행해질 수도 없는 셈이다(25行)

답 16 ③　17 ④　18 ①　19 ②　20 ③

10 문법 확인문제 2순위 101 ~ 125 / 20

問題5 次の文の（　　）に入れるのに最もよいものを、1・2・3・4から一つ選びなさい。

1 自分の健康状態は、いつもよくわかっている（　　）。118

1 のにすぎない　2 ことは否めない
3 のに越したことはない　4 といっても過言ではない

2 国内旅行（　　）、海外旅行に行くとなると、準備も大変だ。113

1 とすれば　2 ともなれば　3 なるがゆえに　4 ならいざしらず

3 彼がお人よし（　　）彼女はいつも彼に仕事を押しつける。116

1 なのをいいことに　2 なのがよければ
3 といいものだから　4 とよさそうなのに

4 Aというイタリア料理店は、最近テレビで紹介された（　　）妻が行きたいって予約して家族４人で行ってきました。103

1 というのが　2 とかなら　3 というのも　4 とかで

5 今度の野球チームのキャプテンは池田（いけだ）君だと予想していたが、違うみだいだ。池田君でない（　　）、一体だれだろう。106

1 とあって　2 とすれば　3 と思っても　4 というより

6 Aブロードウェイシネマにて上映されたブロードウェイの傑作が、今秋より動画配信サービスがスタートする。舞台や映画・ドラマファンにとって、なくてはならないツール（　　）だろう。107

1 の疑いがある　2 よりほかはない
3 といっても過言ではない　4 を余儀なくさせる

7 どんなに（　　）、私はこの方針を変えるつもりはありません。109

1 批判されようにも　2 批判されようとも
3 批判されたといえば　4 批判されたにもかかわらず

답 1③ 2④ 3① 4④ 5② 6③ 7②

8 あの峠は自転車の通行も多い。車のドライバー（　　　）運転にかなり大変だろう。119

1　にしてみれば　　2　といっても
3　はともかくとして　　4　からして

9 その映画は、通常の大作の水準には遠く及ばない（　　　）、コロナ禍で３月に多くの映画館が閉鎖されて以降で最大のヒットとなった。121

1　につけ　　2　にして　　3　にされて　　4　にしろ

10 被災地の惨状を見る（　　　）地震の恐ろしさを痛感せずにはいられない。122

1　につけ　　2　とは　　3　なり　　4　にしてみると

問題６　次の文の ＿★＿ に入る最もよいものを、１・２・３・４から一つ選びなさい。

11 酔っ払いに押され、もう ＿＿ ＿★＿ ＿＿ ＿＿ だった。104

1　ホームから　　2　落ちる　　3　少しで　　4　ところ

12 山田さんはいつも母親の ＿＿ ＿＿ ＿★＿ ＿＿ いる。116

1　かこつけて　　2　病気に　　3　会議を　　4　欠席して

13 今日は吹雪の ＿＿ ＿＿ ＿★＿ ＿＿ 車のタイヤを交換にご来店いただきました。111

1　女性のお客さまが　　2　いただいていた　　3　中を　　4　ご予約

14 石原君は記憶力がすごい。特に人の名前を ＿＿ ＿★＿ ＿＿ ＿＿ 速く覚えられる人はほかにいないだろう。115

1　覚えることに　　2　たくさんしかも　　3　かけては　　4　彼ほど正確に

15 昔の町の様子 ＿＿ ＿＿ ＿★＿ ＿＿ は、町長から聞くこと全てが、知らないことばかりだった。123

1　知らない　　2　しか　　3　にとって　　4　私

답 8 ① 9 ④ 10 ① 11 ①(3124) 12 ③(2134) 13 ④(3142) 14 ③(1342) 15 ④(2143)

問題７　次の文章を読んで、文章全体の趣旨を踏まえて、[16]から[20]の中に入る最もよいものを、１・２・３・４から一つ選びなさい。

　国連の発表によると、世界の人口増加と産業の拡大、[16-a]、消費の増大が地球環境に大規模な変化をもたらしているという。世界人口は昨年62億人を超え、[16-b]、世界の総消費支出額は22兆ドルに達した。人口は1960年時点で30億人だったから、40年間で２倍に増えた。このままで行くと20年後には80億人にもなると予想されている。総消費支出の伸びも[17]急激であり、1970年時点の10兆2000億ドルが、その後30年間で２倍を超えるに至った。

　[18]、さまざまな問題に人類は直面しているが、その一つとして、水不足と水質汚濁が深刻な状態にある。同じく国連によると、水問題に悩む国は、2000年で31か国。2025年には48か国で水が不足し、12億人以上が安全な飲料水を確保できなくなる状態が心配されている。また、世界水フォーラムによると、「人口増加や産業発展に対し、下水道などの衛生設備の追いつかない[19]、水質汚濁が問題となって」おり、今日、途上国における病気の80%の原因が汚れた水、しかも水が関わる病気で子供たちが８秒に一人ずつ死亡している、という。

　水問題は今日、[20]、都市化による土地利用の変化、森林の減少、工業化の進展による淡水利用(海水を除く河川、湖沼、地下水の利用)の変化など、われわれの生活様式(生活のしかた)と密接につながり、急務の課題となっている。

16

1 a それから / b あるいは　　2 a そこで / b あるいは
3 a それで / b また　　4 a そして / b また

17

1 人口増にともなって　　2 人口増にかかわりなく
3 人口減にともなって　　4 人口減にかかわりなく

18

1 このごろ　　2 そのたび　　3 このため　　4 その都度

19

1 途上国にもまして　　2 途上国を通して
3 途上国ばかりか　　4 途上国を中心に

20

1 温暖化をとわず　　2 温暖化をはじめ
3 温暖化をふまえて　　4 温暖化をめぐって

핵심문법 다시보기

～にともなって N1 124 ～와 더불어	人口増(じんこうぞう)にともなって 인구 증가와 더불어(05行)
～として N1 106 ～로서	その一(ひと)つとして 그 하나로써(07行)
～における N1 114 ～에서의	途上国(とじょうこく)における病気(びょうき) 개발도상국에서의 질병(12行)
～によると N3 ～에 따르면	国連(こくれん)の発表(はっぴょう)によると 유엔의 발표에 따르면(01行) / 世界水(せかいみず)フォーラムによると 세계 물 포럼에 따르면(10行)
～に対(たい)し N3 ～에 대해	産業発展(さんぎょうはってん)に対(たい)し 산업발전에 대해(11行)
～を中心(ちゅうしん)に N3 ～을 중심으로	途上国(とじょうこく)を中心(ちゅうしん)に 개발도상국을 중심으로(11行)
～をはじめ N2 ～을 비롯하여	温暖化(おんだんか)をはじめ 온난화를 비롯하여(14行)

답 16 ④　17 ①　18 ③　19 ④　20 ②

126 ～には～が ～하기는 ～지만

～には～が는 '～하기는 ～지만'이라는 뜻으로, 「동사의 사전형＋には＋동사의 사전형/과거형＋た＋が」에 접속한다. 주로 心配な点もあるにはあるが(걱정되는 점도 있긴 있지만), 説明するにはしたが(설명하기는 했지만)의 형태로 쓰인다.

第一志望校に願書を出すには出したが、受験はしなかった。
제1지망 학교에 원서를 내기는 냈지만, 시험은 보지 않았다.

ゆうべのパーティーに行くには行ったが、誰が来ていたか覚えていません。
어젯밤 파티에 가기는 갔지만, 누가 왔었는지 기억나지 않습니다.

127 ～にほかならない 바로 ～이다, ～임에 틀림없다

～にほかならない는 '바로 ～이다, ～임에 틀림없다'라는 뜻으로, 보통 명사에 직접 접속하는데, 경우에 따라 ～から에 접속하여 ～からにほかならない(바로 ～때문이다)의 형태로 쓰이기도 한다. 주로 努力の結果にほかならない(노력의 결과임에 틀림없다), みんなが関心を持っているからにほかならない(바로 모두가 관심을 갖고 있기 때문이다)의 형태로 사용된다.

기출 信頼できる仲間がいたからにほかならない
바로 신뢰할 수 있는 동료가 있었기 때문이다 2015-2회

あなたの言ったことはセクハラにほかなりません。
당신이 한 말은 바로 성희롱입니다.

若い人が外来語を好むのは、それなりの理由があるからにほかならない。
젊은 사람이 외래어를 좋아하는 것은, 바로 그 나름의 이유가 있기 때문이다.

128 ～によらず/～によって(は) ～에 관계없이 / ～에 따라서(는)

～によらず는 '～에 관계없이, ～에 의하지 않고'라는 뜻으로, ～を問わず(～을 불문하고)」, ～にかかわらず(～에 관계없이)와 비슷한 기능어이다. ～によって・～により는 '～에 의해, ～에 따라, ～로(써)'라는 뜻으로, 수단·방법 등을 통해 어떤 일을 한다고 말하고 싶을 때 쓴다. 응용 표현에 ～によっては(～에 따라서는), ～による(～에 따르다), ～による+명사(～에 의한~, ～에 따른~), ～によると・～によれば(～에 의하면, ～에 따르면) 등이 있다. 주로 わが社は学歴によらず(우리 회사는 학력에 관계없이), 国によって違う(나라에 따라 다르다), 値段によっては(가격에 따라서는)와 같이 쓴다.

기출 「音楽の夢」によって '음악의 꿈'에 의해 2017-2회

わが社は性別や年齢によらず本人の実力で採用を決めている。
우리 회사는 성별이나 나이에 관계없이 본인의 실력으로 채용을 결정하고 있다.

場合によっては君に会社を辞めてもらうことになるかもしれない。
경우에 따라서는 자네가 회사를 그만둬야 할지도 몰라.

129 ～の末(に)・～た末(に) ～한 끝에

～の末(に)・～た末(に)는 '～한 끝에'라는 뜻으로, '여러 가지로 ～한 끝에 이렇게 되었다'라고 말하고 싶을 때 쓴다. 보통 「명사+の+末(に)」의 형태와 「동사의 과거형(た형)+た+末(に)」의 형태가 있다. 응용 표현인 「～た末の+명사(～한 끝에 ～한)」가 있다. 대표적인 예로 何年にもわたる研究の末に(몇 년에나 걸친 연구 끝에), 厳しいレースを勝ちぬいた末に(힘든 경주를 이겨낸 끝에), 悩みに悩みぬいた末の結論(고민에 고민을 한 끝에 내린 결론) 등이 있다.

기출 相手の激しい攻撃に耐えぬいた末に 상대의 거센 공격을 끝까지 견뎌낸 끝에 2017-1회

長年の苦心の末(に)、山田さんはとうとう実験に成功した。
오랜 고생 끝에, 야마다 씨는 드디어 실험에 성공했다.

よく考えた末(に)、田中さんはその申し出を断りました。
곰곰이 생각한 끝에, 다나카 씨는 그 제의를 거절했습니다.

130 ～のみならず・～だけでなく ～뿐만 아니라

～のみならず・～だけでなく는 '~뿐만 아니라'라는 뜻으로, 범위가 그 외에도 널리 미친다는 의미가 내포되어 있다. 그밖에 ～のみではなく・～ばかりでなく・～ばかりか・～に限(かぎ)らず 등도 많이 쓴다. 대표적인 예로 味方(みかた)の応援団(おうえんだん)からのみならず(우리편 응원단에서 뿐만 아니라), 効果(こうか)が得(え)られないだけでなく(효과를 얻을 수 없을 뿐만 아니라), 楽(たの)しいことばかりでなく(즐거운 일뿐만 아니라), サッカーに限(かぎ)らず様々(さまざま)なスポーツが(축구뿐만 아니라 다양한 스포츠가) 등이 있다.

기출 成績(せいせき)が学年(がくねん)の上位(じょうい)に入(はい)っていることが多(おお)いのみならず
성적이 학년의 상위에 드는 일이 많을 뿐만 아니라 2011-2회/2021-1회

森林(しんりん)を単(たん)に木材(もくざい)の供給源(きょうきゅうげん)としてのみではなく
삼림을 단지 목재의 공급원으로서뿐만 아니라 2013-2회

目先(めさき)の利益(りえき)だけでなく 눈앞의 이익뿐만 아니라 2018-2회

彼(かれ)は俳句(はいく)を理解(りかい)するのみならず、自(みずか)らも作(つく)っている。
그는 하이쿠를 이해할 뿐만 아니라 스스로도 짓고 있다.

英語圏(えいごけん)の国(くに)だけでなく、スペイン語圏(ごけん)の国も旅(たび)してみたい。
영어권 나라뿐만 아니라 스페인어권 나라도 여행해보고 싶다.

そればかりか、友人(ゆうじん)たちからも相当(そうとう)の金(かね)を借(か)りているらしい。
그것뿐만 아니라, 친구들에게서도 상당한 돈을 빌리고 있는 것 같다.

中村選手(なかむらせんしゅ)は子供(こども)のころ、サッカーに限(かぎ)らずスポーツなら何(なん)でも得意(とくい)だったそうだ。
나카무라 선수는 어릴 적, 축구뿐만 아니라 스포츠라면 뭐든지 자신 있었다고 한다.

131 ～の(ん)じゃなかった ～하는 게 아니었다

～の(ん)じゃなかった는 '~하는 게 아니었다'라는 뜻으로, 어떤 일에 대해 후회하는 마음을 나타낸다. 대표적인 예로 食(た)べ過(す)ぎるのじゃなかった(과식하는 게 아니었다), パソコンが得意(とくい)だなんて話(はな)すんじゃなかった(컴퓨터를 잘한다는 따위 말하는 게 아니었다) 등이 있다.

기출 レインコートなんて、着(き)てくるんじゃなかった
비옷따위 입고 오는 게 아니었다 2017-2회

ラーメンなんか食(た)べるんじゃなかった 라면 같은 거 먹는 게 아니었다 2019-2회

ダイエット中の人なら、やっぱり食べるのじゃなかった、と後で悔いることも多い。
다이어트중인 사람이라면, 역시 먹는 게 아니었어, 하고 나중에 후회하는 일도 많다.

あ、困った、こんなことじゃ、招待なんか受けるんじゃなかった。
아, 난처하네, 이런 거라면, 초대 같은 거 수락하는 게 아니었어.

132 ～ばかり/～ばかりに ~할 뿐 / ~바람에, ~탓에

～ばかり는 '~할 뿐'이라는 뜻으로, N1문법에서는 ～ばかりだ(~할 뿐이다, ~하기만 하다), ～ばかりで(~하기만 해서), ～ばかりになっている(~하기만 하면 된다), ～ばかりとなった(~하기만 하면 되었다) 등의 형태로 출제되고 있다. 대표적인 예로 気持ちはあせるばかりだ(마음은 초조하기만 하다), 物価は上がるばかりで(물가는 오르기만 해서), あとは客を待つばかりになっている(이제는 손님을 기다리기만 하면 된다) 등이 있다. ～ばかりに는 '~바람에, ~탓에'라는 뜻으로, '겨우 그 정도의 것이 원인이 되어 나쁜 결과가 되고 말았다'라는 뉘앙스가 들어 있다. 「동사의 과거형(た형)+た」에 접속한다. 대표적인 예로 よけいなことを言ったばかりに(쓸데없는 말을 한 탓에), この仕事を選んだばかりに(이 일을 선택한 바람에)가 있다.

기출 僕がミスをしたばかりに君にまで残業してもらうことになってしまって…
내가 실수를 한 바람에 너까지 잔업을 하게 돼서… 2010-1회

あとは出発を待つばかりとなった 이제는 출발을 기다리기만 하면 되었다 2017-1회

取引先の担当者の名前を間違えたばかりに
거래처 담당자 이름을 잘못 안 바람에 2020

余計なことをつい言ってしまったばかりに 그만 쓸데없는 말을 해버린 바람에 2021-1회

全員そろった。あとはバスが来るのを待つばかりだ。
전원 다 모였다. 이제는 버스가 오는 것을 기다릴 뿐이다.

荷造りも終わって、もう送り出すばかりになっている。
짐 꾸리기도 끝나서, 이제 부치기만 하면 된다.

あとは新郎新婦の入場を待つばかりとなった。
이제는 신랑신부의 입장을 기다리기만 하면 되었다.

彼は家が貧しかったばかりにアルバイトをして自力で大学を出たそうだ。
그는 집이 가난한 탓에 아르바이트를 해서 자력으로 대학을 나왔다고 한다.

133 ～はず(だ) ～일 터(이다), ～일 것(이다)

～はず(だ)는 '～일 터(이다), ～일 것(이다)'라는 뜻으로, 필연·추측·납득 등을 서술하는 표현이다. 응용 표현인 どうりで～はずだ(그래서 ~하네), 부정표현인 ～はずがない(~일 리가 없다)도 함께 알아두자. 대표적인 예로 今日(きょう)はとても眠(ねむ)いはずだ(오늘은 아주 졸릴 것이다), 山田君(やまだくん)が合格(ごうかく)するはずがない(야마다군이 합격할 리가 없다), どうりで見(み)えないはずだ(그래서 안 보이는 거네) 등이 있다.

기출 あ、そっか。どうりで空(す)いてるはずだ 아, 그렇구나. 그래서 비어 있는 거네 2010-1회

もっと素晴(すば)らしい人生(じんせい)を送(おく)れていたはずと後悔(こうかい)する
더 멋진 인생을 보낼 수 있었을 텐데 하고 후회하다 2017-2회

その書類(しょるい)のコピーは確(たし)か君(きみ)に頼(たの)んだはずだよ。
그 서류의 복사는 분명 자네에게 부탁했을 거야.

A「彼女(かのじょ)とのデートをすっぽかしちゃった。」
여자친구와의 데이트를 바람맞혔어.

B「どうりで怒(おこ)るはずだ。」
그래서 화를 내는 거네.

134 ～ばよかった ～했더라면(했으면) 좋았겠다

～ばよかった는 '～했더라면(했으면) 좋았겠다'라는 뜻으로, 그렇게 하지 못한 것에 대한 후회·원망·유감 등을 나타낸다. 동사의 가정형(ば형)에 접속하며, 응용표현인 ～ばよかったのに(~했더라면 좋았을 텐데)도 함께 알아두자. 주로 ジャケットを持(も)ってくればよかった(재킷을 들고 왔으면 좋았겠다), もっと早(はや)く来(く)ればよかった(좀더 빨리 왔더라면 좋았겠다), だまっておけばよかったのに(입을 다물고 있었으면 좋았을 텐데)의 형태로 쓰인다.

기출 声(こえ)をかけてくれればよかったのに 말을 걸어 주었더라면 좋았을 텐데 2018-1회

あの時(とき)すぐに治療(ちりょう)しておけばよかった 그때 바로 치료해두었으면 좋았겠다 2021-2회

学生時代(がくせいじだい)にもっと真面目(まじめ)に日本語(にほんご)の勉強(べんきょう)をしておけばよかった。
학창시절에 좀 더 성실하게 일본어 공부를 해두었으면 좋았겠다.

あの時(とき)、頑張(がんば)って池田(いけだ)さんに好(す)きって言(い)えばよかったのに。
그때 힘을 내서 이케다 씨에게 좋아한다고 말했더라면 좋았을 텐데.

135 ～ほど(のこと)ではない ～할 만한 것은 아니다

～ほど(のこと)ではない는 '～할 만한 것은 아니다'라는 뜻으로, 동사 사전형에 접속한다. 대표적인 예로 そんなに驚くほどのことではない(그렇게 놀랄 만한 일은 아니다), わざわざ大げさに報道するほどのことではない(일부러 과장되게 보도할 만한 것은 아니다) 등이 있다.

기출 自慢するほどのことではないが 자랑할 만한 것은 아니지만 2010-2회

このような結果は十分予想できたことであり、驚くほどのことではない。
이러한 결과는 충분히 예상할 수 있었던 것이며, 놀랄 만한 일은 아니다.

136 ～まい/～しかあるまい

①～하지 않을 것이다〈추측〉 ②～하지 않겠다〈의지〉 / ～할 수밖에 없을 것이다

～まい는 '①～하지 않을 것이다'라는 뜻으로 부정적인 추측을 나타내거나, '②～하지 않겠다'라는 강한 부정의 의지를 나타낸다. 예를 들어 雨は降るまい(비는 오지 않을 것이다), 二度と行くまい(두 번 다시 가지 않겠다)와 같이 쓴다. 응용표현에 ～あるまい(～없을 것이다, ~아닐 것이다), ～ではあるまいか(~아닐까?, ~아니냐?)가 있으며, そんなことはあるまい(그런 일은 없을 것이다), 帰国したのではあるまいか(귀국한 게 아닐까?)와 같이 쓴다. ～しかあるまい는 '~할 수밖에 없을 것이다'라는 뜻으로, ～しかないだろう와 같은 뜻이다. 引き受けるしかあるまい(받아들일 수밖에 없을 것이다), 嫌でも行くしかあるまい(싫어도 갈 수밖에 없을 것이다)와 같이 쓴다.

기출 交渉を重ねていくしかあるまい 교섭(협상)을 거듭해갈 수밖에 없을 것이다 2018-1회
正当化するための口実にすぎまい 정당화하기 위한 구실에 지나지 않을 것이다 2021-1회

A「近い将来、富士山は噴火するでしょうか。」
가까운 장래에 후지산은 분화할까요?

B「いや、噴火はすまい。」
아니, 분화는 하지 않을 거야.

これからは友達と喧嘩はするまいと反省した。
앞으로는 친구와 싸우지 않겠다고 반성했다.

今まで待っても来ないところをみると、まさか逃げたのではあるまいか。
지금까지 기다려도 오지 않는 것을 보니, 설마 도망친 거 아니냐?

目の前で寿司職人さんが作っているのを見たとあれば買うしかあるまい。
눈 앞에서 초밥달인이 만들고 있는 것을 봤다면 살 수밖에 없을 것이다.

137 ～まで/～にまで/～まで(のこと)だ

～까지 / ～에게까지 / ～할 따름(뿐)이다

～までは '~까지, ~할 때까지'라는 뜻으로, 조사 に나 と를 붙인 ～にまで(~에게까지, ~로까지), ～とまで(~라고까지)의 형태도 출제되고 있다. 주로 親友にまで裏切られた(친구에게까지 배신당했다), 迷惑だとまで言った(귀찮다고까지 했다)와 같이 쓴다. ～まで(のこと)だ는 동사의 기본형에 붙으면 '~할 따름(뿐)이다'라는 뜻으로, 「동사의 과거형(た형)+た」에 붙으면 '~했을 뿐이다'라는 뜻으로 쓰인다. 주로 列車で行くまでのことだ(열차로 갈 따름이다), 率直な感想を述べたまでです(솔직한 감상을 말했을 뿐입니다)와 같이 쓰인다. 응용표현에 これまでだ(이제 끝장이다), ～ばそれまでだ(~하면 그것으로 끝이다) 등이 있다. 주로 これまでだと覚悟を決める(이제 끝장이라고 각오를 다지다), うっかり消してしまえばそれまでだ(깜빡하고 지워버리면 그것으로 끝이다)와 같이 쓰인다.

기출 君にまで残業してもらうことになって 자네(에게)까지 잔업을 하게 되어서 2010-1회

これが繰り返されていくうちに、小さな渦は大きな渦にまで発達します。
이것이 반복되어 가는 동안, 작은 소용돌이는 큰 소용돌이로까지 발달합니다.

仕事に必要だったわけじゃない。興味があったから聞いてみたまでのことだ。
업무에 필요했던 것은 아니다. 흥미가 있어서 물어봤을 뿐이다.

いくら先生が一生懸命教えたところで、学生にやる気がなければそれまでだ。
아무리 선생님이 열심히 가르쳐 봤자, 학생한테 할 마음이 없으면 그것으로 끝이다.

138 ～もさることながら ～은 물론이거니와 (또)

～もさることながら는 '~은 물론이거니와 (또)'라는 뜻으로, 명사에 직접 접속한다. 대표적인 예로 親の希望もさることながら(부모의 희망은 물론이거니와), 空腹や寒さもさることながら(배고픔이나 추위는 물론이거니와), 経済問題の解決には政府や企業の対応もさることながら(경제문제 해결에는 정부나 기업의 대응은 물론이거니와) 등이 있다.

기출 このドラマの人気は、ストーリーもさることながら
이 드라마의 인기는 스토리는 물론이거니와 2013-1회

機能性もさることながらそのかわいらしいデザインが
기능성은 물론이거니와 그 귀여운 디자인이 2022-1회

A教授は、研究業績もさることながら、政治手腕の方もなかなかのものだ。
A교수는, 연구실적은 물론이거니와 정치 수완 쪽도 대단하다.

139 ～もしない/～はしない ～하지도 않다 / ～하지는 않다

～もしない는 '~하지도 않다'라는 뜻이다. 동사 ます형에 접속하며, 문어체로는 ～もせず(~도 하지 않고)가 된다. 예를 들어 一言しゃべりもしないで(한 마디 말도 하지 않고), 私は深く考えもせず(나는 깊이 생각하지도 않고)와 같이 쓴다. 관련 표현인 ～はしない는 '~하지는 않다'라는 뜻으로, 挑戦しないことは受け入れられはしない(도전하지 않는 것은 받아들여지지는 않는다)와 같이 쓴다.

기출 間違い電話をかけてきて謝りもしないとは
전화를 잘못 걸고는 사과하지도 않다니 2010-1회
多くの人に受けいれられはしない 많은 사람들에게 받아들여지지는 않는다 2010-2회
読みもしないで漫画を批判するから 읽지도 않고 만화를 비판하니까 2016-2회

彼女は、一言しゃべりもしないで帰ってしまった。
그녀는 한 마디 말도 하지 않고 돌아가 버렸다.

たまにその猫がベランダに逃げ出して、うっかり落ちはしないかとはらはらします。
가끔 그 고양이가 베란다로 도망가서, 까딱 잘못해서 떨어지지는 않을까 조마조마합니다.

140 ～ものがある ～하는 데가 있다, 상당히 ～하다

～ものがある는 '~하는 데가 있다, 상당히 ~하다'라는 뜻이다. 이 표현은 화자가 어떤 사실에서 느낀 것을 감정을 담아 말할 때 사용하는 것으로, ～에는 주로 화자의 감정을 나타내는 말이 온다. 대표적인 예로 人の心を動かすものがある(사람의 마음을 움직이게 하는 데가 있다), 見るべきものがある(볼만한 것이 있다) 등이 있다.

기출 影響は少なからぬものがある 영향은 적지 않은 데가 있다 2013-1회

30年ぶりに見る故郷の景色には、まことに感慨ぶかいものがある。
30년 만에 보는 고향의 풍경은 참으로 감개무량하다.

141

～ものだ/～ものではない

①~하는 법이다〈당연〉 ②~하고 싶다〈희망〉 ③~하구나〈놀람 · 평가〉 ④~하곤 했다〈회상〉 / ~하는 게 아니다

～ものだ에는 크게 4가지 용법이 있다. '①~하는 법이다'란 뜻으로 당위성을 주장할 때 사용하고, '②~하고 싶다'라는 희망의 뜻으로 보통 ～たいものだ(~하고 싶다), ～てほしいものだ(~하길 바란다)의 형태를 띤다. 또 '③~하구나'라는 뜻으로 놀람이나 평가의 기분을 나타내며, 「동사 과거형(た형)+た」를 받아 '④~하곤 했다, 자주 ~했었지'라는 회상을 나타내기도 한다. ～ものではない는 '~하는 게 아니다'라는 뜻으로, 당연히 그렇지 않다는 것을 나타낸다. 회화체에서는 ～もんじゃない의 형태로 쓰인다.

기출 これからも続けていってほしいものです
앞으로도 계속해 나가길 바랍니다 〈희망〉 2012-1회

使う人の使い方次第で決まるものだ
사용하는 사람이 어떻게 사용하느냐에 따라 정해지는 법이다 〈당연〉 2012-1회

簡単に作れるものだと思った 간단히 만들 수 있구나 하고 생각했다 〈놀람 · 평가〉 2015-1회

がんばればいいというものではない 열심히만 하면 되는 게 아니다 〈당연〉 2016-2회

そう簡単には治らないものだ 그렇게 쉽게는 고쳐지지 않는 법이다 〈당연〉 2019-2회

どう考えてもさすがに無理ってもんだ 아무리 생각해도 역시 무리지 〈당연〉 2020

広いなんてもんじゃないよ 넓은 정도가 아니야 〈당연〉 2022-2회

よく父のバイクの後ろに乗りたがったものだ
자주 아버지의 오토바이 뒤에 타고 싶어 했다 〈희망〉 2022-2회

「本を読め」とあんまり強制されると、かえって本が嫌いになるものです。
"책을 읽어"라고 너무 강요받으면, 오히려 책이 싫어지게 되는 법입니다.

市民運動には、できるだけ政治の介入を避けたいものだ。
시민운동에는, 가능한 한 정치의 개입을 피하고 싶다.

一年の間、本当にいろいろな事件があったものですね。
1년동안, 정말로 여러 사건이 있었네요.

人が真面目な話をしている時に、ニヤニヤ笑ったりするものではありません。
남이 진지한 이야기를 하고 있을 때, 히죽히죽 웃거나 하는 게 아닙니다.

142 ~(もの)と思われる/~(もの)とは思えない

~라고 여겨지다 / ~라고는 여겨지지 않는다

~(もの)と思われる는 '~라고 여겨지다, ~로 보인다'라는 뜻으로, ~(もの)と思える와 바꿔 쓸 수 있다. ~(もの)とは思えない는 '~라고는 여겨지지 않는다, ~로 보이지는 않는다'라는 뜻이다. 이것은 동사 思える・思われる(여겨지다, 생각되다)가 앞의 ものと(は)와 연결되어 문법화된 것이다. 대표적인 예로 事故の原因が明らかになるものと思われる(사고 원인이 명백해지리라 여겨진다), あれは本音だったのだと思えてきた(그건 본심이었다고 여겨졌다), そのまま伝えたものとは思えなかった(그대로 전했다고는 여겨지지 않았다) 등이 있다.

기출 地質構造が明らかになるものと思われる 지질 구조가 명백해지리라 여겨진다 2016-2회

とても100年前に建てられたものとは思えない
도저히 100년 전에 지어졌다고는 여겨지지 않는다 2022-2회

この実験は加藤さんの理論を参考にしたものと思われる。
이 실험은 가토 씨의 이론을 참고한 것으로 보인다.

この仕事はそれほど誇りの持てるものとは思えないよ。
이 일은 그리 긍지를 가질 수 있다고는 여겨지지 않아.

143 ~よう/~ようによっては ~하는 방법 / ~하기에 따라서는

~よう/~ようによっては는 '~하는 방법/~하기에 따라서는'이라는 뜻으로, 동사 ます형에 접속한다. 대표적인 예로는 探しようが悪い(찾는 방법이 나쁘다), 勉強のしようが下手だ(공부하는 방법이 서툴다), やりようによっては(하기에 따라서는) 등이 있다.

기출 毒も使いようによっては薬になる 독도 사용하기에 따라서는 약이 된다 2012-1회

考えようによっては、外国語を話すよりも難しい
생각하기에 따라서는 외국어를 말하는 것보다 어렵다 2012-1회

本のタイトルさえ分かれば、探しようもあるのだが。
책 제목만 알면 찾을 방법도 있는데.

考えようによっては、彼らの人生も幸せだったと言えるかもしれない。
생각하기에 따라서는, 그들의 인생도 행복했었다고 말할 수 있을지도 모른다.

144

～ように/～ようで/～ようでは

①～같이, ～처럼 ②～하도록 ③～하기를(문말) / ～할 것 같아서 / ～해서는

～よう(に)는 N4문법에서 '①～같이, ～처럼'이라는 뜻으로, 비유나 예시를 나타낸다고 배웠다. N1문법에서는 그밖에 '②～하도록'이라는 뜻으로, '～라는 목적이 실현되기를 기대하여'라는 소원·바람·목적도 나타낸다. 또한 문말에 쓰이면 '③～하기를'의 뜻으로 바람을 나타내기도 한다. 예를 들어 ボールは矢(や)のように(공은 화살처럼), 好(す)きなようにしなさい(원하는 대로 해라), よく聞(き)こえるように(잘 들리도록), どうぞ幸(しあわ)せになるように。(아무쪼록 행복하기를.)와 같이 쓴다. ～ようでは '～할 것 같아서, ～할 것 같은데'라는 뜻으로, 뒤에는 예상과 다른 결과가 나옴을 나타낸다. 예를 들어 彼(かれ)は冷静(れいせい)なようで、実(じつ)はそうでもない(그는 침착할 것 같은데, 사실 그렇지도 않다)와 같이 쓴다. ～ようでは는 '～해서는'이라는 뜻으로, 그렇게 해서는 어떤 일이 성사될 수 없다는 의미를 나타낸다. 예를 들어 いきなりテーマを変(か)えようではいい論文(ろんぶん)は書(か)けない(갑자기 주제를 바꿔서는 좋은 논문은 쓸 수 없다)와 같이 쓴다.

기출 迷(まよ)ってしまったということのないように 헤맸다는 일이 없도록 2011-1회

1日(にち)も早(はや)く回復(かいふく)されますように。하루라도 빨리 회복하시기를. 2016-1회

スマホを見るときはテレビを消(け)すように 스마트폰을 볼 때는 TV를 끄도록 2018-1회

患者(かんじゃ)を待(ま)たせることなく診察(しんさつ)できるように
환자를 기다리게 하지 않고 진찰할 수 있도록 2019-1회

今日(きょう)こそ何(なに)も起(お)きませんように。오늘만은 아무 일도 일어나지 않기를. 2020

しなくていいようでいて、やはり必要(ひつよう)なプロセスなのだ
하지 않아도 될 것 같지만, 역시 필요한 과정인 것이다 2021-2회

「好(す)きなように生(い)きる」ということを実践(じっせん)できている人(ひと)は多(おお)くないと思(おも)います。
'원하는 대로 산다'는 것을 실천할 수 있는 사람은 많지 않다고 생각합니다.

交通事故(こうつうじこ)を起(お)こさないように気(き)をつけてね。
교통사고를 내지 않도록 조심해라.

祖父母(そふぼ)がいつまでも元気(げんき)に長生(ながい)きしますように。
할아버지 할머니가 언제까지나 건강하게 오래 사시기를.

今回(こんかい)は、知(し)っているようで知らない出産内祝(しゅっさんうちいわ)いのマナーについて紹介(しょうかい)します。
이번에는 알다가도 모를 출산 축하 매너에 대해 소개하겠습니다.

何度説明(なんどせつめい)してもわからないようでは、やっぱり伊藤(いとう)さんはこの仕事(しごと)に向(む)いていないと思(おも)う。
몇 번을 설명해도 이해를 못해서는, 역시 이토 씨는 이 일에 맞지 않는 것 같다.

145 ～わけだ/～わけではない ～한 셈이다 / ～하는 것은 아니다

～わけだ는 '~한 셈이다'라는 뜻으로, 당연·필연, 납득 따위를 서술하는 용법이다. ～わけではない는 '~하는 것은 아니다'라는 뜻으로, 어떤 사실로부터 필연적으로 도출되는 사실을 부정하는 표현이다. 응용표현인 ～ないわけではない(~하지 않는 것은 아니다)는 부분적으로 어떤 사실을 긍정하는 표현이고, ～わけでもない(~하는 것도 아니다)는 강조표현이다. 대표적인 예로 まだ1年も経っていないわけだ(아직 1년도 지나지 않은 셈이다), 嫌いだというわけではない(싫어한다는 것은 아니다), 必ずしも外で遊ばないわけではない(꼭 밖에서 놀지 않는 것은 아니다) 등이 있다.

기출 入らなきゃいけないってわけじゃないし 들어가야만 한다는 것은 아니고 2019-1회
否定しているわけではない 부정하고 있는 것은 아니다 2019-2회
今日じゅうに片付けなくても、何も死ぬわけではない
오늘중으로 치우지 않아도, 뭐(딱히) 죽는 것은 아니다 2021-2회

A「加藤さんは中学時代に陸上部にいたんだって。」
가토 씨는 중학생 때 육상부에 있었대.

B「どうりで足が速いわけだ。」
그래서 발이 빠르구나.

いろいろ注文をつけてはいますが、必ずしも石原さんの考えに反対しているわけではない。
여러 가지 조건을 붙이고는 있지만, 꼭 이시하라 씨의 생각에 반대하고 있는 것은 아니다.

146 ～わりに(は) ～에 비해서(는)

～わりに(は)는 '~에 비해서(는)'이라는 뜻으로, '~의 입장에서 보아 당연하게 여겨지는 정도의 수준에 아직 도달하지 않았다'라는 의미이다. 대표적인 예로 若者の言葉づかいに厳しいわりには(젊은이의 말투에 엄격한 것에 비해서는), 年をとっているわりには元気だ(나이 든 것에 비해서는 건강하다) 등이 있다.

山田さんはロンドンに半年間しか行っていなかったわりには英語がとても上手です。
야마다 씨는 런던에 반년 밖에 가지 않은 것에 비해서는 영어가 매우 능숙합니다.

147 ～を受けて ～을 받아

동사 受ける는 다의어로 '받다, 입다, 시인하다, 당하다, 치르다, 향하다' 등 여러 가지 뜻이 있다. 이 중에서 '받다'가 문법화되어 ～を受け(て)의 형태로 행위나 상태의 변화를 나타내는 명사에 붙어 '~을 받아'라는 표현이 되었다. 대표적인 예로 海外景気の回復を受けて(해외 경기의 회복을 받아), 需要動向を受けて(수요동향을 받아) 등이 있다.

기출 燃料価格の高騰を受けて 연료가격의 폭등을 받아 2011-2회
景気の回復傾向を受けて 경기의 회복 경향을 받아 2014-2회

高橋さんは兄たちの影響を受けてサッカー部に入ったそうです。
다카하시 씨는 형들의 영향을 받아 축구부에 들어갔다고 합니다.

148 ～を契機に・～を機に ～을 계기로

～を契機に・～を機に는 '~을 계기로'라는 뜻으로, 入学(입학)・就職(취직) 등 사건이나 동작을 나타내는 명사에 붙어 '뭔가의 사건이 계기나 전환점이 되어'라는 뜻을 나타낸다. 비슷한 표현에 ～を契機として・～をきっかけに가 있다. 또한 契機(계기) 단독으로 사용되기도 한다. 대표적인 예로 会社名が変わるのを契機に(회사명이 바뀌는 것을 계기로), 転職を機に(이직을 계기로) 등이 있다.

기출 開業90周年を迎えるのを機に 개업 90주년을 맞이하는 것을 계기로 2010-2회
来月初めに引っ越しするのを機に 다음 달 초에 이사가는 것을 계기로 2018-1회
創立50周年を機に始めたコンテスト 창립 50주년을 계기로 시작한 콘테스트 2022-1회
引っ越しを機に買い替えた 이사를 계기로 교체했다 2023-2회

内田さんは病気を契機にお酒とタバコをやめた。
우치다 씨는 병을 계기로 술과 담배를 끊었다.

小林さんは定年退職を機に絵を習い始めたそうだ。
고바야시 씨는 정년퇴직을 계기로 그림을 배우기 시작했다고 한다.

これを契機として日本文化についてもっと勉強したいと思います。
이것을 계기로 일본문화에 관해 더 공부하고 싶습니다.

149 ～を～とする/～を～に ①～을 ~로 하다 ②～을 ~라고 하다 / ~을 ~으로

～を ～とする는 '①~을 ~로 하다'라는 뜻과, 조사 と의 의미를 살린 '②~을 ~라고 하다'의 뜻이 있다. 대표적인 예로 山田氏(やまだし)を会長(かいちょう)とする(야마다 씨를 회장으로 하다), 金庫(きんこ)などを盗(ぬす)んだとして(금고 등을 훔쳤다고 해서) 등이 있다. 이밖에 ～を～として(~을 ~로 해서), ～を～とした(~을 ~로 한) 등의 표현도 있다. 無責任(むせきにん)な彼(かれ)をリーダーとして(무책임한 그를 리더로 해서), 人類(じんるい)の平和(へいわ)を主題(しゅだい)とした(인류의 평화를 주제로 한)와 같이 쓴다. ～を～に는 '~을 ~으로'라는 뜻으로 経済成長(けいざいせいちょう)を背景(はいけい)に(경제성장을 배경으로)와 같이 쓴다.

기출 残(のこ)りはあしたやるとするか 나머지는 내일 하기로 할까 2013-1회

クレーン車(しゃ)が電線(でんせん)に接触(せっしょく)したのが原因(げんいん)としている
기중기차가 전선에 접촉한 것이 원인이라고 하고 있다 2017-2회

豊(ゆた)かな社会(しゃかい)の実現(じつげん)に寄与(きよ)することを目的(もくてき)に
풍요로운 사회실현에 기여하는 것을 목적으로 2017-2회

介護(かいご)を必要(ひつよう)とする高齢者(こうれいしゃ)が 간호를 필요로 하는 고령자가 2020

このサークルは、ボランティアを目的(もくてき)とする団体(だんたい)です。
이 동아리는 봉사를 목적으로 하는 단체입니다.

環境保護(かんきょうほご)を目的(もくてき)とした団体(だんたい)に所属(しょぞく)しています。
환경보호를 목적으로 한 단체에 소속되어 있습니다.

娘(むすめ)は来年大学(らいねんだいがく)に入(はい)ることを目標(もくひょう)に猛勉強(もうべんきょう)している。
딸은 내년에 대학에 들어가는 것을 목표로 열심히 공부하고 있다.

150 ～を控(ひか)えて ~을 앞두고

控(ひか)える에는 '못 떠나게 하다, 삼가다, 가까이 두다' 등의 의미가 있는데, 이 기능어는 '가까이 두다, 앞두다'의 의미가 ～を(언제に)控(ひか)えて의 형태가 되어 '~을 (언제로) 앞두고'라는 문법 표현이 되었다. 대표적인 예로 試験(しけん)を明日(あす)に控(ひか)えて(시험을 내일로 앞두고), お正月(しょうがつ)を目前(もくぜん)に控えて(정월을 목전에 두고) 등이 있다.

기출 半年後(はんとしご)に大学受験(だいがくじゅけん)を控(ひか)えて 반년 후로 대학수험을 앞두고 2019-2회

風邪(かぜ)を引(ひ)かないようにね。大事(だいじ)なコンサートを控(ひか)えているんだから。
감기에 걸리지 않도록 해. 중요한 콘서트를 앞두고 있으니까.

11 문법 확인문제 2순위 126 ~ 150 / 20

問題 5 次の文の（　　）に入れるのに最もよいものを、1・2・3・4から一つ選びなさい。

1 すっかり準備が終わって、旅行に（　　）。132

1 出かけないばかりになっている　　2 出かけないほどになっている
3 出かけるばかりになっている　　4 出かけるほどになっている

2 わざわざ来ていただくほどの（　　）ありません。135

1 ようでは　2 そうでは　3 わけでは　4 ことでは

3 雨にぬれた服を（　　）、そのまま出かけて行った。139

1 脱ぎもせず　2 脱がなかったとて　3 脱がなければ　4 脱がざるとも

4 （　　）が悪いから見つからないのです。143

1 探そう　2 探しよう　3 探しそう　4 探すよう

5 親が子供を厳しく叱るのは、自分の子供を愛している（　　）。127

1 からにほかならない　　2 にかかわりたくない
3 からにすぎない　　4 にこしたことはない

6 A「ねえ、おみやげ、チョコレートにしようか。」
B「チョコレートなんか食べてしまえば（　　）。何か記念に残るものがいいよ。」137

1 それからだ　2 それのみだ　3 それまでだ　4 それほどだ

7 就職先を決める時は、仕事の内容（　　）、条件や待遇も無視できないと思う。138

1 にしたがって　　2 にいたっては
3 としたところで　　4 もさることながら

8 新型コロナウイルスがファッション業界に与えた影響は少なからぬ（　　）。140

1 ほどである　2 ものがある　3 はずである　4 ことがある

9 厳しい冬を（　　）雪を割るようにして咲く春の花は美しい。129

1 耐えかねたほど　2 耐えかねた末に　3 耐えぬいたほど　4 耐えぬいた末に

답 1③ 2④ 3① 4② 5① 6③ 7④ 8② 9④

10 A「今夜は今年初めて雪が降るらしいよ。」

B「あ、そっか。どうりで寒い（　　　）。」133

1　に違いない　　2　はずだ　　3　に決まっている　　4　こともある

問題6　次の文の ＿★＿ に入る最もよいものを、１・２・３・４から一つ選びなさい。

11 人々の暮らしは森林の存在と深く関わっています。＿＿＿ ＿＿＿ ＿★＿ ＿＿＿ 水資源の涵養（かんよう）や山地災害の防止、生活環境の保全など広い範囲に及びます。130

1　として　　2　単に　　3　のみではなく　　4　木材の供給源

12 本法の施行後の状況を見ると、経済的規制が緩和された中で、新規参入申請は急激に増加していない。これは近年の地価の高騰も ＿＿＿ ＿＿＿ ＿★＿ ＿＿＿ 考えられる。138

1　さることながら　　2　大きいと

3　よるところが　　4　労働力不足等の要因に

13 実景画（じっけいが）というジャンルがまだ確立せず、実景を写すことも一般的でなかった当時にあってドナウ派が風景画史上に ＿＿＿ ＿＿＿ ＿★＿ ＿＿＿ 。140

1　ものがある　　2　役割は　　3　果たした　　4　少なからぬ

14 先月、さくら市で財務省（ざいむしょう）の職員を装（よそお）い、79歳の ＿＿＿ ＿＿＿ ＿★＿ ＿＿＿ 無職の男が逮捕されました。149

1　女性から　　2　キャッシュカード２枚を

3　して　　4　盗んだと

15 （電話の相談で）

A「先日父親に会うと腕に軽いアザを見つけました。ひょっとしたら父が兄から暴力を受けているのではないかと心配です。どうすればよいのでしょうか。」

B「事実関係が ＿＿＿ ＿＿＿ ＿★＿ ＿＿＿ お住いの市町村の高齢者担当課や地域包括支援センターに相談してみてはいかがでしょうか。」126

1　あるには　　2　ありますが　　3　不明な点も　　4　まずは

답 10 ②　11 ①(2413)　12 ③(1432)　13 ④(3241)　14 ④(1243)　15 ②(3124)

問題７　次の文章を読んで、文章全体の趣旨を踏まえて、[16] から [20] の中に入る最もよいものを、１・２・３・４から一つ選びなさい。

「いやー、こちらでは、そのような日本的なのは通じないんですよ。」海外の少し高級な日本レストランなどに行くと、よく耳に飛び込んでくる言葉である。ご当地の駐在員が、本社、[16] 日本からのお客さんに、話しているのである。「そうでしょうねー」と頷く日本からの出張者、旅行者。現地の人と直接話す機会のほとんどない彼らは、そこでの話を貴重な見聞録として日本へ持ち帰っていく。

年間に海外へ出る人が延べ１千万人を超える時代を迎えたと言っても、そのほとんどは旅行者。ごく一握りの永住者を除くと、毎年数万人単位で出かけていく駐在員こそは、それぞれの国の情報通と目される訳である。行き先によって、勿論業職種によって様々であるが、その平均滞在年数は３、４年、かつてのようにエリートの一群と見做される時代は終わり、海外駐在の在り方も多様化してきた。しかし大多数の日本人にとっては、今でも [17] 、自分たちに出来ない経験を持つことの出来る、異文化最前線のグループに見えたとしても、不思議ではない。

しかし、ここに問題がある。以下、それを冒頭の言葉を手掛かりに探ってみたい。まず、「こちらでは」である。例えばロンドン駐在の人なら、その言葉の意味するところは英国社会・文化になるのだろうが、大きな危険がある。駐在員の現地での交際範囲は [18] 狭いのである。あるいは、限られた層に偏っていることが多い。更に、新聞や雑誌を日本語でのように斜め読みに出来る人はごく僅かであり、情報量も自ずと限られてくる。[19] 、巷にあふれる日本人論や、「だれも書かなかった○○国」のような本にあったエピソードを、自らが追体験して、「やはりイギリスでは—」とか、「ヨーロッパでは—」と、そのイメージを固めていくことになるのである。更に、多くの場合、それが欧米社会と日本文化などという図式に、極めて安易に一般化されてもいく。

次は「日本」である。そもそも、日本的、とは一体何か。領域や学問分野によって、色々議論されるべきものであろう。それを、男女の違い、地方差、年齢、業職種、学歴、企業の規模、収入等の相違をひとまとめにした、いわば一国一枚岩的観点でのみ語ることは、文化の中の多様性、サブカルチャーに、あまりにもイノセントと言っても [20] 。

16

1 あるいは　2 まるで　3 すると　4 そのうえ

17

1 彼らに限らず　2 彼らこそが　3 彼らばかりか　4 彼らをのぞいては

18

1 驚くほど　2 驚くのみ　3 驚くもの　4 驚くこと

19

1 要するに　2 断然　3 結局は　4 案の定

20

1 無理である　2 無理もあるまい　3 差し支える　4 差し支えあるまい

핵심문법 다시보기

～わけだ N1 145 ~인 것이다	それぞれの国(くに)の情報通(じょうほうつう)と目(もく)される訳(わけ)である 각 나라의 정보통으로 간주되는 것이다(08行)
～あるまい N1 136 ~없을 것이다	イノセントと言(い)っても差(さ)し支(つか)えあるまい 순수하다고 해도 지장 없을 것이다(26行)
～として N1 106 ~로서	貴重(きちょう)な見聞録(けんぶんろく)として 귀중한 견문록으로서(05行)
～によって N1 128 ~에 따라서	行(ゆ)き先(さき)によって 행선지에 따라(08行) / 業職種(ぎょうしょくしゅ)によって 업종·직종에 따라(08行) / 学問分野(がくもんぶんや)によって 학문분야에 따라(23行)
～にとっては N1 123 ~에게 있어서는, ~에게는	大多数(だいたすう)の日本人(にほんじん)にとっては 대다수의 일본인에게는(11行)
～としても N1 106 ~라고 해도	異文化最前線(いぶんかさいぜんせん)のグループに見(み)えたとしても 이문화 최전선의 그룹으로 보였다고 해도(12行)

답 16 ① 17 ② 18 ① 19 ③ 20 ④

12 문법 확인문제 2순위 126 ~ 150 / 20

問題5 次の文の（　　）に入れるのに最も よいものを、1・2・3・4から一つ選びなさい。

1 A「上野(うえの)さん、この前の大学の受験受かった？」
B「（　　）受かったが、その大学には行かないことにしたよ。」126
1 受かるためには　2 受かるからには　3 受かるとは　4 受かるには

2 冷蔵庫には食べ物はなく、お金もない。こんなことじゃ早期退職なんて（　　）。定年まで会社にしがみついて、もっと働いておけばよかった。131
1 するんだった　2 するんじゃなかった
3 したんだった　4 したんじゃなかった

3 よく考えれば、働く時間を短くするのが働き方改革だ。だが、仕事の量を減らすのはとても難しく、また、現場レベルで決められることではない。そこで効率化が求められるのだが、結局のところ自分で細かな工夫を重ねていく（　　）。136
1 どころではなかろう　2 しかあるまい
3 などあるものか　4 ことすらない

4 初めて自分でピザを作ってみた。ちょっと面倒なことはあるが、意外と簡単に（　　）と思った。141
1 作るまでだ　2 作るに限る
3 作れるものだ　4 作っただけのことはある

5 九分どおり勝てるだろうが、やや体調が悪いので、心配が（　　）。145
1 ないはずがない　2 ないわけではない
3 なくてはならない　4 あるわけがない

답 1④ 2② 3② 4③ 5②

6 豆腐(とうふ)を作る際、豆乳を絞ったあとに出るカス。豆腐屋さんにとっては産業廃棄物となって邪魔者扱いされるが、（　　　）栄養分豊かな肥料や飼料に生まれ変わる。143

1　使うとなると　　2　使おうものなら
3　使わんばかりに　　4　使いようによっては

7 仲のよい友達を駅で見かけた。声をかけられなかったのでメールで『駅で見かけたよ』ってメールしたら『気づいたなら声をかけて（　　　）』ってメールが来た。134

1　くれたと思ったんだね　　2　もらったと思ったのに
3　くれればよかったのに　　4　もらえばよかったんだね

8 雇用の改善（　　　）賃金が上昇した一方で、税金と社会保険料の負担も増えた人もいて、手取りの収入が増加したと実感しづらいことも背景にあると見られます。147

1　に限って　　2　を受けて　　3　にわたって　　4　を含めて

9 12月20日にさくら駅が開業100周年を迎えるの（　　　）さくら駅の多彩な魅力にふれていただくため、期間限定の旅行商品として、さくら駅開業100周年記念「さくら駅に行こう！」を発売いたします。148

1　を限りに　　2　を皮切りに　　3　をよそに　　4　を機に

10 多くの場合、ビッグデータとは単に量が多い（　　　）、様々な種類・形式が含まれる非構造化データ・非定型的データであり、さらに日々膨大に生成・記録される時系列性・リアルタイム性のあるようなものを指すことが多い。130

1　のみならず　　2　どころではなく　　3　までもなく　　4　ともなしに

답 6④ 7③ 8② 9④ 10①

問題6　次の文の ＿★＿ に入る最もよいものを、1・2・3・4から一つ選びなさい。

11 若い人たちが外来語を好むのは ＿＿ ＿＿ ＿★＿ ＿＿ と思います。127

1　からに　　2　理由がある　　3　それなりの　　4　ほかならない

12 当院の糖尿病(とうにょうびょう)専門外来は予約制となっております。できるだけ患者様を ＿＿ ＿＿ ＿★＿ ＿＿ 、診察予約時間に応じて、診察予約の約50分～60分前に来院していただき採血を行っています。144

1　診察ができるように　　2　予約時間通りに

3　ことなく　　4　待たせる

13 軽い気持ちで手を出し、2年間クレジットで苦しんできました。自業自得(じごうじとく)と ＿＿ ＿＿ ＿★＿ ＿＿ 、実際、金銭感覚のない若い人で世の中はいっぱいです。137

1　しまえば　　2　ですが　　3　言って　　4　それまで

14 A「住まい探しを始めたきっかけを教えてください。」

B「年末に ＿＿ ＿＿ ＿★＿ ＿＿ 、探し始めました。」150

1　その前に　　2　出産を　　3　控えて　　4　と思い

15 （インタビューで）

チームの立ち上げから関わり ＿＿ ＿＿ ＿★＿ ＿＿ までの道のりはとても貴重な経験になりました。チームに初優勝を届けることができた自分を誇りに思います。129

1　苦しみに　　2　成功を手にする　　3　末に　　4　耐え抜いた

답 11 ①(3214)　12 ②(4321)　13 ④(3142)　14 ①(2314)　15 ③(1432)

問題７　次の文章を読んで、文章全体の趣旨を踏まえて、[16] から [20] の中に入る最もよいものを、１・２・３・４から一つ選びなさい。

[16-a] 、過失とはとうてい思えないような悲惨な交通事故のニュースが相次いでいる。[16-b] 交通事故や被害者の人権について、これから免許を取る若い人に [17] 、『交通死』という本の読書リポートを課した。

大学生だった著者のお嬢さんは、自転車で交差点を横断中、赤信号を無視して突入してきた自動車にはねられて亡くなった。加害者の女性は執行猶予付きの判決で刑務所に入ることもなく、また、損害賠償の交渉も支払いも保険会社が代行した。

加害者の信号無視で被害者は命を奪われたのに、加害者は(少なくとも形の上では)以前と変わらぬ生活を送ることができるのだ。加害者に手厚い現行の諸制度は、人の命よりも車(イコール企業)を重んじる [18] 著者の主張には説得力があると私は思った。

ところが、少なからぬ学生の反応は予想をしないものだった。「加害者がかわいそうだ」というのである。被害者の立場からの主張のみが述べられているのは「客観性に欠ける」という。私は [19] 。著者の文章は、娘を失った父親の沈痛な思いがせつせつと伝わってくるものの、決して激情にかられて書かれたものではない。むしろよくここまで冷静に [20] と感心するくらいなのだ。

もちろん、加害者には加害者の人生がある。しかし学生たちは、その人生に豊かな社会的想像力を働かせるわけでもなく、単に、被害者側の見解だけでは、一方的だと主張する。杓子定規に客観的・中立的立場を求めなければいけないと思い込んでいるようなのだ。まるで立場の異なる二者の間で意見の対立が見られた場合には、足して二で割ればちょうどよいとでも言わんばかりに。

(小笠原祐子『論壇』による)

16

1 a そのところ / b ここで
2 a このところ / b そこで
3 a そのところ / b そこで
4 a このところ / b ここで

17

1 考えてあげたくて
2 考えてやりたくて
3 考えてもらいたくて
4 考えてくれたくて

18

1 社会だとの
2 社会としての
3 社会における
4 社会だけに

19

1 腹を抱えてしまう
2 腹を抱えてしまった
3 頭を抱えてしまう
4 頭を抱えてしまった

20

1 書けるべきではない
2 書けるべきだ
3 書けるものではない
4 書けるものだ

핵심문법 다시보기

~わけでもない N1 145 ~는 것도 아니다	社会的想像力を働かせるわけでもなく 사회적 상상력을 작용시키는 것도 아니고(18行)
~について N3 ~에 대하여	被害者の人権について 피해자의 인권에 대하여(02行)
~との N1 107 ~라는	車を重んじる社会だとの著者の主張 자동차를 중시하는 사회라는 저자의 주장(10行)
~ものの N1 043 ~하기는 하나	せつせつと伝わってくるものの 절절히 전해져 오기는 하나(15行)
~くらい N1 074 ~정도	感心するくらいなのだ 감탄할 정도인 것이다(16行)
~んばかりに ~할 듯이	足して二で割ればちょうどよいとでも言わんばかりに 중간을 취하면 가장 적절하다고 하는 듯이(21行)

답 16 ② 17 ③ 18 ① 19 ④ 20 ④

3 N1 경어

경어는 크게 〈존경어〉〈겸양어〉〈정중어〉로 나누어진다. 이 책에서도 이 3분류로 나누어 정리해 두었다.

❶ 존경어

듣는 사람이나 대화 속에 등장하는 사람을 높이는 말이다.

존경표현

～ていらっしゃる ～하고 계시다	・先生は歴史を研究していらっしゃいます。 선생님은 역사를 연구하고 계십니다.
～でいらっしゃる '～이다, ～하다'의 높임말 ▶주로 사람에게 사용되지만, 간혹 (お)きれいでいらっしゃる(예쁘시다), お好きでいらっしゃる(좋아하시다) 등에도 사용	・山田さんは世界的に有名な建築家でいらっしゃいます。 야마다 씨는 세계적으로 유명한 건축가이십니다. ・スポーツは何がお好きでいらっしゃいますか。 스포츠는 무엇을 좋아하십니까?
～くていらっしゃる '～하다'의 높임말 ▶い형용사에 접속	・先生は(お)忙しくていらっしゃいます。 선생님은 바쁘십니다.
～ておいでになる ～하고 계시다 ▶～ていらっしゃる(～하고 계시다)와 쓰임이 거의 같음	・先生は細菌を研究しておいでになります。 선생님은 세균을 연구하고 계십니다.
お(ご)～だ／です ～하시다 / ～하십니다	・中野区の山田さま、お連れの方がお待ちです。 나카노구에서 오신 야마다님, 동행하신 분이 기다리십니다. ・先生は最近どんな問題をご研究ですか。 선생님은 요즘 어떤 문제를 연구하십니까?
お(ご)～になる ～하시다	・お招きになる 초청하시다 ・ご研究になる 연구하시다
お(ご)～になれる ～하실 수 있다	・あの喫茶店ならゆっくりお話しになれますよ。 저 커피숍이라면 느긋이 이야기 하실 수 있어요.

~てくださる／~てくださいませんか ~해 주시다 / ~해 주시지 않겠습니까?	・わざわざ空港まで迎えに来てくださった。 일부러 공항까지 마중나와 주셨다. ・ちょっと手伝ってくださいませんか。 좀 도와 주시지 않겠습니까?
~(さ)せてくださる／~(さ)せてください ~하게 해 주시다 / ~하게 해 주세요	・先生は私にこの本を使わせてくださった。 선생님은 저에게 이 책을 사용하게 해 주셨다. ・明日休ませてください。 내일 쉬게 해 주세요.
お(ご)~くださる／お(ご)~ください ~해 주시다 / ~해 주십시오	・私の願いをお聞きくだされれば誠にありがたいんですが。 제 소원을 들어 주시면 정말로 감사드립니다만. ・お待ちください。 기다려 주십시오. ・ご指導ください。 지도하여 주십시오.
お(ご)~なさる ~하시다	・お招きなさる 초청하시다 ・ご研究なさる 연구하시다
~(ら)れる ~하시다 ▶동사의 수동형 중 존경의 의미로 쓰임	・山田教授は明日成田を発ってロンドンに行かれる。 야마다 교수님은 내일 나리타를 출발하여 런던으로 가신다.

존경동사

あがる '먹다, 마시다, 피우다'의 높임말	・ご飯をあがる 밥을 드시다 ・お酒をあがる 술을 드시다
いらっしゃる '가다, 오다, 있다'의 높임말	・明日はどこかへいらっしゃいますか。 내일은 어딘가 가십니까? ・どちらからいらっしゃったのですか。 어디에서 오셨습니까? ・先生は今日はずっと研究室にいらっしゃいます。 선생님은 오늘 쭉 연구실에 계십니다.

おいでになる '가다, 오다, 있다'의 높임말. ▶いらっしゃる와 쓰임이 거의 같음	・明日(あした)はどこかへおいでになりますか。 내일은 어딘가 가십니까? ・どちらからおいでになったのですか。 어디에서 오셨습니까? ・先生(せんせい)は今日(きょう)はずっと研究室(けんきゅうしつ)においでになります。 선생님은 오늘 쭉 연구실에 계십니다.
おいでくださる 와 주시다	・お忙(いそが)しいところ(を)おいでくださってありがとうございました。 바쁘신 와중에 와 주셔서 감사했습니다.
お越(こ)しになる／お越(こ)しください／お越(こ)し 가시다, 오시다 / 가세요, 오세요 / 가심, 오심	・いつお越(こ)しになりますか。 언제 가십니까? ・山田様(やまださま)、正面玄関(しょうめんげんかん)までお越(こ)しください。 야마다님, 정면 현관으로 오세요. ・東京(とうきょう)へお越(こ)しの節(せつ)はどうぞ拙宅(せったく)にお寄(よ)りください。 도쿄에 오실 때에는 부디 저희 집에 들러 주세요.
おっしゃる 말씀하시다	・先生(せんせい)のおっしゃる通(どお)りだと思(おも)います。 선생님이 말씀하시는 대로라고 생각합니다.
貴(き)～ 귀～	貴社(きしゃ)(귀사), 貴校(きこう)(귀교), 貴職(きしょく)(귀직), 貴兄(きけい)(귀형), 貴銀行(きぎんこう)(귀은행)
くださる／くださいませんか 주시다 / 주시지 않겠습니까?	・先生(せんせい)は私にこの本(ほん)をくださった。 선생님은 저한테 이 책을 주셨다. ・あれをくださいませんか。 저것을 주시지 않겠습니까?
ご存(ぞん)じだ 알고 계시다	・来週(らいしゅう)パーティーがあることをご存(ぞん)じですか。 다음 주 파티가 있는 것을 알고 계십니까?
ご覧(らん)になる 보시다	・あの映画(えいが)、もうご覧(らん)になりましたか。 그 영화, 벌써 보셨습니까?

ご覧(らん)くださる／ご覧(らん)ください 봐 주시다 / 봐 주십시오	・先生(せんせい)は私のレポートを丁寧(ていねい)にご覧(らん)くださった。 선생님은 내 리포트를 꼼꼼히 봐 주셨다. ・絵(え)をどうぞゆっくりご覧(らん)ください。 그림을 부디 천천히 봐 주십시오.
なさる 하시다	・先生(せんせい)は授業以外(じゅぎょういがい)にもいろいろな仕事(しごと)をなさっている。 선생님은 수업 이외에도 여러 가지 일을 하시고 있다. ・いらっしゃいませ。何(なに)になさいますか。 어서 오십시오. 무엇으로 하시겠습니까?
見(み)える 오시다	・田中先生(たなかせんせい)が見(み)えました。 다나카 선생님이 오셨습니다. ・すぐ見(み)えるそうです。 곧 오신답니다.
召(め)し上(あ)がる (밥을) 드시다, (술을) 마시다	・パンはご自由(じゆう)にお召(め)し上(あ)がりください。 빵은 자유롭게 드세요. ・どうぞお好(す)きなだけ召(め)し上(あ)がってください。 부디 원하는 만큼 마시세요.
召(め)す 입으시다, 드시다, 마시다, (감기에) 걸리시다, (마음에) 드시다 등	・お風邪(かぜ)を召(め)す 감기에 걸리시다 ・お年(とし)を召(め)す 나이를 드시다 ・お気(き)に召(め)す 마음에 드시다, 만족하시다 ・おきれいなお着物(きもの)をお召(め)しになっている。 예쁜 기모노를 입고 계시다.

❷ 겸양어

말하는 사람 자신의 동작이나 상태를 낮추어 간접적으로 상대방이나 다른 사람을 높이는 말이다.

겸양표현

〜いたす '〜하다'의 겸사말	・これで失礼(しつれい)いたします。 이만 실례하겠습니다.
お(ご)〜いたす 〜해 드리다	・お手伝(てつだ)いいたしましょうか。 도와 드릴까요? ・課長(かちょう)がご説明(せつめい)いたす予定(よてい)です。 과장님이 설명해 드릴 예정입니다.

~ていただく

~해 받다, (~가) ~해 주다

- ちょっと手伝っていただけませんか。
  좀 도와 주실 수 없겠습니까?
- また来ていただけるとうれしいです。
  또 와 주시면 좋겠습니다.

~(さ)せていただく

(허락을 받아) ~하다

- 先生の辞書を利用させていただいた。
  선생님의 사전을 (허락을 받아) 이용했다.
- 明日休ませていただけないでしょうか。
  내일 쉴 수 없을까요?

お(ご)~いただく／
おいでいただく／
ご覧いただく

~해 주시다 /
와 주시다 /
봐 주시다

- お誉めいただいて恐縮の至りです。
  칭찬해주셔서 황송할 따름입니다.
- さっそくご手配いただきたくお願い申し上げます。
  즉시 수배해 주시기를 부탁드리겠습니다.
- 本日は講師として作家の山田太郎先生においでいただきました。
  오늘은 강사로서 작가이신 야마다 타로 선생님이 와 주셨습니다.
- 新商品の資料をご覧いただきありがとうございます。
  신상품의 자료를 봐 주셔서 감사드립니다.

お(ご)~願う／
おいで願う／
ご覧願う

~을 부탁드리다, ~해 주시기를 바라다 /
와 주시기를 바라다 /
봐 주시기를 바라다

- 人事課の村田までお知らせ願います。
  인사과의 무라타에게 알려 주시기 바랍니다.
- 他のホテルにご変更ねがいたいのですが。
  다른 호텔로 변경을 부탁드리고 싶습니다만.
- 今のお気持ちをお聞かせ願えますか。
  지금의 심정을 들려 주실 수 있겠습니까?
- 直接お話がしたいので事務所までおいで願えますか。
  직접 말씀을 드리고 싶으니 사무실로 와 주실 수 있겠습니까?
- 本館のご予約前にぜひご覧願います。
  본관 예약 전에 꼭 봐 주시기를 바랍니다.

お(ご)~する

~해 드리다

- お招きする 초청해 드리다
- ご案内する 안내해 드리다

お(ご)~できる

~해 드릴 수 있다

- 明日お届けできます。
  내일 배달해 드릴 수 있습니다.
- 私が先生をご案内できますよ。
  제가 선생님을 안내해 드릴 수 있어요.

~ておる／

~ておらず

~하고있다(~ている의 겸사말) /
~하고 있지 않아서

- 今日は特別お安くなっております。
  오늘은 특별히 싸게 판매되고 있습니다.
- あれでは何の説明にもなっておらず
  저래가지고는 아무런 설명도 되지 않아서

~てさしあげる／

~てあげる

~해 드리다 /
~해 주다, ~해 드리다

- 山田さんにご用ですか、呼んで来てさしあげましょう。
  야마다 씨에게 용무가 있으십니까? 불러다 드리겠습니다.
- 私がそれを取ってきてあげましょう。
  제가 그것을 가져다 드리겠습니다.

~て参る

~해지다, ~하고 오다, ~하고 가다

- 私も次第にわかってまいりました。
  저도 점차 알게 되었습니다.
- 父は明日戻って参ります。
  아버지는 내일 돌아오십니다.
- 再発防止に努めて参ります。
  재발 방지에 힘써 나가겠습니다.

お(ご)~申し上げる

~해 드리다, ~하다

- お願い申し上げます。 부탁드립니다.
- ご案内申し上げます。 안내해 드리겠습니다.
- 大変ご迷惑をおかけしましたことを深くおわび申し上げます。
  대단히 폐를 끼친 점 깊이 사과드립니다.

겸양동사

上がる

'가다, 찾다'의 겸사말

- あすの午後それをいただきにあがります。
  내일 오후에 그것을 받으러 찾아 뵙겠습니다.
- ご注文の品をお届けに上がりたいのですが。
  주문하신 물건을 갖다 드리러 가고 싶은데요.

致す

'하다'의 겸사말

- 次回、改めて検討することと致します。
  다음에 다시 검토하기로 하겠습니다.
- 商品ご使用後の返品対応はいたしかねます。
  상품을 사용하신 후의 반품은 대응할 수 없습니다.

いただく '받다, 먹다, 마시다'의 겸사말	・私は先生からこの本をいただきました。 저는 선생님으로부터 이 책을 받았습니다. ・朝ジョギングをしているおかげで、何でもおいしくいただけます。 아침에 조깅을 하고 있는 덕분에, 뭐든지 맛있게 먹을 수 있습니다.
伺う '묻다, 듣다, 찾다, 방문하다'의 겸사말	・ちょっと伺いますが。 좀 여쭙겠습니다만. ・先生のお宅に伺う。 선생님 댁에 방문하다.
うけたまわる 삼가 받다, 삼가 듣다, 삼가 승낙하다	・お意見をうけたまわる。 의견을 듣다. ・ご注文をうけたまわる。 주문을 받다.
お目にかかる 만나 뵙다	・社長にお目にかかりたいのですが。 사장님을 만나 뵙고 싶은데요.
お目にかける 보여 드리다	・お目にかけたいものがございます。 보여 드리고 싶은 것이 있습니다.
おる '있다'의 겸사말	・父は裏の畑におります。 아빠는 뒤쪽 밭에 있습니다.
ご覧に入れる 보여 드리다 ▶お目にかける와 거의 쓰임이 같음	・ぜひご覧に入れたいものがあります。 꼭 보여 드리고 싶은 것이 있습니다.
差し上げる／上げる 드리다 / 주다, 드리다	・何か飲み物でも差し上げましょうか。 뭐 마실 거라도 드릴까요? ・君にこの本をあげるよ。 너에게 이 책을 줄게.
小～ '자기～'의 겸사말	小社(자기 회사), 小店(자기 점포, 폐점), 小著(자기 저서), 小文(자신의 문장)
拙～ 졸～, 자기～	拙著(졸저, 졸작), 拙稿(졸고, 자기 원고), 拙作(졸작, 자기 작품), 拙宅(저희 집)
存じる '알다, 생각하다'의 겸사말	・そのことならよく存じております。 그 일이라면 잘 알고 있습니다. ・引き続きご検討いただければ幸いに存じます。 계속해서 검토해 주시면 감사하겠습니다.

存じ上げる
'알다'의 겸사말

・前に仕事で大変お世話になったことがあって、よく存じ上げています。
전에 업무로 대단히 신세 진 적이 있어서 잘 알고 있습니다.

頂戴する・頂戴いたす
'받다, 먹다'의 겸사말

・先生からおみやげを頂戴した(頂戴いたした)。
선생님으로부터 선물을 받았다.

・ありがたく頂戴します。
감사히 받겠습니다(먹겠습니다).

拝～
배~, 삼가 ~함

拝見(삼가 봄), 拝借(배차, 빌림), 拝受(배수, 받음), 拝聴(배청), 拝読(삼가 읽음), 拝顔の栄に浴する(배안의 영광을 입다)

拝見する・拝見いたす
배견하다, 삼가 보다

・先生のお宅のお庭を拝見させていただきました。
선생님 댁의 정원을 잘 보았습니다.

・乗車券を拝見いたします。
승차권을 좀 보겠습니다.

拝借する・拝借いたす
배차하다, 빌리다

・明日まで拝借してもよろしいでしょうか。
내일까지 빌려도 될까요?

弊～
폐~, 자기~

弊社(폐사, 자기 회사), 弊店(폐점, 자기 상점), 弊校(폐교, 자기 학교), 弊紙(폐지, 자기 회사(社)의 신문)

参る
'가다, 오다'의 겸사말

・駅へお出迎えに参ります。
역에 마중하러 가겠습니다.

・電車がまいります。 전철이 옵니다.

・１か月という日限をきめてお借りするというわけにはまいりませんか。
한 달이라는 기한을 정해 빌릴 수는 없을까요?

申す
'말하다'의 겸사말

・私は山田と申します。 나는 야마다라고 합니다.

・父はそう申しています。
아버지는 그렇게 말씀하고 계십니다.

申し上げる
'말씀드리다, 여쭙다

・今のところ、これ以上のことは申し上げられません。
현재로선, 더 이상은 말씀드릴 수 없습니다.

3 정중어

정중하고 조심스럽게 말함으로써 상대방에게 경의를 나타내는 말이다.

～ます／～です ～합니다, ～하겠습니다 / ～입니다	・私は毎日学校へ行きます。 나는 매일 학교에 갑니다. ・これは私の本です。 이것은 제 책입니다.
ございます／ございません 있습니다 / 없습니다	・何かご用がございましたら、ご遠慮なくお申し付けください。 뭔가 용무가 있으시면 사양말고 말씀해 주십시오. ・私には兄弟がございません。 제게는 형제가 없습니다.
～でございます ～입니다 ▶～です의 정중어	・紳士服売り場は5階でございます。 신사복 매장은 5층입니다.
～てございます ～해 있습니다 ▶～てあります의 정중어 **ございます** 있습니다 ▶あります의 정중어	・花が飾ってございます。 꽃이 장식되어 있습니다. ・いまだに完成せずにございます。 아직도 완성되어 있지 않고 있습니다.

4 N1 사역 · 수동 · 사역수동

❶ 사역

어떠한 동작이나 행위를 지시하거나 허락할 때 사용하는 표현이다. 동사의 사역은 「~(さ)せる(~하게 하다)」로 나타내는데, 강제와 유발의 두 가지 용법이 있다.

- 私は弟に部屋の掃除をさせた。 나는 남동생에게 방 청소를 하게 하였다(시켰다). 〈강제〉
- 妹を泣かせてはいけません。 여동생을 울려서는 안 됩니다. 〈유발〉

시험에 출제된 사역표현

기본형	사역형	기출문장	출제연도
やる 하다	やらせる 하게 하다, 시키다	・子供の遊ぶ時間を奪ってまでやらせる必要はない。 아이가 노는 시간을 빼앗아서까지 시킬 필요는 없다.	2020
習う 배우다	習わせる 배우게 하다	・子供に色々なことを習わせたい。 아이에게 다양한 것을 배우게 하고 싶다.	2020
混乱する 혼란하다	混乱させる 혼란하게 하다	・相手を混乱させてしまった。 상대방을 혼란하게 하고 말았다.	2019-2
待つ 기다리다	待たせる 기다리게 하다	・患者を待たせることなく診察できる。 환자를 기다리게 하지 않고 진찰할 수 있다.	2019-1
失う 잃다	失わせる 잃게 하다	・やる気を失わせてしまうおそれがある。 의욕을 잃게 해 버릴 우려가 있다.	2018-2
咲く (꽃이) 피다	咲かせる (꽃을) 피우다	・今年初めて花を咲かせた。 올해 처음으로 꽃을 피웠다.	2017-2
緊張する 긴장하다	緊張させる 긴장시키다	・逆に緊張させてしまったようだ。 거꾸로 긴장시키고 말았던 것 같다.	2017-1
辞める 그만두다	辞めさせる 그만두게 하다	・このサークルを辞めさせてもらおうかと 이 서클을 그만둘까 하고	2016-2
言う 말하다	言わせる 말하게 하다	・友達に言わせると 친구에게 말하게 하니(물으니)	2013-2
思う 생각하다	思わせる 생각하게 하다	・また新しい恋をしようと思わせてくれた曲 다시 새로운 사랑을 하려고 생각하게 해 준 곡	2013-1

2 수동

다른 외부 요소에 의해서 동작이나 작용을 받게 되는 경우를 말하며, 이 때 동작이나 작용을 받는 쪽이 수동문의 주어가 된다. 동사의 수동은 「～(ら)れる(~함을 당하다, ~하게 되다 등)」로 나타낸다. 보통 다음 4가지의 용법으로 쓰인다.

- 私は昨日母にしかられた。 나는 어제 어머니한테 야단을 맞았다. 〈사람과 사람 사이의 수동〉
- となりの人に足を踏まれた。 옆 사람에게 발을 밟혔다. 〈소유물의 수동〉
- 学校から帰る時、雨に降られた。 학교에서 돌아올 때, 비를 맞았다. 〈피해의 수동〉
- この雑誌は毎月発行されている。 이 잡지는 매달 발행되고 있다. 〈무생물의 수동〉

시험에 출제된 수동표현

기본형	수동형	기출문장	출제연도
感じる 느끼다	感じられる 느껴지다	・老舗旅館ならではの細やかな心遣いが感じられる。 오래 된 여관 특유의 섬세한 배려가 느껴진다.	2020 / 2011-2
言う 말하다	言われる 말하여지다, 말하는 것을 듣다	・家族や友人を悪く言われるのは我慢できない。 가족이나 친구가 나쁜 말을 듣는 것은 참을 수 없다.	2019-2
		・頼んでも無理だと言われるに決まっている。 부탁해 봤자 무리라고 들을 게 뻔하다.	2011-1
声をかける 말을 걸다	声をかけられる 말을 걸어오다	・声をかけられたサークルの勧誘には困った。 말을 걸어온 동아리의 권유에는 난처했다.	2019-1
失う 상실하다	失われる 상실되다	・せっかくの伝統技術が失われかねない。 모처럼의 전통기술이 상실될지도 모른다.	2018-2
助ける 도움을 주다	助けられる 도움을 받다	・わなにかかって苦しんでいるところを助けられた鶴 덫에 걸려 괴로워하고 있는 참에 도움을 받은 학	2018-2
重視する 중시하다	重視される 중시되다	・短期的な成果が重視されがちな目先の利益だけでなく～ 단기적인 성과가 중시되기 쉬운 눈앞의 이익뿐만 아니라~	2018-2
受け入れる 받아들이다	受け入れられる 받아들여지다	・それはそれでひとつの経験として受け入れられると思う。 그건 그거대로 하나의 경험으로서 받아들여지리라 생각한다.	2018-2
見つける 발견하다	見つけられる 발견되다	・完全な直線と呼べるものは見つけられなかった。 완전한 직선이라고 부를 수 있는 것은 발견되지 않았다.	2018-2

言わない 말하지 않다	**言われない** 말을 듣지 않다	・何も言われないのをいいことに 아무 말도 듣지 않는 것을 핑계 삼아	2018-1
知る 알다	**知られる** 알려지다	・他人に知られては困る情報 타인에게 알려져서는 곤란한 정보	2016-2
注意する 주의를 주다	**注意される** 주의를 듣다	・部屋が汚いことを親に注意されて 방이 더럽다고 부모에게 주의를 듣고	2016-1
認める 인정하다	**認められる** 인정되다	・いっさい認められていない。 전혀 인정되고 있지 않다.	2015-2
する 하다	**される** 되다	・地元の人に不思議そうな顔をされた。 그 지방 사람이 이상한 표정을 지었다.	2015-2
行う 행하다	**行われる** 행해지다, 이루어지다	・昨年カリキュラム改定が行われたが、 작년에 커리큘럼 개정이 이루어졌지만,	2015-2
求める 요구하다	**求められる** 요구되다	・早急な対策が求められる。 조속한 대책이 요구된다.	2015-1
揺る 흔들다	**揺られる** 흔들리다	・山道を走るバスに揺られながらにしては 산길을 달리는 버스에 흔들리면서 한 것치고는	2014-2
見る 보다	**見られる** 보여지다	・何らかの発表をするのではないかと見られていたX社 어떤 발표를 하지 않을까 하고 보여졌던 X사	2014-2
思う 생각하다	**思われる** 생각되다	・私には一時的な現象のように思われる。 나에게는 일시적인 현상처럼 생각된다.	2013-2
刺す 물다	**刺される** 물리다	・万が一、刺されでもしたら 만일 물리기라도 한다면	2010-2

＊한편, 동사의 수동형은 수동적 의미 이외에 존경, 가능, 자발의 표현도 있다. 존경 표현은 경어에서 다루고 있다.

기본형	수동형	기출문장	출제연도
続(つづ)けてくる 계속해 오다	続けてこられる 계속해 올 수 있다	・サッカーを続けてこられたのは 축구를 계속해 올 수 있었던 것은 〈가능〉	2015-2
着(き)る 입다	着られる 입을 수 있다	・Mサイズも着(き)られなくはなかった。 M사이즈도 입지 못하는 것은 아니었다. 〈가능〉	2014-2
思(おも)い出(だ)す 생각해내다	思い出される 생각나다	・昨日(きのう)のことのように思(おも)い出(だ)される。 어제 일처럼 (저절로) 생각난다. 〈자발〉	2015-1
悔(く)やむ 후회하다	悔やまれる 후회되다	・大事(だいじ)な場面(ばめん)でのミスが悔(く)やまれてならない。 중요한 상황에서의 실수가 너무 후회된다. 〈자발〉	2014-2

❸ 사역수동

사역에 수동을 추가하여, 상대방의 의지에 따라 어떤 행동을 했을 때 쓰는 표현이다. 동사의 사역수동은 ～(さ)せられる(억지로 ~하다, 어쩔 수 없이 ~하다)로 나타낸다. 단 1그룹 동사는「あ단+される」형태로 축약할 수 있다.

・子供(こども)のころ、母(はは)にいろいろな野菜(やさい)を食(た)べさせられました。
어렸을 적에 어머니가 여러 채소를 억지로 먹게 했습니다.

・私は野球部(やきゅうぶ)をやめさせられた。
나는 야구부를 어쩔 수 없이 그만두었다.

・事故(じこ)のため、電車(でんしゃ)の中(なか)で1時間(じかん)も待(ま)たされた。
사고 때문에, 전철 안에서 1시간이나 (어쩔 수 없이) 기다렸다.

시험에 출제된 사역수동표현

기본형	사역수동형	기출문장	출제연도
入会(にゅうかい)する 입회(가입)하다	入会させられる 억지로 입회(가입)하다	・危(あや)うく入会(にゅうかい)させられるところだった。 하마터면 억지로 가입할 뻔했다.	2019-1
認識(にんしき)する 인식하다	認識させられる 억지로 인식하다	・あらためて認識(にんしき)させられる出来事(できごと)だった。 새삼 인식하게 된 사건이었다.	2016-2
知(し)る 알다	知らされる 알려지다	・参加者(さんかしゃ)には知(し)らされておらず 참가자에게는 알려져 있지 않아서	2014-1

待つ 기다리다	待たされる 어쩔 수 없이 기다리다	・待たされるかと思いきや 어쩔 수 없이 기다리는가 했더니	2013-2 / 2021-2
思う 생각하다	思わされる 생각하게 되다	・子供の出番はないのだと思わされた。 어린이가 나설 차례는 없다고 생각하게 되었다	2012-2
別れる 헤어지다	別れさせられる 어쩔 수 없이 헤어지다	・親に無理やり別れさせられそうになる話 부모 때문에 어쩔 수 없이 헤어지게 될 것 같은 이야기	2012-1
答える 대답하다	答えさせられる 억지로 대답하다	・あれこれ質問に答えさせられたあげく 이것저것 질문에 억지로 대답한 끝에	2011-1

5 N1 접속어와 지시어

접속어에는 접속사, 부사, 연어 등이 있으며, 흔히 「こ・そ・あ・ど」라고 불리는 지시어에 대해서도 정리해 두었다.

❶ 접속사

1 순접

このため(이 때문에), だから(그러니까), それで(그래서), すると(그랬더니), そこで(그래서), ゆえに(그러므로, 따라서), したがって(따라서), よって(따라서)

2 역접

その反面(그 반면에), が(하지만), だが(하지만), でも(하지만), しかし(그러나), しかしながら(그렇지만), ところが(그런데), だけど(하지만), けれども(하지만), しかるに(그런데도), とはいえ(그렇다고 하더라도), それなのに(그런데)

3 나열・첨가

また(또한), および(및), ならびに(및), なお(또한), しかも(더욱이), それと同時に(그것과 동시에), それから(그리고 나서), そのうえ(게다가), そして(그리고), それに(게다가)

4 대비·선택

あるいは(혹은), または(또는), もしくは(또는), 一方(한편), 一方で(한편으로),
それとも(그렇지 않으면), どちらかといえば(어느 쪽인가 하면)

5 설명·보충

つまり(즉), すなわち(즉), なぜなら(ば)(왜냐하면), なぜかというと(왜냐하면), ただし(다만),
もっとも(그렇기는 하나)

6 전환

では(그럼), さて(그건 그렇고), ところで(그런데), ときに(그런데), 次に(다음에)

2 부사

1 상태의 부사

ふと(문득, 갑자기), さっと(휙, 날렵하게), ちかちか(빡빡), ドンドン(똑똑)

2 정도의 부사

はなはだ(매우, 심히), 少々(잠시, 조금), たいそう(매우, 굉장히), とても(대단히, 무척),
ずっと(쭉, 훨씬)

3 호응의 부사

どうして~か(어째서 ~했는가?), たぶん~だろう(아마 ~일 것이다), もし~ば(만약 ~하면),
決して~ない(결코 ~하지 않다), まさか~まい(설마 ~하지 않을 것이다),
まるで~ようだ(마치 ~인 것 같다), ぜひ~てください(꼭 ~해 주세요)

3 연어, 연체사, 기타

それなりに(그런 대로), そうかと思えば(그런가 싶더니), にもかかわらず(그럼에도, 불구하고),
ある~(어느~, 어떤~), いわゆる(소위, 이른바), あらゆる(모든), いろんな(여러, 다양한),
たいした~(대단한~), とんだ~(뜻밖의~, 엉뚱한~), ほんの~(그저 명색뿐인~)

시험에 출제되는 접속어 40

	접속어 / 의미	예문
01	**あらためて(改めて)** 다음 기회에, 새삼스럽게, 다시	・病気をして健康のありがたさを改めて痛感した。 앓고 나서 건강의 고마움을 새삼스럽게 통감했다.
02	**いっさい(一切)** 일절, 전혀	・資料を社外に持ち出すことは、いっさい認められていない。 자료를 사외로 반출하는 것은 일절 허용되지 않는다.
03	**一方(で)** 한편(으로)	・仕事のない人がいる。一方で働きすぎて病気になる人もいる。 일이 없는 사람이 있다. 한편으로 과로해서 병에 걸리는 사람도 있다.
04	**いとも** 매우, 아주	・インターネットを使えば、様々な情報をいとも簡単に入手できる。 인터넷을 사용하면 다양한 정보를 아주 쉽게 입수할 수 있다.
05	**いまさら(今更)** 이제와서(는), 새삼스럽게	・いまさらそんなことを言っても始まらない。 이제 와서 그런 말을 해도 소용없다. ・今更組織図から外すわけにもいかない。 이제 와서 조직도에서 제외할 수도 없다.
06	**いわゆる** 소위, 이른바	・彼女は息子の小１のときのクラスメートの母親で、いわゆるママ友である。 그녀는 아들이 초등1학년 때의 같은 반 친구의 엄마로, 소위 엄마들 친구이다.
07	**および(及び)** 및	・東京・大阪および京都の知事が顔を合わせた。 도쿄 · 오사카 및 교토의 지사가 만났다.
08	**が** 하지만, 그런데	・私は彼を信じていた。が、彼は私の期待を裏切った。 나는 그를 믿고 있었다. 그런데 그는 내 기대를 배신하였다.
09	**かつ** 동시에, 또한	・彼は秀才でかつ非常な努力家だ。 그는 수재이면서 또한 상당한 노력가다.
10	**さらには/ひいては** 게다가 / 나아가서는	・彼らは道に迷い、さらには雨さえ降り出した。 그들은 길을 헤매고, 게다가 비마저 내리기 시작했다. ・自分のため、ひいては国のためにもなる。 자기를 위해서, 나아가서는 국가를 위한 것도 된다.
11	**実に** 실로, 참으로	・新しい図書館は実に立派な建物だ。 새 도서관은 참으로 멋진 건물이다.

12	**実は/実のところ** 실은, 사실은, 정말은/ 실인 즉, 실제로는	・この問題は一見難しそうだが実は簡単だ。 이 문제는 얼핏 보기엔 어려울 것 같지만 실은 간단하다. ・A「英語は好きですか。」 B「実のところ、あまり興味はないんです。」 A 영어는 좋아합니까? B 실인 즉, 별로 흥미는 없어요.
13	**すなわち** 즉, 곧, 단적으로 말하면	・アメリカの議会は二院、すなわち上院と下院からなる。 미국의 의회는 양원, 즉 상원과 하원으로 구성된다.
14	**すると** 그러자, 그랬더니	・ふたを開けた。すると何かが飛び出した。 뚜껑을 열었다. 그러자 뭔가가 튀어나왔다.
15	**せっかく** 모처럼, 일부러	・せっかく来たのに博物館は休館日だった。 모처럼 왔는데 박물관은 휴관일이었다.
16	**ぜったい(に)** **(絶対(に))** 단연코, 반드시	・絶対に、夢を夢で終わらせない。 단연코 꿈을 꿈으로 끝내지 않겠다. ・この曲を聴いてごらんよ、絶対に気に入るから。 이 곡을 들어 보렴, 반드시 마음에 들 테니까.
17	**そういえば** **(そう言えば)** 그러고 보니	・そういえばあの日は雨だったね。 그러고 보니 그날은 비가 왔었네.
18	**そうかと思えば** 그런가 싶더니	・この地方はよく吹雪になりますが、そうかと思えば急に日がさして暑くなったりします。 이 지방은 자주 눈보라가 치지만, 그런가 싶더니 갑자기 햇빛이 내리쬐어 더워지거나 합니다.
19	**そこで** ①(장소)거기에서, 그곳에서 ②그래서〈접속사〉	・そこで頭をよぎったのが、牛のことだ。 거기서 머리를 스친 것이 소에 관한 일이다. ・彼に言われて、そこで初めて気がついたんだ。 그 사람이 말해 줘서, 그래서 처음으로 깨달았어.
20	**そもそも** ①도대체, 대저〈접속사〉 ②처음, 애초부터〈부사〉	・みんな「幸せになりたい。」と言うが、そもそも何をもって幸せとするのだろうか。 모두 '행복해지고 싶다.'라고 말하지만, 대저 무엇으로 행복이라고 하는 걸까? ・そもそも私の考えが甘かった。 애초부터 내 생각이 안이했다.

21	**それなりに** 그런 대로	・マンネリとはいえ、彼の小説はそれなりに面白い。 매너리즘이라고는 하나, 그의 소설은 그런 대로 재미있다.
22	**たしかに(確かに)** 확실히, 틀림없이	・A「あの国は世界中で存在感を増したね。」 B「たしかに。」 A 그 나라는 전 세계에서 두각을 나타냈네. B 확실히.
23	**ただ** ①단(지), 다만〈접속사〉 ②다만, 그저〈부사〉	・どこへ行ってもいい。ただ危ないことはするな。 어딜 가든 좋아. 다만 위험한 짓은 하지 마라. ・君はただここにいるだけでいい。 너는 그저 여기에 있는 것만으로 좋아.
24	**当時** 당시	・私の住む町は当時それほど大きくはなかった。 내가 사는 동네는 당시 그다지 크지는 않았다.
25	**どうやら** ①간신히 ②아무래도	・どうやら仕事も終わりに近づいた。 간신히 일도 막바지에 다가왔다. ・表情が明るいところを見ると、どうやらうまくいったようだ。 표정이 밝은 것을 보니 아무래도 잘 된 것 같다.
26	**ところが** 그러나, 그런데	・我々は事態を楽観していた。ところが現実はそう甘くはなかった。 우리들은 사태를 낙관하고 있었다. 그러나 현실은 그리 녹록지는 않았다.
27	**なかなか** ①상당히, 어지간히 ②좀처럼, 쉽사리	・なかなか見事な滝だった。 상당히 훌륭한 폭포였다. ・ゆうべは蒸し暑くてなかなか寝つけなかった。 어젯밤은 무더워서 좀처럼 잠들 수 없었다.
28	**なにも(何も)** ①아무것도 ②별로, 일부러, 특히, 딱히	・最終日の今日こそ何も起きませんように。 마지막날인 오늘만은 아무 일도 일어나지 않기를. ・少し遅れたぐらいでなにもそんなに怒らなくてもいいだろう。 조금 늦은 정도로 딱히 그렇게 화내지 않아도 되잖아?
29	**なので** 그렇기 때문에	・外は雨だ。なので外出するのはやめにした。 밖은 비가 오고 있다. 그렇기 때문에 외출하는 것은 그만두기로 했다.
30	**(それ)なのに** 그런데도, 그럼에도 불구하고	・みんな最善を尽くした。なのにわがチームは負けてしまった。 모두 최선을 다했다. 그런데도 우리 팀은 지고 말았다.

31	**なんと・なんて**(회화체) 얼마나, 대단히, 참	・富士山頂から見た景色のなんと美しかったことか。 후지산 정상에서 본 경치는 참 아름다웠지! ・なんてかわいい子犬だろう！ 얼마나 귀여운 강아지인가!
32	**なんとも(何とも)** ①참으로, 정말 ②뭐라고, 무엇인지 ③아무렇지도, 아무렇게도 〈부정 수반〉	・なんとも見事なことだった。참으로 훌륭한 일이었다. ・なんとも説明がつかない。 뭐라고 설명할 수 없다. ・これまで森さんのこと、なんとも思っていなかった。 지금까지 모리 씨에 대해 아무렇게도 생각하고 있지 않았다.
33	**なんら** 하등, 아무런, 조금도	・品質にはなんら問題はないと強調した。 품질에는 아무런 문제가 없다고 강조했다.
34	**はたして(果たして)** ①과연, 역시 ②과연, 정말로	・果たして失敗した。역시 실패했다. ・はたして子どもの読書量は本当に減っているのだろうか。 과연 어린이의 독서량은 정말로 줄고 있는 걸까.
35	**まず** ①우선, 먼저 ②거의, 틀림없이, 어쨌든	・まずは相手の話を聞くようにしてください。 우선은 상대방의 이야기를 듣도록 해 주세요. ・彼女以上に優れている作曲家はまずいない。 그녀 이상으로 뛰어난 작곡가는 거의 없다.
36	**まるで** ①마치, 꼭 ②전혀, 전연, 통	・彼はまるで「彼女を信用するな」と言うかのように、首を横に振った。 그는 마치 '그녀를 신용하지 마'라고 말하는 것처럼, 고개를 옆으로 흔들었다. ・私はオリンピックにはまるで興味ない。 나는 올림픽에는 전혀 흥미 없다.
37	**もしかしたら・ もしかすると** 어쩌면	・もしかしたら小説を書くことそのものに満足を覚えるようになったかもしれない。 어쩌면 소설을 쓰는 것 그 자체에 만족을 느끼게 되었는지도 모른다.
38	**もっとも** 그렇다고는 하나, 하긴	・息子はかなり恥ずかしがり屋です。もっとも以前ほどひどくありませんが。 아들은 꽤 수줍음을 많이 탑니다. 그렇다고는 하나 이전만큼 심하지 않습니다만.
39	**もっぱら(専ら)** 오로지, 한결같이	・最近はもっぱら推理小説ばかりだ。 최근에는 오로지 추리 소설 뿐이다.
40	**要するに** 요컨대, 결국	・要するに見込みはないってことだ。 요컨대 가망은 없다는 말이다.

4 지시어

지시어에는 다음과 같은 것이 있다.

대명사	これ／それ／あれ／どれ(이것/그것/저것/어느 것)
연체사	この／その／あの／どの(이/그/저/어느)
	こんな／そんな／あんな／どんな(이런/그런/저런/어떤)
장소	ここ／そこ／あそこ／どこ(여기/거기/저기/어디)
방향	こちら(こっち)／そちら(そっち)／あちら(あっち)／ どちら(どっち)(이쪽/그쪽/저쪽/어느 쪽)
부사	こう／そう／ああ／どう(이렇게/그렇게/저렇게/어떻게)
	こういう(こういった)／そういう(そういった)／ああいう(ああいった)／ どういう(どういった) (이러한/그러한/저러한/어떠한)
	こうして／そうして／ああして／どうして (이렇게 해서/그렇게 해서/저렇게 해서/어떻게 해서(어째서))

시험에 출제되는 지시어 20

	지시어 / 의미	예문
01	**ああいう** 저러한, 그러한(서로 알고 있는 상황)	・「ああいうのが一人、部下にいたらなあ」と言った。 '그런 애가 한 명, 부하로 있으면 말이야'라고 말했다.
02	**ある** 어떤~, 어느~	・私の敬愛する知人の一人がある時言った。 내가 경애하는 지인 중 한 사람이 어떤 때 말했다.
03	**あんなに** 저렇게, 저토록, 그렇게(서로 알고 있는 상황)	・あんなにきれいな海も、地元の人にしてみれば日常の風景なのだろう。 저토록(그토록) 아름다운 바다도, 현지 사람들 입장에서 보면 일상의 풍경일 것이다.
04	**こうした** 이런, 이러한	・こうした最古の装飾は魔除けのために用いられたのだという。 이런 아주 오래된 장식은 마귀를 쫓기 위해서 사용된 것이라고 한다.
05	**こうして** 이렇게 해서	・こうして生まれる格差は若年夫婦で群を抜いて大きい。 이렇게 해서 생기는 격차는 젊은 부부에서 아주 크다.
06	**この** 이, 이번	・私の好きな歌手がこの6月に来日します。 내가 좋아하는 가수가 이번 6월에 일본에 옵니다.
07	**このごろ** 요즈음, 최근	・このごろ、あれは本音だったのだと思えてきた。 최근에, 그것은 본심이었다고 여겨지게 되었다.

08	**これ以上** 더 이상	・疲れているので、もうこれ以上歩けません。 지쳐서 이제 더 이상 걸을 수 없습니다.
09	**こんなに** 이렇게(까지), 이토록	・こんなに遅くまでどこへ行ってたの？ 이렇게 늦게까지 어디에 가 있었어?
10	**そう** 그렇게, 그리	・そう簡単には治らないものだ。 그렇게 쉽게는 낫지 않는 법이다.
11	**そういう** 그러한	・君にそういう才能があるとは想像もしなかったよ。 자네한테 그러한 재능이 있다고는 상상도 하지 않았어.
12	**その** 그	・彼は日本を代表する作家で、その名は世界にも広く知られている。 그는 일본을 대표하는 작가로, 그 이름은 세계에도 널리 알려져 있다.
13	**それが** 그것이	・A「お母様の具合はどう？」 B「それがあまりよくないんだ。」 A 어머님 상태는 어때? B 그것이 별로 좋지 않아.
14	**それは** ①그것은 ②정말로, 참으로, 매우	・私に対してそれはないでしょう。 나에게 그건 아니지요. ・その人はそれは美しい方でした。 그 사람은 정말로 아름다운 분이었습니다.
15	**それを** 그것을	・A社は決してそれを認めようとはしなかった。 A사는 결코 그것을 인정하려고는 하지 않았다.
16	**そんな** 그런	・そんなのやってみなきゃわかんないよ。 그런 건 해 보지 않으면 몰라.
17	**そんなに** 그렇게(까지), 그토록	・2週間しか借りられないんだから、そんなに絶対読みきれっこないと思ったが。 2주밖에 빌릴 수 없으니까, 그렇게 절대로 다 읽을 수 있을 리 없다고 생각했는데.
18	**どう～ても** 아무리 ~하여도	・どう考えてもさすがに無理ってもんだ。 아무리 생각해도 역시 무리다.
19	**どんな** 어떤	・相手の意見に対して、どんな反論をしようと自由です。 상대방의 의견에 대해 어떤 반론을 하든 자유입니다.
20	**どんなに** 아무리, 얼마나	・夢がかなったらどんなにうれしいことか。 꿈이 이루어진다면 얼마나 기쁠까!

問題5 次の文の（　　）に入れるのに最もよいものを、1・2・3・4から一つ選びなさい。

1 弊社の山本（やまもと）という者が、午後に原稿をいただきに（　　）ので、よろしくお願いいたします。

1 みえます　2 あがります　3 くださいます　4 さしあげます

2 （手紙で）
師走（しわす）を迎え、慌ただしい日々をお過ごしのことと（　　）が、お元気でいらっしゃいますか。

1 致します　2 承ります　3 存じます　4 申し上げます

3 田中（たなか）さんをはじめ皆様と貴重な時間を（　　）、普段お聞きすることのないお話を伺うことができ、大変勉強になりました。

1 過ごしてくださる一方で　2 過ごさせてくださる一方で
3 過ごしていただく中で　4 過ごさせていただく中で

4 （メールで）
このたびは山田（やまだ）様がおけがをされてご入院なさったとのこと、本当に驚きました。その後の具合はいかがでございますか。一刻も早く回復（　　）。

1 されますように　2 願ってはどうですか
3 いたしたく思います　4 していらっしゃるでしょうか

5 山田（やまだ）「石原（いしはら）先生をご存じですか。」
田中（たなか）「石原先生ならよく（　　）よ。」

1 知っていただけます　2 存じ上げています
3 お目にかかれます　4 お会いになっています

6 会場でスマートフォンが使えないということは参加者には（　　）、みんな困っていた。主催者は全員知っていたらしい。

1 知らされておらず　2 知らされていないと
3 知られつつも　4 知られたためか

답 1② 2③ 3④ 4① 5② 6①

7 出品・購入共に、それぞれ該当の受付期間、条件・注意事項がございますので、下記説明を（　　）お手続きください。

1 ご覧の結果　　2 ご覧になった結果
3 ご覧になった上で　　4 ご覧くださった上に

8 1日使ったヘルメットを清潔に保ち、次に装着の際は気持ちよく（　　）。

1 かぶって頂きたい　　2 かぶらせて頂きたくない
3 かぶってやりたい　　4 かぶらせてくれたくない

9 お客さまのご都合による返品は（　　）ので、あらかじめご了解ください。

1 さしあげかねません　　2 いたしかねません
3 さしあげかねます　　4 いたしかねます

10 A「芥川賞(あくたがわしょう)受賞、おめでとうございます。受賞された時のお気持ちを（　　）。」
B「受賞の知らせを受けた時はまったく信じられなかったですね。」

1 お聞きいただけませんか　　2 お聞かせ願えますか
3 お話になるでしょうか　　4 お話し申し上げましょうか

11 子供が嫌がっているにもかかわらず無理に（　　）のは、余計に嫌いになってしまうだけです。

1 やりぬく　　2 やりたがる　　3 やられる　　4 やらせる

12 あまりいびきがひどいと、友人や家族から（　　）、一緒に旅行してもらえないこともあります。

1 嫌で　　2 嫌がられ　　3 嫌がらず　　4 嫌がらせ

13 去年開園する前は、ここは牛を飼い、乳を搾(しぼ)る農家の農場だった。広い畑が拡がり、牛の鳴き声があたりに響いて、のんびりした気分に（　　）ところだった。

1 させられる　　2 しつつある　　3 なっている　　4 されがちな

답 7③ 8① 9④ 10② 11④ 12② 13①

14 私は、校内に畑を作って生徒たちに野菜を（　　　）ことを校長に提案した。

1 育てられる　　2 育たれる　　3 育てさせる　　4 育つ

15 リーさんはクラスで日本語が一番上手だが、これまで多くの生徒を教えてきた私に（　　　）、まだまだなんだ。

1 言われれば　　2 言われたら　　3 言わせると　　4 言わせて

16 経理職の立場（　　　）、コスト削減への取り組み方が魅力だと思う。単純に人件費や経費をカットするのではなく、生産設備の開発で、生産能力を上げたりしてコスト削減を実現させている。

1 に言わせていれば　　2 から言わせてやれば
3 に言わせてあげれば　　4 から言わせてもらえば

17 親に内緒で同棲（どうせい）して、一緒に住んでいることが後からばれてしまうと、無理やり（　　　）、結婚を認めてもらえなくなったりしてしまう場合があります。

1 別れさせられたり　2 別れたり　　3 別れられたり　　4 別れさせたり

18 昨日２時間も（　　　）あげく、まずい料理を食べさせられた。

1 待たせた　　2 待たされる　　3 待たせる　　4 待たされた

19 ハチの巣をご自身で対処されると、万が一（　　　）大変危険です。

1 刺されさえしたら　　2 刺されでもしたら
3 刺させるなどしても　　4 刺させるくらいしても

20 冬の早朝、この時期は寒いので、窓際（まどぎわ）だと寒いのにと思いつつ店員に勧められる（　　　）窓際の席に座った。

1 まま　　2 ままを　　3 ままでも　　4 ままなのに

답 14③ 15③ 16④ 17① 18④ 19② 20①

21 今までは上司の指示が的確に部下に伝わっていた。（　　　）最近なぜか対立してばかりで雰囲気が悪い部署になってしまった。

1　それは　　2　それも　　3　それか　　4　それが

22 痛風（つうふう）の原因である高尿酸血症（こうにょうさんけつしょう）は、その7～8割が体質的な影響によっています。そしてこの体質は、（　　　）簡単に変わるものではありません。

1　そう　　2　たとえ　　3　そのうち　　4　いったい

23 このイベントは（　　　）1回で無くなるかもしれませんので、そこは気をつけてください。

1　とはいえ　　2　確かに　　3　もしかしたら　　4　実は

24 A「台風が近づいてるんだって？」
B「どうりで蒸し暑い（　　　）。」

1　こともある　　2　に決まってる　　3　に違いない　　4　わけだ

25 その計画は現在まで発表されていないところを見ると、（　　　）準備作業だけで終わってしまったようだ。

1　必ずしも　　2　どうやら　　3　まさか　　4　仮に

26 最近話題の自動運転のような賢い車を作るとき、技術者は（　　　）ぶつからないように設計する。そして、様々なシーンを思い描き、それぞれのシーンごとに対応策を練る。

1　あと　　2　また　　3　まず　　4　もう

27 A大会ともなると、市の各地区予選を勝ち抜いてきただけあって（　　　）勝ち進むことができなかった。

1　なかなか　　2　かえって　　3　まさか　　4　あえて

답 21④ 22① 23③ 24④ 25② 26③ 27①

28 去年の調査では、２社に１社が「正社員不足」と答えている。非正規社員では、特に飲食店で８割が人手不足。（　　　）現場は、学生アルバイトが過酷な勤務で回している。

1　その他の　　2　例の　　3　こうした　　4　以下のような

29 Ａ「給料上げてくれるって言ったじゃないですか。」
Ｂ「（　　　）ねえ、うちも不景気でねえ。」

1　ついに　　2　しかし　　3　いったい　　4　そうやって

30 計画は失敗するのではないかという気がしていたが、（　　　）その通りになった。

1　仮に　　2　まさか　　3　どうにか　　4　果たして

31 息子がしっかり勉強していると思って、私たちはお金を送り続けた。（　　　）息子ときたら、毎日遊びほうけていたのだ。

1　すると　　2　なのに　　3　こうして　　4　それどころか

32 私が英語塾に入ったのは、受験の前年の暮れのことでした。（　　　）、私は漠然と受験を考えていたものの、英語が全くできず、高校の定期試験でさえ欠点をとる始末でした。

1　また　　2　例えば　　3　当時　　4　今度は

33 自分のできることなら始めよう。みんなが（　　　）考えを持つことが、環境破壊を防ぐ近道になるだろう。

1　そんな　　2　みんなの　　3　どれだけ　　4　自分の

34 倉庫で働く社員は新しい機器が入ったら一目散(いちもくさん)に見に行くタイプが多いが、私は機器には（　　　）興味がない。

1　二度と　　2　たとえ　　3　とうとう　　4　まるで

답 28③ 29② 30④ 31② 32③ 33① 34④

35 これは日本人において自分と他者とは分かち難(がた)く結びついていること、(　　)、他者との調和的関係が自己の安定にとって重要であるということとも関係している。

1 もっとも　　2 しかも　　3 すなわち　　4 それどころか

36 森と人との新しい関係を創らなければ日本の森は維持できないという思いは、(　　)農山村の人々との中から高まってきた。

1 こうして　　2 ああして　　3 これらまで　　4 あれらから

37 一昨日、外で作業し、汗をかいたままお昼寝したのが悪かったのか、(　　)風邪を引いたようだ。

1 かえって　　2 どうやら　　3 なんて　　4 まさか

38 仕事も軌道に乗ってきた。(　　)ひとつ相談に乗ってもらいたいことがある。

1 さっき　　2 一度　　3 必ず　　4 そこで

39 私は洋服を買うときに、(　　)手に取ってよく確かめてから買います。

1 というのは　　2 実は　　3 それを　　4 ただし

40 今では情報がコンピューター回線を通じて世界中に伝わる。(　　)ことは昔の人には想像もつかなかったに違いない。

1 ある　　2 こんな　　3 そうして　　4 あの

답 35 ③　36 ①　37 ②　38 ④　39 ③　40 ②

問題6 次の文の ＿★＿ に入る最もよいものを、1・2・3・4から一つ選びなさい。

41 A「明日は今まで以上に激しい戦いになるに違いない。」
B「たとえ ＿＿ ＿＿ ＿★＿ ＿＿ だけでいいのよ。」
1 相手がどういう 2 精一杯やる 3 チームだろうと 4 出来ることを

42 食べたく ＿＿ ＿＿ ＿★＿ ＿＿ 体に悪いよ。
1 食べなくては 2 なにも 3 ないから 4 といって

43 今の時期だと新型コロナウィルス感染症の影響で運転免許証の有効期限が延長されたことなども影響して ＿＿ ＿＿ ＿★＿ ＿＿ 。
1 多くいらっしゃいます 2 やむを得ずうっかり
3 という人は 4 失効してしまった

44 （手紙で）
新年度がスタートし ＿＿ ＿＿ ＿★＿ ＿＿ が、くれぐれもお体にはご留意ください。
1 存じます 2 ことと 3 何かと 4 お忙しい

45 勉強や習い事や練習を、子供自身が望んで行い、楽しんでいるのであれば問題ないと思いますが、それが ＿＿ ＿＿ ＿★＿ ＿＿ マイナスでしかないと思います。
1 と思い無理をしているのであれば 2 意味がないだけでなく
3 親や周囲の期待に応えないといけない 4 強制的にやらされていたり

답 41 ④(1342) 42 ②(3421) 43 ③(2431) 44 ②(3421) 45 ①(4312)

問題７　次の文章を読んで、文章全体の趣旨を踏まえて、［46］から［50］の中に入る最もよいものを、１・２・３・４から一つ選びなさい。

私たちが聴いて気分のよくなることばというのはいくつかの種類がありますが、そのすべてに共通するのは(誤解を招く表現ですが)、そこに誤解の余地が残されているということです。

奇妙に聞こえるでしょう？

でも、誤解の余地なく理解が行き届いたコミュニケーションではなく、誤解の余地が確保されているコミュニケーション［46］、私たちにコミュニケーションをしている実感をもたらしてくれるのです。

十代の若い人たちは、非常に会話の語彙が貧困です。これは、みなさんも認めてくれると思います。

「むかつく」とか「うざい」とか「きもい」とか「かわいい」とか、ほんとうに十個くらいの単語だけで延々と会話をしている女子高校生などを電車の中でみかけます。

ふつうの大人の人は、［47］のを横で聴いて「近頃の若いもんは、なんという貧しいボキャブラリーで意思疎通を行っているのだろう。あんなことでちゃんとしたコミュニケーションが成立しているのであろうか。」と苦々しい顔をしたりします。

まったく、［48］通りです。

あれじゃ、意思疎通はできっこありませんね。

洋服を見ても「かわいい」、化粧を見ても「かわいい」、音楽を聴いても「かわいい」。

あれでは、そのような形容詞を交わし合っているもの同士でも、何を言っているのかお互いの心の中がわかっているとはとても思われません。「かわいい」のが洋服の色について言われているのか、デザインについて言われているのか、ボタン穴の微妙な位置関係について言われているのか、スリットの角度について言われているのか、「これ、かわいいね」「うん、かわいいね」だけじゃ、［49］。

……ほらね。

ちゃんと、若い人たち［50］、わざと誤解の幅があるように、コミュニケーションしているでしょう？

それこそがコミュニケーションの「王道」だからです。

<内田樹「先生はえらい」による>

46

1 までが　　2 こそが　　3 ほどで　　4 からで

47

1 その年　　2 そういう　　3 あの電車　　4 あれのような

48

1 いらっしゃる　　2 ご覧になる　　3 おっしゃる　　4 お目にかかる

49

1 わからないことはありません　　2 わかることはありません
3 わかっていません　　4 わかりっこありません

50

1 だって　　2 として　　3 とかで　　4 にして

핵심문법 다시보기

そこに 거기에	そこに誤解(ごかい)の余地(よち)が残(のこ)されている 거기에 오해의 여지가 남아 있다(02行)
そういう 그런, 그러한	そういうのを横(よこ)で聴(き)いて 그런 것을 옆에서 듣고(13行)
おっしゃる 말씀하시다	まったく、おっしゃる通(どお)りです 정말이지 말씀하신 대로입니다(17行)
わざと 일부러	わざと誤解(ごかい)の幅(はば)があるように 일부러 오해의 폭이 있도록(27行)
～こそ N1 066 ～야말로	コミュニケーションこそが 커뮤니케이션이야말로(06行)
	それこそがコミュニケーションの「王道(おうどう)」 그것이야말로 커뮤니케이션의 '왕도'(29行)
～だけで N1 009 ～만으로	十個(じゅっこ)くらいの単語(たんご)だけで 10개 정도의 단어만으로(11行)
～っこない N1 090 ～할 리 없다	意思疎通(いしそつう)はできっこありませんね 의사소통이 될 리가 없지요(18行)
	「うん、かわいいね」だけじゃ、わかりっこありません '응, 귀엽네'만으로는 알 리가 없습니다(25行)
～だって N1 086 ～도, ～라도	若(わか)い人(ひと)たちだって 젊은이들도(27行)

답 46 ② 47 ② 48 ③ 49 ④ 50 ①

제4장

독해 공략편

1 독해요령 알아두기
2 문제유형 공략하기

01 독해요령 알아두기

1 문제유형별 독해 포인트

JLPT N1 독해는 내용 이해(단문 · 중문 · 장문), 통합 이해, 주장 이해(장문), 정보 검색으로 총 6가지 문제 유형이 출제된다. 문제별 내용은 다음과 같다.

❶ 내용 이해(단문 · 중문 · 장문)

내용 이해 문제는 주로 생활, 업무, 학습 등 다양한 주제를 포함한 200자 정도의 설명문이나 지시문을 읽고 내용을 이해했는지를 묻는 단문 문제, 신문 평론, 설명문, 수필 등 500자 정도의 텍스트를 읽고 인과관계나 개요, 이유, 필자의 생각 등을 이해할 수 있는지를 묻는 중문 문제, 해설, 수필, 소설 등 1000자 정도의 텍스트를 읽고 개요나 이유, 필자의 생각 등을 이해할 수 있는지를 묻는 장문 문제가 출제된다.

❷ 통합 이해

신문 기사나 칼럼 등의 같은 화제에 대한 두 가지 이상의 글(합계 600자 정도)을 읽고 공통점이나 상이점을 비교하거나, 복수의 텍스트 내용을 종합하여 이해하는 능력을 요구하는 문제이다. 비교적 평이한 내용이므로 글 자체는 그다지 어렵지 않지만, 기존에 없었던 문제 유형이라 자칫 당황할 수 있으니 주의한다.

❸ 주장 이해(장문)

사설이나 평론 등의 추상적이고 논리적인 1000자 정도의 장문의 텍스트를 읽고 필자가 전달하려는 주장, 의견을 얼마나 이해했는지를 묻는다. 전체적인 내용 이해, 키워드, 논리 전개 등을 파악하는 것이 무엇보다 중요하다. 독해 문제 중에서 난이도가 가장 높은 문제이다.

❹ 정보 검색

광고, 팸플릿, 정보지, 전단지, 비즈니스 문서 등의 정보를 다룬 700자 정도의 텍스트에서 자신에게 필요한 정보를 찾아낼 수 있는지를 묻는 문제이다. 먼저, 질문과 선택지를 읽고 필요한 정보가 무엇인지 파악한 뒤, 텍스트에서 얼마나 빠르고 정확하게 필요한 정보를 파악할 수 있는가가 관건이다.

2 질문유형별 독해 포인트

JLPT N1 독해에서 출제되는 6가지 문제 유형에는 주로 필자의 생각이나 주장을 묻는 문제, 전체 지문의 내용을 묻는 문제, 밑줄 친 부분의 의미를 찾는 문제, 괄호 속에 들어가는 문장을 찾는 문제, 문맥을 파악하는 문제 등 다양한 유형의 질문이 출제된다.

❶ 필자 관련 문제

필자의 생각이나 주장을 묻는 문제로, 주로 내용 이해(단문·중문·장문), 통합 이해, 주장 이해 등의 문제 유형에서 출제된다. 필자의 주장을 묻는 경우는 단락이 하나일 경우에는 첫 문장과 마지막 문장, 단락이 2개 이상일 경우에는 마지막 단락을 주의해서 읽는다. 필자가 가장 말하고 싶어하는 주장, 의견, 요점을 나타낸 키워드를 찾는다.

❷ 의미 파악 문제

밑줄 친 부분에 대한 의미를 찾는 문제로, 주로 내용 이해(단문·중문·장문), 주장 이해 등의 문제 유형에서 출제된다. 밑줄 친 말의 의미를 확실히 이해한 다음, 앞뒤 문맥을 잘 살펴본다.

❸ 내용 파악 문제

지문의 전체적인 내용을 파악하는 문제로, 내용 이해(단문·중문·장문), 통합 이해, 정보 검색 등의 문제 유형에서 출제된다. 문제 유형별로 문제 푸는 요령이 조금씩 다른데, 내용 이해의 경우는 먼저 선택지를 읽고 난 후 본문의 내용과 비교하며 선택지를 지워가면서 문제를 푼다. 통합 이해의 경우, 공통적으로 언급되는 내용이나 한쪽에서 언급되는 내용을 먼저 파악하는 것이 중요하다. 그리고 정보 검색의 경우에는 질문이 먼저 나오고 지문이 나오므로, 먼저 질문을 읽고 난 다음 질문에서 요구하는 정보를 텍스트에서 파악해야 한다.

02 문제유형 공략하기

1 問題8 내용 이해 - 단문

| 지문내용 | 생활, 업무 등 여러 가지 화제를 포함한 수필이나 설명문, 지시문 등의 200자 정도의 지문을 읽고 내용을 이해했는지 묻는다.

| 문제 수 | 독해 25문제 중 4문제 출제. 총 4개의 지문이 나오고, 각 지문당 1문제가 출제된다.

| 문제유형 | 주로 글의 전체 주제를 묻는 문제나 저자의 주장이나 생각을 묻는 문제, 밑줄 친 부분의 의미를 찾는 문제, 문맥을 파악하는 문제 등이 출제된다.

| 풀기요령 | 전체 독해 문제 중에서 지문이 가장 짧은 편이기 때문에 저자의 주장이나 의견, 전체 지문의 요점을 나타낸 키워드나 문장을 빨리 파악하는 것이 문제를 푸는 포인트이다.

문제 유형 예시

問題 8　次の(1)から(4)の文章を読んで、後の問いに対する答えとして最もよいものを、1・2・3・4から一つ選びなさい。

(1)

教師＝話す人、生徒＝聞く人という構造が知らず知らずのうちに教室空間にできあがり、そして固定化してしまうのは恐ろしいことではないかと思う。教師が先取りしてしまうことで、生徒が自分自身で考え、解決しようとする芽をつみとってしまう場合がある。

いつも話し続けるのがコミュニケーションでない。教師側が沈黙し、「待つ」という行為も時には大切であろう。もう少し話したい、と思うところで一歩ひいて(注)みることで、相手が言おうとすることを引き出すことができるのである。

실전 감각 익히기 내용 이해 - 단문

例題　次の文章を読んで、後の問いに対する答えとして最もよいものを、1·2·3·4から一つ選びなさい。

工場開設のご案内

拝啓 初夏の候、貴社におかれましては、益々ご繁栄のこととお慶(よろこ)び申し上げます。平素は、格別のご高配にあずかり、誠にありがとうございます。

さて、この度かねてより秋田県秋田市に建設を進めておりました秋田工場が完成し、７月１日より運転の運びとなりました。これも皆様のご支援の賜物(たまもの)と深謝しております。

尚、今回完成致しました工場は当社各事業所と高速情報ネットワークで接続されておりますので、オンラインで出荷(しゅっか)の指示ができます。これにより、ご注文から納品までの期間を大幅に短縮することが可能になりました。今後も当社は、業務改善とサービス向上に取り組む所存でございますので、変わらぬご支援を賜りますよう、心よりお願い申し上げます。甚だ簡単ではありますが、工場開設のご挨拶とさせていただきます。

敬具

1　工場開設でどんな変化が生まれたか。

1　製品生産のスピードアップ
2　受注から納品までのスピードアップ
3　輸送のスピードアップ
4　顧客への連絡のスピードアップ

해석 및 해설

해석

공장 개설 안내

배계. 초하지절, 귀사 더욱 번창하심을 경하드립니다. 평소 각별한 보살핌을 주신 데 대해 진심으로 감사드립니다.

그런데, 이번에 전부터 아키타현 아키타시에 건설을 진행하고 있었던 아키타 공장이 완성되어, 7월 1일부터 가동할 단계에 이르렀습니다. 이것도 여러분의 지원 덕분으로 깊이 감사드리고 있습니다.

또한 이번에 완성된 공장은 당사 각 사업소와 고속 정보 네트워크로 접속되어 있으므로, 온라인으로 출하 지시가 가능합니다. 이에 따라 주문에서 납품까지의 기간을 대폭 단축하는 것이 가능해졌습니다. 앞으로도 당사는 업무 개선과 서비스 향상에 힘쓸 생각이오니, 변치 않는 지원을 주시길 진심으로 바랍니다. 대단히 간단하지만, 공장 개설의 인사차 보내드립니다.

경구

1 **공장 개설로 어떤 변화가 생겼는가?**

1 제품 생산의 속도 향상
2 수주에서 납품까지의 속도 향상
3 수송의 속도 향상
4 고객에 대한 연락 속도 향상

해설

질문은 '공장 개설로 어떤 변화가 생겼는지'를 묻는 문제로, 문장 전체의 내용을 파악해야만 풀 수 있다. 이런 유형의 문제는 선택지를 읽은 후 지문을 읽어가면서 틀린 것을 지워가는 것이 문제 푸는 요령이다. 먼저, 선택지 1번은 '제품 생산의 속도 향상'이라고 했는데, 지문에서는 생산 능력에 대해서는 언급하지 않았다. 따라서 틀린 내용이다. 선택지 2번은 '수주에서 납품까지의 속도 향상'이라고 했는데, 지문에는 '이번에 완성된 공장이 당사 각 사업소와 고속 정보 네트워크로 접속되어 온라인으로 출하 지시가 가능하고, 이에 따라 주문에서 납품까지의 기간을 대폭 단축하는 것이 가능해졌다'고 했으므로 정답이 된다. 선택지 3번은 '수송의 속도 향상'이라고 했는데, 배송의 속도 향상이 아니라 온라인에 의한 출하 지시로 주문에서 납품까지의 속도가 향상되었다는 것이므로 틀린 내용이다. 선택지 4번은 '고객에 대한 연락 속도 향상'이라고 했는데, 지문에는 고객에 대한 연락 속도 내용은 언급되지 않았으므로 틀린 내용이다.

실전 연습하기　내용 이해 - 단문　/ 5

問題8　次の(1)から(5)の文章を読んで、後の問いに対する答えとして最もよいものを、1･2･3･4から一つ選びなさい。

(1)

秋の夜、静かに耳を澄ますと虫の声が聞こえてくる。月を見ながらの夕涼みに虫の声。日本ならではの風情ある風景である。チンチロリン、リンリン、スイッチョンと可愛らしい鳴き声。日本人は虫の声を心地よく感じている。さらに日本人は虫の声の聞き分けもできる。一方、西洋人には全てが雑音としか聞こえないらしい。同じ音を聞いているのになぜか。人間の脳は右脳と左脳とに分かれている。虫の音をどちらの脳で聴くかという点で日本人と西洋人の違いが現れるのだそうだ。西洋人は虫の音を機械の音や雑音と同様に右脳つまり音楽脳で処理するのに対し、日本人は左脳つまり言語脳で受けとめるのだそうだ。つまり西洋人は音楽として、日本人は声として聞いているということになる。

1　この文は何について書いてあるか。

1　日本人と西洋人の虫に対する感じ方の違い
2　日本人と西洋人の虫の声の聞こえ方の違い
3　日本人と西洋人の耳の構造の違い
4　日本人と西洋人の脳の仕組みの違い

(2)

お墓代行サービス(以下のサービス料金には交通費、消費税が含まれております)地域は東京都・千葉県・茨城県・栃木県・群馬県・埼玉県・神奈川県です。また多摩地区・八王子・立川・横浜・川崎・相模原の場合は１～４のサービスは2000円引きとさせていただいております。

1	お墓の状態確認	7000円	お墓の状態を確認します。
2	お墓参り代行	9000円	お花・お線香の料金も含まれています。
3	清掃代行	11000円	墓地を掃除します。墓石は洗剤で洗います。
4	お墓参り代行と清掃代行	13000円	
5	お墓参り同行	上記サービス＋6000円	車で送り迎えをいたします。

2 立川に住んでいる人がお墓参り同行でお墓の掃除を頼んだ場合料金はいくらか。

1 19000円

2 17000円

3 16000円

4 15000円

(3)

オーストラリア産和牛(わぎゅう)が牛肉市場を席巻しつつある。正真正銘の日本の和牛の子孫の牛肉である。いわゆる霜降り肉(しもふりにく)(注)でとろけるように柔らかい。しかも値段は日本産の和牛に比べて半値に近いから売れない方がおかしい。この和牛ビジネス、オーストラリアでは「WAGYU」として肉ばかりでなく中国を始め世界各国に受精卵の輸出まで始めた。数年後には中国産和牛も商品化されるだろう。和牛は既に日本独自の牛肉ではなくなっているのだ。消費者としては安くておいしい牛肉が食べられるのは嬉しいが、農家の立場を考えると複雑な気持ちになる。

(注) 霜降り肉(しもふりにく)：脂身が霜のように点々と混じっているので大変柔らかい牛肉

3 本文の内容と合っているのはどれか。

1 数年後には国産の和牛は食べられなくなってしまう。
2 作者は農家のために「WAGYU」を食べるのを躊躇(ちゅうちょ)している。
3 「WAGYU」はおいしさと安さを武器にしている。
4 「WAGYU」はオーストラリアで作られた新種の牛肉である。

(4)

ひばり地区（１丁目～５丁目）の防災を向上させ安全で快適な町を実現するために「町づくり協議会」を設けます。市では協議会設立に向けて町会、商店会の代表者と準備を進めてきました。今回、町会と商店会から推薦された方に加え、居住している方、土地や建物の権利者、事業を営んでいる方から５名のメンバーを公募し、地域バランスなどを考慮し書類選考の上、メンバーを決めたいと思います。皆様のご応募をお待ちしています。

4 誰に応募して欲しいと言っているか。含まれないのは誰か。

1 ひばり地区に引っ越してきたばかりの住民
2 ひばり地区の町会から推薦された地区外の人
3 ひばり地区の建設会社の経営者で隣の市の住民
4 ひばり地区にアパートを所有している隣の市の住民

(5)

蜂が絶滅する時人間も滅びかねないと言われている。最近授粉の手助けをする蜂が減少して農業が打撃を受けている。授粉用蜜蜂の売買が行われているほどだ。更に進んで授粉用ドローンの開発も行われている。しかしドローンは製造時にも運転時にも絶えずエネルギーを必要とするし、ゴミも発生させる。今やるべきなことはドローン製造よりも蜂が生き続けられる環境の整備であろう。それは私達人間のためにもなるに相違ない。

5 「それは」は何を指しているか。

1 蜂を育てて増やすこと
2 蜂に授粉をさせること
3 蜂によい環境を作ること
4 ドローンより蜂を使うこと

2 問題9 내용 이해 - 중문

| 지문내용 | 비교적 평이한 내용의 평론, 해설, 수필 등 500자 정도의 지문을 읽고, 문장의 개요나 저자의 생각, 인과관계나 이유 등을 이해했는지를 묻는다.

| 문제 수 | 독해 25문제 중 9문제 출제. 총 3개의 지문이 나오고, 각 지문당 3문제가 출제된다.

| 문제유형 | 주로 밑줄 친 부분의 의미, 문장의 개요나 저자의 생각, 인과관계나 이유 등을 묻는 문제가 출제된다.

| 풀기요령 | 각 단락이 말하고자 하는 내용이 무엇인지를 파악하는 것이 중요하다. 문장의 주제나 저자의 생각은 주로 마지막 단락에서 정리가 되므로 주의 깊게 파악한다. 인과관계나 이유를 묻는 문제의 경우는 앞뒤 문맥을 잘 살펴서 문제를 풀어야 한다.

문제 유형 예시

問題 9　次の(1)から(3)の文章を読んで、後の問いに対する答えとして最もよいものを、1・2・3・4から一つ選びなさい。

(1)

人に従順な飼い犬は、もともとオオカミの仲間を飼い馴(な)らしたものである。(中略)

ところが、「人間がオオカミを飼い馴(な)らした」という話には謎が多い。犬が人間と暮らすようになったのは、15000年ほど前の旧石器時代のことであると推測されている。当時の人類にとって、肉食獣(にくしょくじゅう)は恐るべき敵であった。そんな恐ろしい肉食獣(にくしょくじゅう)を飼い馴(な)らすという発想を当時の人類が持ち得たのだろうか。しかも犬を飼うということは、犬にエサをやらなければならない。わずかな食糧で暮らしていた人類に、犬を飼うほどの余裕があったのだろうか。また当時の人類は犬がいなくても、狩りをすることができた。犬を必要とする理由はなかったのである。

最近の研究では、人間が犬を必要としたのではなく、犬の方から人間を求めて寄り添ってきたと考えられている。犬の祖先となったとされる弱いオオカミたちは、群れの中での順位が低く、食べ物も十分ではない。そこで、人間に近づき、食べ残しをあさるようになったのではないかと考えられているのである。

弱いオオカミだけでは、狩りをすることができないが、人間の手助けをすることはできる。そして、やがて人間と犬とが共に狩りをするようになったと推察されている。こう考えると、当時、自然界の中で強い存在となりつつあった人間に寄り添うことは、犬にとって得なことが多かった。つまり、人間が犬を利用したのではなく、犬が人間を利用したかもしれないのである。

(稲垣栄洋『弱者の戦略』新潮社による)

실전 감각 익히기　내용 이해 - 중문

例題　次の文章を読んで、後の問いに対する答えとして、最もよいものを1·2·3·4から一つ選びなさい。

日本の木造の家は30年ぐらいで建てかえられるのが普通です。勿論100年以上前の建物もたくさん保存されています。しかしそれらの建物はそれ自体に歴史的な価値があるものがほとんどです。ですから普通は50年も使われている家を目にすることは滅多にありません。以前カナダで招待された家は60年も経つ古い家でしたが、少しも古く感じられませんでした。ご主人がペンキを塗ったりして常に修理し続けていたからです。しかし現在の日本では自分で修理する人は滅多にいません。修理して長く住み続けるという文化が失われているからです。昔は日本の家は風呂やトイレが離れていたので、家そのものが傷みにくかったのですが、今は全てが家の中にあるので内側から駄目になってきます。木の部分は大丈夫でも配管などが駄目になってしまうということもあります。それで建てかえることになります。ある学者によれば80％の家が修繕可能だそうです。家を建てかえるか修繕するかは持ち主の意識によります。全面修繕は新築より格段に安くなるわけではないので、なかなか修繕して住み続けようという人はいません。しかし家を壊してしまうと、その木が保存していた炭酸ガスが出てしまうのです。地球環境を守る上からも全面修繕を勧めたいです。

1　日本の家の状況について述べているのはどれか。

1　100年以上の建物は全部文化財である。
2　50年以上の木造建物は壊される。
3　普通日本の家は30年で建てかえられる。
4　50年も経った木造の家はほとんどない。

2 昔の日本の家と今の日本の家の一番大きい違いは何か。

1 昔の家はなかなか古くならなかったが、今の家は直ぐに古くなる。

2 昔の家は傷みにくかったが、今の家は傷みやすい。

3 昔の家は100年保ったが、今の家は30年しか保たない。

4 昔の家は外から駄目になったが、今の家は中から駄目になる。

3 著者の家の修繕や建てかえに対する意見はどれか。

1 手入れしてなるべく長く住み続けるのがいい。

2 家は自分で修理したほうがいい。

3 全面修繕するより建てかえたほうがいい。

4 家が傷まないように配管などを外にしたほうがいい。

해석 및 해설

해석

일본의 목조 가옥은 30년 정도에 재건축되는 것이 보통입니다. 물론 100년 이상 전의 건물도 많이 보존되어 있습니다. 그러나 그 건물들은 그 자체에 역사적인 가치가 있는 것이 대부분입니다. 따라서 보통 50년이나 사용되고 있는 집을 볼 일은 좀처럼 없습니다. 이전 캐나다에서 초대된 집은 60년이나 지난 오래된 집이었지만, 조금도 낡았다고 느껴지지 않았습니다. 주인이 페인트를 칠하거나 해서 항상 수리를 계속하고 있었기 때문입니다. 그러나 현재 일본에서는 스스로 수리하는 사람은 거의 없습니다. 수리해서 오래 계속 산다는 문화가 사라지고 있기 때문입니다. 옛날에는 일본 집은 목욕탕이나 화장실이 떨어져 있었기 때문에, 집 그 자체가 파손되기 어려웠지만, 지금은 모든 것이 집 안에 있기 때문에 내부부터 못쓰게 됩니다. 나무 부분은 괜찮아도 배관 등이 못쓰게 되어 버리는 경우도 있습니다. 그래서 다시 짓게 됩니다. 어느 학자에 따르면 80%의 가옥이 수리가 가능하다고 합니다. 집을 재건축할지 수리할지는 집주인의 의식에 달려 있습니다. 전면 수리가 신축보다 현저하게 저렴해지는 것은 아니기 때문에, 좀처럼 수리해서 계속 살려고 하는 사람은 없습니다. 그러나 집을 부셔 버리면 그 나무가 보존하고 있던 탄산가스가 배출되어 버립니다. 지구 환경을 지키는 데에서도 전면 수리를 권하고 싶습니다.

1 **일본 가옥의 상황에 대해서 서술하고 있는 것은 어느 것인가?**

1 100년 이상된 건물은 전부 문화재이다.
2 50년 이상된 목조 건물은 허물어진다.
3 보통 일본 가옥은 30년에 재건축된다.
4 50년이나 지난 목조 가옥은 거의 없다.

2 **옛날 일본 가옥과 오늘날 일본 가옥의 가장 큰 차이는 무엇인가?**

1 옛날 가옥은 좀처럼 낡아지지 않았지만, 오늘날 가옥은 금세 낡아진다.
2 옛날 가옥은 파손되기 어려웠지만, 오늘날 가옥은 파손되기 쉽다.
3 옛날 가옥은 100년 유지됐지만, 오늘날 가옥은 30년밖에 유지되지 않는다.
4 옛날 가옥은 외부부터 못쓰게 됐지만, 오늘날 가옥은 내부부터 못쓰게 된다.

3 **저자의 집 수리나 재건축에 대한 의견은 어느 것인가?**

1 손질해서 될 수 있는 한 오래 계속 사는 것이 좋다.
2 집은 스스로 수리하는 게 좋다.
3 전면 수리하기보다 재건축하는 게 좋다.
4 집이 파손되지 않도록 배관 등을 외부로 하는 것이 좋다.

해설

〈질문 1〉은 '일본 가옥의 상황'을 묻고 있다. 선택지 1번은 '지문에서는 100년 이상된 건물은 그 자체가 역사적인 가치가 있는 것이 대부분이라고 했지만, 전부가 아니며 또한 문화재가 되었다고도 말할 수 없다. 선택지 2번은 '50년 이상된 목조 건물은 허물어진다'고 했는데, 지문에는 50년 이상된 목조 건물을 좀처럼 볼 수 없다고만 했다. 선택지 3번은 지문에서 30년 정도에 재건축된다는 것은 목조 건물로, 목조 건물이 보통의 일본 가옥은 아니므로 틀리다. 선택지 4번은 50년 이상된 목조 건물은 좀처럼 볼 수 없다고 한 지문과 일치하므로 정답이 된다.

〈질문 2〉는 '옛날 일본 가옥과 오늘날 일본 가옥의 가장 큰 차이점'을 묻고 있다. 선택지 1번은 지문에서 얼마나 빠르게 낡아지는가에 대한 언급은 없으므로 틀린 내용이다. 선택지 2번은 지문에서 '옛날에 일본 집은 목욕탕이나 화장실이 떨어져 있었기 때문에 집 그 자체가 파손되기 어려웠지만, 지금은 모든 것이 집 안에 있기 때문에 내부부터 못쓰게 됩니다'라고 했으므로 정답이 된다. 선택지 3번은 '옛날 가옥은 100년 유지됐지만, 오늘날 가옥은 30년밖에 유지되지 않는다'고 했는데, 오늘날 집도 수리하면 계속 살 수 있다. 선택지 4번은 오늘날 집이 내부부터 못쓰게 된다고는 했지만, 옛날 집이 외부부터 못쓰게 된다고는 하지 않았으므로 틀린 내용이다.

〈질문 3〉은 '저자의 집 수리나 재건축에 대한 의견'을 묻고 있다. 저자는 마지막 부분에 집을 재건축할지 수리할지는 집주인의 의식에 달려 있으며, 전면 수리가 신축보다 현저하게 저렴한 것이 아니라서 수리해서 계속 살려는 사람이 그다지 없다고 안타까워하고 있다. 그러면서 지구 환경을 지키기 위해서라도 전면 수리를 권하고 싶다고 했으므로, 선택지 1번 '손질해서 될 수 있는 한 오래 계속 사는 것이 좋다'가 정답이 된다. 선택지 2번은 '스스로 수리한다'는 부분이, 선택지 3번은 '재건축이 좋다'는 부분이, 선택지 4번은 '배관 등을 외부로 하는 것이 좋다'는 부분이 틀리므로 정답이 되지 않는다.

問題９　次の(１)から(４)の文章を読んで、後の問いに対する答えとして、最もよいものを1·2·3·4から一つ選びなさい。

(1)

発酵食品は微生物や酵素などの働きを利用して、食品から独特の風味や旨みを引き出し、保存性を高めた物である。体に良いことは昔から知られていて、身体の免疫力を高める作用があり、私達の健康維持のためには欠かせない大切な食品だ。

世界各地でその国で豊富に採られる材料で発酵食品を作って食べている。日本では味噌・醤油に加え納豆や各種の漬け物である。お隣の韓国では何と言ってもキムチだろう。西洋ではヨーグルトやチーズが食べられている。そのほかアルコール類も発酵食品である。こちらは飲み過ぎると体を壊すことがあるので注意が必要だ。

ところでそれらに使われている菌だが、それぞれ違っている。例えば味噌や醤油類は麹菌(こうじきん)、納豆は納豆菌、ヨーグルトやチーズ類それにキムチなどの漬け物は乳酸菌、アルコール類は酵母菌、酢などは酢酸菌(さくさんきん)である。

また発酵食品は素材が変化してよりおいしくなったり体によいから作ったというより元々は貴重な食料を長く持たせるための保存方法の一種であった。結果として私たちはおいしく健康によい食料を手に入れることができたのだ。発酵食品は腸内環境を改善して腸を元気にしてくれる。腸は消化器官であるだけでなく自律神経や免疫を司る最も重要な役割を果たしている。様々な種類の菌を一緒に摂ることで更に腸内環境がよくなり腸が元気になるそうだ。例えば味噌とチーズ、キムチと納豆、同じ乳酸菌だけれど生ハムと漬け物の組み合わせなど大変おいしい組み合わせだ。更に相乗効果で100倍にもなるそうだから、見逃す手はない。

1　見逃す手はないと言っているがどういうことか。

1　発酵食品を食べないという選択肢はない。

2　発酵食品の相乗効果を理解できないわけがない。

3　発酵食品の良さを見ないでは済まされない。

4　発酵食品を組み合わせて複数摂るのが良い。

2 発酵食品はどうやってできたか。

1 偶然ばい菌が入って生まれた。
2 おいしさを探求した結果生まれた。
3 数種類の菌を入れたので生まれた。
4 微生物や酵素が働いて生まれた。

3 本文の内容と合っているのはどれか。

1 最近発酵食品の良さが知られるようになった。
2 いくつかの発酵食品を同時に食べるのが良い。
3 発酵食品は悪くならないので便利だ。
4 腸のためには発酵食品を食べる量が最も大切だ。

(2)

最近、サルコペニア肥満に気をつけろと言われている。サルコペニア肥満とは全身の筋肉量が減りそのために筋力が低下する症状である。主な原因は加齢であるが、無理なダイエットをした若者にも症状は現れる。筋肉量が少なく脂肪が多い体だと痩せた人でもサルコペニア肥満と言われる。しかしその多くはやはり高齢者だ。年齢と共に筋肉が落ちてくるのは自然なことだからだ。老化は足からと言われるが、足が衰えるとどうしても全身の動きが悪くなる。体が動かなくなるし動きたくなくなる。<u>その悪循環で益々症状が進む</u>。しかしたとえ80歳になっても運動することでそれを防ぐことができる。特別に何かをして体を鍛えるのは大変だが、日常生活上のちょっとした工夫で身を守ることができる。例えば料理中や歯磨きなどをするようなときに足を肩幅に広げて膝を軽く曲げた状態を保って立つ。そして体重を右の太ももに10秒間かける。次に同様に左に10秒かける。そして両足の太ももにも10秒間かける。なるべくこの動作を繰り返す。歩くときにも工夫が必要だ。理想的な歩幅(ほはば)(注)は身長×0.45だそうだが、なるべく大股で歩いたほうが普段使わない筋肉を使うことになるのでよい。更に早歩きをするともっとよい。1日10分程度でも効果があるそうだ。

(注) 歩幅(ほはば)：歩くときに広げる足と足の間の長さ

4 サルコペニア肥満とはどうなることか。

1 高齢者の筋肉が低下すること
2 足の筋肉量が減少すること
3 体が全く動かなくなること
4 筋肉の減少で動きが鈍ること

5 その悪循環で益々症状が進むとはどういうことか。

1 足が衰えると動きたくなくなる、動かないと更に足が衰える。この繰り返しでサルコペニア肥満が悪化する。

2 足が動かなくなると体の他の部分も動かなくなる、体の部分からまた足に麻痺が移って次第に体が動かなくなる。つまりサルコペニア肥満が悪化する。

3 筋肉量が減ると筋力が低下し、筋力が低下すると筋肉量が減る。この状態が続いて歩けなくなってサルコペニア肥満が悪化する。

4 足の筋肉が人間の動きの中で最も大切なので全身に影響を及ぼしてサルコペニア肥満が悪化する。

6 サルコペニア肥満を予防するために一番良いのはどれか。

1 太らないように注意すること

2 ダイエットをしないこと

3 筋肉量を落とさないこと

4 なるべく長く歩くこと

(3)

経営が苦しい中「観光列車」を走らせる鉄道会社が増えてきた。ＪＲ九州(きゅうしゅう)の「ななつ星(ぼし)」の成功に倣っているのである。2013年に初めて登場した豪華観光列車で車内の豪華さは認めるものの１泊２日コースで１人18万円から、３泊４日コースで１人70万円になる運賃設定に度肝を抜かれた。こんなに高い列車に乗る人がいるのかと訝(いぶか)(注１)ったが、蓋を開けてみると予約が抽選になるほどの大人気だった。①それは列車が単に移動手段以上の価値が持てることを証明した瞬間であった。その後、日本中を豪華観光列車を始め様々な観光列車が走るようになった。特別料金を取るのが普通で、それが鉄道会社の経営の助けにもなっているようだ。

実は既に2011年には阪急電鉄(はんきゅうでんてつ)では「京(きょう)とれいん」という京都の町屋(まちや)をイメージした観光列車を走らせていた。外国人にも評判がよく集客にも役立っている。そのため更に2019年に「京(きょう)とれいん雅洛(がらく)」を導入することにした。こちらはもっと凝(こ)った内装で、１両ごとに季節を定め、円窓(えんそう)(注2)や坪庭(つぼにわ)、枯山水(かれさんすい)など、京都の寺社や町家(ちょうか)で見られる特徴的な構造を取り入れていて、②一度は乗ってみたい列車となっている。しかも特別料金も取らないのだから本当にお客を喜ばせたいという心意気が感じられる。それが却って集客の役に立っているのかも知れない。

(注１) 訝(いぶか)った：不審に思った。怪しんだ

(注２) 円窓(えんそう)：まるまど。風や光を取り入れる丸い形の窓

7　①それはのそれは何を指しているか。

1　豪華観光列車が登場したこと

2　運賃設定に度肝を抜かれたこと

3　様々な観光列車が走るようになったこと

4　すごく高い運賃なのに乗りたい人が大勢いたこと

8 「京とれいん雅洛」はなぜ②一度は乗ってみたい列車なのか。

1 特別料金がいらないから

2 １両ごとに違う車両だから

3 内装が京都らしい構造だから

4 京都の寺社や町家についてわかるから

9 観光列車の説明で正しいものはどれか。

1 内装が豪華である。

2 外国人乗客が多い。

3 様々な列車が走っている。

4 ただで乗れる列車もある。

(4)

　ビジネスモデルに完璧なものはない。ひところ持てはやされた「ジレット・モデル」もそれを免れることはできなかった。「ジレット・モデル」とはコピー機や印刷機などを売る時に本体を安くして、利益はインクやトナーなどの消耗品で稼ぐ方法である。これは結構有効で製品によってはインクカートリッジの全色４回分で本体が買えるほどの安さで売って、高い消耗品を売りつけるようなこともあった。消耗品で利益を出すのである。

　しかしこれに抗(あらが)うように消耗品の模造品が後を絶たない状況も生じた。そもそも発展途上国では最初からこのビジネスモデルは通用しなかった。消費者は本体を改造して高い消耗品を買わなかったのだ。だからメーカーが対抗手段として全く反対とも言える製品を売り出したのもむべなるかな(注)である。大量インクタンクプリンターを開発して従来機の３倍ほどの価格で売り出したのだ。インク代が10分の１ほどで済むので結局は消費者にとって得になる。これで壊れやすい改造品をも駆逐することができた。このような製品が今では途上国だけでなく欧米にも販路を広げているそうだ。さほど印刷量が多くない消費者に合わせた製品も売り出して、こちらもよく売れているそうだ。どの製品もそうだが、使う人の置かれている状況をよく調査する必要がある。(　　　)ということの例である。

(注) むべなるかな：なるほど、もっともなことだなあ

10　どうしてビジネスモデルと反対の製品を売り出したのか。

1　改造プリンターばかり売れたから
2　消耗品がさっぱり売れなかったから
3　消耗品の模造品が後を絶たないから
4　国ごとに違う製品を投入したかったから

11 なぜ改造品が駆逐できたのか。

1 改造品が壊れやすかったから
2 インクが大量に入れられるから
3 改造品を使うメリットがないから
4 新製品が３倍ぐらいの値段だったから

12 （　　　）にどんな文を入れたらよいか。

1 ビジネスモデルは次々と変わっていく
2 どのビジネスモデルを選ぶかが大事だ
3 全てに通用するビジネスモデルはない
4 ビジネスモデルは信用しないほうがいい

3 問題10 내용 이해 - 장문

| 지문내용 | 해설, 수필, 소설 등 1000자 정도의 지문을 읽고 개요나 논리의 전개 등을 이해했는지를 묻는다.

| 문제 수 | 독해 25문제 중 4문제로, 1개의 지문에 4문제가 나온다.

| 문제유형 | 주로 글의 전체 주제를 묻는 문제나 저자의 주장이나 생각을 묻는 문제, 밑줄 친 부분의 의미를 찾는 문제, 문맥을 파악하는 문제 등의 형태로 출제된다.

| 풀기요령 | 필자가 글을 쓴 의도나 주장을 묻는 문제는 문장 전체의 의미를 파악하는 것이 중요하다. 또한 키워드를 찾거나 필자가 강조하는 바가 무엇인지 요지를 파악하는 것도 중요하다. 보통 마지막 부분에 결정적 힌트가 나오는 경우가 많다.

문제 유형 예시

問題10　次の文章を読んで、後の問いに対する答えとして最もよいものを、1・2・3・4から一つ選びなさい。

暮らしの中で身近な木といえば、街路樹と公園の樹木、そして住宅の庭の木あたりでしょうか。いずれも毎日目にはしているものの、あらためて意識することは少ないと思います。でも、例えばこれがすべて枯れてしまったとしたらどうでしょう。なんとも寂しく無味乾燥な、あるいは何か病気を連想させるようなイメージのまちになってしまうのではないでしょうか。また、昨今は、維持管理の面などから街路樹を植えないまちなどもあるようですが、一見近代的、未来都市的なイメージもしますが、うるおいややすらぎのないまちのようにも見えます。このようにまちの樹木は、実はとても大きな役割を持っています。

では、この木々たちは、ただ植えるだけ、存在するだけでいいのでしょうか。そうではありません。そこに意味や意義がなければならないのです。わかりやすく言うと、街路樹の樹種(じゅしゅ)を何にするかというようなことです。その土地の植生(注1)を踏まえ、その上に歴史性や未来性を重ね合わせる。季節の移ろいの中で、人々がその木をどのように眺めながら暮らしていくのか。そんな積み重ねの上にはじめて「ここにはこの木を植えよう」ということになる。それ①がその木がその場所に存在する意義です。

住宅の庭木も同じです。単に自分の好みばかりでなく、その木が住宅街の小路をどのよ

실전 감각 익히기　내용 이해 - 장문

例題　**次の文章を読んで、後の問いに対する答えとして、最もよいものを1･2･3･4から一つ選びなさい。**

バラの花は世界中に２万５千種類もある。様々なバラが誕生したのは人工受粉の繰り返しによる品種改良が続けられたからだ。世界中のバラの育種家が新品種を生み出す競争を繰り広げている。毎年各地で品評会が開かれているが、2009年のジュネーブ国際バラコンクールで「金のバラ賞」に選ばれたのは、オランダから出品された菫(すみれ)に似た香りがする薄紫のバラだった。

青いバラは英語で不可能という意味で使われている。多くの育種家が挑戦したが全て失敗に終わった。実はバラには青い色素がないので出来ないのは当然だったのだ。手に入れられないと余計に欲しくなるのが人情だ。そこでオランダの会社が白いバラに染料を吸わせて青いバラを作って売り出した。１本600円ぐらいで他の色より高めだが結構注文があるそうだ。これは本当に真っ青だ。難点は時間が経つと青い色が茎から染み出してしまうことだ。しかし造花ではない本物の生きたバラだ。

2004年にこれとは全く違う本物の青いバラが生まれた。人工受粉ではない。日本とオーストラリアの共同開発で青色の遺伝子を組み込むことに成功したのだ。青いバラを作ることは大変困難で、研究途中で1999年には青いカーネーションの開発に成功したが、その後青いバラが完成するまでに14年もかかり、更に発売までになんと５年も待たなければならなかった。2009年に６千本を１本２千円ほどで発売したが直ぐに完売となった。現在増産体制に入ったが、世界市場を目指すにはまだ時間がかかりそうだ。

実はこの青いバラは確かに青い色素が含まれている本物だが、見た目は青と言うより紫に近い。ただその色が何とも上品で見る人を感動させる。私はもうこれで十分だと思うが、将来もっと青いバラが誕生するかもしれない。このような地上にはない物を創造することは生態系を壊すと危惧(きぐ)(注)する人もいる。カーネーションは花粉をほとんど作らないし、青いバラは青色遺伝子が花粉にないので量産し市販しても問題が起きない。しかし遺伝子組み換えで作った新種が自然界の他の種に影響する可能性もある。当然開発は慎重に進めなければならないし、自然界へ影響するようなことは絶対に避けなければならない。しかし人間の欲望には限りがなく、今は百合や菊などの他の花でも青い花を作りだそうとしている。
　私自身はどうしても青いバラを手に入れたいという欲望もなく、自然の花で十分だと考えている。研究者たちの探求心も理解できるが、ただ自然界に影響を与えるのではないかとの不安が拭いきれない。

(注) 危惧（きぐ）する：恐れる、不安になる

1　**新品種のバラの開発についての説明はどれか。**

1　今まで人工受粉によって数多くの新品種が生まれた。
2　人工受粉でのみ新品種は作られている。
3　遺伝子組み換えの青いバラ誕生後は新品種の開発が減った。
4　遺伝子組み換え以外の新品種の開発は難しい。

2　**２種類の青いバラの違いは何か。**

1　生花か造花か
2　販売できるかどうか
3　増産ができるかどうか
4　青い色素があるかどうか

3　**青いバラの研究を進める上で生じたことは何か。**

1　人工受粉での新品種の成功
2　青いカーネーションの成功
3　青い百合の花の成功
4　白バラで作った青いバラの成功

4　**青いバラの完成に対する著者の意見でないのはどれか。**

1　青いバラが紫っぽくてももう十分だ。
2　研究者が研究を極めたいと思うのは当然だ。
3　遺伝子操作が自然界に影響してはならない。
4　色々なバラを作り出してほしい。

해석 및 해설

해석

장미꽃은 전 세계에 2만 5천 종이나 있다. 다양한 장미가 탄생한 것은 인공 수분의 반복에 의한 품종 개량이 계속되었기 때문이다. 전 세계의 장미 품종 개량가가 신품종을 만들어내는 경쟁을 벌이고 있다. 매년 각지에서 품평회가 열리고 있는데, 2009년의 제네바 국제 장미 콩쿠르에서 '금 장미상'으로 뽑힌 것은 네덜란드에서 출품된 제비꽃과 비슷한 향기가 나는 옅은 자주빛 장미였다.

파란 장미는 영어로 불가능이라는 의미로 사용되고 있다. 많은 품종 개량가가 도전했지만 모두 실패로 끝났다. 사실 장미에는 파란 색소가 없기 때문에 불가능한 것은 당연했던 것이다. 손에 넣을 수 없으면 괜히 더 갖고 싶어지는 것이 인지상정이다. 그래서 네덜란드의 회사가 흰 장미에 염료를 흡수시켜 파란 장미를 만들어 팔기 시작했다. 한 송이에 600엔 정도로 다른 색보다 조금 비싸지만 주문이 꽤 있다고 한다. 이것은 정말로 새파랗다. 단점은 시간이 지나면 파란색이 줄기부터 번져 나온다는 것이다. 그러나 조화가 아닌 진짜 살아 있는 장미이다.

2004년에 이것과는 전혀 다른 진짜 파란 장미가 만들어졌다. 인공 수분이 아니다. 일본과 호주의 공동개발로 파란색의 유전자를 넣는 데 성공한 것이다. 파란 장미를 만드는 것은 매우 어려워서 연구 도중에 1999년에는 파란 카네이션의 개발에 성공했지만, 그 후 파란 장미가 완성되기까지 14년이나 걸렸고, 게다가 발매까지 무려 5년이나 기다리지 않으면 안 되었다. 2009년에 6천 송이를 한 송이 2천 엔 정도에 발매했지만 금세 전부 팔렸다. 현재 증산 체제에 들어갔지만, 세계 시장을 목표로 하기에는 아직 시간이 걸릴 듯하다.

사실 이 파란 장미는 확실히 파란 색소가 들어가 있는 진짜지만, 겉보기에는 파랑이라기보다 자주색에 가깝다. 단 그 색이 정말이지 품위 있어 보는 사람을 감동시킨다. 나는 이제 이것으로 충분하다고 생각하지만, 장래에 더욱 파란 장미가 탄생할지도 모른다. 이와 같은 지상에는 없는 것을 창조하는 일은 생태계를 파괴한다고 염려하는 사람도 있다. 카네이션은 꽃가루를 거의 만들지 않고, 파란 장미는 파란색 유전자가 꽃가루에 없기 때문에 양산하여 시판해도 문제가 일어나지 않는다. 그러나 유전자 조작으로 만든 신종이 자연계의 다른 종에 영향을 줄 가능성도 있다. 당연히 개발은 신중하게 진행해야 하며, 자연계로 영향을 주는 일은 절대로 피하지 않으면 안 된다. 그러나 인간의 욕망에는 한계가 없어서 지금은 백합이나 국화 등의 다른 꽃에서도 파란 꽃을 만들어내려 하고 있다.

나 자신은 어떻게든 파란 장미를 손에 넣고 싶다는 욕망도 없고, 자연의 꽃으로 충분하다고 생각하고 있다. 연구자들의 탐구심도 이해할 수 있지만, 단지 자연계에 영향을 주는 것은 아닐까 하는 불안감을 떨칠 수 없다.

(주) 危惧する : 두려워하다, 불안해지다

1 **신품종 장미 개발에 대한 설명은 어느 것인가?**

1 지금까지 인공 수분에 의해 수많은 신품종이 생겨났다.
2 인공 수분으로만 신품종은 만들어지고 있다.
3 유전자를 조작한 파란 장미 탄생 후에는 신품종의 개발이 줄었다.
4 유전자 조작 이외의 신품종 개발은 어렵다.

2 **두 종류의 파란 장미의 차이는 무엇인가?**

1 생화인가 조화인가
2 판매 가능한가 아닌가
3 증산이 가능한가 아닌가
4 파란 색소가 있는가 없는가

3 **파란 장미의 연구를 진행하는 데에서 생겨난 것은 무엇인가?**

1 인공 수분에서의 신품종의 성공
2 파란 카네이션의 성공
3 파란 백합꽃의 성공
4 흰 장미로 만든 파란 장미의 성공

4 **파란 장미의 완성에 대한 저자의 의견이 아닌 것은 어느 것인가?**

1 파란 장미가 자주색 같아도 이미 충분하다.
2 연구자가 연구를 끝까지 하고 싶다고 생각하는 것은 당연하다.
3 유전자 조작이 자연계에 영향을 주어서는 안 된다.
4 다양한 장미를 만들어냈으면 한다.

해설

〈질문 1〉은 신품종 장미 개발에 대한 설명으로 올바른 것을 묻는 문제이다. 첫 번째 단락에서 전 세계적으로 장미꽃은 2만 5천 종이 있고, 이런 다양한 장미가 탄생한 것은 인공 수분의 반복에 의한 품종 개량이 계속되었기 때문이라고 했다. 이것과 관련 있는 선택지 1번 '지금까지 인공 수분에 의해 수많은 신품종이 생겨났다'가 정답이 된다.

〈질문 2〉는 두 종류의 파란 장미의 차이를 묻는 문제이다. 지문에서는 파란 색소가 없는 장미를 파란 장미로 만들기 위해, 흰 장미에 염료를 흡수시켜 만든 파란 장미와 장미에 파란색 유전자를 넣어 유전자 조작으로 만든 파란 장미에 대해서 설명하고 있다. 따라서 이 두 종류의 파란 장미의 차이는 파란 색소가 있는가 없는가이므로 정답은 선택지 4번이 된다.

〈질문 3〉은 파란 장미의 연구를 진행하는 데에서 생겨난 것이 무엇인지를 묻고 있다. 지문의 세 번째 단락에서 2004년에 파란색 유전자를 넣어 파란 장미를 만드는 데 성공했다고 하면서, 파란 장미를 만드는 것이 매우 어려워 연구 도중에 파란 카네이션 개발에 성공했지만, 그 후 파란 장미가 완성되기까지 14년이 걸렸다고 했다. 즉 파란 장미를 개발하는 과정에서 파란 카네이션이 만들어졌다고 했으므로, 정답은 선택지 2번 '파란 카네이션의 성공'이 된다.

〈질문 4〉는 파란 장미의 완성에 대한 저자의 의견이 아닌 것을 묻는 문제이다. 저자는 유전자 조작에 의한 파란 장미가 보기에는 파랑이라기보다 자주색에 가깝다고 하면서도 이것으로 충분하다고 생각한다고 했다. 또한 유전자 조작으로 만들어진 신종이 자연계의 다른 종에 영향을 줄 가능성이 있으므로, 개발은 신중하게 진행되어야 하고 자연계로 영향을 줄 수 있는 것은 절대로 피해야 한다고 했다. 그리고 마지막 단락에서 자연의 꽃으로 충분하다고 하면서 연구자들의 탐구심도 이해할 수 있다고 했다. 따라서 이런 저자의 의견과 다른 선택지 4번 '다양한 장미를 만들어냈으면 한다'가 정답이 된다.

問題10 次の(1)から(4)の文章を読んで、後の問いに対する答えとして、最もよいものを1・2・3・4から一つ選びなさい。

(1)

日本人は昔から言葉遊びが好きだ。詩の形式の一つである「和歌(わか)」では１つの言葉に２つ以上の意味を持たせる「掛詞(かけことば)」という技法が使われた。①掛詞は表面上の意味の他に隠された意味を持たせることができる。日本語は同音異義語が多いのでこのようなことができるのだ。「花の色はうつりにけりな、いたづらにわが身世にふるながめせしまに」という小野小町(おののこまち)(９世紀の女流歌人)の有名な和歌がある。この和歌の「ながめ」には「長雨(ながめ)」と「眺め」、また「ふる」には「降る」と「経る」の意味がある。だからそれぞれ②前者の意味で訳すと「美しい花の色はいつの間にか色がさめてしまったわ。むだに長雨が降っていた間に」となり、後者なら「私の顔だちも最もいいときは過ぎてしまったわ。つまらないことをあれこれ考えている間に」となる。このように昔から言葉を洒落(しゃれ)て使うのが粋(いき)だと思われていた。

言葉遊びの１つに「回文(かいぶん)[(注1)]」がある。回文は前から読んでも後から読んでも同じ言葉になる。「新聞紙(しんぶんし)」はこれに当たる。「竹藪焼けた(たけやぶやけた)」も有名だ。「ぎなた読み」というのもある。言葉や文の区切りを間違えたり、わざと違えて読んだりすることだ。有名なのは「ここではきものをぬいでください」だ。「ここで、はきものを脱いでください」あるいは「ここでは、きものをぬいでください」になる。「履き物」と「着物」では大違いだ。間違えたら笑い事ではない。同音異義語では面白い話が伝わっている。「とんちの一休(いっきゅう)さん」の話だ。一休さんを困らせたい人が橋のそばに「このはしわたるべからず」と書いた立て札を立てた。これで一休さんは橋を渡れないだろうとワクワクして見ていた。しかし一休さんは気にせず渡ってしまった。「どうして渡ったのだ」と聞くと「端ではなく真ん中を渡ったのです」ととんちで答えたという楽しい話だ。「語呂合(ごろあ)わせ」もある。語呂合わせというのは言葉を似たような音の他の言葉に換えたり、数字に連想される音を当てはめて意味がある言葉や文にしたりすることだ。遊びの面もあるが、実用的に使われることが多い。特に数字を覚えるのに便利だ。1192なら「いいくに」などと言って覚える。神社で「ご縁」があるようにと「５円」

玉を賽銭箱(注2)に入れる人も多い。また反対に縁起が悪いと言葉を換えて使うこともある。語呂合わせではないが果物の「梨」をわざわざ無しの反対の「有りの実」と言ったりするのも面白い。このほかにも日本には様々な面白い言葉の使い方がある。

(注1) 粋(いき)：言うことや態度、趣味などが洗練されていること
(注2) 賽銭箱(さいせんばこ)：神社や寺のお参りする場所の前に置いてあるお金を入れる箱

1 「①掛詞(かけことば)」とは何か。

1 日本の古い歌を作るときに使われた違う意味を持つ言葉の使い方
2 同じ意味の違った言い方の言葉
3 1つの文に2つ以上の意味を持たせる歌
4 同音異義語を使って隠れた意味を持たせる言葉の技法

2 ②前者は何を指すか。

1 長雨と降る
2 長雨と経る
3 眺めと降る
4 眺めと経る

3 次の中で他とは違う「語呂合わせ」はどれか。

1　２月９日は肉の日

2　３月３日は耳の日

3　４月１８日はよい歯の日

4　１１月１日は犬の日

4 この文の内容を表しているのはどれか。

1　日本語の使い方

2　日本語の面白い言葉

3　日本語の面白い使い方

4　同音異義語

(2)

人はやはり人を求めているのかもしれない。最近、共同生活に人気があるのだ。日本がまだ貧困にあえいでいたころ、親元を離れた地方出身の多くの若者は下宿に住んでいた。食事付きの下宿もあったが、下宿は一般的には家賃が安いのが取り柄だが、トイレや台所は共同で使う決して環境が良いとはいえないただの共同住宅だった。当時は風呂さえない下宿が多く、隣の部屋の住人と一緒にお風呂屋に行くことも珍しくなかった。一緒に住むことはもめ事の原因にもなるが、そこで一生の友達ができたという話も良く聞いた。しかし当時多くの若者は早くこのような環境から抜け出して自分だけの空間を確保したいと望んでいた。だから日本の景気が上向くにつれ、下宿は消え去る運命を辿った。

同様に消えていったものに社員寮がある。安い費用で暮らせるしほとんどの寮は食事も提供していたので、多くの若い社員はそこで暮らしていた。しかし社員寮も前述のような理由①で多くの空き部屋を抱える羽目になった。そして都会には狭いながらも独立したトイレ・バスつきのアパートが所狭しと出現するようになった。

しかし、最近また人と一緒に過ごすことを求める若者が増加しているようだ。シェアルーム・シェアハウス・ゲストハウスなど呼び方は異なるが、いずれも赤の他人と共同生活する場所だ。安さやアパートを借りるときの様々な煩わしさを避けるためにこのような住まいを選ぶ人もいる。真っ暗な部屋に帰宅したくない人もいる。時には女性の一人暮らしで危険な目にあったので引っ越してきたと言う人もいる。一人は寂しいからと言う人もいる。以前との違いはわざわざ住人同士が交流できるような空間、あるいは行事などが設けられている共同住宅が多いことだ。リビングあるいは食堂でいろいろな人と過ごすことができる。雑多な人が集まるから、普通の生活では決して出逢わなかったような人と知り合えるのも楽しみの一つだ。様々な人の体験を聞いたり、意見を交換したり、当然集団生活のマナーも養うことができるし、コミュニケーション能力も磨ける。それに一人になりたいときは自分の部屋に引きこもることもできる。人との距離感がほどほどで良いのだ。中には同じ目的の住人だけを募る共同住宅もある。ミュージシャンやファッションデザイナー、漫画家やイラストレーターなどそれぞれの分野の卵たちが一緒に暮らすことは互いに刺激して思わぬ効果を生み出す②こともあるそうだ。

勿論、共同生活は良いことばかりではない。誤解や喧嘩(けんか)もあって、苦しい立場に立たされることもあるだろう。しかし③補って余りある何かが人々を引きつけているのではないだろうか。

5 ①前述のような理由とは何か。

1 自分だけで使える住まいが欲しい。
2 いつも人と一緒にいるのは嫌だ。
3 もめ事がない生活がしたい。
4 トイレや風呂が欲しい。

6 ②思わぬ効果を生み出すとあるが思わぬ効果ではない例はどれか。

1 忙しいときに代わりに食事を作ってもらう。
2 同じ目標を持っているので自分も頑張ろうと思う。
3 作品の作成過程で的確な助言をもらう。
4 一緒に作品を作りあげることができる。

7 ③補って余りある何かとは何か。

1 良いことほど嫌なことがないこと
2 良いことと嫌なことが同じぐらいあること
3 嫌なことを帳消しにしてくれる良いこと
4 良いことよりもめ事など嫌なことが多いこと

8 共同生活に対する作者の考えはどれか。

1 コミュニケーション能力を養う一番よい場所である。
2 絶えず人と一緒に過ごせるから寂しくない。
3 会話を通じて友達がたくさんできる。
4 共同生活は悪い点もあるが魅力的なようだ。

(3)

子供のころ新聞の求人欄で「細面」という漢字がずらっと並んでいるのを見て、やっぱりどこの会社も細面（ほそおもて）、つまり美人を採用したいんだなと勘違いした。詳しいことは会ってからという「委細面談（いさいめんだん）」の略だと知ったのは結構大人になってからだった。笑い話のような話だが、実は狭い広告欄にできるだけ多くの情報を詰め込むための略語だったのだ。

日本人は昔から略語をたくさん作ってきた。「細面」は違うが略語は組み合わされた言葉のそれぞれの頭を取って作られた物が大半だ。それで十分意味が通じた。例えば「断トツ」は断然とトップ、「電卓」は電子式卓上計算機、「省エネ」は省力エネルギー。これらは既に元の語彙が不明なほど浸透している。アルファベットもある。日本放送協会はNHKとして周知されていて、<u>正式名のほうが霞んでいる</u>①有様だ。

また「サ」や「パ」という一文字のカタカナ略語もある。「500円(税サ込)」は税金・サービス料・込み、「鍋パ」は鍋パーティー、「サ高住」はサービスつき高齢者住宅という意味である。これらは文字で見れば想像が可能だが音だけ聞いたのでは全く何のことだかわからないだろう。略語が新語として独り歩きするには、「ポケットモンスター」の略である「ポケモン」のように、多くの人に認識され使われるようにならなければならない。「鍋パ」は新語として話言葉でも使用される可能性は高いが、残りの２つは新語誕生とまでは言えず、書き言葉でのみ使用されるに留まるに違いない。私は「国連」が国際連合の略だと知った時、じゃ「国際連盟」はどうするんだと考えるようなへそ曲がりの子供だったが、今では<u>それ</u>②がよく理解できる。

現代人は多忙である。短時間にメールでやり取りしなければならない。だから短文の中に多くの情報を入れようとするのでどんどん便利な略語を使用するようになった。「了解→りょ→り」という略語があるが「り」は<u>究極の略語</u>③だと思う。

新し物好きの若者たちは遊び心溢れる様々な略語を使用している。「あね」と書かれていてもお姉さんのことではない。「あ～なるほどね」という中抜きの略語だ。「乙」は「おつ」という音から「お疲れ様」の意味で使う。これらの略語はまだ一般にまで浸透していない。これらは今の段階ではメールの中だけで使用される語彙に留まる可能性が大だろう。

今後も文字の入力の省力化が進み略語が益々創られていくのは確かだ。どんな略語が創作されるかわからないが、ちょっとほっとするような言葉や笑えるような言葉が作られないかなあと思うのである。

9 ①正式名のほうが霞んでいるとはどういう意味か。

1 日本放送協会という名称は消えている。
2 今はNHKという名称が席巻している。
3 日本放送協会よりNHKのほうが好きだ。
4 NHKという名称はほとんど使われなくなっている。

10 ②それは何を指しているか。

1 「国際連盟」に略語が作られなかったこと
2 「国連」は既に周知されていた言葉になっていたこと
3 「国際連合」も「国際連盟」も「国連」でよいということ
4 「国連連合」が「国際連盟」より多くの人に知られていたこと

11 なぜ③究極の略語だと言っているか。

1 「り」が一文字だから
2 「り」がひらがなだから
3 「り」は簡単にかけるから
4 「り」はこれ以上略せないから

12 作者の意見はどれか。

1 遊び心がある略語が広まってほしい。
2 略語は実用的なので短ければ短いほどよい。
3 誰にでも意味がわかる略語でなければ役に立たない。
4 略語には実用性が必要だが、楽しい略語もできるといい。

(4)

日本人は寄付をしないと言われている。確かに個人の寄付が30兆円を優(ゆう)に超えているアメリカなどに比べると日本は８千億円に満たない年が多いからそれは事実だろう。しかし災害が起きた場合は別で、東日本大震災が起きた2011年には１兆円を超えた。日本人はいざと言う時は寄付するが普段は自助努力するのが当然という立ち位置なのだろう。<u>これは</u>①日本がある面平等な社会で誰にでもチャンスがある社会だからだという説もある。しかし近年、特に貧困の連鎖が問題になっていることを考えると最早そうとは言えなくなっている。

昔から寄付する人が少なかったわけではない。寺社との結びつきが強かった時代はそれなりに寄付する人も多かった。橋や用水路脇に寄付者の名前が刻まれているのを見てもそれらが寄付で造られたことがわかる。今ではこれらは国や地方公共団体がすべき仕事になっている。また今でもそうだが多くの地域の祭りなどの行事は寄付で賄われていた。しかし年々宗教や地域との結びつきが減ったこともあって寄付も減ってきた。

寄付は見返りを求めるものではないが、寄付した結果として様々な物を得ていると思う。寄付する理由は主に①寄付の大きな動機付けとなっている大変な状況にあることを知ったため、②名誉のため、③節税のため、④例年の習慣、⑤以前助けられたため、⑥よりよい未来を実現するため、⑦自分にできないことをやってくれているため、⑧寄付できる幸せや喜んでもらえる幸せのための８つである。実利的な物もあるが精神的な物も多いのである。理由が何であれ寄付習慣が根付いてほしい。

だから寄付を増やすにはこれらを刺激すればよい。特に③が有効であるようだ。アメリカなどで寄付が多いのは宗教もあるが節税のためが大きいと言う。それで日本でも2008年、寄付を促すべく「ふるさと納税」という寄付システムを取り入れるようになった。ふるさと納税は2,000円を超える部分について一定限度まで原則として所得税と地方税を合わせて全額が控除される。その上、その地方の返礼品がもらえることが多いから納税者にとってかなりお得な制度である。だから初年度は約73億円ほどに留まっていたが、最近では約5,000億円になっている。多くの「ふるさと納税」にはかなり高い返礼品が付いているが、この中にも<u>本来の寄付</u>②と言える「ふるさと納税」もあって、返礼品がないにもかかわらずかなりの金額を集めている。

また新しい手段として注目されているのは、いわゆる資金調達の手段であるクラウドファンディングである。こちらも見返りはほとんどないが対象を見ることができるし目標額がはっきりしていて、インターネットで簡単に寄付することができるので利用者もかなりいる。寄付した後お金がどのように使われているかなどを知ることができるので対象を身近に感じられるのでこちらのほうが寄付した喜びが大きいようだ。元々寄付の対象との関りがある人も寄付した結果を見届けたい人も寄付するから今後有望な寄付手段になると思う。

13 ①これはのこれは何を指しているか。

1 寄付は全く必要ないという考え方
2 お互いに助け合うのが当たり前だという考え方
3 自分で何とかするのが当たり前だという考え方
4 自然災害が起きた時に寄付しなければならないという考え方

14 ②本来の寄付というのは何か。

1 節税にならない寄付
2 得することを目的としない寄付
3 相手のことを考える寄付
4 対象との関りがない寄付

15 著者は今後寄付はどうなっていくと考えているか。

1 災害が起きた時にはたくさん集まるだろう。
2 節税目的の寄付ばかりが増えていくだろう。
3 新しい手段を使う寄付集めが広まるだろう。
4 見返りがない寄付を集めるのは厳しくなるだろう。

16 筆者の考えはどれか。

1 理由があるのであまり寄付しなくても仕方がない。
2 税金対策で寄付するのでもよいから寄付が増えてほしい。
3 自助努力ができない社会になったので寄付するべきである。
4 国や公共団体ではできないことがあるので寄付してほしい。

問題11 통합 이해

| 지문내용 | 합계 600자 정도의 2개 이상의 지문을 읽고 정보를 비교·통합하면서 이해했는지를 묻는다.

| 문제 수 | 독해 25문제 중 2문제로, 1개의 지문에 2문제가 나온다.

| 문제유형 | 주로 같은 화제에 대해 다른 입장에서 쓰여진 신문 기사나 칼럼, 그리고 상담 등의 지문을 가지고 내용을 비교·통합하면서 이해했는지를 묻는다.

| 풀기요령 | 각 지문의 공통적인 내용이 무엇인지, 그리고 다른 내용은 무엇인지를 파악하는 것이 중요하다. 각각 필자의 입장이 어떤지 구분하여 메모해 두는 것이 좋다.

문제 유형 예시

問題11　次のＡとＢの文章を読んで、後の問いに対する答えとして最もよいものを、１・２・３・４から一つ選びなさい。

A

雑談はいろいろな意見を交換し合うことによって、ヒントを得ようというスケールの大きな場である。そこにいる誰もが自由に発言する権利を持っている。仮に自分とは反対意見であっても、まずは聞くという姿勢を保つこと、心理学のカウンセリングと同じである。

そして相手の発言に対して、自分の意見を軽い気分で述べる、それが雑談である。

どんなに間違っている、バカバカしいと思われる意見であっても、いったんそれを受け入れること。「なぜあの人はこのような発言をするのか」と考えていくと、自分がそれまで見落としていたことがあることに気がつくこともある。

「話し上手は聞き上手」という言葉があるように、雑談では「いかに発言するか」よりも「いかに聞くか」が大切になる。

（多湖輝『人の心をつかむ「雑談力」情報が集まる「雑談力」』新講社による）

B

雑談は無駄だという人がいるが、本当にそうだろうか。辞書を調べると「無駄話」という意味もあるが、「さまざまなことを気楽に話し合うこと」という意味もある。気楽な気持ちのとき、人は本音を話すものだ。バカらしいと思う話もあるかもしれないが、

실전 감각 익히기 통합 이해

例題　次のＡとＢの文章を読んで、後の問いに対する答えとして、最もよいものを1·2·3·4から一つ選びなさい。

A

日本の農業従事者は65歳以上の人が６割を占めている。農業は今のままでは安い海外農産物に押されて消滅する運命だ。だからもっと新規参入したい(注1)企業や意欲のある個人の参加者を増やすことが必要だ。そのためには支援制度を充実させなければならない。個々の小規模な農家に補助金を与えて今までの農業を維持するようなことは止めて、海外にも負けない競争力がある農業を経営と考えるやり方を導入していくべきだ。米や果物を海外に売ったり、産直品販売で収益を上げたり、残った野菜を加工して売り出した農家もある。このように創意工夫した農業従事者が報われるシステムを作り出すべきだ。企業なら耕作から加工まで手がけやすい。補助金に頼った産業がどれも衰退しているのを見れば道は自ずから決まっているのではないだろうか。

B

農業は国の基幹産業だ。いくら衰退しても企業化には反対だ。それより今ある農家を食糧自給率(注2)アップという意味からも支えてほしい。企業は利益を追求するから農業には馴染まない。また企業参加により戦前のような地主と小作の制度に戻る恐れもある。地域社会も崩壊するかもしれない。そもそも現在の状況を招いたのは全て国の責任だ。安い海外農産物を無制限に輸入したら、農業が立ち行(ゆ)かなくなるのは自明のことだ。海外との競争に負けないように補助金制度を充実させてほしい。農業に希望が見いだせれば若者も戻ってくる。農業をやりたい人が増えて活性化する。田畑(たはた)は農家の所有物ではあるけれど、環境保護という点からは守るべき国民全体の財産だ。私たちは決して努力したくないというのではないことも申し添えておく。

(注１)　参入したい：市場などに新たに入りたい

(注２)　食糧自給率：国で必要な食料をその国の中でどれだけ用意できるかを表す率

1 ＡとＢ両者が同じ意見なのはどれか。

1 農家に対する補助金の必要性
2 海外農産物の輸入を制限するべきだ。
3 農業の危機的状況に対する認識
4 田や畑は保護しなければならない。

2 本文の内容と合っているのはどれか。

1 両者とも補助金増加を希望している。
2 A氏は自立を、B氏は補助金による農業を進めたい。
3 A氏は農業に希望を持ち、B氏は絶望している。
4 両者とも革新的な方法を採用しようとしている。

해석 및 해설

해석

A

일본의 농업 종사자는 65세 이상인 사람이 60%를 차지하고 있다. 농업은 지금 이대로는 값싼 해외 농산물에 밀려 소멸될 운명이다. 따라서 좀 더 신규로 참여하고 싶은 기업이나 의욕 있는 개인 참가자를 늘리는 일이 필요하다. 그러기 위해서는 지원 제도를 충실히 하지 않으면 안 된다. 개개의 소규모 농가에 보조금을 주고 지금까지의 농업을 유지하는 것은 그만두고, 해외에도 지지 않을 경쟁력 있는 농업을 경영이라고 생각하는 방식을 도입해 나가야 한다. 쌀이나 과일을 해외에 팔거나 산지 직송 판매로 수익을 올리거나, 남은 채소를 가공하여 파는 농가도 있다. 이렇게 창의와 연구를 한 농업 종사자가 보상을 받는 시스템을 만들어내야 한다. 기업이라면 경작에서 가공까지 직접 다루기 쉽다. 보조금에 의지한 산업이 모두 쇠퇴하고 있는 것을 보면 길은 자연히 정해져 있는 것은 아닐까?

B

농업은 국가의 기간산업이다. 아무리 쇠퇴해도 기업화에는 반대다. 그것보다 지금 있는 농가를 식량자급률 향상이라는 의미에서도 지원했으면 한다. 기업은 이익을 추구하기 때문에 농업에는 어색하다. 또한 기업 참여에 의해 전전(戦前)과 같은 지주와 소작 제도로 돌아갈 우려도 있다. 지역 사회도 붕괴될지도 모른다. 애당초 현재의 상황을 초래한 것은 모두 국가의 책임이다. 값싼 해외 농산물을 무제한으로 수입하면, 농업이 일어설 수 없게 되는 것은 자명한 일이다. 해외와의 경쟁에 지지 않도록 보조금 제도를 충실히 했으면 한다. 농업에 희망이 보인다면 젊은이도 돌아온다. 농업을 하고 싶은 사람이 늘어 활성화된다. 논이나 밭은 농가의 소유물이기는 하지만, 환경 보호라는 점에서는 지켜야 할 국민 전체의 재산이다. 우리들은 결코 노력하고 싶지 않은 것은 아니라는 말도 덧붙여 둔다.

(주1) 参入したい : 시장 등에 새롭게 들어가고 싶다

(주2) 食糧自給率 : 국가에서 필요한 식재료를 그 국가 안에서 얼만큼 준비할 수 있는지를 나타내는 비율

1 **A와 B 양자가 같은 의견인 것은 어느 것인가?**

1 농가에 대한 보조금의 필요성
2 해외 농산물의 수입을 제한해야 한다.
3 농업의 위기적 상황에 대한 인식
4 논이나 밭은 보호하지 않으면 안 된다.

2 **본문의 내용과 맞는 것은 어느 것인가?**

1 양자 모두 보조금 증가를 희망하고 있다.
2 A씨는 자립을, B씨는 보조금에 의한 농업을 추진하고 싶다.
3 A씨는 농업에 희망을 갖고, B씨는 절망하고 있다.
4 양자 모두 혁신적인 방법을 채용하려고 하고 있다.

해설

〈질문 1〉은 A와 B의 같은 의견이 무엇인지 묻는 문제이다. 선택지 1번은 A는 보조금이 필요하지 않다고 했지만, B는 보조금 제도를 충실히 해야 한다고 했으므로 틀리다. 선택지 2번은 B는 해외 농산물의 수입을 제한해야 한다고 했지만, A는 지금 이대로는 값싼 해외 농산물에 밀려 소멸될 운명이라고밖에 말하지 않았으므로 틀리다. 선택지 3번은 A는 '농업은 지금 이대로는~소멸될 운명이다', B는 '현재의 상황을 초래한 것은~농업이 일어설 수 없게 되는 것은 자명한 일이다'라고 말하면서 농업의 상황을 위기라고 인식하고 있으므로 정답이 된다. 선택지 4번은 B는 논이나 밭을 보호해야 한다고 했지만, A는 아무 언급도 없으므로 틀리다.

〈질문 2〉는 선택지 1번에서 B는 '보조금제도를 충실하게 했으면 한다'고 말하지만, A는 '보조금을 주는 것은 그만두라'고 말하고 있다. 선택지 2번 A는 '보조금을 그만두고 싶다' '보조금에 의지한 산업은 쇠퇴한다'고 말하고 있으므로 자립을 추진하고 싶다, B는 '보조금 제도를 충실하게 했으면 한다'고 말하므로 보조금에 의한 농업을 추진하고 싶으므로 정답이 된다. 선택지 3번, A는 농업이 번영하기 위한 아이디어를 서술하고 있으므로 희망을 가지고 있고, B는 '보조금 제도를 충실히~활성화된다'고 서술하며 희망을 가지고 있으므로 맞지 않다. 선택지 4번, A는 다양한 아이디어를 들고 있고 B는 보조금에 의지한다고 하며 새로운 아이디어는 서술하고 있지 않다.

問題11 次の(1)から(4)の文章を読んで、後の問いに対する答えとして、最もよいものを1·2·3·4から一つ選びなさい。

(1)

A

日本は憲法に戦争放棄を規定した第９条があったお陰で1945年に戦争に負けた後現在まで70年以上もどこの国とも戦争をしないで済んできた。戦争はお金がかかることだからそれがどんなにありがたいことか、日本の経済に寄与してきたことかを９条を変えたいと考えている人にもっと認識してもらいたい。９条を変えることは日本が戦争ができる普通の国になることだ。それを阻止したいと戦争の放棄を唱えている９条にノーベル平和賞をと願う運動も始まった。これは一人の主婦が平和賞に選ばれたらもう９条を改正することはできなくなるだろうと考えて始めたことだ。自衛隊の存在を考え９条を改正すべきだと考える国民もいるが、国民全体では９条改正に反対する人のほうが多い。憲法は国の根本を示している法律だからとても大切だ。この平和憲法の存在が世界の人々にも知られているから今まで海外での日本人の活動も欧米とは違って平和のためにしていると理解されてきた。国外に出たことがない人にはなかなか理解されないだろうが、９条によって日本人が守られていることを忘れないで欲しい。

B

日本国憲法を改正しようという動きがある。憲法は国の根幹だからどこの国も憲法が簡単に変更できないようになっている。日本の場合は日本国憲法第96条で「この憲法の改正は、各議院の総議員の三分の二以上の賛成で、国会が、これを発議し、国民に提案してその承認を経なければならない。この承認には、特別の国民投票又は国会の定める選挙の際行われる投票において、その過半数の賛成を必要とする。」と決められている。この条件を満たすことはなかなかできない。それでまず96条を改正し条件を緩めてその後に条項を改正していこうという目論見(もくろみ)(注)がある。議論の的になっているのは第９条戦争の放棄だ。戦争の放棄を表明している第９条の改正については新聞社によって多少数値は違うが、今のところ改正の必要はないと考える国民のほうが多い。

しかし政府は憲法を変えることなく2015年に集団的自衛権の行使を規定した安保法制で事実上憲法９条を無力化させたのである。これにより自衛隊は日本が直接攻撃を受けなくても、日本の安全が脅かされたり、国際社会の平和が危ないと判断された場合には、世界のどこでも出撃できるようになった。安全保障関連法は憲法違反だという意見も根強く、訴訟も起こされているから、実際交戦になっても世論の反対にあって、出撃は難しいだろう。しかし、国民が９条を守ると強く意志表示しなければあっという間に状況が変わる恐れがあることを肝に銘じておいてほしい。９条がやはり平和のよりどころとなっていると思うのである。

(注) 目論見（もくろみ）：計画、企て。

1　AとBの共通認識は何か。

1　９条は改正できないこと
2　憲法改正反対者が多いこと
3　９条を守りたい人のほうが多いこと
4　９条があれば平和が維持できること

2　AとBが念頭に置いておく必要があると言っているのは何か。

1　Aは９条に反対する人のほうが多いこと、Bは世論が大切であること
2　Aは９条が戦争放棄を規定していること、Bは９条が無力になったこと
3　Aは９条が経済や日本人を守ってきたこと、Bは９条を守る意志の表示が大切なこと
4　Aは９条が日本の経済や日本人を助けてきたこと、Bは安全保障関連法で戦争状態であること

(2)

A

日本では2018年に水道民営化を可能にする法律ができました。市区町村の財政では老朽化した水道管などの補修ができず、水道事業が維持できない恐れがあります。解決のために民間の会社に委ねようという考えなのでしょうか。しかし水は生きていくのに欠かせないですから、水の安定的供給は住民にとって身を守る砦(とりで)(注)とも言えます。ですから、弱い経済基盤は都道府県単位にして乗り切ろうと頑張っている地域もあります。日本の水道水はそのまま飲めますが、民間の会社がこの基準を維持しながら利益を出そうとすると料金を上げざるを得ない恐れがあります。実は海外では民間の業者に移管したために水道料金が高騰して困ってまた元に戻した自治体もあるそうです。特に水事業を外国企業に任せるのは後々問題を起こしかねないと思います。逆転の発想で地方自治体が海外の水道事業に参加して利益を得ることなど他の手段も考えたらよいのではないでしょうか。

B

水道事業は自治体にとって頭が痛い問題です。人口が減っていることや節水が浸透しているために使用量が減っています。それに伴い収入も減って水道事業は悪化し続けています。ですから設備の老朽化に伴う修理代が賄えないような自治体が水道事業が破綻する前に民間の事業者に任せるのは仕方がないと思います。民間であれば効率的に運営できるでしょう。空港も民営化で赤字を脱皮したり、自治体が民間に公園の管理を任せたらバーベキューや様々な行事をしたり、民間ならではの発想で利益を上げ自治体の経費を大幅に抑えることができたりして実績を上げています。だからといって不安が拭えるわけではなりませんが、全てを好き勝手にできるわけではありません。自治体の承認の上で行われるのですから心配することはないと思います。それより老朽化施設の修理ができるメリットを優先したほうがよいと思います。

(注) 砦(とりで)：軍隊が配置されている強化された駐屯地。

3 ＡとＢで一致している意見は何か。

1 根本的な解決策は決まっている。
2 過去の例を参考にすべきである。
3 このままでは水道事業が破綻しそうである。
4 自治体の赤字を抑えるために民営化が必要だ。

4 自治体が水道を民営化することに対する意見はどれか。

1 Ａは民営化の悪い点ばかり述べて反対、Ｂは心配なことは全くないと述べて賛成
2 民営化の事例を挙げてＡは反対、Ｂは賛成
3 Ａは水質への心配がなければ賛成、Ｂは自治体の承認が必要なので心配がないから賛成
4 Ａは他の解決方法があるから反対、Ｂは将来の不安はないから賛成

(3)

A

生活を守る手段としては①自助②共助③公助が挙げられる。まず、①自分でできるだけ頑張る、それでも限界になったら②家族や親戚、地域で支え合う、それでも駄目だった場合には③国などが援助すると言う。これを聞いた時一般の人は当然だと考えるだろう。常識だと言えるからだ。しかし、近年貧困に陥る人が多くなっていて、特に貧しい家庭の子供が7人に1人という日本の状況を考えると果たしてこれが正しいのかと疑問を持たざるを得ない。底辺にいる子供達の未来を守るためにはまず③国などの援助が必要だと思うからだ。最低限度の生活だけでなく、教育の機会を平等に与えなければならない。それが結局は国の負担を抑えることになると思う。

B

雇用形態の変化や不況のせいもあって貧しい生活をしている人が増えている。しかしそれを社会のせいにして国や地方自治体が支えるべきだとは思わない。それなりの生活をしている人は努力した結果その生活を得ていると思うからである。どうしても自助努力ができない場合に生活保護というシステムで最低限の生活費を与えることはやむを得ない。しかし、生活保護費より少ない金額で生活している人や同じ程度の収入しか得られない人がかなりいることを考えると、やはりまず、自分や家族などで努力すべきだという考え方をするのは当然だと思える。ただ、教育に関しては別である。貧しいが故に教育が受けられず、将来に希望が持てない子供が生まれるのは理不尽だと考えるからである。

5 ＡとＢが共に取り上げていることはどれか。

1 子供の生活が守られなければならないこと
2 多くの子供達が貧しい生活をしていること
3 貧しい生活は本人のせいばかりではないこと
4 自助努力が当然だと思うことが当たり前であること

6 ＡとＢの意見が同じなのはどれか。

1 子供の貧困を誰が支えるのかについて
2 貧しい人々がなぜ増加しているのかについて
3 子供達の未来は教育にかかっていることについて
4 貧しい人々に対して国はどう援助するべきかについて

(4)

A

現在、日本には約166万人の外国人労働者がいるが、主力は日本に永住する外国人のほかに技能実習生と留学生だ。国が更なる外国人労働者を受け入れるべく特定技能ビザを整えたので、2019年より外国人が入国し始めた。だが他の国がよい条件ならそちらに行くだろう。原則として最長10年、家族帯同不可のビザの条件や賃金などの労働条件が他国に比較して魅力的ではないと思うからだ。また「特定技能」ビザより既に滞在している約38万人の技能実習生の労働環境問題も解決したほうがよい。厚生労働省によると約７割の受け入れ機関が法律違反をしているそうだ。労働時間、安全基準、割増賃金の未払いがその上位を占める。インターネット時代で悪い噂ほどすぐに広まる。日本を選んでもらうためにも今いる外国人労働者を大切にすべきだ。そうすれば８万人弱の不法滞在者問題も解決できるだろう。

B

外国人労働者と言っても種々様々である。高い能力を買われて企業の経営に携わる者もいれば単純労働者もいる。大幅な労働者不足に陥っているのは後者で様々な問題がある。例えば技能実習生は技能を身に付けられるとは名ばかりで、多くは安い賃金で長時間労働など劣悪な労働環境で働くことを余儀なくさせられている。職場の変更ができないので、それに耐えられなくなり逃亡する人や最長でも５年しか滞在できないので更に働きたい人が不法滞在者となって問題になっている。2019年に始まった特定技能ビザはまだましだが、滞在期間は特別な試験に合格するなど高い専門性を身に付けた場合を除いて最長でも10年に限られている。果たしてこれで日本で働きたいと思うだろうか。外国人労働者を使い捨てにするのか家族の滞在なども認めて一緒に暮らす仲間として受け入れるのか。将来のことを考えれば後者が日本の発展に貢献すると思う。

7　ＡとＢが共に最も心配していることは何か。

1　外国人労働者に日本が選ばれないこと
2　法律では外国人労働者が守れないこと
3　多くの国で労働人口が減っていること
4　外国人労働者が起こす問題が多々あること

8　ＡＢの考えはどれか。

1　ＡもＢも外国人労働者は帰国しないほうがよいという考え
2　ＡもＢも外国人労働者は将来日本の発展に役立つという考え
3　ＡもＢも技能実習ビザにも特定ビザにも欠陥があるという考え
4　ＡもＢもまず技能実習生の問題を解決しなければならないという考え

5 問題12 주장 이해(장문)

| 지문내용 | 사설이나 평론 등의 추상적이고 논리적인 1000자 정도의 지문을 읽고, 지문 전체가 전하려고 하는 주장이나 의견 등이 무엇인지를 묻는다.

| 문제 수 | 독해 25문제 중 4문제이며, 난이도가 높다. 1개의 지문이 나오고 4문제가 출제된다.

| 문제유형 | 저자의 의도나 주장을 묻는 문제, 밑줄친 부분의 의미를 파악하는 문제, 내용을 파악하는 문제가 출제된다.

| 풀기요령 | 저자가 글을 쓴 의도나 주장을 묻는 문제이기 때문에 문장 전체의 의미를 파악하는 것이 중요하다. 또한 키워드를 찾거나 필자가 강조하는 바가 무엇인지 요지를 파악해야 한다.

문제 유형 예시

問題12　次の文章を読んで、後の問いに対する答えとして最も良いものを、1・2・3・4から一つ選びなさい。

建築の設計をやっていると様々な職人に出会う。大小を問わずどの現場でも一人や二人、主役(注1)を張れる人がいる。そうした人に出会うのが、現場に通う楽しみのひとつだ。長い時間、図面にばかり接していると、現実を離れて思考が一人歩きすることがよくある。そんな時、彼らからもらう情報がかけがえ(注2)のないものであることが分かる。我々が作り出す図面は、線で描かれた抽象的な記号に過ぎない。彼らは物に触っている。経験則によって裏付けられた、物に近い、深くて確かな情報を持っている。

図面は人間の頭の中だけで作り出されたものだ。それを現実の建物に移し替えるには、木や鉄やコンクリートといった、物から手によって直接に得られる情報が不可欠だ。頭で生み出されたものは、思いこみや錯誤によって間違うことが多いからだ。

今はコンピューターと情報通信の時代だ。それにともなって、手を動かす機会がどんどん少なくなってきている。建築の設計でもCAD（コンピューター利用設計）化の勢いはすさまじい。しかし、その図面は、設計の全体を把握しにくい。きれい過ぎて、何であれ、すべてうまくいっているように見えてしまう。手を経ずに、頭の中だけで作業が完結してしまっているからだろう。

トレーシングペーパー(注3)に鉛筆で苦労をして描かれた旧来(注4)の図面は、そこに描く人の感情

실전 감각 익히기　주장 이해

例題　**次の文章を読んで、後の問いに対する答えとして最も良いものを、1·2·3·4から一つ選びなさい。**

「クラウド・コンピューティング」して、そこに会社のデータを保存するかどうか迷っている企業が多いそうです。企業は今までデータやソフトを自分の会社のパソコンやサーバーに保存していました。しかし「クラウド」ではデータやソフトを外部のサーバーに預けることができます。使うたびにネットを使って取り出します。こうすることで経費は今までの半分ぐらいで済みます。

しかし「クラウド」でデータを社外に保存していてデータが失われたとき、データが外に流出したとき、あるいはその「クラウド」を長期にわたって使い続けることができるかなどの疑問の声が上がっています。

ここで現在の「クラウド」の問題点を整理してみましょう。まず預けたサーバーが故障した場合です。企業活動を行えなくなっては困りますから確実なバックアップが必要です。故障ではないですが、コンピューターが差し押さえられて使えなくなってしまったということが実際に起きたことがあります。そのとき、勿論関係ない会社や個人の情報も一緒に持って行かれたそうです。

次にデータの流出問題です。現在は補償などもそれぞれの契約で決まっています。日本国内で問題が生じた場合、当然日本の法律が適用されます。しかし他の国に「クラウド・コンピューティング」してデータを保存した場合、そちらの国の法律が適用されるでしょう。国によって法律が違います。これでは困ります。ですから将来的には当然世界的な標準ルールが必要です。現在国によっては政府のデータを国外の「クラウド」に保存することを禁じています。自分の国の大切な情報が流れることを恐れたからです。

「クラウド・コンピューティング」導入の経済的効果は大きいです。ですからうまく使うためにも「クラウド」のすべてを民間に任せっぱなしにすることはできないのではないでしょうか。「クラウド」の設置場所・プライバシー保護の方法などを整備して安心して「クラウド」を使えるようにしてもらいたいものです。

今はまだ不安定な要素が多い「クラウド」です。しかし導入による経費の削減も見逃せません。会社の場合、現在できる最良な方法は「クラウド」に任せる資料と自分で持つ資料を分けて管理することではないでしょうか。

1 なぜ企業は「クラウド・コンピューティング」を利用したデータの保存に慎重なのか。

1 どのぐらい経済的かはっきりわからないから
2 どこの国の法律が適用されるかわからないから
3 データの流出や継続使用が可能かわからないから
4 故障した場合の補償がないから

2 今までクラウド・コンピューティングした結果どんな問題が起きたか。

1 コンピューターが差し押さえられた。
2 データが他企業に流出した。
3 コンピューターの故障で企業活動が長時間停止した。
4 バックアップデータが消失した。

3 国がクラウドについてしなければならないことは何か。

1 クラウド使用の促進
2 クラウド使用の環境の整備
3 クラウド使用の危険性の啓蒙
4 公のデータのクラウド保存の禁止

4 著者は会社のクラウドの使用についてどうしたらいいと考えているか。

1 クラウドにデータ管理を任せる。
2 自社でデータを保存する。
3 クラウドと自社の両方にデータを保存する。
4 データをクラウド保存と自社保存にわける。

해석 및 해설

해석

'클라우드 컴퓨팅(인터넷 기반 컴퓨터 기술의 총칭)'해서 거기에 회사의 데이터를 보존할지 어떨지 망설이고 있는 기업이 많다고 합니다. 기업은 지금까지 데이터나 소프트웨어를 자기 회사의 컴퓨터나 서버에 보존하고 있었습니다. 그러나 '클라우드'에서는 데이터나 소프트웨어를 외부 서버에 위탁할 수 있습니다. 사용할 때마다 인터넷을 이용하여 꺼냅니다. 이렇게 해서 경비는 지금까지의 절반 정도로 끝납니다.

그러나 '클라우드'로 데이터를 사외에 보존해서 데이터가 분실되었을 때, 데이터가 외부로 유출되었을 때, 혹은 그 '클라우드'를 장기간에 걸쳐 계속 사용할 수 있는가 등의 의문의 목소리가 나오고 있습니다.

여기서 현재의 '클라우드'의 문제점을 정리해 봅시다. 우선 위탁한 서버가 고장난 경우입니다. 기업 활동을 할 수 없게 되어서는 곤란하므로 확실한 백업이 필요합니다. 고장은 아니지만 컴퓨터가 압류되어 쓸 수 없게 된 일이 실제로 일어난 적이 있었습니다. 그때 물론 관계 없는 회사나 개인 정보도 함께 가지고 갔다고 합니다.

다음으로 데이터의 유출문제입니다. 현재는 보상 등도 각각의 계약에서 정해져 있습니다. 일본 국내에서 문제가 발생한 경우, 당연히 일본의 법률이 적용됩니다. 그러나 다른 나라에 '클라우드 컴퓨팅'해서 데이터를 보존한 경우, 그 쪽 나라의 법률이 적용되겠지요. 나라에 따라 법률이 다릅니다. 이래서는 곤란합니다. 따라서 장래적으로는 당연히 세계적인 표준 규정이 필요합니다. 현재 나라에 따라서는 정부의 데이터를 국외의 '클라우드'에 보존하는 것을 금하고 있습니다. 자국의 중요한 정보가 빠져나갈 것을 우려했기 때문입니다.

'클라우드 컴퓨팅' 도입의 경제적 효과는 큽니다. 따라서 잘 사용하기 위해서도 '클라우드'의 모든 것을 민간에 맡긴 채로 둘 수는 없지 않을까요? '클라우드'의 설치 장소·사생활 보호방법 등을 정비하여 안심하고 '클라우드'를 사용할 수 있게 했으면 합니다.

지금은 아직 불안정한 요소가 많은 '클라우드'입니다. 그러나 도입에 의한 경비 삭감도 간과할 수 없습니다. 회사의 경우, 현재 할 수 있는 최상의 방법은 '클라우드'에 맡기는 자료와 자신이 가진 자료를 분리해서 관리하는 것은 아닐까요.

1 **왜 기업은 '클라우드 컴퓨팅'을 이용한 데이터 보존에 신중한 것인가?**

1 얼마만큼 경제적인지 확실히 모르기 때문에
2 어느 나라의 법률이 적용될지 모르기 때문에
3 데이터의 유출이나 계속 사용이 가능한지 모르기 때문에
4 고장난 경우의 보상이 없기 때문에

2 **지금까지 클라우드 컴퓨팅한 결과, 어떤 문제가 일어났는가?**

1 컴퓨터가 압류되었다.
2 데이터가 다른 기업에 유출되었다.
3 컴퓨터 고장으로 기업 활동이 장시간 정지되었다.
4 백업 데이터가 소실되었다.

3 **국가가 클라우드에 관해서 해야 하는 일은 무엇인가?**

1 클라우드 사용의 촉진
2 클라우드 사용 환경의 정비
3 클라우드 사용의 위험성 계몽
4 공적인 데이터의 클라우드 보존 금지

4 **저자는 회사의 클라우드 사용에 대해서 어떻게 하면 좋다고 생각하고 있는가?**

1 클라우드에 데이터 관리를 맡긴다.
2 자사에서 데이터를 보존한다.
3 클라우드와 자사 양쪽에 데이터를 보존한다.
4 데이터를 클라우드 보존과 자사 보존으로 나눈다.

해설

〈질문 1〉은 기업이 클라우드 컴퓨팅을 이용한 데이터 보존에 신중한 이유를 묻는 문제이다. 두 번째 단락에서 '클라우드로 데이터를 사외에 보존해서~의문의 목소리가 나오고 있다'고 했으므로, 선택지 3번이 정답이 된다.

〈질문 2〉는 지금까지 클라우드 컴퓨팅한 결과 발생한 문제가 무엇인지를 묻는 문제이다. 3번째 단락에 컴퓨터가 압류되어 쓸 수 없게 된 일이 실제로 발생했다고 했으므로 선택지 1번 '컴퓨터가 압류되었다'가 정답이 된다.

〈질문 3〉은 국가가 클라우드에 관해서 해야 하는 일이 무엇인지를 묻는 문제이다. 5번째 단락에서 클라우드의 모든 것을 민간에 맡긴 채로 둘 수는 없다고 하면서, 클라우드의 설치 장소, 사생활 보호방법 등을 정비하여 안심하고 클라우드를 사용할 수 있게 했으면 한다고 했으므로, 이와 관련된 선택지 2번 '클라우드 사용 환경의 정비가 정답이 된다.

〈질문 4〉는 저자가 회사의 클라우드의 사용에 대해서 어떻게 하면 좋다고 생각하는지를 묻는 문제이다. 저자는 마지막 단락에서 클라우드에 맡기는 자료와 자신이 가진 자료를 분리해서 관리하는 것이라고 했으므로, 선택지 4번이 정답이 된다.

실전 연습하기　주장 이해　/ 16

問題12　次の(1)から(4)の文章を読んで、後の問いに対する答えとして、最もよいものを1・2・3・4から一つ選びなさい。

(1)

世界には6000～7000ぐらいの言語があると言われているが、2500もの多くの言語が消滅する危機にあるそうだ。既に200以上の言語が30年あまりのうちに消滅したそうだ。これはグローバル化が進んだ結果に相違ない。狭い地域で暮らしていて、その地域のみで生活が完結するなら、他の言語を知る必要もない。この反対の例が日本の北海道にある。明治時代(1868～1912年)に北海道の開拓が進められた。開拓民は日本各地から集められていてそれぞれ違った文化を持ち故郷で使われていた方言を使っていた。そのため他の地域の人との間に意思の疎通を欠くことになった。物や土地などの売買や労働を依頼したりまたその対価の支払いにも共通の認識が必要だ。そこでお互いのコミュニケーションを取るために使われたいわゆる標準語が北海道に次第に浸透し方言は消えていった。言語は手段であるから相手に通じなければ使われなくなる。必要性が低い言語はどんどん消滅していく。専門家の話では約100万人がその言語を使用していれば100年は存続できるそうだ。これに照らして日本の現状を見ると話者が激減しているアイヌ語や沖縄を中心とした島の方言が危機的状況にあることがわかる。世界的にも政治的にも経済的にも弱者である少数民族の言語が失われつつある。

現在国連の公用語は英語・フランス語・スペイン語・中国語・ロシア語、1973年に追加されたアラビア語の６つである。これらの言語は話者も多いし、経済的にも影響力がある国々で使用されているので消滅する恐れはない。中でも英語の力は強い。かつて植民地だった国が公用語としているだけでなく多くの国が英語を必須言語と見なしている。世界経済がグローバル化している現在、共通のコミュニケーション手段が必要となりそれを英語に求めるのは自然だ。かつて北海道で起きたことが世界規模で起きているような気がする。

しかしコミュニケーション手段として英語が便利であるということと多くの言語の消滅を放置するのは別問題である。言葉はそれを話す人の文化と密接に結びついている。例えば「遠慮」という言葉は英語に訳せないと言われる。それは英語を話す人達にその概念がないからだという説がある。これが事実だとは思わないが、どうしても英語に訳せない事柄が多々あることも知っている。また単なる名詞でさえ、肉食の人たちの言葉には肉の部位を表す言葉がいろいろあり、海の物を食べる人たちの言葉は魚や海草の名前でいっぱいだ。それぞれ生活に必要だからだ。感情について言えば、例えば雨の降り方に関心がある人たちの言語には多くの降り方の違いを表現する細やかな言葉が存在する。つまり言語の消滅はその文化の消滅を意味するのであるからそれは食い止めなければならないことだ。なぜなら多様な文化が存在することは人類にとって大切なことだからである。

1 ①生活が完結するとはどういう意味か。

1 その地域から一歩も外へ出ないこと　2 他の地域から離れて暮らすこと
3 その地域内で衣食住ができること　4 そこの生活が大変豊かであること

2 ②これが事実だとは思わないとあるがこれは何を意味するか。

1 遠慮を一言で英語に訳すことができないということ
2 言葉と文化は密接な関係があるということ
3 英語では遠慮という気持ちが説明できないということ
4 英語を話す人が遠慮という気持ちを持たないということ

3 言語によって同じ分野の言葉の量に偏(かたよ)りがあるのはなぜか。

1 民族によって必要な言葉が違うから
2 民族によって好きな言葉が違うから
3 民族によって習慣が違うから
4 民族によって文化が消滅してしまったから

4 言語が消滅する一番の理由は何か。

1 公用語に選ばれなかったから
2 難しくて理解しにくいから
3 話者や言語の利用価値が減少したから
4 言語を使う民族がいなくなったから

(2)

2020年に厚生労働省が発表した国民生活基礎調査によると、我が国の子供の相対的貧困率は13.5％だそうだ。2012年の16.3％という最悪の数値に比べれば改善しているがまだ相当(注1)高い。相対的貧困率とは国民の標準的な所得の50％未満の収入しかない世帯の割合で、日本の貧困ラインは1人世帯で127万円となっている。これ以下になると普通の生活をすることが不可能になる。日本では7人に1人の子供がOECDの基準以下の生活をしているそうだ。小学生・中学生に学用品や給食の費用を補助する就学援助の受給者数を見ても貧しい子供達が増加してきているのが分かる。1995年度は受給者が約77万人で約6％だったが、2018年度は対象年齢の子供達が減っているにも関わらず137万人に上り14.7％と増加している。数字だけでは貧しさがなかなか実感できないだろうが、困窮(こんきゅう)(注2)度が半端ではない例も出ている。「子供にご飯ぐらいはお腹いっぱい食べさせてやりたい」と嘆く母子家庭の母親がいたり、ご飯一杯にふりかけをかけるだけの貧しい食事をしていたり、それさえできず育ち盛りの高校生が1日菓子パン1つで過ごしているなどと、聞くと経済大国と豪語(ごうご)している政治家達は何をしているのかと言いたくなる。一体どこの国の話かと思うほど貧しいがこれが<u>経済大国日本の現実</u>①である。特に母親と子供の一人親世帯の貧しさが際だつ。母子世帯の8割が働いているにも関わらず困窮生活を送っているそうだ。

貧困が子供達に及ぼす影響は大きい。様々な問題で学力や体力が下がる傾向にある。特に教育の問題は影響力が大きい。満足な教育を受けられないと不安定な職にしか就けないで将来も貧しい生活が続くことが多いからだ。貧しさ故に虐(いじ)めや嘲笑の的になり、自分でもそれを恥じているので貧乏を明らかにしたくない傾向もある。そして自分は駄目な人間だなどと自分に対する自信を喪失してしまい、孤立していくのである。

日本には様々な支援策があるのでそんなに貧しい生活をしなくてもよいはずだが、実際には福祉の手がなかなか届かない。実は貧困者の多くがどんな支援が受けられるかを知らないでいるそうだ。母子世帯には児童扶養手当・就労支援などがあるし、全ての困窮者に公的住居・家賃補助・食料費の補助・光熱費の補助などがある。更に最終的には生活保護制度もある。しかし知識がなくどこに相談したら良いのかも分からない人が大勢いる。無知と非難するより行政のほうで歩み寄り拾い上げるべきではないだろうか。

子供達を希望のない生活に据え置くことはその子供達のためにならないばかりか国にとっても大損害である。子供への支援は長期的に見ると投資だと言えるからである。
②

(注１) 13.5％：OECDの新基準に合わせると14.0％になる。
(注２) 困窮（こんきゅう）：困り苦しむことであるが、ここでは貧しいために生活に苦しむこと

5 ①経済大国日本の現実とあるがどんな現実か。

1 国は経済大国と言われているがほとんどの国民が貧しい状態
2 豊かな国だと言われているが、食事も満足に取れない子供がいる状態
3 経済は一流だが国民の生活は一流とは言えず極端に貧しい人が多い状態
4 一部の人だけが豊かで国民の相対的貧困率が16.3％である状態

6 ②子供への支援は長期的に見ると投資だとはここではどのような意味か。間違っているものを選びなさい。

1 子供は大人になったら働いて日本の経済を支える。
2 子供は将来日本の経済の担い手になって富を生み出す。
3 子供が大人になったときに労働が生み出す利益を得られる。
4 子供にお金を与えれば将来子供がお金を返してくれる。

7 貧困家庭の子供達はどのような状況にいるか。

1 ほとんどの子供が食事ができないほど貧しい。
2 無知な親に育てられていて悲惨な状況にある。
3 なかなか学力や体力が身につけられない。
4 一生貧乏な生活から抜け出ることができない。

8 作者は問題解決のためにどうしたらよいと言っているか。

1 貧しい人々は知識がないので国が教育する。
2 貧しい子供に高等教育を受けさせて職業に就けるようにする。
3 福祉の係のほうから困っている家庭を発見して援助する。
4 福祉の情報を知らせるために家庭訪問をする。

(3)

ちょっとした仕掛をすることで生活上の困った問題を解決する。決して規則などで強制することなくむしろ人々が楽しんで自ら行動してしまう。このように人の行動を変えることで問題を解決する工夫について研究することを「仕掛学」という。

「仕掛」として一番有名なのは「男性用小便器の内側に示された蠅」である。オランダの空港でトイレの便器周りの汚れを何とかしたいと考えて、蠅の印をつけたらほとんどの男性がその蠅を目掛けて排尿するようになったそうだ。勿論清掃の費用が激減したので多くの公共トイレに様々な的が付けられるようになった。

トイレットペーパーを潰して三角形にしたことで使用量を30％ほど減少させた例もある。ライオンの口に手を入れると消毒液が出てきたり、上ると投票される階段もある。私も楽しくてよく音の出る階段を利用していた。思わずやってみてしまったのだ。またゴミ箱の上にバスケットボールのネットを付けたり、ゴミを捨てると音が聞こえるようにしたらきちんとゴミを捨てる人が増えたそうだ。特に後者はゴミを捨てると落下音が８秒ほど続き最後に衝突音が聞こえるので、この音が聞きたくてゴミを捨てる人が増え、公園に設置したらなんと回収率が普通のゴミ箱の２倍近くになったとか。<u>恐るべし「仕掛学」</u>①。

しかしよく考えると仕掛学の理屈は知らなくてもこのような工夫は昔から行われていた。例えばゴミが捨てられたり排尿されたりするような場所に花壇を作ったり、そこに小さな鳥居(注)を立てたりしてそれを防いでいた。鳥居は神の地域に入る入り口なので日本人は汚すと神様の罰が当たると感じて、汚すのをためらうのである。これは行動が制御された例である。

気が付かないような地味な仕掛けもある。車を１台ずつ整然と止めるように線が引かれていたり、その線が直角でなく斜めになっていたりする高速のサービスエリアの駐車場もある。幅が広いところは大型車用、狭いところは普通車用と明確にわかるし、斜線はバックで入れやすいし、自然に出口の方向に向かって出発するようになっている。出口に導くのでうろうろしなくて済むし、間違えて入り口から出て事故を起こすことなども防げる。

このように人を動かす「仕掛学」とは費用対効果を考える上でも大変有益だ。身の回りの困ったことがちょっとした仕掛で強制的でなく自然にそうしたくなってしまう行動で改善できるのだ。②それを考えることは実益もさることながらなんとわくわくすることではないか。(　　　)。

(注) 鳥居(とりい)：神社などに造られている人間の区域から神の区域に入る入り口である。門のような物である。

9　①恐るべし「仕掛学」が表しているのは何か。

1　仕掛学は怖い。
2　仕掛学は素晴らしい。
3　仕掛学は有効である。
4　仕掛学は避けたほうがいい。

10　②それは何を示しているか。

1　仕掛け
2　仕掛けの良否
3　仕掛けた結果
4　仕掛けによる行動

11　(　　　) の中にどんな説明を入れたらよいか。

1　仕掛学について
2　仕掛学の欠点について
3　仕掛学の利用について
4　仕掛学の有用性について

12　「仕掛学」の考えに合っていないのはどれか。

1　おもちゃを箱に入れると子供の好きな歌が流れる。
2　店に入ってくれるように入り口に目玉商品を置く。
3　現金で払うように現金の時だけポイントを与える。
4　朝早く起きられるように目覚まし時計をセットする。

(4)

①人間の腸管(ちょうかん)には約１千種類、100兆個の腸内細菌が生息していて、腸内フローラを形成しています。腸内フローラは顕微鏡で腸の中を覗くとまるで様々な植物が群生している「お花畑(フローラflora)」のように見えることから名付けられました。腸内細菌は健康維持や老化防止の役目をするいわゆる善玉菌(ぜんだまきん)、体に悪い影響を与えるいわゆる悪玉菌(あくだまきん)、善玉にも悪玉にも分けられない健康な時はおとなしくしているが体が弱ると悪い影響を及ぼす日和見菌(ひよりみきん)(注)の３種類に分けられます。

②便にはこの腸内細菌が吸収されずに残った栄養分と共に含まれています。ですから母親の便を食べる動物は何種類か存在しますが、多くの動物はこれを取り込む必要に迫られて便を食べています。例えばコアラの子供は母親の便から栄養分と共にユーカリの消化を助ける腸内細菌を摂る必要があります。母親から腸内細菌を受け継いでいるのです。

③人間の場合は食べるわけではありませんが、「便移植」が行われています。健康な人の便から取った腸内フローラが潰瘍性(かいようせい)大腸炎の治療に効果が見られるそうです。まだ緒に就いたばかりの研究ですが、効果が期待されているそうです。そのためには多くの便、特に健康な人の便を集めて研究する必要があります。現在のところ、アスリートの便のほうが一般人より菌の種類が豊富で腸内フローラも多様性があり、腸の動きを促し免疫を整える酪酸菌が約２倍あることがわかっています。

④便の研究は専門家に任せることにして、体にいい腸内フローラを形成して健康に過ごすために私達にできることは何でしょうか。既に記述した酪酸菌の他に特に腸内環境を整えるビフィズス菌や乳酸菌を増やすことです。ビフィズス菌は有害な菌の増殖を抑えるそうですし、乳酸菌も大腸菌などの有害な菌の繁殖を抑えてバランスがよい腸内環境を作るそうです。酪酸菌は中国の香酢、バルサミコや黒酢などの昔ながらの製法のお酢の中に含まれています。酪酸菌は私達が普通に料理に使っている精製された一般の酢には含まれていないので注意が必要です。乳酸菌は味噌や醤油、お酢、漬物や、納豆、チーズなどの発酵食品に含まれています。ビフィズス菌はオリゴ糖を食べて増えるので、大豆やゴボウ、アスパラガス、タマネギ、トウモロコシ、にんにく、バナナなど、オリゴ糖を多く含む食材を摂るといいそうです。自分の体は自分で守っていきたいものです。

(注) 日和見(ひよりみ)：有利なほうにつこうと、形勢をうかがうこと。

13 腸内細菌の説明で間違っているものはどれか。

1 腸内細菌は便の中にも残っている。
2 様々な種類の腸内細菌がある方が健康である。
3 日和見菌の状態は体調によって変化する。
4 特別な腸内細菌がないと生きていけない動物もいる。

14 筆者はどうやって腸内環境を整えたらよいと言っているか。間違っているものはどれか。

1 体に良いと言われる腸内細菌を増やす食べ物を摂ること
2 善玉菌を増やす食べ物や悪玉菌を減らす食べ物を食べること
3 普通のお酢、発酵食品、ビフィズス菌を含む大豆やゴボウなどを摂ること
4 香酢、バルサミコや黒酢などの昔ながらの製法のお酢を使うこと

15 各段落は何について書かれているか。

1 ①腸内細菌の種類 ②便は栄養が豊富なこと ③便で病気を治すこと ④腸内細菌を増やす方法
2 ①腸内細菌の種類 ②便を食べる理由 ③便で病気を治すこと ④よい腸内環境を整える方法
3 ①腸内細菌の種類 ②便を食べる動物たち ③便移植で病気を治すこと ④腸内フローラを増やす方法
4 ①腸内細菌の役目 ②便と腸内細菌の関係 ③便の研究 ④よい腸内細菌を増やす方法

16 著者が最も言いたいことは何か。

1 病気の治療にも使われるほど腸内細菌は有用である。
2 腸内細菌は体に良い影響を及ぼすから増やそう。
3 腸内をよい細菌だけにしたら健康のためには一番よい。
4 健康な体を維持するためによい腸内細菌を増やそう。

6 問題13 정보 검색

| 지문내용 | 정보 소재 즉 광고, 팸플릿, 정보지, 전단, 비즈니스 문서 등의 정보를 주는 700자 정도의 지문을 읽고 그 속에서 필요한 정보를 찾아낼 수 있는지를 묻는다.

| 문제 수 | 독해 25문제 중 2문제이며 지문의 수는 1개이다.

| 문제유형 | 주어진 정보에서 질문에 부합되는 정보를 찾아내는 문제, 내용을 파악하는 문제가 출제된다.

| 풀기요령 | 처음부터 끝까지 꼼꼼히 읽고 이해하는 것이 아니라 목적에 따라 필요한 부분만 찾아서 읽으면 되기 때문에, 다른 문제와 달리 질문이 먼저 오고 그 뒤에 지문이 제시된다. 따라서 먼저 질문과 선택지를 읽고 필요한 정보가 무엇인지 재빨리 파악하는 것이 가장 중요하다.

문제 유형 예시

問題13 右のページは、大森大学の図書館のホームページに書かれたサービスの案内である。下の問いに対する答えとして最もよいものを、1・2・3・4から一つ選びなさい。

69 大森大学の学生のリンさんは、明日中に借りたい本がある。明日行ける図書館の中では、以下の4館が所蔵していることがわかったので、メモをした。リンさんが本を借りられるのは、次の方法のうちどれか。

リンさんのメモ

	協定加盟
長島大学図書館	あり
あおば大学図書館	あり
中山工業大学図書館	あり
さくら大学図書館	なし

1 学生証を持参して、長島大学図書館に行く。

2 今から紹介状を申請し、それを持参して、あおば大学図書館に行く。

3 学生証を持参して、中山工業大学図書館に行く。

4 今から紹介状を申請し、それを持参して、さくら大学図書館に行く。

실전 감각 익히기 | 정보 검색

例題　次のページはサルサ株式会社の社員募集要項である。下の問いに対する答えとして、最もよいものを1・2・3・4から一つ選びなさい。

1　池田(いけだ)さんは大学でシステムエンジニアのIT資格を取った。独身なので寮を希望。社会保険料及び税金を引く前の１か月の受給額はいくらか。

1　220,000円

2　250,000円

3　270,000円

4　300,000円

2　鈴木(すずき)さんは経営修士を卒業。TOEICは800点である。妻と家賃 120,000円の家を借りていて会社まで自転車で行く予定だ。社会保険料及び税金を引く前の１か月の受給額はいくらか。

1　385,000円

2　375,000円

3　330,500円

4　325,000円

社員募集要項

職種	営業・経理・システムエンジニア
基本給	大卒：250,000円　　大学院：300,000円
IT資格	50,000円
外国語	1語　20,000円
簿記1級	10,000円
家賃補助	家賃の2分の1を補助。但し、単身者30,000円、家族持ち50,000円を限度とする。
通勤手当	実費。但し、自転車利用者は月5,000円。
社会保険	完備
独身寮(朝・夕食付き)	月30,000円（入寮の場合は給料より差し引きます）
昇給	毎年1回　2万円
ボーナス	年2回　1回基本給の1か月分以上。 但し、最初の受給額は半月分。
就業時間	10時～6時（1時間の休憩を含む）
休暇	週休2日：土曜・日曜・国民の祝日 正月休み：12月29日～1月4日まで 夏休み：1週間。交替で取る。 年休：初年度10日、1年ごとに1日ずつ増加、最大20日もらえる。未消化の場合、翌年に合算できる。但し、年間40日を超えることはできない。
その他	外国籍の場合は日本政府により在留許可されない場合は契約は無効。

해석 및 해설

해석

사원모집요강

직종	영업·경리·시스템 엔지니어
기본급	대졸 : 250,000엔　대학원 : 300,000엔
IT자격	50,000엔
외국어	1개어 20,000엔
부기1급	10,000엔
집세보조	집세의 1/2을 보조. 단, 독신자 30,000엔, 가족이 있는 사람 50,000엔을 한도로 한다.
통근수당	실비. 단, 자전거 이용자는 월 5,000엔.
사회보험	완비
독신기숙사(조·석식 포함)	월 30,000엔(기숙사 입실인 경우에는 급여에서 차감합니다)
승급	매년 1회 2만 엔
보너스	연 2회 1회 기본급의 1개월분 이상. 단, 첫 수령액은 반 달분.
근로시간	10시~6시(1시간 휴식을 포함)
휴가	주5일 : 토요일·일요일·국경일 설 휴가 : 12월 29일~1월 4일까지 여름휴가 : 1주일. 교대로 부여. 연차 : 초년도 10일. 1년마다 1일씩 증가, 최대 20일 받을 수 있다. 휴가가 남은 경우 다음 해에 합산할 수 있다. 단, 연간 40일을 초과할 수 없다.
기타	외국 국적인 경우에는 일본정부에 의해 체류가 허가되지 않은 경우에는 계약은 무효.

1 **이케다 씨는 대학에서 시스템 엔지니어의 IT자격을 취득했다. 독신이기 때문에 기숙사를 희망. 사회보험료 및 세금을 차감하기 전의 한달 수령액은 얼마인가?**

1 220,000엔
2 250,000엔
3 270,000엔
4 300,000엔

2 **스즈키 씨는 경영석사를 졸업. TOEIC은 800점이다. 아내와 집세 12만 엔인 집을 빌렸으며 회사까지 자전거로 갈 예정이다. 사회보험료 및 세금을 차감하기 전의 한 달 수령액은 얼마인가?**

1 385,000엔
2 375,000엔
3 330,500엔
4 325,000엔

해설

〈질문 1〉에서는 이케다 씨의 한 달 급여에 대해 묻고 있다. 이케다 씨의 조건을 보면 대졸이며, IT자격증을 취득했고, 독신으로 기숙사를 희망한다고 했다. 따라서 250,000엔(대졸)+50,000엔(IT자격)−30,000엔(기숙사료 차감)=270,000엔이므로 정답은 3번이 된다.

〈질문 2〉에서는 스즈키 씨의 한 달 급여에 대해 묻고 있다. 스즈키 씨의 조건을 보면 대학원 졸업이며, 영어가 가능하다. 가족이 있으며, 120,000엔의 집을 빌리고 회사까지는 자전거를 이용한다. 따라서 300,000엔(대학원 졸)+20,000엔(영어가능)+50,000엔(집세 보조 50%이므로 6만 엔이지만 한도가 5만 엔까지임)+5,000엔(자전거 이용)=375,000엔이므로 정답은 2번이 된다.

실전 연습하기 　정보 검색 　/ 8

問題13

(1)　右のページはひばり市の投票所入場整理券である。下の問いに対する答えとして最もよいものを１・２・３・４の中から一つ選びなさい。

1　投票できるのはどれか。

1　21日にひばり市役所の別棟会議室で投票する。

2　期日前投票のために夜９時に市役所に行く。

3　投票所入場整理券を持たずに投票に行く。

4　書類を書かずに期日前投票をする。

2　山下(やました)さんは12月21日から22日まで旅行に行く予定である。いつ投票したらよいか。

1　14日午後４時、ひばり市役所別棟会議室で投票する。

2　19日朝10時、ひばり市役所別棟会議室で投票する。

3　20日夜７時、ひばり児童館で投票する。

4　21日朝６時半、ひばり児童館で投票する。

投票所入場整理券

投票の際は、この投票所入場整理券(ご本人のもの)をお持ちください。投票日は令和３年12月21日(日)午前７時～午後８時、あなたの投票所はひばり児童館です。

• 選挙人名簿作成日　令和３年11月22日

• 注意

1. この投票所入場整理券は、必ず本人が投票所へお持ちください。万一紛失された場合でも、投票はできますので、投票所の係員にお申し出ください。
2. 投票所入場整理券を発送後に投票できない事由が生じた場合は、この投票所入場整理券は無効となります。
3. 他人の投票所入場整理券を使用する等の不正投票は処罰されます。
4. お車でのご来場は、ご遠慮ください。お車以外の方法で投票所にお越しになれない方には、期日前投票をお勧めします。

• 期日前投票をされる方へ

投票日当日、仕事や旅行等で投票所へ行けない見込みの方は、下記の場所で期日前投票をすることができます。投票の際には期日前投票宣誓書兼請求書に必要事項を記載の上、お持ちください。

期間　12月15日(月)～12月20日(土)

時間　午前８時30分～午後８時

場所　ひばり市役所　別棟会議室

詳しくは下記までお問い合わせください。

ひばり市選挙管理委員会　電話 042－422－××××（直）

(2)　右のページは図書館利用に障害のある方へのサービスである。下の問いに対する答えとして最もよいものを１・２・３・４の中から一つ選びなさい。

3　目が全く見えない木村さんはどのサービスが受けられるか。

1　点字の広報などのお知らせを郵送してもらえる。
2　自宅で対面で図書館の本などを読んでもらえる。
3　図書館で拡大読書器や拡大鏡を使わせてもらえる。
4　点訳がない資料を点訳してもらえる。

4　耳が不自由な高山さんが受けられないサービスはどれか。

1　調べたいことをFAXで頼むこと
2　窓口で文字でコミュニケーションを取ること
3　全ての資料を郵送してもらうこと
4　連絡事項などをＦＡＸしてもらうこと

図書館利用に障害のある方へのサービス

・声の広報の貸し出し：市の広報を中心にお知らせを音訳録音した「声のおたより」を定期的に、そのほか福祉関係の新聞記事や市内の身近な情報をまとめた「最新情報」を随時郵送しています。

・音訳資料の貸し出し：本や雑誌などの資料を録音した「音訳資料」を貸し出しています。市図書館の所蔵資料や他自治体の図書館からの借用や市販物の購入により提供いたします。所蔵していない資料は作成いたします。ご提供には時間がかかる場合もあります。

・プライベート資料の作成：個人的に必要な資料やパンフレット等を録音して提供いたします。資料・テープ・CDなどはご自分でご用意ください。

・対面朗読：図書館所蔵の本・雑誌・新聞などの資料やお手持ちの資料などを対面で朗読します。手紙・電気製品の説明書など何でもいいです。又代読・代筆などの支援もしています。場所は図書館の対面朗読室です。ご希望の場合は事前にお申し込みください。個人のプライバシーや読書に関する秘密は厳守します。１回のご利用は２時間以内です。

・点訳資料の作成・貸し出し：本や雑誌などの資料を点訳して貸し出します。所蔵資料や他自治体の図書館からの借用により提供いたします。所蔵していない資料は作成します。個人的に必要な資料なども点訳します。ご提供には時間がかかる場合もあります。

・大活字本：弱視者の方や高齢者の方のために通常の本より文字の大きい大活字本を所蔵しています。「大活字本コーナー」に置いてあります。

・拡大読書器・拡大鏡：テレビの画面に文字を拡大できる拡大読書器と拡大鏡を用意してありますので、利用希望の方はカウンターにお申し出ください。

・機器の貸し出し：再生機の貸し出しをしています。また再生機の使い方の説明もします。貸し出し期限についてはご相談ください。

・耳の不自由な方へ：筆談にてご案内しますので遠慮なくご相談下さい。資料のリクエストや調べ物などについては、ホームページ、文書、FAXでの受付もいたします。図書館からの連絡や、調べ物の回答などもFAXでお送りします。

・資料の郵送貸し出し：視覚障害者の方など図書館への来館が困難な方のお宅へ、郵送にて資料をお送りします。郵便法の許可の範囲内となります。詳しくはご相談ください。

(3)　右のページは「西リサイクル市」のお知らせである。下の問に対する答えとして、最もよいものを1・2・3・4から一つ選びなさい。

5 妻と娘の３人で５月２日に出店したい人はどうしたらよいか。

1 普通はがきに３人の名前と必要事項を書いて出す。

2 申し込みのはがきを３月の１日から10日の間に出す。

3 往信はがきに必要事項を書いて郵送する。

4 返信はがきには何も書かないで送る。

6 当選者がしなければならないことは何か。

1 リサイクルセンターに当選の連絡をしなければならない。

2 出店を取り止める場合センターに連絡しなければならない。

3 駐車場利用の場合は料金を払わなければならない。

4 晴れている場合は西公園に出店しなければならない。

「西リサイクル市」のお知らせ

・開催期間：毎月第一日曜日　午前９時から12時まで（４月、７月は第２日曜日になります。）雨天決行。

・開催場所：リサイクルセンター内（西公園から変更したので雨での催行、いつでも催行が可能となりました。）

・申込方法：出店を希望する方は往復はがきでお申し込みください。（出店希望日の１か月前の1日から10日の消印がある物のみ有効）

：西市在住、在勤の方。１世帯につき１通のみ、電話、来庁での申し込みはできません。

・出店決定：応募多数の場合、抽選となります。当選された方で、その後出店を辞退する場合は必ずリサイクルセンターまでご連絡ください。（落選された方の中から、繰り上げを行います。）

・当　日　：開催時間前に品物の搬入と設営を行い、正午には片づけてください。

・出店物　：衣類、雑貨、おもちゃなど。食品（賞味期限内の品物、生ものは除外）電気製品は不可。

・その他　：駐車場をご利用の方は「来庁者用駐車場」をご利用ください。（１時間無料）。搬入、搬出後は速やかに車の移動をお願いいたします。

往復はがき

往信	
表	裏
〒2020-0002 西市西町三丁目三番地 リサイクルセンター	・代表者の住所 ・代表者の氏名（フリガナ） ・代表者の電話番号 ・代表者の年齢 ・参加者全員の氏名 ・出店物

返信	
表	裏
代表者の住所 氏名	※当選通知に使用しますので、記入しないでください。

(4)　右のページは「トラベルサポーターのお知らせ」である。下の問に対する答えとして、最もよいものを1・2・3・4から一つ選びなさい。

7　軽いサポートを受けながら最も安いツアーに参加する人はいくら払うか。

1　45,000円

2　50,000円

3　55,000円

4　60,000円

8　海鮮料理を楽しみたい人が絶えずサポートを受けながら旅行したらいくらかかるか。

1　90,000円

2　95,000円

3　100,000円

4　105,000円

ツアー

ツアー	日数	内容	料金
①	1泊2日	寺社巡りと温泉のバスの旅	20,000円
②	1泊2日	花とロケ地巡りのバス旅	25,000円
③	2泊3日	海鮮料理と温泉を楽しむ旅	30,000円
④	2泊3日	豪華温泉旅館の旅	35,000円

※旅行代金は２名様１室利用の場合の１名様料金です。
１名様１室利用の追加料金は5,000円。
※サポーターの旅行費用もお支払いください。

		サポート料
サポート内容（下記参照）	A	１泊5,000円＋保険・事務手数料 5,000円
	B	１泊10,000円＋保険・事務手数料 5,000円
	C	１泊15,000円＋保険・事務手数料 5,000円

※保険・事務手数料は一回だけ支払います。

サポート	内容
A	車いすサポートなど体に触れない軽度のサポート
B	Aにトイレ介助と入浴介助を加えたサポート
C	Bの他夜間も含めた継続的なサポート

※AとBは宿泊時は別室、Cは同室。

2교시
끝내기

청해

N1

제5장

청해 공략편

1 청해요령 알아두기
2 문제유형 공략하기

01 청해요령 알아두기

1 문제유형별 청해 포인트

JLPT N1 청해에서는 과제 이해, 포인트 이해, 개요 이해, 즉시 응답, 통합 이해로 총 5가지 문제 유형이 출제된다. 시험의 내용은 폭넓은 장면에서 사용되는 일본어를 이해할 수 있는지를 묻고 있으므로 회화나 뉴스, 강의를 듣고 이야기의 흐름이나 내용, 등장인물의 관계, 내용의 논리 구성 등을 상세하게 이해하거나 요지를 파악할 수 있어야 한다.

❶ 과제 이해

어떤 장면에서 구체적인 과제 해결에 필요한 정보를 듣고, 다음에 무엇을 하는 것이 적절한 행동인가를 묻는 문제이다. 지시나 조언을 하고 있는 회화를 듣고, 그것을 받아들인 다음의 행동으로 어울리는 것을 고른다. 선택지는 문자로 제시된다.

❷ 포인트 이해

청자가 화자의 발화(發話)에서 자신이 알고 싶은 것과 흥미가 있는 것으로 내용의 포인트를 좁혀서 들을 수 있는가를 묻는 문제이다. 따라서 문제의 텍스트를 듣기 전에 상황 설명과 질문을 들려 주고, 또한 문제용지에 인쇄되어 있는 선택지를 읽을 시간을 준다. 질문은 주로 화자의 심정이나 사건의 이유 등을 이해할 수 있는지 묻는다.

❸ 개요 이해

텍스트 전체에서 화자의 의도나 주장 등을 이해할 수 있는가를 묻는 문제이다. 일부의 이해를 묻는 문제와 비교해서 전체를 이해했는지 묻는 문제이므로 고도의 능력을 요구한다.

❹ 즉시 응답

상대방의 발화에 어떤 응답을 하는 것이 어울리는지 즉시 판단할 수 있는 능력을 묻는다.

5 통합 이해

3명 이상의 대화나 2종류의 음성 텍스트 등 내용이 보다 복잡하고 정보량이 많은 텍스트에 대해서 내용을 이해했는지를 묻는 문제이다. 이 문제를 풀기 위해서는 복수의 정보를 통합할 필요가 있어 고도의 능력이 요구된다.

2 한국인이 틀리기 쉬운 음

각 나라말의 음가(音価 : 낱자가 가지고 있는 소리)가 서로 다르듯, 우리말과 일본어의 음가 또한 다르다. 그런데, 우리말의 음가로 일본어의 음가를 파악하려고 하기 때문에 청해에서 오류가 생기는 것이다. JLPT 청해에서 꼭 알아 두어야 할 일본어 발음의 기초를 정리하고, 일본어를 청취할 때 우리나라 사람들이 잘못 알아듣기 쉬운 음(音)을, 우리말 발음과 일본어 발음을 비교해 그 차이점을 분석해 봄으로써 능률적인 청해 학습이 가능하도록 하였다.

1 청음(清音)과 탁음(濁音)

일본어는 청음과 탁음의 대립으로 구별된다. 이때 청음과 탁음이란, 음성학적으로 무성음(無声音)과 유성음(有声音), 즉 '성대의 울림 없이 내는 소리(무성음)'와 '성대를 울려 내는 소리(유성음)'를 말한다. 이에 비해, 우리말은 무기음(無気音)과 유기음(有気音: 'k·t·p' 따위의 파열음이 다음 음에 옮을 때 터져 나오는 소리)의 대립으로 구분된다. 즉, 성대가 울리느냐 울리지 않느냐의 문제가 아니라, 강하게 내뿜어 파열시키는 숨을 동반하느냐 하지 않느냐의 차이로 구분되는 것이다. 따라서 한국인은 유성음과 무성음의 구분에 상대적으로 취약하기 때문에 청음과 탁음을 구별하기가 어렵다. 예를 들어 *げた*(나막신)를 *けだ*로 잘못 듣는 경우가 많다.

げた [geta] ➡ *けだ* [keda]

분석 ① **첫소리의 무성음화 : [g] → [k]**

우리말에서는 콧소리(鼻音: ㄴ, ㅁ, ㅇ) 외에는 유성음이 첫소리에 오지 않기 때문에 *げた*[geta]의 첫소리인 유성음 [g]를 무성음 [k]로 잘못 듣게 된다.

분석 ② **가운뎃소리의 유성음화 : [t] → [d]**

우리말의 무성음은 유성음과 유성음 사이에 오면 자동적으로 유성음화하므로 무성음 [t]를 유성음 [d]로 잘못 듣게 된다.

듣기연습 듣기-0-01

❶ いき(息 : 숨)　　いぎ(意義 : 의의)

❷ たんご(単語 : 단어)　　だんご(団子 : 경단)

❸ 天気(てんき)が悪(わる)いので電気(でんき)をつけた。(날이 흐려서 불을 켰다.)

❹ 京都(きょうと)の生徒(せいと)は郷土(きょうど)の制度(せいど)を調(しら)べた。(교토의 학생은 그 지방의 제도를 조사했다.)

❺ 探偵(たんてい)は「彼(かれ)が犯人(はんにん)だ」と断定(だんてい)した。(탐정은 "그가 범인이다"라고 단정했다.)

❷ 장음(長音)과 단음(短音)

장음이란 연속되는 두 개의 모음을 따로따로 발음하지 않고 길게 늘여서 발음하는 것으로, 1拍(拍은 일본어를 발음할 때 글자 하나하나에 주어지는 일정한 시간적 단위)의 길이를 갖는다. 장음과 단음의 차이를 비교해 보면 다음과 같다.

단음(短音)	くつ(靴 : 2拍)	せき(席 : 2拍)	ほし(星 : 2拍)
장음(長音)	くつう(苦痛 : 3拍)	せいき(世紀 : 3拍)	ほうし(奉仕 : 3拍)

우리나라 사람들이 장음 구별에 서툰 이유는 다음과 같다.

① 일본어에서는 장음을 독립된 길이를 가진 단위로 인식하나, 우리말에서 장음은 의미의 구별을 도와줄 뿐 독립된 길이를 갖지 않기 때문이다.

② 우리말에서는 첫음절에서만 장음 현상이 나타나는 것을 원칙으로 하기 때문에 2음절 이하에 나타나는 장음의 구별이 어렵다.

③ 우리말은 표기법상에서도 장음을 따로 표기하지 않아 장·단음의 구별이 어렵다. 예를 들어「とうきょう」를 '도쿄'로,「おおさか」를 '오사카'로 표기한다.

듣기연습 듣기-0-02

❶ かど(角 : 모퉁이)　　カード(card : 카드)

❷ ビル(building : 빌딩)　　ビール(beer : 맥주)

❸ つち(土 : 흙)　　つうち(通知 : 통보)

❹ ユキという子(こ)は勇気(ゆうき)がある。(유키라는 아이는 용기가 있다.)

❺ 彼女(かのじょ)に対(たい)する好意(こうい)が恋(こい)に変(か)わった。(그녀에 대한 호의가 사랑으로 변했다.)

3 촉음(促音)

일명 つまる音(おん)이라고도 하는 촉음에는 다음과 같은 특징이 있다.

① 작은 っ 또는 ッ로 표기된다.

② カ행, サ행, タ행, パ행 앞에만 온다.

③ 뒤에 오는 음(カ행·サ행·タ행·パ행)에 따라 [k·s·t·p]로 발음된다.

④ 1拍의 길이로 발음된다.

⑤ 첫소리에 오지 않는다.

다음은 우리나라 사람들이 청해를 할 때 자주 틀리는 '촉음'에 관한 예이다. 촉음 유무에 따라 문장의 뜻이 달라질 수 있으므로 주의하자.

□ 知(し)っているの？ (알고 있니?) していの？ (하고 있니?)

□ 行(い)ってください。(가 주십시오.) いてください。(있어 주십시오.)

□ 切(き)ってください。(잘라 주십시오.) 来(き)て ください。(와 주십시오.)

이것은 촉음의 발음이 カ행, サ행, タ행, パ행의 발음에 동화되기 때문에 우리말의 된소리(ㄲ, ㅆ, ㅉ, ㅃ)와 비슷하게 인식되나, 우리말에서는 된소리를 한 음절로 인정하지 않으므로 촉음이 있는 것을 없는 것으로, 또는 촉음이 없는 것을 있는 것으로 잘못 듣게 되는 경우가 많다.

촉음을 구분할 때에는 다음 사항에 유의하자.

① 탁음 앞에서는 촉음 현상이 일어나지 않으므로, 청음과 탁음의 구별을 정확하게 한다.

② 1류동사(5단동사)는 활용할 때 ～た, ～て, ～たり 앞에서 촉음 현상을 일으키므로, 활용하는 동사의 종류를 확인한다.

③ 2자 이상의 한자어에서, 첫 번째 한자의 마지막 음이 く, ち, つ이면 뒤에 이어지는 カ행, サ행, タ행, パ행 앞에서 촉음으로 바뀐다.

□ 学校 : がく＋こう → がっこう

□ 一回 : いち＋かい → いっかい

□ 圧迫 : あつ＋ぱく → あっぱく

듣기연습 듣기-0-03

❶ かっぱつ(活発 : 활발)

❷ さっかく(錯覚 : 착각)

❸ しっぱい(失敗 : 실패)

❹ 喫茶店(きっさてん)に行(い)く前(まえ)に薬局(やっきょく)で薬(くすり)を買(か)った。(카페에 가기 전에 약국에서 약을 샀다.)

❺ あの卓球選手(たっきゅうせんしゅ)は北海道(ほっかいどう)の大会(たいかい)で優勝(ゆうしょう)した。
(저 탁구 선수는 홋카이도 대회에서 우승했다.)

❹ 요음(拗音)

일본어의 요음(拗音)은 우리말의 이중모음 'ㅑ, ㅠ, ㅛ' 와 비슷하여 구분이 어렵지 않을 것이라 생각할 수도 있지만, 청해 시험에서 결정적인 실수는 이 요음에서 나온다.

★ 요음을 직음으로 잘못 듣는 예

□ がいしゅつ(外出)する回数が少ない (외출하는 횟수가 적다) → がいしつ

□ じゃま(邪魔)でやっかいな仕事 (거추장스럽고 귀찮은 일) → ざま

이것은 しゅ, じゅ가 し, じ에 가깝게 발음되어 생기는 문제인데, 흔히 말하는 사람이 원인을 제공하는 경우가 많다. 일본인은 しゅ, じゅ로 발음한다고 생각하지만, 실제로는 し, じ에 가깝게 발음하기 때문에 생기는 문제이다. 이런 현상은 しゅ, じゅ가 단음일 때 많이 발생한다. 즉, 장음일 때는 발음하는 시간이 길어 요음을 정확하게 발음할 수 있지만, 단음일 때는 시간적으로 여유가 없기 때문에 생기는 현상인 듯하다.

★ 직음을 요음으로 잘못 듣는 예

□ みち(道)を歩きながら (길을 걸으며) → みちょう歩きながら

□ ごじぶん(ご自分)でき(来)て (몸소 와서) → ごじゅうぶんできて

이것은 듣는 사람이 연속되는 모음을 다음과 같이 이중모음으로 잘못 듣기 때문에 발생한다.

[イ+ア] → [ヤ] / [イ+ウ] → [ユ] / [イ+オ] → [ヨ]

따라서 요음 듣기의 어려움을 극복하려면 다음과 같은 점에 주의하면 된다.

① し, じ라고 들려도 しゅ, じゅ가 아닌지 의심해 본다(대개 한자어가 많다).

② i +あ는 や로, i +う는 ゆ로, i +お(を)는 よ로 들리므로 조심한다.

③ 대화 중에서 ～を가 나오리라 짐작되는 곳에 ヨ 또는 ヨー가 들리는 경우 i +を가 아닌지 의심해 본다.

듣기연습 듣기-0-04

❶ きゅうこう(急行 : 급행)　　くうこう(空港 : 공항)

❷ しょうすう(少数 : 소수)　　そうすう(総数 : 총수)

❸ ちゅうしん(中心 : 중심)　　つうしん(通信 : 통신)

❹ 見ようによっては妙に見えるかもしれない。
(보기에 따라서는 이상하게 보일지도 모른다.)

❺ 周知の通り、ここは私有地だ。(알다시피 여기는 사유지다.)

❺ 연속되는 모음

조사 を 앞에 장모음 オ가 올 때는, [o]음이 3박자에 걸쳐 이어지게 되어 미처 다 듣지 못하는 경우가 있다. こうおっしゃった가 좋은 예이다.

듣기연습 듣기-0-05

❶ ごうとうをたいほする。(강도를 체포하다.)

❷ 先生(せんせい)からしどうをうけた。(선생님으로부터 지도를 받았다.)

❸ 休(やす)みの日(ひ)にテレビを見(み)ながらぶどうを食(た)べた。
(휴일에 텔레비전을 보면서 포도를 먹었다.)

❻ 악센트

일본어에는 악센트의 차이로 그 뜻을 구분하는 단어들이 많아 악센트 또한 청해의 중요한 단서가 된다. 악센트는 흔히 '높낮이의 차이'로 구분되는 것과 '강약의 차이'로 구분되는 것이 있는데, 일본어는 '높낮이의 차이'로 구분되는 '고저(高低)악센트'로, 소리가 떨어지는 낙차를 기준으로 두고형(頭高型), 중고형(中高型), 미고형(尾高型), 평판형(平板型)으로 구분된다.
다음 동음이의어들의 악센트 차이를 살펴보자.

듣기연습 듣기-0-06

❶ あ「き(空き : 텅 빔) あ˥き(秋 : 가을)

❷ か「う(買う : 사다) か˥う(飼う : 기르다)

❸ あ˥め(雨) の日(ひ)にあ「め(飴)を買(か)う。(비 오는 날에 엿을 산다.)

❹ 資料(しりょう)をこう「かい(公開)してこう˥かい(後悔)した。(자료를 공개하고 후회했다.)

❺ し「めい(指名)されて、し˥めい(使命)をおびて出発(しゅっぱつ)した。
(지명받아 사명을 띠고 출발했다.)

7 기타

청해를 할 때 혼동을 일으키기 쉬운 발음을 정리해 보면 다음과 같다.

「シ」와「ヒ」

シ를 발음할 때의 혀 위치가 ヒ를 발음할 때의 혀 위치와 가까워져 비슷하게 발음된다.

(○)	布団(ふとん)をしく(요를 깔다)	風邪(かぜ)をひく(감기에 걸리다)
(×)	布団(ふとん)をひく	風邪(かぜ)をしく

듣기연습

듣기-0-07

❶ しがい(市外 : 시외, 市街 : 시가) ひがい(被害 : 피해)

❷ しかく(資格 : 자격, 視覚 : 시각) ひかく(比較 : 비교)

❸ しろい(白い : 희다) ひろい(広い : 넓다)

❹ 肥料(ひりょう)の資料(しりょう)を集(あつ)めた。(비료에 대한 자료를 모았다.)

❺ 悲壮(ひそう)な覚悟(かくご)で必死(ひっし)に思想(しそう)を守(まも)った。(비장한 각오로 필사적으로 사상을 지켰다.)

「ラ・ダ」와「ロ・ド」

듣기연습

듣기-0-08

❶ らんぼう(乱暴 : 난폭) だんぼう(暖房 : 난방)

❷ ひろい(広い : 넓다) ひどい(酷い : 심하다)

❸ テレビのためだんらんの時間(じかん)がだんだん少(すく)なくなった。
(텔레비전 때문에 단란한 시간이 점점 적어졌다.)

❹ 村(むら)の人(ひと)は無駄(むだ)のない生活(せいかつ)をした。(마을 사람은 낭비 없는 생활을 했다.)

「ス」와 「ツ」

ス와 ツ가 서로 혼동하여 잘못 듣기 쉬운 이유는 다음과 같다.

① ス[su]와 ツ[tsu]에서 [su] 발음이 같기 때문이다. [t]음을 낼 때는 혀끝으로 잇몸 부분을 치게 되는데, 이것이 가벼우면 ス가 되어 버린다.

② 우리말에는 ツ라는 음이 없기 때문이다. 따라서 의미를 모르는 경우 ツ로 들리기도 하고 ス로 들리기도 한다.

★「ス」를 「ツ」로 잘못 듣는 예

□ くものす(巣)やほこりだらけだ (거미집과 먼지투성이다) → くものつ

□ あたまをすりよせて (머리를 맞대고) → あたまをつりよせて

★「ツ」를 「ス」로 잘못 듣는 예

□ かじやのやつが (대장장이 녀석이) → やす

□ 先生からばつ(罰)を受(う)けた (선생님께 벌을 받았다) → ばす

듣기연습 듣기-0-09

❶ すいか(西瓜 : 수박) ついか(追加 : 추가)

❷ すうがく(数学 : 수학) つうがく(通学 : 통학)

❸ すき(好き : 좋아함) つき(月 : 달)

❹ この山(やま)を越(こ)すにはこつがある。(이 산을 넘는 데는 요령이 있다.)

❺ マスが釣(つ)れるまで待(ま)つつもりだ。(송어가 잡힐 때까지 기다릴 작정이다.)

어중(語中)의 ガ行

탁음 중에서 ガ行은 특별한 주의가 필요하다. ガ行의 음은 첫소리에 올 때와 둘째 소리 이하에 올 때 차이가 있다. 즉, 둘째 소리 이하에서는 콧소리가 많이 섞이게 되어 잘못 듣는 사례가 많다.

듣기연습 듣기-0-10

❶ 彼(かれ)からてがみ(手紙)がきた。(그에게서 편지가 왔다.)

❷ じゅぎょう(授業)の始(はじ)まるベルが鳴(な)った。(수업이 시작되는 벨이 울렸다.)

❸ さぎょう(作業)を一時中止(いちじちゅうし)して昼寝(ひるね)をした。(작업을 일시 중지하고 낮잠을 잤다.)

축약형

듣기-0-11 ① **「～では」 → 「～じゃ」**

＊ それでは → それじゃ

それじゃなくてあっちのを持ってきてください。(그것 말고 저기 있는 걸 가져다 주세요.)

＊ 騒いでは → 騒いじゃ

廊下でそんなに騒いじゃいけません。(복도에서 그렇게 떠들면 안 됩니다.)

듣기-0-12 ② **「～ている」 → 「～てる」**

＊ 勉強している → 勉強してる

夜中に勉強してる受験生。(밤중에 공부하고 있는 수험생.)

＊ 持っていない → 持ってない

携帯電話を持ってないので公衆電話を使う。

(휴대 전화를 갖고 있지 않아서 공중전화를 쓴다.)

듣기-0-13 ③ **「～ておく」 → 「～とく」**

＊ 置いておく → 置いとく

そんなに大切な物をこんな所に置いとくなよ。

(그렇게 중요한 것을 이런 곳에 놓아 두지 마라.)

＊ 放っておく → 放っとく

あいつは注意すると反抗するので、放っとくことにした。

(저놈은 주의를 주면 반항하기 때문에 그냥 내버려 두기로 했다.)

＊ 持っておいで → 持っといで

冷蔵庫にすいかがあるから、持っといで。(냉장고에 수박이 있으니까 가져와.)

듣기-0-14 ④ **～てあげる → ～たげる**

＊ 貸してあげる → 貸したげる

今、お金を貸したげる。(지금 돈을 빌려 주겠다.)

＊ 読んであげる → 読んだげる

私が読んだげるから、泣かないでね。(내가 읽어 줄 테니까, 울지 마.)

듣기-0-15 ⑤ **～てしまう → ～ちゃう・～ちまう**

＊行ってしまう → 行っちゃう・行っちまう

彼は私をおいてアメリカに行っちゃった。(그는 나를 두고 미국으로 가 버렸다.)

君をおいて行っちまうなんて、ひどい野郎だね。(너를 두고 가 버리다니, 지독한 놈이구나.)

듣기-0-16 ⑥ **～でしまう → ～じゃう・～じまう**

＊死んでしまう → 死んじゃう・死んじまう

あの人が死んじゃうなんて、信じられないわ。

(그 사람이 죽어 버리다니 믿을 수 없어.)

あいつが死んじまうなんて、世の中どうかしてるぜ。

(그놈이 죽어 버리다니 세상에 이런 일이.)

듣기-0-17 ⑦ **～らない・～れない・～りない → ～んない**

＊分からない → 分かんない

こんなむずかしい問題は分かんないよ。(이런 어려운 문제는 몰라.)

＊いられない → いらんない

こんなきたない場所にいらんないよ。(이렇게 지저분한 곳에 있을 수 없어.)

＊足りない → 足んない

これだけじゃ足んないなあ。(이것만으로는 부족한데.)

듣기-0-18 ⑧ **～(え)ば**

＊行けば → 行きゃ

東京に行きゃ仕事にありつけるかもしれない。(도쿄에 가면 일자리가 생길지도 모른다.)

＊比べれば → 比べりゃ

エベレストに比べりゃ富士山なんて赤ん坊だ。

(에베레스트에 비하면 후지산 따위는 어린애다.)

＊高ければ → 高きゃ・高けりゃ

賃貸料がそんなに高きゃ入る人はいないだろう。

(임대료가 그렇게 비싸면 들어가는 사람은 없을 것이다.)

値段が高けりゃ買わないほうがいいよ。(가격이 비싸면 사지 않는 게 좋아.)

1 問題1 과제 이해

| 문제유형 | 결론이 있는 텍스트(대화)를 듣고, 문제 해결에 필요한 구체적인 정보를 찾아서 다음에 어떻게 행동할 것인지를 묻는다.

| 문제 수 | 청해 30문제 중 5문제이며, 선택지는 주로 문자로 제시된다.

| 문제흐름 | 먼저 상황을 설명하는 문장과 질문이 나온다. 그리고 대화로 구성된 텍스트가 나오고 질문이 한 번 더 나온다. 질문은 보통 "남자(여자)는 이제부터 무엇을 합니까?" 등의 형태로 제시된다.

| 풀기요령 | 질문이 텍스트가 나오기 전에 제시되므로, 텍스트를 듣기 전 문제를 해결할 대상이 누구인지, 그리고 질문의 내용이 무엇을 하라는 것인지에 주의해서 듣는다.

문제 유형 예시

問題(もんだい) 1

問題(もんだい)1では、まず質問(しつもん)を聞(き)いてください。それから話(はなし)を聞(き)いて、問題用紙(もんだいようし)の1から4の中(なか)から、最(もっと)もよいものを一(ひと)つ選(えら)んでください。

例(れい)

1 企画書(きかくしょ)を見(み)せる

2 製品(せいひん)の説明(せつめい)を書(か)き直(なお)す

3 データを新(あたら)しくする

4 パソコンを準備(じゅんび)する

실전 감각 익히기 과제 이해

듣기-1-0

例題 まず質問を聞いてください。それから話を聞いて、問題用紙の１から４の中から、最もよいものを一つ選んでください。

例

1 ワンコインの席が取れたら旅行する
2 ワンコインの席が取れなかったら４列の席にする
3 ワンコインの席が取れなかったら３列の席にする
4 ワンコインの席が取れなかったら新幹線にする

해석 및 해설

스크립트 & 해석

(M：男性, 男の子　F：女性, 女の子)

女の人と男の人が話しています。女の人はどうしますか。

F: 関西旅行はどうだった？
M: ユニバーサルスタジオにも行ったし、楽しかったから来月も行こうと思っているんだ。
F: よくそんなにお金があるわね。交通費だって高いのに。
M: それが東京大阪間のバスがワンコイン、たったの500円だったんだよ。
F: 嘘。
M: 本当だよ。今、キャンペーン中なんだよ。毎日500円の席を何席か売り出しているんだ。なかなか取れないけど。
F: それじゃ、私は使えないわ。急に休暇を取るなんてことはできっこないから。私は新幹線にするわ。
M: でも他の席もそんなに高くないよ。３列の広い席は４列よりちょっと高いけど、広いし、カーテンがついているんだ。
F: それ快適そうね。どうせならそれにしようかしら。
M: でもまず、ワンコインを試したら。
F: ええ、そうするわ。

여자와 남자가 이야기하고 있습니다. 여자는 어떻게 합니까?

여 : 간사이 여행은 어땠어?
남 : 유니버셜 스튜디오에도 갔었고, 재미있어서 다음 달에도 가려고 생각하고 있어.
여 : 잘도 그렇게 돈이 있구나. 교통비도 비싼데.
남 : 그게 도쿄 오사카간 버스가 원코인, 겨우 500엔이었어.
여 : 진짜?
남 : 정말이야. 지금 캠페인 중이야. 매일 500엔짜리 좌석을 몇 개 내놓고 있어. 좀처럼 예약할 수 없지만.
여 : 그럼, 나는 못 쓰겠네. 갑자기 휴가를 내는 일 같은 건 될 리가 없으니까. 나는 신칸센으로 할래.
남 : 하지만 다른 좌석도 그렇게 비싸지 않아. 3열의 넓은 좌석은 4열보다 조금 비싸지만, 넓고 커튼이 달려 있어.
여 : 그거 쾌적할 것 같아. 어차피 할 바에는 그것으로 할까?
남 : 하지만 우선 원코인을 시도해 보는 게 어때?
여 : 응, 그렇게 할게.

女の人はどうしますか。

1 ワンコインの席が取れたら旅行する
2 ワンコインの席が取れなかったら４列の席にする
3 ワンコインの席が取れなかったら３列の席にする
4 ワンコインの席が取れなかったら新幹線にする

여자는 어떻게 합니까?

1 원코인 좌석을 예약할 수 있으면 여행한다
2 원코인 좌석을 예약할 수 없으면 4열 좌석으로 한다
3 원코인 좌석을 예약할 수 없으면 3열 좌석으로 한다
4 원코인 좌석을 예약할 수 없으면 신칸센으로 한다

해설

여자가 앞으로 어떻게 할 것인지를 묻는 문제이다. 남자는 여자에게 도쿄와 오사카간 버스를 원코인, 단 500엔으로 탈 수 있는 캠페인 중이라는 정보를 알려 주고 있다. 여자가 그것을 사용할 수 없다고 하자, 남자는 다른 좌석도 그렇게 비싸지 않다고 하면서 3열 좌석은 4열 좌석보다 비싸지만, 넓고 커튼이 달려 있다고 했다. 그리고 여자가 3열로 하려고 하자, 남자는 일단 원코인을 시도해 보라고 권하고 여자는 그렇게 하겠다고 했다. 즉, 여자는 먼저 원코인 좌석의 예약을 시도하고, 예약할 수 없을 때 3열 좌석으로 예약한다는 것을 알 수 있다. 따라서 정답은 3이 된다.

실전 연습하기 | 과제 이해 | 듣기-1-1~6 / 6

問題 1

問題 1　では、まず質問を聞いてください。それから話を聞いて、問題用紙の１から４の中から、最もよいものを一つ選んでください。

1番

1　隣の市のサービスについて調べる

2　子供の意見を聞いてみる

3　隣の市とサービスを比べてみる

4　奥さんともっと話し合う

2番

1　奨学金を出して学生を募集する

2　できる学生のためのクラスを作る

3　やる気のある学生のためにクラスを作る

4　全部のクラスを能力別に変える

3番

1　３つの名前を作ったらチェックも選ぶのも親にしてもらう

2　本から名前を選んで発音を確認して自分たちで好きな名前を選ぶ

3　３つの名前が変な意味でないか両親に調べてもらってから選ぶ

4　チェックした３つの名前から両親に良いものを選んでもらう

4番

1　渉君や渉の友達から話を聞く

2　渉君と二人だけで話をする

3　渉君や友達のお母さんと話をする

4　奥さんと一緒に渉君と話をする

5番(ばん)

1 社長(しゃちょう)にこの製品(せいひん)について説明(せつめい)する。

2 価格(かかく)についてメーカーと相談(そうだん)してみる。

3 女(おんな)の人(ひと)に説明書(せつめいしょ)を完成(かんせい)してもらう。

4 稟議書(りんぎしょ)を作成(さくせい)して社長(しゃちょう)に見(み)せる。

6番(ばん)

1 企業(きぎょう)の研究所(けんきゅうじょ)に勤(つと)める。

2 この大学(だいがく)の博士課程(はくしかてい)に進(すす)む。

3 他(ほか)の日本(にほん)の大学(だいがく)の博士課程(はくしかてい)に進(すす)む。

4 アメリカの大学院(だいがくいん)に留学(りゅうがく)する。

2 問題2 포인트 이해

| 문제유형 | 결론이 있는 텍스트(대화)를 듣고, 사전에 제시되는 질문에 입각해서 포인트를 파악할 수 있는지를 묻는다.

| 문제 수 | 청해 30문제 중 6문제이며, 선택지는 문자로 제시된다.

| 문제흐름 | 먼저 상황을 설명하는 문장과 질문이 나온다. 그리고 선택지를 읽도록 20초 정도의 시간을 준 후 텍스트가 나오고 질문이 한 번 더 나온다.

| 풀기요령 | 텍스트가 나오기 전에 질문이 제시되므로, 질문의 형태가 어떤 것인지 파악해 두는 것이 중요하다. 그리고 질문을 듣고 선택지를 보면서 미리 정답을 예측하기보다 질문에서 요구하는 것이 무엇인지에 집중해서 주의를 기울이는 것이 효과적이다.

문제 유형 예시

問題 2

問題2では、まず質問を聞いてください。そのあと、問題用紙のせんたくしを読んでください。読む時間があります。それから話を聞いて、問題用紙の1から4の中から、最もよいものを一つ選んでください。

例

1 昨日までに資料を渡さなかったから

2 飲み会で飲みすぎて寝てしまったから

3 飲み会に資料を持っていったから

4 資料をなくしてしまったから

실전 감각 익히기 포인트 이해

듣기-2-0

例題　まず質問を聞いてください。そのあと、問題用紙のせんたくしを読んでください。読む時間があります。それから話を聞いて、問題用紙の１から４の中から、最もよいものを一つ選んでください。

例

1 ドリルの音が静かになったから
2 磁力がアスファルトを取るようになったから
3 溶けやすいアスファルトを使うようになったから
4 ドリルの代わりにショベルカーを使うようになったから

해석 및 해설

스크립트 & 해석

(M : 男性, 男の子　F : 女性, 女の子)

女の人と男の人が工事の音について話しています。どうして工事が静かになったのですか。

F: 今日は工事の音が静かねえ。

M: 新しい工法にしたんだって。

F: よかったわ。ドリルの音がうるさくてたまらなかったのよ。

M: このやり方だと普通の会話が出来るぐらいまで騒音が減るんだよ。

F: へえ。ねえ、ちょっと見て。ドリルでアスファルトを砕いていないわ。だから静かなのね。

M: そうだよ。ほら、ショベルカーがそのままアスファルトを剥がしていくでしょう。

F: あんなに硬いアスファルトがどんどん取れていくわ。

M: ショベルカーの下に取り付けたコイルが磁力を出して…詳しいことはわからないけど、熱でアスファルトを柔らかくして剥がすんだって。

F: すごい技術ね。どこもこの方法でやればいいのに。

M: そうだけど、まだ普及するまで時間がかかると思うよ。まだ値段が高いもので…。

여자와 남자가 공사 소리에 대해서 이야기하고 있습니다. 왜 공사가 조용해진 것입니까?

여 : 오늘은 공사 소리가 조용하네.

남 : 새로운 공법으로 했대.

여 : 잘됐다. 드릴 소리가 시끄러워서 참을 수 없었거든.

남 : 이 방식이면 보통 대화가 가능할 정도까지 소음이 줄어들어.

여 : 오~. 저기 좀 봐. 드릴로 아스팔트를 부수고 있지 않아. 그래서 조용한 거네.

남 : 맞아. 봐, 굴착기가 그대로 아스팔트를 떼어 내 가지?

여 : 저렇게 단단한 아스팔트가 척척 떼어지네.

남 : 굴착기 아래에 장착된 코일이 자기력을 내서……자세한 건 모르지만, 열로 아스팔트를 부드럽게 해서 떼어낸대.

여 : 굉장한 기술이다. 어느 곳이든 이 방법으로 하면 좋을 텐데.

남 : 그렇지만, 아직 보급되기까지 시간이 걸릴 것 같아. 아직 가격이 비싸서…….

どうして工事が静かになったのですか。

1 ドリルの音が静かになったから
2 磁力がアスファルトを取るようになったから
3 溶けやすいアスファルトを使うようになったから
4 ドリルの代わりにショベルカーを使うようになったから

왜 공사가 조용해진 것입니까?

1 드릴 소리가 조용해졌기 때문에
2 자기력이 아스팔트를 떼어내게 되었기 때문에
3 녹기 쉬운 아스팔트를 사용하게 되었기 때문에
4 드릴 대신 굴착기를 사용하게 되었기 때문에

해설

왜 공사가 조용해진 것인지를 묻고 있다. 시끄러운 드릴 소리에 힘들어하던 여자는 공사 소리가 조용해지자 그 이유에 대해 남자와 이야기한다. 남자는 여자에게 새로운 공법을 사용해서 소음을 줄였다고 말하고 있다. 그러자 여자는 드릴로 아스팔트를 떼지 않아서 조용하다는 것을 발견하고, 남자는 드릴 대신 굴착기가 그대로 아스팔트를 떼어내는 거라고 알려 준다. 따라서 정답은 선택지 4번 '드릴 대신 굴착기를 사용하게 되었기 때문에'가 정답이 된다.

실전 연습하기 | 포인트 이해 | 듣기2-1~6 / 6

問題 2

問題 2　では、まず質問を聞いてください。そのあと、問題用紙のせんたくしを読んでください。読む時間があります。それから話を聞いて、問題用紙の 1 から 4 の中から、最もよいものを一つ選んでください。

1番

1　ゴミを減らす方法を話し合うため
2　市の財政悪化について説明するため
3　一般ゴミの有料化を進めるため
4　ゴミの増加を知らせるため

2番

1　年賀状の代わりにするため
2　お正月には留守にすることを知らせるため
3　家族の死に伴い身を慎んでいることを知らせるため
4　年賀状を出すのを止めた理由を知らせるため

3番

1 大会社を誘致したいから

2 倒産する会社が出てくるから

3 新規事業を立ち上げたいから

4 企業の技術力を上げたいから

4番

1 一村一品運動が広まること

2 農家の奥さんが協力すること

3 利益が増加し続けること

4 加工品が増えること

5番

1 癌の人のためのネイルだから

2 匂いがしないネイルだから

3 優しい色のネイルだから

4 安心して使えるネイルだから

6番

1 単純作業じゃない仕事がしたいから

2 高卒でも肉体作業を紹介してくれるから

3 インターンの時の生活費の心配がないから

4 希望がある仕事に就けるから

3 問題3 개요 이해

| 문제유형 | 결론이 있는 텍스트(대화)를 듣고, 화자의 의도나 주장 등을 이해하는지를 묻는다.

| 문제 수 | 청해 30문제 중 5문제이며, 선택지가 제시되지 않으므로 듣고 정답을 골라야 한다.

| 문제흐름 | 먼저 상황을 설명하는 문장이 나오고 바로 텍스트가 나온다. 그리고 질문과 선택지가 제시된다. 질문이 한 번밖에 나오지 않고 선택지도 음성으로만 제시되기 때문에 난이도가 상당히 높은 문제라고 할 수 있다.

| 풀기요령 | 화자의 의도나 주장을 파악하는 문제이므로 텍스트의 내용 전체를 요약할 수 있어야 하고, 단어 하나하나의 의미보다는 전체적인 의미를 파악할 수 있어야 한다. 화자의 의도나 주장은 대부분 텍스트의 마지막에 나오는 경우가 많으므로 후반부의 내용과 관련이 있는 선택지에 주의한다.

문제 유형 예시

問題 3

問題3では、問題用紙に何も印刷されていません。この問題は、全体としてどんな内容かを聞く問題です。話の前に質問はありません。まず話を聞いてください。それから、質問とせんたくしを聞いて、1から4の中から、最もよいものを一つ選んでください。

― メモ ―

실전 감각 익히기 개요 이해

듣기-3-0

例題 問題用紙に何も印刷されていません。この問題は、全体としてどんな内容かを聞く問題です。話の前に質問はありません。まず話を聞いてください。それから、質問とせんたくしを聞いて、1から4の中から、最もよいものを一つ選んでください。

―メモ―

해석 및 해설

스크립트 & 해석

(M : 男性, 男の子　F : 女性, 女の子)

スポーツ用品会社の部長が会議で話しています。

M: 最近可愛らしい運動着を着て走る美ジョガーの人気が高まっています。更におしゃれ自転車族、山スカート族も出てきました。山にスカートとは山登りの常識から言えば驚くべきことですが、服装にも気を配りたいと言うのが彼女達の気持ちです。彼女達はおしゃれが好きで、勝つことよりも見られることを楽しんでいるようです。可愛らしい服を着ないと運動する気になれないと言う人さえいます。そこでわが社も他社に見習ってアマチュアの女性用はデザインを完璧に換えたいと思います。これまで勝つことにこだわって製品をデザインしてきました。無駄をなくし、シンプルな製品を目指してきました。しかし考えてみれば良い成績を残せるのは一握りの人だけです。新しい傾向は無視できません。女性用はそのまま街着としても通用するような運動着も作る必要があると考えています。

스포츠 용품 회사의 부장이 회의에서 말하고 있습니다.

남 : 요즘 귀여운 운동복을 입고 뛰는 예쁜 조깅걸의 인기가 높아지고 있습니다. 게다가 멋을 낸 자전거족, 등산 스커트족도 나왔습니다. 산에 스커트라니 등산의 상식에서 보면 놀랄만한 일이지만, 복장에도 신경을 쓰고 싶다고 하는 게 그녀들의 마음입니다. 그녀들은 멋을 내는 것을 좋아하고, 남을 이기는 것보다 남에게 보여지는 것을 즐기고 있는 듯합니다. 귀여운 옷을 입지 않으면 운동할 마음이 나지 않는다고 하는 사람조차 있습니다. 그래서 우리 회사도 타사를 본받아 아마추어 여성용은 디자인을 완벽하게 바꾸고 싶습니다. 지금까지 이기는 것에 구애되어 제품을 디자인해 왔습니다. 쓸모없는 것을 없애고 심플한 제품을 지향해 왔습니다. 그러나 생각해 보면 좋은 성적을 남길 수 있는 것은 소수의 사람뿐입니다. 새로운 경향은 무시할 수 없습니다. 여성용은 그대로 외출복으로도 통용될 것 같은 운동복도 만들 필요가 있다고 생각하고 있습니다.

男の人の意見はどれですか。

1 他の会社と同じデザインの服を作る
2 女性用の可愛らしい普通の服も作る
3 女性用の可愛らしい運動服も作る
4 女性用運動着は全て可愛らしい物に変える

남자의 의견은 어느 것입니까?

1 다른 회사와 같은 디자인의 옷을 만든다
2 여성용의 귀여운 평상복도 만든다
3 여성용의 귀여운 운동복도 만든다
4 여성용 운동복은 모두 귀여운 것으로 바꾼다

해설

스포츠 용품 회사 부장의 의견에 대해서 묻고 있다. 부장은 마지막 부분에 '여성용은 그대로 외출복으로도 통용될 것 같은 운동복도 만들 필요가 있다'고 말하고 있다. 즉, 여성용을 기능적인 운동복 외에 외출복으로 통용될 수 있는 운동복도 만든다는 것이다. 따라서 정답은 선택지 3번 '여성용의 귀여운 운동복도 만든다'가 정답이 된다.

問題3

問題3 では、問題用紙に何も印刷されていません。この問題は、全体としてどんな内容かを聞く問題です。話の前に質問はありません。まず話を聞いてください。それから、質問とせんたくしを聞いて、1から4の中から、最もよいものを一つ選んでください。

―メモ―

問題4 즉시 응답

| 문제유형 | 주로 부모와 자식, 부부, 직장 상사와 부하, 친구 등의 사이에서 주고받는 내용으로, 상대방의 말을 듣고 적절한 응답을 찾는다.

| 문제 수 | 청해 30문제 중 11문제이며, 선택지는 제시되지 않는다. 5개의 청해 문제 유형 가운데 문제 수가 가장 많다.

| 문제흐름 | A와 B의 응답 형식으로, 짧은 문장이 나오고 그 문장에 대한 응답으로 3개의 음성이 제시된다. 처음 말한 사람에게 어떤 말로 대답하는 것이 좋은지 가장 알맞은 응답을 찾으면 된다.

| 풀기요령 | 짧은 문장을 듣고 바로 대답을 찾는 문제이기 때문에, 정답을 생각하는 시간이 부족하다. 따라서 선택지를 들으며 ○×를 표시하고 애매한 경우에는 △로 표시하여 다음 문제에 집중할 수 있도록 한다. 그렇지 않으면 그 문제 때문에 다음 문제까지 놓칠 가능성이 많다.

문제 유형 예시

もんだい
問題 4

問題4では、問題用紙に何も印刷されていません。まず文を聞いてください。それから、それに対する返事を聞いて、1から3の中から、最もよいものを一つ選んでください。

－ メモ －

실전 감각 익히기 즉시 응답

듣기-4-0

例題　問題用紙に何も印刷されていません。まず文を聞いてください。それから、それに対する返事を聞いて、１から３の中から、最もよいものを一つ選んでください。

－メモ－

해석 및 해설

스크립트 & 해석

(M : 男性, 男の子　F : 女性, 女の子)

例１ M: うちはスミスさんあっての会社だから…。 F: １ スミスさんがいてもいいよね。 ２ スミスさんがいなくてもいいよね。 ３ スミスさんがいてよかったわね。	**예1** 남 : 우리는 스미스 씨가 있어야 하는 회사니까 ……. 여 : 1 스미스 씨가 있어도 되지? 2 스미스 씨가 없어도 되지? 3 스미스 씨가 있어서 다행이야.
例２ F: 会社の売上げ悪化により倒産を余儀なくされました。 M: １ これで売上げがどうなるのかわかりません。 ２ これからどうしたらいいんでしょう。 ３ じゃ、もっと頑張らなければなりません。	**예2** 여 : 회사의 매출 악화에 따라 어쩔 수 없이 도산하게 되었습니다. 남 : 1 이것으로 매출이 어떻게 될지 모르겠습니다. 2 앞으로 어떻게 하면 좋을까요? 3 그럼, 좀 더 분발해야 됩니다.

해설

〈예1〉은 남자가 '우리는 스미스 씨가 있어야 하는 회사니까……'라고 했다. 즉 스미스 씨는 회사에 반드시 필요한 존재라고 말하고 있으므로, 남자의 말에 동의한 선택지 3번 '스미스 씨가 있어서 다행이야'가 정답이 된다. ～あっての는 '～이 있어야 성립하는'이라는 뜻의 기능어이다.

〈예2〉는 여자가 '회사의 매출 악화에 따라 어쩔 수 없이 도산하게 되었습니다'라고 했으므로, 정답은 사원의 마음을 나타낸 선택지 2번 '앞으로 어떻게 하면 좋을까요?'가 정답이 된다. 선택지 1번은 도산했기 때문에 매출과는 관계가 없으므로 틀리고, 선택지 3번은 이미 도산했기 때문에 앞으로 분발하더라도 어쩔 수 없으므로 틀리다. ～を余儀なくされる는 '어쩔 수 없이 ～하게 되다'라는 뜻으로 화자의 안타까운 심정을 나타낸다.

실전 연습하기 | 즉시 응답 | 듣기-4-1~25 / 25

問題4

問題4 では、問題用紙に何も印刷されていません。まず文を聞いてください。それから、それに対する返事を聞いて、1から3の中から、最もよいものを一つ選んでください。

－メモ－

5 問題5 통합 이해

| 문제유형 | 다소 긴 텍스트를 듣고 복수의 정보를 비교, 종합하면서 내용을 이해하는 문제이다.

| 문제 수 | 청해 30문제 중 3문제이며, 선택지가 음성으로 제시되는 문제(1문)와 인쇄로 제시되는 문제(2문)가 있다.

| 문제흐름 | 먼저 상황을 설명한 문장이 나온다. 그리고 다소 긴 텍스트가 나오고 이어서 질문이 제시된다. 1번은 하나의 텍스트에 1문제가 나오며, 음성으로 4개의 선택지가 제시된다. 2번 문제는 하나의 텍스트에 2문제가 나오며, 선택지는 인쇄로 제시된다.

| 풀기요령 | 텍스트의 내용이 추상적인 주제를 다루지는 않지만, 문장이 다소 길기 때문에 메모를 하면서 들어야 한다. 2명 이상의 이야기를 듣고 정보를 비교하거나 통합해야 하기 때문에 다소 까다로운 문제라고 할 수 있다.

문제 유형 예시

2番

まず話を聞いてください。それから、二つの質問を聞いて、それぞれ問題用紙の 1 から 4 の中から、最もよいものを一つ選んでください。

質問 1

1 富田美術館
2 アーク美術館
3 秋山美術館
4 ポニー美術館

質問 2

1 富田美術館
2 アーク美術館
3 秋山美術館
4 ポニー美術館

실전 감각 익히기　통합 이해

듣기-5-0

例題　この問題では長めの話を聞きます。練習はありません。メモをとってもかまいません。

例

まず話を聞いてください。それから、二つの質問を聞いて、それぞれ問題用紙の１から４の中から、最もよいものを一つ選んでください。

質問１

1　握りロボットと細巻きロボット
2　細巻きロボットと軍艦巻きロボット
3　軍艦巻きロボット
4　細巻きロボット

質問２

1　値段が安かったから
2　一番たくさん作れるから
3　パートには作るのが難しい寿司だから
4　作り方が簡単な寿司だから

해석 및 해설

스크립트 & 해석

(M : 男性, 男の子　F : 女性, 女の子)

機械会社の人が説明しています。

M1: 今回、全ての寿司ロボットを特別割引価格でご提供させていただきます。握りロボットは今までの約1.5倍も寿司を早く握ることができます。ここにすし飯を入れるだけで、1秒に1個握ってくれます。価格は100万円でございます。後はパートの人が魚を載せるだけで出来上がります。またこちらの軍艦巻きロボットはご飯の周りを海苔で巻きますが、そのスピードも1時間に3,600個です。価格は120万円。また海苔の滓が詰まりにくくなっています。次々出来上がるのでイクラやウニを載せるのが間に合わないほどです。細巻きロボットは1時間に400本も巻き寿司を作ることができます。こちらは150万円。ですからこれらのロボットを使えば寿司職人がいなくてもおいしい寿司を早く作ることができます。購入時には高いと思われますが、最近の人手不足や人件費の高さを考えれば安い買い物だと思います。

F: 人手不足だから全部買いたいけど、予算もあるからそういうわけにもいかないわね。

M2: 仕方がない。握りロボットは今あるので間に合わせよう。

F: そうね、まだまだ働いてもらわなくちゃ。じゃ、軍艦巻きと細巻きロボットを買う？

M2: 軍艦巻きは握り寿司の周りに海苔を巻けばいいんじゃないか。

F: 軍艦巻きはそれでいいとしても、素人には細巻きを早く作るのは無理じゃない？

M2: そうだな。機械に任せるより仕方がないか。本当は握りロボットが欲しいんだけど。

F: それは次にしましょう。

기계 회사의 사람이 설명하고 있습니다.

남1 : 이번에 모든 초밥 로봇을 특별할인가격으로 제공해 드립니다. 쥐는 로봇은 지금까지의 약 1.5배나 빨리 초밥을 만들 수 있습니다. 여기에 초를 친 밥을 넣기만 하면 1초에 1개를 만들어 줍니다. 가격은 100만 엔입니다. 그 후에는 파트타임 사람이 생선을 올리기만 하면 완성됩니다. 또 이쪽 군함말이 로봇은 밥 둘레를 김으로 맙니다만, 그 속도도 1시간에 3,600개입니다. 가격은 120만 엔. 또한 김의 찌꺼기가 잘 뭉치지 않게 되어 있습니다. 계속해서 완성되기 때문에 연어알이나 성게알을 올리는 게 시간을 맞추지 못할 정도입니다. 가늘게 말기 로봇은 1시간에 400개나 말이초밥을 만들 수 있습니다. 이것은 150만 엔. 따라서 이들 로봇을 사용하면 초밥장인이 없어도 맛있는 초밥을 빨리 만들 수 있습니다. 구입시에는 비싸다고 생각됩니다만, 최근 일손 부족이나 비싼 인건비를 생각하면 저렴하게 잘 사는 거라고 생각합니다.

여 : 일손이 부족해서 전부 사고 싶지만, 예산도 있으니 그렇게 할 수도 없네.

남2 : 어쩔 수 없지. 쥐는 로봇은 지금 있는 것으로 급한 대로 쓰자.

여 : 그래, 아직도 더 일해 줘야지. 그럼 군함말이랑 가늘게 말기 로봇을 살까?

남2 : 군함말이는 쥠초밥 둘레에 김을 말면 되잖아.

여 : 군함말이는 그걸로 된다고 해도, 아마추어한테는 가늘게 말기를 빨리 만드는 것은 무리 아닐까?

남2 : 그러게. 기계에 맡길 수밖에 없나. 사실은 쥐는 로봇이 갖고 싶지만.

여 : 그건 다음에 하자.

質問1 2人はどのロボットを買いますか。

1 握りロボットと細巻きロボット
2 細巻きロボットと軍艦巻きロボット
3 軍艦巻きロボット
4 細巻きロボット

質問2 それを選んだ理由は何ですか。

1 値段が安かったから
2 一番たくさん作れるから
3 パートには作るのが難しい寿司だから
4 作り方が簡単な寿司だから

질문 1 두 사람은 어느 로봇을 삽니까?

1 쥐는 로봇과 가늘게 말기 로봇
2 가늘게 말기 로봇과 군함말이 로봇
3 군함말이 로봇
4 가늘게 말기 로봇

질문 2 그것을 고른 이유는 무엇입니까?

1 가격이 저렴했기 때문에
2 가장 많이 만들 수 있기 때문에
3 파트타임에게는 만들기가 어려운 초밥이라서
4 만드는 법이 간단한 초밥이라서

해설

〈질문 1〉은 두 사람이 어떤 로봇을 사는지를 묻고 있다. 기계 회사 사람의 설명을 듣고, 남자는 '쥐는 로봇은 지금 있는 것으로 급한 대로 쓰자'고 했기 때문에, 쥐는 로봇은 사지 않는다. 그리고 남자의 '군함말이는 쥠초밥 둘레에 김을 말면 되잖아'라는 말에, 여자가 '군함말이는 그걸로 된다고 해도'라고 말했기 때문에 군함말이 로봇 역시 사지 않는다. '아마추어한테는 가늘게 말기를 빨리 만드는 것은 무리 아닐까?'라고 한 여자의 말에 남자가 '그러게'라고 동의하고 있기 때문에 가늘게 말기 로봇을 사는 것을 알 수 있다. 따라서 정답은 선택지 4번이 된다.

〈질문 2〉는 〈질문 1〉에 이어지는 것으로, 두 사람이 가늘게 말기 로봇을 고른 이유를 묻고 있다. 그 이유는 앞에서 설명한 대로 '아마추어한테는 가늘게 말기를 빨리 만드는 것은 무리 아닐까?'라고 한 여자의 말에 남자가 '그러게'라고 동의하고 있기 때문에, 이것과 관련 있는 선택지 3번 '파트타임에게는 만들기가 어려운 초밥이라서'가 정답이 된다.

もんだい
問題5

問題5 では長めの話を聞きます。この問題には練習はありません。
問題用紙にメモをとってもかまいません。

1番、2番、3番

問題用紙に何も印刷されていません。まず話を聞いて ください。それから、質問とせんたくしを聞いて、１から４の中から、最もよいものを一つ選んでください。

－メモ－

4番、5番、6番

まず話を聞いてください。それから、二つの質問を聞いて、それぞれ問題用紙の1から4の中から、最もよいものを一つ選んでください。

4番

質問1

1 生命保険も医療保険も減額する。

2 生命保険は減額して医療保険は先進医療のある物に入る。

3 生命保険は止めるけど医療保険はそのまま続ける。

4 生命保険は止めて医療保険は減額する。

質問2

1 貯金を殖やしたいから

2 赤字が減らせるから

3 健康に心配がないから

4 もっと旅行したいから

5番（ばん）

質問（しつもん）1

1 Cコース

2 Dコース

3 Eコース

4 Fコース

質問（しつもん）2

1 BコースとFコース

2 EコースとFコース

3 Bコース とCコースとEコース

4 BコースとEコースとFコース

6番

質問1

1 講師の話は信じられないと思いました。

2 何もしてこなかったのはまずかったと思いました。

3 もっとできることがあると思いました。

4 もうできることは少ししかないと思いました。

質問2

1 服を買い替えるし、歯磨き粉や化粧品、スポンジはマイクロプラスチックを生まない物に変えます。

2 天然の服を買いますし、歯磨き粉やスポンジは買い替えますが、化粧品は変えるつもりはありません。

3 歯磨き粉やスポンジはすぐに、化粧品は調べてから、新しい服はマイクロプラスチックを生まない物にします。

4 洋服以外は今使っている物の全てをマイクロプラスチックを生まない物に変更します。

memo

memo

저자 이치우(lcw7639@yahoo.co.jp)

인하대학교 문과대학 일어일문학과 졸업
일본 横浜国立大学 教育学部 研究生 수료
(전) 駐日 한국대사관 한국문화원 근무
(전) 일본 와세다대학 객원 연구원
(전) 한국디지털대학교 외래교수
(현) TAKARA 대표

저서
「(4th EDITION) JLPT [문자·어휘 / 문법 / 한자] 콕콕 찍어주마 N1 / N2 / N3 / N4·5」 (다락원)
「2021 최신개정판 JLPT(일본어능력시험) 한권으로 끝내기 N1 / N2 / N3 / N4 / N5」 (다락원, 공저)

기타지마 치즈코 (北嶋千鶴子)

일본 早稲田大学 第一文学部 졸업
(전) 早稲田京福 語学院 교장
(현) のぞみ日本語学校 교장
(현) J-cert 生活·職能日本語検定 監修委員長
(현) ノースアイランド 대표

저서
「2021 최신개정판 JLPT(일본어능력시험) 한권으로 끝내기 N1 / N2 / N3」 (다락원, 공저)
「にほんごであそぼうシリーズ Ⅰ～Ⅴ」 (日本文化研究会出版部)
「読解問題５５シリーズ Ⅰ～Ⅲ」 (ノースアイランド)

JLPT 일본어능력시험 한권으로 끝내기 N1

지은이 이치우, 北嶋千鶴子
펴낸이 정규도
펴낸곳 (주)다락원

초판 1쇄 발행 1998년 7월 15일
개정2판 1쇄 발행 2005년 8월 10일
개정3판 1쇄 발행 2010년 8월 19일
개정4판 1쇄 발행 2015년 12월 21일
개정5판 1쇄 발행 2021년 8월 20일
개정5판 9쇄 발행 2024년 9월 25일

편집총괄 송화록
책임편집 김은경
디자인 장미연, 이승현

다락원 경기도 파주시 문발로 211
내용문의: (02)736-2031 내선 460~465
구입문의: (02)736-2031 내선 250~252
Fax: (02)732-2037
출판등록 1977년 9월 16일 제406-2008-000007호

ISBN 978-89-277-1241-1 14730
978-89-277-1240-4(세트)

http://www.darakwon.co.kr

- 다락원 홈페이지를 방문하시면 상세한 출판 정보와 함께 동영상강좌, MP3 자료 등 다양한 어학 정보를 얻으실 수 있습니다.
- 다락원 홈페이지 또는 표지의 QR코드를 스캔하시면 MP3 파일 및 관련자료를 다운로드 하실 수 있습니다.

한권으로 끝내기

이치우, 北嶋千鶴子 공저

N1

다락원

1교시

제1장 문자·어휘 기출공략편

문제1 한자읽기

제1회 기출어휘 확인문제 **한자읽기** ▶ p.18

1 우리들 일에 **간섭**하는 것은 그만두고 내버려두었으면 한다.
2 공무원의 범죄가 증가하고 있는 것은 **유감**이다.
3 다문화사회에서의 생활은 종종 **인내**가 필요해진다.
4 그는 농업을 하기 위해 사막 **개척**에 힘을 쏟았다.
5 이 빙하에는 지구온난화의 영향이 **현저하게** 나타나고 있다.
6 그녀는 소극적인 성격을 서서히 **극복**해갔다.
7 주머니 속에서 비스킷이 **부서져** 있었다.
8 일본어 스피치대회의 참가자를 **모집**하고 있습니다.
9 나는 일기를 쓰는 것을 2, 3일 **게을리**했다.
10 그녀의 취미는 **여러 방면**에 걸쳐 있다.

제2회 기출어휘 확인문제 **한자읽기** ▶ p.19

1 모두가 도중에 포기해버리는데, 그녀는 끝까지 **끈덕지게 버텼다**.
2 그 회사는 약 100억 엔의 **채무초과**에 빠져 있다.
3 그 사건의 해명에 **방대한** 시간이 걸렸다.
4 예약은 받지 않으니 **양해**해 주세요.
5 근처에 새로운 가게가 오픈한 후 그 가게는 갑자기 인기가 **없어지고** 말았다.
6 그의 수필은 현역시절의 회상으로 **일관**되어 있다.
7 야마다 씨는 마지막까지 떳떳한 태도로 **일관**했다.
8 그는 대부금 지불이 두 달 **밀려** 있다.
9 내 **지시**대로 하면 잘 될 거야.
10 만약을 위해서 돈은 조금 **저축**해두는 편이 좋아.

제3회 기출어휘 확인문제 **한자읽기** ▶ p.20

1 청소년 범죄에 대해 필요한 **조치**를 취했다.
2 이 연못에서 희귀한 개구리가 **번식**하고 있다.
3 은행업계는 정치헌금을 **자제**할 것을 결정했다.
4 시위대는 기동대에 **막혀** 앞으로 나아갈 수 없었다.
5 박물관에는 선사시대의 토기가 **진열**되어 있었다.
6 이 그림은 진짜 피카소라고 **감정**받았다.
7 그녀는 상사의 성차별 발언에 **분개**했다.
8 교사는 학생들의 장난을 **훈계**했다.
9 공장의 엉성한 안전관리 실태가 **폭로**되었다.
10 짐이 어느 한쪽으로 **치우치면** 보트가 기울어져버린다.

제4회 기출어휘 확인문제 **한자읽기** ▶ p.23

1 용의자는 완강하게 진술을 **거부**하고 있다.
2 경기장은 **흥분**한 관객으로 가득했다.
3 우리의 활동은 빈곤박멸이 그 **취지**입니다.
4 우리들은 예정대로 계획을 **수행**했다.
5 늙은이의 고독에서 **벗어날** 방법은 없다.
6 경찰은 보석 절도는 프로의 짓이라고 **추리**했다.
7 그는 전임자의 방식을 **답습**하려고는 하지 않았다.
8 혀의 감각이 점점 **둔해**졌습니다.
9 주택의 **수요**와 공급의 균형이 잡혀 있다.
10 이 거리는 **유서** 깊은 건축이 매력이다.

제5회 기출어휘 확인문제 **한자읽기** ▶ p.24

1 주말에 **휴식**의 한때를 갖다.
2 **엄정**한 추첨 결과 20명이 선발되었습니다.
3 하루 꼬박 써서 자료를 대강 **훑어** 보았다.
4 분노를 숨기고 겉으로는 **정중하게** 응대했다.
5 단지 덕분에 주변의 상점가도 **혜택**을 받고 있다.
6 자네의 보고서는 항상 **중요한** 점이 빠져 있어.
7 연금제도는 수많은 **변천**을 거쳐 오늘에 이르고 있다.
8 아기는 **기분** 좋은 듯이 자고 있다.
9 A씨가 과연 노벨상을 받을 **만할까**.
10 올해는 우리 회사에 있어 **약진**의 해였다.

제6회 기출어휘 확인문제 한자읽기

▶ p.25

1 빚의 변제를 **독촉**받고 있다.
2 시선을 **가로막는** 나무가 제거되었다.
3 경영구조를 **개혁**하려는 움직임이 있다.
4 이야기가 **본론**에서 벗어나버렸다.
5 공장**이 섰던 자리**에 초호화 고층아파트가 들어섰다.
6 심신 모두 **건강한** 생활을 보내고 있습니다.
7 그 유치원 선생님은 원아에게 **사랑받고** 있다.
8 그런 일을 저질러버려 **어리석**었다.
9 한줄기 빛이 어둠을 **뚫고** 지나갔다.
10 자료 **열람**은 이 실내에서 부탁합니다.

제7회 기출어휘 확인문제 한자읽기

▶ p.29

1 출발이 눈앞으로 **다가오고** 있는데 준비는 아직이다.
2 그는 무엇을 해도 세상물정 모르는 도련님의 성을 **벗어나지** 못한다.
3 우리 딸의 복장을 보면 **색채** 감각을 의심하고 싶어진다.
4 도쿄의 도로는 **포화**상태다.
5 밤중에 자고 있을 때에 아파트에 **강도**가 든 적이 있다.
6 인플루엔자의 만연에 대해 긴급**조치**가 취해졌다.
7 축제 비용은 전액 동 회비에서 **마련하고** 있다.
8 인생은 좀처럼 자신이 그린 **각본**대로는 가지 않는 법이다.
9 장마철에는 음식 **부패**가 빨리 진행된다.
10 같은 **자세**인 채로 너무 장시간 앉아 있으면 허리가 아파온다.

제8회 기출어휘 확인문제 한자읽기

▶ p.30

1 경찰은 테러 용의자가 살고 있는 집을 **덮쳤다**.
2 해는 눈 깜짝할 사이에 지고 **땅거미**가 지기 시작했다.
3 내일로 당 공장은 **폐쇄**됩니다.
4 **철야**로 한 복구작업으로 겨우 중앙선은 운전을 재개했다.
5 기동대는 시위 행진의 앞길을 **저지**했다.
6 아이들은 **맑은** 눈으로 나를 응시했다.
7 은행강도가 **인질**을 잡고 가게 안에 굳게 버티고 있다.
8 이 마을은 세토내해에 면해 있어 기후가 **온화**하다.
9 이렇게 되면 **소송**으로 끌고 갈 수밖에 없다.
10 창업을 목표로 스폰서를 **모집하고** 있다.

제9회 기출어휘 확인문제 한자읽기

▶ p.31

1 무역의 불균형을 **시정**하기 위한 조치를 취하다.
2 전체의 의견을 **원활**하게 정리하는 것은 사회자의 역할이다.
3 우리들은 조직변경에 대해 **유연**한 대응이 필요합니다.
4 이것은 선례에 **따라** 처리하겠습니다.
5 오랜 **침묵** 후, 그녀는 무거운 입을 열었다.
6 가능한 한의 **보상**은 할 생각입니다.
7 시합에 **임하기** 전에는 항상 긴장된다.
8 메일로 받은 **가공**의 청구서에 속아서는 안 된다.
9 미술관 직원은 카메라를 사용하지 않도록 주의를 **촉구**했다.
10 경찰관은 나에게 도로 **가장자리**로 붙여서 서도록 신호했다.

문제2 문맥규정

제10회 기출어휘 확인문제 문맥규정

▶ p.37

1 증거 불충분으로 소송은 **기각**되었다.
2 그는 다음 대통령 선거에는 출마하지 않겠다고 **표명**했다.
3 확실히 프로와 아마추어에는 **뚜렷**한 실력차가 있다.
4 장래에 나는 자원봉사활동에 **종사**할 생각입니다.
5 어머니는 하루 종일 **부산하게** 집안을 돌아다니고 있다.
6 오늘은 일본일주를 하게 된 **경위**에 대해서 써보고 싶습니다.
7 그의 행위는 사회 상식을 현저하게 **벗어나** 있다.
8 아버지는 오랜 **염원**이었던 미국 여행을 갔습니다.
9 폐업을 해서 셔터문을 닫은 점포는 상점가에서 자주 **만나는** 광경이다.
10 그녀는 옷의 **센스**가 뛰어나서, 항상 멋진 복장을 하고 있다.

제11회 기출어휘 확인문제 문맥규정

▶ p.38

1 다카하시 씨는 승진한 것을 모두에게 말하고 싶어서 **좀이 쑤신**다.
2 고바야시 씨의 가장 큰 **걱정**은 아픈 어머니였다.
3 주민은 그 건물의 **철거**를 요구했다.
4 경영진은 영업부장에게 젊은 층을 **기용**하는 것에 난색을 표했다.
5 새 사장은 회사재건이라는 무거운 십자가를 **짊어지게** 된다.
6 우리 회사는 일본의 디지털카메라 시장에서 20%의 **점유율**을 차지하고 있다.
7 한마디로 와인이라 해도, 고급품에서 요리용까지 **가지각색**이다.
8 그는 완강히 자신의 **잘못**을 인정하려고 하지 않았다.
9 어떤 스토리를 가진 것은 **애착**이 있어서 좀처럼 버릴 수 없는 법이다.
10 우리들은 최선을 **다해서** 그 일을 해야 한다.

제12회 기출어휘 확인문제 문맥규정

▶ p.39

1 비 때문에 시합이 중지되는 것은 아닐까 하고 **걱정하는** 야구 팬도 많았다.
2 그 토기에는 아름다운 장식이 **되어** 있었다.
3 도쿄지방에 내려진 호우경보가 **해제**되었습니다.
4 **다각적인** 시점에서 에너지문제에 대해 의논합시다.
5 대지진이 발생했을 때에는 신속한 가스 공급의 **차단**이 요구된다.
6 스즈키 씨는 TV 연출가로서의 오랜 **경력**을 갖고 있다.
7 그녀는 영어 시험에서 **꾸준히** 80점 이상을 받고 있다.

8 많은 사람들이 지진 재해로 생활 **기반**을 잃었다.
9 그는 펜션 경영의 기본적 **노하우**를 알고 싶어 한다.
10 고바야시 씨는 오랫동안 걸은 후라 **몹시** 지쳐 있었다.

제13회 기출어휘 확인문제 **문맥규정** ▶ p.43

1 우리들은 TV나 신문 등의 **매체**를 통해 세상 일을 안다.
2 그녀는 병으로 업무에 **지장**을 초래했다.
3 그 책에서 한 구절을 **발췌**해서 낭독했다.
4 그녀는 어학을 잘하는데, **특히** 한국어를 잘한다.
5 회사에서의 인간관계가 **원활**하도록 기도하고 있습니다.
6 팀 재건의 기대를 **짊어지고** 그는 감독으로 취임했다.
7 그녀는 **망설이**지 않고 가장 비싼 와인을 주문했다.
8 인기있는 TV 연속극이 오늘 밤에 **완결**된다.
9 그는 영어에 **중점**을 두고 수험공부를 하고 있다.
10 당 호텔에서는 3종류의 객실 **선택**을 제공하고 있습니다.

제14회 기출어휘 확인문제 **문맥규정** ▶ p.44

1 벽화를 **복원**하려고 했을 때, 여러 준비나 어려운 문제가 많은 것을 듣고 굉장히 놀랐다.
2 엄청난 수의 군중이 광장을 가득 **메웠**다.
3 위기가 사원의 **결속**을 강화한다.
4 도로의 확장에 따라 차 2대가 **나란히** 달릴 수 있게 되었다.
5 그가 사퇴하는 것은 전혀 **염두**에 없었다.
6 공장에는 에어컨이 없어서, 사원은 매일 땀**투성이**가 되어 일하고 있다.
7 이달은 며칠 쉬었지만, 어떻게든 보험계약 **할당량**은 완수할 수 있을 것 같다.
8 그 운동은 빈곤지역의 복지에 크게 **기여**했다.
9 연휴기간 중의 유원지는 어느 곳이나 상당한 **인파**가 예상되고 있다.
10 대범한 사람이란, 성품이나 마음이 느긋하고 사소한 것을 신경 쓰지 않는 사람을 말합니다.

제15회 기출어휘 확인문제 **문맥규정** ▶ p.45

1 어제 파티에서는 즐거운 화제로 이야기가 **활기**를 띠었다.
2 그는 감독이나 팀 동료로부터 **절대적인** 신뢰를 얻고 있다.
3 어떤 풍습도 그 문화적 **배경**을 떠나서는 이해할 수 없다.
4 그녀는 회심의 연기로 마지막 무대를 **장식**했다.
5 속마음과 표면상의 방침이라는 개념은, 외국인에게는 **도무지** 이해가 잘 되지 않는다고들 한다.
6 요리 **솜씨**를 겨루는 대회가 열렸다.
7 이것은 최신 CG기술을 **구사**하여 만들어진 영상입니다.
8 이 드라마의 스즈키 씨는 감정의 **기복**이 굉장히 심한 사람이라고 생각합니다.
9 어머니는 삼촌 회사의 경리를 **일임**하고 있다.
10 오늘 밤은 10년에 한번 나올 **인재**라 하는 밴드의 라이브가 있다.

제16회 기출어휘 확인문제 **문맥규정** ▶ p.49

1 현재 실업 중이라서 매일 **빈둥**대고 있습니다.
2 사는 것이 괴롭다고 해서 마약에 빠지다니 **어리석은** 일이다.
3 어머니는 내 기분을 민감하게 **살펴** 아무 말도 하지 않았다.
4 올 여름은 무덥고 **찌푸린** 날이 계속되었다.
5 바퀴벌레는 **재빨라서** 좀처럼 잡히지 않는다.
6 강연자의 이야기는 긴 것치고는 내용이 **빈약**했다.
7 그가 책임을 지고 사직할 생각인 것이 **명백**해졌다.
8 그들은 생면부지인 우리를 따뜻하게 **대접해** 주었다.
9 **감히** 말하겠는데, 너의 의견에는 상당히 편견이 있다.
10 혹시 그것이 필요하다면 **미리** 연락해 주세요.

제17회 기출어휘 확인문제 **문맥규정** ▶ p.50

1 거대한 쓰나미로 그 지역의 집은 **모조리** 파괴되었다.
2 아폴로 계획은 인류의 꿈을 실은 **장대**한 계획이었다.
3 민족 투쟁에 제3국이 **개입**하여 큰 전쟁으로 발전했다.
4 문자를 하면서 걷고 있다가 전봇대에 **정면으로** 부딪히고 말았다.
5 그는 의학 연구 분야에서 **눈부신** 업적을 올렸다.
6 그는 항상 부인을 남들 앞에서 **헐뜯는다**.
7 그는 수재이고 **또한** 대단한 노력가이다.
8 그녀는 **기복**이 많은 인생을 보냈다.
9 **부디** 허가해 주시기를 부탁 드립니다.
10 그의 증언에는 **앞뒤**가 맞지 않는 부분이 있었다.

제18회 기출어휘 확인문제 **문맥규정** ▶ p.51

1 이것은 정권을 **뒤엎을** 만한 스캔들이다.
2 아이와 떨어져 살고 있는 엄마는 필시 **애달플** 것이다.
3 문제와 답안용지는 나중에 모두 **회수**합니다.
4 최신 기술의 **혁신**은 실로 눈부시다.
5 그의 부주의로 모처럼의 계획이 **엉망**이 되었다.
6 결혼식 때에는 단정한 **옷차림**으로 참석해야 한다.
7 아침 공기는 뭐라 할 수 없이 **상쾌하다**.
8 부탁 받아도 무리인 일이라면 **딱 잘라** 거절하는 것이 좋다.
9 이 코트는 비는 **튕겨** 내지만 땀은 통한다.
10 취직에 즈음하여 예전의 반 친구가 **편의**를 도모해 주었다.

문제3 **유의표현**

제19회 기출어휘 확인문제 **유의표현**

▶ p.58

1 서른 살에 사장이 되다니 **이례적인**(≒**보기 드문**) 승진이다.
2 그녀는 자주 **맥락**(≒**연관**)이 없는 이야기를 한다.
3 어제, **소형의**(≒**소형의**) 카메라를 구입했다.
4 **의심스러운**(≒**수상한**) 일이 있으면 바로 알려주세요.
5 레몬을 **슬라이스했다**(≒**얇게 잘랐다**).
6 **신속하게**(≒**가능한 한 빨리**) 청소해주세요.
7 새로운 사장은 취임의 **포부**(≒**결의**)를 말했다.
8 **끈질기게**(≒**포기하지 않고**) 노력했다.
9 이 일은 **전부터**(≒**이전부터**) 부모님에게 들었었다.
10 그 사건은 황폐한 세상을 **단적으로**(≒**명백하게**) 이야기하고 있다.

제20회 기출어휘 확인문제 **유의표현**

▶ p.59

1 그녀는 유전 연구에 **몰두했다**(≒**열중했다**).
2 그는 조사결과를 상사에게 **자세히**(≒**상세하게**) 보고했다.
3 **힘껏**(≒**가능한 한**) 지출비를 줄이자.
4 나는 이 의외의 말을 듣고, 나도 모르게 그의 얼굴을 **응시했다**(≒**지그시 보았다**).
5 연구 경과를 **극명하게**(≒**자세하게 정성들여**) 기록했다.
6 **방해할**(≒**방해할**) 생각은 없었다.
7 일본의 실업률은 **약간**(≒**조금**) 감소하고 있다.
8 친구도 **어렴풋이**(≒**그냥**) 눈치채고 있었다고 생각합니다.
9 3월로 예정되어 있던 신제품 발표는 **늦어질 것 같다**(≒**늦어질 것 같다**).
10 **간신히**(≒**그럭저럭**) 막차버스 시간에 맞았다.

제21회 기출어휘 확인문제 **유의표현**

▶ p.60

1 그 선생님은 유아교육의 **전문가**(≒**전문가**)다.
2 계약할 때 내용을 잘 **음미**(≒**검토**)했습니까?
3 그는 투덜투덜 **중얼거리고**(≒**작은 목소리로 말하고**) 있었다.
4 그녀는 주어진 임무를 **완수하고**(≒**완료하고**) 귀국했다.
5 그 광경은 아직 **선명하게**(≒**확실히**) 기억에 남아 있다.
6 **순간의**(≒**짧은**) 행복이었다.
7 두 사장은 서로 **경쟁했다**(≒**겨루었다**).
8 그녀는 **화가 난 듯했다**(≒**화난 듯한 표정을 짓고 있었다**).
9 그녀는 **겁내고**(≒**무서워하고**) 있는 듯했다.
10 개가 밤새도록 짖어서 **제대로**(≒**별로**) 못 잤다.

제22회 기출어휘 확인문제 **유의표현**

▶ p.65

1 현대사회의 **메커니즘**(≒**구조**)은 복잡하다.
2 그녀는 필사적으로 **변명하고**(≒**변명하고**) 있었다.
3 날씨가 나쁘니 오늘 밤 출발은 **미룰**(≒**중지할**) 수밖에 없다.
4 우선 **상대방**(≒**상대**)의 주장을 듣자.
5 모든 암에 효과가 있는 **획기적인**(≒**지금까지 없는 새로운**) 신약의 등장이 기다려진다.
6 폭발 소리에 마을 사람들은 **깜짝 놀랐다**(≒**아주 놀랐다**).
7 빨리 먹으라고 아이를 **재촉한다**(≒**재촉한다**).
8 그는 베토벤의 음악에 **자극받아**(≒**자극을 받아**) 작곡가를 지망했다.
9 그녀는 그 소식을 듣고 아주 **낙담했다**(≒**실망했다**).
10 겨우 **귀찮은**(≒**번거로운**) 작업에서 해방되었다.

제23회 기출어휘 확인문제 **유의표현**

▶ p.66

1 나는 침묵하는 것 외에 달리 행할 **방도**(≒**방법**)가 없었다.
2 그는 어떤 사태에도 **당황하지 않고**(≒**허둥대지 않고**) 냉정하게 대처했다.
3 그의 어색한 연기에 박수도 **드문드문했다**(≒**적었다**).
4 저 아이는 항상 **상쾌한**(≒**상쾌한**) 웃는 얼굴로 인사한다.
5 그녀의 신작은 형편없이 **깎아내려졌다**(≒**나쁜 말을 들었다**).
6 이 항아리는 **편리해서 유용하다**(≒**편리해서 도움이 된다**).
7 식전은 **대체로**(≒**대개**) 예정대로 진행되고 있다.
8 노력하면 **저절로**(≒**자연스레**) 길은 열리게 된다.
9 새로운 컴퓨터 프로그램을 **무상으로**(≒**무료로**) 제공한다.
10 자서전 집필을 **계획하고**(≒**계획하고**) 있다.

제24회 기출어휘 확인문제 **유의표현**

▶ p.67

1 왠지 오늘은 **잔뜩 흐린 날씨였다**(≒**흐려서 어두웠다**).
2 위험한 일은 **최대한**(≒**가능한 한**) 피하도록 하세요.
3 **허술한**(≒**칠칠치 못한**) 사람에게 일은 맡길 수 없다.
4 영화는 **어이없게**(≒**의외로 재미없게**) 끝났다.
5 그가 세운 기획은 **모조리**(≒**모두**) 실패했다.
6 비 오는 날에 외출하는 것은 **귀찮다**(≒**귀찮다**).
7 겸손한 것은 좋지만, 도가 지나치면 **비아냥**(≒**비꼼**)으로 들린다.
8 어젯밤, **문득**(≒**갑자기**) 친구가 찾아왔다.
9 올 여름의 물부족은 아주 **심했다**(≒**심했다**).
10 국민투표를 실시할 계획은 **당분간**(≒**얼마 동안은**) 없다.

문제4 **용법**

제25회 기출어휘 확인문제 **용법**

▶ p.72

1 **もはや 이제, 벌써**
 1 그 동전은 일본에서는 **이제** 통용되지 않는다.
2 **様相 양상**
 3 태풍에 휩쓸려 마을의 **모습**이 아주 달라졌다.

3 乗り出す 착수하다, 나서다

3 경찰은 겨우 그 사건의 조사에 **착수했다**.

4 うなだれる 고개를 숙이다

3 그는 쇼크를 받은 나머지 **고개를 숙이고** 아무 말도 하지 않고 방에서 나갔다.

5 内訳 내역, 명세

2 합계는 10만 엔으로 **내역**은 다음과 같습니다.

제26회 기출어휘 확인문제 **용법**

 p.73

1 繁盛 번성, 번창

2 인터넷상에서 선전하기 시작했더니, 사업이 **번창**하게 되었다.

2 しぶとい 고집이 세다, 완고하다

3 저녀석은 좀처럼 자신의 패배를 인정하지 않는 **고집이** 센 녀석이다.

3 失脚 실각

1 그 정치가는 상당한 실력자였지만, 이번 정변으로 **실각**한 것 같다.

4 滅びる 멸망하다, 없어지다

4 핵전쟁이 일어나면 인류는 **멸망할** 것이다.

5 かたくな 완고함, 막무가내임

3 그녀는 **완고할** 정도로 한결같이 댐 반대를 계속 주장했다.

제27회 기출어휘 확인문제 **용법**

 p.74

1 ひたむきに 변함없이, 한결같이

1 다나카 씨가 **변함없이** 사는 그 모습은 실로 장하다.

2 基調 기조, 바탕

4 먹을 **바탕**으로 한 심플하면서 안정된 분위기의 침실이다.

3 拠点 거점

4 그들은 그 높은 건물을 반도탐험의 **거점**으로 삼았다.

4 なつく 따르다

4 학생들은 새로운 선생님을 금세 **따랐다**.

5 素早い 재빠르다

1 주말임에도 불구하고 **재빠른** 대응에 감사하고 있습니다.

제28회 기출어휘 확인문제 **용법**

 p.75

1 ほほえましい 호감이 가다, 흐뭇하다

2 아이들이 놀고 있는 모습은 **흐뭇했다**.

2 交錯 교착, 서로 뒤섞여 얽힘

1 이시하라 씨의 말에는 진실과 허구가 **뒤섞여** 있었다.

3 緊密 긴밀함

4 이 마을에서는 의료와 복지가 **긴밀**하게 연계되어 있다.

4 円滑 원활함

2 회의의 **원활한** 운영을 도모하기 위해, 의사운영위원회를 마련한다.

5 退く 물러나다

2 그 선수는 체력이 떨어져서 현역에서 **물러났다**.

제29회 기출어휘 확인문제 **용법**

▶p.79

1 帯びる 띠다

2 이 사건은 정치적 성격을 **띠어** 왔다.

2 軌道 궤도

3 우리들의 연구도 **궤도**에 올라온 듯하다.

3 発足 발족

4 그 단체는 **발족**한 지 아직 얼마 안 된다.

4 ほどける 풀리다

1 걷는 동안에 신발 끈이 **풀어졌다**.

5 不服 불복, 불만

3 그는 내 방식에 **불만**을 제기했다.

제30회 기출어휘 확인문제 **용법**

▶p.80

1 思い詰める 골똘히 생각하다

2 이케다 씨는 무슨 일에 관해서든 **깊이 생각하는** 성격이다.

2 復旧 복구

1 야마노테선은 몇 시간 후 **복구**될 전망이다.

3 意地 고집

3 그런 시시한 일로 너무 **고집**을 부리지마.

4 ブランク 공백

1 그의 경력에는 2년간의 **공백**이 있다.

5 目覚ましい 눈부시다

1 그 유학생의 일본어의 향상세는 **눈부시다**.

제31회 기출어휘 확인문제 **용법**

▶p.81

1 もはや 이제는, 벌써

1 사회에 나가고 나서 공부하지 않은 것을 후회해도, **이제는** 늦었다.

2 煩雑 번잡함

2 세금의 **번잡한** 구조는 좀처럼 이해하기 어렵다.

3 心構え 각오, 마음가짐

4 그의 책임자로서의 **각오**를 묻는 소리가 높아졌다.

4 まちまち 가지각색

3 학생들은 **가지각색**의 복장을 하고 있었다.

5 にぎわう 북적이다

2 연휴의 인파로 관광지는 어디든 **북적이고** 있다.

제32회 기출어휘 확인문제 **용법**

▶p.82

1 はなはだしい 심하다

4 볼트, 너트의 부식이 **심할** 경우에는 새상품과 교환해주세요.

2 工面 변통, 융통

1 수업료 100만 엔을 어떻게든 **변통**했다.

3 打開 타개

2 사태의 **타개**를 도모할 대책이 필요하다.

4 とっくに 훨씬 전에, 벌써
1 숙제는 **훨씬 전**에 해버렸다.

5 調達 조달
4 지진 피해지역에 식량을 **조달**하는 일이 급선무다.

제33회 기출어휘 확인문제 **용법**

▶ p.85

1 手際 솜씨, 수완
1 무엇을 하든 그는 여전히 **솜씨**가 좋다.

2 おごる 한턱내다
2 점심을 살 테니까 이 서류를 대강 훑어봐 줘.

3 ずらっと 잇달아 늘어선 모양, 죽
4 도로 옆에는 선수를 응원하는 사람들이 **죽** 늘어서 있었다.

4 はかどる 진척되다
3 노선 공사는 착착 **진척되고** 있다.

5 へりくだる 겸손하다, 자기를 낮추다
1 후보자의 **겸손한** 태도가 유권자의 마음을 사로잡았다.

제34회 기출어휘 확인문제 **용법**

▶ p.86

1 指図 지시, 지휘
3 너의 **지시** 따위 받을까 보냐.

2 つぶやく 중얼거리다
3 저 노인은 항상 투덜투덜 무언가 **중얼거리고** 있다.

3 執着 집착
2 그는 자신의 의견에 **집착**하여 다른 사람의 이야기를 듣지 않는다.

4 交付 교부(금전이나 서류를 건넴)
1 보조금이 **교부**될 때까지는 시간이 걸립니다.

5 巧妙 교묘함
1 우리는 그의 **교묘**한 수법에 속았다.

제35회 기출어휘 확인문제 **용법**

▶ p.87

1 とっさに 순간적으로, 즉시
2 폭탄이 폭발했을 때, 그는 **순간적으로** 지면에 엎드렸다.

2 不順 불순
1 일기**불순**으로 수영장의 입장객은 작년보다 줄었다.

3 突如 돌연, 갑자기
2 내 머리에 **갑자기** 좋은 생각이 번쩍 떠올랐다.

4 にじむ 번지다, 스며들다
1 이 천은 물에 담그면 색이 **번진다**.

5 まるまる 완전히, 전부
3 그 점에서 너와 의견이 **완전히** 일치하는 것은 아니다.

제36회 기출어휘 확인문제 **용법**

▶ p.88

1 なんとか 그럭저럭
1 열심히 달려서 마지막 전철에 **그럭저럭** 시간은 맞췄다.

2 両立 양립
2 공부와 동아리 활동을 **양립**시키는 것은 어렵다.

3 仮に 가령, 임시로
4 **가령** 1달러를 110엔으로 해서 비용을 계산해 보자.

4 どうやら 아무래도, 어쩐지
1 **아무래도** 내일은 비가 올 것 같다.

5 一括 일괄, 한데 묶음
4 이들 문제는 **일괄**해서 처리할 수 있다.

제2장 문자·어휘 예상공략편

문제1 **한자읽기**

제1회 예상어휘 확인문제 **한자읽기**

▶ p.157

1 실크의 부드러운 **감촉**을 좋아합니다.
2 우리 학교 야구부는 고시엔에서 1차전을 **돌파**했다.
3 이 오토바이는 **결함**투성이다.
4 그 작가는 이번에 처음으로 장편소설을 **저술했다**.
5 그 사람에게 받은 은혜는 **평생** 잊을 수 없다.
6 정보기술이 **두드러진** 진보를 보여주고 있다.
7 골프를 잘 치는 요령을 **터득**하려면 시간이 걸린다.
8 아버지는 매년 업무 차 몇 번 베트남을 **방문한다**.
9 그들은 자기들 팀이 득점을 할 때마다 **환호성**을 질렀다.
10 사람들은 **앞다투어** 랜덤박스를 샀다.

제2회 예상어휘 확인문제 **한자읽기**

▶ p.158

1 절의 **경내**에는 많은 포장마차가 나와 있었다.
2 그는 **고집이** 세서, 한번 정하면 좀처럼 바꾸지 않는다.
3 그는 아버지에게서 장사의 비결을 **전수받았다**.
4 부모는 아이가 **건강하게** 자라기를 진심으로 바라고 있다.
5 해외에 나갈 때는 여행상해보험에 가입하는 걸 **권장해**.
6 아버지는 간이 나빠져서 술을 **끊었다**.
7 그 집에 용의자가 들른 **흔적**이 있다.
8 내가 아무리 해명해도 선생님을 **납득시킬** 수 없었다.
9 6년 동안 축구에 **정진**한 선수에게 경의를 표합니다.
10 도지사는 신공항 건설을 **계획하고** 있다.

제3회 예상어휘 확인문제 **한자읽기**

▶ p.159

1 주사를 맞았더니 등의 **통증**이 **완화**되었다.
2 30명의 학생을 **인솔**하여 츠쿠바산에 캠핑하러 갔다.
3 좀 좋은 점수를 받은 정도로 **기고만장** 하지 마.
4 **그릇**이 좋으면 음식도 맛있다.
5 X사에 프린터의 재고 **유무**를 메일로 문의했다.
6 그 나라에 새로운 산업이 **흥성했다**.
7 우리들은 이케다 씨를 학생회장으로 **밀었다**.
8 그는 피카소 그림에 대해 독자적인 **해석**을 했다.
9 나는 자기 전에 하루의 행동을 **반성하기**로 하고 있다.
10 그곳에서는 7일 밤부터 해 뜰 무렵에 걸쳐 세찬 비가 내려, 하천의 **범람**이 이어졌다.

제4회 예상어휘 확인문제 **한자읽기**

▶ p.160

1 그녀는 **맨발**에 스니커즈를 신고 있었다.
2 많은 기업이 오일쇼크로 경영**부진**에 빠졌다.
3 그 여배우는 **천성**이 괄괄하다.
4 그녀는 머리가 아프다며 조퇴했지만, 그것은 **꾀병**이야.
5 여기저기 주머니를 **뒤졌지만**, 열쇠는 발견되지 않았다.
6 지갑을 **습득**해서 파출소에 신고했다.
7 그는 스승에게서 **수행**이 부족하다는 말을 들었다.
8 현재 영국 **수상**은 누구입니까?
9 그 나라에서는 일본 차의 **수요**가 줄고 있다.
10 그는 다채로운 접근과 **정교한** 테크닉으로 그 음악을 표현하고 있다.

제5회 예상어휘 확인문제 **한자읽기**

▶ p.161

1 이 가습기는 공기청정기를 **겸하고** 있다.
2 본회의 경리는 예산에 의거하여 **출납**하며, 모든 장부를 정리하여 감사를 받는다.
3 외야수는 **맨손**으로 공을 잡아 3루로 화살같은 송구를 했다.
4 이 그림에는 작자의 생각이 **솔직하게** 표현되어 있다.
5 지금은 일의 **옳고 그름**을 다투고 있을 때가 아니다.
6 우리 회사는 유럽시장에서 **철수**하기로 결정했다.
7 이케다 씨와는 20년 된 **지기**이다.
8 넥타이를 안 한 것은 나쁜이어서 **보기**에 안 좋았다.
9 가스 급탕기의 불완전 **연소**로 일산화탄소가 발생했다.
10 이 신인은 무한한 가능성을 **간직하고** 있다.

제6회 예상어휘 확인문제 **한자읽기**

▶ p.162

1 이 나라는 **빈부**의 차가 심하다.
2 어느 나라든 각기 **풍속** 관습이 있다.
3 나는 학교 창립 100주년 기념모금의 **발기인**이 되었다.
4 가끔 천식 **발작**이 일어난다.
5 그는 에베레스트에 등정, **숙원**을 이루었다.
6 이 이야기는 역사적 사실에 **의거하여** 쓰여진 것이다.
7 교수의 유언에 따라, **장서**는 모두 대학에 기부되었다.
8 두 그림은 구도가 아주 **유사**하다.
9 **노련한** 투자가에게도 요즘의 주식시장은 읽기 어렵다고 한다.
10 도와주었으면 한다고 했더니 **노골적**으로 싫은 표정을 지었다.

제7회 예상어휘 확인문제 **한자읽기**

▶ p.163

1 외출 중에 선생님을 만나 **가볍게 인사**를 하고 지나쳤다.
2 자퇴하고 싶다고 했더니, 아버지는 **맹렬**하게 반대했다.
3 파티는 시종 **화기애애한** 분위기에서 진행되었다.
4 나는 그의 피아니스트로서의 뛰어난 재능에 **경탄**했다.
5 아버지는 딸이 의학부에 진학하기를 **간절히 바라고** 있었다.
6 그녀의 헌신적인 봉사활동은 많은 사람에게 **감명**을 주었다.
7 이 시도는 크게 성공하여, 이 전염병의 **종식**선언에 이르렀다.
8 **사족**이지만 신부는 내 아내의 고교시절 친구이기도 합니다.
9 그녀는 국방비를 삭감하도록 **주장했다**.
10 결국 뮤지컬 배우가 되는 꿈이 **성취**되었다.

제8회 예상어휘 확인문제 **한자읽기**

▶ p.164

1 트럭에 실은 짐이 **무너져서** 도로에 흩어졌다.
2 경찰은 불법주차를 **가차** 없이 단속했으면 한다.
3 이 단체는 세계평화에 **공헌하는** 것을 목적으로 설립되었다.
4 야생 조수를 허가 없이 **포획하는** 것은 불가능하다.
5 우리 집에는 관리를 **부탁받은** 땅이 있습니다.
6 재판소는 개인정보보호법의 엄정한 **시행**을 명했다.
7 그녀의 제안을 **전제**로 하여 논의를 진행하자.
8 많은 소년소녀가 연예계의 **화려한** 생활을 동경한다.
9 그녀의 브로치에는 섬세한 **세공**이 이루어져 있었다.
10 그 강연은 **시사하는** 바가 커서 얻는 부분이 많았다.

제9회 예상어휘 확인문제 **한자읽기**

▶ p.165

1 뜻하지 않게 적의 **계략**에 **빠지다**.
2 그녀는 자식들도 잘 해서 행복한 **생애**를 보냈다.
3 모인 부비를 **유익하게** 쓸 방법을 생각해보자.
4 함부로 삼림을 **벌채**하는 것은 중대한 환경파괴로 이어진다.
5 농가는 냉하(여름철 서늘한 기후)로 인한 **흉작**으로 고생했다.
6 **만사**를 제쳐놓고 참석해주시길 바랍니다.
7 그녀는 수술 후 바로 **마취**에서 깨어났다.
8 조합은 회사에 **해명**을 요구했다.
9 이 작품집은 그의 지금까지의 소설을 **망라하고** 있다.
10 죄송하지만, 아버지는 면회**사절**입니다.

문제2 문맥규정

제10회 예상어휘 확인문제 문맥규정

▶ p.166

1 야마다 씨는 자연보호를 위해 **정력적으로** 활동하고 있다.
2 이 주위는 **예전**에 바다였다고 해서, 조개 화석이 많이 보인다.
3 여행을 떠나기 전날 밤에는 꼼꼼하게 준비를 **갖추고** 나서 잔다.
4 사진을 보고 있는 동안에 그 때의 쓰라린 추억이 **되살아났다**.
5 나는 그 경험에서 귀중한 **교훈**을 얻었습니다.
6 그 섬의 자연은 손을 **대지 않은** 채 남아 있다.
7 그녀의 계좌에 예금이 없어서, 은행은 어음 지불을 **정지**했다.
8 가격에 대해서는 나는 정하기 어려워, 매니저의 판단에 **맡겼다**.
9 선생님이 무서운 얼굴로 부르셔서 **영락없이** 혼나겠구나 했는데 칭찬을 받아서 깜짝 놀랐다.
10 이 단말기는 본사의 고객 **데이터 베이스**와 연결되어 있습니다.

제11회 예상어휘 확인문제 문맥규정

p.167

1 **무척** 피곤한 모습이라, 동생은 회사에서 돌아오자 저녁도 먹지 않고 그대로 자버렸다.
2 그는 피아노의 재능이 있다며 **자부하고** 있었지만, 콩쿠르 예선에서 떨어지고 말았다.
3 그 기자회견에서 형사는 용의자에 대한 구체적인 **언급**을 피했다.
4 경제 불황 속에서 기업은 실적 회복을 위하여 여러 가지로 생각을 **짜내고** 있다.
5 영어에서는, 그와 어깨를 나란히 할 만큼 실력이 있는 학생은 지금으로선 없다.
6 이 물질은 사람의 건강을 **해칠** 우려가 있다.
7 이 교과서를 **채택**한 이유를 설명하겠습니다.
8 병에는 '어린이 손이 닿지 않는 곳에 보관할 것'이라는 **라벨**이 붙어 있었다.
9 차가 **배출**하는 가스에 의해 대기는 상당히 오염되어 있다.
10 그렇게 화내지마. 그는 자기 마음을 **솔직하게** 말하지 못할 뿐이야.

제12회 예상어휘 확인문제 문맥규정

p.168

1 이 방수 공사는 **아무래도** 업자가 일을 대충한 가능성이 높다.
2 무슨 일 있으면 말해주세요. 언제든지 **달려올** 테니까요.
3 그 문제에 대해서 상사의 의향을 **타진**할 필요가 있다.
4 새로운 상점가가 생기면 그 고장은 많이 **윤택해질** 것이다.
5 신혼인 두 사람이 **원만한** 가정을 이루어 주었으면 좋겠다.
6 체육관에는 많은 의자가 **정연하게** 늘어서 있었다.
7 그 팀은 **압도적인** 강함을 과시하며 우승했다.
8 이들 채소는 어떤 **경로**를 거쳐 소비자의 곁에 도달하는 걸까.
9 집안일을 돕지 않는 여동생과 같은 금액의 용돈이라니 **악평등**이야.
10 그 지역에 큰 지진이 일어나 지반이 약 30cm **가라앉았다**.

제13회 예상어휘 확인문제 문맥규정

▶ p.169

1 마을 전체가 어제 일어난 불가사의한 사건의 소문으로 **자자**했다.
2 경기가 **정체**되어 실업률이 5%를 넘었다.
3 발수기능이란, 직물 표면을 물이 굴러 떨어지는 작용으로 물을 **튕겨내는** 기능입니다.
4 유학가고 싶다고 했더니 아버지는 **쉽게** 허락해 주었다.
5 상사에게 말을 **꺼내려면** 약속을 잡을 필요가 있습니다.
6 히말라야의 **웅대한** 광경에 나는 그저 압도당했다.
7 심판이 카운트를 시작하자 복서는 **비틀비틀** 일어섰다.
8 지나치게 일을 해서 몹시 **지쳤다**.
9 신문 기자는 보고 온 전쟁 **상황**을 자세하게 이야기했다.
10 번역으로는 미묘한 **뉘앙스**를 잃어버릴 때가 있습니다.

제14회 예상어휘 확인문제 문맥규정

▶ p.170

1 한번 들으면 잊을 수 없을 만큼 **기분 좋게** 울려, 듣는 사람을 모두 낙원으로 인도한다.
2 이 타입의 컴퓨터는 **재고**가 적습니다.
3 그 아이는 **아주** 간단히 구구단을 외워버렸다.
4 당 협회에 소속된 문제해결의 전문가가 재빨리 문제를 해결하여, 회원 분의 불안감을 **일소하겠습니다**.
5 그는 경찰에게 이 사람이 호텔에서 나오는 것을 봤다고 **진술했**습니다.
6 그 고등학교에는 약 1,200명의 학생이 **재적되어** 있다.
7 그녀는 영국에서 셰익스피어를 **철저히** 연구했다.
8 지진으로 집이 **흔들흔들** 흔들리는 것을 알았다.
9 비 때문에 총 40개의 국내편이 운항을 **보류했다**.
10 작가가 된다는 바람은, 결국 **이룰** 수는 없었다.

제15회 예상어휘 확인문제 문맥규정

▶ p.171

1 옷에 있는 태그에 펜으로 이름을 썼더니, **번져서** 읽을 수 없게 되었다.
2 우리들의 담임 선생님은 **견실한** 지도로 정평이 나 있다.
3 문화제의 **일환**으로서 간이 음식점을 내게 되었다.
4 요리에 따라서는 밑간을 해서 냉동하면 보다 맛이 **스며들어** 맛있어져요.
5 우리 회사는 빌딩 임대·주거임대 경영에서 호텔 경영으로의 **전환**을 꾀하고 있다.
6 여성의 사회진출에 대해 **편견**을 가진 사람이 있다.
7 전염병에 걸렸던 귀국자들은 한달 동안 **격리되었다**.
8 다카하시 씨는 높이뛰기에서 180cm를 뛰어넘었습니다(**클리어**했습니다).
9 발을 다친 이후로 사토 씨는 마라톤에 대한 **열의**를 잃었다.
10 나는 여행용가방에 옷을 **가득** 채워 넣었다.

제16회 예상어휘 확인문제 **문맥규정** ▶p.172

1 그 무렵 그는 직업을 자주 바꿨다. 잘 견뎌야 **겨우** 4개월로, 반년을 계속한 적이 없었다.
2 그녀와 눈이 마주쳤는데, (그녀는) 바로 눈을 **피했다**.
3 **엉터리같은** 이야기만 해서, 이제 누구도 들으려 하지 않는다.
4 걱정거리가 있을 때에는 믿을 수 있는 친구에게 상담하는 것이 **제일**이다.
5 그 영화는 많은 사람들의 **공감**을 얻었다.
6 상품관리 부장은 매일 밀려드는 클레임을 **성가시다**고 생각한 적은 없었다.
7 저 사람의 이상한 언동에는 모두 눈살을 **찌푸리고** 있는데, 본인은 전혀 모르는 것 같다.
8 너무나 **어이없는** 승리라 감동하지 않았다.
9 공부로 바빠지겠군요. 감기에 걸리지 않도록 **아무쪼록** 조심하세요.
10 최근 의료 기술의 **눈부신** 진보 덕분에 평균 수명은 매년 길어지고 있다.

제17회 예상어휘 확인문제 **문맥규정** ▶p.173

1 **아무리** 뻔뻔한 남자라도 백화점에서 가격을 깎는 것은 할 수 없을 것이다.
2 그렇게 **재촉하지** 마. 신중하게 하지 않으면 실패하거든.
3 교섭은 **성사되지 않고** 끝나, 계약을 주고받지 못했다.
4 재해 대책 물품은 갖추었는데, **유사시**에 정말 쓸모가 있을까?
5 남동생은 입시 공부 탓에 **홀쭉하게** 살이 빠져 버렸다.
6 결론이 나지 않아서 밤늦게까지 **협의**했다.
7 최근 정보 기술의 진보는 상상을 **훨씬** 넘어선 것이다.
8 정리해고 이야기가 돌고 있지만, 모두가 있는 앞에서는 무관심한 **척했다**.
9 태풍 19호는 도카이 지방에 큰 피해를 **초래했다**.
10 상대는 신입이라서 **일일이** 설명하지 않으면 안 된다.

제18회 예상어휘 확인문제 **문맥규정** ▶p.174

1 응원하고 있는 야구 팀이 지지는 않을까 **안절부절**하며 관전했다.
2 저 회사가 도산하는 것은 **이제** 시간문제다.
3 이 요리는 **담백**해서 맛있다.
4 한여름에, 좁은 방에 갇혀 있는 괴로움은, 냉방이라도 하지 않는 한 견딜 수 없다.
5 외국에서 혼자 사는 것은 의지할 수 있는 사람이 없어 **불안하다**.
6 실패를 거듭해도 전혀 신경 쓰는 낌새가 없다. 저 녀석은 실로 **강인한** 남자다.
7 도쿄의 여름은 상당히 더운데, 올해는 **유난히** 혹독한 더위이다.
8 시간에 **까다로운** 친구는, 내가 5분 늦어도 기다려 주지 않는다.
9 그렇게 **고집부리지** 마. 거북해질 거야.
10 앞으로 5년 동안에 실업자를 없앤다니, **도저히** 무리한 이야기다.

제19회 예상어휘 확인문제 **문맥규정** ▶p.175

1 생각해 보면, 우리들의 생활에는 쓸데없는 것들이 **지나치게** 많다.
2 커피를 **쏟아서**, 컴퓨터가 고장 나버렸다.
3 **함부로** 남의 말을 믿는 게 아니다.
4 등산 도중에 길을 잃었는데, 겨우 산막에 **도착**했다.
5 그에게도 의외의 **일면**이 있다.
6 일본인의 인구는 이제 곧 1억 3천만 명을 **돌파**한다.
7 회사의 신입 사원 채용 면접에서는 대개 지망 **동기**를 물어본다.
8 최근 몇 년, 일본 IT산업의 기초 체력과 국제경쟁력의 저하는 **현저하다**.
9 몇 십 년이나 되는 **귀중한** 체험을 바탕으로 소설을 쓴다.
10 텔레비전에서는 비는 내리지 않는다고 했지만, **만약을 위해** 우산을 들고 가기로 했다.

제20회 예상어휘 확인문제 **문맥규정** ▶p.176

1 할아버지의 편지는 어려워서 판독하는 데 **힘들다**.
2 이 방면의 기술 발달은, 미국에 **힘입은** 바가 적지 않다.
3 저 사람이 나에게만 친절하게 하는 것은, 무언가 **속셈**이 있어서일까.
4 모르는 단어나 오류는 선생님이 **보완**해 주었다.
5 그녀는 나와 만날 약속을 **깨고** 결국 오지 않았다.
6 위로부터의 **압력**이 없으면 그녀는 그 일을 떠맡지 않았을 것이다.
7 판에 박힌 매일의 업무에 **싫증이 나** 있다.
8 연달아 쇼핑을 했더니 결국 적자가 **나고** 말았다.
9 은행의 현금카드로 돈을 **인출했다**.
10 담당자의 **면밀한** 조사에 의해 타당한 결론을 얻었다.

제21회 예상어휘 확인문제 **문맥규정** ▶p.177

1 차는 눈깜짝할 사이에 터널을 **빠져**나갔다.
2 야구 시합이 **연장전**에 들어갔다.
3 그의 작품에는 아무런 신선**미**가 없었다.
4 여러개의 발송**처**가 있는 경우에는 이 용지를 사용해 주세요.
5 **당**호텔에서는 전실 무료로 인터넷을 사용하실 수 있습니다.
6 그 기획은 자금**난**으로 실현되지 못했다.
7 이 항아리의 평가**액**은 고작해야 2만 엔이네요.
8 상당히 흥미롭고 뜻깊은 내용으로 성황**리**에 종료했습니다.
9 동물 실험 결과, 그 약은 **부**작용이 적다는 것을 알게 되었다.
10 본교에서의 대학 진학**률**은 높다.

문제3 유의표현

제22회 예상어휘 확인문제 유의표현

▶ p.178

1 그의 무사함을 듣고 **안도했다(≒안심했다).**
2 이 약의 **결점(≒나쁜 점)**은 사람에 따라 부작용이 있는 점이다.
3 이제 더블침대를 둘 **여유(≒공간)**는 없다.
4 그녀는 대답을 **꺼리고 있었다(≒좀처럼 대답을 하려고 하지 않았다).**
5 그들은 새로운 일에 **착수한다(≒착수한다)**고 하네요.
6 저 세 사람의 관계는 **복잡하다(≒복잡하다).**
7 이 집은 1층이 **차고(≒차고)**로 되어 있다.
8 이번 여름휴가는 **마음껏(≒실컷)** 놀고 싶다.
9 그녀는 **좀(≒약간)** 사교성이 부족하다.
10 바이러스 침입으로 컴퓨터가 **다운되었다(≒고장났다).**

제23회 예상어휘 확인문제 유의표현

▶ p.179

1 입회 시 **번거로운(≒귀찮은)** 절차는 없습니다.
2 본사에 직접 **조회해(≒문의해)** 주세요.
3 위원장은 사의를 **철회했다(≒취소했다).**
4 그의 주장은 **막연(≒어렴풋)**했다.
5 그는 실로 **훌륭한(≒감탄할 만한)** 남자다.
6 두 밤을 연달아 철야해서 완전히 **녹초가 되어(≒지쳐)**버렸다.
7 악천후 때문에 오늘 식전 거행은 **보류하겠습니다(≒연기하겠습니다).**
8 개미의 생태를 **자세히(≒상세하게)** 관찰하고 있다.
9 그 사람의 변명에는 **납득이 가지 않는(≒납득할 수 없는)** 부분이 있다.
10 너의 충고는 **절실하게(≒엄하게)** 받아들였다.

제24회 예상어휘 확인문제 유의표현

▶ p.180

1 나의 외모에 **열등감(≒콤플렉스)**을 갖고 있다.
2 그는 **고의로(≒일부러)** 우리들을 방해했다.
3 그의 **완고한(≒완고한)** 태도는 변하지 않았다.
4 그녀는 항상 **우아한(≒품위있는)** 옷을 입고 있다.
5 졸업증서는 학생들 **각각에게(≒한사람 한사람에게)** 수여되었다.
6 그는 임무를 **완수하기(≒완료하기)** 위해서 전력을 다했다.
7 **되도록(≒가능한 한)** 마감에 대도록 하겠습니다.
8 **잘 조사한(≒신중하게 선택된)** 식재료를 사용했다.
9 그는 정계에서 **물러나기로(≒은퇴하기로)** 결심했다.
10 아기의 발은 **말랑말랑하다(≒부드러운 감촉이다).**

제25회 예상어휘 확인문제 유의표현

▶ p.181

1 그녀는 조금 **망설이고(≒망설이고)** 있는 듯했다.
2 그는 새로이 창업을 하고 싶다는 **열의(≒의욕)**를 보였다.
3 상품의 안전성을 **공들여(≒자세하고 꼼꼼하게)** 체크했다.
4 또 **실패하고(≒실패하고)** 말았습니다.
5 이리저리 생각했지만, 달리 좋은 **방법(≒방법)**이 없다.
6 그가 그렇게 말하는 것도 **그럴 법하다(≒당연하다).**
7 교통정체에 **부닥쳤다(≒휘말렸다).**
8 기름진 음식은 **금물이다(≒피해야 한다).**
9 그는 '안녕'이라고 말하고 인파 속으로 **훌쩍(≒재빠르게)** 모습을 감추었다.
10 그는 마술을 펼쳐 모임의 **분위기를 띄웠다(≒활기를 복돋웠다).**

제26회 예상어휘 확인문제 유의표현

▶ p.182

1 그는 **마치(≒마치)** 그 집의 주인인 양 행동을 한다.
2 그 사람의 사고방식은 **어리다(≒유치하다).**
3 숙달되기 위해서는 매일 연습하는 것이 **중요하다(≒중요하다).**
4 컴퓨터의 **구조(≒구조)**를 아는 사람은 거의 없다.
5 그런 **비열한(≒비열한)** 짓을 할 남자가 아니다.
6 그 의사의 **조심스러운(≒조심스러운)** 태도에 누구나 존경심을 품었다.
7 이 책은 **재고(≒재고)**가 있습니다.
8 너무나 좋아하는 그에게 이별을 **고하는(≒알리는)** 것은 무척 괴로웠다.
9 오늘까지 **판명된(≒확인된)** 희생자는 50명에 이른다.
10 그는 호텔을 경영하여 많은 종업원을 **고용하고(≒고용하고)** 있다.

제27회 예상어휘 확인문제 유의표현

▶ p.183

1 **우선(≒일단)** 뉴욕에 가고, 그리고 나서 보스턴에 갈 생각입니다.
2 형이 대학 입시에 합격했다는 **낭보(≒기쁜 소식)**가 도착했다.
3 **어차피(≒어차피)** 이루지 못할 꿈이라고 단념했다.
4 그녀는 여러 가지로 **분주한(≒바쁜)** 나날을 보내고 있다.
5 그는 **투지(≒투지)**를 불태우고 있었다.
6 학생들은 **번갈아(≒교대로)** 방에 들어가서는 나갔다.
7 **탁 털어놓고(≒솔직히)** 말하면 나는 이 안이 마음에 들지 않는다.
8 이 더위에는 이제 **항복이다(≒속수무책이다).**
9 그녀는 새로운 직장에도 **익숙해(≒익숙해)**졌다.
10 일부러 **싫어할 말(≒빈정거림, 야유)**을 한 거였는데, 그녀는 알아차리지 못한 것 같다.

제28회 예상어휘 확인문제 유의표현

▶ p.184

1 협상은 **순조롭게(≒원활하게)** 진행되었다.
2 딱 한 가지 **마음에 걸리는(≒걱정스러운)** 점이 있다.
3 그 사고에 대해서는 충분한 **보상(≒보상)**이 이루어졌다.
4 이 **핀치(≒위기)**를 어떻게 하면 극복할 수 있을까?
5 어제 **우연히(≒우연히)** 고등학교 시절의 친구를 만났다.

6 나는 부주의(≒경솔)하게도 문 잠그는 것을 까먹었다.
7 아버지의 생각(≒의도)으로는 남동생에게 사업을 잇게 할 것 같다.
8 그는 그것에 관해서 아무런 비평(≒코멘트)도 하지 않았다.
9 그녀의 심한 잔소리는 질려(≒지긋지긋해).
10 버터나 설탕을 많이(≒대량으로) 사용한 케이크가 진열되어 있었다.

제29회 예상어휘 확인문제 유의표현 ▶p.185

1 한 점차로 간신히(≒겨우) 아슬아슬하게 이겼다.
2 벨소리와 함께 레이스(≒경주)는 시작되었다.
3 그는 문학에 대한 섬세한 감각(≒센스)을 갖고 있다.
4 우리 회사에 있어서 강력한 라이벌(≒적)이 출현했다.
5 그의 버릇없는 태도는 보기도 싫다(≒싫다).
6 아무쪼록(≒아무쪼록) 폐를 끼친 점 용서해 주세요.
7 다음날 아침은 아니나다를까(≒역시) 날씨가 맑아졌다.
8 긴 의자에 기대는 자세(≒포즈)를 취해 주세요.
9 그는 그 노인을 속여(≒속여) 재산을 빼앗았다.
10 일은 순조롭게(≒순조롭게) 진행되었다.

문제4 용법

제30회 예상어휘 확인문제 용법 ▶p.186

1 **互角 호각, 막상막하**
1 스키에서 야마다 씨와 막상막하의 승부를 하는 것은 무리다.
2 **交える 서로 나누다, 교환하다**
4 사원과 농담을 주고받으며, 화기애애한 분위기로 좌담회는 이루어졌다.
3 **面識 면식**
3 사실 자네의 아버지와는 좀 면식이 있네.
4 **昇進 승진**
2 실수를 하나 범해 승진 기회를 잃었다.
5 **察する 헤아리다, 살피다**
4 그 말투로 헤아려보면, 그는 회사를 그만둘지도 모르겠어.

제31회 예상어휘 확인문제 용법 ▶p.187

1 **くじける (기세가) 꺾이다, 접질리다**
3 모리타 씨의 올림픽 출전의 결의는 결코 꺾이지 않았다.
2 **備え付ける 설치하다, 비치하다**
1 이 아파트에는 가구 일체가 비치되어 있다.
3 **心当たり 짐작, 짚이는 데**
2 짚이는 데를 모두 찾았지만, 지갑은 보이지 않았다.
4 **発足 (단체 등의) 발족**
3 정부는 그 문제를 검토하기 위해서 전문팀을 발족시켰다.
5 **食い違う 어긋나다, 엇갈리다**
4 사토 씨의 이야기는 보고서의 내용과 어긋나 있다.

제32회 예상어휘 확인문제 용법 ▶p.188

1 **解明 해명**
2 기사는 기계 고장의 원인을 해명했다.
2 **かさばる 부피가 커지다, 늘다**
3 골프 가방이나 토산품 등 부피가 커지는 짐은 택배를 사용합시다.
3 **真っ先 맨 앞, 맨 먼저**
4 그녀는 맨 먼저 전철에 올라타, 4명 분의 자리를 맡았다.
4 **見落とす 간과하다**
1 그 사고는 운전기사가 정지신호를 간과한 것이 원인이었다.
5 **経緯 경위**
2 이 위원회는 어떠한 경위로 만들어졌습니까?

제33회 예상어휘 확인문제 용법 ▶p.189

1 **目安 목표, 대중, 어림**
4 목적지까지의 시간을 어림잡아서 집을 나섰다.
2 **巧み 교묘함, 정교함**
3 이 영화에서 그녀는 능란한 연기로 주인공의 마음의 갈등을 표현하고 있다.
3 **遂げる 이루다, 완수하다**
1 그 기업은 요 몇 년 만에 눈부신 성장을 이루었다.
4 **閑静 조용함, 고요함**
2 역 앞에서 조금 벗어나면 조용한 주택가가 펼쳐져 있다.
5 **還元 환원**
1 전문가는 축적된 지식과 경험을 사회에 환원할 의무가 있다.

제34회 예상어휘 확인문제 용법 ▶p.190

1 **かえって 오히려**
2 가정교육이 지나치게 엄하면 오히려 아이에게 좋지 않다.
2 **なんとなく 왠지 모르게**
4 벌레 소리를 듣고 있으면 왠지 모르게 외로워진다.
3 **いちじ 한때**
3 한때는 나도 여름이 올 때마다 등산을 가곤 했었다.
4 **とどける 신고하다, 보내어 주다**
2 그녀는 그 지갑을 경찰에 신고했다.
5 **ひじょう 대단함**
4 이 일에는 대단히 인내력이 필요하다.

제35회 예상어휘 확인문제 용법 ▶p.191

1 **わりに 비교적, 비해**
3 이 집은 건축비에 비해 잘 지어져 있다.
2 **ぼつぼつ 슬슬**
1 슬슬 일을 시작하자.
3 **ぜひ 반드시**
3 우리들은 반드시 이 계획을 실행에 옮기지 않으면 안 된다.

4 いちがいに 무조건
4 그녀만이 무조건 나쁘다고는 할 수 없어요.

5 いちおう 일단, 우선
2 이야기는 일단 들어 두겠습니다.

제36회 예상어휘 확인문제 용법 ▶ p.192

1 要望 요망, 바람
4 버스 대수를 늘려 달라는 **요망**이 많다.

2 かたむける 기울이다
1 제 얘기에도 조금은 귀를 **기울여** 주세요.

3 けっして 결코
4 그러한 행위는 **결코** 허용되어서는 안 된다.

4 いったん 일단
2 **일단** 제안을 들어 준 이상 바꿔서는 안 된다.

5 わざわざ 일부러
4 **일부러** 와 주셔서 감사합니다.

제37회 예상어휘 확인문제 용법 ▶ p.193

1 人一倍 남보다 갑절
4 그녀는 국민체육대회에 나가기 위해 **남보다 갑절** 노력했다.

2 気配 기색, 기척
3 신사의 경내에 사람의 **기척**은 없었다.

3 かばう 감싸다
2 소년은 여동생을 **감싸서** 자기가 나쁘다고 주장했다.

4 円滑 원활
3 관리직과 사원의 관계는 **원활**하다.

5 総じて 전체적으로
3 **전체적으로** 국민의 생활은 향상되고 있다.

제38회 예상어휘 확인문제 용법 ▶ p.194

1 携わる 종사하다
1 간호에 **종사하는** 사람을 대상으로 한 세미나에 참석했다.

2 優位 우위
4 전국합창대회에서는 우리 학교가 **우위**를 유지하고 있다.

3 抜粋 발췌
4 이 홈페이지에서 영화 대사의 **발췌**를 읽을 수 있다.

4 発散 발산
2 스트레스 **발산**에는 노래방이 제일 좋다.

5 めきめき 눈에 띄게
3 그의 영어는 **눈에 띄게** 향상되었다.

제39회 예상어휘 확인문제 용법 ▶ p.195

1 抱え込む 떠안다
3 저렇게 많은 일을 혼자서 **떠안아** 그는 불쌍하다.

2 処置 처치, 조치
1 교칙 위반자에게는 단호한 **조치**를 취한다.

3 合致 일치
4 자신의 희망과 **일치**하는 직업을 갖는다.

4 収容 수용
3 이 돔은 5만 명의 관객을 **수용**할 수 있다.

5 免除 면제
2 그는 건강상의 이유로 병역 **면제**를 신청했다.

제40회 예상어휘 확인문제 용법 ▶ p.196

1 目先 당장, 현재, 눈앞
3 **눈앞**의 이익에 휘둘리지 말고 장기적 전망을 가지는 것이 중요하다.

2 質素 검소함
4 사치에 익숙한 사람에게는 산촌의 **검소한** 생활은 괴롭다.

3 怠る 게을리하다
1 기계는 관리를 **게을리하면** 고장난다.

4 有数 유수, 굴지, 손꼽힘
3 그녀는 일본에서 **손꼽히는** 과학자이다.

5 秘める 숨기다, (속에) 간직하다
2 결국 나는 그녀에 대한 생각을 마음속에 **간직한** 채 졸업했다.

제3장 문법 공략편

제1회 문법 확인문제 1순위 001~025 ▶ p.216

문제 5

1 설령 상대가 어떤 사람이든, 정정당당히 싸울 생각입니다.
2 위험을 감수하지 않고, 새로운 길을 개척할 수는 없을 것이다.
3 압력을 가하면 점점 투명해져서, 마침내 거의 보이지 않게 되어 버리는 것은 본 적도 없고 상상조차 할 수 없다.
4 대학생이나 되서 그런 간단한 것도 못하다니, 정말로 한심스러운 일이다.
5 초보자도 아닌데, 그 정도의 일은 알 터이다.
6 도민 여러분의 협력 없이, 쓰레기 문제의 해결은 불가능하다.
7 목장에서 마신 우유는 막 짠 것이라서, 과연 진하고 아주 맛있었다.
8 겨우 장마가 끝났다고 생각했는데, 이번에는 대형 태풍이 접근 중이라고 한다.
9 나카무라 씨는 학교 선생님을 했던 만큼, 지금도 사람들 앞에서 말을 잘한다.
10 그곳에 간다고 생각하기만 해도 딸은 즐거워졌다.

문제 6

11 형무소에서 화재가 있었는데, **수감자들은 도망치려고 해도 도망치지 못해** 많은 사람이 죽었다.

12 음반이 **팔리든 팔리지 않든 관계없이**, 그는 자신이 만들고 싶은 음악을 계속 만들었다.

13 일이 우선으로 가정을 돌보지 않았던 그는, 자식**에게는 무시당하고 아내도 떠나간** 형편이었다.

14 **치료에 의해 회복해 가고 있는 단계에서** 우울증의 상태가 좋아졌다 나빠졌다를 반복하면서 조금씩 회복됩니다.

15 다나카 씨로 **말할 것 같으면, 도박을 좋아해서 한 달 월급을 3일 만에** 써버리는 사람이라고 한다.

문제 7

학생, 나아가서는 교육이라는 행위 그 자체에 절망적이 되는 일은 많이 있습니다. 그것은 도쿄대이든 어디든 바뀌지 않습니다. 절실히 생각하는 것은, 젊은이를 제대로 교육할 것이라면, 우선 다른 사람을 이해할 수 있도록 하라는, 당연한 일부터 가르쳐나가야 한다는 것입니다.

딱히 도덕 교육을 강화하라는 말이 아니라, 그것이 학문의 본질에 관계되기 때문입니다. 일반적으로 사람이 하고 있는일 쯤은 일단 전부 하지 않으면, 이해되지 않는 일이 산더미만큼 있습니다.

'결혼하면 어떻게 됩니까?'라는 말에 의문이 생기는 것도 무리는 아닙니다. 하지만 그런 것을 설명해도 의미가 없습니다. 한 번 해보라는 말밖에 할 수 없습니다. 그것을 하지 않고 귀로 들어도 소용없는 것은 말할 필요도 없습니다.

아마, 계기는 교육에 대한 일종의 폐색감이었을 것입니다. 최근, 학교에서의 '여유있는 교육'이라든가 '자연학습'이라는 것이 활발하게 주장되게 되었습니다. 이런 움직임은 얼핏 지금까지 서술해온 '신체' 나 '무의식'이나 '자연'을 의식시키는 것으로 이어지는 듯 생각될지도 모릅니다.

하지만, 실제로는 전혀 의미가 없습니다. 이론만 내세운 것입니다. 초등학교에서 반드시 자연학습이라 하며 명목상 시골에 데려가지만, 일종의 알맹이가 빠진 것에 지나지 않습니다.

내가 관여하고 있는 보육원이 매년 한 번, 계약하고 있는 감자밭에 감자를 캐러 갑니다. 어느 날, 그곳에 갔더니, 옆에 비슷한 감자밭이 있고 전부 잎이 시들어 있습니다. 그곳에 있는 농민에게 '저게 뭡니까?'하고 물었더니,

'그쪽과 마찬가지로 유치원의 감자캐기용 밭이지요'

'하지만 전부 시들어 있지 않습니까? 왜 그런 겁니까?'

'저기 있는 유치원용 감자는 애들이 뽑으면 바로 뽑히도록 처음부터 파 두었지요. 한 번 팠다가 다시 묻어 놓으니까 시든 겁니다.'

이래서는 사기입니다. 그곳에 있는 것은 자연이 아닌 인위적으로 준비된 환경뿐. 이래서는 디즈니랜드나 테마파크와 마찬가지니까요.

(요로 다케시 『바보의 벽』에서)

제2회 문법 확인문제 1순위 001~025

▶ p.220

문제 5

1 매입한 상품은 어떻게든 다 팔았지만, 원가에 가까운 특가판매였기 때문에, **잘해야 본전이다.**

2 법률상, 남녀평등이 **되었다고는 해도**, 현실적으로는 뿌리깊은 차별이 남아 있다.

3 오늘은 (날씨가) 추운**데도** 와 주셔서 감사했습니다.

4 그의 무례**하기 짝이 없는** 태도에는 굉장히 화가 났다.

5 반드시라고**까지는 말할 수 없어도**, 성공할 확률은 꽤 높다고 생각합니다.

6 결국 그는 100만 엔이나 되는 회사의 기계를 고장내고 말았다. 순서대로 조작하지 않으면, 문제가 생긴다고 실컷 주의를 준 결과가 이 **모양이다.**

7 텔레비전을 **무심코** 보고 있자니, 고향의 모습이 화면에 비춰졌다.

8 일류 체조선수**쯤 되면**, 과연 실력이 다른 것 같다.

9 끊자고 생각하**면서도** 담배는 끊을 수 없다.

10 결혼식은 돈도 들고 번거롭다. 하지만 **하면 하는 대로** 거기에 상응한, 또 그 이상의 감동과 추억을 얻을 수 있다.

문제 6

11 이 고장의 번영은 점점 성해져, 오늘날과 **같은 반영구적인 상황을 띠기에 이르렀다.**

12 그 청소기는 지금까지의 것보다 훨씬 성능이 좋지만, **가격이 가격인만큼 그렇게** 많이는 팔리지 않을 것입니다.

13 자주 나를 보며 '다로 씨, 그대로네'라고들 하는 것은, **그건 그거대로 기쁘지만, 사실** 마음속으로는 '내가 제일 변한 사람이에요'라고 생각하고 있다.

14 언제나 얌전한 이시하라 씨가 **춤을 추니까 너무 우습다.** 모두 배를 움켜잡고 웃고 말았다.

15 전쟁 **얘기가 나오면 눈물 없이는** 말할 수 없는 일이 많다. 이것을 어떻게 아이들에게 전하면 좋을까.

문제 7

사람은 젊었을 때의 실수를 자주 말한다. 그러나 젊기 때문에 저지르는 실수란, 일반적으로 일종의 미소를 띄고 회상되기 마련이다. 자신의 역량이나 재능을 돌이켜보지 않고, 나중에 생각하면 그 무모함에 어이가 없어질 만한 일에 손을 댄 것을, 혹은 주위 사람들의 생각을 완전히 무시하고, 틀림없이 사람들에게 걱정이나 폐를 끼쳤을 듯한 일을 강행했던 것을 반쯤은 참회의 심정으로, 그러나 한편으로는 순진하고 한결같았던 젊은 날의 자신의 모습에 반쯤 자랑스러운 기분을 느끼며, '정말 젊은 혈기에 저지른 실수였지요.'하고 사람들은 고백하는 것이다.

이러한 고백하는 것에 오히려 일종의 쾌감을 느끼는 추억은 설령 그것이 실수나 과실의 추억이라 해도 그런 추억을 많이 가지는 것은 청춘시절이 알찼다는 것을 나타내는 것이며, 이것을 회한이라는 말로 부르는 것은 어울리지 않을 것이다.

젊은 사람들을 훈계하는 표현으로서 '젊은이는 금세 늙어버리나, 학문은 이루기 어렵다(시간을 아껴 공부해야 한다)'라는 충고를 우리들은 옛날부터 되풀이해서 들어왔다. 이것은 여러 번 되풀이되어도 충분하지 않다 할 정도로 옳은 충고이다. 사람이 가지고 태어난 재능 같은 것은 결국 큰 차이가 없으며, 본인의 시종 변치않는 노력과 공부가 마지막에 증명을 하는 것이다. 타인이 하는 것을 바라보며 저 정도의 일은 언제든 자신이 해낼 자신이 있다고 생각하는 동안에, 실천에 의해 정말로 배울 수 있고, 자신의 일을 비록 조금씩이라도 확실히 쌓아간 상대에게서, 어느 사이엔가 멀리 간격이 벌어져버리는 것이다.

(가와모리 요시조 「사랑·자유·행복」에서)

제3회 문법 확인문제 1순위 026~050 ▶ p.238

문제 5

1 자연주의 전성기에서, 시류를 초월한 고답적인 입장에서 개인주의로 일관한 것은 오가이·소세키이다.

2 이런 맛있는 프랑스 요리를 먹을 수 있는 것은 역시 본고장에 **있기 때문이**구나.

3 소나기로 야구시합은 **어쩔 수 없이** 중지하게 **되었다**.

4 지망학교에 합격**하기 위해** 오늘부터 매일 5시간 공부할거야.

5 어렸을 때 자주 **흙투성이**가 되어 동생과 싸우곤 했다.

6 5분 일찍 일어나면 **좋을 텐데**, 침대 안에서 꾸물대니까 지각하는 거야.

7 부모님에게 반대를 **당하면서까지**, 굳이 그와 결혼하려고는 생각하지 않는다.

8 그들에게는 그들 **나름의** 생각이 있고, 공포가 있으며 교훈이 있었다.

9 고베는 항구도시 **특유의** 이국정서가 넘치는 마을이다.

10 장을 보러는 **왔지만**, 너무 비싼 것만 있어서 사는 게 싫어졌다.

문제 6

11 도시부에서는 야당 지지가 **많았던 것과 달리, 지방에서는** 여당에 편중되는 결과가 나왔다.

12 나의 조부 세대는 전쟁의 **비참함을 몸소 겪은** 세대입니다.

13 직무상 알게 된 정보는 **설령 가족이라도 말해서는 안 될** 일이다.

14 스즈키 하나코 씨와는 **나이가 가까운 것도 있어서 같은 연령층끼리 통하는** 이야기를 하고 있습니다.

15 근처에 있는 가게에서도 팔고 있으니까, 일부러 백화점에 **사러 갈 필요도 없다**.

문제 7

박물관 뒷길을 통해 JR역으로 서두른다. 도중에는 간에이사(寛永寺)가 있는데, 에도(江戸)의 모습을 남기고 있어, 내가 좋아하는 풍경 중 하나이다. 역에 도착했다. 딱히 드문 일은 아니지만, 큰 포스터가 많이 붙어 있다. 무심코 범인을 찾는 (포스터) 한 장을 보니 "앗, 이 얼굴이다"라고 여섯자의 단문이 인쇄되어 있다.

일본어는 재미있는 언어여서, 그때 그때의 상황을 알고 그것을 전제로 하면, 아주 단문이라도 의미가 통한다. 예를 들면 둘이서 식당에 들어가 "너 뭐?" "나, 장어"라고 하면 의미전달로서는 충분하지만, 그 상황을 빼고, 그것을 그대로 영어로라도 번역했다가는, "나는 장어이다"가 되어, 마치 동화의 세계가 된다.

그것과 조금 전의 여섯자인데, "アッ"은 가타카나, "この・だ"가 히라가나, "顔"가 한자로 세 종류의 문자가 병용되어 있다. 말할 필요도 없이 한자에 비해 가타카나와 히라가나 모두 일본에서 고안되어 창출된 문자이다. 즉 아주 짧은 문장에서의 의사전달에는 여러 종류의 문자의 병용, 혼용이 대단히 효과적인 것이다.

역의 게시판을 본다. "ジュン子、いつものParkで待つ。3時(준코, 언제나 가던 공원에서 기다릴게. 3시). 이것은 특정한 두 사람 사이에서의 의사전달이기 때문에, 이해가 가지 않는 점도 있지만, 그것보다도 한자, 가타카나, 히라가나, 알파벳, 아라비아 숫자로, 이 정도의 단문에 다섯 종류의 문자나 기호가 병용되어 있다. 이것은 상품 광고 포스터나 여성 잡지의 펜팔을 구하는 편지 등에도 아주 흔한 표현으로서 볼 수 있다.

영어나 중국어, 혹은 이웃의 조선반도에서의 잡지나 신문을 봐도 여러 종류의 문자 병용은 드문 일이다. 특히 조선민주주의 인민공화국의 문자는, 한자는 일절 쓰지 않고 한글만이 사용되고 있으며, 그 나라 사람에게도 어느 부분이 지명이나 인명인지, 그것을 구별하고 판독하는데 상당한 시간이 걸리고 있다.

(모리 고이치 「우에노 산책」에서)

제4회 문법 확인문제 1순위 026~050 ▶ p.242

문제 5

1 한 달 전부터 상의해 온 문제는 일이 이 지경에 **이르러서도** 아직 해결되지 않았다.

2 언니가 조용한 성격인 것**과는 달리**, 여동생은 사교적인 타입의 아이이다.

3 선배의 **충고를 무시하고** 놀러다녔더니 유급되고 말았다.

4 유서 있는 집안의 장남과 결혼**했기 때문에**, 그녀는 남에게는 말 못할 고생을 했다.

5 이런 쉬운 교과서, 일부러 시간을 들여 공부할 **필요도 없어**.

6 나의 미모와 재능**이라면**, 어떤 남자든 푹 빠질 것이다.

7 사람은 누구든지 결점을 열거하면 끝이 없다.

8 그녀는 그 회사에 파트타임 종업원으로 일하기 시작해서, 4년 후 정직원이 되어 한 부문을 맡을 정도가 되었다.

9 회사의 명령을 어겼다가는, 해고를 당할지도 모른다.

10 다수의, 게다가 확실한 목격자가 엄연히 존재하기 때문에 그냥 넘길 수 없다.

문제 6

11 모두의 시선을 받고 차마 묵묵히 앉아 있을 수 없는 분위기였다.

12 문제에 대한 관심이 깊기 때문에, 이렇게 오래 연구를 계속해 올 수 있었던 것이다.

13 이 음악제도 코로나의 영향으로 70년째가 되어 처음으로 연주회를 열지 못하게 되었습니다.

14 그 행위가 사람으로서 사람의 도리에 맞는지, 손님이나 세상에 알려져도 부끄러워하지 않고 자신있게 있을 수 있는지 여부를 판단 기준으로 삼아주십시오.

15 '일을 시작한 이상에는 도중에 그만둘 수 없는 일'을 나타내는 속담으로 '올라탄 배'가 있습니다.

문제 7

우리나라에서는 최근 지나치게 경어가 유행하고 있는 느낌이다. 어쩐지 그런 기분이 든다. 그런 동향을 그들은 맨 먼저 감지하고, 아무리 해도 경어부정론은 유행하지 않는 것 같이 생각해서, 직업을 유보하고 있는 것은 아닐까?

예를 들어 「역에서 기다리고 있자니 ○ ○씨가 来られまして」 같이 말한다. 이런 것은 역시 「お見えになって(오셔서)」 라든가 「いらっしゃって(오셔서)」 로 말했으면 한다. 또 예를 들어 「○ ○씨가 이렇게 言われました」 같이 말한다. 이것도 「おっしゃいました(말하셨습니다)」 일 것이다. 아무래도 요즘의 경어는, 그것이 샐러리맨 경어라고 한다지만, 만사를 「れる」「られる」로 끝내는 경향이 있어서 듣기에 유쾌하지 않고 운치(멋)가 없다. 그러나 내 의견을 말하자면, 듣기에 유쾌하고 운치가 있다는 것이야말로 경어 본래의 목적이기 때문에, 딱히 손위, 손아래라는 인간관계를 노골적으로 드러내 보이는 것이 경어의 목적은 아니다.

이것을 역사적으로 생각하면 「れる」「られる」로 전부 끝내는 최근의 경향은 전후, 경어라는 것이 평판이 나빠져서, 그야말로 멸종되기 시작했던 것이 다시 되살아났기는 했지만, 정식적인 부분을 몰라서 어쩔 수 없이 급한대로 발명한 것일지도 모른다. 물론 경어의 조동사 「れる」「られる」는 옛날부터 있지만, 옛날에는 예를 들어 「ご覧になる(보시다)」라고 한 것을 지금은 「見られる」 등으로, 마치 수동이나 가능의 조동사처럼 사용하는 것이 크게 유행인 것이다. 「おでかけになる(외출하시다)」가 「ゆかれる」, 「めしあがる(드시다)」가 「食べられる」, 「おっしゃる(말씀하시다)」가 「話される」라는 식으로, 사무적, 능률적으로 가볍게 붙인다. 편리하다고 하면 확실히 편리하지만, 아무래도 그것은 진정한 일본어가 아니라, 왠지 유럽어 문장의 직역체라는 느낌이 든다. 나는 경어존중론자이기는 하지만, 그 샐러리맨 경어보다는 오히려 경어를 뺀 쪽이 낫다고 하고 싶어질 정도로, 그런 표현들이 도무지 마음에 들지 않는다. 그렇게 「れる」「られる」만 하고 있으면, 혀의 상태가 이상해지지 않나(않는 것인가) 같은 쓸데없는 걱정을 할 정도이다.

(마루야 사이이치 『일본어를 위해서』에서)

제5회 문법 확인문제 2순위 051~075 ▶p.260

문제 5

1 지금은 당연해졌지만, 전쟁 전에는 대학에 가는 사람은 거의 없었다.

2 실컷 불평을 해댄 끝에, 그 손님은 아무것도 사지 않고 나갔다.

3 인간의 생활에 직접 관계가 있는 자연은 이미 무한대로 볼 수 없게 되었다.

4 시작할 때 진입 장벽이 너무 높아 이용자의 의욕을 잃게 할 우려가 있다면, 그 장벽을 차츰차츰 올려가면 되죠.

5 개인적으로 요즘에는 '일할 수 있는 한은 일하는 편이 좋다'고 느낍니다.

6 아기의 첫 애착 요구의 대상은 꼭 엄마가 아니면 안 되느냐 하면 반드시 그렇지는 않은 것 같습니다.

7 기다리고 기다리던 황금연휴가 찾아왔다. 그것을 축복하듯, 오늘 최고 기온은 29도. 하지만 나로 말할 것 같으면, 얼마 전부터 걸린 감기가 길어져, 이대로는 모처럼의 황금연휴가 허사가 될지도 모른다.

8 책이란 것은 언제 또 다시 읽고 싶어질지 모른다. 재차 읽고 싶은 책, 인용하지 않으면 안 되는 논문의 일부 등, 장소가 있으면 놓아 두고 싶은 것이다. 그래서 모은 책이 1,000권 이상. 죽기 전에는 도저히 다 읽을 수 있을 리가 없는 분량이다.

9 형은 자기 물건을 빌려주는 것은 싫어하는 주제에, 내 물건은 정말이지 당연한 듯한 얼굴로 쓴다니까.

10 올림픽. 각국의 선수가 모여 힘과 기량을 겨룬다. 얼마나 멋진 일인가.

문제 6

11 A 그저께는 폭우, 어제는 몇 번이나 소리가 나오지 않거나 하는 문제가 생겨서 (일이) 싫어져.

B 정말이야. 마지막날인 오늘만은 아무 일도 일어나지 않기를.

12 하나의 목적에 대하여 복수의 목표는 존재할 수 있지만, 하나의 목표에 대하여 복수의 목적이 존재할 수 없는 것이다.

13 경찰조차도 여간한 일이 없는 한(여간해서는) 일면식도 없는 사람에게 행선지를 묻거나 하지는 않는 법이다.

14 높은 곳에서 내려다보는 파리의 경치는 최고입니다. 수많은 영화의 무대도 되었던 장소에서 영화의 주인공이 된 것 같은 한 장을 찍어 보는 것은 어떨까요?

15 '올라탄 배'라는 속담은, 타서 기슭을 떠난 배에서는 하선할 수 없다는 **것에서 일을 시작한 이상 도중에 그만둘 수 없다는** 것의 비유다.

문제 7

나는 조심성 없는 말도 자주 한다. 수험생에게 1년 늦었다고 해서 인생에 얼만큼의 마이너스가 있는 것인지 물어보고 싶다. 합격기술을 연마하기 보다, 착실히 학력을 습득해서 천천히 진학하는 편이 입학하고 나서 실력이 는다고.

노(能 : 일본 고전 예능의 하나)의 구성을 자주 서·파·급이라고 한다. 이것은 중국의 잡극(중국의 고전연극) 구성과도 비슷하다는 설이 있을 만큼, 극적 구성에 있어서는 완급이 여러 가지여야 한다.

전체가 그저 빠르기만 해서는 구성 같은 건 있을 수 없다. 인생이라는 드라마도 완급이 자유로운 구성이 있어야 마땅할 것이다.

그런 것을 생각하고 있는 내 밑으로, 최근 와카(일본 고유의 정형시)의 작가인 노무라 기요시 씨가 『느긋해야 하느니』라는 산문집을 보내 주었다. 약간 특이한 느낌의 책 이름은 중국의 바둑 십결 중 하나인 「사회에 들어가서는 적당히 느긋해야 하느니」에서 채용했다고 후기에 쓰여져 있다.

물론 그런 인생관을 갖고 계시니 책 이름이 된 것이다. 노무라 씨는 나와 같은 도쿄 태생이라고 생각하지만, 역시 전철에서는 교토파임에 틀림없다.

느긋해야 하느니, 그대로이다. 느긋한 것이 가장 즐거운 것은, 훌륭한 가이세키 요리가 눈을 즐겁게 하고, 입맛을 다시게 하면서, 알맞은 간격을 두고 음식이 서빙되어 오는 것이라 하면, 그 분에게 야단을 맞으려나.

(나카니시 스스무 『아버지의 손』에서)

제6회 문법 확인문제 2순위 051~075

▶ p.264

문제 5

1 리더**부터가** 의욕이 너무 없으니까, 다른 사람들이 할 리가 없다.

2 많은 의사의 치료를 받았지만, 아무 보람도 없을 뿐만 아니라 점점 악화되**기만 한다.**

3 올해는 여름이 서늘한 **덕분에** 냉방은 거의 안 쓰고 끝났다.

4 내일의 첫 출근일을 생각하면 몸이 긴장되는 **기분**이 듭니다.

5 조용했던 수면이 갑자기 **솟아오르는가 했더니**, 섬뜩한 괴수가 그 모습을 드러냈다.

6 내가 초등학교에 **막 들어갔을** 즈음 할아버지가 뇌출혈로 몸져누웠습니다.

7 A '일하기'를 즐기기 위해 필요한 것은 무엇이라고 생각합니까?
B 지금은 우리 때보다 1인당 업무량이 넓은 시대. 그래서 경영자라는 입장**에서 말하면**, 즐기는 여유보다 일을 제대로 해내는 것이 더 중요한 것 같기도 합니다.

8 그녀의 험악한 말투**로 보아** 아무래도 나에게 화를 내고 있는 것 같다.

9 위에 종이를 붙여서 **정정할 정도라면**, 한번 더 처음부터 다시 쓰는 것이 좋을 것 같아.

10 야마모토 선수는 우승**은** 놓쳤지만, 마지막 날을 베스트 스코어로 잘 버텼다. 다음 시즌에 대한 기대와 꿈을 이뤄줄 것 같다.

문제 6

11 몸 **전체에서 넘치는 표현력으로 보아**, 너에게는 배우로서의 소질이 있는 것 같아.

12 한 어머니는 '아이들이 빨래나 장보기 등의 집안일을 **도와주는 덕분에 안심하고** 일에 몰두할 수 있어요.'라고 말하고 있다.

13 효율화나 비용절감만 **중시되기 쉬운 시대에서 기업이 '배움'을 중시하여 그것을** 사회와의 접점으로 한다는 생각은 향후 지역 기업의 새로운 스타일이 될 것입니다.

14 역에서 떨어진 곳에 슈퍼마켓이나 병원, 그리고 금융기관이 갖추어져 있고, 역 근처는 술집 등의 음식점은 많이 있지만 일상적인 시설은 전무한 **환경에 살고 있는 저의 입장에서 보면 역 근처인지 아닌지는** 아무래도 상관없는 것입니다.

15 점심 먹는 **시간도 아까울 정도로 바쁠** 때가 가끔 있죠?

문제 7

인간이 모여 만들어내고 있는 세상, 다양한 사회, 또 그 안에 있는 여러 집단이라는 것이 있습니다.

그러나, 그렇다고 해서 개인은 사회보다도 먼저, 사회로부터 떨어져서 생겨난 것은 아닙니다. 학자의 연구에 따르면, 인간은 역사를 어디까지 거슬러 올라가 보아도, 항상 인간끼리의 집단 속에서 생활하고 있었다고 합니다. 아니, 인간끼리의 집단이나 결속 속에서야말로, 인간은 야수에 가까운 상태에서 시작되어 점차 인간다운 인간이 되고, 결국 문명을 창조하여, 확실히 다른 동물들과 다른 존재가 될 수도 있었던 것입니다. 우리들의 의복, 음식, 사용하고 있는 도구, 그 중 어느 하나를 거론해 봐도 모두 수없이 많은 인간의 결속 덕분에 완성되고, 우리들 손에 닿은 것 뿐입니다. 확실히 인간이 인간인 점과, 인간이 인간끼리의 유대에 의해 살고 있는 것과는, 따로 떼어서 생각할 수 없습니다. 학문적인 표현으로 말하면, 인간은 본래 사회적인 존재인 것입니다.

그런데, 인간이 사회적인 존재라는 것을 가장 잘 증명하고 있는 것은 인간의 언어입니다. 인간은 다른 동물과 달리 도구라는 것을 사용하고, 자연 그대로의 생활에서 빠져나와 의식주를 자신들의 손으로 만들어내고, 그것을 계속 개량하여 문명 생활에 진입했습니다. 이런 진보는 인간이 뿔뿔이 흩어져서 생활하지 않고, 항상 집단을 만들어 힘을 합쳐 온 덕분이지만, 그러나 그것이 가능했던 것은 인간이 언어라는 것을 가지고 있었기 때문이라고 해도 과언이 아닙니다.

말할 필요도 없이, 언어란 인간과 인간이 생각하고 있는 것, 바라고 있는 것, 느끼고 있는 것을 서로 통하게 하기 위한 도구입니다. 그것은 인간과 인간의 결속 안에서 태어나고, 그 결속을 세밀하게 하며, 그 협력을 탈없이 하게 하는 신기한 접착제라고 할 수 있겠습니다. 이런 신기한 접착제 없이는 인간이 살아갈 수 없다는 것은, 어떤 의미를 가진 것일까요? 다른 게 아닙니다. 인간이 본래 사회적 존재이며, 사회적인 생활이 인간 본래의 생활이라는 말입니다.

제7회 문법 확인문제 2순위 076~100

▶ p.282

문제 5

1 이 소설은 작가 특유의 유머가 리드미컬한 문체와 **어우러져**, 읽는 사람을 싫증나지 않게 한다.

2 그는 **쓰고는** 지우고 **쓰고는** 지워, 겨우 편지를 완성했다.

3 '성공률은 낮지만, 이 수술은 반드시 성공**해 보이겠다**'고 그는 힘주어 말했다.

4 담배가겟집 아저씨는 사람 얼굴**만** 보면 '배운 사람은 다르네'라고 말한다.

5 야마시타 저기, 오늘 본오도리 연습에 이케다 씨도 오지?
이시하라 글쎄. 그 사람 온다고 말해도 **왔다 안 왔다** 하니까.

6 영어 CD를 **듣기만 했던** 것이, 영어회화학원에 다니기 시작하면서부터는 영어를 스스로 말할 시간을 가질 수 있게 되었습니다.

7 지난달 야구시합에서 내 실수로 패하고 나서 계속 우울해서 훈련에 집중할 수 없었다. 하지만 **우울해하고만 있어도 소용없다**고 생각하고 다시 연습에 힘쓰기로 했다.

8 업무에서 신참에게 **가르치려던 생각이** 거꾸로 배우게 되어버려 무척 부끄러운 기분이었어.

9 최근, 전화기도 작아지고, 성능도 좋아졌**기 때문에** 스마트폰 이용자는 증가하기만 한다.

10 (인터뷰에서)
A 2년 전 처음 집필하신 소설은 아이돌을 지향하는 여자아이의 이야기였죠? 읽을 만해서 마지막에 뭉클했습니다.
B 감사합니다. 이 소설은 완성까지 2년 이상 걸렸어요. 저의 생각을 적어둔 메모를 보거나 학창시절에 있었던 일을 떠올리면서 썼어요. 그래서 다 쓰고 다시 읽어 보니, 학교 축제의 묘사라든가 꽤 잘 **썼잖아** 하고 생각했어요.

문제 6

11 아이가 **태어나고 나서 계속** 내 시간을 좀처럼 낼 수 없다.

12 올해 크리스마스 이브는 **토요일과 맞물려 거리는 예년 이상**으로 북적이고 있다.

13 칭찬만 **하면 기분이 좋지만, 불만을 말했다 하면** 기분이 언짢아진다.

14 올해는 기온차가 심한 겨울이네요. **유빙이 다가오고는 멀어지기를 반복하고** 있습니다.

15 가부세차는 수년 전까지는 열탕옥로라는 이름이 사용되고 있었지만, 이 이름은 **옥로(일본의 고급 엽차)와 혼동되기 쉽다는 것 때문에** 업계에서는 사용하는 것이 금지되었습니다.

문제 7

장애인의 대부분은 장애를 긍정적인 특징(개성)으로는 보고 있지 않다는 것을 짐작할 수 있다.

이 중간이 오토타케 히로타다로, '장애는 개성'이라는 표현은 낯간지럽고 느낌이 잘 오지 않는다고 한다. 일찍이 장애를 플러스라 봤지만, 지금은 플러스도 마이너스도 아닌, 행복·불행과도 관계없는 '단순한 신체적 특징'이라고 한다.

히구치는 '장애'도 포함해서 자신의 몸의 어떤 부분도 목소리조차도 '모두 나를 구성하는 중요한 요소이며, 이런 개성이 풍부한 내가 주도권을 잡아, 나의 인생을 여기까지 이끌어 온 것입니다'라고 말하고 있다. '장애 = 개성'의 전제에, 자신의 인생이 가치있는 것이라고 긍정할 수 있고, 자신이 좋아하는 일이 있으며, 또 그 인생이 '장애'에 의해 가능해졌다는 확신을 볼 수 있다. '장애인이었기 때문에, 자신의 인생을 어렸을 때부터 생각하고, 항상 보다 나은 길을 선택하려고 열심히 긍정적으로 살아왔으며' 자타에 분발을 강요하지 않는 삶의 방식을 익혔다고 한다.

활발한 사회 참여가 가능해지고(참가 제약의 극복), 그와 더불어 긍정적 자기 평가가 가능해졌으며(주관적 장애의 극복), 그것을 가능하게 한 '장애'(기능장애와 활동제한)을 긍정할 수 있었던 것이다. 오토타케의 경우에는 사회참여와 자기평가는 같아도, 그것은 '장애'와 관계가 없기 때문에, '장애 = 단순한 신체적 특징'으로 보고 있다.

(사토 히사오 『복지의 논점』에서)

제8회 문법 확인문제 2순위 076~100

▶ p.286

문제 5

1 오늘 밤은 유학가 있는 딸도 돌아오**기 때문에**, 일찍 귀가해서 맛있는 요리라도 만들까 생각하고 있습니다.

2 세금은 국민의 의무라고는 하나, **내지 않아도 된다면** 조금이라도 절세하고 싶은 것은 누구나 생각하는 바이다.

3 지난주 딸이 도서관에서 두꺼운 책을 다섯 권이나 빌려왔다. '일주일밖에 못 빌리니까 그렇게 절대 **다 읽을 수 있을 리가 없다**'고 생각했는데, 전부 읽고 반납한 모양이다.

4 정부로서는, 다수의 사람이 모이는 전국적인 스포츠, 문화 이벤트 등에 대해서는, 향후 2주 동안은 중지 또는 연기 등의 대응을 요청하기**로** 하겠습니다.

5 하나코 어머, 반지가 없어. 어디서 잃어버렸지? 다로, 같이 찾아줘.
다로 **찾는다고 해도** 이렇게 넓은 모래사장에서 어떻게 찾아?

6 담배를 끊고 나서 **계속**, 식욕이 생기고 컨디션이 좋다.

7 위암검사 결과는 다음주 토요일 이후에 알 수 있다고 하니, 검사결과**에 따라서는** 지금 하고 있는 아르바이트를 그만두려고 합니다.

8 이제 와서 **숨겨봤자**, 이미 모두 알고 있으니까, 이 자리에서 제대로 결혼 발표 하는 게 어때?

9 (전화로)

야마다 여보세요, 이시하라 씨? 미안해, 길이 막혀서.

이시하라 어, 그래? 콘서트는 6시부터야.

야마다 응. **늦을 것 같으면** 다시 전화할게.

10 집에서 **나오려는 순간**, 굵은 빗줄기가 억수로 내리고, 도중에는 하늘이 붉어질 듯한 천둥이 번쩍하고 우르르 꽝 쳤어.

문제 6

11 누구라도 싫은 **일은 없었던 일로 해버리고 싶은**걸. '마시고 잊어버리자' '운동으로 땀을 흘려서 잊어버리자' 등 여러 가지 방법으로 싫은 일을 잊어버리려는 사람은 많을 것입니다.

12 수업에서 나온 논문을 읽어보려고 대강 **읽기는 읽었지만** 무엇을 쓰고 있는지 전혀 이해되지 않았습니다.

13 문명의 이기인 자동차도 운전**하기에 따라 얼마든지 달리는 흉기가** 될 수 있다.

14 우리가 **알고 있다고 생각한 과거는 과연** 정말 그대로 생각하는 그대로의 과거일까요?

15 이 식물은 꽤 튼튼하니까 하루에 한 번 물을 **뿌려 주기만 하면** 시들지 않아.

문제 7

앨범을 펼치면, 먼 어느 날의 소중한 사진이 한 장 있다. 네덜란드의 초등학교 6학년 소풍 기념사진이다. 장소는 로테르담 남쪽에 있는 Zeeland 라는 해안으로, 여자 아이들도 남자 아이들과 마찬가지로 아무렇게나 다리를 꼬고 모래 위에 앉아 있다. 금발이나 갈색, 황갈색 머리의 아이들 속에, 혼자만 검은 머리인 나는, 티없이 행복해 보이는 미소를 보이고 있다.

명랑하고 구김살 없이 찍혀 있는 나지만, 예전 일본 초등학교 1학년 때의 통지표에는 내 성격을 언급하며 '매사에 소극적임'이라고 적혀 있었다.

(중략)

네덜란드어의 습득과 함께 나는 네덜란드인의 커뮤니케이션의 기본적인 방식을 선생님과 반 친구의 다양한 상황에서의 대화부터 배워나갔다. 일본에서는 친구 집에서 간식이나 식사를 권유받거나, 어딘가 함께 놀러가는데 데려가 주겠다고 해도 우선은 사양하는 게 무난하지만, 네덜란드에서는 오히려 (우선) 솔직하게 감사를 표하는 점. 또 기쁜 일이나 싫은 일이 있었을 때, 일본에서는 어쨌든 (우선) 눈에 띄지 않도록 주위를 배려하여 본심을 숨긴 무표정이 가장 탈이 없지만, 네덜란드에서는 기쁨이나 슬픔, 때로는 분노의 감정을 솔직하게 드러내도 좋은 점. 또 일본 초등학교에서는 고학년쯤 되면 선생님에게 직접 질문하는 아이는 그다지 없지만, 네덜란드에서는 잘 모르는 것이 있으면 수업 중에 활발하게 질문을 하거나, 선생님의 지시나 학교 규칙의 이유에 대해서도 겁내지 않고 질문해도 되는 점 등.

이것은 자기억제적인 일본인과는 대조적으로, 아이의 자기주장 발달에 가치를 두는 네덜란드인의 대인행동의 방식이다.

(사토 요시코 『영국의 착한 아이 일본의 착한 아이』에서)

제9회 문법 확인문제 2순위 101~125 ▶ p.304

문제 5

1 선생님 보통 대학에서 수업을 받고 있던 때와 비교해 온라인 수업은 어때?

학생 역시 대학에서 (수업)받는 것과 집에서 공부하는 것과는 전혀 달라서, 머리에 들어오지 않는**다고 할까**, 집중이 안 돼요.

2 강풍으로 전철이 지연되어, 하마터면 지각할 **뻔했다**.

3 나에게도 나쁜 점이 있었던 것은 인정하지 않는 **것도 아니다**

4 확실히 열쇠를 채우지 않으면 (어쩌면) 도둑이 **들지도 모른다**.

5 아빠는 참, 우산만**이라면 몰라도** 가방까지 전철 안에 두고 왔어.

6 그녀는 항상 뭔가를 **구실로**, 싫은 일을 남에게 떠넘긴다.

7 여행할 때에는 컨디션을 해치지 않도록 **조심하는 게 제일이**라고 생각해요.

8 A 이 책은 야마모토 씨한테서 빌렸어요.

B 아~, 야마모토 씨**라고 하면**, 그분 아버님의 병환은 어떠신가요?

9 엄마가 수능에 열심인 **것 치고는**, 아들은 너무 무관심하다.

10 가정 전기제품의 보급**에 따라**, 주부들은 점차 가사노동에서 해방되었다.

문제 6

11 나는 해외여행을 간 **적이 없다고 할까 가려고도 생각하지 않는** 것이다.

12 **옛날이라면 몰라도**, 요즘 남자가 부엌에 서는 것을 비웃는 사람은 없을 것이다.

13 자전거 가게에서 가게간판이 오른쪽에서 왼쪽으로 **붙어 있는 것을 보면 쇼와20년대(1945년대)나** 전쟁 이전의 간판일까.

14 전후 70년이 지나 일본은 물론 **세계 각지에서도 판화가 현대미술의 동향에서 소외될 것 같은 징후마저 있는 오늘이기에**, 해체라는 시점도 마다하지 말고 다양한 비평의 눈으로 역사를 재고하는 작업에 착수하는 일이 필요할 것이다.

15 작년에는 태풍, 지진 등 **자연재해로 인한 악영향에다 원유가격의 상승과 인건비의 급등 등, 기업수익을 떨어뜨리는 요인이 많이 보여지는 가운데, 소비 진작과 투자 증가, 고용・소득 환경 개선 등**에 의해 경기회복의 흐름이 유지되는 모습이었다.

문제 7

요즘 나는 자주, 그 옛날 철저히 배우게 했던 덕목의 몇 가지가 지금은 상실되어 있는 것을 깨닫고, 이것은 뭘까 하고 생각한다. 언제 상실되었는지 모르지만, 언젠가 주위에서 그것이 상실되어 있던 것이다.

머릿속에 떠오르는 대로 거론해 봐도, 견딤, 참음, 극기, 자제, 인내, 검약 같은 덕목은 일찍이 부모나 선생님, 사회 전체에서 인간에게 불가결한 덕목이라고 배운 것이었지만, 지금 그것들은 덕목은커녕 마이너스 이미지로밖에 보이지 않는 것 같다.

그것을 구체적으로 통감하는 것은, 거리에 버려지고 있는 엄청난 양의 빈 깡통을 볼 때이다. 내가 사는 동네는 역 주변에 수많은 자동판매기가 놓여져 있어, 역에서 사람이 쏟아져 나올 때마다 반드시 상당한 수의 사람이 사서, 걸으면서 마신 다. 집에 돌아간 후에 마시면 될 텐데, 그때까지의 5분이나 10분을 참을 수 없는 것이다. 그리고 다 마시면 아무데나 버리고 간다. 우리집은 역에서 꼭 3, 4분 거리에 있기 때문에, 어느 집에든 마당에 그것이 버려져 있지 않은 날은 없다.

그것이 애들만이라면 몰라도 젊은이는 물론 큰 어른까지 해대고 있으니, 이 나라는 어떻게 된 걸까 하고 생각하지 않을 수 없는 것이다.

(중략)

어린애란 어느 시대에나 분별력이 없기 때문에, 욕망을 느끼면 바로 그것을 입밖에 낸다. 하지만, 옛날에는 가난했고, 물건도 부족했기 때문에 욕망이 바로 이루어지는 일 같은 것은 좀처럼 없었다.

'참아라' '견뎌라'라는 훈계의 말을 듣고, 아이는 그것에 의해 욕망을 억누르는 것을 배운 것이었다.

하지만, 지금의 젊은 엄마는 아이가 주스를 마시고 싶다고 하면 그것을 사서 주고, 뭔가 먹고 싶다고 하면 패스트푸드점에 들어가 그것을 준다. 완구 같은 기껏해야 일주일만에 질려버릴 것을 알면서도, 계속 원하는 대로 사준다. 이래서는 참는다든가 견딘다는 심적 훈련은 행해질 수도 없는 셈이다.

(나카노 코지 『인내의 사상』에서)

제10회 문법 확인문제 2순위 101～125 ▶p.308

문제 5

1 자신의 건강상태는 항상 잘 알고 있는 **게 제일이다.**

2 국내여행**이라면 몰라도**, 해외여행을 가게 되면 준비도 큰일이다.

3 그가 사람이 좋은 **것을 핑계 삼아**, 그녀는 항상 그에게 일을 떠넘긴다.

4 A라는 이탈리아 식당은 최근 TV에 소개됐다**면서** 아내가 가고 싶다고 예약해서 가족 넷이서 다녀왔습니다.

5 이번 야구팀 주장은 이케다 군이라고 예상했지만, 아닌 것 같다. 이케다 군이 아니**라면** 도대체 누굴까?

6 A브로드웨이 시네마에서 상영된 브로드웨이의 걸작이, 올 가을부터 동영상 전송 서비스가 시작된다. 무대나 영화・드라마 팬에게 없어서는 안 될 수단**이라고 해도 과언이 아닐** 것이다.

7 아무리 **비판을 받더라도**, 저는 이 방침을 바꿀 생각은 없습니다.

8 저 고개는 자전거의 통행도 많다. 자동차 운전자**의 입장에서 보면** 운전하기에 상당히 힘들 것이다.

9 그 영화는 여느 대작의 수준에는 크게 못 미치**더라도**, 코로나 사태로 3월에 많은 영화관이 폐쇄된 이후에 최고의 히트를 쳤다.

10 재난지역의 참상을 볼 **때마다** 지진의 무서움을 통감하지 않을 수 없다.

문제 6

11 취객에게 밀려 **하마터면 승강장에서 떨어질 뻔**했다.

12 야마다 씨는 항상 어머니의 **병환을 구실로 회의를 불참하고** 있다.

13 오늘은 눈보라 **속을 여성 고객님이 예약하신** 차량의 타이어를 교체하러 내점해주셨습니다.

14 이시하라 군은 기억력이 굉장하다. 특히 사람의 이름을 **외우는 데 있어서는 그 사람만큼 정확하게 많이, 게다가** 빨리 외울 수 있는 사람은 달리 없을 것이다.

15 옛 동네의 모습**밖에 모르는 나에게**는 이장님으로부터 듣는 모든 것이 모르는 일뿐이었다.

문제 7

유엔의 발표에 따르면 세계의 인구증가와 산업의 확대, 그리고 소비 증대가 지구환경에 대규모적인 변화를 초래하고 있다고 한다. 세계 인구는 작년 62억 명을 넘고, 또 세계의 총소비지출액은 22조 달러에 달했다. 인구는 1960년 시점에서 30억 명이었으니, 40년 동안 2배로 늘었다. 이대로 가면 20년 후에는 80억 명이나 된다고 예상되고 있다. 총소비지출의 증가도 인구증가와 더불어 급격하며, 1970년 시점의 10조 2천억 달러가, 그 후 30년 동안 2배를 넘기에 이르렀다.

이런 이유로, 인류는 다양한 문제에 직면해 있는데, 그 하나로써 물부족과 수질 오염이 심각한 상태에 있다. 마찬가지로 유엔에 따르면, 물 문제로 고민하는 나라는 2000년에 31개국. 2025년에는 48개국에서 물이 부족하여, 12억 명 이상이 안전한 음료수를 확보할 수 없게 되는 상태가 우려되고 있다. 또한, 세계 물 포럼에 의하면 '인구증가나 산업발전에 대해, 하수도 등의 위생설비가 수준에 미치지 못하는 개발도상국을 중심으로, 수질오염이 문제가 되고' 있으며, 오늘날 개발도상국에서의 질병의 80%의 원인이 오염된 물, 게다가 물이 관련된 질병으로 아이들이 8초에 한 명씩 사망하고 있다고 한다.

물 문제는 오늘날, 온난화를 비롯하여 도시화에 의한 토지이용의 변화, 삼림의 감소, 공업화의 진전에 따른 담수이용(해수를 제외한 하천, 호수와 늪, 지하수의 이용)의 변화 등, 우리 생활양식(생활 방식)과 밀접하게 연관되어, 급선무적인 과제가 되고 있다.

제11회 문법 확인문제 2순위 126~150

▶ p.326

문제 5

1 완전히 준비가 끝나서, 여행을 **떠나기만 하면 된다.**

2 일부러 와 주실 만한 **것은** 아닙니다.

3 비에 젖은 옷을 **벗지도 않고,** 그대로 외출했다.

4 **찾는 방법**이 나쁘니까 못 찾는 겁니다.

5 부모가 자식을 엄하게 꾸짖는 것은, **바로** 자기 자식을 사랑하**기 때문이다.**

6 A 저기, 선물, 초콜릿으로 할까?」

B 초콜릿 같은 건 먹어버리면 **그걸로 끝이야.** 뭔가 기념으로 남는 것이 좋아.

7 직장을 결정할 때는 일의 내용**은 물론이거니와** 조건이나 대우도 무시할 수 없다고 생각한다.

8 신종 코로나 바이러스가 패션업계에 준 영향은 적지 않은 **데가 있다.**

9 혹독한 겨울을 **견뎌낸 끝에** 눈을 비집고 피어나는 봄꽃은 아름답다.

10 A 오늘 밤은 올해 처음으로 눈이 올 것 같아.

B 아, 그렇구나. 그래서 추운 **거네.**

문제 6

11 사람들의 삶은 삼림의 존재와 깊이 관련되어 있습니다. **단순히 목재의 공급원으로서 뿐만 아니라** 수자원의 함양이나 산지 재해 방지, 생활환경의 보전 등 넓은 범위에 이릅니다.

12 본법 시행 후의 상황을 보면, 경제적 규제가 완화된 가운데, 신규 참가 신청은 급격하게 증가하고 있지 않다. 이것은 최근의 지가 폭등은 **물론이거니와 노동력 부족 등의 요인에 의한 바가 크다고** 생각된다.

13 실경화라는 장르가 아직 확립되지 않고, 실제 경치를 그리는 것도 일반적이지 않았던 당시에 도나우파가 풍경화 역사상 **해낸 역할은 적지 않은 데가 있다.**

14 지난 달 사쿠라시에서 재무성 직원을 사칭해 79세 **여성에게서 현금카드 2장을 훔쳤다고 하여** 무직의 남성이 체포되었습니다.

15 (전화상담에서)

A 얼마 전 아버지를 만나니 팔에 가벼운 멍을 발견했습니다. 혹시 아버지가 형한테 폭력을 당하고 있는 건 아닌지 걱정입니다. 어떻게 하면 좋을까요?

B 사실관계가 **불분명한 점도 있기는 있습니다만, 우선은** 거주하시는 시정촌의 고령자 담당과나 지역 포괄 지원 센터에 상담해 보는 것은 어떠십니까?

문제 7

'아니, 저희는 그런 일본적인 것은 통하지 않아요'. 해외의 조금 고급스런 일본 레스토랑 등에 가면, 자주 귀에 들려오는 말이다. 현지의 주재원이 본사 혹은 일본에서 온 손님에게 이야기하고 있는 것이다. '그렇겠지요' 하고 고개를 끄덕이는 일본에서 온 출장자, 여행자. 현지에 있는 사람과 직접 말할 기회가 거의 없는 그들은, 그곳에서의 이야기를 귀중한 견문록으로써 일본에 가지고 돌아간다.

연간 해외에 나가는 사람이 총 천만 명을 넘는 시대를 맞이했다고 해도, 그 대부분은 여행자이다. 극히 소수의 영주권자를 제외하면, 매년 수만 명 단위로 나가는 주재원이야말로 각 나라의 정보통으로 간주되는 것이다. 행선지에 따라 물론 업종·직종에 따라 다양하지만, 그 평균 체류연수는 3, 4년, 예전처럼 엘리트의 무리로 간주되는 시대는 끝나고, 해외 주재의 모습도 다양화되어 왔다. 그러나 대다수의 일본인에게는 지금도 그들이야말로 자신들이 할 수 없는 경험을 가질 수 있는, 이문화 최전선의 그룹으로 보였다고 해도 이상하지 않다.

그러나 여기에 문제가 있다. 이하, 그것을 첫머리의 말을 단서로 살펴보고 싶다. 우선 '저희는'이다. 예를 들어 런던 주재의 사람이라면, 그 말이 의미하는 바는 영국사회·문화가 되겠지만, 커다란 위험이 있다. 주재원이 있는 현지에서의 교제범위는 놀랄만큼 좁다. 혹은 한정된 계층에 편중되어 있는 일이 많다. 게다가 신문이나 잡지를 일본어에서처럼 대략 읽을 수 있는 사람은 극히 적으며, 정보량도 자연스레 한정되어진다. 결국에는 세상에 넘쳐나는 일본인론이나 '아무도 쓰지 않았던 ○○국'과 같은 책에 있던 에피소드가, 자신이 겪은 체험이 되어 '역시 영국에서는~' 이라든가, '유럽에서는~' 하고, 그 이미지를 고정시키게 되는 것이다. 게다가 대부분의 경우, 그것이 구미 사회와 일본문화 같은 도식으로 극히 안이하게 일반화도 되어 간다.

다음은 '일본'이다. 애초 일본적이란 도대체 무엇인가? 영역이나 학문 분야에 따라 다양하게 논의되어야 할 것일 것이다. 그것을 남녀의 차이, 지방차, 연령, 업종·직종, 학력, 기업의 규모, 수입 등의 상이점을 하나로 묶은, 소위 한 나라가 하나의 측면으로 집약되는 관점에서만 말하는 것은 문화 속의 다양성, 서브컬처에 너무나도 순수하다고 해도 지장 없을 것이다.

제12회 문법 확인문제 2순위 126~150

▶ p.330

문제 5

1 A 우에노 씨, 요전번 대학 시험 합격했어?

B **합격하기는** 했지만, 그 대학에는 안 가기로 했어.

2 냉장고에는 먹을 것이 없고, 돈도 없다. 이럴 줄 알았으면 조기퇴직 같은 건 **하는 게 아니었다.** 정년까지 회사에 붙어서, 더 일해 둘 걸 그랬다.

3 잘 생각하면, 일하는 시간을 짧게 하는 것이 근무 방식의 개혁이다. 하지만 업무량을 줄이는 것은 매우 어렵고, 또 현장 차원에서 결정되는 것이 아니다. 거기서 효율화가 요구되지만, 결국은 스스로 세세한 연구를 거듭해 갈 **수밖에 없을 것이다.**

4 처음으로 직접 피자를 만들어 보았다. 좀 귀찮긴 하지만 의외로 쉽게 **만들 수 있구나** 하고 생각했다.

5 거의(십중팔구) 이길 수 있겠지만, 조금 컨디션이 안 좋아서 걱정이 **없는 것은 아니다**.

6 두부를 만들 때 두유를 짠 뒤에 나오는 찌꺼기. 두부 가게에게는 산업 폐기물이 되어 천덕꾸러기 취급을 받지만, **사용하기에 따라서는** 영양분이 풍부한 비료나 사료로 다시 태어난다.

7 친한 친구를 역에서 보았다. 말을 걸지 못했기 때문에 문자로 '역에서 봤어'라고 보냈더니 '알아챘으면 말을 걸어 **주었으면 좋았을 텐데**'라고 문자가 왔다.

8 고용이 개선되면서(고용 개선을 **받아**) 임금이 상승한 한편, 세금과 사회보험료 부담도 늘어난 사람도 있어, 실수입이 증가했다고 실감하기 어려운 점도 배경에 있다고 보입니다.

9 12월 20일에 사쿠라역이 개업 100주년을 맞이하는 것을 **계기로** 사쿠라역의 다채로운 매력에 접하실 수 있도록, 기간 한정 여행 상품으로서 사쿠라역 개업 100주년 기념 「사쿠라역에 가자!」를 발매합니다.

10 대부분의 경우, 빅데이터란 단지 양이 많을 **뿐만 아니라** 다양한 종류・형식이 포함되는 비구조화 데이터・비정형적 데이터이며, 또한 날마다 방대하게 생성・기록되는 시계열성・실시간성이 있는 것을 가리키는 경우가 많다.

문제 6

11 젊은 사람들이 외래어를 좋아하는 것은 **바로 그것 나름대로의 이유가 있기 때문이**라고 생각합니다.

12 저희 병원의 당뇨병 전문 외래는 예약제로 되어 있습니다. 되도록 환자분을 **기다리게 하지 않고 예약 시간대로 진료할 수 있도록**, 진료 예약 시간에 따라 진료 예약 약 50분~60분 전에 내원하여 채혈을 실시하고 있습니다.

13 가벼운 마음으로 손을 대어, 2년간 신용에 시달려 왔습니다. 자업자득이라고 **말해버리면 그것으로 끝이지만**, 실제로 금전 감각이 없는 젊은 사람들로 세상은 가득합니다.

14 A 주거를 찾기 시작한 계기를 가르쳐주세요.

B 연말에 **출산을 앞두고 그 전에 (해야지) 하고 생각해서** 찾기 시작했습니다.

15 (인터뷰에서)

팀의 창단부터 관계되어 **괴로움을 견뎌낸 끝에 성공을 거두기**까지의 여정은 매우 귀중한 경험이 되었습니다. 팀에 첫 우승을 안길 수 있었던 자신을 자랑스럽게 생각합니다.

문제 7

최근 과실이라고는 도저히 생각할 수 없는 비참한 교통사고 뉴스가 잇따르고 있다. 그래서 교통사고나 피해자의 인권에 대해서, 앞으로 면허를 취득하는 젊은 사람이 생각해 줬으면 하여, 『교통死』라는 책의 독서 리포트를 내 주었다.

대학생이었던 저자의 따님은 자전거로 교차로를 횡단하던 중, 적신호를 무시하고 돌진해온 자동차에 치여 사망했다. 가해자인 여성은 집행유예부 판결로 형무소에 들어가지 않고, 또 손해배상의 교섭도 지불도 보험회사가 대행했다.

가해자의 신호무시로 피해자는 목숨을 잃었는데도, 가해자는(적어도 형태상으로는) 이전과 다름없는 생활을 보낼 수 있는 것이다. 가해자에게 너그러운 현행의 여러 제도는 사람의 목숨보다도 자동차(=기업)를 중시하는 사회라는 저자의 주장에는 설득력이 있다고 나는 생각했다.

그러나, 적지 않은 학생의 반응은 예상을 하지 않은 것이었다. '가해자가 불쌍하다'라는 것이다. 피해자의 입장에서 본 주장만이 서술되어 있는 것은 '객관성이 부족하다'고 한다. 나는 머리를 감싸쥐고 말았다. 저자의 문장은, 딸을 잃은 아버지의 침통한 마음이 절절히 전해져 오기는 하나, 결코 격정에 휘말려 쓰여진 것은 아니다. 오히려 용케 여기까지 냉정하게 쓸 수 있구나 하고 감탄할 정도인 것이다.

물론, 가해자에게는 가해자의 인생이 있다. 그러나 학생들은 그 인생에 풍부한 사회적 상상력을 작용시키는 것도 아니고, 단순히 피해자 측의 견해만으로는 일방적이라고 주장한다. 획일적으로 객관적・중립적 입장을 추구해야 한다고 굳게 믿고 있는 듯하다. 마치 입장이 다른 양자 사이에서 의견 대립이 보여진 경우에는, 중간을 취하면 가장 적절하다고 하는 듯이 말이다.

(오가사와라 유코 「논단」에서)

제13회 문법 확인문제 경어・사역・수동・사역수동・접속어・지시어

▶ p.356

문제 5

1 저희 회사의 야마모토라는 사람이 오후에 원고를 받으러 **방문하겠**으니 잘 부탁드립니다.

2 (편지로)

12월을 맞이하여 분주한 나날을 보내고 계신 것으로 **압니다**만, 잘 지내십니까?

3 다나카 씨를 비롯해 여러분과 귀중한 시간을 **보내면서** 평소 들은 적이 없는 이야기를 들을 수 있어서 많은 공부가 되었습니다.

4 (메일로)

이번에 야마다 님이 다치셔서 입원하셨다는데, 정말 놀랐습니다. 그 후의 상태는 어떠십니까? 한시라도 빨리 회복**하시기를**.

5 야마다 이시하라 선생님을 아시나요?

다나카 이시하라 선생님이라면 잘 **알고 있어요**.

6 행사장에서 스마트폰을 사용할 수 없다는 것은 참가자들에게는 **알려져 있지 않아**, 모두 곤란해하고 있었다. 주최자는 전원 알고 있던 것 같다.

7 출품・구입 모두 각각 해당 접수 기간, 조건・주의사항이 있으므로, 아래 설명을 **보신 후에** 수속해 주십시오.

8 하루 사용한 헬멧을 청결하게 유지하여, 다음에 장착할 때는 기분 좋게 **써줬으면 좋겠다**.

9 손님의 사정에 인한 반품은 **어려우**므로 미리 양해 부탁드립니다.

10 A 아쿠타가와상 수상을 축하 드립니다. 상을 받으셨을 때의 소감을 **들려주실 수 있습니까?**

B 수상 소식을 들었을 때는 정말이지 믿을 수 없었어요.

11 아이가 싫어하는데도 불구하고 억지로 **시키는** 것은, 오히려 싫어지게 될 뿐입니다.

12 너무 코를 많이 골면 친구나 가족들이 **싫어해서**, 함께 여행을 가주지 않는 경우도 있습니다.

13 지난해 개원하기 전에는, 이곳은 소를 키우고 젖을 짜는 농가의 농장이었다. 넓은 밭이 펼쳐지고 소 울음소리가 주변에 울려 한가로운 기분이 **드는** 곳이었다.

14 나는 교내에 밭을 만들어 학생들에게 채소를 **기르게 하는** 것을 교장 선생님에게 제안했다.

15 리 씨는 반에서 일본어를 가장 잘하지만, 지금까지 많은 학생을 가르쳐 온 나에게 **묻는다면**, 아직 멀었다.

16 경리직의 입장**에서 말씀드리면**, 비용 절감에 대한 대처 방법이 매력적이라고 생각한다. 단순히 인건비나 경비를 삭감하는 것이 아니라, 생산설비의 개발로 생산능력을 높이거나 하여 비용절감을 실현시키고 있다.

17 부모 몰래 동거하다가 함께 살던 것을 나중에 들키면, 억지로 **헤어지게 되거나** 결혼을 허락받지 못하는 경우가 있습니다.

18 어제 2시간이나 **기다린** 끝에, 맛없는 음식을 먹게 됐다.

19 벌집을 직접 대처하시면, 만일 **쏘이기라도 하면** 매우 위험합니다.

20 겨울의 이른 아침, 이 시기는 추워서 창가 쪽이면 추울 텐데 라고 생각하면서 점원이 권유한 **대로** 창가 자리에 앉았다.

21 지금까지는 상사의 지시가 정확하게 부하에게 전달되고 있었다. **그것이** 최근 왠지 대립하기만 해서 분위기가 안 좋은 부서가 되어 버렸다.

22 통풍의 원인인 고요산혈증은 그 70~80%가 체질적인 영향에 기인하고 있습니다. 그리고 이 체질은 **그렇게** 쉽게 바뀌는 것이 아닙니다.

23 이 행사는 **어쩌면** 한 번 만에 없어질 지도 모르니, 그 부분은 유의해 주세요.

24 A 태풍이 다가온다면서?
B 그래서 후덥지근한 거네(후덥지근한 **이유네**).

25 그 계획은 현재까지 발표되지 않은 것을 보면, **아무래도** 준비 작업만으로 끝나버린 것 같다.

26 요즘 화제가 되고 있는 자율주행 같은 영리한 차를 만들 때, 기술자는 **먼저** 부딪치지 않도록 설계한다. 그리고, 여러 가지 상황을 마음에 그려, 각각의 상황마다 대응책을 짠다.

27 A대회쯤 되면, 시의 각 지구예선을 통과한 만큼 **좀처럼** 이기며 나아갈 수 없었다.

28 작년 조사에서는 2곳 중 1곳이 '정규직 부족'이라고 응답했다. 비정규직에서는, 특히 음식점에서 80%가 일손 부족. **이런** 현장은 학생 아르바이트생들이 혹독한 근무로 꾸려나가고 있다.

29 A 월급 올려준다고 했잖아요.
B **하지만** 우리도 불경기라서 말야.

30 계획은 실패하는 게 아닐까 하는 생각이 들었는데, **과연** 그대로 되었다.

31 아들이 착실히 공부를 하고 있다고 생각해서 우리들은 돈을 계속 보냈다. **그런데도** 아들은 매일 노는 데만 정신이 팔려 있었다.

32 내가 영어학원에 들어간 것은 수험이 있던 지난 해 말이었습니다. **당시** 저는 막연히 시험을 생각하고 있었지만, 영어를 전혀 못하고, 고등학교의 정기 시험조차 낙제점을 받는 형편이었습니다.

33 내가 할 수 있는 일이라면 시작하자. 모두가 **그런** 생각을 갖는 것이 환경 파괴를 막는 지름길이 될 것이다.

34 창고에서 일하는 직원은 새 기기가 들어오면 쏜살같이 보러 가는 타입이 많지만, 나는 기기에는 **전혀** 관심이 없다.

35 이것은 일본인에게 자신과 타인은 밀접하게 결부되어 있는 것, **즉** 타자와의 조화적 관계가 자기의 안정에 있어서 중요하다는 것과도 관계되어 있다.

36 숲과 사람의 새로운 관계를 만들지 않으면 일본의 숲은 유지할 수 없다는 생각은, **이렇게 해서** 농산촌 사람들 사이에서 고조되었다.

37 그저께 밖에서 작업하다 땀을 흘린 채 낮잠을 잔 게 잘못인지, **아무래도** 감기에 걸린 듯하다.

38 일도 궤도에 올랐다. **거기서** 한 가지 상담받고 싶은 것이 있다.

39 나는 옷을 살 때, **그것을** 손에 들고 잘 확인한 후에 삽니다.

40 지금은 정보가 컴퓨터 회선을 통해 전 세계에 전해진다. **이런** 일은 옛날 사람은 상상도 못했음에 틀림없다.

문제 6

41 A 내일은 지금보다 더 격렬한 싸움이 될 것임에 틀림없어.
B 비록 **상대가 어떤 팀이든 할 수 있는 것을 힘껏 하기**만 하면 돼.

42 먹고 싶지 **않다고 해서 아무것도 먹지 않으면** 건강에 안 좋다.

43 지금 시기라면 신종 코로나 바이러스 감염증의 영향으로 운전면허증의 유효기한이 연장된 것 등도 영향을 주어, **할 수 없이 깜빡 실효(만료일이 지나 운전면허가 취소)되었다는 분은 많이 계십니다.**

44 (편지에서)
새해가 시작되어 **여러 가지로 바쁘시겠**지만, 부디 몸조심하시기 바랍니다.

45 공부나 학원, 연습을 아이 자신이 바래서 행하고 즐기고 있다면 문제없다고 생각하지만, 그것이 **강제로 하게 되거나 부모나 주위의 기대에 부응하지 않으면 안 된다고 생각해서 억지로 하고 있다면 의미가 없을 뿐만 아니라** 마이너스에 지나지 않는다고 생각합니다.

문제 7

우리가 듣고 기분이 좋아지는 말이라는 것은 몇 가지 종류가 있지만, 그 모든 것에 공통되는 것은 (오해를 부르는 표현이지만), 거기에 오해의 여지가 남아 있다는 것입니다.
기묘하게 들리죠?
하지만 오해의 여지없이 이해가 잘 되는 커뮤니케이션이 아니라, 오해의 여지가 확보되어 있는 커뮤니케이션이야말로, 우리에게 커뮤니케이션을 하고 있는 실감을 가져다 줍니다.
10대의 젊은이들은, 대화의 어휘가 매우 빈곤합니다. 이것은 여러분도 인정해줄 거라고 생각합니다.

'짜증나'라든가 '재수없어'라든가 '기분 나빠'라든가 '귀엽다'라든가, 정말로 10개 정도의 단어만으로 계속 대화를 하고 있는 여고생 등을 전철 안에서 볼 수 있습니다. 보통 어른들은 그런 것을 옆에서 듣고 '요즘 젊은 애들은 얼마나 빈곤한 어휘로 의사소통을 하는가. 저런 걸로 제대로 된 커뮤니케이션이 성립되는 걸까?'라며 씁쓸한 표정을 짓거나 합니다.

정말이지 말씀하신 대로입니다.

저래서는 의사소통이 될 리가 없지요.

옷을 봐도 '귀여워', 화장을 봐도 '귀여워', 음악을 들어도 '귀여워'.

저래서는 그런 형용사를 주고받는 사람들끼리도 무슨 말을 하는 지 서로의 속마음을 알고 있을 거라고는 도저히 생각되지 않습니다. '귀여운' 것이 옷의 색에 대해서 말하는지, 디자인에 대해서 말하는지, 단추 구멍의 미묘한 위치 관계에 대해서 말하는지, 슬릿(윗옷의 옆이나 소매, 스커트 등의 옆을 탄 곳)의 각도에 대해서 말하는지, '이거, 귀엽네' '응, 귀엽네'만으로는 알 리가 없습니다.

……그것 봐요.

확실히 젊은이들도 일부러 오해의 폭이 있도록 커뮤니케이션을 하고 있죠?

그것이야말로 커뮤니케이션의 '왕도'이기 때문입니다.

〈우치다 이츠키 「선생님은 훌륭하다」〉에서

제4장 독해 공략편

단문	1 ②	2 ④	3 ③	4 ②	5 ③							
중문	1 ④	2 ④	3 ②	4 ④	5 ①	6 ③	7 ④	8 ③	9 ③	10 ②	11 ③	12 ③
장문	1 ④	2 ①	3 ④	4 ③	5 ①	6 ①	7 ③	8 ④				
	9 ②	10 ②	11 ④	12 ④	13 ③	14 ②	15 ③	16 ②				
통합이해	1 ③	2 ③	3 ③	4 ②	5 ④	6 ③	7 ①	8 ③				
주장이해	1 ③	2 ④	3 ①	4 ③	5 ②	6 ④	7 ③	8 ③				
	9 ②	10 ①	11 ③	12 ④	13 ②	14 ③	15 ②	16 ④				
정보검색	1 ③	2 ②	3 ④	4 ③	5 ③	6 ②	7 ③	8 ②				

01 문제8 내용 이해 - 단문

문제 8 다음 (1)부터 (5)의 문장을 읽고, 다음 질문에 대한 답으로서 가장 적당한 것을 1·2·3·4에서 하나 고르시오.

단문(1)

해석 가을밤, 조용히 귀를 기울이면 벌레 소리가 들려온다. 달을 보면서 쐬는 시원한 바람에 벌레 소리. 일본 특유의 운치 있는 풍경이다. 귀뚤귀뚤, 또르르, 쓰잇 딱 하는 사랑스러운 울음소리. 일본인은 벌레 소리를 기분 좋게 느끼고 있다. 게다가 일본인은 벌레 소리를 듣고 구분할 수도 있다. 한편, 서양인에게는 모든 것이 잡음으로밖에 들리지 않는 것 같다. 같은 소리를 듣고 있는데 왜일까? 인간의 뇌는 우뇌와 좌뇌로 나뉘어져 있다. 벌레 소리를 어느 쪽 뇌로 듣는가 라는 점에서 일본인과 서양인의 차이가 나타난다고 한다. 서양인은 벌레 소리를 기계음이나 잡음과 똑같이 우뇌 즉 음악뇌로 처리하는 것에 비해, 일본인은 좌뇌 즉 언어뇌로 받아들인다고 한다. 즉 서양인은 음악으로서, 일본인은 목소리로서 듣고 있다는 셈이 된다.

단어 **耳(みみ)を澄(す)ます** 귀를 기울이다 | **夕涼(ゆうすず)み** (여름철) 저녁에 시원한 바람을 쐼 | **~ならではの** ~아니고는 없는, ~특유의 | **風情(ふぜい)** 풍치, 운치 | **風景(ふうけい)** 풍경 | **チンチロリン** 귀뚤귀뚤(귀뚜라미가 우는 소리) | **リンリン** 또르르(방울벌레 등이 우는 소리) | **スイッチョン** 쓰잇 딱(베짱이가 우는 소리) | **可愛(かわい)らしい** 귀엽다, 사랑스럽다 | **鳴(な)き声(ごえ)** (새, 벌레, 사슴의) 울음소리 | **心地(ここち)よい** 기분 좋다, 상쾌하다 | **聞(き)き分(わ)け** 듣고 구분함 | **西洋人(せいようじん)** 서양인 | **雑音(ざつおん)** 잡음 | **脳(のう)** 뇌 | **右脳(うのう)** 우뇌 | **左脳(さのう)** 좌뇌 | **分(わ)かれる** 나뉘다 | **聴(き)く** 듣다 | **現(あらわ)れる** 나타나다 | **同様(どうよう)に** 똑같이 | **処理(しょり)する** 처리하다 | **受(う)けとめる** 받아들이다 | **違(ちが)い** 차이 | **構造(こうぞう)** 구조 | **仕組(しく)み** 구조, 장치

1 **이 글은 무엇에 대해서 쓰여 있는가?**

1 일본인과 서양인의 벌레에 대해 느끼는 방식의 차이
2 일본인과 서양인의 벌레 소리가 들리는 방식의 차이
3 일본인과 서양인의 귀의 구조의 차이
4 일본인과 서양인의 뇌의 구조의 차이

해설 질문은 '이 글이 무엇에 대해서 쓰여 있는지'를 묻고 있다. 지문은 일본인과 서양인이 벌레 소리를 어떻게 받아들이는가에 대해서 기술하고 있다. 일본인은 벌레 소리를 기분 좋게 느끼지만, 서양인은 모든 것이 잡음으로밖에 들리지 않는다고 하면서 이것은 벌레 소리를 어느 쪽 뇌로 듣는가에서 차이가 나타난다고 했다. 따라서 정답은 선택지 2번 '일본인과 서양인의 벌레 소리가 들리는 방식의 차이'가 된다. 선택지 1번은 벌레가 아니라 벌레 소리에 대해 느끼는 방식의 차이이므로 틀리다. 선택지 3번과 4번은 일본인과 서양인이 귀와 뇌의 구조가 차이난다고 했는데, 인간의 신체 구조는 같으므로 틀리다.

단문(2)

해석 묘대행서비스(이하 서비스 요금에는 교통비, 소비세가 포함되어 있습니다) 지역은 도쿄도·지바현·이바라키현·도치기현·군마현·사이타마현·가나가와현입니다. 또 다마 지구·하치오지·다치카와·요코하마·가와사키·사가미하라의 경우에는 1~4 서비스는 2000엔 인하해드리고 있습니다.

1 묘의 상태 확인	7000엔	묘의 상태를 확인합니다.
2 성묘 대행	9000엔	꽃·향의 요금도 포함되어 있습니다.
3 청소 대행	11000엔	묘지를 청소합니다. 묘석은 세제로 씻습니다.
4 성묘 대행과 청소 대행	13000엔	
5 성묘 동행	상기 서비스+6000엔	차로 전송과 배웅을 합니다.

단어 **お墓**(はか) 묘지 | **代行**(だいこう) 대행 | **交通費**(こうつうひ) 교통비 | **消費税**(しょうひぜい) 소비세 | **含**(ふく)**まれる** 포함되다 | **地域**(ちいき) 지역 | **~円引**(えんび)**き** ~엔 인하(할인) | **お墓参**(はかまい)**り** 성묘 | **お線香**(せんこう) 향 | **清掃**(せいそう) 청소 | **墓地**(ぼち) 묘지 | **墓石**(はかいし) 묘석(=ぼせき) | **洗剤**(せんざい) 세제 | **同行**(どうこう) 동행 | **送**(おく)**り迎**(むか)**え** 전송과 배웅

2 다치카와에 살고 있는 사람이 성묘 동행으로 묘의 청소를 의뢰한 경우 요금은 얼마인가?

1 19000엔
2 17000엔
3 16000엔
4 15000엔

해설 묘의 청소는 3번으로 11,000엔, 성묘 동행이므로 6,000엔이 추가되는데, 다치카와에 살고 있으므로 2,000엔이 인하된다. 따라서 (11,000엔+6,000엔−2,000엔)은 15,000엔이 된다.

단문(3)

해석 호주산 와규가 소고기시장을 석권하고 있다. 진짜 일본 와규 자손의 소고기이다. 소위 차돌박이로 녹는 것처럼 부드럽다. 게다가 가격은 일본산 와규에 비해 반값에 가까워서 팔리지 않는 것이 더 이상하다. 이 와규 비즈니스를 호주에서는 'WAGYU'로써 고기뿐만 아니라 중국을 비롯하여 세계 각국에 수정란 수출까지 시작했다. 수 년 후에는 중국산 와규도 상품화될 것이다. 와규는 이미 일본의 독자적인 소고기가 아니게 된 것이다. 소비자로서는 싸고 맛있는 소고기를 먹을 수 있는 것은 기쁘지만 농가의 입장을 생각하면 복잡한 심정이 된다.

(주) 霜降(しもふ)り肉(にく) : 차돌박이. 기름살이 서리처럼 점점이 섞여 있어서 대단히 부드러운 소고기

단어 **オーストラリア産**(さん) 호주산 | **和牛**(わぎゅう) 와규(일본의 재래종 소) | **市場**(しじょう) 시장 | **席巻**(せっけん) 석권 | **~つつある** ~하고 있다 | **正真正銘**(しょうしんしょうめい) 거짓없음, 진짜 | **子孫**(しそん) 자손 | **いわゆる** 소위, 이른바 | **霜降**(しもふ)**り肉**(にく) 차돌박이 | **とろける** 녹다 | **柔**(やわ)**らかい** 부드럽다 | **値段**(ねだん) 가격 | **半値**(はんね) 반값 | **~ばかりでなく** ~뿐만 아니라 | **~を始**(はじ)**め** ~을 비롯하여 | **受精卵**(じゅせいらん) 수정란 | **輸出**(ゆしゅつ) 수출 | **既**(すで)**に** 이미 | **消費者**(しょうひしゃ) 소비자 | **農家**(のうか) 농가 | **立場**(たちば) 입장 | **複雑**(ふくざつ)**な** 복잡한 | **躊躇**(ちゅうちょ) 주저 | **武器**(ぶき) 무기 | **新種**(しんしゅ) 신종

3 본문의 내용과 일치하는 것은 어느 것인가?

1 수 년 후에는 국산 와규는 먹을 수 없게 된다.
2 저자는 농가를 위해서 'WAGYU'를 먹는 것을 주저하고 있다.
3 'WAGYU'는 맛과 저렴함을 무기로 하고 있다.
4 'WAGYU'는 호주에서 만들어진 신종 소고기이다.

해설 선택지 1번은 '먹을 수 없게 된다'고는 말하지 않으므로 맞지 않다. 선택지 2번은 '복잡한 심정이 되지만 먹을 수 있는 것은 기쁘다'고 말하고 있으므로 주저하고 있지는 않다. 선택지 3번은 WAGYU는 '소고기시장을 석권하고 있다' '싸고 맛있는 소고기' '팔리지 않는 것이 더 이상하다'라고 말하고 있으므로 맞다. 선택지 4번은 WAGYU는 '일본 와규의 자손의 소고기'라고 첫부분에서 말하고 있다.

단문(4)

해석 히바리지구(1초메~5초메)의 방재(화재방지)를 향상시켜 안전하고 쾌적한 마을을 실현하기 위해 '도시계획협의회'를 만듭니다. 시에서는 협의회 설립을 목표로 동회, 상점회 대표자와 준비를 진행해왔습니다. 이번에 동회와 상점회에서 추천을 받은 분에 더해, 거주하고 있는 분, 토지나 건물의 권리자, 사업을 운영하고 있는 분으로부터 5명의 멤버를 공모하여 지역균형 등을 고려, 서류심사 후 멤버를 정하고 싶습니다. 여러분의 응모를 기다리고 있습니다.

단어 **防災**(ぼうさい) 방재, 화재방지 | **向上**(こうじょう)**させる** 향상시키다 | **快適**(かいてき)**な** 쾌적한 | **町**(まち)**づくり** 도시계획 | **協議会**(きょうぎかい) 협의회 | **設**(もう)**ける** 마련하다, 만들다 | **~に向**(む)**けて** ~을 목표로 | **町会**(ちょうかい) 동회 | **商店会**(しょうてんかい) 상점회 | **推薦**(すいせん) 추천 | **~に加**(くわ)**え(て)** ~에 더해, ~에다가 | **居住**(きょじゅう) 거주 | **営**(いとな)**む** 일하다, 경영하다 | **公募**(こうぼ) 공모 | **地域**(ちいき)**バランス** 지역균형 | **考慮**(こうりょ)**する** 고려하다 | **書類選考**(しょるいせんこう) 서류전형, 서류심사 | **~の上**(うえ) ~한 후에 | **ご応募**(おうぼ) 응모 | **~てほしい** ~하길 바라다 | **引**(ひ)**っ越**(こ)**す** 이사하다 | **~たばかり** ~한 지 얼마 안된 | **所有**(しょゆう) 소유

4 누구에게 응모하기를 바란다고 말하고 있는가? 포함되지 않는 것은 누구인가?

1 히바리지구에 이사온 지 얼마 안된 주민
2 히바리지구의 동회로부터 추천을 받은 지구 외의 사람
3 히바리지구의 건설회사 경영자로 이웃의 시의 주민
4 히바리지구에 아파트를 소유하고 있는 이웃 시의 주민

해설 선택지 1번은 거주하는 주민, 선택지 3번의 건설회사 경영자는 사업을 운영하고 있는 사람, 선택지 4번의 아파트를 소유하고 있는 사람은 토지나 건물의 권리자이므로 응모할 수 있다. 선택지 2번의 동회로부터 추천을 받은 사람은 이미 멤버 조건에 속해 있으므로 새로 모집하는 사람에 포함될 수 없다.

단문(5)

해석 벌이 멸종될 때 인간도 멸종될지도 모른다고들 한다. 최근 수분(암술에 수술의 화분을 붙여 줌)을 돕는 벌이 감소하여 농업이 타격을 받고 있다. 수분용 꿀벌의 매매가 이루어지고 있을 정도이다. 게다가 자진해서 수분용 드론의 개발도 행해지고 있다. 그러나 드론은 제조할 때도 운전할 때도 끊임없이 에너지를 필요로 하며 쓰레기도 발생시킨다. 지금 해야 할 일은 드론 제조보다도 벌이 계속 살 수 있는 환경의 정비일 것이다. 그것은 우리들 인간을 위한 일임에도 틀림없다.

단어 **蜂**(はち) 벌 | **絶滅**(ぜつめつ)**する** 멸종되다 | **滅**(ほろ)**びる** 멸망하다 | **~かねない** ~할지도 모른다 | **授粉**(じゅふん) 수분(암술에 수술의 화분을 붙여 줌) | **手助**(てだす)**け** 도움, 조력 | **減少**(げんしょう) 감소 | **打撃**(だげき)**を受**(う)**ける** 타격을 받다 | **蜜蜂**(みつばち) 꿀벌 | **売買**(ばいばい) 매매 | **進**(すす)**んで** 자진해서 | **ドローン** 드론 | **製造**(せいぞう) 제조 | **絶**(た)**えず** 끊임없이 | **必要**(ひつよう)**とする** 필요로 하다 | **~べきな** ~해야 할 | **整備**(せいび) 정비 | **~に相違**(そうい)**ない** ~임에 틀림없다 | **育**(そだ)**てる** 키우다 | **増**(ふ)**やす** 늘리다

5 '그것은'은 무엇을 가리키고 있는가?

1 벌을 키워서 늘리는 일
2 벌에게 수분을 시키는 일
3 벌에게 좋은 환경을 만드는 일
4 드론보다 벌을 사용하는 일

해설 '그것은'을 가리키는 부분은 보통 앞문장을 가리킬 때가 많다. 여기서는 벌이 계속 살 수 있는 환경의 정비, 즉 벌에게 좋은 환경을 만들어준다는 선택지 3번이 정답이 된다.

02 문제9 내용 이해 - 중문

문제 9 다음 (1)부터 (4)의 문장을 읽고, 다음 질문에 대한 답으로서 가장 적당한 것을 1·2·3·4에서 하나 고르시오.

중문(1)

해석

발효식품은 미생물이나 효소 등의 작용을 이용하여 식품에서 독특한 풍미나 맛을 끌어내어 보존성을 높인 것이다. 몸에 좋은 것은 옛날부터 알려져 있으며, 신체의 면역력을 높이는 작용이 있어, 우리들의 건강유지를 위해서는 빠뜨릴 수 없는 중요한 식품이다.

세계 각지에서 그 나라에서 풍부하게 수확되는 재료로 발효식품을 만들어 먹고 있다. 일본에서는 된장·간장에 더해 낫토나 각종 채소절임이다. 이웃의 한국에서는 뭐니뭐니해도 김치일 것이다. 서양에서는 요구르트나 치즈를 먹고 있다. 그 외 알코올류도 발효식품이다. 이쪽은 과음하면 건강을 해칠 수가 있기 때문에 주의가 필요하다.

그건 그렇고 거기에 사용되고 있는 균인데 각각 다르다. 예를 들어 된장이나 간장류는 누룩곰팡이, 낫토는 낫토균, 요구르트나 치즈류 거기에 김치 등의 채소절임은 유산균, 알코올류는 효모균, 식초 등은 아세트산균이다.

또한 발효식품은 소재가 변화하여 보다 맛있어지거나 몸에 좋아서 만들었다기보다 원래는 귀중한 식재료를 오래 가게 하기 위한 보존방법의 일종이었다. 결과적으로 우리들은 맛있고 건강에 좋은 식재료를 손에 넣을 수 있었던 것이다. 발효식품은 장내환경을 개선하여 장을 건강하게 해준다. 장은 소화기관일 뿐만 아니라 자율신경이나 면역을 관장하는 가장 중요한 역할을 해내고 있다. 다양한 종류의 균을 함께 섭취해서 한층 더 장내환경이 좋아져 장이 건강해진다고 한다. 예를 들어 된장과 치즈, 김치와 낫토, 같은 유산균이지만 생햄(락스햄)과 채소절임의 조합 등 대단히 맛있는 조합이다. 게다가 상승효과로 100배나 된다고 하니 간과할 수는 없다.

단어 **発酵**(はっこう) 발효 | **微生物**(びせいぶつ) 미생물 | **酵素**(こうそ) 효소 | **働**(はたら)**き** 작용 | **独特**(どくとく) 독특 | **風味**(ふうみ) 풍미 | **旨**(うま)**み** 맛 | **引**(ひ)**き出**(だ)**す** 끌어내다 | **保存性**(ほぞんせい) 보존성 | **高**(たか)**める** 높이다 | **免疫力**(めんえきりょく) 면역력 | **健康**(けんこう) 건강 | **維持**(いじ) 유지 | **欠**(か)**かせる** 빠뜨리다 | **豊富**(ほうふ)**に** 풍부하게 | **採**(と)**る** 수확하다 | **味噌**(みそ) 된장 | **醤油**(しょうゆ) 간장 | **～に加**(くわ)**える** ～에 더하다 | **漬**(つ)**け物**(もの) 채소절임 | **何**(なん)**といっても** 뭐니뭐니해도 | **体**(からだ)**を壊**(こわ)**す** 건강을 해치다 | **菌**(きん) 균 | **持**(も)**たせる** 오래 가게 하다 | **手**(て)**に入**(い)**れる** 손에 넣다 | **腸内**(ちょうない) 장내 | **環境**(かんきょう) 환경 | **司**(つかさど)**る** 관장하다 | **役割**(やくわり)**を果**(は)**たす** 역할을 해내다 | **摂**(と)**る** 섭취하다 | **～ことで** ～해서, ～로 인해 | **組**(く)**み合**(あ)**わせ** 조합 | **相乗**(そうじょう) 상승 | **見逃**(みのが)**す** 빠뜨리고 보다, 간과하다 | **手**(て) 방법 | **～ないでは済**(す)**まされない** ～하지 않고서는 끝낼 수 없다 | **偶然**(ぐうぜん) 우연 | **ばい菌**(きん) 세균 | **探求**(たんきゅう) 탐구 | **悪**(わる)**くなる** 상하다

1 **간과할 수는 없다고 하는데 무엇을 말하는가?**
1 발효식품을 먹지 않는다는 선택지는 없다.
2 발효식품의 상승효과를 이해 못 할 리가 없다.
3 발효식품의 장점을 보지 않을 수 없다.
4 발효식품을 조합하여 복수로 섭취하는 것이 좋다.

2 **발효식품은 어떻게 해서 생겼는가?**
1 우연히 세균이 들어와서 생겨났다.
2 맛을 탐구한 결과 생겨났다.
3 여러 종류의 균을 넣었기 때문에 생겨났다.
4 미생물이나 효소가 작용하여 생겨났다.

3 **본문의 내용과 일치하는 것은 어느 것인가?**
1 최근 발효식품의 장점이 알려지게 되었다.
2 몇 가지 발효식품을 동시에 먹는 것이 좋다.
3 발효식품은 상하지 않기 때문에 편리하다.
4 장을 위해서는 발효식품을 먹는 양이 가장 중요하다.

해설 **〈질문 1〉**에서 간과할 수는 없다는 것은 꼭 그렇게 해야 한다는 의미이다. 본문에 '게다가 상승효과로 100배나 된다고 하니'로 그렇게 하는 이유를 서술하고 있다. 효과가 몇 배나 되는 것은 복수로 섭취한 경우이므로 4번이 정답이다. 2번, 3번은 적극적으로 행동하는 것이 아니므로 맞지 않다. 1번은 선택할 가능성이 있지만 발효식품은 이미 먹고 있어 4번이 더 적합함을 알 수 있다.

〈질문 2〉는 발효식품이 생겨난 과정을 묻고 있다. 첫 번째 줄에서 발효식품은 '미생물이나 효소 등의 작용을 이용하여~보존성을 높인 것이다'라고 있으므로 4번이 답이 된다. 1번은 세균은 인체에 유해한 것이므로 맞지 않고, 2번은 이러한 내용은 없었으므로 맞지 않다. 3번은 여러 종류의 균을 함께 넣는 것이 아니므로 틀리다.

〈질문 3〉에서 1번은 본문에 ' 몸에 좋은 것은 옛날부터 알려져 있으며'로 나와 있으므로 최근의 일이 아님을 알 수 있다. 2번은 본문에 ' 다양한 종류의 균을 함께 섭취함으로써~건강해진다고 한다'라고 있으므로 동시에 먹는 것이 좋기 때문에 정답이 된다. 3번은 발효식품은 오래 보존할 수 있지만, 그것이 상하지 않는다는 의미는 아니므로 맞지 않다. 4번은 먹는 양에 대한 기술이 없으므로 틀리다.

중문(2)

해석

최근 사르코페니아(sarcopenia) 비만을 조심하라고들 한다. 사르코페니아 비만이란 전신의 근육량이 줄어, 그 때문에 근력이 저하하는 증상이다. 주요 원인은 나이지만, 무리한 다이어트를 한 젊은 사람에게도 증상은 나타난다. 근육량이 적고 지방이 많은 몸이라면 마른 사람이라도 사르코페니아 비만이라고 불린다. 그러나 그 대부분은 역시 고령자이다. 나이와 함께 근육이 줄어드는 것은 자연스러운 일이기 때문이다. 노화는 다리부터 라고 하는데 다리가 쇠약해지면 아무래도 전신의 움직임이 나빠진다. 몸이 움직이지 않게 되고 움직이기 싫어진다. 그 악순환으로 점점 증상이 진행된다. 그러나 가령 80세가 되어도 운동으로 그것을 방지할 수 있다. 특별히 뭔가를 해서 몸을 단련하는 것은 힘들지만, 일상생활상의 약간의 노력으로 몸을 지킬 수 있다. 예를 들면 요리 중이나 양치질 등을 하는 그런 때에 다리를 어깨폭으로 벌리고 무릎을 가볍게 굽힌 상태를 유지하며 선다. 그리고 체중을 오른쪽 넓적다리에 10초간 싣는다. 그리고 나서 마찬가지로 왼쪽에 10초 싣는다. 그리고 양다리의 넓적다리에도 10초간 싣는다. 가능한 한 이 동작을 반복한다. 걸을 때에도 연구가 필요하다. 이상적인 보폭은 신장×0.45라고 하는데, 되도록 큰 걸음으로 걷는 편이 평소 쓰지 않는 근육을 쓰게 되어서 좋다. 게다가 빨리걷기를 하면 더욱 좋다. 하루 10분 정도라도 효과가 있다고 한다.

(주)歩幅(ほはば) : 걸을 때에 벌리는 다리와 다리 사이의 길이

단어 **肥満**(ひまん) 비만 | **筋肉量**(きんにくりょう) 근육량 | **低下**(ていか) 저하 | **症状**(しょうじょう) 증상 | **加齢**(かれい) 나이를 한 살 더 먹음 | **脂肪**(しぼう) 지방 | **痩**(や)**せる** (몸이) 마르다 | **高齢者**(こうれいしゃ) 고령자 | **~と共**(とも)**に** ~와 함께 | **筋肉**(きんにく)**が落**(お)**ちる** 근육이 줄어들다 | **老化**(ろうか) 노화 | **衰**(おとろ)**える** 쇠약해지다 | **どうしても** 아무래도 | **悪循環**(あくじゅんかん) 악순환 | **益々**(ますます) 점점, 점차 | **防**(ふせ)**ぐ** 방지하다 | **鍛**(きた)**える** 단련하다 | **~上**(じょう) ~상 | **ちょっとした** 약간의, 사소한 | **工夫**(くふう) 궁리, 연구 | **歯磨**(はみが)**き** 양치질 | **肩幅**(かたはば) 어깨폭 | **膝**(ひざ)**を曲**(ま)**げる** 무릎을 굽히다 | **体重**(たいじゅう)**をかける** 체중을 싣다 | **太**(ふと)**もも** 넓적다리 | **動作**(どうさ) 동작 | **繰**(く)**り返**(かえ)**す** 반복하다 | **歩幅**(ほはば) 보폭 | **大股**(おおまた) 보폭이 넓음, 큰 걸음 | **早歩**(はやある)**き** 빨리 걷기 | **減少**(げんしょう) 감소 | **鈍**(にぶ)**る** 둔해지다 | **悪化**(あっか) 악화 | **麻痺**(まひ) 마비 | **移**(うつ)**る** 옮기다 | **影響**(えいきょう)**を及**(およ)**ぼす** 영향을 끼치다

4 사르코페니아 비만이란 어떻게 되는 것인가?

1 고령자의 근육이 저하되는 것
2 다리의 근육량이 감소하는 것
3 몸이 전혀 움직이지 않게 되는 것
4 근육의 감소로 움직임이 둔해지는 것

5 그 악순환으로 점점 증상이 진행된다란 무슨 말인가?

1 다리가 쇠약해지면 움직이기 싫어진다. 움직이지 않으면 더욱 다리가 쇠약해진다. 이 반복으로 사르코페니아 비만이 악화된다.
2 다리가 움직이지 않게 되면 몸의 다른 부분도 움직이지 않게 되고, 몸의 부분에서 다시 다리로 마비가 옮겨져 점점 몸이 움직이지 않게 된다. 즉 사르코페니아 비만이 악화된다.
3 근육량이 감소하면 근력이 저하되고, 근력이 저하되면 근육량이 감소한다. 이 상태가 이어져 걸을 수 없게 되어 사르코페니아 비만이 악화된다.
4 다리 근육이 인간의 움직임 중에서 가장 중요하기 때문에 전신에 영향을 끼쳐 사르코페니아 비만이 악화된다.

6 사르코페니아 비만을 예방하기 위해서 가장 좋은 것은 어느 것인가?

1 살이 찌지 않도록 주의하는 것
2 다이어트를 하지 않는 것
3 근육량을 떨어뜨리지 않는 것
4 되도록 오래 걷는 것

해설 〈질문 4〉는 사르코페니아 비만이란 어떻게 되는 것인지 묻고 있다. 선택지 1번은 '고령자의 근육이 저하되는 것'이라고 했는데, 근육의 저하는 고령자에게 한정되지 않으므로 맞지 않다. 선택지 2번은 '다리의 근육량이 감소하는 것'이라고 했는데 다리의 근육뿐만 아니라 전신의 근육량이 줄어든다'고 쓰여 있다. 선택지 3번은 '몸이 전혀 움직이지 않게 되는 것'이라고 했는데 전혀 움직이지 않는 것이 아니라 몸의 움직임이 나빠진다고만 했다. 선택지 4번은 '근육의 감소로 움직임이 둔해지는 것'이라고 했는데 본문에 '전신의 근육량이 줄어, 그 때문에 근력이 저하하는 증상이다'라고 나와 있으므로 정답이 된다.

〈질문 5〉는 밑줄 친 그 악순환으로 점점 증상이 진행된다의 의미를 묻고 있다. 여기서 その가 가리키는 것은 '다리가 쇠약해지면 아무래도 전신의 움직임이 나빠진다. 몸이 움직이지 않게 되고 움직이기 싫어진다'이므로 선택지 1번이 정답이 된다. 선택지 2번은 다리와 몸 전체의 관계에 대해서는 나와 있지 않으므로 맞지 않다. 선택지 3번은 근력의 저하가 근육량 감소와 결부되어 있지는 않다. 선택지 4번은 본문에 나와 있지 않다.

〈질문 6〉은 사르코페니아 비만을 예방하기 위해서 가장 좋은 것은 무엇인지 묻고 있다. 선택지 1번은 '살이 찌지 않도록 주의하는 것'인데 살이 찌지 않는 것이 근육량을 늘리는 것은 아니므로 맞지 않다. 선택지 2번은 '다이어트를 하지 않는 것'인데 다이어트는 근육량을 늘리는 것이 아니라 줄일 가능성이 있다. 선택지 3번은 '근육량을 떨어뜨리지 않는 것'인데 전신의 근육량이 줄어 근력이 저하되는 증상이 사르코페니아 비만이므로, 이를 예방하기 위해서는 근육량을 떨어뜨리지 않는 것이 되므로 정답이 된다. 선택지 4번은 '되도록 오래 걷는 것'이라고 했는데 오래 걷는 것보다는 빨리 걷기 등의 서술이 있으므로 맞지 않다.

중문(3)

해석 경영이 힘든 가운데 '관광열차'를 운행시키는 철도회사가 늘어났다. JR규슈의 '일곱개별'의 성공을 모방하고 있는 것이다. 2013년에 첫 등장한 호화관광열차로 차내의 호화로움은 인정하기는 하지만, 1박2일 코스에 1인 18만 엔부터, 3박 4일 코스로 1인 70만 엔이나 되는 운임설정에 깜짝 놀랐다. 이렇게 비싼 열차를 탈 사람이 있을까 의심했지만(주1), 뚜껑을 열어보니 예약이 추첨이 될 정도로 엄청난 인기였다. ①그것은 열차가 단순히 이동수단 이상의 가치를 가질 수 있다는 것을 증명한 순간이었다. 그 후, 일본 전국을 호화관광열차를 비롯하여 다양한 관광열차가 달리게 되었다. 특별요금을 받는 것이 일반적으로, 그것이 철도회사의 경영에도 도움이 되고 있는 듯하다.

사실 이미 2011년에는 한큐전철에서는 '교 트레인'이라는 교토의 상가를 이미지한 관광열차를 운행시키고 있었다. 외국인에게도 평판이 좋아 손님을 끄는 데도 도움이 되고 있다. 그래서 다시 2019년에 '교 트레인 가라쿠'를 도입하기로 했다. 이것은 좀더 공들인 인테리어로, 1량마다 계절을 정해 둥근 창(주2)이나 안뜰, 고산수(물을 사용하지 않고 지형(地形)으로써만 산수를 표현한 정원) 등, 교토의 절과 신사, 저자거리에서 볼 수 있는 특징적인 구조를 도입하고 있어, ②한번은 타보고 싶은 열차가 되고 있다. 게다가 특별요금도 받지 않기 때문에 정말로 손님을 기쁘게 하고 싶다는 의지가 느껴진다. 그것이 오히려 손님을 끄는 데 도움이 되고 있는지도 모르겠다.

(주1) 訝(いぶか)った：의아하게 생각했다, 이상히 여겼다

(주2) 円窓(えんそう)：둥근 창, 바람이나 빛을 들게 하는 둥근 모양의 창

단어 **～に倣(なら)う** ～을 따르다, ～을 모방하다 | **豪華(ごうか)** 호화 | **～ものの** ～하기는 하지만 | **運賃(うんちん)** 운임 | **度肝(どぎも)を抜(ぬ)く** 간 떨어지게(깜짝 놀라게) 하다 | **訝(いぶか)る** 수상하게 여기다, 의심하다 | **蓋(ふた)を開(あ)ける** 뚜껑을 열다, 일을 시작하다 | **抽選(ちゅうせん)** 추첨 | **証明(しょうめい)** 증명 | **～を始(はじ)め** ～을 비롯하여 | **料金(りょうきん)を取(と)る** 요금을 받다 | **助(たす)け** 도움 | **既(すで)に** 이미 | **町屋(まちや)** 상가 | **集客(しゅうきゃく)** 손님을 모으는 일, 손님을 끎 | **役立(やくだ)つ** 도움이 되다 | **更(さら)に** 다시 (한 번), 거듭 | **導入(どうにゅう)** 도입 | **凝(こ)る** 공들이다 | **内装(ないそう)** 내장, 인테리어 | **～ごとに** ～마다 | **坪庭(つぼにわ)** 안뜰 | **寺社(じしゃ)** 절과 신사 | **町家(ちょうか)** 저자 | **特徴的(とくちょうてき)な** 특징적인 | **構造(こうぞう)** 구조 | **取(と)り入(い)れる** 도입하다, 받아들이다 | **心意気(こころいき)** 마음가짐, 의향, 의지 | **却(かえ)って** 오히려 | **～らしい** ～답다 | **ただで** 무료로

7 ①그것은의 그것은 무엇을 가리키고 있는가?

1 호화관광열차가 등장한 것
2 운임설정에 깜짝 놀란 것
3 다양한 관광열차가 다니게 된 것
4 굉장히 비싼 운임인데도 타고 싶은 사람이 많이 있던 것

8 '교 트레인 가라쿠'는 왜 ②한번은 타보고 싶은 열차인가?

1 특별요금이 필요 없어서
2 1량마다 다른 차량이어서
3 인테리어가 교토다운 구조여서
4 교토의 절이나 신사, 저자거리에 대해 알 수 있어서

9 관광열차의 설명으로 바른 것은 어느 것인가?

1 인테리어가 호화롭다.
2 외국인 승객이 많다.
3 다양한 열차가 다니고 있다.
4 무료로 탈 수 있는 열차도 있다.

해설 〈질문 7〉은 무엇이 열차의 가치를 증명한 것인지 묻는 문제이다. 선택지 1번은 호화관광열차의 등장만으로는 열차의 가치가 증명되지 않으므로 맞지 않다. 선택지 2번은 운임 설정에 놀란 것이라고 했는데 이것 또한 가치 증명은 되지 않는다. 선택지 3번은 열차의 가치가 증명된 후에 일어난 일이다. 선택지 4번은 '비싼 열차를 탈 사람이～엄청난 인기였다'라고 되어 있으므로 열차의 가치가 증명이 된다.

〈질문 8〉은 '京트레인'을 타보고 싶은 이유를 묻고 있다. 선택지 1번, 보통 운행되고 있는 열차도 특별요금은 필요없다. 선택지 2번의 1량마다 달라도 뭔가 특별한 것이 없다면 안되므로 맞지 않다. 선택지 3번 교토다운～구조를 도입하고 있기 때문에 타보고 싶어진다. 선택지 4번, 인테리어만으로는 절과 신사, 저자거리를 이해할 수 없으므로 맞지 않다.

〈질문 9〉는 관광열차의 내용에 대해 묻고 있다. 선택지 1번은 모든 관광열차의 인테리어가 호화롭다고는 할 수 없으므로 맞지 않다. 호화로운 열차가 아니어도 이벤트를 하는 관광열차가 있다. 선택지 2번, 외국인에게 평판이 좋다고 했지 많다고는 쓰여 있지 않다. 선택지 3번, '그 후, 일본 전국을 호화관광열차를 비롯하여 다양한 관광열차가 달리게 되었다'라고 쓰여 있으므로 알맞다. 선택지 4번, 특별요금은 지불하지 않더라도 보통 승차권은 사야 하므로 맞지 않다.

중문(4)

해석

비즈니스 모델에 완벽한 것은 없다. 한때 인기가 있었던 '질레트 모델'도 그것을 피할 수는 없었다. '질레트 모델'이란 복사기나 인쇄기 등을 팔 때 본체를 싸게 하고, 이익은 잉크나 토너 등의 소모품에서 돈을 버는 방식이다. 이것은 꽤 효과적이라 제품에 따라서는 잉크 카트리지의 전색 4회분으로 본체를 살 수 있을 만큼 저렴하게 팔고, 비싼 소모품을 강매하는 일도 있었다. 소모품으로 이익을 내는 것이다.

그러나 이에 항거하듯 소모품의 모조품이 끊이지 않는 상황도 발생했다. 애초에 개발도상국에서는 처음부터 이 비즈니스 모델은 통용되지 않았다. 소비자는 본체를 개조해서 비싼 소모품을 사지 않았던 것이다. 그래서 제조사가 대항수단으로서 전혀 반대라고도 할 수 있는 제품을 팔기 시작한 것도 당연한 일이다(주). 대량 잉크탱크 프린터를 개발하여 종래 기계의 3배 정도의 가격으로 팔기 시작한 것이다. 잉크료가 10분의 1정도로 끝나기 때문에 결국 소비자에게 이득이 된다. 이것으로 고장나기 쉬운 개조품도 몰아낼 수 있었다. 이러한 제품이 지금은 개발도상국뿐만 아니라 구미에도 판로를 넓히고 있다고 한다. 그다지 인쇄량이 많지 않은 소비자에 맞춘 제품도 내놓아, 이것도 잘 팔리고 있다고 한다. 어느 제품이든 그렇지만, 사용하는 사람에게 놓여진 상황을 잘 조사할 필요가 있다. (　　　　)라는 일의 예이다.

(주) むべなるかな : 과연, 당연하구나

단어 **完璧(かんぺき)な** 완벽한 | **ひところ** 한때, 이전의 어떤 시기 | **持(も)てはやされる** 인기가 있다 | **免(まぬか)れる** 피하다, 모면하다 | **コピー機(き)** 복사기 | **印刷機(いんさつき)** 인쇄기 | **消耗品(しょうもうひん)** 소모품 | **稼(かせ)ぐ** (돈·시간 등을) 벌다 | **有効(ゆうこう)だ** 효과적이다 | **売(う)りつける** 강매하다 | **抗(あらが)う** 다투다, 항거하다 | **模造品(もぞうひん)** 모조품 | **後(あと)を絶(た)たない** 끊이지 않다 | **生(しょう)じる** 발생하다, 생기다 | **そもそも** 처음, 애초 | **改造(かいぞう)** 개조 | **むべなるかな** 당연한 일, 지당한 일 | **～にとって** ~에게, ~에게 있어서 | **駆逐(くちく)** 몰아서 쫓아냄 | **～だけでなく** ~뿐만 아니라 | **販路(はんろ)を広(ひろ)げる** 판로를 넓히다 | **さほど** 그다지, 별로 | **～ごとに** ~마다 | **投入(とうにゅう)** 투입 | **それほど** 그렇게, 그다지 | **さっぱり** 전혀, 조금도 | **投入(とうにゅう)する** 투입하다 | **メリット** 장점

10 왜 비즈니스 모델과 반대의 제품을 팔기 시작한 것인가?

1 개조 프린터만 팔렸기 때문에
2 **소모품이 전혀 팔리지 않았기 때문에**
3 소모품의 모조품이 끊이지 않아서
4 나라마다 다른 제품을 투입하고 싶었기 때문에

11 왜 개조품을 몰아낼 수 있었는가?

1 개조품이 고장나기 쉬웠기 때문에
2 잉크를 대량으로 넣을 수 있기 때문에
3 **개조품을 쓰는 장점이 없기 때문에**
4 신제품이 3배 정도의 가격이었기 때문에

12 (　　　)에 어떤 문장을 넣으면 좋은가?

1 비즈니스 모델은 계속 변해간다
2 어느 비즈니스 모델을 고르는가가 중요하다
3 **모든 것에 통용되는 비즈니스 모델은 없다**
4 비즈니스 모델은 신용하지 않는 편이 좋다

해설 〈질문 10〉은 비즈니스 모델과 반대의 제품을 판 이유에 대해 묻고 있다. 선택지 1번, 개조 프린터는 제품으로 판 것이 아니므로 맞지 않다. 선택지 2번, '본체를 개조해서 비싼 소모품을 사지 않았다'라고 했으므로 알맞다. 선택지 3번에서 모조품이 끊이지 않아도 순정품이 팔리면 되므로 맞지 않다. 선택지 4번, 나라마다가 아니라 널리 개발도상국에서 팔고 싶어 했다.

〈질문 11〉은 개조품을 몰아낼 수 있었던 이유에 대해 묻고 있다. 선택지 1번, 고장나기 쉬운데도 사용하고 있었으므로 맞지 않다. 선택지 2번에서도 잉크의 가격이 그대로 비쌌다면 팔리지 않았으므로 맞지 않다. 선택지 3번, '결국은 소비자에게 득이 된다. 그 결과 몰아낼 수 있었다'라고 쓰여 있다. 즉 이제 일부러 개조품을 쓸 이유, 장점이 없다는 의미이므로 맞다. 선택지 4번에서 본체 가격이 기존보다 3배로 올랐기 때문에, 이것 때문에 개조품을 몰아낼 수 있었다고는 할 수 없다.

〈질문 12〉의 괄호에는 본문의 요약이라고도 할 수 있는 문장을 넣어야 한다. 선택지 1번은 여러 비즈니스 모델이 소개되어 있지 않으므로 맞지 않다. 선택지 2번은 비즈니스 모델을 골라 신제품을 내놓은 것이 아니므로 맞지 않다. 선택지 3번, 첫 문장에 완벽한 비즈니스 모델은 없다고 서술한 후 그 예가 쓰여 있으므로 알맞다. 선택지 4번에 대한 기술은 없다.

04 문제10 내용 이해 - 장문

문제 10 다음 (1)부터 (4)의 문장을 읽고, 다음 질문에 대한 답으로서 가장 적당한 것을 1·2·3·4에서 하나 고르시오.

장문(1)

해석

일본인은 옛날부터 말장난을 좋아한다. 시의 형식 중 하나인 '와카(和歌)'에서는 하나의 단어에 2개 이상의 의미를 가지게 하는 '①가케코토바(掛詞)'라는 기법이 사용되었다. 가케코토바는 표면상의 의미 외에 숨겨진 의미를 가지게 할 수 있다. 일본어는 동음이의어가 많기 때문에 이러한 일이 가능한 것이다. 「花の色はうつりにけりな、いたづらにわが身世にふるながめせしまに」라는 오노노 고마치(9세기 여류가인)의 유명한 와카가 있다. 이 와카의 「ながめ」에는 「長雨(장마)」와 「眺め(전망)」, 또 「ふる」에는 「降る(내리다)」와 「経る(지나다, 경과하다)」의 의미가 있다. 따라서 각각 ②전자의 의미로 풀이하면 '아름다운 꽃의 색은 어느샌가 색이 바래 버렸구나, 공연히 장마가 내리고 있던 동안에'가 되고, 후자라면 '나의 용모도 전성기는 지나 버렸구나, 쓸데없는 생각을 이리저리 하고 있는 동안에'가 된다. 이와 같이 옛부터 말을 재치 있게 쓰는 것이 세련되었다고 여겼다.

말장난 중 하나로 '회문'이 있다. 회문은 앞에서 읽어도 뒤에서 읽어도 같은 말이 된다. 「新聞紙(しんぶんし: 신문지)」는 여기에 해당된다. 「竹薮焼けた(たけやぶやけた: 대숲이 불탔다)」도 유명하다. 「기나타요미(ぎなた読み)」라는 것도 있다. 말이나 글의 구두점을 틀리거나 일부러 다르게 읽거나 하는 것이다. 유명한 것은 「ここではきものをぬいでください」이다. 「ここで、はきものを脱いでください(여기서, 신발을 벗어 주세요)」 혹은 「ここでは、きものをぬいでください(여기서는 옷을 벗어 주세요)」가 된다. 「履き物(はきもの: 신발)」와 「着物(きもの: 옷)」는 큰 차이이다. 틀린다면 웃어넘길 일이 아니다. 동음이의어에서는 재미있는 이야기가 전해지고 있다. '재치 있는 잇큐 씨'의 이야기이다. 잇큐 씨를 난처하게 만들고 싶은 사람이 다리 옆에 「このはしわたるべからず(이 다리(はし)를 건너지 마시오)」라고 쓴 팻말을 세웠다. 이제 잇큐 씨는 다리를 건널 수 없을 거라고 두근거리며 보고 있었다. 그러나 잇큐 씨는 신경 쓰지 않고 건너 버렸다. '왜 건넜느냐?'하고 물으니 '가장자리(はし)가 아니라 정중앙을 건넜어요'라고 재치 있게 대답했다는 재미있는 이야기다. 「고로아와세(語呂合わせ)」도 있다. 고로아와세라는 것은 말을 비슷한 음의 다른 말로 바꾸거나, 숫자에 연상되는 음을 적용하여 의미가 있는 말이나 글로 만드는 것이다. 놀이의 측면도 있지만, 실용적으로 사용될 때가 많다. 특히 숫자를 기억하는 데에 편리하다. 1192라면 '이이쿠니(좋은 나라)' 등으로 말하며 외운다. 신사에서 「ご縁(ごえん: 인연)」이 있게 하려고 「５円(ごえん: 5엔)」동전을 새전함에 넣는 사람도 많다. 또한 반대로 불길하다고 말을 바꿔서 쓸 때도 있다. 고로아와세는 아니지만 과일의 「梨(なし: 배)」를 일부러 無し(なし: 없음)의 반대말인 '있음 열매'라고 말하거나 하는 것도 재미있다. 이 외에도 일본에는 여러 가지 재미있는 말의 사용법이 있다.

(주1) 粋(いき) : 말하는 것이나 태도, 취미 등이 세련된 것
(주2) 賽銭箱(さいせんばこ) : 신사나 절의 참배하는 장소 앞에 놓여 있는 돈을 넣는 상자

단어 **言葉遊(ことばあそ)び** 말장난 | **和歌**(わか) 와카(일본 고유의 정형시) | **技法**(ぎほう) 기법 | **表面上**(ひょうめんじょう) 표면상 | **隠**(かく)**す** 감추다, 숨기다 | **同音異義語**(どうおんいぎご) 동음이의어 | **女流**(じょりゅう) 여류 | **歌人**(かじん) 가인(和歌의 작가) | **長雨**(ながめ) 장마(ながあめ의 준말) | **眺**(なが)**め** 전망 | **経**(へ)**る** 지나다, 경과하다 | **前者**(ぜんしゃ) 전자 | **訳**(やく)**す** 번역하다, 풀이하다 | **さめる** 바래다, 퇴색하다 | **むだに** 공연히, 헛되이 | **後者**(こうしゃ) 후자 | **顔**(かお)**だち** 얼굴 생김새, 용모 | **洒落**(しゃれ)**る** 세련되다, 멋지다, 재치 있다 | **粋**(いき) 세련됨, 멋짐 | **回文**(かいぶん) 회문 | **当**(あ)**たる** 해당하다 | **竹薮**(たけやぶ) 대숲, 대밭 | **区切**(くぎ)**り** 구두점, 단락 | **わざと** 일부러 | **履**(は)**き物**(もの) 신발 | **大違**(おおちが)**い** 큰 차이 | **笑**(わら)**い事**(ごと)**ではない** 웃어넘길(하찮은) 일이 아니다 | **伝**(つた)**わる** 전해지다 | **困**(こま)**らせる** 곤란하게 하다 | **橋**(はし) 다리(교량) | **〜べからず** 〜하지 말라, 〜해서는 안 된다(금지) | **立**(た)**て札**(ふだ) 팻말 | **ワクワクする** 두근거리다 | **気**(き)**にする** 신경 쓰다 | **端**(はし) 가장자리 | **真**(ま)**ん中**(なか) 한가운데, 정중앙 | **とんち** 기지, 재치 | **連想**(れんそう)**する** 연상하다 | **当**(あ)**てはめる** 맞추다, 적용하다 | **面**(めん) 방면, 부분 | **実用的**(じつようてき)**に** 실용적으로 | **〜円玉**(えんだま) 〜엔 동전 | **賽銭箱**(さいせんばこ) 새전함 | **縁起**(えんぎ)**が悪**(わる)**い** 불길하다 | **無**(な)**し** 없음, 무 | **有**(あ)**り** 있음 | **実**(み) 열매 | **洗練**(せんれん)**される** 세련되다 | **お参**(まい)**りする** 참배하다 | **歯**(は) 이, 치아

1 '①가케코토바'란 무엇인가?

1 일본의 옛날 노래를 만들 때에 사용된 다른 의미를 가진 말의 사용법
2 같은 의미의 다른 어법의 말
3 하나의 글에 2개 이상의 의미를 갖게 하는 노래
4 동음이의어를 사용하여 숨겨진 의미를 갖게 하는 말의 기법

2 ②전자는 무엇을 가리키는가?

1 長雨와 降る
2 長雨와 経る
3 眺め와 降る
4 眺め와 経る

3 다음 중에서 다른 것과는 다른 '고로아와세'는 어느 것인가?

1 2월 9일(にく)은 고기의 날
2 3월 3일(みみ)은 귀의 날
3 4월 18일(よいは)은 좋은 이의 날
4 11월 1일(ワンワンワン)은 개의 날

4 이 글의 내용을 나타내고 있는 것은 어느 것인가?

1 일본어의 사용법
2 일본어의 재미있는 말
3 일본어의 재미있는 사용법
4 동음이의어

해설 〈질문 1〉은 밑줄 친 '가케코토바'가 무엇인지에 대해서 묻고 있다. 앞뒤 문장을 살펴보면, 가케코토바는 시의 형식 중 하나인 와카의 기법으로, 하나의 단어에 2개 이상의 의미를 가지게 하는 것이라고 했다. 그리고 바로 뒤에 표면상의 의미 외에 숨겨진 의미를 가지게 하는 것이고, 이것은 일본어에 동음이의어가 많기 때문에 가능하다고 했다. 따라서 이것과 관련 있는 선택지 4번 '동음이의어를 사용하여 숨겨진 의미를 갖게 하는 말의 기법'이 정답이 된다.

〈질문 2〉는 밑줄 친 '전자'가 가리키고 있는 것이 무엇인지를 묻고 있다. 여기서 전자는 '이 와카의 'ながめ'에는 '長雨'와 '眺め', 또 'ふる'에는 '降る'와 '経る'의 의미가 있다'에서 ながめ와 ふる가 가리키는 두 개의 의미 중에서 앞의 의미를 나타내므로, 長雨와 降る가 된다. 따라서 정답은 선택지 1번이 된다.

〈질문 3〉은 '고로아와세를 나타낸 말 중에서 형식이 다른 것이 어느 것인지'를 묻고 있다. 선택지는 모두 고로아와세로 표현한 말이다. 선택지 1번 '2월 9일은 고기의 날'은 2와 9로 肉를 표현했고, 선택지 2번 '3월 3일은 귀의 날'은 3과 3으로 耳를 표현했고, 선택지 3번 '4월 18일은 좋은 이의 날'은 418로 よい歯를 표현했고, 선택지 4번 '11월 1일은 개의 날'은, 1은 영어로 ワン이기 때문에 111로 ワンワンワン을 표현했다. 즉 선택지 1~3은 일본어로 표현했지만, 선택지 4번은 영어로 표현했기 때문에 정답은 선택지 4번이 된다.

〈질문 4〉는 본문의 내용이 나타내고 있는 것에 대해서 묻고 있다. 지문은 일본인이 옛날부터 좋아하는 여러 가지 말장난인 가케코토바, 회문, 고로아와세 등 일본어의 재미있는 사용법에 대해서 기술하고 있다. 따라서 선택지 3번 '일본어의 재미있는 사용법'이 정답이 된다.

장문(2)

해석 사람은 역시 사람을 원하고 있는지도 모른다. 요즘 공동생활에 인기가 있다. 일본이 아직 빈곤에 허덕이고 있었을 즈음, 부모 곁을 떠난 지방출신의 많은 젊은이는 하숙에 살고 있었다. 식사가 제공되는 하숙도 있었지만, 하숙은 일반적으로는 집세가 저렴한 것이 장점이지만, 화장실이나 부엌은 공동으로 사용하는 결코 환경이 좋다고는 할 수 없는 그냥 공동주택이었다. 당시에는 욕실조차 없는 하숙이 많아서 옆방에 사는 사람과 함께 공중목욕탕에 가는 일도 드물지 않았다. 함께 사는 것은 분쟁의 원인도 되지만, 그곳에서 평생 친구가 생겼다는 이야기도 자주 들었다. 그러나 당시 많은 젊은이는 빨리 이러한 환경에서 벗어나 자기만의 공간을 확보하고 싶다고 바라고 있었다. 따라서 일본의 경기가 호전됨에 따라, 하숙은 사라질 운명을 걸었다.

마찬가지로 사라져간 것으로 사원기숙사가 있다. 저렴한 비용으로 살 수 있고 대부분의 기숙사는 식사도 제공되고 있었기 때문에, 많은 젊은 사원은 그곳에서 지내고 있었다. 그러나 사원 기숙사도 ①앞서 서술한 이유로 빈 방을 많이 떠안게 되는 처지가 되었다. 그리고 도시에는 좁지만 독립된 화장실·욕실이 딸린 연립주택이 아주 많이 출현하게 되었다.

그러나 최근 다시 다른 사람과 함께 지내기를 원하는 젊은이가 증가하고 있는 듯하다. 셰어룸·셰어하우스·게스트하우스 등 호칭은 다르지만, 모두 전혀 관계가 없는 사람과 공동생활을 하는 장소이다. 저렴함이나 연립주택을 빌릴 때의 여러 번거로움을 피하기 위해 이러한 집을 고르는 사람도 있다. 아주 컴컴한 방으로 귀가하고 싶지 않은 사람도 있다. 때로는 혼자 자취를 하는 여성이 위험한 일을 당해서 이사왔다고 하는 사람도 있다. 혼자는 외로워서 라고 말하는 사람도 있다. 이전과의 차이는 일부러 입주자끼리 교류할 수 있는 공간, 혹은 행사 등이 마련되어 있는 공동주택이 많은 점이다. 거실 혹은 식당에서 다양한 사람과 지낼 수 있다. 잡다한 사람이 모이므로 보통 생활에서는 결코 만나지 않았던 사람과 알게 되는 것도 즐거움의 하나이다. 다양한 사람의 체험을 듣거나, 의견을 교환하거나, 당연히 집단생활의 매너도 기를 수 있고, 커뮤니케이션 능력도 연마할 수 있다. 게다가 혼자 있고 싶을 때는 자기 방에 틀어박힐 수도 있다. 사람과의 거리감이 적당해서 좋은 것이다. 그중에는 같은 목적을 가진 입주자만을 모집하는 공동주택도 있다. 뮤지션이나 패션 디자이너, 만화가나 일러스트레이터 등 각기 분야의 새내기들이 함께 지내는 것은 서로 자극이 되어 ②생각지 못한 효과를

창출해내는 경우도 있다고 한다.

물론 공동생활은 좋은 점만 있는 것은 아니다. 오해나 싸움도 있고 괴로운 입장에 서게 될 때도 있을 것이다. 그러나 ③보충하고도 남음이 있는 무언가가 사람들을 끌어당기고 있는 것은 아닐까.

단어 **共同**(きょうどう) 공동 | **貧困**(ひんこん)**にあえぐ** 빈곤에 허덕이다 | **親元**(おやもと)**を離**(はな)**れる** 부모 곁을 떠나다 | **下宿**(げしゅく) 하숙 | **食事付**(しょくじつ)**き** 식사제공 | **家賃**(やちん) 집세 | **取**(と)**り柄**(え) 장점 | **もめ事**(ごと) 분쟁 | **抜**(ぬ)**け出**(だ)**す** 빠져나가다 | **確保**(かくほ) 확보 | **上向**(うわむ)**く** 호전되다 | **～につれ** ～에 따라 | **消**(き)**え去**(さ)**る** 사라져가다 | **運命**(うんめい)**を辿**(たど)**る** 운명을 걷다 | **寮**(りょう) 기숙사 | **提供**(ていきょう) 제공 | **空**(あ)**き部屋**(べや) 빈 방 | **抱**(かか)**える** 떠안다 | **羽目**(はめ)**になる** (곤란한) 처지가 되다 | **～ながらも** ～하지만 | **所狭**(ところせま)**しと** 가득, 꽉 차게 | **増加**(ぞうか) 증가 | **いずれも** 모두 | **赤**(あか)**の他人**(たにん) 생판 남 | **煩**(わずら)**わしさ** 번거로움 | **避**(さ)**ける** 피하다 | **住**(す)**まい** 집, 사는 곳 | **帰宅**(きたく) 귀가 | **危険**(きけん) 위험 | **目**(め)**にあう** 어떤 일을 당하다 | **わざわざ** 일부러 | **設**(もう)**ける** 마련하다 | **雑多**(ざった)**な** 잡다한 | **出逢**(であ)**う** 우연히 만나다 | **知**(し)**り合**(あ)**う** 아는 사이가 되다 | **交換**(こうかん) 교환 | **養**(やしな)**う** 기르다 | **磨**(みが)**く** 연마하다 | **引**(ひ)**きこもる** 틀어박히다 | **距離感**(きょりかん) 거리감 | **ほどほど** 적당함 | **募**(つの)**る** 모집하다 | **卵**(たまご) 새내기 | **刺激**(しげき) 자극 | **思**(おも)**わぬ効果**(こうか) 생각지 못한 효과 | **生**(う)**み出**(だ)**す** 창출해내다 | **誤解**(ごかい) 오해 | **喧嘩**(けんか) 싸움 | **補**(おぎな)**って余**(あま)**りある** 보충하고도 남음이 있다 | **引**(ひ)**きつける** 끌어당기다 | **的確**(てきかく)**な** 정확한 | **助言**(じょげん) 조언 | **帳消**(ちょうけ)**しにする** 상쇄되다 | **絶**(た)**えず** 끊임없이 | **魅力的**(みりょくてき) 매력적

5 ①앞서 서술한 이유란 무엇인가?

1 자기만 쓸 수 있는 집을 갖고 싶다.
2 항상 다른 사람과 함께 있는 것은 싫다.
3 분쟁이 없는 생활을 하고 싶다.
4 화장실이나 욕실을 갖고 싶다.

6 ②생각지 못한 효과를 창출해낸다고 하는데 생각지 못한 효과가 아닌 예는 어느 것인가?

1 바쁠 때에 대신 식사를 만들어준다.
2 같은 목표를 갖고 있기 때문에 자신도 분발하자고 생각한다.
3 작품의 작성과정에서 정확한 조언을 받는다.
4 함께 작품을 만들어낼 수 있다.

7 ③보충하고도 남음이 있는 무언가란 무엇인가?

1 좋은 일만큼 싫은 일이 없는 것
2 좋은 일과 싫은 일이 같은 정도로 있는 것
3 싫은 일을 상쇄시켜주는 좋은 것
4 좋은 일보다 분쟁 등 싫은 일이 많은 것

8 공동생활에 대한 작자의 생각은 어느 것인가?

1 커뮤니케이션 능력을 기르는 가장 좋은 장소이다.
2 끊임없이 다른 사람과 함께 지낼 수 있어서 쓸쓸하지 않다.
3 대화를 통해 친구가 많이 생긴다.
4 공동생활은 나쁜 점도 있지만 매력적인 것 같다.

해설 **〈질문 5〉**는 ①앞서 서술한 이유에 대해 묻고 있다. 첫 번째 단락에서 '많은 젊은이는 빨리 이러한 환경에서 벗어나 자기만의 공간을 확보하고 싶다고 바라고 있었다'라고 있으므로, 선택지 1번의 '자기만 쓸 수 있는 집이 갖고 싶다'가 정답이 된다. 앞 문장에 선택지 2, 3, 4번에 대한 기술은 없다.

〈질문 6〉은 '②생각지 못한 효과를 창출해낸다고 하는데 생각지 못한 효과가 아닌 예를 고르는 문제이다. 여기서 생각지 못한 효과란 예술가가 서로 자극을 준 결과 생겨나는 것을 말한다. 선택지 2, 3, 4는 거기에 해당된다. 선택지 1번의 식사를 만들어주는 것은 예술가가 아니어도 가능하므로 효과라고는 말할 수 없다.

〈질문 7〉은 ③보충하고도 남음이 있는 무언가의 의미를 묻고 있다. 보충한다는 것은 여기서는 좋지 않은 것을 무언가로 메운다는 것을 말한다. 즉 보충을 하고도 「余りある(남음이 있다)」라고 했으므로 그것 이상 좋은 일이 있다는 의미이다. 따라서 선택지 3번 '싫은 일을 상쇄시켜주는 좋은 것'이 정답이 된다.

〈질문 8〉은 공동생활에 대한 작자의 생각은 어느 것인지를 묻고 있다. 선택지 1번은 '커뮤니케이션 능력을 기르는 가장 좋은 장소이다'라고 했는데, 가장 좋은 장소라는 기술은 없으므로 맞지 않다. 선택지 2번은 '끊임없이 다른 사람과 함께 보낼 수 있어서 쓸쓸하지 않다'고 했는데 끊임없이 함께 지낼 수는 없으므로 맞지 않다. 선택지 3번은 '대화를 통해 친구가 많이 생긴다'고 했는데 평생 친구가 생길 수도 있다고 했지만 반드시 친구가 많이 생긴다고는 할 수 없다. 선택지 4번은 '공동생활은 나쁜 점도 있지만 매력적인 것 같다'고 했는데, 마지막 단락에서 '물론 공동생활은 좋은 점만 있는 것은 아니다～무언가가 사람들을 끌어당기고 있다'라고 했으므로 정답이 된다.

장문(3)

해석

어렸을 때 신문의 구인란에서 '細面(갸름한 얼굴)'이라는 한자가 죽 나열된 것을 보고, 역시 어느 회사든 갸름한 얼굴, 즉 미인을 채용하고 싶구나 하고 착각했다. 자세한 것은 만나고 나서라는 '委細面談'의 준말이라고 안 것은 꽤 어른이 되고 나서였다. 우스갯소리 같은 이야기지만, 사실 좁은 광고란에 가능한 한 많은 정보를 집어넣기 위한 준말이었던 것이다.

일본인은 예전부터 준말을 많이 만들어왔다. '細面'은 다르지만 준말은 조합된 말의 각각 머리글자를 떼어 만들어진 것이 대부분이다. 그래서 충분히 의미가 통했다. 예를 들어 '단토츠(断トツ)'는 '단연 톱(断然とトップ)', '전탁(電卓)'은 '전자식 탁상계산기', '省エネ'는 '에너지절약(省力エネルギー). 이것들은 이미 원래 어휘가 명확하지 않을 정도로 침투해 있다. 알파벳도 있다. 일본방송협회는 NHK로 주지되어 있어, ①정식명칭이 더 희미한 상태이다.

또 '사(サ)'나 '파(パ)'라는 한 글자의 가타카나 준말도 있다. '500엔(세サ포함)'은 세금·서비스료·포함, '냄비パ'는 냄비요리 파티, 'サ고주'는 서비스가 포함된 고령자 주택이라는 의미이다. 이것들은 문자로 보면 상상이 가능하지만 소리만 들어서는 전혀 무슨 말인지 모를 것이다. 준말이 신조어로써 독립하려면, '포켓몬스터'의 준말인 '포켓몽'처럼 많은 사람들에게 인식되어 사용되게 해야 한다. '냄비パ'는 신조어로써 구어체에서도 사용될 가능성은 높지만, 남은 2가지는 신조어 탄생이라고까지는 할 수 없고, 문장체에서만 사용되기에 그칠 것임에 틀림없다. 나는 '국련'이 국제연합의 준말이라고 알았을 때, 그럼 '국제연맹'은 어떻게 할건데 하고 생각하는, 심사가 비뚤어진 아이였지만, 지금은 ②그것을 잘 이해할 수 있다.

현대인은 아주 바쁘다. 단시간에 문자로 주고 받아야 한다. 따라서 단문 안에 많은 정보를 넣으려고 하기 때문에 계속 편리한 준말을 사용하게 되었다. '了解(りょうかい: 알았어)→りょ→り'라는 준말이 있는데, 'り'는 ③궁극의 준말이라고 생각한다.

새로운 것을 좋아하는 젊은이들은 장난끼 넘치는 다양한 준말을 사용하고 있다. 'あね(누나, 언니)'라고 쓰여 있어도 '누나나 언니'를 말하는 것이 아니다. '아~ 그렇구나'라는 중간을 생략한 준말이다. '乙'은 '오츠'라는 음에서 '오츠카레사마(수고하셨습니다)'의 의미로 사용한다. 이들 준말은 아직 일반에게까지 침투하지 않았다. 이것들은 지금의 단계에서는 문자 안에서만 사용되는 어휘로 그칠 가능성이 클 것이다.

앞으로도 글자 입력의 줄임화가 진행되어 준말이 점점 더 만들어져 가는 것은 확실하다. 어떤 준말이 창작될지 모르지만, 좀 한숨 놓을 수 있는 말이나 웃을 수 있는 그런 말을 만들 수는 없을까 하고 생각한다.

단어 **求人欄**(きゅうじんらん) 구인란 | **細面**(ほそおもて) 갸름한 얼굴 | **ずらっと** 죽, 줄줄이 | **勘違**(かんちが)**い** 착각 | **略**(りゃく) 줄임, 생략 | **笑**(わら)**い話**(ばなし) 우스갯 소리 | **広告欄**(こうこくらん) 광고란 | **できるだけ** 가능한 한 | **詰**(つ)**め込**(こ)**む** 밀어넣다, 집어넣다 | **略語**(りゃくご) 약어, 준말 | **組**(く)**み合**(あ)**わす** 조합하다, 짜 맞추다(=組み合わせる) | **大半**(たいはん) 대부분임 | **断然**(だんぜん) 단연, 딱 | **電子式**(でんししき) 전자식 | **卓上**(たくじょう) 탁상 | **計算機**(けいさんき) 계산기 | **省力**(しょうりょく) 기계화·공동화 따위로 작업 시간과 노력을 덞 | **既**(すで)**に** 이미, 벌써 | **浸透**(しんとう) 침투 | **協会**(きょうかい) 협회 | **周知**(しゅうち) 주지 | **霞**(かす)**む** 안개가 끼다, 희미해지다 | **有様**(ありさま) 모양, 상태 | **一文字**(ひともじ) 한 글자 | **税金**(ぜいきん) 세금 | **込**(こ)**み** 포함 | **鍋**(なべ) 냄비 | **~つき** ~가 있음, ~포함 | **高齢者**(こうれいしゃ) 고령자 | **~のでは** ~해서는 | **独**(ひと)**り歩**(ある)**きする** 독립하다 | **~には** ~하려면 | **認識**(にんしき) 인식 | **~なければならない** ~해야 한다 | **話言葉**(はなしことば) 구어체 | **~とまでは言**(い)**えず** ~라고까지는 할 수 없고 | **書**(か)**き言葉**(ことば) 문장체 | **~のみ** ~만 | **~に留**(とど)**まる** ~에 머물다, ~(범위)에 그치다 | **~に違**(ちが)**いない** ~임에 틀림없다 | **国際連合**(こくさいれんごう) 국제연합, UN | **連盟**(れんめい) 연맹 | **へそ曲**(ま)**がり** 비뚤어진 심사, 심술쟁이 | **多忙**(たぼう) 매우 바쁨 | **やり取**(と)**り** 주고 받음 | **究極**(きゅうきょく) 궁극 | **新**(あたら)**し物好**(ものず)**き** 새로운 것을 좋아함 | **遊**(あそ)**び心**(ごころ) 반장난인 기분 | **中抜**(なかぬ)**き** 중간을 생략함 | **~にまで** ~에게까지 | **益々**(ますます) 점점 더 | **創作**(そうさく) 창작 | **ほっとする** 마음이 놓이다 | **名称**(めいしょう) 명칭 | **席巻**(せっけん) 석권(우위나 정상을 차지하여 휩쓰는 것) | **広**(ひろ)**まる** 널리 퍼지다, 널리 알려지다 | **~ば~ほど** ~하면 ~할수록 | **~でなければ** ~가 아니면 | **役**(やく)**に立**(た)**つ** 도움이 되다 | **できる** (일, 무엇이) 생기다

독해 공략편

9 ①정식명칭이 더 희미하다란 어떤 의미인가?

1 일본방송협회라는 명칭은 사라졌다.
2 지금은 NHK라는 명칭이 우위를 차지하고 있다.
3 일본방송협회보다 NHK를 더 좋아한다.
4 NHK라는 명칭은 거의 쓰이지 않게 되고 있다.

10 ②그것은 무엇을 가리키고 있는가?

1 '국제연맹'에 준말이 만들어지지 않은 것
2 '국련'은 이미 주지되어 있던 말로 되어 있던 것
3 '국제연합'과 '국제연맹' 모두 '국련'으로 된다는 것
4 '국제연합'이 '국제연맹'보다 많은 사람들에게 알려져 있던 것

11 왜 ③궁극의 준말이라고 말하고 있는가?
1 'り'가 한 글자이므로
2 'り'가 히라가나이므로
3 'り'는 간단히 쓸 수 있으므로
4 'り'는 더 이상 줄일 수 없으므로

12 저자의 의견은 어느 것인가?
1 반 장난의 준말이 널리 알려지길 바란다.
2 준말은 실용적이므로 짧으면 짧을수록 좋다.
3 누구나 의미를 알 수 있는 준말이 아니라면 도움이 되지 않는다.
4 준말에는 실용성이 필요하지만 즐거운 준말도 생기면 좋다.

해설 〈질문 9〉는 NHK의 정식명칭이 더 희미하다는 것이 무엇을 의미하는지 묻고 있다. 선택지 1번, 일본방송협회라는 명칭이 사라졌다는 기술은 없다. 선택지 2번, '일본방송협회는 NHK로써 주지되어 있다'라고 했으므로 더 우위에 있는 것이 맞다. 선택지 3번, 싫고 좋고의 문제로 사용하고 있는 것이 아니다. 선택지 4번, NHK라는 명칭이 더 많이 사용되고 있다.

〈질문 10〉은 밑줄 친 ②그것이 무엇을 가리키는지 묻고 있다. 선택지 1번, 이 글만으로는 '국제연맹'의 준말이 만들어지지 않았는지 어떤지 모른다. 선택지 2번에서 '국련'은 많은 사람들에게 인식되어 사용되고 있으므로 알맞다. 선택지 3번에 대한 기술은 없으며, 동일한 준말을 만들 수도 없다. 선택지 4번의 기술은 없으며 어느 쪽이 더 유명한가에 대해서도 알 수 없다.

〈질문 11〉은 궁극의 준말이 의미하는 것을 묻고 있다. 선택지 1번, '了'도 한 글자이므로 이유가 될 수 없다. 선택지 2번에서 히라가나라도 두 글자라면 더 줄일 수 있으므로 맞지 않다. 선택지 3번에서 '了'도 간단히 쓸 수 있으므로 맞지 않다. 선택지 4번, 'り'는 더 이상 짧은 말로 할 수 없다는 것이 이유로 합당하다.

〈질문 12〉는 저자의 의견에 대해 묻고 있다. 선택지 1번, 준말이 좋다고는 했지만 널리 알려지길 바란다는 내용은 없다. 선택지 2번, 'り'의 예를 궁극의 준말이라고는 했지만 짧은 것이 좋다고는 말하지 않았다. 선택지 3번, 도움이 된다거나 하는 내용의 서술은 없다. 선택지 4번, '한숨 놓을 수 있는 말이나 웃을 수 있는 그런 말을 만들 수는 없을까'라고 말하고 있으므로 알맞다.

장문(4)

해석

일본인은 기부를 하지 않는다고들 한다. 확실히 개인의 기부가 30조 엔을 족히 넘고 있는 미국 등에 비하면 일본은 8천억 엔에 미달인 해가 많으니 그것은 사실일 것이다. 그러나 재해가 일어난 경우에는 제외로, 동일본대지진이 일어난 2011년에는 1조 엔을 넘었다. 일본인은 무슨 일이 있을 때에는 기부하지만, 평소에는 자조 노력하는 것이 당연하다는 입장일 것이다. ①이것은 일본이 어느 면에서 평등한 사회이며 누구나 기회가 있는 사회이기 때문이라는 주장도 있다. 그러나 최근, 특히 연쇄적 빈곤이 문제가 되고 있는 것을 생각하면, 이미 그렇게 말할 수는 없게 되었다.

옛날부터 기부하는 사람이 적었던 것은 아니다. 절이나 신사와의 결속이 강했던 시대에는 그런대로 기부하는 사람도 많았다. 다리나 용수로 옆에 기부자의 이름이 새겨져 있는 것을 봐도 그것이 기부로 지어진 것을 알 수 있다. 지금은 이것들은 국가나 지방공공단체가 해야 할 일이 되고 있다. 또 지금도 그렇지만 많은 지역의 축제 등의 행사는 기부로 꾸려지고 있었다. 그러나 매년 종교나 지역과의 결속이 줄어든 점도 있어서 기부도 줄어들었다.

기부는 보상을 바라는 것이 아니지만, 기부한 결과로서 다양한 것을 얻고 있다고 생각한다. 기부하는 이유는 주로 ①기부의 큰 동기부여가 되고 있는 힘든 상황에 있음을 알았기 때문에, ②명예를 위해, ③절세를 위해, ④예년의 습관, ⑤이전에 도움을 받았기 때문에, ⑥보다 나은 미래를 실현하기 위해, ⑦자기가 할 수 없는 일을 해주고 있기 때문에, ⑧기부할 수 있는 행복이나 기쁨을 줄 수 있는 행복을 위한 8가지이다. 실리적인 것도 있지만 정신적인 것도 많다. 이유가 뭐든 기부 습관이 뿌리내리길 바란다.

따라서 기부를 늘리려면 이런 사항을 자극하면 좋다. 특히 ③이 효과적일 듯하다. 미국 등에서 기부가 많은 것은 종교도 있지만 절세를 위한 것이 크다고 한다. 그래서 일본에서도 2008년, 기부를 촉진하기 위해 '고향 납세'라는 기부 시스템을 도입하게 되었다. 고향 납세는 2,000엔을 넘는 부분에 대해 일정한도까지 원칙적으로 소득세와 지방세를 합쳐 전액이 공제된다. 게다가 그 지방의 답례품을 받을 수 있을 때가 많아서 납세자에게 상당이 이득이 되는 제도이다. 그래서 첫해에는 약 73억 엔 정도에 그쳤지만, 최근에는 약 5,000억 엔이 되고 있다. 대부분의 '고향 납세'에는 상당히 비싼 답례품이 붙어 있지만, 이 중에도 ②본래의 기부라 할 수 있는 '고향 납세'도 있어서, 답례품이 없음에도 불구하고 상당한 금액을 모으고 있다.

또 새로운 수단으로써 주목받고 있는 것은, 소위 자금조달의 수단인 크라우드 펀딩(소셜 펀딩)이다. 이것들도 보상은 거의 없지만 대상을 볼 수 있고 목표액이 분명하며 인터넷으로 쉽게 기부할 수 있기 때문에 이용자도 상당하다. 기부한 후 돈이 어떻게 쓰이고 있는지 등을 알 수 있기 때문에, 대상을 가까이에서 느낄 수 있어 우리가 기부한 기쁨이 큰 것 같다. 원래 기부한 대상과 관련이 있는 사람도, 기부한 결과를 지켜보고 싶은 사람도 기부하기 때문에 앞으로 유망한 기부 수단이 될 듯하다.

단어 寄付(きふ) 기부 | 優(ゆう)に 족히, 넉넉히 | ~に比(くら)べると ~에 비하면 | ~に満(み)たない ~에 차지 않다 | 災害(さいがい) 재해 | 別(べつ) 따로, 제외 | 東日本大震災(ひがしにほんだいしんさい) 동일본대지진 | いざと言(い)う時(とき) 무슨 일이 있을 때 | 自助(じじょ) 자조 | 努力(どりょく) 노력 | 立(た)ち位置(いち) 입장 | 平等(びょうどう)な 평등한 | 貧困(ひんこん) 빈곤 | 連鎖(れんさ) 연쇄 | 最早(もはや) 이미, 벌써 | ~わけではない ~한 것은 아니다 | 寺社(じしゃ) 절과 신사 | 結(むす)びつき 결합, 결속 | ~なりに ~나름대로 | 用水路(ようすいろ) 용수로 | 脇(わき) 옆, 곁 | 刻(きざ)む 새기다 | 公共(こうきょう) 공공 | 団体(だんたい) 단체 | 地域(ちいき) 지역 | ~べき ~해야 하는 | 賄(まかな)う 꾸려 가다, 조달하다 | 宗教(しゅうきょう) 종교 | 見返(みかえ)り 보상, 보답 | ~ものではない ~하는 것이 아니다 | 動機付(どうきづ)け 동기부여 | 名誉(めいよ) 명예 | 節税(せつぜい) 절세 | 例年(れいねん) 예년 | 習慣(しゅうかん) 습관 | 幸(しあわ)せ 행복 | 何(なん)であれ 뭐든 | 根付(ねづ)く 뿌리내리다 | ~には ~하려면 | 刺激(しげき) 자극 | 有効(ゆうこう) 효과적임 | 促(うなが)す 촉진하다 | ~べく ~하기 위해 | ふるさと 고향 | 納税(のうぜい) 납세 | 取(と)り入(い)れる 도입하다 | 原則(げんそく)として 원칙적으로 | 所得税(しょとくぜい) 소득세 | 地方税(ちほうぜい) 지방세 | ~を合(あ)わせて ~을 합쳐서 | 全額(ぜんがく) 전액 | 控除(こうじょ) 공제 | その上(うえ) 게다가 | 返礼品(へんれいひん) 답례품 | お得(とく)な 이득이 되는 | ~に留(とど)まる ~에 머물다, ~(범위)에 그치다 | ~にもかかわらず ~에도 불구하고 | かなりの 상당한 | 手段(しゅだん) 수단 | いわゆる 소위, 이른바 | 資金(しきん) 자금 | 調達(ちょうたつ) 조달 | クラウドファンディング 클라우드 펀딩(소셜 펀딩) | はっきりする 분명하다 | 身近(みじか)に 가까이에서 | 元々(もともと) 원래 | 見届(みとど)ける 지켜보다 | 有望(ゆうぼう)な 유망한 | 助(たす)け合(あ)う 서로 돕다 | 当(あ)たり前(まえ)だ 당연하다 | 何(なん)とかする 어떻게든 하다 | ~ても仕方(しかた)がない ~해도 어쩔 수 없다 | ~てほしい ~하길 바란다

13 ①이것은 의 이것은 무엇을 가리키고 있는가?

1 기부는 전혀 필요 없다는 생각
2 서로 돕는 것이 당연하다는 생각
3 스스로 어떻게든 하는 것이 당연하다는 생각
4 자연재해가 일어났을 때 기부해야 된다는 생각

14 ②본래의 기부라는 것은 무엇인가?

1 절세가 되지 않는 기부
2 이익을 얻는 것을 목적으로 하지 않는 기부
3 상대를 생각하는 기부
4 대상과의 관련이 없는 기부

15 저자는 앞으로 기부는 어떻게 되어간다고 생각하고 있는가?

1 재해가 일어났을 때에는 많이 모일 것이다.
2 절세 목적의 기부만 늘어갈 것이다.
3 새로운 수단을 쓴 기부 모금이 확대될 것이다.
4 보상이 없는 기부를 모으는 것은 힘들어질 것이다.

16 필자의 생각은 어느 것인가?

1 이유가 있으므로 그다지 기부하지 않아도 어쩔 수 없다.
2 세금대책으로 기부하는 거라도 좋으니 기부가 늘길 바란다.
3 자조노력을 할 수 없는 사회가 되었기 때문에 기부를 해야 한다.
4 국가나 공공단체에서는 할 수 없는 일이 있기 때문에 기부하길 바란다.

해설 〈질문 13〉은 밑줄 친 '이것'이 가리키는 것을 묻고 있다. 선택지 1번, 지진 등의 무슨 일이 있을 때에는 기부를 하므로 필요할 때도 있다. 선택지 2번, 서로 돕는 것과 '누구나 기회가 있는 사회'와는 아무 관계가 없으므로 맞지 않다. 선택지 3번, 자신이 뭔가를 한다는 것은 스스로 노력한다는 의미이므로 적당하다. 선택지 4번, '이것은'의 이것은 평소에는 자조 노력하는 것을 가리키므로 자연재해가 일어났을 때 기부한다는 것 자체를 가리키지는 않는다.

〈질문 14〉는 본래의 기부가 무엇을 의미하는지 묻고 있다. 기부는 보상을 바라는 것이 아니라고 했으며, 뒷문장에 '답례품이 없는데도 불구하고'라는 내용이 있으므로 선택지 2번이 알맞다. 선택지 1, 3, 4번에 대한 기술은 없다.

〈질문 15〉는 앞으로 기부의 방향이 어떻게 되어 갈지를 묻고 있다. 선택지 1번, 재해 시에는 지금도 기부가 모아지므로 맞지 않다. 선택지 2번, 절세 목적은 있지만 그것만이라고는 할 수 없다. 선택지 3번, 끝부분에 '앞으로 유망한 기부수단이 될 듯하다'라고 쓰여 있으므로 알맞다. 선택지 4번, 힘들어질 거라고는 쓰여 있지 않으며, 보상은 없지만 크라우드 펀딩은 유망한 수단이 된다고 말하고 있다.

〈질문 16〉은 기부에 대한 필자의 생각을 묻고 있다. 선택지 1번, 기부를 하지 않아도 어쩔 수 없다고는 말하고 있지 않다. 선택지 2번, 절세와 관련된 기부에 대해 서술한 후 '이유가 뭐든 기부 습관이 뿌리내리길 바란다'고 말하고 있으므로 알맞다. 선택지 3번, 자조노력을 할 수 없는 사회가 되었다는 기술은 없다. 선택지 4번, 국가나 공공단체가 할 수 없는 일이기 때문에 기부를 하는 것은 아니다.

04 문제11 통합 이해

문제 11 다음 (1)부터 (4)의 문장을 읽고, 다음 질문에 대한 답으로서 가장 적당한 것을 1·2·3·4에서 하나 고르시오.

통합 이해(1)

해석

A

일본은 헌법에 전쟁포기를 규정한 제9조가 있었던 덕분에 1945년에 전쟁에 패한 후 현재까지 70년 이상이나 어느 나라와도 전쟁을 하지 않아도 되었다. 전쟁은 돈이 드는 일이므로 그것이 얼마나 고마운 일인지, 일본 경제에 기여해 왔는지를 9조를 바꾸고 싶다고 생각하는 사람이 좀 더 인식해주었으면 한다. 9조를 바꾸는 것은 일본이 전쟁이 가능한 보통 나라가 되는 것이다. 그것을 저지하고 싶다고 전쟁포기를 제창하고 있는 9조에 노벨평화상을 주길 바라는 운동도 시작되었다. 이것은 한 주부가 평화상에 뽑히면 이제 9조를 개정하는 것은 불가능하게 될 거라고 생각하여 시작한 일이다. 자위대의 존재를 생각해 9조를 개정해야 한다고 생각하는 국민도 있지만, 국민 전체적으로는 9조 개정에 반대하는 사람이 더 많다. 헌법은 나라의 근본을 나타내고 있는 법률이므로 매우 중요하다. 이 평화헌법의 존재가 세계 사람들에게도 알려져 있기 때문에 지금까지 해외에서의 일본인 활동도 구미와는 달리 평화를 위해 하고 있다고 이해되어 왔다. 국외로 나간 적이 없는 사람은 좀처럼 이해되지 않겠지만, 9조에 의해 일본인이 보호받고 있음을 잊지 않길 바란다.

B

일본국 헌법을 개정하려는 움직임이 있다. 헌법은 나라의 근간이므로 어느 나라든 헌법을 쉽게 변경할 수 없도록 되어 있다. 일본의 경우에는 일본국 헌법 제96조에서 '이 헌법의 개정은 각 의원의 총의원 3분의 2 이상의 찬성으로 국회가 이것을 발의하고, 국민에게 제안하여 그 승인을 거치지 않으면 안 된다. 이 승인에는 특별한 국민투표 또는 국회가 정하는 선거 때 행해지는 투표에서 그 과반수의 찬성을 필요로 한다'고 정해져 있다. 이 조건을 충족시키는 것은 좀처럼 불가능하다. 그래서 우선 96조를 개정하여 조건을 완화하고 그 후에 조항을 개정해가자는 계획이 있다. 논의의 표적이 되고 있는 것은 제9조 전쟁의 포기이다. 전쟁포기를 표명하고 있는 제9조의 개정에 대해서는 신문사에 따라 다소 수치는 다르지만, 지금으로서는 개정할 필요는 없다고 생각하는 국민이 더 많다.

그러나 정부는 헌법을 바꾸지 않고 2015년에 집단적 자위권 행사를 규정한 안보법제에서 사실상 헌법9조를 무력화시켰다. 이에 따라 자위대는 일본이 직접 공격을 받지 않아도 일본의 안전이 위협받거나 국제사회의 평화가 위협하다고 판단된 경우에는 세계의 어디로든 출격할 수 있게 되었다. 안전보장관련법은 헌법위반이라는 의견도 뿌리깊어 소송도 제기되고 있어서, 실제로 교전이 되어도 여론의 반대에 부딪혀, 출격은 힘들 것이다. 그러나 국민이 9조를 지키겠다고 굳게 의사표시를 하지 않으면 눈 깜짝할 사이에 상황이 바뀔 우려가 있음을 명심하길 바란다. 9조가 역시 평화의 기반이 되고 있다고 생각하는 것이다.

단어 **憲法**(けんぽう) 헌법 | **放棄**(ほうき) 포기 | **規定**(きてい)**する** 규정하다 | **～お陰**(かげ)**で** ～덕분에 | **～ないで済**(す)**む** ～하지 않고 끝나다 | **～ことだから** ～이니까 | **寄与**(きよ) 기여 | **～ことか** ～한가(감탄) | **認識**(にんしき)**する** 인식하다 | **阻止**(そし)**する** 저지하다 | **唱**(とな)**える** 외치다, 주장하다 | **改正**(かいてい)**する** 개정하다 | **自衛隊**(じえいたい) 자위대 | **根本**(こんぽん) 근본 | **根幹**(こんかん) 근간 | **変更**(へんこう) 변경 | **議院**(ぎいん) 의원 | **発議**(はつぎ) 발의 | **承認**(しょうにん)**を経**(へ)**る** 승인을 거치다 | **定**(さだ)**める** 정하다 | **～において** ～에서 | **過半数**(かはんすう) 과반수 | **満**(み)**たす** 충족시키다 | **緩**(ゆる)**める** 완화하다 | **条項**(じょうこう) 조항 | **目論見**(もくろみ) 계획, 의도 | **議論**(ぎろん)**の的**(まと) 논의의 표적 | **表明**(ひょうめい)**する** 표명하다 | **今**(いま)**のところ** 지금으로서는 | **～ことなく** ～하지 않고 | **自衛権**(じえいけん) 자위권 | **行使**(こうし) 행사 | **安保**(あんぽ) 안보 | **攻撃**(こうげき)**を受**(う)**ける** 공격을 받다 | **脅**(おびや)**かす** 위협하다 | **出撃**(しゅつげき) 출격 | **根強**(ねづよ)**い** 뿌리깊다 | **訴訟**(そしょう) 소송 | **世論**(よろん) 여론 | **反対**(はんたい)**にあう** 반대에 부딪히다 | **あっという間**(ま)**に** 눈 깜짝할 사이에 | **肝**(きも)**に銘**(めい)**じる** 마음에 새기다, 명심하다 | **よりどころ** 기반, 의지

1 **A와 B의 공통인식은 무엇인가?**
1 9조는 개정할 수 없는 점
2 헌법개정 반대자가 많은 점
3 9조를 지키고 싶은 사람이 더 많은 점
4 9조가 있으면 평화를 유지할 수 있는 점

2 **A와 B가 염두에 둘 필요가 있다고 하는 것은 무엇인가?**
1 A는 9조에 반대하는 사람이 더 많은 것, B는 여론이 중요한 것
2 A는 9조가 전쟁포기를 규정하고 있는 것, B는 9조가 무력해진 것
3 A는 9조가 경제나 일본인을 지켜온 것, B는 9조를 지킬 의사표시가 중요한 것
4 A는 9조가 일본 경제나 일본인을 도운 것, B는 안전보장관련법에서 전쟁상태인 것

해설 〈질문 1〉의 선택지 1번, 개정은 어렵지만 불가능한 것은 아니며, 선택지 2번, 헌법 전체가 아니라 9조의 개정을 반대하는 사람이 많다. 선택지 3번, A에서 국민 전체적으로는 9조 개정에 반대하는 사람이 더 많다고 했으며, B에서는 현재 개정할 필요는 없다고 생각하는 국민이 더 많다는 기술이 있으므로 알맞다. 선택지 4번, 2015년의 안전보장관련법에 의해 평화를 유지할 수 있을지 없을지 불투명해졌다.
〈질문 2〉에서 염두에 둘 필요가 있다는 것은 항상 잊지 않고 있어야 한다는 것이다. A에서 인식하길 바라고 있는 것은 일본 경제에 기여해온 점, B에서 잊지 않길 바라는 점은 9조를 지키겠다고 굳게 의사표시를 해야 하는 점이므로 선택지 3번이 알맞다. 선택지 1번과 2번의 A는 둘 다 단순한 사실이므로 맞지 않다. 선택지 4번의 B는 전쟁상태가 아니므로 맞지 않다.

통합 이해(2)

해석

A

일본에서는 2018년에 수도민영화를 가능하게 하는 법률이 생겼습니다. 시구읍면의 재정으로는 노후화된 수도관 등의 보수가 불가능해, 수도사업을 유지할 수 없을 우려가 있습니다. 해결을 위해서 민간 회사에 위임하려는 생각일까요. 그러나 물은 살아가는 데에 빠뜨릴 수 없기 때문에 물의 안정적인 공급은 주민에게 있어 몸을 지키는 요새(주)라고도 할 수 있습니다. 따라서 약한 경제기반은 도도부현 단위로 하여 극복하려고 힘쓰는 지역도 있습니다. 일본의 수돗물은 그대로 마실 수 있지만, 민간 회사가 이 기준을 유지하면서 이익을 내려고 하면 요금을 올릴 수밖에 없을 가능성이 있습니다. 사실 해외에서는 민간 업자에게 이관했기 때문에 수도요금이 폭등해서 곤란하여 다시 원래대로 되돌린 자치단체도 있다고 합니다. 특히 수도사업을 외국기업에 맡기는 것은 장래 문제를 일으킬지도 모른다고 생각합니다. 역전의 발상으로 지방자치단체가 해외의 수도사업에 참여하여 이익을 얻는 일 등 다른 수단도 생각하면 좋지 않을까요.

B

수도사업은 자치단체에게 골치 아픈 문제입니다. 인구가 줄고 있는 것이나 절수가 침투해있기 때문에 사용량이 줄어들고 있습니다. 그에 따라 수입도 줄어 수도사업은 계속 악화되고 있습니다. 따라서 설비의 노후화에 따른 수리비를 조달할 수 없는 자치단체가 수도사업이 파탄나기 전에 민간 사업자에게 맡기는 것은 어쩔 수 없다고 생각합니다. 민간이라면 효율적으로 운영할 수 있겠지요. 공항도 민영화로 적자를 탈피하거나, 자치단체가 민간에게 공원 관리를 맡겼더니 바비큐나 다양한 행사를 하여, 민간 특유의 발상으로 이익을 올려 자치단체의 경비를 대폭으로 억제할 수 있거나 해서 실적을 올리고 있습니다. 그렇다고 해서 불안감을 지울 수 있는 것은 아니지만, 모든 것을 마음대로 할 수 있는 것은 아닙니다. 자치단체의 승인 후 행해지기 때문에 걱정할 필요는 없다고 생각합니다. 그것보다 노후화 시설의 수리가 가능한 장점을 우선하는 편이 좋을 듯합니다.

단어 **民営化**(みんえいか) 민영화 | **市区町村**(しくちょうそん) 시구읍면 | **老朽化**(ろうきゅうか) 노후화 | **補修**(ほしゅう) 보수 | **～ず(に)** ～하지 않고 | **維持**(いじ) 유지 | **委**(ゆだ)**ねる** 맡기다, 위임하다 | **欠**(か)**かせない** 빠뜨릴 수 없다 | **供給**(きょうきゅう) 공급 | **砦**(とりで) 성채, 요새 | **乗**(の)**り切**(き)**る** 극복하다 | **利益**(りえき)**を出**(だ)**す** 이익을 내다 | **～ざるを得**(え)**ない** ～하지 않을 수 없다 | **移管**(いかん) 이관 | **～ために** ～때문에 | **高騰**(こうとう)**する** 폭등하다 | **元**(もと)**に戻**(もど)**す** 원래대로 되돌리다 | **後々**(のちのち) 장래, 먼 훗날 | **～かねない** ～할지도 모른다 | **逆転**(ぎゃくてん) 역전 | **頭**(あたま)**が痛**(いた)**い** 머리가 아프다, 골치 아프다 | **浸透**(しんとう) 침투 | **～に伴**(ともな)**い** ～에 따라 | **収入**(しゅうにゅう) 수입 | **賄**(まかな)**う** 조달하다 | **破綻**(はたん)**する** 파탄나다 | **仕方**(しかた)**がない** 어쩔 수 없다 | **～であれば** ～라면 | **効率的**(こうりつてき)**に** 효율적으로 | **運営**(うんえい) 운영 | **赤字**(あかじ) 적자 | **脱皮**(だっぴ)**する** 탈피하다 | **～ならではの** ～특유의 | **大幅**(おおはば)**に** 큰 폭으로 | **抑**(おさ)**える** 억제하다 | **実績**(じっせき)**を上**(あ)**げる** 실적을 올리다 | **だからといって** 그렇다고 해서 | **不安**(ふあん)**が拭**(ぬぐ)**える** 불안감을 지울 수 있다 | **～わけではない** ～하는 것은 아니다 | **好**(す)**き勝手**(かって) 제멋대로 함 | **承引**(しょういん) 승인 | **～の上**(うえ)**で** ～후에 | **～ことはない** ～할 필요는 없다 | **施設**(しせつ) 시설 | **優先**(ゆうせん)**する** 우선하다 | **解決策**(かいけつさく) 해결책 | **～べきだ** ～해야 한다 | **事例**(じれい)**を挙**(あ)**げる** 사례를 들다

3 **A와 B에서 일치하고 있는 의견은 무엇인가?**
1 근본적인 해결책은 정해져 있다.
2 과거의 예를 참고로 해야 한다.
3 이대로는 수도사업이 파탄날 것 같다.
4 자치단체의 적자를 억제하기 위해 민영화가 필요하다.

4 **자치단체가 수도를 민영화하는 것에 대한 의견은 어느 것인가?**
1 A는 민영화의 나쁜 점만 서술하며 반대, B는 걱정할 일은 전혀 없다고 서술하며 찬성
2 민영화의 사례를 들어 A는 반대, B는 찬성
3 A는 수질에 대한 걱정이 없다면 찬성, B는 자치단체의 승인이 필요하므로 걱정이 없어서 찬성.
4 A는 다른 해결방법이 있으므로 반대, B는 장래에 대한 불안은 없으므로 찬성

해설 〈질문 3〉은 두 글에서 일치하고 있는 의견을 묻고 있다. 선택지 1번, 수도사업의 해결책은 민영화라고 B는 말하고 있지만, A는 역전의 발상 등을 제시하고 있으므로 근본적인 해결책은 정해져 있지 않다. 선택지 2번, 해외의 예는 들고 있지만 과거의 예에 대한 기술은 없다. 선택지 3번, A에서 '수도사업을 유지할 수 없을 우려가 있습니다', B에서 '수도사업은 계속 악화되고 있습니다' 등의 기술이 있으므로 알맞다. 선택지 4번, 자치단체의 적자는 수도사업만이라고는 할 수 없으므로 맞지 않다.

〈질문 4〉는 자치단체가 수도를 민영화하는 것에 대한 의견을 묻고 있다. A에서는 수도민영화의 실패 사례를 들어 반대하고 있고, B에서는 성공사례를 들어 찬성하고 있으므로 선택지 2번이 알맞다. 선택지 1번, B에서 불안이 없어지는 것은 아니라고 했으므로 맞지 않다. 선택지 3번, 수질에 대한 걱정이 없어도 찬성이라고는 말하고 있지 않으며 가격인상 등의 걱정도 있으므로 맞지 않다. 선택지 4번, A의 반대 이유는 다른 해결방법이 있어서가 아니라 수질이나 요금 인상이며, B는 장래도 불안시하고 있다.

통합 이해(3)

해석

A

생활을 유지하는 수단으로서는 ①자조(自助) ②공조(共助) ③공조(公助)를 들 수 있다. 우선, ①자신이 할 수 있는 만큼 힘쓴다, 그래도 한계가 되면 ②가족이나 친척, 지역에서 서로 협력한다, 그래도 안 된 경우에는 ③국가 등이 원조한다고 말한다. 이것을 들었을 때 일반인들은 당연하다고 생각할 것이다. 상식이라고 할 수 있기 때문이다. 그러나 최근 빈곤에 허덕이는 사람이 많아져서, 특히 가난한 가정의 아이가 7명에 1명이라는 일본의 상황을 생각하면 과연 이것이 올바른가 의문을 가지지 않을 수 없다. 하층에 있는 아이들의 미래를 지키기 위해서는 우선 ③국가 등의 원조가 필요하다고 생각하기 때문이다. 최저한의 생활뿐만 아니라 교육의 기회를 평등하게 주지 않으면 안 된다. 그것이 결국에는 국가의 부담을 억제하게 된다고 생각한다.

B

고용형태의 변화와 불황의 탓도 있어서 가난한 생활을 하고 있는 사람이 늘고 있다. 그러나 그것을 사회 탓으로 하고 국가나 지방자치단체가 지탱해야 한다고는 생각하지 않는다. 그런대로의 생활을 하고 있는 사람은 노력한 결과 그 생활을 얻고 있다고 생각하기 때문이다. 아무리 해도 자조노력을 할 수 없는 경우에 생활보호라는 시스템으로 최저한의 생활비를 주는 것은 어쩔 수 없다. 그러나 생활보호비보다 적은 금액으로 생활하고 있는 사람이나 같은 정도의 수입밖에 얻지 못하는 사람이 상당히 있음을 생각하면, 역시 우선 자신이나 가족 등에서 노력해야 한다는 생각을 하는 것은 당연하다고 생각된다. 단 교육에 관해서는 다르다. 가난하기 때문에 교육을 받을 수 없고, 장래에 희망을 가질 수 없는 아이가 태어나는 것은 이치에 어긋난다고 생각하기 때문이다.

단어 **自助**(じじょ) 자조 | **共助**(きょうじょ) 공조(서로 도움) | **公助**(こうじょ) 공조(공적 기관이 지원하는 것) | **親戚**(しんせき) 친척 | **支**(ささ)**え合**(あ)**う** 서로 협력하다 | **駄目**(だめ)**だ** 안 된다, 소용없다 | **援助**(えんじょ) 원조 | **常識**(じょうしき) 상식 | **貧困**(ひんこん)**に陥**(おちい)**る** 빈곤에 허덕이다 | **果**(は)**たして** 과연 | **疑問**(ぎもん) 의문 | **~ざるを得**(え)**ない** ~하지 않을 수 없다 | **底辺**(ていへん) 하층, 하류층 | **~だけでなく** ~뿐만 아니라 | **平等**(びょうどう)**に** 평등하게 | **負担**(ふたん) 부담 | **~ことになる** ~하게 되다 | **雇用**(こよう) 고용 | **~せいにする** ~탓으로 하다 | **~なりの** ~나름의 | **どうしても** 아무리 해도 | **生活保護**(せいかつほご) 생활보호 | **やむを得**(え)**ない** 어쩔 수 없다 | **金額**(きんがく) 금액 | **努力**(どりょく)**する** 노력하다 | **~に関**(かん)**しては** ~에 관해서는 | **別**(べつ)**だ** 다르다, 구별한다 | **~が故**(ゆえ)**に** ~하기 때문에 | **理不尽**(りふじん)**だ** 이치에 어긋나다 | **取**(と)**り上**(あ)**げる** 거론하다 | **~ばかりではない** ~만이 아니다 | **当**(あ)**たり前**(まえ) 당연함 | **~に対**(たい)**して** ~에게, ~에 대해

5 **A와 B가 함께 거론하고 있는 것은 어느 것인가?**
1 아이의 생활이 지켜져야 하는 것
2 많은 아이들이 가난한 생활을 하고 있는 것
3 가난한 생활은 본인의 탓만이 아니라는 것
4 자조노력이 당연하다고 생각하는 것이 당연하다는 것

6 **A와 B의 의견이 같은 것은 어느 것인가?**
1 아이의 빈곤을 누가 지탱하는가에 대해서
2 가난한 사람들이 왜 증가하고 있는가에 대해서
3 아이들의 미래는 교육에 달려 있는 것에 대해서
4 가난한 사람들에게 나라는 어떻게 원조해야 하는가에 대해서

해설 〈질문 5〉는 AB 모두 거론하고 있는 내용에 대해 묻고 있다. 선택지 1번, B는 아이의 생활이 아니라 교육만 서술하고 있으므로 맞지 않다. 선택지 2번, A에서 7명에 1명은 많다고 할 수 있지만, B에서는 그 수가 서술되어 있지 않다. 선택지 3번, B에서는 고용형태의 변화와 불황 등 가난한 생활의 원인에 대해 서술하고 있지만 A는 서술되어 있지 않다. 선택지 4번, A에서 일반인들은 당연하다고 생각한다고 했고, B에서 '우선 자신이나 가족 등에서~당연하다고 생각된다'라고 했으므로 알맞다.

〈질문 6〉은 무엇에 대한 의견이 서로 같은지 묻고 있다. 선택지 1번, 아이의 빈곤을 A는 국가가 원조한다, B는 교육에 한해 원조한다고 했으므로 맞지 않다. 선택지 2번, A에는 증가의 원인에 대한 기술은 없다. 선택지 3번, A, B 모두 미래를 위해서 아이들의 교육이 필요하다고 말하고 있다. 선택지 4번, A는 처음에 국가의 원조가 필요하다고 했고, B는 우선 자조라고 말하고 있으므로 맞지 않다.

통합 이해(4)

해석

A

현재 일본에는 약 166만 명의 외국인 노동자가 있지만, 주력은 일본에 영주하는 외국인 외에 기능실습생과 유학생이다. 국가가 한층 더 외국인 노동자를 수용하기 위해 특정기능비자를 갖추었기 때문에, 2019년부터 외국인이 입국하기 시작했다. 하지만 다른 나라가 좋은 조건이라면 그쪽으로 갈 것이다. 원칙적으로 최장 10년, 가족동반 불가인 비자 조건이나 임금 등의 노동조건이 타국에 비교해 매력적이지 않다고 생각하기 때문이다. 또 '특정기능'비자보다 이전에 체류하고 있는 약 38만 명의 기능실습생의 근로환경문제도 해결하는 편이 좋다. 후생노동성에 따르면 약 70%의 수용기관이 법률을 위반하고 있다고 한다. 노동시간, 안전기준, 할증임금의 미지급이 그 상위를 차지한다. 인터넷 시대에서 나쁜 소문일수록 금세 퍼진다. 일본을 선택해주길 위해서도 지금 있는 외국인 노동자를 소중히 해야 한다. 그렇게 하면 약 8만 명의 불법체류자 문제도 해결할 수 있을 것이다..

B

외국인 노동자라고 해도 각양각색이다. 높은 능력을 인정받아 기업 경영에 종사하는 사람도 있거니와 단순 노동자도 있다. 큰 폭의 노동자 부족에 빠져 있는 것은 후자로 다양한 문제가 있다. 예를 들어 기능실습생은 기능을 익힐 수 있다는 건 이름뿐으로, 대부분은 싼 임금에 장시간 노동 등 열악한 노동환경에서 어쩔 수 없이 일하고 있다. 직장을 변경할 수 없기 때문에 그것을 참지 못해 도망치는 사람이나 길어봐야 5년밖에 체류할 수 없기 때문에 일하고 싶은 사람이 더욱 불법체류자가 되어 문제가 되고 있다. 2019년에 시작된 특정기능비자는 오히려 낫지만, 체류기간은 특별한 시험에 합격하는 등 높은 전문성을 익힌 경우를 제외하고 길어봐야 10년으로 한정되어 있다. 과연 이것으로 일본에서 일하고 싶다고 생각할까. 외국인 노동자를 일회성으로 할지 가족의 체류 등도 인정하여 함께 살 동료로 받아들일지. 장래를 생각하면 후자가 일본의 발전에 공헌한다고 생각한다.

단어 **労働者**(ろうどうしゃ) 노동자 | **永住**(えいじゅう)**する** 영주하다 | **技能**(ぎのう) 기능 | **更**(さら)**なる** 한층 더 | **受**(う)**け入**(い)**れる** 수용하다, 받아들이다 | **~べく** ~하기 위해 | **整**(ととの)**える** 갖추다 | **原則**(げんそく)**として** 원칙적으로 | **最長**(さいちょう) 최장 | **帯同**(たいどう) 대동, 동반 | **賃金**(ちんぎん) 임금 | **比較**(ひかく) 비교 | **魅力的**(みりょくてき) 매력적 | **既**(すで)**に** 이미 | **滞在**(たいざい)**する** 체재하다, 체류하다 | **割増**(わりまし) 할증 | **未払**(みばら)**い** 미지급 | **上位**(じょうい)**を占**(し)**める** 상위를 차지하다 | **~ほど** ~일수록 | **弱**(じゃく) 약~ | **種々**(しゅじゅ)**様々**(さまざま) 각양각색 | **買**(か)**われる** 인정받다 | **携**(たずさ)**わる** 종사하다 | **~も~ば~も** ~도 ~하거니와 ~도 | **大幅**(おおはば)**な** 큰 폭의 | **~に陥**(おちい)**る** ~에 빠지다 | **身**(み)**に付**(つ)**ける** 익히다 | **~ばかりだ** ~뿐이다 | **劣悪**(れつあく)**な** 열악한 | **~を余儀**(よぎ)**なくさせられる** 어쩔 수 없이 ~하다 | **職場**(しょくば) 직장 | **耐**(た)**える** 견디다, 참다 | **逃亡**(とうぼう) 도망 | **まだましだ** 오히려 낫다 | **~を除**(のぞ)**いて** ~을 제외하고 | **使**(つか)**い捨**(す)**て** 일회용, 일회성 | **仲間**(なかま) 동료 | **貢献**(こうけん) 공헌 | **多々**(たた)**ある** 많이 있다 | **役立**(やくだ)**つ** 도움이 되다 | **欠陥**(けっかん) 결함 | **不当性**(ふとうせい) 부당성

7　**A와 B가 모두 가장 걱정하고 있는 것은 무엇인가?**

1 외국인 노동자에게 일본이 선택받지 못하는 것
2 법률로는 외국인 노동자를 지킬 수 없는 것
3 많은 나라에서 노동인구가 줄어들고 있는 것
4 외국인 노동자가 일으키는 문제가 많은 것

8　**AB의 생각은 어느 것인가?**

1 AB 모두 외국인 노동자는 귀국하지 않는 편이 좋다는 생각
2 AB 모두 외국인 노동자는 장래 일본의 발전에 도움이 된다는 생각
3 AB 모두 기능실습비자에도 특정비자에도 결함이 있다는 생각
4 AB 모두 우선 기능실습생 문제를 해결해야 한다는 생각

해설 〈질문 7〉은 A와 B가 모두 걱정하고 있는 내용에 대해 묻고 있다. 선택지 1번, A는 조건이 좋은 다른 나라로 갈 거라고 오지 않는 것을 걱정하고 있고, B는 과연 이것으로 일본에서 일하고 싶다고 생각할지 걱정하고 있으므로 알맞다. 선택지 2번, A는 70%가 법률위반이라고 말하고 있지만 B에서는 법률에 관한 것은 언급하고 있지 않다. 선택지 3번, 많은 나라라고는 말하고 있지 않으며, 선택지 4번에서 노동자측에 문제가 있는 것은 아니므로 맞지 않다.

〈질문 8〉은 AB의 공통된 생각에 대해 묻고 있다. 선택지 1번, 장기간 일할 수 있는 편이 좋다는 생각이지만 귀국하지 않고라고는 서술되어 있지 않다. 선택지 2번, A에는 이 내용에 대해서는 기술되어 있지 않다. 선택지 3번, AB 모두 두 비자에 체류할 수 있는 기간, 가족의 문제 등 결함이 있다고 생각하므로 알맞다. 선택지 4번, B에는 이에 대한 기술이 없다.

05 문제12 주장 이해(장문)

문제 12 다음 (1)부터 (4)의 문장을 읽고, 다음 질문에 대한 답으로서 가장 적당한 것을 1·2·3·4에서 하나 고르시오.

주장 이해(1)

해석

세계에는 6000~7000개 정도의 언어가 있다고 하는데, 2500개나 되는 많은 언어가 소멸될 위기에 있다고 한다. 이미 200개 이상의 언어가 30년 남짓 동안에 소멸했다고 한다. 이것은 글로벌화가 진행된 결과임에 틀림없다. 좁은 지역에서 살고 있고, 그 지역에만 있어도 ①생활이 완결된다면 다른 언어를 알 필요도 없다. 이 반대의 예가 일본의 홋카이도에 있다. 메이지시대(1868~1912년)에 홋카이도의 개척이 추진되었다. 개척민은 일본 각지에서 모여들어 각각 다른 문화를 가지고 고향에서 사용되었던 사투리를 쓰고 있었다. 그 때문에 다른 지역의 사람과 의사소통을 하지 못하게 되었다. 물건이나 토지 등의 매매나 노동을 의뢰하거나 또 그 대가의 지불에도 공통된 인식이 필요하다. 그래서 서로 커뮤니케이션을 하기 위해서 사용된 이른바 표준어가 홋카이도에 점차 침투하여 사투리는 사라져갔다. 언어는 수단이므로 상대에게 통하지 않으면 사용되지 않게 된다. 필요성이 낮은 언어는 속속 소멸해간다. 전문가의 말로는 약 100만 명이 그 언어를 사용하고 있으면 100년은 존속할 수 있다고 한다. 이에 비추어 일본의 현 상황을 보면 말하는 사람이 크게 감소하고 있는 아이누어나 오키나와를 중심으로 한 섬의 사투리가 위기적 상황에 있음을 알 수 있다. 세계적, 정치적, 경제적으로도 약자인 소수민족의 언어가 사라지고 있다.

현재 UN의 공용어는 영어·프랑스어·스페인어·중국어·러시아어, 1973년에 추가된 아라비아어 6개이다. 이들 언어는 말하는 사람도 많고 경제적으로도 영향력이 있는 나라들에서 사용되고 있기 때문에 소멸될 우려는 없다. 그중에서도 영어의 힘은 강력하다. 일찍이 식민지였던 나라가 공용어로 하고 있을 뿐만 아니라 많은 나라가 영어를 필수언어로 간주하고 있다. 세계경제가 글로벌화하고 있는 현재, 공통 커뮤니케이션 수단이 필요해지고 그것을 영어에서 추구하는 것은 자연스럽다. 이전에 홋카이도에서 일어난 일이 세계 규모로 일어나고 있는 듯한 기분이 든다.

그러나 커뮤니케이션 수단으로써 영어가 편리하다는 것과 많은 언어의 소멸을 방치하는 것은 다른 문제이다. 언어는 그것을 말하는 사람의 문화와 밀접하게 결부되어 있다. 예를 들면 '삼감, 조심함'이라는 말은 영어로 번역할 수 없다고들 한다. 그것은 영어를 말하는 사람들에게 그 개념이 없기 때문이라는 주장이 있다. ②이것이 사실이라고는 생각하지 않지만, 아무리 해도 영어로 번역할 수 없는 사항이 많은 것도 알고 있다. 또 단순한 명사에서조차 육식을 하는 사람들의 말에는 고기의 부위를 나타내는 말이 다양하며, 해산물을 먹는 사람들의 말은 생선이나 해초 이름으로 가득하다. 각기 생활에 필요하기 때문이다. 감정에 대해 말하면, 예를 들어 비가 내리는 모양에 관심이 있는 사람들의 언어에는 비가 내리는 모양의 차이를 표현하는 세세한 말이 많이 존재한다. 즉 언어의 소멸은 그 문화의 소멸을 의미하므로 그것은 막아야 할 일이다. 왜냐하면 다양한 문화가 존재하는 것은 인류에게 있어 중요한 일이기 때문이다.

단어 **～もの** ～이나 되는 | **消滅(しょうめつ)する** 소멸되다 | **危機(きき)** 위기 | **～に相違(そうい)ない** ～임에 틀림없다 | **～のみで** ～만으로 | **完結(かんけつ)する** 완결되다 | **開拓(かいたく)** 개척 | **意思(いし)の疎通(そつう)** 의사소통 | **欠(か)く** 결여하다, 빠지다 | **売買(ばいばい)** 매매 | **労働(ろうどう)** 노동 | **依頼(いらい)** 의뢰 | **対価(たいか)** 대가 | **支払(しはら)い** 지불 | **認識(にんしき)** 인식 | **そこで** 그래서 | **いわゆる** 소위, 이른바 | **標準語(ひょうじゅんご)** 표준어 | **次第(しだい)に** 점차 | **浸透(しんとう)** 침투 | **～に照(て)らして** ～에 비추어 | **激減(げきげん)する** 크게 감소하다 | **弱者(じゃくしゃ)** 약자 | **～つつある** ～하고 있다 | **かつて** 일찍이 | **植民地(しょくみんち)** 식민지 | **必須(ひっす)** 필수 | **見(み)なす** 간주하다 | **規模(きぼ)** 규모 | **放置(ほうち)する** 방치하다 | **密接(みっせつ)に** 밀접하게 | **結(むす)びつく** 결부되다 | **訳(やく)す** 번역하다 | **概念(がいねん)** 개념 | **事柄(ことがら)** 사항, 사정 | **多々(たた)ある** 많다 | **単(たん)なる** 단순한 | **～でさえ** ～에서조차 | **細(こま)やかな** 세세한 | **食(く)い止(と)める** 막다, 저지하다 | **衣食住(いしょくじゅう)** 의식주 | **豊(ゆた)か** 풍부함 | **偏(かたよ)り** 치우침, 편중 | **習慣(しゅうかん)** 습관

1 ①생활이 완결된다란 어떠한 의미인가?

1 그 지역에서 한 발짝도 밖으로 나가지 않는 것
2 다른 지역과 떨어져 생활하는 것
3 그 지역 내에서 의식주가 가능한 것
4 그곳의 생활이 대단히 풍요로운 것

2 ②이것이 사실이라고는 생각하지 않는다라고 하는데 이것은 무엇을 의미하는가?

1 '삼감'을 한마디로 영어로 번역할 수 없다는 것
2 말과 문화는 밀접한 관계가 있다는 것
3 영어로는 '삼감'이라는 마음을 설명할 수 없다는 것
4 영어를 말하는 사람이 '삼감'이라는 마음을 가지지 않는다는 것

3 언어에 따라 같은 분야의 말의 양에 편중이 있는 것은 왜인가?

1 민족에 따라 필요한 말이 다르므로
2 민족에 따라 좋아하는 말이 다르므로
3 민족에 따라 습관이 다르므로
4 민족에 따라 문화가 소멸해버렸으므로

4 언어가 소멸하는 가장 큰 이유는 무엇인가?

1 공용어로 뽑히지 않았기 때문에
2 어려워서 이해하기 어렵기 때문에
3 말하는 사람이나 언어의 이용가치가 감소했기 때문에
4 언어를 사용하는 민족이 없어졌기 때문에

해설 〈질문 1〉은 밑줄 친 ①생활이 완결된다의 의미를 묻고 있다. 앞 문장을 보면 좁은 지역에서 살고 있고, 그 지역에만 있어도 생활이 완결된다고 했으므로 이 지역안에서 생활할 수 있다는 말이다. 즉 그 지역 안에서 생활이 가능하다는 말은 의식주가 가능하다는 뜻이므로 정답은 선택지 3번이 된다.

〈질문 2〉는 밑줄 친 ②이것이 사실이라고는 생각하지 않는다에서 이것이 의미하는 것을 묻고 있다. 앞문장을 보면 영어를 말하는 사람들에게 이 삼감· 배려의 개념이 없다는 주장을 사실이라고 생각하지 않는 것이다. 따라서 선택지 4번이 정답이 된다.

〈질문 3〉은 언어에 따라 같은 분야의 말의 양에 편중이 있는 이유를 묻고 있다. 마지막 단락에서 '육식을 하는 사람들의 말에는 고기의 부위를 나타내는 말이 다양하며, 해산물을 먹는 사람들의 말은 생선이나 해초 이름으로 가득하다. 각기 생활에 필요하기 때문이다'라고 했으므로, 선택지 1번의 '민족에 따라 필요한 말이 다르므로'가 정답이 된다.

〈질문 4〉는 언어가 소멸하는 가장 큰 이유가 무엇인지를 묻고 있다. 1번째 단락 중간 부분에서 '언어는 수단이므로 상대에게 통하지 않으면 사용되지 않게 된다. 필요성이 낮은 언어는 속속 소멸해간다'라고 했으므로 선택지 3번이 정답이 된다. 선택지 1번은 '공용어로 뽑히지 않았기 때문에'라고 했는데 뽑히지 않아도 소멸되지는 않는다. 선택지 2번은 '어려워서 이해하기 어렵기 때문에'라고 했는데 이것에 대한 기술은 없다. 선택지 4번은 '언어를 사용하는 민족이 없어졌기 때문에'라고 했는데, 민족은 있어도 언어는 소멸되어 갈 수 있으므로 맞지 않다.

주장 이해(2)

해석

2020년에 후생노동성이 발표한 국민생활기초조사에 따르면, 우리나라 어린이의 상대적 빈곤률은 13.5%(주1)라고 한다. 2012년의 16.3%라는 최악의 수치에 비하면 개선됐지만 아직 상당히 높다. 상대적 빈곤률이란 국민의 표준적 소득의 50% 미만의 수입밖에 없는 가구의 비율로, 일본의 빈곤 라인은 1인가구에 127만 엔으로 되어 있다. 이 이하가 되면 보통의 생활을 하는 것이 불가능해진다. 일본에서는 7명에 한 명의 어린이가 OECD 기준 이하의 생활을 하고 있다고 한다. 초등학생 · 중학생에게 학용품이나 급식 비용을 보조하는 취학원조의 수급자 수를 봐도 가난한 아이들이 증가하고 있음을 알 수 있다. 1995년도는 수급자가 약 77만 명으로 약 6%였지만, 2018년도는 대상 연령의 아이들이 줄어들었음에도 불구하고 137만 명으로 올라 14.7%로 증가하고 있다. 숫자만으로는 빈곤함을 좀처럼 실감할 수 없겠지만, 빈곤도가 극심한 예도 나오고 있다. '자식에게 밥 정도는 배부르게 먹이고 싶다'고 한탄하는 모자가정의 어머니가 있거나, 밥 한공기에 후리카케만 뿌린 빈약한 식사를 하거나 그것조차 할 수 없어 한창 자랄 나이의 고등학생이 하루에 과자빵 하나로 살고 있는 등, 들으면 경제대국이라고 큰소리치는 정치가들은 무엇을 하고 있느냐고 말하고 싶어진다. 도대체 어느 나라의 이야기인가 생각할 정도로 가난하지만 이것이 ①경제대국 일본의 현실이다. 특히 엄마와 아이만 있는 한부모 가구의 가난함이 두드러진다. 모자가구의 80%가 일하고 있는데도 불구하고 빈곤한 생활을 보내고 있다고 한다.

빈곤이 아이들에게 미치는 영향은 크다. 여러 가지 문제로 학력이나 체력이 저하되는 경향에 있다. 특히 교육 문제는 영향력이 크다. 만족스러운 교육을 받지 못하면 불안정한 직업으로밖에 취직할 수 없고 장래에도 가난한 생활이 이어지는 경우가 많기 때문이다. 가난하기 때문에 집단 괴롭힘이나 조소의 표적이 되고, 자신도 그것을 부끄러워하기 때문에 가난함을 밝히고 싶지 않은 경향도 있다. 그리고 자신은 어떻게 해도 안 되는 사람이라고 스스로에 대한 자신감을 상실해버려 고립되어 가는 것이다.

일본에는 다양한 지원책이 있으므로 그렇게 가난한 생활을 하지 않아도 될 테지만, 실제로는 복지 수단이 좀처럼 미치지 않는다. 사실 빈곤자의 대다수가 어떤 지원을 받을 수 있는지 모르고 있다고 한다. 모자가구에게는 아동부양수당 · 취업지원 등이 있으며 모든 빈곤자에게 공공주택 · 집세 보조 · 식료비 보조 · 광열비 보조 등이 있다. 게다가 최종적으로는 생활보호제도도 있다. 그러나 지식이 없어 어디에 상담하면 좋을지도 모르는 사람이 아주 많다. 무지로 비난하기보다 행정 쪽에서 다가가 (가난한 사람을) 발탁해야 하는 것은 아닐까?

아이들을 희망이 없는 생활에 방치하는 것은 그 아이들을 위한 것이 아닐 뿐만 아니라 국가에 있어서도 큰 손해이다. ②아이들을 위한 지원은 장기적으로 보면 투자라고 할 수 있기 때문이다.

독해 공략편

(주1) 13.5%：OECD 새 기준에 맞추면 14.0%가 된다.
(주2) 困窮(こんきゅう)：어려움을 겪으며 괴로워한다는 의미이지만, 여기서는 가난해서 생활이 힘든 것

단어 **基礎**(きそ) 기초 | **貧困率**(ひんこんりつ) 빈곤률 | **改善**(かいぜん) 개선 | **標準**(ひょうじゅん) 표준 | **所得**(しょとく) 소득 | **世帯**(せたい) 세대, 가구 | **割合**(わりあい) 비율 | **給食**(きゅうしょく) 급식 | **補助**(ほじょ)**する** 보조하다 | **就学**(しゅうがく) 취학 | **援助**(えんじょ) 원조 | **～にも関**(かか)**わらず** ～에도 불구하고 | **困窮**(こんきゅう) 곤궁, 생활이 매우 곤란함 | **半端**(はんぱ)**ではない** 극심하다 | **嘆**(なげ)**く** 한탄하다 | **母子家庭**(ぼしかてい) 모자가정 | **育**(そだ)**ち盛**(ざか)**り** 한창 자랄 때 | **豪語**(ごうご) 호언장담, 큰소리 | **一人親**(ひとりおや) 한 부모 | **際**(きわ)**だつ** 두드러지다 | **及**(およ)**ぼす** 미치게 하다, 끼치다 | **傾向**(けいこう) 경향 | **職**(しょく)**に就**(つ)**く** 취직하다 | **貧**(まず)**しさ** 가난함 | **～故**(ゆえ)**に** ～때문에 | **虐**(いじ)**め** 집단 괴롭힘 | **嘲笑**(ちょうしょう) 조소, 비웃음 | **恥**(は)**じる** 부끄러워하다 | **明**(あき)**らかにする** 밝히다 | **喪失**(そうしつ) 상실 | **支援策**(しえんさく) 지원책 | **福祉**(ふくし)**の手**(て) 복지수단 | **児童扶養**(じどうふよう) 아동부양 | **手当**(てあて) 수당 | **就労**(しゅうろう) 취로, 취업 | **光熱費**(こうねつひ) 광열비 | **歩**(あゆ)**み寄**(よ)**る** 다가가다 | **拾**(ひろ)**い上**(あ)**げる** 발탁하다, 골라내다 | **据**(す)**え置**(お)**く** 그대로 두다, 방치하다 | **～ばかりか** ～뿐만 아니라 | **大損害**(だいそんがい) 큰 손해 | **投資**(とうし) 투자 | **極端**(きょくたん)**に** 극단적으로 | **担**(にな)**い手**(て) 책임자 | **生**(う)**み出**(だ)**す** 창출하다 | **利益**(りえき) 이익 | **悲惨**(ひさん)**な** 비참한 | **身**(み)**につける** 기르다, 익히다 | **抜**(ぬ)**け出**(で)**る** 빠져나오다 | **職業**(しょくぎょう)**に就**(つ)**ける** 취직하다

5 ①경제대국 일본의 현실이라고 있는데 어떤 현실인가?

1 나라는 경제대국이라고 불리고 있지만 대부분의 국민이 가난한 상태
2 풍요로운 나라라고 불리고 있지만 식사도 만족스럽게 할 수 없는 아이가 있는 상태
3 경제는 일류지만 국민 생활은 일류라 할 수 없고 극단적으로 가난한 사람이 많은 상태
4 일부 사람만이 풍족하고 국민의 상대적 빈곤률이 16.3%인 상태

6 ②아이들을 위한 지원은 장기적으로 보면 투자란 여기서는 어떠한 의미인가? 틀린 것을 고르시오.

1 아이는 어른이 되면 일을 해서 일본의 경제를 지탱한다.
2 아이는 장래에 일본 경제의 책임자가 되어 부를 창출한다.
3 아이가 어른이 되었을 때에 노동이 창출하는 이익을 얻을 수 있다.
4 아이에게 돈을 주면 장래 아이가 돈을 갚아준다.

7 빈곤가정의 아이들은 어떠한 상황에 있는가?

1 대부분의 아이가 식사를 할 수 없을 만큼 가난하다.
2 무지한 부모에게 양육되어 비참한 상황에 있다.
3 좀처럼 학력이나 체력을 기를 수 없다.
4 평생 빈곤한 생활에서 빠져나올 수 없다.

8 저자는 문제해결을 위해서 어떻게 하면 좋다고 말하고 있는가?

1 가난한 사람들은 지식이 없기 때문에 나라가 교육한다.
2 가난한 아이에게 고등교육을 받게 하여 취직할 수 있게 한다.
3 복지 담당자 쪽에서 곤란을 겪고 있는 가정을 발견하여 원조한다.
4 복지 정보를 알리기 위해서 가정을 방문한다.

해설 **〈질문 5〉**는 ①경제대국 일본의 현실의 의미를 묻고 있다. 선택지 1번은 대부분의 국민이 가난하다고 했는데, 대부분은 아니므로 맞지 않다. 선택지 2번은 '식사도 만족스럽게 할 수 없는 아이가 있는 상태'라고 했는데 첫단락 끝부분에 도대체 어느 나라의 이야기인가 생각할 정도로 가난하며, 빈곤도가 극심한 예가 언급되어 있으므로 정답이 된다. 선택지 3번은 '극단적으로 가난한 사람이 많은 상태'라고 했는데 '극단적'까지는 아니며, 선택지 4번은 '국민의 상대적 빈곤률이 16.3%인 상태'라고 했는데, 16.3%는 국민이 아니라 어린이의 빈곤률이므로 맞지 않다.

〈질문 6〉은 ②아이들을 위한 지원은 장기적으로 보면 투자의 의미가 틀린 것을 고르는 문제이다. 선택지 1~3번은 아이가 커서 일을 하게 되므로 알맞다. 선택지 4번은 아이에게 돈을 빌려주고 꾼 돈을 짊어지게 한다는 내용이므로 맞지 않다.

〈질문 7〉은 빈곤가정의 아이들이 어떠한 상황에 있는지를 묻고 있다. 선택지 1번은 '대부분의 아이가 식사를 할 수 없을 만큼 가난하다'고 했는데, 대부분의 아이가 아니라 식사를 못하는 아이도 있다는 말이므로 맞지 않다. 선택지 2번은 '무지한 부모에게 양육되어 비참한 상황에 있다'고 했는데, 무지한 부모만 있는 것은 아니다. 선택지 4번은 '평생 빈곤한 생활에서 빠져나올 수 없다'고 했는데 꼭 평생 빠져나올 수 없다고는 할 수 없다. 정답은 선택지 3번으로 2번째 단락에 '학력이나 체력이 저하되는 경향이 있다'는 언급이 있다.

〈질문 8〉은 저자가 문제해결을 위해서 어떻게 하면 좋은지를 묻고 있다. 선택지 1번은 '가난한 사람들은 지식이 없기 때문에 나라가 교육한다'고 했는데 특별히 나라가 교육한다는 언급은 없다. 선택지 2번은 '가난한 아이에게 고등교육을 받게 하여 취직할 수 있게 한다'고 했는데, 교육해서 취직을 시킨다는 언급은 없다. 선택지 4번은 '복지 정보를 알리기 위해서 가정을 방문한다'고 했는데 가정방문이라는 말은 없으므로 맞지 않다. 선택지 3번은 '복지 담당자 쪽에서 곤란을 겪고 있는 가정을 발견하여 원조한다'고 했는데 3번째 단락 마지막에 '무지로 비난하기보다 행정 쪽에서 다가가 가난한 사람을 발탁해야 한다'고 했으므로 정답이 된다.

주장 이해(3)

해석

사소한 장치를 해서 생활상의 곤란한 문제를 해결한다. 결코 규칙 등으로 강요하지 않고 오히려 사람들이 즐겁게 스스로 행동한다. 이렇게 사람의 행동을 바꾸어 문제를 해결하는 고안에 대해 연구하는 것을 '장치학'이라고 한다.

'장치'로써 가장 유명한 것은 '남성용 소변기 안쪽에 표시된 파리'이다. 네덜란드 공항에서 화장실 변기 주위가 더러운 것을 어떻게든 하고 싶다고 생각하여, 파리 표시를 했더니 대부분의 남성이 그 파리를 겨냥하여 소변을 보게 되었다고 한다. 물론 청소 비용이 격감했기 때문에 많은 공공화장실에 다양한 표적이 붙여지게 되었다.

화장지를 눌러 삼각형으로 만들어서 사용량을 30%정도 감소시킨 예도 있다. 사자 입에 손을 넣으면 소독액이 나오거나 올라가면 투표가 되는 계단도 있다. 나도 재밌어서 소리가 나는 계단을 자주 이용했었다. 나도 모르게 해보고 만 것이다. 또 쓰레기통 위에 농구 네트를 설치하거나, 쓰레기를 버리면 소리가 들리도록 했더니 쓰레기를 제대로 버리는 사람이 늘었다고 한다. 특히 후자는 쓰레기를 버리면 낙하음이 8초 정도 이어지고 마지막으로 충돌음이 들리기 때문에, 이 소리가 듣고 싶어서 쓰레기를 버리는 사람이 늘어, 공원에 설치했더니 놀랍게도 회수율이 평소 쓰레기통의 2배 가까이 되었다던가. ①가공할 만한 '장치학'.

그러나 잘 생각하면 장치학의 이치는 몰라도 이러한 고안은 옛날부터 행해지고 있었다. 예를 들어 쓰레기가 버려지거나 소변을 보는 장소에 화단을 만들거나, 거기에 작은 토리이(주)를 세워서 그것을 방지하고 있었다. 토리이는 신의 지역으로 들어가는 입구이기 때문에 일본인은 더럽히면 신의 벌을 받는다고 느껴, 더럽히는 것을 망설이는 것이다. 이것은 행동이 제어된 예이다.

눈치채지 못할 만한 수수한 장치도 있다. 차를 한 대씩 가지런히 주차하도록 선이 그어져 있거나, 그 선이 직각이 아니라 사선이 되어 있는 고속도로의 휴게소 주차장도 있다. 폭이 넓은 곳은 대형차용, 좁은 곳은 보통차용으로 명확히 알 수 있고, 사선은 뒤로 넣기 쉬우며, 자연스럽게 출구 방향을 향해 출발하도록 되어 있다. 출구로 인도하기 때문에 우왕자왕 하지 않아도 되고, 잘못해서 입구에서 나와 사고를 일으키는 일 등도 방지할 수 있다.

이렇게 사람을 움직이는 '장치학'이란 비용 대비 효과를 생각하는데 있어서도 대단히 유익하다. 신변의 곤란한 일이 사소한 장치로 강제적이 아닌 자연스럽게 그렇게 하고 싶어지는 행동으로 개선할 수 있는 것이다. ②그것을 생각하는 것은 실익은 물론이거니와 참으로 두근두근한 일이 아닌가. (　　　).

(주) 鳥居(とりい) : 신사 등에 지어져 있는, 인간의 구역에서 신의 구역으로 들어가는 입구이다. 문과 같은 것이다.

단어 **ちょっとした** 대수롭지 않은, 사소한 | **仕掛(しかけ)をする** 장치를 하다 | **～ことで** ～해서, ～로 인해 | **～上(じょう)** ～상 | **決(けっ)して** 결코 | **強制(きょうせい)する** 강제하다, 강요하다 | **～ことなく** ～하지 않고 | **工夫(くふう)** 고안, 궁리 | **内側(うちがわ)** 안쪽 | **蠅(はえ)** 파리 | **オランダ** 네덜란드 | **便器(べんき)** 변기 | **周(まわ)り** 주변 | **汚(よご)れ** 더러움 | **何(なん)とかする** 어떻게든 하다 | **印(しるし)をつける** 표시를 하다 | **目掛(めが)ける** 목표로 하다, 노리다 | **排尿(はいにょう)する** 소변을 보다 | **清掃(せいそう)** 청소 | **激減(げきげん)** 격감 | **的(まと)が付(つ)けられる** 표적이 붙여지다 | **潰(つぶ)す** 찌부러뜨리다 | **三角形(さんかくけい)** 삼각형 | **消毒液(しょうどくえき)** 소독액 | **投票(とうひょう)** 투표 | **思(おも)わず** 나도 모르게 | **ゴミ箱(ばこ)** 쓰레기통 | **衝突音(しょうとつおん)** 충돌음 | **～べし** ～하는 것이 당연함 | **理屈(りくつ)** 이치, 도리 | **防(ふせ)ぐ** 방지하다 | **入(い)り口(ぐち)** 입구 | **汚(よご)す** 더럽히다 | **罰(ばち)が当(あ)たる** 벌을 받다 | **ためらう** 주저하다, 망설이다 | **制御(せいぎょ)** 제어 | **地味(じみ)な** 수수한 | **整然(せいぜん)と** 정연하게, 가지런히 | **線(せん)を引(ひ)く** 선을 긋다 | **斜(なな)め** 비스듬함, 사선 | **高速(こうそく)のサービスエリア** 고속도로 휴게소 | **大型(おおがた)** 대형 | **明確(めいかく)に** 명확하게 | **導(みちび)く** 인도하다 | **うろうろ** 우왕좌왕, 허둥지둥 | **～なくて済(す)む** ～하지 않아도 된다 | **有益(ゆうえき)** 유익함 | **身(み)の回(まわ)り** 신변 | **改善(かいぜん)** 개선 | **実益(じつえき)** 실익 | **～もさることながら** ～도 물론이거니와 | **有効(ゆうこう)** 유효함, 효과가 있음 | **良否(りょうひ)** 좋고 나쁨, 장단점 | **欠点(けってん)** 결점 | **目玉商品(めだましょうひん)** 눈을 끄는 상품, 특가상품 | **目覚(めざ)まし時計(どけい)** 자명종시계

독해 공략편

9 ①가공할 만한 '장치학'이 나타내고 있는 것은 무엇인가?

1 장치학은 무섭다.
2 장치학은 굉장하다.
3 장치학은 효과적이다.
4 장치학은 피하는 편이 좋다.

10 ②그것은 무엇을 가리키고 있는가?

1 장치
2 장치의 장단점
3 장치한 결과
4 장치에 의한 행동

11 (　　) 안에 어떤 설명을 넣으면 좋은가?

1 장치학에 대해서
2 장치학의 단점에 대해서
3 장치학의 이용에 대해서
4 장치학의 유용성에 대해서

12 '장치학'의 생각에 부합되지 않는 것은 어느 것인가?

1 장난감을 상자에 넣으면 아이가 좋아하는 노래가 흘러나온다.
2 가게에 들어오도록 입구에 특가상품을 놓는다.
3 현금으로 지불하도록 현금일 때만 포인트를 준다.
4 아침 일찍 일어날 수 있도록 자명종을 맞춘다.

해설 〈질문 9〉는 밑줄친 내용의 의미를 묻고 있다. 恐るべし는 '두려워해야 할 만큼 ~하다'의 의미로, '~에 그 존재가 굉장하다, 힘이 있다, 가볍게 볼 수 없다' 등, 그것을 인정하는 내용이 오기 때문에 선택지 2번이나 3번에서 골라야 한다. 선택지 2번은 장치학 그 자체를 인정하고 있지만, 선택지 3번은 장치학이 도움이 된다는 일부분을 인정하고 있으므로 선택지 2번이 더 적당하다.

〈질문 10〉은 밑줄친 '그것'이 무엇을 가리키는지 묻고 있다. 선택지 1번, 장치로 대치하면 어떤 장치를 만들까 생각하는 것은 두근거리는 일이므로 알맞다. 선택지 2번, 실익만 제시되어 있고 단점은 없다. 선택지 3번, 장치의 결과는 이미 알고 있기 때문에 두근거리지는 않다. 선택지 4번도 사람들이 어떻게 행동할지 두근거리긴 하지만, 1번의 장치는 4번의 사항도 포함하므로 폭넓은 의미의 1번이 더 알맞다.

〈질문 11〉은 괄호 안에 들어갈 설명에 대해 묻고 있다. 선택지 1번과 4번은 이미 쓰여져 있으므로 맞지 않다. 선택지 2번, 계속 좋은 내용이 쓰여져 있고 '두근두근하다'로 끝나고 있는데 갑자기 단점에 대해 쓰는 것은 부자연스럽다. 앞에 화제전환이나 반대 내용으로 바뀌는 접속사가 있다면 가능하다. 선택지 3번, '두근두근하다'의 뒤이므로 장치학을 어떻게 이용해나간다든가 좀더 이용해나가고 싶다 등의 문장이 오는 것이 자연스럽다.

〈질문 12〉는 '장치학'의 생각에 부합되지 않는 경우를 찾는 문제이다. 선택지 1번, 노래를 듣고 싶어서 장난감을 정리하므로 장치학에 부합된다. 선택지 2번, 입구에 이득이 되는 상품이 있으면 사고 싶어진다. 그 가게에 이것저것 그러한 물건이 더 있지는 않을까 하고 가게를 보고 싶어지므로 부합한다. 선택지 3번, 현금으로 지불할 때만 포인트를 주면 손님은 자연스레 현금으로 지불할 가능성이 높아지므로 부합된다. 선택지 4번은 자명종에 의해 어쩔 수 없이 그 행동을 하게 하므로 장치학에 부합되지 않는다.

주장 이해(4)

해석

①인간의 장관(소화나 흡수를 맡은 관)에는 약 1천종, 100조개의 장내세균이 생식하고 있으며, 장내 식물군을 형성하고 있습니다. 장내 식물군은 현미경으로 장 속을 들여다보면 마치 다양한 식물이 무리를 지어 나고 있는 '꽃밭(플로라 flora)'처럼 보인다고 하여 명명되었습니다. 장내세균은 건장유지나 노화방지의 역할을 하는 이른바 유익균, 몸에 나쁜 영향을 주는 이른바 유해균, 유익으로도 유해로도 나눌 수 없는 건강할 때는 얌전하지만 몸이 약하면 나쁜 영향을 끼치는 기회주의적 병원균의 3종류로 나눌 수 있습니다.

②변에는 이 장내세균이 흡수되지 않고 남은 영양분과 함께 포함되어 있습니다. 따라서 엄마의 변을 먹는 동물은 몇 종 존재하지만, 많은 동물은 이것을 꼭 자기 것으로 만들 필요에 의해 변을 먹고 있습니다. 예를 들어 코알라의 새끼는 엄마의 변에서 영양분과 함께 유칼리의 소화를 돕는 장내세균을 섭취할 필요가 있습니다. 엄마에게서 장내세균을 이어받고 있는 것입니다.

③인간의 경우는 먹는 것은 아니지만 '변이식'이 행해지고 있습니다. 건강한 사람의 변에서 취한 장내 식물군이 궤양성 대장염 치료에 효과가 보여진다고 합니다. 아직 착수한지 얼마 안된 연구지만, 효과가 기대되고 있다고 합니다. 그러기 위해서는 많은 변, 특히 건강한 사람의 변을 모아 연구할 필요가 있습니다. 현재 운동선수의 변이 일반인보다 더 균의 종류가 풍부하고 장내 식물군도 다양해서, 장의 움직임을 촉진하고 면역을 조절하는 낙산균이 약 2배임을 알게 되었습니다.

④변의 연구는 전문가에게 맡기는 것으로 하고, 몸에 좋은 장내 식물군을 형성하여 건강하게 지내기 위해서 우리들이 할 수 있는 일은 무엇일까요? 이미 기술한 낙산균 외에 특히 장내환경을 조절하는 비피더스균이나 유산균을 늘리는 일입니다. 비피더스균은 유해한 균의 증식을 억제한다고 하며, 유산균도 대장균 등의 유해한 균의 번식을 억제하여 균형 잡힌 장내환경을 만든다고 합니다. 낙산균은 중국의 향초, 발사믹이나 흑초 등의 예전 그대로의 제법으로 만든 식초 안에 함유되어 있습니다. 낙산균은 우리들이 평소 요리에 사용하고 있는 정제된 일반 식초에는 함유되어 있지 않으므로 주의가 필요합니다. 유산균은 된장이나 간장, 식초, 절임, 낫토, 치즈 등의 발효식품에 함유되어 있습니다. 비피더스균은 올리고당을 먹고 늘어나기 때문에, 콩이나 우엉, 아스파라거스, 양파, 옥수수, 마늘, 바나나 등 올리고당을 많이 함유한 식재료를 섭취하면 좋다고 합니다. 자신의 몸은 스스로 지켜나가고 싶습니다.

(주) 日和見(ひよりみ) : 유리한 쪽에 서려고 형세를 살피는 것.

단어 **腸管**(ちょうかん) 장관(동물의 소화나 흡수를 맡은 관) | **細菌**(さいきん) 세균 | **生息**(せいそく) 생식 | **フローラ** 플로라, 식물군 | **顕微鏡**(けんびきょう) 현미경 | **覗**(のぞ)**く** 들여다보다 | **まるで~のように** 마치 ~처럼 | **群生**(ぐんせい) 군생(한 곳에 모여서 남) | **~ことから** ~로 인해, ~때문에 | **名付**(なづ)**ける** 명명하다 | **健康**(けんこう) 건강 | **維持**(いじ) 유지 | **老化**(ろうか) 노화 | **防止**(ぼうし) 방지 | **役目**(やくめ)**をする** 역할을 하다 | **いわゆる** 소위, 이른바 | **善玉菌**(ぜんだまきん) 유익균 | **悪玉菌**(あくだまきん) 유해균 | **影響**(えいきょう)**を及**(およ)**ぼす** 영향을 끼치다 | **日和見菌**(ひよりみきん) 기회주의적 병원균 | **吸収**(きゅうしゅう) 흡수 | **~ずに** ~하지 않고 | **栄養分**(えいようぶん) 영양분 | **~と共**(とも)**に** ~와 함께 | **取**(と)**り込**(こ)**む** 제것으로 하다 | **必要**(ひつよう)**に迫**(せま)**られる** 꼭 필요해지다 | **消化**(しょうか) 소화 | **摂**(と)**る** 섭취하다 | **受**(う)**け継**(つ)**ぐ** 계승하다, 이어 받다 | **移植**(いしょく) 이식 | **潰瘍性**(かいようせい) 궤양성 | **大腸炎**(だいちょうえん) 대장염 | **緒**(ちょ)**に就**(つ)**く** 일에 착수하다 | **~たばかり** ~한 지 얼마 안 된 | **アスリート** 운동선수 | **豊富**(ほうふ) 풍부함 | **促**(うなが)**す** 촉진하다 | **免疫**(めんえき)**を整**(ととの)**える** 면역을 조절하다 | **酪酸菌**(らくさんきん) 낙산균 | **ビフィズス菌**(きん) 비피더스균 | **乳酸菌**(にゅうさんきん) 유산균 | **増**(ふ)**やす** 늘리다 | **増殖**(ぞうしょく)**を抑**(おさ)**える** 증식을 억제하다 | **繁殖**(はんしょく) 번식 | **~ながらの** ~그대로의 | **製法**(せいほう) 제법 | **お酢**(す) 식초 | **精製**(せいせい) 정제 | **味噌**(みそ) 된장 | **醤油**(しょうゆ) 간장 | **漬物**(つけもの) 절임 | **発酵**(はっこう) 발효 | **オリゴ糖**(とう) 올리고당 | **大豆**(だいず) 콩 | **~たいものだ** ~하고 싶다(강조) | **分布**(ぶんぷ) 분포 | **増**(ふ)**やす** 늘리다 | **減**(へ)**らす** 줄이다

13 장내세균의 설명으로 틀린 것은 어느 것인가?

1 장내세균은 변 속에도 남아 있다.
2 다양한 종류의 장내세균이 있는 편이 건강하다.
3 기회주의적 병원균의 상태는 몸의 컨디션에 따라 변화한다.
4 특별한 장내세균이 없으면 살아갈 수 없는 동물도 있다.

14 필자는 어떻게 해서 장내환경을 조절하면 좋다고 말하고 있는가? 틀린 것은 어느 것인가?

1 몸에 좋다고 하는 장내세균을 늘리는 음식을 섭취할 것
2 유익균을 늘리는 음식이나 유해균을 줄이는 음식을 먹을 것
3 일반 식초, 발효식품, 비피더스균을 함유한 콩이나 우엉 등을 섭취할 것
4 향초, 발사믹이나 흑초 등의 예전 그대로의 제법으로 만든 식초를 사용할 것

15 각 단락은 무엇에 대해서 쓰여 있는가?

1 ①장내세균의 종류 ②변은 영양이 풍부한 것 ③변으로 병을 고치는 것 ④장내세균을 늘리는 방법
2 ①장내세균의 종류 ②변을 먹는 이유 ③변으로 병을 고치는 것 ④좋은 장내환경을 조절하는 방법
3 ①장내세균의 종류 ②변을 먹는 동물들 ③변 이식으로 병을 고치는 것 ④장내 식물군을 늘리는 방법
4 ①장내세균의 역할 ②변과 장내세균의 관계 ③변의 연구 ④좋은 장내세균을 늘리는 방법

16 저자가 가장 말하고 싶은 것은 무엇인가?

1 병의 치료에도 쓰일 만큼 장내세균은 유용하다.
2 장내세균은 몸에 좋은 영향을 끼치므로 늘리자.
3 장내를 좋은 세균만 있게 하면 건강을 위해서는 가장 좋다.
4 건강한 신체를 유지하기 위해서 좋은 장내세균을 늘리자.

해설 〈질문 13〉은 장내세균을 잘못 설명한 것을 찾는 문제이다. 선택지 1번, '②변에는 이 장내세균이~포함되어 있습니다'라고 있으므로 설명에 부합된다. 선택지 2번, 종류가 많은 편이 좋을지도 모르지만 유해균이 많아서는 건강해질 수 없으므로 설명과 틀리다. 선택지 3번, 기회주의적 병원균은 몸이 약하면 나쁜 균으로 바뀌므로 설명에 부합된다. 선택지 4번, 코알라는 먹이인 유칼리를 소화시키는 장내세균이 필요하므로 설명에 부합된다.

〈질문 14〉는 장내환경을 조절하는 방법 중 틀린 것을 고르는 문제이다. 선택지 1번, 비피더스균이나 유산균, 낙산균 등 몸에 좋은 장내 식물군을 늘린다고 했으므로 알맞다. 선택지 2번, ④에서 이미 기술한 '낙산균 외에 특히 장내환경을 조절하는~균형잡힌 장내환경을 만든다'라는 기술이 있고, 그 뒤에 관련된 음식이 나오므로 알맞다. 선택지 3번, 식초는 예전 그대로의 제법으로 만든 것이어야 하며, 비피더스균이 아니라 올리고당이 함유되어 있으므로 틀리다. 선택지 4번에서는 예전 그대로의 제법으로 만든 식초에 낙산균이 함유되어 있기 때문에 맞다.

〈질문 15〉는 각 단락의 소제목에 대해 묻고 있다. ①은 장내세균의 설명, ②변을 먹는 동물, ③은 변 이식, ④장내 환경을 조절하는 유익한 균을 늘리는 방법에 대해 쓰여 있다. 선택지 1번, ④장내세균이 아니라 좋은 장내세균이어야 한다. 선택지 3번, ④단지 장내 식물군을 늘리는 것이 아니라 좋은 식물군을 형성하는 것이므로 맞지 않다. 선택지 4번, ③변의 연구라면 이식 이외의 다양한 방법이 포함되어야 하므로 맞지 않다.

〈질문 16〉은 필자가 말하고 싶은 요지가 무엇인지 묻고 있다. 선택지 1번과 2번의 장내세균은 유해균도 포함되어 있으므로 맞지 않다. 선택지 4번, ①②③에서 장내세균의 능력에 대해 쓴 후 ④에서 '장내 세균을 조절하여 자신의 몸은 스스로 지켜나가고 싶습니다'라고 말하고 있으므로 알맞다. 선택지 3번에 대한 기술은 없으며 좋은 균만 있게 하는 것은 불가능하다.

06 문제13 정보 검색

정보 검색(1)

오른쪽 페이지는 히바리시의 투표소 입장정리권이다. 아래 질문에 대한 답으로서 가장 적당한 것을 1・2・3・4에서 하나 고르시오.

해석

투표소 입장정리권

투표 시에는 이 투표소 입장정리권(본인의 것)을 지참해 주세요. 투표일은 레이와 3년 12월 21일(일) 오전 7시~오후 8시, 당신의 투표소는 히바리 아동관입니다.

- 선거인명부 작성일 레이와 3년 11월 22일
- 주의
  1 이 투표소 입장정리권은 반드시 본인이 투표소로 가지고 가세요. 만일 분실된 경우에도 투표는 가능하므로 투표소 관계자에게 말해 주세요.
  2 투표소 입장정리권을 발송한 후에 투표할 수 없는 사유가 생긴 경우에는 이 투표소 입장정리권은 무효가 됩니다.
  3 타인의 투표소 입장정리권을 사용하는 등의 부정투표는 처벌받습니다.
  4 차로 오시는 것은 삼가주세요. 자동차 이외의 방법으로 투표소로 오실 수 없는 분에게는 기일전 투표를 추천합니다.

・기일전 투표를 하시는 분에게

투표일 당일, 업무나 여행 등으로 투표소에 갈 수 없는 예정인 분은, 하기의 장소에서 기일전 투표를 할 수 있습니다. 투표할 때에는 기일전 투표 선서서 겸 청구서에 필요사항을 기재한 후 지참해주세요.

기간 12월 15일(월)~12월 20일(토)
시간 오전 8시 30분~오후 8시
장소 히바리시청 별관 회의실

자세한 사항은 하기로 문의해주세요.
히바리시 선거관리위원회 전화 042-422-××××(직통)

단어 **整理券**(せいりけん) 정리권 | **投票**(とうひょう) 투표 | **市役所**(しやくしょ) 시청 | **別棟**(べつむね) 별관 | **期日**(きじつ) 기일 | **～ずに** ~하지 않고 | **児童館**(じどうかん) 아동관 | **選挙**(せんきょ) 선거 | **名簿**(めいぼ) 명부 | **紛失**(ふんしつ) 분실 | **係員**(かかりいん) 관계자 | **申**(もう)**し出**(で)**る** 신청하다, 스스로 말하다 | **事由**(じゆう) 사유 | **生**(しょう)**じる** 생기다 | **無効**(むこう) 무효 | **処罰**(しょばつ) 처벌 | **お越**(こ)**しになる** 오시다 | **見込**(みこ)**み** 전망 | **宣誓**(せんせい) 선서 | **～兼**(けん) ~겸 | **記載**(きさい) 기재 | **～の上**(うえ) ~하고 나서, ~한 후 | **問**(と)**い合**(あ)**わせる** 문의하다 | **委員会**(いいんかい) 위원회

1 **투표할 수 있는 것은 어느 것인가?**
1 21일에 히바리시청의 별관 회의실에서 투표한다.
2 기일전 투표를 위해 밤 9시에 시청에 간다.
3 투표소 입장정리권을 소지하지 않고 투표하러 간다.
4 서류를 쓰지 않고 기일전 투표를 한다.

2 **야마시타 씨는 12월 21일부터 22일까지 여행을 갈 예정이다. 언제 투표하면 좋은가?**
1 14일 오후 4시, 히바리시청 별관 회의실에서 투표한다.
2 19일 아침 10시, 히바리시청 별관 회의실에서 투표한다..
3 20일 밤 7시, 히바리 아동관에서 투표한다.
4 21일 아침 6시 반, 히바리 아동관에서 투표한다.

해설 〈질문 1〉은 투표할 수 있는 경우는 어느 것인지를 묻고 있다. 선택지 1번은 '21일에 히바리시청의 별관 회의실에서 투표한다'고 했는데, 21일은 투표일이므로 히바리 아동관에서 투표한다. 선택지 2번은 '기일전 투표를 위해 밤 9시에 시청에 간다'고 했는데 기일전 투표는 오후 8시까지이므로 맞지 않다. 선택지 3번은 '투표소 입장정리권을 소지하지 않고 투표하러 간다'고 했는데 주의사항1에 분실해도 투표가 가능하다고 쓰여 있으므로 정답이 된다. 선택지 4번은 '서류를 쓰지 않고 기일전 투표를 한다'고 했는데 기일전 투표 선서서 겸 청구서라는 서류를 써야 하므로 맞지 않다.

〈질문 2〉는 야마시타 씨의 기일전 투표일과 장소에 대해 묻고 있다. 선택지 1번에서 14일은 기일전 투표를 하는 날이 아니므로 맞지 않다. 선택지 2번의 19일 아침 10시, 히바리시청 별관 회의실은 모든 조건을 충족하고 있으므로 알맞다. 선택지 3번에서 20일 밤 7시는 조건에 충족되지만 장소는 히바리시청 별관 회의실이므로 맞지 않다. 선택지 4번에서 21일 투표는 오전 7시부터이므로 맞지 않다.

정보 검색(2)

오른쪽 페이지는 도서관 이용에 장애가 있는 분을 위한 서비스이다. 아래 질문에 대한 답으로서 가장 적당한 것을 1·2·3·4에서 하나 고르시오.

해석

도서관 이용에 장애가 있는 분을 위한 서비스

- 목소리로 된 홍보 대여 : 시의 홍보를 중심으로 소식을 소리로 바꿔 녹음한 '목소리 소식'을 정기적으로, 그 외 복지관계 신문기사나 시내의 일상적인 정보를 정리한 '최신정보'를 수시로 우송하고 있습니다.
- 소리자료 대여 : 책이나 잡지 등의 자료를 녹음한 '소리자료'를 대여하고 있습니다. 시도서관의 소장자료나 다른 자치단체의 도서관에서 빌리거나 시판물의 구입에 의해 제공합니다. 소장하고 있지 않은 자료는 작성합니다. 제공에는 시간이 걸리는 경우도 있습니다.
- 개인적 자료의 작성 : 개인적으로 필요한 자료나 팸플릿 등을 녹음하여 제공합니다. 자료·테이프·CD 등은 본인이 준비해주세요.
- 대면낭독 : 도서관 소장의 책·잡지·신문 등의 자료나 가지고 계신 자료 등을 대면으로 낭독합니다. 편지·전기제품의 설명서 등 무엇이든 좋습니다. 또 대독·대필 등의 지원도 하고 있습니다. 장소는 도서관의 대면낭독실입니다. 희망하실 경우에는 사전에 신청해주세요. 개인의 프라이버시나 독서에 관한 비밀은 엄수합니다. 1회 이용은 2시간 이내입니다.
- 점자번역 자료의 작성·대여 : 책이나 잡지 등의 자료를 점자로 바꾸어 대여합니다. 소장자료나 다른 자치단체의 도서관에서 빌려 제공합니다. 소장하고 있지 않은 자료는 작성합니다. 개인적으로 필요한 자료 등도 점자번역합니다. 제공에는 시간이 걸리는 경우도 있습니다.
- 대활자본 : 약시인 분이나 고령자인 분을 위해서 보통 책보다 글씨가 큰 대활자본을 소장하고 있습니다. '대활자본 코너'에 놓여져 있습니다.
- 확대독서기·확대경 : TV 화면에 글씨를 확대할 수 있는 확대독서기와 확대경을 준비해두고 있으니, 이용을 희망하는 분은 카운터에 신청해 주세요.
- 기기 대여 : 재생기를 대여하고 있습니다. 또 재생기의 사용법 설명도 합니다. 대여기한에 대해서는 상담해 주세요.
- 귀가 불편한 분에게 : 필담으로 안내해 드리오니 거리낌없이 상담해 주세요. 자료요청이나 조사 등에 대해서는 홈페이지, 문서, FAX로도 접수합니다. 도서관에서 온 연락이나 조사의 회답 등도 FAX로 보내드립니다.
- 자료의 우편 대여 : 시각장애인인 분 등 도서관에 오시기 힘든 분의 댁으로, 우편으로 자료를 보내드립니다. 우편법의 허가 범위 내에서 합니다. 자세한 것은 상담해 주세요.

단어 **障害**(しょうがい) 장애 | **点字**(てんじ) 점자 | **広報**(こうほう) 홍보 | **対面**(たいめん) 대면 | **拡大**(かくだい) 확대 | **点訳**(てんやく) 점자번역 | **窓口**(まどぐち) 창구 | **コミュニケーションを取**(と)**る** 커뮤니케이션을 하다 | **資料**(しりょう) 자료 | **貸**(か)**し出**(だ)**し** 대출, 대여 | **音訳**(おんやく) 소리로 바꿈 | **録音**(ろくおん) 녹음 | **おたより** 소식 | **定期的**(ていきてき) 정기적 | **福祉**(ふくし) 복지 | **身近**(みぢか)**な** 일상적인 | **随時**(ずいじ) 수시 | **所蔵**(しょぞう) 소장 | **借用**(しゃくよう) 차용, 빌림 | **市販物**(しはんぶつ) 시판물 | **購入**(こうにゅう) 구입 | **提供**(ていきょう) 제공 | **用意**(ようい) 준비 | **朗読**(ろうどく) 낭독 | **お手持**(ても)**ち** 가지고 있음 | **申**(もう)**し込**(こ)**む** 신청하다 | **厳守**(げんしゅ) 엄수 | **大活字**(だいかつじ) 대활자 | **弱視**(じゃくし) 약시 | **高齢者**(こうれいしゃ) 고령자 | **通常**(つうじょう) 통상 | **申**(もう)**し出**(で)**る** 신청하다 | **機器**(きき) 기기 | **筆談**(ひつだん) 필담 | **~にて** ~으로〈수단·재료〉 | **受付**(うけつけ) 접수(처) | **視覚**(しかく) 시각 | **許可**(きょか) 허가 | **範囲**(はんい) 범위

3 눈이 전혀 보이지 않는 기무라 씨는 어떤 서비스를 받을 수 있는가?

1 점자로 된 홍보 등의 소식을 우송받을 수 있다.
2 자택에서 대면으로 도서관 책 등의 낭독을 들을 수 있다.
3 도서관에서 확대독서기나 확대경을 사용할 수 있다.
4 점자번역이 없는 자료를 점자번역 받을 수 있다.

4 귀가 불편한 다카야마 씨가 받을 수 없는 서비스는 어느 것인가?

1 조사하고 싶은 것을 FAX로 부탁하는 것
2 창구에서 문자로 커뮤니케이션을 하는 것
3 모든 자료를 우송 받는 것
4 연락사항 등을 FAX로 받는 것

해설 〈질문 3〉은 눈이 전혀 보이지 않는 기무라 씨가 받을 수 있는 서비스가 무엇인지 묻고 있다. 선택지 1번, 홍보 등은 점자가 아니라 소리로 바꿔 녹음한 것을 우송하므로 맞지 않다. 선택지 2번, 대면은 항상 도서관의 대면낭독실에서 행해지므로 맞지 않다. 선택지 3번, 눈이 전혀 보이지 않는다고 했으므로 확대독서기나 확대경은 쓸 수 없다. 선택지 4번, 소장하고 있지 않은 자료나 개인적으로 필요한 자료도 점자번역으로 작성해 준다고 했으므로 알맞다.

독해 공략편

〈질문 4〉는 귀가 불편한 다카야마 씨가 받을 수 없는 서비스에 대해 묻고 있다. 선택지 1번, '귀가 불편한 분에게'의 항목을 보면 자료 요청이나 조사 등을 홈페이지, 문서, FAX로 접수한다고 했으므로 가능하다. 선택지 2번, 필담으로 안내한다고 쓰여 있으므로 가능한 일이다. 선택지 3번, 자료의 우편 대여는 우편법의 허가 범위 내라고 쓰여 있으므로 자료에 따라 불가능한 경우도 있음을 알 수 있다. 따라서 선택지 3번이 답이 된다. 선택지 4번, 연락이나 조사의 회답 등도 FAX로 보낸다고 했으므로 가능하다.

정보 검색(3)

오른쪽 페이지는 '니시 벼룩시장'의 공지이다. 아래 질문에 대한 답으로서, 가장 좋은 것을 1・2・3・4에서 하나 고르시오.

해석

「니시 벼룩시장」의 공지

- 개최기간 : 매월 첫째 일요일 오전 9시부터 12시까지(4월, 7월은 둘째 일요일이 됩니다.)
  우천시 결행.
- 개최장소 : 재활용센터 내(니시공원에서 변경했으므로 비가 와도 개최함, 언제든 개최가 가능하게 되었습니다.)
- 신청방법 : 출점을 희망하는 분은 왕복엽서로 신청해 주세요. (출점 희망일의 한 달 전 1일부터 10일의 소인이 있는 것만 유효함)
  : 니시시 거주, 재직하는 분. 1가구당 1통만, 전화, 청사를 방문한 신청은 불가능합니다.
- 출점결정 : 응모가 다수인 경우 추첨이 됩니다. 당첨된 분 중 그 후 출점을 철회할 경우에는 반드시 재활용센터로 연락해주세요. (떨어진 분 중 차례로 위로 올라갑니다.)
- 당일 : 개최시간 전에 물건의 반입과 준비를 하고, 정오에는 정리해 주세요.
- 출점품목 : 의류, 잡화, 장난감 등. 식품(유통기한 내의 물품, 날것은 제외). 전기제품은 불가.
- 기타 : 주차장을 이용하시는 분은 '청사 방문자용 주차장'을 이용해 주세요. (1시간 무료).
  반입, 반출 후에는 신속하게 차를 이동시켜 주세요.

왕복 엽서

왕신(보내는 엽서)		회신(받는 엽서)	
앞	뒤	앞	뒤
우2020-0002 니시시 니시동 3초메 3번지 재활용 센터	・대표자의 주소 ・대표자의 성명(후리가나) ・대표자의 전화번호 ・대표자의 연령 ・참가자 전원의 성명 ・출점품목	대표자의 주소 성명	*당첨 통지에 사용하므로 기입하지 마세요.

단어 **お知(し)らせ** 알림, 공지 | **出店**(しゅってん) 출점 | **普通**(ふつう)**はがき** 보통엽서 | **申**(もう)**し込**(こ)**み** 신청 | **往信**(おうしん) 왕신(답장을 바라고 내는 통신) | **返信**(へんしん) 회신 | **当選者**(とうせんしゃ) 당선자, 당첨자 | **取**(と)**り止**(や)**める** 그만두다, 취소하다 | **開催**(かいさい) 개최 | **雨天**(うてん) 우천, 비가 옴 | **決行**(けっこう) 결행 | **催行**(さいこう) 행사를 개최・시행함 | **往復**(おうふく)**はがき** 왕복엽서 | **消印**(けしいん) 소인 | **〜のみ** 〜만 | **有効**(ゆうこう) 유효함 | **世帯**(せたい) 세대, 가구 | **〜につき** 〜당 | **応募**(おうぼ) 응모 | **抽選**(ちゅうせん) 추첨 | **辞退**(じたい) 사퇴 | **落選**(らくせん) 낙선 | **繰**(く)**り上**(あ)**げ** 차례로 위로 올림 | **品物**(しなもの) 물건 | **搬入**(はんにゅう) 반입 | **設営**(せつえい) 어떤 일을 하기 위해 미리 시설・건물을 만듦 | **片**(かた)**づける** 정리하다 | **衣類**(いるい) 의류 | **雑貨**(ざっか) 잡화 | **賞味期限**(しょうみきげん) 유통기한 | **生**(なま)**もの** 생 것, 날 것 | **除外**(じょがい) 제외 | **搬出**(はんしゅつ) 반출 | **速**(すみ)**やかに** 신속하게 | **移動**(いどう) 이동 | **通知**(つうち) 통지

5 아내와 딸 셋이서 5월 2일에 출점하고 싶은 사람은 어떻게 하면 되는가?

1 보통엽서에 3명의 이름과 필요사항을 써서 부친다.
2 신청엽서를 3월 1일부터 10일 사이에 부친다.
3 보내는 엽서에 필요사항을 써서 우송한다.
4 받는 엽서에는 아무것도 쓰지 말고 보낸다.

6 당첨자가 해야 하는 것은 무엇인가?

1 재활용센터에 당첨 연락을 해야 한다.
2 출점을 취소할 경우 센터에 연락해야 한다.
3 주차장을 이용할 경우에는 요금을 내야 한다.
4 날씨가 맑은 경우에는 니시 공원에 출점해야 한다.

해설 〈질문 5〉는 3인 가족이 5월 2일에 출점하고 싶을 때 무엇을 해야 하는지 묻고 있다. 선택지 1번, 왕복엽서가 아니면 안 되므로 맞지 않다. 선택지 2번, 출점 희망일 한 달 전 1일~10일 사이여야 하므로, 5월 2일이면 4월 1일~10일 사이에 보내야 한다. 선택지 3번, 보내는 엽서에 대표자의 주소, 이름 등 필요한 사항을 써서 부쳐야 하므로 알맞다. 선택지 4번, 받는 엽서의 앞에는 대표자의 주소와 이름을 기입해야 하므로 맞지 않다.

〈질문 6〉은 당첨자가 해야 하는 일에 대해 묻고 있다. 선택지 1번, 출점을 취소할 경우에만 연락이 필요하다. 선택지 2번, 출점을 취소할 경우에는 반드시 연락하라고 쓰여 있으므로 알맞다 . 선택지 3번, 주차장은 1시간 이내라면 무료이므로 요금을 내지 않는 경우도 있다. 선택지 4번, 개최장소는 니시 재활용센터이다. 니시 공원은 이전에 개최했던 장소이다.

정보 검색(4)

오른쪽 페이지는 '여행 서포터의 공지'이다. 아래 질문에 대한 답으로서, 가장 좋은 것을 1・2・3・4에서 하나 고르시오.

해석

투어

투어	일수	내용	요금
①	1박2일	절과 신사 순례와 온천 버스 여행	20,000엔
②	1박2일	꽃과 촬영지 순례 버스 여행	25,000엔
③	2박3일	해산물요리와 온천을 즐기는 여행	30,000엔
④	2박3일	호화 온천여관 여행	35,000엔

※여행대금은 2인 1실 이용일 경우의 1인 요금입니다.
1인 1실 이용의 추가요금은 5,000엔.
※서포터의 여행비용도 지불해주세요.

		서포트료
서포트 내용 (하기 참조)	A	1박 5,000엔+보험·사무수수료 5,000엔
	B	1박 10,000엔+보험·사무수수료 5,000엔
	C	1박 15,000엔+보험·사무수수료 5,000엔

※보험·사무수수료는 1회만 지불합니다.

서포트	내용
A	휠체어 서포트 등 몸에 접촉하지 않는 가벼운 서포트
B	A에 화장실 시중과 목욕 시중을 더한 서포트
C	B 외에 야간도 포함한 계속적인 서포트

※A와 B는 숙박 시에는 별실. C는 동실.

단어 **海鮮**(かいせん) 신선한 해산물 | **絶**(た)**えず** 끊임없이 | **寺社巡**(じしゃめぐ)**り** 절과 신사 순례 | **温泉**(おんせん) 온천 | **ロケ地**(ち) 촬영지 | **豪華**(ごうか) 호화로움 | **追加**(ついか) 추가 | **費用**(ひよう) 비용 | **支払**(しはら)**う** 지불하다 | **保険**(ほけん) 보험 | **事務**(じむ) 사무 | **手数料**(てすうりょう) 수수료 | **車**(くるま)**いす** 휠체어 | **触**(ふ)**れる** 닿다, 접촉하다 | **軽度**(けいど) 경도 | **介助**(かいじょ) 시중듦 | **入浴**(にゅうよく) 입욕, 목욕 | **夜間**(やかん) 야간 | **含**(ふく)**める** 포함하다 | **継続**(けいぞく) 계속 | **別室**(べっしつ) 별실 | **同室**(どうしつ) 동실

7 가벼운 서포트를 받으면서 가장 저렴한 투어에 참가하는 사람은 얼마 지불하는가?

1 45,000엔
2 50,000엔
3 55,000엔
4 60,000엔

8 해산물 요리를 즐기고 싶은 사람이 끊임없이 서포트를 받으며 여행한다면 얼마가 드는가?

1 90,000엔
2 95,000엔
3 100,000엔
4 105,000엔

독해 공략편

해설 〈질문 7〉은 가벼운 서포트를 받으며, 가장 저렴한 투어를 할 경우 얼마를 지불하는지 묻고 있다. 따라서 A서포트를 받으며 가장 저렴한 1번 투어를 할 때의 금액을 계산하면 된다. 단 서포터의 비용도 지불하라고 했으므로 인원은 2명으로 계산해야 한다. 그래서 ①투어의 여행경비는 20,000엔×2명=40,000엔이 된다. A서포트료는 1박 5,000엔이고 보험·사무수수료가 5,000엔이므로 총 10,000엔이다. 두 금액을 합치면 50,000엔이 되는데, 이때 ※부분을 주의해서 보면, 투어 부분에 '1인 1실 이용일 경우에는 추가요금이 5,000엔 있다 했고, A와 B서포트일 때 숙박은 별실이라는 내용이 있으므로 5,000엔을 추가해야 한다. 따라서 총 요금은 55,000엔이 된다.

〈질문 8〉은 해산물 요리를 즐기고 싶은 사람이 끊임없이(계속적인) 서비스를 받을 경우의 요금에 대해 묻고 있다. 따라서 ③투어와 C서포트를 결합한 상품가격을 계산하면 된다. 우선 투어비용은 30,000엔×2명=60,000엔이 된다(서포터의 여행비용 포함). C서포트는 1박에 15,000엔이므로 ③투어는 2박이므로 30,000엔+5,000엔(보험·사무수수료)=35,000엔. C서포트의 객실은 동실이므로 추가요금은 없다. 따라서 총 95,000엔이 된다.

2교시

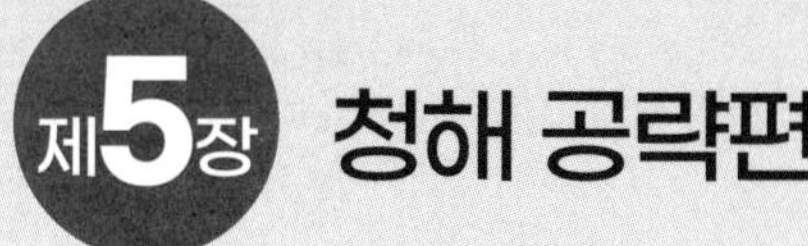

제5장 청해 공략편

문제 1	1 ②	2 ③	3 ④	4 ④	5 ②	6 ②				
문제 2	1 ③	2 ③	3 ③	4 ④	5 ④	6 ③				
문제 3	1 ④	2 ②	3 ④	4 ①	5 ①	6 ④				
문제 4	1 ③	2 ①	3 ③	4 ①	5 ②	6 ①	7 ②	8 ③	9 ②	10 ③
	11 ①	12 ②	13 ①	14 ③	15 ①	16 ①	17 ②	18 ③	19 ①	20 ②
	21 ①	22 ③	23 ②	24 ③	25 ②					
문제 5	1 ③	2 ③	3 ④	4 1-④ 2-②	5 1-② 2-④	6 1-③ 2-③				

問題 1

問題１では、まず質問を聞いてください。それから話を聞いて、問題用紙の１から４の中から、最もよいものを一つ選んでください。

1番

家で妻と夫が話しています。男の人はこの後まず何をしますか。

F：ねえ、隣の東市が医療費無料を高校生にまで引き上げるそうよ。

M：いいなあ。うちの市は中学までだったね。子供が２人もいて医療費がかかるから引っ越そうよ。

F：でも他のサービスもあるでしょう？ゴミが有料だったらもっとお金がかかるわよ。

M：そうだな。子供手当の額も地域によって違うって話だよね。じゃあ、調べてみるよ。

F：それで比べてみていい方を選ぶの？

M：そうだよ。

F：だけど、引っ越しって大変よ。子ども達が反対するに決まっているわ。

M：まだ小さいんだから聞かなくてもいいんじゃないか。

문제 1

문제1에서는 먼저 질문을 들어 주세요. 그리고 이야기를 듣고 문제용지의 1에서 4 중에서 가장 적당한 것을 하나 고르세요.

1번

집에서 아내와 남편이 이야기하고 있습니다. 남자는 이후 우선 무엇을 합니까?

여: 있잖아, 이웃의 히가시시가 의료비 무료를 고등학생까지 확대한다고 해.

남: 좋겠다. 우리 시는 중학생까지였지? 아이가 둘이나 있어서 의료비가 드니까 이사하자.

여: 하지만 다른 서비스도 있잖아. 쓰레기가 유료라면 돈이 더 들어.

남: 그렇군. 아이들 수당 금액도 지역에 따라 다르다는 얘기지? 그럼 조사해 볼게.

여: 그래서 비교해 보고 좋은 쪽을 고르는 거야?

남: 그렇지.

여: 하지만 이사는 힘든 일이야. 애들이 분명 반대할거야.

남: 아직 어리니까 묻지 않아도 되잖아.

여: 그건 안 돼. 아이도 아이의 세계를 가지고 있으니까. 아이가 싫다고 하면 그만둬. 여긴 공원도 도서관도 가까워서 환경이 좋으니까.

남: 그럼, 그렇게 할게.

F：それは駄目よ。子供も子供の世界を持っているんだから。子供が嫌だと言ったら止めてね。ここは公園も図書館も近くて環境がいいんだから。

M：じゃあ、そうするよ。

男の人はこの後まず何をしますか。

1 隣の市のサービスについて調べる
2 子供の意見を聞いてみる
3 隣の市とサービスを比べてみる
4 奥さんともっと話し合う

2番

学校で理事たちが話しています。これからこの学校はどんなことをしますか。

F：東大の入学者数の上位高校のランキングが昔と随分違ってきましたね。

M：うん。昔は底辺校だったのに今は上位にランクされている学校がいくつもあるからね。

F：そういう学校はどうやって優秀校になったのでしょうか。

M：最初は奨学金で釣って優秀な子を集めてきたんだそうだよ。

F：その子達がいい大学に入れば後は自然に優秀な子が集まってくるということですね。

M：そうだよ。でも我が校にはそんなにお金はないから今いる子を頑張らせるほかない。

F：それじゃ、できる子だけを集めて特別進学クラスを作ったらどうですか。

M：できる子じゃなくて意欲がある子を集めたほうがいいんじゃないか。

F：それなら、いっそ全てのクラスを能力別に変えたほうがいいんじゃないですか。

M：そうだけど、一番下のクラスがやる気をなくすから、やっぱり１クラスだけでいいよ。

F：じゃ、やってみます。

これからこの学校はどんなことをしますか。

1 奨学金を出して学生を募集する
2 できる学生のためのクラスを作る
3 やる気のある学生のためにクラスを作る
4 全部のクラスを能力別に変える

남자는 이후 우선 무엇을 합니까?

1 이웃의 시의 서비스에 대해서 조사한다
2 아이의 의견을 물어본다
3 이웃의 시와 서비스를 비교해본다
4 부인과 좀 더 이야기를 나눈다

해설

처음에는 1번처럼 시의 서비스에 대해서 조사해본다고 했다. 하지만 아이가 반대할 거라는 말을 듣고 아이에게 물어보기로 했으므로 2번이 정답이 된다. 1번과 3번은 이야기하는 도중에 하지 않기로 했으며, 4번의 좀 더 이야기를 나눈다는 내용은 없다.

2번

학교에서 이사들이 이야기하고 있습니다. 앞으로 이 학교는 어떤 것을 합니까?

여: 도쿄대 입학자 수의 상위고교 랭킹이 옛날과 상당히 달라졌군요.

남: 응. 예전에는 하위학교였는데 지금은 상위에 랭크되어 있는 학교가 몇 개나 있으니까.

여: 그런 학교는 어떻게 해서 우수학교가 된 걸까요?

남: 처음에는 장학금으로 꾀어서 우수한 학생을 모아왔다고 하더군.

여: 그 아이들이 좋은 대학에 들어가면 나중에는 자연스레 우수한 아이가 모여든다는 말이군요.

남: 그렇지. 하지만 우리 학교에는 그렇게 돈이 없으니까 지금 있는 아이들에게 분발하게 할 수밖에 없어.

여: 그럼 공부 잘하는 학생만을 모아서 특별진학반을 만들면 어떨까요?

남: 공부 잘하는 학생이 아니라 의욕이 있는 학생을 모으는 편이 낫지 않아?

여: 그럴거면 차라리 모든 반을 능력별로 바꾸는 편이 낫지 않을까요?

남: 그렇지만 가장 아랫반이 의욕을 잃으니까 역시 한 반만 해도 돼.

여: 그럼, 해보겠습니다.

앞으로 이 학교는 어떤 것을 합니까?

1 장학금을 내서 학생을 모집한다
2 공부 잘하는 학생을 위한 반을 만든다
3 의욕이 있는 학생을 위해서 반을 만든다
4 반 전부를 능력별로 바꾼다

해설

1번은 돈이 없어서 안 되고, 2번은 처음에 이 제안이 있었지만 후에 변경되었기 때문에 맞지 않다. 3번의 의욕이 있는 학생을 모은 반 쪽이 더 낫다는 의견이 나오고, 이에 전체 반을 능력별로 하자는 의견인 4번이 나왔지만 그것은 거절되었다. 따라서 3번이 정답이 된다.

3番

女の人と男の人が子供の名前について話しています。二人は子供の名前をどうやってつけますか。

F：この子に可愛らしい名前をつけたいわ。女の子の一番人気は「陽菜」ちゃんだって。

M：名前は親父達もいくつか考えているようだよ。

F：ええっ。自分たちでつけたいわ。名前は子供への最初のプレゼントなんだから。

M：じゃ、良さそうなのを3つ作ってその中から親に選んでもらうのはどうかな。

F：それならかまわないわ。ねえ、英語の名前から選ぶのはどう？「なおみ」とか。

M：英語と共通の名前は平凡なのしかないよ。やっぱり姓名判断の本を買って来よう。

F：じゃ、その中から可愛らしい発音の名前を探しましょう。

M：音には気をつけなきゃ。「彩子」なんかアメリカで変な名前だと驚かれたって。

F：確かに英語の「サイコ」は精神異常とかよくない意味ばかりあるから。

M：日本語では美しい名前なのに。だから名前を選ぶ前に発音はチェックしよう。

F：そうしましょう。

二人は子供の名前をどうやってつけますか。

1 3つの名前を作ったらチェックも選ぶのも親にしてもらう
2 本から名前を選んで発音を確認して自分たちで好きな名前を選ぶ
3 3つの名前が変な意味でないか両親に調べてもらってから選ぶ
4 チェックした3つの名前から両親に良いものを選んでもらう

3번

여자와 남자가 아이의 이름에 대해서 이야기하고 있습니다. 두 사람은 아이의 이름을 어떻게 짓습니까?

여: 이 아이에게 귀여운 이름을 지어주고 싶어. 여자아이에게 제일 인기인 것은 '하루나'래.

남: 이름은 부모님도 몇 개 생각하고 있는 거 같아.

여: 뭐? 우리가 짓고 싶어. 이름은 아이에게 주는 첫 선물이니까.

남: 그럼 좋아보이는 것을 3개 지어서 그중에서 부모님이 골라주는 건 어때?

여: 그거라면 상관없어. 있잖아, 영어 이름에서 고르는 건 어때? '나오미'라든가.

남: 영어와 공통된 이름은 평범한 것밖에 없어. 역시 성명(학)책을 사오자.

여: 그럼 그중에서 귀여운 발음이 나는 이름을 찾자.

남: 발음에는 신경써야 해. '사이코'같은 건 미국에서 이상한 이름이라고 놀랐다나봐.

여: 확실히 영어의 '사이코'는 정신이상이라든가 좋지 않은 의미만 있으니까.

남: 일본어로는 예쁜 이름인데. 그러니까 이름을 고르기 전에 발음은 체크하자.

여: 그렇게 하자.

두 사람은 아이의 이름을 어떻게 짓습니까?

1 세 개의 이름을 지으면 체크도 고르는 것도 부모님이 하게 한다
2 책에서 이름을 골라 발음을 확인해서 자기들끼리 좋아하는 이름을 고른다
3 세 개의 이름이 이상한 의미가 아닌지 부모님에게 조사하게 한 다음 고른다
4 체크한 세 개의 이름에서 부모님이 좋은 것을 고르게 한다

해설

1번에서 체크는 자신들이 하므로 맞지 않고, 마지막에 부모님이 좋아하는 이름을 고르므로 2번도 맞지 않다. 3번은 이름이 이상하지 않은지 자신들이 체크를 하는 것이다. 4번은 '좋아보이는 것을 3개 지어서 그 중에서 부모님이 고르게 한다'라고 말하고 있으며, 또 이름도 자신들이 체크한다고 했으므로 정답이 된다.

4番

家で夫と妻が話しています。お父さんはこれからどうしますか。

F：ねえ、渉が学校でいじめられているって大木さんの奥さんが教えてくれたのよ。でも渉に聞いても何も言わないのよ。

M：それでいじめているのは誰なの。

F：山田君のグループらしいわ。大木さんとっても心配していたわ。

4번

집에서 남편과 아내가 이야기하고 있습니다. 아빠는 앞으로 어떻게 합니까?

여: 있잖아, 와타루가 학교에서 괴롭힘을 당하고 있다고 오오키 씨의 부인이 가르쳐줬어. 하지만 와타루에게 물어봐도 아무 말도 안해.

남: 그래서 괴롭히고 있는 건 누구야?

여: 야마다 그룹 같아. 오오키 씨가 아주 걱정하고 있었어.

남: 오오키 씨 집의 켄이 엄마에게 이야기했다는 말이군. 하지만 아이는 말하고 싶어하지 않을 테니 물어봐도 소용없겠군. 담임 선생님에게 물어보는 건 어떨까.

M: 大木さんとこの健君がお母さんに話したってことだね。でも子供は言いたがらないだろうから聞いても無駄だろうな。担任の先生に聞くのはどうかな。

F：中学の担任はあまりクラスのことを知らないのよ。生徒が相談していれば別だけど。

M: 校長に話すのも今の段階ではちょっと…。

F：そうね。ねえ、子ども達、大木君のように家で話しているかもしれないわね。

M: じゃ、まず親しいお母さん達にいろいろ聞いてみてよ。その上で担任に相談してみよう。

F：あなたも渉と話してみてくださいね。

M: 今晩３人で話そう。

お父さんはこれからどうしますか。

1 渉君や渉の友達から話を聞く
2 渉君と二人だけで話をする
3 渉君や友達のお母さんと話をする
4 奥さんと一緒に渉君と話をする

5番

男の人が女の人と新しい保冷剤について話しています。部長はこの後まず何をしますか。

F：部長、この保冷剤を食品の運搬用に使ったらいかがでしょう。

M: 今までの２割増しの値段か。ちょっと費用がかかり過ぎるんじゃないの。

F：ええ、高いことは高いんですが、説明書にも書きましたが、12度まで氷が解けないことや、今使っている保冷剤は果物などの傷みを防ぐために間にシートを挟む必要がありますから、シート代とそれを挟む手間賃を考えると２割にはならないと思います。

M: 12度まで氷が解けないなんて画期的な発明だな。先方と値段の交渉をしてみるよ。

F：ぜひ、お願いします。これでお客さまから食品が温かくなっているという苦情がなくなると思います。

M: 価格が決まり次第、社長にも相談してみるから、稟議書を準備して置いてくれないか。

F：かしこまりました。添付はこの説明書でよいでしょうか。

M: 現在の費用も入れておいてくれない？ 新製品の価格はとりあえず空欄にしておいて。

F：はい、かしこまりました。

여: 중학교 담임은 그다지 반에서 일어나는 일을 몰라. 학생이 상의한다면 다르겠지만.

남: 교장에게 이야기하는 것도 지금 단계에서는 좀…….

여: 그렇겠다. 있잖아, 아이들 오오키처럼 집에서 이야기하고 있을지도 몰라.

남: 그럼 우선 친한 엄마들에게 이것저것 물어봐. 그런 다음 담임에게 상의해보자.

여: 당신도 와타루와 이야기해봐 줘.

남: 오늘밤 셋이서 이야기하자.

아빠는 앞으로 어떻게 합니까?

1 와타루나 와타루 친구에게서 이야기를 듣는다
2 와타루와 둘이서만 이야기를 한다
3 와타루나 친구 엄마와 이야기를 한다
4 부인과 함께 와타루와 이야기를 한다

해설

1번, 와타루는 말하고 싶어하지 않을 테니 물어봐도 소용없을 거라고 하며, 2번, '셋이서 이야기하자'라고 말하므로 틀리다. 3번, 친구 엄마와 이야기하는 것은 와타루의 엄마이다. 4번, 여자에게 '와타루와 이야기해'라는 말을 듣고, '셋이서 이야기하자'라고 했으므로 알맞다.

5번

남자가 여자와 새 보냉제에 대해서 이야기하고 있습니다. 부장은 이후 우선 무엇을 합니까?

여: 부장님, 이 보냉제를 식품 운반용으로 사용하면 어떨까요?

남: 지금까지의 20% 늘어난 가격이네. 비용이 좀 너무 드는 거 아냐?

여: 네, 비싸기는 하지만 설명서에도 썼습니다만, 12도까지 얼음이 녹지 않는 점이나, 지금 쓰고 있는 보냉재는 과일 등이 상하는 것을 방지하기 위해 사이에 시트를 끼울 필요가 있기 때문에, 시트비와 그것을 끼우는 수고비를 생각하면 20%가 안 된다고 생각합니다.

남: 12도까지 얼음이 녹지 않다니 획기적인 발명이군. 상대편과 가격협상을 해 볼게.

여: 꼭 부탁합니다. 이것으로 손님들에게서 식품이 미지근해져 있다는 클레임이 없어지리라 생각해요.

남: 가격이 정해지는 대로 사장님께도 의논해 볼테니 품의서를 준비해 두겠나?

여: 알겠습니다. 첨부는 이 설명서로 괜찮을까요?

남: 현재의 비용도 넣어주지 않겠나? 신제품 가격은 우선 공란으로 해 둬.

여: 네, 알겠습니다.

부장은 이후 우선 무엇을 합니까?

1 사장님께 이 제품에 대해서 설명한다
2 가격에 대해서 제조사와 상담해 본다
3 여자에게 설명서를 완성시키도록 한다
4 품의서를 작성하여 사장님께 보여준다

部長はこの後まず何をしますか。

1 社長にこの製品について説明する
2 価格についてメーカーと相談してみる
3 女の人に説明書を完成してもらう
4 稟議書を作成して社長に見せる

해설

1번은 가격 협상을 하고 품의서가 완성된 다음 사장님께 설명하는 것이므로 맞지 않다. 2번은 '가격이 정해지는 대로'라고 했으므로 우선 가격 협상을 위해 제조사와 상담하는 것이 맞다. 3번은 가격이 정해지지 않았으므로 설명서를 완성할 수 없다. 4번은 품의서는 여자가 만드는 것이므로 맞지 않다.

6番

男の人が女の人と話しています。男の人は修士の勉強が終わったらどうしますか。

F：ねえ、修士が終わったらこのまま上に進むんでしょう？
M：う～ん、実は迷っているんだ。博士に行ってもその後大学に残れる確率が低いから。
F：ポスドクの問題ね。日本で博士になっても仕事がなくて困っている人が大勢いるからね。
M：そうなんだよ。他の大学に移っても条件は同じだろうし。
F：そうね。じゃ、いっそ、研究を止めて就職する？ 企業の研究所に入れば研究も続けられるし。修士で辞める人が大勢いるらしいわよ。
M：そうだけど、企業が研究したいことを続けさせてくれるかどうかわからないよ。
F：そういうところを探せば？
M：う～ん、探せるかな。難しいよ。
F：アメリカ留学って手もあるんじゃない。海外では博士が優遇されているそうだから。
M：それも考えているんだけど、英語がね。
F：じゃ、準備してから留学したらどう？
M：そうだね。とりあえず、このままで。
F：頑張ってね。

男の人は修士の勉強が終わったらどうしますか。

1 企業の研究所に勤める
2 この大学の博士課程に進む
3 他の日本の大学の博士課程に進む
4 アメリカの大学院に留学する

6번

남자가 여자와 이야기하고 있습니다. 남자는 석사 공부가 끝나면 어떻게 합니까?

여: 있잖아, 석사가 끝나면 이대로 위로 진학하지?
남: 음~, 실은 고민하고 있어. 박사로 가도 그 후 대학에 남을 수 있을 확률이 낮으니까.
여: 박사연구원 문제네. 일본에서 박사가 되도 일거리가 없어서 곤란해하는 사람이 많이 있으니 말이야.
남: 맞아. 다른 대학으로 옮겨도 조건은 같을 테고.
여: 그렇구나. 그럼 차라리 연구를 그만두고 취직할래? 기업에 있는 연구소에 들어가면 연구도 계속할 수 있고. 석사에서 그만두는 사람이 많은 것 같아.
남: 그렇지만 기업이 연구하고 싶은 것을 계속하게 해 줄지 어떨지 몰라.
여: 그런 곳을 찾아보는 게 어때?
남: 음~, 찾을 수 있을까. 어려워.
여: 미국 유학이라는 방법도 있잖아. 해외에서는 박사가 우대받는다고 하니까.
남: 그것도 생각하고 있지만, 영어가 말야.
여: 그럼 준비한 후에 유학 가는 건 어때?
남: 그래. 우선 이대로.
여: 힘내.

남자는 석사 공부가 끝나면 어떻게 합니까?

1 기업에 있는 연구소에서 근무한다
2 이 대학의 박사과정에 진학한다
3 다른 일본 대학의 박사과정에 진학한다
4 미국의 대학원으로 유학 간다

해설

1번은 자기가 좋아하는 것을 연구하게 해줄 기업 연구소를 찾는 것은 어렵다고 했으므로 맞지 않다. 2번은 마지막에 '우선 이대로'라고 말하고 있으므로, 이 대학의 박사과정에 진학하는 것이 맞다. 3번은 일본의 대학은 어디든 박사연구원의 문제가 있다고 했으므로 다른 대학으로 가는 것은 맞지 않다. 4번은 영어를 못하므로 바로 미국의 대학원으로 유학 가는 것은 맞지 않다.

問題 2

問題 2 では、まず質問を聞いてください。そのあと、問題用紙のせんたくしを読んでください。読む時間があります。それから話を聞いて、問題用紙の 1 から 4 の中から、最もよいものを一つ選んでください。

1番

市の人がゴミの有料化について話しています。どういう目的でこの会は開かれましたか。

M: 当市では年々家庭から出るゴミが増加しています。これに伴い西ゴミ焼却場の焼却能力が限界になってきました。これ以上ゴミが増えれば新焼却施設を造らなければなりません。また、焼却後の灰を埋め立てる「あけぼの処理場」も後数年でいっぱいになってしまうので、新たな埋め立て地を確保しなければなりません。このため莫大な資金が必要になります。ゴミの分類をお願いして参りましたが、なかなか減量に結びつかないのが現状です。既に家具などの大型ゴミの有料化を進めて参りましたが、一般ゴミも有料化を進める所存でございます。有料化でゴミに対する関心が増し、少しでも減量に役立つのではないかと考えています。お配りの資料をご覧くだされば、市の苦しい財政状況もご理解いただけるものと思います。

どういう目的でこの会は開かれましたか。

1 ゴミを減らす方法を話し合うため
2 市の財政悪化について説明するため
3 一般ゴミの有料化を進めるため
4 ゴミの増加を知らせるため

2番

女の人が日本について話しています。どうして喪中の葉書を出しますか。

F : 日本人は12月に年賀状という新年の挨拶状を出します。年賀状にはお世話になったお礼や、今どんなことをしているかなどを新年を祝う言葉と一緒に書きます。年賀状は12月の半ばから年末にかけて出します。早く出しても12月中は郵便局が保管していて元旦の朝になってから届けられます。その年に家族が亡くなったりすると、派手なこと、賑やかなことはしないで静かに喪に服します。この場合、当然お正月のお祝いもしないし年賀状も出しません。しかし

문제 2

문제2에서는 먼저 질문을 들어 주세요. 그 후 문제용지의 선택지를 읽어 주세요. 읽는 시간이 있습니다. 그리고 이야기를 듣고 문제용지 1에서 4 중에서 가장 적당한 것을 하나 고르세요.

1번

시의 사람이 쓰레기의 유료화에 대해서 이야기하고 있습니다. 어떤 목적에서 이 모임은 열렸습니까?

남: 우리 시에서는 매년 가정에서 배출되는 쓰레기가 증가하고 있습니다. 이에 따라 니시 쓰레기 소각장의 소각 능력이 한계에 도달했습니다. 더 이상 쓰레기가 늘어나면 새 소각 시설을 만들지 않으면 안 됩니다. 또 소각 후의 재를 매립하는 '아케보노 처리장'도 앞으로 몇 년이면 가득 차게 되기 때문에 새로운 매립지를 확보해야 합니다. 이 때문에 막대한 자금이 필요하게 됩니다. 쓰레기의 분류를 부탁해 왔습니다만, 좀처럼 감량으로 이어지지 않는 것이 현 상황입니다. 이미 가구 등의 대형 쓰레기의 유료화를 추진해 왔습니다만, 일반 쓰레기도 유료화를 추진할 생각입니다. 유료화로 쓰레기에 대한 관심이 늘어, 조금이라도 양을 줄이는데 도움이 되지 않을까 생각하고 있습니다. 나눠 드린 자료를 봐 주시면 시의 어려운 재정 상황도 이해해 주시리라 생각합니다.

어떤 목적에서 이 모임은 열렸습니까?

1 쓰레기를 줄이는 방법을 의논하기 위해
2 시의 재정 악화에 대해서 설명하기 위해
3 일반 쓰레기의 유료화를 추진하기 위해
4 쓰레기의 증가를 알리기 위해

해설

시 관계자는 쓰레기와 관련된 시의 상황을 설명하면서 새로운 소각 시설 건립과 새로운 매립지의 확보를 위해 막대한 자금이 필요하게 되었다고 했다. 그리고 이미 추진한 대형 쓰레기의 유료화 외에 일반 쓰레기도 유료화를 추진할 생각이라고 했다. 따라서 이 모임이 열린 목적은 선택지 3번 '일반 쓰레기의 유료화를 추진하기 위해'가 된다.

2번

여자가 일본에 대해서 이야기하고 있습니다. 왜 상중 엽서를 보냅니까?

여: 일본인은 12월에 연하장이라는 신년 인사장을 보냅니다. 연하장에는 신세 진 답례나 지금 어떤 일을 하고 있는지 등을 신년을 축하하는 말과 함께 씁니다. 연하장은 12월 중순부터 연말에 걸쳐서 보냅니다. 빨리 부쳐도 12월 중에는 우체국이 보관하고 있고, 설날 아침이 된 후에야 도착됩니다. 그 해에 가족이 죽거나 하면, 화려한 것, 떠들썩한 일은 하지 않고 조용히 상복을 입습니다. 이 경우 당연히 정월 축하도 하지 않으며 연하장도 보내지 않습니다. 그러나 상중임을 다른 사람에게 알리기 위해서 상중 엽서를 보냅니다. 항상 연하장을 교환하고 있는 사람이 연하장을 보내기 전에 상중이라는 것을 알리지 않으면 안 됩니다. 따라서 12월 초에 상중 엽서를 받는 일이 많은 것입니다.

喪中であることを他の人に知らせるために喪中の葉書を出します。いつも年賀状を交換している人が年賀状を出す前に喪中と言うことを知らせなければなりません。ですから12月の初めに喪中の葉書を受け取ることが多いのです。

どうして喪中の葉書を出しますか。

1 年賀状の代わりにするため
2 お正月には留守にすることを知らせるため
3 家族の死に伴い身を慎んでいることを知らせるため
4 年賀状を出すのを止めた理由を知らせるため

3番

町役場で男の人と女の人が話しています。女の人はどうしてコンサルティング会社に相談するのがいいと言いましたか。

M: ねえ、ソリーの工場が閉鎖になるそうだ。下請け企業もたくさんあるし、倒産する会社が出てくるかもしれないし、これから忙しくなるぞ。

F : ここは完全にソリーの城下町なんだから。早く新しい企業を誘致しなくちゃ。

M: 誘致と言っても簡単じゃないよ。もっと優遇策を取らなきゃ。

F : 土地も提供しているし税金も10年間免除しているのよ。十分じゃないの。

M: 他はもっと優遇しているから企業は強気だよ。雇用が増えるだけで御の字なんだから。

F : 優遇策で他の町と競争したくなんかないわ。それより下請け企業の技術力を生かした新規事業ができないかしら。この方法で成功している町もあるじゃない。

M: そうだね。大会社に頼るだけではまた今度みたいなことになるし。

F : そうね。でも私たちだけでは無理よ。コンサルティング会社に相談するのがいいと思うわ。

M: じゃ、会議で提案してみてよ。

女の人はどうしてコンサルティング会社に相談するのがいいと言いましたか。

1 大会社を誘致したいから
2 倒産する会社が出てくるから
3 新規事業を立ち上げたいから
4 企業の技術力を上げたいから

왜 상중 엽서를 보냅니까?

1 연하장 대신으로 하기 위해
2 정월에는 집을 비우는 것을 알리기 위해
3 가족의 죽음에 따라 몸을 삼가는 것을 알리기 위해
4 연하장 부치는 것을 그만둔 이유를 알리기 위해

해설

여자는 연하장에 대해 설명하면서, 그 해 가족이 죽었을 경우에는 화려한 것, 떠들썩한 것을 하지 않고 조용히 상복을 입는다고 했고, 또한 연하장도 보내지 않는다고 했다. 연하장 대신에 상중 엽서를 보낸다고 했는데, 그 이유가 상중인 것을 다른 사람에게 알리기 위해서라고 했으므로, 선택지 3번 '가족의 죽음에 따라 몸을 삼가는 것을 알리기 위해서'가 정답이 된다.

3번

동사무소에서 남자와 여자가 이야기하고 있습니다. 여자는 왜 컨설팅 회사에 상담하는 것이 좋다고 했습니까?

남: 있지, SORI 공장이 폐쇄된다고 해. 하청기업도 많고 도산하는 회사가 나올지도 모르고, 앞으로 바빠지겠어.

여: 여기는 완전히 SORI기업이 경제의 중심인 곳이니까. 빨리 새로운 기업을 유치해야 돼.

남: 유치라고 해도 간단하지 않아. 좀 더 우대책을 취해야 돼.

여: 토지도 제공하고 있고 세금도 10년간 면제하고 있어. 충분하지 않아?

남: 다른 곳은 더 우대해주고 있어서 기업이 세게 나와. 고용이 느는 것만으로 감지덕지니까.

여: 우대책으로 다른 마을과 경쟁 따위 하고 싶지 않아. 그것보다 하청기업의 기술력을 살린 신규사업을 할 수 없을까? 이 방법으로 성공하고 있는 마을도 있잖아.

남: 그래 맞아. 대기업에 기대기만 해서는 또 이번과 같은 일이 될테고.

여: 그래. 하지만 우리들만으로는 무리야. 컨설팅 회사에 상담하는 게 좋을 것 같아.

남: 그럼 회의에서 제안해봐.

여자는 왜 컨설팅 회사에 상담하는 것이 좋다고 했습니까?

1 대기업을 유치하고 싶으니까
2 도산하는 회사가 나오니까
3 신규사업을 시작하고 싶으니까
4 기업의 기술력을 올리고 싶으니까

해설

여자가 '하청기업의 기술력을 살린 신규사업을 할 수 없을까?'라고 말하면서 자기들만으로는 무리이니 컨설팅 회사에 상담하는 것이 좋겠다고 했다. 따라서 3번이 정답이 된다. 1번은 기업유치는 문제가 있어서 다른 방책을 제안했으므로 맞지 않다. 2번은 도산하는 회사 때문에 컨설팅 회사에 상담하는 것은 아니다. 4번은 기술력을 올리고 싶은 것이 아니라 지금 보유하고 있는 기술력을 이용하자고 했으므로 맞지 않다.

4番

男の人と女の人が一村一品運動について話しています。どんな傾向が続くと言っていますか。

M: 一村一品運動が随分浸透したね。

F : ええ、農家の奥さんたちの協力のたまものですよ。

M: それにしてもこんなに世界中から見学に来るようになるとは予想外だったね。

F : 有名になりましたから。

M: それだけ困っている農家や村が多いということだよ。

F : 確かにそうですね。初期のころに比べると随分加工品が増えてきましたね。

M: 生産物をそのまま売るより利益が多いし、長期保存も可能だから。

F : これからもこの傾向は続くんでしょうね。

M: うん。農家の奥さんたちが集まって色々考えているようだから、どんな新製品ができるか楽しみだ。

F : そうですね。みなさんとても生き生きと働いていますね。

M: それが一村一品運動を始めて一番よかったことかもしれないなあ。

F : そうですね。生き甲斐だって言っている人もいますから。

どんな傾向が続くと言っていますか。

1 一村一品運動が広まること
2 農家の奥さんが協力すること
3 利益が増加し続けること
4 加工品が増えること

5番

女の人と男の人が話しています。2人はどうして胡粉ネイルを買うのですか。

F : ここでお姉さんにあげる胡粉ネイルを買って行きましょうよ。

M: 何？ 胡粉ネイルって。

F : 病気の人でも安心して使えるネイルなのよ。ホタテの貝殻から作っているから有機溶剤を使っていないのよ。ネイルを取る時もお湯でいいし。

M: それはいいね。お洒落なお姉さんが癌になってからネイルしなくなっちゃったからね。

F : 匂いがきつくて気分が悪くなっちゃうからだって。

M: 元気が出るような赤系のネイルを買って行こうよ。どれがいいかな。何だか随分優しい色のネイルばかりだね。

4번

남자와 여자가 일촌일품 운동에 대해서 이야기하고 있습니다. 어떤 경향이 이어진다고 말하고 있습니까?

남: 일촌일품 운동이 상당히 침투했네?

여: 네, 농가 부인들의 협력 덕분이에요.

남: 그렇다 해도 이렇게 전 세계에서 견학을 오게 될 줄은 예상외였지.

여: 유명해졌으니까요.

남: 그만큼 어려움을 겪는 농가나 마을이 많다는 말이야.

여: 확실히 그래요. 초기에 비하면 상당히 가공품이 늘었네요.

남: 생산물을 그대로 팔기보다 이익이 많고 장기보존도 가능하니까.

여: 앞으로도 이 경향은 이어지겠죠?

남: 응. 농가의 부인들이 모여서 이것저것 생각하고 있는 듯하니, 어떤 신제품이 생길지 기대돼.

여: 그렇네요. 모두들 아주 생기 넘치게 일하고 있네요.

남: 그게 일촌일품 운동을 시작해서 가장 좋았던 점일지도 몰라.

여: 맞아요. 사는 보람이라고 말하는 사람도 있으니까요.

어떤 경향이 이어진다고 말하고 있습니까?

1 일촌일품 운동이 확대되는 것
2 농가의 부인이 협력하는 것
3 이익이 계속 증가하는 것
4 가공품이 늘어나는 것

해설

'생산물을 그대로 팔기보다 이익이 많고 장기보존도 가능하니까'라고 가공품이 늘어난 이유에 대해 서술한 후, 앞으로도 이 경향은 이어지겠죠?'라고 말하고 있다. 또한 뒤에도 농가의 부인들이 모여 고안하여 새로운 신제품, 즉 새로운 가공품이 기대된다고 말하고 있으므로 4번이 정답이 된다. 1, 2, 3번에 대해서는 서술은 하고 있지만 그것이 계속되는 경향은 아니다.

5번

여자와 남자가 이야기하고 있습니다. 두 사람은 왜 호분네일을 삽니까?

여: 여기서 언니에게 줄 호분네일을 사서 가요.

남: 호분네일이 뭐야?

여: 아픈 사람도 안심하고 쓸 수 있는 네일이야. 가리비 껍데기로 만들기 때문에 유기용제를 안 써. 네일을 지울 때도 뜨거운 물이면 되고.

남: 그거 좋네. 멋쟁이 누나가 암에 걸리고 나서 네일을 안 하게 됐으니 말이야.

여: 냄새가 심해서 속이 안 좋아져서 그렇대.

남: 힘을 낼 만한 붉은 계열의 네일을 사 가자. 어느 게 좋을까. 왠지 상당히 부드러운 색의 네일 뿐이네.

여: 일본그림에 쓰는 그림물감을 만들고 있는 회사가 만들기 때문이야.

남: 그래서 일본의 정취가 있구나.

여: 이걸로 하자.

남: 응, 좋아.

F：日本画に使う絵の具を作っている会社が作っているからよ。

M：だから和の趣があるんだね。

F：これにしましょう。

M：うん、いいね。

2人はどうして胡粉ネイルを買うのですか。

1 癌の人のためのネイルだから
2 匂いがしないネイルだから
3 優しい色のネイルだから
4 安心して使えるネイルだから

두 사람은 왜 호분네일을 삽니까?

1 암에 걸린 사람을 위한 네일이므로
2 냄새가 나지 않는 네일이므로
3 부드러운 색의 네일이므로
4 안심하고 쓸 수 있는 네일이므로

해설

1번, 암에 걸린 사람으로 한정하고 있지는 않다. 2번, 보통의 네일은 냄새가 심하다고 하지만, 호분네일에 냄새가 아예 없다고는 말하고 있지 않다. 3번은 부드러운 색이라도 냄새가 강하면 사지 않으며 호분네일이 아니어도 부드러운 색의 네일이 있을 가능성이 있다. 4번은 언니는 암이므로 일반적인 네일은 쓸 수 없다고 말하고 있으므로, 안심하고 쓸 수 있는 네일이란 설명이 알맞다.

6番

男の人と女の人が話しています。男の人がその会社のインターンになりたいと思った一番の理由は何ですか。

M：単純作業ばかりでないもっと自分が生かせる仕事をしたいけど僕は高卒だから…。

F：高卒でも中卒でもやる気さえあればやり直せる会社があるわよ。

M：何をする会社？

F：その会社に就職するんじゃなくて、そこでインターンしながら学んで就職の世話をしてもらうの。事務や営業の仕事に就けるそうよ。

M：いいなあ。でもインターンでは貯金がないから生活できないよ。

F：大丈夫。インターンの間、住むところも食事も全てその会社が出してくれるから。

M：え～？そんなうまい話、本当にあるの？

F：ええ、但し、18歳から24歳までよ。

M：24歳だからぎりぎりだ。でもお金はいったいどこから出てくるんだ。

F：他の会社の仕事を請け負っていて、それを実践させながらトレーニングするし、修了後就職したら紹介した会社から手数料ももらえるから損はしないと思うよ。いくつかコースがあるから連絡してみたら。後はあなたの努力次第よ。

M：ありがとう。何か希望が見えてきたよ。

男の人がその会社のインターンになりたいと思った一番の理由は何ですか。

1 単純作業じゃない仕事がしたいから
2 高卒でも肉体作業を紹介してくれるから
3 インターンの時の生活費の心配がないから
4 希望がある仕事に就けるから

6번

남자와 여자가 이야기하고 있습니다. 남자가 그 회사의 인턴이 되고 싶다고 생각한 가장 큰 이유는 무엇입니까?

남：단순작업만 하지 않는 좀더 자신을 살릴 수 있는 일을 하고 싶은데 나는 고졸이라서….

여：고졸이든 중졸이든 의욕만 있으면 다시 시작할 수 있는 회사가 있어.

남：뭘 하는 회산데?

여：그 회사에 취직하는 게 아니라, 거기서 인턴을 하며 배워서 취직할 수 있는 도움을 받는 거야. 사무나 영업직으로 취직할 수 있대.

남：좋겠다. 그런데 인턴이어서는 저금이 없어서 생활할 수가 없어.

여：괜찮아. 인턴을 하는 동안, 살 곳도 식사도 전부 그 회사가 내주니까.

남：어? 그런 좋은 곳이 정말 있어?

여：응, 단 18세부터 24세까지야.

남：24살이니까 간당간당하네. 하지만 돈은 대체 어디에서 나오는 거야?

여：다른 회사의 일을 받아서, 그것을 실제로 해보게 하면서 훈련하고, 수료 후에 취직하면 소개한 회사로부터 수수료도 받을 수 있으니까 손해는 안볼 거야. 몇 가지 코스가 있으니까 연락해 보는 게 어때? 그 후엔 너의 노력에 달렸어.

남：고마워. 뭔가 희망이 보이기 시작했어.

남자가 그 회사의 인턴이 되고 싶다고 생각한 가장 큰 이유는 무엇입니까?

1 단순작업이 아닌 일을 하고 싶으니까
2 고졸이라도 육체작업을 소개해 주니까
3 인턴일 때의 생활비 걱정이 없으니까
4 희망이 있는 일에 취직(종사)할 수 있으니까

해설

1번은 동기 중 하나지만 이 회사를 고른 가장 큰 이유는 아니다. 2번, 업무는 사무나 영업직이라고 했으므로 맞지 않다. 3번, 인턴에 흥미를 가졌지만 생활비가 걱정이었는데, 그것이 회사 부담이라고 하므로 걱정이 없어졌다. 그래서 인턴을 결심했으므로 가장 알맞다. 4번, 아직 취직할 수 있을지 어떨지는 모른다.

問題 3

問題 3 では、問題用紙に何も印刷されていません。この問題は、全体としてどんな内容かを聞く問題です。話の前に質問はありません。まず話を聞いてください。それから、質問とせんたくしを聞いて、1 から 4 の中から、最もよいものを一つ選んでください。

1番

先生が食物アレルギーの治療について話しています。

M: 食物アレルギーの子供が大変増えています。食物アレルギーはじんま疹や呼吸障害などを起こし、時には命を落とすこともあります。人によってアレルギーの原因となる物質が違います。このアレルギー症状を引き起こさないために、従来は原因物質を食べないようにして症状の緩和を計ってきました。しかし最近原因物質を敢えて摂ることによって治す療法が開発されました。当病院でも入院治療コースを開設致しました。まだ研究段階でもありまして10日から20日ほど入院しなければなりませんし、10万円ほどの負担金もかかります。当面重症患者に限ってこの治療が受けられます。更に主治医の先生とご相談の上、必要性が認められた方だけが申し込みできます。

病院は新治療法についてどういう方針を出しましたか。

1 全ての患者に適用する
2 軽症患者は主治医の推薦が必要である
3 研究に役に立つ資料を集めるために治療を開始する
4 主治医が必要性を認めた重症患者だけ受けられる

2番

女の人が犬のマイクロチップについて話しています。

F : スイス・ノルウェーなど多くのヨーロッパの国では、犬にマイクロチップを埋め込むことが義務づけられているそうです。イギリスでも全ての犬にマイクロチップを埋め込むことにしました。犬に咬まれて怪我をさせられたという事件が起きているからです。中には凶暴な犬を武器のように使う人までいるそうです。日本でもたまに犬に咬まれて死亡するという事件があります。ですが、私は捨てられて処分される年間10万匹以上もの犬の命を救うためにマイクロチップを義務づけたいと思います。現在保健所に登録されている犬は、実際に飼われている犬の半分ぐ

문제 3

문제3에서는 문제용지에 아무것도 인쇄되어 있지 않습니다. 이 문제는 전체적으로 어떤 내용인가를 묻는 문제입니다. 이야기 전에 질문은 없습니다. 먼저 이야기를 들어 주세요. 그리고 질문과 선택지를 듣고 1에서 4 중에서 가장 적당한 것을 하나 고르세요.

1번

선생님이 음식물 알레르기 치료에 대해서 말하고 있습니다.

남: 음식물 알레르기인 자녀가 몹시 늘어나고 있습니다. 음식물 알레르기는 두드러기나 호흡 장애 등을 일으키며, 때로는 목숨을 잃는 경우도 있습니다. 사람에 따라서 알레르기의 원인이 되는 물질이 다릅니다. 이 알레르기 증상을 일으키지 않기 위해서, 종래에는 원인 물질을 먹지 않도록 해서 증상 완화를 도모해 왔습니다. 그러나 최근 원인 물질을 억지로 섭취함으로써 치료하는 요법이 개발되었습니다. 당 병원에서도 입원 치료 코스를 개설했습니다. 아직 연구 단계이기도 해서 10일부터 20일 정도 입원해야 하며, 10만 엔 정도의 부담금도 듭니다. 당분간 중증 환자에 한해 이 치료를 받을 수 있습니다. 거기에 주치의 선생님과 상담한 후, 필요성이 인정된 분만 신청할 수 있습니다.

병원은 새 치료법에 대해서 어떤 방침을 내놓았습니까?

1 모든 환자에게 적용한다
2 경증 환자는 주치의의 추천이 필요하다
3 연구에 도움이 되는 자료를 모으기 위해서 치료를 개시한다
4 주치의가 필요성을 인정한 중증 환자만 받을 수 있다

해설

남자는 음식물 알레르기 치료법을 소개하면서, 자신의 병원에서도 입원 치료 코스를 개설했는데, 아직 연구 단계라서 10~20일 정도 입원해야 하며 10만 엔 정도의 부담금도 든다고 했다. 그리고 대상을 주치의 선생님과 상담한 후, 필요성이 인정된 중증 환자에 한정한다고 했다. 따라서 선택지 4번이 정답이 된다.

2번

여자가 개의 마이크로칩에 대해서 말하고 있습니다.

여: 스위스·노르웨이 등 많은 유럽 국가에서는 개에게 마이크로칩을 삽입하는 것이 의무화되어 있다고 합니다. 영국에서도 모든 개에게 마이크로칩을 삽입하기로 했습니다. 개에게 물려 상처를 입었다는 사건이 일어나고 있기 때문입니다. 그중에는 흉포한 개를 무기처럼 쓰는 사람까지 있다고 합니다. 일본에서도 가끔 개에 물려 사망하는 사건이 있습니다. 하지만, 저는 버려져서 처분되는 연간 10만 마리 이상이나 되는 개의 생명을 구하기 위해서 마이크로칩을 의무화하고 싶습니다. 현재 보건소에 등록되어 있는 개는, 실제로 길러지고 있는 개의 절반 정도라는 이야기도 듣습니다. 소유를 분명하게 해서 주인의 사정으로 버리는 일이 없도록 꼭 필요하다고 생각합니다.

らいだという話も聞きます。所有をはっきりさせて飼い主の都合で捨てることのないように、是非必要だと思います。

女の人は何のためにマイクロチップを埋め込みたいと言っていますか。

1 犬の半分しか登録されていないため
2 捨てられる犬を減らすため
3 危害を与えた犬を特定するため
4 世界標準に合わせるため

3番

営業担当の役員が新型太陽電池について話しています。

M: 今回発表させていただく太陽電池は今までの常識を覆すようなものです。皆様よくご存じのように太陽光発電は太陽の光の下で発電する必要があります。しかしこの色素増感型の太陽電池は暗い室内でも発電できます。7センチ四方の太陽電池をろうそくの明るさである14ルクスぐらいの暗い室内に置いた場合小型LEDを点灯させることができます。色素が赤外光を吸収して発電しているのです。計算上では1メートル四方サイズでろうそくの光より暗い10ルクスで8時間充電した場合ラジオを2時間ぐらい聞くことができます。室内で発電できますので壁全体に取り付けることも可能です。現在実用化に向けて更に小型化を進めておりまして名刺サイズの試作品を3ヶ月以内に発表できる予定です。これはどこでも発電できますので、今後様々な分野での利用が見込まれておりまして、既に多くの企業様より問い合わせのお電話をいただいております。

新型太陽電池についてどんな発表がありましたか。

1 3ヶ月以内に名刺サイズの製品を売り出すこと
2 真っ暗な室内でLED電球を点けられること
3 暗い室内でラジオを聞くことができたこと
4 薄暗い室内でも発電が可能であること

여자는 무엇을 위해서 마이크로칩을 삽입하고 싶다고 말하고 있습니까?

1 개의 절반밖에 등록되어 있지 않으므로
2 버려지는 개를 줄이기 위해
3 위해를 가한 개를 특정화하기 위해
4 세계 표준에 맞추기 위해

해설

여자는 개에게 마이크로칩을 삽입하는 것을 의무화하려는 이유로 버려져 처분되는 연간 10만 마리 이상이나 되는 개의 목숨을 구하기 위해서라고 했다. 그리고 개의 소유를 분명하게 해서 주인의 사정으로 버려지는 개가 없도록 하기 위해 꼭 필요하다고 했다. 따라서 정답은 선택지 2번 '버려지는 개를 줄이기 위해'가 된다.

3번

영업담당 임원이 신형 태양전지에 대해서 말하고 있습니다.

남: 이번에 발표하는 태양전지는 지금까지의 상식을 뒤엎는 그런 것입니다. 여러분 잘 아시다시피 태양광발전은 태양빛 아래에서 발전할 필요가 있습니다. 그러나 이 색소증감형 태양전지는 어두운 실내에서도 발전할 수 있습니다. 사방 7센티미터의 태양전지를 양초 밝기인 14룩스 정도의 어두운 실내에 둔 경우 소형 LED를 점등시킬 수 있습니다. 색소가 적외선 빛을 흡수해서 발전하고 있는 것입니다. 계산상으로는 사방 1미터 사이즈에서 양초빛보다 어두운 10룩스로 8시간 충전한 경우 라디오를 2시간 정도 들을 수 있습니다. 실내에서 발전할 수 있기 때문에 벽 전체에 설치하는 것도 가능합니다. 현재 실용화를 위해 더욱 소형화를 추진하고 있어, 명함 크기의 시험제작품을 3개월 이내에 발표 가능할 예정입니다. 이것은 어디서든 발전할 수 있기 때문에 앞으로 다양한 분야에서의 이용이 전망되고 있으며, 이미 많은 기업에게 문의 전화를 받고 있습니다.

신형 태양전지에 대해서 어떤 발표가 있었습니까?

1 3개월 이내에 명함 크기의 제품을 발매하는 것
2 암흑인 실내에서 LED 전구를 켤 수 있는 것
3 어두운 실내에서 라디오를 들을 수 있었던 것
4 어둑한 실내에서도 발전이 가능한 것

해설

1번은 '3개월 이내에 명함 크기의 시험제작품을 발매할 수 있다'라고 했으므로 제품을 발매하는 것이 아니다. 2번은 암흑이 아니라 '14룩스 정도의 어두운 실내'라고 했으므로 틀리다. 3번은 실제로 라디오를 들은 것이 아니라 계산상의 일이므로 맞지 않다. 4번은 '어두운 실내에서도 발전할 수 있다'와 '14룩스 정도의 어두운 실내'에서의 발전과 전구의 점등이 가능하다고 했으므로 정답이다.

4番

動物愛護協会の人が話しています。

F：ペットブームで子犬や子猫の売れ行きが良いそうです。小さいと可愛らしさが増すので、買い手は小さい子犬や子猫をほしがります。しかし早くから親から引き離されると犬の場合、噛みつくなどの攻撃的な行動、音や光を恐れたり、吠え癖、留守番ができないなどの問題行動を起こしたりするそうです。動物も親や兄弟と一緒に過ごすことで社会性を身につけることができるのです。欧米では生後56日経たなければ犬や猫の取引は禁止されている国がほとんどです。2013年の改正動物愛護管理法で56日以内の引き渡しの禁止が唱われたのは進歩だと思います。しかしその実施は業者の負担が増すという理由で暫定措置として生後45日以内までの禁止に留まってしまいました。いつになったら56日に延ばすか未定です。動物たちのためにも飼う私たちのためにも早急に56日にしていただきたくお願いする次第です。

56日ルールについてどのように考えていますか。

1 有効だと思うので暫定措置は直ぐに取り外すべきだ
2 全く何も実行されないので絵に描いた餅である
3 業者の反対で法律が出来なかったのは残念である
4 犬の被害を減らすために作られたルールである

5番

旅行会社の人が「城泊」について話しています。

F：私どもがご提供する城泊は本物の城の中に泊まれるめったにできない経験ができますから、必ずご満足できると思います。２名様１泊100万円で、１名10万円の追加料金で最大６名まで泊まれます。高いと思われるでしょうが、１泊200万円のホテルに比べるとイベント付きで貴重な体験ができますのでお得だと思います。城に入る時の特別なセレモニーでは、男の人は昔の武士の姿で馬に乗って女の人はお姫様の着物を着ます。入り口で10名ほどの鉄砲隊が歓迎の鉄砲を撃ちますが、観光客も見に来ます。城に入った後、伝統芸能を見ておいしい夕食が楽しめます。風呂は城の外ですが、天守閣を見ながらの入浴は風情があります。翌日の朝食は国の重要文化財である

4번

동물애호협회 사람이 말하고 있습니다.

여: 반려동물 붐으로 강아지나 새끼고양이의 매상이 좋다고 합니다. 어리면 더 귀엽기 때문에 사는 사람은 어린 강아지나 새끼고양이를 갖고 싶어합니다. 그러나 일찍부터 어미에게서 떼어지면 개의 경우 달려들어 무는 등의 공격적인 행동, 소리나 빛을 무서워하거나 짖는 버릇, 집에 혼자 있지 못하는 등의 문제행동을 일으킨다고 합니다. 동물도 부모나 형제와 함께 지냄으로써 사회성을 익힐 수 있는 것입니다. 구미에서는 생후 56일이 지나지 않으면 개나 고양이의 거래는 금지되고 있는 나라가 대부분입니다. 2013년의 개정 동물애호관리법에서 56일 이내의 인도 금지가 제창된 것은 진보라고 생각합니다. 그러나 그 실시는 업자의 부담이 늘어난다는 이유로 잠정조치로서 생후 45일 이내까지의 금지에 머물고 말았습니다. 언제쯤 56일로 연장될지 미정입니다. 동물들을 위해서도 기르는 우리를 위해서도 조속히 56일 규정이 되기를 바랄 따름입니다.

56일 규정에 대해서 어떻게 생각하고 있습니까?

1 효과가 있다고 생각하므로 잠정조치는 바로 해제되어야 한다
2 전혀 아무것도 실행되지 않기 때문에 그림의 떡이다
3 업자의 반대로 법률이 생기지 않은 것은 유감이다
4 개의 피해를 줄이기 위해서 만들어진 규정이다

해설

56일 규정은 동물도 부모나 형제와 함께 지냄으로써 사회성을 익힐 수 있다고 하여 법률로 되었지만 잠정조치라 아직 실행되지 못하고 있고, 동물애호협회 사람은 실시를 요청하고 있다. 1번은 '조속히 56일 규정이 되기를 바란다'고 말하므로 정답이 된다. 2번은 법률이 되었으므로 아무것도 실행되지 않은 것은 아니다. 3번은 법률은 생겼으므로 맞지 않다. 4번에서 규정은 개에게 물리거나 하는 피해를 줄이기 위한 것 뿐만 아니라 동물을 위해서 만드는 것도 있다.

5번

여행사 사람이 '시로하쿠(성에서의 숙박)'에 대해서 이야기하고 있습니다.

여: 저희가 제공해드리는 시로하쿠는 진짜 성 안에서 숙박할 수 있는 좀처럼 할 수 없는 경험이 가능하니 꼭 만족하시리라 생각합니다. 2인 1박 100만 엔에, 1인 10만 엔의 추가요금으로 최대 6명까지 숙박할 수 있습니다. 비싸다고 생각되시겠지만, 1박 200만 엔인 호텔에 비하면 이벤트가 포함된 귀중한 체험을 할 수 있으므로 저렴하다고 생각합니다. 성에 들어갈 때의 특별한 세리머니로는, 남자는 옛날 무사의 모습으로 말을 타고 여자는 공주님의 옷을 입습니다. 입구에서 10명 정도의 예포대가 환영의 총을 쏘는데 관광객도 보러 옵니다. 성에 들어간 후, 전통예능을 보며 맛있는 저녁식사를 즐길 수 있습니다. 욕실은 성 밖이지만, 천수각을 보면서 하는 입욕은 정취가 있습니다. 다음날 아침식사는 나라의 중요문화재인 유명한 정원에서 드시는데, 그 정원도 한번 볼 가치가 있습니다. 성은 냉방이나 난방 설비를 만들 수 없기 때문에, 현재 1년에 30박 정도의 날씨가 좋을 때만 수용하며, 성의 관람시간 외의 저녁 5시부터 다음날 9시까지밖에 있을 수 없지

有名な庭園で食べますが、そちらの庭も一見の価値があります。城は冷房や暖房の設備が造れませんから、今のところ年に30泊ほどの気候が良い時だけしか受け入れていませんし、城の観覧時間外の夕方の５時から翌日の９時までしかいられませんが、とても人気があります。是非泊まってみてください。

女の人が特に主張したいことは何ですか。

1 城に泊まるだけでなく珍しい体験もできるので、泊まってみてほしいということ
2 城泊は貴重な体験ができるので、高いけれども泊まってみてほしいということ
3 城に泊まらないと経験できないことばかりなので、泊まってみてほしいということ
4 100万円は大勢なら高くないので、貴重な体験をするために泊まってみてほしいということ

만, 매우 인기가 있습니다. 꼭 숙박해 보세요.

여자가 특히 주장하고 싶은 점은 무엇입니까?

1 성에 묵을 뿐만 아니라 진기한 체험도 할 수 있으니, 숙박해 보길 바라는 점
2 시로하쿠는 귀중한 체험을 할 수 있으니, 비싸지만 숙박해 보길 바라는 점
3 성에 묵지 않으면 경험할 수 없는 일뿐이니, 숙박해 보길 바라는 점
4 100만 엔은 사람이 많으면 비싸지 않기 때문에, 귀중한 체험을 하기 위해서 숙박해 보길 바라는 점

해설

1번은 '시로하쿠'에는 이벤트나 식사비가 포함되어 있으며, 진기한 이벤트도 있으므로 알맞다. 2번은 '비싸다고 생각되시겠지만 ~귀중한 체험을 할 수 있으므로 저렴하다고 생각합니다'라고 말하고 있으므로 여행사의 사람은 비싸다고 생각하지 않는다. 3번은 '환영의 총을 쏘는데 관광객도 보러 옵니다'라고 하므로 성에 묵지 않아도 경험할 수 있는 것도 있다. 4번은 2인 1박이 100만 엔이고, 1인 10만 엔의 추가요금이 있으므로 사람이 많아진다고 100만엔 자체가 저렴해지는 것은 아니다.

6番

男の人が「発泡スチロール」の家について話しています。

M: これが発砲スチロールで造られている700万円のドームハウスです。建物そのものは大人４人で１日で出来上がります。電気、水道工事を入れても１か月から１か月半と短期間で完成しますから、災害時の避難施設としての利用にもいいです。発砲スチロールと言うと軽いので風で飛んでしまうとか、壊れやすいと思うでしょうが、大変硬くて強いです。実際に災害に強く大地震の時にもほとんどの家が壊れた中で発砲スチロールの家だけがそのまま残っていたそうです。また断熱性にも大変優れています。ただ雨の音がうるさいという人もいますが、解決のための塗料などを現在研究中です。また自然の中に丸い奇妙な家があったらせっかくの雰囲気が台無しだという意見もありますが、反対に丸い形が可愛らしいと考える人もいらっしゃいます。また店舗として利用する場合はもう建物だけで宣伝にもなるという利点があります。

発砲スチロールの家の一番良い点は何だと言っていますか。

1 宣伝として使えること
2 丸い形がかわいいこと
3 1日で完成してしまうこと
4 強度、断熱性に優れていること

6번

남자가 '스티로폼' 집에 대해 이야기하고 있습니다.

남: 이것이 스티로폼으로 지어진 700만 엔의 돔하우스입니다. 건물 그 자체는 어른 4명이 하루에 완성합니다. 전기, 수도공사를 넣어도 한 달에서 한 달 반으로 단기간에 완성되기 때문에, 재해 시의 피난시설로서의 이용에도 좋습니다. 스티로폼이라고 하면 가벼워서 바람에 날라가 버린다든가, 무너지기 쉽다고 생각하시겠지만, 대단히 단단하고 강합니다. 실제로 재해에 강해서 대지진이 났을 때에도 대부분의 집이 무너진 가운데 스티로폼 집만 그대로 남아 있었다고 합니다. 또 단열성도 대단히 뛰어납니다. 단 빗소리가 시끄럽다는 사람도 있지만, 해결을 위한 페인트 등을 현재 연구중입니다. 또 자연 속에 둥근 기묘한 집이 있으면 모처럼의 분위기를 망친다는 의견도 있습니다만, 반대로 둥근 모양이 귀엽다고 생각하는 분도 계십니다. 또한 점포로써 이용하는 경우에는 건물만으로 선전도 된다는 이점이 있습니다.

스티로폼 집의 가장 좋은 점은 뭐라고 말하고 있습니까?

1 선전으로써 사용할 수 있는 점
2 둥근 모양이 귀여운 점
3 하루 만에 완성해 버리는 점
4 강도, 단열성이 뛰어난 점

해설

1번은 주거 등 선전할 필요가 없는 경우도 있으므로 맞지 않다. 2번은 시골의 분위기를 망친다는 의견도 있으므로 맞지 않다. 3번은 건물만이라면 하루에 가능하지만 전기, 수도공사 등은 한 달 이상 걸리므로 완성할 수 없다. 4번은 지진에도 강하고 단열성도 뛰어나다고 했으므로 알맞다.

問題 4

問題 4 では、問題用紙に何も印刷されていません。まず、文を聞いてください。それから、それに対する返事を聞いて、1から3の中から、最もよいものを一つ選んでください。

1番

F：店員（てんいん）の応対（おうたい）いかんで売上（うりあ）げがもっと伸（の）びますよ。

M：1 みんなに応対がいかんと言（い）います。
 2 対応（たいおう）に満足（まんぞく）されたいです。
 3 店員教育（きょういく）をするようにします。

문제 4

문제4에서는 문제용지에 아무것도 인쇄되어 있지 않습니다. 먼저 문장을 들어 주세요. 그리고 그것에 대한 응답을 듣고 1에서 3 중에서 가장 적당한 것을 하나 고르세요.

1번

여 : 점원의 응대 여하에 따라 매상이 더 늘어나요.

남 : 1 모두에게 응대가 안 된다고 말하겠습니다.
 2 대응에 만족되고 싶습니다.
 3 점원 교육을 하도록 하겠습니다.

해설

여자는 점원들이 손님에게 응대하는 태도에 따라 매상이 늘어난다고 했으므로, 정답은 점원에게 교육을 시켜 응대하는 법을 배우게 하겠다는 선택지 3번이 된다. ～いかんで는 '～여하에 따라'라는 뜻의 기능어이다.

2番

M：旅行先（りょこうさき）では桜（さくら）ばかりか菜（な）の花（はな）も満開（まんかい）でした。

F：1 いい時期（じき）に行（い）きましたね。
 2 いい天気（てんき）でよかったですね。
 3 いい場所（ばしょ）に行きたいですね。

2번

남 : 여행지에서는 벚꽃뿐만 아니라 유채꽃도 만개했습니다.

여 : 1 좋은 시기에 갔군요.
 2 날씨가 좋아서 다행이네요.
 3 좋은 곳에 가고 싶네요.

해설

남자는 여행지에 벚꽃뿐만 아니라 마침 유채꽃도 만개했다고 말하고 있으므로, 정답은 벚꽃도 유채꽃도 피는 좋은 시기에 갔다고 말한 선택지 1번이 된다. ～ばかりか는 '～뿐만 아니라'라는 뜻의 기능어이다.

3番

M：悪（わる）いけど平社員（ひらしゃいん）なんか相手（あいて）にできないよ。

F：1 重役（じゅうやく）だったら馬鹿（ばか）にできませんよ。
 2 悪いことをしてはいけません。
 3 平社員を馬鹿にしてはいけませんよ。

3번

남 : 미안하지만 평사원은 상대가 안 돼.

여 : 1 임원이라면 무시하지 못해요.
 2 나쁜 짓을 해서는 안 돼요.
 3 평사원을 무시해서는 안 돼요.

해설

남자는 평사원은 상대가 안 된다고 모욕하고 있기 때문에, 평사원을 무시하지 말라고 한 선택지 3번이 정답이 된다. 悪い는 '나쁘다'라는 뜻 이외에 '미안하다'라는 의미도 있으며, 馬鹿にする는 '무시하다'라는 뜻이다.

4番

F：金（きん）メダルが取（と）れるでしょうか。

M：1 結果（けっか）のいかんにかかわらず努力（どりょく）をほめてやりたいです。
 2 結果いかんで取りたいです。
 3 結果のいかんにかかわらず取れると思（おも）います。

4번

여 : 금메달을 딸 수 있을까요?

남 : 1 결과 여하에 관계없이 노력을 칭찬해 주고 싶습니다.
 2 결과 여하에 따라 따고 싶습니다.
 3 결과 여하에 관계없이 딸 수 있다고 생각합니다.

해설

금메달을 딸 수 있을지 묻는 여자에게 결과가 어떻게 되더라도 노력은 칭찬하고 싶다고 말한 선택지 1번이 정답이 된다. ～いかんにかかわらず는 '～여하에 관계없이', ～いかんで는 '～여하에 따라'라는 뜻의 기능어이다.

5番

M: 山田は年ばっかり食ってこんなこともできないんだから。

F : 1 若いから仕方がないですよ。

2 年の割に経験が少ないんですよ。

3 老人ばかりですから無理なんです。

5번

남 : 야마다는 나이만 먹고 이런 일도 못한다니까.

여 : 1 젊으니까 어쩔 수 없어요.

2 나이에 비해 경험이 적어요.

3 노인뿐이라서 무리예요.

해설

야마다가 나이가 많은데도 불구하고 이런 것, 즉 간단한 것도 할 수 없다고 비난하는 남자에게, 나이에 비해 경험이 적어서 그렇다고 이유를 말한 선택지 2번이 정답이 된다. 年を食う는 '나이를 먹다'라는 뜻의 관용어이고, ～割には '～치고는, ～에 비해'라는 뜻의 기능어이다.

6番

M: いかに生活に困ろうが、国から援助してもらいたくない。

F : 1 そんなこと言ったが最後、貰える物も貰えなくなるわよ。

2 そんなこと言ったが最後、生活費をあげるようになるわよ。

3 そんなこと言ったが最後、少し考えたほうがいいわよ。

6번

남 : 아무리 생활이 어려워도 나라에서 원조를 받고 싶지 않아.

여 : 1 일단 그런 말을 했다 하면, 받을 수 있는 것도 받을 수 없게 돼.

2 일단 그런 말을 했다 하면, 생활비를 주게 돼.

3 일단 그런 말을 했다 하면, 조금 생각하는 게 좋아.

해설

남자는 아무리 생활이 힘들어도 나라에서 원조를 받고 싶지는 않다고 하자, 그런 말을 하면 본래 받을 수 있는 것도 받을 수 없게 된다고 한 선택지 1번이 정답이 된다. いかに～(よ)うが는 '아무리 ～해도', ～(た)が最後는 '일단 ～했다 하면'이라는 뜻의 기능어이다.

7番

F : ちゃんと戸締まりしてきた？

M: 1 ええ、閉めっぱなしにしてきましたよ。

2 ええ、しっかり確認してきましたよ。

3 ええ、窓を開けっぱなしにしてきましたよ。

7번

여 : 제대로 문단속하고 왔어?

남 : 1 네, 닫아둔 채로 하고 왔어요.

2 네, 확실히 확인하고 왔어요.

3 네, 창문을 열어둔 채로 하고 왔어요.

해설

제대로 문단속을 하고 왔냐고 문단속의 여부를 묻는 여자의 말에 확실히 확인하고 왔다는 선택지 2번이 정답이 된다. 선택지 1번은 閉めっぱなしにしてきましたよ가 아니라 閉(し)めてきましたよ로 말하는 것이 적당하다. ～っぱなし는 '～해 둔채'라는 뜻의 기능어이다.

8番

F : お忙しいところお出でくださいましてありがとうございます。

M: 1 何かおいて出かけなければならなかったんです。

2 本当によくいらっしゃいました。

3 何をおいても出席したかったんです。

8번

여 : 바쁘신 중에 와 주셔서 감사합니다.

남 : 1 뭔가 두고 나서야 했습니다.

2 정말로 잘 오셨습니다.

3 만사를 제쳐놓고 참석하고 싶었습니다.

해설

방문해 준 남자에게 바쁘신 중에 와 주셔서 감사하다는 인사를 하고 있다. 따라서 그에 대한 응답은 만사를 제쳐두고라도 참석하고 싶었다는 선택지 3번이 가장 어울린다. 선택지 1번은 何かおいて가 아니라 何をおいても(만사를 제쳐놓고)로 말해야 한다. お出(い)でくださる는 '와주시다'라는 뜻의 존경어이고, ～ところ(を)는 '～인 중에'라는 뜻의 기능어이다.

9番

M: いくらお金を稼いでも病気になったらそれまでだよ。

F : 1 ええ、お金があって助かります。

2 ええ、健康第一ですね。

3 ええ、お金がたくさん要りますね。

9번

남 : 아무리 돈을 벌어도 병에 걸리면 그것으로 끝이야.

여 : 1 네, 돈이 있어서 살았습니다.

2 네, 건강이 제일이죠.

3 네, 돈이 많이 필요하네요.

해설

아무리 돈을 많이 벌어도 병에 걸리면 아무 소용없다는 남자의 말에 건강이 제일이라고 동의한 선택지 2번이 정답이 된다. ～たらそれまでだ는 '～하면 그것으로 끝이다'라는 뜻의 기능어이다.

10番

F : 話を聞いた限りではお金は貸せません。

M: 1 そんなに話を限らないでください。

2 限界はいくらですか。

3 担保も出しますからお願いします。

10번

여 : 이야기를 들은 바로는 돈은 빌려 줄 수 없습니다.

남 : 1 그렇게 이야기를 한정하지 마세요.

2 한계는 얼마입니까?

3 담보도 낼 테니까 부탁합니다.

해설

누군가에게 이야기를 듣고 돈을 빌려 줄 수 없다는 여자의 말에, 돈을 빌리기 위해서 담보도 내겠다고 한 선택지 3번이 정답이 된다. ～限(かぎ)りでは는 '～한 바로는'이라는 뜻의 기능어이다. 선택지 1번의 話を限る는 쓰지 않는 표현으로, ～を限る는 기일·날짜 등을 한정하거나 塀で土地を限る(담으로 땅을 한정하다, 경계 짓다)와 같은 경우에 사용된다.

11番

F : 明日のコンサートに行きますか。

M: 1 切符がないので行こうにも行けません。

2 行こうが行くまいが気にしません。

3 明日行っても行かなくても気が済みます。

11번

여 : 내일 콘서트에 가나요?

남 : 1 표가 없어서 가려고 해도 갈 수 없습니다.

2 가든 안 가든 신경쓰지 않습니다.

3 내일 가든 안 가든 마음이 홀가분합니다.

해설

내일 콘서트에 가냐는 질문에, 가려고 해도 표가 없어서 갈 수 없다고 한 선택지 1번이 답이 된다. 선택지 2번은 자신의 행동에 대한 의견이지만 답변으로는 적당하지 않다. ～(よ)うにも～(でき)ない는 '～하려 해도 ～할 수 없다', ～(よ)うが～まいが는 '～하든 ～하지 않든'이라는 뜻이다.

12番

M: また男の子が生まれちゃったんです。

F : 1 男か女かどちらがいいんですか。

2 男であれ女であれ元気ならいいですよ。

3 男も女も健康が一番ですね。

12번

남 : 또 남자아이가 태어났습니다.

여 : 1 남자 여자, 어느 쪽이 좋습니까?

2 남자든 여자든 건강하면 돼요.

3 남자도 여자도 건강이 제일이네요.

해설

남자는 또 남자아이가 태어났다고 하며 여자아이를 원했다는 마음을 표현하고 있다. 따라서 남자든 여자든 건강하면 된다고 말한 선택지 2번이 정답이 된다. ～であれ～であれ는 '～이든 ～이든'이라는 뜻의 기능어이다.

13番

M: ここまで楽に来られましたか。

F : 1 暗くなってしまったので心細い限りでした。

2 地図があったので楽な限りでした。

3 前に聞いていたので限りがわかりました。

13번

남 : 여기까지 편하게 오셨습니까?

여 : 1 어두워졌기 때문에 너무 불안했습니다.

2 지도가 있어서 아주 편했습니다.

3 전에 들었기 때문에 한계를 알았습니다.

해설

여기까지 편하게 오셨냐는 질문이므로, 오는 데 어두워져서 너무 불안했다는 선택지 1번이 정답이 된다. 선택지 2번의 楽な限りでした, 선택지 3번의 限りがわかりました는 잘못된 표현이다. ～限りだ는 '너무 ～하다'라는 뜻의 기능어이다.

14番

M: 今度のプロジェクトの結果いかんでは東京に店が出せるかも。

F : 1 それは結果待ちだわね。

2 それは大変だわね。

3 それは素晴らしいわね。

14번

남 : 이번 프로젝트 결과 여하에 따라서는 도쿄에 가게를 낼 수 있을지도 몰라.

여 : 1 그거 결과만 기다리면 되네.

2 그거 힘들겠네.

3 그거 멋지네.

해설

남자는 결과가 좋으면 가게를 낼 수 있다고 기뻐하고 있다. 1번은 남자와 같은 말을 할 필요가 없으므로 맞지 않다. 2번은 기뻐하는 것에 대해 '힘들겠다'는 말은 어울리지 않는다. 3번은 멋지다며 기뻐하므로 정답이 된다. ～いかんでは는 '～여하에 따라서는'이라는 뜻의 기능어이다.

15番

F : あなたをおいてこの難しい仕事ができる人はどこにもいませんよ。

M: 1 お世辞を言っても引き受けませんよ。

2 難しい仕事ならやる気が出るんですけど。

3 誰にでもできることなんかやりたくないですね。

15번

여 : 당신 외에 이 어려운 일을 할 수 있는 사람은 어디에도 없어요.

남 : 1 달콤한 말을 해도 맡지 않을 거예요.

2 어려운 일이라면 의욕이 생기지만요.

3 누구든 할 수 있는 일 같은 건 하고 싶지 않네요.

해설

여자는 당신 이외에 이 일은 불가능하다고 말하고 있다. 1번은 남자는 그것은 달콤한 말, 입에 발린 소리라며 거절하고 있으므로 정답이 된다. 2번은 어려운 일이라는 여자의 말에 만약 어려운 일이라면 의욕이 생긴다고 했으므로 모순이다. ～をおいて는 뒤에 부정을 수반하여 '～이외에 ～(없다)'라는 뜻을 나타내는 기능어이다.

16番

F : 春めいてきましたね。

M: 1 ええ、春一番が吹きましたよ。

2 ええ、春の盛りはまだですね。

3 ええ、春の名残も見られますね。

16번

여 : 봄다워졌네요.

남 : 1 네, 하루이치방(겨울이 끝날 무렵에 부는 강한 남풍)이 불었어요.

2 네, 한창 봄은 아직이네요.

3 네, 봄의 자취(흔적)도 볼 수 있네요.

해설

여자는 봄다운 날씨가 되었다고 말하고 있다. 1번의 春一番은 강한 남풍으로 봄의 시작을 알린다고 하므로 정답이 된다. 2번은 추운 겨울이 끝나고 봄 다워졌다는 말에 '네, 한창 봄은 아직이네요'라고 대답하는 것은 어색하다. 3번의 春の名残는 봄이 끝났을 무렵에 사용하는 표현이다.

17番

F : 清の工作があまり下手なので見かねて。

M: 1 手伝ってもらったのか。

2 手伝ってやったのか。

3 手伝うのを見ていたのか。

17번

여 : 기요시의 공작이 너무 형편없어서 볼 수 없어서.

남 : 1 도움을 받은거야?

2 도와준 거야?

3 도와주는 것을 보고 있었어?

해설

'볼 수 없어서' 뒤에 '도와주었다'가 생략되어 있다. 2번은 '도와준 거야?'라고 확인을 하고 있으므로 적당하다. 3번은 도와주는 것을 보고 있었던 게 아니라 직접 도와준 것이다. ～かねる는 '～하기 어렵다'라는 뜻의 기능어이다.

18番

M: 道路が広がるので引っ越しを余儀なくされたんです。

F : 1 引っ越しできてよかったですね。

2 引っ越ししなくちゃ駄目ですよ。

3 引っ越し大変だったでしょう。

18번

남 : 도로가 확장되어서 어쩔 수 없이 이사하게 됐어요.

여 : 1 이사하게 되어서 잘됐네요.

2 이사하지 않으면 안 돼요.

3 이사 힘들었죠?

해설

남자는 도로확장에 의해 어쩔 수 없이 이사를 하게 되었다고 말하고 있다. 1번은 어쩔 수 없다고 하는 사람에게 잘됐다고 하는 것은 이상하므로 틀리다. 3번은 '이사는 힘들었죠?' 하고 걱정하고 있으므로 적당하다. ～を余儀なくされる는 '어쩔 수 없이 ～하게 되다'라는 뜻의 기능어이다.

19番

M: 先日のご提案ですが、承知しかねます。

F : 1 それでも飲んでもらうほかありません。

2 それでは飲んでいただけるのですね。

3 それを飲んでくださって助かりました。

19번

남 : 일전의 제안 말인데요 들어주기 힘듭니다.

여 : 1 그래도 받아들여주는 수밖에 없습니다.

2 그럼 받아들여주시는 거군요.

3 그것을 받아주셔서 도움이 됐습니다.

해설

남자는 여자의 제안은 받아들일 수 없다고 말하고 있다. 1번은 그럼에도 불구하고 받아들여 달라고 말하고 있으므로 정답이다. 2번은 받아들일 수 없다고 하는 사람에게 '받아들여준다'고 말하므로 이상하다. 3번도 '받아들여줘서 도움이 되었다'고 말하므로 적합하지 않다. 여기서 飲む는 '받아들이다, 수용하다'라는 뜻이다.

20番

F : 山田さんの発言を皮切りに色々な意見が出ました。

M: 1 じゃ、もっと発言して欲しかったですね。

2 じゃ、面白い意見もあったでしょう。

3 じゃ、みんなが同じ意見だったんですね。

20번

여 : 야마다 씨의 발언을 시작으로 다양한 의견이 나왔습니다.

남 : 1 그럼 좀 더 발언하셨으면 했네요.

2 그럼 재미있는 의견도 있었죠?

3 그럼 모두가 같은 의견이었군요.

해설

여자가 '여러 가지 의견이 나왔다'고 말하고 있다. 1번의 '좀 더 발언했으면 했다'라는 말은 발언이 그다지 없었다는 것을 의미하므로 모순이 된다. 2번은 여러 가지 발언 중에 재미있는 의견도 있었겠다고 하므로 정답이 된다. 3번은 여러 가지 의견이지 같은 의견은 아니므로 맞지 않다. ～を皮切りに는 '～을 시작으로'라는 뜻의 기능어이다.

21番

M: 清、また、靴下脱ぎっぱなしだったよ。

F : 1 あなた、何とか言ってくださいよ。

2 いつもはきちんとしているんだけど。

3 大目にみてばかりいるんだから。

21번

남 : 기요시, 또 양말 벗어놓은 채로 뒀어.

여 : 1 여보, 뭐라고 말 좀 해 줘요.

2 평소에는 제대로 하고 있는데.

3 봐주기만 하니까.

해설

1번은 아내가 남편에게 주의를 주도록 부탁하고 있으므로 알맞다. 2번은 남편이 '또'라고 말하고 있으므로, 항상 양말을 벗어놓은 채로 둔다는 것을 알 수 있다. 3번에서 大目にみる는 '봐주다'라는 뜻의 숙어표현이므로, 남편이 봐주기만 하지 않고 잔소리를 하고 있으므로 맞지 않다. ～っぱなし는 '～한 채로', ～てばかりいる는 '～하고만 있다'라는 기능어이다.

22番

M: 1億円当たったなんて夢みたいだ。

F : 1 本当かどうか顔を洗ってみたら。

2 本当かどうか頭を触ってみたら。

3 本当かどうかほっぺたつねってみたら。

22번

남 : 1억 엔에 당첨됐다니 꿈만 같아.

여 : 1 정말인지 아닌지 세수해보는 게 어때?

2 정말인지 아닌지 머리를 만져보는 게 어때?

3 정말인지 아닌지 볼을 꼬집어보는 게 어때?

해설

기쁜 일이 있었을 때, 꿈이 아닌 것을 확인하기 위해 하는 동작은 '볼 꼬집기' 밖에 없으므로 3번이 답이 된다. 当たる는 '당첨되다', ～なんて는 '～하다니'란 뜻으로, 예상치 못한 결과에 놀라는 감정을 나타낸다.

23番

F : 健康診断で再検査って言われたのよ。

M: 1 健康診断なんか受けたせいだよ。

2 まだ病気だって決まったわけじゃないよ。

3 癌なら早めにわかったほうがいいよ。

23번

여 : 건강검진에서 재검사란 말을 들었어.

남 : 1 건강검진 같은 걸 받은 탓이야.

2 아직 병에 걸렸다고 결정된 것은 아니야.

3 암이라면 빨리 아는 편이 나아.

해설

1번은 건강검진을 받은 것이 나쁘다고 말하므로 맞지 않다. 2번은 위로하는 말이므로 알맞다. 3번, 불안한 사람을 더욱 불안하게 하는 말은 하지 않는 것이 좋으므로 맞지 않다. ～って는 ～という의 회화체이며, ～なんか는 '～같은 것, ～따위'라는 뜻이다. 기능어 ～せいだ(～탓이다), ～わけでは(じゃ)ない(～인 것이 아니다)도 함께 알아두자.

24番

F : アリさんは大げさなんだから、話半分に聞いておきなさいよ。

M: 1 はい、半分聞いておくから大丈夫ですよ。

2 はい、いい加減に聞いておくから大丈夫ですよ。

3 はい、割り引いて聞いておくから大丈夫ですよ。

24번

여 : 아리 씨는 과장이 심하니까, 사실은 이야기의 절반 정도라 생각해.

남 : 1 네, 절반 들어두니까 괜찮아요.

2 네, 되는 대로 들어두니까 괜찮아요.

3 네, 에누리해서 들어두니까 괜찮아요.

해설

話半分의 의미는 이야기의 반 정도는 거짓이나 과장일 거라는 뜻으로, 아리 씨의 말을 모두 사실로 듣지 말라는 말이므로 3번이 가장 적당하다. 1번은 양적으로 절반만 듣는다는 의미이고, 2번의 いい加減に가 '되는 대로, 마음대로'라는 뜻이므로, 이야기 전체를 제대로 듣지 않겠다는 의미이다.

25番

M: 仕事をさぼっている時に限って社長が来るんだから。

F : 1 ほんと、人が悪いね。

2 ほんと、ばつが悪いね。

3 ほんと、都合が悪いね。

25번

남 : 꼭 일을 농땡이 치고 있을 때 사장님이 온다니까.

여 : 1 정말, 사람이 나쁘네.

2 정말, 난처하네.

3 정말, 사정이 안 좋네.

해설

남자의 말은 오지 않았으면 좋을 때에 꼭 온다는 의미이다. 1번은 사장님의 성격이 나쁘다고 말한 것이 아니므로 맞지 않다. 2번의 ばつが悪い는 '난처하다, 겸연쩍다'라는 뜻이므로, 농땡이 치는 것을 들켜 난처하다고 했으므로 알맞다. 3번의 都合が悪い는 무언가를 하는 것이 사정이나 형편상 어렵다는 것을 나타낸다. 예를 들어 날짜나 장소 등이 맞지 않아 만날 수 없을 때 등에 사용하는 표현이다. ～に限っては '～에 한해, 꼭 ～할 때'라는 뜻의 기능어이다.

問題 5

問題５では長めの話を聞きます。この問題には練習はありません。問題用紙にメモをとってもかまいません。

1番、2番、3番

問題用紙に何も印刷されていません。まず話を聞いてください。それから、質問とせんたくしを聞いて、１から４の中から、最もよいものを一つ選んでください。

1番

建設会社の人が話しています。

F：空調服、風を取り入れるので涼しいってみんな喜んでいますよ。

M：ああ、ファン付き作業服のことね。よかった。うちは３Ｋの職場だから、働きやすくしないとみんな辞めちゃうから。だからもっと改善したほうがいいんだけど、何かある？

F：そうですね。今の若者って恰好を気にする人が多くて。作業着で電車に乗るのが嫌みたいですよ。着替えたいけど汗だくのままではそれもできないって言っていました。

M：それは盲点だったな。じゃ、循環式シャワーを買おうか。被災地で使っているのを見たことがあるけど、一度水を入れると100回ぐらいシャワーが使える優れものだよ。500万円は痛いけど。

F：それは凄いですね。スーツを着ることもできるからそのままデートに行けますよ。さっぱりして帰れますからお年の人も大喜びするでしょう。

M：そうだな。買うことにしよう。それが売りになったら安い買い物だ。

どうして循環式シャワーを買いますか。

1 安い買い物だから
2 従業員が希望しているから
3 離職者を減らしたいから
4 100人シャワーが浴びられるから

문제 5

문제5에서는 긴 이야기를 듣습니다. 이 문제에는 연습은 없습니다. 문제용지에 메모를 해도 상관없습니다.

1번, 2번, 3번

문제용지에 아무것도 인쇄되어 있지 않습니다. 먼저, 이야기를 들어주세요. 그리고 질문과 선택지를 듣고 1에서 4 중에서 가장 적당한 것을 하나 고르세요.

1번

건설회사 사람이 말하고 있습니다.

여 : 공조복(전동팬 부착 작업복), 바람을 안에 넣어줘서 시원하다고 모두들 좋아해요.

남 : 아~, 팬을 부착한 작업복 말이지? 다행이다. 우린 3K 직장이라 일하기 좋게 하지 않으면 모두 그만둬버리니까. 그래서 좀더 개선하는 편이 좋은데. 뭔가 있을까?

여 : 글쎄요. 지금의 젊은이는 겉모습을 신경쓰는 사람이 많아서요. 작업복을 입고 전철 타는 것을 싫어하는 것 같아요. 갈아입고 싶지만 땀투성이인 채로는 그것도 할 수 없다고 그랬어요.

남 : 그건 맹점이었네. 그럼 순환식 샤워를 구입할까? 재난지역에서 쓰고 있는 것을 본 적이 있는데, 한번 물을 넣으면 100회 정도 샤워를 쓸 수 있는 뛰어난 물건이야. 500만 엔은 마음이 쓰리지만.

여 : 그거 굉장하네요. 수트를 입을 수도 있으니 그대로 데이트하러 갈 수 있어요. 산뜻하게 해서 집에 갈 수 있으니 나이가 있으신 분도 크게 기뻐할 거예요.

남 : 그렇겠군. 사기로 하자. 그게 장점이 되면 싸게 잘 산거야.

왜 순환식 샤워를 삽니까?

1 싸게 잘 사는 것이므로
2 종업원이 희망하고 있어서
3 이직자를 줄이고 싶어서
4 100명이 샤워를 할 수 있어서

해설

1번, 500만 엔은 마음이 쓰리다고 했으므로 비싸다고 생각하고 있다. 2번, 종업원이 꼭 집어 순환식 샤워를 설치하길 바란다는 의견은 없으므로 맞지 않다. 3번은 '모두 그만둬버리니까. 그래서 좀 더 개선하는 편이 좋다'고 말하므로 알맞다. 4번은 물을 교환하면 몇 명이든 샤워를 할 수 있으므로 100명에 구애될 필요는 없다.

2番

男の人が二人と女の人が会社で話しています。

M1: なかなか良いデザイナーが集まらないなあ。
F ：募集はかけているんだけど。
M2: 東京で人を集めるのはもう無理じゃないか。
F ：確かに。結構いいお金を出しているんだけど、人が来ないのよ。
M1: 景気が段々良くなってきているから…どこも人手不足だそうだ。
M2: 地方に移るのはどうだろう。
M1: いい考えだね。地方は仕事が不足だというから集めやすいかも。
F ：地方にいい人材がいるとは限らないわよ。
M1: 故郷に帰ろうか。あそこは芸術大学もあるし。
M2: 却っていいんじゃないか。学生も地元に就職できたら嬉しいだろうし。
F ：でもお客さんは東京にいるのよ。打ち合わせなどどうするつもり？
M1: ほとんどの仕事はメールやスカイプでできると思うよ。
M2: 新幹線も開通するし、2時間半で東京に出てこられるよ。
F ：交通費がかかるじゃない。
M1: 代わりに家賃や生活費が安く済むからいい生活ができるよ。
F ：そうだけど、ここでの暮らしも捨てがたいのよね。

故郷に帰ることに対する三人の考えはどれですか。

1 男性達は賛成だが女性は絶対に帰りたくない
2 男性達は仕方がないと考え、女性は迷っている
3 男性達は賛成だが女性はちゅうちょしている
4 男性達ははっきりしないし女性も煮えきらない

3番

男の人が二人と女の人が会社で話しています。

M1: 画期的な製品を出さないと会社はじり貧になってしまいます。
F ：そうですが、開発するとしたら莫大なお金が必要です。
M2: 一からでは無理ですから他社の特許を使わせてもらうのはいかがでしょうか。
M1: 使用料が高いのでは？それに使わせてくれるでしょうか。

2번

남자 두 명과 여자가 회사에서 이야기하고 있습니다.

남1: 좀처럼 좋은 디자이너가 모이지 않네.
여 : 모집은 하고 있는데.
남2: 도쿄에서 사람을 모집하는 것은 이제 무리가 아닐까?
여 : 확실히 그래. 상당히 좋은 액수를 내놓고 있는데 사람이 오지 않아.
남1: 경기가 점점 좋아지고 있으니까…… 어디든 일손이 부족하다고 해.
남2: 지방으로 옮기는 건 어떨까?
남1: 좋은 생각이야. 지방은 일이 부족하다고 하니까 모집하기 쉬울지도 몰라.
여 : 지방에 꼭 좋은 인재가 있다고는 할 수 없어.
남1: 고향으로 돌아갈까? 거긴 예술대학도 있고.
남2: 오히려 좋지 않아? 학생도 그 지역에 취직할 수 있으면 좋을테고.
여 : 하지만 고객은 도쿄에 있어. 협의 같은 건 어떻게 할 생각이야?
남1: 대부분의 작업은 메일이나 스카이프로 가능하다고 생각해.
남2: 신칸센도 개통하니 2시간 반이면 도쿄로 나올 수 있어.
여 : 교통비가 들잖아.
남1: 대신 집세나 생활비가 싸게 드니까 괜찮은 생활을 할 수 있어.
여 : 그렇지만 이곳에서의 생활도 버리기 어려운데.

고향으로 돌아가는 것에 대한 세 명의 생각은 어느 것입니까?

1 남자들은 찬성하지만 여자는 절대로 돌아가고 싶지 않다
2 남자들은 어쩔 수 없다고 생각하고 여자는 망설이고 있다
3 남자들은 찬성하지만 여자는 주저하고 있다
4 남자들은 확실하지 않으며 여자도 애매하다

해설

남자들의 경우 한 사람이 고향으로 돌아갈까 하는 말에 다른 한 사람이 '좋다'고 대답하고 있으므로, 남자들은 모두 찬성이다. 여자는 '이곳에서의 생활도 버리기 어려운데'라고 말하고 있다. 1번에서 여자는 '이곳에서의 생활을 그만두는 것은 어렵다'고 말하고 있기 때문에 절대적으로 반대하고 있는 것은 아니다. 2번에서 남자들은 오히려 좋다고 말하고 있으므로 어쩔 수 없다고 생각하는 것이 아니다. 3번에서 여자는 '버리기 어렵다'며 주저하고 있기 때문에 정답이 된다. 4번에서 남자는 '좋은 생각' '오히려 좋다'라고 말하고 있으므로 생각이 확실하다.

3번

남자 두 명과 여자가 회사에서 이야기하고 있습니다.

남1: 획기적인 제품을 내놓지 않으면 회사는 점점 악화되고 맙니다.
여 : 그렇지만 개발한다고 하면 막대한 돈이 필요해요.
남2: 처음부터는 무리니까 다른 회사의 특허를 사용하는 건 어떨까요?
남1: 사용료가 비싸지 않습니까? 게다가 사용하게 해 줄까요?
남2: 70만 건 이상의 특허가 잠자고 있다고 하니 협상에 달려 있겠지요.
여 : 그렇군요. 특허 등록 유지에는 돈이 드니 기업도 본전을 찾고 싶다고 생각하지 않을까요?
남1: 그럼 가능성이 높군요. 그런데 어떤 기술이 필요할까요?

M2：70万件以上の特許が眠っているそうですから交渉次第でしょう。

F ：そうですね。特許の登録の維持にはお金がかかりますから、企業も元を取りたいと考えるのではないでしょうか。

M1：では可能性が高いですね。ところでどんな技術が必要でしょうか。

F ：利用者から寄せられている不満を解消するための技術を探すのはどうでしょうか。

M2：そうですね。それを使って技術を進歩させられればわが社も新しい特許が取れるし。

M1：それほど甘くはないと思いますよ。

F ：では共同開発を提案してみたらどうでしょうか。

M2：できれば願ったりかなったりですが。

M1：難しいですが、やってみる価値はありますね。

他社の特許を使うことに対する三人の意見はどれですか。

1 特許をそのまま利用しようという意見
2 更なる開発を依頼しようという意見
3 開発を進め新特許を取ろうという意見
4 共同開発を提案しようという意見

4番、5番、6番

まず、話を聞いてください。それから、二つの質問を聞いて、それぞれ問題用紙の1から4の中から、最もよいものを一つ選んでください。

4番

ラジオでファイナンシャルプランナーが保険について話しています。

F1：私は仕事柄老後の資金がなかなか貯まらないという相談を受けることがありますが、定年になったら家計をもう一度見直す必要があります。現役時代と同じ生活では当然お金が不足します。特に高い生命保険料が家計を圧迫していることが多いです。1世帯当たり年間60歳から64歳で約40万円、65歳から69歳でも約34万円も保険料を支払っています。例えば40万円を貯蓄に回せば20年間で800万円もの貯金ができます。医療保険も同様に60歳から64歳で平均40万円払っていますが、本当に必要でしょうか。病気になったらお金がかかると言いますが、日本には健康保険もあるし、医療費が高額になっても一定の費用だけ払えばいい高額医療制度もありますから、あまり心配しないでいいです。保険で賄えな

여 ：이용자가 보내주고 있는 불만을 해소하기 위한 기술을 찾는 것은 어떨까요?

남2：그렇군요. 그것을 사용해서 기술을 진보시키면 우리 회사도 새로운 특허를 딸 수 있고 말이죠.

남1：그렇게 호락호락하지는 않을 거예요.

여 ：그럼 공동개발을 제안해 보면 어떨까요?

남2：그렇게만 되면 우리가 바라는 대로 되는 것이지만요.

남1：어렵겠지만 해볼 가치는 있군요.

타사의 특허를 사용하는 것에 대한 세 명의 의견은 어느 것입니까?

1 특허를 그대로 이용하자는 의견
2 더욱더 개발을 의뢰하자는 의견
3 개발을 진행하여 새로운 특허를 따자는 의견
4 공동개발을 제안하자는 의견

해설

'공동개발 제안'에 대해 '우리가 바라는 대로 되는 것' '해볼 가치가 있다'고 말하므로 세 사람의 의견이 일치하고 있다. 따라서 정답은 4번이 된다. 1번은 그대로 이용하자는 것이 아니고 2번은 '기술을 진보시키면 우리 회사도 특허를 딸 수 있다'며 자사에서의 개발을 제안하고 있으므로 의뢰하는 것이 아니다. 3번은 새로운 특허를 따자는 의견에 '쉽지는 않다'라는 의견이 나왔기 때문에 세 사람의 공통된 의견이 아니다.

4번, 5번, 6번

먼저, 이야기를 들어 주세요. 그리고 나서 두 개의 질문을 듣고 각각 문제용지의 1에서 4 중에서 가장 적당한 것을 하나 고르세요.

4번

라디오에서 재무설계사가 보험에 대해 이야기하고 있습니다.

여1：저는 일의 성격상 노후 자금이 좀처럼 모이지 않는다는 상담을 받는 일이 있는데요, 정년이 되면 살림을 이제 재검토할 필요가 있습니다. 현역 때와 같은 생활로는 당연히 돈이 부족합니다. 특히 비싼 생명보험료가 살림을 압박하고 있을 때가 많습니다. 1가구당 연간 60세부터 64세에서 약 40만 엔, 65세부터 69세에서도 약 34만 엔이나 보험료를 지불하고 있습니다. 예를 들어 40만 엔을 저축으로 돌리면 20년간 800만 엔이나 되는 저금이 생깁니다. 의료보험도 마찬가지로 60세부터 64세에서 평균 40만 엔을 지불하고 있는데, 정말로 필요할까요? 병에 걸리면 돈이 든다고 하지만, 일본에는 건강보험도 있고 의료비가 고액이 되어도 일정 비용만 지불하면 되는 고액의료제도도 있어서 그다지 걱정하지 않아도 됩니다. 보험으로 조달할 수 없는 (병원의) 차액 병실료 등은 의료보험료의 감액분을 모아 두면, 그렇게 걱정하지 않아도 괜찮다고 생각합니다.

여2：있잖아, 우리집도 평균적인 금액을 내고 있어. 그래서 매달 적자였어. 보험을 중지하면 적자도 해소되니까 그렇게 하지 않을래?

남 ：적자가 싫으면 여행이나 외식을 줄이면 되잖아.

い差額ベッド代などは医療保険料の減額分を貯めておけば、それほど心配しなくても大丈夫だと思います。

F2：ねえ、うちも平均的な金額を払っているわ。だから毎月赤字だったのね。保険を止めれば赤字も解消するからそうしない？

M：赤字が嫌なら旅行や外食を減らせばいいじゃないか。

F2：それじゃ、楽しみが無いでしょう。旅行だって今まで通り行きたいわ。

M：じゃ、生命保険は止めてもいいよ。でも医療保険はこのままで。この先生の言うことを鵜呑みにできないよ。病気ってお金がかかるんだよ。

F2：でも私は先生の説に賛成。差額ベッド代なんかの費用は保険料が浮いた分で賄えると思う。

M：そうかもしれないけど、先進医療はどうなの。すごく高いんだよ。

F2：じゃ、先進医療が受けられる安い保険に切り替えましょうよ。

M：それならいいよ。

質問1　2人は保険をどうしますか。

1 生命保険も医療保険も減額する
2 生命保険は減額して医療保険は先進医療のある物に入る
3 生命保険は止めるけど医療保険はそのまま続ける
4 生命保険は止めて医療保険は減額する

質問2　2人はどうして保険料を見直すことにしましたか。

1 貯金を殖やしたいから
2 赤字が減らせるから
3 健康に心配がないから
4 もっと旅行したいから

5番

旅行会社の人がツアーの説明をしています。

F1：これから東京見物のコースを簡単に説明させていただきます。1日目は皆様同じコースです。主な観光地である浅草・東京スカイツリー・明治神宮などを回ります。2日目はご希望のコースを1つ選んでいただきます。ではお手元にお配りしたパンフレットをご覧下さい。Aコースはディズニーランドです。これはご説明しなくてもおわかりだと思います。Bコースは大江戸温泉とお台場見学です。温泉では伝統的な歌や踊りを見ることができます。お台場で

여2：그럼 낙이 없잖아. 여행도 지금까지 했던 것처럼 가고 싶어.

남：그럼, 생명보험은 중지해도 돼. 하지만 의료보험은 이대로 둬. 이 선생님이 하는 말을 그대로 받아들일 수는 없어. 병은 돈이 들어.

여2：하지만 나는 선생님의 의견에 찬성. 차액 병실료 같은 비용은 보험료가 남은 분에서 조달할 수 있을 거 같아.

남：그럴지도 모르지만, 선진의료는 어때? 엄청 비싸.

여2：그럼, 선진의료를 받을 수 있는 저렴한 보험으로 바꾸자.

남：그거라면 좋아.

질문1　두 사람은 보험을 어떻게 합니까?

1 생명보험과 의료보험 모두 감액한다
2 생명보험은 감액하고 의료보험은 선진의료가 있는 것에 가입한다
3 생명보험은 중지하지만 의료보험은 그대로 계속한다
4 생명보험은 중지하고 의료보험은 감액한다

질문2　두 사람은 왜 보험료를 재검토하기로 했습니까?

1 저금을 늘리고 싶어서
2 적자를 줄일 수 있어서
3 건강에 걱정이 없어서
4 여행을 더 하고 싶어서

해설

〈질문1〉은 앞으로 보험을 어떻게 하는 지 묻고 있다. 생명보험은 중지하므로 1번과 2번은 맞지 않다. 3번은 의료보험은 저렴한 것으로 바꾸기 때문에 맞지 않으며, 4번은 생명보험은 중지하고 의료보험은 선진의료를 받을 수 있는 저렴한 보험으로 바꾸므로 알맞다.
〈질문2〉는 보험료를 재검토하는 이유에 대해 묻고 있다. 1번은 저금을 늘리고 싶다고는 하지 않았으며, 늘릴 수 있을지 어떨지 모른다. 2번은 적자가 해소된다고 말하므로 알맞다. 3번은 병이 났을 때의 일을 걱정하고 있으므로 맞지 않다. 4번은 지금까지 했던 것처럼 여행을 한다고 했으므로 맞지 않다.

5번

여행사 사람이 여행 설명을 하고 있습니다.

여1：지금부터 도쿄관광 코스를 간단히 설명드리겠습니다. 첫날은 여러분 모두 같은 코스입니다. 주요 관광지인 아사쿠사 · 도쿄 스카이트리·메이지 신궁 등을 돕니다. 둘째 날은 희망하시는 코스를 하나 선택합니다. 그럼 바로 앞에 나눠드린 팸플릿을 봐 주세요. A코스는 디즈니랜드입니다. 이것은 설명드리지 않아도 아시리라 생각합니다. B코스는 오에도 온천과 오다이바 견학입니다. 온천에서는 전통적인 노래나 춤을 볼 수 있습니다. 오다이바에서는 건담이나 배의 과학관을 견학합니다. C코스는 국립박물관과 우에노 동물원 견학입니다. 동물원에서는 판다를 볼 수 있습니다. 그 후 벚꽃을 보면서 우에노 공원을 산책합니다. D코스는 초밥을 만들어 먹는 체험 후, 아사쿠사에서 배

はガンダムや船の科学館を見学いたします。Cコースは国立博物館と上野動物園の見学です。動物園ではパンダが見られます。その後桜の花を見ながら上野公園を散策していただきます。Dコースは寿司を作って食べる体験の後、浅草から船に乗って川岸の桜を見ながら浜離宮まで行きます。Eコースは午前中食品サンプル作りをして午後芸者さんの歌や踊りを見たり、一緒に伝統的な遊びをします。Fコースは午前中に日本の伝統的な芸術「歌舞伎」の踊りを鑑賞してその後は自由時間です。

F2：どのコースにする？

M ：やっぱりAコースかな。

F2：ディズニーランドは3日目の自由時間に行きましょうよ。

M ：じゃ、いいよ。自由時間があったほうがいい？

F2：ええ、できれば。でもそれより何かをやってみたいわ。

M ：じゃ、サンプル作りはどう？

F2：それだと桜の花が見られないわよ。

M ：じゃ、こっちだね。

F2：そうね。船に乗るのも楽しみだわ。

質問1　二人はどのコースにしますか。

1 Cコース
2 Dコース
3 Eコース
4 Fコース

質問2　日本の伝統芸能を鑑賞できるのはどのコースですか。

1 BコースとFコース
2 EコースとFコース
3 BコースとCコースとEコース
4 BコースとEコースとFコース

6番

講師がマイクロプラスチックについて話しています。

M1：私たちが捨てたプラスチックは海の中で波にもまれたりすることでどんどん小さくなっていき、最終的には大変小さなマイクロプラスチックになります。これがプランクトンと一緒に魚の口に入ります。そして最終的には私達人間が食べています。マイクロプラスチックが私達の体にどんな悪影響があるかまだ結論は出ていませんが、よいわけはないです。

를 타고 강변에 핀 벚꽃을 보면서 하마리궁까지 갑니다. E코스는 오전 중 식품샘플을 만들고 오후에 게이샤의 노래나 춤을 보거나 함께 전통적인 놀이를 합니다. F코스는 오전 중에 일본의 전통적인 예술 '가부키'의 춤을 감상하고 그 후에는 자유시간입니다.

여2: 어느 코스로 할거야?

남 : 역시 A코스인가.

여2: 디즈니랜드는 셋째 날 자유시간에 가자.

남 : 그럼 좋아. 자유시간이 있는 편이 나아?

여2: 응, 가능하면. 하지만 그것보다 뭔가를 해보고 싶어.

남 : 그럼 샘플 만들기는 어때?

여2: 그거라면 벚꽃을 볼 수 없어.

남 : 그럼 이거네.

여2: 그렇네. 배를 타는 것도 기대돼.

질문1 **두 사람은 어느 코스로 합니까?**

1 C코스
2 D코스
3 E코스
4 F코스

질문2 **일본의 전통예능을 감상할 수 있는 것은 어느 코스입니까?**

1 B코스와 F코스
2 E코스와 F코스
3 B코스와 C코스와 E코스
4 B코스와 E코스와 F코스

해설

〈질문 1〉은 '무언가를 해보고 싶다'는 여자에게 샘플만들기를 제안하자 벚꽃을 볼 수 없으니 다른 코스가 좋다고 한다. 2번의 D코스는 '초밥을 만들어 먹고 강변의 벚꽃을 본다'고 했으므로 정답이 된다. 1번의 C코스는 '우에노공원에서 벚꽃을 보지만 박물관이나 동물원에 갈 뿐 무언가를 하지는 않는다. 3번의 E코스는 샘플만들기는 있지만 벚꽃은 볼 수 없다. 4번의 F코스는 '가부키를 감상하고 그 후에는 자유시간'이므로 무언가를 만드는 일은 포함되어 있지 않다.
〈질문 2〉에서 전통예능을 감상할 수 있는 코스는 온천에서 전통적인 노래나 춤을 볼 수 있는 B코스, 게이샤의 노래나 춤을 볼 수 있는 E코스, 전통적인 예술 '가부키'의 춤을 감상하는 F코스이다.

6번

강사가 미세 플라스틱에 대해서 이야기하고 있습니다.

남1: 우리들이 버린 플라스틱은 바닷속에서 파도에 이리저리 밀려서 계속 작아져, 마지막에는 대단히 작은 미세 플라스틱이 됩니다. 이것이 플랑크톤과 함께 물고기의 입에 들어갑니다. 그리고 최종적으로는 우리들 인간이 먹고 있습니다. 미세 플라스틱이 우리들 몸에 어떤 악영향이 있는지 아직 결론은 나오지 않았지만, 좋을 리는 없습니다. 그 위험성은 여러분이 잘 알고 계시리라 생각합니다. 사실 위험한 것은 물고기뿐만 아니라 우리들이 마시는 물 속에까지 미세 플라스틱이 발견되고 있는 것입니다. 그런

その危険性はみなさんよくご存じだと思います。実は危険なのは魚だけでなく私達の飲み水の中にまでマイクロプラスチックが発見されているのです。ところで、マイクロプラスチックが私達が日常生活で使っている合成繊維の服を洗った時に出るくずや、食器を洗うスポンジなどのカスからも出ることをご存じでしょうか。また、歯磨き粉や口紅、洗顔料などの化粧品にも使われています。ですから、プラスチックの袋をもらうことを減らすだけでなく、マイクロプラスチックが入っている商品を使わないようにして行かなければならないと思います。

F ：我が家は買い物にマイバッグを持っていっているし、ペットボトルもリサイクルしているから、プラスチックの削減に十分貢献していると思っていたわ。まさか私達が生活の中で出している物があるなんて。

M2：本当に驚いたね。歯磨き粉は変えよう。でもそれ以上と言われても僕はせいぜい合成繊維の服を買わないことぐらいかな。君はもっとできると思うけど。化粧品は皮膚から体の中に入る危険性もあるし、天然の物にしたほうがいいんじゃない？

F ：今使っている化粧品、気に入っているから、原料を確認してみるわ。それより、まず食器洗いのスポンジを天然の物にしよう。

M2：それから服もね。

F ：う～ん、これから買う時は気を付けることにするわ。

質問1　話を聞いて二人はどう思いましたか。

1 講師の話は信じられないと思いました
2 何もしてこなかったのはまずかったと思いました
3 もっとできることがあると思いました
4 もうできることは少ししかないと思いました

質問2　二人はどうすると言っていますか。

1 服を買い替えるし、歯磨き粉や化粧品、スポンジはマイクロプラスチックを生まない物に変えます
2 天然の服を買いますし、歯磨き粉やスポンジは買い替えますが、化粧品は変えるつもりはありません
3 歯磨き粉やスポンジはすぐに、化粧品は調べてから、新しい服はマイクロプラスチックを生まない物にします
4 は今使っている物の全てをマイクロプラスチックを生まない物に変更します

데, 미세 플라스틱이 우리들이 일상생활에서 사용하고 있는 합성섬유의 옷을 빨 때 나오는 부스러기나, 설거지를 하는 스폰지 등의 찌꺼기에서도 나오는 것을 알고 계십니까? 또 치약이나 립스틱, 클렌징 등의 화장품에도 사용되고 있습니다. 따라서 비닐봉지 받는 것을 줄이는 것뿐만 아니라, 미세 플라스틱이 들어 있는 상품을 쓰지 않도록 해나가야 한다고 생각합니다.

여 : 우리 집은 쇼핑에 장바구니를 가지고 다니고, 페트병도 재활용하고 있어서 플라스틱 줄이기에 충분히 공헌하고 있다고 생각했어. 설마 우리들이 생활하면서 내놓고 있는 게 있다니.

남2: 정말 놀랐어. 치약은 바꾸자. 하지만 그 이상이라고 해도 나는 고작 합성섬유 옷을 안 사는 정도일까. 너는 좀더 할 수 있다고 생각하는데. 화장품은 피부에서 몸 속으로 들어갈 위험성도 있고, 천연화장품으로 하는 게 낫지 않아?

여 : 지금 쓰고 있는 화장품은 마음에 드니까 원료를 확인해 볼게. 그것보다 우선 설거지 스폰지를 천연스폰지로 하자.

남2: 그리고 옷도.

여 : 음~. 앞으로 살 때는 주의하도록 할게.

질문1　이야기를 듣고 두 사람은 어떻게 생각했습니까?

1 강사의 말은 믿을 수 없다고 생각했습니다
2 아무것도 하지 않았던 것은 나빴다고 생각했습니다
3 좀더 할 수 있는 일이 있다고 생각했습니다
4 이제 할 수 있는 일은 조금밖에 없다고 생각했습니다

질문2　두 사람은 어떻게 한다고 말하고 있습니까?

1 옷을 다시 사고 치약이나 화장품, 스폰지는 미세 플라스틱을 만들어내지 않는 것으로 바꿉니다
2 천연의 옷을 사며, 치약이나 스폰지는 다시 사지만, 화장품은 바꿀 생각이 없습니다
3 치약이나 스폰지는 바로, 화장품은 조사한 후, 새 옷은 미세 플라스틱을 만들어내지 않는 것으로 합니다
4 옷 이외에는 지금 사용하고 있는 물건 전부를 미세 플라스틱을 만들어내지 않는 것으로 변경합니다

해설

〈질문1〉은 강연을 듣고 각각 느끼는 바를 묻고 있다. 1번은 믿었기 때문에 협력하기로 한 것이므로 맞지 않다. 2번은 장바구니나 재활용에 협력하고 있으므로 아무것도 하지 않은 것은 아니다. 3번은 생활을 재검토하여 이것저것 하려고 하므로 알맞다. 4번은 이것저것 하려고 하므로 아직도 할 수 있는 일이 있다고 생각하고 있다.
〈질문 2〉는 미세 플라스틱에 대해 앞으로 어떻게 생활을 해나갈지를 묻고 있다. 1번은 다음부터 옷을 살 때 주의 한다고 했지 바로 다시 산다고는 하지 않았으며, 화장품은 원료를 확인하고 나서이므로 맞지 않다. 2번은 화장품은 원료를 확인하고 나서이므로 바꿀 가능성이 있다. 3번은 치약이나 스폰지는 바로 바꾼다고 말하고 있고 화장품은 원료를 확인한 후, 옷을 살 때는 신경을 쓴다고 했으므로 알맞다. 4번은 화장품의 경우 원료를 확인한 후 바꿀지 어떨지 정하기 때문에 맞지 않다.

memo

memo

日本語能力試験 解答用紙

N1 실전모의테스트 2회

聴 解

受験番号 Examinee Registration Number	

名前 Name	

〈ちゅうい Notes〉
1. くろいえんぴつ (HB、No.2) でかいてください。(ペンやボールペンではかかないでください。)
Use a black medium soft (HB or No.2) pencil.
(Do not use any kind of pen.)
2. かきなおすときは、けしゴムできれいにけしてください。
Erase any unintended marks completely.
3. きたなくしたり、おったりしないでください。
Do not soil or bend this sheet.
4. マークれい Marking examples

よいれい Correct Example	わるいれい Incorrect Examples
●	⊗ ○ ⊖ ⊙ ⊜ ⦶ ●

問題 1				
例	①	②	●	④
1	①	②	③	④
2	①	②	③	④
3	①	②	③	④
4	①	②	③	④
5	①	②	③	④

問題 2				
例	①	②	③	④
1	①	②	●	④
2	①	②	③	④
3	①	②	③	④
4	①	②	③	④
5	①	②	③	④
6	①	②	③	④

問題 3				
例	①	②	③	④
1	①	②	③	④
2	①	●	③	④
3	①	②	③	④
4	①	②	③	④
5	①	②	③	④

問題 4			
例	①	②	●
1	①	②	③
2	①	②	③
3	①	②	③
4	①	②	③
5	①	②	③
6	①	②	③
7	①	②	③
8	①	②	③
9	①	②	③
10	①	②	③
11	①	②	③

問題 5					
1		①	②	③	④
2	(1)	①	②	③	④
	(2)	①	②	③	④

日本語能力試験 解答用紙

N1 실전모의테스트 2회

言語知識(文字・語彙・文法)・読解

受験番号 Examinee Registration Number	

名前 Name	

〈ちゅうい Notes〉
1. くろいえんぴつ (HB、No.2) でかいてください。(ペンやボールペンではかかないでください。)
Use a black medium soft (HB or No.2) pencil.
(Do not use any kind of pen.)
2. かきなおすときは、けしゴムできれいにけしてください。
Erase any unintended marks completely.
3. きたなくしたり、おったりしないでください。
Do not soil or bend this sheet.
4. マークれい Marking examples

よいれい Correct Example	わるいれい Incorrect Examples
●	

問題 1				
1	①	②	③	④
2	①	②	③	④
3	①	②	③	④
4	①	②	③	④
5	①	②	③	④
6	①	②	③	④
問題 2				
7	①	②	③	④
8	①	②	③	④
9	①	②	③	④
10	①	②	③	④
11	①	②	③	④
12	①	②	③	④
13	①	②	③	④
問題 3				
14	①	②	③	④
15	①	②	③	④
16	①	②	③	④
17	①	②	③	④
18	①	②	③	④
19	①	②	③	④
問題 4				
20	①	②	③	④
21	①	②	③	④
22	①	②	③	④
23	①	②	③	④
24	①	②	③	④
25	①	②	③	④

問題 5				
26	①	②	③	④
27	①	②	③	④
28	①	②	③	④
29	①	②	③	④
30	①	②	③	④
31	①	②	③	④
32	①	②	③	④
33	①	②	③	④
34	①	②	③	④
35	①	②	③	④
問題 6				
36	①	②	③	④
37	①	②	③	④
38	①	②	③	④
39	①	②	③	④
40	①	②	③	④
問題 7				
41	①	②	③	④
42	①	②	③	④
43	①	②	③	④
44	①	②	③	④
45	①	②	③	④
問題 8				
46	①	②	③	④
47	①	②	③	④
48	①	②	③	④
49	①	②	③	④

問題 9				
50	①	②	③	④
51	①	②	③	④
52	①	②	③	④
53	①	②	③	④
54	①	②	③	④
55	①	②	③	④
56	①	②	③	④
57	①	②	③	④
58	①	②	③	④
問題 10				
59	①	②	③	④
60	①	②	③	④
61	①	②	③	④
62	①	②	③	④
問題 11				
63	①	②	③	④
64	①	②	③	④
問題 12				
65	①	②	③	④
66	①	②	③	④
67	①	②	③	④
68	①	②	③	④
問題 13				
69	①	②	③	④
70	①	②	③	④

日本語能力試験 解答用紙

N1 실전모의테스트 1회

聴 解

受験番号 Examinee Registration Number	

名前 Name	

〈ちゅうい Notes〉

1. くろいえんぴつ (HB、No.2) でかいてください。(ペンやボールペンではかかないでください。)
Use a black medium soft (HB or No.2) pencil.
(Do not use any kind of pen.)
2. かきなおすときは、けしゴムできれいにけしてください。
Erase any unintended marks completely.
3. きたなくしたり、おったりしないでください。
Do not soil or bend this sheet.
4. マークれい Marking examples

よいれい Correct Example	わるいれい Incorrect Examples
●	⊘ ◯ ◯ ◎ ⊜ ◐ ●

問題 1				
例	①	②	●	④
1	①	②	③	④
2	①	②	③	④
3	①	②	③	④
4	①	②	③	④
5	①	②	③	④

問題 2				
例	①	②	③	④
1	①	②	●	④
2	①	②	③	④
3	①	②	③	④
4	①	②	③	④
5	①	②	③	④
6	①	②	③	④

問題 3				
例	①	②	③	④
1	①	②	③	④
2	①	●	③	④
3	①	②	③	④
4	①	②	③	④
5	①	②	③	④

問題 4			
例	①	②	●
1	①	②	③
2	①	②	③
3	①	②	③
4	①	②	③
5	①	②	③
6	①	②	③
7	①	②	③
8	①	②	③
9	①	②	③
10	①	②	③
11	①	②	③

問題 5					
1		①	②	③	④
2	(1)	①	②	③	④
	(2)	①	②	③	④

日本語能力試験 解答用紙

N1 실전모의테스트 1회

言語知識(文字・語彙・文法)・読解

受験番号 Examinee Registration Number	

名前 Name	

〈ちゅうい Notes〉
1. くろいえんぴつ(HB、No.2)でかいてください。(ペンやボールペンではかかないでください。) Use a black medium soft (HB or No.2) pencil. (Do not use any kind of pen.)
2. かきなおすときは、けしゴムできれいにけしてください。 Erase any unintended marks completely.
3. きたなくしたり、おったりしないでください。 Do not soil or bend this sheet.
4. マークれい Marking examples

よいれい Correct Example	わるいれい Incorrect Examples
●	⊗◯⊘◎⊜◐●

問題 1				
1	①	②	③	④
2	①	②	③	④
3	①	②	③	④
4	①	②	③	④
5	①	②	③	④
6	①	②	③	④
問題 2				
7	①	②	③	④
8	①	②	③	④
9	①	②	③	④
10	①	②	③	④
11	①	②	③	④
12	①	②	③	④
13	①	②	③	④
問題 3				
14	①	②	③	④
15	①	②	③	④
16	①	②	③	④
17	①	②	③	④
18	①	②	③	④
19	①	②	③	④
問題 4				
20	①	②	③	④
21	①	②	③	④
22	①	②	③	④
23	①	②	③	④
24	①	②	③	④
25	①	②	③	④

問題 5				
26	①	②	③	④
27	①	②	③	④
28	①	②	③	④
29	①	②	③	④
30	①	②	③	④
31	①	②	③	④
32	①	②	③	④
33	①	②	③	④
34	①	②	③	④
35	①	②	③	④
問題 6				
36	①	②	③	④
37	①	②	③	④
38	①	②	③	④
39	①	②	③	④
40	①	②	③	④
問題 7				
41	①	②	③	④
42	①	②	③	④
43	①	②	③	④
44	①	②	③	④
45	①	②	③	④
問題 8				
46	①	②	③	④
47	①	②	③	④
48	①	②	③	④
49	①	②	③	④

問題 9				
50	①	②	③	④
51	①	②	③	④
52	①	②	③	④
53	①	②	③	④
54	①	②	③	④
55	①	②	③	④
56	①	②	③	④
57	①	②	③	④
58	①	②	③	④
問題 10				
59	①	②	③	④
60	①	②	③	④
61	①	②	③	④
62	①	②	③	④
問題 11				
63	①	②	③	④
64	①	②	③	④
問題 12				
65	①	②	③	④
66	①	②	③	④
67	①	②	③	④
68	①	②	③	④
問題 13				
69	①	②	③	④
70	①	②	③	④

問題 1　＿＿＿＿の言葉の読み方として最もよいものを、１・２・３・４から一つ選びなさい。

1　ブリーダーとはイヌやネコなどの動物の繁殖を仕事とする人を言います。

1 びんじょく　　2 はんしょく　　3 びんぞく　　4 はんそく

2　しばらくの間インターネットへの接続が遮断された。

1 しゃだん　　2 しゃたん　　3 さだん　　4 さたん

3　彼女に３度も誘いを断られたからには潔く諦めるとするか。

1 とうとく　　2 きよく　　3 こころよく　　4 いさぎよく

4　洗濯したら帽子の形が崩れてしまった。

1 くずれて　　2 つぶれて　　3 はがれて　　4 こぼれて

5　そのダンサーはすばらしい演技を披露した。

1 ばくろ　　2 ばくろう　　3 ひろ　　4 ひろう

6　ヒマラヤの山々が夕日に映えて神々しいばかりだ。

1 もえて　　2 はえて　　3 さえて　　4 そびえて

問題2　(　　　)に入れるのに最もよいものを、1・2・3・4から一つ選びなさい。

7　山本(やまもと)さんは娘さんがそのドイツ人と結婚することに（　　　）反対した。

1 猛　　2 強　　3 厳　　4 頑

8　ネット上の議論では、（　　　）表現がエスカレートする。

1 はたして　　2 少なくとも　　3 ともすると　　4 どうかして

9　彼の（　　　）努力が、この世界記録をうんだ。

1 たゆみない　　2 とりとめのない　　3 まぎれもない　　4 やぶさかでない

10　荒れ狂う波の勢いに、わたしは思わず（　　　）。

1 さまよった　　2 もてあました　　3 たじろいだ　　4 ひしめいた

11　あすは日曜だから、電車がストをしても（　　　）影響はないと思う。

1 なだたる　　2 まつわる　　3 さしたる　　4 ゆだねる

12　屋根の上に雪が（　　　）積もっている。

1 どんよりと　　2 ずっしりと　　3 ぐらぐらと　　4 じめじめと

13　それは、（　　　）悪いことだとばかりはいえない。

1 よもや　　2 さだめし　　3 さぞかし　　4 あながち

問題 3 ＿＿＿＿の言葉に意味が最も近いものを、1・2・3・4から一つ選びなさい。

14 時間にルーズな人だ。

1 けちな　2 だらしない　3 厳しい　4 無関心な

15 彼女にはまだあどけないところがあった。

1 おろかな　2 むずかしい　3 とんでもない　4 むじゃきな

16 帰するところ、それは良心の問題だ。

1 つまるところ　2 ついたところ　3 かえるところ　4 ゆくところ

17 彼には不審な点が多すぎる。

1 あいまいな　2 あやしい　3 でたらめな　4 たよりない

18 彼女は異例の昇進をとげた。

1 幸運な　2 立派な　3 めでたい　4 めずらしい

19 大臣は被災地をつぶさに視察した。

1 べつべつに　2 くわしく　3 はっきりと　4 しきりに

問題4　次の言葉の使い方として最もよいものを、１・２・３・４から一つ選びなさい。

20　互角

1 わたしは昨年ユニセフに妹と互角の寄付をした。

2 人間が病気にかかることがあるのと互角に、植物も病気にかかることがある。

3 あの２人のランナーはゴール直前まで互角の勝負だった。

4 リーダーはメンバーにそれぞれ互角に利益を分配した。

21　交える

1 試合の様子を動画も交えてネット配信します。

2 彼女はその俳優のことを熱を交えて話した。

3 誕生パーティーに出席できなかったので、花束にメッセージを交えて彼女に送った。

4 その船には乗務員を交えて260名が乗っていた。

22　しぶとい

1 レポーターはインタビューを拒否されたがしぶとく食い下がった。

2 祖父はいたってしぶとくて病気ひとつしたことがない。

3 地下の部屋は、湿気がしぶとくて居心地が悪い。

4 きょうは朝から熱があり、体がしぶとくて動くのがつらい。

23 解明

1 誰かきみのアリバイを解明してくれる者はいないのか。

2 そのスキャンダルは２人の記者によって解明された。

3 彼らはその飛行機事故の原因の解明に乗り出した。

4 誘拐された少女が無事救出されて事件は解明した。

24 緊密

1 彼らは２国間の緊密な関係を築くために多大な尽力をした。

2 その小説家はいつも生活に緊密な題材を取り上げる。

3 きょうは日曜なのに父は緊密の仕事で出社した。

4 監督は審判の緊密な判定に激しく抗議した。

25 ひたむき

1 遺伝子工学は近年ひたむきな進歩を遂げた。

2 路上パフォーマンスが始まると、見物人がひたむきに集まってきた。

3 あすはひたむきに家にいる予定だから、いつ訪ねて来てくれてもいいよ。

4 山田（やまだ）さんの音楽へのひたむきな姿が人の心を打った。

問題5　次の文の（　　）に入れるのに最もよいものを、1・2・3・4から一つ選びなさい。

26 もし1週間以内に支払いがない場合は、法的措置をとること（　　）余儀なくされるでしょう。

1 を　2 に　3 で　4 と

27 1週間後にテニスの試合（　　）、山田（やまだ）選手は毎日練習している。

1 を基にして　2 をもって　3 をめぐって　4 を控えて

28 （　　）あなたは私を仕事の鬼としか思っていないようだが、私だって家庭を大事にしているよ。

1 必ずしも　2 どうやら　3 かりに　4 まさか

29 地元出身の力士が優勝した（　　）、町中あげてのお祭り騒ぎであった。

1 というのが　2 というのも　3 とかで　4 とかなら

30 A「ねえ、知ってる? B組の山下（やました）君が、1年で漢字を5千字覚えるのに挑むって言ってるらしいよ。」
B「漢字5千字？ ありえないよ。どう考えてもさすがに（　　）。」

1 無理するもんだ　2 無理するもんか
3 無理なもんか　4 無理ってもんだ

31 コンサート会場の駐車場に着いて、車から（　　）、ザーッと大粒の雨が降ってきた。

1 出ようとするにつれて　2 出るようにするにつれて
3 出ようとしたとたんに　4 出るようにしたとたんに

32 山田（やまだ）「ねえ、今話題の漫画、手に入ったんだ。松本（まつもと）君、読んでみる？」
松本（まつもと）「いや、興味ないからいいよ。」
山田（やまだ）「ええ、そうなの？ 松本（まつもと）君、本当は読んでみたくてしかたが（　　　）。」

1 ないくせに　　2 ないけど　　3 なくちゃ　　4 なくたって

33 ただ一つ気になったことは、温泉の泉質のせいでしょうか、床が所々滑りやすくなっていた点です。お風呂については清掃も行き届いていて何も（　　　）余計に気になったのかもしれません。

1 文句のつけようがないのか

2 文句のつけようがないだけに

3 文句をつけずにはいられないのか

4 文句をつけずにはいられないだけに

34 6年間の小学校生活を振り返って、何が一番印象に残ったかと尋ねられたら、僕は（　　　）「サッカー」と答えたい。

1 どうしたものか　　2 何かにつけ　　3 どうやって　　4 何をおいても

35 ある大手企業に勤める中間管理職の山田（やまだ）さんはこう嘆く。2010年に入社し、営業職として実績を積み上げてきたが、マネージャーを（　　　）、社長から早期退職を勧められたと言う。

1 任されたとたんまでは　　2 任されるくらいになれば

3 任されるまでになった矢先に　　4 任されたままになるのなら

問題6　次の文の ＿★＿ に入る最もよいものを、１・２・３・４から一つ選びなさい。

（問題例）

あそこで ＿＿ ＿＿ ＿★＿ ＿＿ は山田(やまだ)さんです。

1 テレビ　　2 見ている　　3 を　　4 人

（解答のしかた）

1. 正しい文はこうです。

あそこで ＿＿ ＿＿ ＿★＿ ＿＿ は山田(やまだ)さんです。 1 テレビ　3 を　2 見ている　4 人

2. ＿★＿ に入る番号を解答用紙にマークします。

（解答用紙）

(例)	① ● ③ ④

---

36 昨日やっと研究室にレポートを出すには ＿＿ ＿＿ ＿★＿ ＿＿ と思います。

1 出した　　2 よくない　　3 点数はあまり　　4 が

37 食(く)いしん坊(ぼう)の私はこの満足感なしには、生きていけないような気さえする。この ＿＿ ＿＿ ＿★＿ ＿＿ 明日からもまた頑張ろうという気分にもなれる。

1 周囲のすべてに感謝する　　2 満足感がある

3 気持ちもわき　　4 からこそ

38 市の体育館やプールの利用料はかなり安いので、気軽にスポーツを始めるにはよさそうだ。しかし、スポーツが習慣化していない人は、何かとの ＿＿＿ ＿＿＿ ＿★＿ ＿＿＿。

1 つけてはさぼろうとする　　2 理由を

3 安いと気楽に休もうとする　　4 ものだから

39 最近、警察官や教師など、社会の模範となるべき人の犯罪が増えつつあります。＿★＿ ＿＿＿ ＿＿＿ ＿＿＿、犯罪者として新聞を賑わしてほしくはないものです。

1 聖人君子であれ　　2 もの

3 警察官や教師たる　　4 とは言わないまでも

40 読書やさまざまな人との ＿＿＿ ＿＿＿ ＿★＿ ＿＿＿ ことなく、主体的に生き、積極的にものごとに挑むようにするのがよい。

1 それにとどまる　　2 ものを見つけ出し

3 自分の心の支えとなる　　4 交流を通じて

問題7　次の文章を読んで、文章全体の趣旨を踏まえて、［41］から［45］の中に入る最もよいものを、１・２・３・４から一つ選びなさい。

「国」イコール「政府」ではない

みなさん、おはようございます。7月1日、季節もだいぶ暑くなってきました。［41］熱中症には十分気を付けていただきたいと思います。みなさんの体は自分だけのものではありません。ご家族、友人はもちろん、市の職員としてそれぞれ大切な役目を担っているのですから、体だけは大切にしてください。特に夏場には水分補給を忘れずにお願いします。

［42］、月いちメッセージをお送りします。今日は、以前から私自身が気になっていたことについてお話しします。テレビやラジオのニュースでよく耳にするのですが、政府の動きに関する報道を聞いていると、本来は「政府が」と［43］「国が」と言っていることがあります。特にネガティブな報道内容の時に多く聞こえるのは私の思い過ごしでしょうか。例えば、「国が押し付けた」とか「国が一方的に決めた」とか「国の責任」とか。みなさんも注意して聞いていれば分かると思います。本来この言い回しは「政府が押し付けた」、「政府が一方的に決めた」、「政府の責任」と報道されるべきです。なのに、あまりに「国が」「国が」の連発で、聞いていて私自身、違和感を覚えます。

しかし、［44］私が言うと「なんで違和感があるんですか。国なんて本来そういうもんじゃないですか」と真顔で言う人がいるのです。まさにこういう発想をしてしまうところまで、今の日本社会ではあまりに「国」と「政府」が混同される、そんな風潮が蔓延していると言えるでしょう。

本来「国」とは、国土の自然環境から風土、伝統文化や歴史、そして多くの先人の積み重ねの上に成り立ってきた我々の社会の総体を示す言葉として使われるべきであり、我々が不断の努力を重ねてより良くして行くべき、我々の故郷であり母国また祖国、そのものを指す言葉であるはずです。政府批判の際に用いるべき言葉では、本来ないはずです。［45］「国が」「国が」とあげつらうのは何故なのか。ここで多くは申しませんが、何か偏った思想が見え隠れしているように感じるのは私だけではないと思います。

(本庄市ホームページ「国」イコール「政府」ではない(平成26年7月分)による)

41

1 どうぞ　　2 きっと　　3 もっとも　　4 まるで

42

1 ところが　　2 たぶん　　3 かえって　　4 さて

43

1 言うのにひきかえ　　2 言うべきところを

3 言ったことにしても　　4 言ったつもりはないのに

44

1 たとえ　　2 そのうち　　3 そう　　4 いったい

45

1 にもかかわらず　　2 どうやら

3 そうかと思えば　　4 なぜならば

問題８　次の(1)から(4)の文章を読んで、後の問いに対する答えとして最もよいものを、１・２・３・４から一つ選びなさい。

（1）

夜景を見るといえば函館（はこだて）や神戸（こうべ）などの光輝く美しい風景を高い場所から見るのが一般的だ。ところが、最近は工場の夜景が人気だそうだ。船で海側から工場の夜景を見て回るのが人気だが、静岡県（しずおかけん）の全長10キロもない潰れそうな会社が走らせている月に１度しか走らない夜景電車も人を集めている。昼間は地味な工場が光で照らされると全く違って見える。今そこにあるのに未来を感じさせるかららしい。何が観光の目玉になるかわからない。

46　今そこにあるのに未来を感じさせるとはどういう意味か。

1 昼と夜の風景の変化が未来を感じさせる

2 見ている風景が現実ではないと感じられる

3 未来も夜の風景は変わらないと感じられる

4 見ている風景が未来の風景のように感じられる

（2）

今、会社の発展のためには従業員の多様性が求められている。色々な国の人を雇うことで今までになかったような製品ややり方を生み出そうというのだ。なるほど文化や考え方が違えば違う発想になる。それがぶつかり合って新しい物ができていくことは頭ではよくわかっていたが実感できなかった。ある日それがストンと胸に落ちた。外国人が作った納豆を材料にしたケーキが大変美味しいと放送されていたのを見たからだ。

47 どうしてストンと胸に落ちたのか。

1 納豆ケーキは外国では作れないものだから

2 ケーキは外国から来たものだったと再認識したから

3 納豆をケーキに使う発想は外国人ならではのことだと思ったから

4 納豆が何にでも合うことを外国人のほうが知っていたので驚いたから

（3）

新製品のご案内

拝啓　（　　A　　）の候、貴社ますますご清祥のこととお喜び申し上げます。日頃の格別なお引き立て、（　　B　　）一同、深く感謝しております。

さて、この度研究を重ねて参りました画期的な新型寿司製造機が完成いたしました。従来品よりコンパクトで操作も簡単で価格も抑えてあります。

つきましては下記の通り発表会を催しますので、お忙しい中恐縮ですが何卒ご出席くださいますようにお願い申し上げます。

敬具

記

日時　20××年11月10日　午後２時～４時

場所　当社　東京工場　ホール

以上

48　AとBに何を入れたらよいか。

1　Aは錦秋、Bは貴社

2　Aは新緑、Bは当社

3　Aは陽春、Bは御社

4　Aは紅葉、Bは弊社

（4）

友人が立て続けにおばあさんになった。一人は卵を解凍して生まれた子供、もう一人は特別養子縁組(とくべつようしえんぐみ)(注)でもらわれてきた子供だ。どちらもめでたいことだが、普通に子供を持つことがなかなかできない時代になったようだ。晩婚化のせいか不妊に悩む夫婦が増加して、日本では15人に１人が体外受精で生まれるそうだ。不妊費が高くて諦める人もいるそうだ。国の助成を更に増やす必要がある。また養子縁組ももっと広まってほしい。

（注）特別養子縁組(とくべつようしえんぐみ)：戸籍の続(つづ)き柄(がら)が「養子」でなく、実子と同様の記載になる。

49 作者の考えはどれか。

1 不妊費が高くて諦める人も多い。

2 子供が生まれなかったら養子縁組すればよい。

3 体外受精でも養子でも子供ができることはよいことだ。

4 晩婚化のせいで不妊に悩む夫婦が増加している。

問題９　次の(1)から(3)の文章を読んで、後の問いに対する答えとして最もよいものを、１・２・３・４から一つ選びなさい。

（1）

アジアの歌が世界中で初めて売れたのは1963年のアメリカビルボードチャートで１位になった坂本九（さかもときゅう）の「SUKIYAKI」だった。実はアメリカの前にヨーロッパで「上を向いて歩こう」という日本名のまま売り出して失敗している。題名が何の意味かわからなかったからだ。そこでアメリカでは「SUKIYAKI」という題に変えた。すき焼きに馴染んでいたので受け入れやすかったのだろう。戦略勝ちであった。

今では当時とは状況が全く違うが「世界戦略」は必要だ。BTSを始めK-POPが世界市場を席捲しつつあるが、そこには計算された戦略がある。例えばBTSだが、世界的に人気があるヒップホップやEDMを融合させたダイナミックな音楽やパワフルなダンスで、アメリカ人を引き付けた。歌は韓国語が中心だが、2020年に苦しい時期を乗り越えようという英語曲の「ダイナマイト」を出すと更に人気が高まった。また、衣装や小道具などもアメリカ人の郷愁を誘って受け入れられやすかった。しかし何と言ってもクオリティが高い。「刀群舞（カルグンム）」と呼ばれる刀のように指先や体の角度、速度まで揃えて踊るダンスが素晴らしい上に、歌がうまいので彼らはアメリカで瞬く間に大人気を博した。また戦略としてのユーチューブの存在も大きい。ユーチューブを通じて世界中からアクセスできるし、どこからでもBTSのパフォーマンスが見られる。だからこれを使わない手はない。そしてファンになった多くの人達がその感動をSNSで世界中に発信し更に大きなうねり(注)が生まれる。この流れは止めようがない。翻（ひるがえ）って日本はどうか。韓国とは違って<u>市場がそこそこあるせいで昼行燈（ひるあんどん）を灯しているの</u>ではないかと心配になる。

(注)うねり：大きく波打つこと

50 BTSが世界市場を席捲しつつある理由でないのはどれか。

1 アメリカに合わせた英語の歌ばかり歌ったから

2 多くのファンがSNSで素晴らしさを発信したから

3 パフォーマンスをユーチューブで見ることができるから

4 刀群舞と称されるほど揃ったダンスと歌が魅力的だったから

51 市場がそこそこあるせいで昼行燈(ひるあんどん)を灯しているとは日本のどんな状況を表しているか。

1 国内市場がまあまあ大きいのでぼ～っとできる状況

2 国内市場がとても大きいので何もしなくてもいい状況

3 国内市場が大きいので外国の音楽が入ってきてもゆとりがある状況

4 国内市場だけでまあまあ商売できるので特に何かをしようとしない状況

52 本文の内容と合うのはどれか。

1 アジアの歌のほうが人気が出る時代になった。

2 世界市場で成功するには戦略は欠かせない。

3 BTSが出るまでアジアの歌が大流行したことはなかった。

4 ユーチューブがなければ世界で成功することはできない。

（2）

家庭の冷凍庫の氷はほぼ只だし、コンビニなどで売られている美味しいかち割り氷(注1)でも1.1キロで250円ぐらいだ。だから「単結晶氷」と呼ばれる１キロ1100円する氷はいくら究極の氷であるといっても多くの人には高すぎるだろう。冷凍庫で作る氷は四方から氷るので中に結晶が小さく白い気泡や不純物が混じっているそうだ。コンビニの氷は気泡は少ないが、結晶が集まってできている。しかし単結晶氷は１つの結晶が大きく育った物で上からのみ氷らせて作るから気泡や不純物は下に押し出される。結晶と結晶の間の隙間には不純物が溜まりやすいそうだが、単結晶氷は溜まる場所が少ないので全く気泡がなく溶け出す不純物もないから透明である。究極の美味しい氷と言われるわけだ。味も雑味(注2)が少ないからウィスキーなどに入れた時に美味しさを損なうこともない。だから味にうるさいバーテンダーはこの氷を絶賛している。またとても溶けにくいので飲み物がすぐに薄くなって味が落ちることがない。飲み物自体の美味しさが長続きする。まず、高級なバーやクラブ、高級料理店など飲み物の美味しさを第一に考えるような店に売り込むことだ。氷の価値を知れば個人も買うようになるだろう。単結晶氷の未来は明るいと思う。

実はこの氷は全く畑違いの会社が作り上げた。この氷を作るのに必要な特殊な装置の金属板の製作に金具メーカーの経験が生かされていることも蛇足ながら書き加えたい。

(注１) かち割り氷：飲み水などに使う大きな氷を割って作った氷

(注２) 雑味：酒・茶・コーヒーなどの本来のうまさを損なう不純な味
（過度の酸味・渋味・苦味など）

53 なぜ単結晶氷(たんけっしょうごおり)は美味しいのか。

1 溶けにくいから

2 気泡も不純物もないから

3 究極の氷と言われているから

4 バーテンダーが絶賛するから

54 作者は１キロ1100円という価格についてどう考えているか。

1 価値が分れば受け入れられる。

2 美味しいので、すんなり受け入れられる。

3 いくら単結晶氷(たんけっしょうごおり)でも受け入れらない。

4 飲み物を美味しくするので受け入れられる。

55 作者は第２段落をどうして書き加えたのか。

1 書いても無駄だが書いてしまった。

2 ない方がいいのに書いてしまった。

3 無くてもよかったが書きたかった。

4 全く関係ないことだが書きたかった。

（3）

誰でもそうだが特にスポーツ選手はウエア、靴、その他使用する物全てに最良な物を求める。またメーカーも自社の製品で選手がよい成績を残してくれたら大きな喜びになる上に、選手に使用してもらうことで会社の名前が広まり、その上製品の売れ行きが良くなるので商売としても重要視せざるを得ない。

例えば水着では特に2008年の北京オリンピックで体を強く締め付ける高い撥水性(注)を持った「レーザーレーサー」と呼ばれる水着を着た選手が世界新記録を次々に出したことが記憶に新しい。32種目中21種目で世界記録が更新された。表面に張られたポリウレタンが体の凸凹を抑え選手の成績が格段によくなったのだ。これを着なかった選手との差は明らかだった。これが公平性の点で問題になり「国際水泳連盟」が2010年に体を覆う部分の制限や布以外の使用を禁止した①。現在でも軽量化、腹部周辺を締め付けて水平姿勢が保てる水着の開発競争が続いている。

ランニングシューズでは2020年に靴の底に反発力が高いファイバープレートが入っている「厚底シューズ」が問題になった。これを履いた選手の記録が伸びると世界陸上競技連盟はマラソンでは靴底の厚さは40mm以下、埋め込むプレートは１枚までと規制した。何を履こうと自由だと思うが、世界陸連の規則では競技に使用されるシューズは全てのランナーが合理的に利用可能でなければならず、不公平なサポートや利益を提供するものであってはいけないそうだ。

どの分野でも製品は日々進化しているから規則には合っているが他の選手が絶対に勝てないような新製品が生まれるとまた規則が変えられる。つまりいたちごっこになる②のである。

(注) 撥水性（はっすいせい）：水を弾くこと

56 ①2010年に体を覆う部分の制限や布以外の使用を禁止したのはなぜか。

1 布でない物で覆えば覆うほどスピードが出るから

2 選手がレーザーレーサーばかり着るのを止めさせたいため

3 体をスピードが出る物でカバーすればするほど凸凹がなく有利になるから

4 選手が同じ材料で同じ部分を覆う水着を着ないと公平でないと考えたから

57 ②いたちごっこになるとはどういうことか。

1 メーカーの競争が激しくなるということ

2 規則に合った新製品が作られ続けるということ

3 製品が進歩しすぎることと規制が繰り返されるということ

4 新製品が繰り返し生まれること

58 本文の内容と合っているのはどれか。

1 優れたシューズを履いた選手は勝つことができる。

2 規則に合わない靴や水着は使用することができない。

3 ルールを守りながらより良い製品の開発を続けている。

4 世界陸連は全ての選手が高機能を持つ靴を履くべきだと考えている。

問題10　次の文章を読んで、後の問いに対する答えとして最もよいものを、１・２・３・４から一つ選びなさい。

もう20年以上も前に韓国人の学生から日本はキャッシュレス化が遅れていると言われた。彼は日本でも超一流の大学病院で退院時にクレジットカードを使用しようとして拒否されたのだ。韓国では普通のことが進んでいるはずの日本でできないなんてと愕然(がくぜん)としたそうだ。現在でも日本はまだ旧態依然で、キャッシュレス化は25％ほどで政府は2025年の大阪関西万博に向けて40％まで、いずれは80％に引き上げたいと考えている。韓国でキャッシュレス化が進んだのはカードを使えば得するような国の政策があるからだ。そうであっても中国同様に小さな店にまで導入されているのを見ると驚きに堪えない。日本でも今は不便なのでカードが使えない店には行きたくないと言う人やコロナのせいで現金に触りたくないという人もいる。ネットで買い物する人の増加もキャッシュレス化に貢献するだろう。品物を受け取る時に現金で支払う「代引き」を使うとその手数料が上乗せされるから、よほどインターネットのセキュリティーに不信感を抱いている人以外はカードを使うのが普通だからだ。

私はと言えばネットではカード、実際の店では店によってカードと現金を使い分けている。ある店にはそこのクレジットカードを使えば銀行引き落とし時に３％引きにしてくれるカードがある。切符を買う手間を省くための交通系カードも便利だ。私はこの２枚を常時持ち歩いている。しかし現金を使用しないわけではなく、現金使用のほうが多いかもしれない。超安売りの店が安い上に現金払いなら３％引きにしてくれるからだ。特に加工品が安い。例えば私が毎日食べているフランス製のチーズが常時318円、時には299円、他の店では438円、468円、前述のスーパーでも398円もする。日本にはこのような現金中心の安売り店があちこちにあるので現金払いは無くなりそうにない。

キャッシュレス化の利点は客、店共にある。客にとっては何と言っても大金を持ち歩かなくて済む安全性、店側にはレジ締めなどの作業時間の短縮、売上金の着服や盗難が避けられることだ。更に外国人旅行者のアンケートによるとキャッシュレスできたらもっとお金を使ったと答えた観光客が全体で約７割に上がっているから、観光地では更にキャッシュレス化のメリットが大きい。短所として客側は使いすぎてしまうことやカードの不正使用などである。店側はカード会社に払う手数料高が問題となっているが、人手不足の現在、小銭を準備したり、現金を数えたりおつりを渡したりする手間も馬鹿にならない。<u>天秤(てんびん)にかけてみる必要もあるのではないだろうか</u>。国にとってもお金の製造費用が削減でき、偽札の流通も減るからよい。最

も大きいメリットは脱税が減少することだろう。

キャッシュレス化を進める手段は色々あるだろうが、インドのように別の目的があるにしろ、高額紙幣を廃止するような鞭(むち)は使ってほしくない。導入に当たり、韓国のように飴(あめ)を与えるのが効果的だと思うが、その方法は日本に合ったものにすべきである。

59 日本のキャッシュレス化の現状と合っているのはどれか。

1 旧態依然で20年前と変化がない。

2 現金は使いたくない人が多くなった。

3 まだ利点よりデメリットが多い状況である。

4 安売り店がなければキャッスレス化が進む。

60 カードを使うとどんなメリットがあるか。

1 脱税が防げること

2 観光客が増えること

3 作業時間が減らせること

4 強盗に遭う危険性がなくなること

61 なぜ天秤にかけてみる必要もあるのではないだろうかと言っているのか。

1 手数料より作業代のほうが安いことを確認したほうがよいから。

2 手数料が手間代などより安いかもしれないから確認したほうがよいから

3 手数料と手間代などの経費は手数料のほうが安いという確証がほしいから

4 手数料と作業にかかるお金などはほとんど同じだと証明する必要があるから

62 作者の考えはどれか。

1 カードを使いたくなる政策を採ったほうがよい。

2 便利さとお得感があればカードを使うようになる。

3 ネットではカード、店では現金がメリットがある。

4 カード使用者は年々増えるはずだからこのままでよい。

問題11　次のAとBは安楽死についての意見である。後の問いに対する答えとして最もよいものを、１・２・３・４から一つ選びなさい。

A

超高齢社会を迎え尊厳死の必要性がある状況が増加しつつあります。誰もが回復の見込みがないのにただ息をしているだけのような状況を避けたいと願っています。国会でも議論が交わされ「終末期の医療における患者の意思の尊重に関する法律案」がまとめられ、死期が近い患者に対する延命措置の内容や延命措置の不開始」が定義されました。対象者は15歳以上、知的障害者や精神障害者は対象外とされました。また延命措置の不開始、中止における医師の免責も入れられました。患者本人の意思を尊重してその人らしい最後を迎えるための尊厳死ですが、高齢者の医療費や介護費用の抑制に繋がるなどの微妙な問題も絡み、反対意見も多く慎重にならざるを得なくなりそのままに留められました。しかしながら現実の治療現場では安楽死は認められなくても尊厳死は「尊厳死宣言書」が存在すれば多くの医師がそれを受け入れているそうですから、過度の延命措置を望まない人は準備しておくのがよいと思います。

B

日本ではまだ尊厳死が法制化されていないです。しかし尊厳死を望む人が年々増加するに連れて今では法制化を望む人が８割以上になりました。そして医療現場では患者と家族と医師が合意すれば尊厳死が許されるという考えが段々浸透してきました。ですから意思表示ができるうちに終末期を迎えた時に延命措置を控えたりストップしたりしてもらいたいなら「尊厳死宣言書」を作成しておくのがいいです。法的効力はないので100％とは言えませんが、今では95％の医師が受け入れてくれるそうです。このように個人が尊厳死を望んで「尊厳死宣言書」を作成するのはいいですが、法制化には問題があります。重度機能障害者などが周囲の十分な支援を受けにくくなり、支援不足や周囲の圧力のために延命を諦めることになり兼ねないからです。法律が成立すれば人工呼吸器や経管栄養の助けを借りて生きている人たちが尊厳死を選択せざるを得ない状況に追い込まれる恐れがあります。無言の圧力がかかることが避けられないからです。誰もが自分らしく生きる、あるいは死ぬことが可能な社会であってほしいです。

63 尊厳死に対するＡＢに共通する意見はどれか。

1 ＡもＢも尊厳死を強制してはならないという意見

2 ＡもＢも尊厳死を望むなら準備が必要だという意見

3 ＡもＢも尊厳死を希望しても今は不可能だという意見

4 ＡもＢも尊厳死宣誓書を作成しておくべきだという意見

64 尊厳死の法制化に対する意見はどれか。

1 Ａは賛否の意見がない、Ｂは反対

2 ＡＢ共に法制化の必要性はないという意見

3 Ａは意見がない、Ｂは今のままでは反対という意見

4 Ａは自分らしく死ねるので賛成、Ｂは障害者が生きられないので反対

問題12　次の文章を読んで、後の問いに対する答えとして最もよいものを、１・２・３・４から一つ選びなさい。

世界の超富裕層26人が世界人口のうち所得の低い約38億人の総資産と同額の富を所有しているそうだ。それ故貧困で未来が見えないと嘆いている人も大勢いる。特に2020年のコロナ禍（か）以降貧困が世界中に広がっている。これに対処しようとローマ教皇を始め世界の要人たちがベーシックインカムを提唱している。ベーシックインカムというのは政府がすべての国民の最低限の生活を保障することだ。年齢・性別等に関係なく、一律・無条件でお金を給付する制度である。どこの国でも特定の人に対する援助はあるだろう。日本では各種子育て支援や貧困者に対する生活保護費など様々な公助（こうじょ）があるが、所得制限がない全ての国民に対する無条件の支援は2020年のコロナ禍（か）まで実施されたことはなかった。１人10万円が支給された「特別定額給付金」で金持ちにまで給付するのはどうかと思うと言う声も上がった。しかし所得制限をすると事務手続きが複雑になり、それにかかる費用も馬鹿にならないし、実際にお金を手にするまでに時間がかかるので、必要ない人は辞退したり寄付したりすればよいということで一律支給になった。給付に当たり<u>お金が回って</u>経済にもよい影響を与えることも期待された。

ベーシックインカムは貧困対策と共に少子化にも貢献する。一律に支給されるので子供が多ければ多いほど受取金額が増えるからだ。しかし金額だけでは解決できない子育ての困難さを考えると出生率にいかほどの効果があるのか疑問であるが、今より増加することは間違いないだろう。また生活が保障されていて劣悪な労働環境下で働く必要がないので労働条件もよくなるし、その人に合った働き方ができる。つまり生き方も様々選べるようになる。

デメリットとしてはまず豊富な財源が必要なことだ。日本の場合１人７万円という案が出ているが、年間107兆円ものお金が必要になる。また年金が少ない人には恩恵になるかもしれないが、７万円では現在１人平均14万円を受給している生活保護者には大幅な減額になり、生活していけなくなる。結局現状の生活保護は残さなければならないだろう。仕事をしなくても生きていけるので労働意欲が低下し、中には働かなくなる人が増える可能性もある。働かない人から税金を徴収することができないのは自明（じめい）の理（り）である。また労働力不足で外国人労働者に頼っている現状では大変困ることになる。労働確保のためにも賃金を高くする必要があり、それにより会社の利益も減ることになるから競争力も下がるだろう。国も財源確保のために増税する必要があり、会社は増税分を商品やサービスに転嫁せざるを得なくなり、益々競争力を失うだろう。これは結局物価上昇を招くことにもなる。

国の財政が逼迫（ひっぱく）している日本にベーシックインカムを導入するには無理がある。平均所得に満たない人全員に援助するぐらい公助の対象者を大幅に増やす政策ができれば理想なのだが不可能だと言えよう。またこれを実際に導入した場合は国民の分断など予想外の問題も起きる気がする。

65 お金が回ってとはどういう意味か。

1 お金が国民全員に回ること
2 お金が次々渡っていくこと
3 配ったお金がまた国に戻ること
4 お金が貧しい人にも行き渡ること

66 ベーシックインカムの明暗は何か。

1 明は少子化の心配がないこと、暗は労働力が不足すること
2 明は貧困対策になること、暗は多くの財源が必要になること
3 明は生活が楽になること、暗は金額によっては生活できないこと
4 明は好きなことだけして生きていけること、暗は財源が不足すること

67 ベーシックインカムについての作者の意見はどれか。

1 メリットよりデメリットのほうが多い。
2 公助受給者を増やせれば問題は解決するだろう。
3 金額は生活保護費ぐらいの設定が必要である。
4 国民にはいいことずくめだが、国にとっては短所ばかりだ。

68 内容に合っているのはどれか。

1 金持ちの26人と38億人の収入は同じだ。
2 一律の10万円支給には異論があったが実施した。
3 貧困者の不満を抑えるためにベーシックインカムが必要だ。
4 ベーシックインカムは費用対効果を考えると導入するべきではない。

問題13　右のページはお掃除キャンペーンのチラシである。下の問いに対する答えとして、最もよいものを、１・２・３・４から一つ選びなさい。

69 三木(みき)さんは６月15日の普通のエアコンの掃除をオプション付きで５月10日に頼んだ。予算20,000円で最多で何台のエアコンのクリーニングが頼めるか。またその場合どんなサービスが受けられるか。

1 普通クリーニング３台

2 オプション付きクリーニング３台

3 オプション付き１台、普通クリーニング２台

4 オプション付き２台、普通クリーニング１台

70 大川(おおかわ)さんは11月30日に台所と風呂場をオプション付きで申し込んだ。12月26日の作業予定だったが、前日にキャンセルした。キャンセル料を払う場合はいくらになるか。

1 11,000円

2 12,100円

3 12,500円

4 13,750円

お掃除キャンペーン

<table>
<tr><td>A：
エアコンクリーニング
愛読者様　特別キャンペーン
激安価格</td><td>参考価格１台12,000円のところ
8,000円＋税
２台目以降は１台3,000円引き
お掃除機能付きは別途5,000円＋税
オプション(抗菌、防カビ)は別途2,000円＋税</td></tr>
<tr><td colspan="2">クリーニング後、電気代が１/３の節約に（メーカー調査による）
作業対象は家庭用壁掛けタイプ(90㎝以内)設置高さ３m以内の室内機のみ
作業時間１台30分～45分程度、作業員人数、設置状況、汚れ具合により前後します。
エアコンのカバーは浴室で洗浄します。
天井埋込型、天吊型、床置型のエアコン及び室外機(外置き)は別途。無料お見積り。</td></tr>
</table>

<table>
<tr><td>B：キッチンクリーニング
愛読者様　特別キャンペーン</td><td>参考価格15,000円のところ
10,000円＋税</td></tr>
<tr><td colspan="2">ガスコンロ、シンク、蛇口、調理台、前面壁、吊戸棚表面
作業時間は約90分、作業員人数、汚れ具合により前後します。
対象サイズはキッチン間口が３m以内、それ以上の場合は１mにつき2,000円＋税</td></tr>
</table>

<table>
<tr><td>C：浴室クリーニング
愛読者様　特別キャンペーン</td><td>参考価格18,000円のところ
12,000円＋税
オプション(エプロン内部の掃除)は別途3,000円＋税</td></tr>
<tr><td colspan="2">作業時間は90分程度、作業員人数、汚れ具合により前後します。
金額にはエプロン内部、換気扇、浴室乾燥機、窓、ドアなどは含まれません。
オプション以外のご希望の場合は無料お見積り。</td></tr>
</table>

・クリーニング作業の詳しい内容はインターネットでご覧になれます。
・代金は作業終了後スタッフに現金でお支払いください。
・消費税を10％いただきます。但し、１か月前に申し込んだ場合は消費税はサービスいたします。
・作業時の駐車場の確保にご協力ください。有料駐車場使用時は実費負担となりますのでご了承ください。
・作業日時についてお客様のご要望に添えない場合もございますのでご了承ください。
・お客様のご都合によるキャンセルは前日50％、当日100％のキャンセル料を申し受ける場合もありますのでご了承ください。

日本新聞（ひばりヶ丘販売所）

Listening

問題用紙

N1
聴解
(55分)

注　　意
Notes

1. 試験が始まるまで、この問題用紙を開けないでください。
   Do not open this question booklet until the test begins.
2. この問題用紙を持って帰ることはできません。
   Do not take this question booklet with you after the test.
3. 受験番号と名前を下の欄に、受験票と同じように書いてください。
   Write your examinee registration number and name clearly in each box below as written on your test voucher.
4. この問題用紙は、全部で12ページあります。
   This question booklet has 12 pages.
5. この問題用紙にメモをとってもかまいません。
   You may make notes in this question booklet.

受験番号　Examinee Registration Number	

名前　Name	

問題 1

問題１では、まず質問を聞いてください。それから話を聞いて、問題用紙の１から４の中から、最もよいものを一つ選んでください。

例

1　企画書を見せる

2　製品の説明を書き直す

3　データを新しくする

4　パソコンを準備する

1番

1 100円と1000円の靴下を履き比べてみます

2 500円と2000円の靴下を履き比べてみます

3 1000円と2000円の靴下を履き比べてみます

4 100円と2000円の靴下を履き比べてみます

2番

1 一人で食べる

2 男の人と食べる

3 友達と食べる

4 家族と食べる

3番

1　体育館の掃除

2　校庭の草取りと掃き掃除

3　学校の周りの草取りと掃き掃除

4　飼育小屋の掃除と花壇の手入れ

4番

1　パートにもっと働いてもらう

2　給料を上げる

3　外国人も受け入れる

4　ボランティアを増やす

5番

1 色々なデザインのマスクが生まれたから

2 店員が全員同じマスクを着けていたから

3 お客を笑わせるためにマスクを作ったから

4 笑顔マスクで笑顔を誘ったから

問題 2

問題２では、まず質問を聞いてください。そのあと、問題用紙のせんたくしを読んでください。読む時間があります。それから話を聞いて、問題用紙の１から４の中から、最もよいものを一つ選んでください。

例

1　昨日までに資料を渡さなかったから

2　飲み会で飲みすぎて寝てしまったから

3　飲み会に資料を持っていったから

4　資料をなくしてしまったから

1番

1 お寺に興味を持ってもらいたかったから

2 鳥獣戯画について話したかったから

3 京都に行こうと言うと思ったから

4 鳥獣戯画を見に行きたいから

2番

1 ３軒とも安い店だから

2 値段を気にしない人が大勢いるから

3 八百屋が３つもあって便利だから

4 安いという評判でお客が大勢来るから

3番

1 他の乗り物のほうが便利だから

2 観光面を考えなかったから

3 大抵車と同じ道を走っていたから

4 車が走る道がなかったから

4番

1 技術力が高かったから

2 文字が上下したから

3 見えなかった文字が出現したから

4 製品の開発を頼まれたから

5番

1 お年寄りでもきれいになれるから

2 見られることによりもっと化粧したくなるから

3 化粧したお年寄りが自分の顔をみて嬉しそうだったから

4 ボランティアで化粧してあげるようになったから

6番

1 高い技術を積極的に宣伝するための組織

2 工場同士で新製品を作り出すための組織

3 各工場の技術情報を保持し提供するための組織

4 どんな仕事も組織として受注するための組織

問題 3

問題３では、問題用紙に何も印刷されていません。この問題は、全体としてどんな内容かを聞く問題です。話の前に質問はありません。まず話を聞いてください。それから、質問とせんたくしを聞いて、１から４の中から、最もよいものを一つ選んでください。

－メモ－

もんだい 問題 4

問題4では、問題用紙に何も印刷されていません。まず文を聞いてください。それから、それに対する返事を聞いて、1から3の中から、最もよいものを一つ選んでください。

－メモ－

問題５

問題５では長めの話を聞きます。この問題には練習はありません。
問題用紙にメモをとってもかまいません。

１番

まず話を聞いてください。それから、質問とせんたくしを聞いて、１から４の中から、最もよいものを一つ選んでください。

－メモ－

2番

まず話を聞いてください。それから、二つの質問を聞いて、それぞれ問題用紙の1から4の中から、最もよいものを一つ選んでください。

質問1

1　危険を実感している

2　子供にとっては危ない

3　具体的な危険は感じたことがない

4　雨水タンクは付けるべきだ

質問2

1　助成金が少ないので付けない

2　協力したいができない

3　庭に付けることにした

4　できれば付ける

JLPT 실전모의테스트

N1

제2회 실전모의테스트 채점표

자신의 실력이 어느 정도인지 확인할 수 있도록 임의적으로 만든 채점표입니다. 실제 시험은 상대 평가 방식이므로 약간의 오차가 발생할 수 있습니다.

언어지식 (문자·어휘·문법)

		배점	만점	1회	
				정답 문항 수	점수
문자·어휘·문법	문제 1	1점×6문항	6		
	문제 2	1점×7문항	7		
	문제 3	1점×6문항	6		
	문제 4	2점×6문항	12		
	문제 5	1점×10문항	10		
	문제 6	1점×5문항	5		
	문제 7	2점×5문항	10		
합계			56점		

* **점수 계산법** : 언어지식(문자·어휘·문법) [ ]점÷56×60 = [ ]점

독해

		배점	만점	1회	
				정답 문항 수	점수
독해	문제 8	2점×4문항	8		
	문제 9	2점×9문항	18		
	문제 10	3점×4문항	12		
	문제 11	3점×2문항	6		
	문제 12	3점×4문항	12		
	문제 13	2점×2문항	4		
합계			60점		

청해

		배점	만점	1회	
				정답 문항 수	점수
청해	문제 1	2점×5문항	10		
	문제 2	2점×6문항	12		
	문제 3	2점×5문항	10		
	문제 4	2점×11문항	22		
	문제 5	2점×3문항	6		
합계			60점		

Language Knowledge (Vocabulary/Grammar) · Reading

問題用紙

N1

言語知識（文字・語彙・文法）・読解

（110分）

注　意

Notes

1. 試験が始まるまで、この問題用紙を開けないでください。
Do not open this question booklet until the test begins.

2. この問題用紙を持って帰ることはできません。
Do not take this question booklet with you after the test.

3. 受験番号と名前を下の欄に、受験票と同じように書いてください。
Write your examinee registration number and name clearly in each box below as written on your test voucher.

4. この問題用紙は、全部で30ページあります。
This question booklet has 30 pages.

5. 問題には解答番号の 1 、 2 、 3 …が付いています。解答は、解答用紙にある同じ番号のところにマークしてください。
One of the row numbers 1, 2, 3 … is given for each question. Mark your answer in the same row of the answer sheet.

受験番号　Examinee Registration Number	

名前　Name	

問題 1 ＿＿＿＿の言葉の読み方として最もよいものを、１・２・３・４から一つ選びなさい。

1 その件に関して彼は潔白であると私は信じている。

1 きょうぱく　2 きょうひゃく　3 けっぱく　4 けつひゃく

2 彼はとても無作法でみんなから疎んじられていた。

1 うとんじられて　2 そんじられて

3 かろんじられて　4 そらんじられて

3 甘い物が猛烈に食べたくなるときがある。

1 もれつ　2 きょれつ　3 もうれつ　4 きょうれつ

4 彼女は教育のために多大な貢献をした。

1 こかん　2 こうかん　3 こけん　4 こうけん

5 彼は地位や名誉にあまり執着しなかった。

1 しっちゃく　2 しちゃく　3 しゅちゃく　4 しゅうちゃく

6 彼らは多くの困難を克服して新技術を開発した。

1 こうふく　2 こくふく　3 かいふく　4 かくふく

問題2　（　　）に入れるのに最もよいものを、1・2・3・4から一つ選びなさい。

7　私は責任の重さを（　　）感じています。

1 どきどきと　2 ひしひしと　3 びくびくと　4 はらはらと

8　雨ではがきのインクが（　　）、読みにくかった。

1 震えて　2 ゆがんで　3 暴れて　4 にじんで

9　この仕事を、すべて彼に任せるについては（　　）不安がある。

1 えてして　2 それとなく　3 いちまつの　4 ひとかどの

10　彼女の（　　）看護ぶりは、人々を感激させた。

1 かいがいしい　2 ものものしい　3 せわしい　4 おびただしい

11　せっかくの好意を（　　）断るわけにはいかなかった。

1 むげに　2 さまで　3 かねて　4 あらわに

12　この（　　）は温度の変化を感知する。

1 レバー　2 センサー　3 モーター　4 レーダー

13　前回のチャンピオンの優位は誰の目にも（　　）している。

1 整然と　2 歴然と　3 続々と　4 堂々と

問題３　＿＿＿＿の言葉に意味が最も近いものを、１・２・３・４から一つ選びなさい。

14　計画の実施にはさらなる吟味が必要だ。

1 検討　　2 報告　　3 提案　　4 決定

15　もう少しコンパクトなデジタルカメラを見せてください。

1 家族向きの　　2 若者向きの　　3 新型の　　4 小型の

16　彼はその仕事に打ち込んだ。

1 失敗した　　2 熱中した　　3 苦労した　　4 協力した

17　由美子(ゆみこ)はそれまでの話とは脈略のないことをしゃべりだした。

1 うそ　　2 終わり　　3 つながり　　4 面白み

18　今の練習方法では食いたりない。

1 やりきれない　　2 ものたりない

3 力が出ない　　4 おなかがペコペコだ

19　あきらめると、ふしぎに心はおちついた。

1 ふたしかに　　2 あやふやに　　3 きみょうに　　4 あやしげに

問題４　次の言葉の使い方として最もよいものを、１・２・３・４から一つ選びなさい。

20　様相

1 彼女は彼の満足げな様相を見てうれしく思った。

2 その地震による被害で街の様相は一変した。

3 娘は箱の様相を見てがっかりした顔をした。

4 被災地にもようやく復興の様相が見えてきた。

21　巧み

1 その記者にはニュースをかぎつける巧みな勘がある。

2 夏のキャンプには巧みな食料を持っていった。

3 祖父は酒が入ると決まって巧みな歌を披露してくれた。

4 巧みな言葉で人をだます事件が頻発している。

22　覆す

1 彼女は身長に合わせて机の高さを覆した。

2 引き出しをすべて覆してやっとその手紙を見つけた。

3 彼らの新しい発見は定説を覆した。

4 欠席による勉強の遅れを覆すために、彼は１日中勉強した。

23　基調

1 未経験であることを基調すれば彼はよくやったといえる。

2 山田（やまだ）さんの生活は全部仕事基調に動いている。

3 みんなの意見を基調に企画をまとめてみた。

4 柔軟性がこの製品のデザインの基調となっている。

24 ほほえましい

1 その科学者は多くの分野でほほえましい業績を残した。

2 急流を救命胴衣もつけずに泳ぐなんて無鉄砲もほほえましい。

3 若い２人が仲むつまじくしている様子はとてもほほえましい。

4 きょうはきみにとっては実にほほえましい日ですね。

25 くじける

1 度重なる失敗で彼はくじけてしまった。

2 この靴は５年も履いているのにまだ形がくじけない。

3 きょうは５時間も歩き通しでくじけてしまった。

4 父は健康をくじけるために毎日野菜ジュースを飲んでいる。

問題5　次の文の(　　　)に入れるのに最もよいものを、1・2・3・4から一つ選びなさい。

26　優勝（　　　）逃がしたが、見事なプレイを連発した彼らは最後の最後までプライドを持って戦った。

1 さえ　　2 ほど　　3 ばかり　　4 こそ

27　たとえ、肝臓病(かんぞうびょう)になっても壊れる速度はおそく、長期にわたって機能し、（　　　）簡単には潰れないように出来ています。

1 そう　　2 そのうち　　3 いったい　　4 こうして

28　いくら体が丈夫でも、将来は重い病気に（　　　）から、若いうちに保険に入っておいたほうがいい。

1 なるにこしたことはない　　2 なりそうですらない
3 ならないともかぎらない　　4 なっているはずがない

29　部活で（　　　）というメンバーがいると、そのこと自体で、部活全体の雰囲気が悪くなり、士気(しき)が下がるのです。

1 来たり来なかったり　　2 来るか来ないか
3 来ても来なくても　　4 来るのも来ないのも

30　いったいどうしてそんな危険を冒したの。警告されなかった（　　　）。

1 もんだっただろうに　　2 わけじゃあるまいし
3 もんじゃないだろうけど　　4 わけだったんだから

31 「ございます」は「ある」の丁寧な言葉で、「おります」は「いる」の丁寧な言葉です。「おります」と（　　　）「ございます」と言わないように注意してください。

1 言うのにひきかえ　　2 言ったことにしても

3 言うべきところを　　4 言ったつもりはないのに

32 石原（いしはら）先生は、自作について何度も読み返し、出版の直前まで手を加えて（　　　）。

1 いらっしゃった　2 うかがった　3 いたした　4 まいった

33 今日は朝から胃の調子が悪い。苦手な焼き魚なんて（　　　）。

1 食べたんじゃなかった　　2 食べるんじゃなかった

3 食べられたんじゃなかった　　4 食べられるんじゃなかった

34 A「ねえ、あの会社の株は今上がっているよ。」
B「こんなことならもっと（　　　）。失敗したなあ。」

1 買ってくれたと思ったんだね　　2 買ってもらえばよかったんだね

3 買ってしまったと思ったのに　　4 買っておけばよかったのに

35 A「助けていただいて本当にありがとうございました。」
B「当然のことを（　　　）よ。」

1 したとおりです　　2 するはずのものです

3 したまでです　　4 するべきのことです

問題6　次の文の ＿★＿ に入る最もよいものを、1・2・3・4から一つ選びなさい。

（問題例）

あそこで ＿＿ ＿＿ ＿★＿ ＿＿ は山田（やまだ）さんです。

1 テレビ　　2 見ている　　3 を　　4 人

（解答のしかた）

1. 正しい文はこうです。

> あそこで ＿＿ ＿＿ ＿★＿ ＿＿ は山田（やまだ）さんです。
> 1 テレビ　3 を　2 見ている　4 人

2. ＿★＿ に入る番号を解答用紙にマークします。

（解答用紙）

(例)	① ● ③ ④

---

36 同僚は、「自分の ＿＿ ＿＿ ＿★＿ ＿＿ ことまであいつに言われる筋合いはない」と怒っていました。

1 家族の　　2 ともかく　　3 こと　　4 なら

37 昨日、数か月ぶりにあの店を訪問したところ、サラダバーなどの食べ放題は無くなっていました。外食ばかりではどうしても ＿＿ ＿＿ ＿★＿ ＿＿ ありがたいサービスだったのです。

1 野菜不足　　2 だけに　　3 になり　　4 がちな

38 自転車を運転していて事故にあってからというもの、自転車に乗るのが怖くなった。人とぶつかり、けがをし、自転車が壊れてしまったときの感覚は忘れようにも忘れられない。______ ______ ★ ______、あの経験は確実に私を変えてしまったのだ。

1 事故でなかったから　　2 命にかかわる

3 よかったような　　4 ものの

39 友人は癌(がん)で都市の病院に入院していた。友人はひどく痩せていて、「大丈夫? まさか癌じゃないだろうね」と冗談めかして尋ねたら、「そうだよ。癌だって言うと、みんなびびるから言わないけど」と平然と答えていた。癌で ______ ______ ★ ______ が、手術しないのはなぜだろうと思ったものだ。

1 と思った　　2 まい　　3 時代でもある　　4 簡単に死ぬ

40 ただし、全てのサービスエリア(SA)で休憩施設や駐車場、そしてガソリンスタンドなどが ______ ______ ★ ______ レストランがないサービスエリアやガソリンスタンドがないサービスエリアもあります。

1 そうではなく　　2 あるのか

3 利用状況に応じて　　4 といえば

問題７　次の文章を読んで、文章全体の趣旨を踏まえて、［41］から［45］の中に入る最もよいものを、１・２・３・４から一つ選びなさい。

「茨城(いばらき)」―イバラギではありません！

2017年12月04日

今年放送されたNHKの朝の連続ドラマ「ひよっこ」をご覧になったというかたは、大勢いらっしゃることであろう。かく言う私も毎回欠かさず見ていた。主人公が生まれ育ったのは茨城県(いばらきけん)奥茨城村という架空の地名ではあるが、私のルーツも茨城県北部なので、［41］親近感を覚えていたのである。

このドラマの中で、東京に出てきた主人公の母親が、警察官から「イバラギ」と言われると、「イバラギではありません、イバラキです」と言い返す場面があった。

ルーツは茨城だが千葉県で生まれ育った私［42］、とてもよくわかる台詞であった。「茨城」を「イバラギ」と言う人は、私の周りでもけっこう多いのである。ほんとうはこの母親の言う通り「イバラキ」なのに。そして茨城県市出身者が「イバラギではありません、イバラキです」と言っているのも、幾度となく耳にしている。

なぜ「イバラキ」ではなく「イバラギ」と言ってしまうのだろうか。ひとつには「イバラギ」と、末尾を濁音にした方が発音しやすいということがあるのかもしれない。

だがもうひとつ、茨城弁(べん)の特質も関係しているような気がする。と言うのも、茨城弁では、カ行は濁音になりやすいという性質をもっているからである。［43］、カギ(柿)、ハグ(掃く)などのように。従って、茨城出身者が「イバラキ」と［44］、県外の人間には「イバラギ」と聞こえることがあるのかもしれない。そのため茨城県人だって「イバラギ」と言っているのではないかと、誤解されている可能性はないだろうか。

［45］繰り返すが「城」は「ギ」ではなく、「キ」と清音なのである。

（神永暁『日本語、どうでしょう！』による）

41

1 あるいは　　2 ただし　　3 かえって　　4 なんとなく

42

1 しか　　2 ほど　　3 にも　　4 では

43

1 なぜならば　　2 たとえば　　3 はたして　　4 それなら

44

1 言っているとは　　2 言ってあるとのことで

3 言っているつもりでも　　4 言っているつもりだし

45

1 しかし　　2 しかも　　3 それどころか　　4 そういえば

問題8　次の(1)から(4)の文章を読んで、後の問いに対する答えとして最もよいものを、１・２・３・４から一つ選びなさい。

（1）

ノズルから出る水の粒が50㎛（マイクロメートル）つまり1mmの20分の１の大きさの場合は当たると濡れるが、小さい10㎛の粒になると触っても直ぐに蒸発するので全く濡れない。だから電子部品を作る工場などで静電気を防ぐために使われているが、これを霧冷房に使う工場などが増加しつつある。換気しながら冷房できる優れ物だからだ。一般にも広がり商店街や通路などにも使われる。道が涼しいからとわざわざ遠回りする人もいる。冷房の室外機のように温風を出さないから温暖化防止にもいいのでもっと普及すればよいと思う。

46　霧冷房の説明はどれか。

1　屋外での使用は効果が少ない。

2　環境にもよい冷房の仕方である。

3　50㎛以下の細かい水で冷房する。

4　10㎛の水の粒で冷房機を動かしている。

（2）

農薬が人間の体には悪いことは誰もが知っている。それで高価な無農薬の野菜や果物を買う人もいるが、誰もが買えるわけではない。１％の塩水で洗えばよいのだが、料理のたびに塩を量って作るのは大変だ。そこで農薬が落とせる簡単な方法を三つ紹介したい。100％ではないにせよ、農薬が減らせる。一つ目は塩もみすること。切った野菜に塩を振り、もんでから流れる水で洗う。二つ目は水で流すこと。水の中に浸けたのでは取れた農薬がまた付くので駄目。流れる水でよく洗う。スポンジなどでこすって洗うともっとよい。三つ目は酢水に浸けること。同じ量の水と酢に浸ける。またキャベツや白菜、レタスなどは農薬がたくさんかかっている外側の葉を使わないことや湯(ゆ)がく(注)ことも効果がある。

（注）湯(ゆ)がく：茹(ゆ)でる

47 なぜ３つの方法を紹介しているのか。

1 面倒でないやり方だから

2 農薬を完全に除去できるから

3 ３つの方法しか農薬が取れないから

4 農薬が少し取れればよいから

（3）

株式会社ソフィー　大山和子（おおやまかずこ）様

いつも大変お世話になっております。株式会社ミナミの山田（やまだ）です。この度は、お忙しい中、貴重な時間を割いていただき誠にありがとうございました。

ロボットXについて貴重なご意見を賜り誠にありがとうございました。試用中の不具合および改良点など大変参考になりました。更に試作品の製品精度を高めていく所存でございます。今後とも、ご指導の程よろしくお願い申し上げます。

48　メールの目的は何か。

1　製品を使ってくれたことのお礼

2　試用品の改良をしてくれたことのお礼

3　試作品のチェックをしてくれたことのお礼

4　会議で貴重な意見を出してくれたことのお礼

（4）

熊を始め、猿、猪（いのしし）、鹿（しか）などの害に苦しんでいる農家の皆様、害獣撃退ロボットを設置してはいかがでしょうか。まだ足の部分は鉄がむき出しのままで動けないですが、首は動きますし赤い目も恐ろしいです。狼（おおかみ）そっくりの外見とうなり声で動物を撃退できます。価格は50万円、月１万５千円のレンタルもできます。ご利用いただいている皆様からは効果てきめんとのお言葉をいただいています。これで農作物が守れるとしたら安い買い物ではないでしょうか。動物も利口ですからいつまで効果が持続するかわかりませんから、その間に畑を動き回れるような製品の開発を目指します。

49 畑を動き回れるような製品の開発を目指すのはなぜか。

1 利用者がより良い製品を欲しがるから

2 動物が動かないことにすぐに気付いてしまうから

3 動かないといつかは動物に怖がられなくなるから

4 追いかけられなければ動物にとって危険じゃないから

問題９　次の(1)から(3)の文章を読んで、後の問いに対する答えとして最もよいものを、１・２・３・４から一つ選びなさい。

（1）

「化学物質過敏症」の人が増えているそうだ。これは私達の生活の中に化学物質が増えてきたことを示している。具体的には殺虫剤、農薬など必要な物質もあるが、商品の売れ行きをよくするために加えられる香料などには何らかの規制が必要だ。例えば香り付き柔軟剤の販売は1000億円を超えていて、これに比例して「香害（こうがい）」の被害相談が増加している。

私達は化学物質に囲まれて生活している。ありとあらゆる物に子供用の本やおもちゃにまで化学物質が使われている。食品もしかりである。私達の体は多くの化学物質を取り込み続けている。それが体内に蓄積され、ある日これ以上受け入れられなくなって体が拒否すると病気になる。私達が体に取り込む物質は食べ物が15％空気が85％だそうだからこそ①「香害」が注目される。現在患者は約700万人に上り増え続けている。専門家は既に②生物が許容できる範囲を超えたのではないかと心配している。つまり花粉症と同様に誰もが突然発症する可能性が高くなったと言えるのだ。

「化学物質過敏症」を防ぐ方法は１身の回りから化学物質を減らす。２きれいな空気の中で暮らす。３保存料、着色料、化学調味料が入った食品を減らし、オーガニック製品を増やし、手作りの和食メニューを増やす。４無農薬の食べ物にはビタミン、ミネラルが多く含まれ、体内の毒素を排出してくれる。５毎日少しの運動で汗をかいて体調を整えることだそうだ。これは個人の努力項目だ。しかし個人ではどうにもならないこともある。命にかかわる問題だから③社会全体として取り組むべきことがあるのではないだろうか。私達は被害者になる可能性もあるが、多くの場合加害者になっていることも自覚しなければならない。

50 ①香害が注目されるのはなぜか。

1 化学物質過敏症は香りが原因だから

2 食品が原因で化学物質過敏症にならないから

3 どんな香りも化学物質過敏症の原因になるから

4 物質の85％が空気を通して体内に入ってくるから

51 なぜ専門家は②生物が許容できる範囲を超えたと心配しているのか。

1 耐えられないほど患者が増加したと考えたから

2 我慢できない症状になったと考えたから

3 花粉症と同じ病気になったと考えたから

4 誰でもかかるような病気になったと考えたから

52 作者の考えと合っているのはどれか。

1 防ぐ方法を守ったら症状は出ない。

2 個人では解決できないこともある。

3 香り付き製品は使うべきではない。

4 加害者の自覚があれば問題は解決だ。

（2）

日本では刑期を終えた人の38.2％が５年以内に刑務所に戻っているそうだ。刑務所から出られて社会に出ても様々な問題があるからだ。１仕事に着けなくてお金に困る。２孤独になっていく。人に助けてもらえなかったり、自分は必要とされていないと感じる。３社会との繋がりがない。海外の刑務所は土・日に家に帰ることができたりするが、日本の刑務所は断絶されている。刑務所を出ても生活に困ってこんなことなら刑務所のほうがましだとまた罪を犯してしまうこともあるそうだ。信頼できる人、助けてくれる人が周りにいるかどうかがその後の人生に影響してくる。頑張れと応援してくれる人が１人でもいたら人生が変わる切っ掛けになる。受刑者にチャンスを与えたいと受刑者専門の求人誌①を創刊した人がいる。絶対にやり直すという覚悟のある人とそれを応援したい企業を繋ぐ求人誌で刑務所に置いてある。最初は13社から始まったが現在は60以上の会社が協力してくれている。求人側にも若いころ失敗したので自分が人の役に立てるのが嬉しいと言っている経営者もいる。雑誌の内容として例えば入れ墨（いれずみ）はどの大きさまで可、犯罪内容は窃盗は可などと求人の条件が詳しく記入してあるし、応募者が安心できるように社長の人柄がわかるような文や写真も付けてある。この雑誌のおかげで立ち直った人もいるし、社会に出るための最初の切符をもらった②と感謝している人もいる。

53 ①求人誌はどんな雑誌か。

1 どんな人でも就職の可能性がある雑誌

2 雑誌を通して就職した人が成功できる雑誌

3 入れ墨の人も働ける会社も載っている雑誌

4 就職したい人は誰でも読むことができる雑誌

54 ②社会に出るための最初の切符をもらったと感謝しているのはなぜか。

1 初めて働くことができるようになったので

2 この雑誌を見て初めて社会に出る勇気が持てたから

3 就職できたおかげで社会生活ができるようになったから

4 人に助けてもらえるようになったから

55 本文の内容と合っているのはどれか。

1 日本の刑務所は外部の人と会えない。

2 受刑者を助けたいと考えている人もいる。

3 刑務所暮らしが楽しいと考える人もいる。

4 自分も問題を持っていた人ほど応援してくれる。

（3）

トイレの水を飲む時代がやってきた。人口10万人のアメリカのある市は干ばつで湖の水が激減し、渇水の危機に面した。そこで必要な水を確保するために下水を川に流さずに水を浄化して再利用することにした。初めは住民の拒否感が強かった。わざわざ水を買ってきて飲んでいる人も多かった。下水はトイレの水ばかりではなく、生活排水も含まれる。それで下水を浄化して、また湖の水も半分利用したけどトイレの汚物の印象が強く残った。しかし実際に飲んでみると無味無臭の普通の水だったので、今では市民も受け入れるようになった。きれいで安全な水なのに拒否したのは気持ちの問題だったのだ。シリコンバレーでも下水が利用されている。現在は灌漑（かんがい）用水にしか使っていないが、近い将来飲用水として利用したいそうだ。日本では沖縄（おきなわ）で農業用水として利用されている。こちらも将来飲料水としての利用も視野に入れている。

現在の下水処理は人間の体から出るホルモンやウィルス、私達が洗い物をする時に使用する種々の洗剤用の界面活性剤などが川から海に流れて生態系に悪影響を与えている。下水を上水に換えることはそれらを処理して海の環境を守ることにも繋がる。水道事業の経費の大部分が遠い水源から使用者まで運ぶパイプなどの維持費用だと言うことを考えると、浄化装置の使用は渇水地域だけでなく世界中に広まる可能性がある。もちろん高性能の浄化装置なくしてはできないことである。

56 どうして下水を浄化した水に拒否感を抱いたのか。

1 水を買うことができたから

2 初めてトイレの水を飲む市になったから

3 下水の使用量がとても多かったから

4 汚いというイメージが拭えなかったから

57 なぜ<u>渇水地域だけでなく世界中に広まる可能性がある</u>のか。

1 維持費がいらないから

2 経費が減らせるから

3 海の環境が守れるから

4 そのまま飲むことができるから

58 本文で最も言いたいことは何か。

1 下水を浄化して環境を守ろう。

2 下水も水道水として利用できる。

3 下水を浄化すれば水問題は解決する。

4 下水さえ利用するほど水不足は進んでいる。

問題10　次の文章を読んで、後の問いに対する答えとして最もよいものを、１・２・３・４から一つ選びなさい。

8848.86mの世界一の高さを誇るエベレストは1953年にエドモンド・ヒラリーとシェルパのテンジン・ノルゲイが初登頂に成功してから、挑んだ人は数知れず、女性では日本人の田部井淳子(たべいじゅんこ)が初めてその頂上を踏んだ。このように困難なことに挑むのは人間の性(さが)かもしれない。初登頂となると他の人との競争に勝ったという結果になるが、そんなことに関係なく、どの山であれ頂上まで登るとその達成感は大きいだろう。難所として有名な谷川岳(たにがわだけ)の岩場を眺めながら山道を歩いたことがある。岩場に続く道なのだろうか多くのレリーフが埋め込まれていた。全て亡くなった人を悼んで作られた物だった。岩場を登る人の姿は見えなかったが、ハーケンを打ち付けるカキーンという音を遠くに聞きながら、命をかけても挑戦したくなるほど山は魅力があるのだなあと思った。

山だけではない。人間は何かに挑戦したい生き物かもしれない。年に１度総合的運動能力がなければ達成できない「サスケ」というイベントが開かれる。オリンピックでメダルを取るのはその道の達人だが、サスケは水泳を含めて全ての運動能力に優れていなければ達成できない。2020年まで38回も開催されて多くのスポーツ選手も参加したが完全制覇者はまだたった４人しかいない。２人の漁師さん、靴屋の営業マン、システムエンジニア、無名の人ばかりだが全員筋肉もりもりだ。完全制覇しても賞金はわずか200万ほどだからそのために日々過酷な鍛錬をしようとする人はいないだろう。制覇すれば賞賛と名誉が得られる。しかしその可能性は０に等しいから毎回5,000人ほどの出場希望者がいるそうだが、彼らの願いは単に不可能なことに挑戦することなのだと思われる。できそうにもなかったことができたら喜びは大きい。また達成できなかった時でも挑戦すること自体を楽しんでいる。今ではオリンピックの競技になったトランポリンもスポーツクライミングもどんどん難しいことに挑戦する可能性があって競技として認められるようになったのだろう。

私は73歳でしまなみ海道70kmをママチャリで完走した。実際には寄り道したので95kmだった。しまなみ海道は瀬戸(せと)内海の美しい景色を見ながら走れる人気のコースだ。たびたびその景色の素晴らしさと気持ちよさそうにサイクリングしている人の映像をみて挑戦したくなった。島の中は普通の道なので大丈夫だが、橋を渡るときは高速道路を利用する。だから7つの島を結ぶ橋を渡るたびに上ったり下りたりを繰り返さなければならない。橋はかなり高いところにあるので螺旋状(らせんじょう)にくるくる回っ

てそこにたどり着くまでが過酷だったが、近所の坂を上ったり下りたりした事前の訓練が物を言った。１日で走り切る人もいるが、私達は景色を眺めたり途中の名所を回ったりしながら２日間かけて走り抜いた。大変だっただけに到達した時の達成感は半端ではなかった。

年寄りでもそうなのだから若者が自分の限界に挑戦したくなるのは当たり前だ。色々なことにどんどん挑んでいってほしい。達成できなくても挑戦自体を楽しんでほしい。

59　なぜ人間は何かに挑戦するのだと言っているか。

1 人間の本能だから　　2 名誉が得られるから
3 苦労が報われるから　　4 不可能なことだから

60　事前の訓練が物を言ったとはこの場合何を示すか。

1 ママチャリで走れた。　　2 橋を渡ることができた。
3 完走することができた。　　4 橋にたどり着くことができた。

61　作者の挑戦に対する意見はどれか。

1 大変なことほど達成出来たら嬉しい。
2 誰もが何かに挑戦したいと思っている。
3 達成することを目標にしないほうがいい。
4 挑戦している時は苦しいことばかりである。

62　本文の内容と違っているのはどれか。

1 岩登りは危険を伴うこともある。
2 挑戦することで名誉を得ることもある。
3 サスケの完全制覇者にスポーツ選手はいない。
4 しまなみ海道は過酷な箇所があったので完走の喜びも大きかった。

問題11　次のＡとＢはゲノム編集生産物についての意見である。後の問いに対する答えとして最もよいものを、１・２・３・４から一つ選びなさい。

A

日本は遺伝子組み換え作物は生産していませんが、輸入された農産物を使った加工食品が販売されています。私達は遺伝子組み換え食品の表示問題について政府に改善を求めてきました。同じ大豆食品を使っているにもかかわらず、味噌には表示が必要だけれど醤油には必要ないなどの矛盾する表示基準を改正して全ての加工食品に表示を付けてほしいのです。そこに今回ゲノム編集農水産物に問題が起きました。(注1)政府がゲノム編集は遺伝子を切り取るだけなので安全だとお墨付き(すみつ)(注2)を与えてゲノム編集の表示を不問に付したのです。現在アメリカではゲノム編集で作られた種々の農産物が生産され知らないうちに消費者の口に入っています。ヨーロッパは遺伝子組み換え農作物の栽培も販売も禁止していましたが、ゲノム編集にも同じ立場を取っています。

B

ゲノム編集食品は夢のような食品です。遺伝子組み換えは他の遺伝子を入れるので安全性の審査が義務付けられていますが、ゲノム編集は遺伝子を切り取るだけなので安全性の審査も不要です。

品種改良には長い年月を必要としますが、ゲノム編集技術を使えば短時間で必要な農産物や水産物が手に入ります。大きくすることや収穫量を増やすことも自在です。世界の食糧不足を救うことになるでしょう。日本ではストレス軽減や血圧上昇を抑えるGABA(ギャバ)という成分を普通のトマトの５倍含有する品種の開発に成功して2020年には販売も許可されました。アレルギー物質が少ない卵は患者の役に立つでしょう。生産者にとってはこのような付加価値がある生産物を作るほか、収穫量が多い稲や身の量が多い鯛(たい)などは同じ生産労力で多くの量を手に入れられるからメリットが大きいです。今後更に様々なゲノム編集生産物が増えることは間違いないでしょう。

（注１）ゲノム編集：細胞の中のゲノムと呼ばれる全遺伝子情報を自由に書き換える技術

（注２）お墨付き（すみつ）きを与える：権威を持つ人が保証する

63　ＡとＢで生産物について意見が最も違うのはどれか。

1 ゲノム編集生産物の販売

2 ゲノム編集生産物の表示

3 ゲノム編集生産物の将来性

4 ゲノム編集生産物の安全性

64　ＡとＢがゲノム編集生産物について最も主張したいことは何か。

1 Ａ安全性を証明して売ってほしい、Ｂ生産量増加など利点が大変多い。

2 Ａ売る場合は表示してほしい、Ｂ品種改良という点ではメリットがある。

3 Ａ売るのは仕方がないが表示してほしい、Ｂ安全で生産者消費者共に利点がある。

4 Ａ安全でないから表示してほしい、Ｂ様々な性質の物ができるメリットが大きい。

問題12　次の文章を読んで、後の問いに対する答えとして最もよいものを、１・２・３・４から一つ選びなさい。

森林は私達の心や体を癒してくれる。緑を見るだけでも豊かな気持ちになるし、実際に森林浴は体に良い。癌で成すすべがないと宣告された人が森に住み木に囲まれ、木に触れて暮らしたら癌が消えたという話もある。木でできた物を見たり触ったりするだけでも温かい気持ちになる。だからおもちゃは木でできた物がよい。木は熱を伝えにくいので、触っても体から熱が奪われにくいので心地よい。それで子供が木製のおもちゃで飽きることなく遊ぶのだそうだ。子供がそうなら私たち大人にも同じ作用が働くはずである。木がふんだんに使われている部屋が居心地よいのはそのためかも知れない。

日本は山国なので私達は昔から木を利用してきて木と深い関係にある。1950年ごろ植えられた人工林が今丁度伐採の時期を迎えているが、国産材の利用率は少し回復しているものの、残念ながらまだ35％ほどに留まる。木は切り、また植えることを繰り返さないと山が荒れて、山崩れなどの自然災害発生の原因になる。木は再生可能でCO2の増加を減らせる大切な資源である。木造の住宅を造るのが無理でも、内装にもっと木を使ったら見た目も美しいし心身のためにもなると思う。もっと国産材を使用したいものだ。

日本では1945年の終戦後、焼け野原に品質が悪い木造住宅を造ったせいで、木造住宅は長持ちしないという間違った常識が広まった。昔ながらの工法で造る家は安い外国産では建てられないし、木造建築の高い技術を持つ職人が減っていて諦める人が多かった。政府が国産材の自給率を高めるため「公共建築物等木材利用促進法」を施行して、学校や病院、商業施設など非住宅の建築物の木造化を推進することにしたのは2010年だった。現在は自給率を25年に50%にすることを目標に掲げている。また2019年に木材利用の拡大を目的とした改正建築基準法で16ｍ３階以下の木造建築物を原則耐火構造の対象外、それ以上の高さでも準耐火構造を設けて木造を可能とした。

私達は木造は耐火面で脆弱(ぜいじゃく)だろうと考えがちだ。しかし実は木材は確かに燃えるが、表面が焦げて炭化層の被膜ができると酸素の供給が止まり、内部は燃えなくなるので建物が崩壊しにくい。倒壊と言う点では鉄やコンクリートより強いそうだ。それは607年に建立された世界最古の法隆寺(ほうりゅうじ)を始め、1000年以上も経っている多くの寺院が健在であることで証明されている。実はヒノキは、伐採後200年後が一番強く、伐採された1000年後でも、伐採時と同じ程度の強度があるそうだ。それに比べてコンクリートや鉄の耐久年数はせいぜい50年ぐらいだそうだ。だから高層ビルも木造で建てるべきだ。耐火性に優れる木造高層ビルを可能にした一因が、中にモルタルを挟んだ耐火集成材「燃(も)エンウッド」(注1)やCLT(注2)、マスティンバーという複数の木材を組み合わせた集成材だ。また液体ガラスを塗った木材もあるから建てようと思えば建てられる。世界は日本の先を行っていて、85mの世界一高い木造ビルも造られていて現在は木造ビルの高さ競争に拍車をかけている。

新国立競技場はふんだんに国産材が使用されていることで有名だ。杉を縦格子にしたひさしが建物の周囲をぐるりと回っていてとても美しい。これらの新国立競技場のために47都道府県から集められた国産木材は2000立方メートルにも及んでいる。外も中も木の美しさが際立つ。コンクリートの建物群の中に木造の建物が１棟あるだけで美しさが際立つのだから、木造建築物が増えたら街並みも随分と美しくなるだろう。

（注１）「燃エンウッド」：「燃えない木」という名前の木材
（注２）CLT：板の繊維が直交するように重ねて接着した大型の木材

65 木の作用とはどんなものか。

1 見ても触わっても気持ちがよくなる。
2 木に包まれていると病気になりにくい。
3 木は温かい素材なので心が和む効果がある。
4 木材になっても植えられている時と同じ効果がある。

66 なぜ国は木造建築を薦めているのか。

1 木造建築物が美しいから
2 木材の自給率を上げたいから
3 木は鉄やコンクリートより強いから
4 国産材の伐採時期が近づいているから

67 作者の最も言いたいことは何か。

1 国産材を使ってCO2の増加を防いでほしい。
2 木を使う利点は多いからもっと利用したほうがよい。
3 木造建築物は1000年も利用可能なのでもっと造ったほうがよい。
4 高層ビルも木造で造れるようになったからもっと増やしてほしい。

68 本文の内容と合っているのはどれか。

1 古い建物ほど長期の使用が可能である。
2 耐火集成材を使えば100年持つ建物ができる。
3 木によっては伐採直後より後のほうが強度がある。
4 政府は木造建築物には耐火構造が不必要だと考えている。

問題13　右のページはお茶の入れ方出し方の説明である。下の問いに対する答えとして最もよいものを、１・２・３・４から一つ選びなさい。

69　４人のお客様に上級煎茶でお茶を入れる。正しいのはどれか。

1 熱湯を湯呑茶碗の８分目まで入れる。

2 12gのお茶の葉と熱湯を120cc用意する。

3 茶葉を入れた急須にポットのお湯を入れる。

4 茶葉を入れた急須にお湯を入れたら約１分半待つ。

70　４人のお客様にお茶とお菓子を出す。正しいのはどれか。

1 ドアの側のお客様から出す。

2 必ず右側からお菓子を先に出す。

3 お菓子の上をお茶が通らないようにする。

4 左から出す時はお茶は左膝ぐらいに置く。

煎茶(せんちゃ)の入れ方

日本人が日常よく飲んでいるのは煎茶(せんちゃ)と呼ばれる緑色のお茶です。煎茶の入れ方はまず①お湯は３～５分沸騰させカルキ(注)を抜きましょう。②沸騰したお湯を急須(きゅうす)に入れて急須を温めます。③急須のお湯を湯冷まし、湯冷ましがない時は大きめのマグカップなどに入れて湯を冷まします。湯は移し替えるごとに10°ほど温度が下がります。④湯冷ましから湯呑茶碗(ゆのみぢゃわん)にお湯を入れます。湯呑の８分程度まで入れると、茶葉に水分が取られるので湯呑の６～７分目になり丁度良い量になります。⑤１人分約２～３ｇの茶葉を急須(きゅうす)に入れます。⑥冷ましたお湯を湯呑から急須に入れて蓋をします。お茶が十分に出るまで待ちます。上級煎茶の場合は約1分30秒、普通の煎茶なら約１分ぐらいです。⑦廻し注ぎをします。湯呑茶碗に注ぎますが、お茶碗ごとに入れてはいけません。ABC３つの茶碗がある時はABCの順に少しずつ入れたら今度は反対側のCBAの順番に入れます。またABCに戻ります。こうすれば３つが同じぐらいの量で濃さも同じになるからです。急須にお茶が残らないように最後まで注ぎます。最後の１滴に甘みが集まっていますし、お茶の葉が蒸(む)れるのを防いで渋み防止になって、次も美味しく飲めるからです。２回目は注ぐ温度を少し上げます。10度ぐらいあげるのがいいです。甘味に少し渋みが加わり奥行きが出ます。３回目から熱湯を注いでもいいです。

お茶の種類	1回目のお茶を入れる温度	お湯の量
ほうじ茶・玄米茶	100°C	80cc
番茶(ばんちゃ)	90°C	
中級煎茶	80°C	40～70cc
上級煎茶	60°C	
玉露(ぎょくろ)	40°C	25cc

お茶の出し方

①お茶を運ぶ時は湯呑を茶托（ちゃたく）に載せないで、お盆にお茶を入れた湯呑と茶托を載せて運びます。②お盆を置く台があればその上に、なければできるだけテーブルの下座のほうにお盆を載せます。③茶托に湯呑を載せます。④茶托を右手で持って、左手を添えてお客様のところに運びます。上座のお客様からお出しします。⑤お茶を出す時はお客様の後ろの右側から、お客様の右膝ぐらいに置きます。この時一言「失礼いたします」などと声をかけてみましょう。⑥お菓子がある時はまずお菓子を左に、次にお茶を右に出します。お客様から見てお茶が右、お菓子が左になります。最初に出した物の上を別の物が通過する「袖越し（そでごし）」と呼ばれる動作にならないようにします。スペースがなくて右から出せない時は「こちらから失礼いたします」などと断って行います。

（注）カルキ：次亜塩素酸カルシウム。水道水やプールの消毒に用いられる薬品

Listening

問題用紙

N1

聴解

(55分)

注　意
Notes

1. 試験が始まるまで、この問題用紙を開けないでください。
   Do not open this question booklet until the test begins.
2. この問題用紙を持って帰ることはできません。
   Do not take this question booklet with you after the test.
3. 受験番号と名前を下の欄に、受験票と同じように書いてください。
   Write your examinee registration number and name clearly in each box below as written on your test voucher.
4. この問題用紙は、全部で12ページあります。
   This question booklet has 12 pages.
5. この問題用紙にメモをとってもかまいません。
   You may make notes in this question booklet.

受験番号　Examinee Registration Number	

名前　Name	

もんだい
問題 1

問題 1 では、まず質問を聞いてください。それから話を聞いて、問題用紙の 1 から 4 の中から最もよいものを一つ選んでください。

例

1　企画書を見せる

2　製品の説明を書き直す

3　データを新しくする

4　パソコンを準備する

1番

1 条例は無視する

2 生ものは持ち帰らせない

3 何でも持ち帰らせる

4 火が通った物も持ち帰らせない

2番

1 男の人も女の人も塩を使ってみる

2 男の人も女の人も砂糖を使ってみる

3 男の人は塩、女の人は砂糖を使ってみる

4 男の人は砂糖、女の人は塩を使ってみる

3番

1　留守電にしておく

2　録音していると知らせる

3　他の人に電話に出てもらう

4　番号がわからない電話には出ない

4番

1　浅草寺でお参りする

2　仲見世の店を見て歩く

3　シャッターの絵を見る

4　船に乗る

5番

1　バネで上下(じょうげ)に動(うご)かせる椅子(いす)

2　赤(あか)ちゃんを横(よこ)に寝(ね)かせる椅子(いす)

3　バネで左右(さゆう)に揺(ゆ)れる椅子(いす)

4　赤(あか)ちゃんを座(すわ)らせる椅子(いす)

もんだい
問題 2

問題2では、まず質問を聞いてください。そのあと、問題用紙のせんたくしを読んでください。読む時間があります。それから話を聞いて、問題用紙の1から4の中から、最もよいものを一つ選んでください。

例

1　昨日までに資料を渡さなかったから

2　飲み会で飲みすぎて寝てしまったから

3　飲み会に資料を持っていったから

4　資料をなくしてしまったから

1番

1 ドローンの仕事がしたいから

2 自分では飛ばせないから

3 資格がないと飛ばせないから

4 飛行許可の申請が楽にできるから

2番

1 会社を継げる人がいないから

2 今の会社の仕事が嫌になったから

3 昔から会社を継ぐつもりだったから

4 会社を継いでほしいと言われたから

3番

1　竹チップ農法は開発が難しいから

2　自分の利益を優先していないから

3　売り上げを他の人にもわけているから

4　まずい竹の子を美味しく食べられるようにしたから

4番

1　お金がたくさん稼げるから

2　日本の北の果てに行きたいから

3　働きながら旅行できるから

4　アルバイトのついでに色々回れるから

5番

1 丸洗いできる作業着

2 着て楽な作業着

3 機能性がある作業着

4 スーツに見える作業着

6番

1 観光より芸能産業を中心にするのがよい

2 もっと人気があるスターの広告を出すのがよい

3 成功しているやり方から新しい方法を見つけるのがよい

4 更にたくさんのスターを世界進出させる方法がよい

もんだい
問題 3

問題 3 では、問題用紙に何も印刷されていません。この問題は、全体としてどんな内容かを聞く問題です。話の前に質問はありません。まず話を聞いてください。それから、質問とせんたくしを聞いて、１から４の中から、最もよいものを一つ選んでください。

－メモ－

もんだい 問題 4

問題４では、問題用紙に何も印刷されていません。まず文を聞いてください。それから、それに対する返事を聞いて、１から３の中から、最もよいものを一つ選んでください。

－メモ－

もんだい
問題 5

問題５では長めの話を聞きます。この問題には練習はありません。
問題用紙にメモをとってもかまいません。

1 番

まず話を聞いてください。それから、質問とせんたくしを聞いて、１から４の中から、最もよいものを一つ選んでください。

－メモ－

2番

まず話を聞いてください。それから、二つの質問を聞いて、それぞれ問題用紙の1から4の中から、最もよいものを一つ選んでください。

質問1

1　A町
2　B町
3　C村
4　D村

質問2

1　A町
2　B町
3　C村
4　D村

JLPT N1
제1회 실전모의테스트 | 정답 및 해설 |

1교시 언어지식(문자 · 어휘 · 문법)

문제 1 1 ② 2 ① 3 ④ 4 ① 5 ④ 6 ②
문제 2 7 ① 8 ③ 9 ① 10 ③ 11 ③ 12 ② 13 ④
문제 3 14 ② 15 ④ 16 ① 17 ② 18 ④ 19 ②
문제 4 20 ③ 21 ① 22 ① 23 ③ 24 ① 25 ④
문제 5 26 ① 27 ④ 28 ② 29 ③ 30 ④ 31 ③ 32 ① 33 ② 34 ④ 35 ③
문제 6 36 ③ (1432) 37 ① (2413) 38 ④ (2143) 39 ③ (3214) 40 ② (4321)
문제 7 41 ① 42 ④ 43 ② 44 ③ 45 ①

1교시 독해

문제 8 46 ④ 47 ③ 48 ④ 49 ③
문제 9 50 ① 51 ④ 52 ② 53 ② 54 ① 55 ③ 56 ③ 57 ③ 58 ③
문제 10 59 ③ 60 ③ 61 ② 62 ①
문제 11 63 ② 64 ①
문제 12 65 ② 66 ② 67 ③ 68 ②
문제 13 69 ③ 70 ④

2교시 청해

문제 1 1 ④ 2 ④ 3 ① 4 ③ 5 ④
문제 2 1 ③ 2 ④ 3 ③ 4 ③ 5 ③ 6 ③
문제 3 1 ④ 2 ③ 3 ④ 4 ② 5 ④
문제 4 1 ② 2 ③ 3 ① 4 ③ 5 ② 6 ① 7 ① 8 ② 9 ③ 10 ① 11 ②
문제 5 1 ④ 2 1-① 2-④

1교시 언어지식(문자·어휘·문법)

문제 1

1 브리더(breeder)란 개나 고양이 등의 동물 번식을 직업으로 하는 사람을 말합니다.

2 한동안 인터넷으로의 접속이 차단되었다.

3 그녀에게 3번이나 데이트를 거절당한 이상 깨끗하게 단념하기로 할까.

4 세탁하니 모자의 모양이 망가져 버렸다.

5 그 댄서는 훌륭한 연기를 펼쳤다.

6 히말라야의 산들이 석양에 비쳐 장엄하기만 하다.

문제2

7 야마모토 씨는 따님이 그 독일사람과 결혼하는 것에 맹(렬하게) 반대했다.

8 인터넷 상의 토론에서는, 걸핏하면 표현이 확대된다.

9 그의 한결같은 노력이 이 세계기록을 낳았다.

10 사나운 파도의 기세에, 나는 엉겁결에 휘청거렸다.

11 내일은 일요일이니까, 전철이 파업을 해도 이렇다 할 영향은 없을 것 같다.

12 지붕 위에 눈이 묵직하게 쌓여 있다.

13 그것은, 반드시 나쁘다고만은 할 수 없다.

문제3

14 시간에 루스한(시간 관념이 허술한) 사람이다. (≒칠칠치 못한)

15 그녀에게는 아직 천진난만한 면이 있었다. (≒천진난만한)

16 결국 그것은 양심의 문제이다. (≒결국)

17 그에게는 의심스러운 점이 너무 많다. (≒수상한)

18 그녀는 이례적인 승진을 성취했다. (≒보기 드문)

19 장관은 재난지역을 철저히 시찰했다. (≒자세하게)

문제4

20 互角(ごかく) 호각, 막상막하

1 나는 작년 유니세프에 여동생과 호각의 기부를 했다. (→同額(どうがく) 같은 금액)

2 인간이 병에 걸릴 때가 있는 것과 호각으로, 식물도 병에 걸릴 때가 있다. (→同様(どうよう) 마찬가지)

3 그 두 주자는 골 직전까지 호각의 승부였다.

4 리더는 멤버에게 각각 호각하게 이익을 분배했다. (→均等(きんとう) 균등)

21 交(まじ)える 섞다, 교차시키다

1 시합하는 모습을 동영상도 섞어서 인터넷으로 전송합니다.

2 그녀는 그 배우에 대해 열정을 섞어서 이야기했다. (→熱(ねつ)を込(こ)めて 열기를 띠며)

3 생일파티에 참석할 수 없어서, 꽃다발에 메시지를 섞어서 그녀에게 보냈다. (→添(そ)えて 첨부해)

4 그 배에는 승무원을 섞어서 260명이 타고 있었다. (→含(ふく)めて 포함해서)

22 しぶとい 고집이 세다, 끈질기다

1 리포터는 인터뷰를 거부당했지만 끈질기게 물고 늘어졌다.

2 할아버지는 대단히 끈질겨서 병 하나 걸린 적이 없다. (→丈夫(じょうぶ)で 튼튼해서)

3 지하에 있는 방은, 습기가 끈질겨서 지내기가 편치 않다. (→多(おお)くて 많아서)

4 오늘은 아침부터 열이 있어서, 몸이 끈질겨서 움직이는 것이 힘들다. (→だるくて 나른해서)

23 解明(かいめい) 해명, 풀어냄

1 누군가 자네의 알리바이를 해명해줄 사람은 없나? (→証明(しょうめい) 증명)

2 그 스캔들은 두 기자에 의해 해명되었다. (→暴露(ばくろ) 폭로)

3 그들은 그 비행기 사고의 원인 해명에 나섰다.

4 유괴되었던 소녀가 무사히 구출되어 사건은 해명되었다. (→解決(かいけつ) 해결)

24 緊密(きんみつ) 긴밀함

1 그들은 두 나라간의 긴밀한 관계를 구축하기 위해서 많이 힘썼다.

2 그 소설가는 항상 생활에 긴밀한 소재를 다룬다. (→密着(みっちゃく)した 밀착한)

3 오늘은 일요일인데도 아버지는 긴밀의 일로 회사에 나갔다. (→緊急(きんきゅう) 긴급)

4 감독은 심판의 긴밀한 판정에 격하게 항의했다. (→微妙(びみょう) 미묘)

25 ひたむき 곧장, 한결같음

1 유전자공학은 최근 한결같은 진보를 이루었다. (→急速(きゅうそく)な 급속한)

2 길거리 공연이 시작되자, 구경꾼이 한결같이 모여들었다. (→どんどん 계속)

3 내일은 한결같이 집에 있을 예정이니, 언제 방문해 주어도 좋아. (→ずっと 죽)

4 야마다 씨의 음악에 대한 한결같은 모습이 사람들을 감동시켰다.

문제5

26 만약 1주일 이내에 지불이 없는 경우에는, 어쩔 수 없이 법적 조치를 취할 것입니다.

27 1주일 후로 테니스 시합을 앞두고, 야마다 선수는 매일 연습하고 있다.

28 아무래도 당신은 나를 일벌레로 밖에 생각하지 않는 듯한데, 나도 가정을 소중히 하고 있어.

29 그 지역 출신의 씨름선수가 우승했다고 하면서, 동네 전체가 야단법석이었다.

30 A 있잖아, 알아? B반의 야마시타가, 1년에 한자를 5천자 외우는 데 도전한다고 그러더라.
B 한자 5천자? 불가능해. 아무리 생각해도 역시 무리야.

31 콘서트장의 주차장에 도착해서, 차에서 나가려던 순간 큰 빗방울의 비가 억수로 내리기 시작했다.

32 야마다 '있잖아, 지금 화제가 되고 있는 만화, 손에 넣었어. 마츠모토 군, 읽어볼래?'
마츠모토 '아니, 흥미 없으니까 됐어.'
야마다 '어, 그래? 마츠모토 군, 사실은 읽어보고 싶어서 견딜 수 없는 주제에.

33 단지 하나 신경이 쓰인 것은, 온천의 수질 탓일까요, 바닥이 여기저기 미끄러지기 쉬웠다는 점입니다. 탕에 대해서는 청소도 구석구석 잘 되어 있어 아무 트집도 잡을 수 없던 만큼 괜히 더 신경이 쓰였는지도 모릅니다.

34 6년간의 초등학교 생활을 돌아보고, 무엇이 가장 인상에 남았느냐고 질문을 받으면, 나는 만사 제쳐놓고 '축구'라고 대답하고 싶다.

35 어느 대기업에 근무하는 중간관리직의 야마다 씨는 이렇게 한탄한다. 2010년에 입사해서 영업직으로서 실적을 쌓아 왔지만, 매니저를 맡을 정도까지 되었을 때, 사장에게 조기퇴직의 권유를 받았다고 한다.

문제6

36 어제 겨우 연구실에 리포트를 내기는 냈지만, 점수는 그다지 좋지 않다고 생각합니다.

37 먹보인 나는 이 만족감 없이는 살아갈 수 없는 듯한 기분마저 든다. 이 만족감이 있기 때문에 주위의 모든 것에 감사하는 마음도 솟아나, 내일부터도 다시 열심히 해야지 하는 기분도 될 수 있다.

38 시의 체육관이나 수영장 이용료는 상당히 저렴하기 때문에, 가볍게 운동을 시작하기에는 좋을 것 같다. 하지만 운동이 습관화되어 있지 않은 사람은 이것저것 이유를 대고서는 땡땡이치려고 하기 때문에, 싸면 아무렇지 않게 빠지려고 한다.

39 최근 경찰관이나 교사 등, 사회의 모범이 되어야 할 사람의 범죄가 계속 늘고 있습니다. 경찰관이나 교사된 자, 성인군자로 있으라고 까지는 아니더라도, 범죄자로서 TV나 신문을 떠들썩하게 하지는 않았으면 합니다.

40 독서나 다양한 사람과의 교류를 통해 자기 마음의 버팀목이 되는 것을 찾아내고, 거기에 머무르지 않고, 주체적으로 살며 적극적으로 매사에 도전하도록 하는 것이 좋다.

문제7

'국가' = '정부'가 아니다

여러분 안녕하세요. 7월 1일, 계절도 상당히 더워졌습니다. 아무쪼록 열사병에는 충분히 조심해 주시길 바랍니다. 여러분의 몸은 자신만의 것이 아닙니다. 가족, 친구는 물론, 시의 직원으로써 각기 중요한 역할을 맡고 있기 때문에, 몸만은 소중히 해주세요. 특히 여름철에는 수분보충을 잊지 말고 해주세요.

그럼, 이달의 메시지를 보내드리겠습니다. 오늘은 이전부터 제 자신이 신경쓰였던 사항에 대해 말씀드리겠습니다. TV나 라디오 뉴스에서 자주 듣습니다만, 정부의 움직임에 관한 보도를 듣고 있으면, 원래는 '정부가'라고 말해야 하는데, '국가가'라고 말할 때가 있습니다. 특히 부정적인 보도내용일 때 많이 들리는 것은 저의 지나친 생각일까요. 예를 들어 '국가가 밀어붙였다'든지 '국가가 일방적으로 정했다'든지 '국가의 책임'이라든지. 여러분도 주의해서 듣고 있으면 아시리라 생각합니다. 본래 이 표현은 '정부가 밀어붙였다', '정부가 일방적으로 정했다', '정부의 책임'이라고 보도되어야 합니다. 그런데도 지나치게 '국가가' '국가가'의 연발로, 듣고 있으면 제 자신도 위화감을 느낍니다.

그러나 그렇게 내가 말하면 '왜 위화감이 있어요? 국가는 원래 그런 거잖아요'하고 진지한 얼굴로 말하는 사람이 있습니다. 확실히 이런 발상을 해버리는 부분까지, 지금의 일본사회에서는 지나치게 '국가'와 '정부'가 혼동되는, 그런 풍조가 만연해 있다고 할 수 있겠습니다.

본래 '국가'란 국토의 자연환경부터 풍토, 전통문화나 역사, 그리고 많은 선인들이 쌓아온 것 위에 성립된 우리들 사회의 전체를 가리키는 말로써 사용되어야 하며, 우리들이 부단한 노력을 거듭하여 보다 좋게 만들어가야 할, 우리들의 고향이며 모국 또는 조국, 그 자체를 가리키는 말일 것입니다. 정부를 비판할 때 써야 할 말은 본래 아닌 것입니다. 그럼에도 불구하고 '국가가' '국가가'라고 왈가왈부하는 것은 왜일까. 여기서 많은 것은 말하지 않지만, 뭔가 한쪽으로 편중된 사상이 보일 듯 말 듯 느끼는 것은 저만은 아니리라 생각합니다.

단어

熱中症(ねっちゅうしょう) 열사병 | **役目**(やくめ)**を担**(にな)**う** 역할을 맡다 | **補給**(ほきゅう) 보급, 보충 | **月**(つき)**いち** 한 달에 한 번씩만 함 | **耳**(みみ)**にする** 듣다 | **～ところを** ～인데도, ～한데 | **ネガティブな** 부정적인 | **思**(おも)**い過**(す)**ごし** 지나친 생각, 쓸데없는 걱정 | **押**(お)**し付**(つ)**ける** 강요하다, 밀어붙이다 | **言**(い)**い回**(まわ)**し** 표현, 말(주변) | **違和感**(いわかん)**を覚**(おぼ)**える** 위화감을 느끼다 | **真顔**(まがお) 진지한 얼굴, 정색 | **混同**(こんどう) 혼동 | **風潮**(ふうちょう) 풍조 | **蔓延**(まんえん)**する** 만연하다 | **積**(つ)**み重**(かさ)**ね** 축적 | **成**(な)**り立**(た)**つ** 성립하다 | **総体**(そうたい) 총체, 전체 | **～際**(さい)**に** ～할 때 | **用**(もち)**いる** 사용하다 | **にもかかわらず** 그럼에도 불구하고 | **あげつらう** 왈가왈부하다, (시비·가부를) 논하다 | **偏**(かたよ)**る** 치우치다, 편중되다 | **見**(み)**え隠**(がく)**れ** 보였다 안 보였다 함

1교시 독해

문제8 다음 (1)부터 (4)의 문장을 읽고, 다음 질문에 대한 답으로서 가장 적당한 것을 1·2·3·4에서 하나 고르시오.

1

해석

야경을 본다고 하면 하코다테나 고베 등의 빛으로 반짝이는 아름다운 풍경을 높은 곳에서 보는 것이 일반적이다. 그러나, 요즘에는 공장의 야경이 인기라고 한다. 배를 타고 바다 쪽에서 공장의 야경을 둘러 보는 것이 인기인데, 시즈오카현의 전체 길이가 10킬로미터도 안 되는 도산할 것 같은 회사가 운행시키고 있는 한 달에 한 번밖에 운행하지 않는 야경전철도 사람을 모으고 있다. 주간에는 소박한 공장이 빛을 받으면 전혀 다르게 보인다. 지금 그곳에 있지만 미래를 느끼게 하기 때문인 듯하다. 무엇이 관광의 핵심이 될지 모른다.

단어 **夜景**(やけい) 야경 | **～といえば** ～라고 하면 | **輝**(かがや)**く** 빛나다 | **海側**(うみがわ) 바다 쪽 | **～もない** ～도 안 되는 | **潰**(つぶ)**れる** 망하다, 도산하다 | **昼間**(ひるま) 낮, 주간 | **地味**(じみ)**な** 소박한, 수수한 | **照**(て)**らす** 빛을 비추다 | **目玉**(めだま)**になる** 핵심이 되다

46 지금 그곳에 있지만 미래를 느끼게 한다 란 어떤 의미인가?

1 낮과 밤의 풍경 변화가 미래를 느끼게 한다.
2 보고 있는 풍경이 현실이 아니라고 느껴진다.
3 미래에도 밤의 풍경은 변하지 않는다고 느껴진다.
4 보고 있는 풍경이 미래의 풍경처럼 느껴진다.

해설 선택지 1번, 낮의 풍경이 아니라 야경에서만 느끼게 하므로 맞지 않다. 선택지 2번, 그곳에 있는 것이므로 현실이다. 선택지 3번, 미래의 야경에 대해서는 쓰여 있지 않으며, 선택지 4번에서 지금 보고 있는 풍경에서 미래의 풍경을 느끼므로 알맞다.

2

해석

현재, 회사의 발전을 위해서는 종업원의 다양성이 요구되고 있다. 다양한 나라의 사람을 고용해서 지금까지 없었던 제품이나 방식을 새로 만들어 내려는 것이다. 과연 문화나 사고방식이 다르면 다른 발상이 된다. 그것이 서로 부딪히며 새로운 것이 만들어져 가는 것은 머리로는 잘 알고 있었지만 실감할 수 없었다. 어느 날 그것이 딱 하고 납득이 되었다. 외국인이 만든 낫토를 재료로 한 케이크가 대단히 맛있다고 방송된 것을 봤기 때문이다.

단어 **求**(もと)**める** 요구하다 | **雇**(やと)**う** 고용하다 | **～ことで** ～해서, ～로 인해 | **生**(う)**み出**(だ)**す** 새로 만들어 내다, 산출하다 | **なるほど** 정말, 과연 | **発想**(はっそう) 발상 | **ぶつかり合**(あ)**う** 서로 부딪히다 | **できる** 생기다 | **ストンと** 딱 하고 | **胸**(むね)**に落**(お)**ちる** 납득이 되다 | **再認識**(さいにんしき) 재인식 | **～ならではの** ～이 아니면 안 될, ～특유의 | **驚**(おどろ)**く** 놀라다

47 왜 딱 하고 납득이 되었는가?

1 낫토케이크는 외국에서는 만들 수 없는 것이므로
2 케이크는 외국에서 온 것이었다고 재인식했으므로
3 낫토를 케이크에 사용하는 발상은 외국인이 아니고서는 못할 것이라고 생각했으므로
4 낫토가 무엇에든 맞는 것을 외국인이 더 알고 있어서 놀랐으므로

해설 선택지 1번, 외국에도 낫토는 있으므로 만들 수 없는 것은 아니다. 선택지 2번, 재인식에 관련된 내용은 없다. 선택지 3번, 낫토를 케이크의 재료로 하려는 생각을 일본인은 하지 않았으므로 알맞다. 선택지 4번, 낫토가 무엇에든 맞는지 어떤지는 알 수 없다.

3

해석

신제품 안내

배계 (단풍)의 계절, 귀사의 일익 건승하심을 경하드립니다. 늘 각별한 보살핌에, (폐사) 일동, 깊이 감사드립니다.

한편, 이번에 연구를 거듭해온 획기적인 신형초밥제조기가 완성되었습니다. 종래의 기계보다 소형이며 조작도 쉽고 가격도 올리지 않았습니다.

그것에 관해서 아래와 같이 발표회를 개최하오니, 바쁘신 중에 죄송하지만 아무쪼록 참석해주시기를 바랍니다.

경구

기

일시 20xx년 11월 10일 오후 2시~4시

장소 당사 도쿄공장 홀

이상

단어 **拝啓**(はいけい) 배계(삼가 아뢴다는 뜻으로 편지 머리에 쓰는 말) | **紅葉**(こうよう)**の候**(こう) 단풍의 계절 | **ご清祥**(せいしょう) 건승하심(상대방의 건강과 만복을 축하하는 인사말) | **お/ご~申**(もう)**し上**(あ)**げる** ~해 드리다 | **お喜**(よろこ)**び申**(もう)**し上**(あ)**げます** 경하드립니다 | **日頃**(ひごろ) 평소, 늘 | **お引**(ひ)**き立**(た)**て** 보살핌 | **弊社**(へいしゃ) 폐사(자기 회사의 겸칭) | **この度**(たび) 이번에 | **重**(かさ)**ねて参**(まい)**る** 거듭해오다 | **画期的**(かっきてき) 획기적 | **新型**(しんがた) 신형 | **寿司**(すし) 초밥 | **製造機**(せいぞうき) 제조기 | **完成**(かんせい)**する** 완성되다 | **コンパクト** 소형, 작음 | **操作**(そうさ) 조작 | **価格**(かかく)**を抑**(おさ)**える** 가격을 억제하다 | **つきましては** 그 일에 관해서 | **催**(もよお)**す** 개최하다, 열다 | **恐縮**(きょうしゅく)**ですが** 죄송하지만 | **何卒**(なにとぞ) 부디, 아무쪼록 | **敬具**(けいぐ) 경구(편지 끝의 인사말) | **錦秋**(きんしゅう) 금추(단풍이 든 아름다운 가을) | **貴社**(きしゃ) 귀사 | **新緑**(しんりょく)**の候**(こう) 신록의 계절(5월에 해당하는 계절 인사말) | **陽春**(ようしゅん) 양춘, 봄 | **御社**(おんしゃ) 귀사

48 A와 B에 무엇을 넣으면 좋은가?

1 A는 금추(단풍이 든 아름다운 가을), B는 귀사
2 A는 신록, B는 당사
3 A는 양춘(봄), B는 귀사
4 A는 단풍, B는 폐사

해설 11월에 개최되기 때문에 안내장을 보내는 것은 10월 정도가 되므로 가을이다. 따라서 A에는 금추나 단풍이 적당하다. B는 일동, 감사를 드린다고 하고 있으므로 자신의 회사이다. 폐사는 자기 회사를 낮춰서 말하는 것이므로 선택지 4가 알맞다.

4

해석

친구가 잇달아 할머니가 되었다. 한 명은 알을 해동해서 태어난 아이, 또 한 명은 특별양자결연(주)으로 받게 된 아이다. 모두 경사스러운 일이지만, 평범하게 아이를 가지는 것을 좀처럼 할 수 없는 시대가 된 것 같다. 만혼화의 탓인지 불임으로 고민하는 부부가 증가해서, 일본에서는 15명에 1명이 체외수정으로 태어난다고 한다. 불임비가 비싸서 포기하는 사람도 있다고 한다. 국가 보조금을 더욱 늘릴 필요가 있다. 또한 양자결연도 더욱 확대하길 바란다.

(주) 특별양자결연 : 호적의 친족관계가 '양자'가 아니라 친자와 동일하게 기재된다.

단어 **立**(た)**て続**(つづ)**けに** 계속, 잇달아 | **解凍**(かいとう) 해동 | **養子**(ようし) 양자 | **縁組**(えんぐみ) 양자·양녀 따위의 관계를 맺는 일. 특히, 양자 결연 | **めでたい** 경사스럽다 | **晩婚化**(ばんこんか) 만혼화 | **~せいか** ~탓인지 | **不妊**(ふにん) 불임 | **~に悩**(なや)**む** ~으로 고민하다 | **増加**(ぞうか) 증가 | **体外受精**(たいがいじゅせい) 체외수정 | **諦**(あきら)**める** 포기하다 | **助成**(じょせい) 조성, 도움 | **更**(さら)**に** 더욱 | **増**(ふ)**やす** 늘리다 | **広**(ひろ)**まる** 널리 퍼지다, 확대되다 | **戸籍**(こせき) 호적 | **続**(つづ)**き柄**(がら) 친족 관계, 혈족 관계 | **記載**(きさい) 기재

49 저자의 생각은 어느 것인가?

1 불임비가 비싸서 포기하는 사람도 많다.
2 아이가 태어나지 않으면 양자결연을 하면 된다.
3 체외수정이든 양자든 아이가 생기는 것은 좋은 일이다.
4 만혼화 탓에 불임으로 고민하는 부부가 증가하고 있다.

해설 내용에서 '한 명은 알을 해동해서~모두 경사스러운 일'을 보면 체외수정이나 양자결연 모두 경사스러운 일이라고 했으므로 선택지 3번이 알맞다. 선택지 1, 4번은 남에게서 들은 내용이며 선택지 2번, 아이가 태어나지 않으면 양자결연 말고도 체외수정의 방법도 있으므로 맞지 않다.

문제9 다음 (1)부터 (3)의 문장을 읽고, 다음 질문에 대한 답으로서 가장 적당한 것을 1·2·3·4에서 하나 고르시오.

1

해석

아시아의 노래가 전세계에서 처음으로 인기가 있었던 것은 1963년 미국 빌보드차트에서 1위가 된 사카모토 큐의 「SUKIYAKI」였다. 사실 미국 이전에 유럽에서 「위를 향해 걷자」라는 일본 제목 그대로 발매해서 실패했다. 제목이 무슨 뜻인지 몰랐기 때문이다. 그래서 미국에서는 「SUKIYAKI」라는 제목으로 바꾸었다. 스키야키에 친숙했기 때문에 받아들이기 쉬웠을 것이다. 전략이 성공했다.

지금은 당시와는 상황이 전혀 다르지만 '세계전략'은 필요하다. BTS를 비롯해 K-POP이 세계 시장을 석권하고 있는데, 거기에는 계산된 전략이 있다. 예를 들어 BTS인데, 세계적으로 인기가 있는 힙합과 EDM을 접목시킨 역동적인 음악과 파워풀한 춤으로, 미국인들을 매혹시켰다. 노래는 한국어가 중심이지만, 2020년에 괴로운 시기를 극복하자는 영어곡인 '다이너마이트'를 내자 더욱 인기가 높아졌다. 또한 의상이나 소품 등도 미국인의 향수를 불러일으키며 받아들이기 쉬웠다. 하지만 뭐니뭐니해도 퀄리티가 높다. '칼군무'라 불리는 칼처럼 손끝과 몸의 각도, 속도까지 맞춰 추는 춤이 굉장한 데다가, 노래가 능숙해 그들은 미국에서 순식간에 큰 인기를 얻었다. 또한 전략적으로 이용한 유튜브의 존재도 크다. 유튜브를 통해 전세계에서 접속할 수 있으며, 어디서든 BTS의 공연을 볼 수 있다. 따라서 이것을 사용하지 않을 수는 없다. 그리고 팬이 된 많은 사람들이 그 감동을 SNS로 전세계에 발신해 더욱 큰 너울이 생겨난다. 이 흐름은 멈출 수 없다. 반대로 일본은 어떠한가. 한국과는 달리 시장이 그럭저럭 있는 탓에 멍하니 있는 것은 아닌지 걱정된다.

(주)うねり : 크게 파도 치는 것

단어 **初(はじ)めて** 처음으로 | **売(う)れる** 팔리다, 인기가 있다 | **売(う)り出(だ)す** 팔기 시작하다, 발매하다 | **そこで** 그래서 | **馴染(なじ)む** 친숙해지다, 익숙해지다 | **受(う)け入(い)れる** 받아들이다 | **戦略勝(せんりゃくが)ち** 전략이 성공함 | **全(まった)く** 완전히, 전혀 | **~を始(はじ)め** ~을 비롯해 | **席捲(せっけん)** 석권 | **~つつある** ~하고 있다 | **融合(ゆうごう)** 융합 | **引(ひ)き付(つ)ける** 끌어당기다, 매혹시키다 | **乗(の)り越(こ)える** 극복하다 | **高(たか)まる** 높아지다, 고조되다 | **衣装(いしょう)** 의상 | **小道具(こどうぐ)** 소품 | **郷愁(きょうしゅう)を誘(さそ)う** 향수를 불러일으키다 | **何(なん)と言(い)っても** 뭐니뭐니해도 | **刀(かたな)** 칼 | **指先(ゆびさき)** 손끝 | **角度(かくど)** 각도 | **揃(そろ)える** 같게 하다, 맞추다 | **~上(うえ)に** ~한 데다가 | **瞬(またた)く間(ま)に** 눈 깜박할 사이에, 순식간에 | **人気(にんき)を博(はく)する** 인기를 얻다 | **~を通(つう)じて** ~을 통해 | **アクセス** 액세스, 접속 | **パフォーマンス** 퍼포먼스, 공연 | **手(て)はない** 방법이 없다, ~수는 없다 | **うねり** 높게 이는 파도, 너울 | **~ようがない** ~할 수 없다 | **翻(ひるがえ)って** 반대로 | **~とは違(ちが)って** ~와는 달리 | **市場(しじょう)** (경제적 의미의) 시장 | **そこそこ** 그럭저럭 | **~せいで** ~탓에 | **昼行燈(ひるあんどん)** 대낮에도 불이 켜 있는 등, 멍청한 사람 | **灯(とも)す** 불을 켜다 | **称(しょう)される** 칭해지다 | **魅力的(みりょくてき)** 매력적 | **ぼうとする** 멍해지다 | **~だけでも** ~만으로도 | **商売(しょうばい)ができる** 장사가 되다 | **大流行(だいりゅうこう)** 대유행, 크게 유행

50 BTS가 세계시장을 석권하고 있는 이유가 아닌 것은 어느 것인가?

1 미국에 맞춘 영어 노래만 불렀기 때문에
2 많은 팬들이 SNS로 훌륭함을 알렸기 때문에
3 공연을 유튜브로 볼 수 있기 때문에
4 칼군무라고 칭해질만큼 맞춰 추는 춤과 노래가 매력적이었기 때문에

51 시장이 그럭저럭 있는 탓에 멍하니 있다 란 일본의 어떤 상황을 표현하고 있는가?

1 국내시장이 그럭저럭 크기 때문에 멍해지는 상황
2 국내시장이 너무 커서 아무것도 하지 않아도 되는 상황
3 국내시장이 크기 때문에 외국 음악이 들어와도 여유가 있는 상황
4 국내시장만으로 그럭저럭 장사가 되므로 딱히 뭔가를 하려고 하지 않는 상황

52　본문의 내용과 맞는 것은 어느 것인가?

1 아시아의 노래가 더 인기가 있는 시대가 되었다.
2 세계시장에서 성공하기 위해서는 전략은 빠뜨릴 수 없다.
3 BTS가 나오기까지 아시아의 노래가 크게 유행한 적은 없었다.
4 유튜브가 없으면 세계에서 성공할 수 없다.

해설 〈문제 50〉 선택지 1번, 영어로 된 노래를 부르기도 했지만 노래는 한국어가 중심이다. 선택지 2번, '팬이 된 많은 사람들이 SNS로 감동을 전세계에 발신해 더욱 큰 너울이 생겨난다'라는 기술이 있으므로 맞다. 선택지 3번, 어디에 있든 BTS의 공연을 볼 수 있으므로 맞다. 선택지 4번, '칼군무로 불리는 멤버가 칼처럼 손끝과 몸의 각도까지 맞춰 추는 춤이 훌륭한 데다 노래가 능숙해, 그들이 미국에서 순식간에 큰 인기를 얻었다'는 기술이 있으므로 맞다.

〈문제 51〉「昼行燈を灯す」는 낮에 켜져 있는 등처럼 희미하게 켜져 있는 상태를 나타낸다. '멍하니 있다'란 것은 선택지 1번처럼 진짜 멍해지는 상황이 아니라 뭔가 행동을 하지 않는다는 의미를 나타낸다. 따라서 선택지 4번이 답이 된다.

〈문제 52〉 선택지 1번, 아시아의 노래 전체가 더 인기가 있다고는 할 수 없다. 선택지 2번, BTS의 성공요건으로 시류에 맞는 음악, 공연, 유튜브, SNS 등 여러 전략을 예로 들고 있으므로 알맞다. 선택지 3번, 예전 일본의 「SUKIYAKI」라는 노래가 있었으므로 맞지 않다. 선택지 4번, 세계적 인기에 유튜브가 공헌하고 있는 바는 크지만, 반드시 성공할 수 있다고는 쓰여 있지 않다.

2

해석

가정의 냉동실의 얼음은 거의 공짜이며, 편의점 등에서 팔리고 있는 맛있는 조각얼음(주)이라도 1.1킬로에 250엔 정도이다. 따라서 '단결정 얼음'이라 불리는 1킬로에 1100엔 하는 얼음은 아무리 궁극의 얼음이라고 해도 많은 사람들에게는 너무 비쌀 것이다. 냉동실에서 만드는 얼음은 사방에서 얼기 때문에 속에 결정이 작고 하얀 기포나 불순물이 섞여있다고 한다. 편의점의 얼음은 기포는 적지만 결정이 모여서 만들어졌다. 그러나 단결정 얼음은 하나의 결정이 크게 자라난 것으로 위에서만 얼려서 만들기 때문에 기포나 불순물은 아래로 밀어내진다. 결정과 결정 사이의 틈에는 불순물이 괴기 쉽다고 하지만, 단결정 얼음은 괴는 장소가 적기 때문에 전혀 기포가 없고 녹아내리는 불순물도 없어서 투명하다. 궁극의 맛있는 얼음이라 불리는 이유다. 맛도 불순한 맛(주2)이 적어서 위스키 등에 넣었을 때 맛을 해치는 법도 없다. 따라서 맛에 까다로운 바텐더는 이 얼음을 극찬하고 있다. 또 잘 녹지 않기 때문에 음료가 금세 옅어져 맛이 떨어지는 일이 없다. 음료 자체의 맛이 오래 간다. 우선 고급 바나 클럽, 고급요리점 등 음료의 맛을 첫째로 생각하는 가게에 팔아야 한다. 얼음의 가치를 알면 개인도 사게 될 것이다. 단결정 얼음의 미래는 밝다고 생각한다.

사실 이 얼음은 전혀 분야가 다른 회사가 만들어냈다. 이 얼음을 만드는데 필요한 특수한 장치인 금속판 제작에 철물회사의 경험이 활용된 점도 사족이지만 덧붙이고 싶다.

(注1) かち割り氷 : 음료 등에 쓰는 큰 얼음을 깨서 만든 얼음
(注2) 雑味(ざつみ) : 술·차·커피 등의 본래의 맛을 해치는 불순한 맛(과도한 신 맛·떫은 맛·쓴 맛 등)

단어 **家庭**(かてい) 가정 | **冷凍庫**(れいとうこ) 냉동고, 냉동실 | **只**(ただ) 공짜 | **かち割**(わ)**り氷**(ごおり) 조각얼음 | **いくら～といっても** 아무리 ~라고 해도 | **究極**(きゅうきょく) 궁극 | **四方**(しほう) 사방 | **氷**(こお)**る** 얼다 | **結晶**(けっしょう) 결정 | **気泡**(きほう) 기포 | **不純物**(ふじゅんぶつ) 불순물 | **混**(ま)**じる** 섞이다 | **できる** 생기다 | **育**(そだ)**つ** 자라다 | **押**(お)**し出**(だ)**す** 밀어내다 | **隙間**(すきま) 틈, 짬 | **溜**(た)**まる** 모이다, 괴다 | **溶**(と)**け出**(だ)**す** 녹아내리다 | **透明**(とうめい) 투명함 | **～わけだ** ~이유다 | **雑味**(ざつみ) 잡미(음식물 본래의 맛을 해치는 불순물이 섞인 맛) | **損**(そこ)**なう** 해치다 | **～こともない** ~하는 일도 없다 | **味**(あじ)**にうるさい** 맛에 까다롭다 | **絶賛**(ぜっさん) 절찬, 극찬 | **味**(あじ)**が落**(お)**ちる** 맛이 떨어지다 | **長続**(ながつづ)**き** 오래 감 | **高級**(こうきゅう)**な** 고급의 | **売**(う)**り込**(こ)**む** 팔다 | **～ことだ** ~해야 한다 | **価値**(かち) 가치 | **畑違**(はたけちが)**い** 전문 분야가 다름 | **作**(つく)**り上**(あ)**げる** 만들어내다 | **～のに** ~하는 데 | **特殊**(とくしゅ)**な** 특수한 | **装置**(そうち) 장치 | **金属板**(きんぞくばん) 금속판 | **製作**(せいさく) 제작 | **金具**(かなぐ)**メーカー** 철물회사 | **生**(い)**かされる** 활용되다 | **蛇足**(だそく)**ながら** 사족이지만 | **書**(か)**き加**(くわ)**える** 더 써넣다, 덧붙이다 | **すんなり** 순조롭게, 쉽게 | **無駄**(むだ)**だ** 소용없다

53 왜 단결정 얼음은 맛있는가?

1 잘 녹지 않으므로
2 기포도 불순물도 없으므로
3 궁극의 얼음이라 불리고 있으므로
4 바텐더가 극찬하므로

55 저자는 두 번째 단락을 왜 덧붙였는가?

1 써도 쓸모 없지만 쓰고 말았다.
2 없는 편이 낫지만 쓰고 말았다.
3 없어도 됐지만 쓰고 싶었다.
4 전혀 관계없는 것이지만 쓰고 싶었다.

54 저자는 1킬로 1100엔이라는 가격에 대해 어떻게 생각하고 있는가?

1 가치를 알면 받아들일 수 있다.
2 맛있어서 쉽게 받아들일 수 있다.
3 아무리 단결정 얼음이라도 받아들일 수 없다.
4 음료를 맛있게 만들기 때문에 받아들일 수 있다.

해설 〈문제 53〉 단결정 얼음은 기포나 불순물이 없어서 투명하며 궁극의 맛있는 얼음이라 했으므로 2번이 정답이다. 선택지 1번, 잘 녹지 않는 것과 맛있는 것은 관계가 없다. 잘 녹지 않으면 음료를 맛있는 상태 그대로 오래 지속할 수 있다는 이점은 있다. 선택지 3번, 궁극의 얼음이라 불려서 맛있는 것이 아니며, 선택지 4번 극찬을 받고 있어서 맛있는 것이 아니라 맛있어서 극찬을 받는 것이다.

〈문제 54〉 선택지 1번, 얼음의 가치를 알면 개인도 산다고 말하고 있으므로 알맞다. 선택지 2번, 맛있어도 너무 비싸기 때문에 쉽게 받아들일 수는 없다. 선택지 3번, 가치를 알면 산다고 했으므로 맞지 않으며, 선택지 4번, 맛있게 만드는 것이 아니라 오래 맛있게 지속할 수 있는 것이다.

〈문제 55〉 사족이지만(쓸모는 없지만) 덧붙이고 싶었다고 했으므로 선택지 3번이 알맞다. 선택지 4번, 두 번째 단락에서는 제조한 회사를 소개하고 있으므로 전혀 관계없는 내용은 아니다.

3

해석 누구나 그렇지만 특히 스포츠선수는 옷, 신발 그 외 사용하는 것 모두에 가장 좋은 것을 요구한다. 또 제조사도 자사의 제품으로 선수가 좋을 성적을 남겨주면 큰 기쁨이 되는데다가, 선수가 사용함으로써 회사의 이름이 널리 알려지고, 게다가 제품의 매출이 좋아지기 때문에 사업으로서도 중요시되지 않을 수 없다.

예를 들어 수영복에서는 특히 2008년 북경올림픽에서 몸을 세게 조이는 높은 발수성(주)을 가진 '레이저 레이서(LZR RACER)'라 불리는 수영복을 입은 선수가 세계신기록을 연이어 낸 것이 기억에 새롭다. 32종목 중 21종목에서 세계기록이 갱신되었다. 표면에 붙은 폴리우레탄이 몸의 굴곡을 억제해 선수의 성적이 현격히 향상된 것이다. 이것을 입지 않았던 선수와의 차이는 명백했다. 이것이 공평성의 관점에서 문제가 되어 '국제수영연맹'이 ①2010년에 몸을 감싸는 부분의 제한과 직물 이외의 사용을 금지했다. 현재에도 경량화, 복부 부근을 조여 수평자세를 유지할 수 있는 수영복의 개발경쟁이 이어지고 있다.

런닝화에서는 2020년에 신발 밑창에 반발력이 높은 파이버 플레이트가 들어가 있는 '통굽슈즈'가 문제가 되었다. 이것을 신은 선수의 기록이 향상되자 세계육상경기연맹은 마라톤에서는 밑창의 두께는 40mm 이하, 내장 플레이트는 1장까지로 규제했다. 무엇을 신든 자유라고 생각하지만, 세계육상연맹의 규칙에서는 경기에 사용되는 신발은 모든 선수가 합리적으로 이용가능하지 않으면 안 되며, 불공평한 서포트나 이익을 제공하는 것이어서는 안 된다고 한다.

어느 분야든 제품은 나날이 진화하고 있기 때문에 규칙에는 맞지만 다른 선수가 절대로 이길 수 없는 신제품이 나오면 또 규칙이 바뀐다. 즉 ②개미 쳇바퀴 돌듯(끝이 없음) 되는 것이다.

(注) 撥水性(はっすいせい) : 발수성. 물을 튕기는 것

단어 **ウエア** 웨어, 옷 | **最良(さいりょう)な** 가장 좋은 | **求(もと)める** 요구하다 | **製品(せいひん)** 제품 | **~上(うえ)に** ~하는 데다가 | **~ことで** ~으로써, ~해서 | **広(ひろ)まる** 널리 알려지다 | **その上(うえ)** 게다가 | **売(う)れ行(ゆ)き** 팔림새, 매출 | **商売(しょうばい)** 장사 | **重要視(じゅうようし)** 중요시 | **~ざるを得(え)ない** ~하지 않을 수 없다 | **水着(みずぎ)** 수영복 | **締(し)め付(つ)ける** 단단히 죄다, 꼭 조이다 | **撥水性(はっすいせい)** 발수성(물을 튕겨내는 성질) | **新記録(しんきろく)を出(だ)す** 신기록을 내다 | **次々(つぎつぎ)に** 연이어, 잇달아 | **更新(こうしん)** 갱신 | **凸凹(でこぼこ)** 요철, 울퉁불퉁함 | **抑(おさ)える** 억제하다 | **格段(かくだん)に** 현격히 | **明(あき)らか** 명백함 | **公平性(こうへいせい)** 공평성 | **連盟(れんめい)** 연맹 | **覆(おお)う** 덮다, 가리다 | **制限(せいげん)** 제한 | **布(ぬの)** 천, 옷감 | **軽量化(けいりょうか)** 경량화 | **水平(すいへい)** 수평 | **姿勢(しせい)** 자세 | **保(たも)**

つ 지키다, 유지되다 | **競争**(きょうそう) 경쟁 | **底**(そこ) 밑(바닥), (신발의) 창 | **反発力**(はんぱつりょく) 반발력 | **厚底**(あつぞこ) 통굽 | **履**(は)く 신다 | **伸**(の)**びる** 향상되다 | **陸上**(りくじょう) 육상 | **競技**(きょうぎ) 경기 | **靴底**(くつぞこ) 밑창 | **埋**(う)め**込**(こ)む 박아넣다, 내장하다 | **規制**(きせい) 규제 | **規則**(きそく) 규칙 | **合理的**(ごうりてき)に 합리적으로 | **利益**(りえき) 이익 | **提供**(ていきょう) 제공 | **～てはいけない** ～해서는 안 된다 | **日々**(ひび) 나날이, 하루하루 | **いたちごっこ** 개미 쳇바퀴 돌듯 하기 | **止**(や)**める** 그만두다 | **有利**(ゆうり)**になる** 유리해지다 | **繰**(く)り**返**(かえ)**す** 반복하다 | **優**(すぐ)**れる** 뛰어나다 | **高機能**(こうきのう) 고기능 | **～べきだ** ～해야 한다

56 **①2010년에 몸을 감싸는 부분의 제한이나 직물 이외의 사용을 금지한 것은 왜인가?**

1 직물이 아닌 것으로 감싸면 감쌀 수록 속도가 나기 때문에
2 선수가 레이저 레이서만 입는 것을 그만두게 하고 싶어서
3 속도가 나오는 것으로 몸을 커버하면 할수록 굴곡이 없어 유리해지기 때문에
4 선수가 같은 재료로 같은 부분을 감싸는 수영복을 입지 않으면 공평하지 않다고 생각했기 때문에

57 **②개미 쳇바퀴 돌듯(끝이 없음) 된다 란 어떤 의미인가?**

1 제조사의 경쟁이 심해진다는 것
2 규칙에 맞는 신제품이 계속 만들어진다는 것
3 제품이 지나치게 진보하는 것과 규제가 반복된다는 것
4 신제품이 계속 생기는 것

58 **본문의 내용과 맞는 것은 어느 것인가?**

1 뛰어난 신발을 신은 선수는 이길 수 있다.
2 규칙에 맞지 않는 신발이나 수영복은 사용할 수 없다.
3 규칙을 지키면서 보다 나은 제품의 개발을 계속하고 있다.
4 세계육상연맹은 모든 선수가 고기능을 가진 신발을 신어야 한다고 생각하고 있다.

해설 〈문제 56〉 선택지 1번, 직물이 아닌 것이 속도를 내는 재료라고는 한정할 수 없다. 선택지 2번, 레이저 레이서뿐만 아니라 재료나 수영복의 길이 부분도 제한하고 싶었기 때문에 맞지 않다. 선택지 3번, 폴리우레탄 등은 직물에 비해 속도가 나오는 재료이며, 그것이 많이 사용된 수영복은 속도가 더 나기 때문에 공평하지 않다고 생각했으므로 알맞다. 선택지 4번, 길이 부분의 제한이지 꼭 같은 길이일 필요는 없다.

〈문제 57〉 いたちごっこ는 서로 동일한 것을 반복한다는 뜻이다. 여기서는 새로운 제품이 지나치게 다른 것을 압도하면 경쟁이 되지 않기 때문에 그에 맞추어 규칙이 바뀐다. 또 신제품을 내놓는다. 또 규칙이 바뀐다. 이것을 반복한다는 말이다. 따라서 선택지 3번이 답이 된다.

〈문제 58〉 선택지 1번, 같은 신발을 신은 선수가 많은 경우도 있고, 선수의 능력이 뛰어나지 않으면 좋은 신발을 신어도 이길 수 없으므로 맞지 않다. 선택지 2번, 경기 이외에서는 규칙은 없으며 일반인이 입거나 신는 것은 상관없다. 선택지 3번, 규칙에는 맞고 다른 선수가 절대로 이길수 없는 신제품이 나오고, 또 이것이 반복된다고 했으므로 알맞다. 선택지 4번, 세계육상연맹은 신발 규제는 하고 있지만 고성능 신발을 권하고 있는 것은 아니다.

문제10 다음 문장을 읽고, 다음 질문에 대한 답으로서 가장 적당한 것을 1·2·3·4에서 하나 고르시오.

해석 벌써 20년 이상이나 전에 한국인 학생에게서 일본은 신용거래화가 늦다는 이야기를 들었다. 그는 일본에서도 초일류의 대학병원에서 퇴원할 때 신용카드를 사용하려고 해서 거절당한 것이다. 한국에서는 보통인 일이 진보되어 있을 일본에서 안된다니 하고 깜짝 놀랐다고 한다. 현재도 일본은 아직 구태의연해서 신용거래화는 25%정도이며 정부는 2025년 오사카 간사이 만국박람회를 목표로 40%까지, 언젠가는 80%로 끌어올리고 싶다고 생각하고 있다. 한국에서 신용거래화가 진행된 것은 카드를 쓰면 이익이 되는 국가 정책이 있기 때문이다. 그렇다 해도 중국과 마찬가지로 작은 상점까지 도입되어 있는 것을 보면 놀랍지 않을 수 없다. 일본에서도 지금은 불편하기 때문에 카드를 쓸 수 없는 가게에는 가고 싶지 않다는 사람이나 코로나 탓에 현금을 만지고 싶지 않다는 사람도 있다. 인터넷으로 쇼핑하는 사람의 증가도 신용거래화에 공헌할 것이다. 물건을 수취할 때 현금으로 지불하는 '대금상환'을 사용하면 그 수수료가 추가로 붙기 때문에, 인터넷 보안에 상당히 불신감을 갖고 있는 사람 이외에는 카드를 사용하는 것이 보통이기 때문이다.

나로 말할 것 같으면 인터넷으로는 카드, 실제 가게에서는 가게에 따라 카드와 현금을 구분해서 쓰고 있다. 어느 가게에는 그곳의 신용카드를 사용하면 은행 이체시 3% 할인을 해주는 카드가 있다. 표를 사는 수고를 덜기 위한 교통계 카드도 편리하다. 나는 이 2장을 항상 가지고 다닌다. 그러나 현금을 사용하지 않는 것은 아니고, 현금 사용이 더 많을지도 모르겠다. 초저가판매점이 싼 데다가 현금 지불이면 3% 할인을 해주기 때문이다. 특히 가공품이 싸다. 예를 들어 내가 매일 먹고 있는 프랑스제 치즈가 상시 318엔, 때로는 299엔, 다른 가게에서는 438엔, 468엔, 앞서 서술한 슈퍼마켓에서도 398엔이나 한다. 일본에는 이러한 현금 중심의 할인점이 여기저기에 있기 때문에 현금지불은 없어지지 않을 것 같다.

신용거래화의 이점은 손님, 가게 모두에 있다. 손님에게는 뭐니뭐니해도 큰 돈을 가지고 다니지 않아도 되는 안전성, 가게 측은 계산대 마감 등의 작업시간 단축, 매출금의 착복이나 도난을 피할 수 있는 점이다. 게다가 외국인 여행자의 설문조사에 따르면 신용거래가 가능했다면 좀더 돈을 썼다고 대답한 관광객이 전체에서 약 70%에 이르렀다고 하니, 관광지에서는 더욱 신용거래화의 장점이 크다. 단점으로써 손님 측은 과소비를 하는 것이나 카드의 부정사용 등이다. 가게 측은 카드 회사에 지불하는 높은 수수료가 문제가 되고 있지만, 일손이 부족한 현재, 잔돈을 준비하거나 현금을 세고 거스름돈을 건네는 수고도 무시할 수 없다. 저울질해볼 필요도 있지 않을까? 국가에 있어서도 화폐 제조비용을 삭감할 수 있으며, 위조지폐의 유통도 줄어들기 때문에 좋다. 가장 큰 장점은 탈세가 감소하는 일일 것이다.

신용거래화를 진척시키는 수단은 여러 가지 있겠지만, 인도처럼 다른 목적이 있다 해도, 고액지폐를 폐지하는 채찍은 사용하지 않길 바란다. 도입할 때 한국처럼 당근을 주는 것이 효과적이라고 생각하지만, 그 방법은 일본에 맞는 것으로 해야 한다.

단어 **キャッシュレス化**(か) 신용거래화 | **拒否**(きょひ) 거부 | **~はずの** ~할 터인 | **愕然**(がくぜん)**とする** 깜짝 놀라다 | **旧態依然**(きゅうたいいぜん) 구태의연함 | **万博**(ばんぱく) 만국박람회 | **~に向**(む)**けて** ~을 목표로 | **いずれ** 언젠가는, 머지않아 | **引**(ひ)**き上**(あ)**げる** 끌어올리다, 인상하다 | **得**(とく)**する** 이득이 되다 | **政策**(せいさく) 정책 | **~にまで** ~에까지 | **導入**(どうにゅう) 도입 | **驚**(おどろ)**く** 놀라다 | **~に堪**(た)**えない** (차마) ~하지 않을 수 없다 | **~せいで** ~탓에 | **触**(さわ)**る** 손을 대다 | **貢献**(こうけん) 공헌 | **品物**(しなもの) 물건, 물품 | **受**(う)**け取**(と)**る** 받다, 수취하다 | **支払**(しはら)**う** 지불하다 | **代引**(だいひ)**き** 대금상환 | **手数料**(てすうりょう) 수수료 | **上乗**(うわの)**せする** 덧붙이다, 추가하다 | **よほど** 상당히, 대단히 | **セキュリティー** 보안 | **不信感**(ふしんかん)**を抱**(いだ)**く** 불신감을 품다 | **~と言**(い)**えば** ~라고 하면 | **使**(つか)**い分**(わ)**ける** 구분해서 쓰다 | **引**(ひ)**き落**(お)**とし** 이체, 송금 | **引**(ひ)**き** 할인 | **切符**(きっぷ) 표 | **手間**(てま) 품, 수고 | **省**(はぶ)**く** 덜다, 생략하다 | **常時**(じょうじ) 상시, 항상 | **持**(も)**ち歩**(ある)**く** 가지고 다니다 | **~ないわけではない** ~하지 않는 것은 아니다 | **超安売**(ちょうやすう)**り** 초저가판매 | **現金払**(げんきんばら)**い** 현금 지불 | **加工品**(かこうひん) 가공품 | **~もする** ~이나 한다 | **~そうにない** ~하지 않을 것 같다 | **共**(とも)**に** 함께 | **何**(なん)**と言**(い)**っても** 뭐니뭐니해도 | **大金**(たいきん) 큰 돈 | **~なくて済**(す)**む** ~하지 않아도 된다 | **レジ締**(し)**め** 계산대 마감 | **短縮**(たんしゅく) 단축 | **売上金**(うりあげきん) 매출금 | **着服**(ちゃくふく) 착복 | **盗難**(とうなん) 도난 | **~高**(だか) ~높음 | **人手不足**(ひとでぶそく) 일손부족 | **小銭**(こぜに) 잔돈 | **準備**(じゅんび) 준비 | **おつり** 거스름돈 | **馬鹿**(ばか)**にならない** 무시할 수 없다 | **天秤**(てんびん)**にかける** 저울질하다 | **製造**(せいぞう) 제조 | **削減**(さくげん) 삭감 | **偽札**(にせさつ) 위조지폐 | **脱税**(だつぜい) 탈세 | **減少**(げんしょう) 감소 | **~にしろ** ~라 해도 | **高額紙幣**(こうがくしへい) 고액지폐 | **廃止**(はいし) 폐지 | **鞭**(むち) 채찍 | **~に当**(あ)**たり** ~할 때 | **飴**(あめ) 사탕 | **現状**(げんじょう) 현 상황 | **防**(ふせ)**ぐ** 막다, 방지하다 | **~に遭**(あ)**う** ~을 만나다(당하다) | **作業代**(さぎょうだい) 작업비 | **手間代**(てまだい) 수고비 | **経費**(けいひ) 경비 | **確証**(かくしょう) 확증 | **証明**(しょうめい) 증명 | **政策**(せいさく)**を採**(と)**る** 정책을 채택하다

59 일본의 신용거래화의 현 상황과 맞는 것은 어느 것인가?

1 구태의연해서 20년 전과 변화가 없다.
2 현금은 쓰고 싶지 않은 사람이 많아졌다.
3 아직 이점보다 단점이 많은 상황이다.
4 할인점이 없으면 신용거래화가 진행된다.

60 카드를 사용하면 어떤 장점이 있는가?

1 탈세를 막을 수 있는 점
2 관광객이 늘어나는 점
3 작업시간을 줄일 수 있는 점
4 강도를 만날 위험성이 없어지는 점

61 왜 저울질해볼 필요도 있지 않을까?라고 말하고 있는가?

1 수수료보다 작업비가 더 싸다는 것을 확인하는 편이 좋으므로
2 수수료가 수고비 등보다 쌀지도 모르므로 확인하는 편이 좋으므로
3 수수료와 수고비 등의 경비는 수수료가 더 싸다는 확증이 필요하므로
4 수수료와 작업에 드는 돈 등은 거의 같다고 증명할 필요가 있으므로

62 저자의 생각은 어느 것인가?

1 카드를 쓰고 싶어지는 정책을 채택하는 편이 좋다.
2 편리함과 이득이 있다면 카드를 쓰게 된다.
3 인터넷에서는 카드, 가게에서는 현금이 장점이 있다.
4 카드 사용자는 매년 늘어날 테니 이대로 좋다.

해설 〈문제 59〉 선택지 1번에 대한 기술은 없으며 20년 전보다는 늘고 있다. 선택지 2번, 현금을 쓰고 싶지 않은 사람은 있지만 많아지지는 않았다. 선택지 3번, 현금이라면 할인해주지만 카드로는 할인해주지 않는 할인점이 많으므로 알맞다. 선택지 4번, 할인점 하나 때문에 신용거래화가 진척이 안 되는 것은 아니므로 맞지 않다.

〈문제 60〉 선택지 1번, 탈세를 줄일 수 있는 것이지 막을 수 있는 것은 아니다. 선택지 2번, 관광객이 늘어나는 것이 아니라 돈의 쓰임이 늘어나는 것이다. 선택지 3번, 계산대 마감 등의 작업 시간을 단축할 수 있다고 했으므로 알맞다. 선택지 4번, 금전의 도난을 피할 수 있는 것이지 강도를 만날 위험성이 없어지는 것은 아니다. 강도는 금품 같은 것도 노릴 수 있기 때문이다.

〈문제 61〉「天秤にかける」는 '저울질하다, 우열을 비교해 보다'라는 표현이다. 본문에서 '카드 회사에 지불하는 높은 수수료가~거스름돈을 건네는 수고도 무시할 수 없다' 부분을 보면, 수수료는 비싸지만 오히려 여러 가지 수고비보다 쌀지도 모르니 확인해 볼 필요도 있다는 의미이므로 선택지 2번이 알맞다.

〈문제 62〉 선택지 1번, 도입할 때 사용자에게 이익이 있으면서 일본에 맞는 정책으로 하길 바란다고 말하고 있으므로 알맞다. 선택지 2번, 보안적인 면에서 쓰지 않는 사람도 있으므로 맞지 않다. 선택지 3번, 가게에 따라 카드와 현금을 구분해서 쓰고 있다고 했으므로 맞지 않다. 선택지 4번, 신용거래화의 수단에 대해 서술하고 있으므로 이대로 좋다고는 생각하지 않는다.

문제11 다음 A와 B는 안락사에 대한 의견이다. 다음 질문에 대한 답으로서 가장 적당한 것을 1·2·3·4에서 하나 고르시오.

A

해석 초고령사회를 맞아 존엄사의 필요성이 있는 상황이 증가하고 있습니다. 누구나 회복의 조짐이 없는데도 그저 숨을 쉬고 있을 뿐인 그런 상황을 피하고 싶다고 바라고 있습니다. 국회에서도 서로 논의하여 '말기의료에서의 환자의 의사 존중에 관한 법률안'이 정리되어, 임종이 가까운 환자에 대한 연명조치의 내용이나 연명조치의 불개시'가 정의되었습니다. 대상자는 15세 이상, 지적장애인이나 정신장애인은 대상 외로 되었습니다. 또 연명조치의 불개시, 중지에서의 의사의 면책도 들어갔습니다. 환자 본인의 의사를 존중해서 그 사람다운 최후를 맞이하기 위한 존엄사입니다만, 고령자의 의료비나 간호비용의 억제로 이어지는 등 미묘한 문제도 얽혀, 반대의견도 많아 신중해지지 않을 수 없게 되어 그대로 멈춰버렸습니다. 그러나 현실의 치료현장에서는 안락사는 인정받지 못해도 존엄사는 '존엄사 선언서'가 존재하면 많은 의사가 그것을 받아들이고 있다고 하니, 과도한 연명조치를 바라지 않는 사람은 준비해두는 것이 좋을 듯합니다.

B

해석 일본에서는 아직 존엄사가 법제화되어 있지 않습니다. 그러나 존엄사를 바라는 사람이 매년 증가함에 따라 지금은 법제화를 바라는 사람이 80% 이상이 되었습니다. 그리고 의료현장에서는 환자와 가족, 의사가 합의하면 존엄사가 허용된다는 생각이 점점 침투되었습니다. 따라서 의사표시를 할 수 있는 동안 말기를 맞았을 때 연명조치를 적게 하거나 멈추게 하고 싶다면 '존엄사 선언서'를 작성해두는 것이 좋습니다. 법적 효력은 없기 때문에 100%라고는 할 수 없지만, 지금은 95%의 의사가 받아들여준다고 합니다. 이렇게 개인이 존엄사를 원해 '존엄사 선언서'를 작성하는 것은 되지만, 법제화에는 문제가 있습니다. 중증기능장애인 등이 주위의 충분한 지원을 받기 어려워지며, 지원부족이나 주위의 압력 때문에 연명을 포기하게 될지도 모르기 때문입니다. 법률이 성립하면 인공호흡기나 경관영양(위나 소장에 관을 삽입하여 액상의 영양물을 주입)의 도움을 빌려 살고 있는 사람들이 존엄사를 선택하지 않을 수 없는 상황으로 몰릴 우려가 있습니다. 무언의 압력이 가하는 것을 피할 수 없기 때문입니다. 누구나 나답게 살거나 혹은 죽는 것이 가능한 사회였으면 좋겠습니다.

단어 **超高齢**(ちょうこうれい) 초고령 | **〜を迎(むか)え** 〜을 맞아 | **尊厳死**(そんげんし) 존엄사 | **〜つつある** 〜하고 있다 | **回復**(かいふく) 회복 | **見込(みこ)み** 조짐, 전망 | **息(いき)をする** 숨을 쉬다 | **交(か)わす** 주고받다 | **終末期**(しゅうまつき) (종)말기 | **医療**(いりょう) 의료 | **〜における** 〜에서의 | **患者**(かんじゃ) 환자 | **尊重**(そんちょう) 존중 | **〜に関(かん)する** 〜에 관한 | **法律案**(ほうりつあん) 법률안 | **まとめる** 정리하다 | **死期**(しき) 죽을 때, 임종 | **延命措置**(えんめいそち) 연명조치 | **定義**(ていぎ) 정의 | **知的障害者**(ちてきしょうがいしゃ) 지적장애인 | **対象外**(たいしょうがい) 대상 외 | **免責**(めんせき) 면책 | **介護**(かいご) 간호, 간병 | **抑制**(よくせい) 억제 | **〜に繋(つな)がる** 〜로 이어지다 | **微妙**(びみょう)**な** 미묘한 | **絡(から)む** 얽히다 | **慎重**(しんちょう)**に** 신중하게 | **〜ざるを得(え)ない** 〜하지 않을 수 없다 | **留(とど)める** 멈추다 | **しかしながら** 그렇지만, 그러나 | **現場**(げんば) 현장 | **安楽死**(あんらくし) 안락사 | **宣言書**(せんげんしょ) 선언서 | **受(う)け入(い)れる** 받아들이다 | **過度**(かど)**の** 과도한, 지나친 | **法制化**(ほうせいか) 법제화 | **〜に連(つ)れて** 〜에 따라 | **合意**(ごうい) 합의 | **許(ゆる)す** 허용하다 | **段々**(だんだん) 점점 | **浸透**(しんとう) 침투 | **〜うちに** 〜하는 동안에 | **控(ひか)える** 안하거나 적게 하다 | **効力**(こうりょく) 효력 | **重度**(じゅうど) 중증 | **支援(しえん)を受(う)ける** 지원을 받다 | **圧力**(あつりょく) 압력 | **諦(あきら)める** 포기하다 | **〜兼(か)ねない** 〜할지도 모른다 | **人工呼吸器**(じんこうこきゅうき) 인공호흡기 | **経管栄養**(けいかんえいよう) 경관영양 | **助(たす)け** 도움 | **選択**(せんたく) 선택 | **追(お)い込(こ)まれる** 몰리다 | **恐(おそ)れがある** 우려가 있다 | **無言**(むごん) 무언 | **強制**(きょうせい)**する** 강요하다 | **〜てはならない** 〜해서는 안 된다 | **賛否**(さんぴ) 찬반

63 존엄사에 대한 AB에 공통된 의견은 어느 것인가?

1 AB 모두 존엄사를 강요해서는 안 된다는 의견
2 AB 모두 존엄사를 바란다면 준비가 필요하다는 의견
3 AB 모두 존엄사를 희망해도 지금은 불가능하다는 의견
4 AB 모두 존엄사 선언서를 작성해두어야 한다는 의견

64 존엄사의 법제화에 대한 의견은 어느 것인가?

1 A는 찬반의 의견이 없고 B는 반대
2 AB 모두 법제화의 필요성은 없다는 의견
3 A는 의견이 없고, B는 지금 그대로라면 반대라는 의견
4 A는 나답게 죽을 수 있어서 찬성, B는 장애인이 살 수 없기 때문에 반대

해설 〈문제 63〉 선택지 1번, A에는 존엄사를 강요해서는 안 된다는 의견은 없다. 선택지 2번, A에서는 '존엄사 선언서'를 준비해두는 것이 좋다, B에서는 '존엄사 선언서'를 작성해두는 것이 좋다고 서술되어 있다. 선택지 3번, 지금은 '존엄사 선언서'가 있으면 거의 가능하다고 했으므로 맞지 않다. 선택지 4번, 스스로 연명조치를 원하지 않을 때 '존엄사 선언서'를 작성해두는 것이 좋다고 했을 뿐 꼭 작성해두어야 하는 것은 아니다.

〈문제 64〉 선택지 1번, A는 법제화에는 이르지 않았다는 사실만 서술되어 있고, B는 문제가 있다고 말하며 지원부족이나 주위의 압력 등 연명을 포기하게 될지도 모른다고 하며 반대 의견을 서술하고 있다. 선택지 2번, A에서는 여러 문제가 얽혀 있고 반대 의견도 많아 멈춰있는 상태이며, B에서는 법제화를 바라는 사람은 많지만 여러 문제로 인해 우려되는 상황이 서술되어 있을 뿐 필요성에 대한 유무는 서술되어 있지 않다. 선택지 3번, B에서는 법제화가 되었을 때 우려되는 여러 상황을 서술하고 있을 뿐, 지금 그대로라면 찬성일지 반대일지에 대한 의견은 없다. 선택지 4번, A는 법이 없어도 나답게 죽을 수 있는 가능성이 높고, B는 장애인만 해당되는 내용이 아니므로 맞지 않다.

문제12 다음 문장을 읽고, 다음 질문에 대한 답으로서 가장 적당한 것을 1·2·3·4에서 하나 고르시오.

해석

세계의 고액 자산가(슈퍼 리치) 26명이 세계인구 중 소득이 낮은 약 38억 명의 총자산과 같은 금액의 부를 소유하고 있다고 한다. 그 때문에 빈곤하고 미래가 보이지 않는다고 한탄하는 사람도 많다. 특히 2020년의 코로나 재난 이후 빈곤이 전세계로 확대되고 있다. 이에 대처하려고 로마교황을 비롯하여 세계의 요인들이 기본소득을 제창하고 있다. 기본 소득이란 정부가 모든 국민의 최소한의 생활을 보장하는 것이다. 연령·성별 등에 관계없이 일률적·무조건적으로 돈을 지급하는 제도이다. 어느 나라든 특정인에 대한 원조는 있을 것이다. 일본에서는 각종 육아지원이나 빈곤자에 대한 생활보호비 등 다양한 공적 지원이 있는데, 소득제한이 없는 모든 국민에 대한 무조건 지원은 2020년의 코로나 재난까지 실시된 적은 없었다. 1인 10만 엔이 지급된 '특별정액지급금'으로 부자에게까지 지급하는 것은 별로 좋을 것 같지 않다는 목소리도 높아졌다. 그러나 소득제한을 하면 사무절차가 복잡해져, 거기에 드는 비용도 무시할 수 없고, 실제로 돈을 손에 넣기까지 시간이 걸리기 때문에, 필요 없는 사람은 사양하거나 기부하면 된다고 하여 일률적으로 지급되었다. 지급에 즈음하여 돈이 회전되어 경제에도 좋은 영향을 주는 것도 기대되었다.

기본소득은 빈곤대책과 함께 저출산에도 공헌한다. 일률적으로 지급되기 때문에 자식이 많으면 많을수록 수취금액이 늘기 때문이다. 그러나 금액만으로는 해결할 수 없는 육아의 어려움을 생각하면 출생률에 얼마큼의 효과가 있을지 의문이지만, 지금보다 증가하는 것은 틀림없을 것이다. 또한 생활이 보장되어 있어 열악한 노동환경 하에서 일할 필요가 없기 때문에 노동조건도 좋아지며, 그 사람에게 맞는 일을 할 수 있다. 즉 삶의 방식도 다양하게 선택할 수 있게 된다.

단점으로서는 우선 풍부한 재원이 필요한 점이다. 일본의 경우 1인 7만 엔이라는 안이 나와 있는데, 연간 107조 엔이나 되는 돈이 필요해진다. 또한 연금이 적은 사람에게는 혜택이 될지도 모르지만, 7만 엔으로는 현재 1인 평균 14만 엔을 받고 있는 생활보호자에게는 대폭적인 감액이 되어 생활을 해나갈 수 없게 된다. 결국 현 상황의 생활보호는 남겨야 할 것이다. 일을 하지 않아도 살아갈 수 있기 때문에 노동의욕이 저하되며, 그 중에는 일하지 않게 되는 사람이 늘어날 가능성도 있다. 일하지 않는 사람에게서 세금을 징수할 수 없는 것은 자명한 이치이다. 또 노동력 부족으로 외국인 노동자에게 의지하고 있는 현 상황에서는 대단히 힘들어진다. 노동확보를 위해서도 임금을 높일 필요가 있으며, 그에 따라 회사의 이익도 줄어들게 되므로 경쟁력도 저하될 것이다. 국가도 재원확보를 위해 증세할 필요가 있으며, 회사는 증세분을 상품이나 서비스로 전가하지 않을 수 없게 되어, 점점 경쟁력을 잃을 것이다. 이것은 결국 물가상승도 초래하게 된다.

국가의 재정이 어려워지고 있는 일본에 기본소득을 도입하기에는 무리가 있다. 평균소득에 미치지 않는 사람 전원에게 원조할 정도로 공적 지원 대상자를 대폭으로 늘리는 정책이 가능하다면 이상적이지만 불가능하다고 하겠다. 또 이것을 실제로 도입한 경우에는 국민의 분리 등 예상외의 문제도 일어날 생각도 든다.

단어 **超富裕層**(ちょうふゆうそう) 고액 자산가, 슈퍼 리치 | **~のうち** ~중 | **所得**(しょとく) 소득 | **総資産**(そうしさん) 총자산 | **同額**(どうがく) 같은 금액 | **富**(とみ)**を所有**(しょゆう)**する** 부를 소유하다 | **それ故**(ゆえ) 그러므로, 그 때문에 | **貧困**(ひんこん) 빈곤 | **嘆**(なげ)**く** 한탄하다 | **コロナ禍**(か) 코로나 재난 | **対処**(たいしょ) 대처 | **ローマ教皇**(きょうこう) 로마 교황 | **ベーシックインカム** 기본소득 | **提唱**(ていしょう) 제창 | **最低限**(さいていげん) 최저한, 최소한 | **保障**(ほしょう) 보장 | **年齢**(ねんれい) 연령 | **一律**(いちりつ) 일률 | **給付**(きゅうふ) 급부, 지급 | **援助**(えんじょ) 원조 | **子育**(こそだ)**て** 육아 | **保護費**(ほごひ) 보호비 | **公助**(こうじょ) 공조(공적 기관이 원조, 지원하는 것) | **制限**(せいげん) 제한 | **実施**(じっし) 실시 | **支給**(しきゅう) 지급 | **どうかと思**(おも)**う** 어떨까 싶다, 별로 좋을 것 같지 않다 | **声**(こえ)**が上**(あ)**がる** 목소리가 높아지다 | **手続**(てつづ)**き** 절차 | **馬鹿**(ばか)**にならない** 무시할 수 없다 | **手**(て)**にする** 손에 넣다 | **辞退**(じたい) 사퇴, 사양 | **寄付**(きふ) 기부 | **お金**(かね)**が回**(まわ)**る** 돈이 돌다(회전되다) | **影響**(えいきょう)**を与**(あた)**える** 영향을 주다 | **~と共**(とも)**に** ~와 함께 | **少子化**(しょうしか) 저출산 | **受取**(うけとり) 수취 | **金額**(きんがく) 금액 | **出生率**(しゅっせいりつ) 출생률 | **いかほど** 얼마나, 얼마쯤 | **疑問**(ぎもん) 의문 | **間違**(まちが)**いない** 틀림없다 | **劣悪**(れつあく)**な** 열악한 | **労働**(ろうどう) 노동 | **~下**(か) ~하 | **豊富**(ほうふ)**な** 풍부한 | **財源**(ざいげん) 재원 | **~もの** ~이나 되는 | **恩恵**(おんけい) 은혜, 혜택 | **受給**(じゅきゅう) 수급, 받음 | **大幅**(おおはば)**な** 대폭적인 | **減額**(げんがく) 감액 | **意欲**(いよく) 의욕 | **低下**(ていか) 저하 | **税金**(ぜいきん) 세금 | **徴収**(ちょうしゅう) 징수 | **自明**(じめい)**の理**(り) 자명한 이치 | **確保**(かくほ) 확보 | **賃金**(ちんぎん) 임금 | **増税**(ぞうぜい) 증세 | **転嫁**(てんか) 전가 | **益々**(ますます) 점점 | **物価上昇**(ぶっかじょうしょう)**を招**(まね)**く** 물가상승을 초래하다 | **逼迫**(ひっぱく) 핍박(자금 조달이 어려워짐) | **導入**(どうにゅう) 도입 | **平均所得**(へいきんしょとく) 평균소득 | **~に満**(み)**たない** ~에 미치지 않다 | **分断**(ぶんだん) 분단, 분리 | **貧**(まず)**しい** 가난하다 | **行**(ゆ)**き渡**(わた)**る** 빠짐없이 고루 미치다 | **明暗**(めいあん) 명암, 장단점 | **楽**(らく)**になる** 편해지다 | **設定**(せってい) 설정 | **~ずくめ** ~뿐임 | **短所**(たんしょ) 단점 | **~ばかりだ** ~뿐이다 | **収入**(しゅうにゅう) 수입 | **費用対**(ひようたい) 비용 대비 | **~べきではない** ~해서는 안 된다 | **不満**(ふまん)**を抑**(おさ)**える** 불만을 누르다

65 돈이 회전되어 란 어떠한 의미인가?

1 돈이 국민 전원에게 회전되는 것
2 돈이 잇달아 건너가는 것
3 나눠준 돈이 다시 국가로 돌아오는 것
4 돈이 가난한 사람에게도 빠짐없이 가는 것

66 기본소득의 명암은 무엇인가?

1 명은 저출산의 걱정이 없는 것, 암은 노동력이 부족해지는 것
2 명은 빈곤대책이 되는 것, 암은 많은 재원이 필요해지는 것
3 명은 생활이 편해지는 것, 암은 금액에 따라서는 생활할 수 없는 것
4 명은 좋아하는 일만 하며 살아갈 수 있는 것, 암은 재원이 부족해지는 것

67 기본소득에 대한 저자의 의견은 어느 것인가?

1 장점보다 단점이 더 많다.
2 공적 지원 수급자를 늘릴 수 있다면 문제는 해결될 것이다.
3 금액은 생활보호비 정도의 설정이 필요하다.
4 국민에게는 좋은 일뿐이지만 국가에게는 단점뿐이다.

68 내용과 일치하는 것은 어느 것인가?

1 부자 26명과 38억 명의 수입은 같다.
2 일률적인 10만 엔 지급에는 이의가 있었지만 실시했다.
3 빈곤자의 불만을 억누르기 위해서 기본소득이 필요하다.
4 기본소득은 비용 대비 효과를 생각하면 도입해서는 안 된다.

해설 〈문제 65〉 회전되는 것이므로 움직임이 있어야 한다. 선택지 1번과 4번은 돈이 국민이나 가난한 사람에게 건너가는 것이므로 맞지 않다. 선택지 2번, 국민이 돈을 쓰면 그 돈은 가게 등에 건너간다. 가게는 구입처에 건넨다. 이렇게 돈이 연이어 건너가기 때문에 알맞다. 선택지 3번, 나눠준 돈이 국가로 돌아오는 것은 회전되는 것이 아니다.

〈문제 66〉 선택지 1번, 저출산에 대한 의문이 있다고 했으므로 맞지 않다. 선택지 2번, 빈곤대책에 공헌하고 있다고 했으며, 풍부한 재원이 필요하다고 했으므로 알맞다. 선택지 3번, 최소한의 소득이므로 생활이 편해진다고는 할 수 없다. 선택지 4번, 다양하게 선택할 수 있다고 했지 좋아하는 일만 하며 살 수 있다고는 하지 않았다.

〈문제 67〉 선택지 1번에 대한 기술은 없으며, 선택지 2번에서 공적지원 수급자를 늘려도 국민의 분리 등 예상외의 문제도 일어날 것 같다고 말했으므로 문제가 모두 해결되지는 않는다. 선택지 3번, 국민의 최소한의 생활을 보장하는 것이므로 생활보호비 정도의 금액으로 해야 한다. 선택지 4번, 국가에게도 저출산 문제 등 장점도 있다.

〈문제 68〉 선택지 1번, 수입이 아니라 총자산과 같은 금액의 부이다. 선택지 2번에서는 부자에게까지 지급하는 것은 별로 좋지 않다는 의견이 있었지만 시행했다고 했으므로 알맞다. 선택지 3번, 불만을 억누르기 위해서라고는 쓰여 있지 않으며, 선택지 4번에 대한 기술은 없다.

문제13 오른쪽 페이지는 청소 캠페인의 전단지이다. 아래 질문에 대한 답으로서 가장 적당한 것을 1·2·3·4에서 하나 고르시오.

69 미키 씨는 6월 15일 일반 에어컨 청소를 옵션 포함으로 5월 10일에 신청했다. 예산 2만 엔으로 최다 몇 대의 에어컨 클리닝을 부탁할 수 있는가? 또 그 경우 어떤 서비스를 받을 수 있는가?

1 일반 클리닝 3대
2 옵션 포함 클리닝 3대
3 옵션 포함 1대, 일반 클리닝 2대
4 옵션 포함 2대, 일반 클리닝 1대

70 오카와 씨는 11월 30일에 부엌과 욕실을 옵션 포함으로 신청했다. 12월 26일 작업예정이었지만, 전날 취소했다. 취소료를 지불할 경우에는 얼마가 되는가?

1 11,000엔
3 12,100엔
3 12,500엔
4 13,750엔

해설 〈문제 69〉 일반 에어컨을 옵션 포함으로 신청한다. 한 달 전에 신청했으므로 소비세는 서비스된다(표 아래 3번째 항목에 기재되어 있음). 1대일 때는 8천 엔, 2대부터는 3천 엔이 할인되므로 5천 엔이 되고, 옵션 가격은 2천 엔이다. 따라서 2만 엔의 예산 안에 들어야 하므로 에어컨은 총 3대(18,000엔:8,000엔+5,000엔+5,000엔)를 할 수 있고, 2,000엔이 남으므로 1대는 옵션을 넣을 수 있다. 따라서 옵션 포함은 1대, 일반 클리닝은 2대가 된다.

〈문제 70〉 부엌과 욕실을 옵션 포함으로 신청하므로, 10,000엔(부엌, 크기에 대한 사항이 없으므로 추가료 없음)+12,000엔(욕실)+3,000엔(옵션)=25,000엔. 한 달 이내의 신청이므로 10%의 소비세가 붙어 27,500엔이 된다. 전날 취소이므로 취소료로 50%를 지불해야 한다. 따라서 27,500엔÷2=13,750엔이므로 선택지 4번이 답이 된다.

단어 **掃除**(そうじ) 청소 | **予算**(よさん) 예산 | **最多**(さいた) 최다 | **台所**(だいどころ) 부엌 | **風呂場**(ふろば) 욕실, 목욕탕 | **申**(もう)**し込**(こ)**む** 신청하다 | **愛読者**(あいどくしゃ) 애독자 | **激安**(げきやす) 초특가 | **参考**(さんこう) 참고 | **～のところ** ～정도 | **～円引**(えんび)**き** ～엔 할인(차감) | **機能付**(きのうつ)**き** 기능이 있음, 기능 포함 | **別途**(べっと) 별도 | **抗菌**(こうきん) 항균 | **防**(ぼう)**カビ** 곰팡이 방지 | **電気代**(でんきだい) 전기세 | **節約**(せつやく) 절약 | **壁掛**(かべか)**けタイプ** 벽걸이 타입 | **設置高**(せっちたか)**さ** 설치 높이 | **室内機**(しつないき) 실내기 | **～のみ** ～뿐 | **汚**(よご)**れ具合**(ぐあい) 오염 상태, 오염 정도 | **前後**(ぜんご)**する** 전후하다, 순서가 바뀌다 | **洗浄**(せんじょう) 세정, 세척 | **天井**(てんじょう) 천장 | **埋込型**(うめこみがた) 매몰형 | **天吊型**(てんつりがた) 천장형 | **床置型**(とこおきがた) 스탠드형 | **及**(およ)**び** 및 | **室外機**(しつがいき) 실외기 | **お見積**(みつも)**り** 견적 | **蛇口**(じゃぐち) 수도꼭지 | **調理台**(ちょうりだい) 조리대 | **吊戸棚**(つりとだな) 상부장 | **間口**(まぐち) 정면 폭 | **～につき** ～당

| **金額**(きんがく) 금액 | **エプロン** 욕조 밑, 욕조 내부 | **換気扇**(かんきせん) 환기팬 | **乾燥機**(かんそうき) 건조기 | **希望**(きぼう) 희망 | **お/ご～になれる** ～하실 수 있다 | **終了**(しゅうりょう) 종료 | **消費税**(しょうひぜい) 소비세 | **但**(ただ)**し** 단 | **確保**(かくほ) 확보 | **実費**(じっぴ) 실비 | **負担**(ふたん) 부담 | **了承**(りょうしょう) 양해, 승낙 | **～に添**(そ)**える** ～에 부응하다 | **都合**(つごう) 사정, 형편 | **申**(もう)**し受**(う)**ける** 청구하여 받다

해석

청소 캠페인

A : 에어컨 클리닝 애독자 특별 캠페인 초특가	참고가격 1대 12,000엔 정도 8,000엔+세금 2대째 이후는 1대 3,000엔 차감 청소기능 포함은 별도 5,000엔+세금 옵션(항균, 곰팡이 방지)은 별도 2,000엔+세금
클리닝 후 전기세가 1/3 절약으로(제조사 조사에 따름) 작업대상은 가정용 벽걸이 타입(90cm 이내) 설치 높이 3m 이내의 실내기 한정 작업시간 1대 30분~45분 정도, 작업원수, 설치상황, 오염 정도에 따라 바뀝니다. 에어컨의 커버는 욕실에서 세척합니다. 천장매몰형, 천장형, 스탠드형 에어컨 및 실외기(야외 설치)는 별도. 무료 견적.	

B : 부엌 클리닝 애독자 특별 캠페인	참고가격 15,000엔 정도 10,000엔+세금
가스레인지, 싱크대, 수도꼭지, 조리대, 앞면 벽, 상부장 표면 작업시간은 약 90분, 작업원수, 오염 정도에 따라 바뀝니다. 대상 크기는 부엌의 정면 폭이 3m이내, 그 이상일 경우에는 1m당 2,000엔+세금	

C : 욕실 클리닝 애독자 특별 캠페인	참고가격 18,000엔 정도 12,000엔+세금 옵션(욕조 내부 청소)은 별도 3,000엔+세금
작업시간은 90분 정도, 작업원수, 오염 정도에 따라 바뀝니다. 금액에는 욕조 내부, 환기팬, 욕실건조기, 창문, 문 등은 포함되지 않습니다. 옵션 외에 희망하시는 경우에는 무료 견적.	

- 클리닝 작업의 자세한 내용은 인터넷으로 보실 수 있습니다.
- 대금은 작업종료 후 직원에게 현금으로 지불해주세요.
- 소비세를 10% 받습니다. 단, 한 달 전에 신청한 경우에는 소비세는 서비스해 드립니다.
- 작업 시 주차장 확보에 협력해 주세요. 유료주차장 사용시에는 실비부담이 되니 양해해 주시기 바랍니다.
- 작업 날짜에 대해 손님의 희망에 부응하지 못하는 경우도 있으니 양해해 주시기 바랍니다.
- 손님의 사정에 의한 취소는 전날 50%, 당일 100%의 취소료를 받는 경우도 있으니 양해해 주시기 바랍니다.

일본신문(히바리가오카 판매소)

2교시　청해

問題 1

例

女の人が新しい製品の企画書について男の人と話しています。女の人はこのあと何をしなければなりませんか。

F：課長、明日の会議の企画書、見ていただけたでしょうか。

M：うん、分かりやすくできあがってるね。

F：あ、ありがとうございます。ただ、実は製品の説明がちょっと弱いかなって気になってるんですが。

M：うーん、そうだね。でもまあ、この部分はいいかな。で、ええと、この11ページのグラフ、これ、随分前のだね。

F：あ、すみません。

M：じゃ、そのグラフは替えて。あ、それから、会議室のパソコンやマイクの準備はできてる？

F：あ、そちらは大丈夫です。

女の人はこのあと何をしなければなりませんか。

1 企画書を見せる。
2 製品の説明を書き直す。
3 データを新しくする。
4 パソコンを準備する。

1番

男の人と女の人が話しています。男の人はどうしますか。

M：靴下、穴が開いちゃったよ。最近靴下がすぐに駄目になる気がする。

F：100円だから仕方がないわ。

M：えっ？ 100円？ もうちょっと上等なのにしてくれよ。せめて500円ぐらい。

F：500円ぐらいの靴下は3足ならばもっと安いわ。普通は3足1,000円。でも全く同じ靴下が100円で売っていたのよ。それで…。

M：それじゃ、今のでいいよ。ブランド物なら1,000円

문제 1

예

여자가 새로운 제품의 기획서에 대해 남자와 이야기하고 있습니다. 여자는 이후에 무엇을 해야 합니까?

여：과장님, 내일 있을 회의 기획서, 보셨나요?

남：응, 알기 쉽게 잘 만들었네.

여：아, 감사합니다. 단지 실은 제품 설명이 좀 약한가 하고 걱정이 되는데요.

남：음~, 그렇군. 하지만 뭐, 이 부분은 괜찮아. 그리고, 저기 이 11페이지의 그래프, 이거 상당히 예전 거네.

여：아, 죄송합니다.

남：그럼 그 그래프는 바꾸고. 아 그리고 회의실 컴퓨터나 마이크준비는 되어 있어?

여：아, 그쪽은 괜찮습니다.

여자는 이후에 무엇을 해야 합니까?

1 기획서를 보여준다.
2 제품 설명을 다시 쓴다.
3 데이터를 새롭게 한다.
4 컴퓨터를 준비한다.

해설

그래프가 상당히 예전 거라고 하며 남자가 바꾸라고 했으므로, 선택지 3번 데이터를 새롭게 하는 것이 알맞다.

1번

남자와 여자가 이야기하고 있습니다. 남자는 어떻게 합니까?

남：양말, 구멍 났어. 요즘 양말이 금방 망가지는 느낌이야.

여：100엔이라 어쩔 수 없어.

남：뭐? 100엔? 좀 더 고급인 것으로 해 줘. 적어도 500엔 정도.

여：500엔 정도의 양말은 세 켤레면 더 싸. 보통 세 켤레 1,000엔. 하지만 완전 똑같은 양말이 (다른 가게에서는) 100엔에 팔고 있었어. 그래서…

남：그럼, 지금 거면 돼. 브랜드가 있는 거라면 1,000엔 이상은 하는데, 500엔짜리 양말도 가게에 따라 100엔에 팔고 있구나. 있잖아, 구멍이 나면 몇 번이고 새것으로 교환해주는 양말도 있다고 들었어.

여：아~, 그거. 2,000엔 하는데 그게 더 이득일까? 굉장히 튼튼해서 좀처럼 구멍이 안 난다고 하더라고.

以上はするけど500円のも店によって100円で売っているのか。ねえ、穴が開いたら何度でも新品に換えてくれる靴下もあるって聞いたよ。

F：ああ、あれね。2,000円するけどそっちが得かなあ。すごく丈夫で滅多に穴が開かないらしいわよ。

M：興味深いね。じゃ、どっちが得か履き比べてみようかな。

F：それはいいわね。

男の人はどうしますか。

1 100円と1000円の靴下を履き比べてみます。

2 500円と2000円の靴下を履き比べてみます。

3 1000円と2000円の靴下を履き比べてみます。

4 100円と2000円の靴下を履き比べてみます。

남：흥미롭네. 그럼, 어느 쪽이 이득인지 신어서 비교해볼까?

여：그거 좋네.

남자는 어떻게 합니까?

1 100엔과 1,000엔짜리 양말을 신어 비교해봅니다.

2 500엔과 2,000엔짜리 양말을 신어 비교해봅니다.

3 1000엔과 2,000엔짜리 양말을 신어 비교해봅니다.

4 100엔과 2,000엔짜리 양말을 신어 비교해봅니다.

해설

지금 신는 양말과 교환해주는 양말을 신어서 비교해보는 것이다. 지금 신는 양말은 100엔에 산 양말이고 교환해주는 양말은 2000엔짜리이다. 따라서 선택지 4번이 정답이 된다.

2番

男の人と女の人が話しています。女の人はもらったいちごをどうしますか。

F：このいちご、白いじゃない？どうしたの？

M：ああ、これが噂の白いいちごだよ。大きいから1粒400円。

F：高すぎるわよ。

M：でも1粒、5万円のいちごに比べたらお買い得だよ。とってもおいしいらしいよ。

F：5万円のいちごは問題外だし、これだって買ってまで食べたくないわ。

M：でも、プレゼントされたら嬉しいだろう？これあげるよ。

F：えっ、ありがとう。一人で食べるのはもったいないから、うちの人達と食べるわ。みんなビックリすると思うわ。

M：ここで一緒に食べるのかと思った。

F：ごめん。じゃ、半分だけいただくわ。クラスの友達と食べて。

M：いいよ。全部持っていって。

女の人はもらったいちごをどうしますか。

1 一人で食べる。

2 男の人と食べる。

3 友達と食べる。

4 家族と食べる。

2번

남자와 여자가 이야기하고 있습니다. 여자는 받은 딸기를 어떻게 합니까?

여：이 딸기, 하얗잖아? 어떻게 된 거지?

남：아~ 이게 소문의 하얀 딸기야. 커서 1알에 400엔.

여：너무 비싸.

남：그래도 1알에, 5만 엔짜리 딸기에 비하면 싼 거야. 아주 달고 맛있는 것 같아.

여：5만 엔짜리 딸기는 문제 밖이고, 이것도 사면서까지 먹고 싶지 않아.

남：그래도 선물 받으면 좋지? 이거 줄게.

여：어? 고마워. 혼자 먹기는 아까우니까, 우리집 사람들이랑 먹을게. 모두 깜짝 놀랄 거야.

남：여기서 같이 먹는 줄 알았어.

여：미안. 그럼, 반만 먹을게. 반 친구들이랑 먹어.

남：됐어, 전부 가져가.

여자는 받은 딸기를 어떻게 합니까?

1 혼자 먹는다.

2 남자와 먹는다.

3 친구와 먹는다.

4 가족과 먹는다.

해설

혼자 먹기는 아까우니 우리집 사람들이랑 먹을 거라고 했으므로 선택지 4번이 답이 된다.

3番

男の先生が子供たちに掃除について説明しています。4組の子供は自分たちの掃除が終わったら次に何をしますか。

M: まず、みんなでトイレ掃除をします。それが終わったら1組は校庭の草取りと掃き掃除、2組は飼育小屋の掃除と花壇の手入れ、3組は体育館の掃除、4組は学校の周りの草取りと掃き掃除をします。みんな、わかった？

F : 終わったら教室に戻っていいですか。

M: 終わったら1組と2組はそれぞれ終わっていないほうを手伝います。

F : じゃ、3組は終わったら4組を、4組は終わったら3組を手伝うんですね。

M: そうですよ。それでも終わらない組があったら全員で手伝いなさい。はい、始め。

4組の子供は自分たちの掃除が終わったら次に何をしますか。

1 体育館の掃除
2 校庭の草取りと掃き掃除
3 学校の周りの草取りと掃き掃除
4 飼育小屋の掃除と花壇の手入れ

3번

남자 선생님이 아이들에게 청소에 대해 설명하고 있습니다. 4반 아이들은 자신들의 청소가 끝나면 다음에 무엇을 합니까?

남 : 우선, 다 같이 화장실 청소를 합니다. 그게 끝나면 1반은 교정의 풀 뽑기와 빗자루 청소, 2반은 사육장 청소와 화단 손질, 3반은 체육관 청소, 4반은 학교 주변의 풀 뽑기와 빗자루 청소를 합니다. 모두 알겠죠?

여 : 끝나면 교실로 돌아가도 돼요?

남 : 끝나면 1반과 2반은 각각 끝나지 않은 쪽을 돕습니다.

여 : 그럼, 3반은 끝나면 4반을, 4반은 끝나면 3반을 도와주는 거네요?

남 : 맞아요. 그래도 끝나지 않은 조가 있으면 전부 다 도우세요. 자, 시작.

4반 아이들은 자신들의 청소가 끝나면 다음에 무엇을 합니까?

1 체육관 청소
2 교정의 풀 뽑기와 빗자루 청소
3 학교 주변의 풀 뽑기와 빗자루 청소
4 사육장 청소와 화단 손질

해설

4반은 자신들의 청소가 끝나면 3반을 도와야 하기 때문에 3반의 청소인 선택지 1번, 체육관 청소가 알맞다.

4番

老人ホームで男の人と女の人が話しています。このホームはこれからどうしますか。

M: 人手不足、何とかならないかな。ボランティアも減っているし。

F : 求人広告は出しているんですが、全然反応がなくて。ご提案ですが、少し給料を上げたらどうでしょうか。

M: 経営が苦しいからそれはいずれまた。広告には外国人も可って入れて。

F : 外国人ですか。言葉の問題は大丈夫でしょうか。

M: 求人広告が読めるぐらいなら問題ないでしょう。

F : そうですね。今来ているパートさんに勤務日を増やしてもらうのはどうでしょうか。

M: みんなこれ以上は無理だって。それに紹介してくれた人には報奨金も出しているんだけどなかなか…。

4번

양로원에서 남자와 여자가 이야기하고 있습니다. 이 양로원은 앞으로 어떻게 합니까?

남 : 일손부족, 어떻게 안될까? 봉사활동도 줄고 있고.

여 : 구인광고는 내고 있는데요, 전혀 반응이 없어서요. 제안인데요, 급여를 조금 인상하면 어떨까요?

남 : 경영이 어려워서, 그건 후에 다시 얘기하고. 광고에는 외국인도 가능하다고 넣어.

여 : 외국인요? 언어문제는 괜찮을까요?

남 : 구인광고를 읽을 수 있을 정도라면 문제 없겠지.

여 : 그렇군요. 지금 와 있는 파트 타임 직원에게 근무일을 늘려 달라고 하는 것은 어떨까요?

남 : 다들 더 이상은 무리래. 게다가 소개해준 사람에게는 포상금도 주고 있는데, 좀처럼…

여 : 그래요? 어디나 일손이 부족하니까요. 지금 있는 사람이 그만두지 않도록 좀더 신경을 쓰는 편이 좋겠어요.

남 : 그래.

F：そうですか。どこも人手が足りないですから。今いる人に辞められないようにもっと気を遣ったほうがいいですね。

M：そうだな。

このホームはこれからどうしますか。

1 パートにもっと働いてもらう。
2 給料を上げる。
3 外国人も受け入れる。
4 ボランティアを増やす。

이 양로원은 앞으로 어떻게 합니까?

1 파트 타임 직원이 더 일하게 한다.
2 급여를 올린다.
3 외국인도 받아들인다.
4 자원봉사자를 늘린다.

해설

광고에 외국인도 가능하다고 쓰라고 했으므로 3번이 답이 된다. 파트 타임 직원이 더 일하게 하는 것은 무리라고 했으며, 급여를 올리는 것도 나중에 얘기하자고 했으므로 선택지 1, 2번은 맞지 않다. 선택지 4번, 자원봉사자를 늘린다는 내용은 없으며 현재 줄어들고 있다.

5番

男の人と女の人がマスクについて話しています。女の人はどうして「いいアイディアだね」と言いましたか。

M：最近は外国でも多くの人がマスクをするようになったね。

F：そうね。前はマスクしていると悪い病気にかかっているのかと誤解されたけど。

M：そうだったね。僕も何で日本人はあんなにマスクするんだって聞かれたよ。

F：私は花粉症だから春になるとマスクが欠かせなくて、外国人と会うたびに言い訳していたのよ。

M：大変だったね。でもコロナで世界が変わったよ。

F：そうね。いろいろなデザインのマスクも出てきたし。

M：そうそう。この間行った店は店員が全員笑顔マスクを着けていて驚いたよ。

F：へ～え。面白いわね。

M：初めは驚いたけど、笑顔を見ているとこちらも笑顔になっちゃうんだよ。

F：いいわね。こんな時だからこそ笑顔が必要だしね。いいアイディアだね。

M：本当、よく考えたよね。

女の人はどうして「いいアイディアだね」と言いましたか。

1 色々なデザインのマスクが生まれたから
2 店員が全員同じマスクを着けていたから
3 お客を笑わせるためにマスクを作ったから
4 笑顔マスクで笑顔を誘ったから

5번

남자와 여자가 마스크에 대해 이야기하고 있습니다. 여자는 왜 '좋은 아이디어네'라고 했습니까?

남：요즘은 외국에서도 많은 사람들이 마스크를 쓰게 되었어.

여：맞아. 전에는 마스크를 쓰고 있으면 안 좋은 병에 걸린 줄 오해받았는데.

남：그랬었지. 나도 일본 사람은 왜 그렇게 마스크를 쓰냐는 질문을 받았어.

여：나는 꽃가루 알레르기라서 봄이 되면 마스크를 빠뜨릴 수 없어서, 외국인과 만날 때마다 변명했었어.

남：고생 많았네. 근데 코로나로 세상이 바뀌었어.

여：맞아. 여러 가지 디자인의 마스크도 나왔고.

남：맞아 맞아. 요전에 갔던 가게는 점원이 모두 미소 마스크를 쓰고 있어서 놀랐어.

여：어머~ 재밌네.

남：처음에는 놀랐지만, 웃는 얼굴을 보고 있으니 나도 웃는 얼굴이 되어버려.

여：좋네. 바로 이런 시기니까 미소가 필요하고 말이지. 좋은 아이디어네.

남：진짜, 잘 생각했네~.

여자는 왜 '좋은 아이디어네'라고 했습니까?

1 다양한 디자인의 마스크가 생겨났기 때문에
2 점원이 모두 같은 마스크를 쓰고 있었기 때문에
3 손님을 웃게 하기 위해서 마스크를 만들었기 때문에
4 미소 마스크로 (우리도) 웃는 얼굴이 되도록 했기 때문에

해설

점원이 쓰고 있는 미소 마스크를 봄으로써 우리도 웃는 얼굴이 되게 한다는 남자의 말에 좋은 아이디어라고 했으므로 선택지 4번이 답이 된다. 선택지 3번, 마스크를 쓴 것이지 만든 것은 아니다.

問題 2

例

大学で男の学生と女の学生が話しています。この男の学生は先生がどうして怒ったと言っていますか。

M: ああ、先生を怒らせちゃったみたいなんだよね。困ったな。

F : え、どうしたの？

M: うーん。いやそれがね、先生に頼まれた資料、昨日までに渡さなくちゃいけなかったんだけど、いろいろあって渡せなくて。

F : えー、それで怒られちゃったの？

M: うん、いや、それで怒られたっていうより、おととい、授業のあと、飲み会があってね。で、ついそれを持っててっちゃったんだけど、飲みすぎて、寝ちゃって、忘れてきちゃったんだよね。

F : え？ じゃ、なくしちゃったわけ？

M: いや、出てはきたんだけどね、うん。先生が、なんでそんな大事な資料を飲み会なんかに持っていくんだって。

F : ま、そりゃそうよね。

この男の学生は先生がどうして怒ったと言っていますか。

1 昨日までに資料を渡さなかったから
2 飲み会で飲みすぎて寝てしまったから
3 飲み会に資料を持っていったから
4 資料をなくしてしまったから

1 番

女の人と男の人が話しています。女の人はどうして「鳥獣戯画」の話をしたのですか。

F : 今度の休みに紅葉を見に京都へ行きましょうよ。

M: 紅葉なら隣の駅のそばにあるお寺へ行けば素晴らしい紅葉が見られるじゃないか。

F : ええ、確かにあのお寺の紅葉は色が真っ赤で美しいわね。

M: わざわざ京都から取り寄せた特別に赤い紅葉だそうだよ。京都に行く必要ないじゃない。

F : でも京都なら小舟で川下りしながら美しい紅葉を見ることができるわ。

M: 近くの公園だってボートに乗りながら紅葉を眺め

문제 2

예

대학에서 남학생과 여학생이 이야기하고 있습니다. 이 남학생은 선생님이 왜 화가 났다고 말하고 있습니까?

남 : 아~ 선생님을 화나게 한 것 같아. 곤란한데.

여 : 어? 무슨 일이야?

남 : 음~. 아니 그게 말야. 선생님께 부탁받은 자료, 어제까지 건네드려야 했는데, 여러 사정이 있어서 못 건네드려서.

여 : 에~, 그래서 화나신 거야?

남 : 응, 아니, 그래서 화나셨다기보다 그저께 수업 후에 술자리가 있어서. 그래서 그만 그것을 갖고 갔는데, 과음하고 자버려서 두고 와버렸거든.

여 : 어? 그럼 잃어버렸다는 거야?

남 : 아니, 나오기는 했는데, 응. 선생님이 왜 그런 중요한 자료를 술자리 같은 곳에 가지고 가냐고.

여 : 뭐 그건 그렇네.

이 남학생은 선생님이 왜 화가 났다고 말하고 있습니까?

1 어제까지 자료를 건네지 않았기 때문에
2 술자리에서 과음해서 자버렸기 때문에
3 술자리에 자료를 가지고 갔기 때문에
4 자료를 잃어버렸기 때문에

해설

끝부분에 '선생님이 왜 그런 중요한 자료를 술모임 같은 곳에 가지고 가냐고'라는 부분을 보면 선택지 3번, 술자리에 자료를 가지고 갔기 때문임을 알 수 있다.

1번

여자와 남자가 이야기하고 있습니다. 여자는 왜 '조수희화' 이야기를 했습니까?

여 : 이번 방학에 단풍 보러 교토에 가자~.

남 : 단풍이라면 옆 역의 옆에 있는 절에 가면 멋진 단풍을 볼 수 있잖아.

여 : 응, 확실히 그 절의 단풍은 색이 새빨갛고 아름답지.

남 : 일부러 교토에서 가져온 특별히 빨간 단풍이라고 해. 교토에 갈 필요 없잖아?

여 : 그래도 교토라면 작은 배로 강을 내려오면서 아름다운 단풍을 볼 수 있어.

남 : 근처 공원에서도 보트를 타면서 단풍을 바라볼 수 있어. 뭐니뭐니해도 싸게 먹히고.

여 : 교토의 다카오쪽으로 가면 단풍이 아름다운 시냇물이 이어지고 있고, 코잔지(高山寺)에도 갈 수 있어.

ることができるよ。何と言っても安上がりだし。

F：京都の高雄の方に行けば紅葉が美しい渓流が続いているし、高山寺にも行けるわよ。

M: お寺かあ。あんまり…。

F：高山寺には漫画の原点と言われている有名な「鳥獣戯画」という絵があるわよ。

M: えっ、本当？ すごいな。是非見に行きたいな。うさぎやカエルが相撲しているところが見たかったんだ。

F：漫画好きなあなたならそう言うと思った。

女の人はどうして「鳥獣戯画」の話をしたのですか。

1 お寺に興味を持ってもらいたかったから
2 鳥獣戯画について話したかったから
3 京都に行こうと言うと思ったから
4 鳥獣戯画を見に行きたいから

2番

女の人と男の人が野菜売り場で話しています。どうして八百屋が３軒あっても大丈夫なのですか。

M: この八百屋随分安いね。

F：このビルの地下には八百屋が三軒もあるから競争が激しいのよ。ここにはスーパーもあるし、自然食品の店も野菜や果物を売っているわ。

M: そんなに店があったら潰れちゃうでしょう。

F：どこの店もお客さんでいっぱいよ。ほら、この店も、あそこも。八百屋だけでなく肉屋も魚屋も。

M: 本当だ。どこも行列している。

F：ここは安いって評判だから遠くから買いに来る人もいるくらいよ。

M: なるほど。でもスーパーでも野菜や果物が売れているのは不思議だな。こっちに来れば安く買えるのに。

F：スーパーなら肉や魚、何でも一緒に買えるからよ。八百屋に来るのが面倒なのよ。

M: 値段を気にしない人も大勢いるんだね。

F：そうなのよ。

どうして八百屋が３軒あっても大丈夫なのですか。

1 ３軒とも安い店だから
2 値段を気にしない人が大勢いるから
3 八百屋が３つもあって便利だから
4 安いという評判でお客が大勢来るから

남 : 절 말야? 별로….

여 : 고잔지(高山寺)에는 만화의 원점이라 불리는 유명한 '조수희화'라는 그림이 있어.

남 : 어? 정말? 굉장하다. 꼭 보러 가고 싶어. 토끼나 개구리가 스모하고 있는 걸 보고 싶었어.

여 : 만화를 좋아하는 너라면 그렇게 말할 줄 알았다.

여자는 왜 '조수희화' 이야기를 했습니까?

1 절에 흥미를 가져주었으면 해서
2 조수희화에 대해 이야기하고 싶었기 때문에
3 교토에 가자고 말할 줄 알았기 때문에
4 조수희화를 보러 가고 싶기 때문에

해설

만화를 좋아하는 남자가 '조수희화'의 이야기를 들으면 그것을 보러 교토에 가자고 할 줄 알았다고 했으므로 선택지 3번이 답이 된다.

2번

여자와 남자가 채소 매장에서 이야기하고 있습니다. 왜 채소 가게가 세 곳 있어도 괜찮은 것입니까?

남 : 이 채소 가게 상당히 싸네.

여 : 이 빌딩 지하에는 채소 가게가 세 군데나 있어서 경쟁이 심해. 여기는 슈퍼마켓도 있고, 자연식품점도 채소와 과일을 팔고 있어.

남 : 그렇게 가게가 있으면 망하겠지?

여 : 어느 가게나 손님으로 가득해. 봐봐, 이 가게도, 저기도. 채소 가게뿐만 아니라 정육점과 생선 가게도.

남 : 진짜네. 어디나 줄을 서 있어.

여 : 여기는 싸다고 소문이 나서 멀리서 사러 오는 사람도 있을 정도야.

남 : 그렇구나. 하지만 슈퍼마켓에서도 채소와 과일이 팔리고 있는 것은 이상하네. 이쪽으로 오면 싸게 살 수 있는데.

여 : 슈퍼마켓이라면 고기나 생선, 뭐든지 함께 살 수 있기 때문이야. 채소 가게에 오는 게 귀찮아.

남 : 가격을 신경 안 쓰는 사람도 많구나.

여 : 맞아.

왜 채소 가게가 세 곳 있어도 괜찮은 것입니까?

1 세 군데 모두 싼 가게니까
2 가격을 신경 쓰지 않는 사람이 많으니까
3 채소 가게가 3곳이나 있어서 편리하니까
4 싸다는 소문으로 손님이 많이 오기 때문에

해설

싸다는 소문에 멀리서 사러 오는 손님도 많기 때문에 괜찮다고 했으므로 4번이 답이 된다. 가격을 신경 쓰지 않는 사람은 슈퍼마켓에 오는 손님이다.

3番

男の人と女の人が路面電車について話しています。どうして路面電車が減ったのですか。

M: なんか東京に路面電車が走っているなんていいね。

F : そうなのよ。レトロな感じでしょう？ 昔は東京にもたくさん走っていたんだけど、今はこの荒川線1本しか残っていないのよ。ああそうだ。世田谷にもう1本走っていたっけ。

M: どうして2本だけが残ったんだろう。

F : 電車専用の場所を走る部分が多いからじゃない？ 世田谷線は全部そうだし、都電もほとんど専用のところを走っているから。

M: 普通の道路を走ったら邪魔ってこと？ ヨーロッパなんか道路を走る電車が多いのに。

F : そうね。ヨーロッパに比べて道が狭いから車の邪魔になるのかも。

M: そうか。でも路面電車を復活させたところもあるそうだよ。

F : 多分、観光のためかもしれないわ。

M: そうだね。懐かしい気持ちになるから。

どうして路面電車が減ったのですか。

1 他の乗り物のほうが便利だから
2 観光面を考えなかったから
3 大抵車と同じ道を走っていたから
4 車が走る道がなかったから

3번

남자와 여자가 노면 전차에 대해 이야기하고 있습니다. 왜 노면전차가 줄었습니까?

남 : 왠지 도쿄에 노면전차가 달리고 있다니 좋네.

여 : 맞아. 복고풍 느낌이지? 옛날에는 도쿄에도 많이 달리고 있었지만, 지금은 이 아라카와선 한 대밖에 남아 있지 않아. 아아, 맞다. 세타가야에 한 대 더 달리고 있었던가.

남 : 왜 2대만 남았을까?

여 : 전차 전용인 곳을 달리는 부분이 많아서 그런 거 아냐? 세타가야선은 전부 그렇고, 도쿄 노면 전차도 거의 전용인 곳을 달리니까.

남 : 일반 도로를 달리면 방해가 된다는 거야? 유럽 같은 곳은 도로를 달리는 전차가 많은데.

여 : 그래. 유럽에 비해 길이 좁아서 차를 방해하는 걸지도 몰라.

남 : 그렇구나. 하지만 노면전차를 부활시킨 곳도 있다고 해.

여 : 아마, 관광 때문일지도 몰라.

남 : 맞아. 그리운 마음이 드니까.

왜 노면전차가 줄어든 것입니까?

1 다른 교통편이 더 편리하니까
2 관광면을 생각하지 않았기 때문에
3 대부분 자동차와 같은 도로를 달렸기 때문에
4 자동차가 달릴 길이 없었기 때문에

해설

남은 2대의 전차는 전용도로로 달리는 부분이 많거나 전부이기 때문에, 자동차가 달리는 길을 방해하지 않아서 남은 것이다. 즉 대부분의 노면전차는 자동차와 같은 도로를 달려 차의 통행을 방해해서 줄어들었다고 생각한다. 따라서 선택지 3번이 답이 된다.

4番

男の人と女の人がマジックメタルについて話しています。女の人はどうして驚きましたか。

M: ね、この金属のブロックを見ていて。これを回すと…

F : わあ、驚いた。文字が浮き出てきたわ。

M: 驚いただろう？ 今度は出てきた文字を押してみて。

F : こう？ わあ、どんどん沈んでいくわ。初めに見た時と同じように全く見えなくなってしまったわ。どうしてなのかしら。

M: うん、文字と周りの間に1000分の3ミリの隙間しかないからぴったり一体化してしまうんだ。マジックメタルって言うんだよ。この会社、これを作ったおかげで仕事がたくさん来るようになったそうだよ。

4번

남자와 여자가 매직메탈에 대해 이야기하고 있습니다. 여자는 왜 놀랐습니까?

남 : 저기, 이 금속 블록 보고 있어봐. 이걸 돌리면…

여 : 와~ 놀랬다. 글씨가 떠올랐어.

남 : 놀랐지? 이번에는 떠오른 글씨를 눌러봐.

여 : 이렇게? 와~ 점점 가라앉아~. 처음 봤을 때랑 똑같이 전혀 안 보이게 됐네. 왜 그런 거지?

남 : 응, 문자와 주변 사이에 1000분의 3밀리의 틈밖에 없어서 딱 일체화되어 버리는 거야. 매직메탈이라고 해. 이 회사, 이걸 만든 덕분에 일거리가 많이 오게 되었대.

여 : 높은 기술력에 감탄했어. 그래서 이것을 나에게 보여준 이유는?

남 : 이 기술을 사용해서 뭔가 새로운 제품을 개발할 수 없을까 해서.

여 : 재미있을 것 같아. 꼭 하고 싶어.

F：技術力の高さに感心したわ。それでこれを私に見せたわけは？

M：この技術を使って何か新しい製品の開発ができないかと思って。

F：面白そうね。是非、やりたいわ。

女の人はどうして驚きましたか。

1 技術力が高かったから
2 文字が上下したから
3 見えなかった文字が出現したから
4 製品の開発を頼まれたから

여자는 왜 놀랐습니까?

1 기술력이 높았기 때문에
2 글자가 오르내렸으니까
3 보이지 않았던 문자가 나타났기 때문에
4 제품 개발을 부탁받았기 때문에

해설

浮き出る에는 '떠오르다, 도드라지다' 등의 의미가 있다. 대화 중에 '처음 봤을 때랑 똑같이 전혀 안 보이게 됐네'라는 부분을 보면 없던 글씨가 떠올랐다는 것을 알 수 있다. 따라서 놀란 이유는 선택지 3번이 된다.

5番

化粧品会社の女の人が化粧することについて話しています。女の人はなぜ自分のために化粧することを勧めていますか。

F：アンケートでなぜ化粧をするのか聞いたところ、身だしなみとして当たり前だと思うからが63.1％と最も多く、次に肌を紫外線などから守るためが43.6％、ノーメイクは恥ずかしいからが43.0％、きちんとした印象に見せるためが38.9％という結果になりました。この結果は人から見られることを気にしている人が多いことを示しています。しかし私はみなさんに、ご自分自身のために化粧してほしいと思っています。実は老人ホームでおばあさんたちにボランティアで化粧をしてあげたことがあります。化粧後はどのおばあさんも満面の笑みを浮かべて鏡を見つめていました。この後、私は化粧を自分のためにすることを勧めるようになりました。

女の人はなぜ自分のために化粧することを勧めていますか。

1 お年寄りでもきれいになれるから
2 見られることによりもっと化粧したくなるから
3 化粧したお年寄りが自分の顔をみて嬉しそうだったから
4 ボランティアで化粧してあげるようになったから

5번

화장품 회사의 여자가 화장하는 것에 대해 이야기하고 있습니다. 여자는 왜 자신을 위해 화장하는 것을 권하고 있습니까?

여：설문조사에서 왜 화장을 하는지 물었더니, 단정한 차림새로서 당연하다고 생각하니까가 63.1%로 가장 많고, 다음으로 피부를 자외선 등으로부터 보호하기 위해서가 43.6%, 노메이크업은 부끄러워서가 43.0%, 단정한 인상으로 보이기 위해서가 38.9%라는 결과가 되었습니다. 이 결과는 다른 사람이 보는 것을 신경 쓰는 사람이 많다는 것을 나타내고 있습니다. 하지만 저는 여러분이 자기 자신을 위해서 화장을 했으면 합니다. 실은 양로원에서 할머니들에게 자원봉사로 화장을 해드린 적이 있습니다. 화장한 후에는 할머니 모두가 만면에 웃음을 띄우며 거울을 응시했습니다. 그 후로 저는 자신을 위해 화장하는 것을 권하게 되었습니다.

여자는 왜 자신을 위해 화장하는 것을 권하고 있습니까?

1 노인이라도 예뻐질 수 있으니까
2 다른 사람이 보는 것에 의해 더 화장하고 싶어지니까
3 화장을 한 노인이 자신의 얼굴을 보고 기뻐하는 것 같아서
4 자원봉사로 화장을 해주게 되어서

해설

할머니들이 화장한 자신의 모습을 보고 좋아하는 것을 본 후 자신을 위해 화장하는 것을 권하게 되었다고 했으므로 선택지 3번이 답이 된다.

6番

町工場の経営者が話しています。町工場のためにどんな組織を作ろうと言っていますか。

M: 私達町工場は高い技術を保持しているにもかかわらず、ほとんどの工場が大企業の下請けの地位に甘んじてきました。人件費が安い外国に仕事を奪われ廃業する会社も少なくありません。町工場でも高い技術力でオリジナル製品を生み出して直接販売に成功する会社もあります。いい傾向ですが、全ての工場が同様にできるとは限りません。しかもその際、新しい設備を導入しなければならないとしたら、町工場には大きな負担がかかります。ですから自分たちを含めてどんな仕事の依頼が来ても対応できるようにまず各工場がどんな技術を保持しているかという情報を集約して仕事の問い合わせに答えられるようにしたいです。

町工場のためにどんな組織を作ろうと言っていますか。

1 高い技術を積極的に宣伝するための組織
2 工場同士で新製品を作り出すための組織
3 各工場の技術情報を保持し提供するための組織
4 どんな仕事も組織として受注するための組織

6번

작은 공장의 경영자가 말하고 있습니다. 작은 공장을 위해 어떤 조직을 만들자고 말하고 있습니까?

남 : 저희 작은 공장은 높은 기술을 보유하고 있음에도 불구하고, 대부분의 공장들이 대기업의 하청 지위에 만족해 왔습니다. 인건비가 싼 외국에 일감을 빼앗겨 문을 닫는 회사도 적지 않습니다. 작은 공장이어도 높은 기술력으로 오리지널 제품을 만들어내 직접 판매에 성공하는 회사도 있습니다. 좋은 경향이지만 모든 공장이 똑같이 할 수 있다고는 할 수 없습니다. 게다가 그 때 새로운 설비를 도입해야 한다고 하면, 작은 공장에는 큰 부담이 됩니다. 그래서 우리들을 포함해서 어떤 일의 의뢰가 와도 대응할 수 있도록 우선 각 공장이 어떤 기술을 보유하고 있는가 하는 정보를 집약하여 업무 문의에 답할 수 있도록 하고 싶습니다.

작은 공장을 위해 어떤 조직을 만들자고 말하고 있습니까?

1 높은 기술을 적극적으로 선전하기 위한 조직
2 공장끼리 신제품을 만들어내기 위한 조직
3 각 공장의 기술정보를 보유, 제공하기 위한 조직
4 어떤 일도 조직으로서 수주하기 위한 조직

해설

각 공장이 어떤 기술을 보유하고 있는가 하는 정보를 집약해서 업무 문의에 답한다고 했으므로 선택지 3번이 답이 된다. 선택지 1, 4번에 대한 서술은 없으며, 선택지 2번, 공장끼리 협력을 하여 신제품을 만들어낼 가능성은 있지만 조직의 목적은 아니다.

問題 3

例

女の人が男の人に映画の感想を聞いています。

F : この間話してた映画、見に行ったんでしょ？ どうだった？

M: うん、すごく豪華だった。衣装だけじゃなくて、景色もすべて、画面の隅々までとにかくきれいだったよ。でも、ストーリーがなあ。主人公の気持ちになって、一緒にドキドキして見られたらもっとよかったんだけど、ちょっと単調でそこまでじゃなかったな。娯楽映画としては十分楽しめると思うけどね。

男の人は映画についてどう思っていますか。

1 映像も美しく、話も面白い。
2 映像は美しいが、話は単調だ。
3 映像もよくないし、話も単調だ。
4 映像はよくないが、話は面白い。

문제 3

예

여자가 남자에게 영화의 감상을 묻고 있습니다.

여 : 요전에 이야기했던 영화, 보러 갔었지? 어땠어?

남 : 응, 굉장히 화려했어. 의상뿐만 아니라 경치도 모두, 화면의 구석구석까지 어쨌든 아름다웠어. 하지만 스토리가 좀~. 주인공이 된 기분이 돼서 함께 두근거리며 볼 수 있었으면 더 좋았을 텐데, 좀 단조롭고 그렇게까지는 아니었어. 오락 영화로서는 충분히 즐길 수 있다고 생각하지만 말야.

남자는 영화에 대해서 어떻게 생각하고 있습니까?

1 영상도 아름답고, 이야기도 재미있다.
2 영상은 아름답지만, 이야기는 단조롭다.
3 영상도 좋지 않고, 이야기도 단조롭다.
4 영상은 좋지 않지만, 이야기는 재미있다.

해설

'의상, 경치, 화면까지 아름다웠지만 스토리가 좀~'이라고 하면서 단조로웠다고 했다. 따라서 선택지 2번이 답이 된다.

1番

女の人が会社の説明をしています。

F：当社は自治体や企業と映像会社を結びつけるウエブサイトを運営しております。観光客を呼び込む方法として「ロケ地」の誘致があり、盛況を呈しております。また企業から所有地や所有施設を提供したいとのご希望も増えつつあります。撮影の場所を提供したい方に広告を載せていただいて、映像会社との橋渡しをしております。またロケ隊の受け入れ方法などのアドバイスを始め、旅行会社やイベント会社にもロケ地ツアーや登場人物になりきるイベントなど様々な活用方法のアイディアがご提供できますので気軽にお声をおかけくださいますようにお願いいたします。

女の人の会社は何をする会社ですか。

1 映像会社からロケ地を紹介してもらう会社
2 映像会社のために広告を載せる会社
3 ロケ地やロケ地ツアーの広告をする会社
4 撮影場所の紹介や撮影に関する仕事をする会社

1번

여자가 회사에 대한 설명을 하고 있습니다.

여 : 당사는 자치단체나 기업과 영상 회사를 연결시키는 웹사이트를 운영하고 있습니다. 관광객을 유치하는 방법으로서 '촬영지'의 유치가 있으며 성황을 이루고 있습니다. 또한 기업으로부터 소유지나 소유 시설을 제공하고 싶다는 희망도 증가하고 있습니다. 촬영 장소를 제공하고 싶은 분께 광고를 실어서 영상회사와의 중개 역할을 하고 있습니다. 또한, 촬영팀의 수용 방법 등의 조언을 비롯해 여행사나 이벤트 회사에도 촬영지 투어나 등장인물이 될 수 있는 이벤트 등 다양한 활용 방법의 아이디어를 제공할 수 있으니 부담 없이 문의해주시기를 부탁드립니다.

여자의 회사는 무엇을 하는 회사입니까?

1 영상회사로부터 촬영지를 소개받는 회사
2 영상회사를 위해 광고를 싣는 회사
3 촬영지나 촬영지 투어 광고를 하는 회사
4 촬영 장소의 소개나 촬영에 관한 일을 하는 회사

해설

자치단체나 기업에게 촬영지를 유치하거나 그것에 관한 조언, 이벤트 등을 제공하는 회사이므로 선택지 4번이 답이 된다. 선택지 1번, 영상회사로부터 촬영지를 소개 받는 것이 아니라 소개해주는 회사이다. 선택지 2번, 영상회사가 아니라 자치단체나 기업을 위해서 광고를 싣는 것이다. 선택지 3번, 촬영지 투어에 관한 광고는 싣지 않는다.

2番

男の人がウニの養殖について話しています。

M：最近ウニが海藻を食べてしまって魚が集まって産卵する藻場が減っています。ウニは高いですから、ウニを売ったらよいと考えるかもしれませんが、海藻が育たなくなった藻場のウニは食べ物が足りなくて栄養不足で中身が少ないので売れません。そこで藻場のウニを養殖場に移しました。あるキャベツ栽培地では、販売に適しないキャベツをウニにエサとしてあげて、またみかんの産地ではみかんを食べさせることに成功しました。今ではウニの数を減らした藻場の海藻も回復してきました。養殖のウニも中身が大きくなって売れるようになりました。一石二鳥になったのです。

2번

남자가 성게 양식에 대해 이야기하고 있습니다.

남 : 최근 성게가 해초(해조)를 먹어 버려서 물고기가 모여 산란하는 조장(해조류가 많이 모여 서식하는 곳으로 바다 생물의 산란장, 성육장 및 서식장소가 되는 곳)이 줄어들고 있습니다. 성게는 비싸기 때문에 성게를 팔면 된다고 생각할 지도 모르지만, 해초가 자라지 않게 된 조장의 성게는 먹을 게 부족해 영양 부족으로 속살이 적어 팔리지 않습니다. 그래서 조장의 성게를 양식장으로 옮겼습니다. 어느 양배추 재배지에서는 판매에 적합하지 않은 양배추를 성게에게 먹이로 주고, 또 귤의 산지에서는 귤을 먹이는 데 성공했습니다. 지금은 성게의 수를 줄인 조장의 해초도 회복되었습니다. 양식인 성게도 속살이 커져서 팔리게 되었습니다. 일석이조가 된 것입니다.

どのように一石二鳥になったのですか。

1 藻場のウニが売れるようになったし、藻場の海藻が増えた。

2 キャベツを捨てないでウニの養殖に使えるようになった。

3 藻場が回復してきたし、養殖のウニが売れるようになった。

4 ウニが何でも食べるようになったし、藻場のウニが減った。

3番

女の講師が会話について話しています。

F：誰かと話している時には言葉だけではなく体の動きも大切です。相手が何の反応もしないと、話し手は不安になります。相手が頷くと意思の疎通ができていると感じます。頷くという動作で身体リズムが共有され、共感しやすい状態になります。このような反応をするのは人間のほうがいいですが、人間でなくてもいいです。人の映像を映して誰かが話すたびに頷かせたところ、部下の発話が促されたそうです。頷きを見ることで脳が喜び話しやすくなった結果だそうです。これは相手の反応が見えることが重要ですから、オンラインでも対面でも関係ありません。相手にもっと話してもらいたい時は頷いてみたらどうでしょうか。

女の人は頷くことについてどんなことを言っていますか。

1 話を聞く時に頷くと話し手から好意を持たれる。

2 話をしながら頷くと相手に共感してもらえる。

3 頷くのは脳が喜んでいるからだ。

4 頷いてもらえると話がしやすくなる。

4番

男の人がコーヒー栽培について話しています。

M: 沖縄はコーヒーが栽培できる北限です。今回放置されて荒れ放題になっていた耕作放棄地を利用してコーヒーの木を240本植えました。これは将来200kg、約1万杯のコーヒーになります。今後も木を増やしていって将来的には沖縄の特産品となる

어떻게 일석이조가 된 것입니까?

1 조장의 성게가 팔리게 되었고, 조장의 해초가 증가했다.

2 양배추를 버리지 않고 성게 양식에 사용할 수 있게 되었다.

3 조장이 회복되었고 양식 성게가 팔리게 되었다.

4 성게가 뭐든지 먹게 되었고, 조장의 성게가 줄어들었다.

해설

조장에 있는 성게를 줄였기 때문에 해초도 늘어나 조장이 회복되었고, 양식 성게 또한 속살이 커져서 팔리게 된 것이므로 선택지 3번이 답이 된다. 선택지 2번은 단순한 사실로 일석이조의 내용을 가리키지는 않는다.

3번

여자 강사가 대화에 대해 이야기하고 있습니다.

여 : 누군가와 얘기할 때는 말뿐만 아니라 몸의 움직임도 중요합니다. 상대방이 아무 반응도 하지 않으면 화자는 불안해집니다. 상대방이 고개를 끄덕이면 의사소통이 되고 있다고 느낍니다. 고개를 끄덕이는 동작으로 신체리듬이 공유되어 공감하기 쉬운 상태가 됩니다. 이런 반응을 하는 것은 사람이 더 좋지만, 사람이 아니라도 좋습니다. 사람의 영상을 비추어 누군가가 말할 때마다 고개를 끄덕이게 했더니, 부하 직원의 발화가 촉진되었다고 합니다. 고개를 끄덕이는 것을 봄으로써 뇌가 기뻐하며 말하기 쉬워진 결과라고 합니다. 이것은 상대의 반응이 보이는 것이 중요하기 때문에, 온라인이든 대면이든 관계 없습니다. 상대방이 더 이야기하기를 원할 때는 고개를 끄덕여 보면 어떨까요.

여자는 고개를 끄덕이는 것에 대해 어떤 말을 하고 있습니까?

1 이야기를 들을 때 고개를 끄덕이면 화자에게서 호의를 얻는다.

2 이야기를 하면서 고개를 끄덕이면 상대방이 공감할 수 있다.

3 고개를 끄덕이는 것은 뇌가 기뻐하고 있기 때문이다.

4 고개를 끄덕여주면 이야기를 하기 쉬워진다.

해설

'고개를 끄덕이는 것을 봄으로써 뇌가 기뻐하며 말하기 쉬워진다'라고 했으므로 선택지 4번이 답이 된다. 선택지 1번, 호의에 대해서는 서술하고 있지 않으며, 선택지 2번, 고개를 끄덕이는 것은 화자가 아니라 듣는 사람이다. 선택지 3번, 고개를 끄덕이는 것을 봄으로써 뇌가 기뻐하는 것이다.

4번

남자가 커피 재배에 대해 이야기하고 있습니다.

남 : 오키나와는 커피를 재배할 수 있는 북쪽 한계입니다. 이번에 방치되어 황폐해진 채로 내버려 둔 경작포기 농지를 이용해 커피나무 240그루를 심었습니다. 이것은 장래에 200kg, 약 만 잔의 커피가 됩니다. 앞으로도 나무를 늘려서 장래에는 오키나와의 특산품이 되도록 노력할 생각입니다.

ように頑張るつもりです。コーヒー豆を売るばかりでなく、豆の収穫や焙煎体験やカフェの併設など観光農園への道も開きたいです。私達は後発隊ですから、苦労してコーヒーを栽培している先駆者の方々のことも考えて共存できる道を探したいです。そして共に沖縄コーヒーを世界中に広めたいです。

男の人は何がしたいのですか。

1 沖縄のコーヒーを美味しくしたいです。
2 沖縄のコーヒーを有名にしたいです。
3 沖縄に特産品を作りたいです。
4 コーヒーのおいしさを広めたいです。

원두를 팔 뿐만 아니라 원두 수확과 볶기 체험, 카페 병설 등 관광농원으로 가는 길도 열고 싶습니다. 저희는 후발대이기 때문에 고생해서 커피를 재배하고 있는 선배님들도 생각하여 공존(상생)할 수 있는 길을 찾고 싶습니다. 그리고 함께 오키나와 커피를 전 세계로 확대하고 싶습니다.

남자는 무엇을 하고 싶습니까?

1 오키나와의 커피를 맛있게 하고 싶습니다.
2 오키나와의 커피를 유명하게 하고 싶습니다.
3 오키나와에 특산품을 만들고 싶습니다.
4 커피의 맛을 널리 알리고 싶습니다.

해설

전 세계로 확대하고 하고 싶다는 말에서 유명하게 하고 싶다는 선택지 2번이 답이 된다. 선택지 1번은 지금의 커피가 맛이 없다는 뜻이므로 맞지 않고, 선택지 3번, 특산품을 만들고 싶은 것이 아니라 특산품으로 되고 싶다(선정받고 싶다)는 의미이다. 선택지 4번, 커피의 맛을 널리 알리고 싶다는 언급은 없다.

5番

女の人がオンライン配信について話しています。

F：有名なバンドが無観客ライブをしたら3600円のチケット購入者が18万人、動画配信サービスでも有料配信され推定視聴者は約50万人だった。これは超人気バンドだからだが、オンライン配信での成功は誰にでも可能性があります。実はある劇団がオンラインのみで新作劇を配信してみました。１回目は2500円で5000人、２回目は2800円で7000人が見に来てくれて、今後のオンライン演劇の可能性を感じさせました。勿論、無名の劇団が突然オンライン演劇を有料配信しても見に来る人はほとんどいないでしょう。彼らはツイッター上に３日に１度、140秒の動画を配信していたのです。多くの人を引き付ける下地があったからこそ成功したのです。つまりそのような仕掛けを作れば誰にも可能性があるということになります。

女の人はどうすれば有料オンライン演劇に成功すると言っていますか。

1 実際の劇場ではやらない。
2 劇中にいろいろな仕掛けを作る。
3 成功を確信してから始める。
4 劇が見たくなる下地を作る。

5번

여자가 온라인 전송에 대해 이야기하고 있습니다.

여：유명한 밴드가 무관중 라이브를 했더니 3600엔 티켓 구입자가 18만 명, 동영상 전송 서비스로도 유료 전송되어 추정 시청자는 약 50만 명이었다. 이것은 초인기 밴드이기 때문이지만, 온라인 전송에서의 성공은 누구에게나 가능성이 있습니다. 사실 어느 극단이 온라인으로만 신작을 전송해 보았습니다. 첫 회에는 2500엔에 5000명, 2회 째는 2800엔에 7000명이 보러 와 줘서, 향후 온라인 연극의 가능성을 느끼게 했습니다. 물론 무명 극단이 갑자기 온라인 연극을 유료 전송해도 보러 오는 사람은 거의 없을 것입니다. 그들은 트위터상에 3일에 한 번, 140초의 동영상을 전송하고 있었던 것입니다. 많은 사람을 끌어당기는 배경이 있었기 때문에 성공한 것입니다. 즉 그러한 장치를 만들면 누구에게나 가능성이 있다는 말이 됩니다.

여자는 어떻게 하면 유료 온라인 연극에 성공한다고 말하고 있습니까?

1 실제 극장에서는 하지 않는다.
2 극중에 여러 가지 장치를 만든다.
3 성공을 확신한 후 시작한다.
4 극이 보고 싶어지는 배경을 만든다.

해설

많은 사람을 끌어들이는 배경이 있었고, 그러한 장치를 만들면 성공한다고 했으므로 선택지 4번이 답이 된다. 연극을 하기 전 사람들을 끌어들이는 장치를 하는 것이지 극중에 장치를 하는 것이 아니므로 선택지 2번은 맞지 않다.

問題 4

例

M: ああ、今日は、お客さんからの苦情が多くて、仕事にならなかったよ。
F : 1．いい仕事、できてよかったね。
2．仕事、なくて大変だったね。
3．お疲れ様、ゆっくり休んで。

문제 4

예

남 : 아~ 오늘은 손님에게서 온 클레임이 많아서 일을 못했어.
여 : 1 일이 잘 되어서 다행이네.
2 일이 없어서 힘들었구나.
3 수고했어, 푹 쉬어.

해설

苦情는 '불평, 불만, 클레임', 仕事にならない는 '일이 안 된다, 일을 못 했다'는 뜻이므로 클레임이 많아서 일을 못했다고 얘기하고 있다. 따라서 수고했다고 푹 쉬라고 말한 선택지 3번이 대답으로 알맞다.

1番

M: 今日は踏んだり蹴ったりの一日だったよ。
F : 1．まあ誰を踏んだの。
2．まあ、何があったの。
3．いい一日だったのね。

1번

남 : 오늘은 엎친 데 덮친 하루였어.
여 : 1 어머 누구를 밟았어?
2 어머, 무슨 일이야?
3 좋은 하루였네.

해설

踏んだり蹴ったり는 단어 그대로는 '밟고 차고'란 뜻이지만, 엎친 데 덮치기로 곤욕을 겪었다는 의미를 나타내는 관용표현이다. 따라서 선택지 2번이 답이 된다.

2番

F : 課長になったのだから、みんなの見る目が厳しくなっても仕方がありませんよ。
M: 1．はい、厳しく注意します。
2．もっと頑張ってください。
3．もう少し大目に見てほしいです。

2번

여 : 과장이 되었으니 모두가 보는 눈이 엄격해져도 어쩔 수 없어요.
남 : 1 네, 엄하게 주의를 주겠습니다.
2 더 열심히 하세요.
3 좀 더 너그럽게 봐주셨으면 합니다.

해설

과장이 되어 주위 사람들이 엄격하게 봐도 감수해야 한다는 말에, 남자가 그래도 좀 더 너그럽게 봐줬음 좋겠다고 말한 선택지 3번이 답이 된다. 大目に見る는 '너그럽게 보다'라는 뜻이다. 선택지 1번에서 厳しく注意します는 남에게 주의를 주는 것이므로 맞지 않다.

3番

F : また、ガスをつけっぱなしにしたまま他の所へ行って。
M: 1．すぐ戻るつもりだったんだよ。
2．台所にいなきゃ駄目でしょう。
3．お湯はもうすぐ沸くよ。

3번

여 : 또 가스를 켜둔 채로 다른 곳에 가고~.
남 : 1 금방 돌아올 생각이었어.
2 부엌에 있지 않으면 안 되잖아.
3 물은 곧 끓을 거야.

해설

~っぱなし가 '~한 채로'란 의미를 알고 있는지 묻는 문제이다. 답은 가스를 켜둔 것에 대한 변명을 하고 있는 선택지 1번이 알맞다. 선택지 2번은 여자가 할 법한 대사이다.

4番

M: 1か月も続いていた雨が上がってくれた。

F：1．ほんとに雨が待ち遠しかったわね。

2．待っていた甲斐があったわね。

3．洪水にならなくてよかった。

4번

남 : 한 달이나 계속되던 비가 그쳤어.

여 : 1 정말 비를 오래 기다렸어.

2 기다린 보람이 있었네.

3 홍수가 나지 않아서 다행이야.

해설

上がる의 여러 의미 중 '그치다, 멈추다'를 알고 있는지 묻는 문제이다. 비나 장마 등의 내용에 上がる가 나오면 '그치다, 멈추다', 범인이나 증거 같은 말이 나오면 '검거되다, 잡히다' 등의 의미가 된다. 이렇게 상황별로 동사와 연결하여 알아두는 것이 좋다. 한달 만에 겨우 비가 그친 것이므로, 홍수가 나지 않아 다행이라고 한 선택지 3번이 답이 된다. 待ち遠しい는 '오래 기다리다'라는 뜻이다.

5番

M: ハムレットは東京公演を皮切りにして全国を回る予定です。

F：1．初日はどこでするんですか。

2．何日から始めるんですか。

3．何をするんですか。

5번

남 : 햄릿은 도쿄 공연을 시작으로 전국을 순회할 예정입니다.

여 : 1 첫 날은 어디서 하나요?

2 며칠부터 시작하나요?

3 무엇을 하나요?

해설

～を皮切りにしては '~을 시작으로'라는 문법표현이다. 처음에 도쿄라고 이미 말했으므로 1번은 맞지 않다. 시작 장소는 도쿄이지만 아직 시작일은 모르므로 2번이 답이 된다. 선택지 3번, 햄릿 공연이라고 말하고 있으므로 무엇을 하는지도 이미 알고 있다.

6番

M: 解雇だけは撤回していただけないでしょうか。

F：1．謝ったところで、それは無理よ。

2．謝ったところで、いいでしょう。

3．謝ったところ、許してくれました。

6번

남 : 해고만은 철회해주실 수 없습니까?

여 : 1 사과해봤자 그건 무리야.

2 사과해봤자 괜찮죠.

3 사과했더니 용서해 주었습니다.

해설

문법표현 ～たところで를 아는지 묻는 문제이다. ～たところで는 '~해보았자'라는 뜻으로 뒤에는 보통 부정표현이 온다. 따라서 선택지 1번이 답이 된다.

7番

F：病気をおして出社するなんて。

M: 1．でもどうしても外せない仕事があって。

2．無理はしないでください。

3．ええ、だから大丈夫です。

7번

여 : 병을 무릅쓰고 출근하다니.

남 : 1 하지만 무슨 일이 있어도 뺄 수 없는 업무가 있어서.

2 무리는 하지 마세요.

3 네, 그래서 괜찮아요.

해설

아픈데도 무리하고 있는 이유를 말하고 있는 선택지 1번이 답이 된다. ～をおしては '~을 무릅쓰고', 出社는 회사에 출근한다는 뜻이며, どうしても는 '무슨 일이 있어도, 꼭'이라는 뜻이다.

8番

M: 花が咲こうと咲くまいと行かないよ。

F：1．そんなに行きたいとは思わなかったです。

2．そんなこと言わないで行きましょうよ。

3．そんなこと気にしないでください。

8번

남：꽃이 피든 안 피든 안 가.

여：1 그렇게 가고 싶은지는 몰랐어요.

2 그런 말 하지 말고 가요~.

3 그런 거 신경쓰지 마세요.

해설

~(よ)うと~まいとは '~하든 안 하든'이라는 문법 표현이다. 안 가겠다고 하는 사람에게 가자고 권유하는 선택지 2번이 답이 된다.

9番

M: 景色もさることながら食べ物がすごくおいしいんだって。

F：1．やっぱり景色重視ですね。

2．やっぱり花より団子ですね。

3．私も食いしん坊だから行きたいです。

9번

남：경치는 물론이거니와 음식이 굉장히 맛있대.

여：1 역시 경치를 중시하네요.

2 역시 금강산도 식후경이네.

3 저도 먹보라서 가고 싶어요.

해설

~もさることながらは '~는 물론이거니와', ~ってる는 '~라고 해'라는 전문을 나타낸다. 따라서 경치도 좋고 음식도 맛있다는 말에 답하는 것을 고르면 된다. 선택지 1번은 경치가 더 중시된다는 말이고, 선택지 2번, 花より団子는 '금강산도 식후경'으로 음식을 더 중시하는 말이다. 따라서 선택지 3번이 답이 된다.

10番

F：太郎ったら学校から帰って来るや否や飛び出して行っちゃって、困るわ。

M: 1．勉強させられると思ったんじゃないか。

2．勉強しに出かけたんだろう。

3．勉強したいんじゃないか。

10번

남：다로는 학교에서 돌아오자마자 뛰어나가버려서, 곤란해.

여：1 (억지로) 공부한다고 생각한 거 아냐?

2 공부하러 나갔겠지?

3 공부하고 싶은 게 아닐까?

해설

~や否やは '~하자마자'란 문법표현이다. ~させられる는 사역수동표현으로 '억지로 ~하다'란 의미를 나타낸다. 따라서 억지로 공부하게 된다고 생각한 거 아니냐는 선택지 1번이 가장 자연스럽다.

11番

M: 山田ときたら協力しないなんて話にならないよ。

F：1．じゃ、話さなかったんですね。

2．じゃ、他の誰かに頼みましょう。

3．じゃ、早く話してくださいよ。

11번

남：야마다가 협력하지 않는다니 말도 안 돼.

여：1 그럼 얘기 안 했네요?

2 그럼 다른 누군가에게 부탁해요.

3 그럼, 빨리 말해주세요.

해설

~ときたらは '~는, ~로 말할 것 같으면'이라는 뜻으로, 비난이나 불만, 자조 등의 감정을 가지고 어떤 사실을 화제로 삼을 때 쓴다. 話にならないは '말할 거리가 안 된다, 말도 안 된다'라는 뜻이다. 따라서 대답으로 선택지 2번이 적당하다.

問題 5

1 番

男の人と女の人が話しています。

M: これちょっと食べてみて。美味しいよ。

F : まあ、松茸じゃないの。美味しいわ。松茸は高いから本当に久しぶりだわ。

M: おいしいだろう？ でもこれは松茸じゃなくて馬鹿松茸なんだよ。

F : 馬鹿松茸？ 香りも味も同じじゃない？

M: 食べ比べてみるとわかるよ。

F : 私はこれで十分だわ。でもどうして馬鹿なんて名前なの？ かわいそうじゃない。

M: そうだね。松茸より少し早く出てくる慌て者とか松の根元じゃなく広葉樹の根元に出るので場所を間違えて出てくるから馬鹿松茸だと言われるようになったらしいよ。今じゃ学名も馬鹿松茸なんだよ。

F : まあ、気の毒。味がいいから売れると思うんだけど、この名前ではね。

M: そうだね。人工栽培できるようになったから売り出したいらしいんだけど。

F : 新しい名前を付けたら馬鹿売れするかも。

M: わあ、いい考え。

2人は馬鹿松茸についてどう考えていますか。

1 味は松茸と全く同じだと考えている。
2 滅多にできない高級品だと考えている。
3 このまま売り出したらよいと考えている。
4 名前を変えたらよく売れると考えている。

2 番

市役所の人が説明しています。

M1: 気象変動の影響もあってゲリラ豪雨が増えています。ひばり市は大雨で一時的に水が道路に溢れる溢水と言われる状況があちこちで起きています。地面がアスファルトなどで覆われて雨水が地面に浸透しない都市構造に原因があります。排水を溜める地下貯留槽の整備も必要ですが、多額の費用と時間がかかります。そこで今回、市では各家庭に降った雨を一時的に溜めておく「雨水タンク」

문제 5

1번

남자와 여자가 이야기하고 있습니다.

남 : 이거 좀 먹어봐. 맛있어.

여 : 어머, 송이버섯이잖아. 맛있어. 송이 버섯은 비싸니까 정말 오랜만이야.

남 : 맛있지? 근데 이게 송이버섯이 아니라 바보송이버섯이야.

여 : 바보송이버섯? 향도 맛도 똑같지 않아?

남 : 먹어서 비교해보면 알어.

여 : 난 이걸로 충분해. 그런데 왜 바보라는 이름이야? 불쌍하잖아.

남 : 그러게. 송이버섯보다 조금 빨리 나오는 덜렁이라든가 소나무 밑이 아니라 활엽수 밑에 나오기 때문에 장소를 잘못 알고 나오니까 바보송이버섯이라고 불리게 된 것 같아. 지금은 학명도 바보송이버섯이야.

여 : 어머, 안됐다. 맛이 좋으니까 팔릴 것 같은데, 이 이름으로는 좀.

남 : 맞아. 인공재배를 할 수 있게 되어서 팔고 싶은 모양인데.

여 : 새로운 이름을 붙이면 엄청나게 팔릴지도 몰라.

남 : 와~ 좋은 생각.

두 사람은 바보송이버섯에 대해 어떻게 생각하고 있습니까?

1 맛은 송이버섯과 완전히 똑같다고 생각하고 있다.
2 좀처럼 만들 수 없는 고급품이라고 생각하고 있다.
3 이대로 팔면 좋겠다고 생각하고 있다.
4 이름을 바꾸면 잘 팔린다고 생각하고 있다.

해설

맛이 좋아서 팔릴 것 같지만 이 이름으로는 좀 그렇다고 했다. 즉 이름을 바꾸면 잘 팔릴 거라 생각하는 것이므로 답은 선택지 4번이 된다. 선택지 1번, 남자는 먹어서 비교해보면 차이를 알 수 있다고 했으므로 맞지 않다. 선택지 2번, 인공 재배를 할 수 있다고 했으므로 대량생산이 가능하다. 선택지 3번, 이대로가 아니라 이름을 바꿔야 된다고 생각하고 있다.

2번

시청 사람이 설명하고 있습니다.

남1: 기상 변동의 영향도 있어서 게릴라성 호우가 늘고 있습니다. 히바리시는 폭우로 인해 일시적으로 물이 도로에 흘러넘치는 일수라 불리는 상황이 곳곳에서 발생하고 있습니다. 지면이 아스팔트 등으로 덮여 빗물이 지면에 침투하지 않는 도시 구조에 원인이 있습니다. 배수를 모아두는 지하저장조의 정비도 필요하지만, 많은 비용과 시간이 소요됩니다. 그래서 이번에 시에서는 각 가정에 내린 비를 일시적으로 모아 두는 '빗물 탱크'의 설치를 조성하기로 했습니다. 기본적으로 설치 비용의 2분의 1을 시의 부담으로 합니다. 자세한 것은 홈페이지를 봐 주세요. 모아 둔 물은 살

の設置への助成をすることにしました。基本的に設置費用の２分の１を市の負担といたします。詳しいことはホームページをご覧ください。溜めた水は散水、掃除、火災時の消火、災害時の非常用水などに利用でき、水道代の節約にもなります。皆様、是非雨水タンクの設置をお考えください。

F ：確かに市役所の人の言う通りね。最近は大雨のたびに水が出るから。

M2: この間なんか家の前の道が10センチぐらい水が上がっていた。

F ：初めてだったから驚いたわ。長靴を履いて出かけたけど側溝なんかが見えないから怖かったわ。あちこち水で溢れて危険だったし。

M2: 溝なんかに子供が落ちたら大変だ。

F ：大人だって危ないわよ。お隣は雨水タンクを付けるそうよ。うちも協力したいんだけど。

M2: 補助金もらっても３万ぐらいはかかるだろう。１万ぐらいならいいんだけど。

F ：お金の問題じゃないでしょ。

M2: それもそうだな。

F ：でも、うちは庭が狭いから無理かも。

M2: 何とかどこか探してみるよ。

F ：なければ仕方がないけど。

質問１ 2人は市役所の人の話を聞いてどう思いましたか。

1 危険を実感している。
2 子供にとっては危ない。
3 具体的な危険は感じたことがない。
4 雨水タンクは付けるべきだ。

質問２ 雨水タンクをどうすることにしましたか。

1 助成金が少ないので付けない。
2 協力したいができない。
3 庭に付けることにした。
4 できれば付ける。

수, 청소, 화재 시 진화, 재해 시 비상용수 등으로 이용할 수 있으며, 수도세도 절약됩니다. 여러분, 아무쪼록 빗물 탱크 설치를 고려해 주십시오.

여 : 확실히 시청 사람들 말 그대로야. 요즘은 폭우 때마다 홍수가 나니까.

남2: 일전엔 집 앞의 도로가 10cm 정도 물이 올라갔었어.

여 : 처음이라 놀랬어. 장화를 신고 나갔는데 도랑 같은 게 보이지 않아서 무서웠어. 여기저기 물로 넘쳐서 위험했고.

남2: 도랑 같은 곳에 아이가 빠지면 큰일나.

여 : 어른도 위험해. 옆집은 빗물 탱크를 설치한다고 해. 우리도 협력하고 싶은데.

남2: 보조금 받아도 3만 정도는 들겠지? 1만 정도면 좋겠는데.

여 : 돈 문제가 아니잖아?

남2: 그것도 그렇네.

여 : 하지만 우리집은 정원이 좁아서 무리일지도 몰라.

남2: 어떻게든 어디 좀 찾아볼게.

여 : 없으면 어쩔 수 없지만.

질문1 두 사람은 시청 사람의 말을 듣고 어떻게 생각했습니까?

1 위험을 실감하고 있다.
2 아이들에게는 위험하다.
3 구체적인 위험은 느낀 적이 없다.
4 빗물 탱크는 설치해야 한다.

해설

집 앞에 물이 넘쳤기 때문에 위험을 느꼈으므로 선택지 1번이 답이 되고 3번은 맞지 않다. 선택지 2번, 아이뿐만 아니라 어른에게도 위험하다고 했다. 선택지 4번, 마지막에 공간이 없으면 어쩔 수 없다고 했으므로 반드시 설치해야 한다고까지는 생각하지 않는다.

질문2 빗물 탱크를 어떻게 하기로 했습니까?

1 보조금이 적어서 설치하지 않는다.
2 협력하고 싶지만 할 수 없다.
3 정원에 설치하기로 했다.
4 가능하다면 설치한다.

해설

마당에 공간이 있으면 설치하지만, 없으면 어쩔 수 없다고 했으므로 선택지 4번이 답이 된다. 선택지 1번, 설치하지 않는다고는 하지 않았으므로 맞지 않다. 선택지 2번, 궁리해 본다고 했으므로 아직 못한다고는 말할 수 없다. 선택지 3번, 아직 정원에 설치할 수 있을지 어떨지 모른다.

JLPT N1
제2회 실전모의테스트 | 정답 및 해설 |

1교시 언어지식(문자・어휘・문법)

문제 1 1 ③ 2 ① 3 ③ 4 ④ 5 ④ 6 ②
문제 2 7 ② 8 ④ 9 ③ 10 ① 11 ① 12 ② 13 ②
문제 3 14 ① 15 ④ 16 ② 17 ③ 18 ② 19 ③
문제 4 20 ② 21 ④ 22 ③ 23 ④ 24 ③ 25 ①
문제 5 26 ④ 27 ① 28 ③ 29 ① 30 ② 31 ③ 32 ① 33 ② 34 ④ 35 ③
문제 6 36 ② (3421) 37 ④ (1342) 38 ③ (2134) 39 ② (4321) 40 ① (2413)
문제 7 41 ④ 42 ③ 43 ② 44 ③ 45 ①

1교시 독해

문제 8 46 ② 47 ① 48 ③ 49 ③
문제 9 50 ④ 51 ④ 52 ② 53 ③ 54 ③ 55 ② 56 ④ 57 ② 58 ②
문제 10 59 ① 60 ③ 61 ① 62 ②
문제 11 63 ④ 64 ③
문제 12 65 ① 66 ② 67 ② 68 ③
문제 13 69 ④ 70 ③

2교시 청해

문제 1 1 ② 2 ③ 3 ④ 4 ① 5 ①
문제 2 1 ④ 2 ③ 3 ② 4 ③ 5 ④ 6 ③
문제 3 1 ④ 2 ② 3 ③ 4 ③ 5 ③
문제 4 1 ① 2 ② 3 ③ 4 ① 5 ③ 6 ① 7 ③ 8 ② 9 ③ 10 ② 11 ②
문제 5 1 ② 2 1-② 2-③

1교시 언어지식(문자·어휘·문법)

문제 1

1 그 건에 관해서 그는 결백하다고 나는 믿고 있다.
2 그는 너무 무례해서 모두에게 소외되고 있었다.
3 단 것이 맹렬하게 먹어 싶어질 때가 있다.
4 그녀는 교육을 위해서 크나큰 공헌을 했다.
5 그는 지위나 명예에 그다지 집착하지 않았다.
6 그들은 많은 어려움을 극복하고 신기술을 개발했다

문제2

7 나는 책임의 무게를 뼈저리게 느끼고 있습니다.
8 비에 엽서의 잉크가 번져서 읽기 어려웠다.
9 이 업무를 모두 그에게 맡기는 것에 대해서는 일말의 불안이 있다.
10 그녀의 바지런한 간호(하는) 모습은 사람들을 감동시켰다.
11 모처럼의 호의를 딱 잘라 거절할 수는 없었다.
12 이 센서는 온도 변화를 감지한다.
13 지난번 챔피언의 우위는 누가 봐도 분명했다.

문제3

14 계획의 실시에는 한층 더 검토가 필요하다. (≒검토)
15 좀더 소형의 디지털 카메라를 보여 주세요. (≒소형의)
16 그는 그 일에 열중했다. (≒열중했다)
17 유미코는 지금까지의 이야기와는 맥락이 없는 것을 말하기 시작했다. (≒연계, 관계)
18 지금의 연습방법으로는 만족하지 못한다. (≒어딘가 부족하다)
19 포기하니 신기하게 마음은 진정되었다. (≒기묘하게)

문제4

20 様相(ようそう) 양상, 모양, 상태
1 그녀는 그의 만족스러운 양상을 보고 기쁘게 생각했다. (→様子(ようす) 모습)
2 그 지진에 의한 피해로 거리의 양상은 크게 변했다.
3 딸은 상자의 양상을 보고 실망한 표정을 지었다. (→中身(なかみ) 내용물)
4 재난지역에도 점차 부흥의 양상이 보이기 시작했다. (→兆(きざ)し 조짐)

21 巧(たく)み 교묘함, 솜씨가 좋음
1 그 기자에게는 뉴스를 탐지하는 교묘한 감이 있다. (→鋭(するど)い 날카로운)
2 여름 캠핑에는 교묘한 식재료를 가지고 갔다. (→たくさんの 많은)
3 할아버지는 술이 들어가면 꼭 교묘한 노래를 불러 주었다. (→得意(とくい)の 가장 자신있는)
4 교묘한 말로 사람을 속이는 사건이 빈발하고 있다.

22 覆(くつがえ)す (정권·정설 등) 뒤집(어엎)다
1 그녀는 키에 맞추어 책상의 높이를 뒤집었다. (→変(か)えた 바꾸었다)
2 서랍을 모두 뒤집어엎어서 겨우 그 편지를 찾아냈다. (→ひっくり返(かえ)して 뒤집어서)
3 그들의 새로운 발견은 정설을 뒤집었다.
4 결석에 의해 공부가 뒤처진 것을 뒤집기 위해서, 그는 하루 종일 공부했다. (→取(と)り戻(もど)す 만회하기)

23 基調(きちょう) 기조
1 경험이 없는 것을 기조하면 그는 잘했다고 할 수 있다. (→考慮(こうりょ) 고려)
2 야마다 씨의 생활은 전부 업무 기조로 움직이고 있다. (→中心(ちゅうしん) 중심)
3 모두의 의견을 기조로 기획을 정리해 보았다. (→元(もと) 토대)
4 유연성이 이 제품 디자인의 기조로 되어 있다.

24 ほほえましい 호감이 가다, 흐뭇하다
1 그 과학자는 많은 분야에서 흐뭇한 업적을 남겼다. (→輝(かがや)かしい 빛나는)
2 급류를 구명조끼도 입지 않고 수영하다니 무모함도 흐뭇하다. (→甚(はなは)だしい 심하다)
3 젊은 두 사람이 알콩달콩하고 있는 모습은 매우 흐뭇하다.
4 오늘은 자네에게 있어서는 실로 흐뭇한 날이네요. (→喜(よろこ)ばしい 기쁜)

25 くじける (기세가) 꺾이다, 좌절하다
1 거듭된 실패로 그는 좌절하고 말았다.
2 이 신발은 5년이나 신었는데 아직 모양이 좌절하지 않는다. (→崩(くず)れない 망그러지지 않는다)
3 오늘은 5시간이나 내내 걸어다녀서 좌절하고 말았다. (→ばてて 지치고)
4 아버지는 건강을 좌절하기 위해서 매일 채소주스를 마시고 있다. (→保(たも)つ 지키기)

문제5

26 우승은 놓쳤지만, 훌륭한 경기를 연발한 그들은 마지막의 마지막까지 자부심을 갖고 싸웠다.
27 비록 간에 병이 나도 파괴되는 속도는 늦으며, 장기간에 걸쳐 기능하여 그렇게 쉽게는 망가지지 않도록 되어 있습니다.
28 아무리 몸이 튼튼해도, 장래에는 중병에 걸릴 수도 있으니, 젊을 때 보험에 들어두는 편이 좋다.
29 동아리 활동에서 왔다 안 왔다 하는 멤버가 있으면, 그것 자체로 동아리 활동 전체의 분위기가 나빠져, 사기가 떨어집니다.
30 도대체 왜 그런 위험을 무릅쓴 거야? 경고를 받지 않은 것도 아니고.

31 「ございます」는 「ある」의 정중한 말이며, 「おります」는 「いる」의 정중한 말입니다. 「おります」라고 말해야 하는데 「ございます」라고 말하지 않도록 주의해주세요.

32 이시하라 선생님은 자신이 만든 것에 대해 몇 번이고 다시 읽고, 출판 직전까지 수정하셨다.

33 오늘은 아침부터 위의 컨디션이 좋지 않다. 싫어하는 생선구이 같은 걸 먹는 게 아니었다.

34 A 있지, 그 회사 주식은 지금 오르고 있어.
B 이럴 줄 알았으면 좀더 사두면 좋았을 텐데. 실수했네.

35 A 도와주셔서 정말로 감사했습니다.
B 당연한 일을 했을 뿐이에요.

문제6

36 동료는 내 일이라면 몰라도 가족의 일까지 그 녀석에게 들을 이유는 없다'고 화냈습니다.

37 어제, 몇 개월 만에 그 가게를 방문했더니, 샐러드바 등의 무한리필은 없어져 있었습니다. 외식만 해서는 아무래도 채소 부족이 되기 쉬운 만큼 고마운 서비스였던 것입니다.

38 자전거를 운전하다 사고를 당한 이후 자전거를 타는 것이 무서워졌다. 사람과 부딪쳐 다치고 자전거가 망가졌을 때의 감각은 잊으려고 해도 잊을 수 없다. 생명에 관계되는 사고가 아니어서 다행이었기는 하나, 그 경험은 확실히 나를 변화시켜버린 것이다.

39 친구는 암으로 도시의 병원에 입원해 있었다. 친구는 엄청 야위어서, '괜찮아? 설마 암은 아니겠지?'하고 농담인 척 물었더니, '맞아. 암이라고 하면 모두 놀라니까 말하지 않지만'하고 태연하게 대답했다. 암으로 쉽게 죽는 시대도 아니겠지 하고 생각했지만, 수술을 하지 않는 건 왜일까 생각하곤 했다.

40 단, 모든 휴게소(SA)에서 휴게시설이나 주차장, 그리고 주유소 등이 있느냐 하면, 그렇지는 않으며 이용상황에 따라 레스토랑이 없는 휴게소나 주유소가 없는 휴게소도 있습니다.

문제7

「茨城」---이바라기가 아니에요!

2017년 12월 4일

올해 방송된 NHK의 아침 연속극 '병아리'를 보셨다는 분은 많이 계실 것이다. 이렇게 말하는 나도 매회 빠뜨리지 않고 보고 있었다. 주인공이 태어나 자란 것은 이바라키현 깊숙의 이바라키촌이라는 가공의 지명이기는 하지만, 나의 조상도 이바라키현 북부이기 때문에, 왠지 모르게 친근감을 느끼고 있었다.

이 드라마 속에서 도쿄로 나온 주인공의 어머니가 경찰관이 '이바라기'라고 말하자, '이바라기가 아니에요, 이바라키예요'하고 말을 되받는 장면이 있었다.

조상은 이바라키지만 지바현에서 태어나 자란 나에게도 너무나 이해가 가는 대사였다. '이바라키'를 '이바라기'라고 말하는 사람은, 내 주변에도 꽤 많다. 사실 어머니가 말하는 대로 '이바라키'인데 말이다. 그리고 이바라키현 시 출신자가 '이바라기가 아니에요, 이바라키예요'라고 말하고 있는 것도 수도 없이 듣고 있다.

왜 '이바라키'가 아니라 '이바라기'라고 말하는 걸까. 하나는 '이바라기'라고, 말미를 탁음으로 하는 편이 발음하기 쉽다는 것이 있을지도 모르겠다.

하지만 또 하나, 이바라키 사투리의 특성도 관계되어 있는 듯한 기분이 든다. 왜냐하면 이바라키 사투리에서는 카행은 탁음이 되기 쉽다는 성질을 가지고 있기 때문이다. 예를 들어 카기(감), 하구(청소하다) 등과 같이. 따라서 이바라키 출신자가 '이바라키'라고 말할 생각이라도, 현 외의 사람에게는 '이바라기'로 들릴 때가 있을지도 모른다. 그 때문에 이바라키현 사람도 '이바라기'라고 말하고 있지는 않을까 하고, 오해받을 가능성은 없을까.

그러나 반복하지만 「城」은 '기'가 아니라 '키'로 청음인 것이다.

(가미나가 교 『일본어, 어때요!』에서)

단어

連続(れんぞく)ドラマ 연속극 | **ご覧(らん)になる** 보시다 | **いらっしゃる** 계시다, 가시다, 오시다 | **かく** 이와 같이, 이렇게 | **欠(か)かす** 빠뜨리다 | **生(う)まれ育(そだ)つ** 태어나 자라다 | **架空(かくう)** 가공 | **言(い)い返(かえ)す** 말을 되받다, 대꾸하다 | **台詞(せりふ)** 대사 | **～通(どお)り** ～대로 | **幾度(いくど)となく** 몇 번이고, 수도 없이 | **耳(みみ)にする** 듣다 | **末尾(まつび)** 말미, 끝 | **～弁(べん)** ～사투리 | **というのも** 왜냐하면 | **～つもりだ** ～할 생각이다 | **～だって** ～도 | **誤解(ごかい)** 오해 | **繰(く)り返(かえ)す** 반복하다

1교시 독해

문제8 다음 (1)부터 (4)의 문장을 읽고, 다음 질문에 대한 답으로서 가장 적당한 것을 1·2·3·4에서 하나 고르시오.

1

해석

노즐(파이프나 호스의 끝)에서 나오는 물 알갱이가 50㎛(마이크로미터) 즉 1mm의 20분의 1 크기일 경우에는 맞으면 젖지만, 작은 10㎛의 알갱이가 되면 닿아도 바로 증발되기 때문에 전혀 젖지 않는다. 그래서 전자부품을 만드는 공장 등에서 정전기를 방지하기 위해 사용되고 있는데, 이것을 포그 냉방(미세한 물 입자를 안개처럼 분무해 시설 안을 냉방하는 방법)에 사용하는 공장 등이 늘고 있다. 환기하면서 냉방이 가능한 뛰어난 물건이기 때문이다. 일반인에게도 퍼져 상점가나 통로 등에도 사용된다. 길이 시원하다고 일부러 멀리 돌아가는 사람도 있다. 냉방의 실외기처럼 온풍을 내보내지 않기 때문에 온난화 방지에도 좋아서 더욱 보급하면 좋을 것 같다.

단어 **ノズル** 노즐 | **水(みず)の粒(つぶ)** 물 알갱이 | **当(あ)たる** (비·이슬 따위를) 맞다 | **濡(ぬ)れる** 젖다 | **触(さわ)る** 닿다, 손을 대다 | **蒸発(じょうはつ)** 증발 | **静電気(せいでんき)** 정전기 | **防(ふせ)ぐ** 막다, 방지하다 | **霧冷房(きりれいぼう)** 포그 냉방 | **～つつある** ～하고 있다 | **換気(かんき)** 환기 | **優(すぐ)れ物(もの)** 뛰어난 물건 | **商店街(しょうてんがい)** 상점가 | **わざわざ** 일부러 | **遠回(とおまわ)りする** 멀리 돌아가다 | **室外機(しつがいき)** 실외기 | **温風(おんぷう)** 온풍 | **温暖化(おんだんか)** 온난화 | **防止(ぼうし)** 방지 | **普及(ふきゅう)** 보급 | **仕方(しかた)** 방법 | **細(こま)かい** 미세하다 | **動(うご)かす** 움직이게 하다, 작동시키다

46 포그 냉방의 설명은 어느 것인가?

1 실외에서의 사용은 효과가 적다.
2 환경에도 좋은 냉방법이다.
3 50㎛이하의 미세한 물로 냉방한다.
4 10㎛의 물 알갱이로 냉방기를 작동시키고 있다.

해설 포그 냉방에 대해 바르게 설명하고 있는 것을 고르는 문제이다. 선택지 1번, 상점가나 통로 등 실외의 사용 예도 들고 있으므로 맞지 않다. 선택지 2번, 온난화 방지에 좋으므로 알맞다. 선택지 3번, 10㎛의 입자이므로 맞지 않으며, 선택지 4번, 냉방기를 작동시키는 것이 아니라, 물 알갱이로 차갑게 하는 것이므로 맞지 않다.

2

해석

농약이 인간의 몸에 해롭다는 것은 누구나 알고 있다. 그래서 고가의 무농약 채소나 과일을 사는 사람도 있지만, 누구나 살 수 있는 것은 아니다. 1%의 소금물로 씻으면 되지만, 요리할 때마다 소금을 계량해서 만드는 것은 힘들다. 그래서 농약을 줄일 수 있는 간단한 방법을 세 가지 소개하고 싶다. 100%는 아니라도 농약을 줄일 수 있다. 첫 번째는 소금을 뿌려 비비는 것. 자른 채소에 소금을 뿌리고, 비빈 후 흐르는 물에 씻는다. 두 번째는 물에 흘려 보내는 것. 물 속에 담궈서는 빠진 농약이 다시 붙으므로 안 된다. 흐르는 물에 잘 씻는다. 스펀지 등으로 문질러 씻으면 더 좋다. 세 번째는 식초물에 담그는 것. 같은 양의 물과 식초에 담근다. 또 양배추나 배추, 양상추 등은 농약이 많이 든 겉잎을 사용하지 않는 것이나 데치는 것도 효과가 있다.

(주) 湯(ゆ)がく : 데치다, 삶다

단어 **農薬(のうやく)** 농약 | **高価(こうか)な** 고가의 | **誰(だれ)もが** 누구나 | **～わけではない** ～한 것은 아니다 | **塩水(しおみず)** 소금물 | **～たびに** ～할 때마다 | **量(はか)る** 무게·길이·깊이·넓이 등을 재다 | **落(お)とす** 낮추다, 줄이다 | **～にせよ** ～(한다) 해도 | **減(へ)らす** 줄이다 | **塩(しお)もみ** 소금을 뿌려 비빔 | **振(ふ)る** 뿌리다 | **もむ** 비비다 | **水(みず)で流(なが)す** 물에 흘려보내다 | **浸(つ)ける** 담그다 | **取(と)れる** (붙어 있던 것이) 떨어지다, 빠지다 | **こする** 문지르다 | **酢水(すみず)** 식초물 | **湯(ゆ)がく** 살짝 데치다 | **面倒(めんどう)** 귀찮음, 번거로움 | **～でない** ～하지 않다 | **除去(じょきょ)** 제거

47　왜 3가지 방법을 소개하고 있는가?

1 번거롭지 않은 방법이므로
2 농약을 완전히 제거할 수 있으므로
3 3가지 방법밖에 농약을 제거할 수 없으므로
4 농약이 약간 제거되면 되므로

해설 농약을 줄이는 방법에 대해 소개하는 이유를 묻고 있다. 선택지 1번, 간단한 방법을 소개하고 싶다고 했으므로 알맞다. 선택지 2번, 100%는 아니라고 했으므로 맞지 않고, 선택지 3번, 3가지 방법 이외에 겉잎을 버리거나 데치는 방법도 있으므로 맞지 않다. 선택지 4번, 조금 제거되면 된다는 서술은 없으며, 가능하면 전부 제거하고 싶다고 생각하고 있다.

3

해석

주식회사 소피　　오오야마 가즈코님

늘 대단히 신세가 많습니다. 주식회사 미나미의 야마다입니다. 이번에 바쁘신 가운데 귀중한 시간을 내 주셔서 정말 감사했습니다.

로봇X에 대해 소중한 의견을 주셔서 정말 감사합니다. 테스트 중의 오류 및 개선점 등 대단히 참고가 되었습니다. 더욱 시제품의 제품 정밀도를 높여나갈 생각입니다. 앞으로도 지도 잘 부탁드립니다.

단어 **株式会社**(かぶしきがいしゃ) 주식회사 | **この度**(たび) 이번, 금번 | **時間**(じかん)**を割**(わ)**く** 시간을 내다 | **賜**(たまわ)**る** 받다, 내려 주시다 | **試用中**(しようちゅう) 테스트 중 | **不具合**(ふぐあい) 오류 | **改良点**(かいりょうてん) 개량점, 개선점 | **参考**(さんこう) 참고 | **試作品**(しさくひん) 시제품 | **精度**(せいど) 정밀도 | **高**(たか)**める** 높이다 | **今後**(こんご)**とも** 앞으로도 | **ご指導**(しどう)**の程**(ほど) 지도(존경표현) | **お/ご～申**(もう)**し上**(あ)**げる** ~해 드리다 | **お礼**(れい) 감사, 사례

48　메일의 목적은 무엇인가?

1 제품을 사용해준 것에 대한 감사
2 테스트 상품의 개선을 해준 것에 대한 감사
3 테스트 상품의 체크를 해준 것에 대한 감사
4 회의에서 소중한 의견을 내준 것에 대한 감사

해설 메일을 보낸 목적에 대해 묻고 있다. 선택지 1번, 사용해준 것만으로는 안되며, 선택지 2번에서 의견을 말하는 것이지 개선을 해 준 것은 아니다. 선택지 3번, 테스트 중의 오류 및 개선점 등이 대단히 참고가 되었다고 기술하고 있으므로 알맞다. 선택지 4번, 회의에서라고는 말하지 않았다.

4

해석

곰을 비롯해 원숭이, 멧돼지, 사슴 등의 해로 어려움을 겪고 있는 농가의 여러분, 사람과 가축에 해를 끼치는 짐승 격퇴 로봇을 설치하면 어떨까요? 아직 다리 부분은 쇠가 드러난 채로 움직이지 못하지만, 목은 움직이고 붉은 눈도 무섭습니다. 늑대와 꼭 닮은 외관과 으르렁거리는 소리로 동물을 격퇴할 수 있습니다. 가격은 50만 엔, 월 15,000엔의 대여도 가능합니다. 이용하고 계신 고객분들에게서는 효과가 직방이라는 말씀을 듣고 있습니다. 이것으로 농작물을 지켜낼 수 있다면 저렴한 쇼핑이 아닐까요? 동물도 영리해서 언제까지 효과가 지속될지 모르니, 그 동안에 밭을 돌아다닐 수 있는 제품의 개발을 목표로 합니다.

단어 **～を始**(はじ)**め** ~을 비롯해 | **猿**(さる) 원숭이 | **猪**(いのしし) 멧돼지 | **鹿**(しか) 사슴 | **苦**(くる)**しむ** 괴로워하다, 어려움을 겪다 | **害獣**(がいじゅう) 사람과 가축에 해를 끼치는 짐승 | **撃退**(げきたい) 격퇴 | **設置**(せっち) 설치 | **むき出**(だ)**す** 드러내다, 노출시키다 | **恐**(おそ)**ろしい** 무섭다 | **狼**(おおかみ) 늑대 | **そっくり** 꼭 닮음 | **うなり声**(ごえ) 으르렁거리는 소리 | **効果**(こうか)**てきめん** 효과가 직방 | **～との** ~라는 | **農作物**(のうさくぶつ) 농작물 | **～としたら** ~라고 한다면 | **利口**(りこう) 영리함 | **持続**(じぞく) 지속 | **動**(うご)**き回**(まわ)**る** 돌아다니다 | **目指**(めざ)**す** 목표로 하다 | **欲**(ほ)**しがる** 갖고 싶어 하다 | **気付**(きづ)**く** 알아차리다, 눈치채다 | **怖**(こわ)**がる** 무서워하다 | **追**(お)**いかける** 뒤쫓다 | **～にとって** ~에게 있어서, ~에게

49 밭을 돌아다닐 수 있는 제품의 개발을 목표로 하는 것은 왜인가?

1 이용자가 보다 좋은 제품을 원하기 때문에
2 동물이 움직이지 않는 것을 금방 알아차리니까
3 움직이지 않으면 언젠가는 동물이 무서워하지 않게 되니까
4 뒤쫓아가지 못하면 동물에게 위험하지 않으니까

해설 밭을 돌아다닐 수 있는 제품 개발을 목표로 하는 이유에 대해 묻고 있다. 지문을 보면 동물이 똑똑해서 언제까지 효과가 있을지, 즉 가짜라는 것을 언제 알아차릴지 모르니 그보다 더 발전된 제품(돌아다닐 수 있는 제품)을 만들려고 한다는 것을 알 수 있다. 따라서 정답은 선택지 3번이 된다. 선택지 1번, 이용자는 효과가 있으면 그걸로 만족하므로 맞지 않다. 선택지 2번, 곧바로 알아차린다면 이미 효과가 없다는 것을 의미한다. 현재 고객에게서 효과가 직방이라는 말을 듣고 있으므로 맞지 않다. 선택지 4번, 신제품은 밭을 돌아다니는 것이지 동물을 뒤쫓는 것은 아니다.

문제9 다음 (1)부터 (3)의 문장을 읽고, 다음 질문에 대한 답으로서 가장 적당한 것을 1·2·3·4에서 하나 고르시오.

1

해석 '화학물질 과민증'인 사람이 늘고 있다고 한다. 이것은 우리들 생활 속에 화학물질이 늘어나고 있음을 나타내고 있다. 구체적으로는 살충제, 농약 등 필요한 물질도 있지만, 상품이 잘 팔리도록 하기 위해 첨가되는 양념 등에는 뭔가 규제가 필요하다. 예를 들어 향이 나는 유연제의 판매는 1000억 엔을 넘고 있으며, 이에 비례하여 '냄새 피해'의 피해 상담이 증가하고 있다.

우리는 화학물질에 둘러싸여 생활하고 있다. 온갖 물건에 어린이용 책이나 장난감에까지 화학물질이 사용되고 있다. 식품도 그렇다. 우리 몸은 계속 많은 화학물질을 받아들이고 있다. 그것이 체내에 축적되어, 어느 날 더 이상 받아들일 수 없게 되어 몸이 거부하면 병이 난다. 우리가 몸에 흡수하는 물질은 음식물이 15% 공기가 85%라고 하기 때문에 ①'냄새 피해'가 주목된다. 환자는 현재 약 700만 명에 달하며 계속 증가하고 있다. 전문가들은 이미 ②생물이 허용할 수 있는 범위를 넘은 것은 아닌지 걱정하고 있다. 즉 꽃가루 알레르기와 마찬가지로 누구나 갑자기 발병할 가능성이 높아졌다고 할 수 있다.

'화학물질 과민증'을 방지하는 방법은 1 우리 주변에서 화학물질을 줄인다. 2 맑은 공기 속에서 지낸다. 3 보존료, 착색제, 화학조미료가 들어간 식품을 줄이고 유기농 제품을 늘리며 손으로 만든 일식 메뉴를 늘린다. 4 무농약 음식에는 비타민, 미네랄이 다량 함유되어 체내 독소를 배출해 준다. 5 매일 약간의 운동으로 땀을 흘려 컨디션을 조절하는 것이라고 한다. 이것은 개인의 노력 항목이다. 그러나 개인으로서는 어쩔 수 없는 일도 있다. 목숨이 걸린 문제이니 ③사회 전체적으로 대응해야 할 일이 있지 않을까. 우리들은 피해자가 될 가능성도 있지만, 대부분의 경우 가해자가 되고 있다는 것도 자각해야 한다.

단어 **物質**(ぶっしつ) 물질 | **過敏症**(かびんしょう) 과민증 | **殺虫剤**(さっちゅうざい) 살충제 | **売**(う)**れ行**(ゆ)**き** 팔림새 | **加**(くわ)**える** 첨가하다, 더하다 | **香料**(こうりょう) 향료, 양념 | **何**(なん)**らか** 무엇인가, 어떤 | **規制**(きせい) 규제 | **香**(かお)**り付**(つ)**き** 향기가 부착됨, 향기가 남 | **柔軟剤**(じゅうなんざい) 유연제 | **販売**(はんばい) 판매 | **比例**(ひれい)**する** 비례하다 | **香害**(こうがい) 냄새 피해(향수나 방향제 등의 과잉 사용으로 남에게 불쾌감을 주는 것) | **被害**(ひがい) 피해 | **~に囲**(かこ)**まれる** ~에 둘러싸이다 | **ありとあらゆる** 온갖, 모든 | **子供用**(こどもよう) 어린이용 | **おもちゃ** 장남감 | **~にまで** ~에까지 | **しかりだ** 그렇다 | **取**(と)**り込**(こ)**む** 받아들이다, 거두어 들이다 | **蓄積**(ちくせき)**される** 축적되다 | **これ以上**(いじょう) 더 이상 | **受**(う)**け入**(い)**れる** 받아들이다 | **拒否**(きょひ) 거부 | **~からこそ** ~하기 때문에 | **患者**(かんじゃ) 환자 | **~に上**(のぼ)**る** ~에 달하다, 수량이 되다 | **既**(すで)**に** 이미 | **許容**(きょよう) 허용 | **範囲**(はんい) 범위 | **~のではないか** ~한 것은 아닌지 | **花粉症**(かふんしょう) 꽃가루 알레르기 | **~と同様**(どうよう)**に** ~와 마찬가지로 | **発症**(はっしょう)**する** 발병하다 | **防**(ふせ)**ぐ** 방지하다, 막다 | **身**(み)**の回**(まわ)**り** 자기 주변, 신변 | **減**(へ)**らす** 줄이다 | **保存料**(ほぞんりょう) 보존료 | **着色料**(ちゃくしょくりょう) 착색제 | **化学調味料**(かがくちょうみりょう) 화학조미료 | **増**(ふ)**やす** 늘리다 | **手作**(てづく)**り** 손으로 만듦, 수제 | **含**(ふく)**まれる** 포함되다, 함유되다 | **毒素**(どくそ) 독소 | **排出**(はいしゅつ) 배출 | **汗**(あせ)**をかく** 땀을 흘리다 | **体調**(たいちょう)**を整**(ととの)**える** 컨디션을 조절하다 | **努力**(どりょく) 노력 | **項目**(こうもく) 항목 | **どうにもならない** 어쩔 수 없다 | **命**(いのち)**にかかわる** 목숨에 관계되다, 목숨이 걸리다 | **取**(と)**り組**(く)**む** 대처하다, 몰두하다 | **~べきだ** ~해야 한다 | **被害者**(ひがいしゃ) 피해자 | **加害者**(かがいしゃ) 가해자 | **自覚**(じかく) 자각 | **~を通**(とお)**して** ~을 통해서 | **耐**(た)**える** 참다, 인내하다 | **我慢**(がまん)**する** 참다 | **症状**(しょうじょう) 증상 | **~べきではない** ~해서는 안 된다

50 ①'냄새 피해'가 주목되는 것은 왜인가?

1 화학물질 과민증은 향이 원인이기 때문에
2 식품이 원인이 되어 화학물질 과민증이 되지 않기 때문에
3 어떤 향도 화학물질 과민증의 원인이 되기 때문에
4 물질의 85%가 공기를 통해 체내에 들어오기 때문에

51 왜 전문가들은 ②생물이 허용할 수 있는 범위를 넘었다고 걱정하고 있는가?

1 참을 수 없을 만큼 환자가 증가했다고 생각했기 때문에
2 참을 수 없는 증상이 되었다고 생각했기 때문에
3 꽃가루 알레르기와 동일한 병이 되었다고 생각했기 때문에
4 누구라도 걸릴만한 병이 되었다고 생각했기 때문에

52 저자의 생각과 일치하는 것은 어느 것인가?

1 방지하는 방법을 지킨다면 증상은 나오지 않는다.
2 개인으로는 해결할 수 없는 일도 있다.
3 향이 나는 제품은 사용해서는 안 된다.
4 가해자의 자각이 있으면 문제는 해결이다.

해설 〈문제 50〉은 '냄새 피해'가 주목되는 이유에 대해 묻고 있다. 선택지 1번, 화학물질 과민증의 원인이 향기만은 아니므로 맞지 않다. 선택지 2번, 보존료, 착색료, 화학조미료가 들어간 식품으로도 화학물질 과민증이 될 가능성은 있다. 선택지 3번, 천연의 향은 문제가 되지 않으며, 선택지 4번, 물질을 흡수하는 수단의 85%를 공기가 차지하고 있다. 향은 그 공기에 포함된 물질이므로 알맞다.

〈문제 51〉은 밑줄 친 부분의 이유에 대해 묻고 있다. 그 의미는 이어지는 문장 'つまり花粉症と同様に誰もが突然発症する可能性が高くなった'에 있다. 즉 누구나 걸릴 가능성이 있는 병이 되었다고 생각했기 때문이므로 선택지 4번이 알맞다. 선택지 1번, 환자는 아직 그 정도로 많지는 않으며, 선택지 2번, 증상의 정도에 대해 기술하고 있지 않다. 같은 것은 증상이 아니라 발병하는 과정이다. 선택지 3번, 누구나 갑자기 발병한다는 점에서는 같지만 증상 등은 전혀 다르다.

〈문제 52〉는 저자가 생각하는 내용과 일치하는 것을 묻고 있다. 선택지 1번, 방지하는 방법을 스스로 지켜도 개인으로는 어쩔 수 없는 일도 있다고 했으므로 맞지 않다. 따라서 선택지 2번이 답이 된다. 선택지 3번, 향도 여러 가지가 있으므로 꼭 사용하면 안 되는 것은 아니다. 천연적인 것이라면 문제없다. 선택지 4번, 자각만 해서는 문제는 해결되지 않으며 행동이 수반되어야 한다.

2

해석 일본에서는 형기를 마친 사람의 38.2%가 5년 이내에 교도소로 되돌아간다고 한다. 교도소에서 나와 사회에 나가도 여러 가지 문제가 있기 때문이다. 1 일자리가 없어서 돈에 쪼들린다. 2 고독해져 간다. 다른 사람의 도움을 받지 못하거나 자신을 필요로 하지 않는다고 느낀다. 3 사회와의 연계가 없다. 해외에 있는 교도소는 토, 일에 집으로 돌아갈 수 있거나 하지만, 일본 교도소는 단절되어 있다. 교도소를 나와도 생활이 힘들어 이럴 바에야 교도소가 더 낫다고 다시 죄를 저지르는 일도 있다고 한다. 믿을 수 있는 사람, 도와줄 사람이 주위에 있느냐 없느냐가 앞으로의 인생에 영향을 미친다. 힘내라고 응원해 주는 사람이 한 명이라도 있으면 인생이 바뀌는 계기가 된다. 수감자에게 기회를 주고 싶다고 수감자 전문 ①구인 정보지를 창간한 사람이 있다. 꼭 다시 시작하겠다는 각오가 있는 사람과 그것을 응원하고 싶은 기업을 이어주는 구인 정보지로 교도소에 비치되어 있다. 처음에는 13개사에서 시작되었지만 현재는 60개 이상의 회사가 협력해주고 있다. 구인 측에서도 젊은 시절 실수했기 때문에 자신이 남에게 도움이 되는 것이 기쁘다고 말하는 경영자도 있다. 잡지의 내용으로서 예를 들면 문신은 어느 크기까지 가능, 범죄내용은 절도는 가능 등으로 구인 조건이 상세하게 기입되어 있으며, 응모자가 안심할 수 있도록 사장의 인품을 알 수 있는 글이나 사진도 첨부되어 있다. 이 잡지 덕분에 제기한 사람도 있고, ②사회에 나가기 위한 첫 표를 받았다고 고마워하는 사람도 있다.

단어 **刑期(けいき)を終(お)える** 형기를 마치다 | **刑務所(けいむしょ)** 형무소, 교도소 | **仕事(しごと)に着(つ)ける** 일자리를 얻다 | **孤独(こどく)** 고독 | **助(たす)ける** 돕다 | **繋(つな)がり** 연계, 관계 | **断絶(だんぜつ)** 단절 | **~ほうがましだ** ~가 더 낫다 | **罪(ざい)を犯(おか)す** 죄를 저지르다 | **信頼(しんらい)** 신뢰 | **影響(えいきょう)する** 영향을 주다 | **頑張(がんば)れ** 힘내 | **応援(おうえん)** 응원 | **切(き)っ掛(か)け** 계기 | **受刑者(じゅけいしゃ)** 수형자, 수감자 | **求人誌(きゅうじんし)** 구인 정보지 | **創刊(そうかん)** 창간 | **やり直(なお)す** 다시 (시작)하다 | **覚悟(かくご)** 각오 | **繋(つな)ぐ** 잇다, 연결하다 | **協力(きょうりょく)** 협력 | **役(やく)に立(た)てる** 도움이 되게 하다 | **入(い)れ墨(ずみ)** 문신 | **可(か)** 가, 가능 | **犯罪(はんざい)** 범죄 | **窃盗(せっとう)** 절도 | **詳(くわ)しく** 상세하게, 자세히 | **~てある** ~해져 있다 | **応募者(おうぼしゃ)** 응모자 | **人柄(ひとがら)** 인품, 인격 | **立(た)ち直(なお)る** 다시 일어서다, 제기하다 | **感謝(かんしゃ)** 감사 | **就職(しゅうしょく)** 취직 | **載(の)る** 실리다 | **勇気(ゆうき)** 용기 | **~おかげで** ~덕분에

53 ①구인 정보지는 어떤 잡지인가?

1 어떤 사람이라도 취직할 가능성이 있는 잡지
2 잡지를 통해 취직한 사람이 성공할 수 있는 잡지
3 문신한 사람도 일할 수 있는 회사도 실려 있는 잡지
4 취직하고 싶은 사람은 누구나 읽을 수 있는 잡지

54 ②사회에 나가기 위한 첫 표를 받았다고 고마워하는 것은 왜인가?

1 처음으로 일할 수 있게 되었으므로
2 이 잡지를 보고 처음으로 사회에 나갈 용기를 가질 수 있었으므로
3 취직이 된 덕분에 사회생활을 할 수 있게 되었으므로
4 다른 사람에게 도움을 받을 수 있게 되었으므로

55 본문의 내용과 일치하는 것은 어느 것인가?

1 일본의 교도소는 외부인과 만날 수 없다.
2 수감자를 돕고 싶다고 생각하는 사람도 있다.
3 교도소 생활이 즐겁다고 생각하는 사람도 있다.
4 스스로 문제를 가지고 있던 사람일수록 응원해준다.

해설 〈문제 53〉은 잡지의 성격에 대해 묻고 있다. 선택지 1번, 범죄내용에 따라 제한이 있으므로 맞지 않다. 선택지 2번, 성공할 수 있을지 어떨지는 그 사람 나름이므로 맞지 않다. 선택지 3번, 조건에는 문신의 크기까지 쓰여져 있으므로 문신이 있어도 취직이 가능한 회사도 있다. 선택지 4번, 교도소에 비치되어 있다고 했으므로 일반인은 읽을 수 없다.

〈문제 54〉는 사회에 나가기 위한 첫 표가 의미하는 것을 묻고 있다. 선택지 1번, 일을 한 게 처음이라는 의미는 아니므로 맞지 않다. 선택지 2번, 사회에 나갈 용기를 가질 수 있었다는 기술은 없다. 선택지 3번, 사회에 나가는 표를 받은 사람은 잡지를 통해 취직한 사람이므로 알맞다. 선택지 4번에 대한 기술은 없다.

〈문제 55〉에서 선택지 1번, 집에는 돌아갈 수 없지만 외부 사람과 만날 수 없다고 쓰여져 있지는 않다. 선택지 2번, 이 잡지를 만든 사람도 있고 협력해주는 회사도 있기 때문에 알맞다. 선택지 3번, 더 낫다는 내용은 있지만 즐겁다고 까지는 말하지 않았다. 선택지 4번, 스스로 문제를 가지고 있었던 사람도 있지만 비교해서 더 응원해준다고는 하지 않았다.

3

해석 화장실의 물을 마시는 시대가 다가왔다. 인구 10만 명인 미국의 어느 도시는 가뭄으로 호수의 물이 급감해 갈수 위기에 직면했다. 이에 필요한 물을 확보하기 위해 하수를 강으로 흘려 보내지 않고 물을 정화해서 재활용하기로 했다. 처음에는 주민의 거부감이 강했다. 일부러 물을 사다 마시는 사람도 많았다. 하수는 화장실의 물 뿐만 아니라, 생활 배수도 포함된다. 그래서 하수를 정화하고, 또 호수 물도 절반을 이용했지만 화장실의 오물 인상이 강하게 남았다. 하지만 실제로 마셔보니 무미무취의 보통 물이었기 때문에, 이제는 시민도 받아들이게 되었다. 깨끗하고 안전한 물인데도 거부한 것은 기분 문제였던 것이다. 실리콘밸리에서도 하수가 이용되고 있다. 현재는 관개용수로만 사용하고 있지만, 조만간 식수로 이용하고 싶다고 한다. 일본에서는 오키나와에서 농업용수로 이용되고 있다. 이쪽도 장래 식수로서의 이용도 시야에 넣고 있다.

현재의 하수처리는 사람의 몸에서 나오는 호르몬이나 바이러스, 우리가 설거지를 할 때 사용하는 각종 세제용 계면활성제 등이 강에서 바다로 흘러 들어가 생태계에 악영향을 주고 있다. 하수를 상수로 바꾸는 것은 그것들을 처리해 바다 환경을 지키는 것과도 연결된다. 수도사업의 경비 대부분이 먼 수원지에서 사용자까지 운반하는 파이프 등의 유지비용이라는 점을 생각하면, 정화장치의 사용은 갈수지역 뿐만 아니라 전세계로 확대될 가능성이 있다. 물론 고성능의 정화장치 없이는 할 수 없는 일이다.

단어 **干(かん)ばつ** 가뭄 | **湖(みずうみ)** 호수 | **激減(げきげん)** 격감 | **渇水(かっすい)** 갈수(오랫동안 가물어서 물이 마름) | **危機(きき)に面(めん)する** 위기에 직면하다 | **確保(かくほ)** 확보 | **下水(げすい)** 하수 | **～ずに** ～하지 않고 | **浄化(じょうか)する** 정화하다 | **再利用(さいりよう)** 재활용 | **拒否感(きょひかん)** 거부감 | **わざわざ** 일부러 | **～ばかりではなく** ～뿐만 아니라 | **排水(はいすい)** 배수 | **汚物(おぶつ)** 오물, 배설물 | **印象(いんしょう)** 인상 | **無味無臭(むみむしゅう)** 무미무취 | **受(う)け入(い)れる** 받아들이다 | **灌漑用水(かんがいようすい)** 관개용수 | **視野(しや)に入(い)れる** 시야에 넣다 | **処理(しょり)** 처리 | **洗(あら)い物(もの)をする** 설거지를 하다 | **種々(しゅじゅ)** 각종 | **洗剤用(せんざいよう)** 세제용 | **界面活性剤(かいめんかっせいざい)** 계면활성제 | **生態系(せいたいけい)** 생태계 | **悪影響(あくえいきょう)を与(あた)える** 악영향을 주다 | **上水(じょうすい)** 상수 |

～に換(か)える ～로 바꾸다 | **環境(かんきょう)を守(まも)る** 환경을 지키다 | **経費(けいひ)** 경비 | **水源(すいげん)** 수원(지) | **維持(いじ)** 유지 | **装置(そうち)** 장치 | **地域(ちいき)** 지역 | **～だけでなく** ～뿐만 아니라 | **広(ひろ)まる** 널리 퍼지다, 널리 보급되다 | **高性能(こうせいのう)** 고성능 | **～なくしては** ～없이는 | **抱(だ)く** 마음 속에 품다 | **イメージが拭(ぬぐ)えない** 이미지를 씻을 수 없다(지울 수 없다) | **～ほど** ～정도로 | **水不足(みずぶそく)** 물 부족

56 왜 하수를 정화한 물에 거부감을 가진 것인가?

1 물을 살 수 있었기 때문에
2 처음으로 화장실 물을 마시는 시가 되었기 때문에
3 하수의 사용량이 너무 많았기 때문에
4 더럽다는 이미지를 지울 수 없었기 때문에

57 왜 갈수지역 뿐만 아니라 전세계로 확대될 가능성이 있는가?

1 유지비가 필요 없으니까
2 경비를 줄일 수 있으니까
3 바다의 환경을 지킬 수 있으니까
4 그대로 마실 수 있으니까

58 본문에서 가장 말하고 싶은 것은 무엇인가?

1 하수를 정화하여 환경을 지키자.
2 하수도 수돗물로서 이용할 수 있다.
3 하수를 정화하면 물 문제는 해결된다.
4 하수도 이용할 정도로 물 부족은 진행되고 있다.

해설 〈문제 56〉은 하수를 정화한 물에 거부감을 가지는 이유에 대해 묻고 있다. 화장실 오물의 인상이 강하게 남았다고 했으며, 거부한 것은 기분 문제였다고 했으므로 선택지 4번이 알맞다.

〈문제 57〉은 밑줄 친 부분의 이유에 대해 묻고 있다. 선택지 1번, 유지비는 줄어드는 것이지 필요 없는 것은 아니다. 선택지 2번, 수도사업의 경비 대부분이 파이프 등의 유지비용이므로 정화장치의 사용으로 경비를 줄일 수 있다. 이 점이 갈수지역 뿐만 아니라 전세계로 확대될 수 있는 요인이 된다. 선택지 3번, 바다의 정화에는 다른 방법이 있으며, 그 이유로 수돗물을 정화할 필요성은 적다. 선택지 4번, 확대되는 이유는 경비가 절감되기 때문이지 그대로 마실 수 있어서가 아니다.

〈문제 58〉은 저자가 가장 말하고 싶은 것이 무엇인지 묻고 있다. 선택지 1번, 바다 환경을 지키는 일로 연결된다고 했지, 환경을 지키자는 언급은 없다. 선택지 2번, 하수를 흘려 보내지 않고 이용할 수 있다는 것에 대해 주로 이야기하고 있으므로 알맞다. 선택지 3번 물 문제를 모두 해결할 수 있는 것은 아니다. 선택지 4번, 물 부족 문제는 있지만,여기서는 정화장치를 통한 하수 이용에 대해 더 중점적으로 이야기하고 있으므로 선택지 2번이 더 알맞다.

문제10 다음 문장을 읽고, 다음 질문에 대한 답으로서 가장 적당한 것을 1·2·3·4에서 하나 고르시오.

해석

8848.86m의 세계 최고 높이를 자랑하는 에베레스트는 1953년에 에드먼드 힐러리와 셰르파의 텐징 노르게이가 첫 등정에 성공한 후 도전한 사람은 헤아릴 수 없으며, 여성으로는 일본인 다베이 준코가 처음으로 그 정상을 밟았다. 이렇게 힘든 일에 도전하는 것은 인간의 천성일지도 모른다. 첫 등정이 되면 다른 사람과의 경쟁에서 이겼다는 결과가 되지만, 그런 것에 관계없이, 어느 산이든 정상까지 오르면 그 성취감은 클 것이다. 험한 곳으로 유명한 다니가와다케의 암벽을 바라보며 산길을 걸은 적이 있다. 암벽으로 이어지는 길인지 많은 부조들이 박혀 있었다. 모두 죽은 이를 애도하여 만들어진 것이었다. 암벽을 오르는 사람의 모습은 보이지 않았지만, 하켄(암벽에 박는 등산용 못)을 내리치는 탕탕 소리를 멀리 들으며, 목숨을 걸고서라도 도전하고 싶어질 만큼 산은 매력이 있구나 하고 생각했다.

산뿐만이 아니다. 인간은 무언가에 도전하고 싶은 생물일지도 모른다. 1년에 한 번 종합적 운동능력이 없으면 달성할 수 없는 '사스케'라는 행사가 열린다. 올림픽에서 메달을 따는 것은 그 방면의 달인이지만, 사스케는 수영을 포함해 모든 운동능력이 뛰어나야 달성할 수 있다. 2020년까지 38회나 개최되어 많은 운동선수도 참가했지만 완전제패자는 아직 고작 4명밖에 없다. 2명의 어부, 구두 가게의 영업맨, 시스템 엔지니어, 무명의 사람뿐이지만 모두 근육이 울퉁불퉁하다. 완전제패해도 상금은 불과 200만 정도라서 그것을 위해 매일 혹독한 단련을 하려는 사람은 없을 것이다. 제패하면 칭찬과 명예를 얻을 수 있다. 그러나 그 가능성은 0과 다름없기 때문에 매회 5,000명 정도의 출전 희망자가 있다고 하는데, 그들의 소원은 단지 불가능한 것에 도전하는 것이라 생각된다. 할 수 없을 것 같았던 일을 할 수 있으면 기쁨이 크다. 또 이루지 못했을 때도 도전하는 것 자체를 즐긴다. 지금은 올림픽 경기가 된 트램펄린, 스포츠 클라이밍 모두 점점 어려운 것에 도전할 가능성이 있어 경기로 인정받게 되었을 것이다.

나는 73세에 시마나미 해안도로 70km를 주부용 자전거로 완주했다. 실제로는 다른 곳에 들렀기 때문에 95km였다. 시마나미 해안도로는 세토 내해(本州・四国・九州에 둘러싸인 긴 내해)의 아름다운 경치를 보면서 달릴 수 있는 인기 코스이다. 여러 번 그 멋진 경치와 기분 좋은 듯이 자전거를 타고 있는 사람의 영상을 보고 도전하고 싶어졌다. 섬 안은 일반도로라 괜찮지만, 다리를 건널 때는 고속도로를 이용한다. 그래서 7개의 섬을 잇는 다리를 건널 때마다 오르내림을 반복해야 한다. 다리는 꽤 높은 곳에 있어서 나선형으로 뱅뱅 돌아 그 곳에 닿기까지가 가혹했지만, 근처의 언덕을 오르락내리락했던 사전에 했던 훈련이 효과를 나타냈다. 하루에 완주하는 사람도 있지만, 우리는 경치를 바라보거나 도중에 있는 명소를 돌아보면서 이틀에 걸쳐 완주했다. 힘들었던 만큼 도달했을 때의 성취감은 엄청났다.

노인도 그러니 젊은이가 자신의 한계에 도전하고 싶어지는 것은 당연하다. 여러 가지 일에 계속 도전해 나갔으면 좋겠다. 달성하지 못하더라도 도전 자체를 즐기길 바란다.

단어 **誇(ほこ)る** 자랑하다 | **初登頂**(はつとうちょう) 첫등정 | **挑(いど)む** 도전하다 | **数知(かずし)れない** 수를 헤아릴 수 없다 | **頂上(ちょうじょう)を踏(ふ)む** 정상을 밟다 | **性**(さが) 천성, 성질 | **〜かもしれない** 〜일지도 모른다 | **競争**(きょうそう) 경쟁 | **〜であれ** 〜이든 | **達成感**(たっせいかん) 달성감, 성취감 | **難所**(なんしょ) 험한 곳 | **岩場**(いわば) 바위가 많은 곳, 암벽 | **山道**(やまみち) 산길 | **レリーフ** 부조 | **埋(う)め込(こ)む** 박아 넣다 | **亡(な)くなる** 죽다 | **悼(いた)む** 애도하다 | **姿**(すがた) 모습 | **ハーケン** 하켄(암벽에 박는 등산용 못) | **打(う)ち付(つ)ける** 세게 박다, 박아 고정시키다 | **命(いのち)をかける** 목숨을 걸다 | **挑戦**(ちょうせん) 도전 | **魅力**(みりょく) 매력 | **生(い)き物**(もの) 생물 | **総合的**(そうごうてき) 종합적 | **メダルを取(と)る** 메달을 따다 | **その道**(みち) 그 길(방면) | **達人**(たつじん) 달인 | **優(すぐ)れる** 뛰어나다 | **開催**(かいさい) 개최 | **制覇者**(せいはしゃ) 제패자 | **たった** 겨우, 고작 | **漁師**(りょうし) 어부 | **靴屋**(くつや) 신발가게 | **〜ばかりだ** 〜뿐이다 | **筋肉(きんにく)もりもりだ** 근육이 울퉁불퉁하다 | **賞金**(しょうきん) 상금 | **わずか** 조금, 불과 | **過酷(かこく)な** 지나치게 가혹한, 혹독한 | **鍛錬**(たんれん) 단련 | **賞賛**(しょうさん) 칭찬 | **名誉**(めいよ) 명예 | **〜に等(ひと)しい** 〜와 같다, 〜와 다름없다 | **出場**(しゅつじょう) 출장, 출전 | **〜そうにもない** 〜하지 않을 것 같다 | **競技**(きょうぎ) 경기 | **ママチャリ** 바구니가 달린 주부용 자전거 | **完走(かんそう)する** 완주하다 | **寄(よ)り道(みち)する** 다른 곳에 들르다 | **たびたび** 여러 번, 자주 | **映像**(えいぞう) 영상 | **〜たびに** 〜할 때마다 | **上(のぼ)ったり下(お)りたり** 오르락내리락 | **繰(く)り返(かえ)す** 반복하다 | **螺旋状**(らせんじょう) 나선형 | **くるくる** 뱅뱅, 뱅글뱅글 | **たどり着(つ)く** 겨우 다다르다 | **物(もの)を言(い)う** 소용이 되다, 효과를 나타내다 | **走(はし)り切(き)る** 완주하다 | **走(はし)り抜(ぬ)く** 완주하다 | **半端(はんぱ)ではない** 장난 아니다, 엄청나다 | **年寄(としよ)り** 노인, 어르신 | **限界**(げんかい) 한계 | **当(あ)たり前**(まえ) 당연함 | **〜てほしい** 〜하길 바란다 | **本能**(ほんのう) 본능 | **報(むく)われる** 보상받다 | **目標**(もくひょう) 목표 | **岩登(いわのぼ)り** 암벽 등반 | **危険(きけん)を伴(ともな)う** 위험을 동반하다

59 **왜 인간은 무언가에 도전하는 것이라고 말하고 있는가?**

1 인간의 본능이니까
2 명예를 얻을 수 있으니까
3 고생이 보상을 받으니까
4 불가능한 일이니까

60 **사전에 했던 훈련이 효과를 나타냈다 란 이 경우 무엇을 가리키는가?**

1 주부용 자전거로 달릴 수 있었다.
2 다리를 건널 수 있었다.
3 완주할 수 있었다.
4 다리에 다다를 수 있었다.

61 **저자의 도전에 대한 의견은 어느 것인가?**

1 힘든 일일수록 달성하면 기쁘다.
2 누구나 무언가에 도전하고 싶다고 생각한다.
3 달성하는 것을 목표로 하지 않는 편이 좋다.
4 도전하고 있을 때는 괴로운 일뿐이다.

62 **본문의 내용과 다른 것은 어느 것인가?**

1 암벽등반은 위험을 수반할 때도 있다.
2 도전을 함으로써 명예를 얻을 때도 있다.
3 사스케의 완전제패자에 스포츠 선수는 없다.
4 시마나미 카이도는 지나치게 가혹한 곳이 있었기 때문에, 완주의 기쁨도 컸다.

해설 〈문제 59〉는 인간이 무언가에 도전하는 이유에 대해 묻고 있다. 선택지 1번, 힘든 일에 도전하는 것은 인간의 천성일지도 모른다는 기술이 있으므로 알맞다. 선택지 2번, 명예는 관계없는 것이 많으며, 얻을 수 없는 것이 더 많다. 선택지 3번, 고생이 보상을 받는다고는 할 수 없으며, 선택지 4번, 불가능한 일만 있는 것은 아니다.

〈문제 60〉은 밑줄 친 부분에서 특히 物を言う가 '효과를 나타내다'란 의미임을 파악해야 풀 수 있는 문제이다. 힘들었지만 사전에 했던 훈련이 효과를 나타냈다고 했으므로 선택지 3번의 완주했다는 의미를 나타냄을 알 수 있다.

〈문제 61〉은 도전에 대한 저자의 의견을 묻고 있다. 선택지 1번, '할 수 없을 것 같았던 일을 할 수 있으면 기쁨이 크다'고 말하고 있으므로 알맞다. 선택지 2번, 젊은이가 자신의 한계에 도전하고 싶은 것은 당연하다고 했지만, 누구나 그렇게 생각하고 있다고는 할 수 없다. 선택지 3번, 도전을 달성하는 것이 바로 목표이므로 맞지 않고, 선택지 4번, 도전하는 것 자체를 즐기고 있다는 기술이 있고, 등산과 사이클링 모두 그 자체가 즐거운 일이다.

〈문제 62〉에서 선택지 1번, 많은 사망자의 부조(副調)가 남아있기 때문에 암벽등반은 위험함을 알 수 있다. 선택지 2번, 도전이 아니라 달성했을 때 명예를 얻는 일이 있다. 따라서 내용과 맞지 않다. 선택지 3번, 완전제패자 4명의 직업은 어부, 구두 가게의 영업맨, 시스템 엔지니어이므로 스포츠선수는 없다. 선택지 4번, 글 뒷부분에 '힘들었던 만큼 도달했을 때의 성취감은 엄청났다'라는 내용으로 보아 알맞다.

문제11 다음 A와 B는 게놈편집 생산물에 대한 의견이다. 다음 질문에 대한 답으로서 가장 적당한 것을 1·2·3·4에서 하나 고르시오.

A

해석

일본은 유전자 변형 작물은 생산하지 않지만, 수입된 농산물을 이용한 가공식품이 판매되고 있습니다. 우리는 유전자 변형 식품의 표시 문제에 대해 정부에 개선을 요구해 왔습니다. 같은 콩 식품을 사용하고 있음에도 불구하고, 된장에는 표시가 필요하지만 간장에는 필요 없는 등 모순되는 표시 기준을 개정하여 모든 가공식품에 표시를 해주었으면 하는 것입니다. 그런데 이번에 게놈편집(주1) 농수산물에 문제가 생겼습니다. 정부가 게놈편집은 유전자를 잘라내는 것뿐이므로 안전하다고 보증하고(주2) 게놈편집 표시를 불문에 붙인 것입니다. 현재 미국에서는 게놈편집으로 만들어진 여러 농산물이 생산되어 모르는 사이에 소비자의 입으로 들어가고 있습니다. 유럽은 유전자 변형 농작물의 재배와 판매 모두 금지하고 있었는데, 게놈편집에도 같은 입장을 취하고 있습니다.

B

해석

게놈편집 식품은 꿈같은 식품입니다. 유전자 변형은 다른 유전자를 넣기 때문에 안전성 심사가 의무화되어 있지만, 게놈편집은 유전자를 잘라내는 것뿐이라 안전성 심사도 필요 없습니다.

품종 개량에는 오랜 세월을 필요로 하지만, 게놈편집 기술을 사용하면 단시간에 필요한 농산물이나 수산물이 생깁니다. 크게 키우는 것이나 수확량을 늘리는 것도 자유자재입니다. 세계의 식량부족을 구하게 될 것입니다. 일본에서는 스트레스 감소와 혈압 상승을 억제하는 GABA(갸바)라는 성분을 일반 토마토의 5배가 함유된 품종 개발에 성공해 2020년에는 판매도 허가되었습니다. 알레르기 물질이 적은 계란은 환자에게 도움이 될 것입니다. 생산자에게는 이러한 부가가치가 있는 생산물을 만드는 것 외에, 수확량이 많은 벼나 살의 양이 많은 도미 등은 같은 생산 인력으로 많은 양을 손에 넣을 수 있기 때문에 장점이 큽니다. 앞으로 더욱 다양한 게놈편집 생산물이 늘어날 것은 틀림없을 것입니다.

(주1) ゲノム編集 : 게놈편집. 세포 속의 게놈이라 불리는 모든 유전자 정보를 자유롭게 고쳐 쓰는 기술
(주2) お墨付き(すみつき)を与える : 권위를 가진 사람이 보증하다

단어 **遺伝子**(いでんし) 유전자 | **組(く)み換(か)え** 변형 | **作物**(さくもつ) 작물 | **生産**(せいさん) 생산 | **輸入**(ゆにゅう) 수입 | **農産物**(のうさんぶつ) 농산물 | **加工食品**(かこうしょくひん) 가공식품 | **改善(かいぜん)を求(もと)める** 개선을 요구하다 | **大豆**(だいず) 콩 | **~にもかかわらず** ~에도 불구하고 | **味噌**(みそ) 된장 | **醤油**(しょうゆ) 간장 | **矛盾(むじゅん)する** 모순되다 | **基準**(きじゅん) 기준 | **改正(かいせい)する** 개정하다 | **表示(ひょうじ)を付(つ)ける** 표시를 하다 | **切(き)り取(と)る** 잘라 내다 | **お墨付(すみつ)きを与(あた)える** 보증하다 | **不問(ふもん)に付(ふ)する** 불문에 부치다 | **種々**(しゅじゅ) 각종 | **消費者**(しょうひしゃ) 소비자 | **栽培**(さいばい) 재배 | **禁止**(きんし) 금지 | **立場(たちば)を取(と)る** 입장을 취하다 | **審査**(しんさ) 심사 | **義務付(ぎむづ)ける** 의무화하다 | **不要**(ふよう) 필요 없음 | **品種**(ひんしゅ) 품종 | **改良**(かいりょう) 개량 | **年月**(ねんげつ) 세월 | **技術**(ぎじゅつ) 기술 | **手(て)に入(い)る** 손에 들어오다, 받다 | **収穫量**(しゅうかくりょう) 수확량 | **自在**(じざい) 자유자재 | **食糧不足**(しょくりょうぶそく) 식량부족 | **救(すく)う** 구하다 | **軽減**(けいげん) 경감 | **血圧**(けつあつ) 혈압 | **上昇**(じょうしょう) 상승 | **抑(おさ)える** 억제하다 | **含有(がんゆう)する** 함유하다 | **許可**(きょか) 허가 | **~にとっては** ~에게 있어서는, ~에게는 | **付加価値**(ふかかち) 부가가치 | **生産物**(せいさんぶつ) 생산물 | **稲**(いね) 벼 | **身(み)の量**(りょう) 살의 양 | **鯛**(たい) 도미 | **労力**(ろうりょく) 노동력, 인력 | **間違(まちが)いない** 틀림없다 | **将来性**(しょうらいせい) 장래성 | **証明**(しょうめい) 증명 | **利点**(りてん) 이점 | **仕方(しかた)がない** 어쩔 수 없다 | **共(とも)に** 함께

63 A와 B에서 생산물에 대해 의견이 가장 다른 것은 어느 것인가?

1 게놈편집 생산물의 판매
2 게놈편집 생산물의 표시
3 게놈편집 생산물의 장래성
4 게놈편집 생산물의 안전성

64 A와 B가 게놈편집 생산물에 대해 가장 주장하고 싶은 것은 무엇인가?

1 A 안전성을 증명하여 판매하기를 원함, B 생산량 증가 등 이점이 매우 많다.
2 A 판매하는 경우에는 표시해 주었으면 함, B 품종 개량이라는 점에서는 장점이 있다.
3 A 판매하는 것은 어쩔 수 없지만 표시해 주었으면 함, B 안전해서 생산자 소비자 모두에게 이점이 있다.
4 A 안전하지 않기 때문에 표시해 주었으면 함, B 다양한 성질의 상품이 생기는 장점이 크다.

해설 〈문제 63〉은 생산물에 대한 의견 차이 중 가장 큰 것이 무엇인지 묻고 있다. 선택지 1번, 판매에 대해 A는 어쩔 수 없다고 하고, B에서는 소비자에게도 장점이 있다고 말하며 모두 판매를 인정하고 있다. 선택지 2번, A는 표시가 필요, B는 표시에 대해 말하고 있지 않다. 선택지 3번, B에서는 생산물이 앞으로 늘어난다고 했지만, A에는 그 기술이 없다. 선택지 4번, A에서는 표시를 하지 않는 등 안전성에 의문이 있다고 했고, B에서는 안전성 심사도 필요 없다며 안전성에는 문제가 없다고 말하고 있으므로 대립하고 있다.

〈문제 64〉는 A와 B가 각각 게놈편집 생산물에 대해 가장 주장하고 싶은 점이 무엇인지 묻고 있다. 선택지 1번, A 게놈편집임을 표시해달라고 했을 뿐 안전성을 증명해달라고는 하지 않았다. 선택지 2번, B 품종 개량이라는 점에서 장점이 있다고는 하지 않았다. 선택지 3번, A 유전자 변형 농작물의 재배와 판매 모두를 금지하고 있는 유럽과 같은 입장을 취할 수는 없지만 표시는 해주었으면 한다고 했고, B 부가가치가 있는 생산물을 만들고 같은 생산 인력으로 많은 양이 생기는 등 생산자에게 이점이 있고, 세계식량부족을 구하고 환자에게도 도움이 되는 등 소비자에게도 이점이 있으므로 알맞다. 선택지 4번, A 안전하지 않은 게 아니라 모순되는 표시 기준에 대해 이야기하고 있다.

문제12 다음 문장을 읽고, 다음 질문에 대한 답으로서 가장 적당한 것을 1·2·3·4에서 하나 고르시오.

해석

삼림은 우리의 몸과 마음을 치유해준다. 푸르름을 보는 것만으로도 마음이 넉넉해지고, 실제로 삼림욕은 몸에 좋다. 암으로 어찌할 방법이 없다고 선고받은 사람이 숲에 살며 나무에 둘러싸여, 나무를 접하며 살았더니 암이 사라졌다는 이야기도 있다. 나무로 된 물건을 보거나 만지기만 해도 포근한 기분이 든다. 그래서 장난감은 나무로 된 것이 좋다. 나무는 열을 전달하기 어렵기 때문에, 만져도 몸에서 열이 쉽게 빼기지 않으므로 기분이 좋다. 그래서 아이가 목제로 된 장난감으로 질리지 않고 논다고 한다. 아이가 그렇다면 우리 어른에게도 같은 기능이 작용될 것이다. 나무가 많이 사용된 방이 편한 것은 그 때문일지도 모른다.

일본은 산이 많은 나라라서 우리는 예로부터 나무를 이용해오며 나무와 깊은 관계에 있다. 1950년경 심어진 인공림이 지금 마침 벌채 시기를 맞고 있는데, 국산재의 이용률은 조금 회복되고 있지만, 유감스럽게도 아직 35% 정도에 그치고 있다. 나무는 베고, 또 심기를 반복하지 않으면 산이 황폐해져, 산사태 등의 자연재해 발생의 원인이 된다. 나무는 재생 가능하며 CO2(이산화탄소)의 증가를 줄일 수 있는 중요한 자원이다. 목조 주택을 짓는 것이 무리라도, 내장에 좀더 나무를 쓰면 외관도 아름답고 심신을 위한 것도 될 듯하다. 좀더 국산재를 사용하고 싶다.

일본에서는 1945년 종전 후, 허허벌판에 품질이 떨어지는 목조주택을 지은 탓에, 목조주택은 오래 가지 못한다는 잘못된 상식이 퍼졌다. 옛날 그대로의 공법으로 짓는 집은 값싼 외국산으로는 지을 수 없고, 목조건축의 고급 기술을 가진 장인이 줄어들어 포기하는 사람이 많았다. 정부가 국산재의 자급률을 높이기 위해 '공공건축물 등 목재 이용 촉진법'을 시행하여, 학교나 병원, 상업시설 등 비주택 건축물의 목조화를 추진하기로 한 것은 2010년이었다. 현재는 자급률을 2025년에 50%로 만드는 것을 목표로 내걸고 있다. 또한 2019년에 목재 이용 확대를 목적으로 한 개정 건축기준법에서 16m 3층 이하의 목조건축물을 원칙적으로 내화구조 대상에서 제외하며, 그 이상의 높이라도 준내화구조를 마련하여 목조를 가능하게 했다.

우리는 목조는 내화면에서 취약할 거라고 생각하기 쉽다. 그러나 사실 목재는 확실히 불에 타지만, 표면이 타면서 탄화층의 피막이 생기면 산소공급이 끊겨 내부는 타지 않게 되기 때문에 건물이 쉽게 붕괴되지 않는다. 붕괴라는 점에서는 철이나 콘크리트보다 강하다고 한다. 그것은 607년에 건립된 세계에서 가장 오래된 호류사를 비롯하여, 1000년 이상이나 지난 많은 사원이 건재한 것으로 증명되고 있다. 사실 노송나무는 벌채 후 200년 후가 가장 강하며, 벌채된 1000년 후에도 벌채 때와 같은 정도의 강도가 있다고 한다. 그에 비해 콘크리트나 철의 내구 연수는 기껏해야 50년 정도라고 한다. 따라서 고층빌딩도 목조로 지어야 한다. 내화성이 뛰어나 목조고층빌딩을 가능케 한 요인이, 안에 모르타르를 끼운 내화집성재 '모엔우드(타지 않는 나무)(주1)'와 CLT(주2), 마스팀버라는 여러 목재들을 조

합한 집성재이다. 또 액체 유리를 바른 목재도 있어서 지으려고 생각하면 지을 수 있다. 세계는 일본을 앞서고 있으며, 85m의 세계에서 제일 높은 목조 빌딩도 지어져 있어, 현재는 목조 빌딩의 높이 경쟁에 박차를 가하고 있다.

신국립경기장은 국산재가 많이 사용된 것으로 유명하다. 삼나무를 세로창살로 만든 차양이 건물 주위를 빙 돌며 있어 매우 아름답다. 이 신국립경기장을 위해서 47도도부현에서 모아진 국산 목재는 2000입방 미터에나 이르고 있다. 외부도 내부도 나무의 아름다움이 돋보인다. 콘크리트 건물들 안에 목조 건물이 한 동만 있어도 아름다움이 도드라지기 때문에, 목조 건축물이 늘어나면 거리도 상당히 아름다워질 것이다.

(주1) 燃エンウッド : '타지 않는 나무'라는 이름의 목재

(주2) CLT : 판의 섬유가 직교하도록 겹쳐서 접착한 대형 목재

단어 **森林**(しんりん) 삼림 | **癒**(いや)**す** 고치다, 치유하다 | **緑**(みどり) 푸르름, 녹음 | **～だけでも** ～만으로도 | **森林浴**(しんりんよく) 산림욕 | **癌**(がん) 암 | **成**(な)**すすべがない** 어찌할 도리가 없다 | **宣告**(せんこく) 선고 | **囲**(かこ)**まれる** 둘러싸이다 | **触**(ふ)**れる** 접촉하다, 닿다 | **消**(き)**える** 사라지다 | **～でできる** ～로 만들어지다 | **触**(さわ)**る** 손을 대다 | **奪**(うば)**われる** 빼앗기다 | **心地**(ここち)**よい** 기분이 좋다 | **飽**(あ)**きる** 질리다, 싫증나다 | **～ことなく** ～하지 않고 | **作用**(さよう)**が働**(はたら)**く** 기능이 작용되다 | **ふんだんに** 충분히, 많이 | **居心地**(いごこち)**よい** (있기에) 편하다 | **山国**(やまぐに) 산이 많은 나라(지방) | **人工林**(じんこうりん) 인공림 | **丁度**(ちょうど) 마침 | **伐採**(ばっさい) 벌채 | **～ものの** ～하기는 하지만 | **残念**(ざんねん)**ながら** 유감스럽게도 | **留**(とど)**まる** 머물다, 그치다 | **繰**(く)**り返**(かえ)**す** 반복하다 | **荒**(あ)**れる** 황폐해지다 | **山崩**(やまくず)**れ** 산사태 | **自然災害**(しぜんさいがい) 자연재해 | **再生**(さいせい) 재생 | **資源**(しげん) 자원 | **内装**(ないそう) 내장 | **見**(み)**た目**(め) 겉보기, 외견 | **～たいものだ** ～하고 싶다(강조) | **焼**(や)**け野原**(のはら) 허허벌판, 불탄 들판 | **品質**(ひんしつ)**が悪**(わる)**い** 품질이 나쁘다(떨어지다) | **～せいで** ～탓에 | **長持**(ながも)**ちする** 오래 가다 | **常識**(じょうしき) 상식 | **広**(ひろ)**まる** 널리 퍼지다 | **昔**(むかし)**ながらの** 옛날 그대로의 | **工法**(こうほう) 공법, 공사 방법 | **建築**(けんちく) 건축 | **職人**(しょくにん) 장인 | **諦**(あきら)**める** 포기하다 | **自給率**(じきゅうりつ) 자급률 | **等**(など) 등 | **促進法**(そくしんほう) 촉진법 | **施行**(しこう) 시행 | **推進**(すいしん) 추진 | **目標**(もくひょう)**に掲**(かか)**げる** 목표로 내걸다 | **原則**(げんそく) 원칙(적으로) | **耐火**(たいか) 내화(불에 타지 않고 견딤) | **設**(もう)**ける** 마련하다 | **脆弱**(ぜいじゃく) 취약, 무르고 약함 | **～がちだ** ～하기 쉽다 | **焦**(こ)**げる** 눋다, 타다 | **被膜**(ひまく)**ができる** 피막이 생기다 | **崩壊**(ほうかい)**する** 붕괴하다 | **倒壊**(とうかい) 도괴, 무너짐 | **～を始**(はじ)**め** ～을 비롯해 | **強度**(きょうど) 강도 | **～に比**(くら)**べて** ～에 비해 | **耐久**(たいきゅう) 내구 | **せいぜい** 기껏해야, 고작 | **～に優**(すぐ)**れる** ～에 뛰어나다 | **一因**(いちいん) 한 요인 | **挟**(はさ)**む** 끼우다 | **集成材**(しゅうせいざい) 집성재(얇은 널빤지를 여러 개 접착한 목재) | **組**(く)**み合**(あ)**わせる** 짜 맞추다, 조합하다 | **液体**(えきたい)**ガラス** 액체 유리 | **塗**(ぬ)**る** 바르다 | **拍車**(はくしゃ)**をかける** 박차를 가하다 | **縦格子**(たてこうし) 세로창살 | **ひさし** 차양 | **ぐるりと** 빙, 한바퀴 | **都道府県**(とどうふけん) 도도부현(일본의 행정 구역) | **際立**(きわだ)**つ** 두드러지다, 눈에 띄다 | **～だけで** ～만으로, ～하기만 해도 | **街並**(まちな)**み** 거리 | **心**(こころ)**が和**(なご)**む** 마음이 온화해지다 | **近**(ちか)**づく** 다가오다 | **～ほど** ～일수록 | **持つ**(もつ) 지속하다, 지탱하다

65 나무의 작용이란 어떤 것인가?

1 보거나 만져도 기분이 좋아진다.
2 나무에 둘러싸여 있으면 병이 나기 어렵다.
3 나무는 따스한 소재라 마음이 온화해지는 효과가 있다.
4 목재로 되어도 심어져 있을 때와 같은 효과가 있다.

66 왜 국가는 목조 건축을 추천하고 있는 것인가?

1 목조건축물이 아름답기 때문에
2 목재의 자급률을 올리고 싶기 때문에
3 나무는 철이나 콘크리트보다 강하기 때문에
4 국산재의 벌채시기가 다가오고 있기 때문에

67 저자가 가장 하고 싶은 말은 무엇인가?

1 국산재를 사용해 CO2의 증가를 방지하길 바란다.
2 나무를 사용하는 이점은 많기 때문에 더 이용하는 편이 좋다.
3 목조건축물은 1000년이나 이용 가능하므로 더욱 짓는 편이 좋다.
4 고층빌딩도 목조로 지을 수 있게 되었으므로 더 늘렸으면 좋겠다.

68 본문의 내용과 맞는 것은 어떤 것인가?

1 오래된 건물일수록 장기적 사용이 가능하다.
2 내화집성재를 사용하면 100년을 가는 건물이 생긴다.
3 나무에 따라서는 벌채 직후보다 나중이 더 강도가 있다.
4 정부는 목조건축물에는 내화구조가 필요 없다고 생각하고 있다.

해설 〈문제 65〉는 나무의 작용에 대해 묻고 있다. 선택지 1번, 마음이 넉넉해진다, 보거나 만지기만 해도 포근한 기분이 든다는 기술이 있으므로 알맞다. 선택지 2번, 나무를 접하며 살았더니 암이 사라졌다는 이야기는 있지만 병이 나기 어렵다는 기술은 없다. 선택지 3번, 열을 전달하기 어려운 것이지 나무 자체가 따뜻하다는 기술은 없다. 선택지 4번, 삼림욕 등은 벌채 후에는 할 수 없으므로 같은 효과가 아니다.

〈문제 66〉은 국가가 목조 건축을 추천하는 이유에 대해 묻고 있다. 선택지 1번이나 3번은 장점이지만 국가가 추천하는 이유는 아니다. 선택지 2번, 국산재의 자급률을 높이기 위해 법률까지 만들고 있으므로 알맞다. 선택지 4번, 추천하고 있는 이유와 벌채 시기는 관련이 없다. 또 다가오고 있는 것이 아니라 벌써 시기를 맞이하고 있다.

〈문제 67〉은 이 글의 주제에 해당하는 문제이다. 선택지 1번, CO2의 증가 방지는 꼭 국산재가 아니어도 할 수 있으므로 맞지 않다. 선택지 2번, 심신을 치유해주고 나무 이용에 대해 다양한 예를 들고 있으므로 알맞다. 선택지 3번, 대부분의 목조가 1000년 동안 이용 가능하다고는 말할 수 없으며, 나무로만 지어진 건물은 거의 없다. 선택지 4번의 내용은 맞지만, 나무가 가지는 여러 작용 등에 대한 시점이 결여되어 있기 때문에 선택지 2번이 더 알맞다.

〈문제 68〉에서 선택지 1번, 1000년 이상 지난 건물도 있지만 사용되는 것은 아니며, 건물의 재료나 짓는 방법에 따라 사용기간은 달라질 수 있다. 선택지 2번, 내화집성재도 여러 가지이며, 그 중에 모르타르를 넣은 것 등이 있기 때문에 장기적 사용에 견딜 수 있는지 알 수 없으며 100년을 간다는 기술도 없다. 선택지 3번, 노송나무는 200년 후가 더 강도가 있기 때문에 내용과 맞다. 선택지 4번, 준내화구조를 마련하여 목조를 가능하게 한다는 기술이 있으므로 맞지 않다.

문제13 오른쪽 페이지는 차를 끓이는 법, 대접하는 법의 설명이다. 아래 질문에 대한 답으로서 가장 적당한 것을 1·2·3·4에서 하나 고르시오.

69 네 분의 손님에게 고급 센차로 차를 끓인다. 바른 것은 어느 것인가?

1 뜨거운 물을 찻잔의 8할 정도까지 넣는다.
2 12g의 찻잎과 뜨거운 물을 120cc 준비한다.
3 찻잎을 넣은 찻주전자에 주전자의 뜨거운 물을 넣는다.
4 찻잎을 넣은 찻주전자에 뜨거운 물을 넣으면 약 1분 30초 기다린다.

70 네 분의 손님에게 차와 과자를 대접한다. 바른 것은 어느 것인가?

1 문 쪽에 있는 손님부터 대접한다.
2 반드시 오른쪽부터 과자를 먼저 대접한다.
3 과자 위를 차가 지나가지 않도록 한다.
4 왼쪽에서 대접할 때는 차는 왼쪽 무릎 정도에 놓는다.

해설 〈문제 69〉에서 선택지 1번, 뜨거운 물이 아니라 식힌 물을 사용하므로 맞지 않고, 선택지 2번, 고급센차 4인분이므로 물은 최소한 160cc는 필요하다. 선택지 3번, 주전자의 뜨거운 물이 아니라 찻잔에서 식힌 물을 찻주전자에 넣는 것이다. 선택지 4번, 고급 센차로 차를 끓이므로 1분 30초 기다리는 것이 맞다.

〈문제 70〉에서 선택지 1번, 문 쪽의 자리는 말석이므로 맞지 않으며, 선택지 2번, 공간이 없어서 오른쪽에서 대접할 수 없을 때는 왼쪽이 될 때도 있다. 선택지 3번, 처음에 대접한 것 위를 다른 것이 통과하는 '소데고시'는 피하라고 했으므로 알맞다. 선택지 4번, 차는 항상 오른쪽 무릎 정도에 놓는다.

단어 **上級**(じょうきゅう) 상급, 고급 | **煎茶**(せんちゃ) 센차 | **お茶**(ちゃ)**を入**(い)**れる** 차를 끓이다 | **熱湯**(ねっとう) 뜨거운 물 | **湯呑茶碗**(ゆのみぢゃわん) 찻잔, 찻종 | **用意**(ようい) 준비 | **急須**(きゅうす) 사기로 된 찻주전자 | **茶葉**(ちゃば) 찻잎 | **左膝**(ひだりひざ) 왼쪽 무릎 | **日常**(にちじょう) 일상, 평소 | **沸騰**(ふっとう) 끓어오름 | **温**(あたた)**める** 따뜻하게 하다, 데우다 | **湯冷**(ゆざ)**まし** 끓인 물을 식히는 데 쓰는 그릇 | **冷**(さ)**ます** 식히다 | **移**(うつ)**し替**(か)**える** 옮겨 담다(넣다) | **～ごとに** ～때마다 | **温度**(おんど)**が下**(さ)**がる** 온도가 내려가다 | **水分**(すいぶん)**が取**(と)**られる** 수분이 빼기다 | **蓋**(ふた)**をする** 뚜껑을 덮다 | **廻**(まわ)**し注**(そそ)**ぎ** 돌리며 붓기 | **濃**(こ)**さ** 농도 | **甘**(あま)**み** 단 맛 | **蒸**(む)**れる** 물크러지다 | **渋**(しぶ)**み防止**(ぼうし) 떫음 방지 | **奥行**(おくゆ)**きが出**(で)**る** 깊은 맛이 나다 | **玄米**(げんまい) 현미 | **茶托**(ちゃたく) 찻잔을 받치는 접시 | **載**(の)**せる** 위에 놓다, 얹다 | **下座**(げざ) 말석 | **左手**(ひだりて)**を添**(そ)**える** 왼손으로 거들다 | **上座**(かみざ) 상석 | **一言**(ひとこと) 한마디 | **声**(こえ)**をかける** 말을 걸다 | **動作**(どうさ) 동작 | **断**(ことわ)**って** 미리 양해를 얻고

해석

센차 끓이는 방법

일본인이 평소 자주 마시는 것은 센차라고 불리는 녹색의 차입니다. 센차를 끓이는 법은 먼저 ①물은 3~5분 끓여서 칼크(석회)를 빼줍니다. ②끓은 물을 찻주전자에 넣고 찻주전자를 데웁니다. ③찻주전자의 물을 식히는 그릇, 식히는 그릇이 없을 때는 큰 머그컵 등에 넣어 물을 식힙니다. 물은 옮겨 담을 때마다 10°정도 온도가 내려갑니다. ④식히는 그릇에서 찻잔에 물을 붓습니다. 찻잔의 8할 정도까지 넣으면 찻잎에 수분이 뺏기기 때문에 찻잔의 6~7할 정도가 되어 적당한 양이 됩니다. ⑤1인분 약 2~3g의 찻잎을 찻주전자에 넣습니다. ⑥식힌 물을 찻잔에서 찻주전자에 넣고 뚜껑을 덮습니다. 차가 충분히 우러날 때까지 기다립니다. 고급 센차일 경우에는 약 1분 30초, 일반 센차라면 약 1분 정도입니다. ⑦잔에 돌리며 붓습니다. 찻잔에 붓지만 찻잔마다 넣어서는 안됩니다. ABC 3개의 찻잔이 있을 때는 ABC 순으로 조금씩 넣었다가 이번에는 반대편 CBA 순으로 넣습니다. 다시 ABC로 돌아갑니다. 이렇게 하면 세 개가 같은 정도의 양으로 농도도 같아지기 때문입니다. 찻주전자에 차가 남지 않도록 끝까지 붓습니다. 마지막 한 방울에 단맛이 모여 있고, 찻잎이 물크러지는 것을 막고 떫은 맛을 방지하게 되어 다음에도 맛있게 마실 수 있기 때문입니다. 두 번째는 따르는 온도를 조금 올립니다. 10도 정도 올리는 것이 좋습니다. 단맛에 약간 떫은맛이 더해져 깊은 맛이 납니다. 세 번째부터 뜨거운 물을 부어도 됩니다.

차의 종류	첫 번째 차를 끓이는 온도	물의 양
호지차・현미차	100°C	80cc
반차	90°C	
중급 센차	80°C	40~70cc
고급 센차	60°C	
옥로(교쿠로)	40°C	25cc

차를 대접하는 법

①차를 나를 때는 찻잔을 잔 받침에 올리지 않고, 쟁반에 차를 담은 찻잔과 차 받침을 올려 나릅니다. ②쟁반을 놓을 대가 있으면 그 위에, 없으면 되도록 테이블 말석 쪽에 쟁반을 놓습니다. ③차 받침에 찻잔을 올려놓습니다. ④차 받침을 오른손으로 들고 왼손을 같이 해서 손님에게 나릅니다. 상석에 있는 손님부터 대접합니다. ⑤차를 대접할 때는 손님 뒤쪽 오른쪽에서, 손님 오른쪽 무릎 정도에 놓습니다. 이 때 한마디 '실례하겠습니다' 등과 같이 말을 걸어봅시다. ⑥과자가 있을 때는 먼저 과자를 왼쪽에, 그 다음 차를 오른쪽에 대접합니다. 손님이 봤을 때 차가 오른쪽, 과자가 왼쪽이 됩니다. 처음에 대접한 것 위를 다른 것이 통과하는 '소데고시'라고 불리는 동작이 되지 않도록 합니다. 공간이 없어서 오른쪽에서 대접할 수 없을 때는 '이쪽에서 실례하겠습니다' 등으로 미리 양해를 얻고 행합니다.

(주) カルキ : 하이포염소산염 칼슘. 수돗물이나 수영장 소독에 사용되는 약품

2교시 청해

問題 1

例

女の人が新しい製品の企画書について男の人と話しています。女の人はこのあと何をしなければなりませんか。

F：課長、明日の会議の企画書、見ていただけたでしょうか。

M：うん、分かりやすくできあがってるね。

F：あ、ありがとうございます。ただ、実は製品の説明がちょっと弱いかなって気になってるんですが。

M：うーん、そうだね。でもまあ、この部分はいいかな。で、ええと、この11ページのグラフ、これ、随分前のだね。

F：あ、すみません。

M：じゃ、そのグラフは替えて。あ、それから、会議室のパソコンやマイクの準備はできてる？

F：あ、そちらは大丈夫です。

女の人はこのあと何をしなければなりませんか。

1 企画書を見せる。
2 製品の説明を書き直す。
3 データを新しくする。
4 パソコンを準備する。

1番

女の人と男の人が話しています。この店はこれからどうしますか。

F：お客さんが希望したら自己責任で食べ残しを持って帰らせるようにっていう市の条例困るわ。食品ロスを少しでも減らすためだから仕方がないとは思うけど。

M：でも万一食中毒を起こした時はいくら自己責任だと言っても店の名前が出るだろう？ 噂になるしなあ。

F：でも条例じゃ、お客に断れないから。

M：持って帰って直ぐに食べてくれれば問題ないんだけど…。

문제 1

예

여자가 새로운 제품의 기획서에 대해 남자와 이야기하고 있습니다. 여자는 이후에 무엇을 해야 합니까?

여：과장님, 내일 있을 회의 기획서, 보셨나요?

남：응, 알기 쉽게 잘 만들었네.

여：아, 감사합니다. 단지 실은 제품 설명이 좀 약한가 하고 걱정이 되는데요.

남：음~, 그렇군. 하지만 뭐, 이 부분은 괜찮아. 그리고, 저기 이 11페이지의 그래프, 이거 상당히 예전 거네.

여：아, 죄송합니다.

남：그럼 그 그래프는 바꾸고. 아 그리고 회의실 컴퓨터나 마이크준비는 되어 있어?

여：아, 그쪽은 괜찮습니다.

여자는 이후에 무엇을 해야 합니까?

1 기획서를 보여준다.
2 제품 설명을 다시 쓴다.
3 데이터를 새롭게 한다.
4 컴퓨터를 준비한다.

해설

그래프가 상당히 예전 거라고 하며 남자가 바꾸라고 했으므로, 선택지 3번 데이터를 새롭게 하는 것이 알맞다.

1번

여자와 남자가 이야기하고 있습니다. 이 가게는 앞으로 어떻게 합니까?

여：손님이 희망하면 자기책임으로 먹고 남은 음식을 가지고 돌아가게 하라는 시의 조례는 곤란해. 식품 손실을 조금이라도 줄이기 위해서니까 어쩔 수 없다고는 생각하지만.

남：하지만 만일 식중독을 일으켰을 때는 아무리 자기책임이라고 해도 가게 이름이 나오잖아? 소문도 날 테고.

여：근데 조례면 손님에게 거절할 수 없으니까.

남：가져가서 바로 먹어주면 문제없는데….

여：맞아. 하지만 모두가 그렇게 해준다고는 할 수 없어.

남：보존료를 쓸 수도 없고…. 난처하네.

여：그럼, 불을 사용한 것만 되는 것으로 하면 어떨까?

남：그렇군, 금세 상하지는 않는 것만으로 하자.

여：그래.

F：そうね。でもみんながそうしてくれるとは限らないわね。
M：保存料を使うわけにもいかないし…。困ったな。
F：じゃ、火を使った物だけいいことにしたらどうかしら。
M：そうだな、直ぐに悪くはならない物だけにしよう。
F：そうね。

この店はこれからどうしますか。

1 条例は無視する。
2 生ものは持ち帰らせない。
3 何でも持ち帰らせる。
4 火が通った物も持ち帰らせない。

이 가게는 앞으로 어떻게 합니까?

1 조례는 무시한다.
2 날것은 가지고 돌아가지 못하게 한다.
3 무엇이든 가지고 돌아가게 한다.
4 익은 것도 가지고 돌아가지 못하게 한다.

해설

불을 사용한 것, 즉 익힌 것만 가지고 갈 수 있게 한다고 했으므로 날것은 가지고 갈 수 없다. 따라서 선택지 2번이 답이 된다.

2番

女の人と男の人が話しています。2人はどうしますか。

F：まあ、機械油を真っ黒につけて。取れないでしょう？
M：大丈夫。ハンドソープをつけた上にこれを振りかけて洗うと落ちるから。
F：本当？その白い物は何？
M：砂糖だよ。…ほらきれいに取れた。
F：すごい！
M：砂糖は料理外にも色々使えるんだよ。花瓶の中に砂糖を入れたら花が長持ちするらしいよ。
F：私は花瓶には10円玉を入れてるけど、今度砂糖にしてみるわ。面白そうね。大川君も石鹸の上に砂糖の代わりに塩を振りかけてみて。塩って何でもきれいにしてくれるから。
M：じゃ、今度やってみるよ。無理だと思うけど。君もやってみて。きっとうまくいくから。
F：じゃ、お互いに試してみましょう。

2人はどうしますか。

1 男の人も女の人も塩を使ってみる。
2 男の人も女の人も砂糖を使ってみる。
3 男の人は塩、女の人は砂糖を使ってみる。
4 男の人は砂糖、女の人は塩を使ってみる。

2번

여자와 남자가 이야기하고 있습니다. 두 사람은 어떻게 합니까?

여 : 저런, 기계 기름을 새까맣게 묻혀서. 안 빠지지?
남 : 괜찮아. 핸드숍을 묻힌 위에 이것을 뿌려서 씻으면 지워지니까.
여 : 진짜? 그 하얀 건 뭐야?
남 : 설탕이야. … 봐봐, 깨끗하게 빠졌어.
여 : 굉장해!
남 : 설탕은 요리 이외에도 이것저것 사용할 수 있어. 꽃병 속에 설탕을 넣으면 꽃이 오래 간대.
여 : 나는 꽃병에는 10엔짜리 동전을 넣는데, 다음에 설탕으로 해 볼게. 재미있을 것 같아. 오오카와 군도 비누 위에 설탕 대신 소금을 뿌려봐. 소금은 뭐든지 깨끗하게 해주니까.
남 : 그럼 다음에 해볼게. 안 될 것 같지만. 너도 해봐. 분명 잘 될 테니까.
여 : 그럼, 서로 시도해보자.

두 사람은 어떻게 합니까?

1 남자와 여자 모두 소금을 사용해 본다.
2 남자와 여자 모두 설탕을 사용해 본다.
3 남자는 소금, 여자는 설탕을 사용해 본다.
4 남자는 설탕, 여자는 소금을 사용해 본다.

해설

여자가 남자에게 '설탕 대신 소금을 뿌려봐'라고 말하고 있고, 남자가 해보겠다고 대답했기 때문에 남자는 소금을 사용한다. 여자는 꽃병에 10엔짜리 동전을 넣고 있었지만, 다음에 설탕으로 해 보겠다고 했으므로 설탕을 사용해 본다. 따라서 선택지 3번이 답이 된다.

3番

男の人と女の人が話しています。女の人はどうしますか。

M：オレオレ詐欺が流行ってるから留守電にしておけって警察から言われなかった？

F：言われたけど、仕事の電話がくるからそれもできないし。

M：最初にこの電話は録音しますって流れるようにしておくのはどう？

F：いいわね。でもどうやってするのかわからないから調べてみないと。

M：村田さんの家の電話、誰からの電話か表示は出ないの？

F：電話番号が出るわ。

M：じゃ、大丈夫だよ。詐欺の電話は電話番号が非通知だから。

F：じゃ、その電話に出なければ大丈夫ね。

M：とりあえず、しばらくはそうしたら。他の人に出てもらうほうがいいんだけど。

F：でも、一人暮らしだから。

女の人はどうしますか。

1 留守電にしておく。
2 録音していると知らせる。
3 他の人に電話に出てもらう。
4 番号がわからない電話には出ない。

4番

外国人の女の人と男の人が話しています。2人はスカイツリーを見てから何をしますか。

F：ねえ、明日の夜は浅草にある浅草寺に行ってみましょうよ。

M：昼間行ったほうがいいよ。仲見世っていうところの店が賑やかだそうだよ。

F：夜じゃなきゃ駄目なのよ。お寺のライトアップもきれいだし、仲見世の店のシャッターの絵が素晴らしいそうよ。お店が開いていたらシャッターの絵が見られないでしょ。

M：へえ、知らなかったよ。でも、お札やおみくじが買える時間に行きたいよ。

3번

남자와 여자가 이야기하고 있습니다. 여자는 어떻게 합니까?

남 : 나야나 사기가 유행하고 있으니까 자동응답기로 해두라고 경찰이 말하지 않았어?

여 : 말은 들었지만, 업무 전화가 오니까 그것도 안 되고.

남 : 처음에 이 전화는 녹음합니다 라고 나오도록 해두는 건 어때?

여 : 그거 좋겠다. 하지만 어떻게 하는지 모르니까 알아봐야 돼.

남 : 무라타 씨 집의 전화, 누구한테 온 전화인지 표시는 안 나와?

여 : 전화번호가 나와.

남 : 그럼 괜찮아. 사기전화는 전화번호가 발신 번호 표시 제한이니까.

여 : 그럼, 그 전화를 안 받으면 괜찮겠네.

남 : 일단 당분간은 그렇게 하는 게 어때? 다른 사람이 받아주는 편이 좋지만.

여 : 근데 혼자 사니까.

여자는 어떻게 합니까?

1 자동 응답기로 해 둔다.
2 녹음하고 있다고 알린다.
3 다른 사람이 전화를 받는다.
4 번호를 모르는 전화는 받지 않는다.

해설

선택지 1번, 업무 때문에 전화가 오므로 자동응답기는 할 수 없다. 선택지 2번, 조작 방법을 알아본다고 했으므로 바로 할 수는 없다. 선택지 3번, 혼자 산다고 했으므로 다른 사람이 전화를 받을 수 없다. 선택지 4번, 발신자 번호 표시 제한 전화는 안 받는다고 했으므로 알맞다.

4번

외국인 여자와 남자가 이야기하고 있습니다. 두 사람은 스카이트리를 보고 나서 무엇을 합니까?

여 : 저기, 내일 밤에는 아사쿠사에 있는 '센소사'에 가보자.

남 : 낮에 가는 게 좋아. 나카미세라는 곳의 가게가 북적인다고 하더라.

여 : 밤이 아니면 안 돼. 절의 야간 조명도 예쁘고, 나카미세 가게의 셔터에 있는 그림이 멋있대. 가게가 열려 있으면 셔터 그림을 볼 수 없잖아.

남 : 어~, 몰랐어. 하지만, 부적이랑 오미쿠지를 살 수 있는 시간에 가고 싶어.

여 : 그것도 그렇네. 그럼 저녁으로 하자. 우선 참배하고 가게가 문 닫는 것을 빈둥거리며 기다리면 돼. 쇼핑도 할 수 있고, 그래 맞다, 그 다음에 스미다가와의 밤 벚꽃을 보러 가는 건 어때?

F：それもそうね。じゃ、夕方にしましょう。まずお参りして店が閉まるのをぶらぶらしながら待てばいいわね。買い物もできるし、そうそう、その後隅田川の夜桜を見に行くのはどう？

M：ライトアップしている夜の桜はきれいだろうね。でもそれじゃ夜遅くなり過ぎるよ。

F：じゃ、先に桜を見ましょう。浜離宮から船に乗って浅草まで行きましょう。船から見る桜もきれいよ。

M：じゃ、桜を見てその後スカイツリーに行きましょう。

F：いいね。

2人はスカイツリーを見てから何をしますか。

1 浅草寺でお参りする。
2 仲見世の店を見て歩く。
3 シャッターの絵を見る。
4 船に乗る。

5番

男の人と女の人が出産祝いについて話しています。2人はお金のほかに何をあげますか。

F：萌生さんに女の子が生まれたのよ。

M：お祝い、何を上げようか。やっぱりお金かな。

F：お金の他に品物も上げたいわ。

M：洋服とかおもちゃ？

F：ううん、椅子。私が赤ん坊を寝かすのに使ってとても便利だったから。

M：ゆりかごじゃないの？

F：違うわ、抱っこしながら椅子に座って上下に動くと本当によく眠ってくれるのよ。

M：下にバネか何か付いてるの。

F：そうなのよ。それが丁度よく動いて眠気を誘うみたいよ。

M：それは便利だね。

2人はお金のほかに何をあげますか。

1 バネで上下に動かせる椅子
2 赤ちゃんを横に寝かせる椅子
3 バネで左右に揺れる椅子
4 赤ちゃんを座らせる椅子

남：야간 조명을 켜고 있는 밤의 벚꽃은 예쁠 거야. 근데 그러면 너무 늦은 밤이 돼.

여：그럼 먼저 벚꽃을 보자. 하마리큐에서 배를 타고 아사쿠사까지 가자. 배에서 보는 벚꽃도 예뻐.

남：그럼, 벚꽃을 보고 그 후에 스카이트리에 가자.

여：좋아.

두 사람은 스카이트리를 보고 나서 무엇을 합니까?

1 센소사에서 참배한다.
2 나카미세의 가게를 보며 다닌다.
3 셔터에 있는 그림을 본다.
4 배를 탄다.

해설

아사쿠사의 센소사에서 참배를 하기 전에 벚꽃을 먼저 본다고 했다. 배는 아사쿠사까지 가는데 배에서 벚꽃을 보고 스카이트리에 가자고 했다. 따라서 순서는 '벚꽃–스카이트리–참배'가 된다. 선택지 2, 3번은 참배 후에 하는 일이고, 선택지 4번, 배를 타는 것은 스카이트리 관람 이전에 하는 것이다.

5번

남자와 여자가 출산축하선물에 대해 이야기하고 있습니다. 두 사람은 돈 이외에 무엇을 줍니까?

여：메이 씨에게 여자아이가 태어났어.

남：축하선물 뭐 줄까? 역시 돈인가?

여：돈 이외에 물건도 주고 싶어.

남：옷이나 장난감?

여：아니, 의자. 내가 아기를 재우는 데 써서 아주 편리했으니까.

남：요람 아니야?

여：아니야, 안고 의자에 앉아 위아래로 움직이면 정말 잘 자주거든.

남：밑에 스프링이나 뭔가 붙어 있어?

여：맞아. 그게 딱 알맞게 움직여서 잠이 오게 하는 것 같아.

남：그거 편리하겠네.

두 사람은 돈 이외에 무엇을 줍니까?

1 스프링으로 위아래로 움직여주는 의자
2 아기를 옆으로 재우는 의자
3 스프링으로 좌우로 흔들리는 의자
3 아기를 앉히는 의자

해설

앉아서 위아래로 움직이면 잠을 잘 잔다고 했으므로 선택지 1번이 답이 된다. 선택지 2번, 아기를 바로 의자에 눕혀 재우지는 않는다.

問題 2

例

大学で男の学生と女の学生が話しています。この男の学生は先生がどうして怒ったと言っていますか。

M: ああ、先生を怒らせちゃったみたいなんだよね。困ったな。

F : え、どうしたの？

M: うーん。いやそれがね、先生に頼まれた資料、昨日までに渡さなくちゃいけなかったんだけど、いろいろあって渡せなくて。

F : えー、それで怒られちゃったの？

M: うん、いや、それで怒られたっていうより、おととい、授業のあと、飲み会があってね。で、ついそれを持ってっちゃったんだけど、飲みすぎて、寝ちゃって、忘れてきちゃったんだよね。

F : え？じゃ、なくしちゃったわけ？

M: いや、出てはきたんだけどね、うん。先生が、なんでそんな大事な資料を飲み会なんかに持っていくんだって。

F : ま、そりゃそうよね。

この男の学生は先生がどうして怒ったと言っていますか。

1 昨日までに資料を渡さなかったから
2 飲み会で飲みすぎて寝てしまったから
3 飲み会に資料を持っていったから
4 資料をなくしてしまったから

1番

男の人と女の人がドローンについて話しています。男の人はどうしてドローンの操縦教室に行きますか。

M: ドローンの操縦教室に行こうと思うんだ。

F : ドローンなんて誰でも簡単にできるんじゃないの？

M: 飛ばすだけならできるけど複雑な動きの習得は難しいんだよ。それに練習する適当な空き地もないし、資格があると飛行許可を申請する時の手続きが簡略できて便利なんだよ。

F : そうなの？ドローンは今山間部に荷物を配達するサービスに使われているそうね。

M: それだけじゃないよ。一番期待されているのは農業なんだよ。農薬や種をまいたり本当にあっとい

문제 2

예

대학에서 남학생과 여학생이 이야기하고 있습니다. 이 남학생은 선생님이 왜 화가 났다고 말하고 있습니까?

남 : 아~ 선생님을 화나게 한 것 같아. 곤란한데.

여 : 어? 무슨 일이야?

남 : 음~. 아니 그게 말야. 선생님께 부탁받은 자료, 어제까지 건네드려야 했는데, 여러 사정이 있어서 못 건네드려서.

여 : 에~, 그래서 화나신 거야?

남 : 응, 아니, 그래서 화나셨다기보다 그저께 수업 후에 술모임이 있어서. 그래서 그만 그것을 갖고 갔는데, 과음하고 자버려서 두고 와버렸거든.

여 : 어? 그럼 잃어버렸다는 거야?

남 : 아니, 나오기는 했는데, 응. 선생님이 왜 그런 중요한 자료를 술모임 같은 곳에 가지고 가냐고.

여 : 뭐 그건 그렇네.

이 남학생은 선생님이 왜 화가 났다고 말하고 있습니까?

1 어제까지 자료를 건네지 않았기 때문에
2 술모임에서 과음해서 자버렸기 때문에
3 술모임에 자료를 가지고 갔기 때문에
4 자료를 잃어버렸기 때문에

해설

끝부분에 '선생님이 왜 그런 중요한 자료를 술모임 같은 곳에 가지고 가냐고'라는 부분을 보면 선택지 3번, 술자리에 자료를 가지고 갔기 때문임을 알 수 있다.

1번

남자와 여자가 드론에 대해 이야기하고 있습니다. 남자는 왜 드론의 조종교실에 갑니까?

남 : 드론 조종교실에 가려고 해.

여 : 드론은 누구나 쉽게 할 수 있는 거 아니야?

남 : 날리기만 한다면 할 수 있지만, 복잡한 움직임 습득은 어려워. 게다가 연습할 적당한 공터도 없고, 자격이 있으면 비행허가를 신청할 때의 절차를 간략하게 할 수 있어서 편리해.

여 : 그래? 드론은 지금 산간지방으로 짐을 배달하는 서비스로 사용되고 있대.

남 : 그뿐만이 아니야. 제일 기대되는 건 농사야. 농약이나 씨를 뿌리거나 정말 눈 깜짝할 사이에 할 수 있으니까, 맛다 과일 수분에도 이용하는 실험도 시작됐어.

여 : 그렇구나. 그럼 드론을 사용한 일도 늘어나겠네?

남 : 그럴 것 같아.

う間にできるから、そうそう果物の授粉にも利用する実験も始まったよ。

F：そうなんだ。じゃ、ドローンを使った仕事も増えてくるわね。

M：そうだと思うよ。

男の人はどうしてドローンの操縦教室に行きますか。

1 ドローンの仕事がしたいから
2 自分では飛ばせないから
3 資格がないと飛ばせないから
4 飛行許可の申請が楽にできるから

2番

男の人と女の人が会社経営について話しています。男の人はどうして秋田に帰りますか。

M：父が急に亡くなったので僕は秋田に帰らなければならなくなったんだ。

F：えっ、会社辞めるの？ 仕事が面白いって言ったじゃない。弟さんだっているんでしょ。

M：弟は医者だから会社を継げないんだ。

F：だからと言って、何もあなたが…。親戚の人も副社長もいるでしょ？

M：そうなんだけど、幼い時から工場で父の仕事を見てきたんだ。物を作る仕事も好きだし、いつかは継ぐつもりだったから。でもこんなに早いとは思わなかったよ。

F：素人のあなたが経営してもうまくいかないわよ。

M：逆に素人だから違った目で見ることもできると思うんだ。

F：随分、楽観的なのね。

M：経営者は楽観的じゃないと駄目だと思うんだ。

男の人はどうして秋田に帰りますか。

1 会社を継げる人がいないから
2 今の会社の仕事が嫌になったから
3 昔から会社を継ぐつもりだったから
4 会社を継いでほしいと言われたから

3番

女の人が男の人にインタビューしています。女の人はどうしてなかなかできることではないと言いましたか。

F：竹チップ農法というのを推進していらっしゃいま

남자는 왜 드론의 조종교실에 갑니까?

1 드론의 일을 하고 싶으니까
2 스스로 날릴 수 없으니까
3 자격이 없으면 날릴 수 없으니까
4 비행 허가 신청을 쉽게 할 수 있으니까

해설

'자격이 있으면 비행 허가 신청의 절차를 간략하게 할 수 있어서 편리해'란 내용이 있으므로 선택지 4번이 답이 된다. 선택지 1번에 대한 서술은 없으며, 선택지 2번, 날리는 것은 할 수 있다고 했다. 선택지 3번, 자격이 있으면 신청할 때 절차가 간략해지는 것이며, 자격이 없어도 드론을 날릴 수 있다.

2번

남자와 여자가 회사 경영에 대해 이야기하고 있습니다. 남자는 왜 아키타로 돌아갑니까?

남：아버지가 갑자기 돌아가셔서 난 아키타로 돌아가야 되게 됐어.

여：뭐? 회사 그만두는 거야? 일이 재미있다고 했잖아. 동생도 있지?

남：동생은 의사라서 회사를 이을 수가 없어.

여：그렇다고 해서 뭐 당신이…. 친척도 있고 부사장도 있잖아?

남：그렇긴 한데, 어릴 적부터 공장에서 아버지의 일을 봐 왔어. 물건 만드는 일도 좋아하고, 언젠간 이을 생각이었으니까. 근데 이렇게 빠를 줄은 몰랐어.

여：아마추어인 당신이 경영해도 잘 안돼.

남：반대로 아마추어이기 때문에 다른 눈으로 볼 수도 있다고 생각해.

여：상당히 낙관적이네.

남：경영자는 낙관적이지 않으면 안 된다고 생각해.

남자는 왜 아키타로 돌아갑니까?

1 회사를 이을 수 있는 사람이 없으니까
2 지금 있는 회사에서 하는 일이 싫어졌기 때문에
3 옛날부터 회사를 이을 생각이었기 때문에
4 회사를 잇길 바란다는 말을 들었기 때문에

해설

'언젠간 이을 생각이었으니까'라는 언급이 있으므로 선택지 3번이 답이 된다. 선택지 1번, 친척이나 부사장도 있다고 했으므로 맞지 않다. 선택지 2번, 회사 일은 재밌다고 했으며 선택지 4번에 대한 언급은 없다.

3번

여자가 남자에게 인터뷰하고 있습니다. 여자는 왜 좀처럼 할 수 있는 일이 아니라고 했습니까?

여：대나무칩 농법이라는 것을 추진하고 계시는데, 어떤 방법인가요?

すが、どのような方法ですか。

M: 竹林の竹を細かいチップにしてまくと、チップの発酵熱で地中の温度が60度ぐらいまで上がります。すると土が温かいので竹の子は冬なのに土の中で成長を始めます。私は竹の子が土から出て光を浴びる前に掘り出しています。

F : それが白子タケノコと呼ばれる美味しい竹の子なんですね。普通の竹の子と違って新鮮で甘くて香りがよく、えぐみがほとんどないと料理人から聞きました。

M: ええ、竹の子は光を浴びると甘味がえぐみに変わるのでまずくなります。でもこの竹の子は生で食べてもこりこりした触感がよくとても美味しいです。

F : でも高いですね。一般の竹の子は高くても１キロ1000円なのに5000円もするんですから。

M: ええ、一般の竹の子より早く、冬のうちに掘り出すんですが、見つけるのが難しいからなかなか手に入りません。希少価値があるし、味もいいですからね。

F : ところでこの農法を公開しているのはなぜですか。

M: 確かに数百万円の売り上げは惜しいですが、特許を取るより放置竹林の解決策になったほうが世の中のためになると考えました。

F : 確かにそうですが…。なかなかできることではありませんね。

女の人はどうしてなかなかできることではないと言いましたか。

1 竹チップ農法は開発が難しいから
2 自分の利益を優先していないから
3 売り上げを他の人にもわけているから
4 まずい竹の子を美味しく食べられるようにしたから

4番

お母さんと息子が話しています。どうしてバイクで旅行しますか。

F : お金もないのに日本一周するなんて無理なこと止めて。

M: 大丈夫。宅配のアルバイトをしながら回るから。

F : 旅行しながらじゃそれほど稼げないでしょう？

M: 人によって違うけど、多い人は月50万も稼ぐそう

남 : 대나무숲의 대나무를 작은 칩으로 만들어 뿌리면, 칩의 발효열로 땅속 온도가 60도 정도까지 올라갑니다. 그러면 땅이 따뜻하기 때문에 죽순은 겨울인데도 땅속에서 성장을 시작합니다. 저는 죽순이 땅에서 나와 빛을 받기 전에 파내고 있습니다.

여 : 그게 하얀 죽순이라고 불리는 맛있는 죽순이죠? 보통의 죽순과 달리 신선하고 달고 향도 좋아 아린 맛이 거의 없다고 요리사한테 들었어요.

남 : 네, 죽순은 빛을 받으면 단맛이 아린 맛으로 변해서 맛이 없어집니다. 하지만 이 죽순은 날것으로 먹어도 쫄깃쫄깃한 촉감이 좋아 아주 맛있습니다.

여 : 근데 비싸네요. 일반 죽순은 비싸도 1kg에 1000엔인데 5000엔이나 하니까요.

남 : 네, 일반 죽순보다 일찍 겨울 안에 캐내는데요, 찾기가 어려워서 좀처럼 구할 수가 없어요. 희소가치가 있고 맛도 좋으니까요.

여 : 그런데 이 농법을 공개하고 있는 건 왜죠?

남 : 확실히 수백만 엔의 매출은 아깝지만, 특허를 따는 것보다 방치된 대나무숲의 해결책이 되는 편이 더 세상을 위한 것이 된다고 생각했습니다.

여 : 확실히 그렇긴 한데요…. 좀처럼 할 수 있는 일이 아니네요.

여자는 왜 좀처럼 할 수 있는 일이 아니라고 했습니까?

1 대나무칩 농법은 개발이 어렵기 때문에
2 자신의 이익을 우선하지 않았기 때문에
3 매출을 다른 사람에게도 나눠주고 있기 때문에
4 맛없는 죽순을 맛있게 먹을 수 있도록 했기 때문에

해설

'특허를 따는 것보다 방치된 대나무숲의 해결책이 되는 편이 더 세상을 위한 것이 된다'라는 언급이 있으므로 선택지 2번이 답이 된다. 선택지 3번, 그가 번 매출을 나누는 것이 아니므로 맞지 않다.

4번

어머니와 아들이 이야기하고 있습니다. 왜 오토바이로 여행합니까?

여 : 돈도 없는데 일본일주를 하다니 무리한 건 그만둬.

남 : 괜찮아. 택배 아르바이트를 하면서 돌아다니니까.

여 : 여행다니면서는 그렇게 못 벌걸?

남 : 사람에 따라 다르지만 많은 사람은 한 달에 50만엔이나 번다고 해. 나도 한 달 한가할 때만 해서 10만 엔이 됐으니까, 출발하기로 했어.

だよ。僕も1か月暇な時だけやって10万円になったから、出発することにしたんだ。

F：行きたいところへ行って好きな時だけ働くってこと？

M：うん。バイクだから北の果てまでも楽々行けるでしょ？

F：そうね。でも、交通事故にならないように気を付けて。

M：うん、わかった。

どうしてバイクで旅行しますか。

1 お金がたくさん稼げるから
2 日本の北の果てに行きたいから
3 働きながら旅行できるから
4 アルバイトのついでに色々回れるから

5番

女の人が作業着スーツについて話しています。この作業着の一番重要な要素は何だと言っていますか。

F：この作業着は見た目はスーツですが、洗濯機で丸洗いできます。伸び縮みしますから一般的な作業着と同様に作業が楽にできます。水も弾きますから汚れにくいし、外の作業時の急な雨にも対応できます。何より作業員さんが喜びます。職業に貴賎はないとはいえ、電車に乗る時に、普通の作業着だと気が引けると言う声を聞きました。ですからスーツのような作業着は人手不足の解消に役立つかもしれません。勿論、作業着としての機能は重要ですから、ズボンのポケットは小物を落とさないようにジッパー付きですし、ウエストの後ろはゴムにして生地はしわになりにくい素材を使用しました。実際に着てみないとなかなかよさが伝わりませんので是非ご試着ください。

この作業着の一番重要な要素は何だと言っていますか。

1 丸洗いできる作業着
2 着て楽な作業着
3 機能性がある作業着
4 スーツに見える作業着

여 : 가고 싶은 곳에 가서 원할 때만 일한다는 말이야?
남 : 응. 오토바이니까 북쪽 끝까지도 쉽게 갈 수 있잖아?
여 : 그렇지. 하지만 교통사고가 나지 않도록 조심해.
남 : 응, 알겠어.

왜 오토바이로 여행합니까?

1 돈을 많이 벌 수 있으니까
2 일본의 북쪽 끝에 가고 싶으니까
3 일하면서 여행할수 있으니까
4 아르바이트 하는 김에 여기저기 돌아다닐 수 있으니까

해설

택배 아르바이트를 하면서 돌아다닌다고 했으므로 선택지 3번이 답이 된다. 선택지 4번, 아르바이트 보다는 여행이 목적이므로 선택지 3번이 정답에 더 가깝다.

5번

여자가 작업복 정장에 대해 이야기하고 있습니다. 이 작업복의 가장 중요한 요소는 무엇이라고 하고 있습니까?

여 : 이 작업복은 겉보기에는 정장입니다만, 세탁기에 통째로 빨 수 있습니다. 신축성이 있어 일반 작업복과 마찬가지로 편하게 작업할 수 있습니다. 물도 튕기기 때문에 쉽게 더러워지지 않고 외부 작업 시의 갑작스러운 비에도 대응할 수 있습니다. 무엇보다 작업자들이 좋아합니다. 직업에 귀천은 없다고는 하나, 전철을 탈 때 보통의 작업복이면 주눅이 든다는 소리를 들었습니다. 그래서 정장 같은 작업복은 일손 부족 해소에 도움이 될지도 모릅니다. 물론 작업복으로서의 기능은 중요하기 때문에, 바지 포켓은 작은 물건을 떨어뜨리지 않도록 지퍼가 달려 있고, 허리 뒤는 고무줄로 하고 원단은 주름이 잘 생기지 않는 소재를 사용했습니다. 실제로 입어 보지 않으면 좀처럼 좋은 점이 전달되지 않으니 꼭 한 번 입어 보십시오.

이 작업복의 가장 중요한 요소는 무엇이라고 하고 있습니까?

1 통째로 빨 수 있는 작업복
2 입어서 편한 작업복
3 기능성이 있는 작업복
4 정장으로 보이는 작업복

해설

선택지 1, 2, 3번은 각각 작업복으로서 일반화된다. 선택지 4번은 작업자가 좋아하며 일손부족이 해소될 수 있을지도 모른다고 말한다. 새로운 요소이기 때문에 알맞다.

6番

男の人が学生達に話しています。外貨を稼ぐためにどうすればよいと言っていますか。

M: 歴史を見れば隆盛な産業がずっとトップを走り続けたということはありません。国として外貨を稼ぐために観光に力を入れてきたことも間違いではありません。しかし、人の移動がままならない今の状況を考えると何かを変える時が来た気がします。みなさんお気づきのように最近スターのラッピングバスや顔写真の広告があちこちで目立つようになりました。ファンがお金を出して好きなタレントを応援しているのです。このようなことは初めてで、世界中からお金が集まってきています。つまり外貨を稼いでいるのです。ここにこれからどちらに向かっていけばよいのかのヒントがあるのではないでしょうか。

外貨を稼ぐためにどうすればよいと言っていますか。

1 観光より芸能産業を中心にするのがよい。
2 もっと人気があるスターの広告を出すのがよい。
3 成功しているやり方から新しい方法を見つけるのがよい。
4 更にたくさんのスターを世界進出させる方法がよい。

6번

남자가 학생들에게 이야기하고 있습니다. 외화를 벌기 위해서 어떻게 하면 된다고 말하고 있습니까?

남 : 역사를 보면 번성한 산업이 줄곧 선두를 계속 달리는 일은 없습니다. 국가로서 외화를 벌기 위해 관광에 힘써 온 것도 틀리지 않습니다. 그러나 사람의 이동이 쉽지 않은 지금의 상황을 생각하면 무언가를 바꿀 때가 온 것 같습니다. 여러분도 눈치채셨듯 최근 스타의 래핑버스나 얼굴 사진 광고가 여기저기서 눈에 띄게 되었습니다. 팬들이 돈을 내고 좋아하는 연예인을 응원하는 것입니다. 이런 일은 처음이며 전 세계에서 돈이 모이고 있습니다. 즉, 외화를 벌고 있는 것입니다. 여기에 앞으로 어느 쪽을 향해 가면 좋은지 힌트가 있는 것은 아닐까요.

외화를 벌기 위해서 어떻게 하면 된다고 말하고 있습니까?

1 관광보다 연예산업을 중심으로 하는 것이 좋다.
2 더 인기 있는 스타의 광고를 내는 것이 좋다.
3 성공하고 있는 방식에서 새로운 방법을 찾는 것이 좋다.
4 더 많은 스타를 세계로 진출시키는 방법이 좋다.

해설

외화를 버는 방법은 항상 변하고 있다고 했다. 현재는 연예계 스타의 광고로 외화를 벌어 성공하고 있으며, 여기에 힌트가 있다고 했다. 따라서 선택지 3번이 가장 적당하다. 선택지 1번, 연예산업은 변화되는 하나의 예로 들었을 뿐 중심적으로 하자는 것은 아니다. 선택지 2, 4번에 대한 서술은 없다.

問題 3

例

女の人が男の人に映画の感想を聞いています。

F : この間話してた映画、見に行ったんでしょ？ どうだった？

M: うん、すごく豪華だった。衣装だけじゃなくて、景色もすべて、画面の隅々までとにかくきれいだったよ。でも、ストーリーがなあ。主人公の気持ちになって、一緒にドキドキして見られたらもっとよかったんだけど、ちょっと単調でそこまでじゃなかったな。娯楽映画としては十分楽しめると思うけどね。

男の人は映画についてどう思っていますか。

1 映像も美しく、話も面白い。
2 映像は美しいが、話は単調だ。
3 映像もよくないし、話も単調だ。
4 映像はよくないが、話は面白い。

문제 3

예

여자가 남자에게 영화의 감상을 묻고 있습니다.

여 : 요전에 이야기했던 영화, 보러 갔었지? 어땠어?

남 : 응, 굉장히 화려했어. 의상뿐만 아니라 경치도 모두, 화면의 구석구석까지 어쨌든 아름다웠어. 하지만 스토리가 좀~. 주인공이 된 기분이 돼서 함께 두근거리며 볼 수 있었으면 더 좋았을 텐데, 좀 단조롭고 그렇게까지는 아니었어. 오락 영화로서는 충분히 즐길 수 있다고 생각하지만 말야.

남자는 영화에 대해서 어떻게 생각하고 있습니까?

1 영상도 아름답고, 이야기도 재미있다.
2 영상은 아름답지만, 이야기는 단조롭다.
3 영상도 좋지 않고, 이야기도 단조롭다.
4 영상은 좋지 않지만, 이야기는 재미있다.

해설

'의상, 경치, 화면까지 아름다웠지만 스토리가 좀~'이라고 하면서 단조로웠다고 했다. 따라서 선택지 2번이 답이 된다.

1番

女の人が東京の農業について話しています。

F：東京は大都会ですが、都心から電車で1時間も行けば住宅地の中に畑が見られます。地域によって違いますが、思ったより多くの野菜が作られています。中でも菜花、わさび、唐辛子、小松菜などの生産量は全国でも10位以内です。消費地に近く新鮮な農産物が届けられるという利点もあってそれなりに頑張っているとは思いますが、年々、農作地が住宅に変更されている現実もあります。緑の農地は私達の心を和ませてくれるだけでなく、水を吸収して土や空気の熱を奪って気温上昇を抑えることもできるし、災害時の避難場所にもなります。市民農園や農業体験などを提供している地域では心身のリフレッシュに役立っています。また、多くの人が驚くでしょうが、水田や農業用水もあってドジョウやカエルなど様々な生き物も見られます。

都市農業の利点は何だと言っていますか。

1 消費地が近いので農産物が安く提供できる。
2 いつでも住宅地として売ることができる。
3 憩いの場を提供することで病人を減らせる。
4 緑を見ると心が癒されるし避難場所にもなる。

2番

男の人が新しく開発した繊維について話してします。

M: 本日ご紹介したいのは切りっぱなしでもほつれない布です。端を縫わずに済みますから、独創的なカットラインも可能です。しなやかで軽く、張りがありながら伸縮性もありますから、デザイナーにとって使いやすい素材です。一般的な布に比べて縦糸だけでも1万から2万本という驚異的な数の糸を使って高密度で織り上げるのは大変難しく開発に時間がかかりました。しかし安い海外産の生地に市場を奪われ続けてきた日本の繊維業界には生き残りをかけた製品が必要でした。現在日本の「天女の羽衣」という大変薄い布がファッション界で確固たる地位を占めています。わが社の製品はまだ産声を上げたばかりですが、それに続く存在になれるよう努力するつもりです。

1번

여자가 도쿄의 농업에 대해 이야기하고 있습니다.

여 : 도쿄는 대도시입니다만, 도심에서 전철로 1시간 정도만 가면 주거지 안에 밭(이 있는 것)을 볼 수 있습니다. 지역에 따라 다르지만, 생각보다 많은 채소가 재배되고 있습니다. 그 중에서도 유채(식용), 고추냉이, 고추, 소송채 나물 등의 생산량은 전국에서도 10위 이내입니다. 소비지에 가까워 신선한 농산물을 보낼 수 있다는 이점도 있어서 나름대로 노력하고 있다고는 생각합니다만, 해마다 농작지가 주택으로 변경되고 있는 현실도 있습니다. 녹색 농지는 우리의 마음을 진정시켜 줄 뿐만 아니라 물을 흡수하고 땅과 공기의 열을 빼앗아 기온 상승을 억제할 수도 있으며, 재해시의 피난 장소도 됩니다. 시민농원이나 농업체험 등을 제공하고 있는 지역에서는 심신 재충전에 도움이 되고 있습니다. 또한, 많은 사람들이 놀라겠지만, 논이나 농업용수도 있어 미꾸라지나 개구리 등 다양한 생물도 볼 수 있습니다.

도시 농업의 이점은 뭐라고 말하고 있습니까?

1 소비지가 가까워 농산물을 저렴하게 제공할 수 있다.
2 언제든지 주택지로서 팔 수 있다.
3 쉼터를 제공함으로써 환자를 줄일 수 있다.
4 신록을 보면 마음이 치유되며 피난장소도 된다.

해설

'녹색 농지는 우리의 마음을 진정시켜 줄 뿐만 아니라~심신 재충전에 도움이 되고 있습니다'를 보면 답은 선택지 4번이 된다.

2번

남자가 새로 개발한 섬유에 대해 이야기하고 있습니다.

남 : 오늘 소개드리고 싶은 것은 자른 채로 두어도 풀리지 않는 천입니다. 가장자리를 꿰매지 않아도 되기 때문에, 독창적인 커트라인도 가능합니다. 유연하며 가볍고 탄력이 있으면서 신축성도 있기 때문에, 디자이너에게 사용하기 쉬운 소재입니다. 일반적인 천에 비해 날실만으로도 1만에서 2만 가닥이라는 경이로운 수의 실을 사용해 고밀도로 짜내는 것은 대단히 어려워서 개발에 시간이 걸렸습니다. 하지만 값싼 해외 원단에 시장을 계속 빼앗겨 온 일본 섬유업계에는 생존을 건 제품이 필요했습니다. 현재 일본의 '선녀의 날개옷'이라는 아주 얇은 천이 패션계에서 확고한 위치를 차지하고 있습니다. 저희 회사 제품은 아직 새로 시작한지 얼마 안되지만, 그것을 잇는 존재가 될 수 있도록 노력할 생각입니다.

남자는 어떤 이야기를 하고 있습니까?

1 풀리지 않는 천은 이미 세계시장을 석권하고 있다.
2 풀리지 않는 천은 새로운 디자인을 만들어낼 가능성이 있다.
3 풀리지 않는 천은 일본 섬유계가 부활하는 선봉이 될 것이다.
4 풀리지 않는 천이나 선녀의 날개옷을 짜려면 고도의 기술이 필요하다.

男の人はどんなことを話していますか。

1 ほつれない布は既に世界市場を席巻している。
2 ほつれない布は新デザインを生み出す可能性がある。
3 ほつれない布は日本繊維界が復活する先陣となるだろう。
4 ほつれない布や天女の羽衣を織るには高度の技術が必要だ。

3番

男の人が企業形態について話しています。

M: 同族企業というと経営権争いなど悪いイメージがありますが、過去40年の上場企業の統計では上場企業の約３割を占める同族企業の方が、非同族企業よりも成長率も利益率も高かったそうです。同族企業は世界でも多い経営形態で、アメリカでも約３割が同族経営だそうです。世界的に有名なアメリカの小売り最大手のウォルマート、韓国のサムスン電子もそうです。非同族企業は社長の任期が短いので早く利益を上げようとする傾向があります。その点、同族企業は中長期的な方向性を持つことができるので、画期的な製品が生まれやすいです。また、決断が早いのでチャンスを逃すことも少ないです。勿論上に立つ人の力量によって会社の運命も左右されがちだという欠点もあります。

男の人は同族企業について何と言っていますか。

1 同族企業は非同族企業にない有能な経営者がいる。
2 同族企業で一番大切なのは経営者の資質である。
3 同族企業には悪いイメージをしのぐ長所がある。
4 同族企業の欠点は経営権争いなどが起きることである。

4番

女の人が断捨離について話しています。

F: 断捨離とは本当に必要なものしか買わず、要らないものを断つ断、要らない物を捨てる捨、いつか使えるという執着から離れる離を合わせた言葉です。片づける時はまず物を全て出してから、物を断捨離する物と残す物に分けます。１年使わなければ捨てる、1つ買ったら捨てる、もう一度買いたいと思わない物は捨てる、忘れていた物は捨て

해설

'가장자리를 꿰매지 않아도 되기 때문에, 독창적인 커트라인도 가능합니다'라고 했으므로 선택지 2번이 가장 알맞다. 선택지 1번, 새로 시작한지 얼마 안 됐으므로 석권하고 있는 것이 아니다. 선택지 3번, 이미 '선녀의 날개옷'이 패션업계에서 확고한 위치를 차지하고 있다. 선택지 4번, 매우 어렵다는 내용은 있었지만 고도의 기술이 필요하다는 언급은 없다.

3번

남자가 기업 형태에 대해 이야기하고 있습니다.

남 : 동족기업이라고 하면 경영권 분쟁 등 나쁜 이미지가 있지만, 지난 40년 상장기업 통계에서는 상장기업의 약 30%를 차지하는 동족기업이 비동족기업보다 더 성장률과 이익률 모두 높았다고 합니다. 동족기업은 세계에서도 많은 경영형태로, 미국에서도 약 30%가 동족경영이라고 합니다. 세계적으로 유명한 미국의 소매 최대 대기업인 월마트, 한국의 삼성전자도 그렇습니다. 비동족기업은 사장의 임기가 짧아 이익을 빨리 올리려고 하는 경향이 있습니다. 그 점에서, 동족기업은 중장기적인 방향성을 가질 수 있기 때문에, 획기적인 제품이 나오기 쉽습니다. 또, 결단이 빠르기 때문에 기회를 놓치는 일도 적습니다. 물론 위에 서는 사람의 역량에 따라 회사의 운명도 좌우되기 쉽다는 단점도 있습니다.

남자는 동족기업에 대해 뭐라고 말하고 있습니까?

1 동족기업은 비동족 기업에 없는 유능한 경영자가 있다.
2 동족기업에서 가장 중요한 것은 경영자의 자질이다.
3 동족기업에는 나쁜 이미지를 능가하는 장점이 있다.
4 동족기업의 단점은 경영권 분쟁 등이 일어나는 것이다.

해설

동족기업이라고 하면 경영권 분쟁 등 나쁜 이미지가 있지만, 뒤에 여러 장점을 들고 있고 성장률과 이익률 모두 높았으므로 나쁜 이미지를 능가하는 장점이 있다는 선택지 3번이 가장 알맞다. 선택지 2번, 가장 중요하다고는 하지 않았으며, 선택지 4번, 단점은 경영자의 역량에 따라 회사의 운명이 좌우되는 것이다.

4번

여자가 단사리(断捨離)에 대해서 이야기하고 있습니다.

여 : 단사리란 정말로 필요한 것밖에 사지 않고, 필요 없는 것을 끊는 단, 필요 없는 것을 버리는 사, 언젠가 쓸 수 있다는 집착에서 벗어나는 리를 합친 말입니다. 정리할 때는 먼저 물건을 모두 꺼낸 후, 물건을 단사리할 것과 남길 것으로 나눕니다. 1년을 쓰지 않으면 버리기, 하나 사면 버리기, 다시 한번 사고 싶다는 생각이 들지 않는 물건은 버리기, 잊고 있던 물건은 버리기, 시각적으로 눈에 거슬리는 물건은 버리기 등 버리는 기준은 다양합니다. 자신에게 맞는 규칙을 정합시다. 버리고 후회하는 사람도 있으니까요. 쓰레기집은

る、視覚的に目障りな物は捨てるなど捨てる基準は色々です。自分に合ったルールを決めましょう。捨てて後悔する人もいるからです。ごみ屋敷は論外ですが、物がたくさんあってもその人にとって幸せならばそのままでよいと思います。

女の人はどのような意見ですか。

1 断捨離すると良いことばかりだ。
2 断捨離は物を捨てることから始まる。
3 必ずしも断捨離しなくてもよい。
4 物に溢れて生活しても問題は起きない。

5番

男の人が無電柱化について話しています。

M: 美しい景観には無電柱化が必要不可欠だと思います。ロンドン、パリなどは100%電信柱がないのに日本は東京ですら５%ぐらいに留まっています。１キロ当たり約5.3億円もかかる費用の問題もあるので、行政は補助金を出したりして無電柱化を進めています。しかしもう一つ重大な問題があります。無電柱化には機器を置く場所が必要で道幅が狭いとできません。観光地京都の先斗町は30の機器のうち12個は民有地に置かれています。街を良くしたいという住民の共通の思いから実現しました。行政に働きかけるだけでなく自分たちでできることがあります。先斗町はその例になりました。

先斗町はどんな例だと言っていますか。

1 民有地を使用したほうがよいという例
2 行政が民有地を使用させたという例
3 民間が土地使用に協力したという例
4 個人が土地を提供させられたという例

논외지만, 물건이 많이 있어도 그 사람에게 행복하다면 그대로 두어도 좋다고 생각합니다.

여자는 어떤 의견입니까?

1 단사리하면 좋은 일뿐이다.
2 단사리는 물건을 버리는 것부터 시작된다.
3 반드시 단사리하지 않아도 된다.
4 물건이 넘치게 생활해도 문제는 일어나지 않는다.

해설

행복하다면 단사리(断捨離)가 필요 없는 경우도 있으므로 선택지 3번이 답이 된다. 선택지 1번, 후회하는 사람도 있다고 했으므로 맞지 않다. 선택지 2번, 먼저 물건을 단사리할 것과 남길 것으로 나눈다고 했다. 선택지 4번, 물건이 넘쳐나는 쓰레기 집은 논외라고 했다.

5번

남자가 무전신주화에 대해 이야기하고 있습니다.

남 : 아름다운 경관에는 무전신주화가 필요 불가결하다고 생각합니다. 런던, 파리 등은 100% 전신주가 없는데 일본은 도쿄에서조차 5%정도에 멈춰 있습니다. 1킬로미터당 약 5.3억 엔이나 드는 비용 문제도 있기 때문에, 행정은 보조금을 주거나 하여 무전신주화를 추진하고 있습니다. 그러나 또 한가지 중대한 문제가 있습니다. 무전신주화에는 기기를 두는 장소가 필요해서 도로 폭이 좁으면 불가능합니다. 관광지 교토의 폰토 마을은 30개의 기기 중 12개는 사유지에 두고 있습니다. 거리를 개선하고자 하는 주민들의 공통된 생각에서 실현되었습니다. 행정에서 힘쓰는 것 뿐만 아니라 우리 자신이 할 수 있는 일이 있습니다. 폰토 마을은 그 예가 되었습니다.

폰토 마을은 어떤 예라고 말하고 있습니까?

1 사유지를 사용하는 편이 더 좋다는 예
2 행정이 사유지를 사용하게 한 예
3 민간이 토지사용에 협력했다는 예
4 개인이 토지를 억지로 제공했다는 예

해설

거리를 개선하고자 하는 주민들의 공통된 생각에서 사유지에 전신주가 놓이게 되었으므로 선택지 3번이 가장 알맞다. 선택지 1번에 대한 서술은 없으며, 선택지 2번, 사유지는 행정에서 강제적으로 한 것이 아니다. 선택지 4번, 개인이 억지로 한 것이 아니라 협력한 것이다.

問題 4

문제 4

例

M: ああ、今日は、お客さんからの苦情が多くて、仕事にならなかったよ。

F : 1．いい仕事、できてよかったね。
2．仕事、なくて大変だったね。
3．お疲れ様、ゆっくり休んで。

예

남 : 아~ 오늘은 손님에게서 온 클레임이 많아서 일을 못했어.

여 : 1 일이 잘 되어서 다행이네.
2 일이 없어서 힘들었구나.
3 수고했어, 푹 쉬어.

해설

苦情는 '불평, 불만, 클레임', 仕事にならない는 '일이 안 된다, 일을 못 했다'는 뜻이므로 클레임이 많아서 일을 못했다고 얘기하고 있다. 따라서 수고했다고 푹 쉬라고 말한 선택지 3번이 대답으로 알맞다.

1番

F : 明日は天候のいかんにかかわらず出発しなければならないです。

M: 1．雨が上がるといいんだけど。
2．雨が降ったら止めるんですね。
3．雨が止むのを待つんですね。

1번

여 : 내일은 날씨 여하에 관계없이 출발해야 합니다.

남 : 1 비가 그쳤으면 좋겠는데.
2 비가 오면 그만두겠네요?
3 비가 그치기를 기다리는군요?

해설

~いかんにかかわらず는 '~여하에 관계없이'라는 뜻으로, 보통 명사+の의 형태로 접속한다. 즉 여자가 비가 와도 출발해야 한다고 했으므로 비가 그쳤으면 좋겠다고 말한 선택지 1번이 답이 된다.

2番

M: テストの点が悪い学生もいるけど、一人たりとも落第させたくないなあ。

F : 1．じゃ、落第したくないです。
2．じゃ、再テストをさせましょう。
3．じゃ、採点を始めましょう。

2번

남 : 시험 점수가 나쁜 학생도 있지만, 한 명이라도 낙제시키고 싶지 않아.

여 : 1 그럼, 낙제하고 싶지 않아요.
2 그럼, 재시험을 시킵시다.
3 그럼, 채점을 시작합시다.

해설

~たりとも는 '~(이)라도'라는 뜻으로, 보통 「1+조수사+たりとも」의 형태를 띤다. 한 명이라도 낙제를 시키고 싶지 않다고 했으므로 재시험을 보게 하자는 선택지 2번이 적당하다. 선택지 3번, 점수가 나쁜 학생이 있다는 것은 이미 채점을 끝낸 것이므로 맞지 않다.

3番

F : 親を亡くして一人で頑張ってきた話を聞いて涙を禁じ得なかった。

M: 1．泣いてはいけないんですね。
2．涙が出なかったんですね。
3．同情したんですね。

3번

여 : 부모님을 여의고 혼자 힘겹게 살아온 얘기를 듣고 눈물을 금할 수 없었다.

남 : 1 울면 안 되는군요.
2 눈물이 안 났군요.
3 동정했군요.

해설

~を禁じ得ない는 '~을 금할 수 없다'라는 뜻이다. 눈물을 금할 수 없었다는 것은 울어버렸다는 뜻이므로 선택지 1, 2번은 맞지 않다. 불쌍하게 생각해서 운 것이므로 선택지 3번이 적당하다.

4番

M: 母の忠告をよそに遊んでいたばかりに試験に落ちてしまった。

F：1．親の言うことは聞いたほうがいいわね。
　2．親の忠告を聞きたくなかったんです。
　3．遊んでいたのに大丈夫だったんですか。

4번

남 : 어머니의 충고를 아랑곳하지 않고 놀았던 탓에 시험에 떨어지고 말았다.

여 : 1 부모님의 말씀은 듣는 편이 좋아.
　2 부모님의 충고를 듣고 싶지 않았어요.
　3 놀고 있었는데 괜찮았어요?

해설

～をよそには '～을 아랑곳하지 않고', ～ばかりには '～탓에, ～바람에'라는 뜻이다. 놀기만 해서 시험에 떨어졌다고 말하고 있으므로, 부모님의 말씀은 듣는 편이 좋다고 말하는 선택지 1번이 답이 된다.

5番

M: 頼まれれば貸さないこともなかったものを。

F：1．いくら貸したんですか。
　2．どうして頼んだんでしょうか。
　3．なぜ何も言ってこなかったんでしょうか。

5번

남 : 부탁을 받으면 빌려주지 않는 것도 아니었을 텐데(빌려줄 수도 있었을 텐데).

여 : 1 얼마 빌려주었어요?
　2 왜 부탁했을까요?
　3 왜 아무 말도 안 했을까요?

해설

～ないこともない는 '～하지 않는 것도 아니다'라는 뜻으로 완전히 불가능한 것은 아님을 나타낸다. 따라서 빌려줄 수도 있었는데 '왜 아무말도 안했을까요?'라고 말한 선택지 3번이 답이 된다.

6番

M: 年の瀬とあってどこも買い物客で溢れているなあ。

F：1．どの店もお客でいっぱいだわね。
　2．お正月が混むのは当たり前ですよ。
　3．お店が空いててよかったわ。

6번

남 : 연말이라서 어디나 쇼핑객으로 넘쳐나는군.

여 : 1 어느 가게나 손님으로 가득하네.
　2 설날이 붐비는 것은 당연해요.
　3 가게가 비어 있어서 다행이야.

해설

～とあって가 '～이라서'라는 문법표현, 그리고 年の瀬가 '연말'이라는 의미를 알아야 풀 수 있는 문제이다. 溢れている를 いっぱいだ로 맞장구친 선택지 1번이 답이 된다. 선택지 2번은 연말인데 설날이라고 대답하므로 맞지 않고, 선택지 3번은 '비어 있다'는 空いてる로 대답하고 있으므로 맞지 않다.

7番

M: 兄にひきかえ僕は運動が全然駄目だからサッカーなんかしたくないよ。

F：1．足が速いんだから走って。
　2．お兄さんの代わりだから大丈夫よ。
　3．でも、選手が１人足りないのよ。

7번

남 : 형과는 반대로 나는 운동을 전혀 못해서 축구 같은 건 하고 싶지 않아.

여 : 1 발이 빠르니까 뛰어.
　2 형 대신이니까 괜찮아.
　3 하지만 선수가 한 명 부족하단 말이야.

해설

～にひきかえ는 '～와는 달리, ～와는 반대로'라는 뜻이다. 선택지 1번, 운동을 못한다고 했는데 발이 빠르다고 하는 것은 어색하다. 선택지 2번, 상황에 따라서는 형처럼 운동은 못하지만 형 대신이니까 괜찮다고 한 대답도 가능할 수 있지만, 그래도 해야 되는 확실한 이유를 말하고 있는 선택지 3번이 더 적당하다.

8番

F：毎週とは言わないまでも、せめて孫に月に１回は会わせてね。

M：１．成長が楽しみなんだよ。

２．週一会えるように努力するよ。

３．可愛いのは当たり前だよ。

8번

여 : 매주까지는 아니더라도, 적어도 한 달에 한 번은 손자를 만나게 해 줘.

남 : 1 성장이 기대돼.

2 일주일에 한번 만날 수 있도록 노력할게.

3 귀여운 건 당연해.

해설

〜ないまでも는 '〜까지는 않더라도'라는 문법표현이다. 가능한 한 많이 만날 수 있도록 노력한다고 말하는 선택지 2번이 가장 적당하다. 선택지 1번은 여자의 대사이고, 선택지 3번은 대화와 관계없는 대답이다.

9番

M：小雨だから傘をさすまでもないよ。

F：１．雨が止んだのね。

２．雨が止むまで待つのね。

３．私は濡れたくないわ。

9번

남 : 가랑비라서 우산을 쓸 필요도 없어.

여 : 1 비가 그쳤구나?

2 비가 그칠 때까지 기다리는구나?

3 나는 젖고 싶지 않아.

해설

小雨는 '가랑비', 〜までもない는 '〜할 것까지도 없다'라는 문법표현이다. 가랑비라도 우산을 안 쓰면 젖으므로, 젖고 싶지 않다는 선택지 3번이 가장 적당하다. 선택지 1번, 가랑비이므로 비가 그친 것이 아니며, 선택지 2번, 남자는 가랑비니까 우산 없이 가자는 말이므로 비가 그치기를 기다리냐고 묻는 대답은 맞지 않다.

10番

F：彼女のファッションときたら見るに堪えないでしょう？

M：１．見ないようにしたらどう？

２．そうでもないんじゃない？

３．我慢して見ることないよ。

10번

여 : 그녀의 패션은 차마 볼 수가 없죠?

남 : 1 보지 않기로 하는 건 어때?

2 그렇지도 않지 않아?

3 참고 볼 필요 없어.

해설

〜ときたら는 '〜은, 〜으로 말할 것 같으면', 〜に堪えない는 '(차마) 〜할 수 없다'라는 문법표현이다. 즉, 그녀의 패션이 정말 심하다는 말에 어울리는 대답을 찾으면 된다. 따라서 선택지 2번이 답이 된다. 선택지 1번, 〜ないようにする는 '〜하지 않기로 하다'란 뜻인데, 이미 본 것이므로 맞지 않다. 선택지 3번, 〜こと(は)ない는 '〜할 필요(는) 없다'라는 뜻으로, 여자가 참고 보는 것은 아니므로 맞지 않다.

11番

M：しばらく甘い物は控えたほうがいいですよ。

F：１．じゃあ、甘い物は絶対に駄目なんですね。

２．じゃあ、どのぐらいなら大丈夫ですか。

３．じゃあ、ケーキだけにします。

11번

남 : 당분간 단 것은 삼가는 게 좋아요.

여 : 1 그럼, 단 것은 절대 안 되는 거네요?

2 그럼, 어느 정도면 괜찮나요?

3 그럼, 케이크만으로 할게요.

해설

控える는 '삼가다'라는 뜻으로 안하거나 적게 하는 것을 의미한다. 따라서 절대 안 된다고는 하지 않았으므로 어느 정도면 괜찮은지 묻는 선택지 2번이 적당하다. 선택지 3번, 케이크는 단 것의 대표적인 것이므로 '케이크는 그만할게요'라고 말하는 것이 자연스럽다.

問題 5

1 番

男の人と女の人が話しています。

M: 乗客が激減したのでうちの村のバス路線は廃止になりそうだ。

F：それは大問題ですよ。若い人はいいですが、お年寄りの足をどう確保したらいいでしょうか。村の人にタクシーの割引券を配りましょうか。それとも村所有のミニバンで町まで送り迎えしますか。

M: 財政が逼迫しているから、割引券は無理だな。ミニバンはバスのように時間を決めて動かすのはちょっと。それより何とかバスを動かせないかな。

F：無理ですよ。じゃ、宅配の人の車に同乗させてもらうのはどうでしょうか。

M: お金を取ったら法律違反になるよ。バスに人と一緒に荷物を載せるのがいいんじゃないか。お客が少なくても荷物の運賃がもらえれば何とかなるんじゃないか。

F：そうですね。だったら両方少ない時のことを考えて、バスじゃなくて小型のバンにしたらどうですか。

M: それはいいね。バス会社に交渉してみるよ。

F：その前にどんな物を運べるかリストアップしましょう。

M: 村の人に市場に出荷する野菜を運ばせてもらうとか。

F：みんなが協力してくれるといいんですけど、たくさんあれば大型バスでもいいし。

M: じゃ、これを議題にして会議で検討しよう。

会議で何を話し合いますか。

1 年寄りにタクシーの割引券を配ること
2 バス会社に人と荷物を一緒に運んでもらうこと
3 村のミニバンを時間を決めて走らせること
4 宅配の車にお金を払って同乗させてもらうこと

문제 5

1번

남자와 여자가 이야기하고 있습니다.

남 : 승객이 격감해서 우리 마을의 버스 노선은 폐지될 것 같아.

여 : 그건 큰 문제예요. 젊은 사람은 괜찮지만, 노인의 교통편을 어떻게 확보하면 좋을까요? 마을 사람들에게 택시 할인권을 나눠줄까요? 아니면 마을 소유의 미니밴으로 마을까지 전송하고 마중할까요?

남 : 재정이 쪼들려서, 할인권은 무리야. 미니밴은 버스처럼 시간을 정해서 운행하기는 좀 그래. 그것보다 어떻게든 버스를 운행시킬 수 없을까?

여 : 무리예요. 그럼, 택배 기사가 차에 동승시켜 주는 것은 어떨까요?

남 : 돈을 받으면 법률 위반이 돼. 버스에 사람과 함께 짐을 싣는 게 좋지 않을까? 손님이 적어도 짐의 운임을 받을 수 있으면 어떻게든 되지 않겠어?

여 : 그렇군요. 그럼 양쪽이 적을 때를 생각해서 버스가 아니라 소형밴으로 하면 어때요?

남 : 그거 좋네. 버스 회사에 협상해 볼게.

여 : 그 전에 어떤 물건을 나를 수 있는지 목록을 만들어봐요.

남 : 마을 사람들이 시장에 출하할 채소를 운반한다던가.

여 : 모두가 협력해 주면 좋겠지만, (짐이) 많으면 대형 버스도 좋고.

남 : 그럼 이것을 의제로 해서 회의에서 검토하자.

회의에서 무엇을 논의합니까?

1 노인에게 택시 할인권을 나누어주는 것
2 버스 회사가 사람과 짐을 함께 운반해주는 것
3 마을의 미니밴을 시간을 정해 운행시키는 것
4 택배차에 돈을 지불하고 동승하는 것

해설

버스 회사에 손님과 짐을 함께 운반하는 것을 회의에서 검토한다고 했으므로 선택지 2번이 알맞다. 선택지 1번, 할인권은 재정상 무리라고 했으며, 선택지 3번, 시간을 정해서 운행하는 하는 것은 좀 그렇다고 부정의 뜻을 보이고 있다. 선택지 4번, 택배는 돈을 받으면 법률위반이 되므로 맞지 않다.

2番

男の人がいろいろな町について紹介しています。

M1: 今日は移住希望のみなさんに４か所ご紹介いたします。まずA町ですが、酪農が盛んで仕事は選ばなければ直ぐにできます。町営住宅は３年間無償ですし、移住費用として30万円が支給されます。次にB町ですが、ここは1年間町の様々な職場を体験しながら改善点や新しいアイディアを出してくれる人を募集しています。1年後その中から職場を選ぶことが可能です。３番目のC村は超高齢化の村ですが、新しいことに挑戦しようと古民家改造を進めています。ここを中心にして田舎生活の体験教室などの地域振興のプロジェクトを始める予定です。アイディア豊富な先駆者となれるような人に来てほしいそうです。最後にD村ですが、林業が盛んで林業関係の仕事は勿論ですが、村で木の家具を作る工場を経営する計画があってそのスタッフを募集しています。村営住宅が無料で提供されますし、何といっても美しい山々に囲まれて生活すると心が癒されると思います。

F：仕事もしなきゃなりませんから迷いますね。

M2: そうですね。僕はIT関連の仕事なのでどこでも大丈夫なんですが。

F：羨ましいです。私はどんな仕事でもいいんですが、何に向いているかわからないんです。

M2: 若いから色々経験した上で決めたらどうですか。

F：そうですね。でもその間の生活費が問題です。

M2: でも、生活費がかかっても後で後悔するよりいいですよ。

F：やっぱり、そうですね。あなたはどうするんですか。

M2: 僕は仕事じゃなくて、地域に貢献したいんです。

F：そうですか。じゃ、何かを生み出すことに関わるのがいいんじゃないでしょうか。

M2: 僕もそうしたいです。

質問１ 女の人はどこへ行きますか。

1 A町　　2 B町
3 C村　　4 D村

質問２ 男の人はどこへ行きますか。

1 A町　　2 B町
3 C村　　4 D村

2번

남자가 여러 마을에 대해 소개하고 있습니다.

남1: 오늘은 이주를 희망하는 여러분에게 4곳을 소개드리겠습니다. 먼저 A마을인데요, 낙농이 활발해서 일은 고르지 않으면 바로 할 수 있습니다. 마을 운영 주택은 3년 간 무상이며, 이주 비용으로 30만 엔이 지급됩니다. 다음으로 B마을인데요, 이곳은 1년 동안 마을의 여러 직장을 체험하면서 개선점이나 새로운 아이디어를 내줄 사람을 모집하고 있습니다. 1년 후 그 중에서 직장을 고르는 것이 가능합니다. 세 번째 C마을은 초고령화 마을이지만, 새로운 것에 도전하려고 오래된 민가 개조를 추진하고 있습니다. 이곳을 중심으로 하여 전원 생활의 체험 교실 등의 지역 진흥 프로젝트를 시작할 예정입니다. 아이디어가 풍부한 선구자가 될 수 있는 그런 사람이 와주었으면 한다고 합니다. 마지막으로 D마을인데요, 임업이 활발해서 임업과 관련된 일은 물론이지만, 마을에서 나무로 된 가구를 만드는 공장을 경영할 계획이 있어 그 직원을 모집하고 있습니다. 마을 운영 주택이 무료로 제공되며, 뭐니뭐니해도 아름다운 산들에 둘러싸여 생활하면 마음이 치유될 것입니다.

여：일도 해야 하니까 망설여지네요.

남2: 그렇군요. 저는 IT 관련 일이라서 어디든 괜찮은데.

여：부러워요. 저는 어떤 일이라도 상관 없는데, 어떤 일이 맞을지 잘 모르겠어요.

남2: 젊으니까 이것저것 경험한 후에 정하는 게 어때요?

여：그렇네요. 하지만 그 동안의 생활비가 문제예요.

남2：하지만, 생활비가 들어도 나중에 후회하는 것보다 나아요.

여：역시 그렇군요. 당신은 어떻게 할거예요?

남2: 저는 일이 아니라, 지역에 공헌하고 싶습니다.

여：그러세요? 그럼 뭔가를 만들어내는 일에 관여하는 것이 좋지 않을까요?

남2: 저도 그러고 싶어요.

질문1 여자는 어디에 갑니까?

1 A마을　　2 B마을
3 C마을　　4 D마을

해설

남자가 '이것저것 경험한 후에 정하는 게 어때요?'라고 하고 여자도 '역시 그렇군요'라고 동의하고 있으므로, 1년 동안 마을의 여러 직장을 체험한 후 직장을 고를 수 있는 B마을이 적당하다.

질문2 남자는 어디에 갑니까?

1 A마을　　2 B마을
3 C마을　　4 D마을

해설

남자는 지역에 공헌하고 뭔가를 만들어내는 일에 관여하고 싶으므로 지역 진흥 프로젝트를 시작하는 C마을이 적당하다.

JLPT 일본어능력시험

한권으로 끝내기 N1

지은이 이치우, 北嶋千鶴子
펴낸이 정규도
펴낸곳 (주)다락원

편집총괄 송화록
책임편집 김은경
디자인 장미연, 이승현

다락원 경기도 파주시 문발로 211
내용문의: (02)736-2031 내선 460~465
구입문의: (02)736-2031 내선 250~252
Fax: (02)732-2037
출판등록 1977년 9월 16일 제406-2008-000007호

http://www.darakwon.co.kr

- 다락원 홈페이지를 방문하시면 상세한 출판 정보와 함께 동영상강좌, MP3 자료 등 다양한 어학 정보를 얻으실 수 있습니다.
- 다락원 홈페이지 또는 표지의 QR코드를 스캔하시면 MP3 파일 및 관련자료를 다운로드 하실 수 있습니다.

Language Knowledge (Vocabulary/Grammar) · Reading **問題用紙**

N1

言語知識（文字・語彙・文法）・読解

（110分）

注　意
Notes

1. 試験が始まるまで、この問題用紙を開けないでください。
   Do not open this question booklet until the test begins.

2. この問題用紙を持って帰ることはできません。
   Do not take this question booklet with you after the test.

3. 受験番号と名前を下の欄に、受験票と同じように書いてください。
   Write your examinee registration number and name clearly in each box below as written on your test voucher.

4. この問題用紙は、全部で28ページあります。
   This question booklet has 28 pages.

5. 問題には解答番号の 1 、 2 、 3 …が付いています。解答は、解答用紙にある同じ番号のところにマークしてください。
   One of the row numbers 1, 2, 3 … is given for each question. Mark your answer in the same row of the answer sheet.

受験番号　Examinee Registration Number	

名前　Name	

언어지식

문자·어휘 직전 체크!

1 한자읽기에 출제된 어휘
2 문맥규정에 출제된 어휘
3 유의표현에 출제된 어휘
4 용법에 출제된 어휘

1 한자읽기에 출제된 어휘

- □ 合間(あいま) 틈, 사이
- □ 悪癖(あくへき) 나쁜 버릇
- □ 鮮やか(あざ) 선명함
- □ 値する(あたい) ~할 만하다, ~(에) 상당하다 2회
- □ 跡地(あとち) 철거부지, 잔해
- □ 余る(あま) 남다
- □ 危ぶむ(あや) 의심하다, 걱정하다
- □ 争う(あらそ) 다투다
- □ 新た(あら) 새로움
- □ 淡い(あわ) (맛, 빛깔) 진하지 않다
- □ 遺憾(いかん) 유감
- □ 意義(いぎ) 의의
- □ 憤り(いきどお) 분노 2회
- □ 憩い(いこ) 휴식
- □ 潔い(いさぎよ) 떳떳하다, 미련 없이 깨끗하다
- □ 遺跡(いせき) 유적
- □ 依然として(いぜん) 여전히
- □ 至る(いた) 이르다
- □ 一概に(いちがい) 일률적으로, 무조건
- □ 偽り(いつわ) 거짓
- □ 挑む(いど) 도전하다
- □ 否めない(いな) 부정할 수 없다
- □ 戒める(いまし) 경고하다, 제지하다
- □ 印象(いんしょう) 인상
- □ 訴える(うった) ① 호소하다 ② 소송하다
- □ 促す(うなが) 재촉하다, 촉구하다 2회
- □ 潤う(うるお) ① 축축해지다 ② 혜택을 받다
- □ 潤す(うるお) ① 축이다, 적시다 ② 윤택하게 하다
- □ 栄養(えいよう) 영양
- □ 閲覧(えつらん) 열람
- □ 円滑(えんかつ) 원활함 2회
- □ 演奏(えんそう) 연주
- □ 応募(おうぼ) 응모
- □ 大幅(おおはば) 대폭적임
- □ 丘(おか) 언덕
- □ お菓子(かし) 과자
- □ 怠る(おこた) ①게을리하다 ②방심하다
- □ 惜しむ(お) 아까워하다, 애석해하다 2회
- □ 襲う(おそ) 덮치다, 습격하다
- □ 穏やか(おだ) 온화함 2회
- □ 訪れる(おとず) 방문하다 2회
- □ 衰える(おとろ) 쇠약해지다
- □ 脅かす(おびや) 위협하다
- □ 表向き(おもてむ) 표면화함
- □ 愚かな(おろ) 어리석은
- □ 恩恵(おんけい) 은혜

か

- □ 改革(かいかく) 개혁
- □ 貝殻(かいがら) 조개껍데기
- □ 海峡(かいきょう) 해협
- □ 回顧(かいこ) 회고
- □ 介護(かいご) 간호 2회
- □ 回収(かいしゅう) 회수

□ 怪獣(かいじゅう) 괴수
□ 解消(かいしょう) 해소
□ 改善(かいぜん) 개선
□ 開拓(かいたく) 개척 2회
□ 概略(がいりゃく) 개략, 대략
□ 省(かえり)みる 돌이켜보다, 반성하다
□ 輝(かがや)く 빛나다
□ 垣根(かきね) 울타리
□ 画一的(かくいつてき) 획일적
□ 架空(かくう) 가공
□ 格差(かくさ) 격차
□ 各種(かくしゅ) 각종
□ 駆(か)ける (전속력으로) 달리다, 뛰다
□ 火災(かさい) 화재
□ 賢(かしこ)い 현명하다
□ 稼(かせ)ぐ (돈을) 벌다
□ 偏(かたよ)る 치우치다 3회
□ 花壇(かだん) 화단
□ 兼(か)ねる 겸하다
□ 絡(から)む 얽히다
□ 干渉(かんしょう) 간섭 2회
□ 頑丈(がんじょう) 튼튼함
□ 鑑定(かんてい) (미술품 등의) 감정
□ 監督(かんとく) 감독 2회
□ 緩和(かんわ) 완화
□ 企業(きぎょう) 기업
□ 戯曲(ぎきょく) 희곡
□ 既婚者(きこんしゃ) 기혼자
□ 築(きず)く 쌓다
□ 軌跡(きせき) 궤적
□ 偽造(ぎぞう) 위조
□ 厳(きび)しい 엄하다, 심하다 2회

□ 寄附(きふ) 기부
□ 義務(ぎむ) 의무
□ 脚本(きゃくほん) 각본, 대본
□ 救援(きゅうえん) 구원
□ 丘陵(きゅうりょう) 구릉, 언덕
□ 凝縮(ぎょうしゅく) 응축
□ 驚嘆(きょうたん) 경탄
□ 共鳴(きょうめい) ① 공명, 공진 ② 동감함, 공감함
□ 拒否(きょひ) 거부
□ 均衡(きんこう) 균형
□ 緊迫(きんぱく) 긴박함
□ 吟味(ぎんみ) 음미, 잘 조사하여 고름
□ 草花(くさばな) 화초
□ 崩(くず)す 무너뜨리다 2회
□ 崩(くず)れる 무너지다 2회
□ 砕(くだ)ける 부서지다, 깨지다
□ 朽(く)ち果(は)てる 썩어 없어지다
□ 覆(くつがえ)す 뒤엎다
□ 配(くば)る 나눠 주다
□ 工夫(くふう) 궁리, 고안
□ 詳(くわ)しい 상세하다, 자세하다
□ 群衆(ぐんしゅう) 군중
□ 経緯(けいい) 경위 2회
□ 傾斜(けいしゃ)する 경사지다
□ 軽率(けいそつ) 경솔함 2회
□ 欠陥(けっかん) 결함
□ 欠乏(けつぼう) 결핍
□ 気配(けはい) 낌새, 기운
□ 嫌悪感(けんおかん) 혐오감
□ 厳正(げんせい) 엄정함
□ 顕著(けんちょ)に 현저하게
□ 検討(けんとう) 검토

- □ 賢明(けんめい) 현명함 2회
- □ 行為(こうい) 행위
- □ 豪快(ごうかい) 호쾌함
- □ 貢献(こうけん) 공헌 2회
- □ 香辛料(こうしんりょう) 향신료
- □ 強盗(ごうとう) 강도
- □ 興奮(こうふん) 흥분
- □ 巧妙な(こうみょう) 교묘한 2회
- □ 行楽地(こうらくち) 행락지
- □ 考慮(こうりょ) 고려
- □ 高齢化(こうれいか) 고령화
- □ 枯渇(こかつ) 고갈
- □ 克服(こくふく) 극복
- □ 克明(こくめい) ① 자세하고 꼼꼼함 ② 성실하고 정직함 2회
- □ 心地よい(ここち) 기분이 상쾌하다(좋다)
- □ 心遣い(こころづか) 마음을 씀, 걱정함, 배려.
- □ 快い(こころよ) 상쾌하다, 기분 좋다 2회
- □ 故障(こしょう) 고장
- □ 小銭(こぜに) 잔돈
- □ 誇張(こちょう) 과장
- □ 込める(こ) 담다, 포함하다
- □ 志す(こころざ) 지향하다, 지망하다
- □ 拒む(こば) 거부하다
- □ 雇用(こよう) 고용
- □ 献立(こんだて) 식단, 메뉴
- □ 根底(こんてい) 근저, 밑바탕, 기초
- □ 混乱(こんらん) 혼란

さ

- □ 採択(さいたく) 채택
- □ 債務(さいむ) 채무
- □ 遮る(さえぎ) 막다, 차단하다
- □ 裂く(さ) 찢다
- □ 削減(さくげん) 삭감
- □ 探る(さぐ) 탐색하다
- □ 避ける(さ) 피하다 2회
- □ 支える(ささ) 지탱하다
- □ 指図(さしず) 지시, 지휘
- □ 錯覚(さっかく) 착각
- □ 殺菌(さっきん) 살균
- □ 諭す(さと) 잘 타이르다
- □ 寂しい(さび) 쓸쓸하다
- □ 色彩(しきさい) ① 색채 ② 특색, 경향 2회
- □ 自己(じこ) 자기
- □ 自粛(じしゅく) 자숙
- □ 姿勢(しせい) 자세 2회
- □ 施設(しせつ) 시설
- □ 事態(じたい) 사태
- □ 慕う(した) ① 그리워하다, 연모하다 ② 우러르다
- □ 慕われる(した) 존경받다 2회
- □ 実費(じっぴ) 실비
- □ 執筆(しっぴつ) 집필
- □ 芝居(しばい) 연극, 연기
- □ 視野(しや) 시야
- □ 斜面(しゃめん) 경사면
- □ 収益(しゅうえき) 수익
- □ 終始(しゅうし) 시종, 줄곧, 내내
- □ 重視(じゅうし) 중시
- □ 充実(じゅうじつ) 충실함
- □ 執着(しゅうちゃく) 집착
- □ 柔軟(じゅうなん) 유연함 2회
- □ 従来(じゅうらい) 종래
- □ 修行(しゅぎょう) 수행(불교 불도를 닦음, 학문·기예를 연마함)

☐ 祝賀会(しゅくがかい) 축하 모임
☐ 趣旨(しゅし) 취지
☐ 縮小(しゅくしょう) 축소
☐ 首相(しゅしょう) 수상 2회
☐ 樹木(じゅもく) 수목
☐ 需要(じゅよう) 수요
☐ 症状(しょうじょう) 증상
☐ 承諾(しょうだく) 승낙
☐ 譲歩(じょうほ) 양보
☐ 奨励(しょうれい) 장려
☐ 処罰(しょばつ) 처벌
☐ 視力(しりょく) 시력
☐ 神経(しんけい) 신경
☐ 信仰(しんこう) 신앙
☐ 振興(しんこう) 진흥 2회
☐ 審査(しんさ) 심사
☐ 人材(じんざい) 인재
☐ 真珠(しんじゅ) 진주
☐ 迅速(じんそく) 신속함 2회
☐ 慎重(しんちょう) 신중함
☐ 辛抱(しんぼう) 참음, 인내
☐ 人脈(じんみゃく) 인맥
☐ 遂行(すいこう) (계획·책임 등) 수행
☐ 随時(ずいじ) 수시
☐ 推進(すいしん) 추진
☐ 崇拝(すうはい) 숭배
☐ 透(す)ける 비쳐 보이다, 들여다 보이다
☐ 健(すこ)やか 튼튼함, 건전함
☐ 勧(すす)める 권하다
☐ 廃(すた)れる 스러지다, 유행하지 않게 되다
☐ 速(すみ)やか 재빠름, 신속함
☐ 澄(す)む 맑다, 맑아지다
☐ 盛大(せいだい) 성대함
☐ 政府筋(せいふすじ) 정부 소식통
☐ 施錠(せじょう) 자물쇠를 채움
☐ 是正(ぜせい) 시정(잘못된 것을 바로잡음) 2회
☐ 設置(せっち) 설치
☐ 折衷(せっちゅう) 절충 2회
☐ 迫(せま)る ① (시각) 다가오다 ② (상태) 직면하다 2회
☐ 前途(ぜんと) 전도, 앞길
☐ 潜伏(せんぷく) 잠복
☐ 相互(そうご) 상호
☐ 騒然(そうぜん)とする 시끄럽다
☐ 相場(そうば) 시세
☐ 添(そ)える 첨부하다, 곁들이다
☐ 束縛(そくばく) 속박
☐ 損(そこ)なう 파손하다, 상하게 하다
☐ 素材(そざい) 소재
☐ 阻止(そし) 저지
☐ 訴訟(そしょう) 소송
☐ 措置(そち) 조치, 조처 2회
☐ 率先(そっせん) 솔선 2회
☐ 存続(そんぞく) 존속

た

☐ 互(たが)いに 서로, 다 함께
☐ 多岐(たき)(にわたる) 여러 갈래(에 걸치다)
☐ 妥協(だきょう) 타협
☐ 託(たく)す 맡기다
☐ 蓄(たくわ)える 대비해 두다, 저장하다
☐ 漂(ただよ)う 떠돌다, 감돌다, 표류하다 3회
☐ 脱(だっ)する 벗어나다
☐ 秩序(ちつじょ) 질서

- □ 治癒(ちゆ) 치유
- □ 忠告(ちゅうこく) 충고
- □ 中旬(ちゅうじゅん) 중순
- □ 中枢(ちゅうすう) 중추
- □ 彫刻(ちょうこく) 조각 2회
- □ 徴収(ちょうしゅう) 징수
- □ 沈下(ちんか) 침하, 물속에 가라앉음
- □ 沈黙(ちんもく) 침묵
- □ 陳列(ちんれつ) 진열
- □ 費(つい)やす 소비하다
- □ 尽(つ)くす 다하다, 애쓰다
- □ 償(つぐな)い 보상, 속죄
- □ 告(つ)げる 알리다
- □ 努(つと)めて 애써, 되도록
- □ 募(つの)る ① 모집하다 ② 더해지다 2회
- □ 貫(つらぬ)く 관철하다
- □ 提案(ていあん) 제안
- □ 定義(ていぎ) 정의
- □ 邸宅(ていたく) 저택
- □ 手軽(てがる)に 간편하게, 손쉽게
- □ 手際(てぎわ) 솜씨, 수완
- □ 徹底(てってい) 철저, 투철
- □ 徹夜(てつや) 철야
- □ 転換(てんかん) 전환
- □ 典型(てんけい) 전형
- □ 伝統的(でんとうてき) 전통적
- □ 添付(てんぷ) 첨부
- □ 陶器(とうき) 도기, 도자기
- □ 踏襲(とうしゅう)する 답습하다, 전철을 밟다
- □ 尊(とうと)い 소중하다, 귀중하다
- □ 督促(とくそく) 독촉
- □ 滞(とどこお)る 정체되다, 막히다
- □ 唱(とな)える 외치다, 주장하다
- □ 隣(となり) 이웃
- □ 乏(とぼ)しい 부족하다, 가난하다
- □ 取(と)り除(のぞ)く 제거하다
- □ 泥沼(どろぬま) 수렁
- □ 問屋(とんや) 도매상

な

- □ 苗(なえ) 모종
- □ 眺(なが)める 바라보다 2회
- □ 慰(なぐさ)める 달래다, 위로하다
- □ 嘆(なげ)く 탄식하다
- □ 名残(なごり) 여운, 흔적
- □ 倣(なら)う 모방하다, 따르다
- □ 日夜(にちや) ① 밤낮 ② 언제나, 늘
- □ 鈍(にぶ)る 둔해지다
- □ 如実(にょじつ)に 여실히, 있는 그대로
- □ 認識(にんしき) 인식 2회
- □ 忍耐(にんたい) 인내
- □ 縫(ぬ)う 꿰매다
- □ 粘(ねば)る 끈덕지게 버티다
- □ 狙(ねら)う 노리다
- □ 臨(のぞ)む 임하다 3회

は

- □ 把握(はあく) 파악 3회
- □ 廃棄物(はいきぶつ) 폐기물
- □ 映(は)える 빛나다
- □ 漠然(ばくぜん) 막연함
- □ 暴露(ばくろ) 폭로
- □ 励(はげ)む 힘쓰다, 노력하다

□ 端(はし) 끝, 가장자리

□ 派生(はせい) 파생

□ 破損(はそん) 파손

□ 鉢(はち) 화분, 사발

□ 発掘(はっくつ) 발굴

□ 華(はな)やか 화려함 2회

□ 阻(はば)む 막다, 저지하다 2회

□ 浜辺(はまべ) 바닷가

□ 犯罪(はんざい) 범죄

□ 反射(はんしゃ) 반사 2회

□ 繁殖(はんしょく) 번식

□ 万能(ばんのう) 만능

□ 被害者(ひがいしゃ) 피해자

□ 悲惨(ひさん) 비참함

□ 人影(ひとかげ) 사람의 그림자, 인적

□ 人柄(ひとがら) 인품

□ 人質(ひとじち) 인질

□ 微妙(びみょう) 미묘함

□ 評判(ひょうばん) 평판

□ 披露(ひろう) 피로, 공표함

□ 貧富(ひんぷ) 빈부 2회

□ 普及(ふきゅう) 보급

□ 侮辱(ぶじょく) 모욕

□ 再(ふたた)び 재차, 다시

□ 負担(ふたん) 부담

□ 復興(ふっこう) 부흥 2회

□ 赴任(ふにん) 부임

□ 腐敗(ふはい) 부패 2회

□ 不平等(ふびょうどう) 불평등

□ 踏(ふ)み場(ば) 발 디딜 곳

□ 閉鎖(へいさ) 폐쇄 2회

□ 別荘(べっそう) 별장

□ 返済(へんさい) 반제, (빚을) 갚음

□ 変遷(へんせん) 변천 2회

□ 奉仕(ほうし) 봉사

□ 膨大(ぼうだい) 방대함

□ 冒頭(ぼうとう) 모두, 서두

□ 豊富(ほうふ) 풍부함

□ 飽和(ほうわ) 포화

□ 朗(ほが)らか 명랑함 2회

□ 誇(ほこ)る 자랑하다

□ 墓地(ぼち) 묘지

□ 滅(ほろ)ぶ 멸망하다

□ 本場(ほんば) 본고장

ま

□ 賄(まかな)う 조달하다, 마련하다, 식사를 제공하다 2회

□ 紛(まぎ)らわしい 헷갈리기 쉽다

□ 街角(まちかど) 길모퉁이

□ 磨(みが)く 닦다

□ 自(みずか)ら 스스로

□ 身近(みぢか) 자기 몸에 가까운 곳, 신변

□ 源(みなもと) 근원, 수원

□ 無言(むごん) 무언, 말이 없음

□ 矛盾(むじゅん) 모순

□ 無条件(むじょうけん) 무조건

□ 迷信(めいしん) 미신

□ 名誉(めいよ) 명예

□ 巡(めぐ)り 한바퀴 돎, 여기저기 들름, 순례

□ 巡(めぐ)る ①돌다 ②둘러싸다

□ 網羅(もうら) 망라

□ 猛烈(もうれつ) 맹렬함

□ 模索(もさく) 모색

□ 戻す（もどす） 되돌리다

□ 物事（ものごと） 세상사, 매사

□ 模様（もよう） 모양, 무늬

□ 催す（もよおす） 개최하다

や

□ 躍進（やくしん） 약진(눈부시게 진출함)

□ 和らぐ（やわらぐ） 누그러지다

□ 由緒（ゆいしょ） 유서

□ 勇敢に（ゆうかんに） 용감하게

□ 融通（ゆうずう） ① (돈의) 융통 ② 융통성

□ 有望（ゆうぼう） 유망함

□ 夕闇（ゆうやみ） 땅거미, 황혼 2회

□ 幽霊（ゆうれい） 유령

□ 容易（ようい） 용이함

□ 様相（ようそう） 양상

□ 装う（よそおう） ① 치장하다 ② 가장하다

ら わ

□ 寮（りょう） 기숙사

□ 了承（りょうしょう） 승낙, 납득, 양해

□ 履歴（りれき） 이력

□ 倫理的（りんりてき） 윤리적

□ 類似（るいじ） 유사, 비슷함

□ 連日（れんじつ） 연일, 매일

□ 廊下（ろうか） 복도

□ 老衰（ろうすい） 노쇠

□ 枠（わく） 틀, 테두리 2회

□ 枠内（わくない） 테두리 안

□ 技（わざ） 기술

2 문맥규정에 출제된 어휘

- □ 愛想(あいそ) 붙임성
- □ 愛着(あいちゃく) 애착
- □ 合間(あいま) 틈, 짬
- □ あえて 감히, 굳이
- □ あかす 밝히다, 털어놓다
- □ あくどい 악랄하다, 악착같다
- □ 頭打ち(あたまうち) 한계점에 이름
- □ あっけない 어이없다, 싱겁다
- □ あっさり 간단히, 깨끗이
- □ 圧倒(あっとう) 압도
- □ 圧迫(あっぱく) 압박
- □ 危ぶむ(あやぶむ) 걱정하다, 의심하다
- □ 危ぶまれる(あやぶまれる) 의심스럽다
- □ あやふや 불확실함, 모호함
- □ 誤る(あやまる) 실수하다, 잘못하다
- □ あらかじめ 미리, 사전에 2회
- □ 改める(あらためる) 고치다
- □ ありのままに 사실대로
- □ 安静(あんせい) 안정 2회
- □ 言い張る(いいはる) 우기다
- □ 生かす(いかす) 살리다
- □ いかにも 정말, 매우
- □ 異色(いしょく) 이색적임, 색다름
- □ いじる 만지작거리다
- □ 一概に(いちがいに) 일률적으로, 무조건
- □ 一任(いちにん) 일임
- □ 一面(いちめん) ① 일면 ② 온통
- □ 一連(いちれん) ① 일련 ② 일행
- □ 一環(いっかん) 일환
- □ 一挙に(いっきょに) 일거에, 단숨에
- □ 逸材(いつざい) 우수한 인재
- □ いっそ 차라리
- □ 一掃する(いっそうする) 일소하다
- □ 逸脱する(いつだつする) 벗어나다
- □ 意図(いと) 의도
- □ いとも 매우, 아주
- □ いやらしい 불쾌하다
- □ 意欲(いよく) 의욕
- □ ウイルス 바이러스
- □ ウエイト 무게, 중점(＝ウエート)
- □ 受け入れる(うけいれる) 받아들이다
- □ 受ける(うける) 받다
- □ うずうずしている 좀이 쑤시다
- □ うっかり 깜빡
- □ うっとうしい ① (기분•날씨) 울적하고 답답하다 ② 귀찮다
- □ 腕前(うでまえ) 솜씨, 역량
- □ うなぎのぼり 빠르게 올라감
- □ うぬぼれる 자만하다
- □ 運用(うんよう) 운용
- □ 閲覧室(えつらんしつ) 열람실
- □ エレガント 우아함
- □ 円滑(えんかつ) 원활함
- □ 円満(えんまん) 원만함

□ 負(お)う ① 짊어지다 ② 혜택을 입다
□ 応急(おうきゅう) 응급
□ 旺盛(おうせい) 왕성
□ 大筋(おおすじ) 대강, 대략, 요점
□ オーバー 초과, 오버
□ おおかた 거의, 대강
□ 大(おお)げさ 과장됨, 야단스러움
□ おおまか 대범함, 대충
□ おおらか 대범하고 느긋함
□ 怠(おこた)る ①소홀히 하다 ②방심하다
□ おさまる 잠잠해지다
□ おどおど 쭈뼛쭈뼛
□ おびただしい (수·양) 엄청나다 2회
□ おもむき 풍취, 멋
□ 及(およ)ぼす (영향) 미치다
□ おろか 어리석음
□ おろそか 소홀함

か

□ 快挙(かいきょ) 쾌거
□ 回収(かいしゅう) 회수
□ 改修(かいしゅう) 개수, 수리
□ 解除(かいじょ) 해제
□ 会心(かいしん) 회심, 마음에 듦
□ 概説(がいせつ) 개설
□ (改訂)版(かいていばん) (개정)판
□ 該当(がいとう) 해당
□ 介入(かいにゅう) 개입
□ 概念(がいねん) 개념
□ 介抱(かいほう) 간호, 병구완
□ 顔(かお)が広(ひろ)い 발이 넓다
□ 確実(かくじつ) 확실함
□ 革新(かくしん) 혁신
□ 確保(かくほ) 확보
□ 駆(か)けつける 서둘러 가다, 급히 달려가다
□ 可決(かけつ)される 가결되다
□ 加減(かげん) 가감, 조절
□ 加工(かこう) 가공
□ かさばる 부피가 커지다
□ 過疎(かそ) 과소(지나치게 성김)
□ かたわら 옆, 곁
□ かつ 동시에, 한편
□ 画期的(かっきてき) 획기적임
□ 稼働(かどう) 가동
□ かみ合(あ)う 서로 맞다
□ 過密(かみつ) 과밀(함), 빽빽함
□ がらりと 확, 싹(갑자기 변하는 모양)
□ ガレージ 차고
□ 過労(かろう) 과로
□ かろうじて 겨우, 간신히
□ 完結(かんけつ) 완결
□ 還元(かんげん) 환원
□ 頑固(がんこ) 완고함
□ 肝心(かんじん) 중요함, 요긴함
□ カンニング 커닝
□ 危害(きがい) 위해
□ 気掛(きが)かり 걱정, 마음에 걸림
□ 規格(きかく) 규격
□ きがね 어렵게 여김, 스스럼
□ ぎくしゃく 껄끄러움, 어색함
□ 棄権(きけん) 기권
□ きしむ 삐걱거리다
□ 規制(きせい) 규제

□ きっちり 꼭 맞는 모양

□ きっぱり(と) 딱 잘라, 단호하게 2회

□ 気(き)に障(さわ)る 비위에 거슬리다

□ 規範(きはん) 규범

□ 基盤(きばん) 기반

□ 気品(きひん) 기품

□ 起伏(きふく) 기복 2회

□ 却下(きゃっか) 각하, 기각

□ キャリア 커리어, 경력

□ 急遽(きゅうきょ) 급히, 갑작스럽게

□ 休養(きゅうよう) 휴양

□ 寄与(きよ) 기여

□ 起用(きよう) 기용

□ 教訓(きょうくん) 교훈 2회

□ 強硬(きょうこう) 강경함

□ 興(きょう)じる 즐기다, 흥겨워하다

□ 強制(きょうせい) 강제 2회

□ 切(き)り出(だ)す (말을) 꺼내다, 시작하다

□ 緊急(きんきゅう) 긴급

□ 禁物(きんもつ) 금물

□ 食(く)い込(こ)む 파고들다, 차지하다

□ 食(く)い止(と)める 저지하다

□ 駆使(くし)する 구사하다

□ くだす ①(지위) 낮추다 ②(명령) 내리다

□ 口(くち)がかたい 입이 무겁다

□ 覆(くつがえ)す 뒤엎다

□ ぐっすり 푹(깊은 잠을 자는 모양)

□ くよくよ 끙끙(사소한 일을 늘 걱정하는 모양)

□ クレーム 불만, 클레임

□ 経緯(けいい) 경위

□ 軽快(けいかい) 경쾌함

□ 形勢(けいせい) 형세

□ 経歴(けいれき) 경력

□ 結成(けっせい) 결성

□ 結束(けっそく) 결속

□ けなす 혹평하다, 헐뜯다

□ 煙(けむ)たい 냅다, 맵고 싸하다

□ ～圏(けん) ～권

□ 権威(けんい) 권위

□ 言及(げんきゅう) 언급

□ 堅実(けんじつ) 견실함

□ 健全(けんぜん) 건전함

□ 厳密(げんみつ) 엄밀함

□ 合意(ごうい) 합의

□ 抗議(こうぎ) 항의

□ 交渉(こうしょう) 교섭

□ 向上(こうじょう) 향상

□ 考慮(こうりょ) 고려

□ ここちよい 기분 좋다

□ 心得(こころえ) 소양, 이해

□ 心(こころ)がける 유의하다

□ 心強(こころづよ)い 마음 든든하다

□ 心細(こころぼそ)い 불안하다 2회

□ こじれる 뒤틀리다, 복잡해지다 2회

□ こだわる 구애되다

□ 誇張(こちょう) 과장

□ こつ 요령

□ ことごとく 모조리, 죄다

□ ことによると 어쩌면

□ こまやか 자상함, 세밀함

□ こみあげる 치밀어 오르다

□ コミュニケーション 커뮤니케이션

□ こめる 넣다, 담다

□ 孤立(こりつ) 고립

□ これといった 이렇다 할

□ ごろごろ(と) 데굴데굴

□ コンスタントに 꾸준히

さ

□ サイクル 사이클, 주기

□ 在庫(ざいこ) 재고

□ サイズ 사이즈

□ 再発(さいはつ) 재발

□ さえる (머리가) 맑아지다

□ 差し支える(さしつかえる) 지장이 있다

□ さじをなげる 가망이 없어 포기하다

□ 察する(さっする) 헤아리다

□ さも 자못, 아주, 정말로

□ 参照(さんしょう) 참조

□ 仕上げる(しあげる) 완성하다

□ しいて 억지로, 굳이, 구태여 2회

□ シェア 점유율

□ 自覚(じかく) 자각

□ しかけ 장치, 속임수

□ 時期(じき) 시기

□ 仕組み(しくみ) 구조(=メカニズム)

□ 支障(ししょう) 지장

□ 辞退(じたい) 사퇴

□ シック 멋진 모양, 세련된 모양

□ 実情(じつじょう) 실정

□ しぶとい 고집이 세다

□ 染みる(しみる) 스며들다, 배다

□ じめじめ 축축, 끈적끈적(습기가 많은 모양)

□ 視野(しや) 시야

□ 遮断(しゃだん) 차단

□ ジャンル 장르

□ 従事(じゅうじ) 종사

□ 修復(しゅうふく) 수복, 복원

□ 収容(しゅうよう) 수용

□ 熟知(じゅくち) 숙지

□ 主張(しゅちょう) 주장

□ 主導権(しゅどうけん) 주도권

□ (情報)網((じょうほう)もう) (정보)망

□ 処置(しょち) 처치, 조치

□ 助長する(じょちょうする) 조장하다

□ 自立(じりつ) 자립

□ しわざ 짓, 소행

□ 迅速(じんそく) 신속함

□ 進呈(しんてい) 진정, 드림

□ 推移(すいい) 추이

□ すがすがしい 상쾌하다 2회

□ すくう 떠내다, 건져 올리다

□ すさまじい 무섭다, 굉장하다

□ スタイル 스타일

□ ずっしりと 묵직한

□ ストック 재고

□ すばしこい 민첩하다

□ スペース 공간

□ すべすべ (피부가) 매끈매끈

□ すんなり 척척, 순조롭게

□ 制限(せいげん) 제한

□ 盛大に(せいだいに) 성대하게

□ 精力的(せいりょくてき) 정력적임 2회

□ せかせかと 성급하게, 침착하지 못하게

□ 切実(せつじつ) 절실함

□ 摂取(せっしゅ) 섭취

□ 絶大な(ぜつだいな) 절대적인

□ せつない 애달프다 2회

□ 設立(せつりつ) 설립

□ セレモニー 세레모니, 의식

□ 選考(せんこう) 선고, 전형

□ センサー 센서

□ センス 센스

□ 壮大(そうだい) 장대함 3회

□ 備(そな)わる 갖추어지다

□ そっけない 무정하다, 냉담하다

□ そわそわ 안절부절 못함

□ ぞんざい 아무렇게나 함

□ 存続(そんぞく) 존속

た

□ 対処(たいしょ) 대처

□ 大胆(だいたん) 대담함

□ 台無(だいな)し 엉망이 됨

□ 打開(だかい) 타개

□ 多角的(たかくてき) 다각적

□ 妥協(だきょう) 타협

□ たくましい 늠름하다

□ 打診(だしん) 타진

□ たたえる 칭찬하다, 기리다

□ 立(た)て替(か)える 대신 갚아주다

□ たどる 길을 따라가다

□ だぶだぶ 헐렁헐렁

□ ためらう 주저하다

□ 保(たも)つ 유지하다

□ だるい 나른하다

□ 断言(だんげん) 단언

□ 短縮(たんしゅく) 단축

□ 忠告(ちゅうこく) 충고

□ 仲裁(ちゅうさい) 중재

□ 忠実(ちゅうじつ)に 충실히

□ 直面(ちょくめん) 직면

□ 直感的(ちょっかんてき)に 직감적으로

□ 使(つか)いこなす 잘 다루다, 구사하다

□ (最善(さいぜん)を)尽(つ)くす (최선을) 다하다

□ つくづく 정말, 매우, 절실히 2회

□ つじつま 사리, 이치

□ 強(つよ)み 강점, 장점

□ 貫(つらぬ)く 관철하다

□ データ 데이터

□ 手遅(ておく)れ 때늦음, 시기를 놓침

□ てがかり 단서, 실마리

□ 適応(てきおう) 적응

□ てきぱきと 일을 척척 해내는 모양

□ てぎわ 솜씨, 수완

□ デザイン 디자인

□ デザート 디저트, 후식

□ 手順(てじゅん) 순서, 절차

□ 撤去(てっきょ) 철거

□ てっきり 틀림없이 2회

□ 手配(てはい) 준비

□ 同意(どうい) 동의

□ 同感(どうかん) 동감

□ 統合(とうごう) 통합

□ 到底(とうてい) 도저히

□ どうにか 그럭저럭, 겨우

□ 当(とう)(ホテル) 당(호텔)

□ 特技(とくぎ) 특기

□ 突破(とっぱ) 돌파

□ 唱(とな)える 주창하다

□ とぼける 시치미를 떼다

□ とぼしい 부족하다

□ とりあえず 우선, 일단

□ 取(と)り締(し)まり 단속

□ 取(と)り締(し)まる 단속하다

□ 取(と)り次(つ)ぐ (전화를) 연결하다

□ 取(と)り戻(もど)す 되찾다, 회복하다

□ とりわけ 유난히, 특히

□ どんより 날씨가 잔뜩 흐린 모양

な

□ 長(なが)い目(め)で見(み)る 긴 안목으로 보다

□ なごやか 부드러움, 온화함

□ なだめる 달래다

□ なにげない 아무렇지도 않다

□ 何(なに)とぞ 부디, 아무쪼록

□ 波(なみ)に乗(の)る 시류에 편승하다

□ なれなれしい 지나치게 친한 척하다

□ ナンセンス 넌센스

□ 荷(に)が重(おも)い 짐(책임)이 무겁다

□ にじむ 번지다, 스미다, 드러나다

□ 担(にな)う 짊어지다 2회

□ ニュアンス 뉘앙스, 미묘한 차이

□ 認識(にんしき) 인식

□ ネックになる 걸림돌이 되다

□ ねばり 찰기, 끈기

□ 練(ね)る ① 반죽하다 ② (계획·문장 등) 다듬다, 짜다 2회

□ 念願(ねんがん) 염원 3회

□ 念頭(ねんとう) 염두

□ ノウハウ 노하우

□ のきなみ 일제히, 다 함께

□ のぞましい 바람직하다

□ のどか ① 한가로움 ② 날씨가 화창함

□ ノルマ 기준량, 할당량

は

□ ～派(は) ～파

□ 背景(はいけい) 배경 2회

□ 配慮(はいりょ) 배려

□ ハードル ① 기준 ② 장애물

□ ばかばかしい 몹시 어리석다

□ 破棄(はき) 파기

□ はじく 튀기다, 튕겨 내다 2회

□ 弾(はず)む 들뜨다, 신이 나다

□ 発覚(はっかく) 발각

□ 発散(はっさん) 발산

□ 抜粋(ばっすい) 발췌

□ 鼻(はな)をつく 코를 찌르다

□ 幅広(はばひろ)い 폭넓다

□ 生(は)やす (수염·초목 등) 기르다

□ はらはら 조마조마

□ 反応(はんのう) 반응

□ 非(ひ) 잘못

□ ひいては (더) 나아가서는

□ ひしひしと 절실히

□ 一息(ひといき) 한숨 돌림

□ 人出(ひとで) 나들이 인파

□ 表明(ひょうめい) 표명

□ 貧弱(ひんじゃく) 빈약함 2회

□ ピント 핀트, 초점

□ 頻繁(ひんぱん) 빈번함 2회

□ ファイト 파이팅, 투지

☐ 風習(ふうしゅう) 풍습
☐ フォーム 폼, 모양
☐ フォロー 지원
☐ 深(ふか)まる 깊어지다
☐ ふさわしい 어울리다
☐ 無難(ぶなん) 무난함
☐ 不備(ふび) 충분히 갖추어지지 않음
☐ ふらふら 휘청휘청, 비틀비틀
☐ ぶらぶら ① 어슬렁어슬렁 ② 빈둥빈둥
☐ 振(ふ)り出(だ)し 출발점, 처음 상태
☐ 付録(ふろく) 부록
☐ 並行(へいこう) 병행
☐ へとへとに 몹시(지쳐서 힘이 없는 모양)
☐ 便宜(べんぎ) 편의
☐ 返却(へんきゃく) 반납, 반환
☐ 報(ほう)じる 알리다
☐ ほぐれる 풀리다, 누그러지다
☐ 保護(ほご) 보호
☐ 補充(ほじゅう) 보충
☐ 募集(ぼしゅう) 모집
☐ 没収(ぼっしゅう) 몰수
☐ 発足(ほっそく) 발족
☐ 施(ほどこ)す 행하다, 장식하다
☐ ぼやける 흐려지다, 희미해지다 2회
☐ 本音(ほんね) 본심, 속마음

ま

☐ 紛(まぎ)らわしい 헷갈리기 쉽다 2회
☐ 紛(まぎ)れる 헷갈리다, (비슷해서) 분간 못하다
☐ まく 뿌리다
☐ まじわる ① 교차하다 ② 뒤섞이다
☐ まちまち 제각각, 각기 다름
☐ まぬがれる 면하다, 피하다
☐ ～まみれ ~투성이
☐ 満場(まんじょう)(一致(いっち)) 만장(일치)
☐ 見合(みあ)わせる 보류하다
☐ 見返(みかえ)り 대가, 보상
☐ 見(み)かける 언뜻 보다
☐ 見苦(みぐる)しい 보기 흉하다
☐ 見込(みこ)み 전망, 예정
☐ 密接(みっせつ) 밀접함
☐ みっちり 착실히
☐ 見積(みつ)もる 어림잡다
☐ 身(み)なり 옷차림
☐ 身(み)の回(まわ)り 신변
☐ 未練(みれん) 미련
☐ ムード 무드, 분위기
☐ 無計画(むけいかく) 무계획
☐ 無効(むこう) 무효
☐ 無性(むしょう)に 몹시, 공연히, 무턱대고
☐ 無茶(むちゃ) 터무니 없음, 당치 않음
☐ むなしい 공허하다, 허무하다
☐ 無謀(むぼう) 무모함
☐ 明白(めいはく) 명백함
☐ 名誉(めいよ) 명예
☐ 明朗(めいろう) 명랑함
☐ めきめき 눈에 띄게, 두드러지게
☐ 目先(めさき) 눈앞, 현재, 당장
☐ めざましい 눈부시다
☐ メディア 미디어, 매체
☐ めど 목표, 전망
☐ 面倒(めんどう)を見(み)る 돌봐 주다

□ 綿密(めんみつ) 면밀함

□ 猛(反対)(もう はんたい) 맹(반대)

□ 猛烈(もうれつ) 맹렬함

□ 模型(もけい) 모형

□ 目下(もっか) 목하, 현재

□ もっぱら 오로지, 한결같이

□ もてなす 대접하다, 환대하다

□ もどかしい 애가 타다, 안타깝다

□ 催す(もよお) 개최하다

□ もろい 약하다, 여리다

□ もろに 정면으로, 직접

や

□ 焼け石に水(や いし みず) 언발에 오줌누기(임시방편)

□ 野心(やしん) 야심

□ ややこしい 까다롭다

□ 和らぐ(やわ) 누그러지다

□ 和らげる(やわ) 완화시키다

□ やんわり 부드럽게, 살며시

□ 有望(ゆうぼう) 유망함

□ ユーモア 유머

□ 誘惑(ゆうわく) 유혹

□ 行き違い(ゆ ちが) 오해, 착오(いきちがい로도 읽음)

□ 行き届く(ゆ とど) 구석구석까지 미치다

□ ゆとり 여유 2회

□ 揺らぐ(ゆ) 흔들리다

□ ゆるめる 늦추다

□ 抑制(よくせい) 억제

□ 養成(ようせい) 양성

□ 予断(よだん) 예측

□ 余波(よは) 여파

□ よみがえる 되살아나다 3회

ら

□ 楽観的(らっかんてき) 낙관적

□ リード 리드

□ リスク 위험

□ リストアップ 나열, 열거

□ 理性的(りせいてき) 이성적

□ 流出(りゅうしゅつ) 유출

□ 領域(りょういき) 영역

□ 良識(りょうしき) 양식

□ 類推(るいすい) 유추

□ ルーズ 단정치 못함, 허술함

□ レイアウト 레이아웃

□ (歴史)上(れきし じょう) (역사)상

□ 歴然と(れきぜん) 또렷하게

□ レベル 레벨, 수준

□ 連帯(れんたい) 연대

□ 浪費(ろうひ) 낭비

□ ろくに 제대로, 변변히

□ ロマンチック 로맨틱함, 낭만적임

□ 論理(ろんり) 논리

わ

□ わざわざ 일부러, 특별히

□ わずらわしい 귀찮다, 성가시다

□ 割り込む(わ こ) 끼어들다

3 유의표현에 출제된 어휘

- □ あっけない 어이없다, 싱겁다 ≒ 意外につまらない 의외로 재미없다
- □ あどけない 천진난만한 ≒ 無邪気な 천진난만한
- □ あらかじめ 미리 ≒ 事前に 사전에, 미리
- □ ありありと 뚜렷이, 똑똑히 ≒ はっきり 분명히, 확실히
- □ ありきたりの 흔한 ≒ 平凡な 평범한
- □ ありふれた 흔해빠진 ≒ 平凡な 평범한
- □ 安堵した 안도했다 ≒ ほっとした 안심했다
- □ 案の定 아니나다를까 ≒ やはり 역시
- □ 意気込み 기세, 패기 ≒ 意欲 의욕
- □ いたって 지극히, 대단히 ≒ 非常に 매우
- □ 糸口 실마리, 단서 ≒ ヒント 힌트
- □ 嫌味 불쾌감을 주는 말이나 행동 ≒ 皮肉 비꼼, 야유
- □ うすうす 어렴풋이 ≒ なんとなく 왠지 모르게
- □ 打ち込んでいる 몰두하고 있다 2회 ≒ 熱心に取り組んでいる 열심히 몰두하고 있다 / 熱中する 열중하다
- □ うやむやに 흐지부지 ≒ あいまいに 애매하게, 두루뭉술하게
- □ 裏付け 뒷받침 ≒ 証拠 증거
- □ うろたえずに 당황하지 않고 ≒ 慌てずに 허둥대지 않고
- □ エキスパート 엑스퍼트, 전문가 ≒ 専門家 전문가
- □ エレガントな 우아한 ≒ 上品な 고상한
- □ おおむね 대체로, 대강 ≒ だいたい 대개
- □ おっくうだ 귀찮다, 번거롭다 ≒ 面倒だ 귀찮다
- □ お手上げだ 속수무책이다 2회 ≒ どうしようもない 어쩔 도리가 없다
- □ 自ずと 자연스레 ≒ 自然に 자연스럽게
- □ おびえて 무서워서 ≒ 怖がって 무서워서
- □ お詫びした 사죄했다 ≒ あやまった 사과했다

□ 温和(おんわ)な 온화한 ≒ 穏(おだ)やかな 온화한, 평온한

か

□ 回想(かいそう)する 회상하다 ≒ 思(おも)いかえす 다시 생각하다

□ 架空(かくう)の 가공의 ≒ 想像(そうぞう)の 상상의

□ 格段(かくだん)に 현격히 ≒ 大幅(おおはば)に 큰폭으로

□ かたくなな 완고한 ≒ 頑固(がんこ)な 완고한

□ 画期的(かっきてき)な 획기적인 ≒ 今(いま)までになく新(あたら)しい 지금까지 없이 새로운

□ かねがね 전부터, 미리 2회 ≒ 以前(いぜん)から 전부터

□ 寡黙(かもく)な 과묵한 ≒ 口数(くちかず)が少(すく)ない 말수가 적은

□ かろうじて 겨우, 간신히 ≒ なんとか 그럭저럭, 간신히

□ 肝心(かんじん)な 중요한 ≒ 重要(じゅうよう)な 중요한

□ 簡素(かんそ)な 간소한 ≒ シンプルな 단순한

□ 気掛(きが)かり 걱정 ≒ 心配(しんぱい) 걱정

□ 拮抗(きっこう)する 팽팽하다 ≒ 差(さ)がない 차이가 없다

□ 気(き)ままな 제멋대로의, 자유로운 ≒ 自由(じゆう)な 자유로운

□ 寄与(きよ) 기여 ≒ 貢献(こうけん) 공헌

□ 凝視(ぎょうし)した 응시했다 ≒ じっと見(み)た 지그시 봤다

□ 仰天(ぎょうてん)した 깜짝 놀랐다 ≒ とても驚(おどろ)いた 아주 놀랐다

□ 極力(きょくりょく) 최대한, 힘껏 2회 ≒ できる限(かぎ)り・できるだけ 가능한 한

□ 吟味(ぎんみ)する 음미하다, 조사하다 ≒ 検討(けんとう)する 검토하다

□ くつろぐ 편안히 쉬다 ≒ ゆっくりする 편안히 하다

□ クレーム 클레임, 불만 ≒ 苦情(くじょう) 불평, 불만

□ けなされる 비방의 말을 듣다 ≒ 悪(わる)く言(い)われる 나쁜 말을 듣다

□ 懸念(けねん)される 염려되다, 우려되다 ≒ 心配(しんぱい)される 걱정되다

□ 故意(こい)に 고의로 ≒ わざと 일부러

□ 互角(ごかく)だ 막상막하다 ≒ 大体同(だいたいおな)じだ 대체적으로 같다

□ 克明(こくめい)に 극명하게, 정확하고 세밀하게 ≒ 詳(くわ)しくて丁寧(ていねい)に 자세하고 주의 깊게

□ 誇張(こちょう)して 과장해서 ≒ 大(おお)げさに 과장되게

□ ことごとく 모두, 모조리 ≒ すべて 전부

□ コントラスト 대비 ≒ 対比(たいひ) 대비

□ コンパクトな 아담한 ≒ 小型(こがた)の 소형의

さ

□ ささいな 사소한 ≒ 小(ちい)さな 작은

□ 錯覚(さっかく)する 착각하다 ≒ 勘違(かんちが)いする 착각하다

□ 殺到(さっとう)した 쇄도했다 ≒ 一度(いちど)に大勢(おおぜい)来(き)た 한꺼번에 많이 왔다

□ 雑踏(ざっとう) 붐빔, 혼잡 ≒ 人込(ひとご)み 붐빔

□ 仕上(しあ)げる 완성하다 ≒ 完成(かんせい)する 완성하다

□ しきたり 관습, 관례 ≒ 慣習(かんしゅう) 관습

□ しきりに 자주, 몇 번씩이나 ≒ 何度(なんど)も 몇 번이고

□ しくじる 망치다 ≒ 失敗(しっぱい)する 실패하다

□ 自尊心(じそんしん) 자존심 ≒ プライド 프라이드, 자존심

□ シビアだ 엄격하다 ≒ 厳(きび)しい 엄격하다

□ しぶっている 주저하다 ≒ なかなかしようとしない 좀처럼 하려고 하지 않다

□ 尺度(しゃくど) 척도 ≒ 基準(きじゅん) 기준

□ 若干(じゃっかん) 약간 2회 ≒ わずか 조금, 약간 / いくつか 약간

□ 従来(じゅうらい) 종래 ≒ これまで 지금까지

□ 出馬(しゅつば)する 출마하다 ≒ 選挙(せんきょ)に出(で)る 선거에 나가다

□ 照会(しょうかい)する 조회하다 ≒ 問(と)い合(あ)わせる 문의하다

□ 触発(しょくはつ)される 촉발되다, 자극받다 2회 ≒ 刺激(しげき)をうける 자극을 받다

□ 助言(じょげん) 조언 ≒ アドバイス 어드바이스, 충고

□ 辛抱(しんぼう) 참음 ≒ 我慢(がまん) 참음, 견딤

□ すがすがしい 상쾌한, 시원한 ≒ さわやかな 상쾌한

□ スケール 스케일, 규모 2회 ≒ 規模(きぼ) 규모

□ ストレートに 단도직입적으로 ≒ 率直(そっちょく)に 솔직하게

□ すべがない 방법이 없다 ≒ 方法(ほうほう)がない 방법이 없다

□ スポット 장소 ≒ 場所(ばしょ) 장소

□ すみやかに 빨리, 신속히 ≒ できるだけはやく 가능한 한 빨리

□ スライスして 슬라이스 해서 ≒ 薄(うす)く切(き)って 얇게 잘라서

□ ずれ込(こ)みそうだ 늦어질 것 같다 ≒ 遅(おそ)くなりそうだ 늦어질 것 같다

□ せかす 재촉하다 ≒ 急(いそ)がせる 재촉하다(＝急(いそ)がす)

□ 絶賛(ぜっさん)する 극찬하다 ≒ 非常(ひじょう)に素晴(すば)らしいとほめる 매우 훌륭하다고 칭찬하다

□ 先方(せんぽう) 상대편 ≒ 相手(あいて) 상대

た

□ 端的(たんてき)に 단적으로 ≒ 明白(めいはく)に 명백하게
□ 断念(だんねん)する 단념하다 ≒ あきらめる 포기하다
□ 丹念(たんねん)に 정성들여 ≒ じっくりと 꼼꼼히
□ 調達(ちょうたつ)した 조달했다 ≒ 用意(ようい)した 준비했다
□ 重宝(ちょうほう)している 쓸모가 있어 편리하다 ≒ 便利(べんり)で役(やく)に立(た)っている 편리해서 도움이 된다
□ つかの間(ま) 잠깐 동안, 순간 ≒ 短(みじか)い間(あいだ) 잠깐 동안
□ つぶさに 자세히, 구체적으로 ≒ 詳細(しょうさい)に 상세하게
□ つぶやく 중얼거리다, 투덜대다 ≒ 小(ちい)さな声(こえ)で言(い)う 작은 목소리로 말하다
□ 手(て)がかり 단서 ≒ ヒント 힌트
□ てきぱきと (일을) 척척 ≒ 早(はや)く正確(せいかく)に 빠르고 정확하게
□ 手立(てだ)て 방법, 방도 ≒ 方法(ほうほう) 방법
□ 撤回(てっかい)した 철회했다 ≒ とりけした 취소했다
□ 手分(てわ)け 분담 2회 ≒ 分担(ぶんたん) 분담
□ 当面(とうめん)ない 당분간 없다 2회 ≒ しばらくない 당분간 없다
□ とまどって 당황해서 ≒ 困(こま)って 곤란해서, 난처해서
□ どんよりした天気(てんき)だ 날씨가 잔뜩 흐리다 ≒ 曇(くも)っていて暗(くら)い 흐려서 어둡다

な

□ なじむ 친숙해지다 ≒ 慣(な)れる 친숙해지다
□ 難点(なんてん) 난점, 곤란한 점 ≒ 不安(ふあん)なところ 불안한 부분
□ 入念(にゅうねん)に 자세히, 정성들여 ≒ 細(こま)かく丁寧(ていねい)に 세심하게 공들여
□ にわかには 갑자기는 ≒ すぐには 바로는
□ 根(ね)こそぎ 전부, 몽땅 ≒ すべて 모두, 전부
□ 粘(ねば)り強(づよ)く 끈기 있게 ≒ あきらめずに 포기하지 않고

は

□ はかどっている 순조롭게 진행되고 있다 2회 ≒ 順調(じゅんちょう)に進(すす)んでいる 순조롭게 진행되고 있다
□ 漠然(ばくぜん) 막연함 ≒ ぼんやりしている 어렴풋하다

□ バックアップ 지원 ≒ 支援(しえん) 지원

□ 抜群(ばつぐん)だった 뛰어났다 ≒ ほかと比(くら)べてとくによかった 다른 것과 비교해서 특히 좋았다

□ ばててしまった 지쳐 버렸다 ≒ 疲(つか)れてしまった 지쳐 버렸다

□ 張(は)り合(あ)う 경쟁하다 2회 ≒ 競争(きょうそう)する・競(きそ)い合(あ)う 경쟁하다

□ ひそかに 살짝, 몰래 ≒ こっそり 몰래

□ ふいに 갑자기 ≒ 突然(とつぜん) 갑자기

□ 不審(ふしん)な 수상한 ≒ 怪(あや)しい 수상한

□ 不用意(ふようい) 조심성이 없음 ≒ 不注意(ふちゅうい) 부주의함

□ 不慮(ふりょ) 뜻밖, 의외 ≒ 思(おも)いがけない 뜻밖이다, 의외이다

□ 紛糾(ふんきゅう)した 시끄러워졌다 ≒ 混乱(こんらん)した 혼란스러웠다

□ 奮闘(ふんとう)する 분투하다 ≒ 必死(ひっし)に頑張(がんば)る 필사적으로 힘내다

□ 閉口(へいこう)した 질렸다, 곤란했다 ≒ 困(こま)った 곤란했다

□ 弁解(べんかい)して 변명하고 ≒ 言(い)い訳(わけ)して 변명하고

□ 妨害(ぼうがい)する 방해하다 ≒ じゃまする 방해하다

□ 抱負(ほうふ) 포부 ≒ 決意(けつい) 결의

□ 没頭(ぼっとう)する 몰두하다 ≒ 熱中(ねっちゅう)する 열중하다

□ ぼやいている 투덜거리고 있다 ≒ 愚痴(ぐち)を言(い)っている 투덜거리고 있다

ま

□ まっとうする 완수하다, 다하다 ≒ 完了(かんりょう)する 완료하다

□ まばらだ 드문드문하다 ≒ 少(すく)ない 적다

□ 見合(みあ)わせる 실행을 미루다, 보류하다 ≒ 中止(ちゅうし)する 중지하다

□ 脈略(みゃくりゃく) 맥락 ≒ つながり 연계, 연결

□ 無償(むしょう)で 무상으로 ≒ ただで 무료로

□ むっとした 화가 났다 ≒ 怒(おこ)った 화가 났다

□ めいめいに 각각에게 ≒ 一人一人(ひとりひとり)に 한 사람 한 사람에게

□ メカニズム 메커니즘 ≒ 仕組(しく)み 구조

□ 珍(めずら)しい 드문, 희귀한 ≒ 異例(いれい)の 이례적인

□ もくろむ 계획하다 ≒ 計画(けいかく)する 계획하다

や ら わ

□ 厄介(やっかい)な 귀찮은, 번거로운 ≒ 面倒(めんどう)な 귀찮은

□ やむを得(え)ず 어쩔 수 없이 ≒ しかたなく 어쩔 수 없이

□ やつれる 야위다 ≒ やせ衰(おとろ)える 바짝 마르다, 수척해지다

□ ゆとり 여유 ≒ 余裕(よゆう) 여유

□ 落胆(らくたん)する 낙담하다 ≒ がっかりする 실망하다

□ リスク 위험 ≒ 危険(きけん) 위험

□ ルーズだ 루즈하다, 허술하다 2회 ≒ だらしない 칠칠치 못하다

□ 歴然(れきぜん)としている 확실하다 ≒ はっきりしている 분명하다

□ 朗報(ろうほう) 낭보, 기쁜 소식 ≒ うれしい知(し)らせ 기쁜 소식

□ ろくに 제대로, 충분히 ≒ たいして 그다지, 별로

□ わずらわしい 번거로운, 귀찮은 2회 ≒ 面倒(めんどう)な 귀찮은

4 용법에 출제된 어휘

□ あざやか 선명함

□ 当(あ)てはめる 꼭 들어 맞추다, 적용시키다

□ 安静(あんせい) (심신) 안정

□ 案(あん)の定(じょう) 예상대로, 아니나다를까

□ 潔(いさぎよ)い 미련없이 깨끗하다, 떳떳하다

□ 意地(いじ) 고집

□ 一律(いちりつ) 일률

□ 一括(いっかつ) 일괄, 한데 묶음

□ 一見(いっけん) 언뜻 보기에

□ 今更(いまさら) 이제와서

□ いやに 이상하게, 묘하게

□ 内訳(うちわけ) 내역, 명세

□ うなだれる 고개를 숙이다

□ 裏腹(うらはら) 정반대, 모순이 됨

□ 円滑(えんかつ) 원활함 2회

□ 押収(おうしゅう) 압수

□ 怠(おこた)る ① 게으름을 피우다 ② 방심하다 2회

□ おごる 한턱내다

□ 帯(お)びる (성질, 경향) 띠다

□ 思(おも)い詰(つ)める 골똘히 생각하다

□ (~は)おろか (~은) 고사하고, (~은) 물론

か

□ 改修(かいしゅう) 개수, 수리

□ 解明(かいめい) 해명, 밝힘

□ 解約(かいやく) 해약

□ 抱(かか)え込(こ)む ① (양팔로) 껴안다 ② 떠맡다

□ かさばる 부피가 커지다

□ かたくな 완고함, 막무가내임

□ 合致(がっち) 합치, 일치

□ かなう 희망대로 되다, 이루어지다

□ かばう (남의 죄, 잘못) 감싸주다

□ 過密(かみつ) 과밀(함), 빽빽함

□ 加味(かみ) (맛, 다른 요소) 더함, 가미

□ 仮(かり)に 가령, 임시로

□ 完結(かんけつ) 완결

□ 還元(かんげん) 환원

□ 閑静(かんせい) 조용함, 고요함

□ 簡素(かんそ) 간소

□ かんぺき 완벽함

□ ぎこちない 어색하다, 딱딱하다

□ きざ 불쾌함, 아니꼬움

□ 兆(きざ)し 조짐, 징조

□ 規制(きせい) 규제

□ 基調(きちょう) 기조, 바탕

□ 軌道(きどう) 궤도

□ 極端(きょくたん) 극단적임

□ 拠点(きょてん) 거점

□ 均等(きんとう)に 균등하게

□ 緊密(きんみつ) 긴밀함

□ 禁物(きんもつ) 금물

□ 食(く)い違(ちが)う 어긋나다, 엇갈리다

□ くじける (기세가) 꺾이다

□ 口出(くちだ)し 말참견

- □ 覆す(くつがえす) 뒤집어엎다, 뒤엎다
- □ くまなく 분명히, 뚜렷하게, 빠짐없이
- □ 工面(くめん) 변통, 주머니 사정
- □ 経緯(けいい) 경위
- □ 軽率(けいそつ) 경솔함
- □ 欠如(けつじょ) 결여
- □ 結末(けつまつ) 결말
- □ 気配(けはい) 낌새, 기색
- □ 交錯(こうさく) 교착, 이리 저리 뒤섞임
- □ 高尚(こうしょう) 고상함
- □ 広大(こうだい) 광대함
- □ 交付(こうふ) 교부 2회
- □ 巧妙(こうみょう) 교묘함
- □ 互角(ごかく) 호각, 막상막하
- □ 心当たり(こころあたり) 짐작 가는 곳
- □ 心構え(こころがまえ) 마음가짐, 각오

さ

- □ 細心(さいしん) 세심함
- □ 指図(さしず) 지시, 지휘
- □ 察する(さっする) 헤아리다, 살피다
- □ 作動(さどう) 작동
- □ しがみつく 매달리다
- □ 失脚する(しっきゃくする) 실각하다
- □ 質素(しっそ) 검소함
- □ 実に(じつに) 실로
- □ しなやか 탄력이 있고 유연함
- □ 辞任(じにん) 사임
- □ しぶとい 고집이 세다, 완고하다
- □ 遮断する(しゃだんする) 차단하다
- □ 終日(しゅうじつ) 종일
- □ 執着(しゅうちゃく) 집착
- □ 重複(じゅうふく) 중복
- □ 収容する(しゅうようする) 수용하다 2회
- □ 出荷(しゅっか) 출하
- □ 照合(しょうごう) 대조
- □ 昇進(しょうしん) 승진 2회
- □ 処置(しょち) 처치, 조치
- □ 退く(しりぞく) 물러나다, 후퇴하다
- □ 仕業(しわざ) 소행, 짓
- □ 親善(しんぜん) 친선
- □ ショック 쇼크, 충격
- □ 素早い(すばやい) 재빠르다 2회
- □ ずらっと 늘어선 모양, 주욱
- □ 絶大な(ぜつだいな) 절대적인
- □ 絶滅(ぜつめつ) 절멸, 멸종
- □ 相応(そうおう) 상응, 어울림
- □ 総じて(そうじて) 대체로, 일반적으로
- □ 底力(そこぢから) 저력
- □ 損なう(そこなう) ① 망가뜨리다 ② (기분·성질) 상하게 하다
- □ そそる (식욕 등을) 돋우다
- □ 備え付ける(そなえつける) 비치하다, 설비하다
- □ そらす (딴 데로) 돌리다, 빗나가게 하다

た

- □ 耐えがたい(たえがたい) (괴로움, 자극) 견디기 힘들다
- □ 打開(だかい) 타개
- □ 巧み(たくみ) 솜씨가 좋음
- □ 携わる(たずさわる) (어떤 일) 관계하다, 종사하다
- □ たやすい 쉽다, 용이하다
- □ 単一(たんいつ) 단일
- □ 断じて(だんじて) 결코

□ 忠実(ちゅうじつ) 충실함

□ 中毒(ちゅうどく) 중독

□ 調達(ちょうたつ) 조달

□ 痛烈(つうれつ)な 통렬한

□ つぶやく 중얼거리다, 투덜거리다

□ 手厚(てあつ)い 극진하다, 융숭하다

□ 提起(ていき) 제기

□ 手痛(ていた)い 뼈아프다, 심하다

□ 手際(てぎわ) 솜씨, 수완

□ デマ 헛소문, 유언비어

□ 問(と)い詰(つ)める 추궁하다, 힐난하다

□ 統合(とうごう) 통합

□ どうやら 어쩐지, 아무래도

□ とぐ 갈다

□ 特産(とくさん) 특산

□ 遂(と)げる 이루다

□ とっくに 훨씬 전에, 벌써

□ とっさに 순간적으로

□ 突如(とつじょ) 갑자기, 별안간

な

□ なつく 따르다

□ なんとか 어떻게든, 그럭저럭

□ にぎわう 활기차다, 붐비다

□ にじむ 번지다

□ 入手(にゅうしゅ) 입수, 손에 넣음

□ 望(のぞ)ましい 바람직하다

□ 乗(の)り出(だ)す 적극적으로 나서다, 착수하다

□ ののしる 욕을 퍼붓다, 매도하다

は

□ 配属(はいぞく) 배속

□ 配布(はいふ) 배포 2회

□ はがす 벗기다, 떼다

□ はかどる 진척되다

□ 発散(はっさん) 발산

□ 抜粋(ばっすい) 발췌

□ はなはだしい 매우 심하다, 대단하다

□ 腹(はら)が立(た)つ 화가 나다

□ 煩雑(はんざつ) 번잡함(번거롭고 복잡함)

□ 繁盛(はんじょう) 번성, 번창

□ ひたむき 외곬으로, 한결같이

□ 人一倍(ひといちばい) 두 배, 갑절, 한층 더

□ 人手(ひとで) 일손

□ ひとまず 일단, 하여튼

□ 秘(ひ)める ① 숨기다 ② (속에) 간직하다 2회

□ 拍子(ひょうし) ① 박자 ② ~하는 바람에

□ 品種(ひんしゅ) 품종

□ ぶかぶか 헐렁헐렁

□ 不順(ふじゅん) 불순함

□ 復旧(ふっきゅう) 복구

□ 赴任(ふにん) 부임

□ 不服(ふふく) 불만, 납득이 가지 않음

□ 不満(ふまん) 불만

□ ブランク 여백, 공백 기간

□ ぺこぺこ 굽실굽실

□ へりくだる 자기를 낮추다

□ ボイコット 보이콧, 불매 동맹

□ 発足(ほっそく) (단체의) 발족 2회

□ 没頭(ぼっとう) 몰두

□ ぼつぼつ 슬슬, 조금씩

□ ほどける (저절로) 풀어지다

□ ほほえましい 흐뭇하다

□ 滅(ほろ)びる 멸망하다, 쇠퇴하다

□ 本場(ほんば) 본고장

ま

□ 交(まじ)える 섞다, 교차시키다, 주고받다

□ まちまち 각기 다름, 가지각색

□ 真(ま)っ先(さき) 맨 먼저

□ まるまる 전부, 완전히

□ 満喫(まんきつ) 만끽

□ 見失(みうしな)う 보던 것을 놓치다

□ 見落(みお)とす 간과하다, 빠뜨리고 보다 2회

□ 見込(みこ)み ① 예상 ② 장래성

□ 満(み)たない (기준·한도에 차지 않아) 부족하다

□ 密集(みっしゅう) 밀집

□ 無造作(むぞうさ)に 손쉽게, 간단히, 아무렇게나

□ 目(め)がさえる 잠이 안 오다, 눈이 말똥말똥하다

□ めきめき 눈에 띄게 (성장), 부쩍부쩍

□ 目先(めさき) ① 눈앞 ② 당장, 현재

□ 目覚(めざ)ましい 눈부시다, 놀랍다

□ 目安(めやす) 목표, 기준

□ 面識(めんしき) 면식, 안면

□ 免除(めんじょ) 면제

□ もはや 이제는, 벌써 2회

□ もろい 약하다, 무너지기 쉽다

や

□ 優位(ゆうい) 우위(다른 것보다 유리한 입장)

□ 有数(ゆうすう) 유수, 손꼽힘

□ 誘致(ゆうち) (공장이나 기업의) 유치

□ 譲(ゆず)る 넘겨주다, 양도하다

□ ゆとり (공간, 시간, 정신, 체력적) 여유

□ 要請(ようせい) 요청

□ 様相(ようそう) 양상, 모양, 모습

□ 要望(ようぼう) 요망, 간절히 바람

□ よほど 훨씬, 상당히

ら わ

□ リタイア ①기권 ②은퇴

□ 両立(りょうりつ) 양립, 병행

□ 連携(れんけい) 제휴

□ 露骨(ろこつ) 노골적임 2회

□ わざわざ 일부러

언어지식

문법 직전 체크!

 필수문법 100

N1

N1 필수문법 100

001 **~(よ)うが・~(よ)うと** (설령) ~하더라도, ~하든
~(よ)うが~まいが・~(よ)うと~まいと ~하든 ~하지 않든
~だろうが、~だろうが・~だろうと、~だろうと
~이든, ~이든

鈴木さんという人は、他人がどんなに困ろうが、まったく気にかけない冷たい人だ。
스즈키 씨라는 사람은 다른 사람이 아무리 곤란해 해도, 전혀 개의치 않는 매정한 사람이다.

彼が食べようが食べまいが、いちおう食事の準備はしなければならない。
그가 먹든 먹지 않든, 일단 식사 준비는 해야 한다.

002 **~(よ)うにも~(でき)ない** ~하려 해도 ~할 수 없다

論文がまだ完成しないので、ディズニーランドへ遊びに行こうにも行けない。
논문이 아직 완성되지 않아서, 디즈니랜드에 놀러 가려고 해도 갈 수 없다.

003 **~思いをする・~思いだ** ~한 기분이 되다, ~한 심정이다

ぼくは手術の前には水が飲めなくて、大変つらい思いをした。
나는 수술 전에는 물을 마실 수 없어서, 아주 괴로운 심정이었다.

もう夫に会えないかと思うと、胸が詰まる思いです。
이제 남편을 만날 수 없나 하고 생각하니, 가슴이 메이는 느낌입니다.

004 **~限り/~限りでは/~ない限り** ~하는 한 / ~한 바로는 / ~하지 않는 한

私の知る限り、石原社長は絶対そんなことをするような人ではありません。
내가 아는 한, 이시하라 사장은 절대 그런 일을 할 만한 사람이 아닙니다.

朝早くから営業している店は、私の調べた限りではここしかなかった。
아침 일찍부터 영업하고 있는 가게는, 내가 조사한 바로는 여기밖에 없었다.

この契約は、2年後にどちらかが契約の取り消しを申し出ない限り、自動的に継続になります。
이 계약은, 2년 후에 어느 한 쪽이 계약 취소를 신청하지 않는 한, 자동적으로 계속됩니다.

005 ～がちだ 자주 ～하다, ～하기 쉽다

若い人は経験に乏しいので、とかく現実離れにした考えをいだきがちだ。
젊은 사람은 경험이 부족하기 때문에, 자칫 현실과 동떨어진 생각을 품기 쉽다.

006 ～かというと・～かといえば ～하는가 하면, ～하냐 하면

ドラマに出た名所だからといってみんなが見に行くかというと、そうでもない。
드라마에 나온 명소라고 해서 모두가 보러 가는가 하면, 그렇지도 않다.

007 ～(か)と思ったら・～(か)と思うと ～인가 했더니, ～하자마자

やっと仕事が終わったかと思ったら、またすぐ次の仕事が入ってきた。
겨우 일이 끝났나 했더니, 또 바로 다음 일이 들어왔다.

008 ～か ～ないかのうちに/～か～ないかのころ ～하자마자 / 막 ～했을 즈음

東京駅のホームに着くか着かないかのうちに新幹線は出発してしまった。
도쿄역 승강장에 도착하자마자 신칸센은 출발하고 말았다.

初めて料理をしたのは、小学校に入るか入らないかのころだったと思います。
처음으로 요리를 한 것은 초등학교에 막 들어갔을 즈음이었다고 생각합니다.

009 ～かねる/～かねない ～하기 어렵다 / ～할지도 모른다

うちの娘は大学に進学するか就職するか決めかねているらしい。
우리 딸은 대학에 진학할지 취직할지 결정하기 어려운 것 같다.

誤解を招きかねない表現を使わないように気をつけてください。
오해를 살지도 모르는 표현을 쓰지 않도록 주의하세요.

010 ～かのようだ (마치) ～인 듯하다, ～인 것 같다

日に焼けた黒い腕が競技会で優勝した勝利の印であるかのようだった。
햇볕에 그을린 까만 팔이 경기대회에서 우승한 승리의 징표인 듯했다.

011 ～からいって・～からいうと ～으로 보아, ～에서 보건대

この成績からいうと、東大はかなり無理だと思う。
이 성적으로 보건대, 도쿄대는 상당히 무리라고 생각한다.

どっちにも行ったことがある自分から言わせてもらえば、まず金閣寺は見逃せないですね。
두 곳 모두 가본 적이 있는 제 입장에서 보건대, 우선 금각사는 놓칠 수 없죠.

012 ～からこそ/～てこそ/～こそ～が

(바로)～이기 때문에 / ～해서야 비로소 / ～는(만은) ～지만

親というものは、子供が心配だからこそいろいろなことを聞いてしまうのだ。
부모라는 존재는, 자식이 걱정되기 때문에 이런저런 일을 묻는 것이다.

生活費を自分で稼いでこそ、自立していると言えるだろう。
생활비를 스스로 벌어야 비로소 자립한다고 말할 수 있을 것이다.

佐藤君は年こそ若いが、与えられた仕事を効率よく時間通りにこなしている。
사토 군은 나이는 어리지만, 주어진 일을 효율적으로 제시간에 해내고 있다.

013 ～からして ①～부터가 ②～으로 보아

部長からして事態を把握していないのだから、平社員によくわからないのも無理はない。
부장부터가 사태를 파악하고 있지 않으니까, 평사원이 잘 모르는 것도 무리는 아니다.

この手紙は筆跡からして彼が書いたに違いない。
이 편지는 필적으로 보아 그가 쓴 것임에 틀림없다.

014 ～からといって・～からって ～라고 해서

日本に住んでいるからといって、日本語が話せるとは限らない。
일본에 살고 있다고 해서, 일본어를 할 수 있다고는 할 수 없다.

015 ～からには・～以上は・～上は ～할 바에는, ～한 이상에는

複数の人間が共同生活を営むからには、そこには秩序が必要である。
다수의 인간이 공동생활을 영위하는 이상에는, 거기에는 질서가 필요하다.

夏目漱石の名言に『山が来てくれない以上は、自分が行くよりほかにしかたがあるまい』がある。
나츠메 소세키의 명언에 『산이 와주지 않는 이상에는, 자신이 갈 수밖에 없을 것이다』가 있다.

016 ～極まりない・～極まる ～하기 짝이 없다, 극히(너무) ～하다

私は、店員の失礼きわまりない態度に我慢がならなかった。
나는 점원의 무례하기 짝이 없는 태도에 참을 수 없었다.

田中太郎さん以外誰も知らない私は「パーティーに行っても退屈極まるだろう」と思った。
다나카 다로 씨 외에 아무도 모르는 나는 '파티에 가도 너무 지루할거야'라고 생각했다.

017 ～ことから・～ところから ～로 인해, ~때문에

奈良公園は特に重要な歴史遺産が多いことから「歴史公園」とも言われている。
나라공원은 특히 중요한 역사 유산이 많아서 '역사공원'이라고도 불리고 있다.

この球場は、大きな卵の形をしているところから、「ビッグ・エッグ」と呼ばれている。
이 구장은 커다란 달걀 모양을 하고 있기 때문에 '빅 에그'라 불리고 있다.

018 ～ごとき/～ごとく ~와 같은 / ~와 같이, ~처럼

君ごとき人間には、僕の気持ちは分からないだろう。
너 같은 인간은, 내 기분은 모를 거야.

降る雪は、花が散るかのごとく見えた。
내리는 눈은 꽃이 떨어지는 것처럼 보였다.

019 ～ことだから/～ことだし ~이니까 / ~하고 하니까

実力充分の彼女のことだから十中八九、合格するであろう。
실력이 충분한 그녀니까 십중팔구 합격할 것이다.

天気もよいことだし、たまには童心に帰って魚でも捕まえに行こうかと思っています。
날씨도 좋고 하니까, 가끔은 동심으로 돌아가 물고기라도 잡으러 갈까 하고 생각하고 있습니다.

020 ～ことなしに(は)・～ことなく ~하지 않고(는)

事実関係を確認することなしに、うわさだけで彼を犯人だと決めつけるのはおかしい。
사실 관계를 확인하지 않고, 소문만으로 그를 범인이라고 단정짓는 것은 이상하다.

失敗をおそれることなく行動してほしい。
실패를 두려워하지 않고 행동해 주었으면 한다.

021 ～ことは～が ~하기는 ~지만

ピアノはひけることはひけますが、あまり上手ではありません。
피아노는 칠 수 있기는 칠 수 있지만, 그다지 잘하지는 못합니다.

022 ～さえ～ば ～만 ～하면

生きて帰ってきてくれさえすれば、それだけでいい。
살아서 돌아와 주기만 하면, 그것만으로 좋아.

023 ～しまつ(始末)だ ～형편이다, ～꼴이다, ～모양이다

ああした方がいい、こうした方がいいと大騒ぎしたあげく、このしまつだ。
이렇게 하는 게 낫다, 저렇게 하는 게 낫다며 큰 소란을 피운 끝에 이 모양이다.

024 ～じゃない(か) ～하지 않은가, ～잖아 〈놀람〉

アイスクリームが食べたいのに、もうスーパーは閉まっているじゃないか。
아이스크림을 먹고 싶은데, 벌써 슈퍼마켓은 문을 닫았잖아.

その革のベルト、あなたのロングスカートにとても似合ってるじゃない。
그 가죽벨트, 너의 롱 스커트에 너무 잘 어울리네.

025 ～ずに/～ずに済む ～하지 않고 / ～하지 않고 끝나다, ～하지 않아도 된다

体調が悪い時は無理せずに家でゆっくり休んでください。
컨디션이 안 좋을 때는 무리하지 말고 집에서 푹 쉬세요.

今年の夏は涼しかったので、エアコンを使わずにすんだ。
올 여름은 시원했기 때문에, 에어컨을 사용하지 않아도 되었다.

026 ～すら・～(で)さえ ～조차 , ～도

40度も熱があって、起きあがることすらできない。
열이 40도나 되어서 일어날 수조차 없다.

今の調子では、予選に出ることさえむずかしい。
지금 상태로는 예선에 나가는 것조차 어렵다.

027 ～だけあって・～だけに/～だけのことはある

(과연) ～인 만큼 / ～라 할 만하다, ～라 할 만한 가치가 있다

日本一のすし屋の娘だけあって、彼女はさすがに魚の種類に詳しい。
일본 제일의 초밥집 딸인 만큼, 그녀는 과연 생선의 종류를 잘 안다.

大きな事故にもつながりかねないだけに、より安全で丈夫に製造してほしいです。
큰 사고로 이어질지도 모르는 만큼, 보다 안전하고 튼튼하게 제조하길 바랍니다.

この松茸は最高品だけど、産地直売だけのことはあってめちゃくちゃ安い。
이 송이버섯은 최상품이지만, 산지 직매라 할 만하게 굉장히 싸다.

028 ～だけで/～だけでは/～だけのことだ

～하기만 해도 / ～만으로는 / ～일 뿐이다

旅行に行くことを考えるだけで楽しくなってくる。
여행가는 것을 생각하기만 해도 즐거워진다.

テクニックの向上だけでは試合で勝つことはできません。
테크닉의 향상만으로는 시합에서 이길 수 없습니다.

ちょっと熱が出たというだけのことで、医者を呼ぶのは大げさすぎる。
열이 좀 났을 뿐으로, 의사선생님을 부르는 것은 너무나도 야단스럽다.

029 ～たって ①～하더라도 ②～해 보았자
～だって ①～도, ～라도, ～조차도 ②～도 또한 ③～라던대 ④(아무리) ～해도, ～하더라도

あなたが来たって来なくたって、かまいやしないよ。
당신이 오든 안 오든 상관하지 않아.

A「このキーホルダーはいくらでしょうか。」
이 키홀더는 얼마일까요?

B「値段が高いったってせいぜい1,000円でしょう。」
가격이 비싸다고 해도 기껏해야 천 엔이겠죠.

彼の家の庭にはプールだってあります。
그의 집 정원에는 수영장도 있습니다.

先生は昼過ぎに来るんだって。
선생님은 점심 시간 지나서 온다던대.

030 ～たら～で/～は～で ～하면 ～하는 대로 / ～는 ～대로

息子には大学に受かってほしいが、受かったら受かったでお金が要って大変だ。
아들이 대학에 합격하기를 바라지만, 합격하면 합격하는 대로 돈이 들어서 큰일이다.

始末書を出したのなら、それはそれでいい。今度からは気をつけるように。
시말서를 제출했다면 그건 그거대로 됐어. 다음부터는 조심하도록.

031 ～たりで・～たりして ～하거나 해서

気温が高かったり低かったりで安定しない。
기온이 높거나 낮거나 해서 안정되지 않는다.

車が故障したり財布を落としたりと、さんざんの旅だった。
차가 고장나기도 하고 지갑을 잃어버리기도 해서, 몹시 힘든 여행이었다.

032 ～っこない ～할 리 없다

60巻の漫画を一晩じゃとうてい読み切れっこないからあきらめた。
60권의 만화책을 하룻밤에 도저히 다 읽을 수 있을 리가 없어서 포기했다.

033 ～つつ(も)/～つつある ～하면서(도) / ～하고 있다

母親は口では子供を叱りつつも、心の中では子供がかわいくてたまらないのです。
어머니는 말로는 아이를 야단치면서도, 마음속으로는 아이가 귀여워서 견딜 수가 없습니다.

失われつつある自然を守ろうと、市民たちは運動を始めた。
상실되고 있는 자연을 지키려고 시민들은 운동을 시작했다.

034 ～つもりが/～つもりで ～하려던 생각이 / ～한 셈치고

洗ったつもりのその手、本当にきれいだと思いますか。
씻었다고 생각하는 그 손, 정말로 깨끗하다고 생각합니까?

いつものように買い物したつもりが、予定よりも食費がかさんでしまった。
평소처럼 쇼핑했다는 생각이, 예정보다도 식비가 불어나 버렸다.

志望する大学に向けて死んだつもりで勉強します。
지망하는 대학을 목표로 죽은 셈치고 공부하겠습니다.

明日行くから、そのつもりでいてくれ。
내일 갈 테니까 그런 줄 알고 있어 주게.

035 ～でしかない・～にすぎない ～에 불과하다, ～에 지나지 않다

池田さんとは会えば言葉を交わす程度の付き合いでしかない。
이케다 씨와는 만나면 말을 주고받는 정도의 교제에 불과하다.

人の一生は一瞬の夢にすぎないという人もいるが、私は短くも長くもないと思う。
사람의 일생은 한순간의 꿈에 지나지 않는다는 사람도 있지만, 나는 짧지도 길지도 않다고 생각한다.

036 ～ては/～ては～ては ①～하고는 ②～해서는 / ～하고 ～하고

うちの庭にあるこの木はこのまま育ってもらっては困るので、悩んでいる。
우리 정원에 있는 이 나무는 이대로 자라게 해서는 곤란하기 때문에, 고민하고 있다.

食っては寝、食っては寝で、夏の間に３キロも太った。
먹고 자고 먹고 자고 해서, 여름 동안에 3킬로나 쪘다.

037 ～では(でも)あるまいし/～では(でも)あるまい

~도 아니고, ~도 아닐 테고 / ~하지 않을 것이다, ~도 아닐 것이다

君ではあるまいし、そんな話にはだまされないよ。
(내가) 너도 아닌데, 그런 말에는 안 속아.

「どうせ大したものが入っているわけではあるまい」と思ったものの、結局買ってしまった。
'어차피 대단한 게 들어 있는 것도 아닐 거야'라고 생각했지만, 결국 사고 말았다.

038 ～ても仕方がない・～ても始まらない

~해도 하는(어쩔) 수 없다, ~해도 소용없다

全然勉強していないんだから、試験に落ちてもしかたがない。
전혀 공부를 안하니까, 시험에 떨어져도 어쩔 수 없다.

後になって悔しがっても始まらない。後悔とはそういう言葉だ。
나중에 분하게 여겨도 소용없다. 후회란 그런 말이다.

039 ～とあって/～とあっては・～とあれば ~이라서 / ~이라면

10年に一度のお祭りとあって、村は見物客でにぎわった。
10년에 한 번 있는 축제라서, 마을은 구경꾼으로 북적였다.

君がうそをついたとあっては許すわけにはいかない。
자네가 거짓말을 한 거라면 용서할 수는 없어.

040 ～というと・～といえば/～といったら

~라고 하면 / ~은 (정말), ~로 말할 것 같으면

日本の代表的な都市というと、東京や大阪があげられます。
일본의 대표적인 도시라고 하면, 도쿄나 오사카를 들 수 있습니다.

あの時の恥ずかしかったことといったら、本当に穴があったら入りたい思いだった。
그때의 부끄러웠던 일로 말할 것 같으면, 정말로 구멍이 있다면 들어가고 싶은 심정이었다.

041 ～というところだ・～といったところだ

잘해야(기껏해야) ～이다, ～정도다

家の建築費は少なめに見積もっても２千万円というところだろう。
집 건축비는 적게 어림잡아도 2천만 엔 정도일 것이다.

042 ～といったらない・～といったらありゃしない

정말이지 ～하다, ～하기 짝이 없다

毎日遅刻せずに会社に来るとはいえ、その仕事ぶりはひどいといったらない。
매일 지각하지 않고 회사에 온다고는 해도, 그 근무태도는 심하기 이를 데 없다.

８時間必死で働いて、たったの２千円。ばかばかしいといったらありゃしない。
8시간 필사적으로 일하고 겨우 2천 엔. 정말이지 어처구니가 없다.

043 ～と思いきや ～라고 생각했는데

てっきり二人は結婚すると思いきや、実はただの飲み友だった。
틀림없이 두 사람은 결혼할 거라고 생각했는데, 실은 그냥 술친구였다.

044 ～とか/～とかで ～래(고 하)던데 / ～래(고 하)면서

病院での４年間はＯＬ時代には感じることのできなかった楽しさだったとか。
병원에서의 4년간은 회사를 다닐 때에는 느끼지 못했던 즐거움이 있었다던데.

A「山本君は？」
야마모토 군은?

B「急用ができたとかで、今帰りました。」
급한 용무가 생겼다고 하면서 지금 돌아갔어요.

045 ～ときたら・～ったら ～로 말할 것 같으면, ～은

山田君ときたら、ゲーム好きでせっかく働いたアルバイト代もすべて使ってしまうらしい。
야마다 군으로 말할 것 같으면 게임을 좋아해서 모처럼 일한 아르바이트비도 전부 써 버리는 모양이다.

046 ～ところだった (하마터면) ～할 뻔했다

ちゃんと前を見て運転してよ。今となりの車にぶつかるところだったよ。
앞을 제대로 보고 운전해. 지금 옆 차에 부딪힐 뻔했어.

047 ～ところに(へ)/～ところを見ると ～하는 참에 / ～하는 것을 보면

ちょうど出かけようとしていたところへ、国の母から小包が届いた。
마침 나가려던 참에, 고향에 있는 어머니로부터 소포가 도착했다.

店の前に長い行列ができているところを見ると、大変人気のあるラーメン屋のようだ。
가게 앞에 긴 줄이 생긴 것을 보면, 매우 인기 있는 라면집인 것 같다.

048 ～ところを ～인 중에, ～인데도, ～한데

先日はお忙しいところをおいでくださいまして、本当にありがとうございました。
일전에는 바쁘신 중에 와 주셔서 정말로 감사했습니다.

本来は「政府が」と言うべきところを「国が」と言っていることがあります。
본래는 '정부가'라고 말해야 되는데 '나라가'라고 말하는 경우가 있습니다.

049 ～との・～といった/～といっても ～라는 / ～라고 해도

社長が辞任すべきだとの考えに変わりはありません。
사장이 사임해야 한다는 생각에 변함은 없습니다.

この夏は赤や黄色といった派手な色が流行らしい。
이번 여름은 빨강이나 노랑이라는 화려한 색이 유행인 것 같다.

果物といってもいろいろあるが、私はいちごが好きだ。
과일이라고 해도 여러 가지가 있지만, 나는 딸기를 좋아한다.

050 ～とは ～하다니

あの強いチームが初出場チームに敗れるとは、全く予想外だった。
그 강한 팀이 첫 출전 팀에게 패하다니 전혀 예상 밖이었다.

051 ～とはいえ ～라고는 해도

男女平等とはいえ、女性が社会に出て働くうえでまだまだ不合理な制度が多い。
남녀평등이라고는 해도 여성이 사회에 나가 일하는 데 있어서 아직도 불합리한 제도가 많다.

052 ～ともなしに・～ともなく 무심코 ～, 문득 ～

反対のホームを見るともなしに見ていたら、昔別れた恋人の姿が見えた。
반대편 승강장을 무심코 보고 있었더니, 옛날에 헤어진 애인의 모습이 보였다.

電車の中で、聞くともなく隣に座った高校生たちの話を聞いていた。
전철 안에서 무심코 옆자리에 앉은 고등학생들의 이야기를 듣고 있었다.

053 ～と(も)なると・～と(も)なれば ~이라도 되면, ~쯤 되면

一国の首相ともなると、忙しくてゆっくり家族旅行などしてはいられないだろう。
한 나라의 수상쯤 되면, 바빠서 여유롭게 가족 여행 같은 것은 하고 있을 수 없을 것이다.

054 ～ないでもない・～なくもない ~하지 않는 것도 아니다

今回の計画について、部長が反対する理由もわからないでもない。
이번 계획에 대해 부장님이 반대하는 이유도 모르는 것도 아니다.

A「お酒は飲まないんですか。」
술은 안 마셔요?

B「飲まなくもないんですが、あまり強くはありません。」
안 마시는 것도 아닌데요, 별로 세지는 않아요.

赤ちゃんのことを考えると、「早めに結婚したい」という気持ちもわからなくはない。
아기를 생각하면, '일찍 결혼하고 싶다'는 기분도 모르는 것은 아니다.

055 ～ないまでも ~까지는 않더라도

手品のプロにはならないまでも、これを使って人を喜ばせることができたらいい。
프로 마술사까지는 되지 않더라도, 이것을 이용해 남을 기쁘게 할 수 있으면 된다.

056 ～ながらも ~이지만, ~이면서도

苦労の末に手に入れた2DKの部屋は、狭いながらも楽しいわが家だ。
고생 끝에 구입한 2DK의 방은 좁지만 즐거운 우리 집이다.

057 ～なくして(は)・～なしに(は) ~없이(는)

皆様のご協力なくしては、とてもこの事業は達成できなかったであろう。
여러분의 협력 없이는, 도저히 이 사업은 달성할 수 없었을 것이다.

先生方のご指導や先輩の助けなしには、卒論は書き上げられなかっただろう。
선생님의 지도와 선배의 도움 없이는, 졸업 논문은 완성할 수 없었을 것이다.

058 ～ならいざしらず・～ならともかく ～라면 몰라도

専門家ならいざしらず、素人ではこの機械を修理することはできない。
전문가라면 몰라도, 초보가 이 기계를 수리할 수는 없다.

10年前ならともかく、今はそんな服は着られないよ。
10년 전이라면 몰라도, 지금은 그런 옷은 못 입어.

059 ～ならではの ～만의, ～특유의, ～이 아니고는 할 수 없는

今度の学園祭にはわがクラスならではの展示をしたいものだが、何かいい企画はないか。
이번 학교 축제에는 우리 반 특유의 전시를 하고 싶은데, 뭔가 좋은 기획은 없을까?

060 ～なりに/～なりの ～나름대로 / ～나름(대로)의

私が有名な大学に入れたのは、自分なりに一生懸命勉強したからだと思います。
제가 유명한 대학에 들어갈 수 있었던 것은, 제 나름대로 열심히 공부했기 때문이라고 생각합니다.

若い人には若い人なりの考えがあるだろう。
젊은 사람에게는 젊은 사람 나름의 생각이 있을 것이다.

061 ～にあって(は) ～에서(는)

彼女はクラス担任という立場にあって、内申管理および進学指導などを公平にしなければならない。
그녀는 학급 담임이라는 입장에서, 내신 관리 및 진학 지도 등을 공평하게 해야 한다.

062 ～において/～における ～에서 / ～에서의

卒業式は体育館において9時より開催いたします。
졸업식은 체육관에서 9시부터 개최합니다.

世界におけるその国の役割はますます重要になってきている。
세계에서의 그 나라의 역할은 더욱더 중요해지고 있다.

063 ～にかこつけて・～(の)をいいことに ～을 구실로, ～을 핑계 삼아

彼は、母親の病気にかこつけて会に出席しなかった。
그는 어머니의 병환을 구실로 모임에 참석하지 않았다.

上司の留守をいいことに、彼は万事を思いどおりにした。
상사의 부재를 핑계 삼아, 그는 만사를 마음대로 했다.

064 ～にこしたことはない ～보다 나은 것은 없다, ～가 제일이다

入学願書の締め切りは月末だけれど、早めに出せるならそれにこしたことはない。

입학 원서 마감은 월말이지만, 일찌감치 제출할 수 있으면 그것보다 나은 것은 없다.

065 ～にしたら・～にすれば/～にしても

～로서는, ～의 입장에서는 / ～라고 해도

あの人の立場にしたら、そんなことはできなかっただろう。

그 사람의 입장에서는, 그런 일은 할 수 없었을 것이다.

部屋の飾りつけ一つにしても、その家に住んでいる人の細やかな心遣いが表されている。

방의 장식 하나만 해도, 그 집에 살고 있는 사람의 세심한 배려가 나타나 있다.

066 ～にして ①～라도, ～이 되어 ②～로써, ～에

ベテランの彼にしてこんな失敗をするのだから、素人の山田君が失敗するのも仕方がない。

베테랑인 그 사람이라도 이런 실수를 하니까, 초보인 야마다 군이 실수하는 것도 어쩔 수 없다.

田中さんは40歳にしてようやく結婚相手を見つけた。

다나카 씨는 40세에 겨우 결혼 상대를 찾았다.

067 ～にしては ～치고는

この店のカレーライスはこの値段にしてはおいしい。

이 가게의 카레라이스는 이 가격치고는 맛있다.

068 ～にしろ～にしろ/～にしろ・～にせよ ～든 ～든 / ～라 하더라도

本当にしろうそにしろ大したことじゃない。

정말이든 거짓이든 별일 아냐.

どんな理由にしろ、暴力をふるうのはよくない。

어떤 이유라 해도 폭력을 휘두르는 것은 좋지 않다.

無礼とまでは言わないにせよ、彼はぶっきらぼうに話した。

무례하다고까지는 말하지 않더라도, 그는 퉁명스럽게 말했다.

069 ～にたえない/～にたえる

① (차마) ~할 수 없다 ② ~해 마지않다(너무나도 ~하다) / ~할 만한

有名な作家の講演会に行ったところ、あまりに聞くにたえない内容でがっかりした。
유명한 작가의 강연회에 갔다가, 너무나도 차마 들을 수 없는 내용이라 실망했다.

ご配慮をたまわり感謝にたえません。
배려를 해 주셔서 너무나도 감사합니다

彼女の演奏は、アマチュアながら鑑賞にたえるようなものだった。
그녀의 연주는 아마추어이면서도 감상할 만한 연주였다.

070 ～につけ(て)/～につけ～につけ/～につけても

~때마다, ~에 따라 / ~든 ~든 / ~와 관련하여 (항상)

彼は何かにつけてその話を持ち出す。
그는 걸핏하면 그 얘기를 꺼낸다.

電子辞典の登場は良きにつけ悪きにつけ出版界に多大な影響を与えた。
전자사전의 등장은 좋든 나쁘든 출판계에 지대한 영향을 끼쳤다.

それにつけても人は見かけによらないものだ。
그것과 관련하여 사람은 겉보기와는 다른 법이다.

071 ～にひきかえ/～とひきかえに ~와는 달리 / ~와 바꿔, ~와 교환으로

優秀な成績で大学を卒業した兄にひきかえ、弟は遊んでばかりだ。
우수한 성적으로 대학을 졸업한 형과는 달리 남동생은 놀기만 한다.

男は人質とひきかえに3000万円を要求した。
남자는 인질과 교환으로 3000만 엔을 요구했다.

072 ～にほかならない 바로 ~이다, ~임에 틀림없다

若い人が外来語を好むのは、それなりの理由があるからにほかならない。
젊은 사람이 외래어를 좋아하는 것은, 바로 그 나름의 이유가 있기 때문이다.

073 ～の(ん)じゃなかった ~하는 게 아니었다

ダイエット中の人なら、やっぱり食べるのじゃなかった、と後で悔いることも多い。
다이어트중인 사람이라면, 역시 먹는 게 아니었어, 하고 나중에 후회하는 일도 많다.

074 ～ばいい/～ばきりがない ～하면 된다 / ～하면 한이 없다

A「夜中に騒いじゃいけないという法律はないよ。」
한밤중에 소란을 피워서는 안 된다는 법은 없어.

B「あのね、法律違反でなければいいってもんじゃないだろ。」
저기 말야, 법률위반이 아니면 괜찮다는 말이 아니잖아.

彼はいつも仕事が雑だ。間違いをあげればきりがない。
그는 항상 일이 엉성하다. 실수를 열거하면 끝이 없다.

075 ～ばかり/～ばかりに ～할 뿐 / ～바람에, ～탓에

全員そろった。あとはバスが来るのを待つばかりだ。
전원 다 모였다. 이제는 버스가 오는 것을 기다릴 뿐이다.

あとは新郎新婦の入場を待つばかりとなった。
이제는 신랑신부의 입장을 기다리기만 하면 되었다.

彼は家が貧しかったばかりにアルバイトをして自力で大学を出たそうだ。
그는 집이 가난한 탓에 아르바이트를 해서 자력으로 대학을 나왔다고 한다.

076 ～ばこそ ～이기에, ～때문에

私が仕事を続けられるのも、近くに子どもの世話をしてくれる人がいればこそだ。
내가 일을 계속할 수 있는 것도 근처에 아이를 돌봐 주는 사람이 있기 때문이다.

077 ～はず(だ) ～일 터(이다), ～일 것(이다)

A「彼女とのデートをすっぽかしちゃった。」
여자친구와의 데이트를 바람맞혔어.

B「どうりで怒るはずだ。」
그래서 화를 내는 거네.

078 ～べく ～하기 위해, ～하고자

山田さんは、借金を返すべく昼となく夜となく働いている。
야마다 씨는 빚을 갚기 위해 밤낮없이 일하고 있다.

079 ～ほど(のこと)ではない ～할 만한 것은 아니다

このような結果は十分予想できたことであり、驚くほどのことではない。
이러한 결과는 충분히 예상할 수 있었던 것이며, 놀랄 만한 일은 아니다.

080 ～まい/～しかあるまい

①～하지 않을 것이다〈추측〉 ②～하지 않겠다〈의지〉 / ～할 수밖에 없을 것이다

A「近い将来、富士山は噴火するでしょうか。」
가까운 장래에 후지산은 분화할까요?

B「いや、噴火はすまい。」
아니, 분화는 하지 않을 거야.

これからは友達と喧嘩はするまいと反省した。
앞으로는 친구와 싸우지 않겠다고 반성했다.

目の前で寿司職人さんが作っているのを見たとあれば買うしかあるまい。
눈 앞에서 초밥달인이 만들고 있는 것을 봤다면 살 수밖에 없을 것이다.

081 ～まじき ～해서는 안 될, ～할 수 없는

幼い小学生を何人も殺すとは、人間にあるまじき行為だ。
어린 초등학생을 몇 명이나 죽이다니, 인간에게 있을 수 없는 행위다.

082 ～まで(に)/～までになった ～까지, ～할 정도(로) / ～할 정도가 되었다

我が社が取り扱っている革製品は、完璧なまでに魅力的なデザインを備えている。
우리 회사가 취급하고 있는 가죽제품은, 완벽할 정도로 매력적인 디자인을 갖추고 있다.

10年ほど経ってようやく現場監督を任されるまでになった矢先に、家庭の事情で退職せざるを得なかった。
10년 정도 지나서 겨우 현장감독을 맡을 정도가 되었는데, 가정 형편상 퇴직하지 않을 수 없었다.

083 ～までして/～てまで ～까지 해서 / ～하면서까지

いずれにせよ、盗作までして賞を取ろうとする神経は理解できない。
어쨌든, 표절까지 해서 상을 받으려고 하는 마음은 이해할 수 없다.

環境破壊をしてまで工業化をおし進めていくのには疑問がある。
환경을 파괴하면서까지 공업화를 밀고 나가는 것에는 의문이 있다.

084 ～までもない/～とまでは言わないが

～할 것까지도 없다, ～할 필요도 없다 / ～라고까지는 할 수 없지만

戦争がどんなに恐ろしい結果をもたらすか、今さら言うまでもない。
전쟁이 얼마나 무서운 결과를 초래하는지, 새삼스레 말할 필요도 없다.

最高にうまいとまでは言わないが、値段を考えれば大満足だ。
최고로 맛있다고까지는 할 수 없지만, 가격을 생각하면 대만족이다.

085 ～まみれ ~투성이

うちの弟は、自動車整備工場で毎日油まみれになって、働いている。
우리 남동생은 자동차 정비 공장에서 매일 기름투성이가 되어 일하고 있다.

086 ～もさることながら ~은 물론이거니와 (또)

A教授は、研究業績もさることながら、政治手腕の方もなかなかのものだ。
A교수는, 연구실적은 물론이거니와 정치 수완 쪽도 대단하다.

087 ～もしない/～はしない ~하지도 않다 / ~하지는 않다

彼女は、一言しゃべりもしないで帰ってしまった。
그녀는 한 마디 말도 하지 않고 돌아가 버렸다.

たまにその猫がベランダに逃げ出して、うっかり落ちはしないかとはらはらします。
가끔 그 고양이가 베란다로 도망가서, 까딱 잘못해서 떨어지지는 않을까 조마조마합니다.

088 ～ものか ①~할까 보냐, ~하나 봐라 ②~할 것인지, ~할 것인가

こんなところであきらめるものか、絶対にやり遂げてやる。
이런 곳에서 포기할까 보냐, 꼭 해내겠다.

彼は「私が病気でもなったらどうしたものか。」と珍しく弱音を吐いた。
그는 '내가 병이라도 나면 어떻게 한다지?'라고 웬일로 무기력한 소리를 했다.

089 ～ものがある ~하는 데가 있다, 상당히 ~하다

30年ぶりに見る故郷の景色には、まことに感慨ぶかいものがある。
30년 만에 보는 고향의 풍경은 참으로 감개무량하다.

090 ～ものなら ①~할 수 있으면 ②~했다가는

一緒に行けるものなら行ってあげたいが、仕事の都合上、そうもいかない。
같이 갈 수 있다면 가 주고 싶지만, 일의 형편상 그렇게도 안 된다.

掃除をさぼろうものなら、先生にしかられる。
청소를 땡땡이 쳤다가는 선생님에게 야단맞는다.

091 ～ものの ~하기는 했지만

軽い怪我だったからいいようなものの、大事故になっていたらと思うとこわい。

가벼운 부상이었기에 다행이긴 하지만, 큰 사고가 났다면 하고 생각하니 무섭다.

092 ～ものを ~인데, ~일 텐데, ~일 것을

対応がもっと早ければよかったものを、救助が遅れて被害が広がった。

대응이 좀 더 빨랐더라면 좋았을 텐데, 구조가 늦어져 피해가 커졌다.

093 ～ゆえ(に)/～ゆえの ~때문(에), ~탓(에) / ~때문에 하는

女性であるがゆえにこんな差別を受けなければならないなんて、不公平だ。

여성이기 때문에 이런 차별을 받아야 하다니 불공평하다.

これもみな私の未熟さゆえのことです。

이것도 모두 저의 미숙함 때문에 일어난 일입니다.

094 ～よう/～ようによっては ~하는 방법 / ~하기에 따라서는

本のタイトルさえ分かれば、探しようもあるのだが。

책 제목만 알면 찾을 방법도 있는데.

考えようによっては、彼らの人生も幸せだったと言えるかもしれない。

생각하기에 따라서는, 그들의 인생도 행복했었다고 말할 수 있을지도 모른다.

095 ～ようがない/～ようもない ~할 수가 없다 / ~할 수도 없다

誰もがうらやむキャリアを持っているような人でも、言いようのない不安で苦しんでいることがある。

누구나 부러워하는 경력을 가지고 있는 사람이라도, 말할 수 없는 불안감으로 괴로워할 때가 있다.

もっと早くから受験の対策を立てるべきだったのに、ことここに至ってはどうしようもない。

좀더 일찍부터 수험에 대한 대책을 세워야 했는데, 일이 이 지경에 이르러서는 어떻게 할 수도 없다.

096 ～ように/～ようで/～ようでは

①~같이, ~처럼 ②~하도록 ③~하기를(문말) / ~할 것 같아서 / ~해서는

「好きなように生きる」ということを実践できている人は多くないと思います。

'원하는 대로 산다'는 것을 실천할 수 있는 사람은 많지 않다고 생각합니다.

交通事故を起こさないように気をつけてね。

교통사고를 내지 않도록 조심해라.

祖父母がいつまでも元気に長生きしますように。
할아버지 할머니가 언제까지나 건강하게 오래 사시기를.

今回は、知っているようで知らない出産内祝いのマナーについて紹介します。
이번에는 알다가도 모를 출산 축하 매너에 대해 소개하겠습니다.

何度説明してもわからないようでは、やっぱり伊藤さんはこの仕事に向いていないと思う。
몇 번을 설명해도 이해를 못해서는, 역시 이토 씨는 이 일에 맞지 않는 것 같다.

097 ～わけにはいかない ～할 수는 없다

A「山田先生、今から原稿をいただきにあがってもよろしいでしょうか。」
야마다 선생님, 지금부터 원고를 받으러 방문해도 괜찮겠습니까?

B「すみません、まだなんです。あと１週間待っていただくわけにはいきませんか。」
죄송합니다, 아직이에요. 앞으로 1주일 기다려주실 수는 없으세요?

098 ～をもって/～をもってすれば ～으로, ～로써 / ～(으로)라면

これをもってパーティーを終了させていただきます。
이것으로 파티를 끝내겠습니다.

あなたの実力をもってすれば、どんなことでもやれると思うよ。
당신 실력이라면 어떤 일이든 할 수 있을 거라 생각해.

099 ～を余儀なくされる/～を余儀なくさせる
어쩔 수 없이 ～하게 되다 / 어쩔 수 없이 ～하게 하다

楽しみにしていた文化祭であるが、雨のため、中止を余儀なくされた。
기대하고 있었던 문화제지만, 비 때문에 어쩔 수 없이 중지하게 되었다.

干ばつは野菜の値上げを余儀なくさせた。
가뭄은 어쩔 수 없이 채소 가격을 인상하게 했다.

100 ～をよそに ～을 아랑곳하지 않고

住民の不安をよそに、原子力発電所の建設はどんどん進められた。
주민의 불안을 아랑곳하지 않고, 원자력 발전소의 건설은 착착 진행되었다.